昭和の郊外

東京・戦後編

三浦展編

柏書房

昭和の郊外　東京・戦後編

■目次

解題（三浦展）7

第1章　総説

[2-1-A]　亀岡誠・鈴木真由美「第四山の手ゾーン――一〇〇倍に拡大した東京西南にライフスタイル・文化のイニシアチブが移動する」（『アクロス』一九八六年五月号、パルコ出版、二三～四七頁）　26

[2-1-B]　長谷川徳之輔『東京の宅地形成史――「山の手」の西進』（住まいの図書館出版局、一九八八年、四五～五九、一八一～一八八頁）　55

第2章　多摩ニュータウン

[2-2-A]　『多摩ニュータウン開発事業誌　通史編』（都市再生機構東日本支社多摩事業本部、二〇〇六年、一～二四、四九～五六、七一～七六、一〇三～一〇五、一二五～一二八、一五三～一五四、一八五～一八七、二一五～二一七、二四三～二四七頁）　64

[2-2-B]　多摩市史編纂委員会編『多摩市史　通史編二　近現代』（多摩市、一九九九年、八〇四～八二〇頁）　120

[2-2-C]　『企画展　多摩ニュータウン開発の軌跡――「巨大な実験都市」の誕生と変容』（パルテノン多摩／公益財団法人多摩市文化振興財団、一九九八年、三五～四〇頁）　130

[2-2-D]　岡巧『これぞ人間試験場である――多摩新市私論』（たいまつ社、一九七四年、七一～一一八頁）　138

[2-2-E]　細野助博・中庭光彦編著『オーラル・ヒストリー　多摩ニュータウン』（中央大学出版部、二〇一〇年、二五三～三〇四頁）　164

[2-2-F]　『稲城市史　下巻』（稲城市、一九九一年、八五〇～八七〇頁）　193

第3章　東急多摩田園都市

[2-3-A]　東京急行電鉄田園都市事業部編『多摩田園都市――開発35年の記録』（東京急行電鉄、一九八八年、一～一二六頁）　210

[2-3-B]　東京急行電鉄社史編纂事務局編『東京急行電鉄50年史』（東京急行電鉄社史編纂委員会、一九七三年、六〇三～六

〇七頁）　229
［2-3-C］東急不動産総務部社史編纂チーム編『街づくり五十年』（東急不動産、一九七三年、三三七～三五八、三七三～三八二、四〇一～四一七頁）　233

第4章　団地研究など

［2-4-A］村上さち子ほか「新しき庶民〝ダンチ族〟――アパート住いの暮しの手帖」（『週刊朝日』一九五八年七月二〇日号、三～一一頁）　264
［2-4-B］吉沢久子・丸山邦男「団地アパートの町をルポする――むさし野に誕生した霞ヶ丘住宅」（臼井吉見編『現代教養全集22　生活の科学』、筑摩書房、一九六〇年、三七八～三八九頁）　275
［2-4-C］橋爪貞雄『変りゆく家庭と教育――団地文化が予見するもの』（黎明書房、一九六二年、二三～四四頁）　285
［2-4-D］生活科学調査会編『団地のすべて』（医歯薬出版、一九六三年、五～二〇八頁）　296
［2-4-E］『住まいのすべて』（京王帝都電鉄、一九六七年、一〇～一二、六三～六四頁）　395
［2-4-F］上田篤「貧しき日本のすまい」（『朝日新聞』一九七三年一月三日付）　400
［2-4-G］板橋区史編さん調査会編『板橋区史　通史編　下巻』（板橋区、一九九九年、六七六～六八八頁）　403

第5章　東京都三多摩

［2-5-A］三鷹市史編さん委員会編『三鷹市史』（三鷹市、一九七〇年、七一六～七四三頁）　410
［2-5-B］町田市史編纂委員会編『町田市史　下巻』（町田市、一九七六年、一〇六一～一〇七一、一〇七六～一〇八六頁）　426
［2-5-C］町田市役所企画部団地白書プロジェクトチーム編『団地建設と市民生活（団地白書）本論編・資料編』（町田市、一九七〇年、三～五八頁）　438
［2-5-D］『日野市史　通史編四　近代（二）現代』（日野市史編さん委員会、一九九八年、三七八～三九一頁）　474
［2-5-E］『保谷市史　通史編3　近現代』（保谷市史編さん委員会、一九八九年、四七七～四九八頁）　481
［2-5-F］武蔵村山市史編さん委員会編『武蔵村山市史　通史編　下巻』（武蔵村山市、二〇〇三年、五六九～五八六頁）　492

[2-5-G] 野田正穂「西武鉄道と狭山丘陵開発――東村山文化園から西武園へ」（東村山ふるさと歴史館編『東村山市史研究』第13号、東村山市、二〇〇四年、三一～五四頁） 501

第6章　埼玉県

[2-6-A] 『新編埼玉県史　通史編7　現代』（埼玉県、一九九一年、七一九～七四五頁） 516
[2-6-B] 浦和市総務部行政管理課編『浦和市史　通史編Ⅳ』（浦和市、二〇〇一年、二八六～三〇一頁） 529
[2-6-C] 『川口市史　通史編　下巻』（川口市、一九八八年、六七三～六八八頁） 538
[2-6-D] 所沢市史編さん委員会編『所沢市史　下』（所沢市、一九九二年、六一二～六二三頁） 546
[2-6-E] 日本新都市開発企画室編『日本新都市開発株式会社　社史　昭和59年版』（日本新都市開発、一九八四年、一五～三八、五一～一一八、一三〇～一三五頁） 553

第7章　千葉県

[2-7-A] 千葉県史料研究財団編『千葉県の歴史　通史編　近現代3』（千葉県、二〇〇九年、七〇四～七一五、八〇六～八一一、八五一～八五四頁） 618
[2-7-B] 新京成電鉄社史編纂事務局編『新京成電鉄五十年史――下総台地のパイオニアとして』（新京成電鉄、一九九七年、一一九～一三四頁） 630
[2-7-C] 千葉県史料研究財団編『千葉県の歴史　資料編　近現代9（社会・教育・文化3）』（千葉県、二〇〇七年、四七八～五二四頁） 641
[2-7-D] 中沢卓実編『常盤平団地40周年記念写真集　常盤平団地40年の歩み』（常盤平団地40周年記念事業実行委員会、二〇〇〇年、一一～三四頁） 669
[2-7-E] 渡邉幸三郎『昭和の松戸誌』（崙書房出版、二〇〇五年、二三九～二四五頁） 680
[2-7-F] 千葉県史料研究財団編『千葉県の歴史　別編　地誌1　総論』（千葉県、一九九六年、四三七～四五八頁） 687
[2-7-G] 京成電鉄社史編纂委員会編『京成電鉄五十五年史』（京成電鉄、一九六七年、三九〇～四〇五頁） 709
[2-7-H] 『昭和のモダン住宅　八千代のテラスハウス――テラスハウスと共に歩んだ家族の記録』（八千代市立郷土博物館、二〇一一年、一～七頁） 718

第8章　神奈川県

［2―8―A］　横浜市総務局市史編集室編『**横浜市史　Ⅱ　第三巻（下）**』（横浜市、二〇〇三年、三六九～三八八、四五七～四六七頁）　726

［2―8―B］　『**京浜急行百年史**』（京浜急行電鉄、一九九九年、四八～五五、四三〇～四五〇頁）　743

［2―8―C］　『**川崎市史　通史編　4上　現代　行政・社会**』（川崎市、一九九七年、三六一～三七九頁）　760

［2―8―D］　浜田弘明「**戦後相模原の景観構成と産業構造の変化**」（相模原市教育委員会教育局生涯学習部博物館編『相模原市史　現代テーマ編　軍部・基地そして都市化』相模原市、二〇一四年、五六六～五八五頁、五九八～六三〇頁）　771

凡　例

一　翻刻にあたっては、漢字は旧字体を新字体に直し、歴史的かなづかいはそのままとしました。

一　原本に見られる明らかな誤植は適宜修正を施しましたが、一部、編集部注として行間に〔　〕で補足した箇所があります。

一　原本には今日において適切でないと思われる表現が含まれる場合がございますが、資料の歴史的価値を鑑みて、原文のまま掲載しました。

一　抄録資料については、資料中で参照されている箇所が収録対象外の場合がございます。該当箇所にその旨注記を施すか、煩雑となる場合は一部文言を削除させていただきました。また、紙幅の関係上、一部の資料については写真や図表を適宜削除しました。

一　抄録のため見出しの番号や図表番号が連続していない資料については、混乱を避けるために番号を削除あるいは振り直した場合があります。

一　一部の原本にはすべての漢字にふりがなが付されている資料が含まれますが、ふりがなは削除しました。

一　収録にあたっては、可能な限り著作者の方々に連絡を取り、承諾を得ておりますが、いまだに連絡のつかない著作者の方々がおられます。お心当たりの方は小社まで御一報賜りますようお願い申しあげます。

解題

三浦 展

第1章 総説

「第四山の手ゾーン」（2－1－A）は、バブル初期において非常に注目された論文である。私事で恐縮だが、私が編集長を務めていたマーケティング雑誌『アクロス』（パルコ出版）の一九八六年五月号が初出であり、その後の連載をまとめて『「東京」の侵略――首都改造計画は何を生むのか』（パルコ出版）として翌年出版された。

「第四山の手」という概念を創出したのを私だと誤解している人がいるが、正しくは当時のパルコの社長だった増田通二である。増田は大正一五年（一九二六）市ヶ谷生まれだが、それからすぐに世田谷に引っ越した経験があり、東京の住宅地の移動・拡大を身を以て体験していた。そして、昭和五八年（一九八三）には埼玉県所沢市に、パルコとしては初の本格的郊外型ショッピングセンターを出店した経験が、「第四山の手」という概念を着想する背景にあった。私は昭和五七年（一九八二）のパルコ入社後の最初の仕事がこの所沢市への出店のためのマーケティング調査だったため、着想までのプロセスをずっと見ている。

本書の東京・戦前編に収録した『東京市域拡張史』（1－1－B）にもすでに見られるように、東京の拡大は、歴史的にいくつかの段階に分かれている。これを単に地域別人口の推移から見るのではなく、「山の手の移動」ととらえて、そこに第一から第四までのナンバリングをしたことが「第四山の手論」が注目された理由だった。

同論では、第一山の手は本郷とされる。第二山の手は現在の山手線の内側の台地上であり、戦前の区名でいえば小石川、麴町、牛込、赤坂、麻布である。第一山の手も第二山の手も江戸時代の武家屋敷が住宅地化したという点では変わらないので、あえて二つに分ける理由はあまりないが、本郷西方の住宅地がすでに明治時代につくられたことが第一と名づけられた理由であろう。

第三山の手は、環状線としてできあがりつつあった山手線のターミナル駅から伸びた鉄道沿線上に大正時代から昭和初期にかけて開発された郊外住宅地が、戦後次第に落ち着きを増して高級住宅地となった地域を指す。現在の区名でいえば、大田、目黒、世田谷、杉並などであり、住宅地名でいえば、田園調布、成城学園、洗足、常盤台などがその典型である（本書東京・戦前編、および拙著『東京高級住宅地探訪』参照）。

ここまでは常識の範囲内とも言えるが、昭和六一年（一九八六）当時、東京都の資料では、大田、目黒、世田谷、杉並などが「新・山の手」といわれていたので、すでにそれらの地域が山の手であることは当然の前提として、さらにその外側の郊外に新しい「第四山の手」を提起したのはマーケティング雑誌ならではの先見性あるいは大胆さであったと言える。

第四山の手と名づけられたのは、多摩丘陵上に戦後開発された郊外住宅地であり、横浜市青葉区美しが丘、町田市つくし野などを典型とする。いずれも当時のテレビドラマの舞台となった地域であり、団塊世代のアッパーミドルクラスのニューファミリーが住む地域であった。

これらの地域を山の手と呼ぼうと増田が考えたのは、所沢という典型的な中流向け郊外住宅地に少しでもブランド性を与えるためだったと思われる。当初は「多摩ゴールデンゾーン」とか「ゴールデン郊外」といった言い方もされていたが、それが最終的に「第四山の手」となったのである。実際、「第四山の手」という言葉を聞いて、川崎市や所沢市に引っ越されたという方を私は身近で何人か知っており、たいへん魅力的な概念だったのだなと実感している。

もちろん、これらの地域を本当に山の手と読んでいいかどうかは議論があろう。東京・戦前編所収の『東京山の手大研究』（1−5−C）でも書かれているように、山の手と郊外は違うし、高級そうな郊外ならすべて山の手と言えるかというと、そうとも言い切れない。山の手には山の手としての、よりはっきりした特徴があるという言い方は可能である。そしてその特徴は明らかに歴史的な階級と結びついている。第一から第四と下るにしたがって階級性が薄まり、ライフスタイルが文化的というより大衆消費的になるため、伝統的な意味での「山の手」らしさが低下するのは当然である。

また、同論文では「山の手ウォッチング」と称して、第一から第四までの山の手住宅地をフィールドワークしているのが面白い。これを読むと、第一よりも第四がよい、といった単純な書き方はされていない。第一山の手には、歴史の町としての再生を提案しているし、第二山の手のオフィス街化や、第三山の手のマンションの増加には疑問を呈している。つまり、旧山の手が山の手らしい緑、庭、文化を失いつつあるからこそ、新しい第四山の手に期待をするという論調になっており、なかなか重層的である。こうした基調低音は、本書に収録しなかった『「東京」の侵略』巻末の増田と写真家・藤原新也の対談にも流れており、これらを注意深く読むと、「第四山の手」が単に郊外のブランド化のための概念ではなく、より現代文化論的な深みを持った概念であることが理解されよう。

昭和六一年の住宅地価格上昇率一位は田園調布、昭和六二年は青葉区美しが丘、昭和六三年は所沢であり、第四山の手論の一定の正当性を裏付ける結果となった。ちょうどその頃、長谷川徳之輔の『東京の宅地形成史』（2−1−B）が刊行された。同書は、第四山の手論同様、東京の住宅地が都心から西へ西へと開発されてきた歴史を描いていたが、非常に豊富な歴史的統計資料を使い、地価の歴史的変遷についても詳述していたので大きな注目を集めた。

ところで、第四山の手を公にして以来、「では第五山の手はどこになるのか」と何度もたずねられたが、地形的に多摩丘陵のさらに西側に新しい山の手ができることはありえない。おそらく第四山の手の飛び地が各所に遍在することになるだろうというのが当初からの私の回答である。

実際、近年の豊洲などの湾岸タワーマンションは、地形的には低地、それも埋立地だから山の手のはずはないし、庭付き戸建て住宅でもないが、住民の属性からいうと、第三山の手や第四山の手とほぼ一致している。第四山の手で育った世代が、第四山の手と同じような価格でもっと通勤に便利な住み処を求めて選んだのが湾岸タワーマンションだからだ。そして地上三〇階に住めば、第四山の手よりも標高は高い。タワーマンションは、都心に人工的につくられた山の手だということができる。

だが、第一山の手から第四山の手までは、欧米のレッチワース、リバーサイド、ラドバーンなどの田園都市の流れを汲み、少しでもそれらの理想的な住宅地に近づこうという意志があったが、タワーマンションにはそうした思想的連続性は感じられないところに私は大きな寂しさを感じる。

第2章　多摩ニュータウン

戦後最大の郊外住宅地開発といえば、首都圏では多摩ニュータウンである。昭和三一年（一九五六）の「首都圏整備計画」では、東京駅から一〇〇㎞圏を首都圏と定義し、イギリスのグレーターロンドン計画にならって、郊外ニュータウンの開発を企図した。昭和三五年（一九六〇）からは首都整備局が多摩地区でのニュータウン適地選定作業を開始、三八年（一九六三）には首都整備局から住宅公団首都圏宅地開発本部に対して多摩ニュータウン構想の作成が依頼された。こうして多摩ニュータウンは昭和四一年（一九六六）に開発が始まり、四六年（一九七一）から入居が開始された。しかし多摩センター駅への京王相模原線の延伸は昭和四九年（一九七四）であり、それまでは「陸の孤島」などと呼ばれていた（『多摩ニュータウン開発事業誌　通史編』2‐2‐A）。

『多摩市史』（2‐2‐B）によれば、ニュータウン構想は、民間不動産業者の思惑買いを招き、乱開発も見られた。民間団地やゴルフ場に土地を売る農家も多かった。

このため多摩村の地主たちは「日本住宅公団による国家的な開発」を求め、「私達は、この地域の開発に進んで協力しこゝに集中する住民人口を基礎として、従来の農業経営を多角的に改善して必要物資（野菜、鶏卵、肉類等）の供給が出来る態勢を整備いたし度いと存じます」と、ニュータウン開発を地域農業の近代化に結びつけて、国家による責任ある開発を求めた。しかし開発側は「南多摩地域の農業を滅びゆくものと把握し、農地を強制的に買収して都市計画を進めることを当然のことと認識していた」という。

実際に多摩ニュータウンに住んだ住民からも様々な不満、批判が絶えることはなかった。パルテノン多摩『企画展　多摩ニュータウン開発の軌跡』（2‐2‐C）は、入居開始当時の引っ越し、交通渋滞、駐車場不足などの様子を伝えている。

ニュータウンへの総合的な批判としては岡巧著『これぞ人間試験場である』（2‐2‐D）がある。同書では、この二〇年ほどの間に指摘されるようになってきた郊外ニュータウンの問題（拙著『「家族」と「幸福」の戦後史』参照）がすでに多く指摘されている。

「本来、都市というものは自然発生的で、かつ多様な構成をもっている」はずだが、ニュータウンにおいて「子どもの生活圏がすべて団地内にキチンと収まってしまうということは、柔軟なはずの子どもの行動やみずみずしい感覚までが定形化されてしまうことにならないだろうか」という岡の疑問は、近年再評価されているジェイン・ジェイコブズの思想とも通ずる。

その他、住民の家族類型・年齢構成が画一的であること、都営住宅と公団住宅の住民の階層格差、妊婦の健康への悪影響、防犯上の死角があること、近所とのつきあいの少なさ、家事と育児に専念しなければならない主婦、言い換えると、主婦が子育てがてら働く場所の不足なども岡は指摘している。

さらには高齢者人口の増加と高齢者が生きがいが持てる活動と居場所の不足、その解消のための空き家の利用にまですでに触れており、さすがに実際にニュータウンに住んで実感した人の視点は鋭いと言わざるを得ない。こうした本はもっと古くから多くの人に読まれてよかったと思うが、マイナーな出版社から刊行され、一般的には知られなかったであろう。誠に残念である。同書を本書に収録することで郊外ニュータウン問題を改めて考える人がひとりでも増えることを希望する。

『オーラル・ヒストリー　多摩ニュータウン』（2‐2‐E）は多摩ニュータウンの歴史を、ある事実の関係者に当時の話を詳しく聞くことで、文献に残らない歴史の細部を明らかにする「オーラル・ヒストリー」という手法で解読している。

本書でオーラル・ヒストリーの対象になっているのは、東京大学名誉教授・伊藤滋、元・東京都副知事・青山佾、住宅公団で多摩ニュータウンを担当した筑波大学名誉教授・川手昭二、地元の地主だった横倉舜三、一九七〇年代の多摩市長・臼井千明ら。

伊藤氏。「『電車も引かないで、人だけ入れてバスだけ。あとは知らない』というのはね、これは文明国家のすることかと思いましたね」「あの頃、国と東京都が、どれくらいサラリーマンを人として扱っていなかったかということですね」

川手氏の発言。「1949年（昭和24年）には、『ソビエトは理想の国に違いない』と思っていたんですからね」「大学祭では、プレファブ住宅をみんなでつくって展示するなんてことをやりましたから。〔中略〕あれ、ほとんどソビエトだと思いますよ」「（公団にいると）住宅建設五箇年計画とかね、〔中略〕ソビエト・ロシア的なんですよ」

特に横倉氏の発言が重い。「最初は、『土地というのは、国の土地だから、最終的に国が使うということだったら、それはしようがないだろう。職業をやめても、多くは国のため』、そういう考え方が、この地域にはあった」。しかし今「考え直してみると『おれたちは、何のためにニュータウンに協力したのか』と」「『これは自殺行為だった』というように思い始めている」「この開発によって30万人もの人々が集まってきたら、農業をやめても何か仕事がいっぱい出てくるだろうという期待を持っていたわけです」。しかし「公団の考え方に左右されてしまった地元の人々はもう土地を持っていませんから、そういう産業に携わることができなくなってしまった」。

郊外ニュータウン開発に限らず、工場地帯化も、列島改造も、原発も、土地の使い方を国家に委ね、土地が金を生む仕組みをつくったのだが、今振り返ると、果たしてそれでよかったのか。その功罪の綿密な検証があらためて問われる。

市域の多くを多摩ニュータウンが占める稲城市の住宅問題について『稲城市史』（2－2－F）が述べる内容は興味深い。稲城市での団地建設は東京都住宅供給公社による昭和四五年（一九七〇）の平尾団地が最初だが、その後多摩ニュータウンがどんどんできていく。当初は「マッチ箱を平地に規則正しく並べたような住宅が一般であった。画一性は退屈する。（中略）そこで小さな庭つきの低層のタウンハウスや、ライトウェル（光の井戸）付きの中層住宅」などを建設するようになる。「中・高層集合住宅の場合も、間取りになるべくゆとりをもたせ、また自然の地形をできるだけ生かしたバラエティに富んだものにする」という工夫が昭和六〇年（一九八五）ごろから生まれてきた。そういう工夫をすると「土地利用効率は悪くなる。建設費もかさむ。その結果は家賃高、分譲地の高騰となってはねかえってくる。しかし昨今では、より快適な生活のためには数千万円を払っても惜しくないと考える人々が、かなり多くなってきた」と同書は書いている。

また、住宅ばかりのベッドタウンへの反省も生まれてきた。すでに昭和四四（一九六九）年に美濃部都知事の招きでロンドン大学名誉教授が来日して数ヶ月に渡って日本のニュータウンを調査し、単なるベッドタウンではなく職場を作るべきだという提言を受けていた。しかし当時は住宅戸数を増やすことが先決であり、職場づくりにはまったく手が回らなかった。だが昭和六〇年ごろには、「主婦の就業率は高まり、近くに職場が欲しいという要望は強まるばかり」だった。そこで昭和六一年に「新住宅市街地開発法」が改正され、居住者の雇用機会の増大、昼間人口の増加による都市機能の増進に寄与し、かつ良好な居住環境と調和する事務所、事業所の設立が可能になった。これにより、それまでは学校、郵便局、警察、病院、店舗などの公共・公益施設しかつくることができなかったニュータウンに、事務所、研究所、工場も立地できるようになり、職住近接のライフスタイルが郊外ニュータウンでもある程度実現できるようになっていった。

また景観面でも、「ファインヒルいなぎ」では、電線の地中化を進めたり、歩行者専用道路は安全だがさびしいという反省から幅の広い歩道を両脇に持つ車道をつくり、沿道に店などを配置したり、自然の地形を壊さず、傾斜地の下に戸建て分譲住宅、斜面に低層集合住宅、その背後に中層集合住宅、いちばん高いところに高層集合住宅を配置するなど、より良好な生活環境づくりのためにさまざま工夫がされた。

私も最近こうした多摩ニュータウンの様子を視察してきたが、たしかに画一的ではない良好な景観を持った住宅地がたくさん存在していることに感心した。しかし高齢化が進む今、自然の地形を生かしたことで階段が増え、高齢者が歩くには困難が伴うようであった。多摩センター駅前は本来の丘を四〇メートルも削ったという。それもどうかと思うが、逆に自然のままの地形でも住みづらい面もある。ニュータウンがオールドタウンになると言われる今後、さらなる工夫がニュータウンに求められる。

第3章　東急多摩田園都市

国を挙げての大事業であった多摩ニュータウンに対して、民間資本による戦後ニュータウン開発を代表するのは東京急行電鉄による多摩田園都市であろう。

戦後、公職追放されていた五島慶太は昭和二六年（一九五一）八月に東京急行電鉄相談役として復帰した。五島は「東急電鉄の前身である目蒲電鉄、東横電鉄は田園都市㈱から生まれたものであり、したがって田園都市業は当社の古いノレンであり、東急の田園都市業か、田園都市業の東急かと思われていたほど重要な事業であった。しかし、最近は積極的な名案なきため全く沈滞している」。「社員全員が協力し、現在の不振を挽回し是非とも、昔の田園都市業に復元することをお願いする」と訓示。これがきっかけとなって、東急電鉄の田園都市業は、戦後の住宅難の解消のために積極的に事業を展開することになった（『多摩田園都市』2－3－A）。

昭和二八年（一九五三）一月には、五島は国道二四六号線（大山街道）沿道の土地所有者を本社に招き、城西南地区の開発趣意書を発表した。ロンドン郊外のレッチワースなどの例を示し、東京でも、第二の東京を目指した田園都市づくりが人口急増に対応する唯一の道である、土地買収が早急にまとまれば、東映大泉撮影所の移設、上野動物園の移設まで考えていると五島は大風呂敷を広げた。

昭和三四年（一九五九）には川崎市野川地区の土地区画整理組合を設立。以後、恩田、荏田と事業を進め、昭和三八年（一九六三）には「多摩田園都市」という名称ができ、昭和四〇年（一九六五）までに合計一五の土地区画整理組合を設立した（『東京急行電鉄50年史』2－3－B）。

昭和四一年（一九六六）には建築家菊竹清訓と共同で、多摩田園都市開発計画として「ペアシティ計画」を立案した。ペアシティとは「梨の街」という意味であり、「多摩川梨の産地として名が知られていた多摩田園都市一帯に、みずみずしい果実を模して拠点をつくり、周囲に枝葉を張るようにサービスのネットワークを完成させようというもの」であった。

東急電鉄グループの住宅産業にも力が入った。東急不動産は昭和四一年から在来工法の一部を改良した住宅を「東急ホーム」の名で売り出し、昭和四三年（一九六八）からはマンションの販売を開始した。昭和四四年（一九六九）、五島昇社長は「住宅は個人の希望というものがあるので規格化は難かしいと思うが、人間の好みはそんなに変わるものではないから、決して規格化できない産業ではないと考える。必ず住宅は規格化されて、大量生産される時代がくる」と訓辞を述べた（『街づくり五十年』2－3－C）。

そこで昭和四五年（一九七〇）には、東急不動産はアメリカの有名な郊外住宅地レヴィットタウンの開発業者であるレヴィット・アンド・サンズ社と木質系プレハブ住宅の共同研究の契約を締結した（レヴィットタウンについては拙著『「家族」と「幸福」の戦後史』参照）。昭和四六年（一九七二）には社内に「量産住宅パイロットチーム」を発足するなど、住宅の大量供給体制を確立しつつあった。

第4章　団地研究など

団地の立地は郊外とは限らないが、郊外を考える上で団地の存在を欠かすことはできない。また、本格的に郊外に戸建て住宅地が開発される以前に、激増する東京の人口を吸収するためにいち早く団地が建設されたこと、かつ第5章以下の一都三県の郊外地域における事例も多くは団地であることを考慮し、本章では昭和三〇年代から四〇年代の団地論、団地研究などをいくつか掲載することにした。

また近年、若い世代を中心として「団地ブーム」とも言うべき現象が起こっているが、しばしば表層的なそのブームの中にいる人々が、建築論、都市政策、社会文化論としての団地について知ろうとしたときに本章は役立つだろう。

まず『週刊朝日』一九五八年七月二〇日号「新しき庶民〝ダンチ族〟アパート住いの暮らしの手帖」（2－4－A）で取り上げられているのは新宿の戸山団地、武蔵野市の緑町団地、葛飾区の青戸団地など。「アパートが当って結婚できた時には、ほんとうに嬉しかった。アパートって、共稼ぎの天国だと思っていたんですもの」とは東京郊外の団地の若い女性の意見。しかしゴミ捨ての問題で専業主婦と意見が違い、苦労する。専業主婦は、共働き主婦が掃除当番をしないので不満なのだ。子供は子供部屋がないのが不満。戸山団地では一流高校目指して受験勉強も激しい。団地は「サラリーマンの再生産地域」だとすでに記事は指摘している。

論評を加える人たちも一流だ。東大教授で都市計画家の高山英華は「欧米の団地は必ず都市計画と密接な関係をもって建設されている」が日本はそうではないと批判。都心に旧軍用地などの団地に最適な敷地があるが、そこに団地は造られず郊外のへんぴな地域につくられる。『暮しの手帖』編集長の花森安治は「日本の団地住宅の根本的な誤りは、家が不足しているからとにかく建てるという間に合せ主義と、木と紙はやめて耐震耐火のコンクリートで建てようという永続尊重主義」が相反している、「間に合せ主義ならカマボコ兵舎風でたくさんだが、耐震耐火ならば人間が住む場所として、さまざまの条件を考えなければならないはずだ」と指摘する。都市社会学者の磯村英一は、ニューヨークの郊外住宅地と比較して、ニューヨークでは部屋数が多く、子供の個室もあり、部屋の面積も狭く、庭は広く、生け垣があり、地域内には診療所、薬局、託児所、美容院、理髪店、教会、スーパーマーケットがあると、アメリカの先進ぶりを語っている。

昭和三五年（一九六〇）に刊行された『現代教養全集22　生活の科学』からは「団地アパートの町をルポする」（2－4－B）という論文を転載した。埼玉の福岡村の霞ヶ丘団地が対象である。「団地に入ってまず感ずるのは、よその洗濯ものがきれいに見えたり、よそのカーテンが上等に見えたりすることだ」という主婦の意見が紹介されており、団地が、隣の芝生が青く見える場所であり、後述する人並み意識や競争意識、あるいは清潔志向を強める場所であることがわかる。洗剤の消費も多かったのではないか。「やっぱりね、あちこちに窓から見通しですもの、洗濯ものひとつほすにも、まさかあんまりツギの当ったパンツなんかほせませんもの。どうしても衣類の出費が多くなりますね」という声もあった。たしかに無数の窓からお互いに監視しているような気分は、それまでの日本人が味わったことのなかったものであろう。

昭和三七年（一九六二）に刊行された『変りゆく家庭と教育』（2－4－C）は、団地という新しい居住形態がもたらす家族、子供、教育への影響を研究したものである。京阪神の団地についての研究が多いので、本書では東京圏を対象に含む「団地の消費生活」を転載した。団地住民の階層意識は、東京の戸山アパートの場合、五段階で真ん中の三段階に当たる「中の上」「中の下」「下の上」が九五％にものぼり、まさに中流階級だけで構成されていることがわかる。

消費支出総額は東京のある公団団地では一ヶ月一人当たり九七六三円であり、東京の全世帯平均の七一九八円より三六％も多い。しかしその内訳を見ると、団地では住居費が二二一七円であり（東京全体では六五一円）、そのうち家賃が一五二三円（東京全体は一八六円）であり、支出の差のほとんどが住居費であることがわかる。また家具什器は五九三円で東京全体の二九〇円より二倍以上多く、生活の洋風化のために洋風の家具を買いそろえていたことがわかる。

被服費も差があり、団地は一二二九円だが東京全体は八四二円と四六％も多い。さらに食材のうち、穀類は団地のほうが東京全体よりも少ないが、「その他の食料」は二七四二円であり東京全体の二一五五円より二七％多い。コーヒーとかウイスキーなどの嗜好性の高い食品が多かったのではないかと推察される。このように団地住人は、中流サラリーマンで、家具、衣料品にも気を使い、食事に嗜好性が高い人々であったことが数字で裏付けられる。このへんが、概して団地住民が見栄っ張り、派手などと評された理由であろう。

消費生活が派手になる理由をこの論文では住民同士の「競争意識」に求めている。アメリカの郊外論で多用される言葉で言うと「keep up with the Joneses」（ジョーンズ家についていけ）、意訳すれば、普通の家と同じにしろ、つまり人並み意識の強さである（同論文でもシカゴの郊外住宅地を研究したウィリアム・ホワイトの『組織のなかの人間』*The Organization Man* を参照している）。

また「生活をじょうずに楽しむため努力をしないことは恥ずかしいことだ」という質問に対して、下町の葛飾区の青戸団地よりも東京西部郊外のひばりが丘団地の住人のほうが「賛成」が多く、かつ女性のほうがそうだったことも、興味深い結果である。団地においては女性が生活の主役となり、そのこともあって団地が「みせびらかしの消費」の場になったということである。

前述論文からもわかるように、団地に住むことで、家具、カーテン、衣料品、嗜好食品の消費が伸び、さらには洗剤の消費が伸び、というように、団地は消費の場所として大きな役割を演じたのであり、それがその後の郊外ニュータウンのライフスタイルに引き継がれていったと言うことができる（第1章「第四山の手ゾーン」参照）。

昭和三八年（一九六三）に刊行された『団地のすべて』（2－4－D）の内容はかなり総合的であり非常に興味深い。特に、日本の団地がソビエトに学んだことがわかる論文は少ないので、東京圏に限った論文だけではなく、また戦前についての記述もあるが、かえって歴史の流れがわかるし、海外からの影響も理解でき、計画論的にも価値があり、さらに統計資料、図版なども充実していることもあるため、同書のおおかたを転載することにした。

アメリカの団地生活のレポートは、前述のウィリアム・ホワイトの『組織のなかの人間』の訳者である辻村明が、同書が研究したシカゴ郊外の住宅地パークフォレストを訪れている。また別の著者がイスラエルのキブツまで取材しているのは、いったいどうしてなのか不明だが、「共産主義的原則に立脚」した「集団生活形態」として注目したのだと推察される。またソビエトの視察は神奈川県住宅公社の職員が行っており、その後の神奈川県の住宅政策になんらかの影響があったのであろう。

京王電鉄が昭和四二年（一九六七）に発行した『住まいのすべて』（2－4－E）は興味深い資料である。電鉄会社が必ずこうした住宅ガイドを発行していたのかどうか私は知らないが、電鉄と住宅というものの不可分な関係がわかり、面白い。

冒頭に「これから土地を買い、マイホームづくりをなさろうとする方は、まずはじめに、つぎのことはぜひ知っておいていただきたいと思います」として「私鉄の分譲地など、大会社（名の通った会社で、しかも実績、経営規模の大きいもの）の造成する分譲地を選ぶこと」といきなり私鉄資本の分譲地を勧める。そして「街の不動産屋が間に入っている宅地分譲については、まず登記所へ行ってその土地の実存を調査した上で土地を見るのはもちろんですが、近所の評判、できればその会社の取り扱い物件の件数、内容などにも注意したいものです」と書く。当時は相当怪しい業者が住宅をつくっていたのだなと想像される。

昭和四八年（一九七三）、都市研究者で京大助教授だった上田篤は有名な「住宅双六」を発表した（「貧しき日本のすまい」『朝日新聞』一九七三年一月三日付、2－4－F）。戦後二八年、経済の回復、生活の向上は著しいが「住宅だけは、戦前水準はおろか、戦中のそれに近いようなものも数多い」と手厳しい。「現代住居の規模や構造における貧しさは、住宅に安住できない国民性と、根無し草のように落ちつきのない都市文化を生みだした」と上田は言う。住宅問題の解決のために高島平団地のような高層アパートを建設するという意見には「結局は高密度な『立体スラム』を現出する」だろうし、庶民の最終的な夢は「庭つきの一戸建住宅」だ。だが、みんなが一戸建に住むにはあと三千万戸の一戸建が要る。「それでは私たちの社会は『一戸建住宅』の大量建設にふみきるべきなの」か、「私たちが生きている社会の住宅の『上がり』はそれに尽きるのであろうかという疑問を、いま一度根本的に考えてみる必要があろう」と上田は住宅に関する新しい哲学と科学の必要性を語る。その後の上田の発言から推測すると、上田は巨大団地をつくるのではない形で、もっと本質的に都市に生きる方法を探るべきだと思っていたのだろう。

だが、現実には、その後も団塊世代の出産ブームが続き、昭和五五年（一九八〇）前後以降、彼らのマイホーム需要を満たすために、ますます郊外にプレハブ一戸建て住宅のみならず、大規模なマンション街がつくられることになったのである。

国民生活センターは昭和四八年度に大阪の千里ニュータウン、泉北ニュータウン、東京の多摩ニュータウン、東急多摩田園都市の住民を対象に「大都市におけるニュータウンの居住形態と生活環境に関する研究」というアンケート調査をしている。

東京圏の多摩ニュータウンと多摩田園都市を比較すると、アンケート結果を通じて明らかなのは、多くの点で多摩田園都市のほうが、他の公的なニュータウンよりも評価が高いということである。

たとえば生活環境で困っていることとして、家の中が湿っぽい、火災のときにすみやかに避難ができない、病院・診療所の施設が貧弱、病院・診療所で長く待たされる、病院・診療所の夜や休日など利用時間が不便、粗大ゴミの処理に困る、路上駐車しているため緊急時に自動車が通れないなど挙げる者は多摩田園都市よりも多摩ニュータウンのほうがかなり多い。一般中流向けにつくられた多摩ニュータウンより、やや中の上の階層向けにつくられた多摩田園都市のほうが、何かと満足度が高いようである。

東京都板橋区に高島平団地が完成したのは昭和四七年（一九七二）三月だった。昭和四〇年（一九六五）に板橋土地区画整理事業として都市計画決定され、当初は四八九〇戸の計画であったが、住宅難に対応するために、最終的に一四階建てを中心とする高層団地約一万一〇〇〇戸の大規模団地として計画された。戦後のベビーブーマーによる出産期が近づいていたからである（『板橋区史』2－4－G）。

住宅公団は「郊外につくられるニュー・タウンと、都心につくられる高層高密度団地の両面の性格をあわせもったユニークな団地」と高島平を宣伝した。家賃は当時としては高額だったが、「夢の3DK生活」と謳われた3DK住戸には二一・五倍の申込みがあった。3LDKの住戸に至っては一二五・五倍だった。二三区内に家族で住める広い3DK以上の賃貸住宅が少なかった当時、遠く郊外に出なくてもそうした住戸に住めるということが、高島平団地の人気の理由だった。

第5章　東京都三多摩

以下では一都三県の郊外地域について、行政区分別に郊外化の様子を概観できる資料を並べる。主要な自治体の史料を見たうえで、その中から、本書収録に意味があると思われる記述のあるものを選別した。

まず東京都三多摩だが、埼玉、千葉、神奈川という周辺県と比べると、開発が早く、昭和二〇年代から三〇年代にかけてすでに住宅地化がかなり進み始めた。これは都内の人口の急増に対応して、いちはやく都内で住宅難の解決を図ろうとしたためである。昭和四五年（一九七〇）以降の、本当に大規模な郊外住宅地開発が登場する以前の、まだ素朴な郊外住宅地像が浮かんでくるかもしれない。

東京二三区に近い三鷹市では、昭和三〇年（一九五五）から三五年（一九六〇）にかけて四一％の人口増があり、二五年（一九五〇）から四〇年（一九六五）で人口は五万五〇〇〇人から一三万五〇〇〇人に増えた。戦後、住宅公団最初の団地である牟礼団地をはじめとして、三鷹台団地、新川団地ができたことが大きく影響しており、後述の保谷市同様、団地が三鷹の人口を増やしたのである（『三鷹市史』2-5-A）。

隣の武蔵野市の人口は、昭和三〇～三五年で二万五〇〇〇人が増え、三五年には人口密度一万人を超え、すでに人口のピークに達していたが、三鷹市は四〇年でも人口密度八〇〇〇人でまだ余力があった。

ただし三鷹市は若年層の人口の転入が多かったため、転出もまた多かった。また、三鷹よりさらに郊外に家を求める人々も転出し、人口の急増時代は昭和四〇年代になると一旦終了した。

郊外を分析する上で、教育、学歴は重要な視点の一つであるが、『三鷹市史』の分析でも特徴的なのは住民の学歴の分析である。団地などによって住民が急増した地域はホワイトカラーが増え、学歴も高くなる。昭和三五年の三鷹市では全学卒者の三一％が大学・短大・高専の卒業者であり、全国平均の五・八％より遥かに高かった。さらに武蔵野市は、男子では大卒だけでも三〇％という全国一の高学歴を誇っており、これら二市の教育水準の高さを示している。

小金井市も昭和三〇年代の団地・官舎建設によって郊外住宅地化した地域である。昭和三五年に緑町に公団小金井団地、三六年（一九六一）には陸軍用地が東京都住宅供給公社の本町住宅となり、さらに三八年（一九六三）に国家公務員住宅と住宅供給公社貫井南団地が完成している。また、大学の立地が郊外都市化に大きく貢献することは東京・戦前編でも述べたが、小金井でも東京学芸大学、東京農工大学、法政大学工学部があり、国際基督教大学、東京経済大学、慶應義塾大学工学部も敷地の一部が小金井市に属するなど、町の発展に大学が果たした役割は大きいと言える。

町田市の住宅地化は、戦時中、軍関係の施設が隣の相模原市につくられたため、そこで働く人々のための住宅地として町田が適していたことから始まるという（『町田市史』2-5-B）。

戦後は、昭和二二～二三年（一九四七～四八）につくられた小松製作所の住宅、二七年（一九五二）以降にはシベリア引き揚げ者向けをはじめとする都営住宅の建設が三五年まで続いた。

昭和三八年（一九六三）には住宅公団による鶴川地区の開発が始まり、四〇年には忠生地区で公団と公社による住宅地建設が、小川地区（つくし野）では東急による住宅地建設が開始されるなど市内の各地で住宅地化が進んだ。

それと並行して昭和二八年（一九五三）には小田急町田駅前の醤油工場が移転し、その跡地の区画整理事業により駅前商店街がつくられ、盛り場ができていった。大型店としては、十字屋、緑屋が昭和二六年（一九五二）、長崎屋が二八年（一九五三）、静岡屋が三八年（一九六三）、さいか屋が四二年（一九六七）、大丸が四六年（一九七一）にでき、町田は東京郊外を代表する大商業地となっていった。

郊外は住宅地を中心に歴史が語られるが、特に戦後の郊外を研究するにあたっては、町田のような商業拠点の発展についても詳しく調べる必要がある。

町田市の団地白書（『団地建設と市民生活』2－5－C）の記述はなかなか激しい。まるで戦前の東京の下町の密集地帯を描いているようである。たとえば、人口が急増しているのに下水道整備が追いつかず、家庭の台所から風呂から出る汚水がほとんど道路側溝に流されているので「カやハエなどの発生源ともなって、さらに流れ込む川を汚し悪臭を発生させている」。「もはや汚物による環境の破壊、公害の発生という問題から市民生活を守るには、下水道の整備以外にその道はない」。「下水道整備を進めるには、その放流先である河川の改修もなされていなければならない。市内を流れる主要な川は境川、鶴見川、恩田川である。これらはもともと農業用水として利用されていた川であったのを、都市化とともに下水道の代りとして利用されるようになってしまった」。また「団地建設により山林や田畑などがつぶされ宅地化して」「雨が降れば地下にしみこむという自然の調節機能が失われてしまった。なかでも境川は過去二回にわたって氾らんし、沿岸の住民に大きな被害を与えている」。

このように、町田市の昭和四五年当時は住宅地下により相当生活環境が悪化していたようである。それだけでなく「さまざまな犯罪が続発している」とも白書は書く。住宅が建て込んで火災が心配だという声も大きい。急激な住宅地化とそれに伴う商業の発展が、過密化と環境悪化をもたらし、それが住民などにストレスを生み、そのことが犯罪を誘発したのかもしれない。

日野市の住宅地化は、多摩平団地の建設によって始まる。同団地は、松戸市の金ヶ作（常盤平）団地、川崎市の生田団地、所沢市の北所沢団地と並んで公団最初の事業として公団設立当初から進められた（『日野市史』2－5－D）。

当時は日野町だったが、同町では、首都圏建設計画における衛星都市となることを希望し、熱心に団地建設を誘致し、衛星都市計画の候補地となり、昭和三二年（一九五七）に認可を受けた。しかし、農地をつぶすことに反対する農民もあり、彼らはのぼり旗を立てて団地建設の地鎮祭会場附近に座り込んだという。農民側からの住宅地化反対運動については次章の埼玉県の事例でも見られる。戦前編で取り上げた堤康次郎、井荻土地区画整理事業、玉川全円土地区画整理事業、あるいは多摩ニュータウンの章などでも書いたように、大規模住宅地の開発にはしばしば抵抗や反対があり、一筋縄ではいっていない。郊外開発にはかなり強引な面もあったことは忘れてはなるまい。

日本住宅公団によるひばりヶ丘団地は昭和三三年（一九五八）から三四年にかけて、保谷市（当時は保谷町、現・西東京市）に完成した。保谷町にはすでに終戦後から都営住宅、市営住宅がつくられ続けており、昭和二〇年（一九四五）から三九年（一九六四）で合計すると二八三五戸の公営住宅がつくられた。

『保谷市史』（2－5－E）では当時の様子、特に人口を年齢別、職業別、就業地別などに細かく分析しており、昭和三〇年代の団地形成史を知る上で貴重である。言うまでもなく、団地急増期の昭和三〇年から三五年にかけて保谷町では二五～三四歳の年齢層が急増し、新婚や子育て期の夫婦が流入したことがわかるし、職業は、市全体でもホワイトカラーがより多数派に変わっていった。就業地は町外で働く割合が七割近くに増え、なかでも千代田区、中央区で二五%ほどを占めるようになっていた。戦前編における中野、杉並両区の資料に見られたような変化が昭和三〇年代前半の保谷町で起こったのである。

武蔵村山市では、昭和三九年から四一年にかけて（当時は村山町）、都下最大の都営住宅団地（村山団地）が建設された。町の人口は一気に二・五倍にふくれあがり、昭和四五年には武蔵村山市が誕生した（『武蔵村山市史』2-5-F）。

村山団地は総戸数五二六〇戸、それまで都営最大であった北区の桐ヶ丘団地を七〇〇戸も上回った。

また、昭和三四年（一九五九）には、東京陸軍少年飛行兵学校跡地の地主数百人が、将来の町の発展を目指し、跡地一八万坪を開発すべきであると町長に要請し、町は住宅公団に跡地の買収を陳情している。

だがこの陳情は受け入れられず、結局跡地はプリンス自動車の工場として買収され、現在はショッピングモールとなっている。農地、軍用地、工場、ショッピングモールと土地利用が変遷してきたわけであり、それ自体が日本の産業構造と社会・生活の変化を物語っている。

また、すでに述べてきたことからも明らかなように、戦前もそうだが、戦後も、軍用地、軍施設と住宅地開発の関わりが深く、その点を深掘りして研究しても面白いであろう。

最後に、野田論文（2-5-G）は、本書でもたびたび指摘してきた郊外と娯楽施設の関係を論じており、貴重である。

堤康次郎の本格的な娯楽施設建設は大正一三年（一九二四）の新宿園である。これは現在の新宿五丁目に浅草六区のような娯楽の殿堂をつくろうというものであり、劇場の白鳥座、外国映画上映館の孔雀館、専属の少女歌劇団による童話劇を上演する鷗座などからなっていた。

新宿園は不発に終わるが、昭和一六年（一九四一）に豊島園を武蔵野鉄道に合併する。さらに戦後、昭和二三年に「東村山文化園」の建設構想を発表し、二五年に開園、その一環として村山貯水池の畔に立つ、大岡昇平の小説『武蔵野夫人』の舞台となった村山ホテルを改修し「多摩湖ホテル」と改称して開業。文化園の遊園地には大衆的なウォーターシュートなどがあり、村山競輪場も開業した。これらが後の西武園の元となる。さらに昭和二六年（一九五一）には文化園の一部にユネスコ村が完成し、東村山文化園を西武園と改称。昭和二九年（一九五四）には村山競輪場を西武園競輪と改称、三四年（一九五九）には狭山スキー場、三九年（一九六四）には西武園ゴルフ場、五四年（一九七九）には西武ライオンズ球場を開業し、西武鉄道グループの娯楽の殿堂が完成した。

さらに堤は飯能一帯の観光開発をもくろみ、「関東宝塚構想」をぶちあげたが、そのために買収した土地は、その後何年も手つかずのまま放置されたという。このあたりに、またしても投機家としての堤康次郎の性格が見える。

第6章　埼玉県

昭和三五年（一九六〇）以降の高度経済成長の本格化に伴い、郊外住宅地開発は、東京都の枠を出て、埼玉、千葉、神奈川といった周辺県にまで急速に拡大した。

まず埼玉県を見ると、昭和二五年（一九五〇）には二一五万人だった人口が三五年には二四三万人に増えただけであったが、四〇年（一九六五）には三〇一万人、四五年（一九七〇）には三八七万人、五〇年（一九七五）には四八二万人と三五年の二倍ほどに増えている。昭和四五年から五〇年は五年間で一〇〇万人という激増ぶりである。また、東京都から埼玉県への人口流入は昭和四五年から五五年（一九八〇）までに一四二万人にのぼった。「郊外県」としての埼玉がここに誕生し、その後「埼玉都民」という言葉も生まれた。

埼玉でも郊外化の最初は公団住宅である。まず、昭和三一年（一九五六）には、三鷹市の牟礼団地と並んで首都圏初の公団賃貸住宅、西本郷団地が大宮市（現・さいたま市）本郷に完成。翌三二年には大宮市の宮原団地、入間郡の鶴瀬団地、三五年前後には所沢市の新所沢団地、浦和市の南浦和団地、草加市には当時日本最大の草加松原団地、四〇年前後には浦和市の田島団地、春日部市の武里産地、上尾市の原市団地と尾山台団地など、大規模団地が次々と建設された。昭和四〇年には三万五〇〇〇戸だった新設住宅着工戸数は四五年には一〇万戸、四七年には一四万戸に急増したのである（『新編埼玉県史』2－6－A）。

『浦和市史』（2－6－B）は市内各地の土地区画整理事業について詳述しているが、民間企業による乱開発についても若干触れており、「採算のみを考えた場合、低地での浸水対策」と「消防自動車が入れるための取り付け道路の幅員、隣接との距離など安全性のうえで種々の問題を抱えることになり、その始末は行政側が後手に回りながら対処する形となっていった」と書いている。中小不動産業者の乱開発が多かったことは、郊外住宅地の歴史を語るうえでひとつの大きな問題だが、中小不動産業者の事業は、公団や大規模開発業者のように史料が残っていないため、実態がよくわからない。この点を研究すれば大きな価値があろう。

川口市といえば鋳物の町、キューポラのある町だが、実際、川口市の場合、郊外化の形は少し他と違っている。一般的な郊外化は、流入した人の就業地と常住地が異なることが多いが、川口は工場街であるため、就業地が川口市内である人が多かった。人口は昭和三五年から四〇年に四六％増えたが、これは、東北地方などの中学、高校を卒業したばかりの「金の卵」たちが大量に流入し、住み込みで働いたためである。市内の就業者のうち市内で働いている人は、たとえば浦和市の五三％に比して、川口市は七三％を占めた。

だが、昭和四八年（一九七三）のオイルショック後の産業構造の転換により、川口市は工場街からマンションの多い住宅地へと変わり始め、住民のホワイトカラー率が高まり、就業地も五五年になると、千代田、中央、港という都心三区の割合が三八％を占めるようになった（『川口市史』2－6－C）。

このように工場街から住宅地へと転換した例は、東京圏には多いはずであり、ひとつの特徴的な郊外化の例として、独自に研究してみることも可能であろう。都区に近年東京圏で人口が増えているのは、中央区月島、同・勝どき、港区港南、同・芝浦、江東区豊洲、川崎市中原区、同・高津区など、高度経済成長期までは工場地帯だった地域に巨大なタワーマンションが建った場合である。その意味では最も新しい形態の郊外化だとも言え、その住民の属性、ライフスタイル、価値観などが特有のものである可能性はある。

先述したように、所沢市は第四山の手論の成立のきっかけとなった市である。パルコが出店しようとしていたのは西武池袋線新所沢駅前、緑町新所沢団地の手前であった。

同団地は昭和三四年（一九五九）から入居が始まり、三八年（一九六三）までに二四五九世帯、八四三六人が入居した。これは昭和二五年から三〇年までの市内の人口増加数の二倍、世帯増加数の三倍という規模であった。住民の善住地は九〇％が東京都内であり、就業者の勤務先の九五％が都内であり、以来、所沢市は典型的な埼玉都民のためのベッドタウンになっていった。

そのため、放っておけば乱開発が進むところであったが、市は昭和四三年（一九六八）に「宅地造成事業協議基準」、四七年「開発行為協議基準」をもうけるなど、乱開発を防ぎ、「政策的にも『住宅都市』としての発展方向を明確にしたのである」。また、市長は「大所沢」化を構想し、周辺の富岡、三芳、大井にまたがる「一三万都市」開発計画を四一年に打ち出すほどであったという。川口市とは対照的に、最初から純粋に郊外住宅地としての発展を目指した例であると言えよう（『所沢市史』2－6－D）。

埼玉県の郊外開発の事例として最後に紹介したいのは、鳩山ニュータウンと椿峰ニュータウンである。これまで見てきたように、郊外住宅地開発は必然的に自然破壊、農地や山林の消滅を意味し、またしばしば自然の河川を生活排水で汚染するなど、反エコロジカルな性格を持っている。

しかし、昭和四五年以降に開発された上記の二つのニュータウンは、環境保護の気運が盛り上がる時代背景の中で、自然を保全し、より人間的なニュータウンをつくろうという意志を持っていたところに歴史的な意味がある。

これらのニュータウンを開発したのは日本新都市開発株式会社。前述したように当時所沢市では一三万人都市構想が謳われていた。この構想が昭和四〇年に自民党幹部を通じて経済同友会に持ち込まれ、同友会代表世話人の木川田一隆がニュータウン開発計画懇談会を開き、所沢市に新しい郊外都市をつくるための会社が設立されることになったのである（『日本新都市開発株式会社　社史　昭和59年版』2－6－E）。

こうして会社は昭和四一年に設立された。発起人代表は東京電力社長・木川田一隆。発起人に三井不動産社長・江戸英雄、東京急行電鉄社長・五島昇、西武鉄道副社長・堤清二、富士製鉄社長・永野重雄、東武鉄道社長・根津嘉一郎らが名を連ねた。株主には東京電力、東京瓦斯、八幡製鉄、富士製鉄、日本鋼管、日立製作所、東京芝浦電気、三菱電機、日本電気、日本セメント、日本通運、日本石油、トヨタ自動車、日産自動車、三井物産、三菱商事等々、日本を代表する大企業がずらりと並ぶ。つまり、単なるデベロッパーではなく、日本の財界としてニュータウンを建設するために設立された会社なのである。「開発さるべき新都市は、単純な団地造成によるベッドタウンではなく、本格的に計画された公益施設を完備し、都市機能を備えたものであるべき」という考えを同社は標榜していた。

会社設立後はまず所沢ニュータウンの開発に着手し、高山英華を主査として、井上孝、日笠端、石原舜介、浅田孝、小島重次らの学者からなる諮問機関をつくり、開発計画を共同研究し、昭和四二年に「所沢ニュータウン計画書」が完成した。しかし用地買収がうまく行かず、計画が大幅に縮小したため、計画は十分に実現されなかった。とはいえ、このニュータウンでは時代を先取りする試みがなされた。

所沢ニュータウンの計画が縮小した代わりに、同社ではポスト所沢として、昭和四五年、埼玉県比企郡鳩山村に鳩山ニュータウンを建設することを決めた。そこには鳩山ニュータウンを取り巻く自然環境の魅力があっただろうと言われている。

また当時、東京都では多摩ニュータウン、神奈川県では港北ニュータウン、千葉県では臨海埋立事業と北千葉ニュータウン、茨城県では鹿島臨海工業地帯と筑波研究学園都市といった事業が進められていたため、埼玉県としても昭和四五年に比企丘陵都市開発構想を打ち出したことが、鳩山ニュータウン建設のきっかけにもなっていた。

第一期は土地の買収が昭和四六年に完了、第二期は五一年から基本計画に着手した。このころ、第三次全国総合開発計画が国土庁により発表され、それまでの工業中心の開発から、人間生活重視、自然環境保全への転換が謳われたため、鳩山ニュータウンの第二期以降は、それを踏まえた事業となっていった。

すでに四五年度経済同友会総会で木川田は「'70年代日本の新路線」と題して「現代の繁栄を個人個人の生活のなかに定着せしめ、'70年代の担い手であり社会安定の中核たるべき幅広い中間層を育ててゆけるよう、財産形成策を積極的に推進する」必要を訴え、さらに四九年度総会では「人間中心のコミュニティーの繁栄をめざした公共の哲学を、企業の内に打ち立てねばならない」と述べたという。単なる住宅難の解消ではない、人間のための街づくりが求められ始めたと言える。

実際、私は平成二四年（二〇一二）に鳩山ニュータウンを訪れたが、単なる郊外のベッドタウンづくりをはるかに越えた思想がなければこれだけの街はできないということが一目見てわかった。住宅街はかつての里山を整備した山林によって囲まれ、住宅の種類も街の中心部ではタウンハウスにするなど、多様性があり、田園都市思想を十分に研究したと思われる成果が現れていた。

日本新都市開発が次に手を着けたのが、昭和五五年着工、五六年入居開始した椿峰ニュータウンだった。同タウンは所沢市の西武狭山線・下山口駅北にあり、従前の自然環境がたっぷりと保全され、森の中に住宅地をつくったような形になっている。土地区画整理事業としては全国初の建築協定、緑化協定が結ばれ、宅地は、敷地面積の二〇％以上を緑化する、敷地外周を優先して樹木、芝生、草花を植える、壁面にもツタ類などにより緑化するなどの取り決めによって、この森の中のニュータウンは実現したのである。

だが、鳩山ニュータウンは都心から非常に遠く、椿峰ニュータウンも交通至便とは言い難い。通勤時間の短い都心居住が求められている現代において、こうした質の高いニュータウンが、ただ遠距離だというだけで忘れられていくのは惜しい。郊外住宅地の持続可能性という観点から、優れた郊外住宅地にいかにして住み続けていくことができるかが今後の研究課題である。

第7章　千葉県

『千葉県の歴史　通史編　近現代3』（2−7−A）における郊外化、団地建設に関する記述はなかなか充実している。千葉県内の団地建設は東京に隣接する県北西部でまず進められたが、一九五〇年代後半までは総戸数一〇〇〇戸未満の団地が多かった。

ところが六〇年代に入ると松戸市の常盤平団地、船橋市の高根台団地、柏市の豊四季団地といった五〇〇〇戸近い大規模団地が完成する。常盤平団地は地元農民の反対が強かったらしい（反対運動の経緯は『新京成電鉄五十年史』2−7−Bに書かれている。また常盤平という名称を考えたのも新京成電鉄の総務課長だった。高根台団地も最初は新京成電鉄に不動産業者から土地の売り込みがあったものであり、沿線住民を増やすために、より大規模な団地とするべく公団に話を持ち込んだのだった）。

千葉県内で一〇〇〇戸以上の団地は昭和四五年（一九七〇）時点で九団地あり、うち六団地が日本住宅公団によるもの、他は千葉県住宅供給公社によるものであった。公団の団地の総戸数は昭和四二年（一九六七）段階で二万三四五〇戸だった。

そのうちのひとつ、八千代台団地は、千葉県住宅協会と住宅公団により一三四〇戸の建売と三〇〇世帯の大規模集合住宅を建設し、昭和三〇年（一九五五）から入居開始した。八千代台駅から放射状に伸びる道路を軸として、駅前広場、公園・緑地などを配置した、当時としては理想的で先進的な住宅地だった。そのため八千代台は、日本の住宅団地発祥の地と言われ、駅前に記念碑が立っている（『京成電鉄五十五年史』）。

千葉県の団地住民の人口は昭和三五年（一九六〇）には一万六〇〇〇人だったが、昭和四二年には一三万三〇〇〇人にふくれあがった。特に八千代市は人口の四一％が団地住民となったという。

こうした人口の急増のおかげで各自治体の財政は圧迫された。松戸、八千代、船橋は大幅な財政赤字となった。そのため昭和三八年（一九六三）には友納武人千葉県知事が無計画な団地建設を再検討することを求め、常磐線、総武本線の複々線化の見通しが立つまでは松戸の北小金団地と船橋の北習志野団地の入居を見合わせるように公団に申し入れた。昭和三九年（一九六四）には「住宅地造成事業に関する法律」により造成事業の規制区域の指定を行うことを決め、規制後一年間で四七件の開発申請があったうち一〇件を却下した。すでに建設中の団地についても事前協議が不充分として六団地に建設中止を申し入れ、聞き入れられない場合は水道を敷設しないなどの対応をとると表明した。

このように乱開発を規制しながら千葉県は投資効率の高い大規模なニュータウン建設を公団や民間企業と共同で開発することをめざした。それが千葉ニュータウンであった。昭和四一年（一九六六）に千葉ニュータウンの開発構想が発表された。それは、従来のニュータウンとは異なり、工業地帯を隣接させるなど、職住接近の独立した経済圏を形成しようというものだった。

県は同時に湾岸部での海浜ニュータウンの建設を構想し、稲毛、検見川、幕張の海岸部を埋め立てて大規模な宅地を供給しようとした。その後幕張は本社機能を持った業務地、レジャー用地に変更され、業務地の従業員の居住先として千葉ニュータウンを想定した。

このように千葉県の郊外団地開発は、非常にダイナミックな構想によって進められていった。

できあがった団地では、住民たちの活動が活発化した。自治会が結成され、さまざまな文化活動、スポーツ活動が行われるようになっていった。常盤平団地に自治会が結成された時の宣言文には「私達はこの〝常盤平〟をただ単に息する場、休む場にしたくない。文化的に豊かな、楽しく明るい生活の場にしたい。だがこうした願いは、あの白くつめたいコンクリートの壁にぬりこまれて、深く閉ざされた部屋は、人々の心をうつろなものにしてしまっている。〔中略〕この常盤平団地が、より明るいより楽しい日本一の〝愛の巣〟になることを念じつつここに高らかに『常盤平団地自治会』の結成を宣言する」と書かれた（『千葉県の歴史　資料編　近現代9』2－7－C）。

また、団地内の商店は数が限られ、競争が少なく値段が高かったため、住民たちはみずから生活協同組合を組織した。通勤ラッシュ、校舎の不足、道路舗装、駐車場不足などなど、様々な問題が次々と発生し、それに自治会が対応していたことが資料からわかる。

当時の常盤平団地の生活の様子は『常盤平団地40周年記念写真集　常盤平団地40年の歩み』（2－7－D）、小金原など松戸市内の別の団地開発の経緯については『昭和の松戸誌』（2－7－E）が詳しい。

また、高度経済成長期以後、バブル時代を経て平成二年（一九九〇）までの変遷については『千葉県の歴史　別編　地誌1　総論』（2－7－F）が各市町村について詳述している。

千葉県北西部に大量につくられた団地住民の主な交通手段は京成電鉄と新京成電鉄である。昭和三〇年（一九五五）からの五年間だけでも、各駅の状況客数は一・五倍から二倍近くに増え、八千代台駅にいたっては三・七倍に増えた。また京成電鉄による宅地開発分譲も一九五〇年代後半には盛んに行われたが、前述したような事情から、六〇年代以降は県と公団が主体となる大規模団地が主流となっていった（『京成電鉄五十五年史』2－7－G）。

なお、『京成電鉄五十五年史』には谷津遊園についても記述があり、興味深い。大正一三年（一九二四）に立案され、昭和五年（一九三〇）頃にようやく遊園地として体裁を整えたという臨海遊園地だが、谷津遊園内にあった野球場が、読売巨人軍の合宿練習の場所だったとは、よほどの野球ファンでなければ知るまい。戦前の人気映画スター阪東妻三郎のプロダクションが園内のスタジオでトーキー映画の撮影をしたこともあるという。昭和三二年（一九五七）には谷津ビーチハウスと東洋一のバラ園が完成、一世を風靡した。団地住民も繁く利用したであろう。

すでに何度も書いてきたが、郊外研究はこれまで住宅地を中心に行われてきたが、今後は郊外の娯楽施設についても研究すると面白いと思う。

また、郊外住宅地は住宅地全体としてひとくくりに論じられることが多いが、八千代市立郷土博物館による『昭和のモダン住宅　八千代のテラスハウス』（2－7－H）は、八千代市内にある八千代台団地と勝田台団地のテラスハウスという住宅形態に注目した珍しい資料である。

テラスハウスとは一六六六年のロンドン大火後に生まれた都市型住宅である。日本風に言えば棟割り長屋だが、家の前に広い空間を持った歩道が付いていて、その空間をテラスということからテラスハウスと呼ばれた。だが日本では庭付きの二階建て棟割り長屋を意味する。

テラスハウスのメリットは、専用の庭があること、子供が成長したら庭に増築ができ、二階建てなので子供と親の生活空間を分けやすいことなどで、集合住宅でありながら戸建て感覚が味わえることだ。外観もよく、並んだ各戸の庭の木や花が育つと、好ましい公共的景観が生まれるところも、戸建住宅地以上である。

東京都内の公団住宅でも、阿佐ヶ谷、千歳烏山、ひばりヶ丘などでテラスハウスがつくられた。特に阿佐ヶ谷住宅のテラスハウスは前川國男の設計であり、住宅地全体の環境設計も素晴らしいことから人気があったが、近年マンションに建て替えられるために解体された（拙編著『奇跡の団地　阿佐ヶ谷住宅』参照）。

このように住宅をストックとして考えず、スクラップ・アンド・ビルドを繰り返す日本の住宅市場においては、住宅の様式を記録することにも大きな意味があるのだ。

第8章　神奈川県

『横浜市史』（2－8－A）の戦後団地に関する記述は、盛り場の問題を関連づけられているのが特徴である。すなわち、団地の急増が核家族を増やす。それにより余暇生活のあり方も変わる。一九五〇年代中葉から六〇年代にかけて、横浜の盛り場には映画館が多かった。昭和一〇年（一九三五）には映画館は二五館だったが昭和三一年（一九五六）には六七館に増えていた。また昭和五年（一九三〇）は洋画上映館が二館しかなかったが、昭和三一年は一七館に増えており、洋画指向が強まったことがわかる。これは戦後のアメリカ文化の影響の拡大、それに連動して、団地に住む核家族が特にアメリカ的生活様式に憧れたという背景もあるかもしれない。

また『横浜市史』では、読売新聞に昭和四六年（一九七一）から四七年に連載された「団地」という記事を紹介している。たとえば、アメリカ的生活様式の拡大は、電気使用量を増やし、団地住民の電気容量の増量への希望が殺到したという。

また、千葉県同様、団地内の商店が団地外の商店に比べて値段が異常に高いこと、医療施設が少なく、いつも患者でいっぱいであり、集団カゼが発生すると受診に半日がかりだとか、目や歯の治療にはバスで出かけなければならず、大都市にいながら無医村に住んでいるようだ、特に夜は不安で仕方がないといった住民の声が紹介されている。保育所がなかったので、住民が共同保育の会をつくり、各戸が持ち回りで数人ずつ子供を見ることもあった。道路もなかなか舗装されず、タクシーも乗りつけを拒否するほどでこぼこ道だった。プレハブ住宅は夏はフライパンのように暑く、冬はすきま風が吹き込んだ。第4章で紹介した都市社会学者の磯村英一も、ニューヨークの郊外住宅地では診療所、薬局、託児所などが完備しているのとは大違いだったと述べている。

エレベータ内での事件、駐車中の車を狙う車上荒らし、タイヤを傷つけるいたずら、下着泥棒、空き巣など、団地特有とも言える犯罪も少なくなかった。「特異な個人主義社会」である団地では、住民意識が一昔前とはまったく違い、連帯意識が薄いことも犯罪を助長すると新聞は分析している。犯人が団地の建物の構造上追い詰められやすいため凶暴化するという、ちょっと変わった分析もあるが、それは正しいかどうかよくわからない。いずれにしろ、団地という新しい空間は、住民のみならず社会全体に、希望とともに、不安や一種の恐怖感すら呼び起こしていたと言えるだろう。

そういえば昭和四九年（一九七四）には平塚市の県営団地で、ピアノの音がうるさいことを理由に母子三人が殺されるという事件があった。そして昭和五五年（一九八〇）には川崎市の田園都市線沿線で、金属バットによる両親殺害事件が起こり、団地、あるいは新興住宅地の負の側面が強く意識されることになったのである。

これまで何度か郊外の娯楽について書いたが、京浜急行は当初、通勤電車というより行楽電車として開業した（東京・戦前編『京浜遊覧案内』1－4－⑤C参照）。明治三六年（一九〇三）には特別仕立ての電車で沿線の梅園めぐり（梅屋敷、穴守稲荷、川崎大師）を企画したりしていた。明治四〇年（一九〇七）には川崎大師に隣接する一万坪の土地に公園を建設し大師公園と名づけた。

さらに明治四二年（一九〇九）に羽田大運動場、明治四四年（一九一一）には羽田遊泳場をつくった。大正三年（一九一四）には鶴見に開業した花月園と協定を結び、遊覧客の増加に努めた。

だが同時に郊外生活には京浜急行沿線こそが相応しいと、郊外居住も勧めていた。京浜急行が最初に手がけた住宅地は横浜市の生麦住宅地であり、明治四五年（一九一二）以前には土地買収を開始し大正三年から分譲を開始し、たちまち半数が売れたという。

戦後の京浜急行の住宅地開発を代表するものは、金沢文庫周辺の開発である。昭和二九年（一九五四）に金沢区富岡地区の用地買収を開始、昭和三八年（一九六三）ごろから同区・釜利谷地区の買収も始まり、昭和四二年（一九六七）には釜利谷地区の開発計画が立案された。釜利谷地区の造成から出る土砂を八景島周辺などの埋立に無償で提供することなどが条件で開発は許可され、昭和五二年（一九七七）には「京急釜利谷地区開発基本構想計画書」が発表された。自然環境に配慮し、緑の保存と宅地供給の両面に応える計画だった。そして昭和五八年（一九八三）には「京急ニュータウン金沢能見台」として分譲開始され、沿線を代表する住宅地となった（『京浜急行百年史』2－8－B）。

川崎市の郊外住宅地開発は、一大工業地帯である川崎沿岸とは反対側の市の北西部で行われた。まず昭和二〇年代後半から三〇年代前半にかけては、住宅公団による小杉御殿町や木月町の市街地住宅および生田での区画整理事業があり、私鉄不動産による集合住宅と分譲地開発も始まった。生田の事業はその後「百合ヶ丘」と名づけられ、映画『喜劇　駅前団地』の舞台にもなった。百合ヶ丘団地は一戸当たり平均面積八六平米であり、戦後の郊外型大規模集合住宅団地のモデルとされた。

小田急電鉄は「林間都市」をキャッチフレーズに当初は相模原市方面を中心に開発を進めていたが、昭和四〇年代に多摩ニュータウン構想が始まると、川崎と多摩センターを結ぶ小田急多摩線の建設に着手した。

また郊外開発の当初はもちろん住宅地開発が主眼だったが、その後の時代状況の変化により、製造業の発展した地域である川崎市の特性を生かし、ハイビジョン・シティ、マイコン・シティ、テレトピア、インテリジェント・シティなどの産業と複合した開発が進められたところに大きな特徴があった。

こうして北西部で急激な人口増加が起きていくが、悪質で危険な乱開発も少なくなかった。昭和四〇年には川崎市久末大谷戸で大規模な土砂崩れがあり、死者二四名を出した。その原因は、火力発電所やセメント工場で発生する灰を給料の傾斜地に捨てたものが土砂となって堆積していたからだというから驚く。また四七年には生田緑地で関東ローム層台地の崖崩れの実験を行ったところ、予想外の大規模な崩落が起こり、実験関係者一五名が亡くなるという大惨事となった。このように丘陵を削って建設される郊外住宅地には大きな不安と危険が存在していた（『川崎市史』2－8－C）。

相模原市の人口は昭和四二年（一九六七）には二〇万人だったが平成一九年（二〇〇七）には七〇万人を超え、平成二二年（二〇一〇）に同市は政令指定都市となった。郊外の中でも、その人口規模と人口増加率の両面においてボリュームの大きい市である。

もともとは畑作地であったが、住宅公団による用地買収に対して積極的に売却を希望する農民が多かったという。当時の農民から市議会への請願書には「戦後解放された土地でありますので」と書かれているので、昔からの地主ではないことが、土地の売却を容易にしたことが推測される。

こうして昭和三四年（一九五九）、相模大野団地、上鶴間団地、昭和三五年（一九六〇）鶴ヶ丘団地、昭和三七年（一九六二）上原団地、昭和四一年（一九六六）相模台団地といった公団団地ができ、その他、県営相武台団地、民間の住友相武台グリーンパークなど、つぎつぎと大規模な団地ができていった（『相模原市史』2－8－D）。

急激な団地建設と人口増加に対応して市の財政は圧迫されたが、昭和五〇年（一九七五）の『相模原市財政白書　人口急増問題特集』ではサブタイトルに「こども急増びんぼうはくしょ」と名づけられるほどだった。「刊行に当たって」では、相模原市は「一般家庭にあてはめていえば、『子供部屋づくりに追われている貧乏人の子だくさん』の姿そのものといえます」と書かれた。なかなか卓抜な比喩であるが、ここまで言うのも珍しい。

また『相模原市史』では、相模原市の商業形成史の特徴としてロードサイドショップの台頭を上げているのも珍しいのではないか。そもそもが農地であり、開発が新しく、従来からの商業集積があまりなかったために、国道一六号線沿線を中心にロードサイドショップが乱立したのである。

第1章
総説

〔2－1－A〕
亀岡誠・鈴木真由美「第四山の手ゾーン――一〇〇倍に拡大した東京西南にライフスタイル・文化のイニシアチブが移動する」（『アクロス』一九八六年五月号、パルコ出版（現・パルコ ACROSS編集室）、一二三～四七頁）

1　多摩ゴールデン丘陵に新山の手文化の兆し

ライフスタイルの選良達が居を定める丘の上こそ山の手であると定義するならば、今、多摩丘陵こそがその名に相応しい。新山の手の怪物的な広大さに先ずは驚くべし。

金妻の里はプレ山の手である

昭和60年、TBSが放映した『金曜日の妻たちへ・パートⅢ』は、金曜夜10時台に主婦は電話に出ないと言わしめるほどの人気番組だった。その時間帯の風呂屋をカラにしたという伝説的なラジオドラマ『君の名は』のような神話を残したわけだ。田園都市線つくし野駅（町田市と横浜市緑区の境目あたり、駅の住所は町田市）周辺を舞台に、郊外一戸建てに住む団塊世代の妻たちのよろめきを描いたドラマである。TBSは同じ時期、NW《ニューウェイブ》学園ドラマ『毎度おさわがせします』（昭和61年3／25、第2シリーズ終了）をヒットさせている。PL学園の清原クン（現西武ライオンズ）も欠かさず見ていたそうだが、この舞台は多摩ニュータウンだ。多摩センター駅南側、ニュータウン内で最も美しい街並の所である。金妻パートⅢの後釜に昭和61年3月から始まった『となりの女』も多摩市の小田急線永山駅周辺の設定である。

新中流家庭の住む西南郊外というロケーションに〝ドラマのTBS〟のうまさがあった。都心から半径40km内外の西南部分はサラリーマンのベッドタウンとしてはゴールデンゾーンである。東京郊外とはいえ、西武池袋線所沢、京王線聖蹟桜ヶ丘、小田急線新百合ヶ丘、田園都市線たまプラーザ、青葉台、さらに小田急線厚木、東海道線藤沢、京浜急行金沢八景あたりまで、埼玉・多摩・神奈川にまたがる途方もないスケールである。

次代の新しいライフスタイル、文化を切り拓く可能性と機運に満ちた新興中流サラリーマン・文化人の多く住む所は〝山の手〟化する。明治時代以来のスパンで考えると、東京は人口の増加に伴って西南方向へ山の手を拡大してきたことがわかる。本郷を文明開化と共に成立した最古参の第一山の手、目白、四谷から赤坂、麻布にかけてを第二山の手、そして第三山の手が昭和の目黒区、世田谷区、杉並区だったとすれば、4番目の山の手が形成されつつあると言えそうだ。

形成途上の第四山の手にはピチピチした自由な空気が漲っている。やはり金妻のよろめきだって、もはや古株山の手に属する世田谷・杉並あたりではサマにならない。『金曜日の妻たちへ・パートⅢ』や『毎度おさわがせします』で、見事に〝新山の手奥様〟像をつくりあげた篠ひろ子の役が、佐久間良子あたりではこなせなかったのと同じことである。

武蔵野段丘から多摩丘陵へ

都心から半径40km圏には神奈川・埼玉・千葉の3県が含まれ、いずれもベッドタウン化している。昭和55～60年の首都圏の人口増加率を見ると東京都1・8%に対して、神奈川県7・3%、埼玉県8・2%、千葉県8・7%である。その中でなぜ神奈川県方面の西南郊外が新山の手候補に挙げられるのか。いくつかの理由がある。都庁の新宿移転やARK計画に代表される業務・商業機能の西側への重心移動が大前提にあることは言うまでもない。ここでは地形的側面から考えてみる。西南ベクトルが恣意的でも何でもないことが、案外いちばんてっとり早くわかるのである。

武蔵野段丘はちょうど左手を置いたように末広がりに広がっている。その末端は本郷台、豊島台、淀橋台、目黒台、荏原台に分岐し、さらにそれぞれが無数のヒダヒダをつくっている。

台地・谷地の交錯が山の手をつくってきた

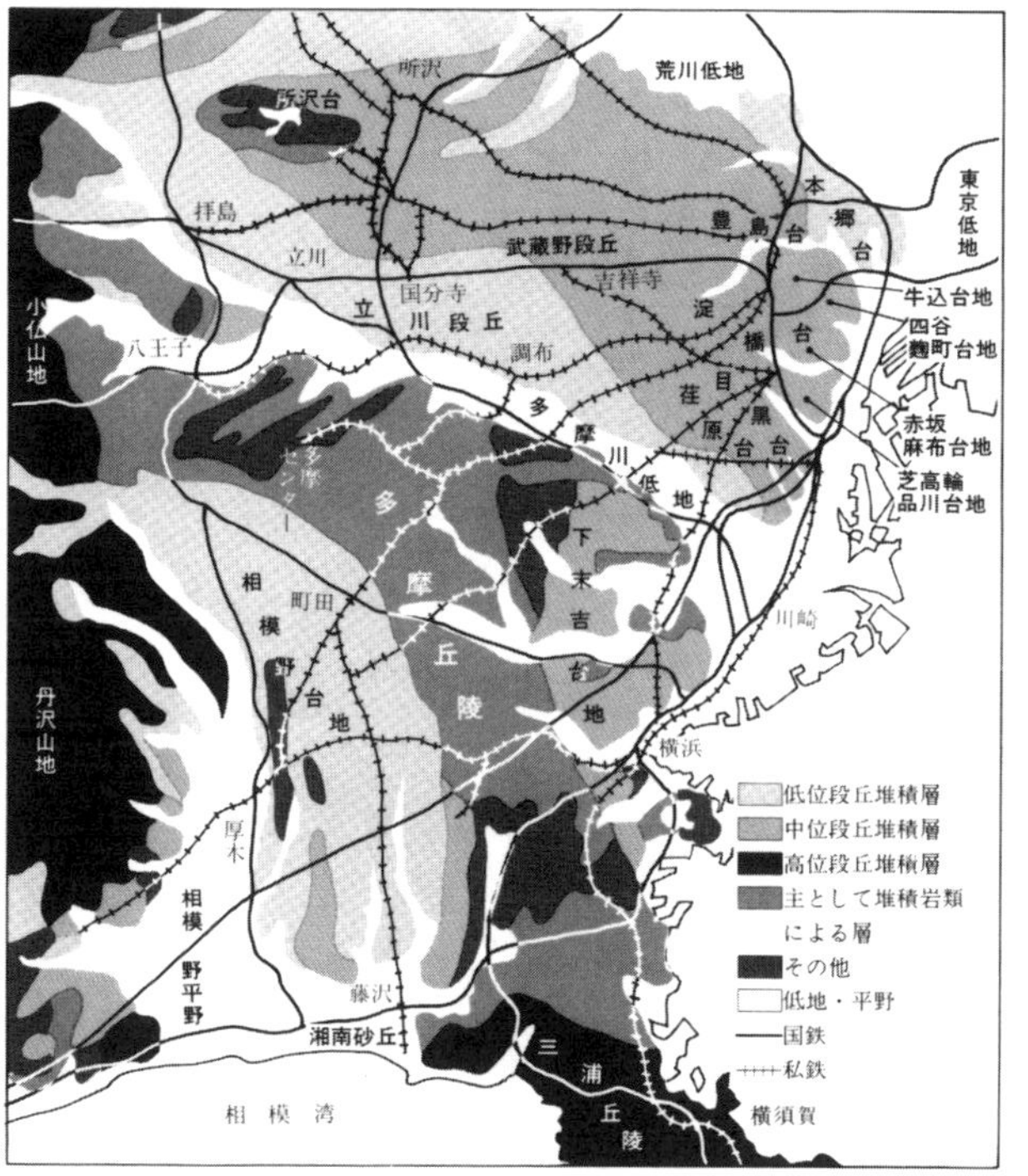

通産省工業技術院・地質調査所「活構造図」

陣内秀信は『東京の空間人類学』（筑摩書房、昭和60年）で、都心部の山の手と呼ばれる地域の特性を江戸以来の連続性から明らかにしている。江戸の都市形成は、ヨーロッパにおいて見られるような計画的・人工的な都市空間と違って、自然の地形に寄り添う格好で進められた。都心部山の手には坂が多いが、起伏に富んだ地形を利用して台地の上に武家屋敷・大名屋敷が建てられ、谷地には町人地が展開した。

明治時代以降も台地上がいわゆる山の手の住宅地として受け継がれていった。陣内が詳細に分析して見せたのは、本稿で言う第一・第二山の手、つまり山の手線の内側部分だ。現在の文京区にあたる本郷台、新宿区・渋谷区・港区にまたがる淀橋台末端（牛込台地、四谷・麴町台地、赤坂・麻布台地、芝高輪・品川台地）である。

昭和初期以降に山の手線の西南に形成された目黒区・世田谷区・杉並区の第三山の手も武蔵野段丘末端のヒダヒダが決め手だった。淀橋台西側、目黒台、荏原台へと段丘上を西南にスライドしたわけで、旧山の手との連続性をちゃんともっている。規模こそ次第に拡大しているとはいえ、複雑な台地・谷地の構造をもつという〝山の手の条件〟は守られている。

武蔵野段丘と多摩川を挟んでその西南に位置する多摩丘陵へ大スライドした第四山の手についても実は同じことが言えるのである。多摩丘陵は多摩センターあたりから県境をブチ抜いて遥か三浦半島の手前まで、グイーッと弓なりに連なっている。武蔵野段丘と同様、斜面は都心の方角に向って低くなり、末端には多くのヒダヒダを派生させた、起伏に富んだ丘陵である。その丘の上や斜面上に、新山の手の住宅地は広がっている。多摩丘陵の中央部分を交差する小田急線、田園都市線の人気が高いのもうなずけよう。

一方、所沢は武蔵野段丘の西北端ギリギリの所沢台に位置する。たしかにここまでは埼玉でなく東京なのである。

市区別人口増加率〈昭和39～42年〉

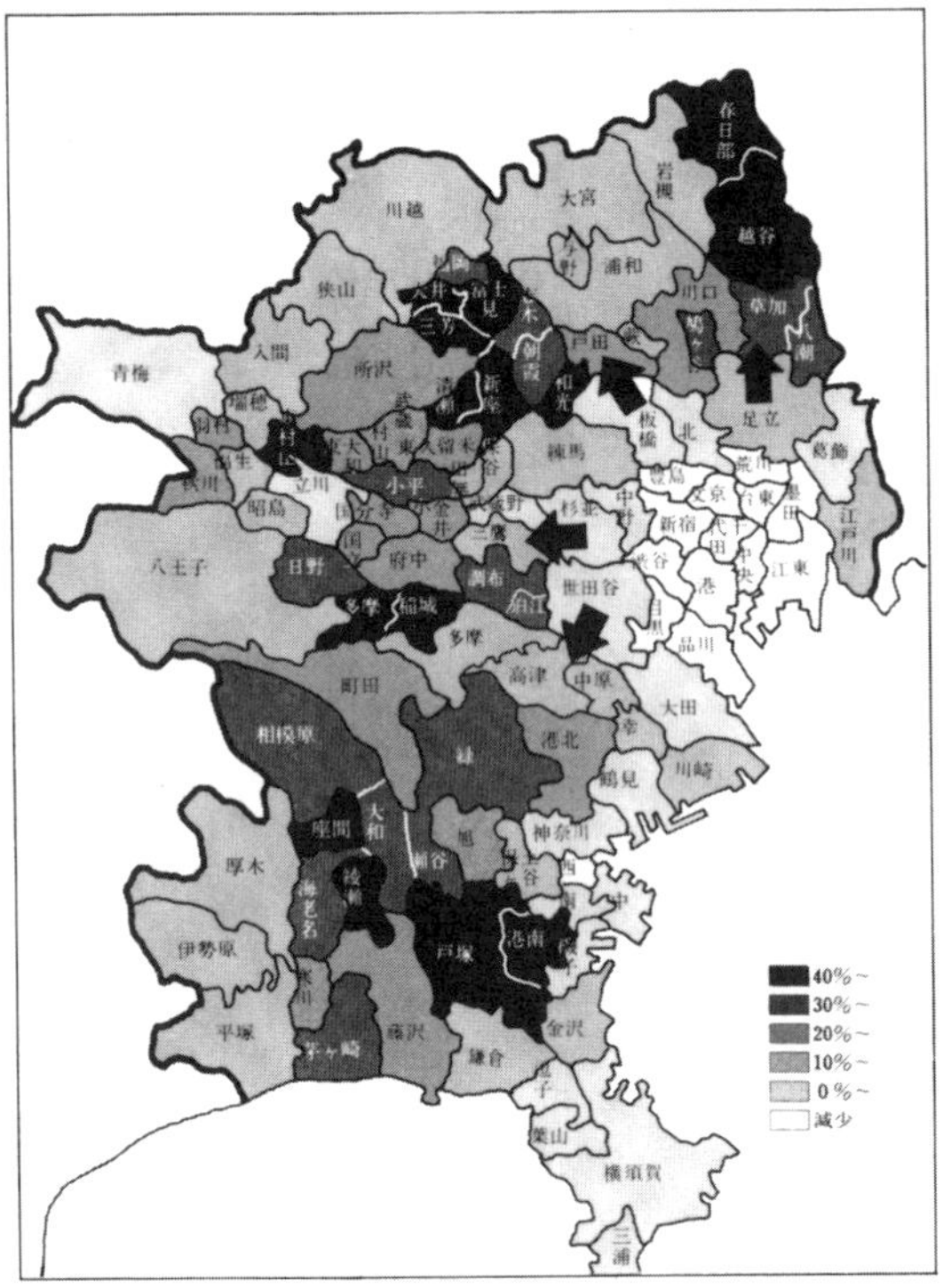

「住民基本台帳」（各年3月末）より作成

山の手が西南へスライドする理由

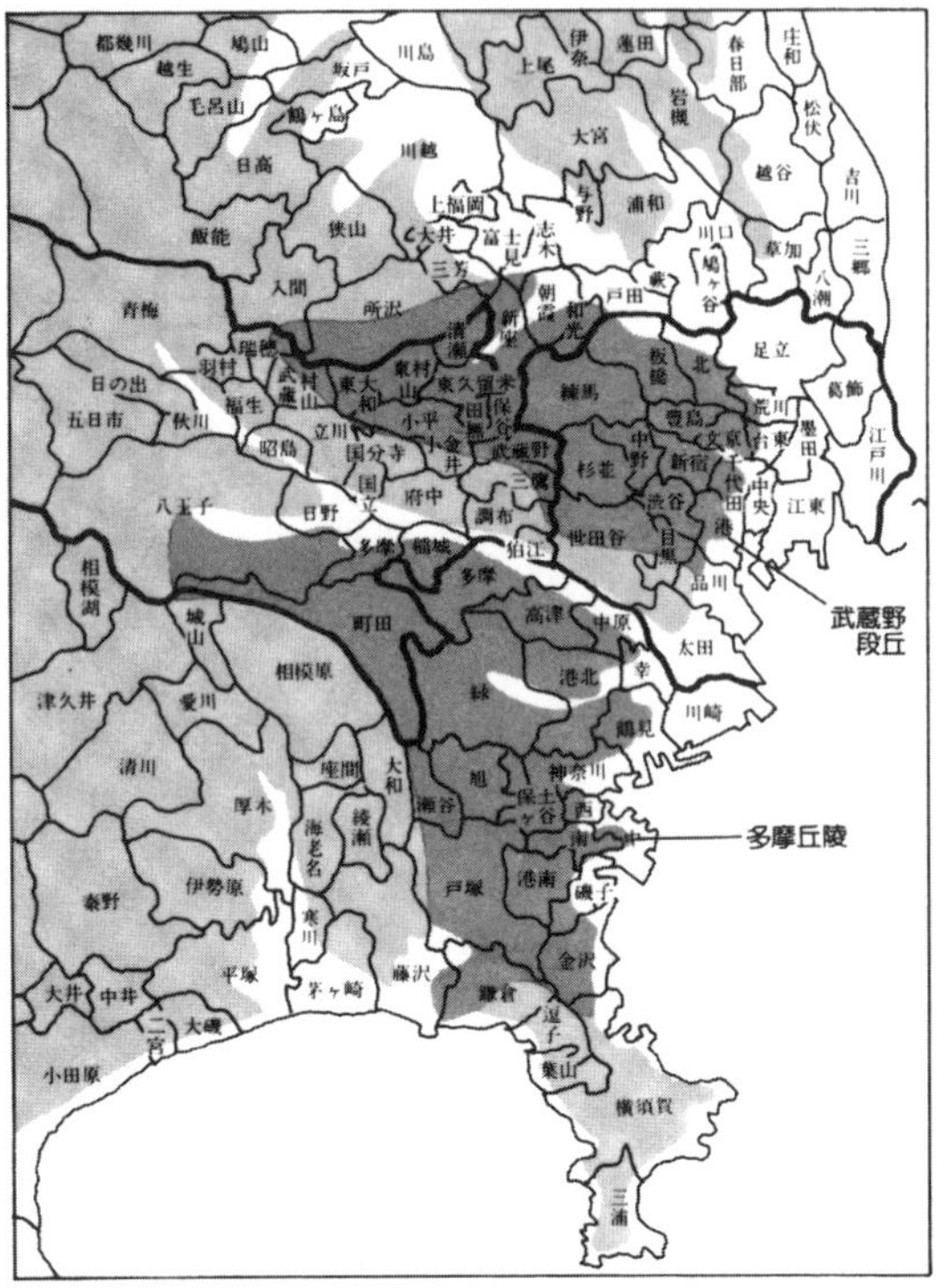

郊外型新中間層結成20年

多摩ニュータウンは今年（昭和61年）計画以来20年、田園都市線は開通20周年を迎える。とりあえず第四山の手20周年と考えられるわけで、そろそろサラリーマンのベッドタウンという認識では済まない段階にきている。単なる良好な住環境というに留まるなら、そこはただの遠い郊外、または近い田舎だ。

昭和30年代末以降の多摩丘陵周辺の人口増加率の推移を見てみると、昭和39～42年には所沢市、三多摩から湘南海岸、三浦半島の手前までベッタリ20～40％台以上の伸びを示している。世田谷区と接する調布市、狛江市でもまだ30％台の伸びだ。これが46～49年では、ニュータウンを起工した多摩市などを除けばほぼ10～20％台になる。最近5年間（55～60年）だと、多摩市、58年に小田急線中央林間と接続した田園都市線の通る横浜市緑区と厚木市、海老名市で20％台の伸びを続けている他は、0～10％台に落ち着いている。

郊外型新中間層の独自性で思い出されるのは、急激な人口増加の不自然さと恐らく無縁ではなかった宮前平の金属バット事件（55年）や、町田の校内暴力（58年）、横浜不浪者襲撃（58年）等であろう。これはこれで、ただの暴力沙汰とは異なる文化的な事件だったが、それも一段落着いた感がある。さらに団塊世代が郊外一戸建てを買ったり、同じニュータウン内で団地から一戸建てに住み替えたりする時期にきて、『岸辺のアルバム』（山田太一）的な昭和ヒトケタの一戸建てとは違った光景が生まれ始めていることも見逃せない。

〈昭和55〜60年〉

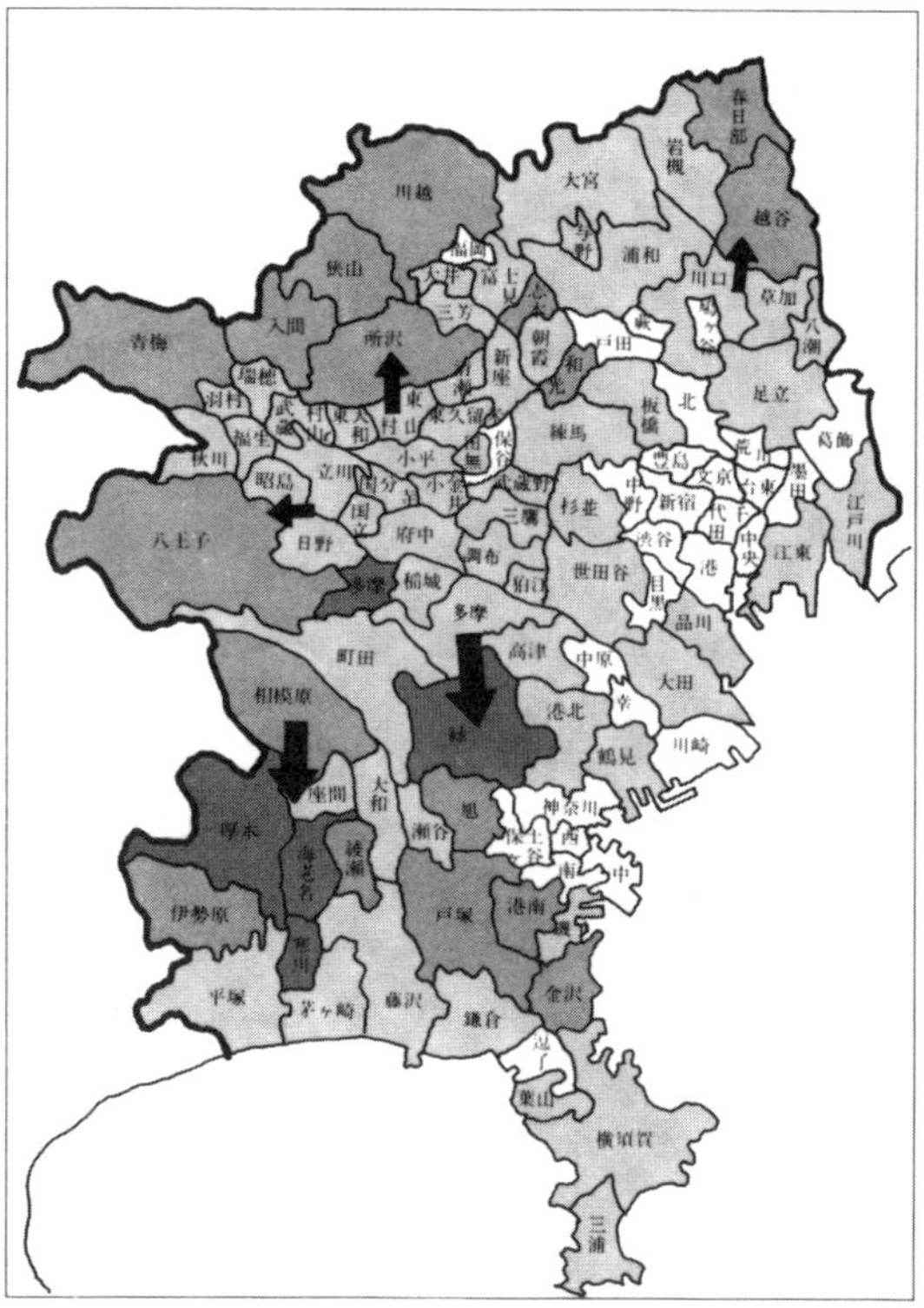

〈昭和46〜49年〉

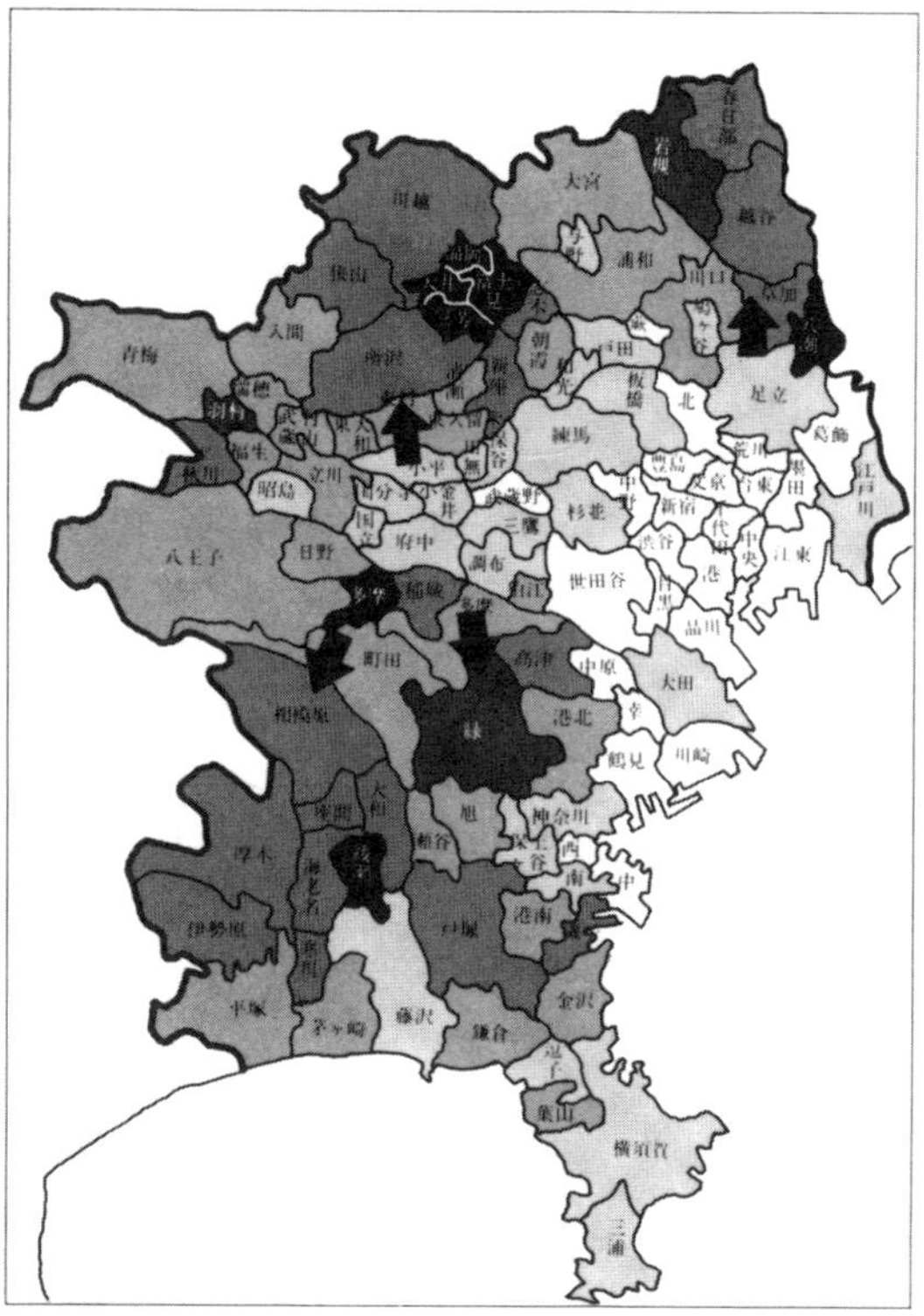

同・横浜支部への通勤通学者の比率

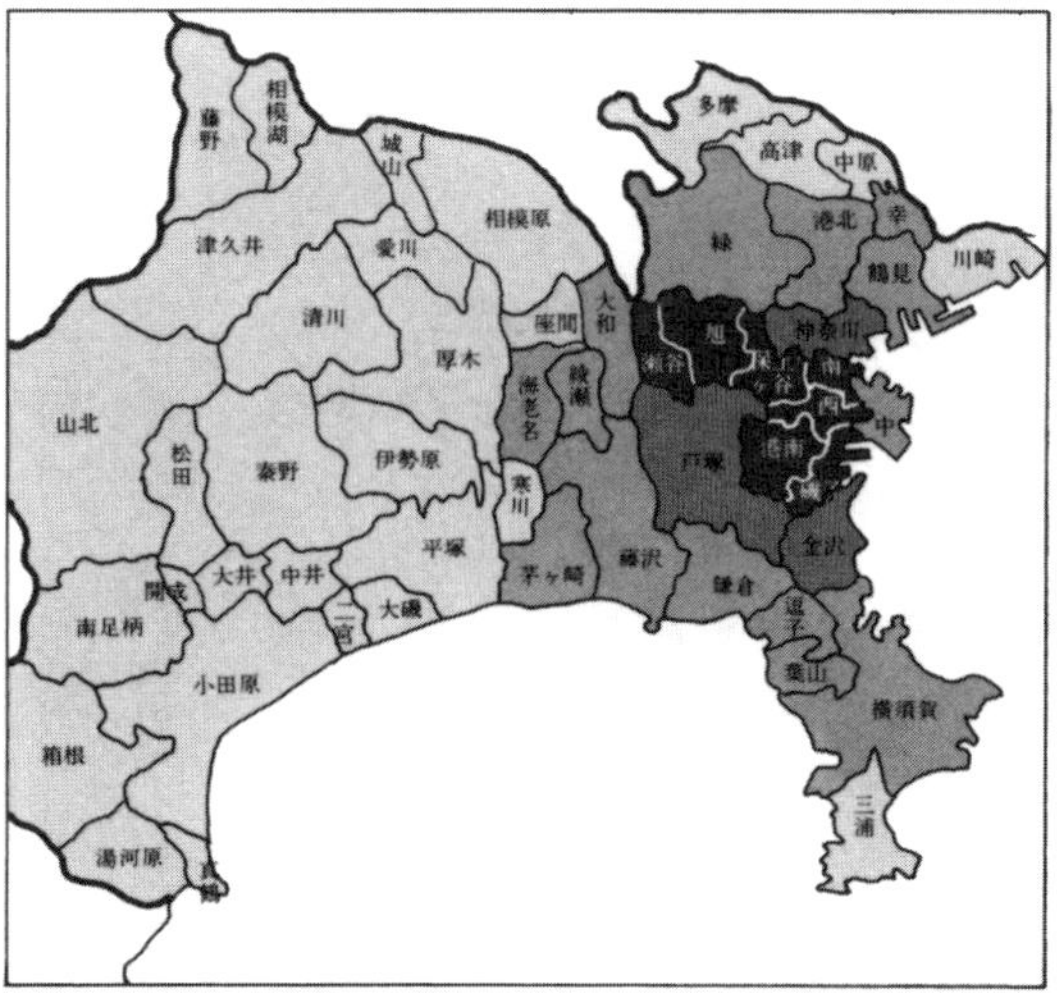

「国勢調査」昭和55年

通勤通学者全体に占める東京区部への通勤通学者の比率

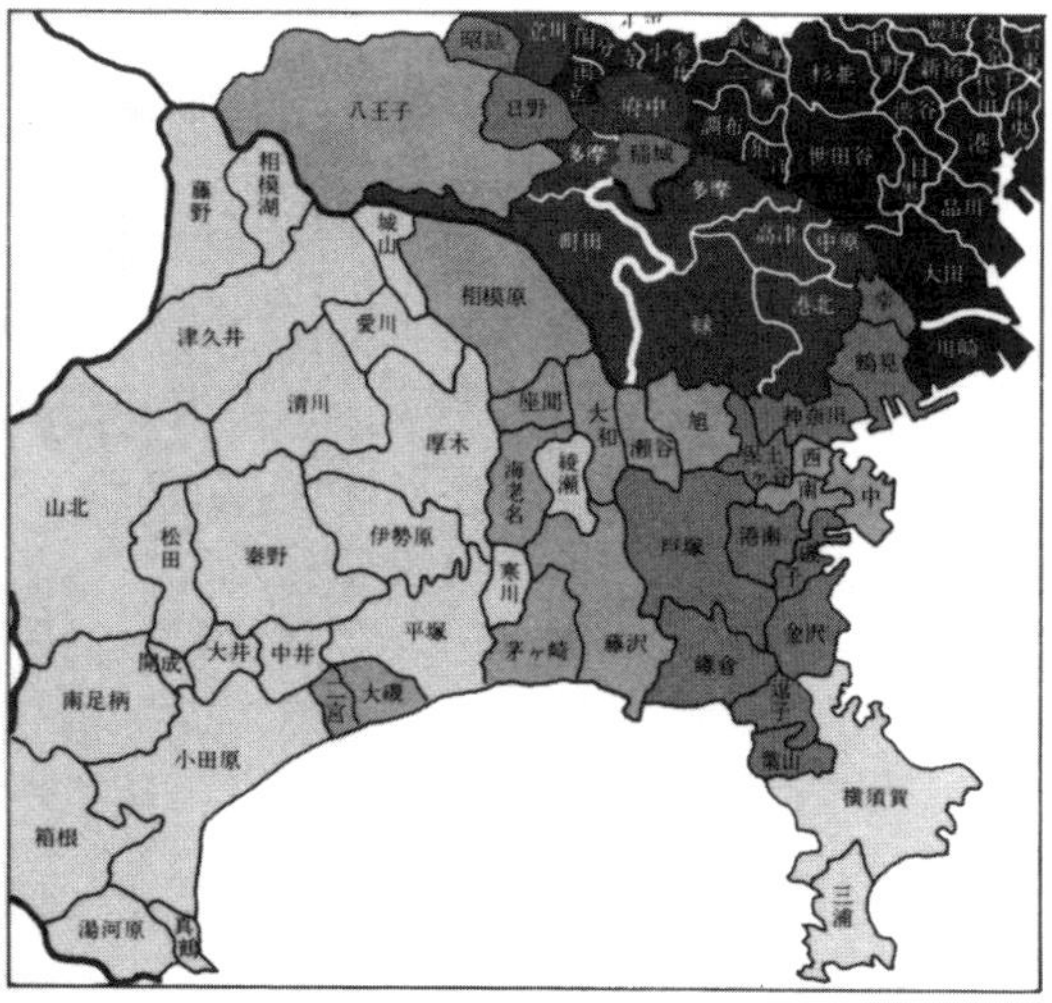

注）凡例は人口増加率と同じ

「国勢調査」昭和55年

山の手・郊外・下町の弁証法

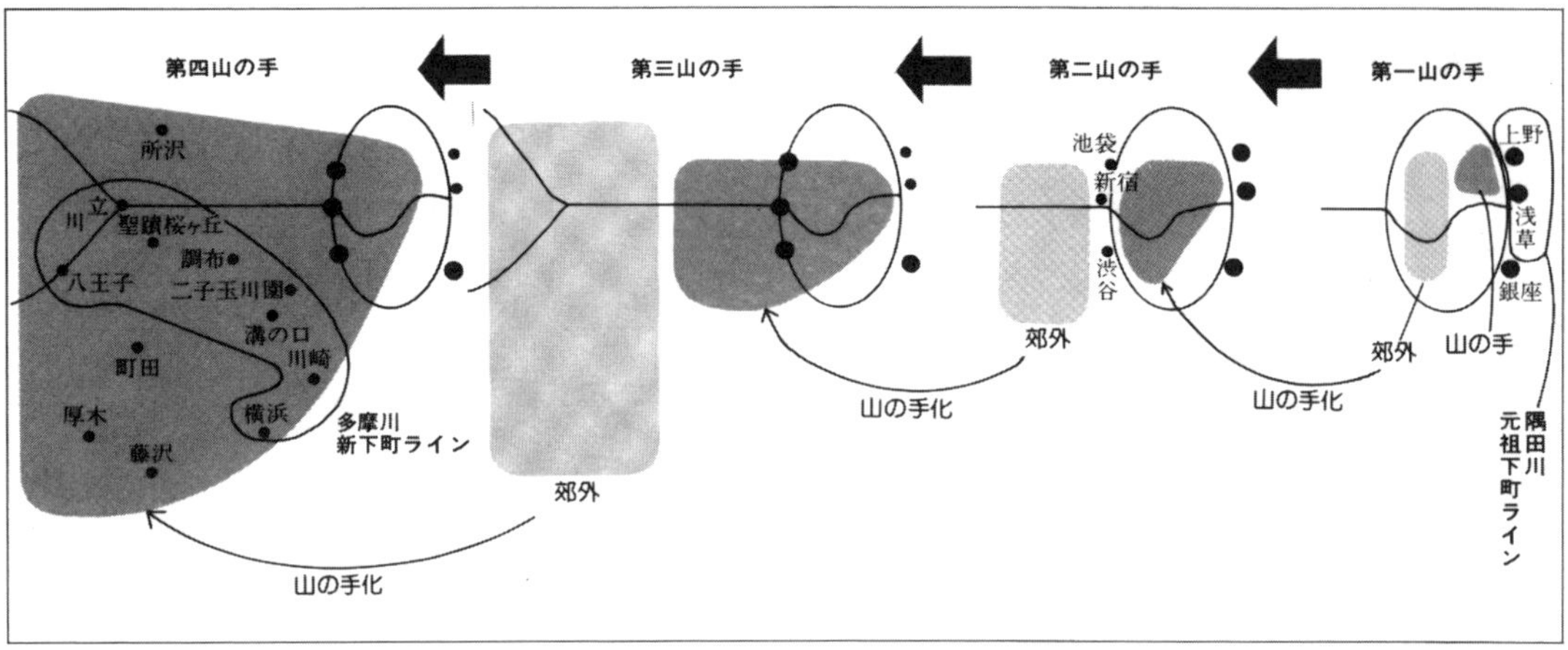

人口が増えて消滅したKANAGAWA

多摩丘陵に新しい文化が芽生えるとしても、それは東京のライフスタイルの延長であって神奈川県のテーマではない。昭和60年現在の神奈川県の人口は約732万人で東京都、大阪府に次ぎ3番目、横浜市に限れば大阪市を抜いて第2の都市に至っている。しかしこれは神奈川県の成長ではなくて、東京の郊外拡大の結果だ。横浜市は№2になったのではなくて、東京の傘下へ編入されたのである。

東京区部への通勤・通学流出の比率を昭和55年国勢調査でみてみる。すでに多摩市、町田市から川崎市、横浜市までの多摩丘陵ラインがきれサッパリ20～30％台に達していることがわかる。川崎市・横浜市の人口は約400万人（60年現在）で、神奈川県の半分以上を占めている。とくに横浜市緑区、港北区、川崎市の中原区、高津区、多摩区は東京都多摩市、町田市と同じ30％台だ。逆に横浜市部への流出はこれらの地域の場合、0～10％台にすぎない。もともと町田市だけグイと喰い込んだ行政上の県境はこのうえなく不自然なわけで、緑区・港北区までは完全に東京都の一部と言って差支えない。

さすがに横浜駅周辺は東京区部への流出より横浜市部への流出がやや上回っているが、戸塚区・金沢区は同等の20％台、鎌倉市、逗子市、葉山町まで南下するとまた東京区部への流出が上回る。横浜駅のすぐ南側にある横浜市戸塚区・金沢区で横浜市部へ20％台しか流出していないとは横浜にとって由々しき問題ではないか。

厚木市、伊勢原市、平塚市は東京区部への流出も横浜市部への流出もともにヒトケタ台で低い。厚木には今ハイテク工場や研究所が集積し、森の里ニュータウンが建設中だ。東京とは違った可能性が展開されるとすればむしろ厚木周辺だろう。

わざわざこんなことを断わるのは他でもない、埼玉や千葉の〝東京化〟に文句をつける人は少ないだろうが、神奈川には東京と拮抗し得る独自の文化イメージがあるからだ。いやあった、と言うべきか。横浜はかつて文明開化の窓口で、日本の玄関だった。ある意味では東京なんかよりずっとすすんだ、ハイカラな街だった。文明のともしびと呼ばれた瓦斯灯が始めて点いたのは銀座ではなく横浜である。戦後には湘南文化がある。石原慎太郎や江藤淳などの文化人、加山雄三からサザンオールスターズに至るミュージシャンを生みだしている。

小林秀雄、中村光夫、小津安二郎らに代表される鎌倉文化人というのがあるが、ここは昔から東京の文化人・知識人が功なり名とげた後に住むという場所であって、むしろ昭和初期の第三山の手の飛び地的性格が強い。小津安映画で北鎌倉の学者の娘だったり医者の妹だったりする原節子は、丸の内に勤め、銀座で買物をするのである。

結局、純粋な神奈川県人はむしろ相対的に減少して、神奈川の独自性は消滅しつつあるのだ。とくにかつて高い文化イメージをもった横浜から湘南にかけての東海道線沿線、いわゆる東海道筋は、リゾート地としてはともかく、そこから今後何か新しいものが生まれるかどうかは疑問だ。内陸の多摩丘陵、厚木にすっかりテーマは移っている。

多摩川ラインは新下町ゾーンだ

去年から下町ブームとやらで隅田川沿いが注目されている。今年（昭和61年）創刊された『季刊東京人』（教育出版）の特集は「隅田川」だった。陣内秀信が得意のフィールドワーク手法で「隅田川畔を行く」という論考を寄せている。浅草や日本橋はたしかに元祖下町である。しかしノスタルジーのテーマから離れて、〝下町とは、山の手の住人が買物したり遊んだりする街である〟という柔軟な定義に置き換えてみたい。つまり山の手が西南に拡大すると、その東側に必ずくっついて新しい下町が派生する。

江戸の山の手を基本的に受け継いだ明治時代の第一・第二山の手の下町が隅田川ラインの上野、浅草、神田、日本橋だった。大正末～昭和初期に山の手線西南に拡大していったとき、今日の池袋・新宿・渋谷・銀座の基礎がつくられた。現在のこの4拠点は〝山の手人の下町〟というより、大商業集積地に成長している。

第四山の手ゾーンの下町は、多摩丘陵の北東に流れる多摩川ラインだ。これはかつての武蔵野段丘にとっての隅田川ラインの拡大再生産版として栄える可能性が高い。西側に台地を控えた東側の川沿いの低地という条件は、びっくりするほど元祖下町に似ている。立川、八王子からずうっと下って二子玉川園をへて川崎（いずれも昭和57年段階で500億円以上の商業集積）、さらに湾岸低地沿いに横浜まで含めた巨大な連なりである。こう考えたとき、このラインで最近一斉に商業拠点強化の動きが始まったことの意味とストーリー性が見えてくる。

手薄だった所でも新拠点づくりが始まっている。昭和61年3月に京王線聖蹟桜ヶ丘に京王百貨店を核とするショッピングセンターがオープンした。専門店街、レストラン街、多目的ホールも併設している。商圏の大半を占める団塊世代の家族を最大限意識したそうだ。京王としては初の支店で鼻息が荒いが、多摩川ラインのテーマにピッタリはまっているから、今後演出次第でかなりの成功を収めるだろう。

田園都市線溝の口では三井不動産の運営するマンション団地パークシティー溝の口内に、今秋ショッピングセンターがオープンの予定だ。少し山の手内部に入り過ぎるが、西武、小田急、イトーヨーカ堂が進出の名乗りをあげている小田急線新百合ヶ丘もそのひとつだろう。

恐らく横浜も、第四山の手の下町の持ち札の一枚として今後は展開し

多摩川ラインはかつての隅田川畔になるか

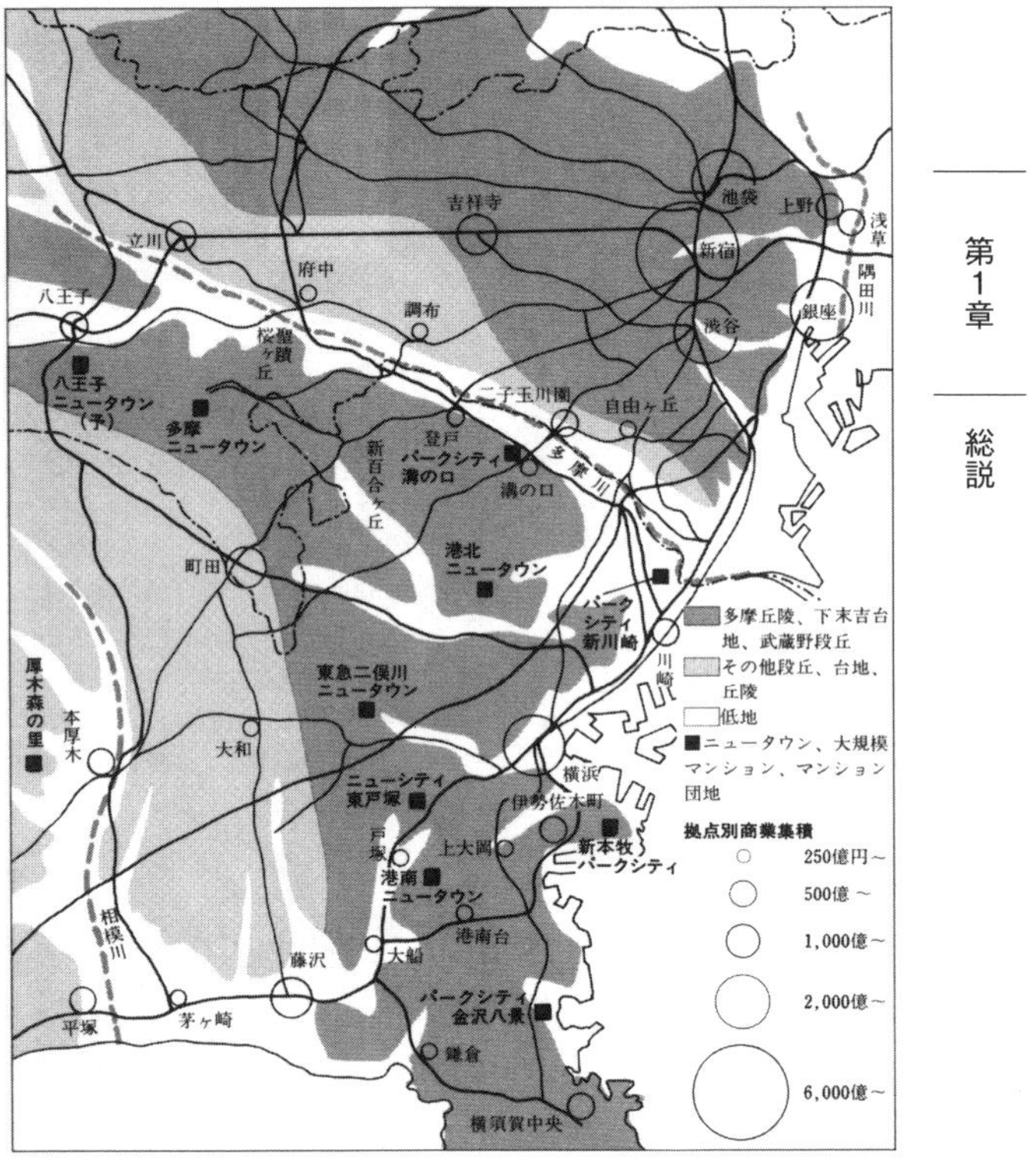

ていくことになろう。すでに述べたように、横浜がかつてのようなセンター性を発揮することはあるまい。横浜線新横浜から田園都市線あざみ野へ横浜3号線を伸ばす計画がある。これだって、横浜というセンターからあざみ野に伸びるというより、あざみ野から横浜という下町にくだっていく田園都市線支線と考える方が自然だ。

この巨大さを視よ

都市の最先端の人間たちが展開してきた文化は今陥落しつつあり、これからの問題は膨大な新中間層を蓄えた郊外であると主張する浅田彰は井上ひさしとの対談「未来を決する郊外型新中間層のパワー」（『朝日ジャーナル』昭和61年1／17号）でこう述べている。「都市ではなくて、もっとのどかに広がるニュートラルな郊外の中で何か物語が発生していくような、あの膨大な広がりを何とかしないと、という感じがします」。

浅田と井上が〝今陥落しつつある都市の文化〟との対比でとらえる郊外型新中間層は「都市に住む人間と違って、妙な演出に対するこだわりがない。安くてよければそれでいい。西部じゃなくて丸井でもいいと」（井上、前出対談）考える人々であり、「そういう、都市の先端からいえばダサイといわれている人たちのほうがパワーがある」（浅田）としている。音楽でいえばポストモダン・ミュージックに対するユーミンのようなもので、「必ずしも洗練されているとはいいがたいけれども、それなりの、定型的な青春像みたいなものを延々とやり続けてきている。それが必ず50万は売れちゃう」（浅田）パワーである。

一般論としてはこれはひとつの的を射ていると言い得るだろう。ただし千葉県市川の自宅あたりから発想している井上ひさしや、京都から東京一般を眺めている浅田彰には、〝山の手〟の連続性という視点はない。たしかにダサイズムパワーはすごいが、そのイニシアチブを握るのはむしろ春日部、市川のへんであろう。

いずれにせよ早急な結論は避けるべきで、むしろ注目すべきなのは2人がそこにほとんど不気味さを感じているところの〝膨大さ〟である。「あの膨大な広がりを何とかしないと」（浅田）という嘆息こそ導きの糸になる。もっとわれわれはこのスケール感に驚き、積極的に愕然とすべきである。

われわれが4番目の山の手に指定したゾーンは、東西20km、南北50km以上になんなんとするバカデカさである。旧山の手で一番広い第三山の手だってせいぜい南北10～15kmの広がりだ。ヒトの視線はヨコ（東西）の広がりに対してタテ（南北）の広がりを過小評価する傾向がある。都心にいる人が地図を見たら、横浜駅も、港南ニュータウンのある戸塚駅周辺も「まあ、横浜方面だな」と納得してしまいやすい。しかし戸塚と横浜は、吉祥寺と渋谷くらい離れているのだ。戸塚にいる主婦が横浜までちょくちょく買物にいけると考えるのは間違いである。

夏目漱石が本郷西片から千駄木の森鷗外の家まで遊びに行く（行ったかどうかは知らないが）のには、少し坂を下ったり登ったりして歩けばよかった。しかし横浜市緑区美しが丘（田園都市線たまプラーザ）に住んでいる村上龍が、藤沢に住んでいたころの村上春樹をたずねようとすれば、新宿から八王子までに相当する距離を移動しなければならない。歩いて行って多摩丘陵にさまよいこんだら遭難するかもしれないのである。二子玉川園の近くの松任谷由実の家から逗子の小田和正（オフコース）のマンションまでなんてジェットヘリコプターでもなければ行く気がすまい。にもかかわらず、彼らはみな同じ第四山の手ゾーンの文化人、ミュージシャンなのである。

都の西北・所沢　都の湘南・藤沢

所沢か幕張かで揺れていた早稲田大学の新学部増設は所沢に落着いた。昭和61年1月には、慶應大学が藤沢市に新学部増設を表明している。広い用地取得を求める大学の郊外移転・増設は宿命だが、ブランドイメージの高い大学はだいたい西南へ、西南へと移住している。ちょうど山の手の変遷と対をなしている。

早稲田が幕張ではなく所沢を選んだのはちょっと信じられないくらいピッタリの選択だった。所沢は第四山の手ゾーンの西北端に当たるわけで、

都心にあった大学の距離もここまで広がった

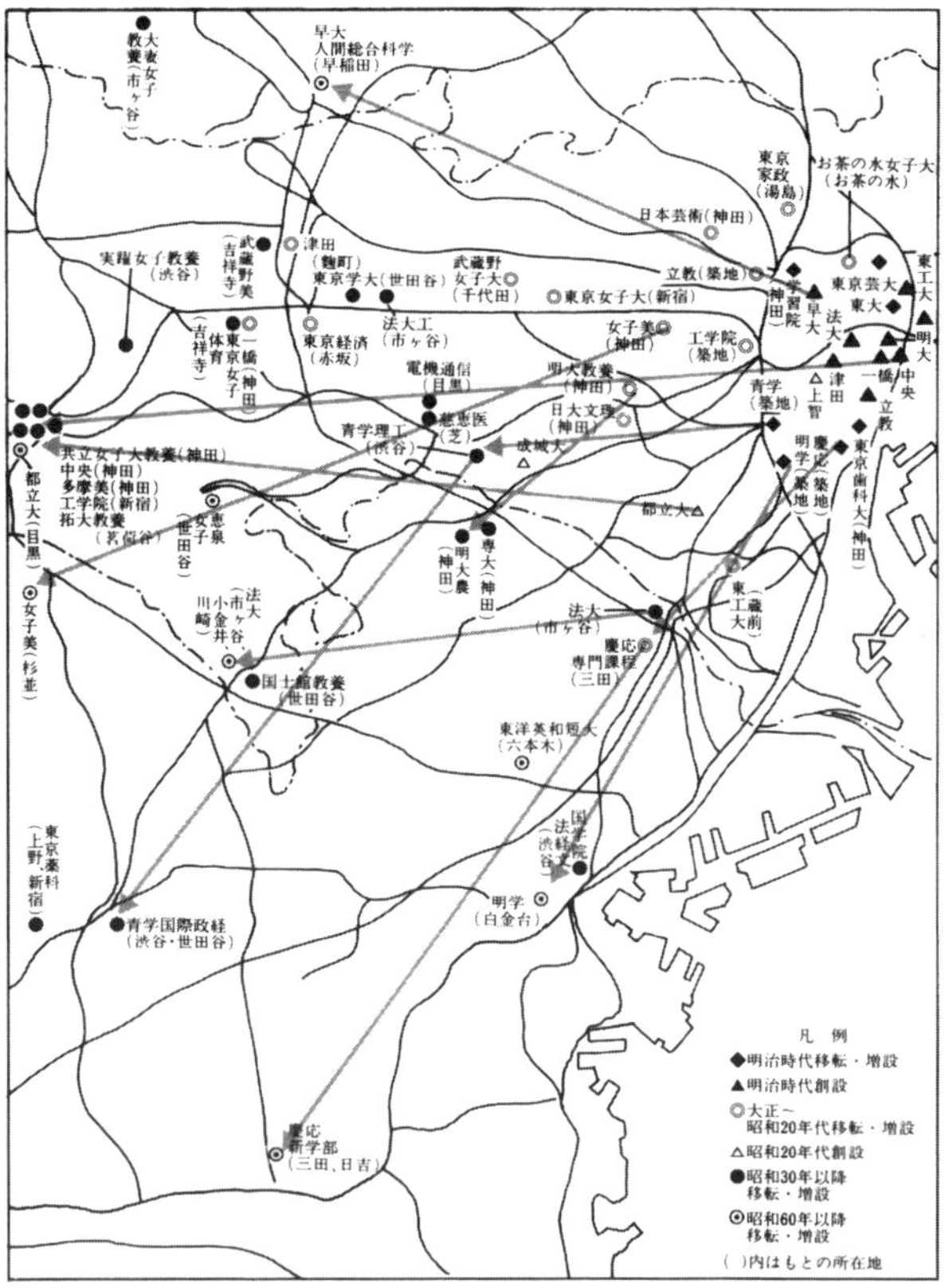

昭和40年前後から整備され始めた第四山の手の主な交通網と計画

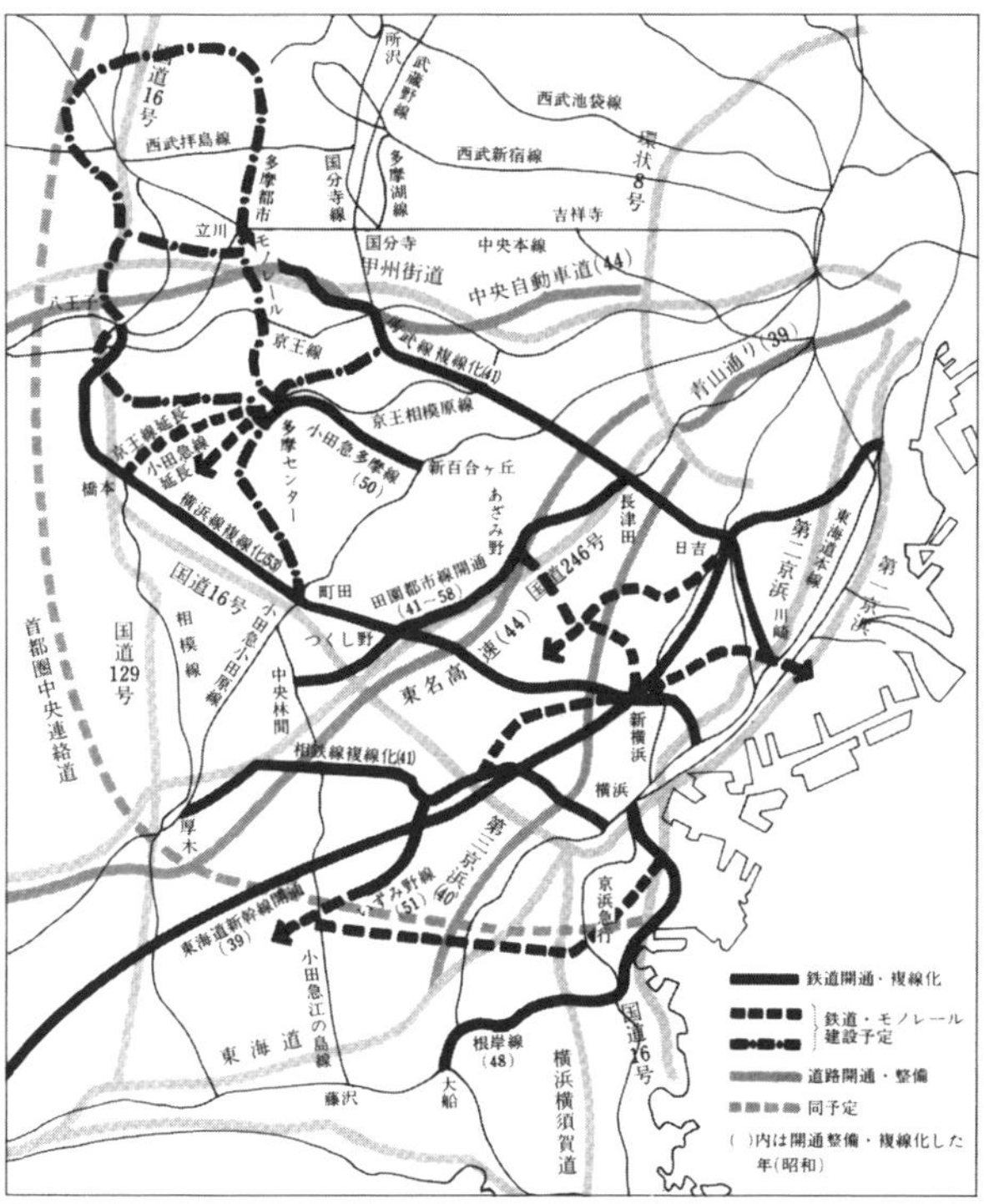

まさに都の西北なのである。そして西南端の湘南台に慶応、その間の国道246号沿いの厚木には昭和57年に青山学院大学国際政経学部が進出しているのだからよくできた話だ。

山の手線内部の早稲田、渋谷の青学、三田の慶応の位置関係が、ここまで伸びたのである。思えば〝都の西北〟と〝三田の丘〟も遠くなったもので、所沢と藤沢の間は、新宿から高尾までに相当するほどの距離がある。

アメリカ的スケール感の生む文化とは

この広大さと、南北を結ぶ路線の不足していることから導き出されるひとつの結論は、クルマがないとどうしようもないということだ。とくに南北の小刻み（といっても電車で4駅分以上の距離だが）な動きには欠かせない。『となりの女』（ＴＢＳ）で、永山に住む大原麗子は毎朝、夫の桑名正博を新百合ヶ丘の駅までホンダシビックで送ることになっている。永山から電車に乗っても小田急多摩線は新百合ヶ丘どまりで、乗り換えが面倒なのだ。

つまり、第四山の手のライフスタイルは、アメリカの郊外住宅地なみの生活感を前提にしているのである。現在、南北をつなぐ交通網として、あざみ野・新横浜間の横浜3号線の他、多摩ニュータウンから立川経由で新青梅街道を結ぶ多摩都市モノレール、日吉から長津田方面に伸びる横浜4号線等の建設が構想中である。しかし極論を言えば、へんにコチヨコチョ電車なんかつくらないほうが第四山の手文化の将来のためにはよろしいのかもしれない。渋滞やくねくねした小路とは無縁な広い並木道をクルマでシューッと走って坂を下るのが第四山の手人には相応しい。青山や麻布、広尾あたりの裏道・抜け道にやたら詳しかったりするアーバン志向の都市人間はそれに比べればいかにも日本的にこぢんまりしている。

アメリカ的なスケール感をどこまで彼らと、その子供の世代が身につけていくかにポイントがあろう。ある日本の文芸批評家は、日本だと狭いから才能があると若くてもすぐ騒がれるが、広大なアメリカだとかなり才能のある人でもなかなか目立たない、それだけにアメリカの底知れぬすごさを感じると言っている。旧山の手から第四山の手を見たときの期待感はそれに似たところがあるのである。

第四山の手人に電車はいらない

2　LOOK BACK 山の手開発

東京は人口が増えるごとに山の手を拡大してきた

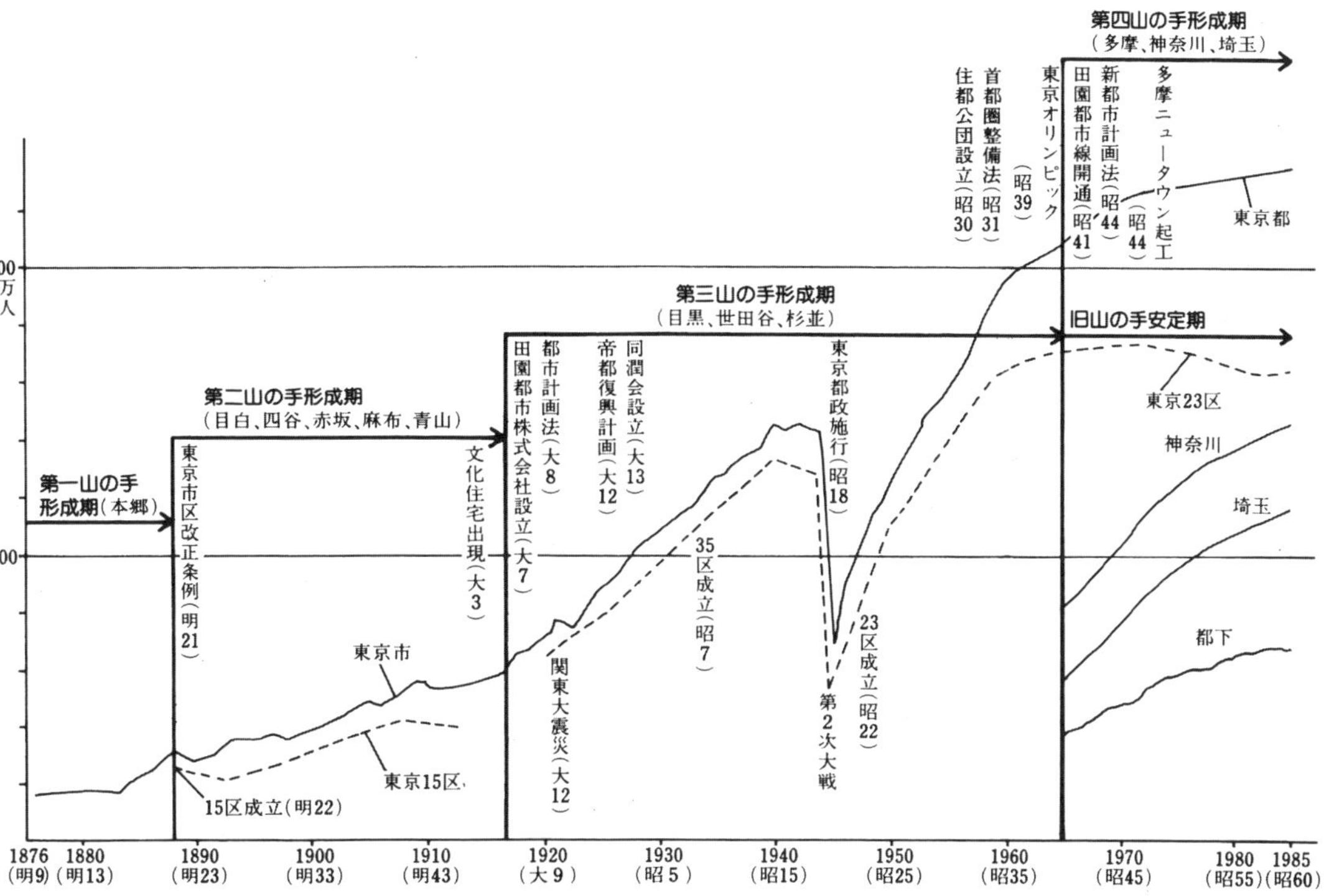

昭和40年までは『日本地誌』第7巻東京都、41年以降は「住民基本台帳」

明治時代には目黒も世田谷も、狐、狸、物の怪の類が徘徊する辺境地だった。山の手の変遷はそのまま、首都膨張史である。明治市区改正、大正の田園都市構想、そして。

市区改正と都心山の手

明治21年、東京市区改正条例が発令される。今でいえば首都改造計画のようなものだが、日本で初の都市計画法であり、後に東京市以外にも準用されるようになる。この時点で東京市街15区が制定された。現在の千代田区を中心に文京区、台東区、中央区、それに新宿区、江東区、墨田区の一部を足した規模だった。15区で言うと本郷区（現文京区）が第一山の手で、だんだん小石川区（同）、牛込区・四谷区（新宿区）、赤坂区・麻布区・芝区（港区）の西南方向に山の手住宅地が広がっていく。

東京市区改正条例は19世紀末のパリ大改造をヒントにしたと言われる。ナポレオンⅢが発案し、オースマン男爵（パリ県知事）が着手した都市改造プランで、世界的な影響力を与えた。市区改正事業は壮大なプランのわりにはたいした成果はあげなかったようである。しかし当時の人々にとっては江戸以来の街並が始めて本格的に変化する様を身近に見たわけで、衝撃的だったようだ。

「その頃の東京は市区改正で喧しかった」という書き出しで田山花袋『東京の三十年』（大正6年）は語っている。「土蔵造りの家屋は日に減って、外国風の建物は日増しに加わって行った。…新しい都市の要求は、張るようにあたりに満ちわたった」。花袋の好んで住んだ牛込の山の手も、明治19年ごろは「まだ山手はさびしい野山で…牛込の奥には、狐や狸などが夜ごとに出て来た」。市区改正はこのあたりの水道工事をした

それぞれの時代の東京改造の最先端だった山の手

	第四山の手	第三山の手	第二山の手	第一山の手
現在地	多摩・神奈川・埼玉	目黒区、世田谷区、杉並区（国立、日吉、鎌倉、湘南）	新宿区、渋谷区、港区	文京区
地形	所沢台、多摩丘陵、下末吉台	淀橋台西側、豊島台、目黒台、荏原台	淀橋台末端（牛込台地、四谷・麹町台地、赤坂・麻布台地、芝高輪・品川台地）	本郷台（本郷・湯島台地、小石川台地）
大きさ	東西20km×南北53km	東西８km×南北18km	東西４km×南北８km	東西２km×南北４km
西側辺境線	国道16号、129号	環状８号	環状６号（山手通り）	不忍通り
形成時期	昭和40年代～	大正末～昭和初期	明治～大正初期	明治時代
先鞭をつけた開発事業	住都公団設立（昭30）。戦後の住宅不足を解決するため同潤会（大13）を受け継ぐ形で設立。世界に影響を与えた英国のニュータウン運動の影響によって昭和44年に日本初のニュータウン・多摩ニュータウン起工、49年に港北ニュータウン起工。ただし日本の場合は英国と違って〝新都市〟より郊外住宅地の意味が強い。	田園都市株式会社設立（大７）。澁澤榮一が英国のGarden Cityに刺激され創設。現在の瀬田・上野毛・田園調布・碑文谷・柿ノ木坂あたりの用地43万1,323坪を取得。昭和３年、目蒲電鉄（東急）に吸収合併。現東急系私鉄を中心とする区画整理・宅地造成によって現在の目黒区、世田谷区の一部、杉並区の西半分の整然とした街並ができた。	東京市区改正条例（明21）。ナポレオンⅢとオースマン男爵による19世紀末のパリ大改造をヒントにしたといわれる日本で最初の都市計画。当初構想ほどの成果はあげなかったが、道路拡張によって江戸以来の街並・景観をかなり変えていった。田山花袋『東京の三十年』（大正６）は「その頃の東京（引用者注・明治初年）は市区改正で喧しかった。……土蔵造りの家屋は日に減って、外国風の建物は日増に加わっていった。……水道工事もかなり面倒であった。私は牛込の山の手の町の通りが、すっかり掘り返されて、全くの泥濘に化し、足駄でも歩くことが出来なかったのを覚えている」と東京最初の都市改造の様子を伝えている。	
交通網	東海道新幹線（昭39）、田園都市線（昭41）、根岸線（昭48）、小田急多摩線（昭50）、いずみ野線（昭51）開通。南武線、相鉄線（昭41）、横浜線（昭51）複線化。第三京浜（昭40）、東名高速、中央自動車道（昭44）開通。	玉川電車（明40・現新玉川線）、西武池袋線（大４）、新宿線（昭２）、京王線（大２）、池上線（昭３）、目蒲線（大12）、小田急線（昭２）、東横線（昭２）、井の頭線（昭６）、大井町線（昭４）開通と現在の西南方面郊外電車がほぼ出揃う。	東京電車鉄道（現在大半廃止された市電・都電の前身）開通（明36）、明治44年市有化、軌動延長192km。大正12年には総延長が318km、１日平均128万人が利用、市民の「足」になる。山の手線は大正15年全線開通。	明治２年に人力車出現、明治５年ごろから東京市街に乗合馬車が走り始める。明治15年には新橋―日本橋間に軌条を走る馬車鉄道開通。明治36年に電化されるまでは馬車鉄道時代が続く。
大学	〝都の西北〟所沢に早稲田が進出予定、中央自動車道の通る八王子には中央大（昭53）、工学院大（昭39）、多摩美大（昭46）など現在19大学が集積、都立大も進出予定。厚木には青学（昭57）、〝都の西南〟藤沢に慶応が計画。	宅地イメージアップのための大手私鉄資本による大学誘致、学園都市建設盛ん。目蒲線大岡山に東工大（大12）、東横線日吉に慶応（昭９）、小田急線に成城学園（大15）、中央線国立に一橋大（昭５）など。	ほとんど神田、築地に集中していた大学が明治期に山の手の台地へ続々移転。目白の学習院（明41）、渋谷の青学（明16）、三田に慶応（明４）、白金台に明治学院（明19）など。大正２年には紀尾井町に上智大学創立。	東大が本郷に移転したのが明治21年。大正７年の「大学令」で私立の専門学校が正式に大学に格上げされるまでは東京で唯一の最高学府として君臨。本郷、西片周辺を文化的な山の手ゾーンにした。
典型的住人	ポスト・ニューファミリーを形成し始めた団塊の世代（ＴＢＳの『金曜日の妻たちへ』『となりの女』等に象徴される）。	昭和初期の新興ブルジョワ（目黒）、膨張しつつあった中流サラリーマン、文化人（杉並・世田谷）の新しい生活様式の展開。	明治大正のエリート官僚、初期ブルジョワ、白華派や早稲田派に代表される大正モダニズム文化人。	文明開化インテリゲンチャーとしての東京帝国大学の先生とインテリ予備軍としての一高・東大生＝学士様。
移動手段	車（ホンダ）	郊外電車	市電、山の手線	懐手で徒歩

らしく、通りが「全くの泥濘に化し、足駄でも歩くことが出来なかったのを覚えている」とある。

花袋は荷風のようにヒネていないから、牛込市谷の山の手の新しい空気に限りない共感を見出している。「子供を負った束髪の若い細君、毎日毎日倦まずに役所や会社へ出て行く若い人たち、どうしても山の手だ。下町などでは味わいたくても味わうことの出来ない気分だ。山の手には、初めて世の中に出て行った人たちの生活、新しい不如意がちの、しかし明るい若い細君のいる家庭、今に豪くならなければならないという希望に充された生活、そういう気分が至る処で巴渦を巻いている」

この文章は「今でも其処に行くと」で始まってい

昭和初期の本郷真砂町の市営住宅

るから、大正初期のことであろう。

新興「紳士」のための新天地

東京区部が15区からほぼ現在の23区に相当する35区に拡大するのは昭和7年のことである。つまりまだ大正～昭和初期には、今の目黒区・世田谷区・杉並区は町村の寄せ集めだった。明治初期の牛込がそうだったように、狐や狸が大いに現われたことだろう。しかしこのころから東京は急速に人口が増え始め、大都市へと変貌する。東京市全体で、明治末には300万人弱だったのが昭和15年ころには700万人以上にハネ上がるのだ。

大正2年～14年の人口増加率

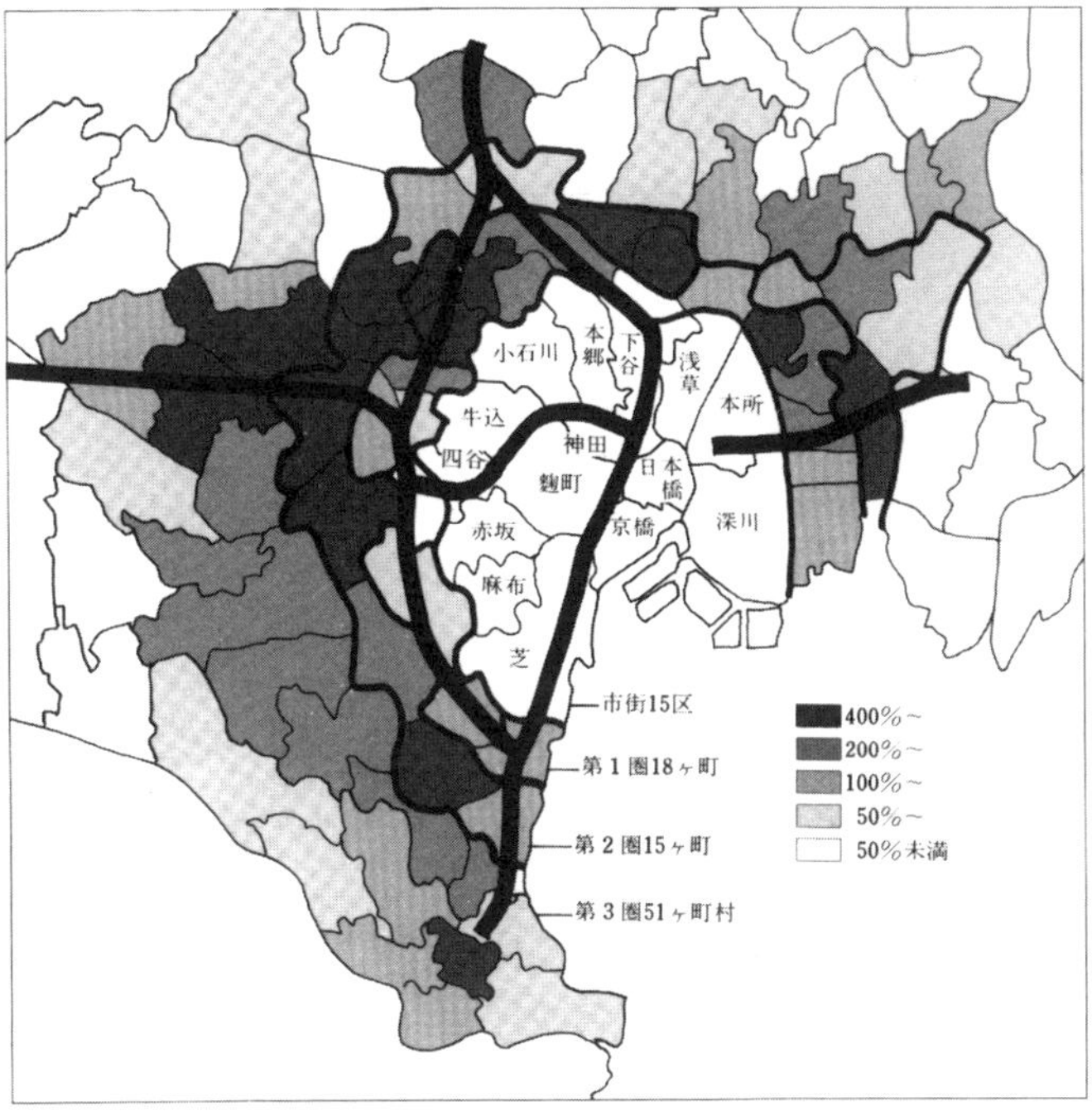

『日本地理体系・大東京編』昭和5年

大正2年～14年の東京都心半径10㎞圏の人口増加率を見ると、山の手線外側の西南部分が200％～400％台以上の伸びを示しているのがわかる。第三山の手の基礎をつくったのは私鉄郊外電車だ。明治40年の玉川電車（現新玉川線）に始まって、大正時代に西武池袋線、京王線、目蒲線、昭和6年までに西武新宿線、池上線、小田急線、東横線、井の頭線、田園都市線（現大井町線）がそれぞれ開通している。現在の23区内西南方面の私鉄がすべて出揃うのである。

かくして人は郊外へ、郊外へと流出する。関東大震災（大正12年）後はとくにその傾向が強まったらしい。『東京百年史』（東京都）は、こうして成立した東京西郊が「紳士」と呼ばれたサラリーマンの落ち着いた住みよい住宅地だったということを今和次郎の『考現学』などを引いて説明している。一部の大邸宅を除くとだいたいは中産階級の小住宅・多少の庭を持つ文化住宅が中心だったという。

「100～200坪の宅地に赤瓦や青瓦の屋根を持ち『八畳間が一つ、六畳間が二つ三つに十畳程度の洋間が一つ、それに台所・浴室つき』という間取りを持つ文化住宅が、青空と土のにおいを求めた中流サラリーマンの憩いの宿だったのである」（『東京百年史』）。文化住宅は、洋間の応接室を和風の家に付設した和洋折衷住宅で、大正3年ごろ出現し、山の手や当時の西部郊外の中産階級に好まれた。当時の最もハイカラな住宅様式だったのである。

田園都市は20世紀の発明品だった

「田園都市」という言葉が定着するのも同じころのようだ。明治40年

（１９０７年）ごろが最初らしい。英国の思想家エベネザ・ハワードの構想した〝Garden Cities〟の訳語であり、１９０２年に改題出版された『Garden Cities of Tomorrow』（邦訳『明日の田園都市』鹿島出版会ＳＤ選書に収められている）以来、世界的な流行語になった。

ハワードは当時のヨーロッパにおいて深刻な社会問題化しつつあった過密化する大都市と過疎化する田舎・農村の矛盾の解決を目指した。実際に１８９８年「ガーデン・シティズ協会」を設立し、レッチワースの土地を買収、具体的な設計作業に入っている。「田園都市」はライト兄弟の飛行機に匹敵する20世紀の発明品とまで言われた。

渋沢栄一は日本のハワードを目指して大正7年（１９１８年）、「田園都市株式会社」を設立する。現在の瀬田、上野毛、田園調布、碑文谷、柿ノ木坂、洗足、上池台など目黒区・世田谷区・大田区にわたる土地43万１３２３万坪を買収した。いくら渋沢翁とはいえ、こんな土地取得が可能なほど当時はこのあたりも田舎だったのである。田園都市株式会社は、昭和3年（１９２８年）、目蒲電鉄に合併吸収され、以後、東急系私鉄資本が宅地開発・区画整理を進める。

渋沢栄一がそもそもどれだけハワードの理念に忠実だったかはわからないが、私鉄資本に受け継がれてからの〝田園都市〟はもっぱら美しい街並の郊外高級住宅地という意味で使われるようになり、今日に至っている。ハワードの考えていたのは都市の知識・技術と農村の健康・活動性を統一させる場というきわめてラディカルな思想だった。

同じころ宅地イメージアップのため大手私鉄資本が大学を誘致してつくりだした国立（一橋大）、成城（成城学園）、日吉（慶応）などの学園都市と同様、ヨーロッパ風の放射状に道路の拡がる街並をつくることが日本の田園都市づくりになったのである。

第三山の手オールド・ファッションの豊かさ

東京西郊で、大手私鉄資本による宅地造成・区画整理を行なった所や、地元の行政が積極的に区画整理を行なった所、現在の目黒区、世田谷区の一部、杉並区の西半分には整然とした街並ができた。そして実質的にここが第三の山の手地域になっていく。成城や田園調布は高級住宅街に、杉並・世田谷には中流サラリーマン、学者、小説家らの新興「紳士」たちが住んだ。戦前・戦後の文化・ライフスタイルのイニシアチブをとった人々の活気で満ちあふれたのである。

たとえば戦前の横光利一、戦後の伊藤整ら昭和初期の言論をリードしたモダニズム文化人は杉並に居を構えていた。今でも井の頭線、中央線沿線には学者・文化人が多く住む。井の頭線沿線に住む現在最も注目されている文芸批評家のひとり・蓮實重彦は、昭和10年前後の郊外電車の時代の日本のブルジョワ文化は戦後とは比較にならぬ豊かさを持っていたのではないかと言っている（『オールド・ファッション』中央公論社、昭和60年）。

大岡昇平の『成城だより』（文藝春秋、昭和56年）は、〝成城文化人〟のイメージを強烈に焼き付けた。実際、成城には大江健三郎も住んでおり、ちょっと離れるが田園調布の石原慎太郎や調布市にいる安部公房もその仲間に入るだろう。大岡昇平を筆頭に彼らに共通するのは仏文学を中心にヨーロッパ系文化への造詣が深いことであろう。渋沢栄一の遺産はこうして現在に生きている。

拡大再生産する渋沢翁の夢

多摩川を越えて西南に拡大された新西南郊外と第四山の手については前章と重複してしまうので簡単に済ませる。東京オリンピック（昭和39年）以後の道路・交通網の整備、私鉄の宅地開発、ニュータウン開発が基礎をつくったわけだ。

第三山の手の〝田園都市〟との関連を中心に二、三のポイントをおさえておこう。昭和41年に東急は宅地開発とあわせ溝の口～長津田間に田園都市線（昭和43年つくし野、51年つきみ野、58年中央林間）を開通させた。52年には玉川電車廃止後の地下鉄新玉川線を開通させ、田園都市線と直通させた。昔は、現在二子玉川園―大井町間を走る大井町線が「田園都市線」と呼ばれていたのだから、これをみても東京がいかに拡大したかがわかるだろう。

昭和44年に多摩ニュータウンが起工しているが、〝ニュータウン〟という言葉は英国の都市計画用語である。20世紀半ばの英国のニュータウン運動は世界に影響を与えたが、そもそも、ハワードの田園都市《ガーデン・シティーズ》構想を受け継ぐものだったのである。

3　山の手ウォッチング

その時代の文化を体現していた人々の住んだそれぞれの山の手。時が移り、主が変っていったあとの今の姿をこの目で見るべく、電車とバスと足を駆使して歩いてみた。

第一山の手　都市の中の博物館

正体不明だから新鮮

昨年は下町再生元年として上野・浅草周辺で丸井上野店開店など様々な動きがみられた。前後して、それまで渋谷・青山・自由が丘などの西南地区にのみ集中していた若者の目が、今まで足を踏みいれたこともなく、意識の中においたこともなかった上野や浅草に向けられ、〝キッチュな〟下町として脚光を浴びたのだ。自称お嬢様雑誌『ＪＪ』にまで浅草が登場したほどであった。

そのブームの下町と同時代の山の手が、帝大を中心に学者、文学者らが住んだ本郷周辺である。夏目漱石の小説の舞台と言えば、若者達も大体のイメージが浮かぶ所だ。帝大生や文学者ら、当時の知識人がかつて人生の明と暗を噛みしめつつ散策した小路や神社。

しかし、それらはあくまで小説の舞台であって、今現在の、自分達と同時代の本郷や西片、菊坂や団子坂を知る者は、住民は別としておそらくほとんどいないだろう。否、そのあたりを今も存在するものとしては考えにくいのである。

文京区立図書館8館が昭和60年調査したところによると、推理小説1200点のうち、文京区を舞台としているものを作家別にみると松本清張を首位に、横溝正史、水上勉と続き、逆に赤川次郎、森村誠一作品には1度も登場しないという。若者相手の彼らの作品では、文京区はあまりにリアリティに欠ける町なのであろう。

一方で、田中康夫が「アンティークもシーラカンスになれば新しい」として、青山・麻布よりもっと古い山の手に注目し、上野・浅草と本郷に挟まれた谷中を小説や『アンアン』で取りあげ、また昭和60年暮れに発行された『谷中スケッチブック』（森まゆみ著）も、多くの寺や坂からなる永井荷風ら文学者の愛した町を描いた山の手の匂いを味わえる好著であり、話題を呼んだ。

北区の、文京区との境にある田端にもかつて芥川龍之介らが住み、田端文士村と呼ばれる区域が存在していた。北区教育委員会では近く、これらの居住地や縁の地に道標を立て文学散歩コースを設定する計画だ。

知識人縁の地を歩く

では、実際に元祖山の手周辺を歩いてみることにしよう。

東大の前を走る本郷通りを折れて始まる菊坂は田宮虎彦の『菊坂』の舞台となった、ゆったりとした勾配が続く比較的幅の広い30km道路である（写真1）。両側はスナック、酒屋、不動産屋といった活気には欠ける商店が並ぶ。中学生くらいの男の子達がお菓子屋の前に数人集まっていたりするが、人通りも少なく、車もそれほど通らない。

左には一段低い細い路地が平行して通っている。階段や道端に植木鉢や花壇を置いた古い二階屋がびっしりと詰まった下町の姿が見られる。中には、「菊坂町75番地」といった古い住居表示をつけたままの「師具表」と右読みで書かれた貼り紙をつけた家もある。

鐙坂（2）と菊坂に挟まれた一角は斜面に複雑に建てられた木造家屋があり、樋口一葉の菊坂旧居跡の看板が立つ。文京区内には坂や、文学者ら縁の場所に文京区教育委員会が5年程前に備えた、こうした説明入りの看板が立てられていて、ふと立ち入った路地裏で歴史の勉強をすることができる。

本郷の上に位置する西片は学者町と呼ばれ、今も木造りの門構えの立派な屋敷が残されている（3）。中には、古い門構えが用もなく残された、鉄筋2階建アパートもある。

(1)車道沿いにスナック、床屋などが点在する菊坂

(2)鐙坂：左手は古い屋敷、右手には団地が建つ

再び本郷に踏みいれると古い木造の下宿屋とおぼしき建物が所々に立ち（4）、中でもひと際大きい三階建の下宿屋は周囲を鉄パイプで囲われ、修復作業中であった。

一方、東大正門前にはマンションがそびえ立ち、帝大生の様がわりをかい間見るのである（5）。

東大を過ぎ、根津神社に降りる坂は、「S坂」と森鷗外が『青年』で記した権現坂。すぐに、交通の激しい不忍通りに出、現代の騒音にまきこまれる。

ビルとマンションの間に古い商店が建つ不忍通りを北上すると千代田線千駄木駅入口の横から始まる団子坂（6）。鷗外、漱石、光太郎らが住んだ所だ。そのイメージを持ちつつ、坂を見ると今はトラックなどの交通渋滞著しく、マンションの並んだゴミゴミとした坂となっており、本当にここが団子坂なのだろうかと、地図を何度も見てしまう。

マンションは8階建くらいの中層マンションで、都心のどこでも見られる、何の変哲もない外見だ。鷗外や漱石とは無縁の都市生活者が今の団子坂の主となっている。

しかし、一本小路を入ると車などほとんど通らぬ住宅地となり、家と家の間の狭い路地では5、6歳の子供達がボール遊びなどをしている。マンション勢力もここまで及んではいない。

夕闇せまる谷中

不忍通りの向う側に入り、住宅の密集する細い路地を奥に進むとよみせ通りにぶつかり、谷中になる。

よみせ通りは商店街にしては広い道であるが、夕方にも関らず、それ程の賑いはない。対照的に、よみせ通りと垂直に交わる谷中銀座商店街は、道路もタイル張りのカラー舗装で、照明も明るく、かなりの賑いを

(3)西片に点在する木造屋敷

(4)路地を入ると古い下宿屋

(5)東大正門前にそびえるマンション

(6)現在の団子坂は交通渋滞

現在の旧山の手の動き①

	区　名	地区	計画・事象等名称	年月日	内　　容
第一山の手	文京区周辺		**緑化基本計画** (文京区)	61年1月 作成	小石川植物園、六義園等の大規模緑地帯をもつ一方で、マンションの乱立、住宅密集により、緑がほとんどない地域が増加しつつある。区では21世紀にむけて「住民が毎日の暮らしの中で気軽に目を触れる緑」を増やすことを重点に、緑の地域格差解消を目指す。
第一山の手	文京区周辺		**推理小説による文京区地名・建物頻度調査** (文京区8図書館)	60年9月 調査	小石川図書館など区内8館の職員が推理小説1,200点(作家126人)で文京区内を舞台にしている作品を調査。結果は、松本清張が25作品でトップ。ついで横溝正史22点、水上勉11点となる。しかし中高生を中心に人気をもつ赤川次郎や、生島治郎、森村誠一作品では、1度も舞台として使われていないという対照的な結果となった。
第一山の手	文京区周辺		**谷中スケッチブック** (森まゆみ著・エルコ発行)	60年12月 発行	本書は下町ブームのひとつとしてとりあげられがちであるが、谷中が上野の山から田端、駒込と続く細長い上野台から西側の崖下にかけての町であることからもわかる通り、森鷗外、永井荷風らの親しんだいくつもの坂や邸宅街と、低地の庶民の生活がいきづく下町との歴史、魅力をあますところなく伝える、単に下町ブームではくくれぬものである。ともあれ、田中康夫も著書で幾度かとりあげるなどして、若者がその異文化に触れる楽しみを味わえる町として、谷中はブームのただ中にある。地元商店街主催による「史跡めぐりオリエンテーリング」も今年6回めを迎え、好評だ。
第一山の手	文京区周辺		**田端文士村文学散歩コース** (北区教育委員会)	63年春 完成	上野から東に広がる武蔵野高台に位置する田端の高台は、かつて芥川龍之介をはじめ、室生犀星、萩原朔太郎、堀辰夫ら詩人、作家や陶芸家、彫刻家らが住み、田端文士村と呼ばれていた。当時のおもかげを所々と残すこの地に、区は道標などを立て63年春までにコースを設立する構え。あわせて作家らの子孫などで調査委員会を発足し当時の暮しぶりなどを調べる。
第二山の手	港　区	3A地区	**アークヒルズ** (森ビル)	61年10月 完成	赤坂、六本木にまたがる5,600㎡の敷地に完成したオフィス用インテリジェントビル、ホテル、マンション、コンサートホール等で構成された複合都市。
第二山の手	港　区	3A地区	**カナダ大使館建替**	60年12月 決定	赤坂のカナダ大使館は、敷地内に信託方式で高層ビルを建設。大使館として使用する部分以外はテナントに貸し、賃貸料で建設費等を相殺する。61年秋着工予定。
第二山の手	港　区	3A地区	**麻布桜田公園返還**	60年12月 決定	公園となっていた旧満州国所有地を、中国に返還する公園廃止提案が可決された。中国側は大使館の分館を建設する構え。
第二山の手	港　区	3A地区	**青山ベルコモンズ売却**	60年9月 決定	婦人服専門店・鈴屋、八十二銀行が入っている青山ベルコモンズを、アサヒ都市開発より第一生命が240億円で買収。
第二山の手	港　区	3A地区	**鹿島建設・本社第2ビル**	63年3月 完成	赤坂の所有地約8,039㎡に地上9階、地下2階など3棟からなる本社第2ビルを、61年5月着工予定。インテリジェントビルにする。
第二山の手	港　区	3A地区	**西麻布三井ビルディング**	63年3月 完成	三井不動産が、港区の「附置義務住宅」指導要綱に沿って、賃貸住宅専用棟とオフィス賃貸住宅混成棟の2棟から成るビルを今年3月着工した。賃貸住宅戸数は35戸。
第二山の手	港　区		**大規模建築物指導要綱**	60年9月 制定	人口減少防止と緑地確保のため、区が設定した、大規模建築物を建てる場合例えばのべ面積3,000㎡以上の建物を産業地域に建築する場合は敷地面積の50%以上の住宅を付設するといった条件をつけ、建築主と事前に協義する制度。これ以後、住宅付設の建築物が4分の1を超え、まず順調である。
第二山の手	港　区		**まちづくり研修**	58年9月 開始	人口減が続くなか、住民を定着させるにはどうしたらよいかを探る、区職員による研修。職員が、オフィスビル・マンションの乱立によってしめ出されつつある住民と話しあい、問題点を一緒に考えていこうとするもの。その体験をもとに、散文詩や芝居などで各自表現し、また方策をリポート作成する。
第二山の手	港　区		**まちづくりコンサルタント派遣制度**	60年4月 開始	隣近所と共同で住宅を建てたい、商店街のイメージアップを図りたい等の希望をもつ区内5人以上のグループから要望があれば、大学教授、建築士といった専門家をコンサルタントとして5回派遣し、諸々の基礎的知識の講演会を開く制度。
第二山の手	千代田区		**麹町のインテリジェントビル**	61年末 完成	第一不動産と中野組の資本・業務提携後の第1弾として建設中のインテリジェントビル。敷地面積約400㎡、地上5階建。ビル管理と情報通信にコンピュータを活用する計画。
第二山の手	千代田区		**九段北国鉄宿舎跡地売却**	61年3月 決定	約575㎡の国鉄宿舎跡地が不動産・貸しビル業の新光産業によって62億6千40万円で落札。基準地価の3倍の高値である。同社はここをオフィスビルとして貸しビルにする計画だ。
第二山の手	千代田区		**官民区営住宅案**		昨年区が都から買いあげた九段南の389㎡の土地の使用法として、隣接する4軒の料亭と共同で住宅を1棟建設し、官民区営の住宅にするという案が、定住人口増加策の一環としてあげられている。
第二山の手	渋谷区		**代官山同潤会アパート建替**		昭和初期、大震災後の復興関連事業として建てられ、現在約300世帯が入居している同アパートは、老朽化と、風呂なし2K中心という狭さから7年前より再開発構想が出ていた。18階建、12階建のマンション2棟の他にオフィスビル、商業施設ビル、地下駐車場を計画しており、62年着工、64年入居を目指している。
第二山の手	渋谷区		**インタナショナル・ヴィレッジ構想**		原宿の商店街振興組合「原宿シャンゼリゼ会」を中心に、日本社会事業大学跡地(約2万4千㎡)に生活居住空間、多目的スタジオ、文化イベントスペース、図書館、学校、スポーツ施設等の非営利性の文化公共設備を設置し、また留学生受け入れ施設、国際イベント開催などにより国際性の高いものをめざす。地権者である大蔵省は同跡地を民間に払い下げ、官民出資の第3セクターを母体としたプロジェクト推進をめざしている。同構想は、原宿シャンゼリゼ会を推進母体に官庁、企業、地域住民の理解を得るため、積極的活動を開始した。
第二山の手	新宿区		**西戸山公務員住宅跡地売却**	61年1月 決定	大蔵省・関東財務局は同地約1万9千㎡を、民間不動産会社66社の共同設立による新宿西戸山開発会社に約150億円で払い下げた。同社は25階建住宅3棟を建設する予定で、カルチャーセンター、レクリエーション施設等の併設も予定している。今年4月着工。63年9月完成予定。
第二山の手	新宿区		**西早稲田再開発**	63年完成	早稲田大学所有地約1万9千㎡に、早大と借地権者56人からなる西早稲田地区市街地再開発準備組合が、4、9、22階建などのビル5棟の建設計画をまとめた。住宅、商業施設、事務所の他、プールなどのスポーツ施設も予定している。
第二山の手	新宿区		**西新宿住民の団結**		オフィスビル需要で土地買い攻勢が高まる中で、「西新宿をよくする会」をはじめ、地元住民は西新宿を人の住まないような街にさせないために住民集会を開くなどし、自分達の手で再開発をするという動きが高まっている。

現在の旧山の手の動き②

	区　名	計画・事象等名称	年月日	内　　　容
第三山の手	世田谷区	宮の坂駅及び周辺地区市街地整備	63年着工予定	区内の東急世田谷線宮の坂駅と周辺地区約1万m²の整備は、設計コンペ方式によって駅舎のデザイン、駅前広場、街路の配置、建設予定の宮坂地区会館の中身まで作品を募集し、1位作品をもとに駅舎を東急が、その他を区が建設し、63年度着工を予定している。応募資格に制限を設けず、実施設計の際には地元住民も交え、住民の意見をとりいれてゆく構えだ。
		建替登録制	61年4月制定	区は、建物建替の際、事前登録してもらい、設計費の一部助成、建設業者のあっせんを行なう。また、太子堂、北沢など、優先的に事業を行なう建替誘導地区では、地区ごとに建物の種類、デザイン、緑化、広場などの基礎を定めた指針を作成、指導する。これにより道路整備、住宅乱立防止、町並美化にもつながる。
		住民パワーによる騒色公害追放	61年3月	太子堂の12階建てマンションに建設され始めた日本マクドナルド社の巨大広告塔に対し、周辺住民が、赤色ネオン等を騒色公害として工事続行禁止仮申請を出し、同社と協議を重ねた。取り付け契約を結んでいる同マンション住民らとの話し合いも難航したが、世田谷区が立会人となり、赤色を変更する等の合意書をまとめた。
		高級賃貸一戸建て住宅		三井ホームは、世田谷、大田区など外人向けには立地的にやや劣り、一般向けには高すぎる地域を重点に大手企業幹部などに的を絞った高級型一戸建賃貸住宅の販売、施工を始めている。延べ床面積130m²、建築費2千万円程度のタイプを中心に床面積3.3m²あたり1万円前後で賃貸、オーナーとなる地主の開拓に力をいれる。
	大田区	地区計画制度		都内有数の高級住宅街、田園調布地区で、ここ数年地価の上昇による相続税の重圧によって敷地の細分化、マンションの乱立が相次いでいることから地区計画制度を導入する予定。事前調査として61年度に、現在どこの敷地にどのような建物が建っているかを調査する。
		洗足住宅地細分化 ((財)環境文化研究所)	60年度調査	目黒、太田、品川3区にまたがる60年前の田園都市洗足で、土地の細分化による居住環境の悪化が進んでいることが、財団法人環境文化研究所の調査で明らかになった。分譲当時平均580m²であった宅地の約6割、251区画が細分化され宅地面積平均は236m²に減り、区画数は2.6倍の1080に増えた。駅周辺にはビルやマンションが150棟、敷地100m²前後の小住宅が600棟にも上っている。当初からの居住者は3％、約60世帯にすぎない。
	中野区	ワンルームマンション建築指導要綱	60年12月制定	区は、一戸当たり専用床面積を第一種住居専用地域は20m²以上とすることを義務づけ、あわせてごみ置き場と自転車置き場設置についても細かな基準を設けた。

見せている（7）。

そうした設備の新しさもさることながら、一段と活気を盛りあげているのは道にせりだして商品を並べたお惣菜屋や、肉屋、八百屋のかけ声だ。その元気の良さにこちらまでうきうきした気分になり、ついコロッケでも買おうかしらという気になる。

谷中銀座を通り過ぎると上り階段になる。階段のふちではゴザを敷いた子供たちがおままごとをしている。ゴザを見るのも久しぶりであった。

これから谷中を見て歩こうとする頃には日が暮れはじめ、日暮里駅のすぐ近くにいるという、時と場所が一致したと妙な感慨にふける。本郷から西片、千駄木といくつもの坂を登り降りすると、さすがに人生の明

(7)夕暮れせまる谷中銀座商店街

暗よりも足の疲労が先に立つ。お寺ばかりの谷中を朦朧とさまよって、元祖山の手駆け足探訪を終えることにした。

歴史のまち、博物館としての再生

本郷も西片も千駄木も、塀で囲まれた古い屋敷と、狭い敷地に何軒も連なる庶民住宅が混在している。中を貫く大通りは車とビルが我物顔だが、そうした住宅地は坂が舗装され建て替えられる家が幾つかあるにもかかわらず、昔の姿が保たれている。

商業が浅草・銀座から港・渋谷区へ、行政までも丸の内から新宿へと、都市機能が西南へと移動することにより、元祖山の手の少なくとも住宅地は破壊されなかったのだ。その結果、かつての姿をかいま見る楽しさ、いわば町全体が博物館のごとく、史跡めぐりの面白さを味える場として注目され始めた。元祖山の手はこうして新しい性格に生まれ変わりながら生き続けようとしている。

第二山の手　お屋敷がビルに変身

ビル建設の台風の目、港区

現在の都心西南部、とりわけ六本木・麻布・青山は今や若者の押しよせるメッカとなっているが、かつてのそのあたりは閑散とした、緑生い茂るお屋敷町であった。江戸川乱歩の『怪人20面相』シリーズでも、人さらいのおきるのは青山周辺の寂しい屋敷町であったのだ。

やがて大名屋敷が大使館に変わり、次に高速道路が張りめぐらされ、大きな道路沿いにはビルが続々と建てられた。

現在、港区は千代田・中央と共に都心3区と呼ばれる。もはやビルの過密状態にある千代田・中央の次をうけ、中でも青山、麻布、六本木といった地域は丸の内あたりよりオフィス密度が低く、外資系企業の東京進出の際好まれる立地ということもあって、ビルラッシュのただ中にある（本誌85年9月号「情報モノポリーTOKIO」参照）。

コンクリートの海で孤高を持する

まず、三井不動産が手がける、賃貸住宅専用棟とオフィス賃貸住宅混成棟の2棟から成る「西麻布三井ビルディング」建設地に行ってみた。

場所は六本木通り沿い、南青山7丁目と道を挟んだ西麻布4丁目に位置する。昭和61年3月に着工したばかりで、囲いからのぞくと中はまだ何も施されていなかったが、0・7haの敷地は周辺のペンシルビルと比べものならぬ程巨大である。またひとつの新名所ができあがりそうだ（1）。

そこから六本木通りを背に細い道を入っていくと古いのと新しいのとに限らずゆったりした敷地に立つ邸宅がいくつか並んでいる。若葉会幼稚園に続く牛坂の路地は、ジャンケンをしつつ帰って行く小学生が通り、各家からのびる大木の緑も揺れ、静かな住宅街の顔を見せている。ただ、その背景に建ち並ぶ不揃いのビル群が現実を知らせるのみだ（2）。

そうしたのどかな牛坂を降りてゆくと、若葉会幼稚園の向い側には7階建てのマンションが建設中であった。もはや内臓にまで剣がとどき始めている。

若葉会幼稚園の脇、霞町教会の向いの道を登ってゆくと、大きくはないが古めの住宅が何軒か並ぶ。神道大教院の横手を左に曲がると木もれ日の中、杖をつくおばあさんの手をひいてゆっくりと坂を下る御婦人が前を歩く。2人の行く手には行き交う車と立ち並ぶビル。腰を曲げて歩く老婦人には似つかわしくない騒音がすぐそこまで押しよせていた。

アークヒルズのふもとには寺

港区のオフィスビルラッシュの要となるのは何といっても赤坂・六本木地区再開発として森ビルが建築中のアークヒルズである。オフィス棟、住宅棟がこの3月完成し、その他ホテルは6月、コンサートホールも10月にオープンと、森ビル15年の計画が今まさに完成しようとしている。

麻布から六本木通りを溜池方向に進むと、右手にアークヒルズのビル群がそびえ立つ。そのアークヒルズのふもとから、急な勾配の坂を登って行くと、寺があり、墓が並び、古いアパートや住宅がある。アークヒルズが建つ以前のここら一帯については『超芸術トマソン』（赤瀬川原平著・白夜書房刊）の「ビルに沈む町」に詳しいが、今なお残る坂の上の一帯はアークヒルズよりも高い位置にあるため、ひとまず難を逃れたのだ（3）。

マンション住人は別とすれば、もはや赤坂、麻布等に〝住宅〟街というものは存在せず、ただビルラッシュの嵐にじっと耐えて肩寄せあう家のかたまりがあるのみなのだ。

住民の高年齢化が町を変える

最近は高級賃貸マンションの本尊としてこれまでの3A（赤坂・麻布・青山）に続き、K（麹町）とB（番町）が加わったという。千代田区が古い料亭を壊して官民区営住宅を九段に、第一不動産が麹町にインテリジェントビルを建設するという情報を得て、そちらの方に足をむけてみた。

平河町、麹町といえばかつてのお屋敷町。泉麻人も「成城や松濤に住んでる娘にはちっともビビらないけど、親の代から平河町なんて娘はす

(1)西麻布三井ビル建設地

(2)牛坂の四つ辻からもビルはすぐそこ

(3)アークヒルズと寺と家

ごいよね」と言っている。

赤坂から外堀通りを国会議事堂を中心とする官庁街の霞が関を右手に見つつ北上すると紀尾井町、平河町、番町、九段に到る。

まず、九段南の官民区営住宅予定地を捜す。住所によると靖国神社正面のすぐ近くだ。と、ちょうど、ビルを建設中の所があった。しかしまだ隣あわせにある料亭4軒を壊し終えた段階には到っていないはずだと不思議に思い、隣の菓子屋に入って、おばあさんに尋ねてみる。

「あそこ（隣の工事現場）は、5～6年前まで中さんておばあさんがひとりで居たんですけど、千葉の方の老人ばかり入る寮みたいな所に移ってしまって、そこで2、3年前に亡くなったんですよ」ということであった。住宅地は主を失い、その後は次々とビルになってしまっているのだ。因に官民区営住宅の件は後で区に問いあわせたところ、それは工事中の所ではなく、隣のビルの敷地を昭和60年暮れに都から買収した段階で、住宅にするということが決まってるくらいで、官民一体でというのは一案にすぎないのに、新聞でさも決定事項のように書かれた、ということであった。古い料亭の方は結局見損ねてしまった。

ビルの洪水に流され浮かぶお屋敷

ここから、靖国通りと平行に、1本南を走る大通りを市ヶ谷駅の方向に向かうと、番町小学校がある。かつて中級サラリーマン子息のエリートコースであった、番町小学校～麹町中学～日比谷高校～東大のスタート地点として栄光をなし、今も新入学、夏休み前の通知表の頃になるとTVで取りあげられお馴染みだ。

靖国神社前から番町小学校への地域でも、いくつものビル建設現場を目にした。大通り沿いは建設中以外は全てビルになっている。マンションよりも、むしろオフィスビルの方がずっと多いようだ。

⑷番町のお屋敷のむこうに建設中のビル

⑸ビルに囲まれても負けぬ

ここでも、車の往来する道から一歩中に入ると住宅があるのだが、麻布・青山に比べてなだらかな坂がそこかしこにあるわけではないので、その分周囲のビルの浸蝕がより強く感じられる。何よりも、木々が少ないことが挙げられよう（4）。

ともあれ、そうしたかろうじて住宅街と呼べる所を新宿通りに向って歩くと、左右にお屋敷が並んでいる中で、小ざっぱりした邸宅ながら窓が割れ、既に廃屋となっている家もあった。

新宿通りに出る一歩手前に、まだ住宅街である所に建設中のビルがあった。これが、第一不動産のインテリジェントビルである。規模的には5階建でそれ程大きくはないものの、新宿通りのビル群も住宅街にくいこみ出したわけなのだ。

新宿通りを渡り、紀尾井町を過ぎると麹町中学のある平河町になる。平河町に到っては、町内ほとんどがビルになっており、それでも残る一軒屋は両隣をビルでしっかり固められ、よくぞ生きていたと声をかけたくなるほどだ（5）。

今見てみた麹町、番町、平河町周辺は既に人の住む町としての形成がビルによって崩れてしまっている。商店がつらなることもなく、子供が遊ぶ路地もなく、今もそこに住む人達はまるで異次元の住人のように、一体どのように暮らしているのか不思議にさえ思われるのだ。

死神に微笑まれた町

松濤は今までみた麻布、赤坂、麹町等と較べるとはるかに旧時代を温存している。第二山の手としては最西端で山手線の外に位置し、かつての東京の中心、丸の内からも遠いことが幸いしていよう。

しかし、都庁が新宿に移転すれば中心のただ中に入ってしまうわけであるし、渋谷の賑いも今や飽和状態にある。眼下にある円山町ラブホテル街は今やかつての恥じらいや後ろめたさを捨て、明るく繁盛している。

東急も、本店を拠点として隣接地にコンサートホール、中ホール、２つの映像ホール、イベントホールの大小5つのホールをもつ東急文化村を昭和62年に開業予定している。そうなると渋谷駅～１０９～ワン・オー・ナイン～本店～文化村という導線が形成され、勢い、松濤を通り抜け代官山へと人々を動かすことになろう。

今後はかつて麻布、赤坂がそうであったように昼はオフィス街、夜は若者の浮かれ騒ぎの場として標的にさらされることは必至である。いつまでも渋谷の盛り場を見おろす丘の上の住宅地として安住してはいられない。魔の手はそこまで伸びてきているのだ。

第三山の手　世代交代が進む高級住宅街

跡形をなくしつつある砂の城洗足

都内の高級住宅街といえば田園調布、成城の２つがすぐに浮かぶ。これらはいわば高級住宅街の代名詞的存在である。それに対して同時期に田園都市として開発された洗足（目黒・大田・品川の３区にまたがる）は都民にとっても知る人ぞ知るといった程度の、過去の栄光も遠い昔となってしまった感が強い。

財団法人環境文化研究所が昭和60年度に行なった調査によれば60年程前洗足において分譲された４１６区画のうち現在２５１区画が細分化され、区画数は１０８０に増加した。宅地面積平均は５８０㎡から２２０㎡に減少してしまっている。60年前からの居住者、その子孫は3％、約60世帯に過ぎないという淋しい結果である。

確かに洗足一帯を歩いてみると、駅付近はマンションが乱立し、住宅地の中に入りこんでも邸宅と呼ぶにふさわしい敷地、どっしりとした風格のある建物を有する住宅は数えるほどまばらに点在する程度で、当時の「建設敷地は宅地の5割以内。建物は3階以下。障壁は瀟洒典雅なものに限る」という条件にはまるで反する、庭などほとんどなく、人の目を止めるような建築美も持ちあわせない、ごくありふれた住宅が大勢を占めているのだ。

駅前に並ぶマンションもとりたてて記することのないありふれた中流マンションであり、下が美容院などになっている下駄ばきマンションなどだ（1）。

洗足の立地を見てみると、すぐ隣あわせにダンプカーがビュンビュンと疾走する環七が通っている。目蒲線と大井町線が近くを通り交通の便

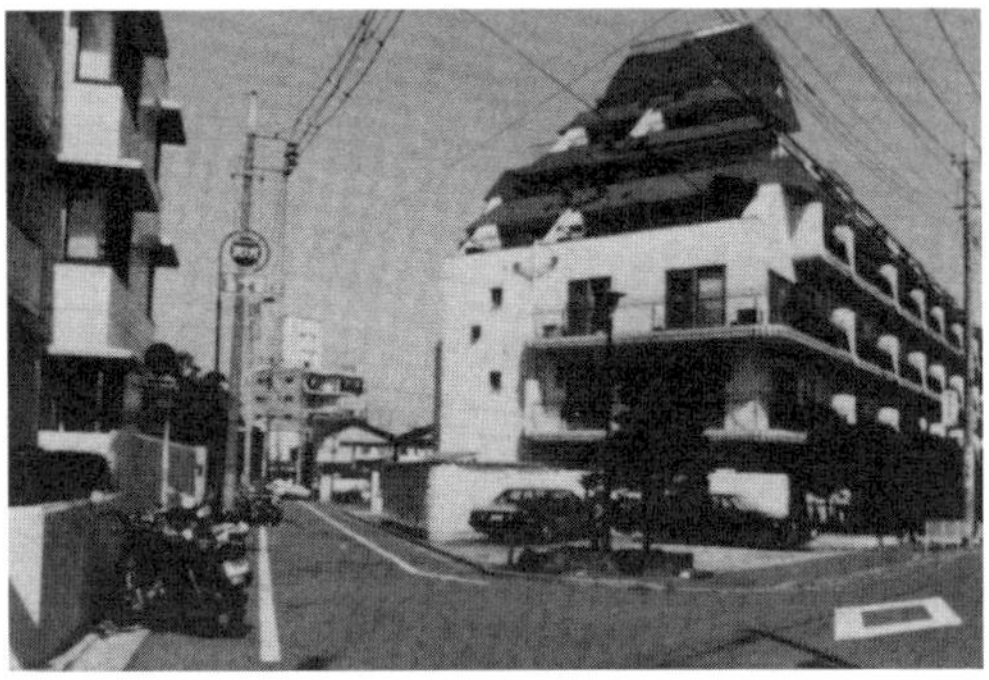
(1)駅付近には中級マンションが並ぶ

(2)駅前に建つ高級マンション

もいい。こうした都市設備に囲まれすぎた結果、まるで環七がその塵埃を洗足一帯にまき散らしたかのように、かつての文化生活のまちを格下げしてしまったのかもしれない。

邸宅のあとには高級マンション

一方で、かつての仲間ともいうべき成城、田園調布の現在をみてみると、洗足と比較すれば宅地分割もまだ軽症であるものの、やはり確実に新旧交代をしていることがわかる。

成城は世田谷区の西端、調布市と接する位置にある。成城という町名をもつ区域は小田急線成城学園駅の南北をさすわけだが、やはり本来の、正統的成城は成城学園のある駅北側であろう。

駅から伸びる通りを中心に碁盤の目のように整備された4、5、6丁目が中でもオリジナル成城である。

(3)生け垣に囲まれた通りを歩く老夫婦

(4)敷地8分割症例

駅のすぐ近くを走るバス通りにはここ5年の間に4つのマンションが建ってしまった。元々その敷地にあったのはどれも築何十年も経た味わいのある洋館や木造の日本家屋であった。今、道にせり出すように建つそれらのマンションはどれをみてもそれなりにいかにも高級な3階程度の低層で、ベランダに洗濯物やフトンを干すなどもっての他のマンションではある（マンションの質からみても、洗足と成城では差が明確だ）が、隣接する一戸建住宅がそれぞれ個性ある家屋で威厳さえ感じられるものである故に、観賞者としては耐え難きものがある（2）。

また、生け垣も成城のアイデンティティのひとつであるが（3）、所々増えている新築住宅はどれも皆いかめしい、人を寄せつけない例えば模造タイルの屏になっている。

成城通りより200mほど西にある、かつて成城でもひときわ大きく人目をひいた開業歯科医院の洋館は、石ジャリを敷きつめた広い前庭とともに、前を通るバスの中から憧憬の眼差しをあつめたものであったが、その広い庭にも、通りに面して3軒の家が建てられ、その大きな洋館も、持ち主が変わり、通りからもその優雅な正面を見ることができなくなってしまった。新しい持ち主はイラストレーターの横尾忠則氏であり、元の持ち主の歯科医院は庭に建てられた3軒のうちの1軒で開業している。

その横尾邸と道一本隔てた一面には宅地分割の極みが見られる。元々一軒家であった敷地に8軒の建売住宅が並んでいるのだ。窓をあけると隣の家の窓が1mと離れずにある。8軒あわせて近くの古い洋館屋敷と同じ敷地なのだ。しかもどれも一様に青瓦の屋根。横づけされたベンツもわびしい（4）。

秋になると、ほとんどの家に咲く金木犀の匂いにつつまれる成城も、10年後にはどれだけその姿を残していられるのだろうか。

かの有名な田園調布とは

大田区では、田園調布で敷地の細分化、マンションの乱立がここ数年進んでいることから、地区計画制度を導入する構えで、事前調査として昭和61年度内に現在の具体的敷地面積、建造物の調査を実施するという。

田園調布と成城の大きな違いは、地形的にみて成城が町自体は平地であるのに対し、田園調布が多摩川を控えて駅から放射状に伸びる縦線がほとんど登ったり下ったりの坂道である点である。そうした斜面を生かして武蔵野の面影を濃く残す木立に囲まれた公園が2つあるのも、町の中にひとつも公園を持たぬ成城と対照的である。

東急線田園調布の駅に降りると、ちょうど入学式を終えた制服姿の小学生と若い母親が前を歩いていた。少年が母親に話しかける。

「お母様、お腹すいちゃった」。

さすが、田園調布だと納得しつつ何も考えずに駅の東口に出ると、どうもピンとこない。田園調布のシンボル、洋館づくりの駅舎の姿が見えないのだ。並木道も見えないし、住宅の並ぶすぐそこにはマンションらしきものが立ち並んでいるようだ。これではごくありふれた住宅街の駅前と変らない。〝田園調布に家が建つ〟と流行語にまでなった町とは思えないのだ。つまり、田園調布の王道はあくまで西口なのだ。渋沢栄一の計画した放射状に網の目が広がるのも、高級住宅街にふさわしい瀟洒な洋館駅舎も皆駅西口だ。

〝田園〟の名が泣くか

そう気がついて西口へ通じる地下道を通って駅前に出ると東口とはうってかわって、駅前には小さな噴水とベンチが置かれ、確かに放射状に伸びるそれぞれの道は並木道になっていて、マンションの姿も見られない。

成城と酷似した通りの一本を進んで行くと、まず宝来公園にぶつかる。近くの木々に囲まれた古い洋館では植木屋さんが三角梯子に乗って通りに面した木の手入れをしていた。

宝来公園は、汐見台の地につくられた、広くはないが井の頭公園の縮小版といった風情の、味わいある公園となっている（5）。

更にあたりを徘徊すると、その起伏に富んだ地形の為に道より数m上に小高く建てられた豪邸が目につく。こうし

(5)木もれ日の宝来公園

(6)高い位置から見下す洋館

(7)何がなんでも田園調布か

(8)新品の四角い家

た家はおそらく当初のままなのであろう。広い庭屋敷には分割された様子はない（6）。

逆に分割された結果であろう、庭などない無理やり狭い式に建て混んだ家は平地に多いようだ（7）。

また、成城と共通する点であるが、新築の家はどれも皆、鉄筋、タイル張りで四角い家である（8）。こうした家は木々も単なる装飾の域を出ていない。その頑丈な四角の風体を道ゆく人に誇示するかのごとく昔からの邸宅が木々の中に見えるか見えないかであるのと対照的に道一杯にそびえ立つのだ。そのタイプの家が集まる一角はもはや新興住宅地の雰囲気を出している。小ぎれいだが田園調布にしては味気ないのだ。

田園調布の端に来ると、多摩川台公園が広がっている。多摩川を下に見おろす豊かな起伏に恵まれた広い敷地を持ち、七分咲の桜の下で花見をする人達もいた。公園の木立ちから見える多摩川はまるですぐに飛びこめそうな程、近く、大きい。

今はまだ田園都市の名に恥じない町並であるが、このまま庭を持たぬ家や草木に重きを置かぬ家が勢力を持ってくれば、少なくも田園の名は完全に昔日のものとなってゆくであろう。環七の内側に位置する洗足の運命は、環八のすぐ外側に位置する成城、田園調布の未来を暗示しているのだ。行政レベルの早急な対応が望まれる。

第四山の手　団塊世代のエデンの園

山あいの別天地多摩NTに踏み込む

第四山の手は、第二、第三と同じくかつて山であり谷であった地域を整備することによってできあがりつつある住宅地である。

まずは多摩ニュータウンから見てみることにしよう。

多摩ＮＴは現在10万6千人が住む（計画人口31万人）、八王子、多摩、町田、稲城4市の多摩丘陵にまたがる巨大（３０６０ha）ベッドタウンである。計画から20年を迎えたここに来て都心に通勤する人々が寝に帰るだけのベッドタウンから多機能都市へと変換しようとしている。企業団地の設立やサンリオによる複合文化施設、小田急電鉄のレジャービル等、あらゆる機能を包括しようという試みだ。

小田急線を新百合ヶ丘で小田急多摩線に乗り換えて約10分。駅と駅の合い間に全くの山地を眺め、トンネルを1本抜けて、多摩センター駅に到着する。京王線が新宿から直通電車を走らせているのに比べ、小田急線で来ると必ず新百合ヶ丘で乗り換えなくてはならず、それもホームが別で階段の登り降りのおまけまでついているので、少し不便である。

ともあれ都心から1時間とかからず到着したここは都会の喧騒からかけ離れた別天地だ。駅前はまだ整備が完了していないこともあり、やや荒漠としたものがある（1）。

⑴殺伐とした多摩センター駅前

⑵池の公園・豊ヶ丘南公園

まずは地図を広げ、行き先を決める。地図には3―1―4といった具合に棟番号が赤字で書きこまれた長方形が無数に並んでいる。とりあえず団地が密集していて公園もあり学校もある落合3丁目に行くことに決め、8番のバス停から京王バスに乗った。

整理券の機械があり、料金表示もしていなかったので後払いだろうと席に座ると、「先払いです」と運転手さんに言われる。一体いくらなのかと思っていたら、行き先を尋ねられ、１４０円と言われた。都内とはバスの乗り方も違うようだ。

人影まばらな団地の林

落合3丁目のバス停で降りると、通りの両端、少し高くなった位置に何棟もの団地がそびえ立つ。盲滅法に道を渡り、階段を登って構内に入る。ひとり、団地の壁に向って投球練習をする少年がいるだけで、人影がない。天気がよかったのでベランダというベランダにフトンが干されている。買物籠さげたおばさんが2人通り過ぎて行く。

次に、近くにある豊ヶ丘南公園に行ってみる。公園のまん中に大きな池があり、周囲を木で巡らしている。そのまた周囲は、もちろん団地が並んでいる。公園内には釣りをするおじさんが2人と、3歳ぐらいの子供とお母さんが2組いるだけだ。団地の数に比べ、通りにも公園にも人の姿がほとんど見あたらないことに驚かされる（2）。

公園から少し行くと、市立豊ヶ丘中学校が、盛りあがった台地の上に建っている。ちょうど下校時間とぶつかり、紺色の制服を着た子供達とすれ違う。自転車に2人乗りした男の子達はカメラに向ってVサインを掲げつつ、通り過ぎて行く。全校生徒のほとんど全員が周囲の団地のどれかに住んでいるというのも不思議な気がするものだ（3）。

快進する新山の手

		名　　称	内　　　容
住宅地関連		多摩ニュータウン	八王子・多摩・町田・稲城の４市にまたがる多摩丘陵3,060 haの土地に人口31万人の新都市を目ざして開発されてきた多摩ＮＴは計画から20年めを迎え、今、10万６千人の住むベッドタウンから多機能都市への転換期にかかっている。業務施設用地の整備によって企業団地を計画中である他、多摩センター駅周辺にはサンリオの常設科学展示場を設けた大型複合文化施設「サンリオ・サイエンス・カルチャー・コミュニケーション」や、小田急電鉄のレジャービル、京王帝都電鉄のホテルなどが計画されている。また、職住同居住宅や親子隣接住宅などの新しい試みも相次いでいる。
住宅地関連		港北ニュータウン	44年都市計画決定、49年より工事が開始された横浜市北部に位置し、現在住都公団と横浜市が開発している全面積2,530 haの港北ＮＴは、開発が遅れ入居者数も芳しくない状況にあるが、現在民間企業の研究所、研究施設、事務センター等の建設が活発化しつつある。進出企業はリコー、伊藤忠商事、日産生命保険などで、住都公団では最終的に70ha程度を誘致施設用地にする計画だ。
住宅地関連		厚木・森の里	丹沢山塊が相模平野に接する丘陵地帯273.1 haに住都公団が建設中の森の里は、事業開始の54年当初より住宅用地47.3ha、誘地施設用地62.5ha、自然緑地115.6 haと複合型ＮＴとして進められた。ＮＴＴの研究所、富士通の研究所、青山学院大学教養課程、松蔭学園女子短期大学などの知識集約型施設と樹林や斜面を有効に使った、自然緑地にはさまれた人口約8,000人を予定している住宅都市だ。
住宅地関連		八王子ニュータウン	住都公団が進める八王子ＮＴは60年に都市計画が決定し、八王子市南部約390 ha、人口約２万８千人を予定している。現在、実施設計の段階であるが周辺既成市街地との調和のとれた街づくりをめざし、周辺住民の意見を計画段階より反映させるべく、「八王子南部地区街づくり推進協議会」を設立した。
住宅地関連		ニューシティ東戸塚	東戸塚駅東口17.4haの土地に熊谷組が建設中。北に丹沢山地、南に鎌倉、逗子の海岸を控える自然立地の良さ、交通の便のよさが売りものだ。完成予定は65年で、１万２千人の住居者が予定されている。
住宅地関連	三井不動産	パークシティ金沢八景	59年４月より販売され、敷地面積6.9 ha、総戸数757戸、６棟からなる約1.1 haの緑地面積をもつ。
住宅地関連	三井不動産	パークシティ溝の口	東芝工場跡地の再開発で5.6 haの敷地に中高層マンションに棟が立ち、約４千人が居住。完成は59年３月。現在敷地内にショッピングセンターを建設中で、今年秋に完成を予定している。
住宅地関連	三井不動産	パークシティ新川崎	川崎市幸区の横須賀線と南武線にはさまれた地点7.2 haに建設中の、アスレチックジム、グランド、室内プール等を併設した総戸数1,700戸あまりからなる都市型住宅ゾーン。全体の完成予定は63年春。
住宅地関連	三井不動産	新本牧パークシティ	元米国の住宅施設であった横浜市中区の3.2 haの土地に８～12階建マンション９棟、約700戸を建設中。横浜らしく外人用賃貸マンション（65坪、35坪）も22戸併設する。完成予定は63年９月。
環境整備・その他		多摩都市モノレール	南北に鉄道網がない多摩地区の交通網確立のため計画された多摩都市モノレールは多摩センター・新青梅街道付近間約16kmを結ぶ線である。その運営主体となる第３セクター「多摩都市モノレール株式会社」（仮称）が今年４月よりスタートした。資本参加は都、八王子、立川、多摩市等の６自治体と西武鉄道等私鉄３社、日本興業銀行などの民間６社からなる。同モノレールは62年度から着工、67年度に立川駅北口－上北台（東大和市）間5.7 kmが開通し、全線開通は72年度を予定している。
環境整備・その他		水と緑のネットワーク計画	建設省は今年２月、多摩川とその周辺を都市住民の憩いの場として再生すべく、周辺に散在する公園緑地、神社、遺跡などを旧街道や遊歩道などで結び、サイクリングや散策をしながら水と緑に親しんでもらう整備構想をまとめた。対象範囲は河口から青梅市までの延長71km、両岸から約５kmの区域。構想をもとに川崎市や多摩市など関係23市区町に全体計画や事業実施計画を作成してもらい、62年度から整備にとりかかる。
環境整備・その他		秋川流域総合開発計画	秋川流域の自治体（秋川市・五日市町・日の出町・檜原村）で構成する「秋川流域開発振興協議会」は、人口流出防止策として工業、商業を中心とした総合開発計画案を、61年度中に作成する予定。特に秋留台地約２千haに重点を置き、工業、商業、住宅地区に分けて整備する方針。
環境整備・その他		マリン・コミュニティ・ポリス（高度海洋機能都市）プロジェクト（横須賀）	通産省が地域振興の一環として進める海洋開発のケーススタディとして横須賀で実施されていたマリン・ポリス構想は、海洋構造物を埋め立て型で建設するもの。国際会議場、留学生会館、湾中央部に海上公園、ホテル、レジャー施設、風力発電などエネルギー供給施設は湾の端に建設する予定で、61年度以降具体的検討に入る見込み。
環境整備・その他		湘南なぎさプラン	神奈川県は関係する３市１町、小田急電鉄、地元の観光協会などに呼びかけ、「湘南なぎさプラン推進協議会」を発足、61年度にはモデル事業計画作成として辻堂海浜公園・汐見台公園、湘南海岸、平塚海岸、大磯港周辺の４地区を指定し、再整備計画づくりに着手する。
環境整備・その他		新横浜駅南口区画整理	横浜市は46年に地元に新横浜駅南口地区36haの区画整理計画を提案していたが、このほど地元地権者の合意を得られるめどがついたことで、事業に着手、ここに良好な住居環境を築くとともに駅前広場を整備する。

門からは学校内は見えず、坂を登ってゆくと、さすがに校庭は広く、クラブ活動で準備体操をする群れも、ほんの片隅にいるように見える。ここでも他に生徒の姿は見えない。

ニューライフスタイル発祥の地ニュータウン

鎌倉街道を渡り、町名が永山に変る。野原のような所を抜けると、2～3階建程度の会社が6、7軒立っていて（4）、その隣りから一戸建住宅地につながって行く。各家は庭付きの2階屋で、かなり立派な造りの家も混じっている。典型的郊外新興住宅地のノリだ（5）。

この辺りからバスに乗って永山駅に行こうと停留所を捜す内に、1台バスが通過した。すぐに来るのだろうと追いかけなかったが、時刻表を見ると優にあと20分は来ない。仕方なく、また団地の中をトボトボと歩いたのであった。幸いに、駅まで20分程度で着いた。

(3)団地の林を帰ってゆく中学生

(5)一戸建て住宅の一画から団地群をのぞむ

(4)小規模ビルが集まる企業用地

(6)永山駅前、グリナード永山

永山駅周辺になると、土曜の午後を過ごす人々で賑っており、とりわけ駅前にあるショッピング・センター、グリナード永山は中・高校生や子供連れが大勢いた（6）。

多摩市の昭和59年7月の調査によれば「ずっと住み続けたい」と思っている人は54・6％、「当分は住み続けたい」の31・8％とあわせると86・4％と高い数字を示した。

TVドラマ『となりの女』（TBS）や『毎度おさわがせします』（TBS）の舞台となったのも、ここ多摩NTである。新しい形の家族形態、家族関係を生みだすのは、やはり第一、二、三山の手では無理があり、今子育てにいそしむ団塊の世代が住む第四山の手なのだ。都会の近くの別天地でありながら、町としての魅力を着実につけて行こうとするニュータウンは、新しいライフスタイルの発祥の地となりつつあると言える。

若奥様の似合うまち

多摩NTから小田急線・新百合ヶ丘経由で町田まで20分たらず。町田は今や、小新宿とも言うべく、百貨店が競うように進出し、商店街も人であふれるほどの繁華街となっている。

その町田から横浜線に乗り換え、2つ目の駅長津田は渋谷から伸びる東急田園都市線と交わっている。

田園都市線の駅名をみると、青葉台、つくし野、つきみ野など、いかにも田園ぽく、かつ洒落た名前が並んでいる。町並も、例えば小田急線沿線が必ずしも美しいとは言い難い古い住宅地を走るのに比べ、開通20周年を迎えた若い電車、田園都市線沿いは小ぎれいな新興住宅地を走り抜けている（7）（8）。とりわけ、『金曜日の妻たちへ・パートⅢ』（TBS）の舞台となったつくし野はおしゃれな街として熱い視線を浴びている。

⑺田園都市線沿線の住宅地

⑻小田急線沿線の住宅地

⑼記念撮影で賑う桜満開の金妻通り

⑽住宅用地が残る栗平：丘から見下す家

　桜が満開となった4月中旬の土日、ドラマのタイトルバックに流れる並木道らしき、桜が満開の通りは、カメラ片手の家族連れや、見合い写真のスナップを撮りに来たとおぼしき母娘連れでちょっとした賑いとなっていた（9）。また、駅前で、駅をバックに記念写真を撮るギャル達もいた。

　つくし野の住宅地はかつて洗足、田園調布、成城などがそうであったように住宅建設にあたっていろいろと規制が設けられている。例えば、「建築物は1戸建専用住宅、階数は2階以下。1区画の面積は165㎡以上。」などだ。

　つくし野に限らず、田園都市線沿線の住宅街や多摩NTの一戸建住宅街を歩いていると、田園調布、成城とまではいかないものの小ぎれいな家が整った区画に並び、今にも篠ひろ子のような美しい若奥様とすれちがいそうな気にさせる。

　つくし野自体は既に大方住宅が並んでしまっているが、例えば小田急多摩線の栗平あたりはまだ住宅建設の余地もあり（10）、若奥様をめざす人々にとっては格好の地であろう。

［2－1－B］
長谷川徳之輔『東京の宅地形成史――「山の手」の西進』（住まいの図書館出版局、一九八八年、四五～五九、一八一～一八八頁）

宅地開発の推移

一、宅地面積の変化

市街地の拡大の様子を土地利用の変化、すなわち宅地面積の増大という点に着目して、東京市－府統計を用い、少し詳しく捉えてみよう。ここで宅地とは、地租・固定資産税が課税される有租地で、その地目が宅地とされるものとする。その規模が地域別・時期別にどう変化してきたかということである。戦前の土地に関する統計は、地租が税収の中心であったこともあって、現状に比べてはるかに精緻に整理されている。

宅地面積の変化を東京西郊部について各区別にみる。まず東京区部でみると、大正四年（一九一五）に行政区域面積は五〇四平方キロ、そのうち宅地面積は八九平方キロであったものが、昭和六十年（一九八五）には臨界部埋立地の増加により行政区域面積は五九八平方キロと一・一九倍に拡大しているのに対し、宅地面積は三一二平方キロと三・五倍に増加している。また宅地面積の有租地面積に占める割合（宅地化比率）は、大正四年に一七・七パーセントにすぎなかったものが昭和六〇年には五二・二パーセントと拡大し、居住空間の増大ぶりを示している。

これを東京西郊部の各区に分けてみる（表1・図1）。中心三区の宅地面積は、当然のことながらこの約八〇年間に変化はない。千代田区は四一九ヘクタールから三五三ヘクタールへと、公共用地の拡大のために若干の減少を示し、中央区では臨海部の埋立地の関係から三四一ヘクタールから三九八ヘクタールへと微増を示しているのみである。

新宿区と渋谷区は、大正四年から昭和十年（一九三五）の旧都市計画

表1　東京西郊部の土地利用の推移

単位：都・府、都区部＝km²　各区＝ha

		M38 M39	T 4	T 14	S 10	S 20 S 25	S 30	S 40	S 50	S 55	S 60
東京都・府（島部を除く）	A	1,419	1,441	1,740	1,743	1,743	1,745	1,726	1,742	1,753	1,753
	B	1,217	1,115	1,080	975	1,061	961	1,045	997	973	667
	C	106	120	146	212	267	307	397	483	499	509
都区部（35区・23区）	A	500	504	548	573	573	569	577	531	592	598
	B	455	412	402	397	378	373	361	347	344	339
	C	76	89	115	174	209	237	274	311	308	312
千代田区	A	1,100	1,265	1,138	1,138	1,131	1,152	1,152	1,152	1,152	1,152
	B	419	415	384	347	346	335	342	340	344	353
	C	419	415	384	347	346	335	342	346	344	353
中央区	A	632	709	822	823	823	943	965	1,005	1,005	1,005
	B	341	331	375	340	308	342	371	379	394	398
	C	341	331	375	340	308	342	371	379	394	398
港区	A	1,542	1,573	1,720	1,720	1,720	1,973	1,901	1,941	1,948	1,999
	B	888	981	894	853	877	855	861	877	879	893
	C	797	864	883	851	873	854	848	865	867	882
新宿区	A	1,850	1,850	1,850	1,851	1,851	1,821	1,804	1,804	1,804	1,804
	B	1,191	1,259	1,206	1,160	1,063	1,079	1,037	1,021	1,078	1,017
	C	611	803	947	1,081	1,025	1,065	1,013	997	994	994
渋谷区	A	1,524	1,524	1,524	1,524	1,524	1,544	1,511	1,511	1,511	1,511
	B	1,134	1,009	1,006	965	874	833	839	828	830	831
	C	232	367	693	882	850	820	825	812	814	814
中野区	A	1,540	1,540	1,540	1,541	1,541	1,558	1,573	1,573	1,573	1,573
	B	1,280	1,271	1,271	1,265	1,169	1,142	1,083	1,057	1,047	1,038
	C	122	168	312	720	819	924	978	1,010	1,009	1,006
杉並区	A	3,409	3,409	3,409	3,410	3,410	3,374	3,354	3,354	3,354	3,354
	B	2,858	2,866	2,848	2,821	2,559	2,576	2,493	2,391	2,367	2,391
	C	192	197	303	1,147	1,445	1,653	2,055	2,150	2,159	2,225
目黒区	A	1,473	1,473	1,473	1,473	1,473	1,455	1,441	1,441	1,441	1,441
	B	1,092	1,096	1,082	1,091	951	995	978	959	954	946
	C	102	123	202	618	799	920	930	927	927	922
世田谷区	A	6,076	6,076	6,076	6,076	6,076	6,204	5,881	5,881	5,881	5,881
	B	4,778	4,586	4,569	4,527	4,303	4,321	4,055	3,904	3,856	3,820
	C	338	367	509	1,221	1,944	2,483	3,016	3,250	3,314	3,338

A＝区域、B＝有租地、C＝宅地（住宅、商店、事務所、工場等）
東京都・府・市各統計書、その他
S20以前は旧市区町村を23区で整理集計

期の二〇年間にそれぞれ八〇三ヘクタールから一〇八一ヘクタールへ、三六七ヘクタールから八八二ヘクタールへと大幅に拡大するが、以降の変化はない。

周辺四区は、大正四年頃まではまったくの農村地域であり、宅地面積にはほとんど変化はない。その後関東大震災を経て昭和十年に至る二〇年間に、人口増に伴い四区の平均で二一四ヘクタールから九二七ヘクタールと四・三倍強に急激に拡大する。とくに世田谷区と杉並区は、区域面積も大きく、宅地面積の絶対量は圧倒的に大きい。世田谷区の宅地面積は大正四年に三六七ヘクタールにすぎなかったものが、昭和六十年には三三三八ヘクタールと約九倍に、同じく杉並区でも一九七ヘクタールから二二二五ヘクタールと約一一倍にそれぞれ拡大している。

この間に、この二つの区で行なわれた土地区画整理事業が市街地の拡大にいかに大きな役割を果たしていたかは後述する。

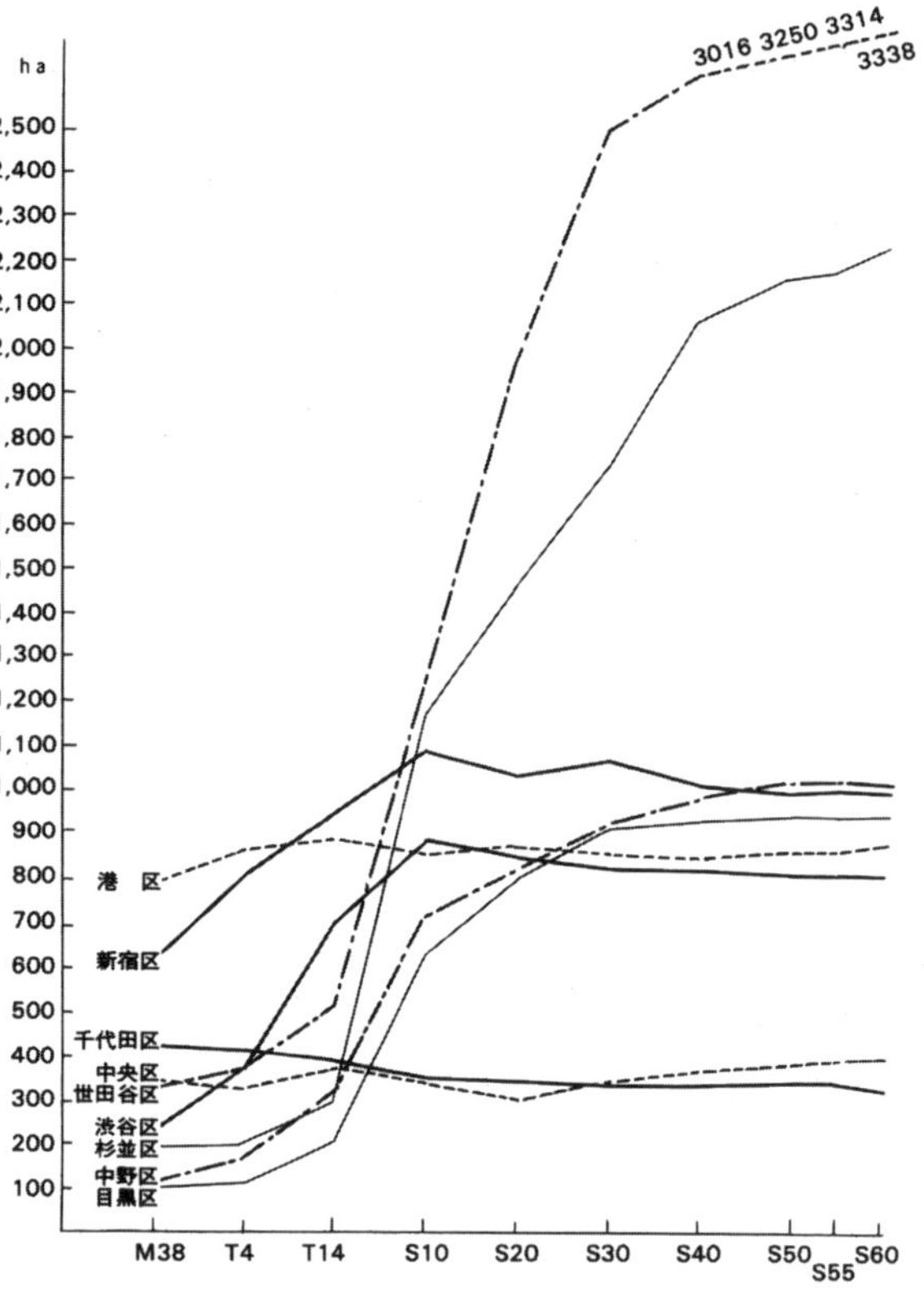

図1　東京西郊部の宅地面積の推移

二、宅地化比率

宅地の大部分は私有地であり、所有者の土地経営の結果がそのまま土地利用の変化となって現われる。これを宅地化比率、すなわち宅地面積の有租地面積に対する割合として示す（図2）。大正四年（一九一五）では、都心二区の千代田、中央は完全に一〇〇パーセント宅地化しているが、新宿では六五パーセントとなお名目上はなんらかの農地・山林が三分の一近く残っている。昭和六十年（一九八五）になると、世田谷区と杉並区の一部に農地が残るのみであり、東京東部の宅地化比率はほぼ一〇〇パーセントになる。この宅地化比率を使って、東京西郊部の市街

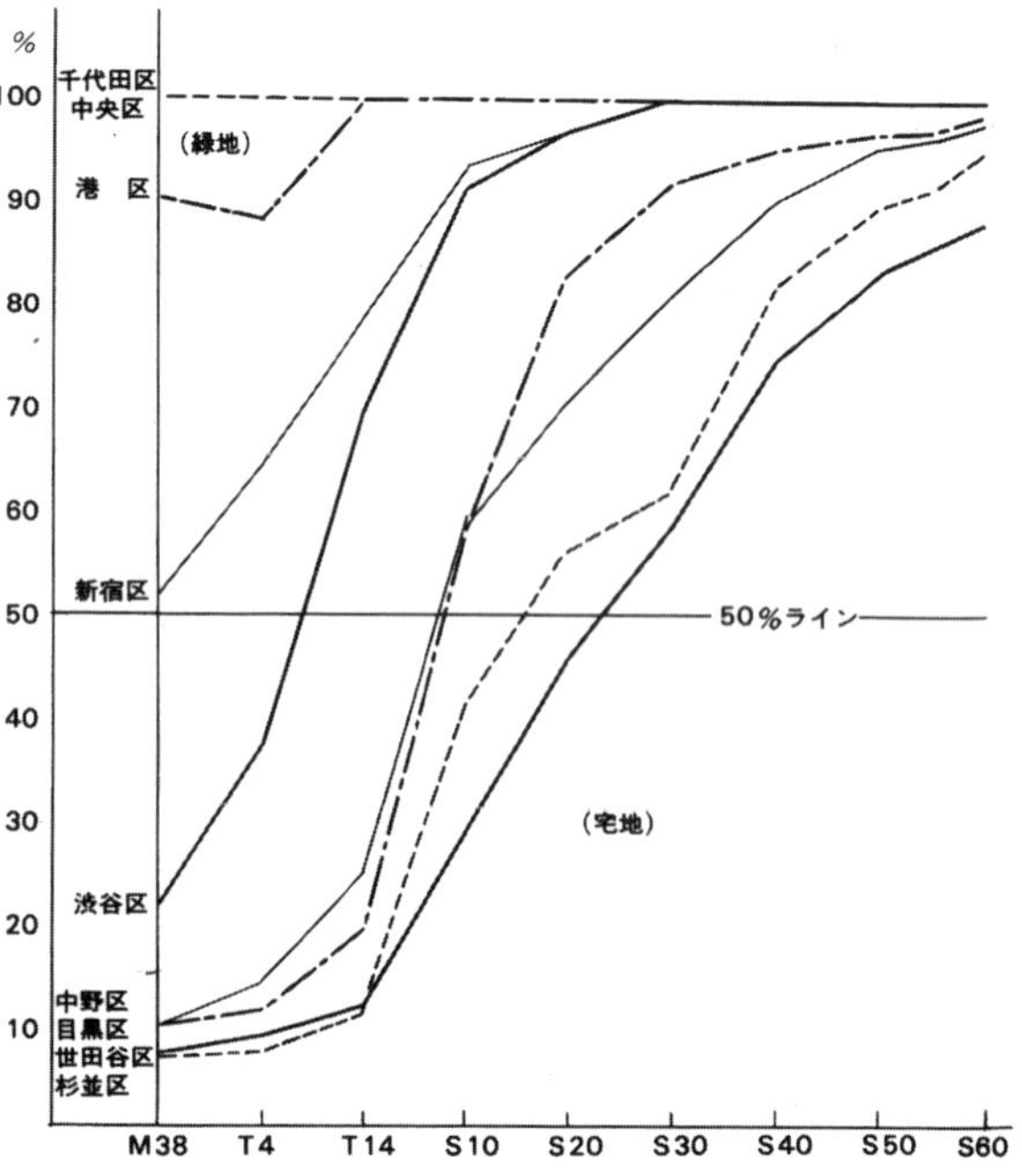

図2　宅地化比率の推移

化を現在の都下の市町村と比較してみる（図3）。大正四年には、目黒区から西郊方面はまったくの田園地帯で、宅地化比率は一〇パーセントに満たない。現在の五日市町の土地利用と同じである。奥多摩までやってきて、やっと当時の杉並区辺りの風景・土地利用を見ることができるということである。昭和十年（一九三五）になるとかなり市街化が進み、この地域の土地利用は世田谷区で二五パーセントと現在の秋川市程度、杉並区は四〇パーセントで現在の町田市並みということがわかる。

昭和三十年（一九五五）にはさらに宅地化比率が高まり、周辺四区はいずれも五〇パーセントを超し、目黒区と中野区で現在の武蔵野市並み、世田谷区と杉並区で国立市程度という比較ができる。

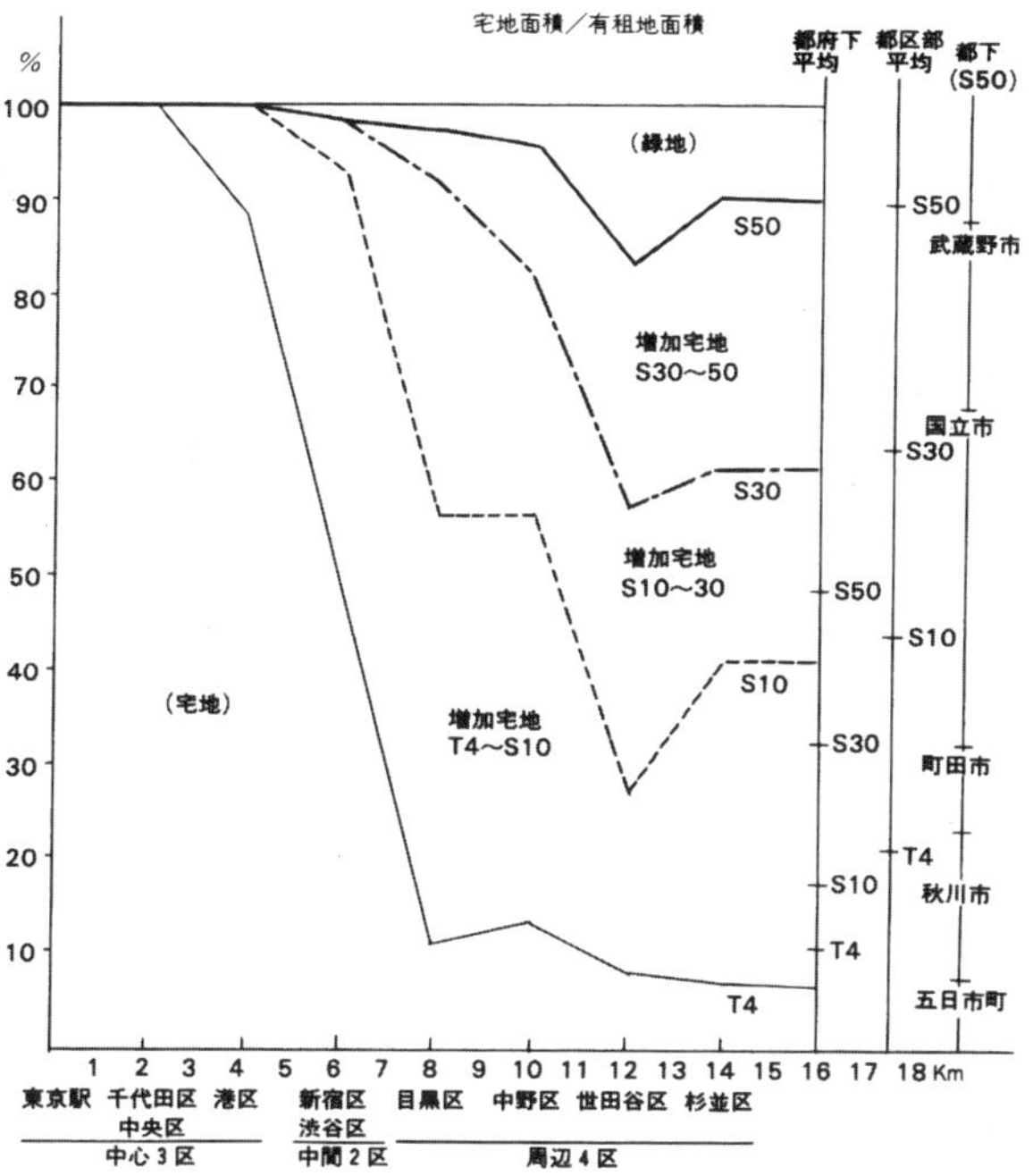

図3　宅地化比率の変化

三、宅地供給量

宅地化比率の指標を用いて、宅地供給の規模と土地利用の変化を量的に把握してみよう。都心区を起点に、距離別に東京西郊部の各区を並べ、その行政区域面積を図示する（図4）。大正四年（一九一五）以降各二〇年ごとの宅地化比率を行政区域面積上にプロットして、各時点を結びつける。そうすると二〇年ごとの各区別の宅地供給量の帯が描ける。各線の幅がその間の農地や山林から宅地への転換量を示している。

総量でみると、その変化量は大正四年から昭和十年（一九三五）の二〇年間が最も大きく、以降総量では各二〇年単位でそれほどの差はないが、地域的には圧倒的に世田谷区と杉並区の宅地量が大きい。

このような宅地供給図を、次に東京圏全域でもう少し詳細に、時系列

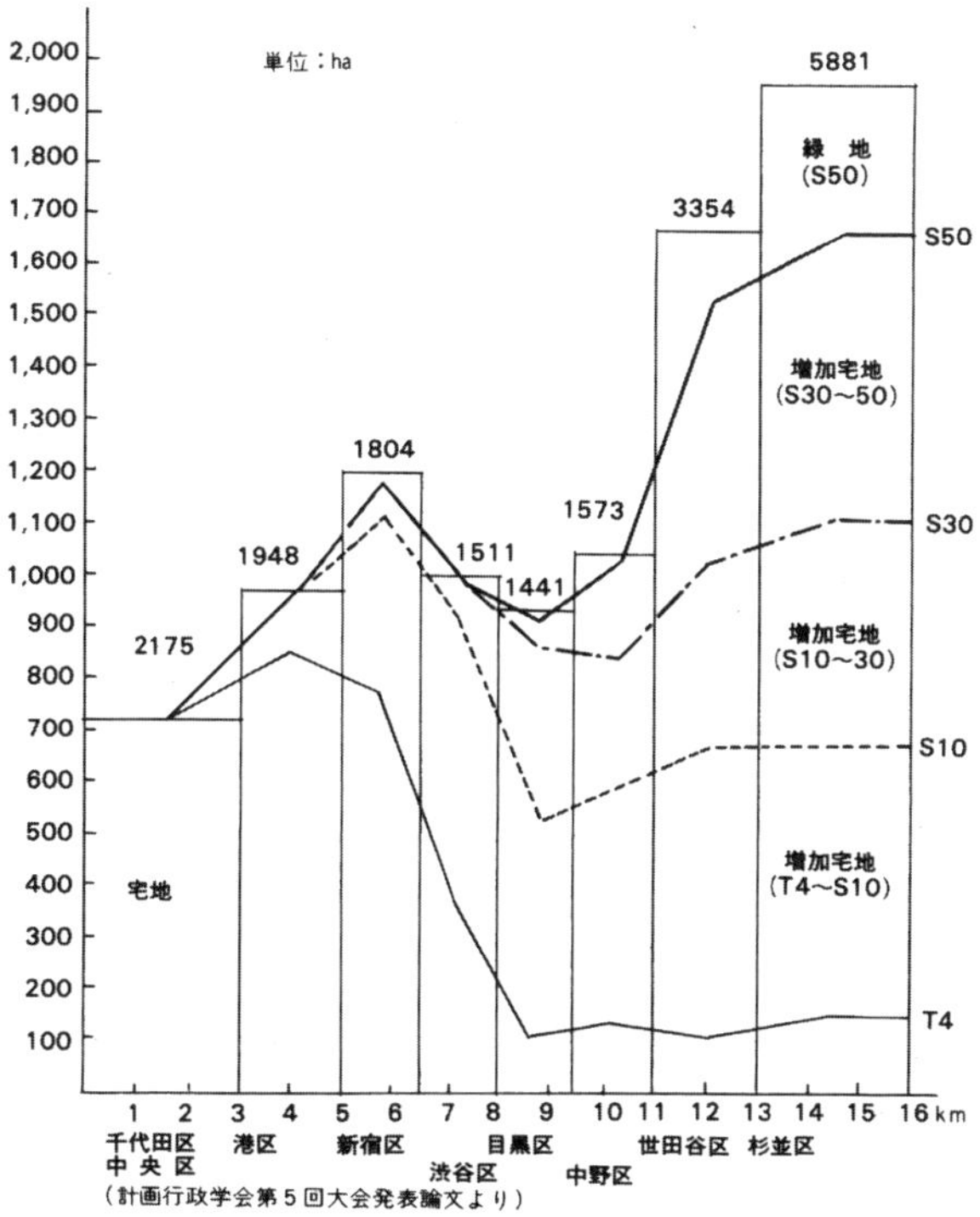

図4　地域別土地利用の変化

かつ地域別に作成して、それぞれの時点の土地政策や都市計画の動きと比較することにより、都市計画・土地政策の効果をマクロではあるが定量的に把握してみよう。

四、居住環境の変化

人口増加とこれに伴う土地利用の転換によって各地域の居住環境がどのように変化したかを、人口一人当たりの宅地面積とオープンスペースの量の変化を時系列でみることによって、マクロで捉えることができる。

宅地面積／人口をみると、大正四年（一九一五）には中心二区では一人当たり一五平方メートル、中間二区で三一平方メートル、周辺四区で一〇〇平方メートルを上まわる（図５）。当時、都心二区の人口密度の一ヘクタール当たり四〇〇人を上まわる高密ぶりであったことは、一人当たりの宅地面積からも容易に推察される。九尺二間の裏長屋という稠密な住宅地の立地が行なわれていたことを物語る。一方、周辺四区の一人当たり一〇〇平方メートルを超える水準は、現在の五日市町や秋川市と同じ水準であって、なお農家主体の居住形態であったことを示す。

昭和五十年（一九七五）には、中心区では人口減少により相対的に居住環境は向上し、一人当たり五〇平方メートルになっている。しかし、すでに業務地化していることをみると、一人当たり宅地面積原単位の比較に、それほど意味はない。周辺四区でも中野区では二六平方メートルと現在の町田市の半分程度であり、想定的にみて中野区の居住水準は低位にあるといわざるを得ない。

さて、今度は逆に居住環境水準を一人当たりのオープンスペース（

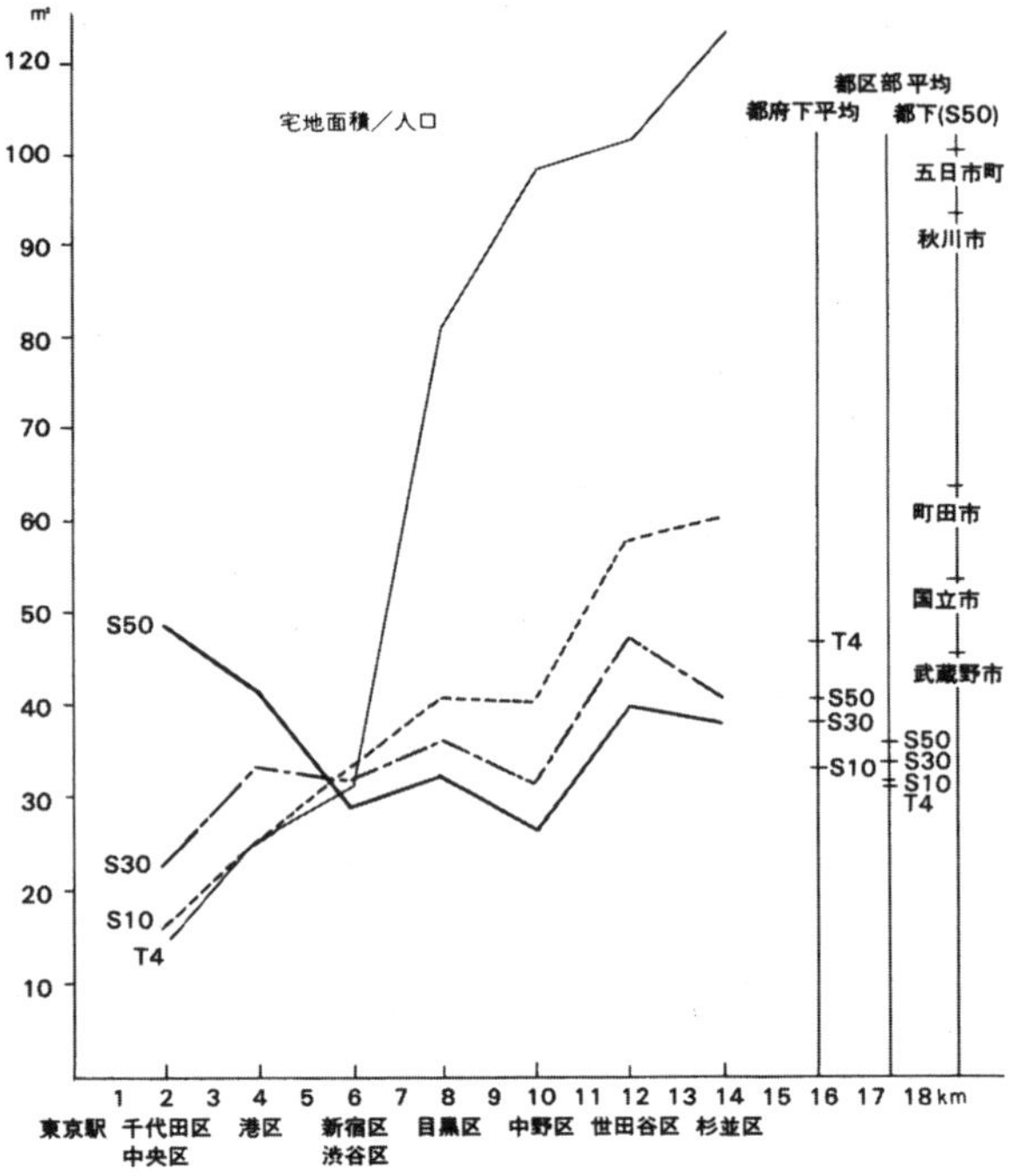

図５　１人当たりの宅地面積の変化

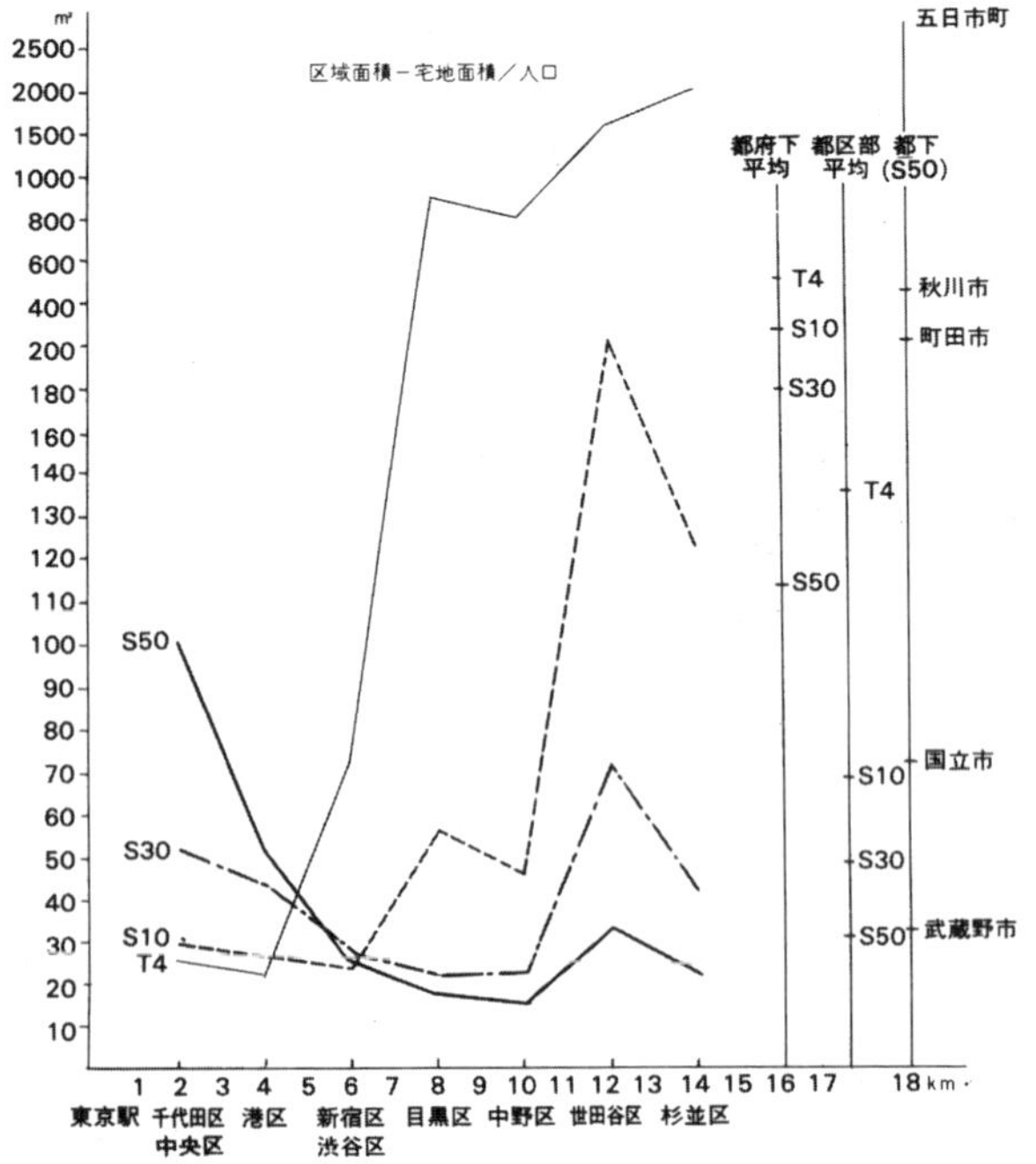

図６　１人当たりのオープンスペースの変化

政区域面積−宅地面積）÷人口）の変化で比較しよう（図6）。大正四年頃の中心三区では、一人当たり二五平方メートルである。国公有地の存在に助けられて、まだ一人当たりの宅地面積よりは広い。中間二区では七二平方メートルと、今の国立市並みの水準である。周辺四区になると一〇〇〇平方メートルから二〇〇〇平方メートルと、まったくの農地山林の状況にあることがわかる。現在の秋川市辺りよりもさらに広々とした田園地帯であったようである。これが昭和十年（一九三五）にかけて急激にオープンスペースが減少し、世田谷区で二〇〇平方メートル、杉並区で一三〇平方メートルになり、中野区、目黒区では五〇平方メートルを切ってしまう。

昭和五十年には、中心二区は人口減少により相対的に上昇し、一人当たり一〇〇平方メートルと一人当たり宅地面積の二倍の規模になり、都心には広々とした空間ができる。一方、周辺四区のうち中野区では一五平方メートルと落ち込み、都区部の中でも最低位になる。一人当たりの宅地面積二六平方メートルとの対比でみてもあまりに貧弱であり、現在この区域の相対的な居住環境水準の悪さがうかがえる。防災上の危険も緑の喪失も、この地域の大きな都市問題として残っている。

東京郊外の宅地分譲

一、宅地分譲前線

昭和一〇年代の戦前の宅地事情をみてみよう。昭和一〇年代には、宅地分譲前線は旧東京市区内を離れ、多摩方面とりわけ省線中央線沿線の三鷹、吉祥寺以西に展開している。昭和十二年（一九三七）から昭和十四年の二年間に、『東京日日新聞』紙上に掲載された不動産広告をみると、地域別には省線中央線沿線が圧倒的に多く、場所も杉並区荻窪辺りから小金井、国分寺と、都心から二〇キロないし三〇キロの範囲に集中している。千葉方面はまだ市川辺り、遠くても船橋辺りで距離的には五〜一〇キロ圏である。埼玉方面は大宮、神奈川湘南方面は藤沢周辺などかなり遠隔化はしているが、これらの地域は今日の目でみれば極めて良質な高級住宅地として評価されるところである。この五〇年の年月が、当時の最適の住宅地を高級住宅地に変容させたのである。面白いのは、すでに熱海温泉が別荘地として分譲されていることと、それに関東の最僻地の鹿島一帯が大健康地、すなわちこれも別荘地として売り出されていることである。

さて、いつの時代にも土地取引が土地投機であることは、当時の新聞広告の宣伝文句でもわかる。昭和一〇年代の初め、日中戦争の本格化とともに生活は急速に苦しくなり「非常時」という言葉が生まれるが、さっそく「非常時の波濤を越えて、財界のプリズムに照映する大景気到来と沸騰する土地熱」と、宣伝文句に利用する。さらに「金か土地か、金よりも土地の時代来る」と土地ブームの出現をあおる。「人口は無限に増加しますが、土地は決して無限に増加するものではありません。加うるに低金利の現代に於ては、金よりも先ず土地を選ぶべきであります」と、土地神話は今も昔も変わらないことを物語り、投資を誘導するように「土地投資は今が絶好期、低金利時代にいかにして利殖するか」、「戦時体制下における資産の保全と確実なる投資は土地に限る。保健と空襲防護は郊外住宅に限る」と非常時らしい宣伝文句もあるが、土地の売却キャッチフレーズは、今も昔も「買って安全、有利な投資」という土地神話である。

宅地の特色としては、とくに郊外の「健康地」を売りものにするものが目立つ。「オゾーンと紫外線に恵まれ空気清澄、土地高燥、気温平調にして自然のサナトリウムをなし、清冽な清水と閑静典雅なることたる

表2　宅地分譲広告の内容比較（昭和13年）

方面	団地名	位置・距離	用地売出面積	一区画の面積	一区画価額	坪当たり単価	売主
中央線沿線	武蔵野中央住宅郷	西武線小平駅前，高田馬場より30分	4万坪	1口100坪以上	80円以上	単価80銭以上	大西土地拓殖株式会社
	富士見台住宅地	省線国分寺駅前，新宿駅へ20分	5万坪	100坪以上	300円　500円　1,000円	3円～10円	郊外土地合資会社
	小金井駅健康住宅地	省線小金井駅付近，新宿へ十余分	2万坪	100坪以上	300円　500円　800円	3円～8円	星野商会土地部
	中央省線健康住宅地	小金井，国分寺，国立駅前	50区画限り	100坪以上	300円　500円　1,000円	2円より	郊外土地合資会社
	井之頭公園隣接地	吉祥寺	3万5000坪	50坪～100坪	300円　600円　1,000円	5円～7円	井之頭田園土地合名会社
	桜ヶ丘住宅地※	京王電車聖蹟桜ヶ丘東南		100坪以上	100円以上	1円より	大西土地拓殖株式会社
	中央線三鷹駅前住宅地	三鷹駅南5分，東京駅へ30分		100坪以上	1,200円以上	12円	武蔵野土地合名会社
	三宝寺公園隣接地	西武線石神井駅より7分		80坪以上	960円～1,200円	12円～15円	井之頭田園土地合名会社
千葉方面	旭ヶ丘分譲地	省線船橋市内駅3分	2万坪			2円より4円まで	郊外土地合資会社
	富陽ヶ丘住宅地	省線市川市外駅より7分，東京駅へ45分	9万坪　うち3万坪	200坪以上	200円　400円	1円より2円まで	富陽土地開拓合資会社
湘南	藤沢発祥台住宅地	藤沢駅からバス2分，東京駅まで55分				3円より10円まで	相互土地合資会社
埼玉	大宮弥生ヶ丘住宅地	大宮公園隣接地　赤羽へ17分	6万坪			1円より7円	郊外土地合資会社
郊外	熱海温泉万華郷土地分譲	熱海駅より10数分	5万坪	200坪以上	100円より　4,000円まで	50銭～20円まで	大西土地拓殖株式会社
	鹿島臨海健康地分譲	省線下総橋駅下車	30万坪	1,000坪以上	100円より　2,800円まで	10銭～2円80銭	大西土地拓殖株式会社

※京王電車一ヶ年定期乗車券進呈の特典がある

国分寺富士見台」「深緑満る健康地、鼻覚をそそる新しき土、小金井駅付近の平和郷」「天然美かがやく無窮の平和郷聖蹟桜ケ丘」「帝都の東郊、土地高燥にして眺望雄大、藻潮の香高く、気温温和なる健康第一等地船橋旭ケ丘」と宣伝コピーは郊外宅地の魅力を訴え、購入者の購買意欲をさそう。

二、西郊は一区画三百円から千円台の分譲価格

昭和一〇年代も現在と同じ西高東低の価格付けであり、郊外に展開したため大正から昭和初期の東京市内の宅地分譲よりかなり格安な価格となっている。むしろ、昭和初年以来の不景気を反映してか、地価水準は長く下降気味といえる（表2）。

西武新宿線沼袋では坪三円から一五円、東京市内（現在の都区部）では坪一二円から一五円というところであり、千葉方面の坪二円から四円の三倍ないし四倍というところで、価格差としては今の水準とあまり違いはない。

一区画当たりの面積は大きく平均しても一〇〇坪以上あり、一区画の価額は中央線沿線で三〇〇円から一〇〇〇円といったところである。当時のサラリーマンの初任給の三倍ないし一〇倍といったところである。現在、都区部平均で一坪四〇〇万円とすると一〇〇坪の価格は四億円にもなり、初任給を二〇万円としても地価はその約二〇〇〇倍になる。いかに現在の地価水準が異常でベラ棒なのかがわかる。

千葉方面は、現在では高級住宅地とみられている市川市や船橋市辺りの台地で坪一円から四円であり、中央線沿線に比べると都心への交通至近のわりには格安の印象を受ける。一区画の面積も坪単価が低いために広く、市川市の富陽ケ丘では最低区画面積が二〇〇坪という広さである。埼玉県大宮市では遠距離のためさらに安く、坪単価一円ないし七円と

中央線沿線の五分の一から一〇分の一という格安の価格で分譲されている。これに対して、同じ遠距離ながら湘南方面の藤沢発祥台の宅地は駅から近いこともあって坪三円から一〇円と距離のわりに高く、湘南の土地柄を示している。東京市の内側の杉並、中野などが高く、やや郊外の小金井、国立方面がやや低い。湘南藤沢辺りは中央線沿線に近いが、千葉方面、埼玉・大宮方面は東京市郊外の宅地に比べて一段と格安という水準を示しており、この辺りは距離圏をひとまわり大きくしただけで現在の地価水準と変わらない様相を示している。

三、中小不動産の出現

昭和初期の主流であった箱根土地株式会社や田園都市株式会社といったデベロッパーの売主は、とくに宣伝を必要としなくなったのか、昭和一〇年代の広告にはあまり姿を見せていない。この頃の売主は著名な不動産企業の後を追った一発屋の不動産屋という色合が強い。大西土地拓殖株式会社、郊外土地合資会社、星野商会、武蔵野土地合名会社、井之頭田園土地合名会社、富陽土地開拓合資会社、相互土地合資会社などというように一応の法人の体をなしてはいるが、規模の小さい合名会社または合資会社の形態をとる企業が主体である。宅地開発が「拓殖」とか「開拓」とかいわば発展の仕事のイメージであったことは、その企業の名称を見てもわかる。

いずれにしても、この時代に売られた宅地は、当時の小市民に緑のジユータンを売る夢売りの仕事であっただろう。昭和一〇年代にはすでに関東大震災の影響はなくなっており、新しい消費者を開拓していかなければならないことから、かなり宣伝に力を入れないとなかなか売れなかったと思われる。いずれも当時の常識からすると遠隔地であり、高級住宅地のイメージはまったくなかったのであるが、五〇年後の現在では東京郊外の最高の高級住宅地に変貌している。

その位置、規模、一区画の面積、それに歴史の積み重ねは、結果としてこれらの地を高級住宅地に押し上げたといえる。

第2章
多摩ニュータウン

［2－2－A］
『多摩ニュータウン開発事業誌　通史編』（都市再生機構東日本支社多摩事業本部、二〇〇六年、一～二四、四九～五六、七一～七六、一〇三～一〇五、一二五～一二八、一五三～一五四、一八五～一八七、二一五～二一七、二四三～二四七頁）

第1章（～S40）多摩NT前史
――構想から計画へ

第1節　時代背景と多摩地域の動向

1．時代背景

（1）戦災からの復興

昭和20年8月15日、終戦を迎えた日本は戦後の復興に向けて新たに出発することとなった。大戦の影響は極めて甚大なものであり、戦争開始前の昭和16年時と比較すれば国土の45％を失い鉱工業生産指数は30％まで落ち込みかつ終戦による450万人の復員者・引揚者を加えて600万人（半失業者を含めると1000万人）という失業者を抱える状態からのスタートであった。

内務省は戦災復興の指針として昭和20年9月には国土計画基本方針を、引き続き国土の復興と経済計画の両面の性格を備えた、戦後初の国土計画ともいえる「復興国土計画要綱」を策定した。この要綱は計画期間を5年として、戦災の復興、産業の再建、食糧増産、大都市への集中抑制、地方中小都市の振興等とともに大量失業者の吸収も重視した計画であった。

同じく昭和20年、戦災復興の事務を所管するため設立された「戦災復興院」によって「戦災地復興基本方針」が策定され閣議決定をみた。これは主要被災地域に土地区画整理事業を施行し都市基盤の整備を図ろうとするものであった。整備対象は都市計画法の特別法によって指定され全国115都市、施行面積65000haに及ぶものであった。

住宅は終戦時には、被災地、引き揚げ者・復員者等によって420万戸が不足し、国民は衣食住に事欠く悲惨な状況であった。政府は昭和20年より緊急対策として全国被災地への30万戸の応急簡易住宅の建設、昭和20年から23年にかけての炭鉱等重要産業労務者用住宅等々、46万戸の政府施策住宅の建設に取り組んだ。また昭和23年には木造都営住宅団地も建設着手された。

民間による自力住宅建設は昭和20年11月の既存建物を住宅へ転用するための住宅資材確保の施策等によって、昭和24年までに160万戸が建設され、政府施策による46万戸とあわせて206万戸が建設されたが、応急仮設的住宅であり当時の国民の住宅事情は劣悪を極めた。

昭和25年に制定された「首都建設法」に基づき策定された「首都建設5カ年計画」では約30万戸の国庫補助庶民住宅建設と約7000戸の不良住宅の改良が盛り込まれた。さらに昭和25年には住宅金融公庫が設立され、昭和26年には低所得者向けの住宅供給を目的とする公営住宅法が制定された。

（2）経済発展の兆し

日本経済は昭和25年に勃発した朝鮮戦争によって米軍特需に沸いた。朝鮮戦争において米軍は、13億2千数百万ドルにのぼる資材の調達、兵器の修理を日本の企業に発注、いわゆる「朝鮮特需」が発生し、瀕死の状態であった日本経済は一気に好転した。しかも、米軍の規格は厳しく厳格な品質管理を必要としたことから、否応なく技術水準の向上がもたらされ、商品の国際競争力が醸成され、その後の高度経済成長の基盤ともなった。

朝鮮戦争を契機に復興を果たした日本経済は、昭和30年頃から著しく成長しはじめ、戦後初の長期にわたる好景気「神武景気」（昭和29年～33年）が到来する。民間設備投資を原動力とする好景気で昭和30年には国民所得は戦前の5割増しに達し、一人当たりの国民所得も戦前の最高水準の昭和14年を超えるに至った。翌昭和31年の実質経済成長率は、対前年度比6・4％の増加となった。特に電気産業は10倍の高度成長であったといわれ、テレビ、電気洗濯機、電気冷蔵庫の三種の神器に代表される電化時代を迎え昭和31年の経済白書では「もはや戦後ではない」と言われた。

神武景気の後、約1年のなべ底不況を経た後、再び昭和33年6月から好景気を呈し「岩戸景気」に入った。投資ブームに沸く中で停滞する産業、成長発展する産業の格差が表面化し産業構造が大きく変動していった。また、この時期、経済構造は労働力過剰型から完全雇用型へ移行していった。

昭和35年の池田内閣による「所得倍増計画」の提唱や、貿易・為替の自由化は、さらに投資を呼び、実質経済成長率は昭和35・36年と2年続いて2桁成長を示した。その後、国際収支の悪化に伴い引き締め政策がとられ、再び不況に陥ったが、貿易自由化の影響から景気後退は軽微に留まり、その後の不況も早期に回復した。そして、昭和39年4月のＩＭＦ（国際通貨基金）8条国への移行、ＯＥＣＤ（経済協力開発機構）への加盟、10月の「東京オリンピック開催」と、先進国としての国際社会の地位を獲得するに至った。

日本で初めて開催されるオリンピックに向けて、公共投資、民間設備投資が盛んに行われオリンピック景気がもたらされた。オリンピックでは史上初のカラーテレビ中継が実施されるなど、日本の科学技術は世界でも大きな転機を迎えた。しかし、オリンピックの開催をピークとして景気は後退していき、昭和40年には不況を迎えたが、わずか1年余りで克服し、再び「いざなぎ景気」と呼ばれる好況期を迎えた。

（3）長期経済計画の策定

戦後初の経済計画として、昭和30年12月に策定されたのが「経済自立五カ年計画」であった。この計画では、第二次産業とりわけ重化学工業を中心とした設備の近代化、貿易の振興等を図るため、産業基盤の強化、国土の保全・開発の推進、住宅建設の推進等を重点的に実施するものであったが、神武景気によりかなりの目標が2年足らずで達成された。

ついで昭和32年12月に「新長期経済計画」が策定された。計画期間中の実質経済成長率は6・5％と想定されたが、岩戸景気により昭和37年度の目標数値が35年度にも達成されることになった。この結果が国民所得倍増計画の策定につながっていった。

（4）所得倍増計画と全国総合開発計画

昭和35年12月、池田内閣により「所得倍増計画」が昭和36年以降の10カ年の長期経済計画として策定された。実質国民所得を10年以内に倍増させる事を掲げたこの計画は、主要課題として、①社会資本の整備、②産業構造の高度化、③貿易と国際経済協力の推進、④人的能力の向上と科学技術の振興、⑤二重構造の緩和と社会的安定を掲げた。

またここでの社会資本整備の方向は、①経済成長を確保する上で必要な道路、港湾等の産業基盤施設の整備、②住宅及び生活環境施設等の生活基盤の拡充による都市問題の緩和、③治水、利水の総合的観点からみた国土保全施設の強化であった。

計画目的とする産業の発展と経済の成長を達成するため、①企業における経済合理性の尊重、②所得格差、地域格差の是正、③過大都市発生の防止に配慮した産業の適正配置を推進することが重要であるとし、そのためには社会資本整備が最大の立地誘導手段であり、社会資本の投下に当っては集中的資本投下が重要とされ、①4大既成工業地帯の密集部における工業集中の抑制と再開発の推進、②周辺部への工業分散の推進、③ベルト地域中間点における新工業地帯の造成整備、④後進地域への工業の誘導などを中心とする産業立地政策につながった。これを契機として昭和37年「全国総合開発計画」が策定された。

所得倍増計画が拠り所とした経済審議会産業立地小委員会報告ではいわゆる「太平洋ベルト地帯構想」が示されていた。この構想は発展の遅れている地域からの批判を受けたため、所得倍増計画の閣議決定では「後進性の強い地域の開発優遇ならびに所得格差是正の策定のため速やかに国土総合開発計画を策定し、その資源開発に努めるもの」と強調された。

昭和37年10月閣議決定された「全国総合開発計画」は、高度経済成長に伴って激化した大都市の過大化の防止と生産性の階差による地域格差の是正が課題とされ、天然資源・資本・労働・技術等の適切な地域配分を通じた地域間の均衡ある発展を目標とした。この目標を達成するため、既成工業団地以外について拠点開発方式が打ち出された。「国土の均衡ある発展」を図ることというコンセプトがこの第一次全国総合開発計画策定時に初めて打ち出されたが、このコンセプトは以後、今日まで受け継がれている。

(5) 首都圏の急激な人口増加

昭和30年代は産業構造の大転換に伴う経済の成長によって、第2次産業や第3次産業での雇用が拡大し、農村部から都市部への人口の大量流入を呼び込むこととなった。

昭和39年度の厚生白書では、大都市圏（東京・大阪・名古屋）の激しい人口集中と都市の外延的拡大、及び大都市圏への人口転出地域（九州・四国・中国）の過疎化を論じている。

昭和30年代の大都市圏への転入人口は、年々増加し、昭和38年には150万人近くに達している。また、例えば東京区部からの転出人口の64%が非区部地域や埼玉・神奈川・千葉への転出であることから考えると、大都市の肥大化は着々と進行していたことが分かる。

都市への人口集中は特に東京圏で顕著であり、東京都の人口は昭和27〜昭和35年に毎年約33万人が増加、その後昭和40年までに毎年22〜23万

（千人）

昭和	転入人口				転出人口				転出入超過			
	東京区部	東京圏	名古屋圏	大阪圏	東京区部	東京圏	名古屋圏	大阪圏	東京区部	東京圏	名古屋圏	大阪圏
34年	570	583	163	302	382	261	141	180	188	322	21	22
35年	585	631	205	357	411	276	150	191	174	355	55	166
36年	601	679	228	413	462	302	167	204	139	377	61	209
37年	601	740	251	443	527	352	187	252	74	388	64	190
38年	639	760	274	442	610	383	199	271	29	377	75	170

（資料：「住民登録人口移動報告」総理府統計局）

表1－1－1　大都市間の人口移動

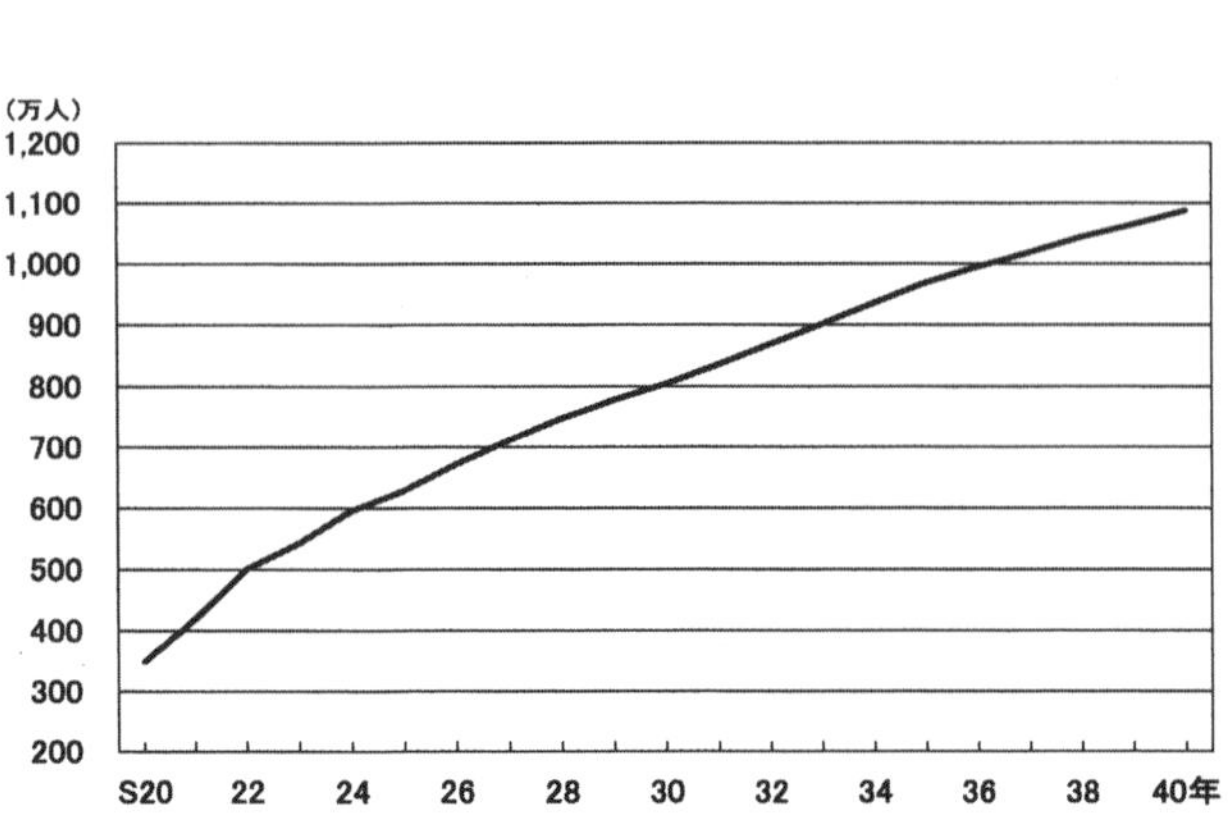

図1－1－1　東京都の人口推移

人が増加していた。

　こうした都市の過密化は、住宅問題や都市問題を顕在化させ、年々深刻な問題となっていった。

(6) 首都建設法

東京都は、戦災復興だけでなく、東京が首都としての中枢機能を集積するに足りる都市基盤を整備するため、国に積極的援助を求め、その要請に応える形で昭和25年6月に「首都建設法」が施行された。この法律に基づいて発足した首都圏整備委員会は、
①庶民向けの公営賃貸住宅の供給に主力を置く。
②住宅の不燃化、集団化を図る。
③自己建設のための金融及び用地を供給する。
④住宅建設の総合的計画を策定する。
⑤不良住宅地区を改良する。
などの方針を打ち出して住宅需要を充足させようと試みた。しかし、東京都の首都性を強調し、都の行政区域のみを対象とするこの法律では、周辺地域に対する市街化圧力を制するには十分でなかった。

　また、首都建設法の立法を求めた東京都は、他の行政区域にまたがる首都性を考慮し、東京の都市計画事業を国家事業とすることを求めた経緯があった。都市計画法を改正して決定権限を地方に委譲することを検討していた当時の流れとは、立場を異にするものであった。

(7) 首都圏整備法

首都建設法の反省のもと、行政区域だけでなく周辺を含めた広域的総合的な対策の必要性を強く認識した国は、昭和31年に首都圏整備法を公布制定した。

　同年7月に公表された「首都圏整備計画」は、東京駅から半径100kmの範囲を首都圏とする「首都圏構想」、イギリスのグレーターロンドン計画にならった「グリーンベルト構想」を踏襲していた。首都圏の中に幅10kmの同心円状の近郊地帯「グリーンベルト」をめぐらせ、市街地の拡大を抑えながら既成市街地の再開発を進め、その外側に設けた市街地開発区域を衛星都市として人口・産業を定着させようとするものであった。

　しかし、グリーンベルトに入る30km圏内の稲城村などは開発が抑制されるため、「非常な犠牲を払い、何ら現状から発展されない（稲城市史）」と、当時の臨時村議会で全員一致の反対決議を取るなど、地元自治体からの強い反発があった。

　また、東京への人口や雇用の増加は業務機能の集積によって起こるも

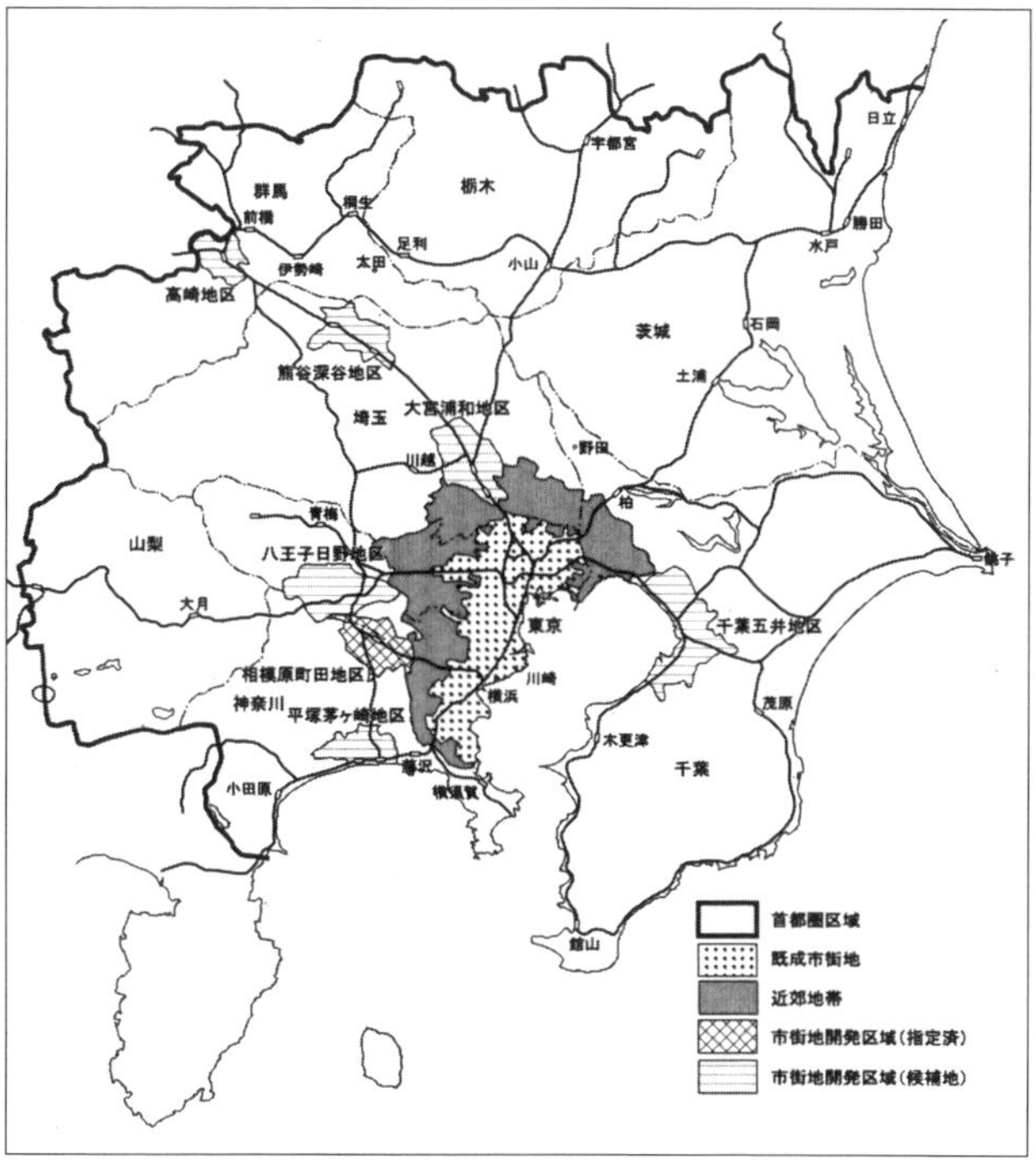

（出典：「首都圏整備」首都圏整備委員会事務局／昭和35年）
図1－1－2　当初の首都圏整備法に基づく政策区域の分布

のであり、単に工業等を分散させても、跡地の高度利用によりさらに中枢機能集積が促進される恐れがあることや、首都圏周辺の工業用地造成が結局は首都圏の業務機能強化につながることなども懸念されたが、具体的な開発抑制策は盛り込まれなかった。

昭和38年の「南多摩」（南多摩都市計画委員会報告書）では、「わが国の大都市構造のあり方は、大都市の拡大エネルギーを正面から積極的にリードしていくべき」とグリーンベルト構想の日本の都市計画への適用を批判している。

その後、同年に打ち出された「50キロ圏構想」の導入、また昭和40年の首都圏整備法の改正とともに、グリーンベルト構想は棚上げになっていった。

■「グレーターロンドン計画」

1944年、戦後復興とロンドン市街地拡大と過密化抑制を目的としてアバークロンビーが作成した計画。ロンドン中心部から同心円状の3つのリングを描き、それぞれを内部地域・それを囲む近郊地帯（グリーンベルト）・最外縁の周辺田園地域に分ける。既成市街地である内部地域では再開発を行い、グリーンベルトで市街地が無計画に延びていくのを食い止め、内部地域から流出する人口を周辺田園地域にニュータウンを建設して受け止めるという、広域的な地域計画であった。

（8）社会資本整備を推進する機関の設立

戦後の混乱期を脱した後の昭和30年代を中心に、遅れている社会資本の整備を推進するため、国や自治体の出資による法人の発足が相次いだ。

高度経済成長に伴う急速なモータリゼーションの発展は、各地で慢性的な交通渋滞を引き起こしていた。そうした道路事情を改善するため、日本道路公団（昭和31年4月）や、首都高速道路公団（昭和34年6月）、阪神高速道路公団（昭和37年5月）が設立された。また、住宅供給のための住宅金融公庫（昭和25年）、住宅改良開発公社（昭和30年）などの発足もこの時期である。

住宅建設の立ち後れは、各種の施策を以ってしても、如何ともしがたいものであった。昭和30年、鳩山内閣は大都市地域における住宅の計画的大量建設と宅地の開発を施策として掲げ、その実施を目的とする国の機関として日本住宅公団（現都市再生機構。以下、当時の通称を用いて公団と言う）を設立した。さらに、土地の高度利用と市街地の不燃化に重点を置く「1世帯1住戸」を掲げて住宅建設を開始した。

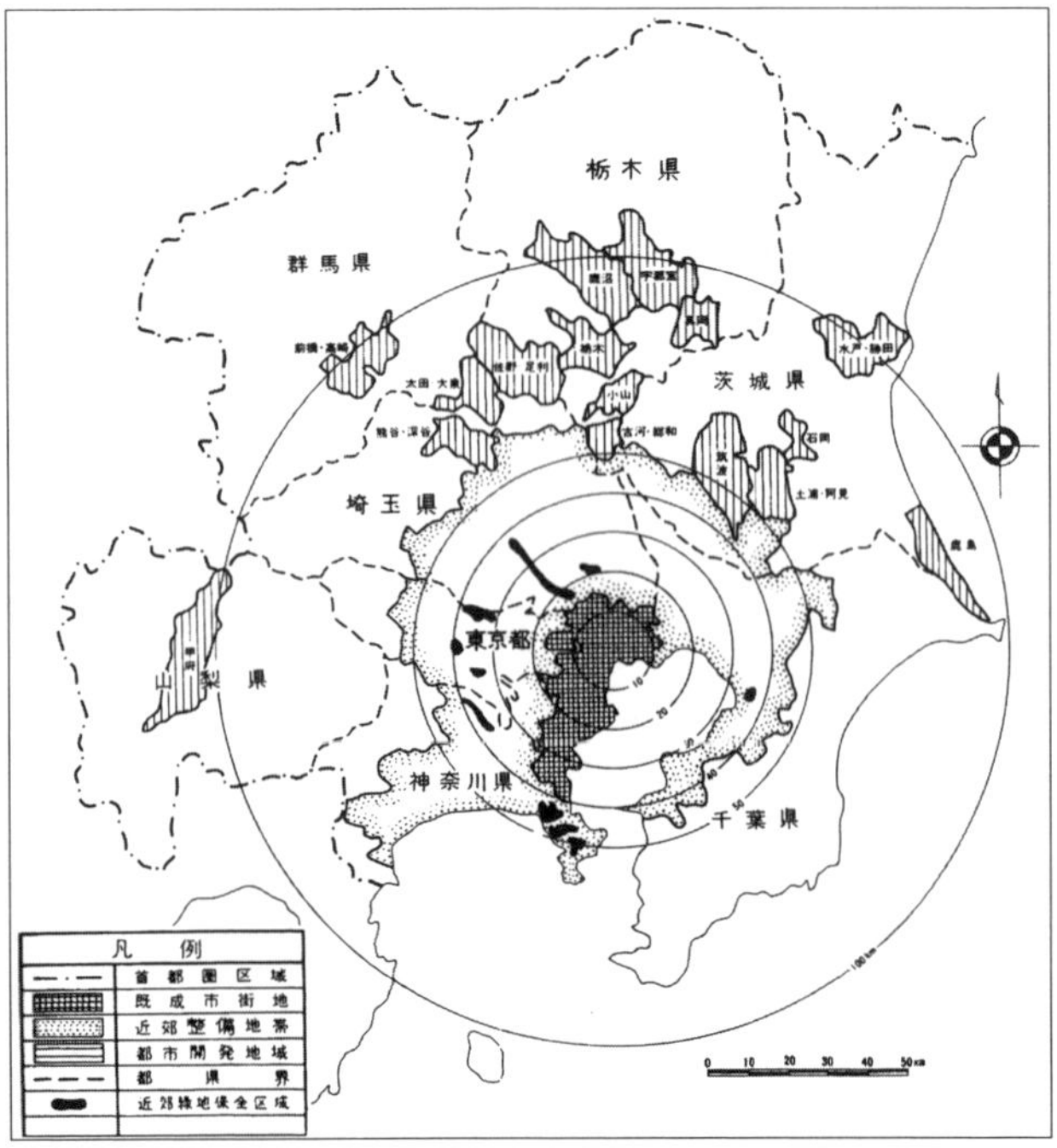

（出典：「首都圏整備」首都圏整備委員会事務局／昭和44年）

図1－1－3　首都圏整備法改正後の政策区域の分布

（9）首都圏整備法の改正

昭和40年、首都圏整備法が改正された。新たな区分として、既成市街地周辺には無秩序な市街化を防ぎ、計画的に市街化と緑地の保全を図っていく「近郊整備地帯」、その外側には住宅や工業だけでなく研究学術的な性格を持った新たな都市が計画されるように「都市開発区域」を設けることとした。

この法改正を受けて、昭和43年には昭和50年を目標年次とする、首都圏第二次基本計画が策定された。この第二次基本計画では、首都やその周辺に機能や人口が集中するのを防ぎ、それにより引き起こされる弊害を解消して、効率性の高い広域社会を形成することを目標としていた。

2．公共主導の大規模開発の着手

（1）公団の土地区画整理事業による住宅・宅地供給

昭和30年代、公団は日本住宅公団法に盛り込まれた「先買方式の土地区画整理」手法を用い、100～300ha規模の新市街地開発を次々と実施していった。当時首都圏で行われた土地区画整理事業地区は、20～30km圏における豊田、北所沢、田無、金ヶ作、生田、高根台、竹の塚、北習志野、鶴川、久留米等であり、ニュータウン開発の先駆けを成していた。

昭和30年代には、大都市部の地価高騰により、住宅地開発は中心部（区部）から都市基盤施設の脆弱な周辺部へと拡大していた。当時の市街地周辺部では急速にスプロール化が進み始め、スプロール防止と住宅の大量供給を目的とした公的機関による大規模開発の必要性が認識されていた。

そのような時代、公団が手がけた土地区画整理事業のひとつの集大成は、愛知県の高蔵寺ニュータウン（面積702ha）であった。

（2）近畿圏・中部圏における大規模開発

大都市郊外部でスプロール化を阻止しながら大規模な住宅・宅地の供給を行う計画は、大阪の千里ニュータウン（面積1160ha）、愛知の高蔵寺ニュータウン（面積702ha）等、首都圏より近畿・中部方面で先行していた。

1）千里ニュータウン

昭和30年当時、大阪府の流入人口は年間20万人にのぼっており、市街地周辺部でのスプロールが急速に進行していた。大阪府では、安価な住宅を大量供給するとともに、良好な居住環境を確保した住宅市街地を開発すべく、昭和31年から2000haクラスの開発地の選定作業を開始した。その際に選定された6地区のうち、大阪市中心部から10kmの距離にあり、高速道路計画によって将来的には広範囲へのアクセスが確保される千里丘陵を選定した。そして、昭和33年5月に千里ニュータウン建設を決定し、昭和35年10月にA～E住区の都市計画「一団地の住宅経営」を決定し、事業に着手した。

その後、昭和38年3月のＦＧＨ住区までは一団地の住宅経営手法によって行われ、昭和39年4月にＤＥＩＪＫＬ住区について新住宅市街地開発事業の都市計画決定、同事業決定を行った。短期間に大量の住宅供給を行う目標を達成した千里ニュータウンでは、昭和45年3月に新住宅市街地開発事業を完了した。

2）泉北ニュータウン

大阪府の泉ヶ丘、栂、光明池の3つの丘陵地に計画された泉北ニュータウン（面積1557ha）は、千里ニュータウンの進捗を待って同じく大阪府企業局により施行された。開発手法は「一般公的任意開発事業」、「新住宅市街地開発事業」の2つを併用している。事業決定は昭和40年

写真１－１－１　千里ニュータウン（昭和36年）

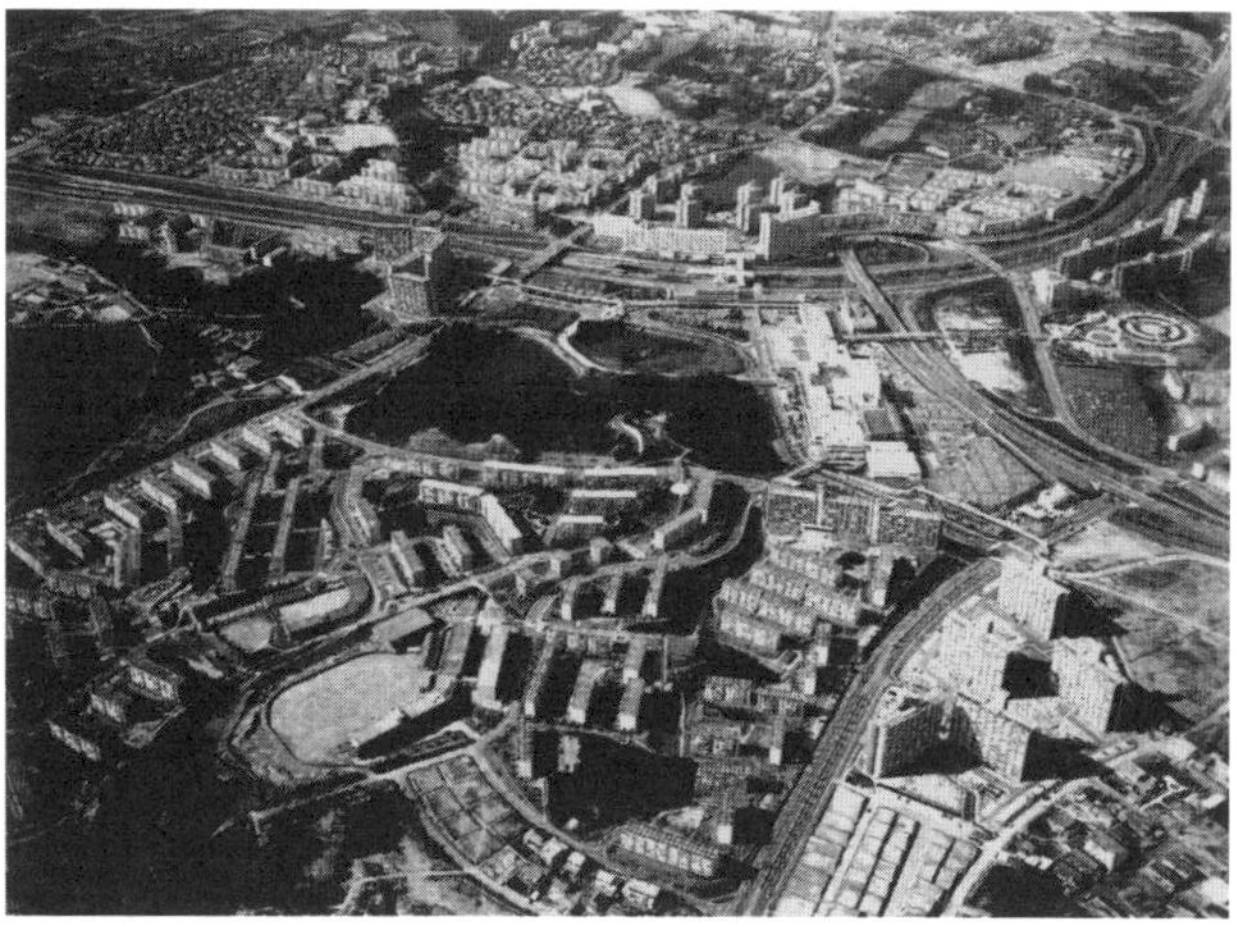

写真１－１－２　泉北ニュータウン（昭和40年）

写真１－１－３　高蔵寺ニュータウン（平成５年）

12月28日と多摩ニュータウンと同じ日であるが、新住宅市街地開発事業は昭和58年３月31日に完了した。

３）高蔵寺ニュータウン

公団における最初の大規模ニュータウンであり、ワンセンター方式など、多摩ニュータウンをはじめその後の公団開発地区に継承される計画論の幾つかが確立していった。

高蔵寺ニュータウンの着想は、近畿圏と同様に昭和30年代に入ってからの中部圏における人口・産業の大都市集中を背景としている。当時、既に春日井・小牧地区は名古屋市の外周に位置する一時的な独立衛星都市と位置づけられていた。

公団は、鉄道の導入も含め、自己完結型の新都市としての規模を確保することをめざし、昭和36年に東京大学高山研究室に委託して約７００haについての具体的な検討を実施した。事業は昭和41年２月から昭和56年５月にかけて行われた。

このように、近畿圏における大規模開発や高蔵寺における先進的な試みに触発されながら、首都圏における人口増加圧力を背景としつつ、多摩地域におけるニュータウン開発に着手する土壌が整っていった。

3. 新住宅市街地開発法の成立

(1) 集団的宅地開発を行うための制度の必要

宅地供給の主な手段は「既成市街地の再開発」及び「新市街地の開発」である。しかし、既成市街地の再開発は当時の住宅需要を満たせるほど効率的な手法ではなかったため、多くの自治体では新市街地開発によって宅地供給を行う方向を選択していた。

当時の新市街地開発は「土地区画整理事業」及び「一団地住宅経営事業」、あるいは「一般宅地造成事業」で行われていた。

「土地区画整理事業」は、開発区域のうち4～6割を施行者が先買いして行う場合が主であった。規模としては、小さい場合で20～30万坪、まれに100万坪にまで及んだ。当時から土地区画整理事業は最大の面整備手法であったが、大量の住宅・宅地を供給するまでには時間がかかるのが難点であった。

「一団地住宅経営事業」は、千里ニュータウンの初期に適用された例以外は比較的小規模であり、10～15万坪程度が通例であった。この事業は一団の土地を買収し住宅地を建設する方法であり、農家は開発により周辺の市街化が促進され、地価を上昇させることを期待して所有する農地の一部を売却したいと自ら希望する場合が多く、農家の転業対策といった問題は比較的生じなかった。その代わり、「一団地住宅経営事業」は周辺にスプロールを誘発してしまうという弊害があった。

任意買収方式による宅地造成手法としては「一般宅地造成事業」がある。これは、民間の宅地造成事業で多く用いられた手法であるが、公共施行の場合、補助制度が確立されておらず小規模になりがちであった。また、用地の収用権もないため、計画的に用地を取得することができなかった。

このような事情から既存の手法の中には、急激な人口増加がもたらす深刻な住宅不足を解消するための有効な方策を見出すことができなかった。

(2) 当時の開発手法の限界

前述した千里ニュータウンでは、昭和33年に旧都市計画法により、〝収用権〟を有する「一団地住宅経営事業」を活用して用地買収に着手した。3年後（昭和35年末）には72％の用地買収が完了していたが、その後は進まなくなった。農家との交渉が行き詰まっただけでなく、もと「一団地住宅経営事業」で想定されていた開発規模は当時の都市計画基準である2～10 haと通常の住宅団地に収まる規模であり、大規模な新市街地開発手法とするには問題が噴出していた。

その反省をもとに求められたのは、「社会的要請に応え、速やかに大量の宅地を供給できること」、「新規開発に対応できること」、「団地スプロールの引き金にならないように、計画的で大規模に開発できること」などを可能とする住宅団地規模ではない、住宅都市開発のための手法であった。そのための新たな制度を創設することが求められた。

(3) 宅地開発法案

昭和35年、建設省では「宅地開発法（案）」を検討していた。それは、分譲を目的とする宅地造成のための土地取得に収用権を付与することと、土地の先買い制度を創設することを目的としていた。

しかし、旧都市計画法、建築基準法、新産業都市関係法案等との整序調整を必要とするほか、収用権の付与と土地の先買い制度のいずれについても了解が得られず、実現には至らなかった。

(4) 新住宅市街地開発法の制定

昭和36年8月、建設大臣は住宅対策審議会に対し、住宅開発の積極的推進を図るための措置を諮問した。それを受けて、住宅対策審議会は翌年5月に「宅地供給計画を確立し、それを実現するため公的機関の行う住宅地供給の事業について、その資金を確保し、また事業の合理化及び円滑化のための新たな住宅地開発事業制度を創設すべきである」と答申した。さらに、創設する新たな制度には土地の大量供給を目的とするため、一括全面買収方式によるものとし、ここに収用権を付与し、農地転用の円滑化を推進すること、用地提供者に対しては税法上の優遇をすることを提言した。また、先買制度、還元譲渡制度等について検討すべきとした。

昭和37年6月、建設省は宅地制度審議会（宅地制度に関する重要事項の調査審議を行う付属機関として4月に設置）に対し、個人に分譲される宅地供給事業制度に収用権を取り入れることについて、それが私有財産制度に関わる重要な問題であることから、制度上の問題はないかを諮問した。審議会は、事業の公共性を担保するため必要な措置をとることを提起した上で収用制度の適用を認めた。また、投機的第三者の介入を防ぐための先買制度の創設を促した。

建設省は、これらの答申に基づき「新住宅市街地開発法案」を立案した。国会による審議を経て、昭和38年7月、新住宅市街地開発法案は可決され、同年7月11日に公布・施行された。

4．多摩地域の動向

(1) 多摩丘陵での住宅地開発の経緯

多摩丘陵の開発は、戦前ではレジャースポットの開発が主であったが、首都圏への人口流入圧力が及び始めた昭和30年代になって、民間による住宅地開発が始まった。南多摩地区の建築確認申請数は、昭和32年には2257件、昭和35年には3841件、昭和38年には5904件と激しい増加を示し、多くはスプロールの原因となっていった。

昭和30年代前半は〝農地の転用〟による小規模開発が主流であり、比較的開発の容易なものが宅地化していた。しかし、昭和30年半ば以降には、大規模土木工事が可能になってきたことから、大規模な宅地造成やゴルフ場開発が行われるようになってきた。「多摩ニュータウン開発計画1965」では、大規模開発地が鉄道沿線1～2km幅に数多く分布していること、京王線南側、横浜線東側、小田急線北側の中では、京王線南側において著しく宅地開発が進行していることを指摘している。

南多摩郡（多摩町・由木村・稲城町）では、昭和38年11月に都市計画の区域指定が行われ、翌年7月30日に用途地域・空地地区の指定が行われるまで、行政側が開発に対して十分な規制を行うことができなかった。田園都市株式会社による馬引沢団地などがあったが、住宅造成地では整備が不十分なため土砂被害等が目立っていた。

(2) 当時の多摩丘陵での産業

丘陵地である多摩地域では、谷戸田で稲作を行い、水に恵まれない丘陵上部の平坦地は畑作に利用されていたが、土地が肥沃でなく、陸稲、大麦、小麦の穀作が中心で、蔬菜《そさい》の作付け率は低かった。そのため、桑を生産して養蚕を行い、養蚕は大正期後半から昭和初期にかけて最盛期を迎えた。しかしながら、戦後は化学繊維に押され衰退した。

丘陵は主に山林で、約80%がクヌギ、ナラ、カシ等雑木の二次林で、薪炭林、農用林として利用されてきた。しかし、戦後のエネルギー革命によって化石燃料に取って代わられたことや化学肥料の普及により、山林も徐々にその役割を失っていった。

昭和28年、南多摩郡は、農林省より湿田単作地域農業促進法に基づく湿田単作地域の指定を受けており、増加の兆しを見せつつあった東京圏の人口の主食となる米を確保するという至上命令が課せられていた。

昭和35年には農業基本法が改正され、積極的に都市近郊農業の振興が図られた。多摩地域に徐々に開発圧力が及んでくるなかで、都市近郊農業に活路を見いだそうとする農家もおり、蔬菜の生産や酪農に転換が図られた。

一方で、さして肥沃でない農地をかかえ、土地を売却して現金収入を得たいと考える農家もいたと想定される。純農村地域であった多摩丘陵の農家数は、兼業農家に移行しつつ、徐々に減少していった。

このような状況の中で、市街化圧力によって、徐々に多摩丘陵は市街地へと姿を変え、農村的性格は失われつつあった。

(3) 京王桜ヶ丘団地

昭和32年から京王電鉄による約20万坪の用地買収が開始され、昭和35年に建設が始まった京王桜ヶ丘団地は、多摩村が、多摩村開発実行委員会を設置して団地の建設を共同で推進したほか、町名に商標名「桜ヶ丘団地」に適合する「桜ヶ丘」を採用するなど、積極的な開発推進の姿勢を見せていた。桜ヶ丘団地は、同じ時期に開発された団地に比べてガス・上下水道が整備された先進的な団地であった。当時の多摩村は京王線の駅から離れた地域が多く、開発圧力はまだ小さいものであったが、桜ヶ丘団地の成功によって〝山林の市街化〟が意識されるようになってきた。

（単位：件、ha、%）

区分	行政区域面積	全体			区画整理手法		その他の開発	
		件数	面積	比率	件数	面積	件数	面積
八王子市	16,401	40	1,033	6.3	6	597	34	436
町田市	7,227	58	772	10.7	4	541	54	231
日野市	2,673	19	574	21.5	4	393	15	182
由木村	2,191	11	69	3.1	0	0	11	69
多摩村	1,855	15	403	21.7	0	0	15	403
稲城町	1,742	6	158	9.1	0	0	6	158
計	32,089	149	3,009	9.4	14	1,531	135	1,478

表1－1－2　南多摩地域における住宅開発状況（昭和39年）

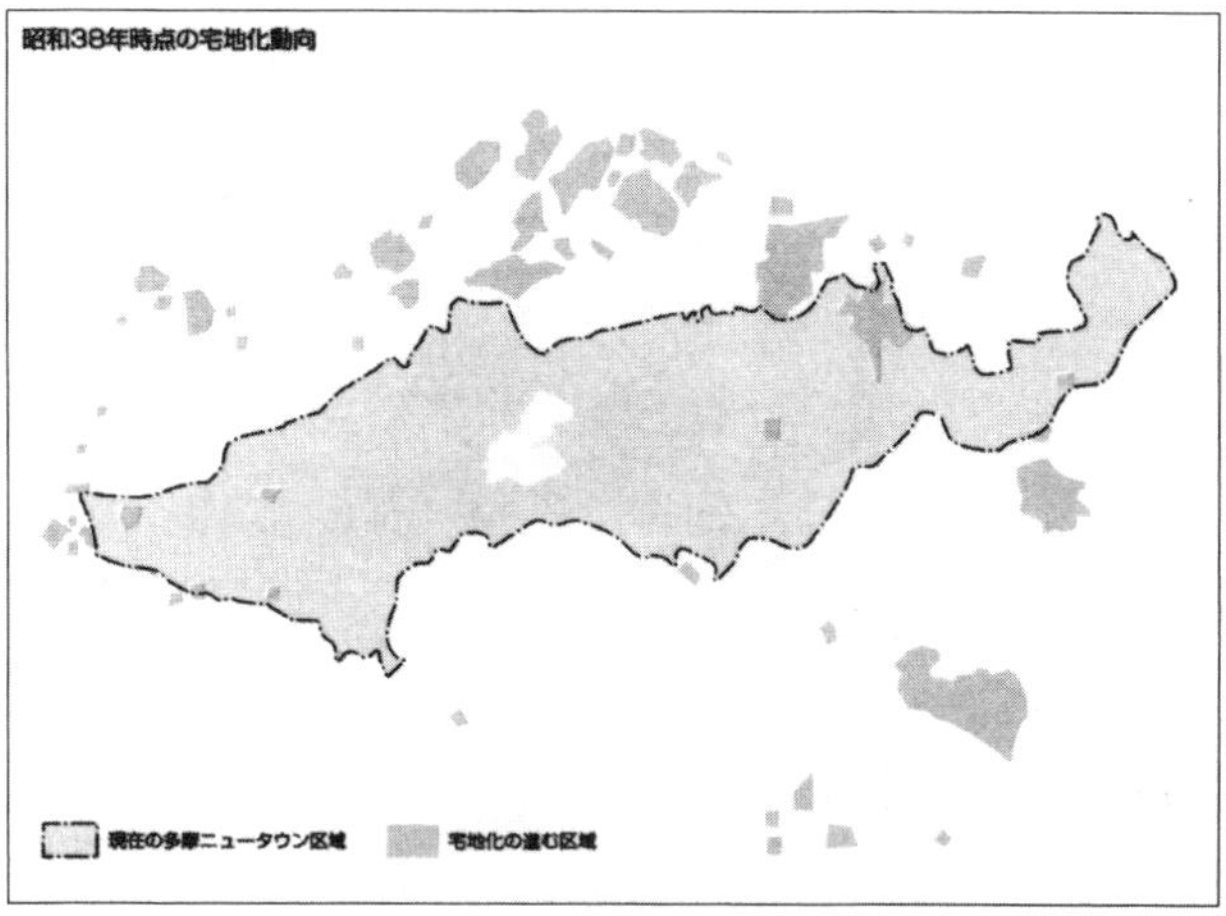

図1－1－4　多摩ニュータウン近傍の開発状況（昭和38年頃）

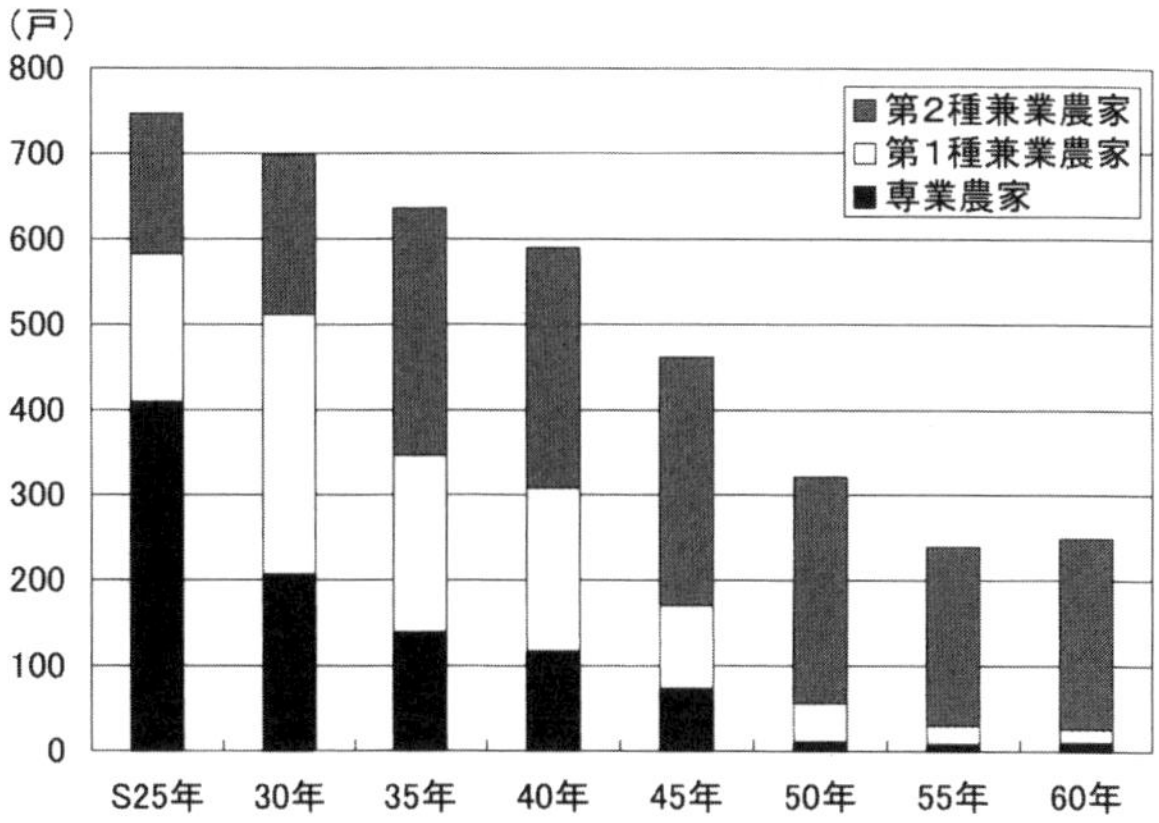

表1－1－3　多摩市内の農家の推移

(4) 府中カントリークラブ

昭和33年、桜ヶ丘団地の開発が進められていた頃、唐木田や落合地区でも地権者たちが開発を指向してゴルフ場の誘致が模索されていた。ゴルフ場誘致の根回しは1月頃から地元で始められ、6月に用地買収が開始された。7月に入り地権者が承諾し始め、9月までには約27万坪の土地を取得していた。一方で、会員募集は11月から開始され、300人を集めて設計に入り、農地法による農地の転用が許可されないまま、翌年の昭和34年11月に府中カントリークラブがオープンした。なお、農地転用許可が下されたのは昭和46年のことだった。

周辺には多くのコース適地が残存しており、この府中カントリークラブを皮切りに、次々とゴルフ場建設が始まった。昭和34年には京王電鉄による連光寺地域の買収（桜ヶ丘ゴルフ場）、東京国際カントリークラブによる椚原・大松台、小山田地区の用地買収などが挙げられる。

(5) 団地開発を求める地元の動き

大小規模の住宅地開発やゴルフ場開発が進められていく中で、農家では山林や一部の農地を住宅地化することを模索し始めた。

昭和38年2月、多摩村地主代表は公団の団地開発を誘致する陳情書を提出し、これを受けて多摩村は公団に団地開発を要請してきた。多摩村の地主会の要望は、それぞれが所有している多摩村岩ノ入、乞田、貝取、馬引沢等の所有山林及び田（総面積は約30万坪）を公団の国家的開発を期待して取りまとめているので、都市型農業を成立させるため消費地としての団地開発を期待するというものであった。

この土地は、昭和38年10月から翌年3月にかけて開発マスタープラン「南多摩」（南多摩都市計画策定委員会報告書）が策定されていた最中の同年12月に公団が取得することになった。

(6) 都市計画決定に向けて

昭和30年代に入り首都圏において都心部への人口・産業が集中するなかで、南多摩市域では一部に民間鉄道会社による団地開発などの計画的開発が見られたが、乱開発と称するスプロールも進行しつつあった。

昭和35年頃より東京都の首都整備局を中心に多摩市域でスプロール防止と大規模な計画的市街地開発を行うべく検討が始まった。昭和38年には、多摩ニュータウン開発構想の作成に公団も参画するようになった。同年、首都整備局で南多摩地域において大規模に計画的都市開発を行うマスタープランが作成された。これは当時制定が予定されていた新住宅市街地開発法の適用を前提として検討されたものであった。この検討と並行する形で都市計画事業の施行の準備が進むことになった。準備は市町村合併の動きに影響を受けながらも、都市計画が未施行であった南多摩郡の多摩・由木・稲城の3町村について昭和38年11月、都市計画区域を指定することから始まった。

昭和39年5月に東京都は「南多摩新都市建設に関する基本方針」を決定し、南多摩地域で新住宅市街地開発法を適用する大規模宅地開発を行うことを正式に決定した。同年10月には東京都市計画地方審議会において多摩弾薬庫と府中カントリークラブを除く面積2962haの新住宅市街地開発事業の都市計画が議決された。しかし、その後の農林協議で、営農問題などの協議に長時間を要することとなり、新住宅市街地開発事業が都市計画決定されたのは1年以上経過した昭和40年12月28日であった。

第2節　南多摩地域でのニュータウン計画の着想

1．東京都首都整備局の設置

東京都は、当時問題となっていた住宅不足とスプロール等の都市問題を解決するため、昭和35年7月に首都整備局を設置した。

この首都整備局は、都市計画行政部門を建設局から独立させ、広報渉外局首都建設部の首都圏整備計画担当部門と統合したものであった。これ以降、東京都は首都圏の都市計画行政に関して組織を一本化して取り組むことになっていった。

2．多摩地区でのニュータウン候補地選定

（1）１０００haの候補地選定

首都整備局では設置直後の昭和35年12月から翌年3月にかけて、多摩地区で区域面積１０００ha、計画人口10万人規模の集団的宅地造成に適した区域の選定作業を実施した。その結果、当時、都市計画区域に含まれていなかった多摩村乞田・落合・貝取・唐木田及び町田市小野路を含む一帯が候補地に選定された。

多摩丘陵が選ばれた主な理由は、都心に近い地域に未開発の土地がまとまって残っており、京王線で新宿と既に結ばれ（聖蹟桜ヶ丘～新宿間36分）、さらに鉄道事業者による新線計画が具体化しつつあったことであった。加えて、丘陵という環境が魅力的な市街地を形成することに有効であること、当時はまだ相対的に地価が安価であり、用地取得が容易と判断されたためであった。

（2）１６００haの候補地選定

昭和35年調査に続き、首都整備局は昭和36年に「集団的宅地造成計画に関する調査」を実施し計画案を作成した。この案は前調査の区域面積１０００haから周辺を含めて区域面積約１６００ha、平均人口密度１１０人／ha、計画人口約15万人へと拡大したものであった。計画エリアは、多摩弾薬庫の移転、跡地取得を前提としたものであったが、グリーンベルト構想に配慮してグリーンベルト（稲城）は含めないエリアを設定していた。なお、この計画案は土地投機の激化を想定して非公開とされていた。

当時、「集団的宅地造成計画に関する調査」（昭和36年）と平行して、「集団的宅地造成関連地域および周辺都市とを結ぶ幹線街路計画に関す

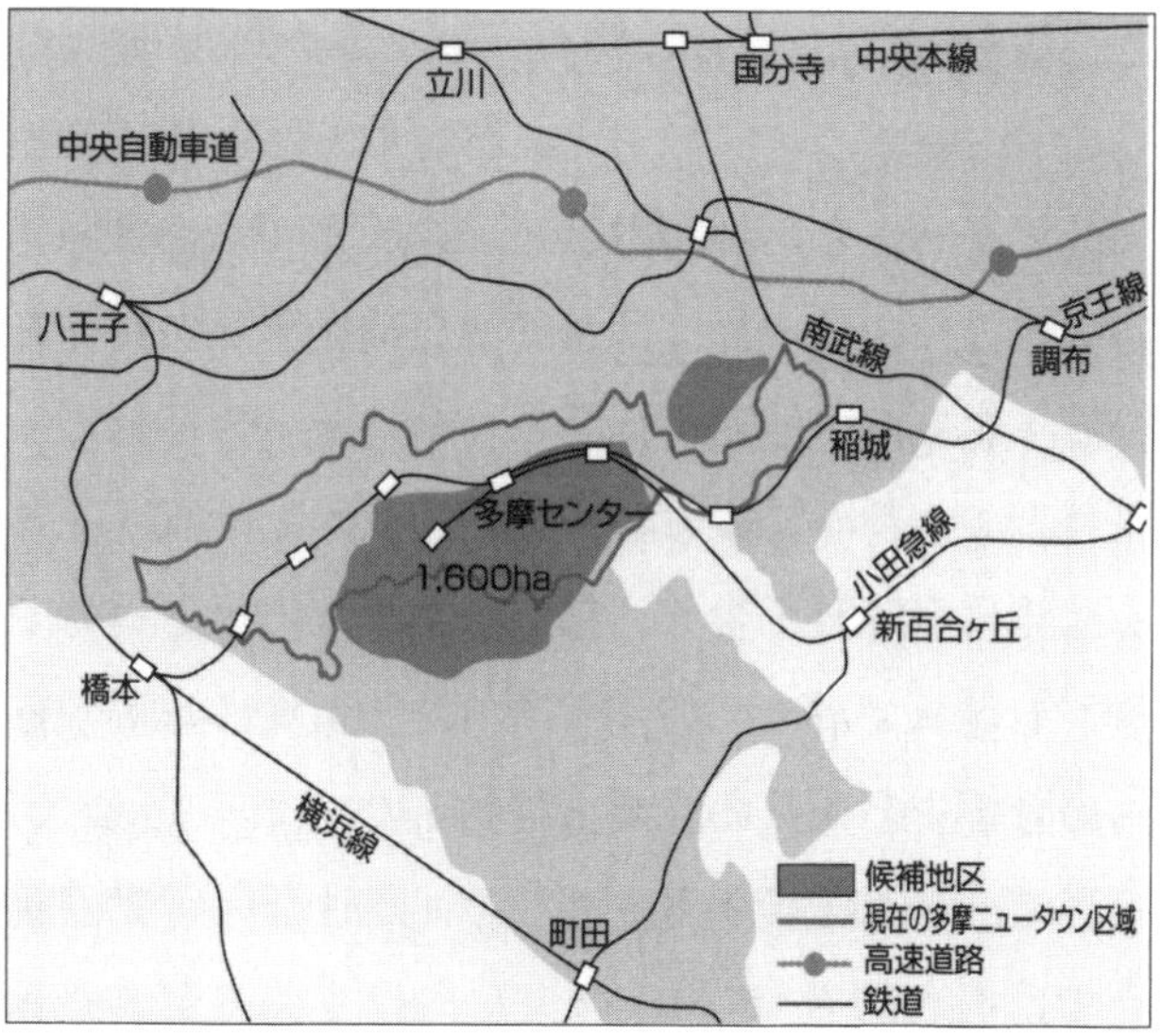

表1－2－1　東京都首都整備局試案（1600ha）

る調査」（昭和37年）、「集団的宅地造成関連地域における緑地構成に関する調査」（昭和37年）、「大規模宅地造成と高速鉄道の建設に関する調査」（昭和38年）などの調査が行われた。その中の緑地構成に関する調査では、市街地の周辺をとりまく緑地や空閑地、優良農地は、可能な限り保存育成する方針が示されていた。

3. 町村合併促進の動き

(1) 町村合併の動き

昭和28年、町村合併促進法（効力3年）が施行され、東京都と町村合併促進審議会が多摩村と由木村の合併案を示した。しかし多摩村は規模の大きい市町村合併を希望しており、府中市との合併または日野町・稲城町・七生村・由木村・多摩村の南多摩郡5ヶ町村の合併を望み、由木村も同様に同案に反対していた。結局、東京都と当事者との歩み寄りがないまま、町村合併促進法の効力がきれることとなった。

新たに合併の推進力となったのは、昭和31年に公布された新市町村建設促進法（効力5年）であり、東京都は引き続き多摩村と由木村の合併を推進したが、多摩村・由木村は依然反対の基本姿勢を貫いた。

時を同じくして、同様に合併を勧告されていた町田町・鶴川村・忠生村・堺村は、昭和33年に合併し、町田市が誕生する。そこで、多摩村・由木村・日野町・稲城町は合併研究協議会を昭和33年12月25日に結成し、4ヶ町村の合併を求め独自で道を模索し始めた。

昭和35年、多摩村は方針を転換し由木村との合併を受け入れたが、由木村は姿勢を変えなかったため、翌年6月に東京都は町村合併を諦めた。

(2) ニュータウンの行政区分を複雑化させた合併問題

このころ、由木村では多摩村と隣接する大塚・東中野・堀之内・越野・別所などの地域が分村して多摩との合併を希望していたが、由木村は八王子市もしくは日野町を含む、広域合併早期実現について検討し始めており、昭和37年5月に正式に八王子市への合併申し入れの協議を開始した。

さて、昭和37年8月、東部4ヶ町村合併研究協議会では引き続き4町村の合併に向けて協議が進められていた。昭和38年には由木村は日野町からの合併示唆を受け、同町に対し合併を申し入れていた。しかし、同じタイミングで日野町は、市制を敷く上で要件となっている人口定義を改正するように自治大臣に求めており、単独市制化を狙った動きが並行していた。結果的に、日野町は同年、単独で市制を施行した。

日野町との合併が白紙になった由木村は、内部での協議・僅差の可決を経て昭和39年1月に八王子市に合併を申し入れたが、こうした由木村の動きに対し、多摩村は「東部4ヶ町村大合同合併」を推進すべきとの立場から批判している。多摩村は、昭和37年5月に住民登録人口が1万人を突破した時期から町制を望む声が高まり始め、昭和39年4月1日に単独で町制を施行することとなっていた。

由木村内部では、八王子市と日野町のどちらと合併するかをめぐり、激しく論争を繰り広げた。最終的には住民投票による決着で、１９１６対１５１０で八王子市との合併が決まり、由木村は昭和39年8月1日に八王子市と合併した。この間の経緯は、その後のニュータウン区域における合併論争に影を落とす結果となっていった。

第3節　ニュータウン計画の立案

1．ニュータウン計画の始まり

（1）多摩ニュータウン構想の依頼

昭和38年春頃（公式には9月6日とされている）、首都整備局から公団首都圏宅地開発本部に対し、多摩ニュータウン構想の作成依頼があった。公団は検討作業実施者として、公団を中心に東京都や建設省関係者からなるプロジェクトチームを編成して、マスタープランの検討に入ることとなった。

東京都は財団法人都市計画協会に発注し、関係町村も調査費を分担する形で、昭和38年10月～翌年3月にかけて「南多摩総合都市計画策定委員会（松井達夫委員長）」（松井委員会とも呼ぶ）による調査を実施した。これは建設省・都・公団の合同作業であり、昭和38年7月に成立した新住宅市街地開発法を適用した開発を多摩地区で行うことを前提としたものであった。

この報告書「南多摩」は、南多摩地域整備の広域的な考え方を検討した上で、マスタープランの第1次～3次案を提案している。

「南多摩」で特筆すべきは、周辺諸都市（八王子、立川、日野、町田、神奈川県域の相模原を含む）との連合によって相互補完関係を構築することを提案していたことであり、これによって〝ベッドタウン〟批判に応えようとしていた。なお、多摩ニュータウンは都市計画手法の上でも〝連合都市計画〟とされるもので、八王子・多摩・町田都市計画の連名で手続きが行われた。

「南多摩」において〝ベッドタウン〟からの脱却を意図していたもう一つの手法は、タウンセンターの〝早期形成〟であった。人口定着のスピードが遅ければ、新宿など既存の都市に需要が吸収され施設立地が実現しにくいけれども、30万人規模の都市を早期に形成することにより、商業、教育、文化などの機能をニュータウン内で充足させ得るとの考え方に立っていた。

（2）約7000haの新文化都市

東京都は松井委員会のマスタープランに関する報告及び後述する交通計画（八十島レポート）の内容を受けて、昭和39年5月28日、「南多摩新都市建設に関する基本方針」を決定した。ここで、多摩丘陵において新住宅市街地開発法を適応する大規模宅地開発が行われることが、事実上決定したことになった。東京都内の住宅難、多摩丘陵一帯のスプロール化防止の対策として、約6910haの「新文化都市」を建設することとし、第1次事業として約3200haで新住宅市街地開発事業を実施するほか、幹線道路や河川についても整備を行うこととなった。

2．マスタープランの作成

（1）第1次案（昭和38年10月）

第1次案の開発区域は、首都整備局の試案を南西側に伸展した2248・7haである。区域は、東西に延びる多摩丘陵の尾根を中心に広がり、多摩川・鶴見川の両水系にまたがる多摩町の南部、町田市の北西部（尾根及びその枝尾根～鶴見川の水源地帯）が主体で、稲城町は鉄道導入部として多摩弾薬庫が含まれるだけで、由木村も一部が含まれるだけであった。

この案では、①区域に鶴見川水系の水源地帯が含まれ、大規模開発のためには延長40kmの河川改修が必要となる、②由木村の大部分は開発区域外となり、スプロール化の恐れがある、などの問題が指摘された。

なお、第1次案以降全ての案がリニアな形状（線形都市）となっていった。

(2) 第2次案（昭和38年12月）

この案は、第1次案の欠点を修正し、鶴見川水系の区域を除外し、多摩川支流の大栗川、乞田川流域を主要部分として多摩町、稲城町と由木村の3町村にわたる２９９９haに拡大したものである。この第2次案では、区域の南部境界を多摩町と町田市との行政界に設定されていたため、多摩丘陵の東西方向の主尾根から派生する全ての枝尾根を分断することになり、境界の付近に計画された都市幹線道路や宅地造成に支障を生じるなどの難点が残った。また、この案では、鉄道ルートが第1次案の尾根案から谷寄りに変更されており、センター計画は中央と由木の2箇所に集約されている。

(3) 第3次案（昭和39年3月）

第3次案は、昭和39年10月に都市計画審議会で議決され、翌年12月に決定される都市計画のベースになった案である。

この案は、第2次案での行政境界に関わる問題を解決するため、多摩丘陵の主尾根部分の都市幹線道路や宅地造成などに必要な範囲まで開発区域を拡張した。また、鉄道導入部を変更したことに伴って、稲城町坂浜の一部を取り入れた。さらに、開発区域内のゴルフ場は都市計画緑地に指定することを前提として除外した。これによって、開発区域は、多摩川水系の三沢川流域を含む３１７３haとなった。

なお、多摩弾薬庫は第3次案には区域に含まれていたものの、都市計画決定（第3次案ベース）の段階では区域から除外された。

3. 多摩ニュータウンの鉄道計画

(1) 当時の通勤事情

昭和30年後半は、市街化が周辺部に及んできたため、通勤時間が長時間化し、都心へ通勤する勤労者の負担が増大していた時期であった。

昭和39年、東京都内部でまとめられた「多摩都市計画新住宅地開発上の問題点」では、4つの課題のうちの一つとして通勤輸送の問題が取り上げられており、都心と多摩を結ぶ通勤ルートを確保するため、鉄道の誘致が必須であった。そのため、開発区域が１０００haから３０００ha（第3次案）に拡大していった。

こうしてマスタープランの検討を進めている間に、同年1月、小田急電鉄・京王帝都電鉄（現京王電鉄）・西武電鉄がニュータウン区域への路線免許申請を行った。

京王は、京王多摩川駅からニュータウンを東西に横断し、現在のＪＲ橋本駅を経由して神奈川県に達する新路線を申請し、小田急は、小田急・喜多見駅から狛江町・稲城町を通過し、多摩町に入り八王子市由木地区、橋本駅を経由して、神奈川県城山町まで向かう路線を申請した。西武鉄道は、現ＪＲ中央線武蔵境駅から西武多摩川線を利用して南下し、ニュータウン区域へと路線を延伸する計画を申請した。

3社が鉄道誘致に応えたことから、多摩丘陵の沿線地域は土地投機の活発化を招くこととなった。

(2) 公団の鉄道輸送計画

多摩ニュータウンでは、その開発規模から、大量輸送機関として鉄道の導入が不可欠な条件であるため、計画当初から、鉄道輸送に関する調査が行われた。その調査の一つ「多摩ニュータウン交通輸送計画」（昭和39年5月）は、公団職員が参加しながら作業が進められた。八十島レ

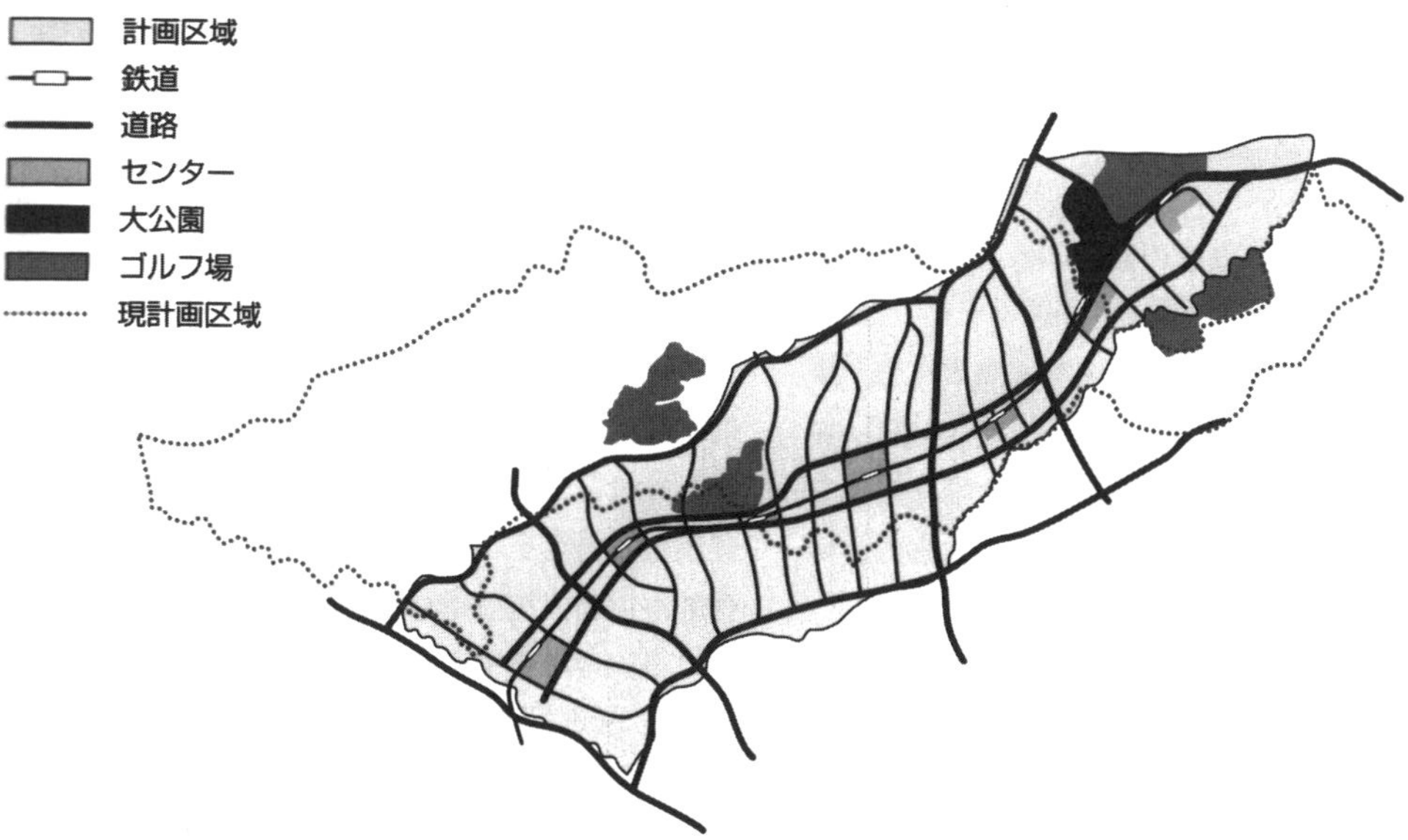

図１－３－１　第１次案

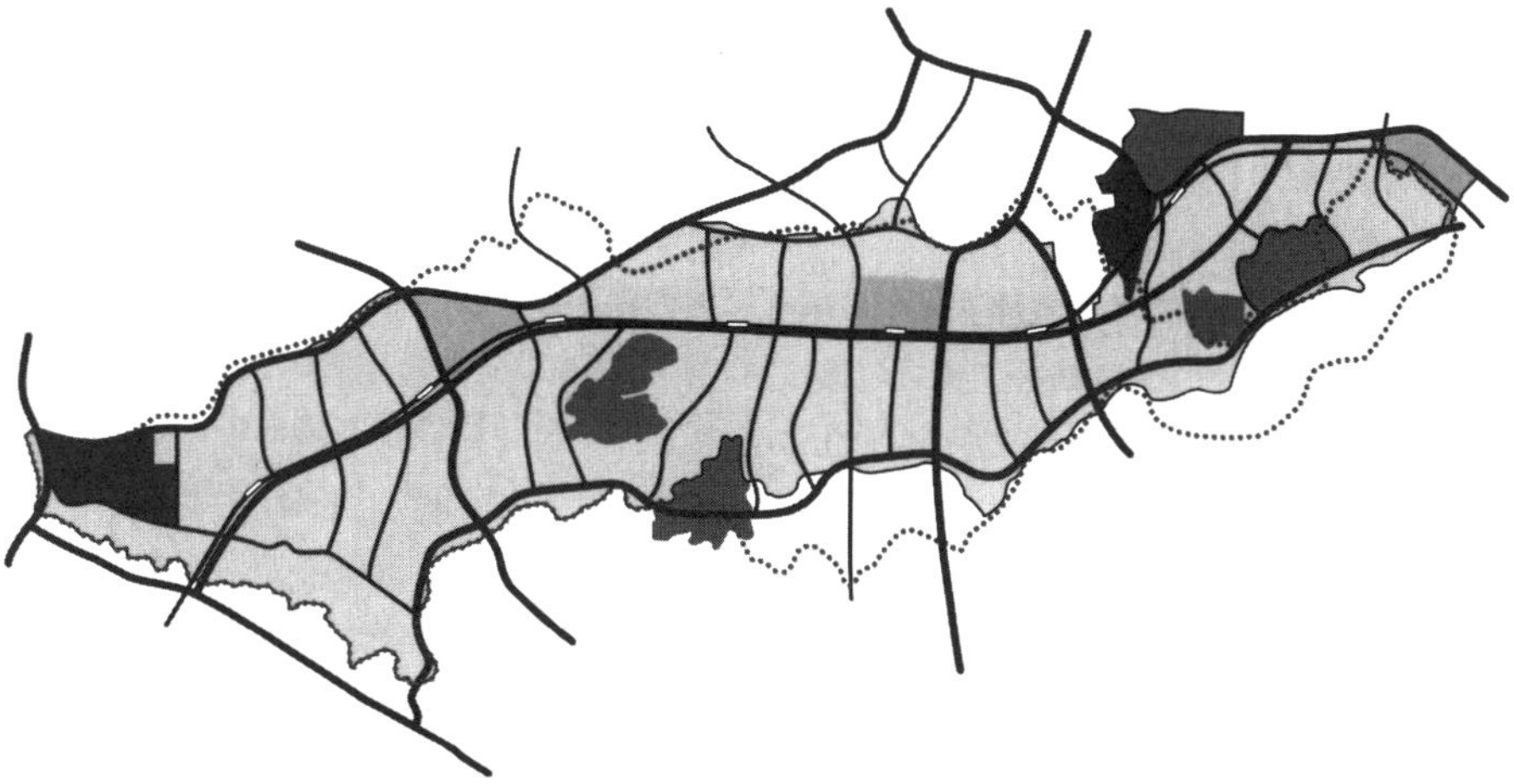

図１－３－２　第２次案

図１－３－３　第３次案

ポートと呼ばれるその計画は、具体的な数字を基礎に発生交通量の推定を行い、鉄道の容量検討、路線のコスト比較、都心との結び付け方についてなど検討したが、モータリゼーションや既往開発計画も考慮されたものとなっていた。

計画では、東京都心と多摩ニュータウンを結ぶ高速鉄道の敷設、運営が不可欠であり、それは小田急線または京王線の計画を拡張したものが望ましいと提言された。西武線の延伸については、中央線に負担がかかるとの理由で八十島委員会の議論の中で否定され、首都圏整備委員会でも認められず、西武は申請を取り下げることになった。

また、高速道路の敷設・運営は、①ラッシュ時を想定し、高速の輸送力が発揮できること、②都心と直通で結ばれること、③延伸部分において道路とはできるだけ平面交差を避けること、④敷設が速やかに行えることなどの要件が明示され、地区内の開発計画に対し、ニュータウンへの逆輸送となる職場や施設を同時に建設することも提言された。

4. 集団的宅地造成と新住宅市街地開発事業の融合

(1) 開発における問題点とその解決

松井委員会におるマスタープランの検討が進む中、東京都はそれと平行して昭和38年11月18日「開発事業実施要綱案」、同年12月10日「多摩地区開発計画案」を取りまとめた。それは、松井委員会第1次案を基にしており、開発区域は2248・7ha、計画人口25万人を想定していた。その後、12月下旬に建設大臣が計画を了承し、翌年1月12日には河野大臣自身が現地を視察した。

「多摩地区開発計画案」の作成と同時に、東京都では「多摩都市計画新住宅地開発上の問題点」を取りまとめていた。そこでは、多摩において大規模住宅地を開発する上で、内部に生じていた様々な課題が指摘されていた。課題は以下の4つである。

①第一次首都圏整備計画の位置づけにおいて、市街地開発区域でも近郊地帯でもない多摩村を中心として開発することは果たして適当か、また東京のベッドタウンとなるのではないか。

②区部周辺の土地を買収したほうが安上がりではないか。

③都心への足を確保するため、鉄道を引く必要が出てくる。事業者の決定、資金、ルート決定についての対応が必要である。

④水源をどこに求めるのか。また、下水が酒匂川水系・鶴見川水系に落ちると、神奈川県内で河川改修が必要になることを考慮しているか。

このうち、①及び②の問題には「南多摩総合都市計画策定委員会」報告書において、連合都市を形成することによって解決を図り、③の鉄道については開発区域を2999haに拡大することにより鉄道誘致の条件を整えて一応の課題解決を見た。④の排水問題に対してはマスタープラン第2次案で鶴見川水系の開発区域を除外するという答えを出した。

しかし、これらの都市計画上の要請に応えるために、多摩の産業構造や地域特性、コミュニティは大きな改変を余儀なくされ、後にニュータウンのあり方についてさまざまな問題を提起させることとなった。

(2) 多摩町の条件

昭和39年9月24日、八王子市、町田市、稲城町、多摩町から開発に同意する回答が出揃った。しかし、多摩町の同意は条件付きであるなど、自治体の足並みは必ずしも揃ってはいなかった。

多摩町が同意に際して付した条件とは、①既存集落の取り扱いには十分配慮すること、②区域住民の生活再建に関して十分に配慮すること、

③公共施設について、新住宅市街地とその周辺地との格差を是正し、均衡を保つよう配慮すること、④事業区域内の公共施設について、自治体に生ずる維持管理に要する資金等については格段に配慮することなどの4点であった。これらのうち④の地方財政への配慮については、入居の後まで課題として残ることとなった。

開発推進の姿勢を見せる多摩町に対し、八王子市は慎重であった。昭和39年9月、八王子市議会9月定例会において、八王子市長は、①開発区域内に50万坪程度の農業団地を残すこと、②農家の子女を主たる対象とした職業訓練所を設置すること、③転職する場合の生活保障的な資金の手当てを行うことなどを東京都農業会議に申し入れる旨の発言をしていた。

ニュータウン開発に対して、自治体同士の見解の違いもあり、さまざまな思惑を内包した同意であった。

(3) 多摩弾薬庫と府中カントリークラブの除外

もともと、開発計画は多摩弾薬庫と府中カントリークラブを含んで計画されていた。昭和39年7月に新住宅市街地開発事業の都市計画決定に先立ち、多摩ニュータウンに関する区域の用途地域、防火地域、都市計画街路等の決定が行われていたが、この時は多摩弾薬庫などを含む約3200haが予定されていた。しかし、同年9月、防衛施設庁から米軍多摩弾薬庫敷地の事業計画区域からの除外要請があり、東京都はこれを受けて開発区域を縮小することとした。多摩弾薬庫は米軍から当分の間返還されないこと、ゴルフ場は都市計画緑地に指定することを前提として、多摩弾薬庫と府中カントリークラブを計画区域から除外し、開発区域は2962haに縮小した。

昭和39年10月2日、都市計画審議会は原案通り議決した。しかし、開発を契機に多摩弾薬庫の返還を期待していた稲城町は反対を表明し、昭和39年10月17日、都議会及び関係機関に対して、意見書・嘆願書を提出した。その中で、「この区域の除外により町及び周辺地域の総合的な開発計画は大いに挫折したと言わざるを得ず、これが一般市民に及ぼす精神的・感情的な影響は、事業の円滑な推進のための一大障害になることは明白である」とし、町の総合的開発を望む立場からも、この多摩弾薬庫を速やかに区域に編入して、早急に総合的な開発を推進することを申し入れた。しかし、多摩弾薬庫と府中カントリークラブを開発区域から除外する基本的方針は変わらず、農林調整を経た1年2ヶ月後の昭和40年12月28日に原案通りに新住宅市街地開発事業の都市計画が決定した。

第4節　ニュータウン計画の具体化

1. マスタープランの修正

新住宅市街地開発事業の都市計画決定手続きと平行しながら、多摩ニュータウンの開発計画はさらに具体化していった。「南多摩」での3次案に続き、「多摩ニュータウン開発計画1965」において、第4次案から第6次案までが提案された。

2. 第4次案（昭和39年11月）

英国フックニュータウン（計画のみ）の影響を受けてワンセンターシステムを採用した高蔵寺ニュータウン計画のスタディを受けて、多摩ニュータウンでも第3次案までのセンター計画を修正して「ワンセンター」を提案した。

計画人口を約30万人と想定した場合、特化した諸施設を核とするセンターは一か所に限定したほうが集積のメリットを発揮でき、存立条件が強化される。また、諸施設を一か所に集めて商業、教育、文化都市としての機能分担を明らかにすることによって、周辺都市に対して多摩ニュータウンの性格を明確にできる。

このような点が、ワンセンター採用の理由として挙げられ、その位置の選定条件として

①鉄道駅に接して地区内道路交通の要所にあること。
②地区外からの利用にも便利であること。
③計画的開発を可能とするため既存集落が少ないこと。
④まとまった大きな面積が得られること。

などがあげられた。

これを前提として検討した結果、府中～町田線、日野～町田線、尾根幹線道路、府中～相模原線、府中カントリークラブに囲まれた鉄道を跨ぐ区域にセンターが計画された。

3．第5次案（昭和40年1月）

この案では、センターは府中～町田線西側に鉄道ルートと平行した線状のセンターとして計画された。その理由は第4次案のセンターの位置が多摩ニュータウンの幾何学的な中心であったのに対して、若干都心寄りに位置し直していることと、鉄道の北側の平地部についても、将来の拡張予定地として活用できるメリットがあるからであった。

4．第6次案（昭和40年2月）

この案は、昭和39年5月に東京都が策定した「多摩新都市建設に関する基本方針」に基づき、多摩ニュータウン区域約３０００haと周辺約４５００haを開発対象区域とし、周辺人口15万人を含めた45万人を考慮に入れ、周辺都市との間に「連合都市」を構成しようとするものであった。

その目標は、「東京西郊外部でのまとまった量の住宅、宅地の供給」、「多摩丘陵の無秩序な市街地化の抑止」とされており、計画内容は次のとおりであった。

(1) 連合都市の構成

多摩ニュータウンを既存都市及び他の新規開発と連合させることは、都心立地型の商業・文化施設等を立地させることが可能になり、また、「東京都心への機能集中の抑制」、「職住近接」、「住居と大緑地の近接」等が可能となる。こうした考えのもとに、「多摩ニュータウン周辺連合都市」が構想された。

この概念は、連合都市を構成する各都市が独自の都市として自立しつつ、交通施設により密接に結ばれるというものであった。具体的には、「八王子～日野～多摩ニュータウン～町田～相模原」が連合都市として提案された。

(2) 計画区域の設定

多摩ニュータウン区域約３０００haの設定に当っては、次の点が考慮された。

①鉄道が敷設されることを前提とし、想定される鉄道ルートの西側に原則として幅１km（やむをえない場合１・５km）の範囲で、その地形、地表形態を考慮して有機的かつ一体的な開発が可能な区域とする。
②地価が比較的安く、そして可能な限り宅地、農地が少ない地域であること。

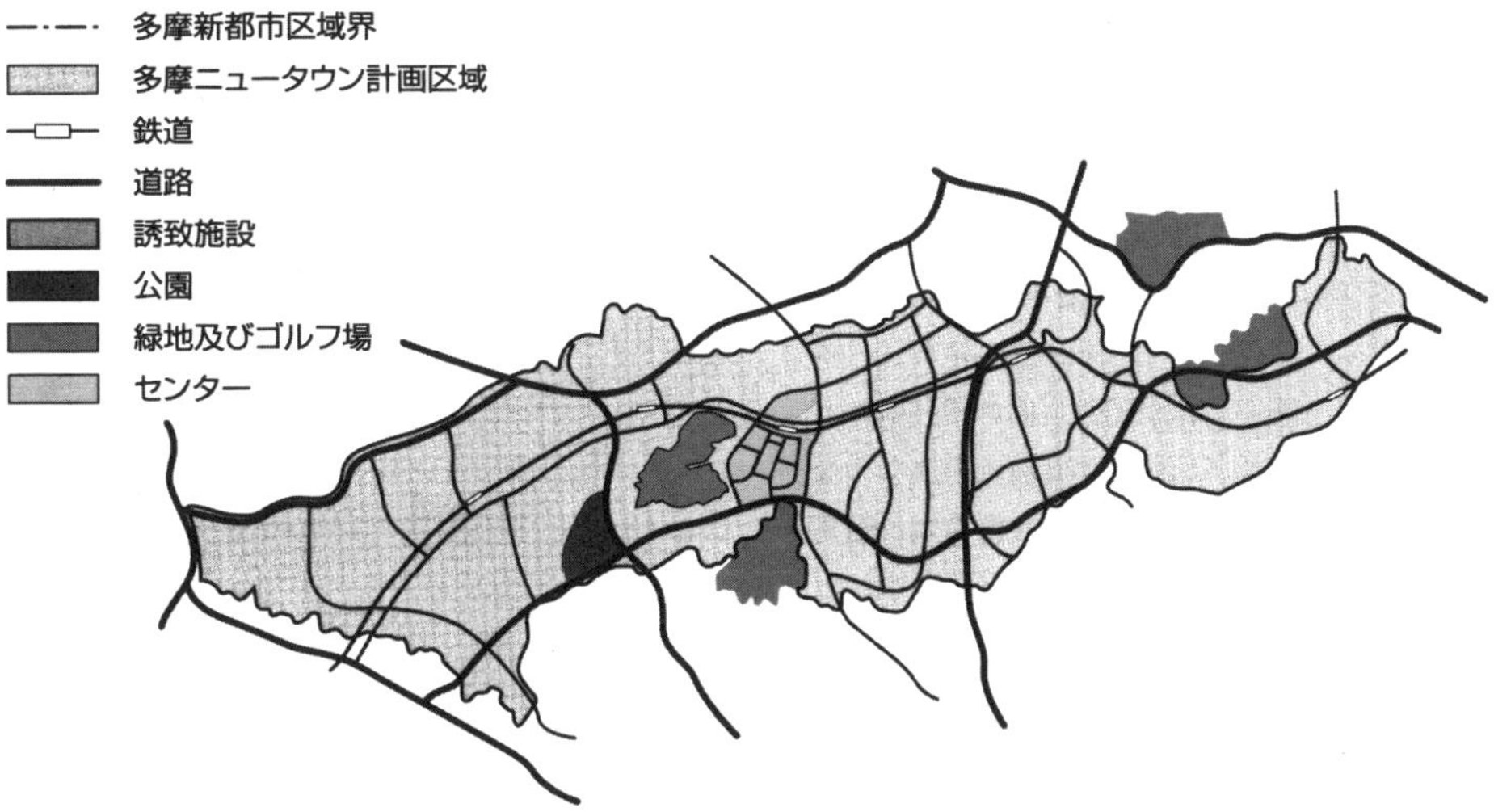

図１－４－１　第４次案

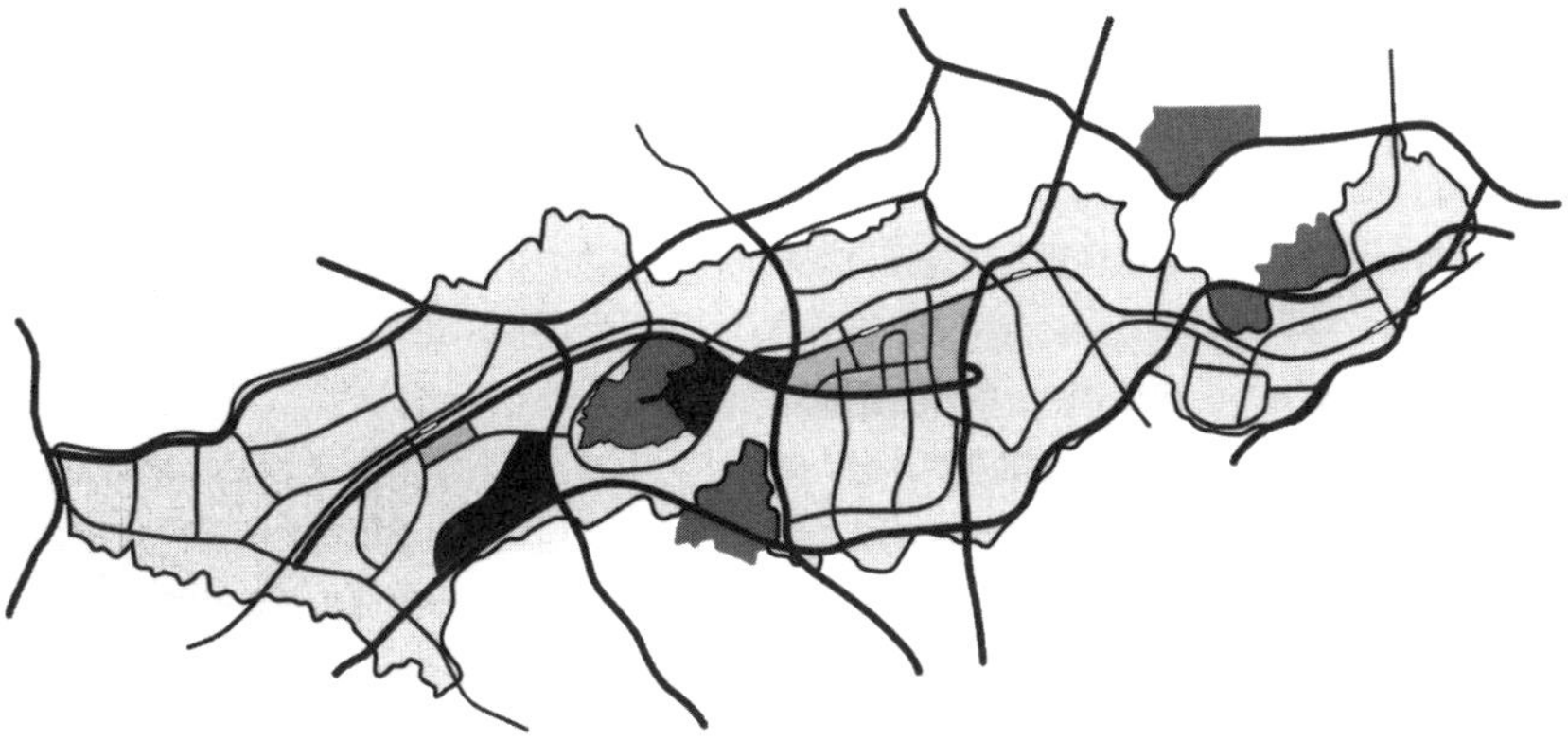

図１－４－２　第５次案

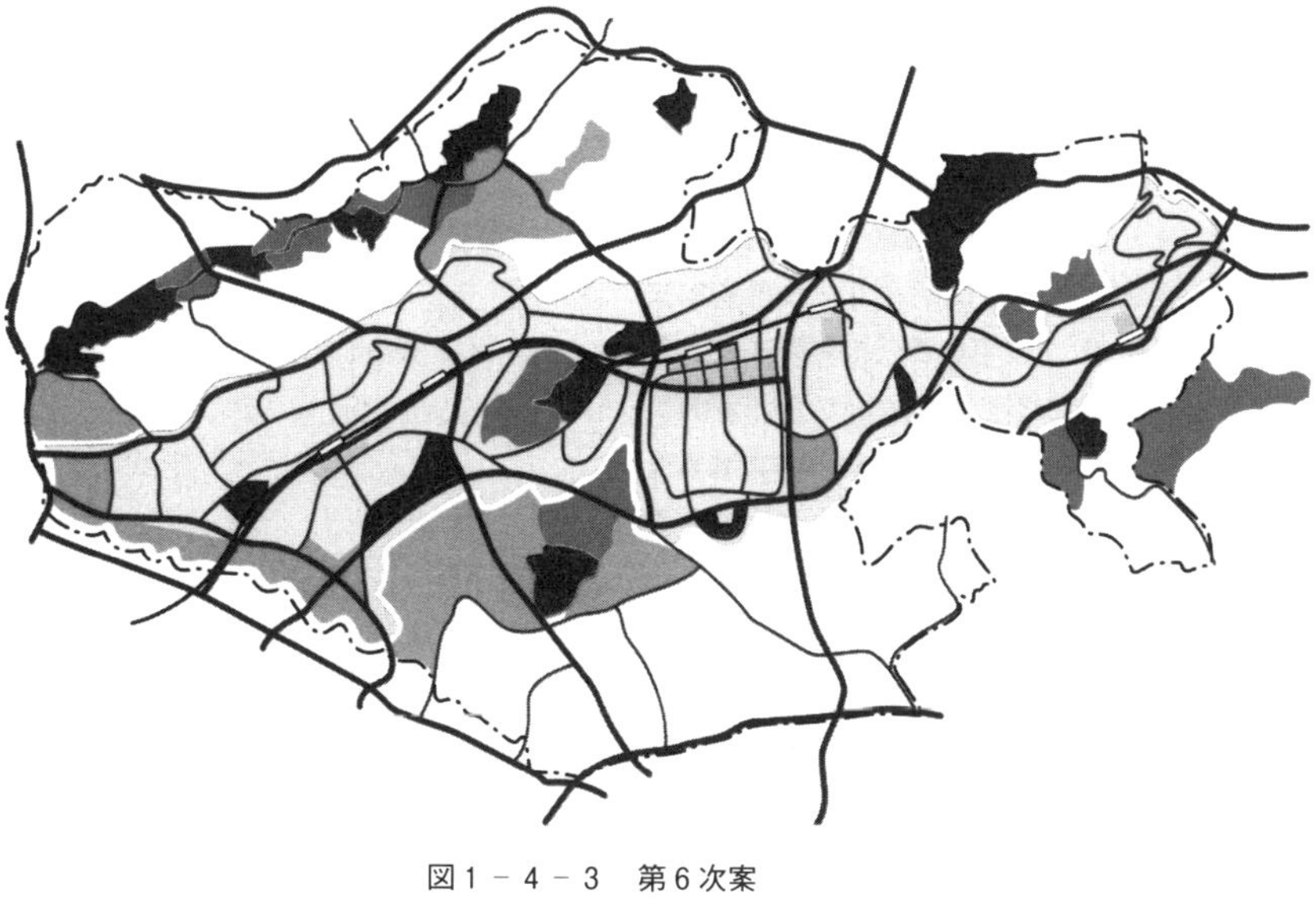

図１－４－３　第６次案

③排水系統を単一とする。この計画の区域は、多摩川水系の三沢川、乞田川、大栗川の3河川でまとめ、鶴見川の水系は河川改修を必要とする範囲が広く、莫大な経費を要するため除外する。
④地形的に住宅地造成が可能であり、また、造成に伴う切土や盛土が区域内で処理できること。
⑤計画区域内のゴルフ場は、すべて都市計画緑地の指定を行い、緑地として保存することを前提に計画区域からは除外する。
⑥区域決定に重要な関係を持つ鉄道ルートについては、「広域鉄道とのネットワーク」、「逆輸送の開発の可能性」、「鉄道敷設から見た地形条件及び開発区域」、「既設路線（読売ランドまで）の延伸」等を考慮する。

(3) マスタープランの構成

この案は、多摩ニュータウンの主な機能を良好な住宅地の大規模な供給と周辺部に不足する高度な都心性サービスの供給として位置づけ、他の周辺都市との機能分担を図った。さらに、東京区部に立地困難な大学、研究所、レクリエーション施設等の誘致による昼間人口の拡大にも配慮した計画であった。こうした考えに基づく要点は、次のとおりであった。
①周辺人口15万人を含めた45万人を考慮した計画とする。
②多摩ニュータウン及び周辺に都心性の高次なサービスを供給するセンターを、交通の要衝である鉄道と府中・町田線の交点に接して配置するワンセンター方式とする。
③センター駅を除いた3つの駅前にはランクを下げた駅前センターを置き、住区単位とする中学校区ごとに住区サービス（近隣センター）を配置する。
④輸送機能は分担を明確にする。即ち、鉄道は大量高速輸送に徹し、地区内の集散はバス、自家用車を前提として、これに合わせた道路、駐車場、バス運行の充実をはかる。
⑤道路網は段階的な配置を明確にし、歩行者専用道路についてもネットワークを確立する。
⑥緑地は系統的に配置する。まず、多摩丘陵の系統的保存のために多摩川と鶴見川の分水界の尾根部分に地区運動公園、自然公園、低容積の誘致施設等を配置する。この他誘致施設は、全般に緑地系統を構成するように計画する。近隣公園は周辺の斜面緑地と関係づけ、かつ小学校に隣接させる。建物配置は可能な限り駅に近い高密度地区とする。

5. 第7次案（昭和40年11月）――自然地形案の検討

開発計画の具体化が進む中、地権者交渉が難航し、農林協議が行き詰まるなど、事業実施についてさまざまな問題が生じていた。そうした状況を背景に、公団は昭和40年3月~11月にかけて「自然地形案（自然地形を前提とした住宅地開発のモデル設計とコスト分析）」の検討に着手していた。

そもそも、大規模造成を前提とする第6次案には次のような問題があった。
①用地買収上の問題
集落部分の用地買収が困難である。
②河川改修上の問題
大幅な河川改修の見通しが暗い。
③造成工事上の問題
稲城砂層での大造成工事が困難である。

④緑地保全上の問題

多摩丘陵の緑を有効に生かした住環境のイメージが弱い。

特に、①は問題の回避が困難であった。そこで、造成が集落に及ばないようにするため、集落が集中する谷戸部分を除き自然地形をできるだけ保存して、尾根部分の区域だけを開発する「小規模」な開発方法が検討された。

この自然地形案は、尾根単位（約100ha）で一住区を構成し、平坦地を必要とする学校等の住区施設は谷戸部を利用しながら、最小限の造成で自然地形を残しつつ配置し、尾根筋には緑道を連続させ住区施設への動線とした。

この緑道を軸に住宅群をクラスター状に配置した。尾根筋の緑道をからの視界の広がりと中腹を這うサービス道路が住宅群と既存樹林を縫って走るパターンが設計の特徴と言える。これは、移動土量が少なく、稲城砂層の造成を最小限に押さえられ、大幅な河川改修が不要等の造成上の利点があった。

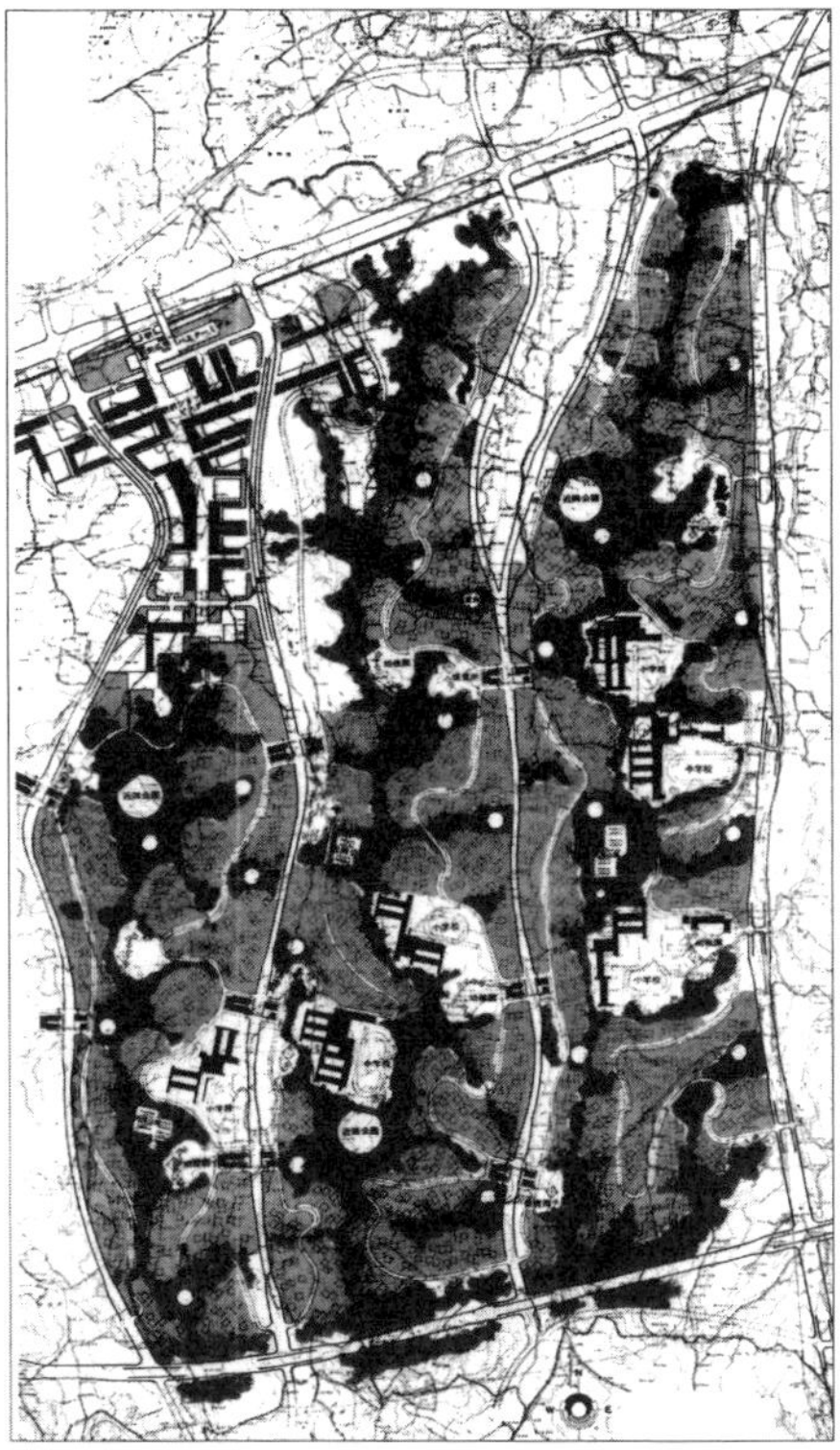

図1－4－4　第7次案（自然地形案）

この自然地形案は、後の事業決定のプランニングとして採用され、実現化につながった。なお、施行計画届出の段階でこの自然地形案は造成高の見直し等により、中造成案へと変更されていった。

第5節　事業着手に向けた手続きの推進

1．都市計画決定手続きの推進

（1）都市計画区域の指定をめぐって

都市計画事業の施行に備え、都市計画が未施行であった南多摩郡の3町村（多摩・由木・稲城）は、東京都の指導のもと南多摩郡東部都市計画協議を行っていた。昭和38年9月末、1次案をベースに多摩村を法指定町村とした多摩都市計画区域の指定を都に申請した。そして、同年10月14日の東京都都市計画地方審議会の議決を経て11月4日、都市計画区域の指定が告示された。

告示に先行する形で、昭和38年10月から昭和39年3月にかけて「南多摩総合都市計画策定委員会」の検討が行われ、多摩ニュータウンの第3次案をもとに用途地域、空地地区、街路及び公園の指定が昭和39年7月30日に行われた。

当時、用途地域等の指定・変更は地元市町村の申し出に基づいて行われることとなっていたが、申し出を行った由木村は翌日8月1日に八王子市との合併が決まっていた。由木村が存在している間に都市計画決定をしなければ、複雑な手続きを再度踏まなければならない。由木村が存在するあと2日の、滑り込みの決定であった。なお、由木村、7月30日に多摩都市計画区域に決定された後、8月1日の合併によって八王子都市計画区域に自動的に変更された。

(2) 農林協議

昭和39年10月2日、都市計画地方審議会において、多摩弾薬庫と府中カントリークラブを除いた2962haの新住宅市街地開発事業の都市計画決定が議決された。しかし、本来ならば審議会による議決から1週間ないし10日前後で都市計画決定がなされるものであるのに対し、実際に新住宅市街地開発事業が都市計画決定したのは翌年の昭和40年12月28日であった。農林協議の長期化により、都市計画に1年以上の期間を要することになったのである。

新住宅市街地開発法第44条においては、新住宅市街地開発事業を都市計画決定する前に建設大臣と農林大臣が協議すれば、農地法による許可が必要なしとされていた（平成11年の改正によりこの項目は削除されている）。また、多摩ニュータウン開発では、この協議に先立ち東京都知事が都市計画担当部局と農林担当部局間の意見調整を行うとともに、関東農政局長と協議することが指示されていた。

昭和39年5月29日、東京都は第44条に従い、関東農政局に対して、多摩ニュータウン建設に関する農林施策について諮問し、同年8月29日に答申を得た。しかし、関東農政局長の回答は東京都と方針を異にしていた。

その回答は、理想的な環境の丘陵地帯に近代的な新住宅地を建設し、首都の整備を図ることは止むを得ないものと認めながら、一方で、開発の実施に当たっては、①計画の周知、②用地等買収体制の一本化、③生活再建者に関する行政指導窓口の一本化、④計画地域の農林施策、⑤周辺地域の農政拡充、⑥災害ならびに公害の防止について万全の措置を求めたものであった。

特に農林施策に関しては、開発期間中にも①計画的に農業経営の維持ないし転換等について、個別経営の実情に即した適切な指導援助を行うこと、②園芸・畜産等によって自立化ないし企業化を目指す農業者のため、域内ないし域外にその集団化計画を樹立促進すること、③事業の進展にかかわらず、残留する農業地区に対しては住宅地区と著しい格差を来たさぬよう、これと調和した環境の整備と農林施策の充実に特に留意することの3点を要求していた。

それらは、5月29日に先だって東京都から打ち出された新住宅市街地開発事業区域内では基本的に農業を廃する「多摩新都市建設に関する基本方針」に修正を迫るものであった。

多摩ニュータウン区域内の営農農家と農地の扱いに関する近郊農業政策との調整は、1年以上続くことになった。基本的には用地買収に応じる意向を示しているものの、用地買収の価格が明らかになってから今後の態度を決めたいと保留する地元農家と、区域内農家の生活再建措置を個々に具体的に東京都に保証して欲しい関東農政局、まだ施行者が決まっていない事業決定以前に、これらの措置を保証することはできない東京都の立場が絡み合い、調整は難航した。

またこの時、既に東京都は100万坪を超える用地を取得していた。昭和40年12月31日までに新住宅市街地開発法による開発事業の都市計画決定が告示されなければ税差額を国に収める必要が生じることになり、問題の早期解決が求められていた。

東京都は昭和40年1月に副知事、関係局長、新住宅市街地開発事業施行予定者、地元市町長で構成する「東京都南多摩新都市開発事業連絡協議会」（略称：「南新連協」）を設置していたが、「南新連協」で農業問題の具体的調整を進め、同年11月16日、施行予定の三者は用地買収、補償、生活再建措置の基準を策定し統一を図った。そして、これを以て東京都から関東農政局に農業者対策の実施を申し入れ了承を得て、ようやく12月24日に農林大臣の開発同意の回答を得た。

多難な各種の調整を要した結果、「多摩・八王子・町田都市計画多摩・八王子・町田新住宅市街地開発事業を施行すべきことについて」の都市計画決定が告示されたのは、都市計画決定が議決された1年以上後の昭和40年12月28日であった。

2. 用地買収開始

(1) 新住宅市街地開発事業着手前の用地買収

ゴルフ場やレジャースポット開発から始まった多摩丘陵の開発は、時がたつにつれ大小規模の住宅地開発に転換していった。その中で、多摩丘陵で昔から農業を営んでいた農家では、山林や一部の農地を住宅地化することを模索し始めるようになった。

昭和38年2月、多摩村地主代表は公団の団地開発を求めて多摩村に陳情書を提出し、これを受けて、多摩村は公団に対して団地開発を要請した。

また、多摩ニュータウン計画の具体案が提示される前の昭和39年1月に、小田急電鉄・京王帝都電鉄（現京王電鉄）・西武鉄道がニュータウン区域への路線免許申請を行ったが、この動きは数年前から不動産会社等の既に知るところになっていた。そこで地価高騰と、更なるスプロールの進行を危惧した公団は、多摩村から持ち込みのあった現在の5・6住区の土地について、昭和38年12月20日の理事会で用地買収を決定した。

(2) 新住宅市街地開発事業による本格的用地買収開始

農林協議と並行する形で新住宅市街地開発事業を前提とした用地買収の準備が進められることになった。昭和39年3月16日から、東京都・東京都住宅公社・公団からなる「用地買収連絡会」が開催された。東京都と公団の間では、公団が検討に参画する当初段階から、概ね都道（関戸橋―堺村）を境界とし、公団が東側、東京都が西側を施行する旨合意されていたが、同年9月にそれぞれ施行予定3者の買収区域が決定した。

そして、同年10月に東京都市計画地方審議会で新住宅市街地開発事業の都市計画決定の答申が出されると、その後の都市計画決定を見越してそれぞれ用地買収に向けた行動を開始した。

東京都は東京都宅地開発公社に委託し用地買収を進めた。まず、八王子市大塚を中心に約25万坪の買収に乗り出した。その後、昭和39年度に計画の2分の1を取得した段階で由木村の合併問題から用地取得がストップした。しかし低廉な価格（土地価格が値上がりする前までに）で大規模な土地を取得するという判断から、昭和40年度には南大沢を中心とした西部地域の約１００万坪を取得した。

昭和39年、東京都住宅公社は9住区の用地買収にかかっていたが、その後、昭和41年4月1日に「地方住宅供給公社法」が制定され、東京都住宅公社と東京都宅地開発公社が合併し、東京都住宅供給公社が発足して新住宅市街地開発事業の事業決定までに3施行者の体制が整うことになる。

発足した東京都住宅供給公社（以下、公社という）は、新たに地方住宅供給公社が新住宅市街地開発事業の施行ができることとなったため9住区および12－2住区に参画することとなった。

なお、公社は平成元年に財団法人都営住宅サービス公社と統合し、都営住宅等の管理受託業務を引き継いでいる。

公団の新住宅市街地開発事業を前提とした用地買収は、昭和40年1月に多摩町議会に新住宅市街地開発事業の内容を説明し、引き続いて3月までの間に多摩町域と町田市域で地区毎の説明会を開催することから始まった。4月から地権者代表から買収方法・買い取りに関する意見聴取を行い、10～11月に鑑定価格を基にした買い取り価格の決定を行った上で、11月から本格的な用地買収交渉に入った。

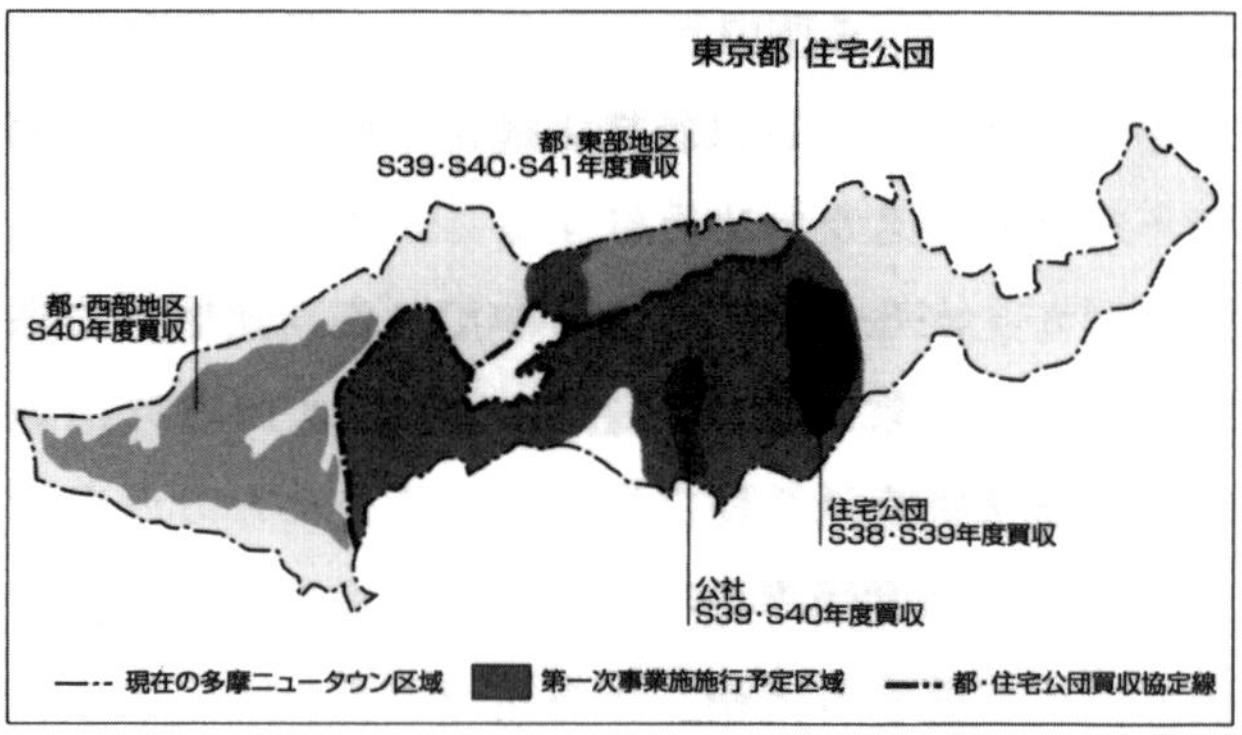

図1－5－1　用地買収区域図（昭和42年時点）

　同じ時期に、東京都と関東農政局との間で、農林協議が難航していた。関東農政局は、農家に対し十分な対応策を求めており、それに応える形で、東京都は、「南新連協」において用地買収や生活再建措置を統一するための協議を行った。

　一方、地元からの声を代弁する形で、関係市町の市町長、議会議長で構成する「多摩ニュータウン協議会」からは、5月11日、計画内容の具体化と特に集落の区域除外、買収価格の適正な評価と施行者間の不均衡を生じないようにすることなどを盛り込んだ要望が上がった。そうする中で「南新連協」の施行予定者部会において、昭和40年11月16日に用地買収、補償、生活再建措置の基準を定めた「南多摩新住宅市街地開発事業に伴う土地等の提供者の生活再建措置に関する要綱」が策定されて、ようやく用地買収を推進することとなった。

　ところが、この時点では〝全面買収〟に対する地権者の認識は必ずしも十分でなかった。そのため、11月に用地買収交渉が個々に開始されると、主要な農耕地や集落部分の売却に対する強い抵抗が現れ始めた。

　この時点では、新住宅市街地開発事業はまだ「事業決定」されていなかったため、新住宅市街地開発法で施行者に付与される先買権は行使できない状況であった。

　一方で、施行予定者は用地買収と事業計画の両面から検討の上、施行区域を明らかにする必要があった。事業決定には市町村長の同意が不可欠であったことから、地元の声を受けて市町村長が集落部の除外を要望している状況では、集落を区域除外しなければ事業決定が受けられない事態となっていた。

　3000haもの用地を買収することに対する困難を自覚しながらも、昭和40年12月には第2次地区（7・8地区、10〜14地区）で本格的な用地取得が開始された。

　用地買収が進められるのと並行して、昭和41年7月31日に多摩ニュータウン第一次入居エリアとなる5・6住区の仮設道路の工事に着手し、引き続き造成工事を開始した。初期入居は、昭和45年3月、6218戸を目標としていた。

　なお、公団は、多摩ニュータウン開発事業を円滑に推進させるため、昭和40年8月に南多摩開発事務所を設置し、翌年5月には組織を拡充し、南多摩開発局とした。

第3章　（S45〜S50）初期入居の時代
——第Ⅰ期住宅建設と行財政要綱

第1節　時代背景と多摩ニュータウンの動向

1．時代背景

(1)　高度大衆社会の到来

日本は、昭和40年から5年間は、いざなぎ景気と称される好景気が続き、文字通り経済大国へと変貌を遂げたが、昭和40年代後半も、引き続き高度経済成長を続け、昭和49年戦後初のマイナス成長となるまで経済発展の一途をたどった。

新規の住宅建設も昭和47年度には185万戸／年とピークを迎えるなど、経済成長、消費ブームを謳歌した。しかしながら、経済成長に伴う公害問題等のマイナス現象も顕在化した時代でもあった。昭和45年には大阪で万国博覧会が開催され、日本の人口の6割にあたる約6400万人が入場し高度大衆社会の到来を印象づけ、また昭和47年の札幌冬季オリンピックでは日本初の冬季金メダルを獲得するなどオリンピックムードに沸き、日本は好景気に支えられて大衆時代を迎えるに至った。

（単価：千戸、％）

年　度		43	44	45	46	47
総　計		1,214 (16.5)	1,408 (16.0)	1,491 (5.9)	1,532 (2.8)	1,856 (21.1)
民間資金		909 (14.5)	1,045 (14.8)	1,104 (5.7)	1,093 (△ 1.0)	1,439 (31.6)
	持　家	434 (6.1)	464 (6.7)	488 (5.2)	493 (1.1)	568 (15.2)
	貸　家	367 (21.1)	435 (18.8)	431 (△ 1.0)	429 (△ 0.6)	596 (38.9)
	給与住宅	45 (5.8)	49 (9.0)	61 (25.8)	42 (△ 30.8)	47 (10.2)
	分譲住宅	64 (60.4)	97 (50.4)	124 (27.8)	129 (4.2)	228 (76.7)
公的資金		303 (22.7)	363 (19.6)	387 (6.5)	439 (13.6)	417 (△ 5.0)
	公　営	71 (44.7)	76 (6.9)	108 (41.2)	106 (△ 1.7)	104 (△ 2.2)
	公　庫	146 (18.9)	176 (20.4)	158 (△ 10.4)	200 (26.8)	202 (1.0)
	公　団	31 (0.4)	62 (100.7)	70 (14.4)	78 (11.2)	60 (△ 23.0)
	その他	55 (24.3)	49 (△ 11.2)	50 (3.0)	58 (8.4)	51 (△ 6.5)

※1　建設省「建築着工統計」による。
2　（　）内は前年度比増減率。
3　△はマイナスを示す。

表3－1－1　新規住宅着工

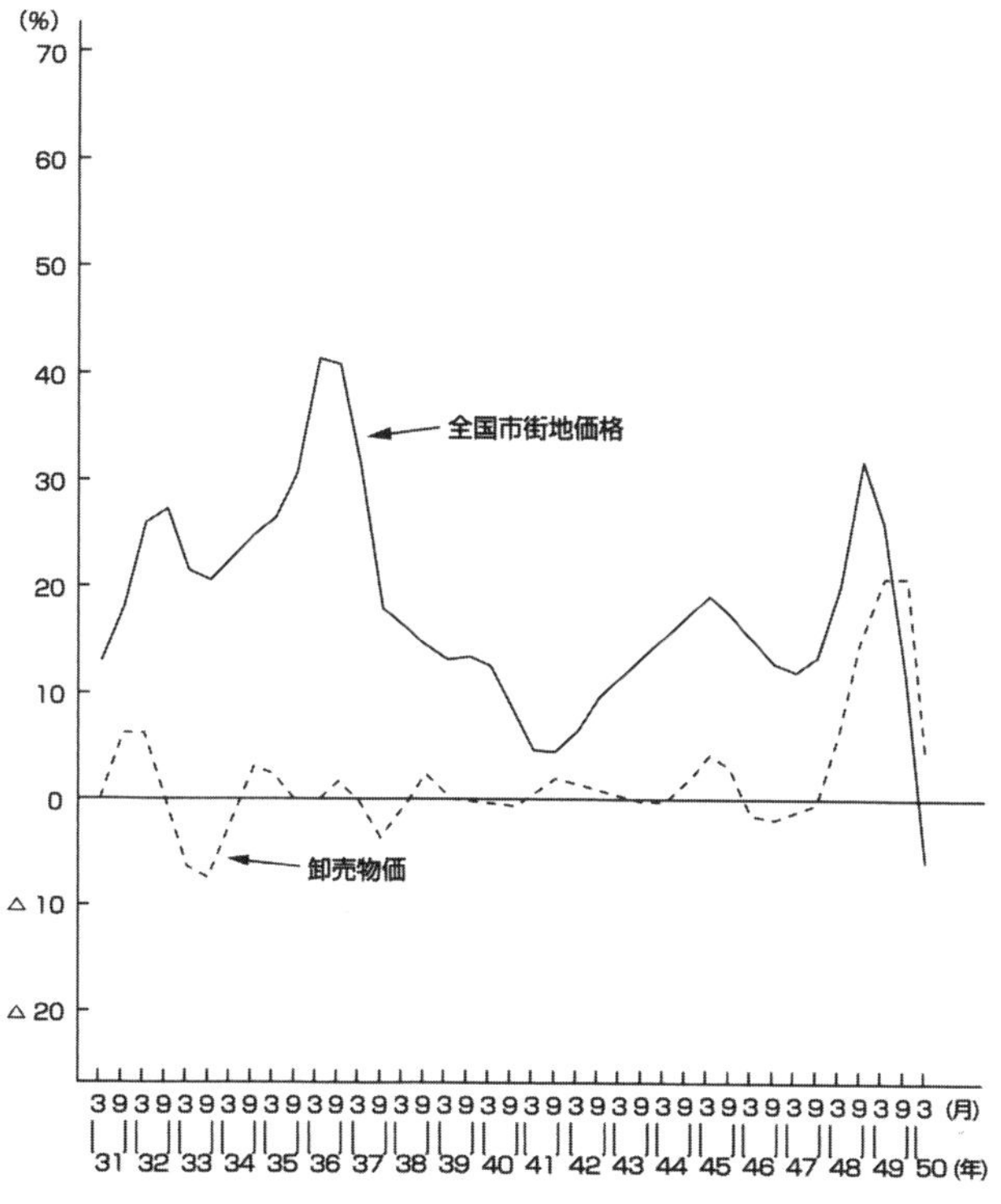

（注）日本不動産研究所「全国市街地価格指数」、日本銀行「卸売物価指数」による

表3－1－2　地価と物価の動向（対前年同月比騰落率）

(2) 日本列島改造

昭和47年7月に日本列島改造を掲げた田中内閣が成立し日本列島改造ブームが巻き起こった。昭和47年後半から昭和48年後半にかけて、いわゆる過剰流動性を背景とする法人の活発な土地投機等によって年30％を超える地価高騰が起こった。法人投機は、①昭和46年8月のニクソンショック及びその後の金融緩和策によって企業の資金余力が増大したこと、②高まった資金余力は設備投資等の実質投機に向わず、収益性の高い土地等の資産投機に走ったこと、③土地資産はインフレ率を上回ると見込まれたこと、④国民所得が向上しゴルフ場等への需要が増大し、また列島改造による公共投資の拡大が見込まれたこと等によって盛んに行われた。しかし急速な地価高騰はインフレの加速もあって国民は列島改造に

反発していった。

（単位：%）

圏域＼公示年	昭和46年	47年	48年	49年	50年
東京圏	16.7	13.1	34.0	33.3	▲11.4
大阪圏	16.8	12.1	28.1	29.9	▲9.5
名古屋圏	13.8	12.2	26.0	26.5	▲9.5
三大圏平均	16.5	12.8	31.4	31.7	▲10.5
地方平均	―	8.8	25.6	39.1	▲8.2
全国平均	16.5	12.4	30.9	32.4	▲9.2

表３－１－３　公示価格の年別変動率（全用途）

（3）物価狂乱

景気動向は、昭和46年末に底入れして回復基調が始まり、緩やかな上昇傾向にあったが、昭和48年に一気に過熱的様相を呈した。物価は「狂乱物価」と称され、異常な高騰を示した。この物価高騰の中では、建設資材価格の上昇も著しかった。昭和47年秋の木材価格に端を発し、翌年の鋼材、セメント、塩ビ製品、骨材、生コンにまで波及した。昭和48年夏にはもの不足状況が生じ、建設資材の需給が逼迫した。また折から始まった第一次石油ショックによってトイレットペーパー、洗剤等の消費財にまで、もの不足が及んだ。この結果、建設工事価格が大幅に上昇した（昭和48年12月の対前年同月比25・1％アップ）。

多摩ニュータウン事業においてもこの影響を直接蒙る結果となり、建設資材の調達の問題、工事の実施計画の見直し等から、全体事業費も大幅増に修正せざるを得なくなった。

（4）国土利用計画法の制定

昭和40年代後半に入ると日本の地域構造に変化が見られ、大都市圏への人口・産業の集中は次第に緩和する傾向が見られた。地方へのUターン現象が見られるに至り、地方の中核都市中心に地方の人口定着が進む傾向を一時的に示した。

しかしながら、土地の投機による地価高騰は依然大きな問題として取り上げられていた。これを是正するため、昭和49年に、土地利用規制に重点をおいて土地取引に直接介入することを内容に取り込んだ、国土利用計画法が制定された。土地取引の規制、国土利用計画及び土地利用基本計画の策定などが制度化されるとともに税制面では法人の土地譲渡益重課税や特別土地保有税等の制度改善が進められた。

行政においても、国土利用計画法の制定という動きに伴って、土地行政の総合的一元化を目指し、昭和49年6月国土総合開発庁は国土庁として発足した。また、工業再配置・産炭地域振興公団法の一部改正が行われ、昭和49年8月に地域振興整備公団が発足した。

日本全体が経済発展を遂げる中で、大都市部においては人口・産業の集中が激化し、居住環境の整備が立ち遅れ、住宅問題、交通問題、交通事故の増大、各種の公害問題等が発生し、地価の高騰と土地利用の混乱といった土地問題が一層深刻化していった。また、地方においては、若年者の地方から大都市部への大量人口移動が続き、山村・離島等の人口が激減した地域では、教育・医療・防災等の地域社会の基礎条件の維持が困難になる過疎化現象が大きな社会問題となった。

（5）高度経済成長のひずみ

この時期は高度経済成長のひずみが拡大し、問題が顕在化した時期でもあった。田子の浦のヘドロ公害、水俣病、四日市公害などの産業公害、交通公害、都市のスプロール化等は社会問題化され、公共事業における環境重視、環境改善のために公共事業が指向された時期でもあった。昭和40年代前半の首都圏近郊緑地保全法（昭和41年）、公害対策基本法（昭和42年）、大気汚染防止法（昭和43年）、新都市計画法（昭和43年）等に続き、昭和46年には環境庁が発足した。また、自然環境保全法（昭和47年）、都市緑地保全法（昭和48年）が制定されたのもこの頃であった。

（6）新全国総合開発計画の策定

日本の国土の根幹的な総合開発計画として、昭和44年5月佐藤内閣は、新全国総合開発計画を閣議決定した。新しい情報化社会といわれる未来に対応する積極的な長期的視点に立って、国土の抜本的再編成を図り、国土を有効に利用し開発するための基本的方向を打ち出した本格的国土計画であった。

新全国総合開発計画（以下「新全総」という）は以下の4つの課題を調和させながら、人間のための豊かな環境を創造することを計画の目標とされた。

①長期にわたって人間と自然との調和を図り、将来、都市化に伴って深刻化する国民の自然への渇望に応ずるため、自然を恒久的に保存・保護する。
②従来の国土の利用が太平洋側に偏重しており、これが低密度地域の過疎を加速して地域間格差を助長していることから、開発の可能性を全国に拡大し、均衡化を図る。
③地域の特性に応じて、それぞれの地域が独自の開発整備を行うことによって、国土利用の再編を図る。
④経済社会の高密度化に伴い、国民生活が不安と危険に晒されないよう、都市、農村を通じて、安全快適な環境条件を整備保全する。

また、以上の目的を達成するため、「大規模プロジェクトの推進」が謳われたが、これには3つのタイプがあった。

①国土全域にその効果が及ぶ交通通信の新ネットワークの形成を図る、高速鉄道、高速道路、情報ネットワークの整備
②産業開発のプロジェクトとして、大規模な工業基地、農業基地、流通基地、観光基地の建設
③環境保全のプロジェクトとして、自然的歴史的環境の保全、水資源開発、住宅都市環境の整備

即ち、国土総合計画との関係においてみれば、多摩ニュータウンは昭和30年代後半に計画の検討が始まり、国の方針の前に事業がスタートしたが、この事業は国土総合開発計画において、相応の役割を持つ国家レベルの事業としての位置づけを有するものと認識されたといえよう。

（7）第二期住宅建設五箇年計画

第二期住宅建設五箇年計画を策定するに当って、建設大臣は住宅宅地審議会に対し「今後の住宅政策の基本的なありかた」について諮問し、昭和45年6月に答申された。

その答申は、日本の住宅事情の立ち遅れとその原因並びに住宅政策強化の必要性をあげ、政府のとるべき姿勢として、国民の福祉増大政策、特に住宅政策を内政の最大の課題とし、現在の住宅難の解消を図り、勤労者世帯に適切な住宅を供給するべきであると指摘した。そして、今後の住宅政策の基本方向として、①都市勤労者に対する公的住宅の画期的拡充、②民間住宅対策の強化、③住宅に対する財政金融政策の変換、④土地対策の確立、⑤住宅建設コストの低減（住宅産業の振興）の5項目の提言を行った。

これらの提言の趣旨を踏まえて第二期住宅建設五箇年計画が策定され、昭和46年3月に閣議決定された。

第二期計画（計画年度：昭和46年度〜50年度）では、現存する住宅難

を解消するとともに、人口の集中、世帯の細分化等に伴う新規の住宅需要を充足し、あわせて国民の居住水準の向上を図ることが目標とされた。居住水準の目標は、小世帯（2～3人世帯）では9畳、一般世帯（4人以上）では世帯人員に応じて12畳以上の居住室を有し、かつ適切な構造及び設備を備える居住環境の良好な住宅に住むことができるようにすることとされた。

住宅建設戸数は、昭和46年以降の5カ年間で、概ね一人一室を有する950万戸の住宅の建設を図るものとされた。この950万戸の所有関係別戸数は、国民の需要動向を勘案して、第一期計画より持家の比率が高くなり、持家525万戸（全体の55%）、借家・給与住宅425万戸（全体の45%）となった。

（単位：戸）

区分	第二期住宅建設五箇年計画（昭和46～50年度）	（参考）第一期住宅建設五箇年計画（昭和41～45年度）
公営住宅等	597,200	440,000
改良住宅	80,800	80,000
公庫住宅	1,370,000	1,080,000
公団住宅	460,000	350,000
公的助成民間住宅	－	－
その他の住宅	945,000	480,000
計	3,453,000	2,430,000
調整戸数	385,000	270,000
合計	3,838,000	2,700,000
総住宅建設戸数	9,576,000	6,700,000

表3－1－4　第二期住宅建設五箇年計画

北海道地方	45万戸
東北地方	62万戸
関東地方	372万戸
東海地方	99万戸
北陸地方	18万戸
近畿地方	187万戸
中国地方	49万戸
四国地方	28万戸
九州地方	90万戸
沖縄地方	7.6万戸
合計	957.6万戸

表3－1－5　第二期住宅建設五箇年計画　地方毎の建設目標戸数

（単位：千戸）

年度／事業主体	五箇年計画（昭和46年～50年度）			46年度（実績）	47年度（実績）	48年度（実績）	49年度（実績）	50年度（実績）	計
	計画戸数	建設戸数	達成率						
公営住宅（含改良）	678	494	72.9 %	124	110	104	82	74	494
公営住宅	597.2	453	75.9	112	100	96	76	69	453
改良住宅	80.8	41	50.7	12	10	8	6	5	41
公庫住宅	1370	1664	121.46	282	303	309	369	401	1664
公団住宅	460	284	61.7	84	48	50	45	57	284
小計	2508	2442	97.4	490	461	463	496	532	2442
その他の住宅	945	666	70.5	154	132	126	125	129	666
小計	3453	3108	90.0	644	593	589	621	661	3108
調整戸数	385	-	-	-	-	-	-	-	-
公的資金による住宅計	3838	3108	81.0	644	593	589	621	661	3108
民間自力建設住宅	5738	5172	90.1	973	1294	1285	769	851	5172
合計	9576	8280	86.5	1617	1887	1874	1390	1512	8280

表3－1－6　第二期住宅建設五箇年計画達成状況

公的資金による住宅建設の量は、今後の5箇年間の住宅需要のうち目標居住水準を自らの力で確保し得ない層に対して380万戸（全体の40%）を設定した。

第二期住宅建設五箇年計画の達成状況は、公的資金による住宅は310万8000戸（達成率81・0%）、民間自力建設住宅は517万2000戸（達成率90・1%）、合計では828万戸（達成率86・5%）に留まった。これは、昭和47～48年度には年間180万戸を上回る大量の建設を見たが、昭和48年時後半から昭和49年にかけての石油ショックによって、一連の建築諸資材の需給が逼迫し、地価が高騰し、建築費も大幅に高騰したことなどに影響を受けた。さらに、その後の総需要抑制政策に伴う財政金融の引き締めなどが原因となって、達成率が伸び悩んだ。

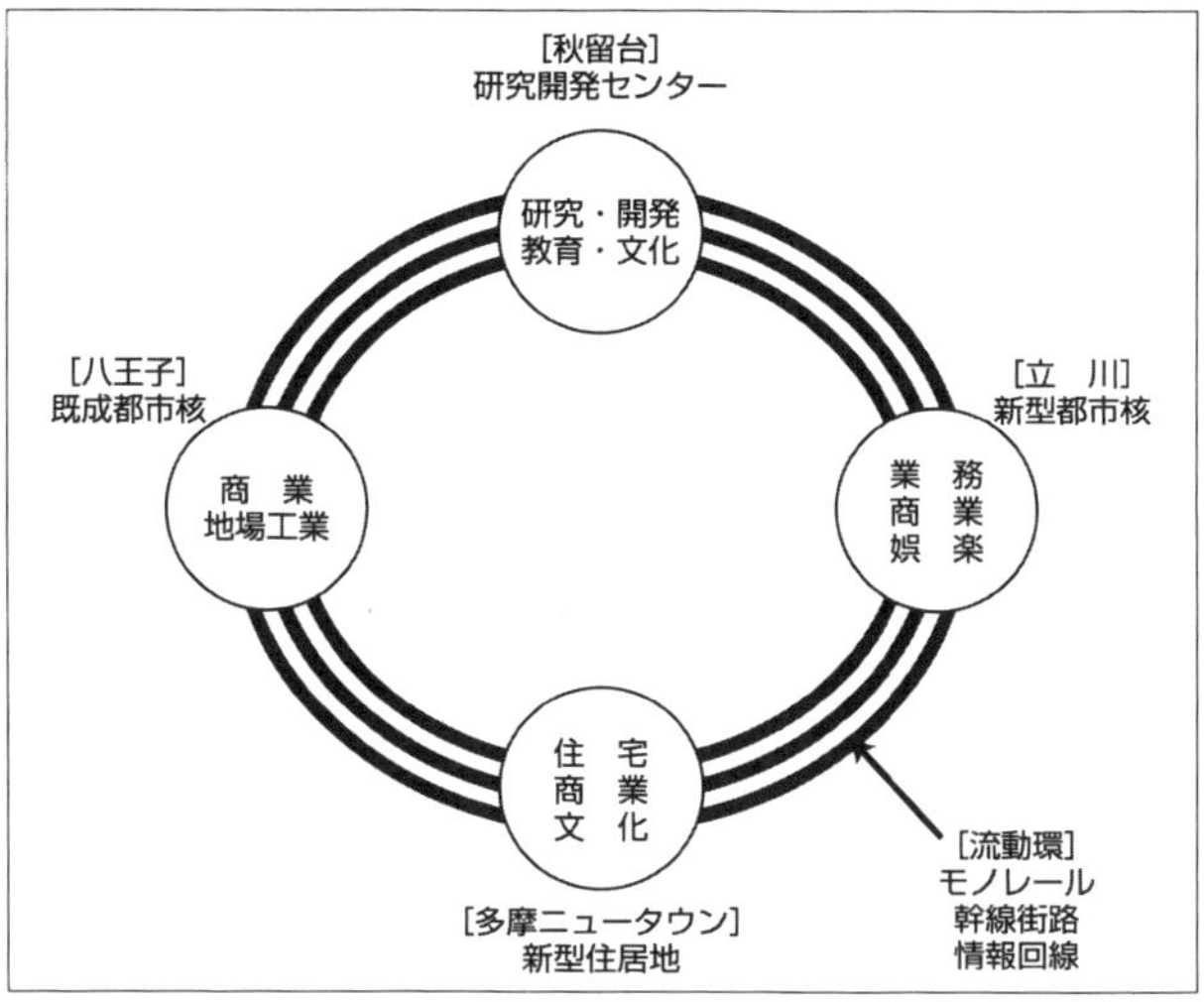

図3－1－1　多摩連環都市関係図

その中で、公団住宅は昭和46年度の8万4000戸、昭和47年度以降も5万戸前後の建設を続けた。

（8）交通インフラに関する負担の基本協定

団地の開発あるいは新市街地の開発と鉄道輸送は密接不可分の関係にある。民間鉄道事業者との新たな負担ルールが出来たのは昭和47年であった。従来、開発に伴う輸送問題は、既存鉄道の輸送力に余裕があり、既存の駅利用、あるいは新駅を設置することで対応してきたが、開発が大規模化するに伴って新線建設が必要となってきた。首都圏域の公団開発では、洋光台地区の根岸線、板橋地区（高島平団地）での都営地下鉄6号線（都営三田線）などがあげられるが、これらは国鉄等の公的鉄道事業者であり、従来からの地下鉄補助制度を活用しながら協議し建設してきた。しかし民間鉄道事業者に対しては国庫補助制度がなかった。多摩ニュータウンで鉄道事業者となった京王帝都電鉄、小田急電鉄に対しては負担ルールが存在せず、鉄道建設が一時ストップすることになり、新たに昭和47年5月、大蔵・運輸・建設3省間において「大都市高速鉄道の整備に対する助成措置等に関する覚書」（ニュータウン・ルール）が締結された。これをもって多摩ニュータウン鉄道の建設が再開されていった。

またバス路線においても団地の開発に応じて開設した路線は、初期の乗降客数が少なく、通勤通学輸送が一方向輸送であって不採算路線になり易かった。このため大阪高槻市の富田団地をモデルに、バス事業者に対する経営支援策として、バス事業に対する車両購入費等を対象とする負担ルールも昭和45年に成立した。

2．多摩ニュータウンの動向

(1) 多摩連環都市構想

東京都は、昭和46年3月に「広場と青空の東京構想」を発表し、東京の都市の方向として、一点集中型の都市構造を改めて、現都心と多摩連環都市の二極構造に移行することを打ち出した。昭和47年5月に、この長期構想の具体化案として「多摩連環都市計画基本計画案」を発表した。この中で、多摩ニュータウンは立川、八王子、秋留台と共に多摩連環都市の核を構成し、住宅・商業・文化の諸機能を担うものとし、各拠点間を幹線道路やモノレールで環状に連結することが構想された。

(2) 関連事業の促進

昭和46年3月に多摩ニュータウンは第一次入居を迎えた。この時期は初期入居を迎え、新しい生活を開始するためのインフラ整備に邁進した時代であった。また入居後直ちに地元多摩市の行財政問題が持ち上がり、開発が一時ストップし、その解決策を打ち出すための調整に関係者が取り組んだ時期であった。

昭和45年1月に多摩ごみ焼却場が都市計画決定され、昭和45年5月、多摩川流域下水道が都市計画決定された。昭和46年4月には多摩ニュータウン水道事業が供給開始、公共下水道が供用開始された。昭和47年3月には南多摩火葬場が事業認可された。

初期入居にあわせた入居対応の生活環境施設は諏訪・永山近隣センターのオープンをはじめ、小中学校の開校、都立永山高校の開設、聖蹟桜ヶ丘駅からのバス運行の開始等々が進んだ。

(3) 第一次入居

昭和44年に5・6住区（諏訪・永山）の造成工事が一部完了し、昭和45年2月の「ニュータウン開発計画会議」における財政問題に係わる暫定措置の決定を受けて、同年8月に公団及び都営の住宅建設が着工した。

そして、昭和46年3月に公団施行の5・6住区（諏訪・永山）において2690戸の入居が、翌47年3月に東京都施行の17住区（愛宕・東寺方・和田）において、1342戸の入居が開始され、昭和48年までに合計8600戸が供給された。また、第1次入居に合わせて、小中学校、幼稚園、保育所が開設され、近隣センターも開業した。

(4) 開発ストップと再開

昭和46年11月には、多摩市において開発に伴う行財政問題が顕在化したことによって、開発ストップの決定がなされた。昭和49年10月、問題解決のため第9回「ニュータウン開発計画会議」が開催され、「多摩ニュータウンにおける住宅の建設と地元市の行財政に関する要綱」が承認され、ようやく開発再開にこぎつけた。3年という期間の事業ストップであった。鉄道もニュータウン・ルールが適応されることによって建設が進み、昭和49年6月の小田急多摩線の一部開通（新百合ヶ丘駅～永山駅間）、昭和49年10月の京王相模線の一部開通（京王よみうりランド駅～多摩センター駅間）と進んでいった。昭和45年3月にはセンター商業施設の建設・管理・運営を行う新都市センター開発㈱が設立されたが、同社により第一期のショッピングセンターとして京王相模原線の開通にあわせ、グリナード永山が開業した。

(5) 都市計画手続の動き

昭和45年12月には、八王子、町田、多摩、稲城等市街化区域及び市街化調整区域が決定された。昭和40年代後半には多摩ニュータウン事業区域に関わる都市計画決定が概ねそろってきた。

多摩ニュータウン区域内の既存集落は新住宅市街地開発事業区域から

除外された土地区画整理事業区域に変更することにされたが、まず昭和41年12月に多摩、小野路第一～第三地区が土地区画整理事業区域に決定し、昭和44年8月に多摩土地区画整理事業が事業計画決定されていた。昭和45年4月に、多摩市馬引沢地区（面積：30・5ha）が新住宅市街地開発事業区域から除外され、多摩土地区画整理事業区域に編入された。同年6月と翌46年4月の2回にわたって4住区が新住宅市街地開発事業承認区域に追加された。昭和46年7月に由木土地区画整理事業が都市計画決定され、同年同月、東京都施行の西部地区（527・2ha）と稲城市域1～3住区が事業認可（承認）区域に追加された。昭和48年7月には由木土地区画整理事業が事業計画決定し、同年8月には小野路第二、三土地区画整理事業も事業計画決定がなされた。残る小野路第一土地区画整理事業も昭和51年11月に事業計画決定し、多摩ニュータウン事業は全面的に展開していくことになった。

(6) 多摩町、稲城町の市制施行

多摩町では、入居前の人口が約32000人であったが、5・6住区（諏訪・永山）の入居により、昭和46年9月1日41240人となり、行政需要が増大し、同年11月1日に市制を施行した。また、稲城町も既成市街地の人口増加等によって同年同日市制を施行した。

第2節　入居開始

1. 造成工事から第一次入居まで

多摩ニュータウンの事業着手は5・6住区（諏訪・永山）から始まった。昭和41年12月の事業承認の時点から第一次造成工事に着手し、工事用仮設道路や、防災調整池の工事から始まった。谷戸部の河川が未改修のため地区の下流部に防災調整池を設け、流域上流部の造成から着手した。

5・6住区において供給する公団住宅、都営住宅の昭和45年3月建設着手を目標に、造成等の基盤整備工事を進めていった。

一方、多摩町は将来の財政負担問題が顕在化し始め、財政破綻が予測される状況となった。昭和43年8月からの新住宅市街地開発法第26条協議において、多摩町は東京都・公団に対し、財政問題の抜本的解決策を示すことを求めて、住宅の着工を認めなかったため、住宅建設に入ることができなかった。

結局この問題を解決するために、昭和45年1月に設置された「東京都

地区	施行者	住宅種別		建設戸数	入居年度 45年度	46年度	47年度	48年度
5住区（諏訪）	公団	都営		1424	432	992		
		公団	賃貸	532	180	352		
			分譲	640	570	70		
			計	1172	750	422		
		小計		2596	1182	1414		
6住区（永山）		公団	賃貸	3032	1508	1294	230	
			分譲	590		210	380	
			計	3622	1508	1504	610	
17住区（愛宕・東寺方・和田）	東京都	都営		1698		940	758	
		公社	賃貸	196			121	75
			分譲	470		402	68	
			計	666		402	189	75
		小計		2364		1342	947	75
合計 *（ ）内は分譲住宅で内数				8582 (1700)	2690 (570)	4260 (682)	1557 (448)	75 (0)
累計 *（ ）内は分譲住宅で内数				8582 (1700)	2690 (570)	6950 (1252)	8507 (1700)	8582 (1700)

表3－2－1　第一次入居状況

南多摩新都市開発計画会議」（略称：ニュータウン開発計画会議）で、学校用地の無償貸し付けなどを骨子とする財政支援策が協議され、昭和45年2月多摩町から財政支援策についての了解を得て、昭和45年3月末に住宅建設の着工の同意を得た。昭和45年8月に建築着工し、昭和46年3月に諏訪・永山地区で多摩ニュータウンの第一次入居2690戸（3月26日公団住宅2248戸入居、3月31日都営住宅432戸入居）が始まった。ついで、昭和47年3月に東京都施行の17住区（愛宕・東寺方・和田）において1342戸（公社住宅402戸、都営住宅940戸）の入居が始まった。この第一次入居は昭和48年8月の17住区75戸まで続いた。

2．入居関連公共・公益施設等の整備状況

昭和46年3月の第一次入居に際しては、道路、学校などの関連公共・公益施設の整備の遅れが問題になった。鉄道の開通は間に合わず、団地から聖蹟桜ヶ丘駅へはバス利用となったが、バスルートの幹線道路も桜ヶ丘駅までの整備が未了であり旧道を利用せざるを得なかった。小学校、保育所、幼稚園、近隣センター（生活再建者による店舗が主体）などは整備されたものの中学校の開校は遅れ、昭和46年7月にずれ込むことになった。当時、「陸の孤島」とマスコミに取り上げられたが、深刻な住宅事情を一刻でも早く解消するため入居が決行された。

写真３－２－１　諏訪・永山航空写真（49年）

写真３－２－２　諏訪地区第一期住宅建設状況

写真３－２－３　入居開始時の諏訪地区

第4章（S51～S55）住宅から居住環境へ
——第Ⅱ期住宅建設と都市施設整備

第1節　時代背景と多摩ニュータウンの動向

1．時代背景

(1) 経済産業構造の変換

昭和50年代前半期、日本は大きく経済産業構造の変換を図った時代であった。昭和48年のオイルショックに続き、昭和54年には第2次オイルショック（昭和54年1月～昭和55年12月）が日本を襲った。

昭和51年5月、三木内閣において第一次オイルショック後初めての経済計画である「昭和50年代前期経済計画」（計画期間：昭和51～55年度）が策定された。ここでは、第一次オイルショック後のインフレと景気後退を意識し、安定経済成長路線への移行、省資源省エネ型産業構造への転換が提唱された。また、高度経済成長のひずみを解決し、長期的には、家計も企業も、国民全てが不安なく将来設計が出来る経済社会を建設することを目指すとされた。計画期間中の公共投資額は１００兆円見込まれた。

昭和54年8月には大平内閣において「新経済社会7カ年計画」（計画期間：昭和54～60年度）が策定された。これは、世界経済が構造的に変化し、資源・エネルギー・食料の需給関係が不安定化した結果、国際協調のうえ経済的安定を確保する必要が生じたこと、我が国の経済構造が変化する中で今後の経済発展の見通しを立てる必要があること、社会要因の変化に伴い新しい福祉社会を構築する必要性が増大していること等々の背景から、計画の3本柱として、①経済各部門の不均衡の是正、②産業構造の転換とエネルギー制約の克服、③新しい日本型福祉社会の実現、の3つが示された。この計画は安定経済成長への道を示すものであるが、一方、人口は大都市集中から地方分散への流れが生じつつある中で、いわゆる「田園都市構想」の理念の下に自然と調和のとれた安定感ある健康で文化的な人間居住の総合的環境を形成しようとするものであった。計画期間中の公共投資額は２４０兆円（後日１９０兆円に減額）見込まれた。

(2) 大都市への人口の集中

昭和50年代に入ると、大都市圏への人口集中は沈静化していた。東京・大阪・名古屋の三大都市圏には昭和30年代から毎年40万人以上、多

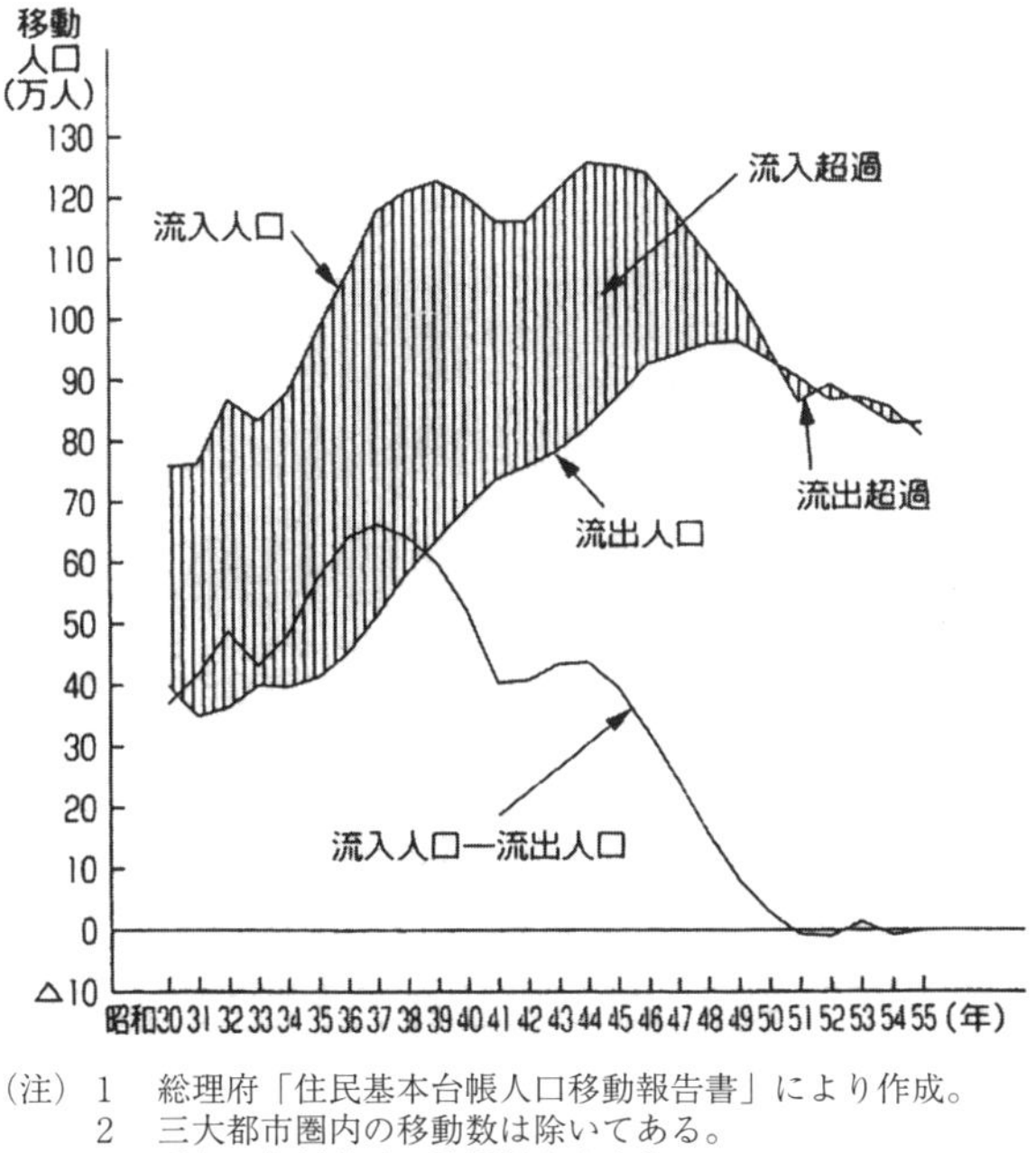

（注）1　総理府「住民基本台帳人口移動報告書」により作成。
2　三大都市圏内の移動数は除いてある。
3　昭和48年以前は、沖縄県を含まない。
4　△はマイナスを示す。

図4－1－1　地域間人口移動の推移

い時では70万人が流入していたが昭和45年頃から変化し始め、昭和50年以降は大都市への人口の流出・流入はほぼ均衡するようになった。これは地方で始まっていた人口の高齢化・少子化、経済の安定成長によって、都市部で高い生産力を持つ人口吸引力が相対的に低下してきたことを反映していた。また、高度経済成長で生じた公害や大都市の過密問題等の様々なひずみに対する反省から国民の意識や価値観に変化が生まれ、「地方の時代」が流行語ともなり、いわゆるUターン現象も見られるようになってきた。昭和55年国勢調査では対50年と比較し人口が減少したのは東京都のみであり、地方定住が進行していくと見られた時期であった。しかし、昭和50年代後半になると再び三大都市圏への人口流入現象に転じることになっていった。また、昭和50年代は、経済の安定成長のもとで、暮らしの物的な充足が進展していく中で、人々の意識は、それまでの経済成長優先から、身近な生活環境を充足させ、ゆとりや潤いといった価値を重要視するようになってきた。昭和51年の「国民生活に関する世論調査」では、今後力を入れたい生活の面において初めて「心の豊かさ」が「物の豊かさ」を上回った。

(3) 第三次全国総合開発計画

昭和52年には、第三次全国総合開発計画（三全総）が閣議決定された。昭和50年の国土総合開発審議会において、わが国の総合開発のあり方が議論されたが、

①新全総計画策定後、過密過疎問題、土地問題、環境問題等が深刻化

（単位：戸）

区分	第三期住宅建設五箇年計画（昭和51～55年度）	（参考）第二期住宅建設五箇年計画（昭和46～50年度）
公営住宅等	450,000	597,200
改良住宅	45,000	80,800
公庫住宅	1,900,000	1,370,000
公団住宅	310,000	460,000
公的助成民間住宅	—	—
その他の住宅	620,000	945,000
計	3,325,000	3,453,000
調整戸数	175,000	385,000
合計	3,500,000	3,838,000
総住宅建設戸数	8,600,000	9,576,000

表4－1－1　第三期住宅建設五箇年計画

北海道地方	49万戸
東北地方	73万戸
関東地方	284万戸
東海地方	99万戸
北陸地方	20万戸
近畿地方	153万戸
中国地方	52万戸
四国地方	28万戸
九州地方	94万戸
沖縄地方	8万戸
合計	860万戸

表4－1－2　第三期住宅建設五箇年計画地方毎の建設目標

世帯人員	室構成	居住室面積	住戸専用面積	参考、住宅総面積（共用部分等を含む）
1人	1K	7.5㎡	16㎡	（21㎡）
2人	1DK	17.5㎡	29㎡	（36㎡）
3人	2DK	25.0㎡	39㎡	（47㎡）
4人	3DK	32.5㎡	50㎡	（59㎡）
5人	3DK	37.5㎡	56㎡	（65㎡）
6人	4DK	45.0㎡	66㎡	（76㎡）
7人	5DK	52.5㎡	76㎡	（87㎡）

表4－1－3　最低居住水準（標準世帯の場合）

世帯人員	室構成	居住室面積	住戸専用面積	参考、住宅総面積（共用部分等を含む）
1人	1K	17.5㎡	29㎡	（36㎡）
2人	1LDK	33.0㎡	50㎡	（60㎡）
3人	2LDK	43.5㎡	69㎡	（81㎡）
4人	3LDK	57.0㎡	86㎡	（100㎡）
5人	4LDK	64.5㎡	97㎡	（111㎡）
6人	4LDK	69.5㎡	107㎡	（122㎡）
7人	5LDK	79.5㎡	116㎡	（132㎡）

表4－1－4　平均居住水準（標準世帯の場合）

（単位：千戸）

年度／事業主体	五箇年計画（昭和51年～55年度）			51年度（実績）	52年度（実績）	53年度（実績）	54年度（実績）	55年度（実績）	計
	計画戸数	建設戸数	達成率						
公営住宅（含改良）	495	360.5	72.8 %	76	72.5	76	74.5	61.5	360.5
公営住宅	450	332	73.8	70	66	70	69	57	332
改良住宅	45	28.5	63.3	6	6.5	6	5.5	4.5	28.5
公庫住宅	1900	2547	134.1	367	475	599	572	534	2547
公団住宅	310	163	52.6	25	33	35	36	34	163
小計	2705	3070.5	113.5	468	580.5	710	682.5	629.5	3070.5
その他の住宅	620	578	93.2	124	133	120	101	100	578
小計	3325	3648.5	109.7	592	713.5	830	783.5	729.5	3648.5
調整戸数	175	－	－	－	－	－	－	－	－
公的資金による住宅計	3500	3648.5	104.2	592	713.5	830	783.5	729.5	3648.5
民間自力建設住宅	5100	4049	79.4	1049	894	753	788	565	4049
合計	8600	7697.5	89.5	1641	1607.5	1583	1571.5	1294.5	7697.5

※1　公庫住宅には、上記の他に既存住宅貸付け及び財形住宅貸し付けがある。
　2　その他の住宅には、厚生年金住宅、雇用促進住宅、農地所有者等賃貸住宅、特定賃貸住宅、地方公共団体単独社宅等が含まれる。

表４－１－５　第三期住宅五箇年計画達成状況

してきており見直しが必要なこと。

②エネルギー問題、食料問題等の見直し、新しい経済政策との調整が必要となったこと。

③超長期の展望の下に安定した均衡ある国土利用を図る必要があること。

等の理由から新しい全総計画が策定されることになった。すなわち安定経済成長、人口の地方定着、産業の分散の兆し、資源制約の顕在化等を背景として、地方の特性を活かしつつ歴史的、伝統文化に根ざし、人間と自然との調和のとれた安定感ある健康で文化的な人間居住の総合的環境を計画的に整備することが目標とされた。全総が「拠点開発方式」、新全総が「大規模プロジェクト方式」と呼ばれたのに対して、三全総は「定住構想」という、いわば面的開発方式を選択したものであった。

(4) 第三期住宅建設五箇年計画

第三期住宅建設五箇年計画（計画年度：昭和51～55年度）は、昭和51年３月に閣議決定された。昭和48年の「住宅統計調査」によれば全国の住宅数は３１０６万戸、総世帯数は２９６５万世帯で総住宅数が総世帯数を上回り、戸数面での住宅の充足は一層進展してきていた。第三期住宅建設五箇年計画では住宅の量的不足が一応克服されたことを受けて、住宅の質の向上に重点が移った。

計画の基本目標は、昭和60年を目処に、全ての国民がその家族構成、居住地域に応じて、良好な水準の住宅を確保できるようにすることを目標とし、その前半分の５ヵ年の計画とされた。すなわち、昭和60年には、全ての国民が確保すべき水準として、最低居住水準（例えば４人世帯で、３ＤＫ、居住面積19・５畳、住戸専用面積50㎡）を定め、計画終了年次である昭和55年までに、水準以下居住の概ね２分の１の解消を図るものとされた。また、全体の水準の向上を図るため、昭和60年を目途に、平均的な世帯が確保できるようにする水準として、平均居住水準（標準世帯の場合、４人世帯で３ＬＤＫ、居住室面積34・５㎡、住戸専用面積86㎡）を定め、住宅の質の向上を図るものとされた。平均居住水準は「一人一室、世帯に一共同室」を原則とし、政策上の誘導的指標として設定された。

総住宅建設戸数は８６０万戸とされた。これを持家、借家・給与住宅別割合で見ると、第二期住宅建設五箇年計画では、持家55％、借家・給与住宅45％であったが、達成率では持家59％であったことに鑑み、持家60％（５１６万戸）、借家・給与住宅40％（３４４万戸）とされた。公的資金による住宅数は総数３５０万戸と設定された。

達成状況は、公的資金による住宅全体では３６５万戸で達成率は１０４・２％であったが、総住宅建設戸数では７７０万戸、達成率89・５％に留まった。この要因として、昭和52年に入ってからの民間自力建設住宅の延び悩み、新築公団住宅の未入居空家の発生、大都市地域における公的住宅の建設の低下などが指摘された。

（５）緑のマスタープラン

魅力的な都市環境の創造という観点から、様々な取り組みも始まった。都市の緑は急速な都市化に伴い著しく減少したが、「ゆとりと潤い」の国民ニーズから都市の緑の役割が再認識されるようになった。昭和51年7月に、都市計画中央審議会において「都市において緑とオープンスペースを確保する方策としての緑のマスタープランのあり方について」の答申がなされた。ここでは、市街地における緑地は市街地面積に対して概ね40～50％以上存在することが望ましいとされ、緑のマスタープランで確保するべき緑地の量は市街化区域面積に対して概ね30％以上、特に都市公園等の整備するべき水準は一人当たり概ね20㎡を確保するものとされた。以後この目標を達成するために、都市緑地保全法に基づく緑地保全区域の指定や緑化協定の締結促進をはじめ都市緑化対策推進要綱や、都市緑化基金などが設立されるようになった。

（６）宅地需要の増大と宅地開発公団の発足

三大都市圏では、昭和50年代に入ってからも都市部への人口流入が続いた。三大都市圏での人口は、昭和35～40年代は社会増が自然増を上回っていたが、昭和40～45年代に逆転した。そして50年代以降も自然増を中心に人口増で推移すると予想され、また核家族化の傾向が顕著になり、世帯数の増加は人口の増加を上回ってきた。したがって、三大都市圏では膨大な宅地需要が発生すると見込まれ、これに応じるため、計画的な宅地開発事業が推進されたが、新規の宅地供給は素地価格の高騰や地方公共団体の開発抑制方針もあって供給不足の情勢であった。そこで国民のニーズに応え、計画的に宅地を供給するため種々の施策がとられていった。

昭和50年には、大都市周辺部において大規模な宅地開発を行い、関連公共施設の整備や鉄道建設等を自ら行える事業体として「宅地開発公団」が発足した。昭和56年に日本住宅公団と統合されて「住宅・都市整備公団」となった。

（７）大都市法の制定

おなじ昭和50年には、「大都市地域における住宅及び住宅地の供給の促進に関する特別措置法」（大都市法）が制定された。これにより、大都市圏において土地所有者等による宅地開発と住宅建設を促進させるため、「土地区画整理促進区域」、「住宅街区整備促進区域」が創設された。また促進区域内における事業手法として事業費補助が強化された「特定土地区画整理事業」や、土地区画整理事業に準じた手法として基盤整備と併せて中高層住宅を建設する「住宅街区整備事業」が創設された。

(8) 促進事業費の制度化

昭和53年には、「住宅宅地関連公共施設整備促進事業制度」が創設された。これは開発者負担によって行われることが多かった新市街地形成のための公共施設整備費の一部を国が負担し、道路、公園、下水道、河川、砂防を一体的に整備することで、宅地開発を促進させる目的で制度化されたものである。昭和53年には事業費（国費）が530億円であったが、年々拡充され、平成8年には1548億円の国費が投入され、宅地の供給促進に大きな役割を果たした。多摩ニュータウンにおいても、積極的に促進事業費の導入を図った。

(9) 地区計画制度

また、人々の身近な環境への関心の高まりを背景として、生活環境の整備に重要な役割を持つ市町村の活動が活発化してきた。従来の都市基幹施設整備型、あるいは大規模プロジェクト型の都市計画への反省から、ハード面を重視することよりも、事前調査を充実させ、事業の必要性・可能性を詳細に検討することになり、関係権利者、住民の意向を尊重する「住民参加型街づくり」が謳われるようになった。都市計画においてもソフトな領域が重要視されるようになったためである。

既に、各地で、任意の景観保全、街並み保全等の取り組みがなされていたが、任意制度を法制度化する検討がなされ、昭和55年に都市計画法と建築基準法の一部改正を機に、「地区計画制度」が創設された。

地区計画制度は、地区の整備に関する方針を都市計画で定めることとした。快適性、美しさ等の価値も加味した総合的な居住環境を形成し、住民の手による街づくりを可能とし、マクロな用途地域制とミクロな建築規則との中間にあって、無秩序な開発を計画的にコントロールする手法として注目された。地区計画は、①詳細計画であること、②広範囲な内容から必要に応じて中身を選択する「メニュー方式」であること、③必要に応じて建築確認という確実な手段を講じうること等から都市計画として新しい手法であった。

多摩ニュータウンでは、宅地分譲地において、従来から建築協定、分譲特約等によって良好な街並形成を図ってきたが、今後建設される建築物を誘導するとともに、敷地規模及び街並保全を図り、将来にわたって高水準な環境を担保するために、建築物の用途制限、敷地規模、壁面線の位置、建築物の形態・意匠などの制限を主として積極的な導入を図っていった。

(10) 環境対策の法令化

昭和50年代に入ると、環境全般について各種の検討、取り組みがなされてきた。道路の騒音排ガス問題、河川湖沼の水質汚濁問題、住宅及び事務所等における省エネルギー問題等であった。昭和55年には「幹線道路の沿道の整備に関する法律」が制定され、道路交通騒音の著しい幹線道路の沿道において、道路騒音による障害の防止と沿道の適正かつ合理的な土地利用の促進を図るため、沿道整備道路の指定や沿道整備計画の決定、整備を促進させるための必要な処置等が定められるようになった。

昭和53年には水質汚濁防止法が一部改正され、対象汚濁物質の総量規制方式が採用された。また、昭和54年に成立した「エネルギーの使用合理化に関する法律」（省エネ法）に基づいて、昭和55年には国において、外壁・窓等からの熱の損失の防止及び空調設備に関しての住宅の設計施工の指針が定められた。

環境影響評価（アセスメント）は、法令化よりも、地方公共団体での条例化が先行した。環境影響評価は事業者が事業を行うに当たり、事業が環境に及ぼす影響について事前に適正な調査、予測、評価を行い、必要に応じ環境保全の処置を講ずることを目的とする手法であるが、昭和47年6月に「各種公共事業に係る環境保全対策について」の閣議了解が行われて以来、法制度化の検討がなされ、昭和56年には環境影響評価法（案）が国会に提出されたが廃案になった経緯がある。その後昭和59年8月に「環境影響評価の実施について」が閣議決定され、実施の仕組みづくりがなされたが永く行政指導の形で行なわれた。環境影響評価法としては、行政指導の限界が指摘されるなどの経緯を経て、ようやく平成9年に至り成立を見た。

2. 多摩ニュータウンの動向

(1) 東京都の新体制

昭和50年代前半は、多摩ニュータウン事業が多摩市域から八王子市域、稲城市域へと街づくりを大きく拡大していった時期であった。

また、この時期には、全国的に反公害・環境保護運動、住民運動などが高揚し、多摩ニュータウンでも高圧線鉄塔、尾根幹線、卸売市場問題などの生活環境問題に、主婦を中心とする活発な住民運動が展開されるようになってきた。

この頃から、コミュニティ活動の苗床ともなる「街づくり」が活発に議論されるようになった。また、市民ニーズの多様化と定住化の指向に応えるため、住宅供給計画も多様化し、昭和55年には「多摩ニュータウンにおける定住化方策に関する調査」（東京都政調査会）などが行われた。

このように、多摩ニュータウンでも人々の諸活動に目が向けられ、新旧住民の活発な交流による新しい型のコミュニティづくり、定住化の促進などを目指すようになっていったが、昭和54年4月に、財政再建を掲げた鈴木都知事が当選した。

鈴木都政は都民生活の充実と向上を図るため、昭和55年12月、「人々の参加とふれあいに支えられた地域社会」へ向けていわゆる「マイタウン東京構想」を打ち出した。

「マイタウン東京構想」では、都市基盤の整備が遅れている多摩地域も区部に匹敵する東京都の中心地域と位置づけられ、また多摩ニュータウンは多摩地域の複合的多機能都市として整備促進を図るエリアとされるなど、多摩地域の開発がマイタウン東京としてのふるさとづくりとして積極的に取りあげられた。

(2) 入居の推進と多様な住宅の供給

多摩市の行財政問題が昭和49年10月の第9回「ニュータウン開発計画会議」によって「行財政要綱」が定められ、一応の解決の目処が立ったことから、昭和50年代前半は、住宅建設が進んだ。昭和51年から、貝取・豊ヶ丘・落合・松が谷（それぞれ7・8・9・18住区）での入居が進んだ。ここでは住宅面積規模の拡大が目標とされ、3ＬＤＫ、4ＬＤＫを備えた住宅が建設され、住戸専用面積は70㎡を超える規模となった。

貝取・豊ヶ丘では、「行財政要綱」の内容を受けて、緑とオープンスペースを確保するべく土地利用の見直しが行われた。ここで歩行者専用道路が始めてネットワークとして配置され、これを住区の骨格としたプランに変更された。地区北側では尾根を残し自然地形を生かした傾斜地住宅が建設された。

京王相模原線は昭和49年10月に多摩センターまで開通していたが、昭和50年4月に小田急多摩線も永山から多摩センターまで開通した。新しい生活環境を充足させる関連施設の整備も進んでいった。昭和50年には、南多摩斎場（管理組合＝地元四市）が操業開始され、翌51年には南多摩都市霊園が開設された。同年には、ニュータウン水道において水道自動検針システムが採用され、また諏訪・永山の第一次入居地区の中で有線放送のＣＣＩＳ実験放送もなされた。昭和52年7月には、日本医科大学附属多摩永山病院が開設された。

再開した住宅建設においては様々な試みが取り入れられた。昭和50年には多摩ニュータウンにおける最初のテラスハウスが東京都住宅供給公社によって松が谷で採用され、好評を博していたが、公団住宅においても、質の向上を目指す住宅ニーズに対応した多様な新しい住宅供給を目指し、「タウンハウス諏訪」や傾斜屋根の高層住宅「グリーンメゾン諏訪」などが登場した。タウンハウスの募集では当時驚異的な60倍という応募倍率を示した。

昭和52年、第10回「ニュータウン開発計画会議」において、東京都施行地区である西部地区（八王子市域）の開発基本方針が「多摩ニュータウン西部地区開発大綱」として定められ、昭和53年から西部地区の本格的造成工事が進んだ。

(3) 多摩センターの整備推進

京王相模原線に続いて小田急多摩線も多摩センターまで開通し（昭和50年4月）、これを契機として多摩センターの都市基盤施設整備が進んだ。多摩センターは、商圏60万人規模のタウンセンターとして、二層デッキ構造の駅前広場（面積：11800㎡）が交通結節点として計画された。多摩センター駅と多摩中央公園を結ぶ中央には、延長240m、幅員40mの歩行者専用道路を配置し、中央公園には多目的ホールを持つパルテノン多摩が計画された。また、昭和54年2月には、多摩センター駅高架下には自転車駐車場（面積2560㎡・収容台数約1200台）が都市計画決定された。多摩センターの都市基盤の特徴として広幅員道路・広幅員歩行者専用道路があげられるが、ここには都市の供給管インフラとして共同溝、収容施設として地域冷暖房、ごみの真空集塵施設が計画された。共同溝は昭和53年6月、共同溝を整備するべき路線として道路指定され、昭和54年11月にはごみ運搬用管路（真空集塵施設）、地域冷暖房施設の都市計画決定を経て工事に取り組んだ。

昭和50年代前半は、多摩センターの都市基盤施設整備の最盛期であった。昭和55年3月に駅前広場、歩行者専用道路の一部が竣工し、また多摩センターの第一期商業施設である「丘の上プラザ」が昭和55年4月にオープンした。

第5章 （S56～S60）街づくりの進展
——建物付宅地分譲とサービスインダストリー

第1節 時代背景と多摩ニュータウンの動向

2. 多摩ニュータウンの動向

(1) 東京都長期計画（第一次）

昭和57年12月、東京都は、「マイタウン東京構想」を実現していくための東京都の行財政運営の基本的方針を示す第一次長期計画を取りまとめた。これは21世紀初頭を目標とする基本構想と昭和56年度から昭和65年度までの10ヵ年事業計画から構成された。東京都市圏は21世紀に向い、住宅、業務、教育などの諸機能のバランスの取れた形で発展していくため、圏域内のそれぞれの地域特性に応じた適正な機能の配置、都市の育成を図ることとし、これを誘導するための広域的な交通、通信網の整備が必要であるとされた。この長期計画で多摩地域は、地域の各都市が相互に連携して、自立的都市圏域を形成し、都心との機能分担の役割を担うものとされ、多摩ニュータウンは、30万人都市をめざして、業務・商業サービス機能や教育文化施設の誘致、充実に勤め、職と住の調和した総合的街づくりを行なうと位置づけられた。

この長期計画の策定に併行して、昭和57年4月、第11回多摩ニュータウン開発計画会議が開催され、多摩ニュータウンの今後の展望と今後の開発方針に関わる基本方針が確認された。基本的方針として、

①良好な居住環境、活力ある新市街地の形成を目指す。

②広域的都市機能の充実、他都市との連携による多摩地域の自立を目指す。

とされた。

この多摩ニュータウンの「複合的都市機能の形成を図り、自立都市を目指し東京都心一極集中を是正し、東京都市圏の再編を担う」という位置づけは、その後の「首都改造計画」（昭和60年）や「第四次首都圏基本計画」（昭和61年）に引き継がれていった。

写真５－１－１　ファインコミュニティフェア TAMA'81

写真５－１－２　新都市センタービル

写真５－１－３　都立埋蔵文化財調査センター

また、この長期計画の中で、多摩都市モノレールは、総延長93㎞の区画の中で整備の緊急性が高く、事業採算性の確保が可能と考えられた、上北台～立川～多摩センターの約16㎞の区間が整備区間として位置づけられ、第一期工事区間として、立川付近の約５㎞区間を早期に工事着手することが盛り込まれた。

（2）新住宅市街地開発事業の都市計画の見直し

多摩ニュータウン新住宅市街地開発事業は昭和40年12月に都市計画決定され、区域面積２９６２ha、計画人口30万人であった。その後、多摩土地区画整理事業（１８６ha）、小野路第一・第二・第三土地区画整理事業（28・６ha）、由木土地区画整理事業（２０２ha）への切り替え、

多摩市国際ゴルフ場の一部追加（48・7ha）、多摩市馬引沢地区の区域除外（30・5ha）などがあり、また東京問題調査会からの提言もあって、昭和45年4月に計画人口は30万人から41万人（新住宅市街地開発事業区域約38万人、土地区画整理事業区域約3万人）に、面積は2770haに変更されていた。さらに、昭和49年10月のいわゆる「行財政要綱」を定めた第9回「ニュータウン開発計画会議」において人口密度を見直し、計画人口を許容計画人口（インフラ計画対応＝計画人口）と居住計画人口（住宅計画対応＝計画人口）の2通りを用いる変更が提示されていた。

昭和56年度になり、都市計画の計画人口の変更が行われた。同年3月には、小野路第一土地区画整理事業区域と新住宅市街地開発事業区域との境界の整理のため、土地区画整理事業区域へ1・2ha編入するなどして全体面積は2567haとなった。また、「行財政要綱」に基づいて見直された住区、都市計画、人口、住宅街区の配置方針、また同年5月に永山地区（6住区）のサービスインダストリー地区を特別業務地区として特別用途地区指定を行ったことなどを受けて、新住宅市街地開発事業の都市計画の整合を図るため、昭和56年度に人口フレームの見直しを行った。ニュータウンの住区数は23から21に減少し、ニュータウン全体計画人口は41万人から37万人へ、新住宅市街地開発事業区域の計画人口は38万人から32万人に変更された。

(3) イベントの開催

昭和56年春に、多摩センターにおいて「ファインコミュニティフェアTAMA'81」が開催された。ニュータウンの知名度を上げ、入居の促進と新旧住民、新住民相互間のコミュニティ形成のため、ゴールデンウィークを挟んだ25日間のフェスティバルとして実施された。公団は、イベント実施者の中心として取り組んだ。シンポジウム、セミナー、各種のイベント等が開催され好評を博し、これは、以後ガーデンシティ多摩'83へ引き継がれ、地元多摩市中心のイベントとして、多摩ニュータウンに根付いていった。集客と入居促進のためのPRを目的としたイベントとしては、都市開発部門初の大イベントであり、以後の公団都市開発事業に大きな影響を与えた。

(4) 諸施設立地の動き

昭和57年には、尾根幹線道路の側道一部を交通解放したが、永山区間では近隣住民から反対運動が起こり、現地でのトラブルが発生した。問題が沈静化するまで長期間を要したが、一部区間を通行禁止にすることで妥結した。昭和57年には日本医科大学付属永山病院が増床された。

京王線相模原線は、多摩センターから橋本までの区間の工事施工許可が下り、昭和58年に延伸工事に着手した。同年、八王子都市計画市街化区域及び市街化調整区域の変更がなされ、19住区の事業認可区域が追加され、都市計画区域から19住区の一部が除外された。施設では、東京都中央卸売市場が開設した。また東京都住宅供給公社では多摩ニュータウンで初めてのコーポラティブハウスの募集があった。

昭和60年には、稲城地区の開発の前提となる三沢川分水路が竣工した。多摩センターでは新都市センター開発㈱の自社ビルとなる新都市センタービルが開設した。都立埋蔵文化財調査センター、都立多摩養護学校が開設した。

第6章　(S61〜H2) 多機能複合都市へ ——多摩センターと稲城、八王子への展開

第1節　時代背景と多摩ニュータウンの動向

2．多摩ニュータウンの動向

(1) 第三次東京都長期計画

「マイタウン東京—21世紀を開く・多摩の心の育成整備」

平成2年11月、東京都において第三次長期計画(計画年度平成3年〜12年)が策定された。昭和61年11月に策定された第二次計画が、バブルの始まる前の景気の抑揚期に策定されたものに対して、第三次計画ではバブルの激変を受け混迷が始まる時代に策定された。

東京都心部での異常な地価の高騰は、都市構造や都市活動に様々なひずみを生じさせていた。混乱する状況の中で都心部への商業・業務機能の一極集中によって、区部は人口減少が始まり、都心部から周辺部まで住宅地価格の高騰をもたらしていた。このような状況下で策定された第三次計画は4つの緊急プランと6つの推進プランが盛り込まれた。このうち推進プラン5として「多摩新時代の創造—個性と魅力あふれる自立都市圏の形成」が提起された。

この中で立川、八王子、青海、町田とともに多摩ニュータウンは、多摩地域の自立都市圏の中心となる多摩の「心」として位置づけられた。この計画を受けて、平成7年3月に『多摩の「心」育成・整備指針』が策定されるが、多摩ニュータウンは、居住者及び進出してきた企業等に対するサービス供給機能の拡大と高次化を図り、商業、業務、文化の諸機能の立地を一層誘導促進して、就業機会の増加を図ることが位置づけられた。

(2) 「南多摩新都市開発計画1990」の策定

昭和から平成にかけて多摩ニュータウンは多摩・稲城・八王子市域において全面的に事業を展開してきた。バブル期の景気は、土地価格の高騰と住宅の高価格化をもたらした。一部では空家発生という事態も生じたが、多摩ニュータウンではコンスタントに入居を迎えていった。バブルの終焉で、経済状況は一変し、人々の生活意識が多様化する一方で、多摩ニュータウンでは業務用地の販売が好調を呈していった。

新住宅市街地開発法が昭和61年5月に改正され、特定業務施設の導入が可能となり、多摩センターにおける特定業務施設第一号である朝日生命ビルをはじめ、多摩センターの特定業務施設用地の販売は好調であり、堅調な業務施設需要を反映して、唐木田地区でも特定業務施設の立地が進んだ。この時期、今後の新しい時代状況を踏まえて、従来からの基本計画であった住宅地主体のベットタウン型ニュータウン計画に見直し検討が加えられた。見直しのポイントは、「広域的に見たニュータウンの自立化と周辺都市との連携強化の促進」であった。

当初の多摩ニュータウンの基本計画というべき「多摩ニュータウン開発計画1965」から20年余を経過して、人口は約14万人に到達し、当時ニュータウン建設が最終段階に近づきつつあるとされていた平成元年度に、新しい時代状況、社会経済の変化、首都圏の発展動向等を踏まえて「南多摩新都市開発計画1990」が策定された。

「南多摩新都市開発計画1990」では、多摩ニュータウン及び多摩ニュータウン周辺の諸都市での都市機能の充足状況を踏まえて、多摩ニュータウンの自立性を高め、居住者の高次な生活環境の実現を図るとともに都市間相互の連携を強化するため、交通や情報等の整備によってネ

ットワーク化を図る連合都市計画構想が打ち出された。

従来のベットタウン型から転換するため、各種都市機能の立地集積を図り、他都市と連携しながら自立都市を目指す観点から、業務機能を拡充し、就任比0・9の実現を目標に商業業務施設計画フレームを設定した。この計画を基に、特定業務施設用地の確保が図られた。

「多摩ニュータウン開発計画1965」では開発整備区域として全体でおよそ7000ha、そのうち現在のニュータウン区域に相当する3000haが第一次区域とされていたが、この計画では南多摩都市域全体の9600haを対象エリアと設定し、特定業務施設用地の拡大が盛り込まれた。センターは多摩センター駅前及び南大沢駅前、若葉台駅前の三ヵ所がタウンセンターと位置づけられ、機能展開地区として唐木田・長池地区が位置づけられた。また広域交通インフラとして尾根幹線、核都市間連絡道路（立川～横浜間）の位置づけとともに多摩都市モノレールの整備、小田急多摩線の延伸（唐木田以西JR相模原駅までの延伸）が提案された。

また、この多摩都市モノレールの提案は東京都において構想されていた第三次東京都長期計画「マイタウン東京―21世紀をひらく」にも反映された。

（3）集合住宅施策の転換と空家住戸の解消

バブル経済期以前の昭和50年代後半から60年代初頭に、大量に供給された7住区（貝取）、8住区（豊ヶ丘）等の集合住宅においては、相当数の空家住戸が発生したことから、タウンハウスや高齢者住戸等、新たな住宅形態の供給が試みられるようになった。

しかし、バブル経済による地価の高騰は、住宅市街地の郊外化を一層促進し、多摩ニュータウンは相対的な割安感もあって、住宅需要が相当に高まり、空家住戸が一気に解消していった。

また、昭和61年度から、国の「第五期住宅建設五箇年計画」により、西暦2000年を目途に住宅需要の充足と居住水準の向上を図る上から、公的機関による住宅建設の促進やストックの改善、入居管理の適正化、資金援助、さらには住環境改善や高齢者対策が掲げられた。

こういった好景気や集合住宅政策を背景とした住宅需要に対応するべく、入居が進む多摩市域に続いて、稲城市域（1住区）、八王子市域（12住区）で相次いで街びらきが行われ、大量の住宅供給が開始された。

一時低迷していた集合住宅の供給であったが、平成元年頃から、年間1500～2000戸の供給へと増加し、専用床面積100㎡以上、7000万円台を超える大型住戸を含む大量な集合住宅の供給が推し進められることとなった。

（4）戸建住宅用地の高倍率化と民間建物付宅地分譲の開始

多摩ニュータウンでは、当初、大量の住宅供給を目的としてきたことから、集合住宅中心の供給が行われてきたが、増大する戸建住宅需要に対応するため、昭和54年度より一般宅地分譲が開始された。

供給が開始された昭和54年度の永山（1次）こそ100倍以上の平均倍率があったものの、その後は10～20倍程度の平均倍率で推移してきたが、バブル経済による土地価格の高騰は、元々品薄感の高い戸建住宅用地ではより顕著に現れ、昭和62年度の向陽台（1次）、聖ヶ丘（6次）では200倍を超える倍率となった。

平成元年の向陽台（3次）、鶴牧・南野（3次）等では、ついに500倍を超える平均倍率となったほか、昭和63年度に東京都が分譲した南大沢四丁目「四季の丘」では、最高倍率4400倍を示すなど、戸建住宅用地の募集倍率は一時「宝くじ」並みと言われるほど増大した。

また、これまで一般宅地分譲用地においても、建築協定により良好な住環境の維持を図ってきたが、より良い住宅地形成を積極的に図るため、新たな戸建住宅の販売手法として、昭和58年度より民間建物付宅地分譲を開始した。この際、多摩ニュータウンでは、地場産業育成への寄与という観点から、地元工務店で構成する住宅建設協同組合が各市域毎に設立され、公団の宅地と組合の建物の共同分譲という方式が採用された。

昭和59年1月に、初の民間建物付宅地分譲が聖ヶ丘（1次）で開始されたが、一般宅地分譲同様にバブル経済の好景気に支えられ、平成元年度の向陽台（3次）の募集では、400倍を超える平均倍率を示すこととなった。

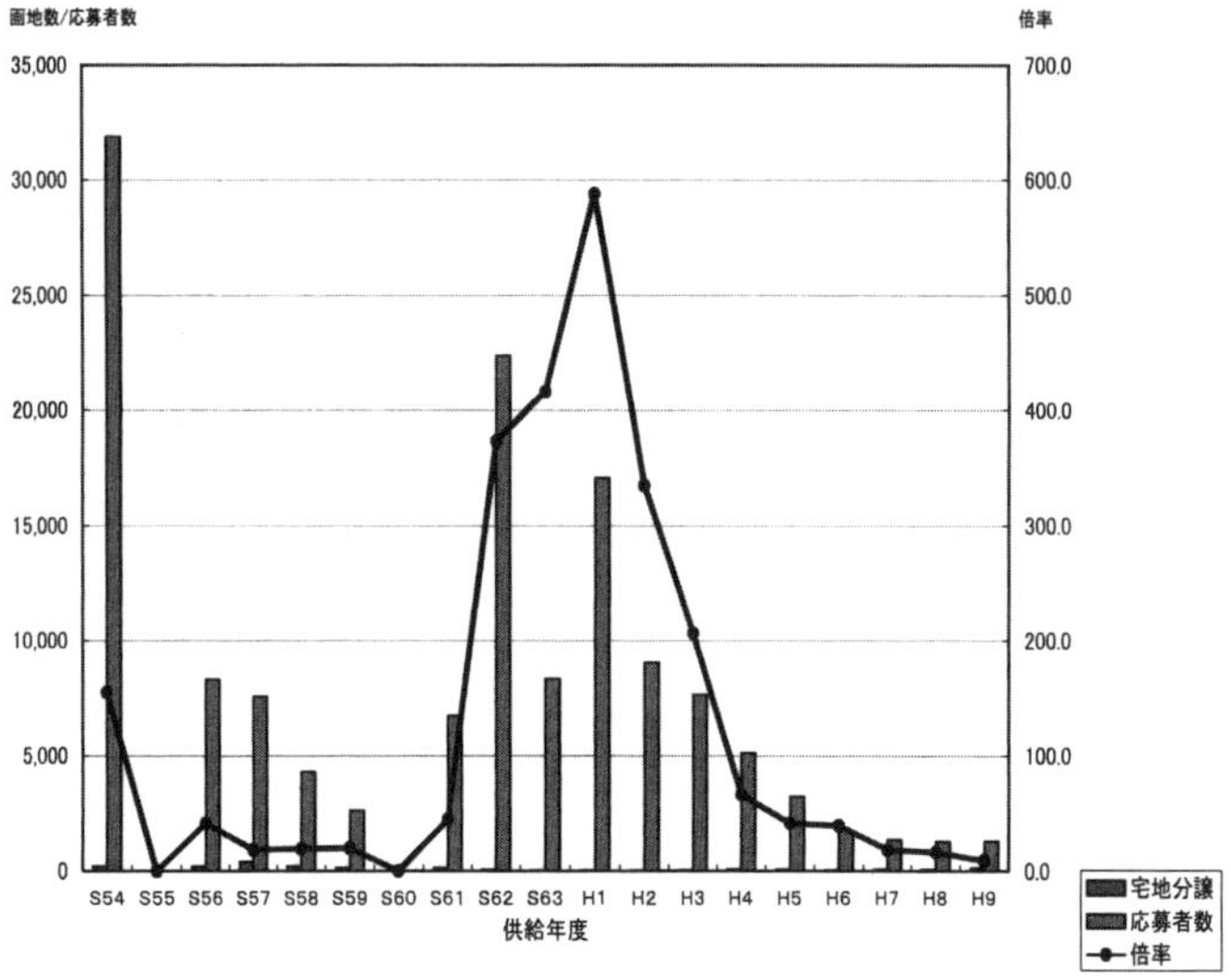

図6－1－1　多摩ニュータウン宅地分譲における募集倍率の推移

（5）施設用地の引き合いの増大と建設の進展

バブル経済によって高騰した土地価格は、都内企業の土地資産額を著しく増加させ、設備投資意欲を大いに刺激し、設備投資を増大させることとなり、特に昭和62年度、63年度においては、土地資産が、企業所得要因や前期設備投資要因に対し、最も大きい要因となり、これに支えられる形で、昭和60年度～平成2年度にかけて、設備投資額が前年度比10～20％の割合で増大し続けた。

このような状況から、都心部における土地資産を背景とした投機的土地取得を行うため、比較的土地価格に割安感のあった多摩ニュータウンのセンター・業務施設用地がそのターゲットの一つとして認識されるこ

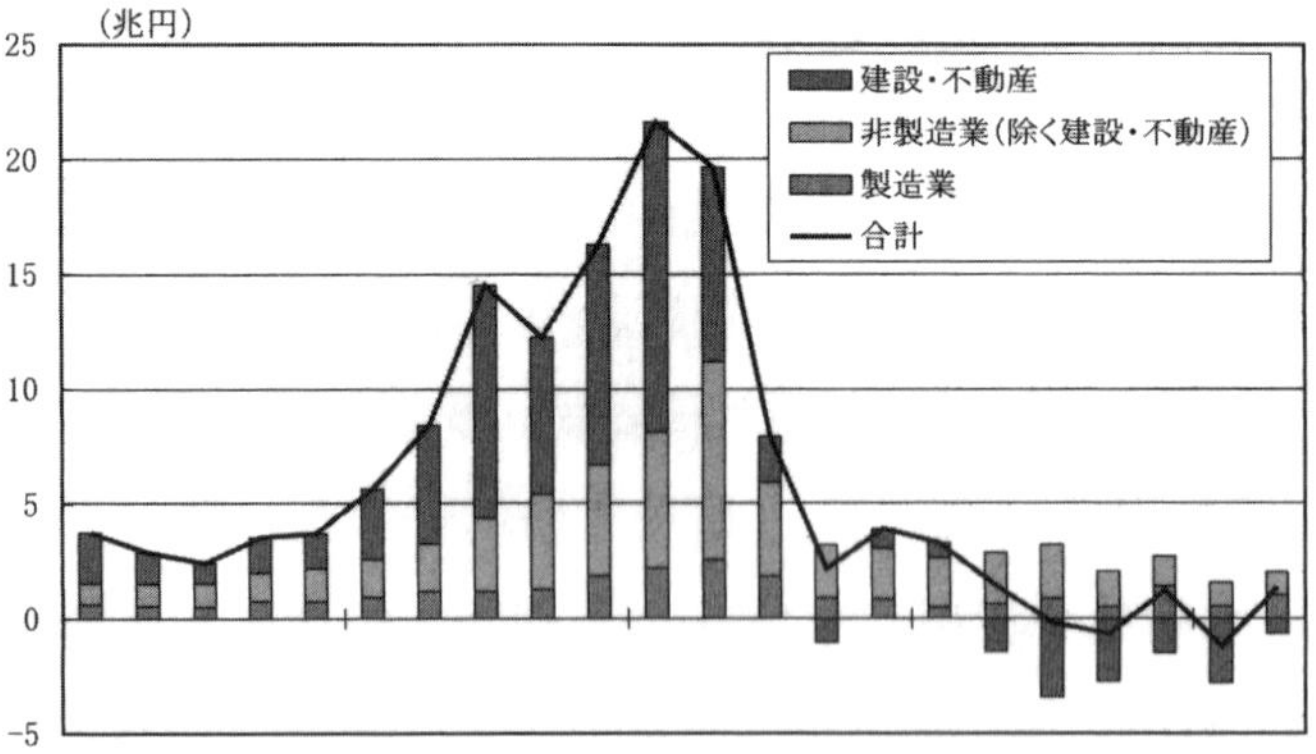

（注）計算にあたっては、特別利益の15％が土地処分にかかる利益と仮定。
また、建設は棚卸資産の50％、不動産は90％がそれぞれ販売用不動産と仮定。
（資料）財務省、『法人企業統計年報』

図6－1－2　業種別土地投資額（出典：「1990年代以降の企業部門の土地投資について」日本銀行調査統計局／平成15年）

ととなった。

多摩ニュータウンでは企業用地を処分する時は、単なる土地投機の対象としてではなく、就業者や来訪者が発生する本社機能の導入等を条件づけることにより企業の選別を行うとともに、事業者に対しては早期の立ち上げを要請した。

このような経過を経て、処分されたセンター・業務施設用地では、平成元年から平成5年にかけて、多摩センター駅等の駅前エリアを中心に、数々の大規模商業施設や業務オフィスが立ち並ぶこととなり、多摩ニュータウンの利便性や街としての熟成度が一気に高まることになった。

(6) 鉄道の延伸

多摩ニュータウンの鉄道として京王線は昭和49年10月に、小田急線は昭和50年4月に多摩センターまで開通していたが、それぞれ橋本駅、唐木田駅まで延伸されることになった。

京王線の多摩センターからの延伸区間は、昭和56年9月に施行認可申請が行われ、翌57年9月に施行認可を得ていた。昭和57年には、日本鉄道建設公団事業として予算が認められ、同年11月にニュータウン事業者と京王帝都電鉄㈱との間に費用負担に関わる覚書が締結され、延伸工事が始まった。

多摩センターからの延伸は、堀之内駅、南大沢駅までが昭和63年5月に開業、平成2年3月に橋本駅までの全区間が開通した。なお、多摩境駅は平成3年4月に開業した。

小田急多摩線の延伸は、当初から多摩土地区画整理事業の地権者から早期具体化が要望されるなど、早い時期から調整が図られていたが、昭和53年10月にはニュータウン事業者と小田急電鉄㈱で多摩センターからの延伸について合意が成立した。唐木田方面を経由し横浜線最寄駅まで延伸すること、車庫の建設、助成措置等について、今後協議することが盛り込まれた。

昭和60年7月に運輸政策審議会で小田急多摩線の延伸が答申され、昭和61年2月にニュータウン事業者と小田急電鉄㈱の間で延伸に関わる確認書を取り交わした。その後、昭和62年3月に延伸区間に関わる地方鉄道敷設免許許可が下り、昭和62年6月に開発者負担に関する覚書を締結して工事に着手し、唐木田駅は平成2年3月に開設した。

第7章　（H3〜H7）広域展開をめざして
——広域展開とバブル崩壊

第1節　時代背景と多摩ニュータウンの動向

2．多摩ニュータウンの動向

（1）多機能複合都市への発展

この時期、多機能複合都市を目指す多摩ニュータウンは、多摩センターをはじめ、永山センター、堀之内センターで施設立地が進んだ。駅前センターのみならず、唐木田・長池の業務拠点においても業務施設が多様に立地していった。

多摩センターでは、特定業務施設の立地が進んだ。永山駅周辺は、駅周辺の活性化を図る上から商業娯楽ビルや業務系ビルが立地した。堀之内駅前センターでは複合商業施設「ＶＩＡ長池」、「読売テレビ多摩スタジオ」などが開設した。

唐木田・長池業務拠点では、既開設の大妻学院（高校及び短大）が平成4年に4年制学部を新設し、また「三菱銀行（現三菱東京ＵＦＪ銀行）多摩情報センター」などの大規模な研究開発・研修施設等が開設していった。

(2) 広域交通インフラ

「南多摩新都市開発計画1990」において広域交通インフラとして位置づけられた尾根幹線、核都市間連絡道路、多摩都市モノレール、小田急多摩線の延伸のうち、尾根幹線、多摩都市モノレールの整備が進んだ。尾根幹線は、側道部について、東端の第二多摩川原橋から西端の町田街道まで平成17年度開通を目指して整備が進められていった。

多摩都市モノレールは、上北台から立川～多摩センター～町田を結ぶ多摩地域の南北公共交通機関と位置づけられていたが、平成2年6月に上北台から立川北までの路線（第1期区間）において工事施工認可を得、平成3年9月に立川北から多摩センターまでの路線（第2期区間）の工事施工認可を得て、整備が進んだ。なお、多摩センター以南については構想が具体化するまでには至らなかった。

(3) 新たな市民文化の芽生え

多機能複合都市として成長するに伴って、多摩ニュータウンは地域社会として育ち、活性化しつつ、都市で働き、暮らす人々の交流の機会が増加していった。多摩ニュータウンに立地した企業の自社施設の一部開放、大学による市民講座開講などが好評を博した。このような環境は市民の積極的な交流活動を生み出し、余暇時間の増大や多様化するライフスタイルと相まって、各種の住民活動への参加意欲の高まりとなっていった。

(4) 周辺開発

多摩ニュータウン区域内で事業化が未定であった白地区のうち、稲城市域において2つの地区が事業化に踏み切った。

稲城堅台土地区画整理事業区域は、2住区東側の7・1haで埋蔵文化財の包蔵地という事情から新住宅市街地開発事業区域から除外されていたが、公団の参加組合員方式による組合区画整理事業として、平成4年8月に土地区画整理事業認可を得て工事着手した。

また、稲城堂ケ谷戸土地区画整理事業区域は同じ2住区西側の1・23haの区域であり、既存家屋が集まっていたため、新住宅市街地開発事業区域との一体的な整備、土地の有効利用を図る観点から、公団施行による土地区画整理事業として事業化された。平成5年1月に土地区画整理事業認可を受け整備を進めた。

更に、この時期には周辺地域への区域拡大の検討が進んだ。「南多摩新都市計画1990」や多摩の「心」計画において、多摩ニュータウンと周辺都市との連合都市構想が打ち出され、多摩センターと町田との広域的関連性の強化が謳われたこともあり、町田北部丘陵地域の開発構想が検討された。また、小野路西部地区や、地元地権者が小田急多摩線の延伸を要望し開発意向が根強い小山田地区は、町田市からの開発要請もあって開発計画の検討が進んだ。しかし、バブルが崩壊する経済状況の変化によって事業化を進めるまでには至らなかった。

第8章　（H8〜H12）熟成への模索
——コミュニティとニュータウン活性化

第1節　時代背景と多摩ニュータウンの動向

2．多摩ニュータウンの動向

(1) 入居エリアの拡大

平成10年度末に京王相模原線若葉台駅に近接する稲城3住区の若葉台地区で、平成11年9月から八王子13住区のN－Cityで街びらきが始まり、ニュータウン内の入居エリアが大幅に拡大していった。

若葉台での初期入居は集合住宅街区と戸建住宅街区で行われた。集合住宅は公団住宅の分譲住宅からの撤退方針を受け、公団住宅は賃貸住宅のみであり、分譲住宅は民間卸による民間集合住宅の供給となった。戸建住宅は宅地分譲と建物付宅地分譲が行われたが、次第に冷え込む住宅需要の中で販売を強化するために、今までの地元工務店とタイアップした建物付宅地分譲以外に、初めてハウスメーカーとタイアップした建物付宅地分譲が実現した。

その後N－Cityや若葉台の蒼の区でスーパーブロックで民間卸を実施するなど、民間の建設力と販売力を期待し次々と取り組まれていった。

N－Cityは、多摩ニュータウンの中の新しい街としてネーミングした13住区の戸建住宅地である。N－Cityは、多摩ニュータウンの巨大なコンクリートジャングルという乾燥したイメージを払拭する個性豊かな戸建住宅地として位置づけられた。

また、平成7年の阪神淡路大震災以降、地域コミュニティの重要性が再認識されて、各地で住民参加による街づくりが取り上げられ、公団の「次世代街づくりプロジェクト」においても参加型街づくりが取り上げられてきたことを踏まえ、N－Cityの街づくりは、参加型街づくりの実験プロジェクトとして取り組まれた。

このN－Cityプロジェクトにおいては、コミュニティ形成や、住宅地プランのアイデアに関するコンセプトコンペを実施した。また、コミュニティ形成重視の視点から、体験ワークショップの開催、地域情報誌の発行などを手がけ、住民自らによる戸建住宅街区の集会所機能を持つクラブライフハウスの建設も進められた。

公団の住宅・宅地の供給方式も、この稲城若葉台地区、八王子N－Cityの街づくり以降、住宅生産振興財団傘下のハウスメーカーの参加、住宅生産振興財団の枠を超えたハウスメーカーの参加、戸建住宅用地ブロック毎の民卸、更には特定業務代行方式の採用など、民間住宅事業者を活用する住宅供給のメニューが多様化していった。

(2) 多摩ニュータウンの活性化にむけて

平成11年2月の小渕総理の多摩ニュータウン来訪が契機となり、平成12年2月から平成13年9月にかけて国土交通省と共同で「多摩ニュータウン活性化検討委員会」が開催され、ニュータウン活性化についての提言がまとめられた。

その内容は①地区センターの活性化、②近隣センターの活性化、③少子高齢化対策、④住宅の再構築、⑤環境共生、⑥居住者参加型まちづくり、に関する6つのプロジェクトとしてまとめられ、その後の多摩ニュータウン活性化についての基本的指針となっていった。

多摩センターでは、「都心型居住」の実現に向けて「住機能許容街区」に取り組んだ。宅地の処分が停滞状態にあった中、駅近傍での住宅需要はまだ十分に見込める状態にあった。平成12年度の事業運営計画で多摩センター、若葉台、堀之内センターに住機能を導入する方針が打ち出されたが、まず、多摩市との協議の結果、平成13年度において多摩センターで約10haの住機能を許容する街区が設定された。

事業用定期借地方式による土地活用は平成8年度から始まり、幹線道路沿いに飲食店などが進出したが、平成11年4月に多摩センターのSW街区において、初の大規模な事業用定期借地方式による暫定施設として、集客効果の大きいアミューズメント系複合施設（TAMA TIME）の進出が決定し、平成12年11月オープンした。また平成12年1月には多摩センター駅までの多摩都市モノレールが開通し、センターの活性化が期待された。

（3）多摩ニュータウン30周年記念事業

平成9年3月29日から11月30日にかけての8ヶ月間、多摩センターを会場として、昭和41年の新住宅市街地開発事業の事業承認から30年を経過したことを記念し、多摩ニュータウン30周年記念事業が行われた。

ニュータウンの歴史を振り返り、今後の街づくりの方向性を明らかにし、地域発展に資することを目的として、各種イベントや「魅力ある街の熟成に向けて」を基本テーマとするシンポジウムを開催した。また、会場の多摩センターに、仮設構造物の多目的型ドームである愛称「繭ドーム」を建設し室内イベント会場として利用した。期間中の利用者数は約5万5000人に及んだ。

（4）NPO法人の立ち上がりへのサポート

公団はこの30周年事業の一環として「住民参加の街づくり」に資する地元住民活動への働きかけを行った。八王子市域の長池公園で自然環境を保存し里山を残し、そこでの炭焼き、農作活動への参加を募り、コミュニティ紙の発行などの援助を行い、里山活動を支援した。この長池公園の里山活動を支援したことが、住民の自主的活動を活発化させることにつながり、活動の母体は平成13年にNPO法人「長池里山クラブ」として独立する結果となった。

また、平成11年12月に発足したNPO法人「フュージョン長池」も、地域コミュニティづくりを育成するためのコミュニティ紙の発行などに関係してきた住民グループが成長したものである。長池公園の管理棟「長池ネイチャーセンター」の管理を八王子市から受託し、ここを活動の拠点として、分譲住宅の自主管理、コーポラティブ住宅事業への参加、各種のコミュニティ活動に取り組むなど色々な事業展開をするNPO法人として活躍している。

（5）多摩ニュータウン事業の収束に向かって

平成11年4月に石原都知事が就任し、行財政改革、東京都事業、東京都第3セクター事業の見直しに着手した。多摩ニュータウンも見直しの対象になり、早々と平成15年度末終了が打ち出された。

平成14年4月には東京都多摩都市整備本部が廃止され、業務は東京都建設局に受け継がれた。このような流れの中で懸案事項の決着が急がれ、新住宅市街地開発事業の都市計画区域内でありながら事業化が未定であった白地区の整理が行われた。平成12年時点で事業化の目処が立たないエリア（約92ha）は、平成12年12月の都市計画変更によって新住宅市街地開発事業区域から除外された。

19住区は公団が公社から事業継承をしたものの、事業の大きな進展は見ていなかった。

平成11年度から西山地区で造成工事が始まったところであり、東山地区は平成12年度まで埋蔵文化財の発掘調査が行われており、工事着手には至らなかった。

19住区は、これから事業化を図る区域であったが、行政改革の動きの中で、公団も新しい郊外型開発のあり方が論議されることになり、19住区は今後の郊外型開発のあり方を提案する「次世代プロジェクト」として位置づけられ、公団全部門挙げての検討に取り組んだ。多様な検討メニューが盛り込まれたが、事業化に向けた詳細検討に入る前に、特殊法人改革が急激に進む中で、公団も平成17年度に新住宅市街地開発事業を完了させることを論議することになった。

第9章 （H13〜H17）街づくりからまち育てへ
——持続可能なニュータウンをめざして

第1節 時代背景と多摩ニュータウンの動向

2. 多摩ニュータウンの動向

(1) 事業完了に向けた取り組み

「特殊法人等整理合理化計画」（平成13年12月）の方針に基づき公団業務の見直しが行われる中で、平成15年3月に多摩ニュータウン事業は平成17年度末に完了させることとなった。この方針に基づき、新住宅市街地開発事業区域の土地利用計画を最終的に確定させるために、関係機関との協議を開始し、また懸案事項、未整理事項の整理に取り組むことになった。また、都市開発部門全体の厳しい事業経営状況の中で、多摩ニュータウン事業においても徹底した事業費の縮削減が行われた。

土地利用計画は、平成13年度末時点では多くの特定業務施設用地、集合住宅用地を抱え、当該用地の処分見通しが立たない状況にあったことから、未処分の特定業務施設用地は、住宅系、その他公益施設系の土地利用に転換し、集合住宅用地は戸建住宅用地に転換するとともに、児童数減少に伴う小・中学校、幼稚園、保育所の教育施設用地等の削減に取り組んだ。

教育・公益的施設用地の転換は、既に近隣に居住する住民にとっては既計画として周知済みであることから、住民の同意を得ることにかなり困難をきたしたケースも発生した。

大幅な土地利用計画の変更は平成12年度の「事業運営計画」から取り組み始めた。都市計画の変更手続きは以後4年にわたったが、平成16年度の都市計画変更をもって終了することができた。

事業費の縮削減はそもそも平成9年度の事業運営計画から始まっていたが、「平成12年度事業運営計画」、「平成14年度運営計画」と続き、平成15年度には資産評価を時価方式に切替える資産評価の切り替えに際しても、全体の事業収支の見通しから削減を行い、また都市再生機構発足後のニュータウン10ヵ年計画（全てのニュータウンの工事を今後10ヵ年で完了させる計画）に基づき、更なる事業費の削減に取り組んだ結果、平成12年度の工事全体計画額に対して、工事費は約7・3％の削減が図られた。

負担金においても、整備の必要性を精査するなかで、尾根幹線や墓園などについて公団負担分が大幅に削減される形で決着できた。

個別の未解決事項も残されていた。京王堀之内駅前の暫定エスカレーターの撤去、稲城市域入口部の尾根幹線整備関連の工事など、解決には多大な時間を要した。

約200件の事業境界の処理も最後まで残った問題であった。事業境界問題は、そもそも境界確定を行わないまま事業を進め、かつ解決を先送りしてきた問題であった。しかし平成11年度から権利関係を再調査し、現地測量、未査定箇所の境界査定を実施することなどから取り組み始め、問題個所は平成17年度までかかって決着した。

(2) 19住区整備方針の決定

19住区の新住宅市街地開発事業の終了のあり方については大きな議論となり、「特殊法人等整理合理化計画」に基づく事業収束方針との調整にも時間を要した。

19住区の将来の民間事業者参加の可能性について、民間事業者へのヒアリングも行った。基本的には19住区西山地区は大街区の状態で、東山地区は幹線道路を一部整備するのみで終了することとなった。今後は民間事業者による宅地整備を誘導することになるが、東山地区では民間事業者が参画しやすいように、機構は、新住宅市街地開発事業完了後も役割の一部を担うこととし、その具体的内容は民間と調整しつつ定めていくこととなった。

新住宅市街地開発事業完了後の機構の関わり方と土地処分の最終期限が問題となったが、土地処分は「ニュータウン10カ年計画」に基づき、西山地区は平成22年度まで、東山地区は平成25年度までに完了することとされた。

(3) 新住宅市街地開発事業完了後に向けて

多摩ニュータウンでは、新住宅市街地開発事業が完了を迎えてくる段階で、都市としての新しい問題が様々に取り上げられるようになった。

バブル後にはニュータウンも活力を失ったと評された時期があり、急速な少子・高齢社会を迎えようとする多摩ニュータウンは、活性化問題が早い時期から取り上げられてきた。平成11年2月の小渕総理来訪もそのきっかけとなったが、平成13年9月の「多摩ニュータウン活性化委員会」での提言を受けて、街の再生、活性化に向けても取り組んできた。

その後検討を加え多摩ニュータウンの課題として、

①本格的な高齢社会が到来すること
②多様な住空間、住機能が求められること
③多摩センターがまだまだ魅力に乏しいこと
④近隣センターが低迷していること
⑤未利用地、遊休地が存在し、また小中学校の廃止が進行し跡地も未利用になっていること
⑥安心安全な街づくりとしての課題を抱えること
⑦多摩ニュータウンからの情報発信が足りないこと

等々を整理し、いわばまち育てのステージに機構も積極的に関わってきた。

多摩センターの活性化に関しては、多摩市・新都市センター開発㈱と協議・調整しながら、集合住宅の立地や施設誘致を図り、丘の上パティオ新館、ベンチャー企業研究所、温浴施設などの進出をみた。またパルテノン大通りの賑わいを創出するため、一部歩行者専用道路空間を改修し、公共空間でのイベントなどを総合的に取り組むこととしている。

高齢社会の到来に備えた域内交通手段の改善策として「乗り合いタクシー」の実験にも取り組んだ。近隣センター活性化のためのNPO法人の誘導、あるいは公共施設管理に関わるアドプトシステムを活用した良好な住環境保全を関係者へと働きかけるなど、誘導強化に取り組んだ。

これらの課題は今後とも中長期的に対応が必要なものである。新住宅市街地開発事業完了後、まち育ては一義的には住民が、また地元市、あるいは新都市センター開発㈱などが担うことになるが、機構も賃貸住宅の管理や土地の処分を通じて、まち育てに関わることが求められている。

おわりに

1. 多摩ニュータウン前史（～昭和40年）

昭和30年に日本住宅公団が設立され、困窮する住宅難に対処するため、公団は住宅供給事業を担うことになったが、早速、昭和30年代から三大都市圏を中心に土地区画整理事業による、新市街地開発に取り組むことになった。首都圏における最大規模のニュータウン開発といわれた多摩ニュータウン開発においても、当初から東京都と一体になってプランニングに参画した。大阪の千里ニュータウンに学び、名古屋の高蔵寺ニュータウンの経験を踏まえ、7次にわたるマスタープランを作成した。区域設定一つとっても幾多の経緯を経て、現在の新住宅市街地開発事業と土地区画整理事業の組み合わせを定め、40万人（当初計画）都市を形成するために必要な、開発地の土地利用計画を作成していった。

計画は単なるベッドタウンに留まらず、住宅地の配置計画から、道路、鉄道、河川改修、上水道、流域・公共下水道、電気・電話・ガスから墓地、火葬場、病院、ごみ処理場に至るまで、生活に必要な全ての公共公益的施設の配置計画を作成していった。

また、地元の公共団体や地権者の開発意向を把握し、新住宅市街地開発事業の事業承認以前の昭和38年から先行的に用地の取得に取り組んだ。

土地利用計画については、近隣住区論に基づき、1中学校2小学校を1ユニットとし、近隣公園、住区公園を均等配置し、保育所・児童館用地や、近隣センター用地を徒歩圏に配して生活圏を構成するよう立案した。

歩行者専用通路は、東久留米地区で初めて公団事業区域に取り入れられ、その後多摩ニュータウンで大々的に導入された。ニュータウンのスケールで計画された歩行者専用道路が他の地区に与えたインパクトは計り知れず、その後多くの新住宅市街地開発事業、土地区画整理事業あるいは再開発事業などで、標準的に採用されていくことになった。

また、造成初期の段階から、表土の保全、樹木の移植など自然資源の保存に取り組んだ。大規模な造成を伴う開発で、多くの自然資源を失う中で、自然資源を保存する技術を研究、実践して、出来る限り多摩丘陵の自然を残し、保全することに長年にわたって努力した結果、緑に覆われた美しい住環境を作り上げることができた。

2. 街づくりの始まり（昭和41～44年）

初期入居に向けて、昭和40年代前半は本格的な造成工事に着手した時期である。造成工事に当たっては、試験盛土を行い、土工指針を定め、適正な品質確保に努めた。

初期の造成工事は防災ダムを築造して進めた。容易に進まない河川改修に縛られることなく、造成工事が進められるように、事業のスピードアップを図った。この方式は「防災ダム設置基準」としてまとめられ、その後全国の宅地開発の事業促進手法の一つとして普及していくことになった。

用地の取得は、この時期に一気に進んだ。多摩市・八王子市域における用地取得の大半を終えることができた。

首都圏での逼迫した住宅ニーズに応えるため、昭和46年3月入居に向けて精力的に取り組み、鉄道の開通は間に合わなかったものの、聖蹟桜ヶ丘駅からのバス輸送を前提として、諏訪・永山地区での初期入居の実現にこぎつけた。

3．初期入居の時代（昭和45～50年）

昭和46年3月に初期入居を迎えたが、大規模な入居は地元多摩市に行財政上大きな影響を与えることになり、地元財政の健全化を図るため、「多摩ニュータウンにおける住宅建設と地元市の行財政に関する要綱（行財政要綱）」が策定された。当時は、急速な宅地開発が全国的に展開し、地元市と開発者負担問題が各地で生じ始めていたが、多摩市においても同様な問題が発生し、この問題の解決なしに、継続的な開発はあり得ない状況であった。このため公団は、東京都、多摩市と協議して、問題の解決に当たった。

「行財政要綱」は、その後のニュータウン事業の基本指針となったものであり、ニュータウン事業を進める上で、地元市との関係を抜本的に改善するものとして評価された。

多摩ニュータウンの鉄道整備を進めるため、私鉄鉄道に対する開発者負担ルールが国のレベルで議論され、建設省・運輸省・大蔵省の3省間で「大都市高速鉄道の整備に対する助成措置に関する覚書」が締結された。このルールは後の港北ニュータウンなど大規模開発地区の鉄道整備に適用されていった。

初期入居を経て、造成工事は次第に広範囲を及び、土地区画整理事業区域と新住宅市街地開発事業区域の一体的な造成を進める必要が生じた。公団は土地区画整理事業の一部受託を行い、事業の促進を図った。これは、公団が持つ事業推進力として東京都、地元市、地権者などの関係者から高く評価された。

4．住宅から移住環境へ（昭和51～55年）

多摩ニュータウン事業は多摩市域において全面的に展開されていった。多摩ニュータウンの住宅は、住宅の質的向上を目指す第三期住宅建設五箇年計画を受け、質を先取りする住宅供給が続いた。住宅規模は3LDK、4LDKを備え、住戸専用床面積は70㎡を超える規模となり様々な住宅プランが考案された。低層集合住宅「テラスハウス」、共有庭付「タウンハウス」、傾斜地住宅など、従来の同一規格の中高層住宅から転換し、新しい住宅タイプの供給に取り組んだ。

また、永山では、多摩ニュータウンで初の戸建住宅のための宅地分譲が行われた。戸建住宅地の環境を担保するために、建築協定（一人協定）が締結された条件で分譲され、その後の住宅街区の指針作りに役立つことになった。

事業区域は拡大し、稲城市域、八王子市域に及んでいった。稲城地区では、地域内の雨水を直接多摩川に排水するために、三沢川分水路工事が行われた。稲城砂層を抜くトンネルは日本で初めての工法を採用するなどして竣工した。分水路方式はその後の大規模開発に大きく貢献することになり、土木学会技術賞を受賞した。

多摩センターに関する諸計画も出揃い、建設工事が進んだ。商圏人口60万人を見込み、地区内30万人のニーズに対処する一大商業核として計画された多摩センターは、駅前広場、幅員40ｍの歩行者専用道路、中央公園、パルテノン多摩など、それぞれ特徴ある都市デザインで計画し整備を進めた。また第一期商業ビルである「丘の上プラザ」の開設を迎えた。

多摩センターにおける共同溝事業は、電線類の地中化を具体化する貴重なインフラ整備事業であった。このほか新都市建設として地域冷暖房や国のモデル事業としてごみの真空集塵作業にも取り組んだ。

5. 街づくりへの進展（昭和56～60年）

昭和50年代後半になると、多摩ニュータウンは、多様な街づくりを目指すようになった。代表的なものは、建物付宅地分譲とサービスインダストリー地区の形成である。建物付宅地分譲は、地元工務店と協調して取り組んだ新しい住宅供給方式であった。これは地元の産業振興に貢献でき、また住居者に対して在来工法を主体とした戸建住宅を供給して、宅地分譲に対する信頼と好評を勝ち得ていった。多摩ニュータウンでこの方式を実施したことで、他の公団事業区域に瞬く間に波及していった。

多摩市域の永山で、特別業務地区の指定を受けたサービスインダストリー地区は、新住宅市街地開発事業の運営上、住宅偏重になった多摩ニュータウンに、業務施設を導入した画期的試みであった。地元雇用が増加するとともに、ニュータウンの中に業務施設を設けることで街の多様化を促進した。また、この試みがその後の新住宅市街地開発事業における特定業務施設導入の法改正につながった。

これらは地元ニーズに的確に対応しながら行った街づくりの成果の一つとして評価できよう。

さらに、多摩ニュータウンでは地区のPRと、販売促進を兼ねた一大イベント「ファインコミュニティフェアTAMA'81」が行われた。これは、公団の都市開発部門において、初の試みであったが、開催期間25日間に83万人が訪れ、連日新聞テレビで報道され、多摩ニュータウンの知名度を飛躍的に上げることができた。

地区のPRと販売促進を兼ねたイベントは、千里ニュータウンと大阪万博の関係のように街づくりにとって有効な手法だったが、多摩ニュータウンにおいて公団が主体的に取り組んで成功したことによって、このイベント方式も他の公団事業区域でも採用されるようになり、街の知名度向上に大いに役に立つことになった。

6. 多機能複合都市へ（昭和61～平成2年）

社会経済状況はバブルを呈し、東京一極集中が進む中で、多摩ニュータウンも多機能複合都市づくりへ大きく転換した。新住宅都市開発法は、業務施設を導入できるよう法改正され、多摩ニュータウンでは多摩センター、唐木田・長池等で特定業務施設用地を都市計画決定した。そして多摩ニュータウンは多機能複合都市を標榜し、全区域で大々的に事業展開するようになっていった。

多摩センターでは、立地する施設の都市景観を重視し、建築家、多摩市長等からなる都市景観形成懇談会を設け、立地施設のセンターに与える都市景観と個別施設計画、設計のあり方を誘導するよう試みた。公団は懇談会の事務局としても、立地する施設の建築の計画・設計に積極的に関与し、都市空間全体としての調和と均衡のとれたデザインと景観の形成を誘導した。

多摩センターにおいて、駐車場対策として、財団による一元的管理方式による駐車場の管理・運営システムが考案された。公団及び多摩市の協議を経て、新都市センター開発㈱等が出捐して財団法人を設立した。多摩センターにおける駐車場の建設・管理・運営を担う組織を実現化できたことは、多摩センターのビルトアップ促進に貢献するものであった。

7. 広域的展開を目指して（平成3～7年）

バブル絶頂期からバブル崩壊期であるこの時期、多摩ニュータウンでは宅地の販売状況は相変わらず好調であり、周辺部においても、多摩ニュータウンが順調に出来上がる姿を見て、開発意向が強まってきた。この時期に、公団は多摩ニュータウン内のみならず、周辺部においても、新たな地区選定に取り組んだ。ニュータウン内の開発未定地区（白地区）のうち稲城市域では2地区を事業化した。

しかし、周辺部では事業化には至らなかった。用地を先行取得した地区もあったが、後日、多摩ニュータウン事業が完了する前に取得した用地の売却が求められ、地元公共団体に引継ぐことになった。時代の変革期を迎え、多くの人々が予測不可能であったとはいえ、時代の先を予測する困難さを味わう結果となってしまった。

多機能複合都市を目指すなかで、高度情報化社会の到来を受け、多摩ニュータウンでもテレビの電波障害対策のために導入したＣＡＴＶ事業がスタートした。

時代は少子・高齢社会を迎えつつあり、新しい都市問題が提起されるようになってきた。多摩ニュータウンでも高齢化社会に対応した街づくりを目指し、多摩ニュータウン全体を対象とした指針作りに取り組んだ。

8．熟成への模索（平成8～12年）

バブルが崩壊して、多摩ニュータウンも景気不足に見舞われた。住宅販売、企業立地が低迷した。周辺部では、新規地区の事業化には至らなかった。また入居した街の活性化がテーマとなってきた。しかも、入居エリアは稲城市域、八王子市域ともに拡大していった。このような状況下で公団事業も徹底した見直しが求められるようになった。

平成11年2月に時の故小渕総理が多摩ニュータウンを視察された。これを受け、「多摩ニュータウン活性化検討委員会」が設けられ、活性化のための6つの提言がまとめられた。ここで踏まえた問題意識は、バブル後の全国の都市開発事業に共通するものであり、多摩ニュータウンのみならず、他の開発事業地区にとっても指針となるものであった。その提言を受けて、現在までニュータウン事業が進められた。

住民参加の街づくりに対しても、公団は積極的に関わった。戸建住宅地の集会所のあり方の一つとして「クラブライフハウス」の実現に協力し、地域コミュニティ形成のための広報活動を支援した。住まい手と直接協議しながら街づくりを進めた。試行的ではあったが、街づくりに対する公団の姿勢は高く評価され、公団の関わりを契機として、地元のＮＰＯ団体が発足するなど、公団事業がインフラ整備に留まらないソフトな領域に深く関わったことは、公団の今後のあり方に示唆を与えることになった。

9．街づくりからまち育てへ（平成13～17年）

国の行財政改革の一環である特殊法人改革の流れの中で、都市基盤整備公団は廃止され、独立行政法人都市再生機構が発足した。多摩ニュータウン事業は事業の完了を目指すことになり、法手続きの完了から積年の懸案問題の解決に取り組むことになった。

この間、重点的に投資額を減らすための事業費の削減と、収入額を増やすための販売強化に取り組んだ。宅地および公共施設の品質を落とさず、事業費を削減することは、至難のことであったが、多摩事業本部一丸となって取り組み、予想以上の成果をあげることができた。

また、並行して、多摩ニュータウンの今後を見据えた「ニュータウン活性化委員会の提言」を元に、活性化及びまち育てに取り組んできた。多摩センターのビルトアップの促進、及びパルテノン大通りの活性化、近隣センター活性化支援、若葉台、堀之内でのビルトアップ促進、戸建住宅の継続的な供給などに取り組んだ。

なお19住区の本格的開発は今後に引継がれ、機構と民間のパートナーシップによる開発が予定されているが、残された多摩ニュータウンの最後のエリアとして、計画誘導のあり方が検討されている。

10. 都市景観づくり

多摩ニュータウンでは、事業当初段階から、良好な自然環境を保全し、緑とオープンスペースの確保に取り組んだ。ニュータウン全体で公園緑地の計画面積／計画人口比は東京都全体の5倍強に上る。様々な公園緑地を計画設計し、快適なオープンスペースを創出してきた。これらの取り組みに対して、公団は緑の都市賞（2度）を始め、日本都市計画学会賞（2度）、都市景観大賞（3度）、日本造園学会特別賞、日本不動産学会業績賞を受賞する栄誉を得た。

機構施行の多摩ニュータウン事業区域において、橋梁は144橋整備された。そのほとんどは歩道橋であるが、地域に馴染む土木構造物として、あるいはシンボル性を有するモニュメントとして、景観に配慮しデザインを追求してきた。その結果、橋梁においても3度の土木学会田中賞を受賞した。

これらの受賞対象のみならず、都市の景観づくりとして、住宅地全体のデザインコントロールを目指し、戸建住宅の外溝、門扉、カーポート、植栽、道路の街路灯、道路標識、案内板などのサイン、歩道舗装の仕上げ、階段スロープに至るまで、あらゆる面で手づくり感覚による良好な品質と人に優しくあれとの工夫を凝らしてきた。

〔2－2－B〕多摩市史編纂委員会編『多摩市史　通史編二　近現代』（多摩市、一九九九年、八〇四～八二〇頁）

第三節　多摩ニュータウン構想の浮上

宅地開発ラッシュ

戦後復興とそれに続く「高度経済成長」政策の展開にともなって、首都圏には急激に人口が増加した。昭和二十五年（一九五〇）から昭和四十年（一九六五）までの十五年間の間に、東京都の人口は約六二八万人から約一〇八七万人へと約四五九万人も増加している。平均すると毎年約三〇万人ずつの人口が流れ込んできたことになる。この時期の産業の発展と、東京都心部への中枢管理機能の集積は、深刻な都市問題をひきおこしたが、昭和三十年代になると、このような人口の流入は多摩村にも及びはじめ、やがて、村も激変期を迎えることになる。

南多摩地域は、北多摩に比べると都市化の進展が遅れていたが、昭和三十年代なかばになると急激な住宅建設ラッシュにみまわれた。南多摩地区の建築確認申請件数は、昭和三十二年（一九五七）には二二五七件だったが、昭和三十五年（一九六〇）には三八四一件、昭和三十八年には五九〇四件と、六年間で二・六倍以上の激しい増加を示した（『南多摩都市計画策定委員会報告書』）。昭和三十六年にすでに、当時の南多摩地方事務所建築課長が「大変な建築ラッシュで丘陵や傾斜地も切りくずされている。ここ二、三年で田園風景もなくなるのではないか」と危惧の声を寄せていた（『毎日新聞』昭和三十六年一月二十六日付）。多摩村においても、この時期には丘陵部を中心に、民間業者による団地開発が進み、昭和三十九年当時で、一五件、四〇三ヘクタールの宅地開発が行われていた。この面積は当時の多摩村の行政区域面積一八五五ヘクタールの二一・七パーセントをしめており、表2－4－4が示すように、南多摩地域のなかでも、日野とならんでとくに宅地化の進展が著しい地域となっていた。

表2－4－4　南多摩地域における地域別団地開発状況

（単位：件、ha、％）

区分	行政区域面積	全体			区画整理手法		その他の開発	
		件数	面積	比率	件数	面積	件数	面積
八王子市	16,401	40	1,033	6.3	6	597	34	436
町田市	7,227	58	772	10.7	4	541	54	231
日野市	2,673	19	574	21.5	4	393	15	182
由木村	2,191	11	69	3.1	0	0	11	69
多摩村	1,855	15	403	21.7	0	0	15	403
稲城町	1,742	6	158	9.1	0	0	6	158
計	32,089	149	3,010	9.4	14	1,531	135	1,478

東京都南多摩新都市開発本部『多摩ニュータウン開発の歩み　第1編』（昭和62年）29ページより

多摩村の人口は、昭和三十年（一九五五）の七二一六人から、三十五年には九二九三人、多摩村が多摩町になった三十九年には一万四六一六人へと、九年間で二倍以上の増加ぶりを示していた（いずれも各年の『事務報告書』による）。

多摩村は、その「玄関口」である京王線の聖蹟桜ヶ丘駅まで、新宿から三六分で結ばれており、中央線と比較すると、武蔵小金井駅付近と同じ程度の時間距離にあたっていたため、当時「注目の的」となっていたという（『多摩村広報』一号、昭和三十六年五月十五日）。

開発は昭和二十五年（一九五〇）に都立自然公園に指定された山林にも及んでいた。昭和三十六年（一九六一）二月二十六日付の『朝日新聞』（都下版）はこの問題を取り上げ「南郡多摩村ではとくにひどく、丘陵地帯に百万平方メートルほどのゴルフ場が四つ、それに八十二万五千平方メートルが宅地に削りとられている」と報じた。この記事によれば、東京都公園緑地部が開発に都知事の許可が必要な「特別地域」に指定替えするために土地の買収を進めようとしているのに対して、地元側には開発歓迎の声があり、開発を防ぐのがむずかしい状況であったことが見てとれる。多摩村の富沢政鑒村長はこの記事中の談話で「山林の持ち主は自然公園に指定されてもなんの恩恵にもよくしない。また特別地域にしてハイキング・コースができたところで、地元の観光収入はゼロにひとしい。生産性の低い山林はどしどし転用した方が村の財政もうるおう」と、率直に開発歓迎の姿勢を打ち出していた。

しかも多摩村には、昭和三十八年（一九六三）十月まで都市計画法が適用されていなかったため、開発にたいして用途地域の指定、空地地区や公園・緑地の確保などの有効な規制を加えることができず、山林部に小規模住宅用地を造成する「自由開発」が進み、スプロール化が進行し、各地で深刻な問題を引き起こしていた。

馬引沢団地は昭和三十六年（一九六一）に田園都市株式会社によって宅地造成され、昭和三十八年に分譲が開始された。この団地は、先行して開発された京王桜ヶ丘団地に比べると、都市基盤整備がきわめて不充分であった。丘陵部の斜面地を宅地造成して建設されたこの団地は、山や崖に囲まれて、出入り口は一か所しかなく、周辺地域から孤立した開発が行われていた。当初に設置された給水施設からは水が出ず、「団地下の『鳥屋の星野さん』宅（養鶏家）へ、井戸水をもらいに行く日が続き」、「団地内の『道路は砂利道で、雨が降ると土砂が流され、道は川原となり頭大の石が道路に散乱するため、団地全員で補修することの繰り返しであった」という（馬引沢団地自治会『馬引沢団地三五年のあゆみ』）。この団地では、昭和四十一年九月の台風二四号による大雨で団地内道路が流出してしまう被害にもあっており、その復旧をみたのは三十年後の平成八年のことであった。団地住民は、住環境が不便で危険だったためにかえってよく結束し、積極的な自治活動をすすめた。そして、自治会を基盤にして公団や市にも働きかけながら、少しずつ問題を解決し、よりよい住環境を実現しつつある。

馬引沢団地にかぎらず、当時、南多摩丘陵の宅地造成地には危険な個所が数多く見られ危惧されていた。そして、昭和四十一年（一九六六）に、その危惧は現実のものとなった。六月末に多摩地域を直撃した台風四号は、多摩川支流中小河川の各地に水害をもたらし、町田・調布市、田無・保谷・狛江・多摩町の二市四町に災害救助法適用の被害が出たのであった。とりわけ被害がめだったのが住宅造成地の下流である。新聞記者による現場からのルポルタージュは次のように報じている。

> 多摩町和田の宝蔵橋ぎわ。大栗川べりの約四〇戸の建売住宅街。川がカーブしているうえ低地のため住宅街は濁流のウズ。水が引いたあと、駐留軍勤務の諏訪正太郎さん方など三軒が、えぐられた岸の上から川面に突きだして宙ぶらりん。となりの家では土台下のたまり水に逃げ遅れた川魚が二〇匹ほどハネている。

この記者の取材に、当時の多摩町役場土木課長は「雨のたびに造成地の下水は滝のように急降下。それをはきだす川を、都はちっとも改修してくれない。もちろん、造成業者で川までなおすのはいないですよ。それで被災者からの文句は役場にくるんだからかなわない」と窮状を訴えている（『朝日新聞』昭和四十一年七月一日付）。東京都は昭和三十九年から「中小河川整備計画」にもとづいて河川改修工事を進めていたが、この計画には三多摩地域は入っていなかった。南多摩丘陵で繰り広げられた宅地開発ラッシュへの行政側の対応は遅れており、急務であった。

開発誘致の動き

昭和三十八年（一九六三）二月九日、多摩村の地主会代表は、日本住宅公団による団地開発誘致を求める陳情書を村長に提出した（資四－252）。「多摩村岩ノ入、乞田、貝取、馬引沢等地区地主壱百余名」が、「所有山林及田、総面積約三〇万坪を取纏めて、この地域の開発を致し村の振興に役立たせ度い」との考えから、「日本住宅公団による国家的な開発を進めていたゞき度い」と村当局に陳情したものである。同時にこの陳情書には、「最近多摩村内の開発は各地域に及び主として会社民間の開発が行われて」いることへの懸念も表明されていた。

地主会が開発を誘致するねらいは、次のようなものであった。「私達は、この地域の開発に進んで協力しこゝに集中する住民人口を基礎として、従来の農業経営を多角的に改善して必要物資（野菜、鶏卵、肉類等）の供給が出来る態勢を整備いたし度いと存じます。尚この際、この地域の道路の開発に対しても村当局の御協力をお願い申し上げます」。ここには、開発の進展によって多角的な農業経営を展開し得るとの見通しが示されていた。現に、このころ多摩村の畜産業は順調な伸びを示しており、野菜生産も堅調であった。

この陳情を行った南多摩郡多摩村地主会役員は、岩ノ入乞田地区代表が加藤猛雄、馬場益彌、佐伯信行、貝取地区代表が下野峰雄、馬引沢地区代表が相沢佐一の五人で、このうち下野と相沢は現役の村議会議員であった。これを受けて、二月十八日、多摩村長の富沢政鑒より、日本住宅公団総裁に宛てて日本住宅公団による団地開発の促進を求める陳情書が出された（資四－253）。この村長の陳情書は、先の地主会代表の村長宛の陳情書について「当村開発の方針に合致するものとして村議会に於いても同意致して居るものであり、当村に於いても出来得る限り協力致す所存であります」と述べていた。村長は、二月九日に提出された地主会の陳情書について、村議会の同意を得たうえで、二月十八日には公団

図２－４－10　住宅建設の進む馬引沢団地（昭和39年）

図２－４－11　台風４号通過後の大栗川宝蔵橋付近

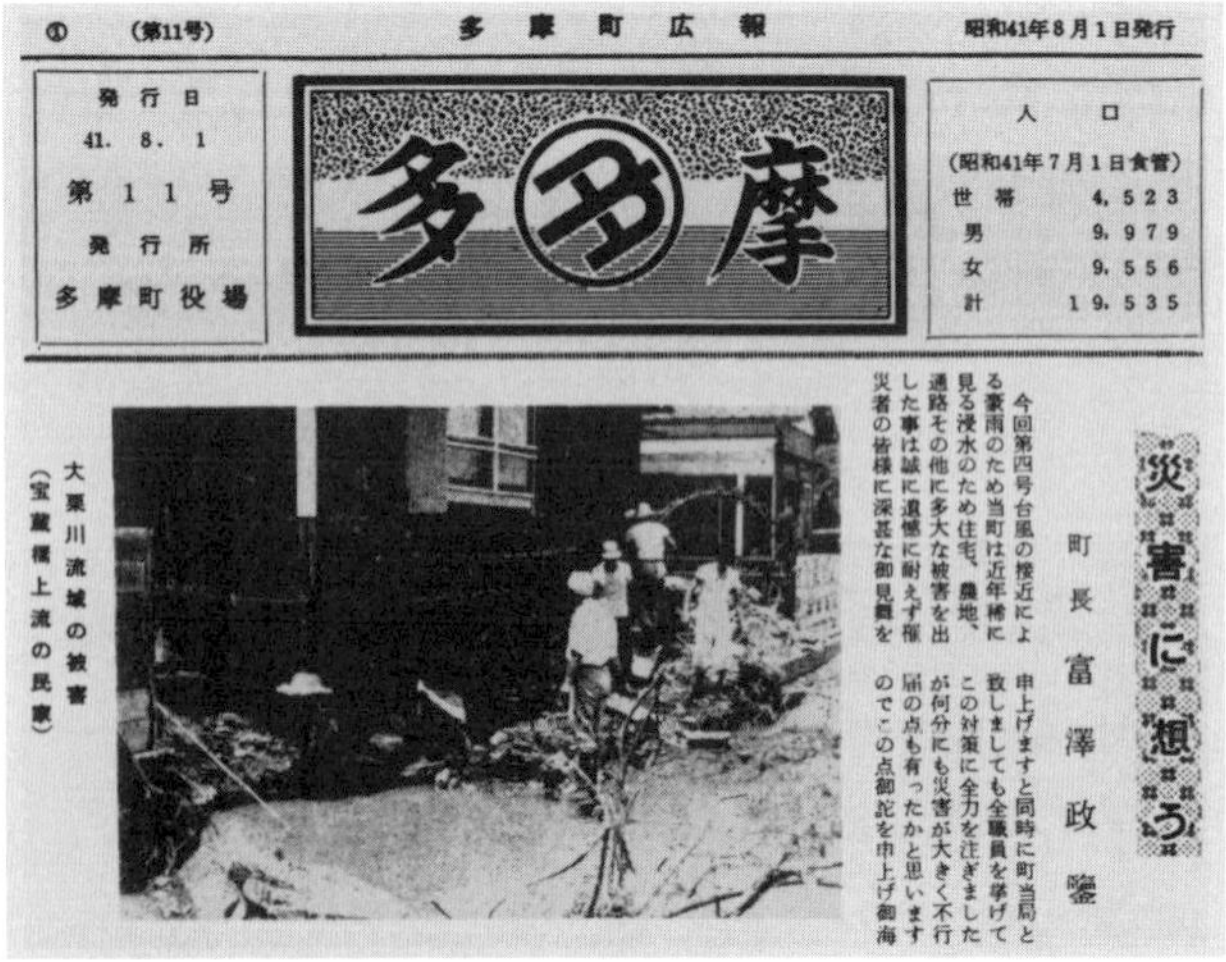

①　（第11号）　多摩町広報　昭和41年８月１日発行

発行日　41. 8. 1　第１１号　発行所　多摩町役場

多摩

人口（昭和41年７月１日食管）
世帯　4,523
男　9,979
女　9,556
計　19,535

災害に想う

町長　富澤政鑒

今回第四号台風の接近による豪雨のため当町は近年稀に見る浸水のため住宅、農地、通路その他に多大な被害を出した事は誠に遺憾に耐えず罹災者の皆様に深甚な御見舞を申上げますと同時に町当局と致しましても全職員を挙げてこの対策に全力を注ぎましたが何分にも災害が大きく不行届の点も有ったかと思いますのでこの点御詑を申上げ御海

大栗川流域の被害
（宝蔵橋上流の民家）

図２－４－12　大栗川流域の台風被害を伝える広報記事

総裁宛の陳情書を提出した。実に素早い対応であった。

同年三月十五日の『朝日新聞』は「多摩村に大規模な住宅団地」という見出しで、日本住宅公団の貝取・乞田地区団地開発を報じた。「日本住宅公団、村当局の話を総合すると、団地の予定地は貝取、乞田（こった）地区の通称多摩丘陵。ほとんどが山林に囲まれた場所で、すでに地主約百人の『売渡し承諾』もまとまっており、今年のうちに整地が始まる予定だという」と。その記事は、村の対応について、次のように描いている。「頭のいたいのは、不動産業者の思わく買いで、団地につきものの学校や上下水道、道路の用地買収にどんな手を打ってくるか―これについて村では『どんな高値で買いに来ても〝うまい話〟には絶対のらないでほしい、それが村の発展に協力することだ』と強く村民の協力を呼びかけている」（資四－254）。巨大な多摩ニュータウン開発が動き出す前に、諏訪・永山団地の開発がすすめられていたことは、見落としてはならない。

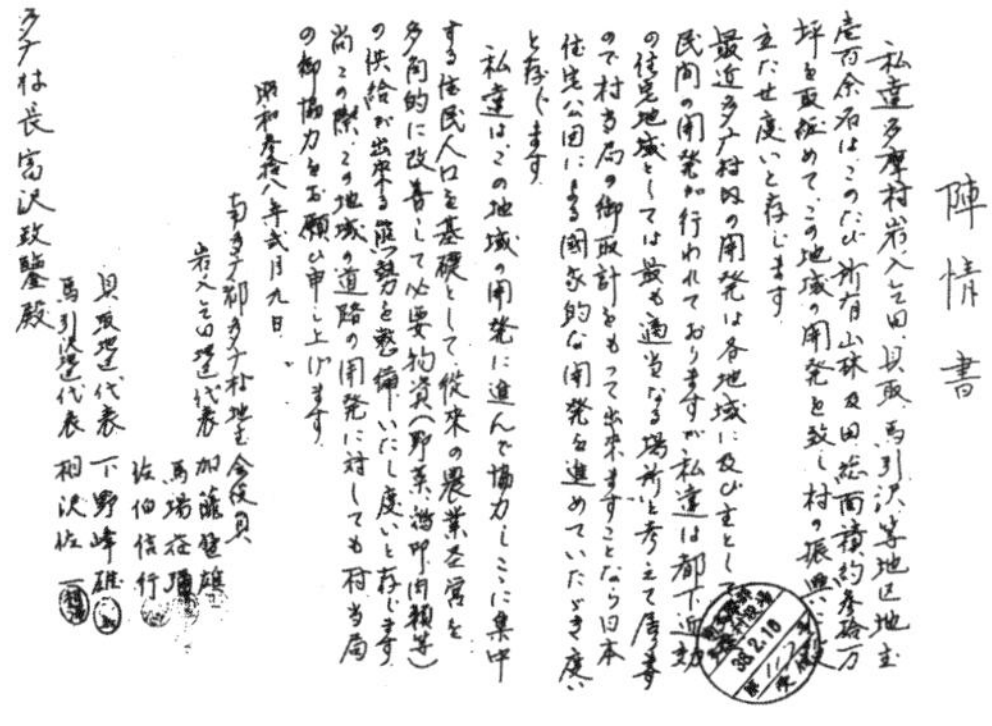
陳情書

私達多摩村岩ノ入、乞田、貝取、馬引沢、等地区地主三百余名はこのたび所有山林及田畑面積約参拾万坪を取纏めて、この地域の開発を致し村の振興に寄与致し度いと存じます

最近多摩村内の開発は各地域に及び主として民間の開発が行われておりますが私達は都下近郊の住宅地域としては最も適当なる場所と考えて居りますので村当局の御取計をもって出来ますことなら日本住宅公団による国家的な開発を進めていただき度いと存じます

私達はこの地域の開発に進んで協力しここに集中する住民人口を基礎として従来の農業経営を多角的に改善して必要物資（野菜、鶏卵肉類等）の供給が出来る態勢を整備いたし度いと存じます

尚この際この地域の道路の開発に対しても村当局の御協力をお願い申し上げます

昭和参拾八年弐月九日

南多摩郡多摩村地主会役員

岩ノ入乞田地区代表 加藤[illegible] 馬場[illegible] 佐伯信行

貝取地区代表 下野峰雄

馬引沢地区代表 相沢[illegible]

多摩村長 富沢政鑒殿

図2－4－13　日本住宅公団による開発を求める陳情書

『多摩村広報』昭和三十九年一月一日号で、富沢村長は南多摩総合開発計画への賛成の意向を表明した（資四－259）。「多摩村地内に許容される人口は一〇万人を超すものと推定されます。このように前途には輝かしい発展が期待されております」と。このとき村長は、次のような未来像を描いていた。「私はこの大計画が一日も早く実施せられ、円滑なる運営に依って将来我等の郷土が理想的な文化都市となる事を熱望し、この実現に渾身の努を尽くす所存であります」と。このように、富沢村長は積極的に開発推進の態度を表明していた。

ニュータウン計画の原型

昭和四十七年（一九七二）の二月に『朝日新聞』に連載された「多摩ニュータウン模索中」のなかで、次のような記事が目をひいた。

「多摩ニュータウン建設のアイディアが、東京都のどこで思いつきが出され、どういう形で決定にいたったか、どうにもはっきりしないんですな。調査会の機能をあげて、追跡調査をしたが、結局わからない、ということが、わかりました。わずか十年そこそこなのに、その端緒は、すでに神話みたいな、ナゾみたいな」

この談話は、都行財政臨時調査委員会委員の回顧として紹介されたものであるが、ここに示されているように、多摩ニュータウン開発には明確な出発点が見あたらない。建設者、東京都、日本住宅公団（当時）などがそれぞれに練っていた別個のアイディアやプランがいくつも折り重なるようにして、一つの開発計画にまとまっていったのであった。さて、その経過については、これから順次ふれていくことになるのだが、多摩ニュータウン開発計画のひとつの有力な原型を用意したのが、東京都首都整備局による大規模宅地造成の適地選定調査である。

東京都は、昭和三十五年（一九六〇）七月に、各局に分散していた首都整備計画の部門をまとめて、首都整備局を設置した（初代局長・山田正男）。首都整備局では、当時の人口急増に対応し、居環境が良好で、なおかつ低廉な住宅地を大量に供給するために、この年の十二月から翌三十六年三月にかけて、区域面積約一〇〇〇ヘクタールの大規模住宅地に適した地域を選定する調査を実施した。その結果、多摩村の乞田、落合、貝取、唐木田、および町田市の小野路を適地候補として選定した。

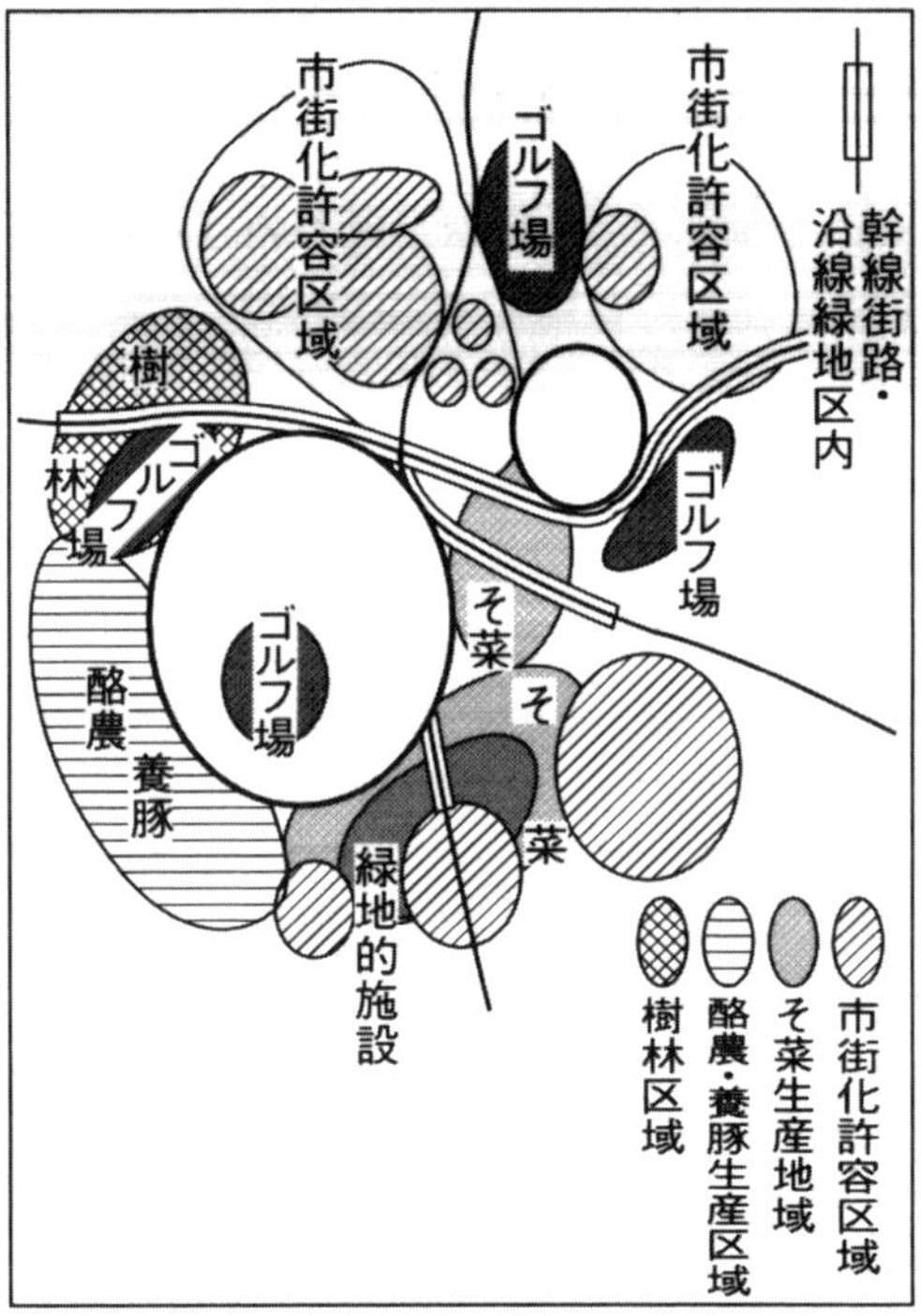

図2－4－14　東京都首都整備局試案の計画図

東京都首都整備局『集団的宅地造成関連地域における緑地構成についての調査報告書』（昭和37年度）より作成

この段階では、開発計画について地元にはまったく知らされていない。さて、一〇〇〇ヘクタールという面積は、現在の多摩ニュータウン区域の約三分の一の面積ではあるが、当時の村民にとっては、想像もできない規模であったといえよう。多摩村随一の大規模開発としてこのころ造成中であった、京王桜ヶ丘団地の開発規模約七〇ヘクタールの一〇倍を超える、まさに想像を絶する規模であった。

　これに続いて昭和三十七年度には、東京都首都整備局は、さらに計画面積を拡大し、多摩村と稲城村を中心とする多摩丘陵の二つの地域（約一六〇〇ヘクタール）を対象に、合計一五万人を収容する集団的宅地開発の計画案を作成した（図2－4－14）。この案では、多摩村と稲城町にまたがる米軍多摩弾薬庫の移転と跡地の取得を前提にして、地域が設定されていた。翌三十八年には、首都整備局により、周辺の緑地構成についての調査も行われ、「市街地の周辺を取りまく緑地、空閑地は、可能な限り残」すこととされた。そこでは「田園風致の保存、都市に隣接した森林、農園、緑地等の保存育成には意をそそぎ、美しい自然的環境の確保をはからねばならない」ともうたわれていた。このように、東京都首都整備局は早くから巨大規模の開発を計画していたのである。だが、この段階では、南多摩丘陵において、住宅市街地化と農業の育成は両立するものととらえられていた。この大規模開発計画案が、新住宅市街地開発法とむすびつき、この地域の農業はなくならなければならないものとされるのはもう少し先のことであった。

新住宅市街地開発法

昭和三十年（一九五五）ごろから「高度経済成長」政策が展開されるにともなって、東京、大阪をはじめとする大都市への急激な人口の集中が進み、大都市の住宅難の深刻化、大都市周辺部の宅地不足とスプロール化が大きな社会問題となった。建設省では、これに対応するために、昭和三十五年（一九六〇）に、新規に大規模宅地開発を推進する手段として宅地開発法の検討に着手し、最終的に三十八年（一九六三）七月に新住宅市街地開発法（以下、新住法と略す）の制定・施行に結実し、具体化されることになった。

　これによって、「人口の集中の著しい市街地の周辺の地域」に「住宅地の大規模な供給」（新住法第一条）をはかる事業は、土地収用権をそなえた公共事業として実施することが可能となった。多摩ニュータウン開発事業は、この新住法の適用事業として都市計画決定され、実施されたものである。

　この新住法は、大きな強制力をもって開発用地を取得していくことができる制度を備えた法であった。第一に、建設大臣は、あらかじめ土地所有者の意向を確認しないでも、大規模住宅開発の区域を都市計画として決定できることになっており（第三条）、第二に、ひとたび決定された区域内には土地収用法の適用が認められ（第一七条）、第三に、開発施行者（地方公共団体または日本住宅公団）には、先買権という、土地建物を売り主から優先的に買い受けられる権利を与え（第一五条）、第四に、農地法による転用や処分の許可手続きは、建設大臣と農林大臣の協議がなされれば、必要がないものとされていた（第四四条）。開発区域に指定されたら、たとえ所有者に土地を売る意思がなくとも強制的かつ全面的に買収できるしくみになっていたのである。

次に、この新住法はどの程度の規模を予定していたのかを見ておこう。第三条には、建設大臣が新住法事業として都市計画決定できる要件として、「一以上の住区を形成できる規模の区域」であることと定められている。住区とは「一ヘクタールあたり一〇〇人から三〇〇人を基準として約一万人が居住できる地区」であり、逆算すると一住区の面積は三三ヘクタール（一〇万坪）ないし一〇〇ヘクタール（三〇万坪）程度の規模が想定されていたのである。このことは、六月七日の衆議院建設委員会において、前田政府委員（建設省住宅局長）も「この新住宅市街地開発法の規模は相当大規模にすることによって、宅地としての価値が大きい、こういうことから、この法律にもありますように、相当大規模の、十万坪あるいは数十万坪という大規模の住宅団地を造成することをねらっております」と明言している（『衆議院建設委員会速記録』）。法案の審議段階では、各委員は新住法を適用する開発の規模は、最大一〇〇ヘクタールの住区を数区程度形成できる程度と理解していた。ところが、のちに述べるように多摩ニュータウン開発においては、この新住法を適用しながら、そもそも法が予定していない三〇〇〇ヘクタールもの土地を開発用地に指定したのである。これによって、広大な多摩丘陵に全面買収の網がかけられた。

図２－４－15　全面買収を地権者に説明した資料

第四節　都市計画とニュータウン開発

都市計画の策定へ

では、なぜ、多摩村を中心とした地域で、これほどまでに大規模なニュータウン開発が可能だったのだろうか。これは、前節でふれた土地所有者の開発誘致の動きとともに、多摩村の都市計画策定の動きとが、密接にからんでいる。

富沢村長は『多摩村広報』第七号（昭和三十八年一月一日付）の「新年の御挨拶」で「皆様方の御協力に依りまして我が多摩村も躍進的発展を致して参りました事は御同慶の至りに存じます」とのべた。多摩村では、この時点で人口がすでに一万一〇〇〇人を超え、さらに、造成中の団地に続々と入居者がやってくることが予想されたため、都市化に対応する施策が急務であった。村長はこの年の諸施策を説明したうえで、多摩村都市計画の樹立と環境衛生施設の拡充を急がなければならないことを強調した。

昭和四十七年二月二十日付の『朝日新聞』（東京版・多摩）には、富沢市長（当時）の回顧談が紹介されている。

「調べると、多摩村は都市計画にのっていない。それで、当時の都首都整備局長の山田正男さんのところへいったら、（中略）『キミ、多摩村ぐらいな所は、どんなことやっても、しょうがないよ』。まるで相手にしないんだな」

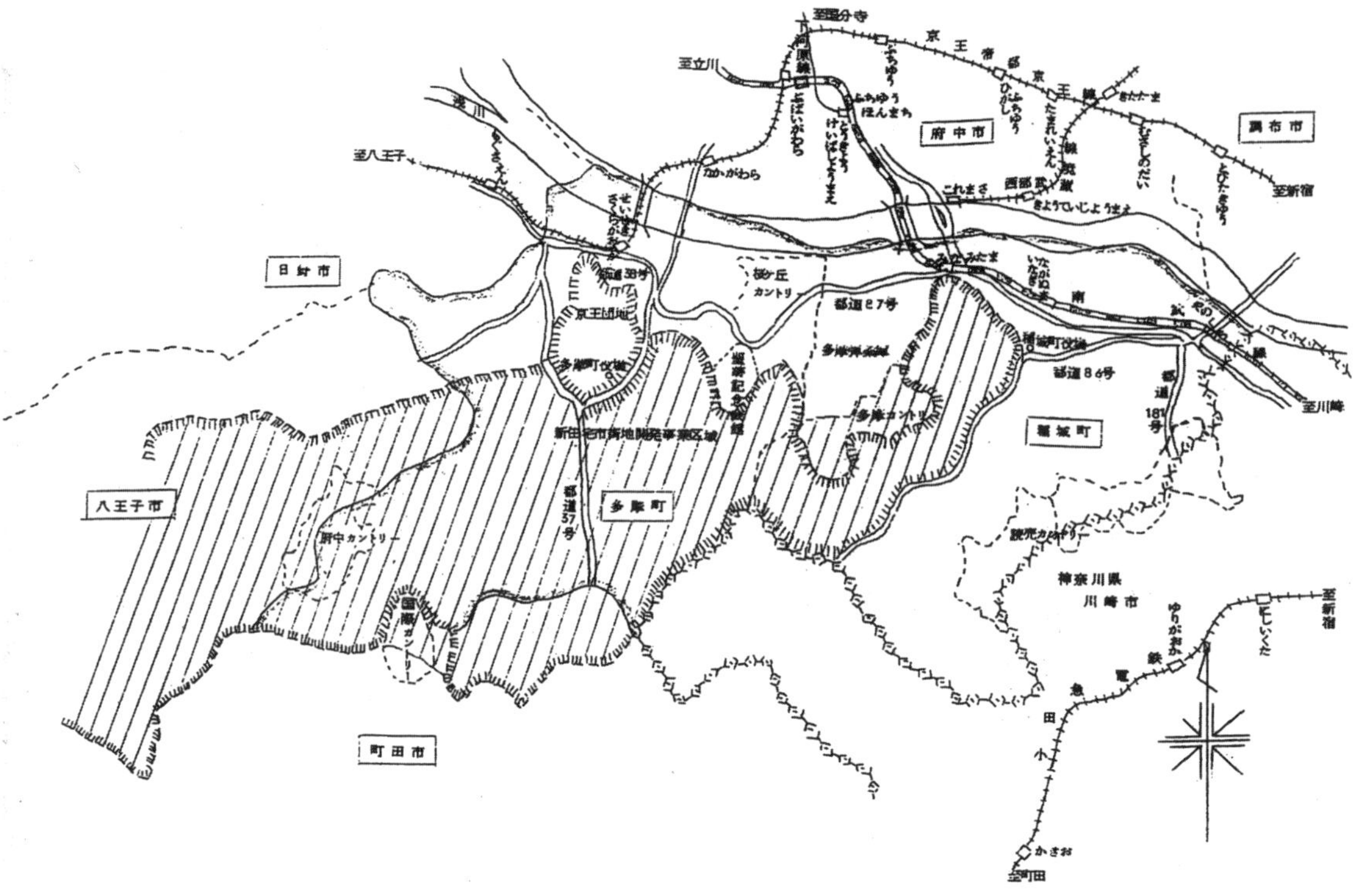

図２－４－16　多摩都市計画区域図

同記事によると、富沢村長は「これがきっかけで、山田氏を知り、壮大なニュータウン構想を知った」とある。富沢村長が、多摩村都市計画を樹立しようとしているとき、東京都ではすでに多摩ニュータウン開発の構想を持っていた。南多摩地域を都市計画区域に指定することは、新住法による開発をすすめるための前提だったのである。では、多摩村の都市計画策定への動きと、新住法による多摩ニュータウン開発との関係を、以下で検討してみよう。

多摩村が都市計画に着手したいきさつについて、富沢村長は、次のように説明した。

「都市計画については久しく要望して居りました所、去る七月以来、東京都当局の指導に依り、南（多摩）郡中で（都市計画）未施行の多摩、由木、稲城の三町村を包含した一つの区域に（都市計画を）急速に施行するようにとの事であり、三町村長の協議の結果、これを行う事とし新たに南多摩郡東部都市計画協議を結成してこの施行の準備に当り、各町村間で協議を進めて参りまし」た（『多摩村広報』九号、昭和三十九年一月一日付）。

多摩村議会は、昭和三十八年九月十九日の第三回定例会で、小林一郎、小山豊吉、下田徳一の三議員を南多摩東部都市計画協議会委員に選出した。このときの審議で、富沢村長は「この計画は、都の計画に基づいて行うもので」あるとのべた。また村長は、多摩村は、首都圏整備法に基づくグリーンベルト区域、すなわち、東京駅を中心に半径一五キロから二五キロの区域の外、二五キロから四〇キロの地帯に当たり、この計画は、この地帯に「商業地帯、住宅地帯を設け、都市に人口を集中しない様にするもの」であるとも説明している。そして、「現在都下で都市計画が引かれていないのは、多摩村、稲城町、由木村の三ヶ町村だけです。最近多摩村では、大きな団地造成等住宅が建つのに都の方でも着目いたしました。そこで、この計画を進め様という事です」とだけのべている。

新住法についての説明はしていない。
　また、旧都市計画法の第一条によれば、複数の町村にまたがる都市計画を定めるさいには、中心となる町村を法指定町村にしなければならないのであるが、この件については、富沢村長は、「由木村にも話しましたが、中心をどこにするかという事で問題がある訳です。由木村の方では問題がありませんが、稲城の方では議員さんの問題があります」とのべており、稲城町議会が多摩村が中心となることに反対論があることがうかがえる。さらに、「先日、この三ヶ町村長が都の方によばれ、国の方でも早く指定したいので中心になる町村を早急に定める様いわれた」とものべている（村議会会議録）。以上の経過をみると、新住法が公布・施行された昭和三十八年七月十一日以降、東京都と国（建設省）が、急ピッチで多摩ニュータウン計画への下準備を進めていたことが見てとれる。開発地域に新住法を適用するためには、それに先んじて、対象地域を都市計画指定しておく必要があったからである。新住法ができるまでは、多摩村が要望しても都市計画の指定はなかなか実現しなかった。しかし、新住法が施行されてからは東京都が強力な推進姿勢をとるようになる。

　その後、南多摩東部都市計画協議会では「九月末、多摩村を法指定町村とし、稲城、由木両町村の同意を得て三町村の全区域を多摩都市計画地域として東京都に指定を申請し」た（『多摩村広報』九号）。これを受けて、十月十一日の建設省告示で多摩村が都市計画法による指定を受けた。そして、同月十四日の都市計画審議会の審議を経たのち、十一月四日の建設省告示により、多摩村、稲城町、由木村の全域が東京都多摩都市計画区域に指定された。その理由書には「三多摩都市計画の一環として、立地条件等を同じくする多摩村、稲城町、由木村の区域をもって本案のように都市計画区域を決定し、総合的な都市計画のもとに近代都市としての発展を図ろうとするものである」とうたわれた。これにもとづき、多摩村のなかでも都市計画に関する調査が進められた。昭和四十年度には、多摩町の建設課が、詳細な資料集『多摩町都市計画一九六〇』を発行している。

南多摩総合都市計画の策定

　こうして都市計画区域が決定すると、次に、その用途地域と街路、公園の指定を行うために計画案が作られることになった。この計画案の策定は、各自治体から財団法人都市計画協会に委託され、当協会の中に構成された南多摩総合都市計画策定委員会（委員長・松井達夫）において、昭和三十八年十月から翌年三月にかけて作業が進められ、『南多摩都市計画策定委員会報告書』としてまとめられた。黒い表紙に白抜きで「南多摩」と書かれた報告書は、関係者の間で、『黒表紙』とか『南多摩』と通称で呼ばれていた。多摩村では、この都市計画策定のための委託料を追加更正予算を組んで支出した。富沢村長はこの予算について、昭和三十八年十二月十九日に開かれた多摩村議会第四回定例会で、次のように説明している。

「都市計画を行うには他町村との継り等、その計画を立案しなければなりません。そこで、都市計画協会の学識経験者により、立案してもらう訳です。現在、多摩村の周辺には四つの都市計画区域があるので、その関係及び事務を委託する訳です。尚、委託料ですが、多摩都市計画は三ヶ町村で五十万円で、今回はその一部、十万円をお願いする訳けです。」（多摩村議会会議録）

　東京都の資料によれば、この委託は、工期が十月から翌年三月、発注主体は東京都首都整備局、委託費は二〇〇万円となっている（東京都首都整備局『多摩ニュータウン構想―その分析と問題点』昭和四十三年）。

　さて、この都市計画策定作業にいたる経過について、『南多摩都市計画策定委員会報告書』では、次のように説明されている。

「東京都の著しい人口集中によって生じた周辺地域における住宅地の開発を健全なものとし、住宅難に対して大規模な住宅供給を行う目的で、昭和三十八年七月に新住宅市街地開発法が指定され、東京都においても、多摩丘陵一体を候補地として調査を行っていたが、おおむね多摩町、稲城町、由木村の区域について新住宅市街地開発事業を行うことが適当であるとの結論に達し、その前提となるべき、土地利用、街路、公園などの計画について本委員会にその計画案作製を委託されたわけである。」

この委員会には、建設省、東京都、日本住宅公団から委員が出され、そこで協議・調整がすすめられた。いわばこの三者の合作の形で、開発への基本的枠組みが作られていった。そして、この委員会の作業のなかで、昭和三十九年三月までに多摩ニュータウン開発計画案の第一次案から第三次案までが検討された。翌年にまとめられた『多摩ニュータウン開発計画一九六五』によれば、「計画案の変遷は、東京都首都整備局試案を原案とし、別にすれば、以下、第一次案から第六次案（答申）となる。そして、第一次案〜第三次案は、南多摩綜合都市計画策定委員会の作業の中で展開されたもので、その結果は新住宅市街地開発区域として定められ、又、用途地域、主要公共施設等の都市計画決定のベースとなったものである」とされている（『多摩ニュータウン開発計画一九六五』）。この委員会の作業の過程で、開発計画は東京都首都整備局の「原案」よりもいっそう大規模なものとなっていき、都市計画の策定とあわせて、南多摩丘陵の三〇〇〇ヘクタールにおよぶ広大な土地が、全面買収方式による用地取得を前提とする新住法開発地域としてセットされた。東京都の試案と新住法の手法とが結びつくことによって、そのどちらもが当初予定していなかった大規模かつ全面的な計画案が作られていったのである。

開発像の違い

開発の進展につれて、多摩村地主会代表の陳情書にみられる開発像とニュータウン計画の推進者の開発像との違いが、はっきりとしてきた。

地主会代表が開発に期待したものは、開発に対応した農業経営の展開であった。いっぽう、農民たちのなかにも京王桜ヶ丘団地やゴルフ場に土地を売ったことによって農家が現金を獲得しているようすを見聞きするにつれ、土地を売ることに抵抗感が薄れつつあった。とくに耕作規模が大きく山林農地をもてあまし気味の有力地主層や、逆に耕作規模が小さく、早くから兼業化が進み、農業に先行きを見いだせない農家には、開発に対する期待感も広がりつつあった。優良な農業経営を展開し営農意欲を強く持っている農家は、有力層と小規模・零細層にはさまれて、少数派に転じていった。

これに対し、開発を推進した側の農業認識は、どのようなものであったろうか。さきにもふれた『南多摩都市計画策定委員会報告書』は、南多摩の農業を次のように評価している。「地形や位置から宅地として売れない農地を持っている農家、および転業のできない中高年齢層が農業を行っているもののみが残農業に従事しているのが南多摩の農業の現況であると考えられる。ジェネレーションの交替につれて、平坦部はすみやかに市街化するものと思われるので、都市施設の整備計画は当然進められるべきであるとかんがえる」（資四－294）と。

また、昭和四十年（一九六五）二月に日本都市計画学会新住宅市街地計画策定委員会が出した『多摩ニュータウン開発計画一九六五報告書』は、「多摩ニュータウン区域内の経営耕地はなくなる」（資四－297）と言い切っていた。

初代の東京都南多摩新都市開発本部長をつとめた大河原春雄は、昭和四十七年に出した著書『都市計画からみた住宅問題』（鹿島研究所出版会）のなかで、都市周辺の集落と住宅開発について、「農地等は強制的に買収すべきである」との見解を明らかにしている。「既存の住宅を特定の数ヵ所の区域にある程度強制して移転させ、必要な補償によって解決を図るのが一番実際に適しているとも考えられる。どうせそんな区域では口でこそ農業を続けると称していても事実は所有地の縮小を最も恐れているのであるから、農地等は強制的に買収すべきである」と。

このように、開発を推進した側は、南多摩地域の農業を滅びゆくものと把握し、農地を強制的に買収して都市計画を進めることを当然のことと認識していた。地主会代表の考えとは、大きく隔たっていたのである。

こうした認識の差に加えて、眼前に進行していく開発が、当初期待していたことと違ったものであることをくっきりと浮き彫りにしていった。山林や農地の一部を売却してもいいと考えていた農民たちも、まさかこの開発によって住居から追い出され、農業ができなくなり、集落自体も無くなりかけるとは、予想だにしていなかったのである。

しかし現実には、開発施行者側は、地主の同意を得て、地元自治体の賛意も得たとして、開発を推進していった。そのための強力なテコとなったのが、全面買収・土地収用という手法をそなえた新住宅市街地開発法であった。

図2－4－17　開発前の乞田・永山地区

〔2－2－C〕『企画展　多摩ニュータウン開発の軌跡——「巨大な実験都市」の誕生と変容』（パルテノン多摩／公益財団法人多摩市文化振興財団、一九九八年、三五～四〇頁）

Ⅳ　新天地を求めて——「陸の孤島」への船出

ついに始動した多摩ニュータウン。道路、医療、交通、教育、行政区域などいくつもの難題を抱えたままの出発だった。新聞・雑誌などでは「巨大な実験都市」「陸の孤島」「夢の40万都市」などさまざまなキャッチフレーズが飛び交いときには「聞いてバラ色、住んで灰色」と揶揄されることもあった。それでも、人々は全国から「新天地」を求めて多摩ニュータウンへと集まり新しい生活をはじめていく。そこではどのような生活だったのか？　初期入居の状況とその後の生活のようすをいくつかの側面からさぐってみる。

引越しラッシュ

1971（昭和46）年3月26日、諏訪・永山地区で待望の第一次入居の日を迎えた。諏訪団地に1182戸、永山団地に1508戸が入居した。入居初日から数日間は、引越しのトラックが列をなし、まさに〝引越しラッシュ〟の状態が続いた。

当時の深刻な住宅事情を反映して、多摩ニュータウンの住宅の募集では高い競争率を示した。入居がはじまって約5ヶ月後の1971（昭和46）年9月1日には、多摩町の人口が4万人を超え、同年11月1日に市制を施行した。その7年前に町制施行したばかりだったので、いかに急激な人口増加だったのかが分かる。

「新天地」とはいっても、まだ造成のただ中での出発だったため、団地のまわりは赤土がむき出しの地面で、ダンプカーが疾走し、舞い上がる土ぼこりの中での生活を余儀なくされた。

その後、愛宕、落合、貝取、豊ヶ丘団地が完成し、人々が続々と入居してくるようになると、徐々にニュータウンとしての体裁も整っていく。

〝陸の孤島〟へ　まず200世帯
多摩ニュータウン入居始る

朝日新聞（1971年3月26日）

列をなす引っ越しのトラック（1971年３月26日）／多摩市秘書広報課提供

公団住宅の住いのしおり／多摩市開発調整課蔵

諏訪・永山団地入居時に配られた絵葉書（1971年）／峰岸松三氏蔵

一次入居の人々（1971年３月26日）／多摩市秘書広報課提供

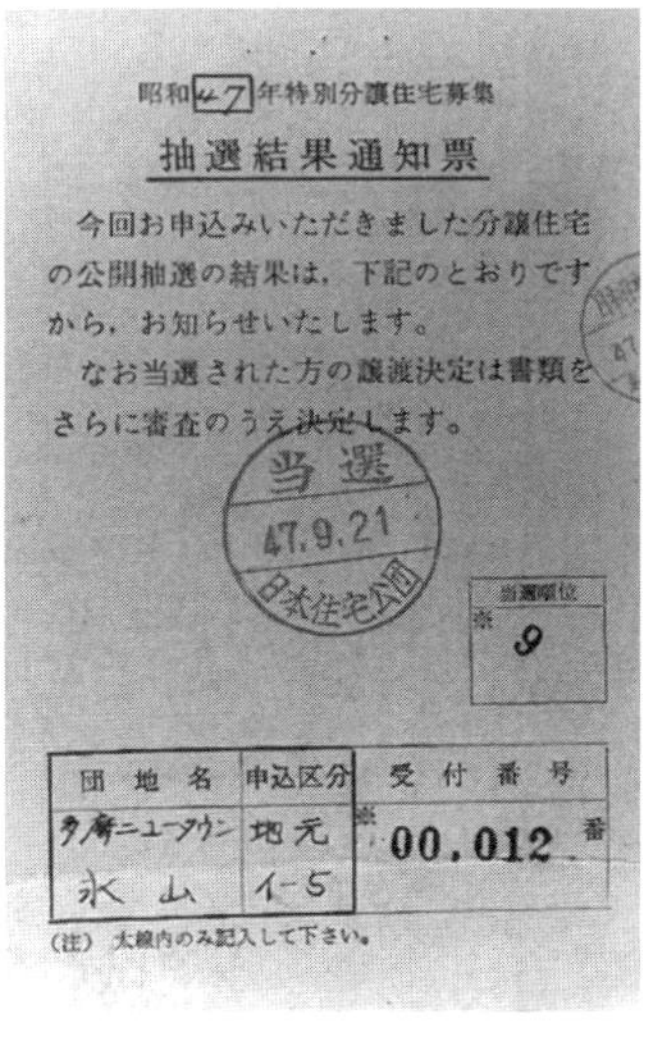

昭和47年特別分譲住宅募集

抽選結果通知票

今回お申込みいただきました分譲住宅の公開抽選の結果は，下記のとおりですから，お知らせいたします。

なお当選された方の譲渡決定は書類をさらに審査のうえ決定します。

当選 47.9.21 日本住宅公団

当選順位 ※9

団地名	申込区分	受付番号
多摩ニュータウン 永山	地元 イ-5	※00.012番

（注）太線内のみ記入して下さい。

抽選結果通知票（1972年９月）／本間義則氏蔵

入居案内パンフレット／多摩市開発調整課蔵

団地住まい

多摩ニュータウン計画の当初の使命は、深刻な住宅難に対処するための低廉な住宅の大量供給だったため、初期に建てられた住宅は、１ＤＫから３Ｋといった規模の賃貸が中心だった。いわゆる「団地サイズ」とよばれる住宅である。

住み心地についての最大の不満は、なんといっても「狭い」ということであった。１９７３（昭和48）年の調査では、広さについて過半数が「不満」と答えている。子どものいない若い世代の夫婦が入居しても、やがて子どもが生まれると必ず手狭となっていくため、この問題は、年

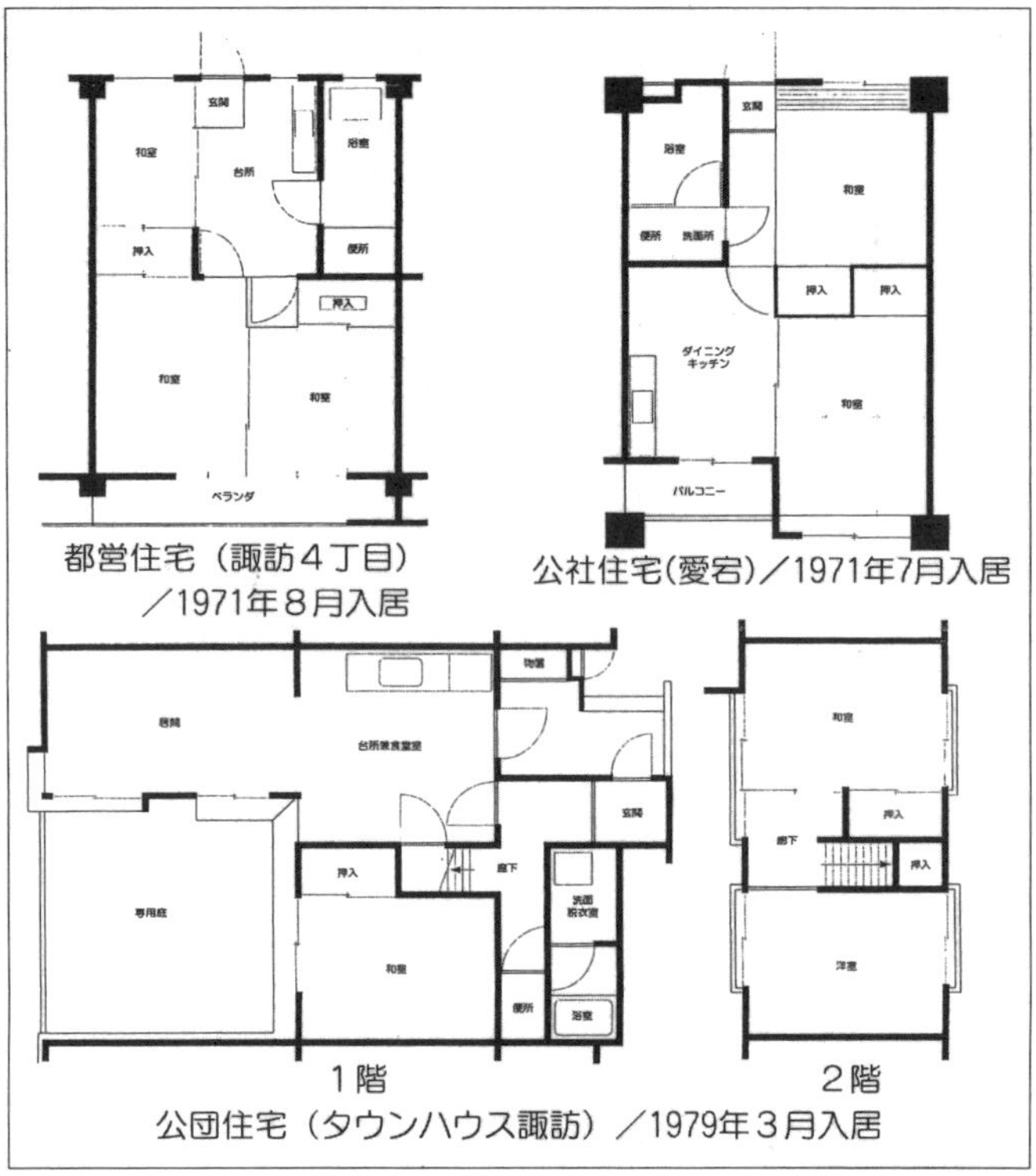

団地の間取り

新居にて（1971年）／川久保真由美氏提供

入居募集案内／多摩市開発調整課蔵

永山団地の前にて（1971年４月）／本間義則氏提供

を経るごとに切実になっていった。

その後、こうした住宅の大量供給という方針が転換され、質的な向上が重視されるようになる。１９７４（昭和49）年に東京都南多摩開発計画会議によって制定された「多摩ニュータウンにおける住宅の建設と地元市の行財政に関する要綱」では、基本計画の修正がおこなわれ、分譲住宅と賃貸住宅の比率を現状の20：80から45：55にすること、住宅規模を現状の１ＤＫ～３Ｋ規模から３ＤＫ主体とすることなどの見直しがおこなわれた。さらに１９７９（昭和54）年３月には、分譲と賃貸の比率を55：44に逆転させ、住宅規模もさらに大きな３ＬＤＫ、３ＤＫを中心にしたものに変更されている。

１９７６（昭和51）年には、各戸に専用の庭がある低層総合住宅「テラスハウス」、さらに１９７８（昭和53）年には共有庭をもつ都市型低層住宅「タウンハウス」を建設するなど、さまざまなかたちの住宅ができるようになった。

交通渋滞

第一次入居から約３年の間、諏訪・永山団地からの「足」は、入居の日から運行が開始された京王バスだけだった。京王相模原線・小田急多摩線の開通が間に合わなかったため、最寄り駅となる聖蹟桜ヶ丘駅まで、バスで通勤・通学することになった。京王・小田急ともに工事施行認可はすでに受けていたものの、経営上の問題から延伸に難色を示し、着工が大きく遅れたからだった。

また、肝心のバスについても、当初予定していたバスルートが未整備だったため、１９７１（昭和46）年８月までは、大きく迂回したコースをとっていた。朝夕のラッシュ時には大渋滞となり、諏訪・永山団地から聖蹟桜ヶ丘駅まで40分以上かかることも多かった。混雑もひどく、ピ

通勤時の諏訪南公園バス停（1971年）／京王電鉄株式会社広報部提供

交通渋滞（1976年10月）／多摩市秘書広報課提供

団地内の路上駐車（1971年４月）／多摩市秘書広報課提供

多摩ニュータウン 私鉄乗り入れ

都も冷たく

用地提供できない

"国に頼み込むほかは…"

読売新聞（1971年５月21日）

つまずく団地のアシ

望めぬ黒字採算

私鉄側、路線延長をしぶる

早く政治解決を

朝日新聞（1971年４月５日）

京王相模原線工事中のようす（1972年）／東京都市街地整備部多摩ニュータウン事業室提供

京王相模原線（京王よみうりランド～京王多摩センター間）開通記念パンフレット（1974年10月）／峰岸松三氏蔵

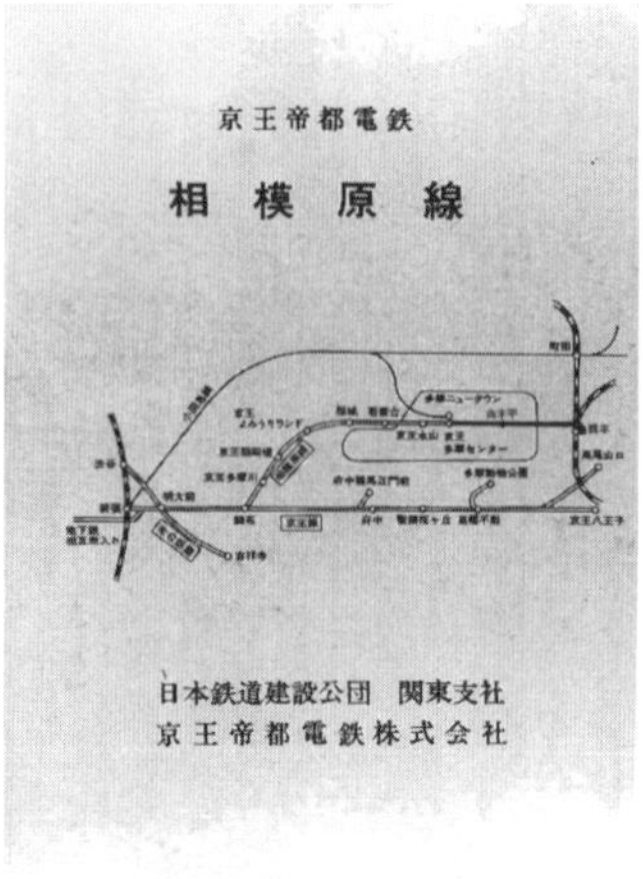

京王相模原線延伸説明会で配布された資料／峰岸松三氏蔵

南大沢駅が「由木平」という駅名になっている。

頭の痛いマンモス実験都市

多摩ニュータウン〝見切り発車〟

中学校は間に合わず

商魂、仮店舗で手ぐすね

◇西部開拓劇

◇連帯感

交通問題も絶望的

◇渋滞中

入居近い多摩ニュータウンの団地群
＝東京・南多摩郡多摩町の上空から

朝日新聞（1971年３月10日）

多摩センター駅から橋本方面をのぞむ（1984年４月４日）／京王電鉄株式会社広報部提供

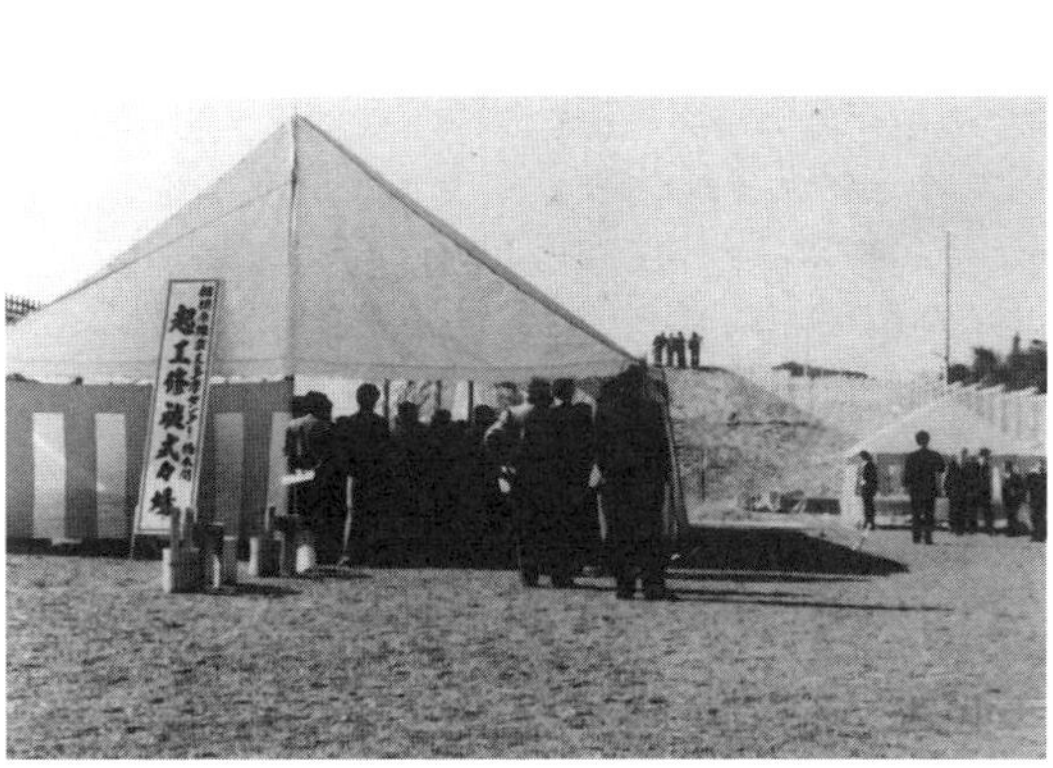

京王相模原線多摩センター・橋本間起工修祓式（1983年10月26日）／東京都市街地整備部多摩ニュータウン事業室提供

ーク時にはバスの中に乗り切れず、乗れるまで何台か待つこともしばしばだった。こうした混乱は、1974（昭和49）年に永山駅・多摩センター駅が開業するまで続いた。

マイカー通勤の人々にとっても、さして状況は変わらなかった。甲州街道など外部の幹線道路に出るためには、鎌倉街道を利用しなければならなかったが、京王線中河原付近が高架化されていなかったために大渋滞を引き起こし、関戸橋を越えるのが一苦労であった。

また、駐車場不足の問題もあった。団地住民の自動車保有率は、団地内の駐車場の設置率を大幅に上回っていたため、路上駐車が目立ち、駐車場をめぐるトラブルも絶えなかった。

教育施設の整備

多摩ニュータウンに移転してくる人々の年齢層は、20～30代の若い世代の夫婦がもっとも多かったため、ほとんど同じ時期に大量の児童・生徒が区域内の幼稚園・保育園や小・中学校などに通うことになり、地元自治体では学校建設の対応に追われた。

ニュータウン区域で最初に開校した多摩町立南永山小学校では、引越しラッシュもさめやらぬ1971（昭和46）年4月9日に入学式を迎え、多くの報道陣がつめかけた。中学校については、多摩町立永山中学校の校舎落成が4月の開校に間に合わず、1学期中は多摩中学校の校舎を一部間借りして使用することになった。

その後も、人口の急増にともなって、急ピッチで学校の建設が進められ、続々と小・中学校が新設されていった。その一方で、繰り返される学区変更に対し、落ち着いた教育環境を求める父母からは反対運動も起きている。

この時期、教育環境の整備を求めて、いくつもの運動が展開されていることも注目される。ニュータウン区域内で学校給食が実施されていな

南永山小学校の開校式（1971年４月９日）／多摩市秘書広報課提供

南永山小学校の初日（1971年４月９日）／多摩市秘書広報課提供

北諏訪小学校入学・入校式（1975年４月10日）／多摩市秘書広報課提供

いことが問題となり、南永山小学校では学校給食対策会が結成され、給食センター方式ではなく、自校式での実施を求めて運動が展開された。この運動は、さらに給食のメラミン食器廃止運動へとひろがりをみせている。

また、新住民の多くは、子どもの出産・育児の時期が重なっていたにもかかわらず、保育施設など子育てをめぐる環境がほとんど整備されていなかったことから、働く母親たち自らが、自主的な保育施設の設立にかかわるなど、自分たちの力で子育てをしていく環境を整えようとする試みも多くみられている。

［2―2―D］
岡巧『これぞ人間試験場である――多摩新市私論』（たいまつ社、一九七四年、七一～一一八頁）

II章　苦しみの絶えない団地社会――子供・主婦・老人の悲痛な告発

1　ゆがんだ社会構成の新住市民

荘→号→字のサイクル

全国各地からの出身はさまざまだが、ここ多摩ニュータウン住民は、これまでの〝荘〟で代弁される民間アパートから、ようやくいま〝号〟で表記される住生活をおくっている。しかし、住み替えてもやはり、〝狭くて・高くて・遠い〟貧困きわまりないわが国住宅政策のまっただなかにおかれ呻吟しつづけている。このため、ここでの生活もまたいぜんとして多くの問題点が凝縮して内包されている。それでも、現実の矛盾克服のための制度や措置に若干の模索があるものの、団地型年令構成はユガミとヒズミをもたらし、ミックス・デベロップメントもまた破綻をきたしている。そして、所得別の住みわけは職業別の住みわけを、なかば固定化しようとしているのである。

偶然のタマモノの多摩市民

ここ多摩ニュータウンへの応募倍率の一例をみよう（表8参照）。都営住宅については8・6倍であり、公団の賃貸住宅が19・2倍である。そして公社については賃貸住宅が19・0倍、分譲住宅はじつに90・2倍といった超高倍率だ。もちろん、応募倍率は住宅条件や立地条件によってかなり左右されてくるが、当時の多摩ニュータウンの不便さからふり返ってみても、相当な倍率である。

このように、一流大学の入学試験同様にはげしい競争を経なければ、多摩ニュータウンに入居できない。このため、入居者のなかには「当たるとは思わなかったけれども、応募してみたらタマタマ当たってしまった」という人も多く、それほどまでに公共住宅に入るのは偶然の〝タマモノ〟といった感が強い。しかも、入居以前には公団・賃貸入居者の場合、20回以上も公共住宅に申し込んでいた人たちが27％にも達している（図15参照）。だが、20回以上も申し込むためには、少なくとも3年間の年月が必要であって（図16参照）、その間は狭小粗悪な住宅に住み続けなければならなかったわけだ。そこで各種調査を参考として入居前の状態を概括しておくことにしよう。

こんなに貧しい日本の住宅実態

まず、入居前に住んでいた住宅の種類についてみると、第一次入居者（諏訪・永山団地）の場合には、約半数が民間の賃貸アパートで、いわゆる〝木賃族〟といわれる人々であった。これに民間一戸建て借家に住んでいた人々20％をくわえると、民間賃貸住宅に依存していた人たちは7割にものぼっている。なかでも、公団の賃貸住宅入居者の56％の前住宅歴は〝木賃族〟であった、という数字は注目されよう（図17参照）。

しかも、これら民間賃貸住宅は、共同住宅（46％）、木造（79％）で、台所やトイレが専用であるほうが多いものの、浴室はついていないし

（56％）、ましてや専用食事室はなかった（70％）というのである。それから、部屋数は1室が42％、2室が47％と、ほとんどがせいぜい2室どまりだ。このように、住宅の質が悪いうえに狭いといった「住宅難世帯」は76％にも達していたのである。住宅難世帯とは、老朽・狭小・過密住宅などの居住世帯を意味するが、このため、「何ともならないほど困っていた」（22％）とか、「困っていた」（50％）という人々が7割をも占めていた（図18参照）。この数字は驚異であろう。東京都の平均「住宅困窮率」が34％（『東京都住宅需要実態調査』（1968年）であることにくらべてみた場合、この多摩ニュータウンに入居した市民がいかに住宅の困窮に悩む状況にあったか、その程度が群を抜いて高いということを物語っている。

民間借家への圧倒的依存率

しかし、このような狭小・過密の粗悪住宅に住んでいたのでは、家族数はおのずと限定される。「親との同居ができない」といった核家族化傾向はもちろんのこと、「子どもも産めない」といった状態におかれているからだ。「子どもがいる世帯は退去してもらう」といった民間アパートの事例は数知れないほどのものがある。このため、入居者の家族数

表8　入居の募集と倍率はどうだったか

募集時期	区分	募集戸数	応募者数	倍率
●都営住宅				
1971年6月24日～6月30日	地元	150戸	218人	1.4
	職場	400	1,973	4.9
	一般	384	6,020	15.6
	計	934	9,211	8.8
1971年6月24日～6月30日	一般	87	369	4.2
1972年1月24日～1月29日	地元	130	118	0.9
	職場	246	1,484	6.0
	一般	289	3,375	11.6
	計	665	4,977	7.5
	平均	1,686	14,557	8.6
●公団住宅				
1972年9月1日～9月5日（賃貸）	地元	113戸	843人	7.5
	一般	64	3,305	51.6
	特別	53	263	5.0
	計	230	4,411	19.2
1972年9月1日～9月8日（分譲）	地元	175	806	4.6
	一般	202	3,988	19.7
	特別	3	3	1.0
	計	380	4,797	12.6
	平均	610	9,208	15.1
●公社住宅				
1972年5月12日～5月21日（賃貸）	地元	10戸	162人	16.2
	一般	96	2,128	22.2
	特別	15	15	1.0
	計	121	2,305	19.0
1973年1月27日～2月3日（分譲）	地元	6	241	40.2
	一般	50	5,548	111.0
	特別	12	343	28.6
	計	68	6,132	90.2
	平均	189	8,437	44.6

注）都南多摩新都市開発本部資料による。

図15　公的住宅への申込み回数の実態はどうか

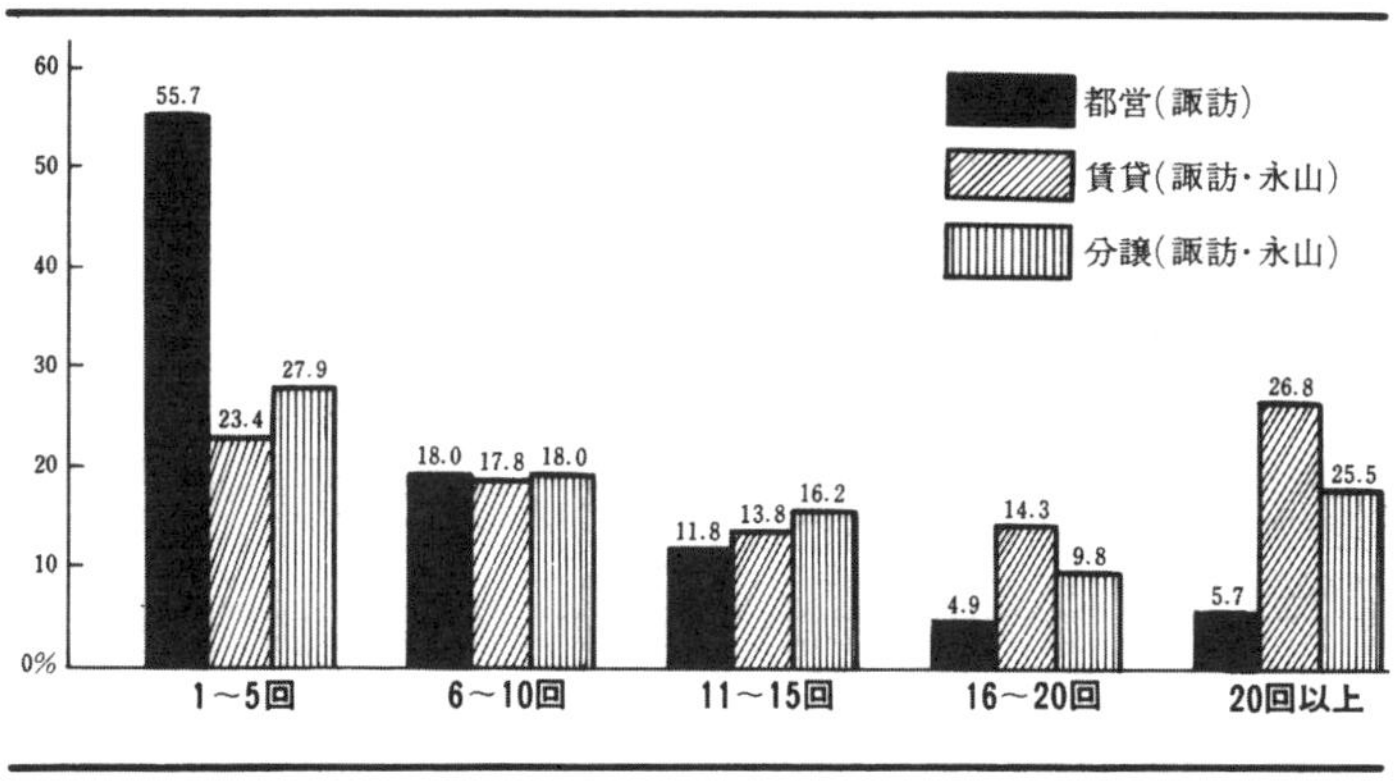

注）『71年3月調査』による。

は、３人が最も多く、つづいて２人が29％、４人が28％と、ニュータウン入居当時までは２～４人家族が圧倒的だ（図19参照）。

けれども、世帯構成員の成長と収入の上昇にみあって、人々の住要求が高まっていくのは当然のことだ。しかし、それでも〝高くて・狭い〟住宅難の現状が無理な〝家族制限〟を強い、ライフサイクルと住サイクルとのアンバランスをもたらしたままとなっている。ここで、平均的な都民の住サイクルを紹介しておこう。

いま、ある男性がどこからか、25才未満単身で上京した場合に、その81％が設備共用の民営借家に住むことになる。そして25～29才で、まだ独身のチョンガーだと、その７割の人々の住宅はいぜんのものと変わっていないことになる。けれども、めでたく結婚したとすると、35％の人は設備専用の民間借家へと、住宅水準が上昇していく。だが、それでも民間借家に住んでいることにかわりはなく、その比率は８割近い数字だ。そして、30代になると、子どもが生まれ、住宅の種類は多様化してくる。３人世帯で民間借家に住んでいる人たちは53％、４人世帯の場合では36％と、家族数のふえるのにつれて民間住宅への依存度がようやく低くなる。そのかわり公営借家が増大し２人家族は９％、３人家族は12％、４人家族は14％となる（図20参照）。

図16　公的住宅への申込みを何年つづけたか

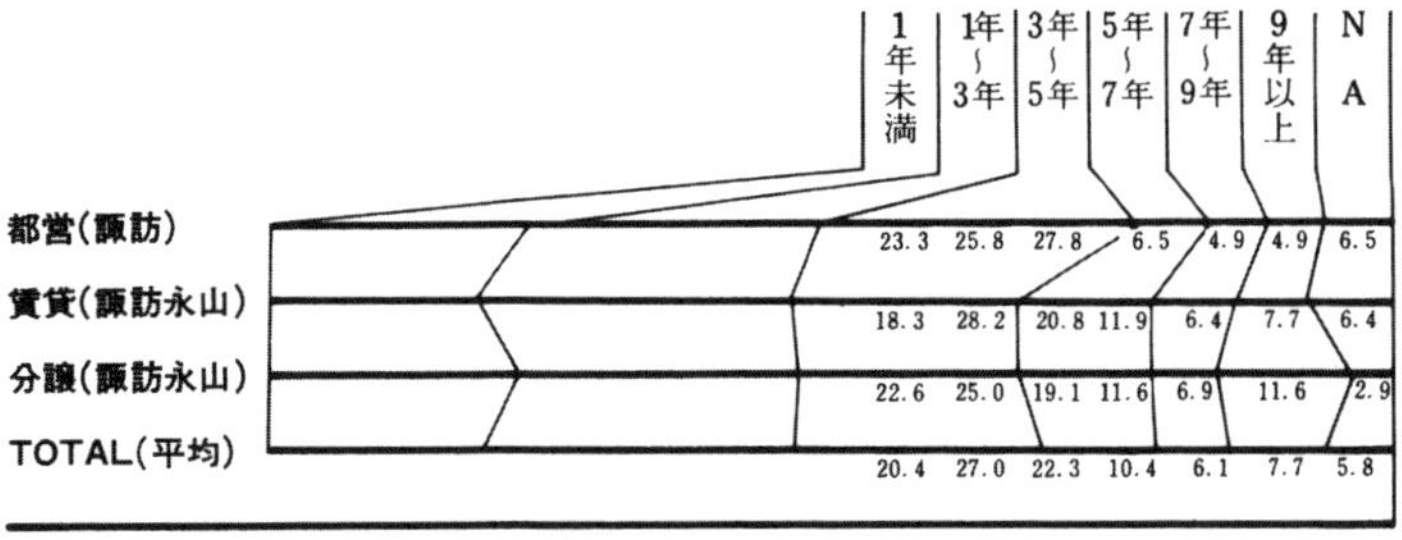

注）①『71年３月調査』による。②「NA」は「回答なし」の意味。

図17　どんな住宅に住んでいたか

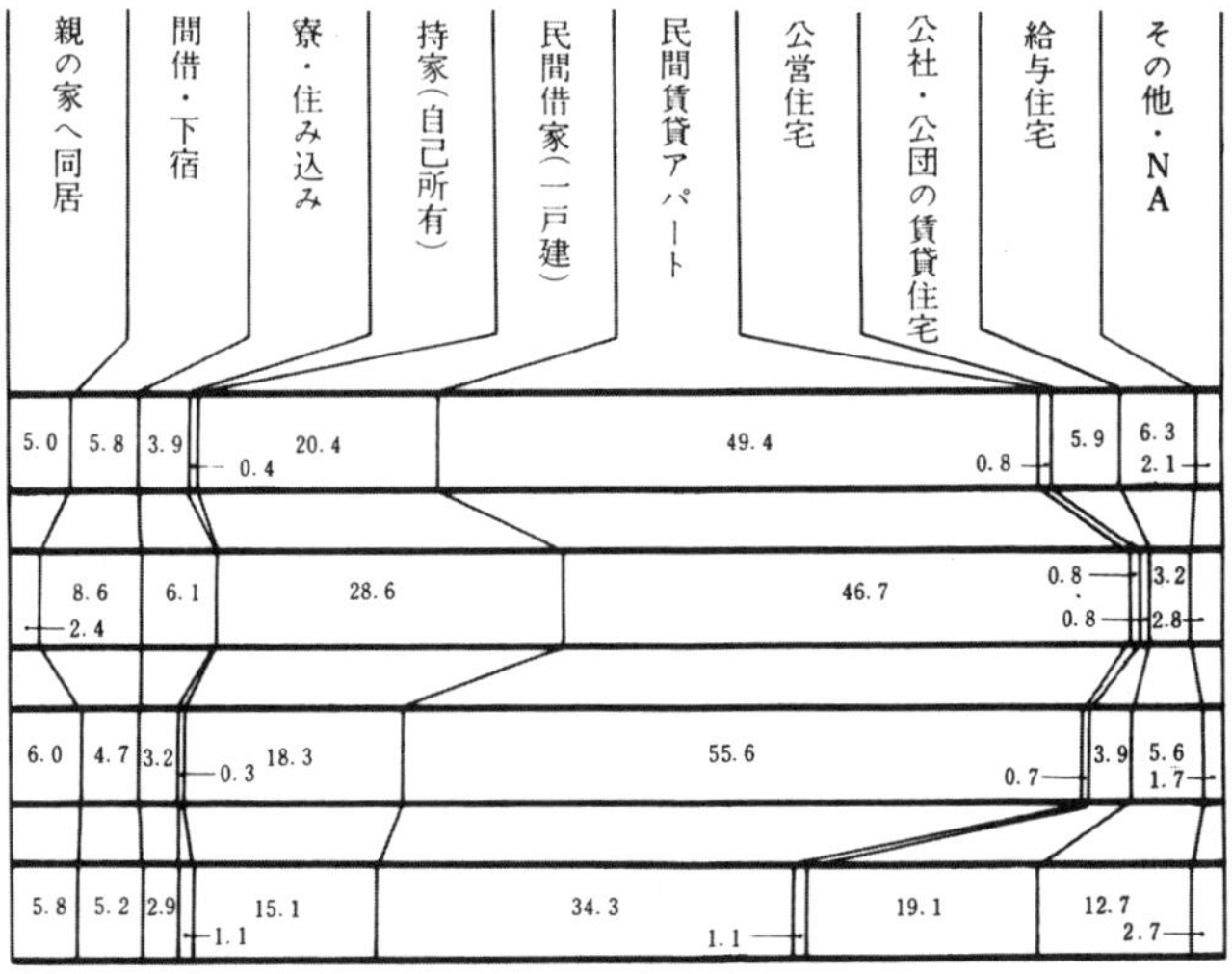

注）『71年３月調査』による。

図18　どれだけ住宅に困っていたか

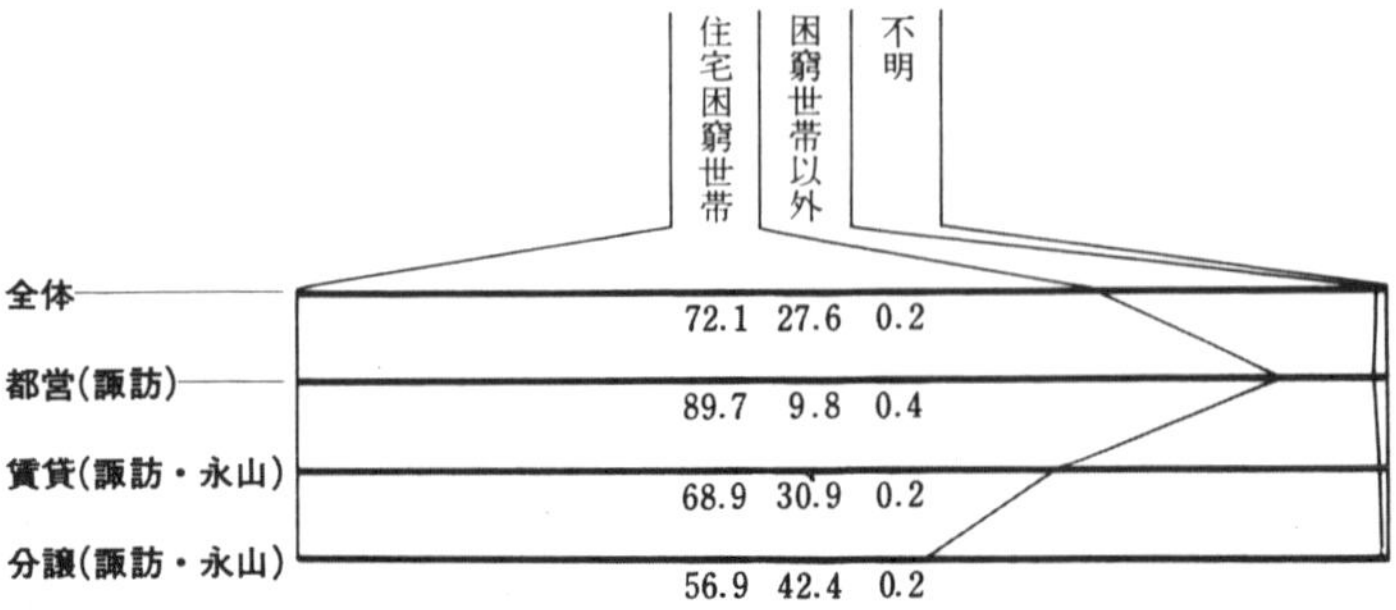

注）①『71年３月調査』による。
②「住宅困窮世帯」とは「何とかしなければならないほど困っている」人と「困っていた」人の合計で、「困窮世帯以外」とは「さしあたり困っていなかった」と「困っていなかった」の合計である。

公共住宅への申込みのはじまり

このように、上京して来て最初は「△△荘」という中廊下式、設備共用の貧弱なアパート住まいから東京での生活がはじまる。そして、所得があがったり結婚したりすると、外から直接出入りできていちおうの設備が1部屋に備わっているという「貸家式アパート」に移るというサイクルをたどる。そこで、この段階から公共住宅への申し込みがはじまり〝待機〟の毎日がはじまることとなる。

そして、その期間、都営居住者の場合は2〜3回も民間アパートを移り住んできたのが多く、公団・公社賃貸居住者の場合は3〜4回というケースが最も多い。だが、ここ多摩ニュータウンの分譲居住者の場合だと、民間アパートから、一度公団・公社の賃貸住宅に入居し、それから分譲住宅を買うというケースもあるし、また、企業などの給与住宅からの入居者もいる（図21参照）。

図19　入居の前と後で家族数がどう変わったか

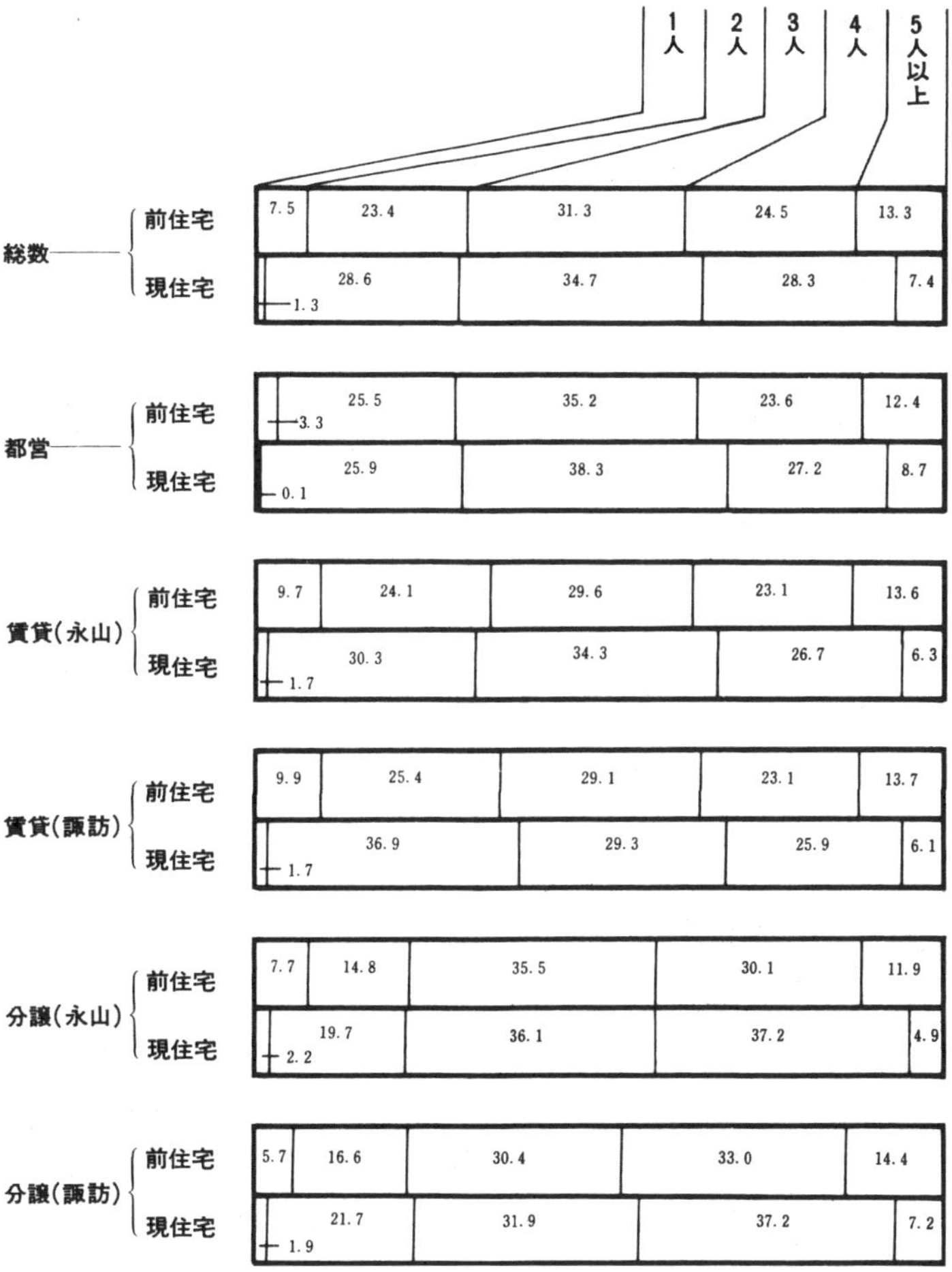

注）①『72年2月調査』による。
②「NA」を含み100％になるものであるが、いずれも4％未満なのでグラフではそれを省略した。

高くて・狭くて・遠い

圧倒的多数の住宅難世帯が存在し激増の一途をたどっているなかで、公共住宅供給のための客観的条件はますます劣悪なものとなっている。それは、第一には用地難であり、第二には高家賃化である。げんに公団の面開発住宅の試算によると、75年に家賃が5万円を突破するという。もちろん、これは土地の騰貴と建築費用の値上り分によるものだ。他方、比較的低家賃の団地ともなると、もはや、それは都内近郊には皆目見当たらず、ますます外延化するし、距離は遠のくしまつだ。

この傾向は、多摩ニュータウンでも例外ではない。私たちのいまの住宅は、〝字〟のつく静かな灌木地帯だったのだ。だが、このようなところは当然のことに、都心までの距離は遠く、通勤に要する苦痛ははかりしれないものがある。つまりは、〝高くて・狭くて・遠い〟住宅が、日本国中のそこにもここにも多数出現しているわけである。

直視をせまる号と字の距離

どうやら、いまようやく私たちは長年住みなれた△△荘という民間アパートにおさらばして、△△号棟△△号室の居住者となった。それは賃貸・

分譲を問わず、いずれも都営や公団であり、都の住宅供給公社のものである。つまり、これらは、広い意味では政府施策住宅とよばれている公共住宅だ。だが、ようやくたどりついたお互いが居住している△△号からの生活の〝脱出〟はまず不可能なことだ。いまの団地の△△号は、お寒いかぎりの貧困きわまりない住宅政策の縮図だ。

だから矛盾や問題点が山積している。このため、なかにはここでの生活に見切りをつけて転出していく人もいる。しかし、それはもはや例外中の例外にすぎない。私がこと新しくいうまでもなく、地価が高く、それに建築費がべらぼうに高い今日、多くの人は共通して〝字〟のつく土地に一戸建ての〝マイホーム〟をもつことを夢見ることだろう。けれども、〝荘〟から〝号〟への住サイクルをたどってきた私たちだが、次の〝字〟への住みかえは、私たちの前にあまりにも多くの巨大な壁が立ちはだかっている。それは、団地の白壁の何十倍、いや何百倍ものあつい壁となっているのである。それはもはや個人の才覚ではどうしようもないものとなっているわけだ。

どうやら、〝荘〟から〝字〟への住サイクルを経過してきた私たちだが、〝号〟の前でくっきりと切断されていることを自覚したほうがよさそうである。そうだとすれば私たちは、やはりここの大地にどっかと腰

図20　年令や家族の数と住宅所用の関係はどうなっているか

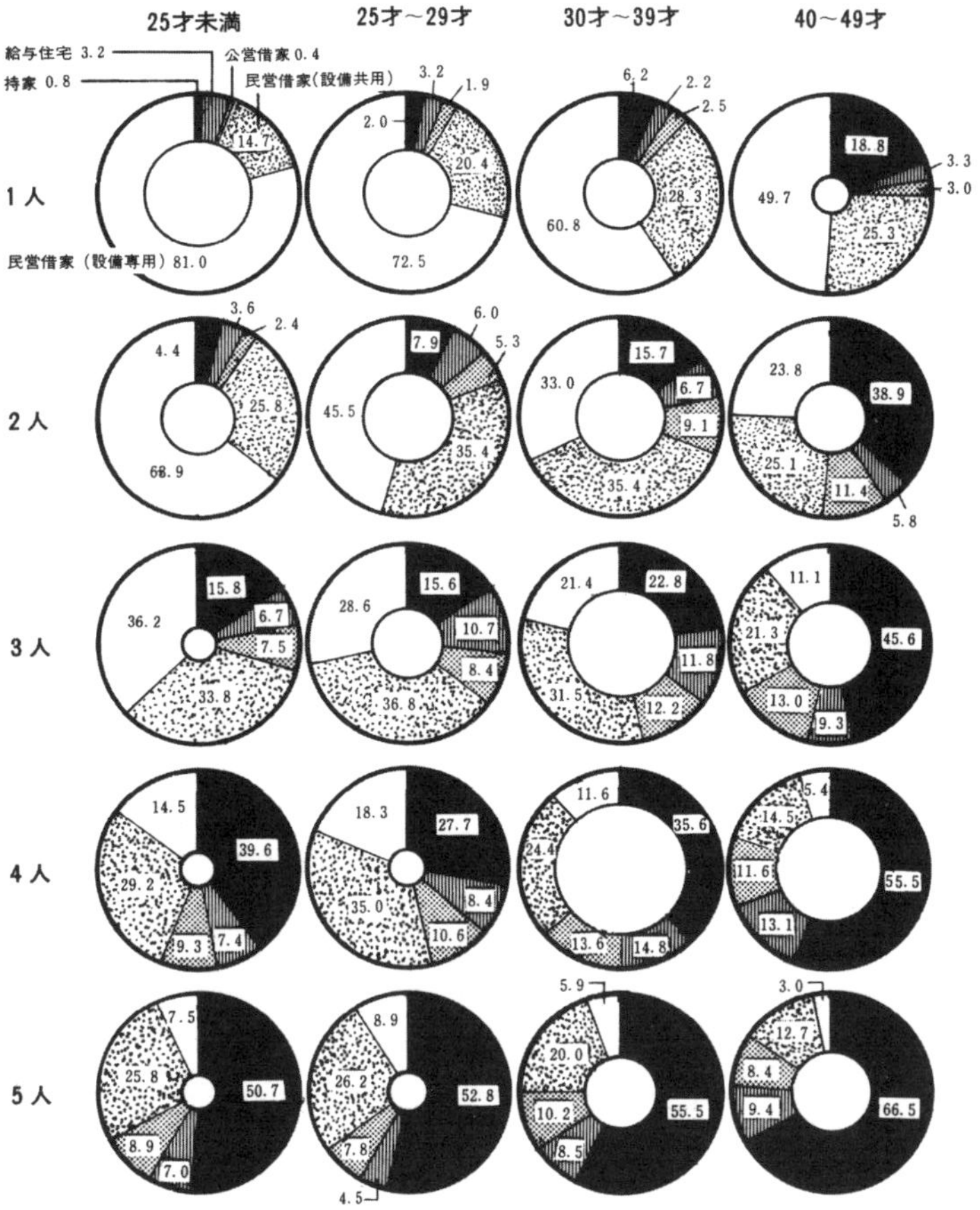

注）①東京都『東京の住宅問題』（1971年2月）による。
　　②1968年住宅統計調査の東京都分の集計結果を基礎にしたもの。

図21　ニュータウン住民はどんな住み替えパターンをもっているのか

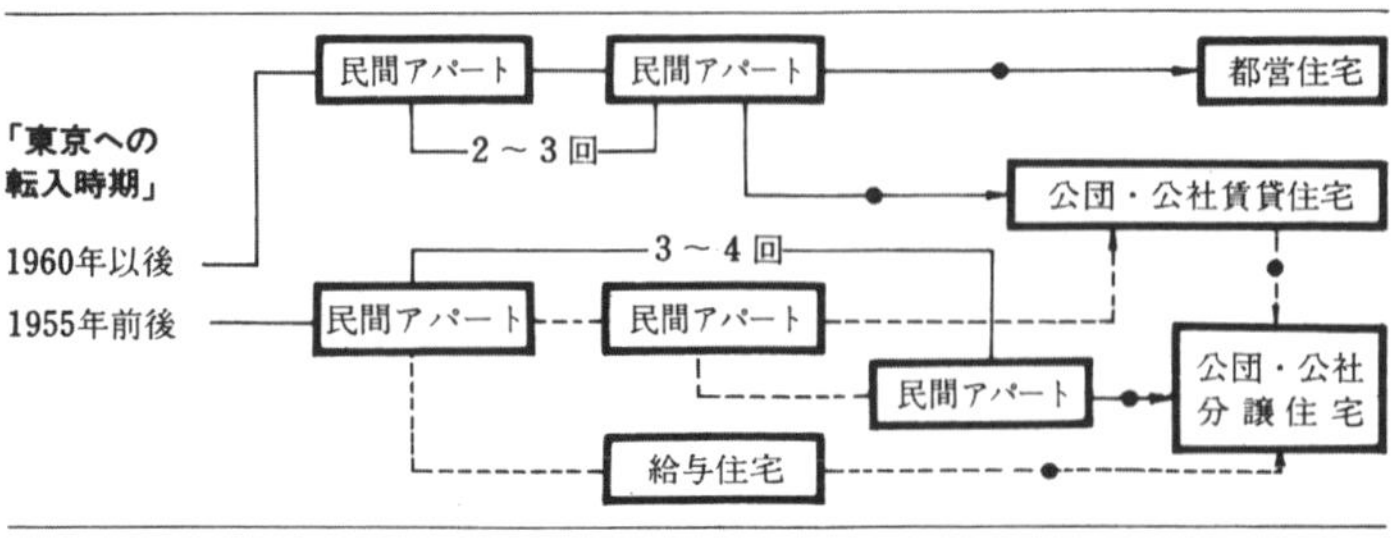

注）『73年12月調査』による。

図22　ニュータウンに移り住んだ理由ときっかけはなにか

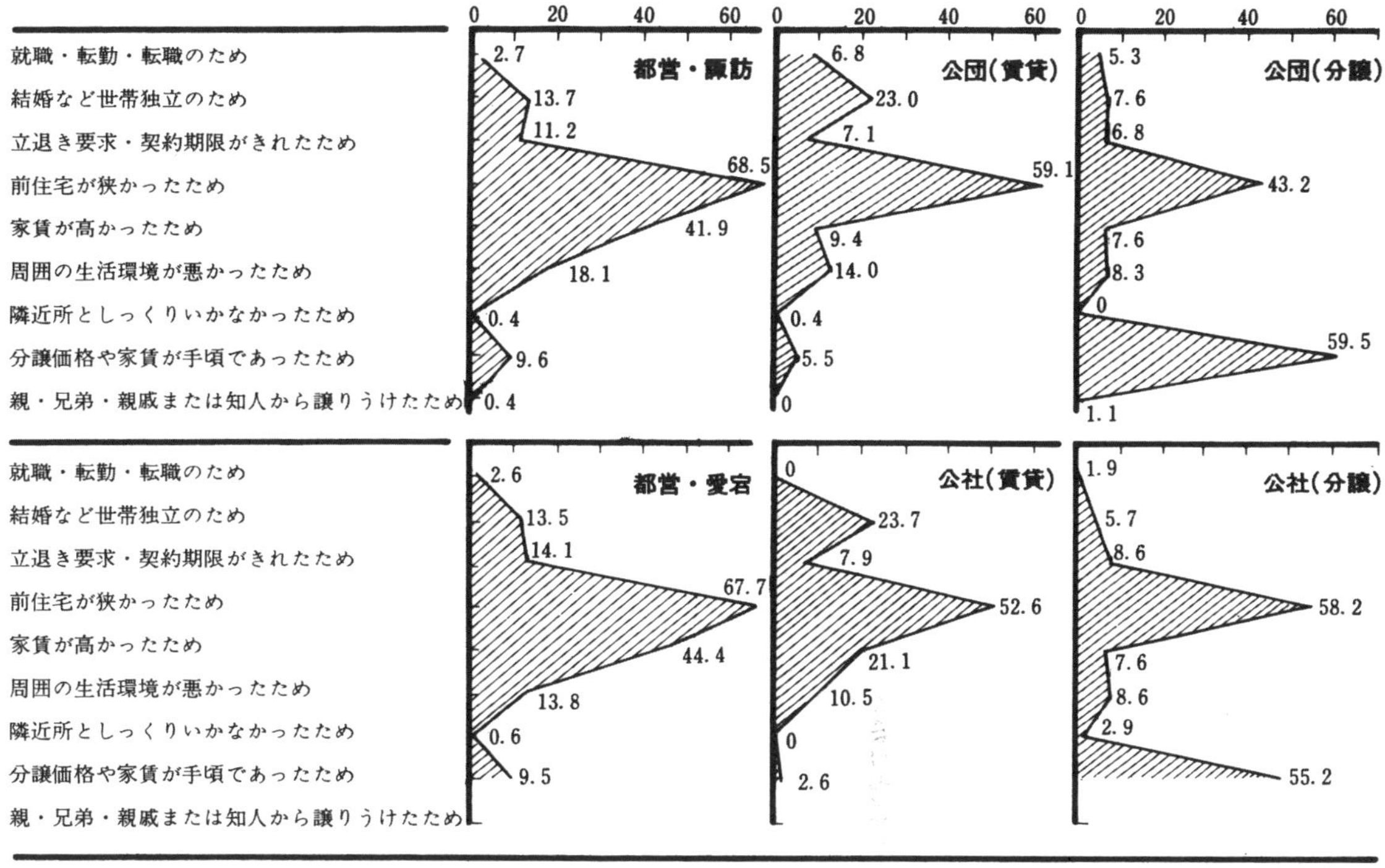

注）『73年12月調査』による。

をすえつけて、住生活をめぐる困難な諸問題と正面から向きあって生き抜いていかねばならないだろう。

あなたはどこからきたのか

ところで、多摩ニュータウンの居住者は、いかなる事情から（図22参照）、このような土地に、また、いったいどこから移り住んできたのだろうか。

諏訪・永山団地の場合だと、練馬・杉並・世田谷などの外周区部が最も多く（19％）、ついで武蔵野・三鷹などの区部隣接市（12％）、小金井・立川などの中央線沿線地域（11％）、そして神奈川県（10％）などが多く、下町、都心、東部、城北といった新宿以東のところからの来住者はきわめて少ない。このうち、都営居住者の前住地は多摩市がもっとも多くて21％を占めている。また、多摩南部（八王子・稲城・町田など）が16％と多く、三多摩各地からの来住者が区部からの人たちを上回っている。

いっぽう、愛宕団地では都内についての細かな区分が調査にないため、多摩市だけをみてみると、都営居住者に24％、公社（賃貸）居住者に21％存在し公社の分譲居住者にくらべてかなり高率になっている（図23参照）。

このように、都営居住者の場合、多摩市や多摩市周辺市からの来住者が多いのは、もちろん理由のあることだ。それは、都営の場合、入居前の居住地が多摩・八王子・稲城・町田の4市にあった人々にたいして、募集数の40％が割当てられたからである。なお、公団の賃貸住宅や公社住宅にも、この地元優先方式がとられてはいるが、都営は職場優先措置もとられているので、いっそう多い。

図23　ニュータウンに来る前の住居はどこであったか

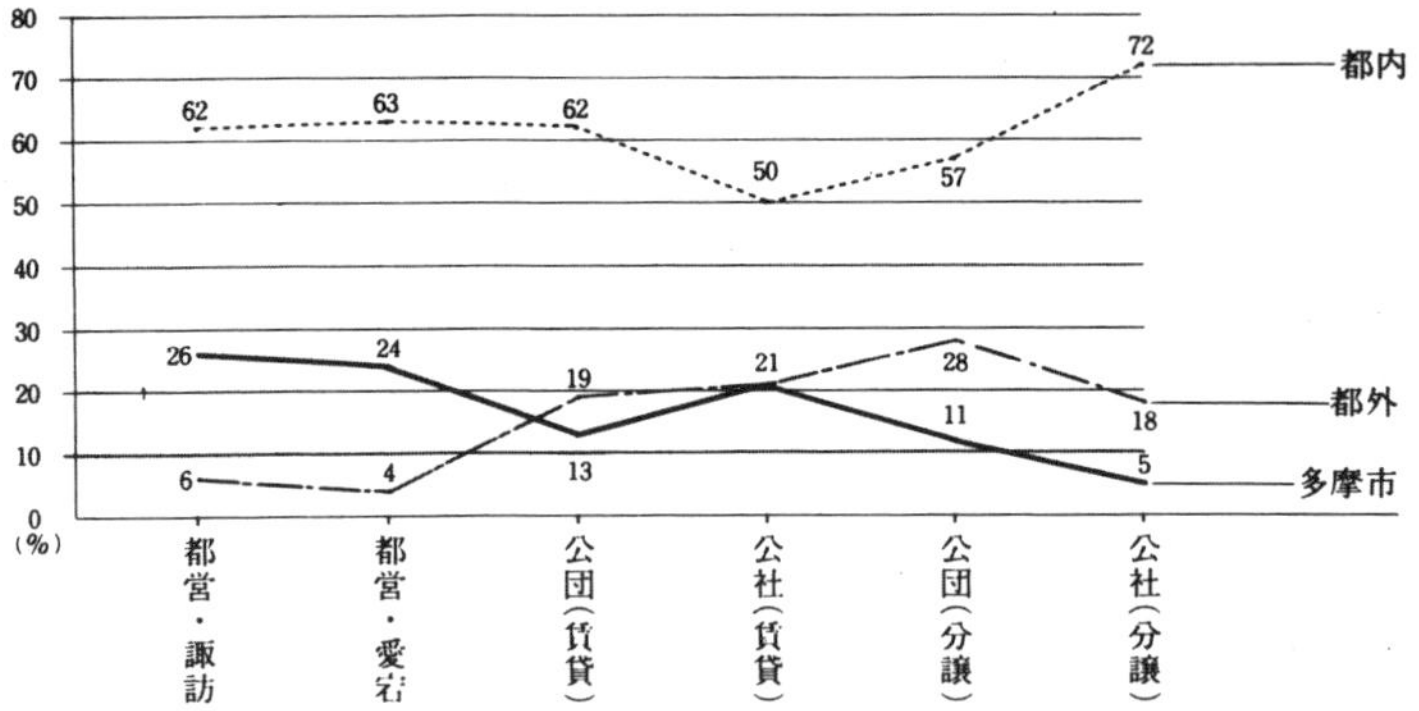

注）①『73年12月調査』による。
②図の中で「都内」とは多摩市を除く都全域のことである。

曲り角の地元優先制度

多摩ニュータウンでも採用されている地元優先措置は、なによりも地元自治体への影響を少しでも軽減し、くわえて、その地域の住宅難世帯の解消をはかろうとするものであろう。だが、この措置には、若干の問題があるようだ。

それは、第一に手続面の問題がある。というのは、ある団地に入居を希望する場合には、住民票だけそこの地域に移しておけばよいのだし、このようなケースはたびたび聞かされるお話だ。それから、第二には郊外へのスプロール化の勢いは瞬時の余裕すらないからだ。なぜならば、ニュータウン入居者の前住宅にはまた都心からの入居者を新しく受け入れることになるからで、地元における住宅問題はなんら解消しないからである。

最近の埼玉県坂戸町の例にみられるように、地元優先住戸は定員に達しないが、他方では一般募集住戸はなんと数千倍の倍率になったと伝えられている。どうやら、このせっかくの地元優先制度は再検討の時期にきているようだ。なぜなら、住宅需要の緊迫していないところを優先する結果になってきている事実の経過こそ、率直な反省を要請するものであるからだ。

住宅困窮と社会のゆがみ

住居のためにのみ〈新住法〉がおどり、住居のために〈新都市〉ができる。そしてそこに住居のためにのみ、偶然のタマモノで〈団地族〉となって移り住み、生き続けなければならないとすれば、その地域社会に一定のゆがみがうまれるのは、避け難い宿命になるのであろうか。

歴然とする所得の制限

ところで、入居資格者の条件は、都営だと収入の上限、公団・公社は収入の下限による制限がとられている。

たとえば都営一種だと、扶養家族3人の標準世帯の場合には、本人の年収が１４８万２０００円未満が上限となっている。これらの制限にたいして、公団（賃貸＝71年3月入居）の場合は、月収下限が2ＤＫ＝７万２０００円〜７万９０００円、３Ｋ＝８万２０００円、３ＤＫ＝９万４０００円〜９万８０００円となっている。いっぽう、公団（分譲）は３ＤＫ＝９万円〜１０万２０００円となっている。また、愛宕団地にある公社（賃貸）の月収基準は、第一次入居（１９７２年）が、８万７０

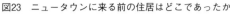

00円であり、1年後の第二次入居になると9万7000円と大幅に1万円もアップする。公社（分譲）には、積立分譲と一般分譲があるが、積立分譲の場合、3DKで7万5000円、3LDKで8万円だ。そして一般分譲では、8万4000円の月収基準となっている。

だから、多摩ニュータウン居住者の収入構成は、当然、これら月収基準を反映しているのである。それは、図24のように都営入居者が7～9万円台、賃貸住宅入居者が11～13万円台、分譲住宅入居者が、15～20万円台に、もっとも多い層が分かれている。なお、公団の賃貸入居者にバラツキがみられるのは、住宅の形態に多様なものがあるからだ。

破綻するミックス居住

このように、所得による階層差が生じたのは、あたりまえといってはそれまでである。だが、このことが日常的におよぼす影響は、だれもが見すごすことができないほどに現実のニュータウンでの生活に大きな問題を残しているのである。それは、各棟ごとにハッキリと階層差がわかってしまうことからくる住民間の差別意識と呼んでもよいものだ。

しかし、これは都市としての必要条件をみたすはずであったミックス・デベロップメントが、所得による階層差を生みだしてしまったのと同様に、ここでの入居基準はまた階層の等質性をきたし、次にみるよう

図24　管理主体の別で団地世帯の月収がどれだけちがっているか

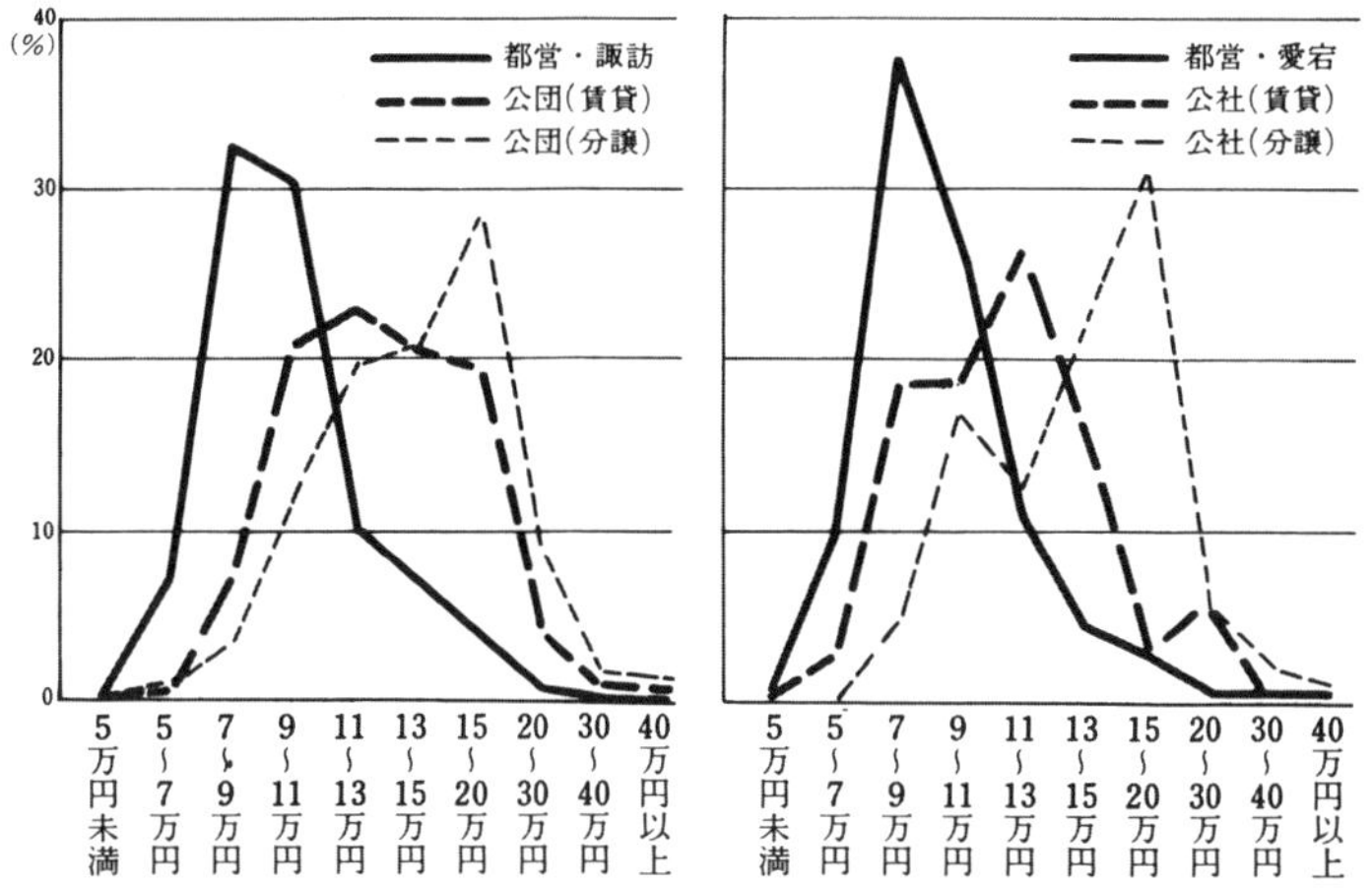

注）①『73年12月調査』による。
②左の図が諏訪・永山団地のもので、右の図は愛宕団地のものである。

図25　年令構成はいかにゆがんでいるか

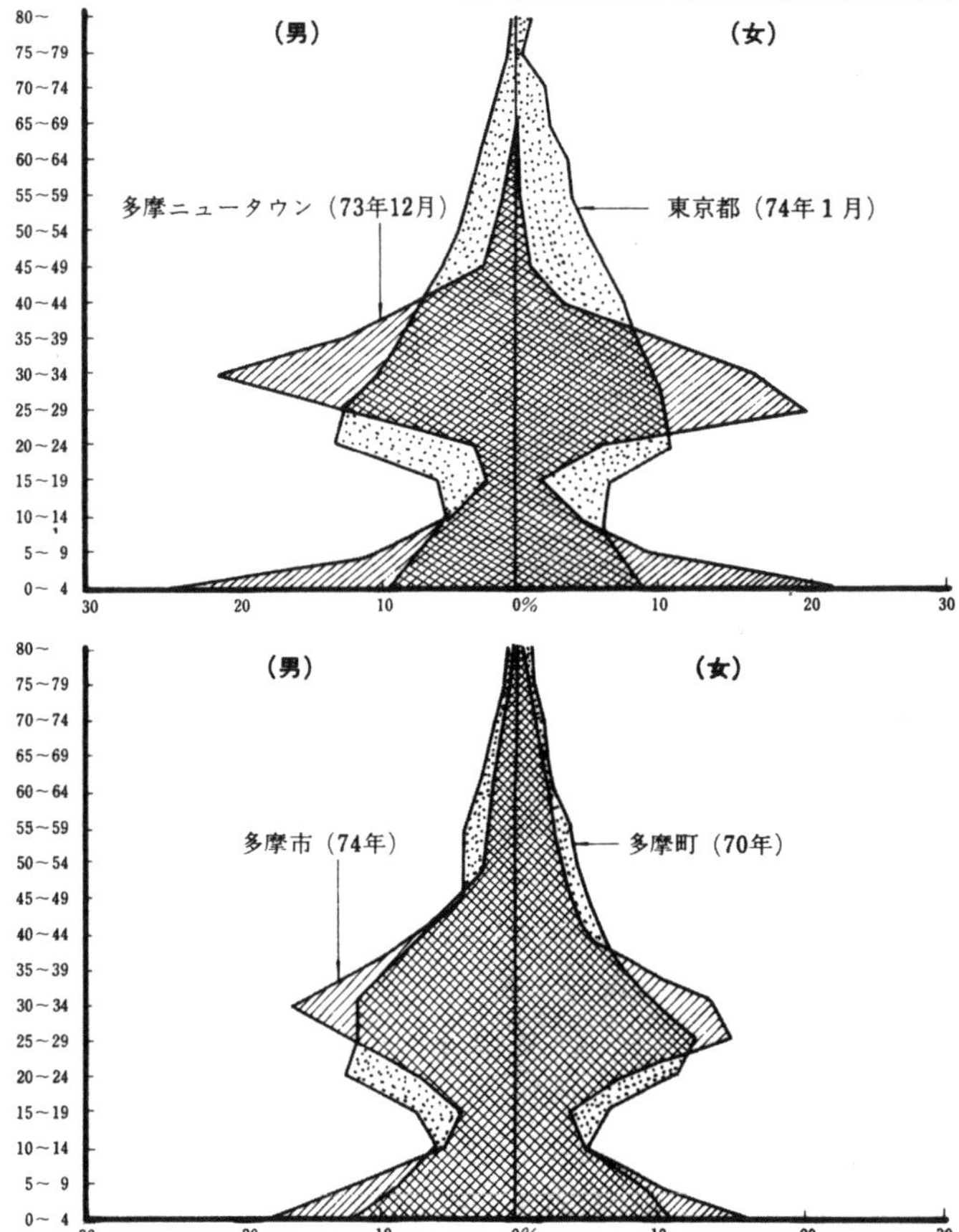

注）①「東京都・74年1月」は住民基本台帳により、②「多摩ニュータウン・73年12月」は『73年12月調査』による。③「多摩町70年」は1970年国勢調査により、④「多摩市74年」は住民基本台帳によって作成した。

に、多様な都市にはほど遠い結果をもたらすこととなるわけである。

団地型年令構成のもたらすもの

いっぽう、多摩ニュータウンの年令構成は、総じて30代前後を頂点とし、10代がくぼみ、5才未満の幼児が2割前後占めるという〝中くぼみ型〟を示している。さらに最大値（30才前後、5才未満）と最小値（10代と45才以上）との差は2割にもなり両世代への集中は顕著である。それでも、分譲の居住者の場合は幾分年令が上るが、傾向そのものは変っていない。

なお、東京都の平均と、多摩ニュータウン入居開始以前の多摩市の年令構成の両者を比較してみると、ニュータウンはあくまで団地型であって、一つの〝都市〟における構成とはいえない（図25参照）。

もちろん、公共住宅の需要層が30代前後の結婚して間もない世帯であることは、まちがいないことだろう。しかし、団地に入居して間もなく、どこの家族でも子どもが続々と生まれるといった状態は、単に年令構成の画一化ということだけでなく、このことによって生ずる種々の施設需要への弊害（たとえば教育施設の一時的満杯状態）をもたらすことだろう。ことに、多摩ニュータウンのように大規模な都市開発である以上、小団地とは異なって、ニュータウン内で市民のための諸施設を充足させなければならないから、多くの困難がつきまとうこととなる。

そして、またそれはニュータウン内でのコミュニティ形成のためにもやはり、マイナス効果をもたらすことだろう。もしも、高令者の人たちが〝少数派〟に追いやられ、世代間の交流がまったくないか、たとえそれがあったとしてもかぼそいものとして地域生活が送られるとしたら、それは不自然きわまりないものだからである。

格差の目立つ職業と学歴

なかでも、所得による階層性がみごとに反映しているのは、職業と学歴構成である。これについて、少々ふれれば、都営に住む世帯主の3割以上は、いわゆる〝ブルーカラー層〟の労務職の人びとである。ここでは、専門的・技術的職業と事務職は、それぞれ2割に満たない。さらに、管理的職業にたずさわっている人たちは1割弱となっている。

しかし、このような都営に対して、公団や公社に住む世帯主は、圧倒的に、専門的・技術的職業や事務職といった、いわゆる〝ホワイトカラー層〟が占めている。ことに、分譲住宅購入者には、〝ホワイトカラー層〟のなかでも管理的職業に従事している比率が高くなっている。公社の分譲住宅は、管理職層が31％とトップを占めている。この人びとは、3DK、3LDKといった比較的広い住宅の購入能力をもっているとみてよいようだ。このように所得別の住みわけは、職業別の住みわけにもなってしまっている（図26参照）。

さらにもう一つ、世帯主の学歴についてふれておこう。東京都民の大学卒業者の平均は、25～29才で33％、30～34才では30％にしかすぎない。だがここ多摩ニュータウンの分譲住宅入居者だと、なんと7割前後もの人たちが大学卒業者である。なお、公団（賃貸）住宅入居者では61％、公社（賃貸）住宅では53％が大学卒業者となっている。もちろん、これらの数値は公団・公社のいずれでもトップを占め、このニュータウンは高学歴・知的水準の高い人びとの居住地だということになる。他方、都営入居者の場合は都民の平均に近い比率を示しているが、それだけに公団、公社の大学卒層がいかに高いかがわかろうというものである（図27参照）。

巨大な〝田舎まち〟

全国各地方で高校を終え、大学あるいは就職のために上京し、そのまま東京で暮していくというのが、ニュータウン居住者の一般的なパターンである。もちろん、その背景にあるのは日本における管理中枢機能を東京という一点に集中させつづけてきた現在の政府の経済政策によるところがきわめて大きいわけだ。だから、大学を卒業して東京の会社に就職し、そして、いったん職を得たらなかなか転職の道は難しいというわが国の年功序列賃金体系の現状だから、定年の日まで一生東京で生活を送るようになる。だが、それらの人は誰でも結婚すればほとんどが住宅に困るようになるから、当然のように公共住宅の需要者となる。

このようにして、ニュータウンは公共住宅の需要者層の集まりであるといってよいから、7割にもおよぶ地方出身者で占められてしまうこととなる（図28参照）。しかし、東京都全体の平均をみると（『都市生活に関する世論調査』）、地方出身者は58％どまりの数字が示されているから、多摩ニュータウンこそは、いわば東京の大きな〝田舎〟だといえるだろう。

とはいっても、東京そのものこそまだ〝巨大な田舎〟まちだといわれてきた。問題の核心は、これほど多様な地方出身者の集団的居住によって、いかなるコミュニティの形成が可能になるか、その地域連帯のシステム創造だということであろう。そしてさらに、その文化的可能性とい

図26　職業はどれだけちがっているか

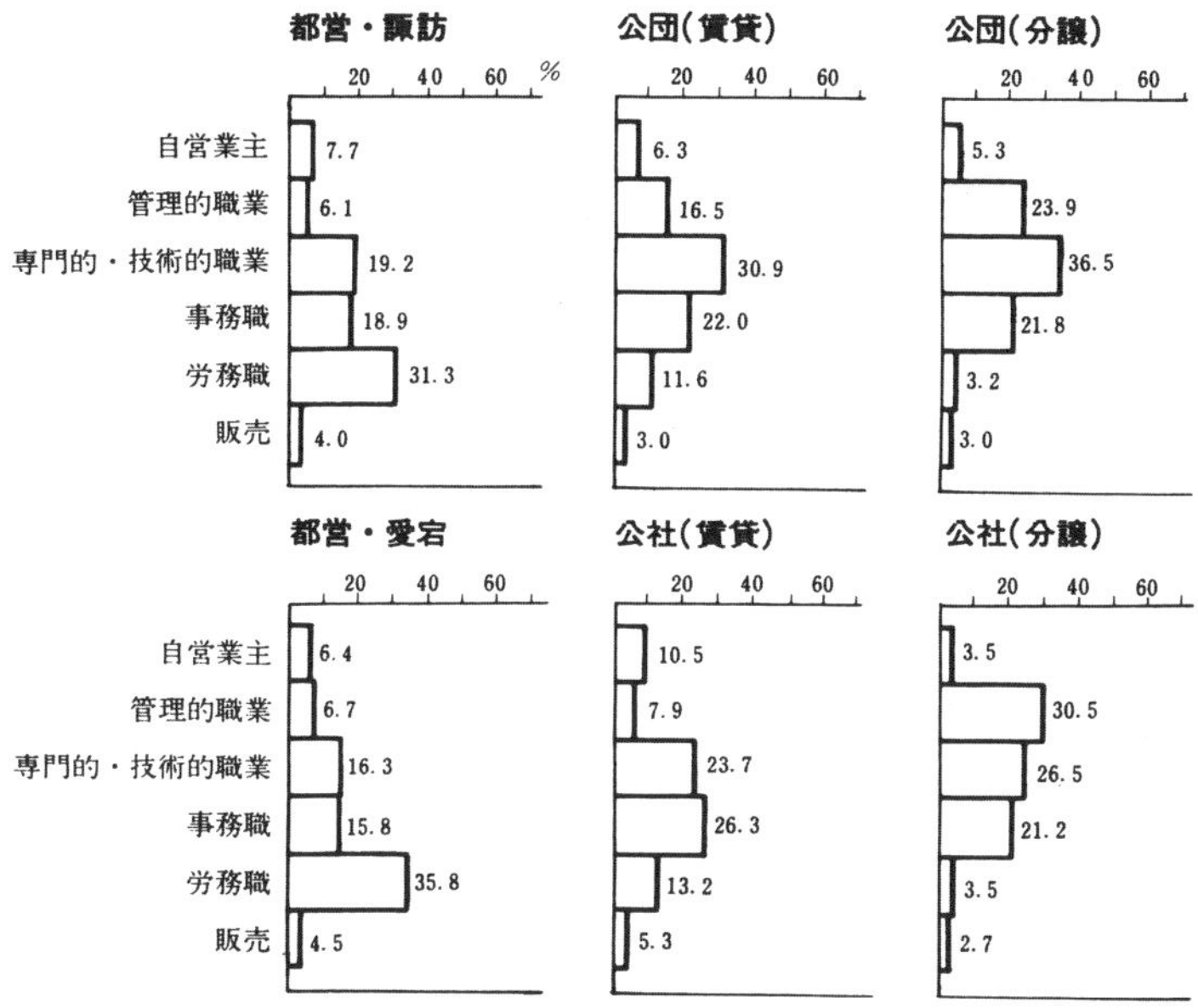

注）『73年12月調査』による。

図27　学歴にはいかにちがいがあるか

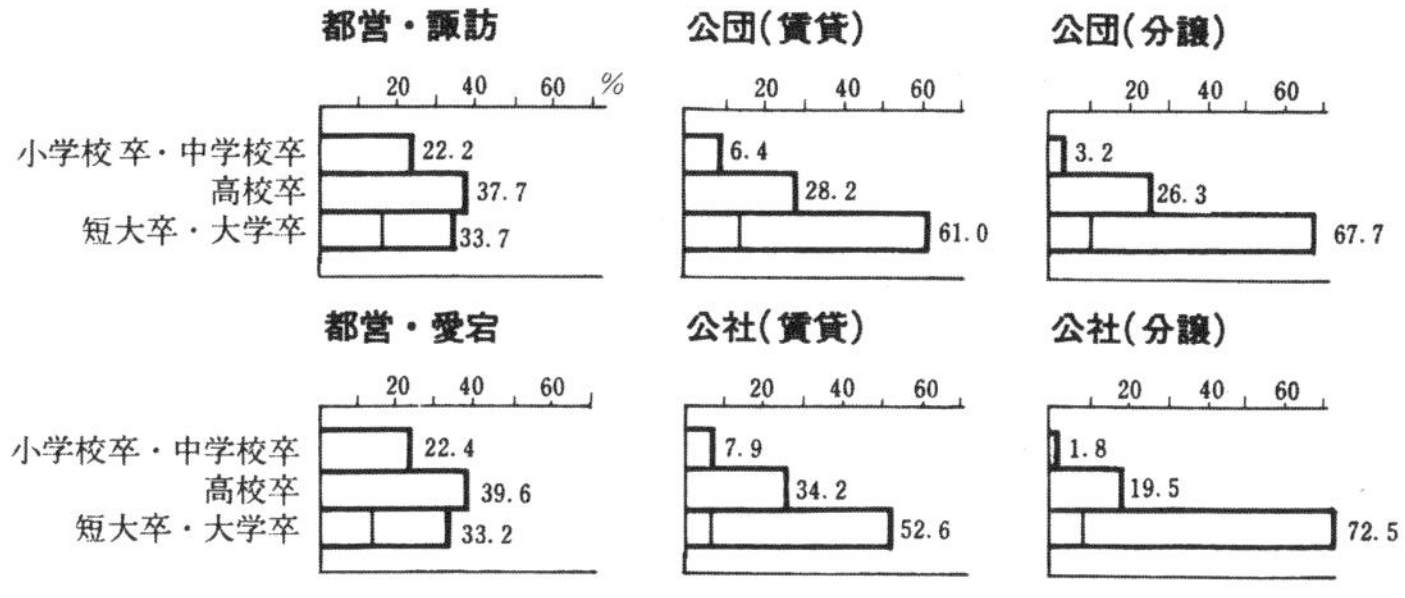

注）『73年12月調査』による。

図28　出身はどこか

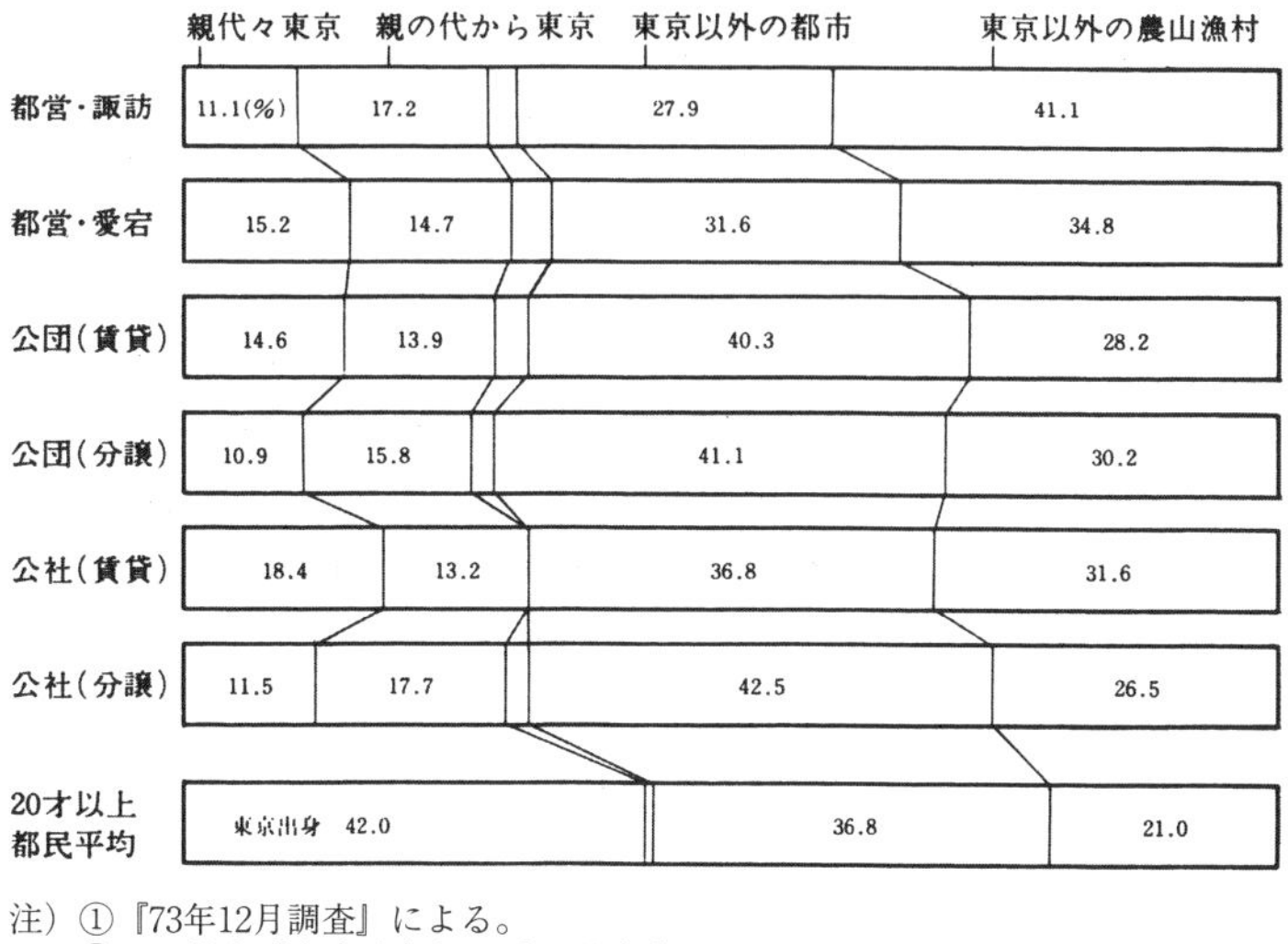

注）①『73年12月調査』による。
②この場合「出身地」とは「中学卒業時までに最も長く住んでいた場所」を問うたものである。

うことに、私はかぎりない夢をえがいていきたいのである。その場合、肝心なことは、中央か地方か、あるいは都市か農村かという価値序列を基礎としての考え方ではなく、なにより、この多摩丘陵に住みつく覚悟をもって「ニュータウン」を創る意思でいかに共同の精神と機構をつくりうるかということなのではなかろうか。

2 四角いおウチの問題──子供に広場を

出産への不安と障害

多摩ニュータウンなればこそという、子どもについての心配ごとや不安感は、妊娠したときからはじまる、といっても過言ではない。その一つは高層の建物であるために階段の昇り降りが異常出産に結びつかないだろうか、という不安。それにもう一つは、ニュータウン内にある病院が信頼できないという不安である。

安産がめずらしい

妊婦が元気な赤ちゃんを生むためには、適度の運動が必要なことは男の私が言うまでもない。けれども、大きなお腹をかかえての階段の昇り降りが心理的にも生理的にもよくないことは、専門家が指摘している通りである。せっかくできた愛の結晶を、流産・早産で失ってしまった話は団地の中では珍しくない。医師から「階段がやはりよくなかったんですな」と、職業的な口調で言い渡された時の若いご夫婦の口惜しさは、私も人の親として察するにあまりある。

「苦しいんですよ、ホントに。そう、やっぱり5カ月くらいから感じますよ。トントンと何気なく昇って家に着いてから、急に痛くなったりして。7カ月にもなればもう、あえぎあえぎなんですよ。よく今までもったと思って。」

これは、この本が出版される頃にはかわいい赤ちゃんを生んでいるはずの、永山の4階に住むある若い奥さんの実感だ。階段が悪いとわかってはいても、彼女たちは昇り降りをやめるわけにはいかない。

「やっぱり毎日の買い物があるでしょ。できるだけ私は不精するようにしましたけれどね。一度なんか、漬け物器買って来てって頼んだら、主人ったら大きな一斗ダル買って来ちゃって。いまこの子のオムツ入れにしてますけどね。」

と語るこのホヤホヤのママさんも、予定より2週間も早く、突然破水がはじまって救急車に乗せられた時は、もうダメかと思ったという。彼女の家は5階だった。

1週間分の買いだめなのだろう。両手に大きな紙袋とショッピングカートを持って、大きなお腹で帰ってくる若い奥さんをみると、ほんとにたいへんだなと思う。彼女たちは肩で大きく息をしながら、一歩、一歩、数えるようにして階段を昇っていく。ああ無事に生み落せるといいがな、と祈るような気持ちですれ違うのは私だけではあるまい。

だが、流産も早産もなく、ようやく月満ちていよいよとなっても、すでに胎内に異常な影響をおよぼしていることが多い。「安産だったと言ったら、まあ珍しいって……」という笑い話のような多摩ニュータウンの現実である。

ある調査が物語るもの

異常出産については藤沢団地における調査（『団地における母子保健に関する研究』内藤寿七郎・日本総合愛育研究所紀要第2集）があるが、多摩ニュータウンの実態そっくりである。

この調査は、建築構造上の不備、例えば、居住面積の狭小、天井の低いこと、昇降機のないこと、防音装置の不備などはとくに感受性の強い妊産婦の精神と肉体に対してなんらかの影響を与えているのではないだろうか、という問題意識から実施されたものだという。だが、この結果によれば、建物の階数による苦痛や不安が強いことが示されている。例えば、妊娠について、どのくらいの人が苦痛や不安を感じているかというと、1階の人が25％であるのに対して、2階45％、3階55％と上昇し、4、5階は横ばい状態を示している。これは、昇降回数との関連があり（高くなるほど昇降回数は減ってくる）、階数が高くなるにつれ階段の昇降が負担になって、自己防衛的に行動範囲をせばめるからのようだ。しかし、このことは当然、生活上不便をもたらすこととなる。だから、5階に住む人たちの7割以上もの多くが「生活上の不便を感じている」と答えている。

しかも、それだけではなく、妊娠・分娩・産褥にともなう異常は藤沢団地の場合、一般居住地よりも高くなり、（異常分娩の比率は藤沢団地が29％であり、これは、なんと一般居住地の3倍である）（表9参照）。流産傾向や早産傾向なども階数が高まるほど、その頻度は高い。

「わが家」で生みたい

もう一つはニュータウン内の病院についての不安である。1章3節「荒廃した医療と施設の貧困と」でもふれたように（本書には収録せず）、病院や医師個人にたいする信頼はきわめて薄い。産婦人科への批判の声はここでは紹介すまい。ただ調査結果からみても、ニュータウンに入居してからの出産経験者は、諏訪・永山団地に38・5％、愛宕団地に25・6％もいるのだが、この人たちの約3割しかニュータウンの病院では出産していない。その他の人たちは、両親の家の近くの病院であったり（31％）、ニュータウン周辺の病院であったり（7％）、ニュータウン外の病院（29％）で出産している（図29参照）。親への依存という理由も大きいが、ニュータウン内にしっかりした病院施設が質・量ともに整ってさえいれば、かなりの人が安心して、わが家のそば、夫のそばで子どもを産めることだろう（図30参照）。

子供の生活と教育問題

団地に居住する両親は、若い年令層の人たちが圧倒的に多い。そして、育児は育児書にしたがっておこなわれ、育児知識も比較的高く、保健所を利用した健康診断や予防接種にも積極的であるだけに、子どもの心身

表9　ある団地の異常分娩率をみると

	鉗子吸引	帝王切開	骨盤位分娩	出血多量	産褥復故不全	分娩遷延	死産	その他	計
藤沢団地	33	17	12	5	9	6	3	5	90
(%)	10.6	5.5	3.8	1.6	2.9	1.9	0.9	1.6	29.0
愛育病院	27	8	15	2	—	8	5	—	67
(%)	3.8	1.1	2.1	0.3	—	1.1	0.7	—	9.3

注）①内藤寿七郎「団地における母子保健に関する研究（第2報）」『日本総合愛育研究紀要』1966年による。②調査の時期は、愛育病院は1964年、藤沢団地は1966年。

図30　出産前後はどこですごしたか

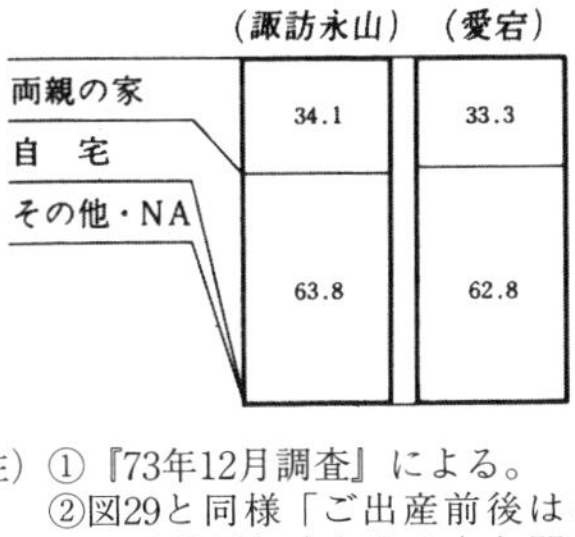

注）①『73年12月調査』による。
②図29と同様「ご出産前後はどこで過ごしましたか」と問うた結果である。

図29　どこで出産したか

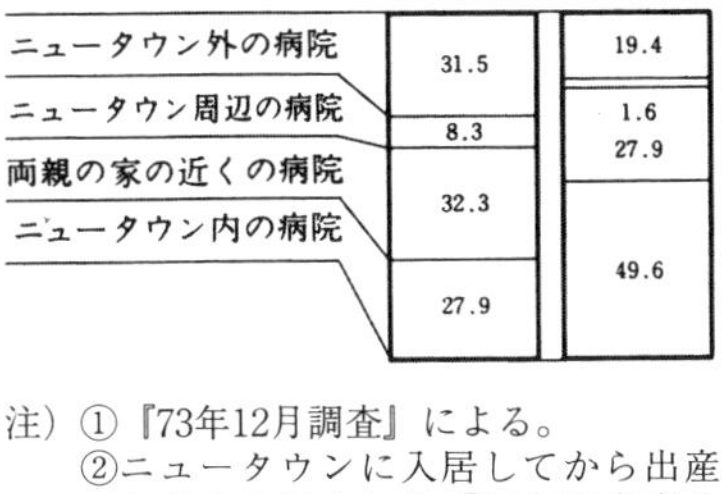

注）①『73年12月調査』による。
②ニュータウンに入居してから出産した人々にたいし「どこで出産なさいましたか」と問うた結果である。

の発達や健康はかなりよく保障されているといわれてはいる。だが、はたしてこのようにいってよいものだろうか。

「どうしても面倒ですからね。下で遊ばすのがいいとわかってても、半日、砂場で暇つぶしというわけにもいきませんし。やっぱり部屋の中になっちゃうんですよ。」

四角で高いウチの影響

たしかに小さな子を下で遊ばせていて、ヒョッと危ないことが起っても、声は聞こえないし、階段をあわてて跳ぶように駆け降りても、間にあうとは限らない。いきおい子どもたちは家の中にとじこもらされがちで、小さいうちから運動不足がちに育てられてしまう。少し大きくなっても事情は同じである。

「同じ歳なのに、なんか動き方がちがうんですよね。うちの子はなんとなく小ちゃくまとまっちゃったみたいで。」

と言うのは、最近区部の平屋建ての家から越してきた同じ棟の子どもをわが子と比較して、首をかしげるある母親である。団地の幼児の行動が画一的で、集団への適応能力に欠けるということは、幼児教育や保育の現場の人からよく聞かされる話だ。

「こないだ子供がね、パパ××君のおうちはね、四角いおうちじゃないんだよ、屋根のあるふつうのおうちだよ、って感きわまったように言うんですよ。ホラあそこの無許可で建っちゃった建て売り住宅のことなんですがね、イヤ何て答えたらいいものやら……」

小学校の先生も、子どもに家の絵を画かせれば、みんながみんな四角い〝おウチ〟になってしまうと私に話してくれたことがある。イメージの創成期に、画一的な視覚材料しか囲りにないということは、親の世代の育った〝牧歌的〟環境となんとまあ異なることか。

切実な〝より広い部屋を〟の声

育ち盛りの子どもにとって、団地の密室はせまい。住宅が狭いために、親は「大きな音をたてないよう叱り」（表10参照）、子どもは子どもでたえずオドオドする。さきほどもふれたが、親は親で子どもたちが階段などで遊ぶと危険だから、家に押し込めようとするからなおのことである。そして、やがて子どもの成長とともに〝個室〟が要求されるようになる。だが、子どもの生活にとって、最低限、親子の就寝分離がはかられなければならないといわれる。子どもに部屋を与えれば「自分のことは自分でする」ようになるし、子どもの自立心も高まる。

表10　子どものしつけ上困ると思う点をみると

	1才未満		1～2才		3～4才		5～6才		7～9才		10～12才		計	
	実数	%	実数	%	実数	%	実数	%	実数	%	実数	%	実数	%
幼稚園・保育所が近くにない	14	21.5	41	16.1	43	21.6	7	8.0	2	3.2	1	5.9	108	15.8
戸外のあそび場がない	1	1.5	12	4.7	4	2.0	2	2.3	3	4.8	0	0.0	22	3.2
室内がせまい	49	75.4	156	61.4	96	48.2	40	46.0	38	60.3	12	70.6	391	57.1
危険なことが多い	4	6.2	33	13.0	26	13.1	6	6.9	2	3.2	0	0.0	71	10.4
近所の目がわずらわしい	11	16.9	30	11.8	25	12.6	11	12.6	8	12.3	5	29.4	90	13.1
大きい音をたてないよう叱る	4	6.2	87	34.3	95	47.7	45	51.7	40	63.5	8	47.0	279	40.7
同年の子と比較しあせる	4	6.2	36	14.2	21	10.6	7	8.0	6	9.5	1	5.9	75	10.9
友だちの家といききが多い	0	0.0	47	18.5	63	31.6	30	34.4	7	11.1	3	17.7	150	21.9
その他	6	9.2	22	8.7	22	11.1	11	12.6	1	1.6	2	11.8	64	9.3
団地のためしつけ上困ることがある（人数）	65		254		199		87		63		17		685	

注）前掲の内藤寿七郎論文による。

こうしたことは、親であればどこの親でも十分に理解していることである。しかし、ライフ・サイクルに応じた〝すみかえ〟ができるかといえば、なかなか難かしいのが現実である。そもそもニュータウン住民がここから脱出したがるのは、あきらかに「より広い部屋を求めて」という志向がニュータウン内で満たされないことの証明みたいなものだから、その展望は暗い。だから、親たちは「部屋の一部を子どものコーナーにしている」とか、「カーテンで仕切る」ことなどをして、できるだけ子どもの生活の拠点を与えようと工夫している（表11参照）。だが、このような親たちの努力で改善可能なものは、まだよい。都営の3DK（6、4・5、3畳）の住宅に5人以上もの人たちが住んでいる世帯が1割以上もいる実態は、いったいどうしたらよいのだろうか。

表11　子どもに独立した部屋をなぜ与えるか

●子どもに部屋を与えているかどうか		
全部の子に与えている	31人	31%
一部の子に与えている	6人	6%
与えていない	56人	56%
無記入	7人	7%
●子ども部屋を与えていない理由		
部屋に余裕がない	38人	61%
持家でない	2人	3%
子どもが幼い	14人	23%
無記入	8人	13%
●子ども部屋を与えた理由		
子どもの勉強	14人	26%
子どもの生活尊重	9人	17%
子どもの自主性をつける	17人	31%
その他（大人の生活をじゃまされぬため）	1人	2%
無記入	13人	24%
●子ども部屋を与えた結果の変化		
進んで勉強する	7人	18%
自分のことは自分でする	15人	37%
親の干渉を好まない	2人	5%
整とんがよくなった	11人	27%
その他	5人	13%
●部屋の代わりに何か工夫しているか		
工夫している	18人	29%
工夫していない	22人	35%
無記入	22人	35%
●工夫の仕方		
カーテンで仕切る	2人	10%
机・本箱・備品を備える	4人	20%
2間のうち1間を子どもに与える	5人	25%
部屋の一部を子どものコーナーにしている。	7人	35%
物干し場に床を敷いて遊び場に	1人	5%
机を互に背が向きあうように配置	1人	5%

注）一番ヶ瀬康子・他著『子どもの生活圏』（1969年4月）による。

みずみずしい感受性の創造を

「きのう、森くんと、5-2-1の方の林に虫をとりに行きました。

そして中にはいって行って木をさがしました。そしたらかなぶんがたくさんいたので、『かなぶんばたけ』と名前をつけました。はじめはあんまりとれなかったけど、だんだんとれました。そして5じはんごろ虫とりをやめて、森くんのこうそうであそびました。そして6じにうちへかえりました。かえってカブトのさなぎを見たら、カブト虫になっていました。まだはねが白かったです。そしてよる8じに小ぐしくんと、とみんぎんこうのそばの、がいとうのとこのそばにある木でカミキリをとりました。小ぐしくんは、がいとうでこがね虫をとりました。しばらくしてからうちへかえりました。

二年　柄沢大輔」

以上記したものは、『丘』から引いたものだが、多摩ニュータウンの永山4丁目に住む少年の素朴な文章である。自然にふれ、自然を発見する楽しさは、彼の今後の成長のために貴重な体験であろう。都心のゴミゴミとしたまったく自然のヒトカケラすらもないところから移り住んできた彼にとっての〝現在〟はまさに〝天国〟である。

だが、多摩ニュータウンはあくまでも人工都市なのだ。団地のなかには計画的に公園や小学校・中学校、それに遊び場などが配置されている。都心に比べてその条件の良さは、校庭が広いだけでなく、すべての面で目立っているようにみえる。しかし、それが〝与えられたもの〟であるだけに、なにか落し穴がありはしないか。子どもの生活圏がすべて団地内にキチンと収まってしまうということは、柔軟なはずの子どもの行動やみずみずしい感覚までが定形化されてしまうことにならないだろうか。本来、都市というものは自然発生的で、かつ多様な構成をもっている。だがこの「都市」では、そういう生き生きとした「都市」の側面を、子どもの日常の目で観察しうべくもない。だからこそ、いま親たちはその影響を真剣に心配しているのだ。

新旧住宅共通の高校問題

現在、諏訪・永山団地には小学校が2校、中学校が1校、それに高等学校が1校あり、愛宕団地には、小学校、中学校がそれぞれ1校ずつある。これらの学校はもちろん十分な調査予測のもとに計画され、建設されたものだという。それにしても、ほとんどおなじ時期に多数の児童・生徒が発生するという団地の特性が現実にどのていど反映されることだろうか。そして、将来、ピーク時の子どもの年令がそのまま上っていったとき、ニュータウンの中学は、高校はどうなるのだろうか。計算されてあるとはいっても、転出、転入の状態はまだまだ不確定要素が多い。せめて学校の用地は、幾分よけいに調整用地として残しておくべきだと思う。

さいごに高校問題がある。一方に「十五の春を泣かせまい」という高校全入運動があり、他方で文部省がここ10年ほど進めてきたあまりにも偏った職業科の拡張はさいきんようやく破綻がめだちはじめたが、ニュータウンでもことは同じである。『73年12月調査』によれば、中学生をもつ親の92・9%が高校進学を希望しており、しかも、それは公立の普通科を必要としているのだ。

だが、このような親の希望を無視したかのように、「私立赤坂商業高等学校」移転の話がもちあがった。もちろん、住民がこれに反発したのはいうまでもない。73年度の私立高校の授業料は月額平均7000円で、年間8万4000円にもなる（東京都の助成は年間2万4000円）。これに対し公立の授業料は月額800円、年間9800円であり、その格差ははなはだしい。親の反対は、このような経済的理由だけではないにしても、ニュータウン住民の意向も考えない都教育庁の方針は、むろん住民のねばり強い運動によって、白紙と化した。いま、親たちは「都立普通高校」の増設をめざして鋭意運動中である。

それに、高校問題はニュータウン居住者たちだけの問題ではない。古くからこの地域に住んでいる人たちの子どもたちが、多摩の高校に入りにくいという現実があるからだ。急速な都市化の波は、在来居住者である地元の人たちをも確実にまき込んでいるわけで、子どもたちに十分な高校教育をうけられるようにつとめることは、多摩の新旧両住民にとっての共通の課題となっている。

3　カプセル不安の問題──主婦に太陽を

昼の不安・夜の不安

遠く都心へ働きに出る男たちにとって、ニュータウンが文字通りベッドタウン──寝に帰るだけのまちになってしまっているのとはうらはらに、留守をあずかる主婦たちにとっては、ニュータウンはいやでもおうでも終日過さねばならない場所である。それだけに彼女たちにとって、この陸の孤島の生活の悩みはつきない。

いつも危険と隣り合せ

たとえば、ちょっと町へまとまった買い物に、あるいは親戚知人を訪ねて出かけるとしよう。彼女たちは朝ご亭主を送り出し、それからあと片付けや身仕度をして、遠い道のりを出発する。ラッシュをすぎているので電車も少なく、バスに乗るなら時刻表をハンドバッグに入れて、それとにらめっこしながら出かけなければならない。そして目的地へ着いたと思ったら、もう帰る仕度をしなくては、夕食を間に合わせることができない。その上小さな子どもを抱えていようものなら、まさに道中は難行苦行である。

家にいる時はどうだろう。たとえば、火災時はどうだろうか。多摩消防署にははしご車がないから、ニュータウンのような高層住宅はいつも危険と隣り合わせとなる。それに地震がグラッと来たとする。高層階はよく揺れる。木造より丈夫だと頭でわかってはいても、この時の恐ろしさはどうしようもない。崖っぷちの棟などになれば不安はひとしおである。

「ええ普段はね、眺めはいいし……。でも一旦来たらグラグラッ、でしょ。小ちゃな子どもたちを抱きかかえて、ホントに生きた心地もしないんですよ。下へ降りるったって階段がね。こないだも避難ロープのセールスが来てね。とても降りられるとは思えないけど、その時はもうワラをもつかむ気持で買っちゃったんです。主人は帰って来て、ムダな買い物したもんだなんて言いますけどね。昼間ひとりでいるこっちの身にもなってほしいもんですよ。」

ねらわれているニュータウン

これはまだ高層住宅ならどこでも同じ心配かもしれない。だが防犯の問題となると、ニュータウンであるが故の被害も多い。ばかでかい団地であればあるほど、防犯の死角も広くなる。私は治安という言葉は大嫌いだが、ニュータウン独得の「真昼の物騒さ」を妻などから聞かされると、機動隊などウンと減らして、もっと団地のパトロールにでも精を出せ、と言いたくなってしまう（表12参照）。

なにも警察だけが防犯の手段ではないが、現在あるのは諏訪・永山の交番1カ所だけ。愛宕にはそれさえもない。その交番もたいていは幹線道路の交通事故か何かで出払っているらしく、「パトロール？さあ、私が住んで2年になりますけど、一度も見かけたことないですよ。」とある奥さんがいうのもまんざら嘘ではなさそうである。それでも、少ない交番のわりにはパトロールがやられてもいるらしいが、最近交番は戸籍調査のようなことをしているという話も聞く。

外から眺めればたくさんの家がズラリと並んでにぎやかに見えても、中に入れば一戸一戸は〝密室〟である。主婦たちの不安も理由のないことではない。去る8月にはとうとう、多摩ニュータウンのある世帯に強

表12　どんな事件があったか

	ニュータウン（入居済）		日野署全域
殺人	1件	（三角関係）	15件
粗暴犯	3件	（暴行）	122件
侵入窃盗	34件	（うち空巣25）	555件
非侵入窃盗	78件	（うち自転車等60）	1,101件
その他	11件		208件
計	127件		2,001件
人口	約28,000人		約216,000人
1万人当り件数	45件		92件

注）①都南多摩新都市開発本部資料による。
②ニュータウンの入居ずみ地区における1973年1月1日～同年12月31日の1年間の件数。

盗が押入り、婦人が包丁で切られて重傷をおった。犯人は隣人の通報でかけつけた警察官にその場で逮捕されたが、この事件がニュータウンの主婦に与えたショックは大きい。犯人の自供によると、「刑務所のなかで、多摩ニュータウンで泥棒すればかせげる」と教えられたという（『朝日新聞』１９７４年８月21日）。このように犯罪者によって〝ねらいやすいところ〟と思われてしまったほど、ニュータウンの防犯体制は手うすなのである。とくに若い主婦が多いだけに不安はなお一層深刻である。

また、団地へ押しかける〝セールスマン公害〟も主婦の不安の種である。入居開始早々から、大量の新規消費者、購買層をねらって、保険の勧誘員、新聞屋、牛乳屋、その他種々の販売員がどっと押しよせる。その数のすごさは目にあまるものがある。ことに主婦が一人でいる場合、住戸が〝密室〟的だから恐怖心はつのる。そこで、ドアを開けずに話しを聞くのが多くなるという。だから逆に、セールスマンにとっては〝押し売り〟的態度に拍車がかかってしまうのである。「ドアチェーンをはずさせれば、もうこっちのもんですよ。タイミングよく玄関へ滑りこめば、あとはもう押しの一手でね。」と語るあるセールスマンの言葉は、そのへんの主婦の不安な心をよく心得ていると感心するほかない。

不安は夜もつきまとう

こういう状態は、意識調査でもハッキリあらわれている。ニュータウンの主婦に、常日頃どんな不安を感じて生活しているかを問うてみると、高い順から「医療施設の不備」「交通の不便さ」「火災」「地震」「防犯」「セールスマンの訪問」「近隣関係の不安」などが並んでいるのである（『72年2月調査』）。

こうした犯罪や、セールスマンの横行に対処するためには、どうしても隣近所とのつきあいを密にしなければならない。だが、調査の回答は入居まもない（約1年）こともあって、「人間関係がむずかしく」「つきあいがない」ために「孤独感を覚える」といった切実な声が聞かれ、「何かの時連絡するところがあれば……」とせつせつと訴えている。調査時点から3年ほど経過した今では、隣近所とのつきあいはかなり多くなったと思われるが、それでもなお、１９７３年12月の追跡調査によるとだいたいは「道であえば、何とかあいさつする程度」（62％）でしかない。それ以上の「お互いに親しく訪ねあっている」とか、「趣味や行事などでよく一緒にするほど親しい」といった人たちは3割ほどしかいないのが実状である（図31参照）。

「ほんとにつきあいが少ないですよね、ここは。妙によそよそし

図31　近所づきあいはどうしているか

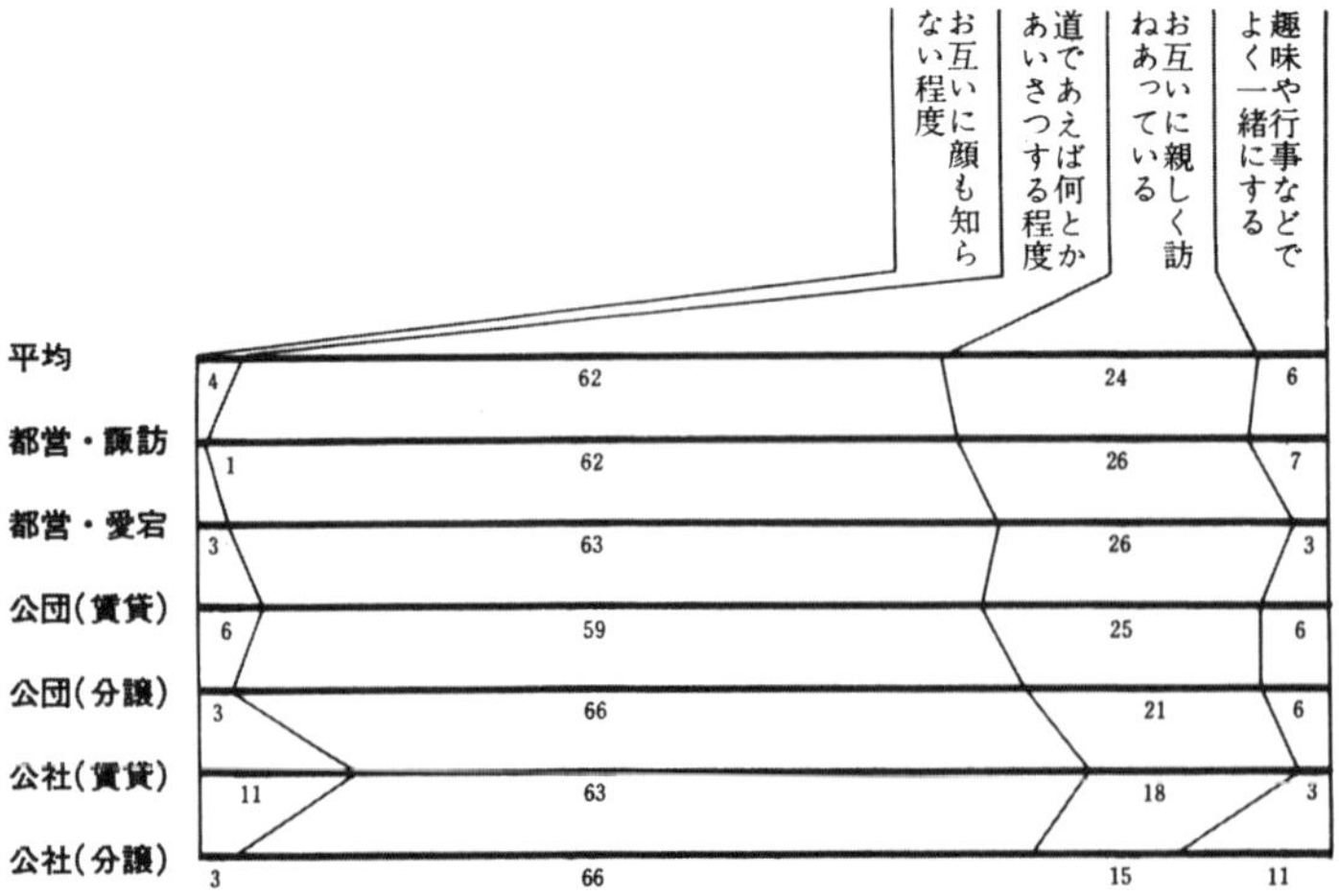

注）①『78年12月調査』による。
②「お宅では隣近所のつきあいはどの程度していますか」と問うた結果である。

いまちですよ。コンクリートのせいですかね、やっぱり。」

「だいたいまちの造りがそうなのよ。横丁や軒先ってものはないし、階段の踊り場なんて人がすれ違うのもやっとの広さでしょう。井戸端会議をしようにも場所がないもんね。」

「同じような人ばかりってのもかえってね。つきあいだしたらトコトン同じにしないと、なんとなく具合いがね。」

だがそれでもやはり、ニュータウンを住みよいまちにするための力は、われわれ男たちとはちがって〝全日制市民〟（篠原一教授の言葉）である主婦たちにかかっている。ニュータウンを気心の知れあった、人情味のあるまちにするためには、防犯ベルで各戸を結べばいいというものではない。主婦たちが集まって話し合い、互いに教え合える場が——私は施設のことだけをいっているのではない——必要だと思う。

また、ひとたび日が落ちると、団地の夜は人の往来がまったくといってよいほどとだえ、じつに寂しいものだ。多摩丘陵のなかに開発されたこの地は、いわば〝山の中の一軒屋〟といった様子をていする。住宅地は静かであればよいといっても、それがあまりにも孤島化すると気持のわるいものである。前掲の調査によると主婦の過半数は「人通りが少ないのでこわい」とか「周囲が広々とした環境なので気味がわるい」と思っている。もちろん「住宅地としては静かでいい」という前提のもとではあるが、マンモス団地では、駅から家までの夜道は遠い。夜帰宅する働いている婦人にとっては、その数が少ないだけに、いっそう不安感が増すようだ。

働くに働けぬオキザリ社会

他方、ヒシヒシと迫るインフレの波は、ニュータウンとても容赦なく襲ってくる。ここは、ほとんどがサラリーマン世帯であるために、それは深刻・切実な問題となっている。物価高にくわえて、買物の場所に選択性があまりないという状態も、家計を預かる主婦に大きな不安をいだかせることになっている。

だれもが働きたいと

ニュータウンの婦人（世帯主の妻にあたる人）の就労状況は、7・6%の人が常勤で働き、7・6%の人がパート・タイムで働いている。また自宅で内職をしている人は11・4%で、全く職をもたず家事のみに従事している人が66%である。そしてなんらかのかたちで働いている26・6%の人たちについて、働いている理由を聞いたところ、その過半数の56・5%の人が「全般的な家計補助のため」と答えている（図32参照）。このように、現在働いている多数の婦人は、家計をいくらかでも楽にしようとしているのだ。

けれども、いま働いていない婦人とても、妻の座に安穏と座っているわけではない。そこには、必死になって夫の収入だけでやりくりしている姿があるのだ。『72年2月調査』にもどると、働いていない人の62・9%に達する人が「働きたい」といっている。ただ、その3分の2にあたる人は「パートで働きたい」と答えているのである（図33参照）。

ぜひともほしい働く場所

けれども働きたい意志がありながらも、働けないという最大の原因は〝子ども〟の存在であろう。子どもも産めない、狭くて気がねなアパートからようやく脱出して、ニュータウンに入ると、まもなく〝出産ブーム〟がおとずれる。調査によると4割近い婦人が入居後出産しており、この数はここ4、5年でピークに達するものと予想される。これらの人たちにとって、育児に専念しなければならなく、仕事をやめるケースが増えていくわけだ。だから、諏訪・永山団地の婦人の場合、入居前に働

図32　婦人の就労状況はどうか

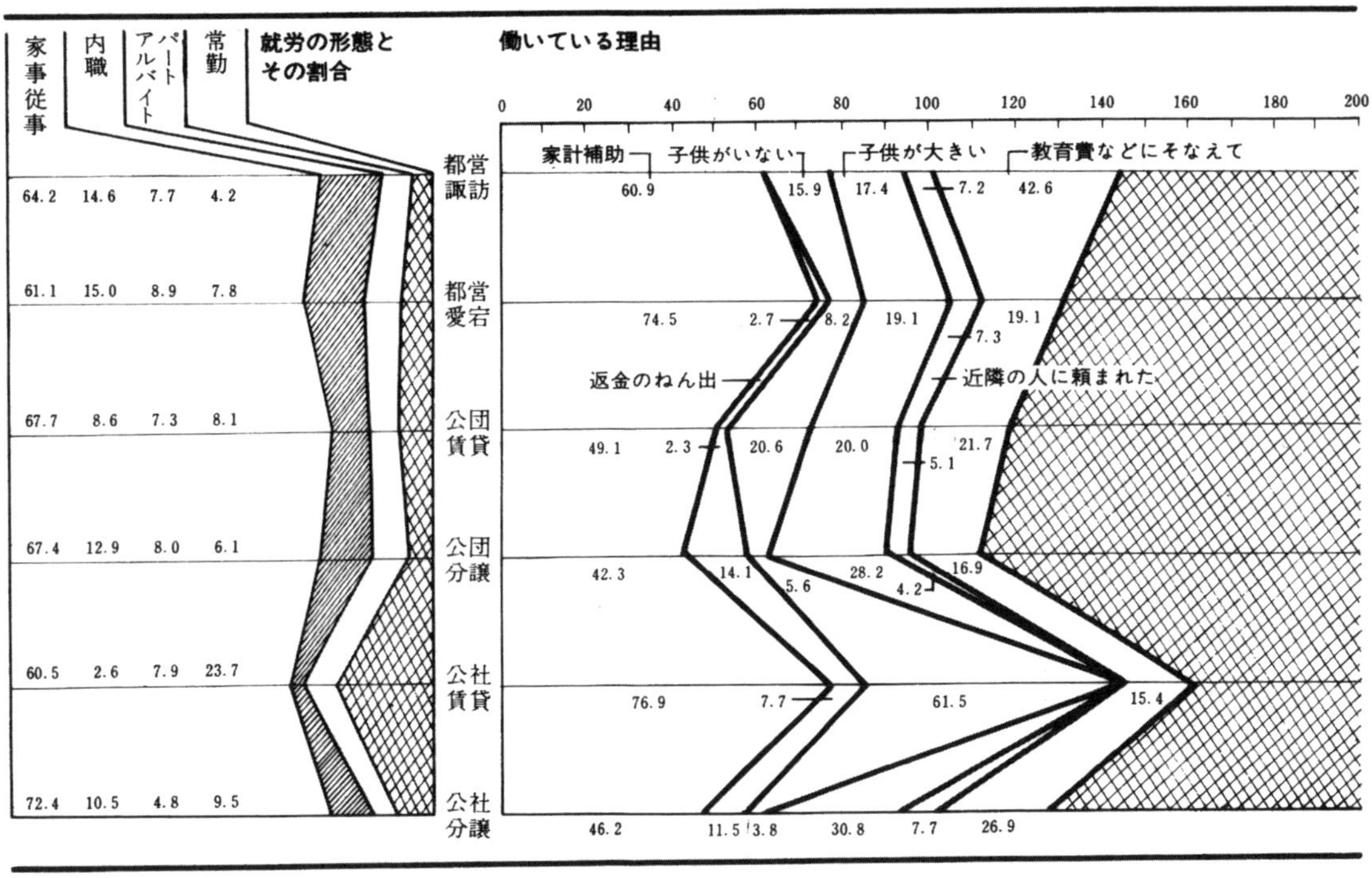

注）①『73年12月調査』による。
②「奥様は何か仕事（職業）をおもちですか」と質問したのに「もっている」と答えた人にその理由を問うた結果である。

いていた人びとは40・7%もいたものが、入居後、26・2%の人がやめ、それから2年たつと共働き世帯は1割ていどしかいないようになってしまったのである。

このように一方でインフレによる経済不安、他方で育児に専念しなければならないという矛盾のなかに、現在の主婦はおかれている。

「そりゃあ働きたいと思いますよ。分譲っていってもね、たいへんなんですよ、返済が。でもねえ子どもが2人でしょ。保育園？　もちろん申込んでますよ。だけどどういう順位つけるんだか、うちなんかいっこうに。だいたい計画がおかしいんじゃないかしら、今

図33　就労していない主婦は働く意思をどれだけもっているか

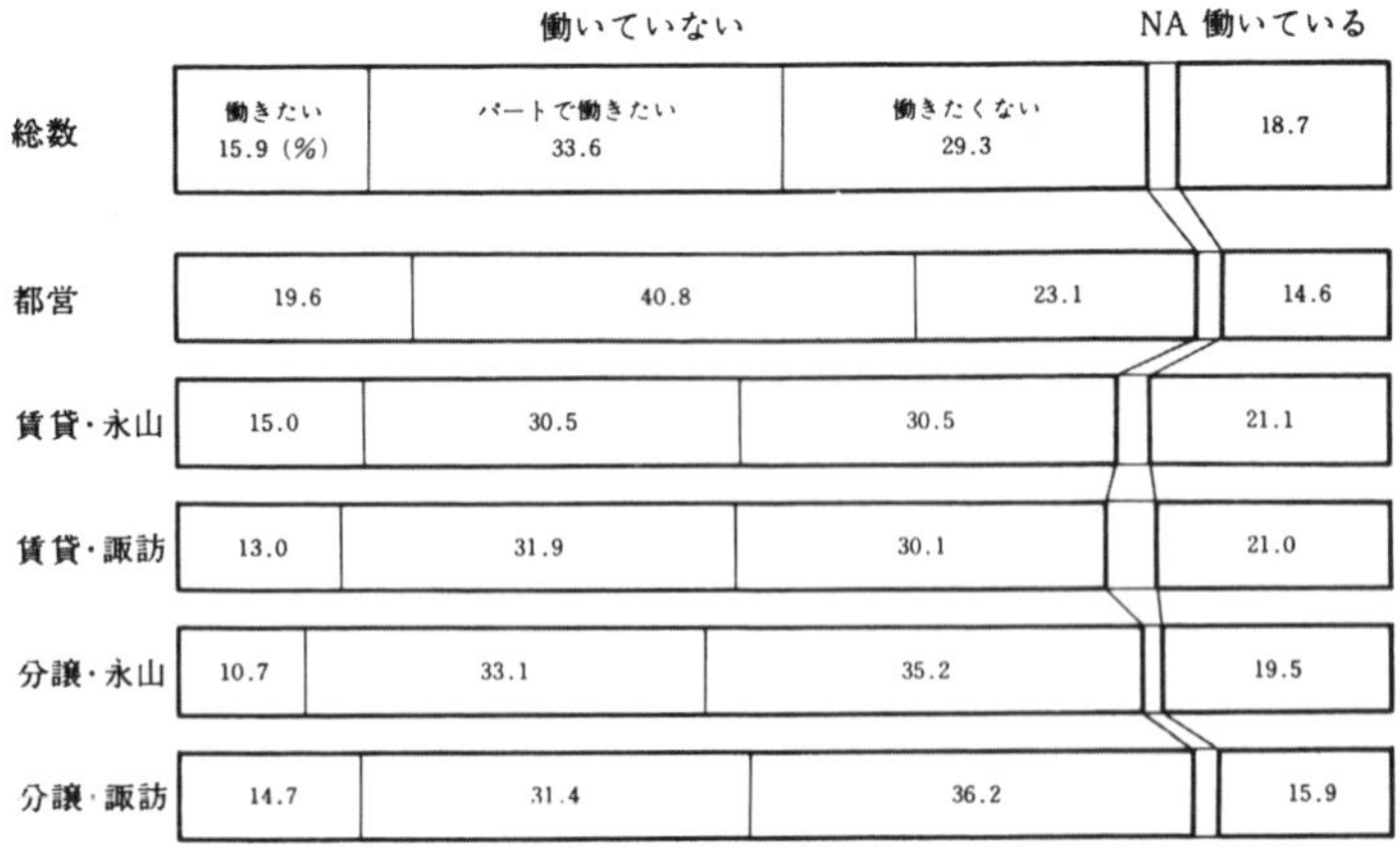

注）『72年２月調査』による。

まだ4カ所しかないんでしょ。」

「職住近接っていうからね、主人はともかく、私の働き口ぐらい近くでみつかるんじゃないかって。でも実際はね。ええ、新宿あたりまで通う気ならね。でもそれはできないし。そう、保険とかセールスね、団地の中では。でも団地の奥さんに団地の中を回れっていうの、どういう神経かしらね。誘致できないのかしら、事務所とか工場とか、公害のないような。」

はじまった保育所開園の運動

このようなぎりぎりのおもいをお互いにもっているからこそ、保育にかんする運動はその必要性の大きさから、真剣に取り組まれてきた。その経過を自治会報告からたどってみよう。

1972年4月　木村、荒川の両保母が木村宅で乳児を預かる。
　　7月　共同保育室にする。
　　8月　乳児保育をすすめる会結成。
　　9月　市・都への請願、署名運動。
1973年5月　東京都からの助成金を市が都に申請するよう、市長、民生部長、福祉事務所と交渉、以後、再三にわたって交渉。
　　7月　木村宅を出て父母の家へ保育室移動。
　　9月　市議会2回目の請願を採択。
　　10月　公団との交渉。東京支所、南多摩支所と、土地と部屋の確保につき、前後6回にわたって話し合う。民生部長と交渉。民生部長は、保育児を分散すれば補助を出すといったが、父母はあくまでも部屋を要求してこれを断った。
　　11月　市長、助役、民生部長と前後3回にわたって交渉。市より1カ月3万円の補助で3DKを借りる（12月5日～3月25日の期限つき）。
1974年1月　民生部長、福祉事務所長と2回にわたって交渉。採択された請願内容を予算化してほしいと要望。
　　2月　民生部長と交渉。共同保育室の乳児の保育園入園を要求。
　　4月　市の予算化をかちとり、全員入園。

このように、保母と父母の血のにじむような協力と苦労にささえられながら、いまようやく安心して働ける条件づくりがすすんでいる。

4 同居不能住宅の問題――老人に未来を

ニュータウンの潜在老後

毎年、何十万人かの人々が郊外の団地を割り当てられて、新しい住居に移り住んでくる。入居するときはたいてい、夫婦と子供1～2人というのが平均的な家族構成である。だがこの人たちの親もまた、住宅に困っていたり、あるいは寄る年波とともに、息子や娘のもとを頼って、やがて移り住んでくる。

増加一途の老令人口

ここ多摩ニュータウンでも、諏訪・永山での追跡調査によると、1972年2月に2・0%だった60才以上の人口が、73年12月には2・6%に増加している。新しく入居したての世帯は老人をかかえている例が少なく、実際には古くから入居していた世帯が、その後に老人を呼び寄せたケースが多いから、そういう意味での老人の増加は約2年間に2倍ほどになっているとみてよいだろう。世代構成でみても、前掲調査によれば3世代世帯は3・2%から4・5%に増加している（諏訪・永山公団賃貸の場合・図34参照)。だが、〝老令化社会〟の波は、核家族の多いニュータウンにも、ヒタヒタと押し寄せていることがわかる。こうして現在、世帯主（夫）の親で同居しているもの7・2%、妻の親で同居しているもの1・6%、あわせて8・8%の世帯が、わずか3DK、ときには2DK、たかだか3LDKの住まいの中に親と同居して暮している（図35、36参照)。

同居は「世の常・人の常」

年が寄れば、たとえ五体満足であり、手に職をもっていても、長年育てあげてきた子のもとに身を寄せ、孫の顔を見ながら暮したいと思うのは人情である。ましてや連れあいを亡くしたり、病気がちであったりしてみればなおさらのことである。また、子のほうも、妻（あるいは夫）に気がねしながらも、「できることなら親を引き取って……」と願わない人はない。前述の調査でも将来親との同居を希望する人は世帯主の26%、妻の7%にもおよんでいる（図37参照)。

図34　家族の型はどうなっているか

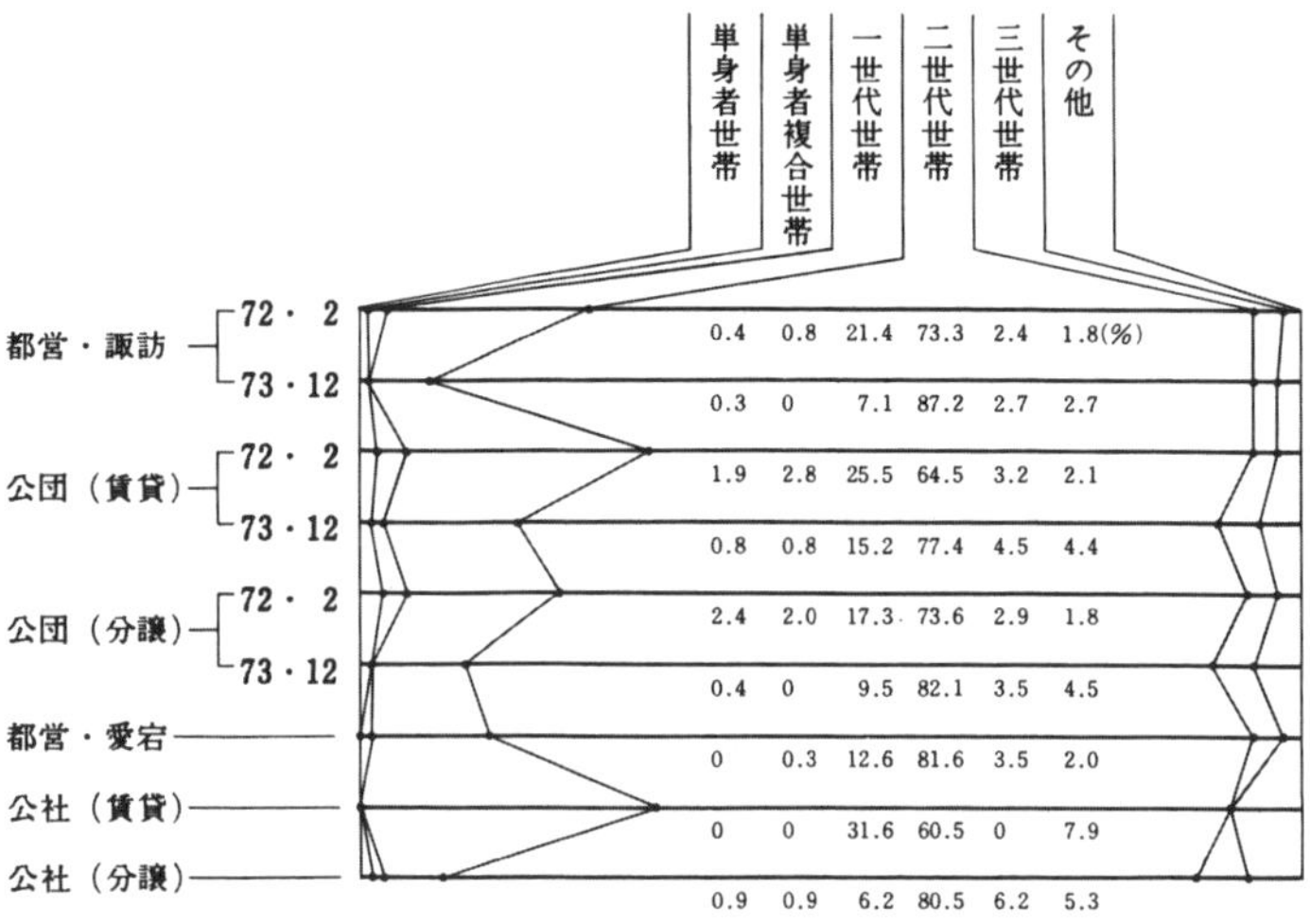

注）①『72年２月調査』ならびに『73年12月調査』による。
　　②ただし都営・愛宕と公社は『73年12月調査』だけである。

図36　自分の親と同居している世帯主の年令別差異と住宅型式はどうなっているか

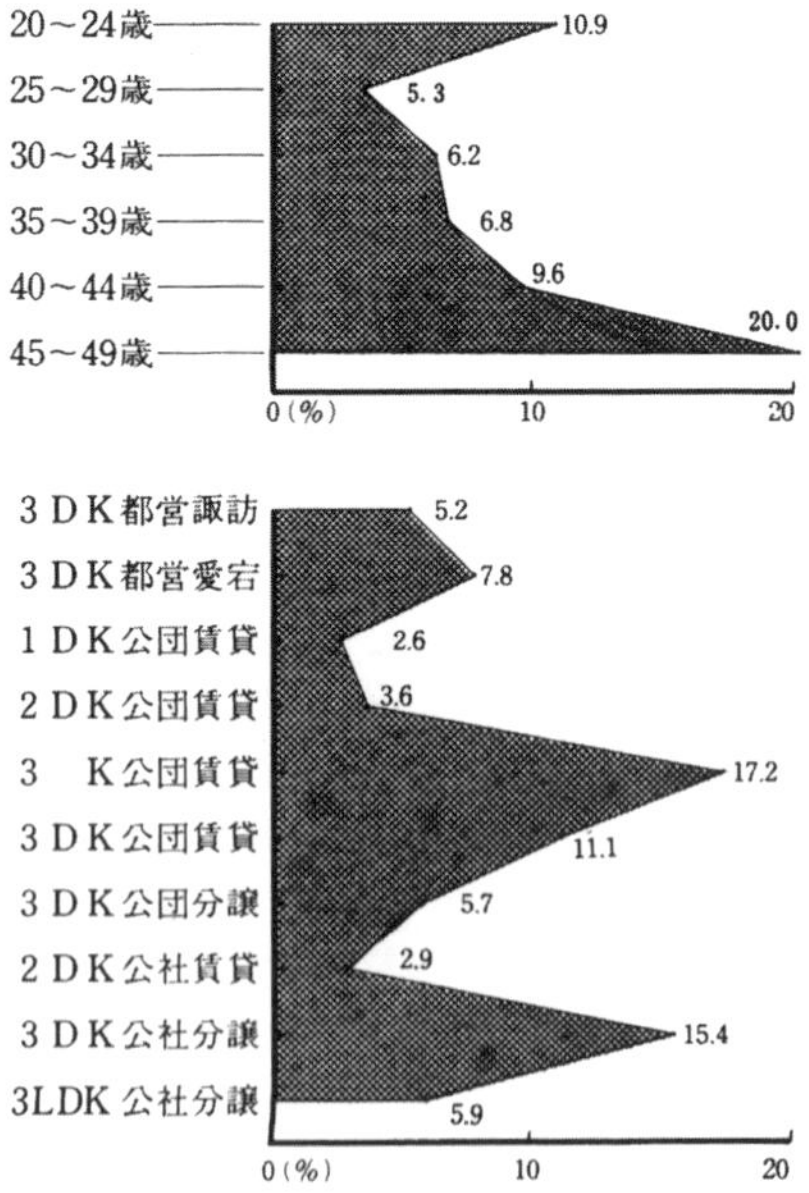

図35　親と同居している世帯はいくらあるか

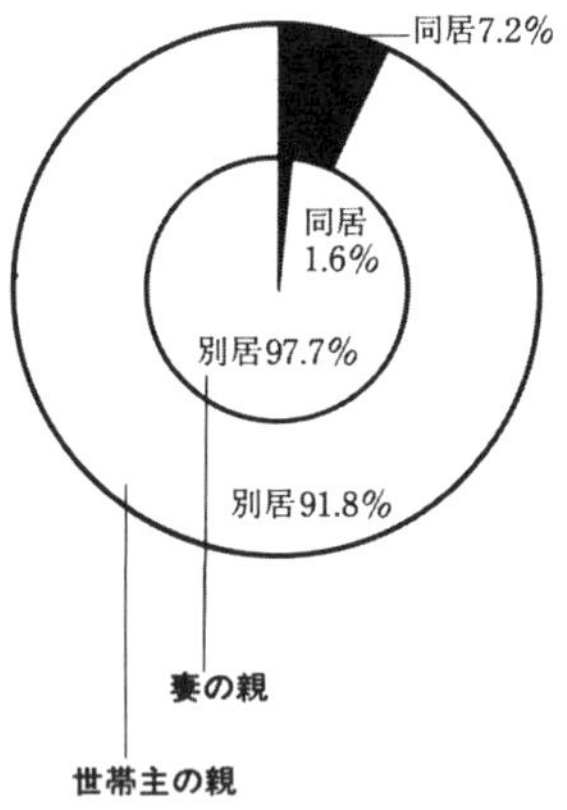

注）①『73年12月調査』による。
　　②右の図は上下とも世帯主の親と同居している世帯の場合についてのみ調査した結果である。

ペア住宅など新しい試みを

しかし、もともと現在の団地は昭和30年代からはじまった都市人口の急増に対処して、とにかく数をたくさんつくろうという戸数主義にたったものであり、間取りもたかだか3LDK、大多数は3DKしかつくられていない。これでも核家族が全盛の時代はまだよかったが、40年代後半から深刻化してきた老令化社会には、全然役にたたなくなってきている。かといって「そんな狭い団地に無理に同居せずとも……」といわれても、老人たちにとって現在の都心に住みよい住まいがあたえられようはずもない。老人ホームにも色々問題がある。となれば、いきおい団地の若夫婦のもとへ同居するようになるのは理の当然である。

図37　これから同居する予定の世帯比率と同居の予定場所はどうなっているか

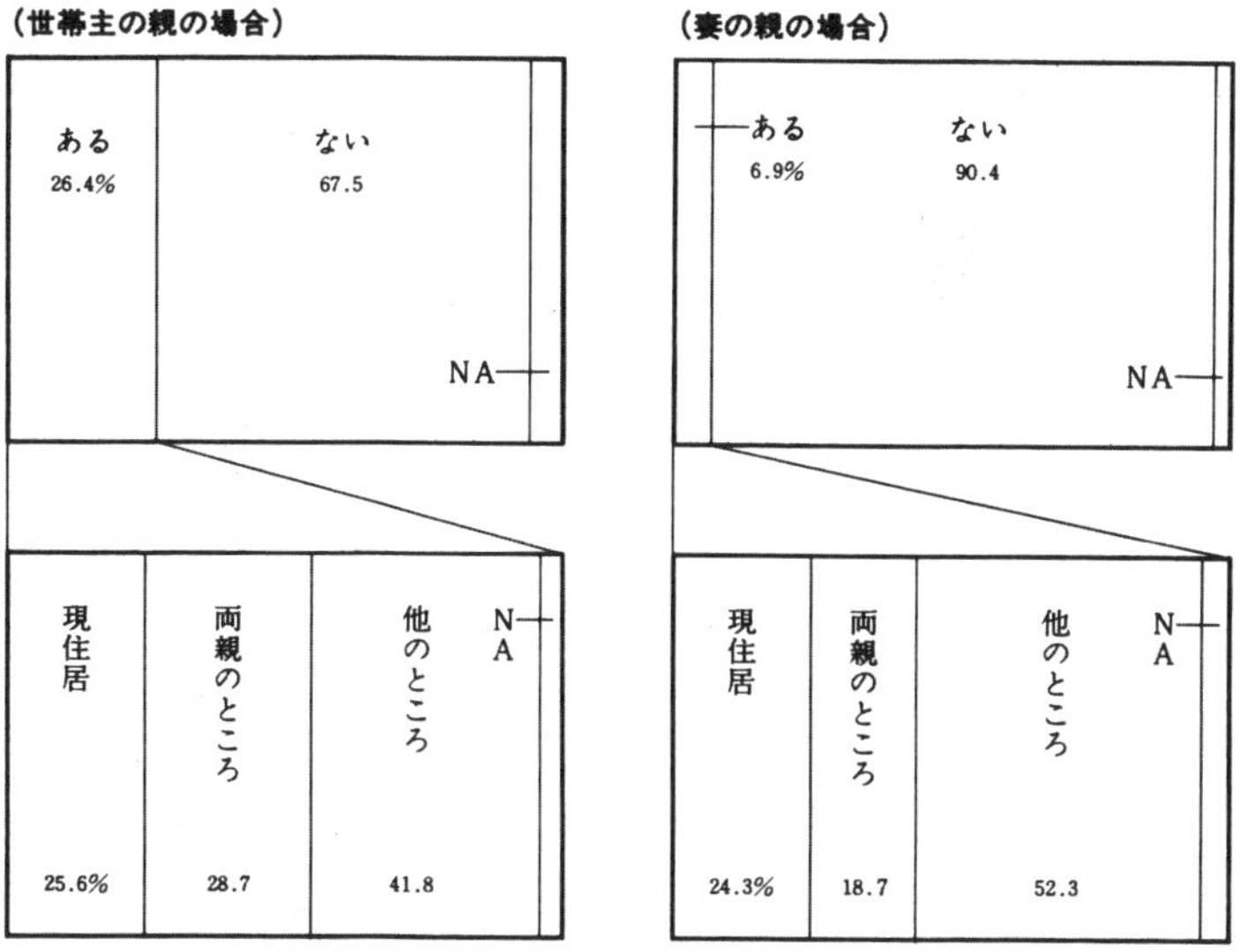

注）①『73年12月調査』による。
②上の図は世帯主の親か妻の親かが健在な人々にたいし、「将来、ご両親と一緒にお住まいになるご予定はありますか」と質問した結果を、世帯主の親の場合と妻の親の場合に分けて示したものであり、下の図は、それぞれ同居予定のある人々にたいしどこで同居するかを問うた結果を示す。

このような新しい〈同居〉への動きに対処するために、各地で〈ペア住宅〉の試みがはじまっている。たとえば2DKと1DKを組み合わせ、入口は別々だがベランダはつづいているといった構造の住宅をつくって、同居希望者に提供するわけである。この試みは成功したところもあり、失敗して空き家になったり、本来のペア用途からはずれたかたちでつかわれてしまったところもある。多摩ニュータウンではまだ予備的な調査を1回やっただけで、いますぐ実際に建てられる予定はない。このような〈ペア住宅〉ができれば、すくなくとも物理的なスペースの問題としては〈同居〉問題解決への一歩前進になることはまちがいない。

“生きがいの製作所”の創造

だが団地の老人問題というのは、けっして物理的なスペースの改善だけで解決できることではない。そこで、中嶋博さんは、このことを「団地の老人にとって福祉とは何だろうか」と問いかけ、次のように書いている。

「現行の老人福祉制度や施策は保護一辺倒である。生活が経済的に困窮している者や身寄りのない者、疾病者等を対象とした制度はあっても、老人一般がそうならないように予防する、いわば防貧的な制度や施策は、まったくといっていいほどない。」

中嶋さんは、ここ多摩ニュータウン内部の老人問題とかかわるなかでこのことに気付き、少しでもそれの解決になればと、10名余りの老人を集めて部品加工や民芸品作り、ときにはゲームを楽しむ福祉作業所のようなものを設けた。いまでは老人たちが自らこの運営をするようになり、「生きがい製作所」と呼んでいるそうである（これらは、多摩ニュータウン新しい文化を創る会発行の雑誌『丘』第7号の中嶋さんの一文による）。

表13　多摩市にはどんな老人クラブがあるか

会名	会員（人）	会名	会員（人）	会名	会員（人）
愛宕惜春会	69	親和会第二クラブ	53	西桜寿会	56
一の宮白春会	63	親和会第三クラブ	36	東桜寿会	56
一の宮ことぶき会	62	しあわせ会	43	東寺方若竹会	68
うめの実会	68	諏訪長寿会	121	馬引沢千歳会	43
落合第一明治会	34	関戸高砂会	41	百草ことぶき会	31
落合第二明治会	34	関戸悟葉会	44	本村明治会	
落合第三明治会	33	多摩長寿会	21	本村東明治会	
菊寿会	40	東部老人クラブ保寿会	84	和田長生会	70
親和会第一クラブ	37	永山長寿会	242		

注）1974年11月現在。

つまり、老人にとっての生きがいは、同じ境遇の仲間と語り合い、自分の身体に合った適度の労働をして、情緒的にもゆとりをもった生活をすることであるのかもしれない。それにより家庭内のトラブルにも心のゆとりをもって接することができるようになれば、狭い団地の中でも「年寄りの座」は少しずつ回復していく可能性があるのではないか、と中嶋さんもいっている。そしてその場合、団地には団地なりのプラスになりうるきっかけも多い。

多摩の老人クラブへの期待

私の知っている、諏訪に住むあるおばあさんはこう語ってくれた。

「やっぱり、老人にとってはわびしい町ですよね。来てよかったと思う人はいないんじゃないでしょうか。かといって今更帰るに帰れず……死んだ時はどうなるんだろう、とフト考えることがありますよ。老人クラブもつくってやっていますけど……。」

現在、多摩市内全体で26の老人クラブがあり、ニュータウンのなかにも3つできている（表13参照）。私たちはこれらのクラブについて考えるとき、いつも頭を去来するのは、老人を社会人としてあつかい、生きがいを見出すように援助することこそ最大の課題ではないかということである。

たとえばニュータウンの場合、一方で狭い住宅の一室に、若夫婦に気がねしながら生活し、家の外に生きがいを求める老人がおり、他方には少しでも収入を増やそうと、小さい子供を抱えて働きに出たがっている母親がいる。この両者の要求を結びつけ、年とった世代と若い世代の相互協力をはかることも一案だと思う。もちろん保育園がたくさんつくられるにこしたことはないし、老人による個人的な託児には問題があるかもしれないが、ここで私がいいたいのは、ニュータウンというものが、老人から乳幼児にいたるまでさまざまな住人をかかえこんだ一つのまちでありながら、実際には世代や階層を横につないだ助け合いや連帯の場が、既成のまちにくらべて驚くほど少ないということである。

不幸を加速する団地の構造

だが、住む家が団地であってみれば、そこにはふつうの住宅での親子同居とはちがった、さまざまの難問が待ち受けている。ある団地老人の話を紹介しよう。

山田トヨさん（仮名）は67才。戦争で夫をなくし、2人の息子を女手一つで育てあげたあと、ささやかな恩給で、平和で気ままな生活を楽しんできた。次男が団地に当って、「ぜひ一緒に……」といってくれたときは、新しい生活に一抹の不安を感じながらも、「息子の孝行がうれしくて」移り住んできたのだった。ところが……。

老人の座を無視する住宅構造

息子と嫁と彼女と3人の平穏な生活は、ほんのつかの間しかつづかなかった。トラブルの原因はご多分にもれず嫁とのいさかいだった。まだ孫がなかったこと、息子が再婚であり妻をかばいすぎたこと、そしてトヨさん自身にも「いざとなれば恩給が……」という強気からくる、協調性のなさがあったことは否めない。だが、こうした条件に拍車をかけたのが団地生活そのものだったことは、否定すべくもない。

狭い箱の中に押しこめられた間取り。薄い壁。広がりのない住環境は、隣近所との間でさえプライバシーを守る余地がなく、トラブルをひき起している。まして同じ屋根の下（ではなく「同じドアの中」というべきか）に住む嫁と姑という他人の間に、トラブルが起きぬほうが不思議といえよう。

「団地生活者の中で、もし、これらの関係をうまくやっているという家庭があるとすれば、両者のいずれかが自分を殺しているからといえるであろう。……若夫婦の二度と帰らない青春の結婚生活の犠牲の上に成り立っているか、または年寄が孤独に耐えているかのどちらかであろう。しかし、いずれにせよ団地という住宅構造の中に、老人の座は無視され存在しない。」

と――トヨさんの話を伝えたさきほどの中嶋博さんは前掲『丘』のなかで書いている。

崩壊したトヨさんの家庭生活は、もはやとどまるところを知らず、異常さを増していった。新聞・テレビを見ることはもちろん、食事をとることも、入浴することも許されなくなって、彼女はバスに乗って銭湯に通い（もちろん団地の近くに銭湯はない）、老人クラブで知り合った友達の家を転々とするようになった。たまに嫁の留守に家に居ても、うかつに嫁の部屋に入ろうものなら、畳に撒いてあった粉や、襖に挟んであった紙で発見されて、あとでひどい叱責をうけた。

やがて夫婦の間に子種が宿った。ふつうならそれを機会に「おばあちゃん」の存在が見直されるところだが、そんなこともなく、かえって鍵さえ取り上げられそうになって、彼女のジプシー生活はますます長く、辛くなっただけだった。

長男は結核で療養中だし、トヨさんが自分で見学に出かけた老人ホームも納得のいくところではなかった。結局彼女は隣の町で住み込みの仕事に就き、やがてアパートも借りて、心臓病の身をかかえて一人暮しに逆戻りしたのだった。やがて次男の家には新しい命が誕生した。だが彼女は自分の孫を、いまだかつて自分の手に抱いたことはない……。

もちろんこの話は、主としてトヨさんの眼を通してみたものであり、お嫁さんにはお嫁さんの言い分が山ほどあるだろう。だがいったい私たちは誰を責めればよいのか。中嶋さんのいうとおり団地生活の狭苦しさがこの一家の不幸を加速したことはたしかである。

老人がなにを感じて生きているのか、そしてそれに周囲がどうこたえ

図38　老人は毎日の生活の中でなにを感じているか

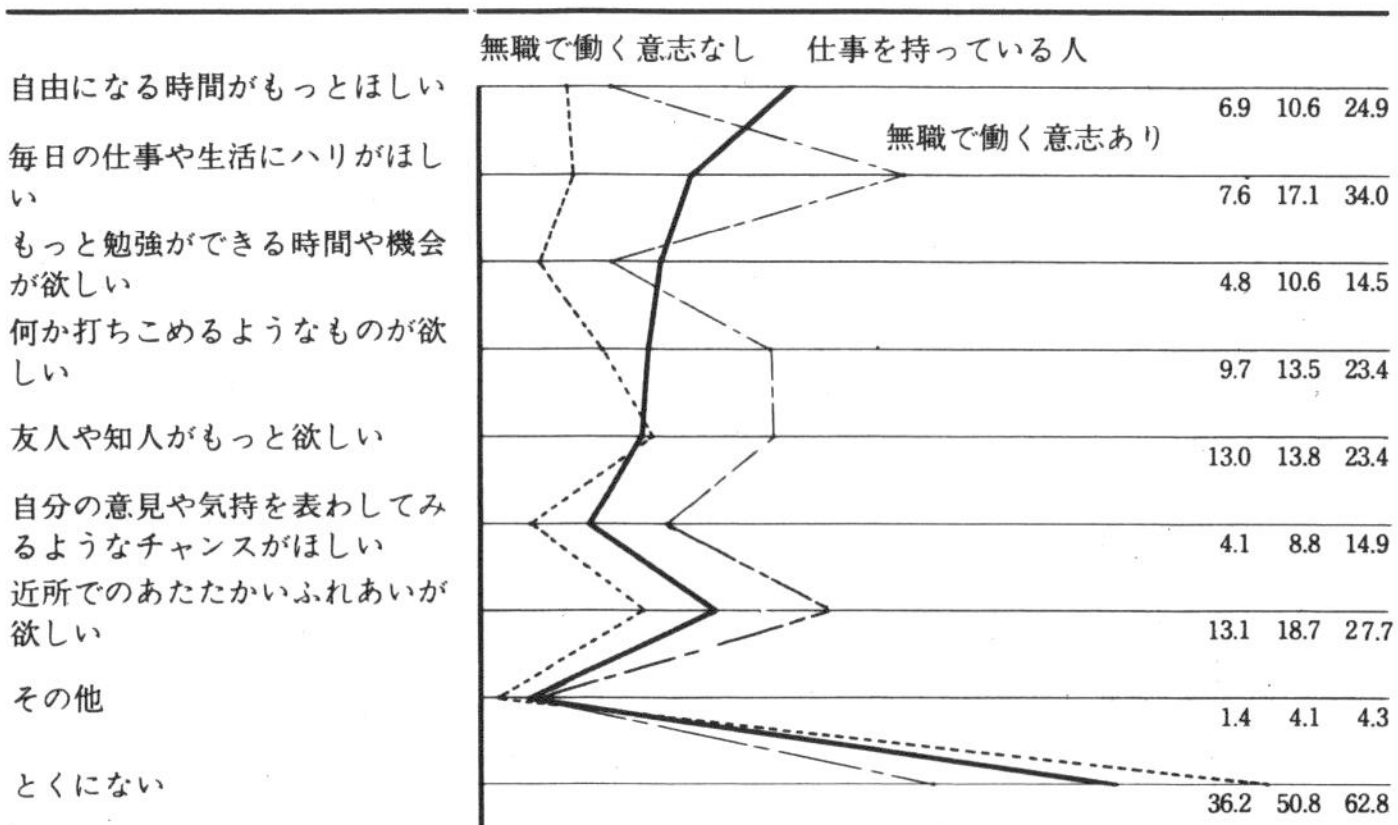

注）①東京都都民室『老人問題に関する世論調査』（1974年８月）による。
②60歳以上の老人393人に質問した結果である。

るべきか、図38はそうしたことを示唆しているのではなかろうか。

都営住宅に住む一人の提案

老人の悩みを訴えて、改善への提案を行なっている都営住宅に住む老人の考えを聞いてみる。東京都都民室によせられた都民564人の提案から、ここには、八王子市の小川ヒデさん（64才）の提案を全文引用させていただくことにした。

「都営住宅に住む老人のひとりとして、ぜひとも実現して欲しい次の点を提案いたします。

・都営団地の中に「老人のいこいのための施設」をつくって下さい。新しい所はともかく、私どもの住む都営団地のようにずっと以前に建てられた所には、数千戸に1カ所位いの集会場はあっても、老人が気楽に集ったり立寄ったり出来る、「いこいのための施設」はまったくありません。休日などに若い家族と顔を合せるのが気まずくて、ベンチもない遊園地をウロウロしながら終日過している年寄りの話なども聞く現状です。

・どこの団地でも、多くの老人はさみしい毎日を過しています。「老人クラブ」をつくる話などがあっても、若い人達のスケジュールがいっぱいで使えない集会場のことを考えただけで、とても「いつでも気楽に立寄れるクラブ」など出来そうもありません。近所づき合いの少ない団地の中で、多くの老人が行き場もなくさみしい毎日を過しているのは、どこの団地も同じ実情だと思います。

そこで、早急に老人用施設を新しくつくるのは不可能だとしても、それにかわるものとして、次の事を提案いたします。

・空家住宅を「としよりの家」にして公開する

都営住宅（団地）に空家が生じたとき、場所の良い所の家を選び一定戸数に一戸分は老人用に確保して、「としよりの家」として公開する。

空家を利用したその「としよりの家」は、特に改修などで経費をかける必要はないが、老人の中の希望者を管理人に選び（老人は仕事を求めています）茶器、茶代程度の管理費を予算化して、年寄の自由な管理に任せる。

・老人の坐れるベンチをおく……団地に、遊園地に、バス停に

その他、団地内の各所に、特に遊園地内にはベンチを多数設置する。

（このベンチについては、子供のための遊具などが比較的整備されてきているのに反し、どこにも置かれてなくて、老人は日なたぼっこも出来ない状態です。また、団地以外のバス停や駅のホームでも腰かけたくなるような老人は出歩くな、といわぬばかりに少なくなっています。歩行などのじゃまにならない置き方や構造のもので、ぜひとも団地を手はじめにして、街の各所にもっとベンチを増やして欲しい、と思います。）

以上の提案のうち、特に都営住宅の空家を「としよりの家」に開放することは、すぐにでも実現させて欲しいことです。茶呑み話に立寄れる場所があったら、老人の生活はずい分明るくなるでしょう。」（『子どもと老人が安心して住める町に』より）

声をかけあうことから出発しよう

お互いに生活の悩みをもっていても、コンクリートの壁に仕切られお互いの顔も、悩みも知らないというのは、人間の住むまちとして異様なことである。施設をつくるなどの物理的な要求は当局にむけて集団で交渉して解決することもできようが、こういう人間のつながりをとりもどし、そのなかから新しいまちをつくっていく作業は、住民ひとりひとりが周りを見回し、声をかけ合うことから出発するほかはない。図39に

もみられるように、若い年の都民も中年の都民も、あるいはまた老人のみなさんも、ほとんど共通の〝理想的老後像〟をいだいている事実からしてもそれは首肯されることである。

狭い家の中ではけむたがられているおじいちゃん、おばあちゃんも、まち全体のなかでは人生の先輩、よき相談相手として求められる存在であるし、また積極的にそうなってもらいたい。そういう空気のなかで生きがいをとりもどし、新しいまちづくりの担い手となってもらいたい。

それはここの多摩ニュータウンの周辺に住む老人についても、全く同じことである。この人たちは息子や娘をサラリーマンとして都心に送り出し、いわゆる「三チャン農業」「一チャン農業」といわれる苦しい労働にたずさわって、ニュータウン内部市民とはまた別のかたちの「老人問題」をあじわっている。これらのニュータウン内外の老人問題を結びつけて解決をはかることも、今後の多摩市政に課せられた新しい課題であるとみなければならないであろう。

図39　都民はどんな老後を理想としているか

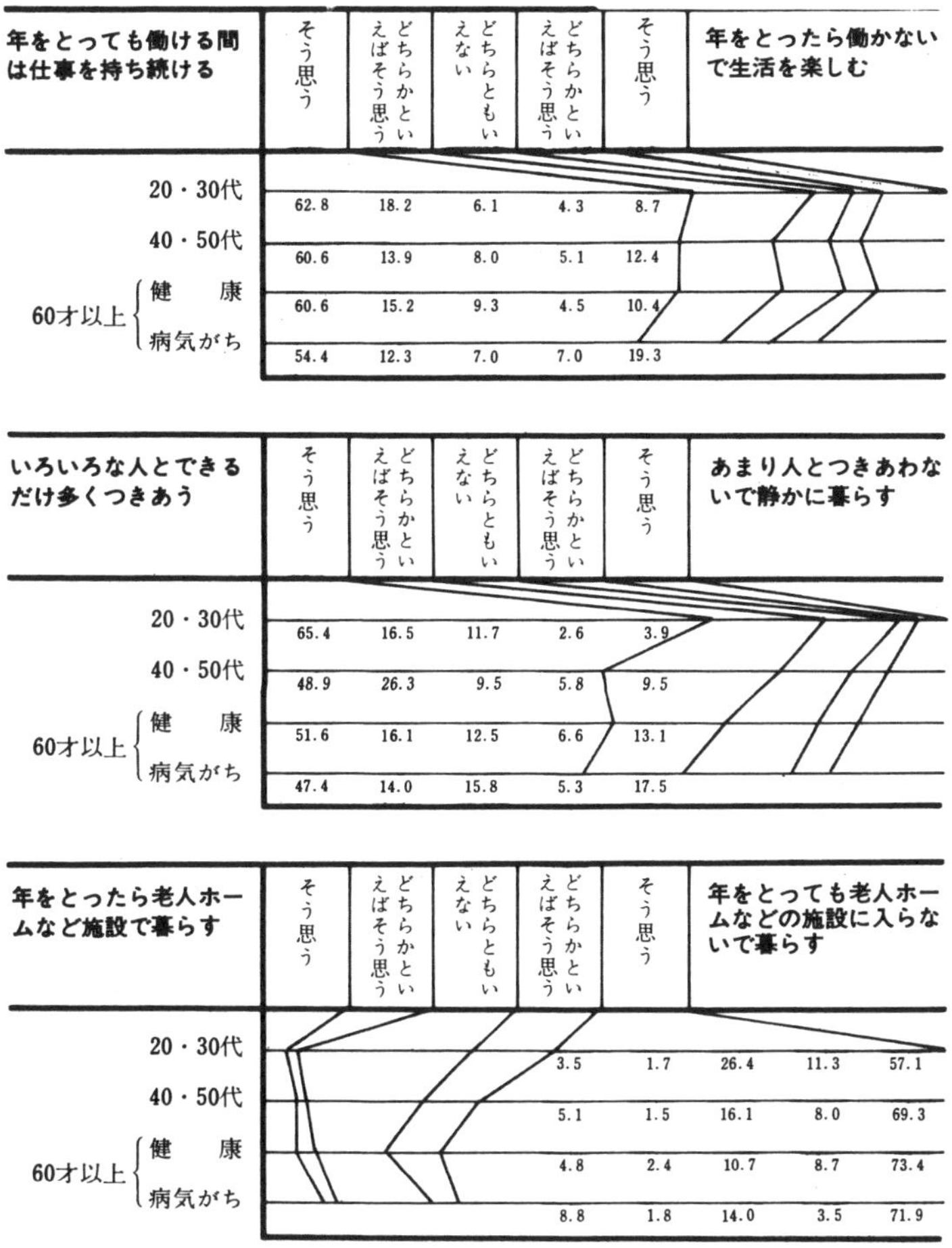

注）①東京都都民室『老人問題に関する意識調査』（1974年８月）による。
②左右それぞれ逆の考え方を出し、どちらの意見に近いかを問うた結果をまとめたものである。

［2－2－E］細野助博・中庭光彦編著『オーラル・ヒストリー　多摩ニュータウン』（中央大学出版部、二〇一〇年、二五三～三〇四頁）

第11章　用地提供者の開発利益

横倉舜三

〈プロフィール〉

1923年（大正12年）多摩村落合に生まれる。1950年（昭和25年）多摩村農業協同組合常務理事、1955年（昭和30年）多摩村村会議員。1963年頃より、多摩ニュータウンの用地買収の地元取りまとめ役として中心的役割を果たした。1975年（昭和50年）多摩市議会議員当選、初代議会運営委員長、1979年（昭和54年）臼井千秋市長選選挙対策本部副本部長、1982年（昭和57年）多摩ニュータウンタイムズ社主就任、現在にいたる。

唐木田の横倉家

横倉　多摩ニュータウンというのは、面積が約1千万坪という非常に広大な面積です。なぜ、こういう大きな開発ができたのか。土地を持っていた方が、農業を全部やめて、協力したわけですけれども、こういう方がなぜ土地を売却したのか。公団などは、もう地主さんの話はほとんどされておりません。

諏訪、永山が、大体50万坪ぐらいですが、そこを最初に私達が手掛け始めたんです。その時でも200人ぐらいの地主さんがおりまして、それを一軒一軒、高村旭という相棒と二人で歩いて訪ね、3年ぐらいかけて、まとめたんです。皆さんが、私の話を聞いてくれて、だんだんと協力してくれたわけです。

私が動けたのには、その背景となる理由があるのですが、それは大分前に遡る。遡るというのは、私はこの農村地帯で、土地の地域組織の世話役を代々やっていたということです。

私個人の話になってもいいですか。いま府中カントリークラブになっている場所の南側に私の生まれた家があります。この地域が唐木田で、乞田川最上流の水源地です。そこに横倉家があった。当時は横倉一族で唐木田の集落をつくっていたようです。横倉の本家がありましたが、私が生まれたのは本家ではなく、「新家」という屋号がついているんです。新家というのは分家ではないんです。本家の跡取りである長男が（本家を継がずに）別れ、新しい家を創設したことで「新家」と言っているんです。

どういうことかと言うと、昔、本家で家事手伝いをしている女と、本家の長男、つまり後の新家の初代が仲良くなってしまったわけです。当時、そういうことは許されないことで、親が「勘当しよう」ということになったらしいのですが、長男ですし、女性も優しく気立てもよく、勘当するわけにはいかない。そこで、とにかく一応、見せしめのために、分家ですけれども、「新家」、つまり本家の財産の半分を持って、今の私が生まれた場所に分かれてきたんです。

ところが、その当時は、長男と弟とでは、ものすごい違いがありましたから、集落でも、長男の言うことが一番重きを置かれたんです。本家から分かれたけれども、それが長男だったので、集落の本家より、長男の言うことの方が通るようになってきたわけです。そうすると、実権は新家の初代、つまりうちの先祖が持つようになったということです。私はその6代目です。

　このように、その当時から、横倉の新家は地域の世話役を代々するような家柄だったようです。本家の資産の半分を持っていましたから。しかも、私の家の裏の土地は、現在の府中カントリーのクラブハウスのところまで続いており、小田急の操車場の辺は、全部一帯の裏表が、うちの土地だったんです。その後、隣に、うちから分家が出たんです。今は4代目になっていますが、生糸で儲けまして、多摩の一大財閥にのし上がった分家です。その分家は資産を持っていたんですけれども、うちの周りにはほとんど土地を持っていない。

　そういうわけで新家では、お寺のこと、地域のこと、お宮のこと、そういうことに関わり合いをずっと持ってきた。私の家が動くと、「協力をしなければいけないのだろう」というような雰囲気があったようです。私が、永山などの地域の地主さんに声をかけ、実際にはゴルフ場をやろうとして府中カントリーを最初にまとめたわけですが、協力してくれた裏には、そういう目に見えない力が加わっていた[1]。

　私は、村会議員をしましたけれども、もうその当時は、座っているだけで当選するような時代でした。そんなように、長い間にわたって家として地域の役割を果たしてきたことが、ニュータウンをまとめる一つの大きな後ろ楯になってきたのではないかなと今思っているんです。

　私が『多摩丘陵のあけぼの（前・後編）』（多摩ニュータイムズ社、1988・1991）に書いた時代は、まさに高度経済成長時代です。農業なんかやめても、とにかく人が集まって、近代都市をつくって、そこに住もうという時代でした。今は「あけぼの」ではなく、生産行動が無くなって、ニュータウンは衰退していく。このままいくとスラム化するのではないかというところまで来ている。最近もちょっと書いておりますけれども、そんなことが言われております。

桜ヶ丘開発

——ニュータウン計画の動きが始まるきっかけは、「府中カントリーと桜ヶ丘団地だ」とおっしゃられています。その頃の動きについてうかがえますか。

横倉　府中カントリーができたことがきっかけで、多摩ニュータウンはできたと私は思っています。今はニュータウンの真ん中にある府中カントリーがそのまま残っているわけですね[2]。他にも東京国際カントリー倶楽部が入り込んでいたんですけれども、その半分ぐらいは、ニュータウンのために買収されているんです[3]。でも、府中カントリーだけは、私の方でまとめ、誘致した。

　なぜ誘致したのか。

　戦後、八王子は生糸とか繭の織物の集積地でしたが、その背景にあった多摩丘陵は大養蚕地帯でした。その養蚕が、石油が出回ってきたり、人造絹糸が出てきたり、あるいはビニールとかプラスチック系のものなどができてきたことによって、壊滅したんです。

　私たちが1945年（昭和20年）の秋に兵隊から帰ってきた当時、食糧が非常に逼迫していましたので、米を作ろうとした。ところが、多摩丘陵は桑畑なんですよ。ですから、その桑畑で陸稲《おかぼ》をつくって、米の代わりのものを作ろうとした。戦後、食糧難でしたから、米が一番高かったわけです。ところが、何年か作るうちに、米ではなくて、野菜など現金収入の道を図らなければいけなくなった。そこで、乳業の酪農、養豚、養鶏、あるいは野菜、いろいろな仕事を試行錯誤した。でも最終的に養蚕に勝る産業は見当たらなかった。そこで多摩村が、桜ヶ丘に団地をつくり、あの15～16万坪を無理に京王さんに買ってもらったわけです。1956年（昭和31年）のことです。今の京王電鉄があるのは、桜ヶ丘を京王さんが買ったということにあるんです。

私も、桜ヶ丘の地主さんと交渉する開発委員にはなっていたんです。実際には、村長が率先してあそこをまとめた。(4)「多摩の養蚕はなくなったけれども、もうしようがない。高級住宅地か何かにせざるを得ないだろう。一部、あそこの山に団地を開発してやろう」という動きになってきました。たまたま、村役場に、おじさんが京王に勤めている職員がおりまして、その辺を通して、京王にお願いして買ってもらった。京王は、仕方なしに坪500円で買ったんですが、それが造成もしないうちにどんどん値上がりした。桜ヶ丘4丁目にいろは坂がありますが、あそこは坪250円で買い、売り出した時は、坪5万円でした。近所の人は「京王さんは、やっぱり先見の明がある」と言いましたね。

いま一カ所、木崎物産がまとめた所があります。(5)京王電鉄が、「桜ヶ丘駅前を買収してくれ」と、木崎物産に1億円出し、その金で、木崎物産は桜ヶ丘ではなく、平山城址公園をまとめたんです。これには京王も怒りまして、「とにかく城址公園の土地は全部よこせ」ということになり、京王の土地となった。それがまた利益を生んだわけですよ。ですから、あの新宿の高層ビル、京王プラザホテルを建てたのは、多摩と城址公園のおかげだと私は言っているんです。

背中に頼る農業からの脱却を願った

横倉　このように桜ヶ丘を最初に、多摩の開発が始まり進んだ。私は、1955年（昭和30年）に多摩村の議員になりました。そして、私の住んでいる唐木田の方も何とか開発しなければいけないと考え、府中カントリーの誘致をしようと、率先して取りまとめに当たったわけです。

なぜ府中カントリーを誘致したのか。

多摩地区は丘陵ですから、畑は傾斜地で田んぼは段々。山では雑木林を切ったり、炭を焼いたり、薪を切ったりと、全部背中に頼っているわけですよ。背中に頼る農業を、近代農業に切り換えていかなければいけない。それには金が要るんです。ではその金をどうするか。農協へ行けば、金は借りられた。ところが、農協は土地を担保に取るわけです。担保に取られて返す見込みがあるのかといったら、なかなか返す見込みがない。そこで、住まいから遠い土地の一部を、とにかく売る。それで目をつけたのが、いま府中カントリーのある場所です。

府中カントリーのある場所は、由木村と多摩村です。由木村に話をしたところ、「あそこは遠いし、日陰だし、まぁ売ってもいいんじゃないか」ということになって、ゴルフ場を誘致することにしたんです。

でも、私の家では、おやじが反対をした。「絶対に売ることはいけない、代々先祖からもらった土地を売るわけにはいかない」。でも、私が話を進め、議員をやっている立場もあるし、「地域を発展をさせなければいけないから、とにかくあそこをまとめよう」ということとなり、約1年で、かなりの土地がまとまりました。

ところが、買収の用地代金を近代農業に使おうとしたんですけれども、「うちでは息子が大学へ行く、オートバイを買う」とか、奥さんは「テレビが欲しい、洗濯機が欲しい」とか、生活の向上には役に立ったんですけれども、農業の近代化にはほとんど向けられなかったんです。

――当時、いくらぐらい集まったのですか。

横倉　府中カントリーは総額で1億2300万円でした。一坪を350円で売っているんですよ。ですから、その当時、第1回目の会員権は30万円ですけれども、大体900坪売らないと、会員権は買えなかった時代なんです。桜ヶ丘の団地が坪500円で、その後、3～4年経っていますから、それだけ違いがある。値段が安いわけですね。

——よく1年間でまとまりましたね。

それはもう、ある程度、協力をしないと、まぁ、信用されたのか、しないのか。昔からの地域組織の組合「五人組」というのがありますね。それが非常に強固なわけですよ。そこから除外されて村八分になるわけにはいかないから、やはり協力をする。結局は私の家が代々やっているものですから、組合に必ず呼ばれ挨拶をしたり、今は結婚式はあまりなくなりましたけれども、葬式の場合は最後をやってくれとかいうことで、お付き合いする。そういう組織があったんです。

諏訪・永山の土地をまとめた頃

横倉　第二府中カントリーを造るつもりでまとめ始めた頃、今度は、うちの方がそれを買い取らなければならなくなり、銀行を歩いたりしました。結局、最終的に住宅公団と東京都が両方とも来まして、「うちの方で、こういう計画があるのでやらせてほしい」という話が実際に始まってきたんです。

——住宅公団と東京都から話が来たのは、いつごろですか。

横倉　１９６３年（昭和38年）の暮れから、１９６４年（昭和39年）の初めですね。

——『多摩丘陵のあけぼの』（１９８８）の中で横倉さんは、１９６４年（昭和39年）に河野一郎建設大臣が開発を決定したかのように伝えられているが、事実は「その3年前に、高村さんたちによって開発決定がなされていたことを、ここではっきりと明言しておく」という趣旨を書かれています。実際に、公団あるいは東京都から計画が持ち込まれるというよりも、むしろ「横倉さんの方で土地をまとめ上げて逆に持っていったんだ」という記述になっています。東京都首都整備局からニュータウン構想策定依頼が公団にあったのが、１９６３年（昭和38年）です。このあたりの話が、地権者の方には、どういうルートで話が伝わってきたのか、正確にうかがいたいのですが。

横倉　私たちが土地をまとめている話が、公団や東京都にかなり流れていたことは事実なんです。それは国会議員の木崎とか、そういう連中が、うちの方のことを知っていますから。その当時、百草団地の方が早かったんですが、そういう話をまとめているという情報が、どうも公団や東京都には大体入っていたみたいですね[6]。

それで河野建設大臣がヘリコプターで見たというのは、あそこをまとめているというような動きがあったので、実際に飛んで、「ああ、やっぱりあそこは空いているな、あそこだったらいいだろう」という判断をしたのではないか[7]。その当時は、もう既に動きがあったんですよね。

——「あった」ということですか。それとも、横倉さんが「あったという確証をお持ちだった」ということなんでしょうか。

横倉　実際に、諏訪、永山の話を始めたのが１９６１年（昭和36年）ですからね。１９６１年（昭和36年）から１９６３年（昭和38年）まで約3年かかっているわけです。その3年間というのは、もちろん私の方は一銭も収入はないし、府中カントリーに売った金を使っていた。それで、地主さんが２００人ぐらいおりまして、手紙を出し、一軒一軒、みんな個々にお願いに歩くんですが、実際に行った所に「売ってほしい」

と言ったことは、ほとんどない。ただ、行くだけなんです。

――「お願いします」と言わないんですか。

横倉　言わないです。自分もわかっていますし。何人かは、「そろそろ返事をしなければいけないだろう、実際には、そういう返事をしてもらえばいいですよ」ぐらいのことだったんです。

――200人の地権者を3年ほどでまとめるには、かなりのご苦労があったと思います。最初の地権者の反応はいかがでしたか。

横倉　最初は、とにかく歩くだけですから。そうすると、「一番大地主のあそこのうちはどうなったんだ」と、どこへ行っても聞かれるんです。大地主というのは貝取の伊野さんという方で、山林を約5～6万坪持っておりました。自分のことよりは、他人である大地主のことを聞くんですよ。私の方は「ああ、あそこはまぁ、何とか話は進んでいます」と言って、逃げてはいたんですが、一番強硬なのがその伊野さんでした。伊野さんを口説かないと、この土地はまとまらない。

「土地を売ってはいけないという家訓がある」と言っていました。

それで一番の近所の方に「伊野さんのところで、一番困っていることは何だろう」と聞くと、「嫁さんをもらわなきゃ。おやじさんが亡くなって、息子さんの嫁さんを探しているけれども、あそこの家につり合う家柄の嫁さんがいない」と言うんです。「それを世話すれば、返事をするんじゃないか」。「あぁ、そうか」と。それで実際には、私の親戚から娘をお世話して、私が親戚になったんです。それで口説いた。それでなければ、返事がもらえなかったんじゃないでしょうか。

いま2軒、大変なのが、稲城の富永さんと、小山の萩原さん。この3大地主さんが返事をしたことによって、ニュータウンができたということじゃないですか。(8)

――結局、多摩ニュータウンの用地買収は、何年から始めて、何年ぐらいで終わったんですか。

横倉　3年から4年ぐらいですね。昭和36年（1961年）から始めて昭和39年（1964年）ぐらいまでです。

――ニュータウンの計画地域のどれぐらいを手掛けられたのですか。

横倉　私は、諏訪、永山、貝取だけなので、大体40万坪ぐらいですね。あそこだけで、200人ぐらいの地主さんがおりましたけど、2人で1日に5軒歩いても、全部歩きますと半年ぐらいかかる。すると、その間に相手の気が変わってしまうわけです。ですから、最後は二人で手分けをして歩いた。農家はいつでも会えるわけではないんです。昼間なんかに行ったら怒られますからね。「この忙しいのに」と。こっちが頼んで、「買ってくれ」と言うのだったら、いつでも会うけれども、「欲しいんだ、譲ってくれ」と来るんだから。家が一番空いているのは、夕飯を食った後ぐらいです。そうすると、1日に1軒しか歩けない。

そんなことで、おもだった話は、もう会合の時だけ。個人の所は、手紙でやりましたけど、「どこのうちが、もう承諾した」とか、どういうわけか全部知れ渡ってしまう。ニュータウンはかなり広い面積ですけれども、親戚や何かがありますので、永山の一部分で行われることが、南大沢、多摩境の方まで全部知られているんですよ。親戚から続いていてね。ですから、4年間の買収で、最初の3年間が一番大変で、あとはもう一遍に行った。それはもう既に自然に宣撫工作ができていたんですよ。

そういうところが、いかに昔からの親戚網とか連絡網ができている。
　私がどう歩いているのかを、親戚は全部知っているんです。これが恐ろしい。ニュータウンの取りまとめに大きな貢献をしたというのは、そういうことです。今だったら、こんなに伝わっていかないんじゃないか。新聞とか口コミの両方で伝わっていってしまうんですから。
　今から思うのは、土地を売って金が入りますから、農民の生活が変わってきたんです。私が、これを取りまとめるのに、お金の使い方を教えてしまったところに一番問題があるのかなと。料理屋に毎日行っているんですから、「金というのは、こんなに使い道もあるんだ」ということを農民に教えてしまったということです。
　ところが、後に、私自身が会社をつぶしてしまったわけですが、そういうのも伝わるのが早い。だから、「あの真似をしてはいけない」ということになった。「商売をやって損をしたらしいから、商売をやるのは、よほど気をつけろ」と、地主さんの中に流れていたんです。ですから、せっかく区画整理の中にニュータウン通りができ、そこはみんな地主さんが持っているわけですが、みんな自分で商売をやらないんですよ。結局、ビルが建って、1階から全部貸している。本来は、1階ぐらいは自分で商売をして、それから上を貸していくものなのに。ところが、「商売をやると、横倉みたいになるからやめろ」というようなことで、街はできたけれども、地元の人が実際に商売を手掛けなかった。そして結局、息子さんはサラリーマンにしてしまったところに問題がある。話が余計なところまでいきましたけど、そうではないかと思います。

公団と東京都の対応

――社主の取りまとめの動きに対して、日本住宅公団の窓口はどのような対応だったんでしょうか。公団の窓口は、どちらだったんですか。

横倉　木崎茂男です。木崎が「公団があそこの土地を欲しいと言っているから、（こっちはまとめてあるんですけれども）まとめたところを持ち込んだらどうだ」と言ってきた。木崎物産の社長です。衆議院は一期。もちろん、自民党系で、奥多摩の成木村の村長をやった人ですから。その人が衆議院に落選した結果、不動産業になったわけです[9]。それでそういう情報を聞いてきて、うちの方の情報を持って「公団に行ってみろ」と言って。自分では連れて行かないんですよ。私の方が直接行きましたら、慌てたのは課長ですよ[10]。

――公団に行かれたのはいつのことですか。

横倉　1963年（昭和38年）1月4日です。高村と一緒です。いま一つは、東京都がある。これもまた別のルートですけれども、東京都から話があったんです。そっちへも行った。両方行きまして、最終的には1月4日に公団へ行った時に、「うちの方は公団とやろう」ということに決めたんです。なぜそうしたかと言うと、公団の課長が「遠い所をおいでいただいて」ということで、私たちは二人とも農家ですから、昼をごちそうになるというのは、何というのか、すごくその当時は……。九段の1階の社員食堂に連れて行かれて、食事もして、「ひとつよろしく頼む」ということであったわけです。「では、うちの方も、できるだけ協力しましょう」という感じで帰ってきたんです。それであとは地主さんのおもだった人に相談しまして、「公団ならいいだろう」ということになって、公団に決めたんです。
　今度は、東京都に行きましたところ、待たされました。東京都は不動産業者がおりまして、その人が、課長かなんかに話した時に、なかなか話が違うし、仲介の人は儲けようとしていますからね。その手数料のことで、すったもんだしていましたから、最初にちょこっと会って、名刺を置いてきた程度なんです。それで私たちも、「東京都は、人をばかにしているな」と怒って、それで公団の方に決めたんです。感情で決めたんですけれどもね。

――二つで、条件の違いはあったのですか。

横倉　その当時は、まだ、そこまで条件は出ていないんです。とにかく、当時は開発をやるか、やらないかという程度です。

――仲介業者の名前は、覚えていらっしゃいますか。

横倉　『多摩丘陵のあけぼの』に書いてあります[11]。公団の方は木崎、これははっきりしていますからね。

――その後、公団と一緒に、どういう動きをされ始めたんですか。

横倉　公団は、「とにかく開発をしたい。こういう計画があるんですが、今は法律ができない限り、買収することはできない。新住法が1963年（昭和38年）にできたんですが、法律ができてから買収をする。それまでの間、おたくの方がまとめているのだったら、まとめてお金を払って、契約して、一括で買う」。ところが、うちの方は、それだけの余裕、力はありませんから、日興不動産を中に入れたんです。日興不動産が地主さんに払う。地主さんに払った代金は、日興證券が振り出した手形に、農協がそれを割って払ったという形です。ですから諏訪、永山については、地主さんたちは、新住法の適用を受けていないんですよ。だから、同じ地主でも、諏訪、永山の地主さんと、豊ケ丘、落合、別所とは全然違うんです。税法上の特典は受けられなかった。そういうことがありますね。

虫食いにされないように動いた

――新住法を適用された豊ケ丘あたりの地主さんは、多分喜んだと思うんだけれども、諏訪、永山は「ちょっと早く売ってしまって失敗した」という反発はありましたか。

横倉　ありました。私は、諏訪、永山をまとめて、あとは公団に任せ、協力はもちろんしていました。どういう協力かですけれども、公団が開発をすることになったら、ニュータウン区域の中に一斉に業者が入り込んできた。高村と私の二人で、もうその時に会社をつくり、そうした業者を全部撤退させる仕事をやっていたんです。そうしなかったら、もう虫食い状態になって、おそらくこれは成立しなかったと思う。その中で、唯一残ったのが、東京都住宅供給公社で、落合地区を手掛けていたんです。これはそのままやりましたけれども、馬引沢に、馬引沢団地という団地がある。これだけは買収して、区画整理をして、もう売ってしまっているわけです。これは新住法からも除いているはずです。だから、未だにあそこは開発が逆に遅れている、そういう地区もあります。

なぜ、他の業者を入れないようにしたかと言うと、とにかく「公団が買う」と言ったので、業者はそれより安くあるいは同じ値段で買っておけば、公団に高く売りつけることができるわけですよ。そこで儲けられるというので、業者が一斉に入ってきた。

そこでこれを阻止するために、当時、「売るためには代替地が欲しい」という地主さんがかなりいたんですが、その人たちに業者を向けたんです。つまり、私たちは「ぜひ代替を買っておきなさい」と、私の方は勧めたわけです。「売るだけ売ったら、あとは困るよ。土地は、なかなか後で買えるものではないから、代替を買いなさい」と。その代替地を買う方に、全部業者を向けたんです。ですから、公団は、何もしなくても土地がまとまってきたし、業者が入り込まなかったから、同じ値段で買えた。そうでなかったら、値段を相当崩さないと買えなかったのではないかと思いますね。

そういうことをしておきながら、今現在は、地元の不動産業者をほとんど使っていないという、いろいろ不満というか、問題がありますけれどもね。今、現時点では。

――当時、不動産業界は、少し法的に問題のあるところもありましたでしょう。妨害はなかったですか。

横倉 そこが不思議なもので、多摩の不動産業界は、かなりの業者がうちの方の言うことは聞いてくれていた。

――この時代、地価が上がっている時代ですね。不動産はいいビジネスだと言って、暴力団のような素性のわからないものが不動産業者という形で入ってくる可能性は多々あったと思うんです。それを防御するのに、いろいろな工夫があったと思うんですけれども、どうですか。

横倉 今度は地主さんとは別に、不動産業者を呼んで。呼んでというのは一杯飲ませて、「食事をちょっとしないか」、「あそこの家が代替を欲しがっているから」と。「うちの方は地主さんを紹介するから。あそこの地主さんのところに行って、代替を勧めなさい。必ずあそこは買うから」ということで。業者には、「そのかわり、この区域内、公団のテリトリーの中には買収をしないでくれ」ということは、逆に全部頼んであります。それもみんな言うことを聞いてくれたんです。それがちょっと不思議だったと思っています[12]。

――そこまで横倉さんがなさるのは、ニュータウンに対する思い入れもあると思うんです。というのも、本来ならば、そういうことは開発する公団がするべき仕事であって、横倉さんがやることではない。おそらく横倉さんは、経済的なものをかなりつぎ込んだと思うのですが、そこまでする必要があったのかどうかを聞きたいんです。

横倉 最初、府中カントリーがゴルフ場をつくるということで買収を始めた時、「ゴルフ場というのは金がなくてもできる」ということがわかったんですよ。府中カントリーは、地主さんに「全部土地がまとまりましたよ」と言ったら、すぐに会員を募集した。30万円で会員募集して、最初は３００人の会員が一カ月ぐらいの間に集まったんです。その金で、地主さんに金を払ったんですよ。「それなら、おれだってできるじゃないか。よし、永山では自分たちでゴルフ場をつくって利益を上げよう」と、最初はそういう魂胆で始めたんですよ。

ところが、3年経っても一向にまとまらない。話は聞いてくれるし、飲んだり食ったりはしてくれる。けれども、返事というか、契約まで持ち込めないんですよ。それはなぜかと言ったら、同じ農民同士に儲けさせるのが、どうも納得がいかないみたいだったんです。「話はするけれども、おまえを儲けさせるわけにはいかないから」と。

ちょうどたまたま、公団との話がついた時に、地主さんに話に行ったんです。「大体、公団と話がつきそうだから、公団の方に、この開発をやってもらおうと思う」と言ったら、「もうおまえ、やめた方がいいよ。いくら公団とか何とか言ったって、もうそんなに長くやって、地主さんもしびれを切らしている」、だから「やめなさい」と言われたの。これにはかなりのショックを受けまして。そのときに私は、「いや、3年もかかったら、これはもう損得ではない。これをものにしなかったら、私は何のために始めたのか。だめになったと笑われ者になるだけですから、これはもう金なんか全然関係ない。とにかくまとまりさえすればいい。損得はなし。儲けも何も要らない」と、地主さんに話したら、それが効いたみたいで、バタバタバタと承諾が得られたんです。大きい仕事は、余り細かい損得を考えてはいけないなということも、そこでわかりました。その時に、私はもうやめるわけにはいかないということで、強情だけど、「やめません」と意志を貫いたんです。それで、地主の方も「まぁ、しようがないな」と、結局、協力してくれることになったようです。

土地の力を知らない

――代替を求めた地主も、その後、農業とか炭焼き、養蚕は続けていたわけですよね。

横倉　いや、土地を放したら、農民はやはり生きていけないですよ。私もそうですが。いかに土地が大事かということです。

富永さんという地主が稲城におります。ニュータウンの新住法に引っかかって、約10万坪近く、強制収用された方です。24代も続いている旧家が収用法に引っかかった。収用されると金が口座に振り込まれた。職権登記ですから、印鑑、権利書も何も要らず所有権が移ってしまいますから。それで「おれは絶対に売っていない」と言っていたんです。ところが、さすがに5、6年経つと、あの当時で億単位の金ですから、利息がどんどんついてきてしまうわけです。利息がつくと、税金を納めなければならない。それで、その金全部で代替を買ったんです。静岡県の方に10万坪ぐらいの土地です。土地を管理するには、向こうへ行って、ちゃんと住まいをつくって、稲城にも、もちろん家はありますけれども、両方を行ったり来たりしている。

ところが、公団の土地の管理を見ていると、30年も経っているのに、未だに草を生やして刈っているだけ。土地の力を全然知らない。だから、とにかく総裁でも何でも、ニュータウンに来て、ちゃんと未利用地を見てもらわなければいけない。「中に入ってはいけません」なんて書いたってだめ。土地を空けっ放しにしたって、誰も持っていきやしないんだから。「空いている所は車を置いてもいいよ。使う時に空けてもらえばいいんだから」というくらいでないと。そういう地域に土地を持っている人は、「地域の人が生活できるような土地を利用してください」と言っているわけですよ。だから、落ち葉とかも、「ただで掃いて、持っていっていいですよ」とか。

――今の地主の方々は、ご子息などが継いで、もう代替わりしているわけですね。

横倉　そうです。代替わりして、もう息子さんはサラリーマンです。

――ただ、農家を継いでいないから、代替わりをする時に、相続税が相当かかるでしょう。

横倉　残っているのは、家屋敷と区画整理の所だけだからね。今は、多摩と由木の地域の地主さんは、かなり苦しい生活状態になっていると思います。なぜかと言ったら、この開発によって、家・建物や植木、屋敷の補償金が全部出た。その補償金と地代によって、家を建て替えたわけです。みんなそれぞれが立派な何千万の家を建てた。ところが、所得は、息子さんが働いてくる収入だけで、その家が持ちこたえられなくなってくる。そういう状態がおきてくる。

今、地主さんたちはどういう考えを持っているかと言うと、「おれたちは、この多摩ニュータウンという大きな新しい街をつくって、開発をする、一番もとの土地を提供した。一番大きな役割を果たしたのだから、もう何もしない。表には出ない」。表に出れば、リーダー役になるので、自腹を切らなければならない。自腹を切らなければ、だれも言うことを聞いてくれない。そういうことから、みんな表に出ないで、引っ込んでしまった。だから、多摩市のように、長野県の方が市長になったり、議員も、元からの人たちはおそらく二人おりますけれども、あとは全員ニュータウンの人です。地元の人はならないのですよ。その辺のことも、問題があると思いますけれども。

開発は自殺行為だった

——横倉さんは１９５５年（昭和30年）から１９５９年（昭和34年）の間、多摩村の村議会議員でもいらっしゃったわけですね。公団等の開発プランが徐々に議会を通じて、いろいろ聞こえ始めてくる。自分の取りまとめた所に、こういうものがつくられるというのが、だんだんわかってくる。新住法が制定された１９６４年（昭和39年）、翌年あたりから、そういう動きがどんどん活発になっていくんですけれども、そこら辺の記憶をうかがいたいんです。

横倉　全国でも稀な、こういう大規模な住宅団地をつくったことは、私たちも誇りを持っていたんですよ。農民もそれに協力をしてきた。成田空港の買収が、ちょうど同時に行われ始めたが「成田は未だにまだ滑走路ができていないじゃないか。こちらはもう、とっくに終わっているよ」と。そんなに協力をして、新しい街ができた。もちろん道路とかも、今まで考えられなかったような。普通だったらスプロール化して、虫食い状態の地域になってしまうところに、整然とした街ができたことで誇りを持っていたのです。

ところが、考え直してみると「おれたちは、何のためにニュータウンに協力したのか」と。金だったら、そんなに。あの当時、買収したのは、山林は平均５０００円ですから、そんな金ではない。養蚕という産業がなくなり、この開発によって30万人もの人々が集まってきたら、農業をやめても何か仕事がいっぱい出てくるだろうという期待を持っていたわけです。公団の考え方に左右されてしまった地元の人々はもう土地を持っていませんから、そういう産業に携わることができなくなってしまった。

ですから、今、地主さんは、やはり「これは自殺行為だった」というように思い始めている。先祖が言っていた、「土地は売ってはいけない」。でも、最初は、国家的開発、公的な開発ということですから。最初の考え方と今の考え方は、もうほとんど変わっていると思います。最初は、「土地というのは、国の土地だから、最終的には国が使うということだったら、それはしようがないだろう。職業をやめても、多くは国のため」、そういう考え方が、この地域にはあったということです。

——生活補償のご心配が最初に出たのが、１９６５年（昭和40年）で、例えば「東京都南多摩新都市開発事業連絡協議会」（通称：南新連協）を東京都、事業施行者、地元市町村で設置して、生活再建措置が課題になります。この頃、地元で、とにかく公団との間で、こういったものを解決していかなければいけないということを、言われ始めているわけですが、そこらあたりの動きを少し教えていただけませんか。

横倉　地主さんは職業をやめるわけですから、生活再建のための措置を講じて、ほかの団地を見学に行ったりした。商売をやる人は、「お店をつくったから、そこで商売してください」ということでやったんですが。諏訪、永山、落合、いろいろなところで団地の商店街がつくられ、そこで商売をやるようになったんですけれども、それがもう全部失敗しているわけです。失敗するということは、地主さんは全部損をしているわけです。とにかく、街づくりが進まないうちに、地主さんたちの生活再建をしましたから、大型店が次々に出てくると、そちらに客が取られていく。車社会になり、大型店の方にどんどん移動していってしまうわけで、団地商店街では商売にならない。結局、失敗してきたということでしょうね。

多摩市議会議員として

――村会議員をされた後、1975年（昭和50年）にもう一度多摩市議会議員になられますが、なぜ議員活動をされようと考えられたのでしょうか。

横倉　私の議員歴ですが、最初は1955年（昭和30年）の5月から1959年（昭和34年）の5月までの4年間。これが村会議員です。それから1975年（昭和50年）の5月。これもみんな同じ時期なんですが、4月の選挙で5月から任期が始まるわけです。1979年（昭和54年）の4月までですね。これが多摩市議会議員です。

用地買収のめどがついてきますと、工事に着工をするわけですが、全体の買収が終わらなくても、永山地区は既に工事に入っていたわけですね。それで、今の南多摩開発事務所が多摩市役所の真南の傾斜の所に事務所ができた。買収の時は公団にも用地課長というのがおりまして、その方がいろいろ相談に乗って、買収の仕方なんかも時々は話した。ところが、買収が済みますと、ほとんどとりつくしまがなくなってきたんですね。話を聞いてもらうような、とにかく地元地権者の意見や声が通じなくなってきた。

例えば、ニュータウンに30万人の都市ができるのなら、多摩センター中心地区に当然商業が集積される。そこに地元の人たちが、土地を売った人も、かなり金を持っている人も、「共同で商業ビルか何かをつくりたい」と。「おれたちは農業をやめたのだから、職業をそこで変えよう」ということでお願いに行っても、どこにお願いに行っていいかわからない。たらい回しにされて、結局、日興不動産という不動産会社が買収に参加しましたから、そこの取締役に頼んで、「公団にちょっと話をしてくれ」ということになった。陳情書を出したんですけれども、どうなったかわからなくて、うやむやで回答がない。「これは、何か肩書を持っていないと、話が通っていかない」と思い、「もう一度、市会議員をやらなければまずいな」と考えたわけです。

買収が終わると、公団というのは「商取引が終わったんだから、あとは所有権が移ってしまえば、地主さんは関係ない」という考え方と思ったわけです。ところが後になって気がついたのですけれども、実際には多摩センターの中心地区はもう既に用地の用途がかなり確定していたんですね。それで、地元の人たちが入る余地がもうなかったから、回答ができなかった。結局それは、新都市センター開発という公団の子会社としてできた。かなり計画が進んでいたのだと思います。

とにかく用地を売って新しい都市ができる。そのときに、何かの役割を地元の人も果たさなければいけない。それには今までの職業の代わりに、商売になる施設の管理とか、何か入り込まないといけないということがあったんですが、ほとんどできなかった。そういう意味で、肩書を持って交渉に入ったほうが楽だと思ったわけです。

もう一つは、1971年（昭和46年）に入居をしてきた人たちにとって初めてとなる、市長と市議会議員選挙が1975年（昭和50年）4月にあったわけです。ニュータウンから大体12～13名は立候補するだろうと思われていて、実際には12人が当選した。そうすると、今までの多摩市の議会が新しい人たちでほとんど占められてくる。これは「古い人が少しいなければいかん」ということで、「いま一度、やらなきゃいけないな」と。それと、私の事業があんまり思わしくなかったこともあります。そんないろいろなことがありまして。実際にあの当時、新しい議員が当選したのは、永山と愛宕と諏訪、それから百草、これが12人ぐらい。その当時、たまたま1975年（昭和50年）には26人から30人に議員の定員が増えたんですね。そういうことから、ニュータウンからかなり当選し、それも永山が集中的に多かったんですよ。今でも多いですけれどもね。そういうことで、昔から地元の意向を議会にも残しておかなきゃいけないというようなことがあったということなんです。

――立候補された時はニュータウンの新住民の方も十数名出てくるだろうという予測があったということなんですけれども、それに対抗して、地主たちも政治的な力を持ったほうがいいというお気持ちはあったんですか。

横倉　力というよりは、古い人もいないと、新しい人だけだと過去のことがわからないだろうから。ほとんど様変わりしてしまうような格好だったわけです。でも、実際に12人ぐらい変わりましたし、その次の選挙には、またバッと変わりましたからね。その次の選挙では半分以上、現在は地元の人は2人ぐらいでしょうね。そんな状況ですから。

開発利益のゆくえ

――公団と東京都が大きな開発利益を得ましたけれども、横倉さんの目からご覧になって、それは多摩ニュータウンに還元されたとご判断されますか。

横倉　当然、開発利益があることは、地元でも土地の売却を承諾しているわけですから、ある程度予想をしていた。開発をすれば、必ず開発利益は地元にも還元されるであろうということで、皆さんが返事をしているわけです。最初は、一番地元の人たちが苦労をしていたということは、背中に頼る農業でしたから、車が入る道路とか、農道とか、農地というか、平らになったところとか、そういうものが整備されるということが、非常に今まで懸案であったわけですよね。それが一気にできてくるわけですから、これは大きな利益だったと。

ところが、だんだん時がたってきますと考えが違ってきているわけです、今ではね。それは、自分たちの農業という職業をなげうって用地協力をしたわけですから、職業がなくなってくると、補償金や何かで移転をして、立派な家を建てましたけれども、息子さんの給料ではそれが維持できなくなってきたというような現状が今かなりある。あと区画整理で残った土地に建物をつくったり、マンションをつくったり、アパートをつくったりしましたけれども、それも空いてきたりしていますから、これも銀行のローンを返すのがかなり骨になってきている。ほんとうに開発利益があったのか疑問に思ってきている面がかなりありますね。地元の人とすれば、還元をされたとは思えない。実際には新しく入ってきた人たちは、マンションを買ったり、所有権を持つことができますから、そこではかなり還元をされたのではないか。地元の農民は何人でもないですけれども、この人たちはかなり問題がある。

その当時農業をやっていた人たちは、開発が行われていくことによって、農地がなくなってきますから、農業の収入はなくなってくる。遺跡調査会がする遺跡の発掘にはそうした奥さん連中がみんな出ていた。農業をやっている人にはちょうどいいんですよ。あれがそのつなぎをずっとしてきた。農家の収入のかなりの役割を果たしてきたんですよ。地元の人たちは、開発で今現在のような状況になるということをあまり予想していなかっただろうな。私たちもこういう状況はなかなか考えられなかった。とにかく新しい町ができてくれば、それが一番。30万の人たちが集まってくれば、何か仕事がいっぱい出てくるだろうと。結局仕事をなげうったわけですから、代わりの仕事があればいいわけですから。でも、農民には代わりの仕事がなかなか見つからない。ですから、その当時の農家の人たちや、我々の年代は別の仕事に転換ができない。だけど、息子さんたちがみんなサラリーマンになったりしていますから、それで生活を支えている地元の人たちは、今になって考え始めている。

――開発がある程度進んできて、今は二代目の方がサラリーマンになって困られている。二代目の方は50代、60代の方なんだろうと思うんですけれどもその方たちはかなり前から、30代ぐらいのころから、このままでは仕事がどうもないという気持ちはおありになったんでしょうか。

横倉　開発が進んでいますから、自分の代は自分で仕事を見つけなきゃならないという、既にそういう準備はしていたわけですよ、実際には。もう農業はできないというのもわかっていますから、ただ、おやじさんたちが、どこかへ畑か何かやっていないと、なかなか生活できないという。それは遺跡調査会がかなりカバーをしていたということ。今度は息子さんの代は、個々にみんな勤め先も別だし、いいところに勤めている人はもちろんいいし、非常に難しい差がありますからね。一概には言えませんけれども、そんなことが耳に入ってはきますけどね。

――横倉さんが土地の買収に携わられたのも、最初の思いは農家の近代化、つまり農業がもう少し楽になってくれればいいという思いが最初にあったということでしたね。その転換がうまくいっていれば、つまり、開発利益を自分たちの農業投資に回していれば、この地域は、開発されずに残っていた、あるいは別の開発の仕方があったんでしょうか。

横倉　今のような開発はなかったと思いますね。それで、いろいろな形、だけれども、今のような形の開発ではないけれども、開発は進んできたと思うんですよね。例えば売らない人がいるんですよ。土地を絶対売らないという人がいる。そうすると、そこのところを除外して、やりやすいところが開発されてくる。桜ヶ丘も、やっぱり開発されるわけですよね。

行財政問題の頃は動かなかった

――初期入居の後、1974年（昭和49年）に行財政要綱がまとまるまで、開発が1971年（昭和46年）にストップするわけですね。この時、開発を引っ張られてきた横倉さんの中では、いろいろな思い、ご苦労があったと思います。

結局、これで開発すれば、暮らしがよくなるだろうと思って、初期入居で新住民も入ってきた。ところが、実際、多摩市も立ち上がってみると、学校の問題、自治体の財政負担の問題、鉄道の問題、医者は足りない、行政区域もどうするんだと問題が噴出し、多摩市議会では、「このままでは建築を受け入れませんよ」と強硬な態度をとられるわけですね。議会の中でも財政をどうやって乗り切るんだろうという、いろいろな動きがあって、行財政要綱にまとまっていくのだろうと思うのですが、そのプロセスというのが、わりと今までの記録にはさらっとしか書かれていませんでした。その頃の横倉さんの動きについてお聞かせいただけますか。

横倉　ほとんど私は動いてないんですよ。どうしてかというと、買収が終わって、うちのほうの仕事はもう終わりましたから。次に、どうやってこの町、新しい都市で仕事をやって生きていくかということで、村長の富澤さんが、「とにかく自分の仕事、経験をしておけ。新しい町ができた時に、そこへ入ってすぐ仕事ができるように。そうでないと、都心からの経験をした商業都市に地元の人は入れないよ」と。すると、桜ヶ丘でやる以外にないわけですよ。桜ヶ丘の駅前で、何か商売を。そっちにかなり重点を移したために、その間に市の総務課長の長谷川というのから時々様子を聞いてはいたんです。「しようがないから、とにかく建築がストップしても何でもいいから、公団とか東京都から援助してもらう以外ないじゃないか」というようなことは言っていましたけれども。そうかといって、やめるわけにいきませんからね。私は自分の仕事のほうに専念をするということで、その当時、桜ヶ丘でも新しい商売は非常に難しかったんですよ。実際にはそっちに専念していたものですから、あんまりこっちにその当時は関係しなくなっちゃうんだけど。それで、またストップした後、議員になりましたからね。

――専念したとはいえ、自分が取りまとめた土地ですから、完全にストップさせるわけにもいかないし、いろいろなご相談は受けていたり、いろいろなお話は入ってきていたんじゃないですか。

横倉　入ってはきたけど、その時はあんまり親身になって、「それはもうおまえらのやることだから、役所のやることだから、それでやれ」ということで、あんまり相談は。報告は受けていたんですけれども、「しようがねえだろうな」というような感じでした。

――1971年（昭和46年）に多摩市では新たな住宅建設には応じないという態度をとりましたね。[13]

横倉　それで、実はその当時、1971年（昭和46年）ごろは、私が特に忙しかったのは、山梨の都留市に都留カントリーというゴルフ場を始めたんです。これは、府中カントリーを残すということになったんですけれども、方々から、おれたちの生活の場の農地まで取り上げておいて、あんな人の遊び場を残すなんてちょっとおかしいという声があがっていた。「あそこも買収しろ」ということで、非常にゴルフ場の役員の連中が心配をして、場合によったら、あれもニュータウンの中に組み込まれる可能性があるから、どこか他を見つけておいてくれというような話があって。[14]本来は、別の新しいゴルフ場をつくろうということで永山を始めていたんですけれども、今度は「府中カントリーの代替としてどこか探してくれ」という。それで、都留カントリーは、私が山梨で畑を見つけていた時に、「あそこにかなりの場所があったから、今どうなっているんだろうな」と見に行って、都留市の市長に話をしたら「ゴルフ場だから、歓迎する。ぜひやってくれ」というようなことになって。あれを始めたということで、こちらのことは放っておいたというような感じが……。都留カントリーは、当初は唐木田観光という私の会社で始めたんですよ。後で都留カントリーという名前に名称変更をして、うちが支えきれなくなったんで、売却をしてしまった。あれは1975年（昭和50年）にオープンしたんですけれども、1970年（昭和45年）からかかっていたものですから。ほとんど1日おきぐらいに山梨に行っていましたから。都留市の市長選や何かも一緒に手伝ったりしちゃったもんですから（笑）。

——府中カントリーを多摩ニュータウンのセンターにするべきだというのは、ロブソン報告にも盛り込まれていますね。１９６９年（昭和44年）ですね。もうその頃からこれはあぶないというような思いはあったわけですか。

横倉　うん。実際にはそれを強力にどこかで見つけてくれと頼まれたわけじゃなくて、「じゃあ、おれのほうもやってもいいや」と思うから、ちょっと動いて……。

市議会議員時代

——もう一度議員になられるのは、１９７５年（昭和50年）ですね。行財政要綱が前年にとりまとめられ、開発が再スタートした時に、ちょうど軌を合わせたように議員になられた。そこで今度はやはり多摩ニュータウンと真っ正面に向き合って、これからということになる。

横倉　とにかくそこでまた動き出すということになるわけですよ。議会にも、ニュータウンに新しく入居してきた人も今度は参画していますから、今までの議会とは全く違うわけですよ。もう全然考え方が違いますしね。ですから、そこで夜中までもかなり随分やりましたけれども。その時は、実際には気合が入っていたわけですよ。「これから新しい町をつくろう」ということですから。「つくっていく」という意味では、新しく入ってきた人たちにとっては「自分たちの町」ですから、砂ぼこりの所へ入ってきて、何とかいい町にしようということで、一番気合いが入っていた時じゃないでしょうかね。それから後、多摩の市民祭が１９７５年（昭和50年）に始まったんですが。６回目まではやったんですけれども、ここがニュータウンの一番の最盛期じゃないんですかね。

——議員になられたときの議会構成ですが、新住民の方と地主たち、旧住民の方との比率はどの程度だったのでしょうか。まだ地主の方が過半数だったんですか。

横倉　過半数でした、まだ。ニュータウンの中でも保守系の方がいましたから、16対14か、そんなところでしょう。

４年ごとに地方選があったわけで、１９７１年（昭和46年）３月に入居した新住民にはちょうど１９７５年（昭和50年）まで選挙はなかった。南多摩郡のままで、初めてなんですね。その前の議員構成の段階では、新住民は投票してなかった。その間、次の入居がなかったから、諏訪、永山、愛宕ぐらいしか人がいない状態で選挙に入った。人口は初期入居であっという間に倍ぐらいになったんですよ。それで市になったわけだから、３万いるかいないかぐらいからいきなり５万を超えるという。(15)だから、人口構成的には何となく半分ぐらい新住民。それで、確か私の記憶は13対17とか、そのぐらいの感じです。新住民のほうは、政党色が強いから、分かれちゃって、力はあんまり出ないんですよ。

議長、副議長という主な委員長とか、全部保守系がほとんど握っていましたから、まだまだ市長は安泰だったんですね、実際にはね。ただ、最後は市長の問題が起きちゃったんでね。(16)

——それまではある程度気心が知れた中で、何が問題で、ここを押せば、こうまとまるなというのがわかったような議会だったんじゃないかなと思うのですが。

横倉　そうですよ。議論はしましたけれども、最終的な採決は必ず市長側の議案が通ってましたから。予算が通らないなんていうことはなかったもんですからね。

——そこに新住民の代表が入ってこられて、決まり方は変わりましたか。

横倉　決まり方は時間がかかった。

——しかも、自分たちの地主たちの議論が向こうにわかってもらえなかったとか、そういうようなこともあったんですか。

横倉　そうですね。そういう面でわかってもらえない面がかなり。やっぱり多摩の過去のこともわからなかったから、いろいろな議論をしないと納得がいかなかったんでしょうね。だから、ほとんどが大体質問ですから。

——その頃のことで、何か記憶に残られているエピソードはありますか。

横倉　1979年（昭和54年）の市長選で、市長候補に出た、金芳晴氏。当時、各市が革新になりつつあった。町田、日野がそうだし、いよいよ多摩が革新になるという、本当にきわどい所だったわけで、危なかったんですよ[17]。あれが変わっていれば、また実際には相当大きな変わり方をしていたんじゃないですかね、多摩の政治も。本来は当選をしそうだということだったんですがあそこで金氏が落ちたので、臼井さんが当選した。あの当時、まだ市長の立会演説会というのがあったんですよ。今はないですけどね。立会演説会に現職の富澤さんと臼井さんと、それから金さんの3人が出ていたんですよ。富澤さんと臼井さんがかち合って、食い合っていますから、金さんがかなり強かったんですよ。ところが、金さんが立会演説会で失敗したんです。原稿を飛ばしたんだよ、1枚。それで、楽屋に入るのは候補者1人について1人きり。だから、3人の候補者と、あと3人1人ずつついているの。私は臼井さんの付き人で楽屋に入っていたんですが、金さんが演説終わって帰ってきたら、怒られているわけですよ、原稿を飛ばしたから。それは共産党なんですけどね。共産党から大分怒られて、それからガーッと落ちちゃった。自分本人の気合が下がって。聴衆はそれほどわからなかったですけどね。本人が「だめだ」と思い込んだのかどうか。そうでなければ当選したかもしれない。ちょっとのことで変わってくるんですよ、やっぱり。臼井さんは、初めはあんまりうまくなかったのに、「すごくよかったよ」て言ったら、喜んで気合いが入った。で、臼井さんが逆転をしていったという。ちょっとの気持ちの差ですよね。そこについている人というのは非常に大事なんですよ。富澤さんはあそこで出なければよかったのが、出てきたからね。

——結局、ほんとうは臼井さんに引き継ぐはずだったのに、富澤さんが土壇場でまた出ちゃったから、保守票が2つに割れてしまった。これは絶対革新だと思われたんですね。

横倉　かなりまでいっていた、革新に。

——また議員のころの話に戻りますけれども、当時、学校と病院が足りなくて、もめていましたね。学校が少ないことについては、どう思われていたんでしょうか。

横倉　行財政要綱が決まったんで、学校へ補助金を出して、起債もできる市になったから、それで安心した。ただ、本来、一時的には子供が増えるけれども、やがて減るということがある程度までわかってたんですね。

——その当時、ある程度分かっていた？

横倉　もちろん計算では。けれども、それはプレハブというわけにいかないんで、その当時。本来はプレハブでもよかったんですよ。ところが、そうはいかない。新しい住民が入ってきた時は。それでも子供は非常に大事な財産ですから、それで勉強する場所は立派な近代的なやつじゃないと、議員が承知しなかったですね。議員が、「地域は学校が基本ですからね」と。

——それはやっぱり新住民の議員がということですか。

横倉　そう。古い昔の人たちは、「とりあえずのやつだったらプレハブでもいいんじゃないか」というような意見も結構あったんですよ。あったんですが、新しい人たちの子供たちを預かるのに、やっぱり新しい町ですから、学校が近代的なものでないと。やっぱり学校が一番大事だったんじゃないですかね。

変動する多摩の政治

——私が疑問なのは、１９７５年（昭和50年）頃非常に活気があったという議会ですが、公団と地元議員との関係というのはどのようなものだったのでしょうか。例えば議員と様々な旧公団とのつながりというのがあったのか。ニュータウンの初期はそういうことがあったのではないかと思うのですが。地元の議員たちには、先の開発のめどは知らされていたのですか。

横倉　公団から議会には知らせていますよ。ところがそれを受けて、農民自身が理解できない。「どこの時期にいつごろ造成をします」とか、非常にわかりにくい。自分たちの住まいがどうなるかということがまず落ち着いていないわけですから。とりあえず区画整理に移らなくてはならない。4、5年そこへ移っていますから、その間は全く地域社会から外れたような格好になった。

——そうすると、例えば地主の議員さんたちの方で、「計画をこう変更してくれ」とか、「もっとこういうふうにしてくれ」ということを仮に陳情しようと思ったとき、市を通してなのか、あるいは公団に直接なのか、その2通りしかないと思うのですが、実際の受け皿はどうなっていたんですか。

横倉　既にその時は多摩の政治自体、昔からの政治が壊れ始めてきた。ですから、議員それぞれが後援会というのは持っているんですけれども、その後援会が地域で推して出てきた地域代表ではない。なくなってきちゃったんですよ。政党の関係の代表であったり。ですから、地域の問題が起きても、動く議員が誰で、誰がそこの問題を解決するのかは責任がないんですよ。もう既にね。だから、地盤を持った議員がもう少なくなっちゃうわけですよね。

票は候補者が出ると、だれかに投票しなきゃならないから、だれかに投じているわけですけれども、だれが投票したかがわからない。だから、議会報告なんかは、報告する相手がいないんですよ。昔は全部地域で推していますから、そこだけに報告をしてればいいわけです。多摩は8つの村から出てくるわけですよ。ですから、1つの村から2人ずつ議員が出てきていると、16人ですから、ずっと16人だったんです。それで、すべてを出すと、今度は1人オーバーですから、落ちるわけです。大体地域割がちゃんと完全にできていた。だから、他から票を取りに来たら、辻に運動員がいて、夜なんか火を燃して、そこから入ってくるのを防いでいたとか、私が最初に出ていた時はそういう時代でした。だから、完全に地盤があるんですよ。

——都会議員は誰ですか。

横倉 最初に浜西節郎氏。日野の古谷氏というのがその前に出ていたんですけれども、多摩からも出せということになって、多摩で初めての都会議員が浜西氏なんですよ。(18) それはまた利権や何かで大分稼ぎがあったんで、評判はあまりよくなかったんで、まあ、しようがないですよね。あと、稲城で白井さんが出てきて、白井さんはまじめな人ですから、あの人はまあまあ。稲城はまたちょっと違うんですよ。稲城は政治基盤を持っている人が半分以上いますから、まだまだ。政治の基盤がない人が議員ですから、本人が意見を言ったりしゃべっていますけれども、これって、ほとんど通用していないんですよ。

だから、政治を立て直さないとだめですよ、多摩は。政治は、公団とか、この開発がもたらした最大の欠陥なの。

——根はそこに発しているんですね。

横倉 そうです。それは公団の責任でも何でもないんですけれども、やりようがないんですよ、こういう新しい人が入ってきているんだから。結局、新しい組織をつくり上げるよりしようがないんです。新しいコミュニティをどうしてつくるか。これにかかっているんですよね。政治家が昔から地盤、看板と言いますから、その3つがそろわないと、政治家ではないんですよ。だから、今の人たちは政治家じゃないんです。みんな給料取りだから。昔は自分で仕事を持っていますから、2期、3期も4期もできないんですよ、自分の仕事がおかしくなっちゃいますから。それが本来の姿です。アメリカだってそうですよね、みんな仕事を持っていますから。今はそれが職業だから。だから、当然、議員なんかほんとうの政治をやったら2期もやったら疲れますからね。4期も5期も務まるはずがないんです。それができるということは仕事をしてないということです。

——各地区から2人ずつで16人といったときの地区というのは、挙げていくと、8つ以上ですけれども。

横倉 今は8つ以上です。その前は関戸、連光寺、貝取、乞田、落合、和田、寺方、一ノ宮、これだけでした。開発によって新しくできたのが桜ヶ丘、聖ヶ丘、馬引沢、愛宕、永山、諏訪、豊ヶ丘、山王下、中沢、唐木田です。その前の議会は全員無所属ですよ。

——政党に属してなかった。

横倉 そうです。多摩に政党が持ち込まれたのは、昭和50年代ですね。政党に入っていても、全然力にはなりませんでしたからね。圧倒的に無所属が多かった。八王子と稲城はまた別です。多摩だけが政治をなくしたんです。

――八王子はいまだにそういう地盤、看板が生きているわけですか。

横倉　まだ生きている。でも、無いところもありますよ、もちろん。全体の議員の中の3分の2ぐらいがそういうものを持っている。あとの3分の1ぐらいは、新しい。自分で手を挙げて、誰かが投票してくれたから当選したという人がいますけれども。稲城も半分ぐらいは地盤を持っている人でしょうね。多摩は全くない。結局、政治をなくした町というのは滅びていくんです。多摩が一番先に滅びる。でも、日本人は必ず誰か気がついて、何とかしなくてはならないという人が出てくる。多摩の場合はかなり時間がかかるだろうと思いますが。でも、出てくると思いますよ。

1980年代の動き

――80年代後半から90年代は実際どのような活動をされていたのか。まず、年代の古い順に携われたお仕事についてお話しいただけますか。

横倉　1975年（昭和50年）には、前回話したような議員に出ましたけれども、それまでは議会運営委員会というのはなかったのですよ、多摩には。やっぱり議運をつくらないといけないと。

――新しい方が十数名当選されてきたということがあるわけですね。

横倉　そう。その時の議会で議会運営委員というのをつくったのですよ、初めて。当初言い出したら、「自分で委員長になれ」ということになってやってきた。大変だったのは、夜が明けるまでかなり何回も議会をやりました。質問が多かったり、新しくできる町ですからいろんな意見がありましたね。それと同時に、議会運営委員では予定をつくるわけです。いつまでにどれとどれ、議案はこれを審議する、一般質問はいつからいつまでとか全部組むわけです。ところが、一般質問が長くて日程をオーバーするわけですよ、どうしても。でもその日程を消化しないと次がまた遅れる。どんどん遅れていってしまいますから、絶対日程を崩すわけにはいかないということで、夜明けまで随分何回もやりましたけれども。

それから、議会の中で都議選が、今まで多摩では都議は出ていなかったのですよ。今までは日野、多摩、稲城という選挙区でしたから日野からほとんど出ておりまして、多摩では出せなかったのですね。ところが、多摩で今度は出せということになって、浜西節郎、ご存知ですか。多摩で初めて都議に出した。元市議会議員で、私一緒に当選をしていたのですが、広島の大島から多摩へ来ていた人で、多摩出身の人ではないのです。ただ、奥さんの実家が多摩で、「横倉」という資産家なのですよ。それで私が会館をやっていた時に事務として時々手伝ってもらった。それで議会の中で私とも話して、「私は都議に出る」と言うから、「じゃあ、やれ」ということで私が応援をすることになって、都議との関係をすることになってしまったのです。

それから、市議選。臼井市長は、1975年（昭和50年）に一緒に議員になっておりますが、富澤前市長が「辞める」と。辞めるというのではなく、実際には選挙に出たのですけれども。それと革新の金さんの3人が出まして、結局、私は臼井さんをやることになりました。なぜかと言ったら、ほかの議員の人たちはみんな自分の選挙がある。その時は市長選と市議選が一緒ですから、市長選は議員をやめた人とかが支援しないといけないけれど、そういう人がいない。私は1979年（昭和54年）に立候補をやめましたから、「市長選を専門にやりましょう」ということで、それからずっと関わることになってしまった。

――最初は副本部長ですか。

横倉　ええ。その次か何かに本部長になったのです。その次かな。それで後援会長というのがいるのです、これにまた。これは別の人がやっていました。

――後援会長は地元の方？

横倉　ええ。議員で貝取の下野峰雄さんと言うのですけれども、これが臼井さんの後援会長ということで、私が実務上ほとんどやっていたということになります。

そのほかに1982年（昭和57年）に自民党の支部長。その当時「ニュータウンタイムズ」は1981年（昭和56年）の秋に始まって、1982年（昭和57年）に支部を受けているのですけれども、新聞を発行していく上には、広告をもらったり、運営をしていかなければならない。そのためには営業だけではいけない。地域の顔役になっていないと記事も書けないし、またそういう情報が入ってこないのです。そのためにやっていなければいけないということで実際には受けたのだけれども、他の者にはそんなことは言っていません（笑）。そんなことで、臼井市政2期目になる。

――はい、1983年（昭和58年）。

横倉　その時から多摩に共産党の宮本委員長が住んでいましたから。

――宮本顕治さん、多摩に住んでいたのですか。

横倉　ええ、多摩ですよ、ずっと。今でも。[19] 宮本さんは、衆議院の場合はやりますけれども、地方議員の応援演説、街頭演説は絶対にやらないのです。やったことがないのですけれども、多摩では都会議員の選挙とか市長選に応援に出てきたのです。それと対決したわけです。自民党ですから対決せざるを得ないのです。宮本さんにかなり勢いがついていたというのは、日野は革新市政、共産党市政でしたから。それと町田がそうでしたね。次は多摩だという方向で動いていたので、これと対決せざるを得ないということで、臼井を守り通したということがあるのです。

都議選の選挙対策本部

――戻りますけれども、1985年（昭和60年）、浜西節郎都議会議員の選挙対策本部長ということで、これは浜西都議の3期目ですか。

横倉　3期目ですね。

――「斉藤さんとの対決」というのは、対立候補ですね。この方は共産党ですか。[20]

横倉　いや、これは自民党系なのです。浜西も自民系です。

――まとめ切れなかった？

横倉　そう、まとめ切れなかった。それでも公認候補は浜西なのですよ。斉藤というのは、保守系の何人かが推して出て、これは公認ではない。でも議員をやっていました、議長までやりました人ですからかなり強力だったのです。[21] でもとうとう浜西が……。それで中曾根総理を呼んできたりしたということで、永山五丁目の商店街のところに動員をして、中曾根さんの応援を得た。それによって現職が当選をしたという結果があるのです。中曾根さんを引っ張ってくるには、政党が動かないと引っ張ってこられなかったのです。やっぱり政党ですからね。斉藤さんは公認をしていませんから、そういう大物が応援に来るということができなかったわけね。それで負けたということになります。

——中曾根さんは当時首相で、都議選に応援に来ること自体すごいことですね。

横倉　すごいことなのです。それでそれぞれ衆議院もこちらから出て、斉藤さんのほうについているのと浜西さんについているのと衆議院が分かれているわけですよ、同じ政党でありながら。中曾根さんを頼んで応援に来させようと思っていると、その議員が中曾根さんをとめてしまう。だから何回も来るということを決めたのです。応援に行きますということを決めておきながら、全部つぶされているのですよ。同じ政党ですから。つぶされたのですけれども、最後は内緒でもう無理に頼んで。一人うちの党員の役員を自民党本部に送り込んで、「中曾根を引っ張ってくるまでは絶対に帰ってこなくていいから毎日行け（笑）」そのくらいの気持ちで。それで政治が大きな役割を果たしたのですけれども、今はそういう選挙はなくなってきたのです。関心がなくなって。関心と言ったって、議員自身がもう職業になってきていまして、職業を応援してもしようがないからね。政治家ではなくなってきていますから、こういう勢いはだんだん薄くなってきたということでしょうね。

——当時は多摩市ですと、衆議院議員はどなただったのですか。

横倉　多摩市はいないです。伊藤公介氏は町田です。それからこちらは西多摩です。町田と多摩の選挙区になったのは、まだ何回でもないですからね。この当時は、まだ選挙区が日野、こちらの八王子か何か全部含めていたと思います。

——中曾根さんを呼ぶのを邪魔したというのはどなただったのですか？

横倉　それは石川要三さんだったっけ。衆議院の西多摩から出ていた。石川議員が斉藤さんのほうについていた。こちらは伊藤公介ですね。これもまたおもしろい選挙なのですよ。

石川要三が全部とめてしまうのですよ。この当時は、町自体、村が選挙でかなり盛り上がっていた時代で、新聞記者は絶対にほかの者に会わせなかった。私だけ会って聞いていました。内々の戦略は新聞記者には一切言わないのですけれども、「選挙区どうですか」と言ったら、「浜西が負けることはない。勝ちますよ。当選はしますよ」。「何で当選するのですか」ということを聞いてくるわけですよ。材料がないではないか。向こうは結構強い。逆に勝っていますよと言っているわけ、相手が。「いや、そんなのは心配ない。勝つ」。作戦を教えろということで来るのだけれども、中曾根さんを呼んでいますなんていうことを言ったら、もうすぐ流れてしまいますから。最後はもう情報合戦ですからね。選挙を始めると、そういうところに何かはまってしまうようなところがあるのです。

——当時は、票固めはどのようになされたのですか。

横倉　票固めは、もうそれぞれ組織をつくっていますから。市内全域。

役員名簿が全部できています、もう末端までかなりの細かい。

――それは党員ですね。

横倉　ええ、地域党員ですけれども、その当時はまだ組織が機能していた。今は全くそういう組織は組めませんけれども。

――主に旧住民の方ですか。

横倉　そう、旧住民が主体。

――もう党員の方は全部把握していて、誰は誰の支持だということが全部読めましたか？

横倉　そう。それは昔からの五人組の組織が生きているのですね。そういうところに力があるのですよ。日本の力というのは、そこですからね。その力が今なくなりましたから、どうなるのかわかりません。

――そうすると、逆にそういう地域に根を張った地元の方ではない新住民の有権者がどんどん増えてくると、選挙を預かる横倉さんとしては、だんだん仕事がやりづらくなってくるということはありませんでしたか。票固めがしにくいとか。

横倉　票固めは全くできない、今。もう既に20年近くたっていますけれども、その間に情勢は全く変わりましたね。

――そこをもう少しわかりやすく教えていただけますか。どういうふうに変わって、横倉さんにとって何がしづらくなって、何が苦しくなってきたのですか。

横倉　やっぱり地域の組織、コミュニティがないということ。それは生活様式が全く変わったということなのです。今までは地域の皆さんと協力しなければ生活が成り立たなかったわけですよ、一人では。でも今は全部町ができましたから、別に隣の人、近所の人に協力してもらわなくても生きていけるわけですよ、金とか仕事があれば。その当時は、もう既にその変わり方をしていましたけれども、それでも今までの流れがずうっとあって、地域の人たちが、「あの人が話してくれたのだったら協力せざるを得ないだろう」と、それぞれに顔役が地域にはいるわけですね。その顔役は決して自分のために動くのではなくて、地域とか人のために動いている人たちです。そういう人でなければ顔役になれませんから。それと自腹を切る人。必ず何かをやっても、人を呼ぶ時はお茶を飲んだりすることもあるわけですよ。そういう時はおれが金を出すから。呼んだ以上は全部お茶代はその人が持つとか。細かいことですけれども、そういうのをやって初めて地域のコミュニティができ上がってきているわけだから、それをなくしたというのは……。これを取り戻すのはなかなか難しい。だからNPOや何かでいろんなコミュニティづくりが始まっていますけれども、昔のような組織にはならないし、力にはなっていかない。それは離れていますから、人たちが。地域の隣近所がまとまっていないですから。

関東大震災のような大きな災害とか天災が起きた時に初めてコミュニティがまたでき上がると思いますね。今のままでいくと自分だけで生活できるのですから。頼らなくても、まとまらなくても、顔役の言うことを聞かなくたって生活できるわけですから、そう簡単にはできないだろうと思います。だからそういう組織がなくなる、落ちるところまで落ちるということが逆に大事なのかもしれない。昔はこうだったけれども、何とか違った形のものをつくらないとまずいのではないかということがあって初めてできる。だから新しい町は、何か住民が困るような出来事が起こらないといけない。悪くなることは間違いない、このままいけば。そのときに初めて日本人は気がついて、何とかしなければいけないだろうということで、最終的には、やっぱり落ちるところまで落ちなければ解ってもらえない。

――横倉さんがまだ選対本部長をやられていた時、何人ぐらいの顔役が横倉さんの頭の中に入っていたのですか。

横倉　50、60人はいたのではないですか。あの当時、私が当選した時の議員は30名です。30名で過半数が同じ会派だったわけですよ。私が議運の委員長をやっていたのですけれども、そのこと自体をまとめて、今度は代表者会議というのがあるのです。代表者、革新もいるし、共産党もいるし、公明党もいるし、そういう者との議会を運営していくために代表者会議というのがあるのです。こちらは十何人か固めてこなければ何も発言できないですよ。ほかのところも大体17名から18名は完全に固めていましたから。

今は自民党会派というのは無い、多摩に。議会の中に。自民党公認で当選をした人がばらばら、3人とか4人がみんなひとり会派。だから力が出ないです。これは都議にも責任がかなりある。自民党の支部長をやっているのは今都議なのですよ。都会議員。これが力がないということなのです。その調整力が。そうかと言ってあまり文句を言ってもいけないので黙っていますが。

――1996年（平成8年）に自民党の多摩支部長を辞任されていますね。このときのいきさつをうかがえますか。

横倉　この時はもうかなり党員も少なくなってきている。党員をやめる人が。まず、入る人がいないね。抜ける人というのではなくて死ぬ人が多い。

――自然減ですか。

横倉　自然減。入る人がいないから増えていかないのですよ。その増強をやってもなかなか新しい人が入ってこない。恩恵はないのですからね。何の恩恵も、入ったって。会費を納めるだけ。それとムードが上がらないから、そういう地域全体の雰囲気が。都議選候補者に協力、「あの人を出さないと多摩には不利になるからどうしても当選させよう」と、そうしたらみんなが協力してきて盛り上がるわけですよ。全然選挙が盛り上がってこない。そうすると党員が増えない。選挙を盛り上げるということは支持者を増やすわけですから。

――党員の数というのは当時どれぐらいだったのですか。

横倉　400名ぐらいいましたか。一番盛んな時はそのぐらいですよ。その他に、党員でなくても、選挙になるとまた別なのですよ。誰かに投票しなければならないですから、その時に支持者を増やして投票。投票数はだから党員の数よりずっと多いです。

――やめられたころというのは、これが300名ぐらいになっていましたか。

横倉　いや、もっと。150名ぐらいになってしまったのではないですか、せいぜい。

――400名ぐらいだった頃というのは、85年、中曾根さんが応援に来た頃とかはそうですか。

横倉　そうです。その当時ですね。

――党員の中で、新住民の方の割合というのはどれぐらいだったのですか。

横倉　2割か3割ではないですか。そんなものですよ。それでもニュータウンの中に人がかなりいましたから。今日もその当時の人が来ていたのですけれども、今はもう選挙はあまり。その当時はかなり活躍した人が、「もう年だからだめだ」なんて言って、なかなかね。そういう新しく入ってきた人たちとのつき合いもありますけれども、少ないですね。選挙で知り合ったのはかなり長続きするのですよ、交流が。選挙というのは。同じ人を推すわけですから、一人の人を。同志になるわけですからね。

――逆にいろいろご苦労もされるわけですよね、同じみこしを担ぐために。

横倉　だから選挙というのは、一人当選をさせるという意味よりは、民意をまとめるという1つの大きな役割を果たして、自分の郷土を守っていくということが基本で、その代表としてこれを出そうということになるのです。簡単に誰か人を選び出すということだけではなくて。

――そうしますと、昔、例えば農村の中で寄り合いがありましたね。同じようなこと、例えば横倉さんが選対本部をやられた時には、旧住民の方、地元の方の所に行って、「今度選挙に出る浜西は、今度こういうことをやろうとしているからぜひよろしく頼むよ」ということを寄り合いにはかったなんていうことが、80年代でもそういうことはありましたか。

横倉　選対会議とか選対本部とか集会とか、もう毎回のようにやるのですよ、集めて。それは集まってくるのです。今は集まらない、それが。声をかける人がいないですから。一人でかけたら大変ですからね。何人かが一斉にかければサッと何十人の人に声がかかるわけですけれども、今は何人も。集まってきた人が何人かをまた、地元というのはみんな代表、それぞれ地元の顔役ですから、帰ったらまた「だれだれをぜひこの次の会合に出てもらうようにしてくれ」とか、こちらから直接はほとんど歩いていないのですよ。だって頼まれてやっているわけではないから。こちらも商売、仕事というか。ですからそういう会合の時にだんだん会合の賦役を増やしていく、会合をしていく。わかっていますから、名簿を見るとこういうところにも話をしてくれとか声をかけろと言う。声をかけないとやっぱり義理でもかけるようになるのかね。かけないと、おまえのところ全然出てこないではないかというようなことになるからね。

――モチ代を配ったりもされたのですか。

横倉　いや、配らない。選考の過程で、例えば浜西が都議に初めて出たときに、同じ市議会議員の中から出したほうがいい、出たいという人がいるのかと言ったら、2人名乗りを上げたのです。浜西といま一人。では、どちらを選ぶか、どちらを候補者にするか。会派がまず推薦をしたのですよ、議会の。2人出たからどちらかに絞ろう。そのときに選挙資金がちゃんと出せるところを選んでいる。浜西は大島の出身ですけれども、奥さんの実家が資産家なのです。奥さんのところ、実家がいいから面倒を見るから困ったときは……。本人も「最悪の場合は親のほうに頼んで出してもらうから」と言う。では、そちらにしようということで簡単なのですよ。

――そこをちゃんと周りもわかっているわけですね。

横倉　そうです。臼井さんのときもそうです。選挙資金は全部確認をしているのですよ、担ぎ出す前に。臼井さんの場合、私がたまたま議員の文教委員で臼井さんと一緒だったので、内緒に農協の部屋に呼んで、選挙にみんなが推すと言っているけれども、金は大丈夫かと確認しているのですよ。「何とか大丈夫です」。「では、みんな応援しなくても大丈夫だな」と言ったら「大丈夫です」。実際には全部応援を出したのです。そのとき議員が大体1人最低10万円から、私は最初50万円ぐらい出しているかな。議員の人たちですよ、推薦をしている以上、金を出さなければ。ですから運営は大丈夫なのです。本人も金はちゃんと用意していますからね。

私が村会議員に出たときも何もしないで、とにかく金だけは。参謀の会計がいて、「金は大丈夫か」と言うから「まあ、何とか」。「では、とりあえず何十万出せ」。出しておくと、それだけでもう後はどんどん進んでいってしまう。選挙というのは、富の分配という意味もありますから、何もない人は選挙期間中に選挙事務所にどんどん来てお昼を食べたり、1杯酒を飲んだり、何をしていっても、もう食い放題。毎日来て食事している人がいっぱいいるわけですよ。それは選挙運動をやっているわけではない。でもしようがないのですね。だから選挙が始まると、あそこに行けば何でも食えるとか飲める。今は飲まさないですけれどもね。料理は何でも出ているのです。だから地域でもかなり財を築いて残してきた人は、必ず次は村会議員に目をつけられる。金を使わせられるのですよ。その地域が潤うわけですよ、分配をするから。一人の人がまとめてしまってはいけない。そういう循環をしていたのです。

――横倉さんが支部長をやめられたころというのは、もうそういう選挙のスタイルではなくなっていたでしょうね。

横倉　こういう習慣はもう完全になくなってきている。選挙違反が多いことと、選挙の規制が強くなってきているわけですよ。金を使ってはいけない、酒を飲んではいけないとか、戸別訪問してはいけないといろんな規制が増えてきましたから、だんだん選挙から離れてきています。

――やめられた時は、小選挙区になっていましたか。

横倉　なっていましたね。今は議員は商売ではなくて生活の糧に出るような形になってきましたから、だれも面倒を見る者もいないし、また自分から自腹を切ることもないし、大体選挙事務所を開いても人が集まらないんじゃないの、今。だから選挙は全くこの20年でもうガラッと変わりましたね、様子が。これがいい変わり方をしているのかどうかは、ちょっとわかりませんけれども。

土地を育てることが基本

横倉　私は、今までの多摩の農業ではなくて、違う形の農業を残すべきと言ってきた。緑とか、それから農業という生産、土地の利用というのを。公団は土地から生産されるものを知らないのではないか。建物を建てたりするだけの土地だと思っている。とんでもないです。尾根幹線の真ん中、ああいう所が農民にとっては全くもったいないと絶えず思っている。口にはあまり出しませんけれども、何てもったいない。何かに使えるのではないか。あのカヤだって。カヤの屋根のうちがなくなりましたから要りませんけれども。土地というのは、どういう風にでも生かすことができるし、また面倒を見れば何でもできてくるわけですね。特にここは気候が温暖である。寒くもないし、暑くもないし、土質も関東ローム層。どんなものでも作物はできるわけですよ。こんな所を、それをある程度生かす場所をこの中につくっておくべきだ。

私はこの開発の時は若かったのですね。だからあまりそんなことを考えなかった。今になるとつくづく思いますね。土地を生かす方法はマンションを建てるだけではないということを、この町で見てもらう。種をまけば芽が出てくるのですからね。こんなに不思議な土地はないのですよ。だから農業をやっていたら、いくら泥まみれになろうと何であろうとちっとも、何か楽しみなのですね。生育するのを見ている。

今「町を育てる」と公団が言っていますけれども、土地を育てることが基本だと思うのですよ。それから始めていかないと、町を育てるなんていうことは、本来はちょっとね。町を育てるには土地を育てれば自然に町になってしまうのですよ。

土地が基本ですからね。この土地のありがたさ。それで今、私が最後、できるかどうかは別として、地主さんたちの記念碑をつくろうという運動を始めようとしているわけです。これは多摩に入ってきた人たち、多摩に住んでいる人たちの力で、行政とか公団とか東京都の面倒を見てもらわないで、自分たちの腹を痛めた、やっぱり自分の町は自分で腹を痛めないとほんとうの町はできないのですよ。腹と言うと、前には腹巻きというのをしていましたから、腹巻きの中に金を入れていたのですよ。今はポケットがあるから入れますけれども、腹巻きの中から金を幾分なりと出さないと。そういう施設をつくるということが地域、郷土を愛する心を育てていく。何もそういうものが多摩センター、多摩ニュータウンにはないのです。何かつくらなければいけないと。住んでなくてもいいのですけれども、たとえ100円でも1000円でもいいから出して、「あれはおれが1000円出してつくったのだよ」というものがあっていい。ないといけないのですよ、やっぱり。うちの会社も「自分のものは構わず持ってこい。会社の中に置け」と言っているのですよ。自分のものを置いてあると、その親睦感がわいてくるのですね。

――愛着ですね。

横倉　愛着がわいてくるのですよ。だから自分で払う。子供だけではなくて金も出して。女性が自分の腹を痛めたのだからかわいいと思うのと同じ。それで、最後は公団なり東京都が地域に対して何かを。でもこれは住民が要望したものを残していくべきだと思っています。例えば資料館とか、住民の手でつくったものを何か。もう昔からの物がどんどん消えていっていますから、そういうものを。

――わかりました。3回にわたりどうもありがとうございました。

〈質問者・同席者〉
①2006年12月19日（火）：細野助博、中庭光彦、成瀬恵宏、西浦定継、松本祐一、田中まゆみ、細野ゼミナール学生
②2007年1月16日（火）：中庭光彦、成瀬恵宏、西浦定継、田中まゆみ、中川和郎、岡田ちよ子
③2007年2月20日（火）：中庭光彦、田中まゆみ、林浩一郎

※初出　細野助博監修、中庭光彦編著（２００８）『横倉舜三　オーラル・ヒストリー：多摩ニュータウンの開発史料の発掘とアーカイブ作成に向けた枠組の構築報告書No.１』中央大学政策文化総合研究所・多摩ニュータウン学会を抜粋して掲載。

（１）府中ＣＣは横倉氏が土地とりまとめを行った最初の経験であった。土地買収が始まったのは１９５８年（昭和33年）６月。「地主側は二十一人の交渉委員を選出し、さらに多摩村からは横倉幾三、横倉舜三、由木村からは村野保三、谷合舜の四氏が代表となって交渉した結果、次のような価格で売渡すことになった。山林三百五十円、畑五百円、水田七百円（何れも坪当り）買収面積は当時で27万坪と言われ、買収総額は一億二千三百余万円であったという。現在多摩ニュータウンの区画整理地内の三十坪か五十坪の代金である」横倉（１９８８）47頁。

（２）府中カントリーのオープンは１９５９年（昭和34年）11月３日。

（３）１９６１年（昭和36年）10月オープン。現在は町田市下小山田町。

（４）当時の村長は杉田浦次。横倉氏は村議会議員だった。

（５）木崎茂男を社長とする会社。木崎茂男は１９１７年（大正６年）生。１９５５年（昭和30年）～１９５８年（昭和33年）の間、東京七区選出の衆議院議員を務めた。１９５５年３月の選挙では日本民主党から立候補したが、同年11月の保守合同により自由民主党所属議員となった。日本民主党は１９５４年（昭和29年）11月に改進党、日本自由党、自由党鳩山派によって結成された。総裁は鳩山一郎、幹事長は岸信介で、河野一郎は同党の重鎮。この55年の総選挙１８５議席を獲得して第一党となった。

（６）「百草団地の方」というのは、府中カントリー第二コースの計画が消えた後、現在の百草団地地区にもゴルフ場の話が進み、土地買収交渉にも入っていたことを指す。横倉（１９８８）79頁。

（７）横倉（１９８８　77―78頁）では「時の建設大臣、河野一郎氏（首都圏整備委員長）がヘリコプターに乗って、多摩丘陵を視察したことによって始まったという説が真実性をもって伝えられている。だが、この時期は、昭和三十九年一月上旬であって、その後まもなく、五月二十八日に東京都首脳会議において、南多摩新都市建設に関する基本方針が決定されているのである。だから、私たちが、現在の諏訪・永山・貝取地区の取りまとめに着手してから三年も経過していたのである。その時は既に、諏訪永山地区約五十万坪の土地は、買収が完了していた時期でもあり、新住法による大規模開発に対する地元対策が進められていて、開発はすでにその緒についていたといっても過言ではなかった。河野建設大臣がこの開発を決定したかのようになっているが、事実は、その三年前に、私たちによって開発決定がなされていたことを、ここではっきりと明言しておく」と記している。

（８）横倉（１９８８　113―114頁）には、地主について、次のように記されている。「永山地区で最初に協力の方向に動いてくれた地主さん達は、加藤猛雄さん（地主会長）、馬場益弥さん、佐伯信行さん、馬場一郎さん、小磯仲一さん、根岸一重さん、市村馬之助さん、根岸為治さん、馬場金治さん、佐伯勝利さんなどに続いて馬場碩治さん、春美さん、馬場清吉さん、小林嘉幸さん、市村仁三郎さん、市村喜久雄さん、石井高治さんなどである。一方、貝取、瓜生地区の地主さんたちも同時に協力を打ち出してくれた。理解を示していた下野峰雄さんを始め森久保力造さん、伊野市郎さんなどほとんどの地主さんからも協力をいただいた。最も関心がもたれ、注目されていたのが、多摩市唯一の大地主・伊野英三の帰趨であった。何しろ貝取の買収予定地の半分位を持っているという、先祖代々の名主である。変化の激しい時代に財産を維持してきた意志は強いものがあった。当然、買収に当たっては多くの地主さんとは考えを異にしていた。多摩ニュータウンの中心部である多摩の大地主が伊野さんであり、東の大地主は稲城市坂浜の名門・富永重芳さん、この人も難問中の難問、とうとう収用委員会にかかるという大物である。西の大地主は町田市小山町の萩原康夫さん。この人も元堺村切っての名門、屋敷は塀をめぐらし門構えの財閥である屋敷内に製材所を作り、ニュータウンに売却した山林の材木も自分で製材したという。この三大地主がこれまで多摩丘陵の自然を守ってきたとも云えるし、多摩ニュータウンを造ってきたともいえる。」

(9) 木崎茂男について、横倉（１９８８　94頁）では「社長の木崎氏は国会議員当時の顔を生かして、住宅公団に大規模住宅団地の開発用地を持ち込み、用地の確保が可能になった時点で、住宅公団が買収するという業務を主力としていた」と記している。当時、元政治家が大規模住宅開発のブローカーとして存在していたことは興味深い。

(10) 横倉（１９８８　96頁）には「三十八年の二月始め頃だったと思うが、木崎氏の案内で、九段の住宅公団を訪れ、首都圏開発本部の長谷川課長に会い、永山、諏訪地区を買収する意向のあることを確認した」とある。

(11) 横倉（１９８８　93頁）では「小金井の小泉という開発会社の社長であった。この人は、東京都がこの地域一帯を住宅都市として計画したことから、東京都の住宅局に話を持ち込んだらという話を持ってきた」とある。

(12) 横倉（１９８８　１１０―１１１頁）では、この間の動きを次のように記している。「三十八年に入ってからは、住宅公団も買収の意向を明らかにしたことから、いよいよ、おおづめの段階になってきた。その頃、東京都が大規模な多摩ニュータウン基本構想を持って具体的準備に入っていることが判明したことから、都の住宅供給公社なども買収の意向を表してきた。その頃ですでに買収を終えていた。現在の馬引沢団地は田園都市㈱が造成工事に入るという状況にあった。また落合地区を国際開発㈱社長・岸平八郎氏が買収に着手していた。そのほか各地で不動産業者が一斉に動き出した。個々の農家に出向いて行って、我々より高く買い取るからと言って切りくずしも入ってきた。特に不在地主と言われている、府中市に住む地主さん達のところにはかなりの働きかけがあったようだ。これから一時的に入って来た業者を整理することも私達の仕事となってきたのだ。私達は地元住民であり、地域の発展開発を願う地主でもあるところから、不動産業者の調整の役割も出来たのだと思っている。もし、価格のつり上げ競争が激しくなれば、虫食い状態となり、結果的には用地の確保はむづかしくなり、現在のような大規模開発は不可能であったろう。住民の開発反対や、計画反対が起きることになり、現在の成田空港と同じような運命をたどったかもしれない。いま一つ、この買収業務が成功した原因があると思っている。それは、地元の取りまとめに奔走し、最終的には住宅公団が開発に当たるということで地元の人達も納得していた。」住宅公団への信用が、横倉氏たちの業者介入調整の後ろで大きな力となっていたことがうかがえる。

(13) 多摩市は１９７１年（昭和46年）4月に17住区の住宅建設に合意して以降は「地元自治体の財政負担、鉄道の早期開通、総合病院の開設、行政区画の変更」の四問題が解決されない限り、住宅建設の協議（二十六条協議）にはいっさい応じないという態度をとった。多摩市史編集委員会（１９９９）８８８頁。

(14) この話の背景には、１９６９年（昭和44年）10月に出されたロブソン第二次報告がある。この報告で「多摩ニュータウン計画は、当初の発想においては根本的に誤りであった。通勤者のための住居都市として計画されるべきではなかったと思う。衛星都市とみた場合には、都心部からの距離は十分の遠さをもっていないし、妥当な短距離の通勤も可能にしない位置にある。いずれの観点からみても不満足なものである」とした上で、「計画の根本的な誤りを是正する最良の方法は、現在新住宅市街地開発区域に含まれていないゴルフ・コースを取得することである。このゴルフ場は、多摩ニュータウンのシティーセンターとすることが可能である。」と述べられている。このゴルフ・コースが府中カントリーを指していることは疑う余地がない。ロブソン（１９６９）16頁。

(15) 多摩市史編集委員会（１９９８　９５６―９５７頁）によると、１９７０年（昭和45年）の人口総数は２９０６１、世帯数は９６０２。１９７５年（昭和50年）の人口総数は６３９２８、世帯数は２００１９。

(16) 富澤市長の聖蹟記念会問題（１９７８年、昭和53年）。

(17) この年の多摩市長選挙には臼井千秋氏、金芳晴氏、富澤政鑒氏の3氏が出馬した。得票数は臼井氏が１４１２６、金氏が１２６２０、富澤氏が８７２８で、接戦だった。

(18) 古谷氏とは古谷太郎氏のこと。日野市長を務め、1973年（昭和48年）都議選までは自民党候補として立候補し当選していた。但し、革新都政下であったこともあり、1973年の得票数は36623票で、2位の社会党候補・山田俊一氏は30324と、僅差であった。次の1977年（昭和52年）都議選では、古谷氏の後釜として多摩市議会議員だった浜西氏が立候補する。推薦人として古谷太郎氏、富澤政鑒氏、加藤貞二氏（前稲城市助役・ニュータウン対策特別委員長）、斉藤明氏（専修大学教授・多摩市議会建設常任副委員長）、酒井清氏（明星大学教授・多摩市都市計画審議会委員）の名が連ねられている。浜西氏の他に、黒沢はじめ氏（日本共産党）、上野公氏（新自由クラブ）、小林久枝氏（社会市民連合）の4氏が立候補。得票数は浜西氏34470、黒沢氏29264、上野氏28799、小林氏10970であった。浜西氏の得票数の内、多摩市分は12326、日野市分は15539であった。東京都選挙管理委員会（1978）より。

(19) 宮本顕治氏は2007年（平成19年）に死去。

(20) 1985年（昭和60年）の都議会議員選挙では南多摩選挙区（定数1）より浜西節郎（自由民主党）、斉藤道雄（無所属）、黒沢はじめ（共産党）の3名が立候補した。得票数は浜西氏が19976で当選。斉藤氏は18692で僅差、黒沢氏は14928と落選した。この時、浜西氏の推薦者には、安倍晋太郎、鈴木俊一、森直兄（稲城市長）、臼井千秋の各氏、斉藤道雄の推薦者には石川要三、臼井千秋、森直兄の各氏が名を連ねている。東京都選挙管理委員会（1985）。

(21) 1977年（昭和52年）～1981年（昭和56年）の2期にわたり多摩市議会議長を務めた。

〔2-2-F〕『稲城市史　下巻』（稲城市、一九九一年、八五〇～八七〇頁）

第五節　大規模住宅団地の建設

一　市制施行の引き金——平尾団地

長かった寒村時代

戦後の東京郊外の風景で代表されるのは、緑の畑の中にそびえたつ、住宅団地の白いコンクリートのかがやきであった。中央線の駅から一〇分も歩くと、そこには必ずそのような風景がみられたものである。

しかし、それが多摩川をへだてた南多摩郡となると話は別である。戦後長いこと、そこには戦前と変わらぬのどかな農村が広がっていた。丘陵という地形的な制約や、それになによりも交通の便の悪さが原因であった。住宅団地の建設が本格的になったのは、昭和四十年代にはいってからである。

住宅団地ができるまで、平尾にも長い寒村時代が続いた。明治十九年発行の『地誌編輯取調簿』によると、明治十年代の平尾は農業三二戸、農商兼業六戸、人口二五六人の小さな村であった。

図125はそれから九〇年たった平尾である。この年の戸数は一六一戸、人口は六七二人であった。九〇年間に戸数は四・二倍、人口は二・六倍になった。都心からわずか二十数キロの場所としては、おどろくほど静かな増えかたである。

平尾団地の誕生

図126は平成元年（一九八九）の平尾である。これが二〇年ほどまえのあの平尾かと思われるほどの変わりようである。昭和四十五年に東京都住宅供給公社の手で団地ができたからである。人口はたちまち一位の矢野口を追いぬき、これが引き金となって昭和四十六年には稲城市が誕生した。

ところで公社がこの地を選んだ最大の理由は、地価が安い割には交通の便に恵まれていたことである。すぐ南には小田急線が走り、バスで朝夕駅との間をピストン輸送すれば、都心とわが家は一時間で結ばれる。公社はこの地を選ぶときから、ここに東京のベッドタウンをつくる考えだったのだろう。

団地発の新百合ケ丘駅方面行のバス時刻表をみると、朝の七時の時間帯は一五本、一方、稲城駅へ行くバスはわずか三本である。小田急線が

図125　平尾の旧景

白井昭氏提供

図126　現在の平尾団地近辺

平成元年撮影

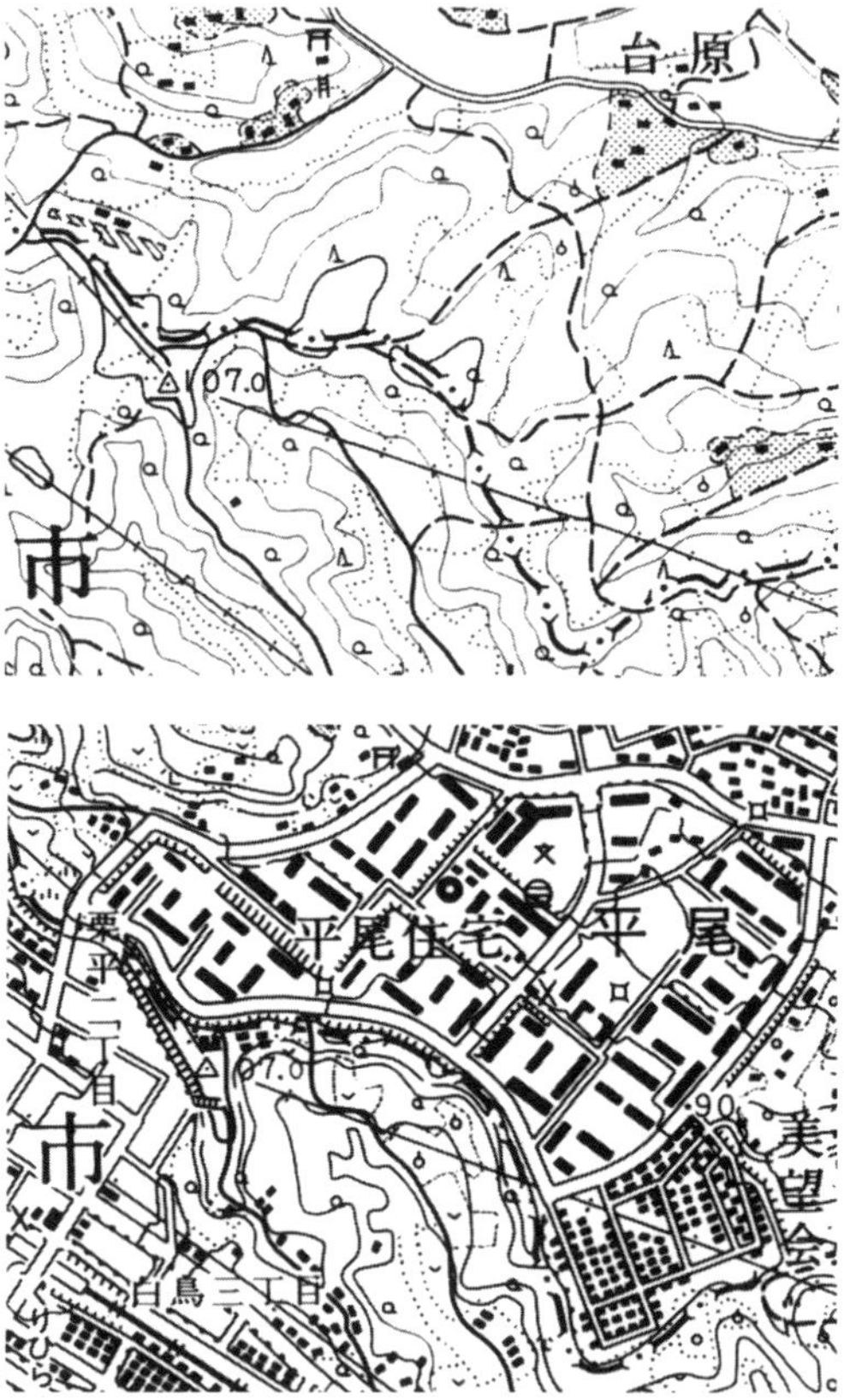

図127・128　平尾団地の建設前後
上：武蔵府中、1／2.5万（×1.4）、昭43測
下：武蔵府中、1／2.5万（×1.4）、昭63測

平尾住民の衣食住の大部分を担っていることは、昭和六十三年に行なった買物圏のアンケート調査などからもよくわかる。

平尾の旧家石井喜代作さん宅で、大正時代に屋根の葺《ふ》きかえをしたとき一枚の棟札《むなふだ》がみつかった。棟札とは、棟上げのときに建築の年や大工などの名前を書いて、棟木に打ちつける木や金属札のことである。それをみると、「天保十四年、金程村大工伊藤熊蔵、古沢村木引鈴木八十治郎」とある。金程も古沢も平尾に隣接する川崎市麻生区の旧村名である。

また平尾の旧家の嫁の出身地は、稲城よりも町田方面が圧倒的に多かったといわれている。平尾は、今も昔も南へ向いて生活しているのである。

団地の特色を地図から読みとる

団地はどのようにしてつくられ、どんな特色がみられるか。

図127をみると、以前、そこは東北にゆるやかに傾斜する比高差およそ三〇メートルの丘陵であった。建物は傾いたところには直接建てられない。まず、ブルドーザーで丘を削り、谷を埋め、いくつものひな段をつくる。そしてその上に建てることになる。土の崖やコンクリートでつくられた擁壁《ようへき》（　）が地形の傾きに応じてのびている（図128）。

七〇ほどの独立建物は、中央の道路をへだててほぼ西側が賃貸、東側が分譲のアパートである。そしてそれらの中に小学校、郵便局、派出所（X）、給水塔（ロ）などの公共施設がみられ、この地がひとつのまとまったコミュニティであることがわかる。

なお道路をへだてた南側の多くの独立建物は、都の宅地分譲である。送電線（　）の下を公園にしたため、そこだけが細長く空白になっている。

二　日本一の住宅団地——多摩ニュータウン

スプロールと住宅難

終戦時の東京区部の人口は二七八万人であった。それが昭和二十五年（一九五〇）に五三九万、三十年に六九七万、三十五年に八三一万と増えつづけ、あふれた人口は周辺の農村に広がった。区内のはげしい地価の値上がりと核家族化のためである。

不動産業者も、そのような事情を見越すかのように、農村内に手をのばしはじめた。無秩序な虫食い現象、いわゆるスプロール化のはじまりである。

そしてそれは、三十年代半ばを過ぎ、まだ地価の安い多摩丘陵の内部にも飛び火しはじめた。そこで都は国と共同で、大がかりな住宅建設にとりかかることになった。日本一のマンモス団地、多摩ニュータウンのはじまりである。

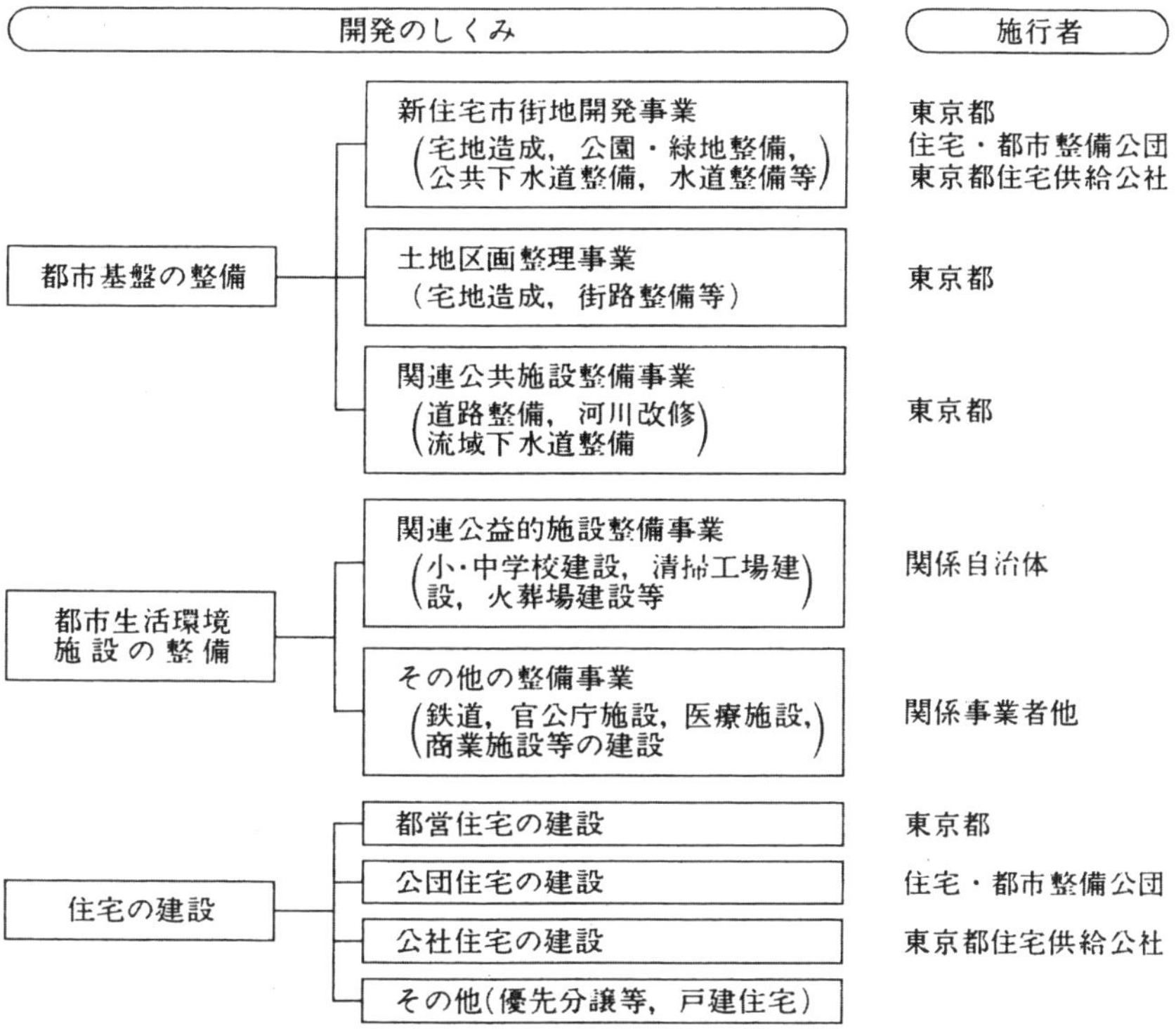

図129　多摩ニュータウン開発のしくみ
『多摩ニュータウン』東京都、住宅・都市整備公団、東京都住宅供給公社、昭和63年

四市にまたがるマンモス団地

事業区域は八王子、町田、多摩、稲城の四市にまたがる丘陵地帯である。東西およそ一四キロ、南北二～四キロ、面積三〇〇〇ヘクタール。これは稲城市の面積の約一・七倍に相当する。まるで芋虫みたいな形だが、これは丘陵の尾根の部分が広域的にみると、このような形にのびているためである。開発区域は丘陵の部分が中心で、裾野の谷戸と平地の部分は住宅が密集しているため、区画整理により対処するということで地元との折り合いもついた。

事業計画の決定、用地の買収は昭和四十年（一九六五）からはじまった。そして二年後に工事開始、さらにその四年後には早くも多摩町の一画（諏訪と永山。図131の5・6住区）から第一次の入居が開始された。

住宅や公共施設の配置には、先輩格の大阪の千里のニュータウンが参考になった。両方とも、住宅用地に二分の一近くをあてているが、千里が半分を独立住宅に割いているのに対し、多摩はほとんどが高層の集合住宅である（現在は当時とくらべて、独立住宅の割合がやや高くなった）。千里が四分の一を公園緑地にあてているのに対し、多摩のほうはわずかに一〇％である（この割合もその後変更され、高くなった）。東京の住宅事情、土地問題の深刻さがよくわかる。

三つの生活圏を使い分ける

公益施設の配置手順は、ほとんど千里と同じである。つまり、中学校区を単位に全体を二三の住区（その後、二一住区に変更）に分け、住区内に学校、幼稚園、保育所、公園、商店街を機能的に配置し、これを日常生活圏とする。昔は村の鎮守を中心にまとまっていた社会が、ニュータウンではその中心が中学校になったのである。

住区が数ブロック集まり地区が構成される。この中心は駅である。そのまわりに大型のスーパーや専門店、銀行、娯楽施設、病院など、やや質の高い施設をおく。そしてさらに、それらを統合した中心が多摩センター駅を核とするニュータウンセンターである。そこには都心にあるようなデパートや劇場、官公庁、大公園を設け、都心にわざわざ出かけなくても地元で用が足りるようにする。つまり、住民の生活圏を住区・地区・ニュータウンセンターの三つに使い分け、快適な生活を約束しようというわけである。道路には立体交差や歩行者専用道路を数多く取り入れ、災害から住民を守る。すべてがけっこうずくめの計画なのである。

地元の悩み入居者の嘆き

なにごとも理想が大きければ風あたりも大きいものである。建設の途中で、いくつかの問題が発生した。第一の問題点は、地元自治体の大幅な財政負担の増加であった。次々に完成する団地で人口は増え、完成後は公団・公社・都から地元の町に買い取られる公共施設、たとえば小・中学校の買い取りや維持管理だけでも莫大《ばくだい》な費用が必要になってくる。このような理由から多摩町では、ニュータウン建設の受け入れを拒否することになった。しかしその後、なんとか都や国との話し合いがまとまり工事は再開されたが、そのために二年以上の歳月がむだになった。

第二の問題点は、鉄道建設の遅れである。当然のことだが、ニュータウン内を走る鉄道（京王相模原線と小田急多摩線）ができて、はじめて入居者の足の確保ができる。しかし、それが第一次入居のころは、まだできていなかったのである。

鉄道会社にしてみれば、このようなところに線路を通したところでメリットは少ない。日本の私鉄は鉄道の会社というより、不動産会社の色彩が濃い。鉄道・バス運賃のような公共性の強いものは、むやみに値上げができないので、運賃収入が赤字の場合は、不動産関連事業の利益で埋めているのが現状である。このニュータウンのように沿線の土地すべてを国や都に握られていては、なんのうま味もないのである。結局、鉄道建設公団が政府資金を導入して建設を肩代わりするということで問題は解決したが、永山、多摩センターまで開通したのは、第一次入居から実に三年も後のことであった。

画一化から個性化の時代へ

遅ればせながらも住民の足は確保され、地元自治体との折り合いもつき、建設工事は進むことになった。そして次々に新しい住宅が生まれ昭和六十年（一九八五）には多摩ニュータウンの人口も一〇万を突破した。しかし、ここでふたたび新しい問題が発生した。

時代はいまや安定成長期である。高度成長期とちがって、人々の意識も大きく変わってきた。心の豊かさやゆとりを、より強く求める時代である。質より量から、量より質の時代へ、画一化から多様化、個性化が求められる時代へはいったのである。そこで街づくりも、そのような人々の要求にこたえるものでなければならなくなった。

これまでは、マッチ箱を平地に規則正しく並べたような住宅が一般であった。画一性は退屈する。それに人々は、できれば独立住宅を望んでいる。狭いながらも庭つき一戸建てに住みたいのが本音である。そこで、まずそのような要望にこたえ、かなりのスペースを独立住宅に割くことになった。

しかし、地価の高いところで理想ばかりも追ってはいられない。そこで小さな庭つきの低層のタウンハウスや、ライトウェル（光の井戸）付きの中層住宅（文字通り屋上まで吹き抜けのため、採光にすぐれている）なども建設する。中・高層集合住宅の場合も、間取りになるべくゆとりをもたせ、また自然の地形をできるだけ生かしたバラエティに富んだものにする。

これまでは土地を最大限利用するため、山を崩し谷を埋め、広い平坦地をつくり、その上に建物を並べたが、最近の住宅は自然の地形をなる

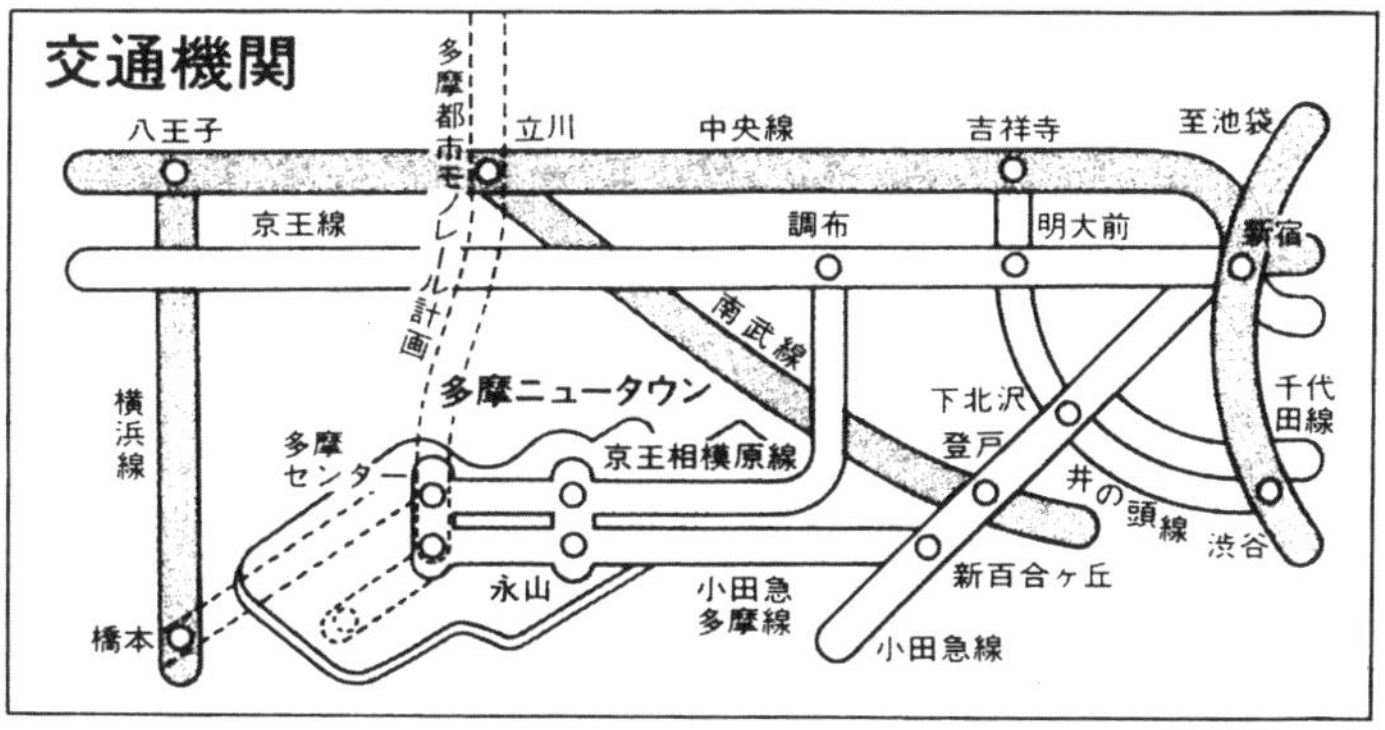

図130　多摩ニュータウンと鉄道
『多摩ニュータウン』東京都、住宅・都市整備公団、東京都住宅供給公社、昭和63年

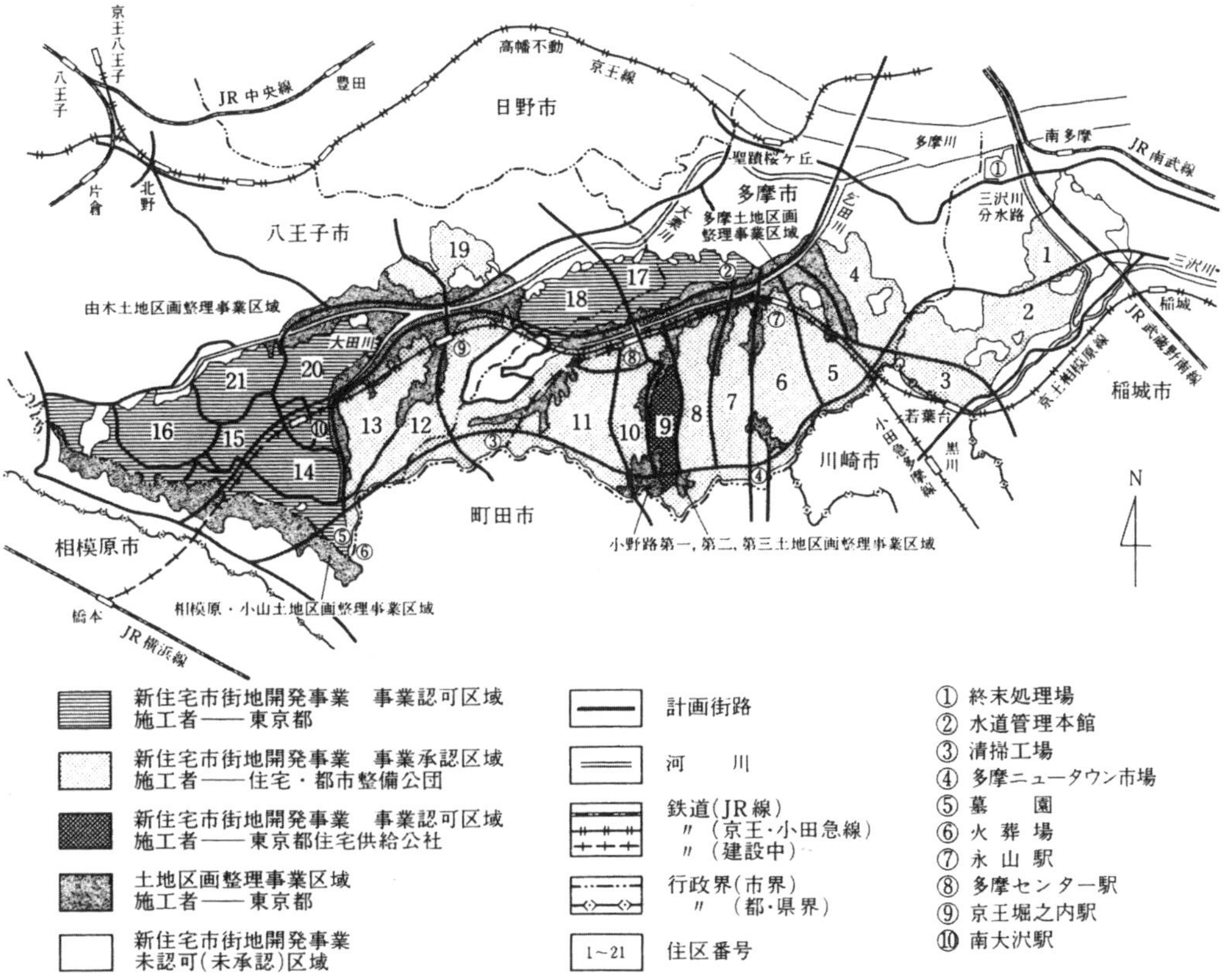

図131　多摩ニュータウン基本計画図（平成元年7月末現在）
『事業概要』（東京都南多摩新都市開発本部）より作成

べく生かそうとするから、当然のことながら土地利用効率は悪くなる。建設費もかさむ。その結果は家賃高、分譲地の高騰となってはねかえってくる。しかし昨今では、より快適な生活のためには数千万円を払っても惜しくないと考える人々が、かなり多くなってきたことも事実なのである。

丘陵の地形や樹木を生かして

暮らしに対する日本人、とくに都会人の考え方が、このところ大きく変わり、自然の美しい環境の中で暮らしたいという欲求が年ごとに高まってきている。しかもその自然は、つくられた自然ではなく、ほんものの自然が要求される。

初期の開発はブルドーザーで平らな土地をつくり、そして樹木を植え、公園・緑地に造成した。つまり自然をいったんすべて破壊し、そのうえで住宅建設が行われた。

それが、自然保護の大切さが一般に浸透しはじめたため、丘陵の地形や自然の樹木をできるだけ生かしつつ、宅地や公園などを造成していく方向に変わった。そうなれば、当然オープンスペース（建物のない空間）は広くなる。そのため開発初期の公園・緑被率は一〇％ほどだったのが最近では二〇～三〇％となった。

ベッドタウンか職住近接か

問題はまだある。いや、おそらくこれが最も根本的な課題と思われるが、それは、このニュータウン自体の性格の問題である。

昭和四十四年（一九六九）にロンドン大学の名誉教授W・A・ロブソン博士（都市学専攻）が、美濃部《みのべ》都知事の招きで来日した。イギリスは世界に先がけてロンドン周辺にニュータウンを建設した国である。そのような先輩の目で、この都市計画をみてもらうためである。

数か月の調査により、つぎのような診断が下された。「日本のニュータウンは単なるベッドタウンである。これでは通勤地獄に拍車をかけるだけだ。もっと計画区域の中に職場をつくることが望ましい」。都はそれを受けて国側に計画の再検討を要請した。

建設省としては、住宅の絶対数が不足している昨今、一戸でも多くの住宅を建てたい。それに計画が進行している段階で、いまさら再検討といわれてもこまる。また都だけで独走されても不都合である。こういう事情で最初のうちはなかなか折り合いがつかなかった。しかし結局、都の主張が一部認められ、都が主導的な立場で今後の計画を立て、国と協議を重ねながら計画を進めていくことになった。

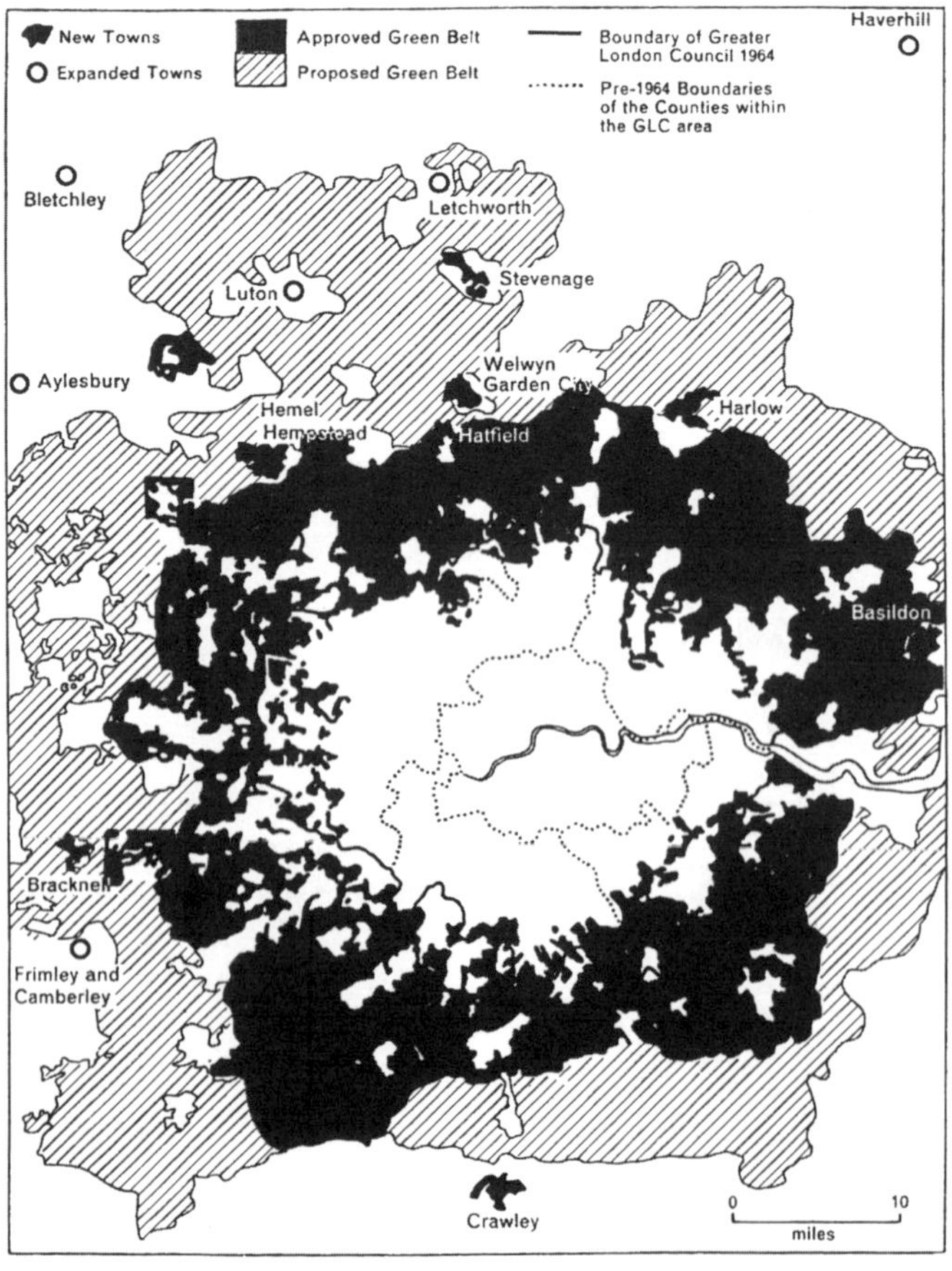

図132　ロンドンのグリーンベルトとニュータウン
『Greater London』by W. S. Dancer & A. V. Hardy, Cambridge University Press, 1969.

都市にバイタリティーを

それから十数年、経済、社会環境は大きく変わった。主婦の就業率は高まり、近くに職場が欲しいという要望は強まるばかりである。また計画区域内は公益施設だけというように施設を限定するよりも、いろいろな業務施設なども含めて多様化すること、つまり住む機能に働く機能を加味したほうがバイタリティーあふれる魅力的な都市が生まれる、という考え方が一般にも認められはじめた。

そこで昭和六十一年（一九八六）に「新住宅市街地開発法」が二十数年ぶりに改正された。つまり「特定業務施設の整備に関する事業が（中略）新住宅市街地開発事業に含まれる」ことになったのである。「この法律において〝特定業務施設〟とは、事務所、事業所その他の業務施設で、居住者の雇用機会の増大及び昼間人口の増加による事業地の都市機能の増進に寄与し、かつ良好な居住環境と調和するもののうち、公益的施設以外のものをいう」のである。

したがって、これまでのように学校、郵便局、警察、病院、店舗など公共・公益施設だけしか設けられなかったものが、これからは事務所や研究所はもちろんのこと、工場さえ立地可能になったわけである。しかし、この法律にもあるとおり、それは「良好な居住環境と調和するもの」でなければならない。つまり事業所とはいっても、無公害、内陸型の施設にかぎられている。

このようにして日本のニュータウンも、遅ればせながらイギリス型の職住近接のスタイルを取り入れることができるようになった。ただし、これはあくまで法律的に可能となっただけの話であって、実現されるかどうかは、これからの問題である。

ロンドンのニュータウン

ロンドンの都市機能を回復させるため、有名な大ロンドン計画が発表されたのは昭和十九年（一九四四）のことである。

これは人口と工業の再編成のために、ロンドンの中心から同心円的な三つのリングを描き、それぞれに異なった役割を分担させようというものであった。

最も内側のリングは人口、工業を抑制し、それらの分散をはかろうという地域である。中間のリングが有名なロンドンの緑地帯、いわゆるグリーンベルトで、ここでは開発が抑制され、すべての開発は許可制となる。しかもその対象は、すべて広々とした田園にふさわしいものに限定される。たとえば、スポーツ競技場、ゴルフ場、クラブハウス、駐車場、学校、共同墓地、火葬場、それに養鶏場やサイロなど農業関係の建物、貯水池、汚水処理場などもそのなかに

図133　ロンドン郊外のニュータウン—住宅地区

それほど広い敷地、建物とは思えないが、どの家も庭には芝生が広がり、美しい草花が植えられていた。昭和54年撮影

図134　ロンドン郊外のニュータウン—工場地区

住宅地区に隣り合って、ゆったりとした敷地に精密機械や薬品の工場が操業中であった。昭和54年撮影

含まれる。そして開発のためにとられた土地所有者には多額の補償金が支払われる。つまり、このリングを設けたおもなねらいは、さらに外側に都市が無計画にのびていくのを、なんとかこの〝緑の防波堤〟*でくい止めよう、というわけなのである。

いちばん外側の輪がニュータウン建設予定地である。ロンドンの中心部に集中し過ぎた人口、工業をここに吸収し、彼らロンドンっ子に人間らしい生活を取り戻してもらおうというわけである。

この大ロンドン構想が一九四六年のニュータウン法の誕生となり、その年にロンドンをとりまく八つのニュータウンの建設がはじまった。都市の建設資金は六〇年間のローンで支払われる政府資金である。

ところでこの新都市に入居、家が持てる人は、ロンドンから移住してくる人に限定される。ただし、この制限は医者、教師のような専門職には適用されない。もちろん、ロンドンの中心部から移ってくる会社や工場は、ニュータウンの一画に土地を占めることが許される。このような厳格な規制の下に、農村のなかにまったく新しい人口都市がつくられることになったわけである。

＊日本でもロンドン郊外の緑の防波堤に似た計画が真剣に考えられた時代がある。昭和三十一年の首都圏整備法の施行にともない、首都圏の中に都心を中心として同心円状の緑地帯をめぐらし、その外側の衛星都市に工場や学校、人口を分散配置しようという日本版グリーンベルト構想である。しかし、緑の輪にはいる三〇キロ圏内の府中市、立川市などは、将来の発展を阻害するものとしてこぞって反対し、実現されなかった。稲城村も「非常な犠牲を払い、何ら現状からの発展はなされない」ということで、当時の臨時村議会では議員全員反対の決議をしている。

五万人も減った計画人口

新しい多摩ニュータウンは、以上のような時代の流れを取り入れたため、現在では開発当初の計画内容とはかなり異なったものになっているし、これからもなっていくことであろう。

一戸建て独立住宅やタウンハウスなどがたくさんつくられ、緑被率が高まり、さらに業務施設用地が導入されるとなれば、当然のことながら、単位面積あたりの人口収容力は減ってくる。

改正された新住宅市街地開発法でも、その点を考慮に入れて、一住区の収容人口を「約一万人」としていたのを「おおむね六〇〇〇人からおおむね一万人」と改めている。多摩ニュータウンの都市計画決定区域の人口が、三六万から三一万に減ったのも、そのためである。

三　個性派の街——ファインヒルいなぎ

入居開始は向陽台から

稲城市に含まれる多摩ニュータウンの計画区域は、図135にみるように、いちばん東の部分である。

図137は宅地が造成される以前の地形を示す。海抜およそ五〇～一五〇メートルの丘陵で、当時はまだこのような山林におおわれていた。ところどころに畑（⬚）もみえる。図138はそれから二〇年たった同じ地域である。宅地造成が進み、すでに一部では道路、建物の建設がはじまっている様子がよくわかる。

計画決定区域の面積は三六九ヘクタールである。これはニュータウン全体のおよそ八分の一に相当する。しかし、このうち七七ヘクタールは、まだ具体的に開発方法が決まっていないところ、つまり開発未承認の区域である。図136の中で、鶴川街道の北側の白抜きの大部分がこれにあたる。理由は現在、既存の住宅が数多く点在しているためである。これか

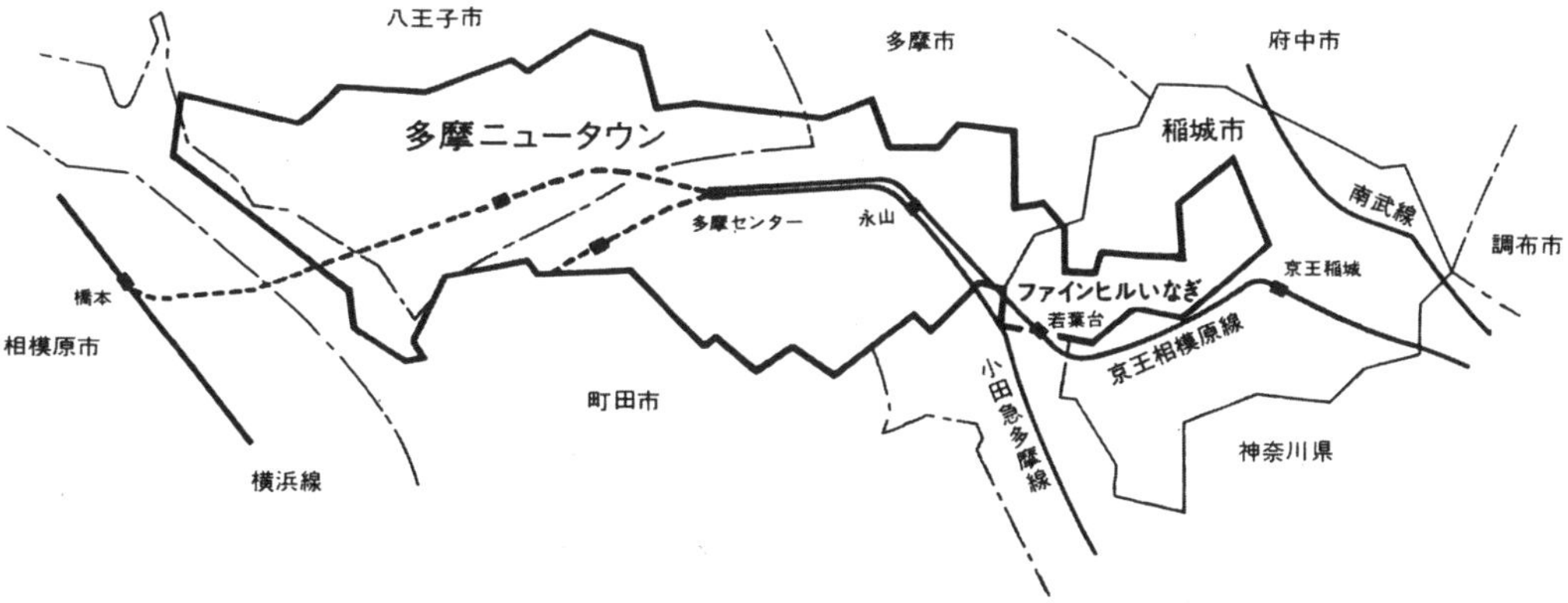

図135　多摩ニュータウン稲城地区の位置
『多摩ニュータウン　キャブシステム』住宅・都市整備公団南多摩開発局

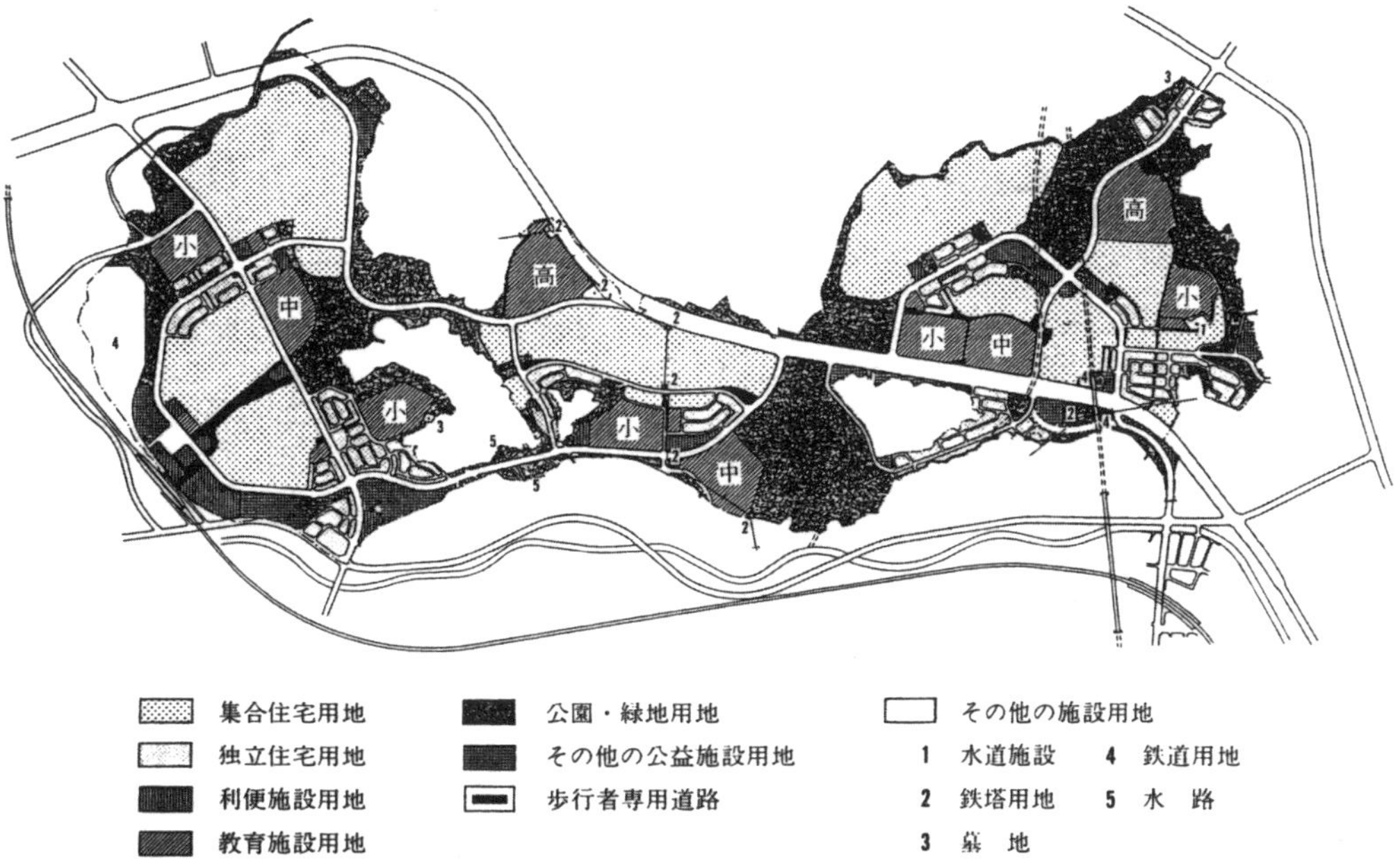

図136　多摩ニュータウン稲城地区の土地利用計画「住宅地及び学校等の空間構成に関する検討」
『多摩ニュータウンB-6地区1984報告書』住宅・都市整備公団南多摩開発局、日本都市総合研究所

ら住民と話し合いを重ね、隣り合った開発区域と調和させながら、土地利用計画を練っていくことになる。

東から一、二、三と三つの住区に分かれる。公園・緑地が計画区域の約四分の一を占めている。

多摩ニュータウンの稲城部分を「ファインヒルいなぎ」と呼ぶ。この「美しい丘」の街びらきがはじまった一住区には、新しく「向陽台」という名前がついた。丘陵の南東斜面にぴったりの地名である。昭和六十三年（一九八八）の春から第一次の入居が開始された。

おとなしくなった暴れ川

建設の第一歩は三沢川の分水路のトンネル工事からはじまった。昭和五十三年（一九七八）のことである。地上に降りそそいだ雨は一部は地下にしみこみ、残りのほとんどは近くの川へ流れこむ。いまもし大地が樹木ですっぽりとおおわれていたとすると、河川に流れこむ水の量は降水量の二〇％ぐらいだといわれている。しかし、そこに宅地が造成されはじめると、とたんに流入率は高くなる。ましてや道路も舗

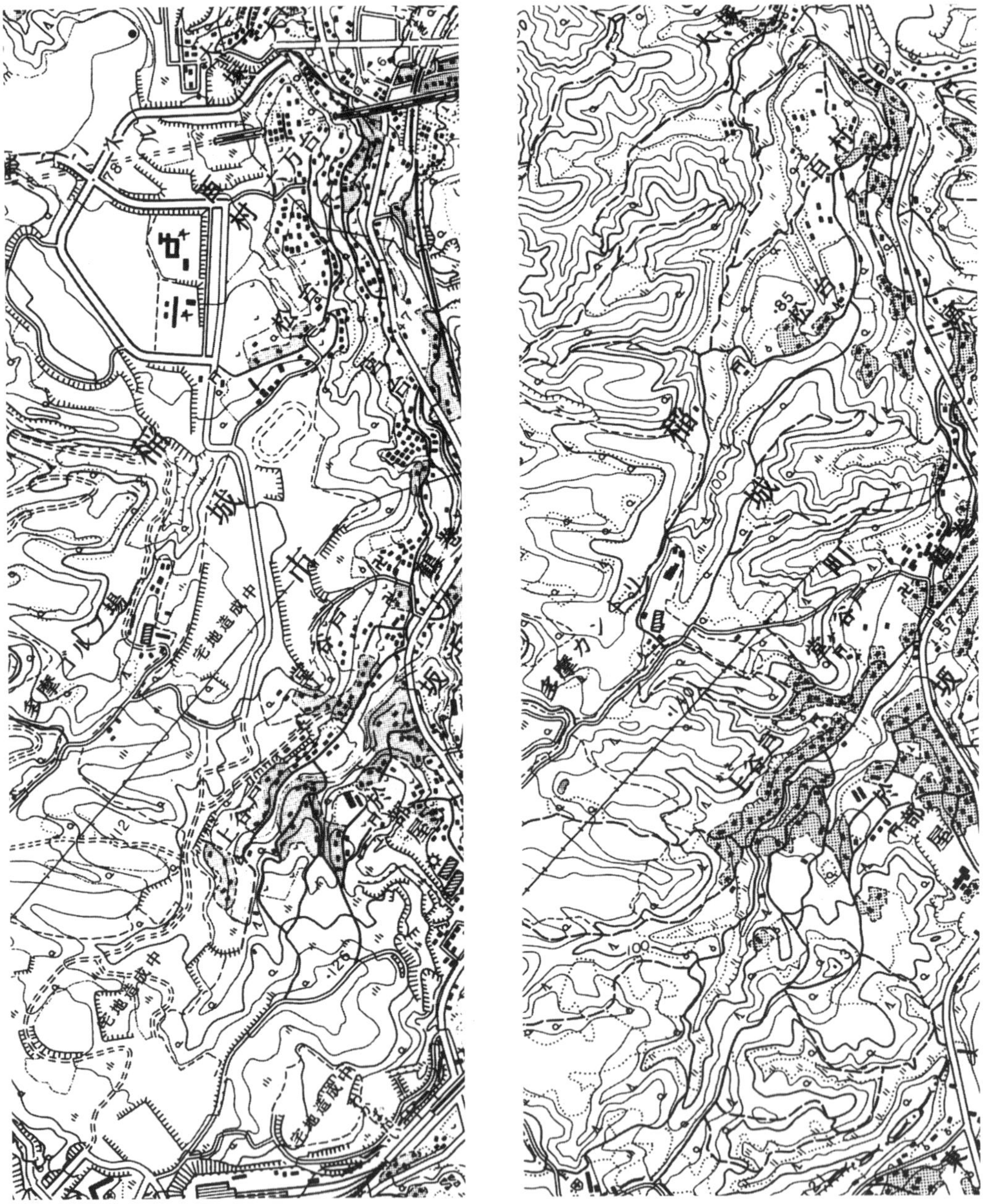

図137・138　多摩ニュータウンの稲城地区、造成の前後
右：武蔵府中、1／2.5万（×1.2）、昭43測；左：武蔵府中、1／2.5万（×1.2）、昭63測

装され、建物はもちろんのこと、そのほかのものもほとんど人工物でおおわれると、降水量の九〇％以上が河川に流れこむ。そして水かさは急激に増え、あげくのはては氾濫する。三沢川の改修工事が宅地造成に先がけて実行されたのも、そのためである。

はじめは三沢川そのものの河川改修を考えた。しかし、川沿いには人家の密集地がある。そのためトンネルでいっきょに多摩川へ放水する計画がたてられた。図139のように坂浜宮ノ台の東橋（三沢川と街道とが交差しているところ）のすぐ上流からＪＲ南武線の鉄橋上流約一〇〇メートルのところまで河川トンネルをつくり、多摩川へ放流する。全長二六七〇メートル。分流地点の導管直径は五・三メートル、中間で六・九メートル、放流部分では実に八・一メートルもある。

この辺の地層は、崩れやすい稲城砂層である。そこで水抜き井戸を四〇〇か所もつくったり、軟らかい地層を地固めする特殊工法が採用された。このすぐれた技能とりっぱな成果により土木学会賞を得ている。完成は昭和五九年度であった。

三沢川は、これまで一時間三〇ミリの降雨でも氾濫した。都の「怖い川」の指定では、いつもＡランクに顔を出す厄介な川であった。しかしこの完成によって、一時間一〇〇ミリの集中豪雨にも耐えられる、最も「安全な川」に生まれ変わろうとしている。

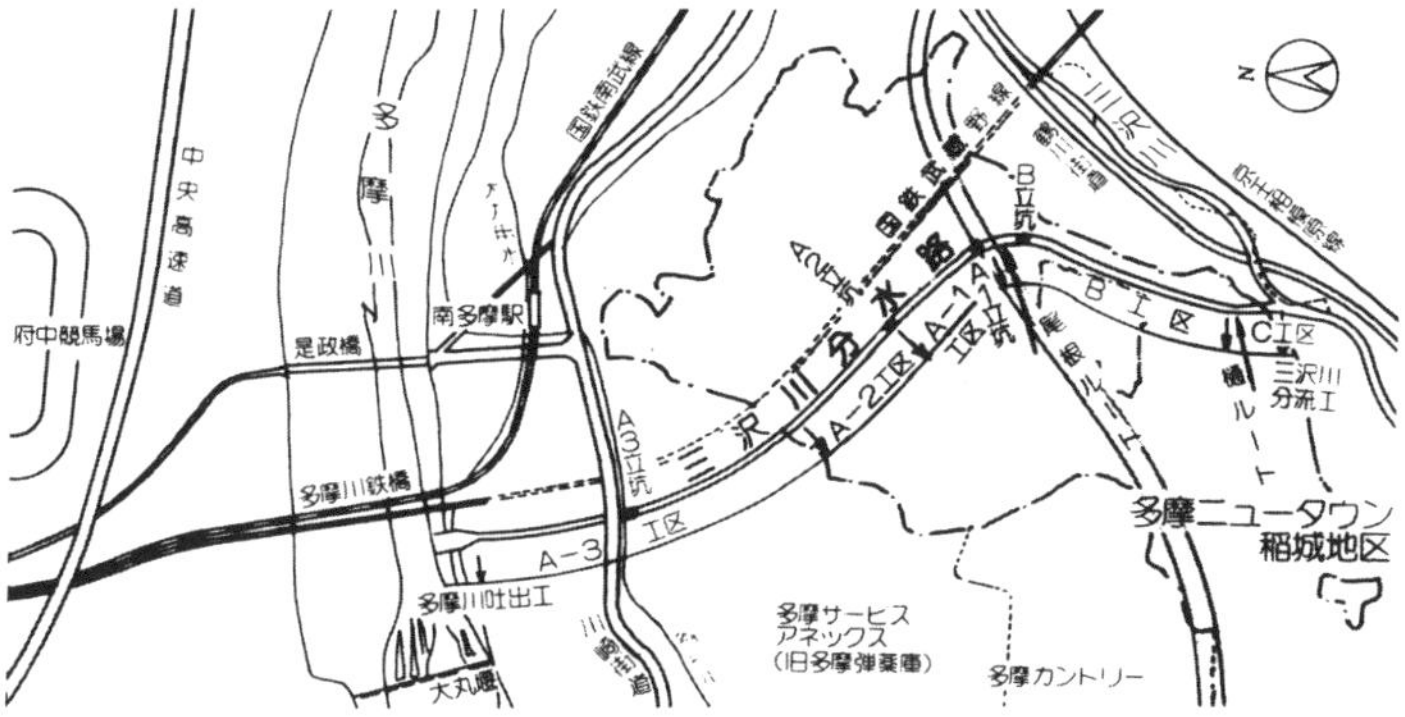

図139　三沢川分水路
『多摩ニュータウン　三沢川分水路工事誌』住宅・都市整備公団南多摩開発局、昭和60年

電柱のないにぎやかな散歩道

「ファインヒルいなぎ」は多摩ニュータウン建設二〇年の経験を踏まえ、あらゆる面で新しいアイデアにあふれている。幅の広い歩道や無電柱化もそのひとつである。

歩行者専用の道路は、これまでのニュータウンの大きな特色であった。車道と完全に分離しているためのんびりと散歩が楽しめるし、また街路樹が両側からおおいかぶさるように茂っているので、とくに夏の散歩などは心地よいものである。しかし静かなのはいいが、車道から離れているためさびしすぎるという反省がでた。そこで稲城では新しく幅の広い歩道を両わきにもつ車道を多くつくることにした。一六～二〇メートルの道路のうち、六～七割を歩道にする。沿道には店や公共の施設など、生活に関連したサービス機関をおく。人々は楽しくにぎやかに買物や散歩ができるというわけである。

無電柱化も街づくりの大きな特色である。電灯・電話線などをすべて歩道の下のケーブルボックスに納めてしまうから、道路沿いにあの目ざわりな姿がみられない。ヨーロッパの国々では、都心や郊外の住宅地で古くから採用されているシステムであるが、日本ではまだまだめずらしい。街の景観上からも、防災上からも画期的なことである。

南東に傾斜する地形を生かして

自然の地形をできるだけ生かしていくのが最近の街づくりの傾向であるとまえに記した。その点では南東にゆるやかに傾斜する稲城の地形は、まさにおあつらえ向きであった。図141のように最も低いところに独立の分譲住宅をつくる。そのうしろにタウンハウスのような低層の集合住宅を建てる。そしてその背後に中層集合住宅、最後にいちばん高い位置に高層集合住宅を建設する。

それぞれの部屋からは、窓ごしに稲城の市街や多摩川が、そしてそのはるか彼方に新宿副都心の高層ビル群も眺められる。まさに向陽台の名に恥じない景観が満喫できるという趣向なのである。

屋根や垣根にも工夫

このような時代の最先端を行く街づくりを、いつまでも美しく保つには、一方で細かな規則が必要である。そこで市ではつぎのような整備方針を定めることにした。

建築物の屋根の色は「無彩色（白は除く）や茶系統とする」、道路や公園沿いに設ける自宅の垣根は「生垣または透視可能なさくとする。ただし、イブキ類は使用しないこと」、自己の用に供する広告物は「表示面積の合計が一平方メートルをこえないものとする」というぐあいである。市内にありながら、このような約束ごとで規制されているニュータウン地区はまさに稲城の中の別世界である。

多摩ニュータウン稲城地区は、一住区にひきつづいて、二住区、三住区がこれから次々に完成する。そして完成時には、二万八〇〇〇人の市民が新しく生まれる。この数字は昭和六十年（一九八五）の市の人口の、実に六〇％に近い。

これらの人たちが快適な生活を送るためには、ニュータウン地区に隣接する既成市街地の整備や交通渋滞の解決など、問題は山ほどある。これらの将来構想については第七章〔本書には収録せず〕で改めて述べていくことにしよう。

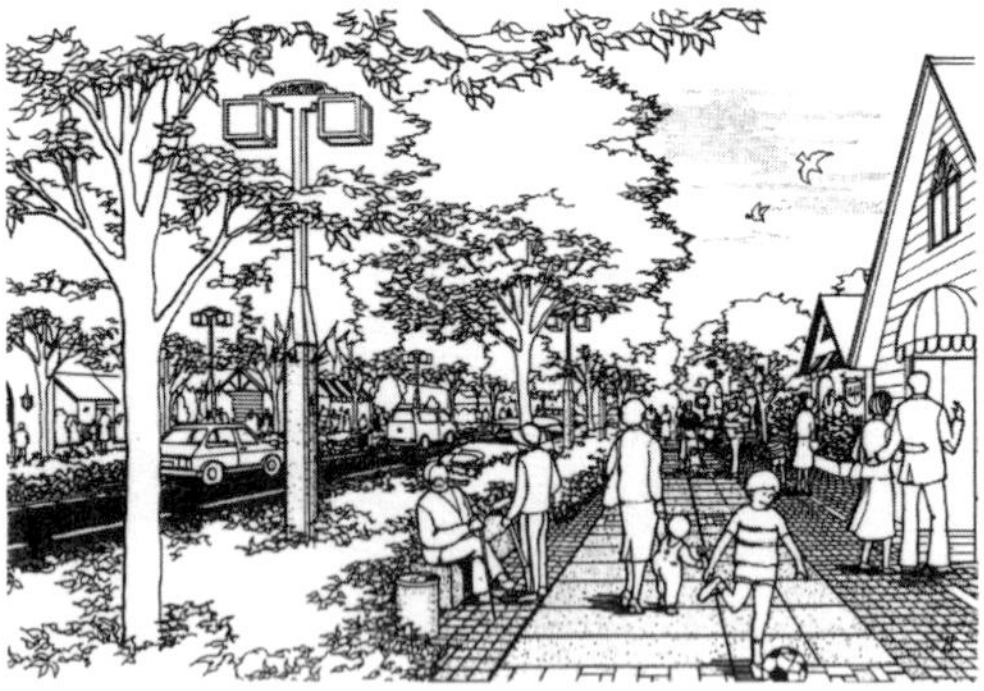

図140　公園通りイメージ

『INAGI 多摩ニュータウン　ファインヒルいなぎ』住宅・都市整備公団南多摩開発局、昭和63年

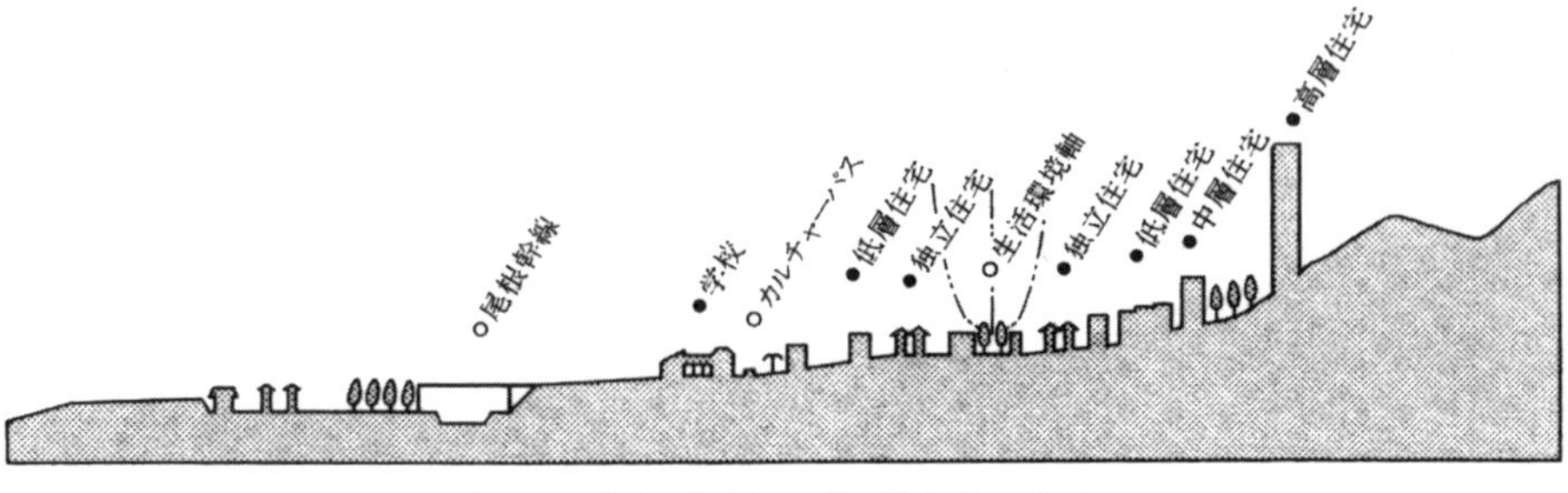

図141　南東に傾斜した地形と建物の配置

「住宅地及び学校等の空間構成に関する検討」『多摩ニュータウンB-6地区1984報告書』住宅・都市整備公団南多摩開発局、日本都市総合研究所

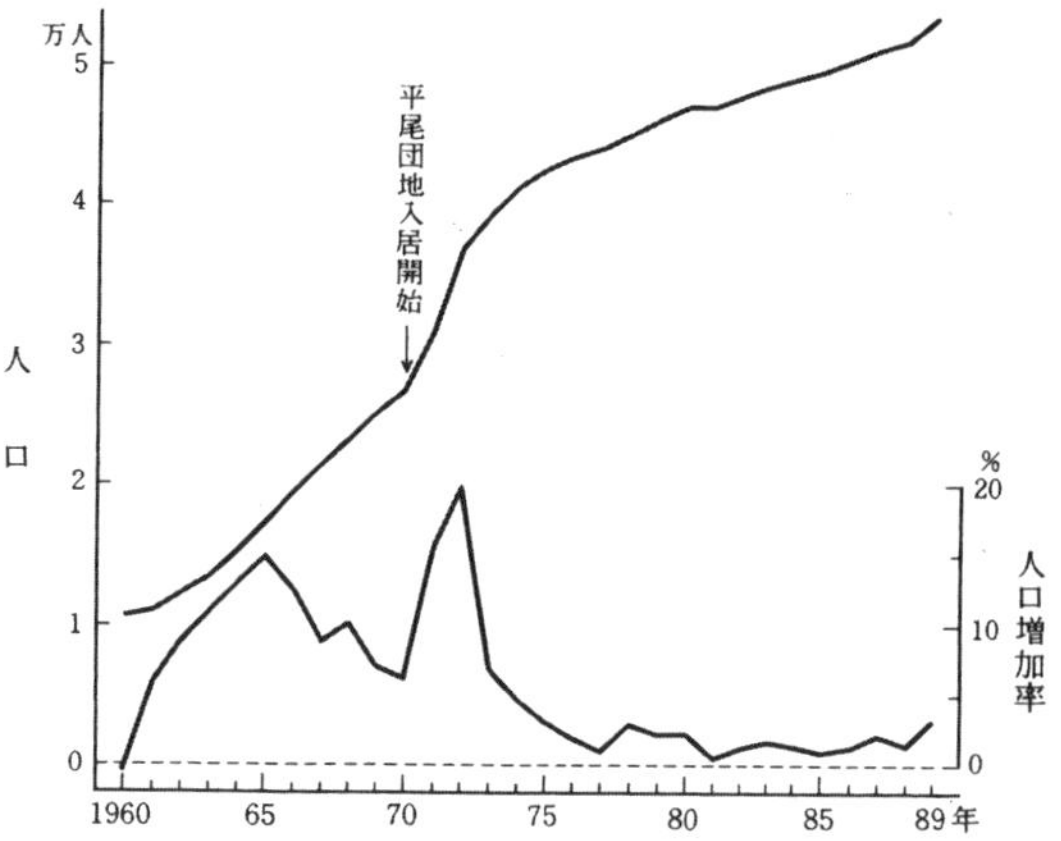

図142　最近30年間の人口および人口増加率

『統計いなぎ』より作成

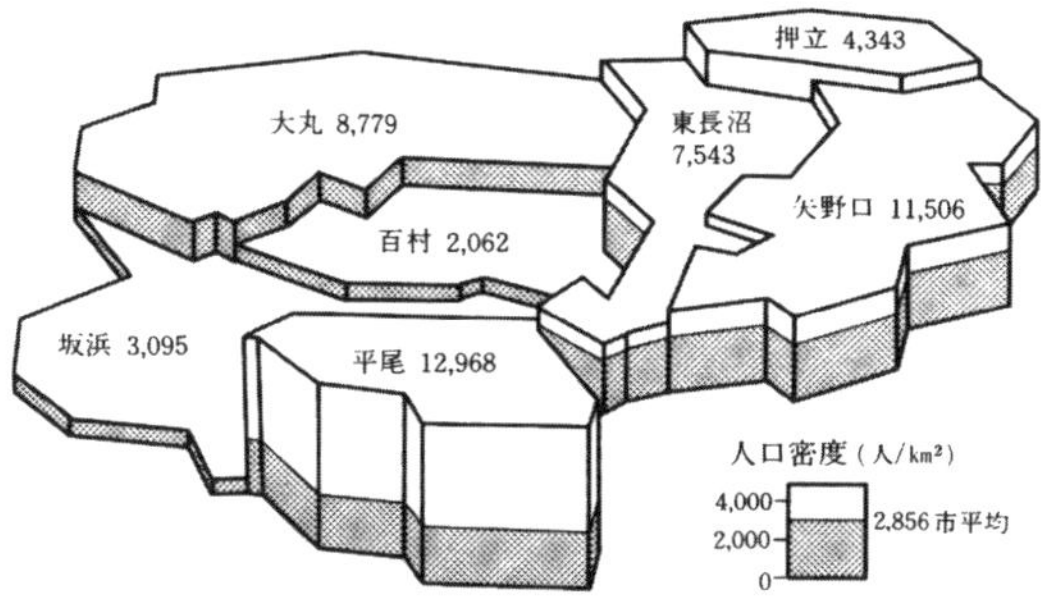

図143　地区別人口と人口密度

昭和61年1月1日現在。『統計いなぎ』より田碕雄三作成

第六節　人口の増加と構成

停滞と急増の繰り返し

稲城の人口は明治二十二年（一八八九）に稲城村が誕生してから昭和十年ごろまでは、ほとんど変化はなく、四〇〇〇人前後で推移していた。それが昭和十三年に陸軍の火工廠ができたため急増したことはまえに述べた。その後も、戦後の引揚者などによる多少の増加はあったものの、しばらくは停滞の時期がつづいた。

本格的な増加を迎えるのは昭和三十年代の後半、高度成長期にはいってからである。工場が進出し、畑や水田には住宅が建ち並び、かつての農村のおもかげは急激に変わりはじめた。それ以後の人口の移り変わりをあらわしたものが図142である。昭和四十五年（一九七〇）に平尾団地の入居がはじまり急増したが、四十八年（一九七三）のオイルショックから、ふたたびゆるやかな上昇のカーブに転じている。

しかし平成の時代にはいると、ふたたび急増の時期を迎えると予想される。多摩ニュータウンが続々と完成するからである。

人口を立体的に眺める

図143は市内の人口の散らばり状態を地区別、立体的に表現したもので、下の黒い部分と上の白い部分の境目が市の平均人口密度である。したがって、白い部分をもつ四地区が比較的人口が集中しているところで、あとの三地区がそうでないところということになる。平尾と坂浜の落差がとくにいちじるしい。

しかし多摩ニュータウンの完成により、この立体模様も近々大きな修正の日がくることになろう。なお、数字は地区別の人口の総数をあらわす。

ピラミッドに刻まれた傷跡

図144は男女別人口を各年齢層に分けてあらわしたものである。一般に人口ピラミッドと呼ばれる。ピラミッドがどんな形になるかで産業、その住民の生活や健康状態、さらに過去の歴史までが、ある程度想像できる。

出生率も死亡率も高い地域のピラミッドは一般に裾野の広い富士山型になる。しかし出生率も死亡率も低い、つまり少産少死の地域では底が狭いつりがね型になる。日本は戦前は富士山型であったが、戦後はつりがね型に移行している。

そこで最近の稲城の二つのピラミッドをみると、ともにつりがね型ではあるが、両者の間に大きなちがいがある。それは、ここ二〇の間に多くの移入者があったためである。とくに生産年齢人口（一五〜五九歳）の増加がめだっている。

なお、昭和四十年（一九六五）の図ではつりがねが一か所、六十年では二か所、男女ともに出っぱり、ひょうたんのような形になっている。これは戦争の影響である。終戦により多くの復員、引揚者が村にはいったこと、それにともなうベビーブーム、そしてさらに二五〜三〇年後には二回目のベビーブームが到来したためである。大きな戦争の傷跡は、このように寄せては返す磯《いそ》波のように子々孫々まで刻み続けられるのである。

第一産業から二、三次産業へ

図145をみると、昭和三十年（一九五五）にはまだ村の人口の半数近くが第一次産業（ほとんど農業）に従事していた。それが四十五年になる

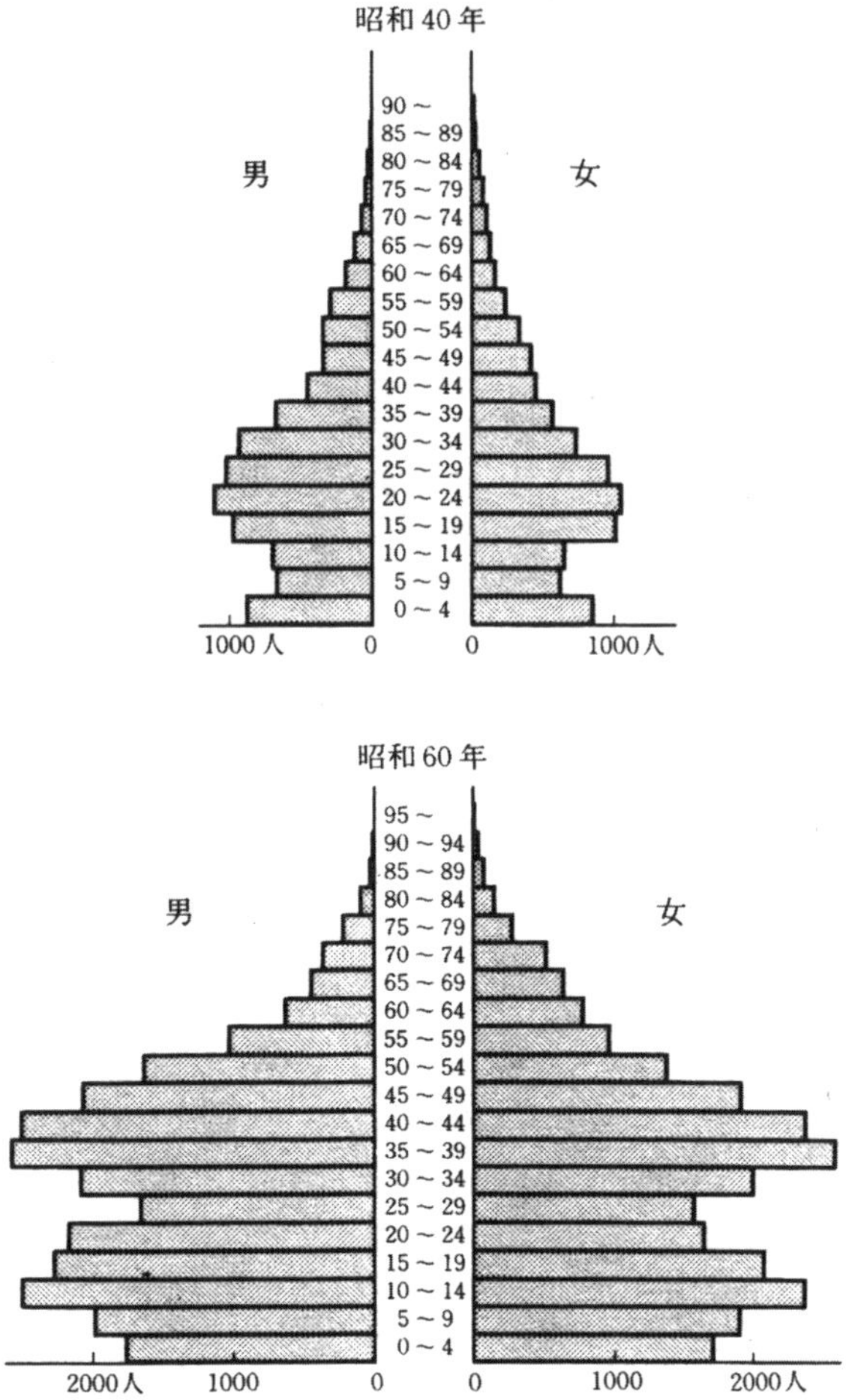

図144　人口の年齢別構成

『統計いなぎ』より作成

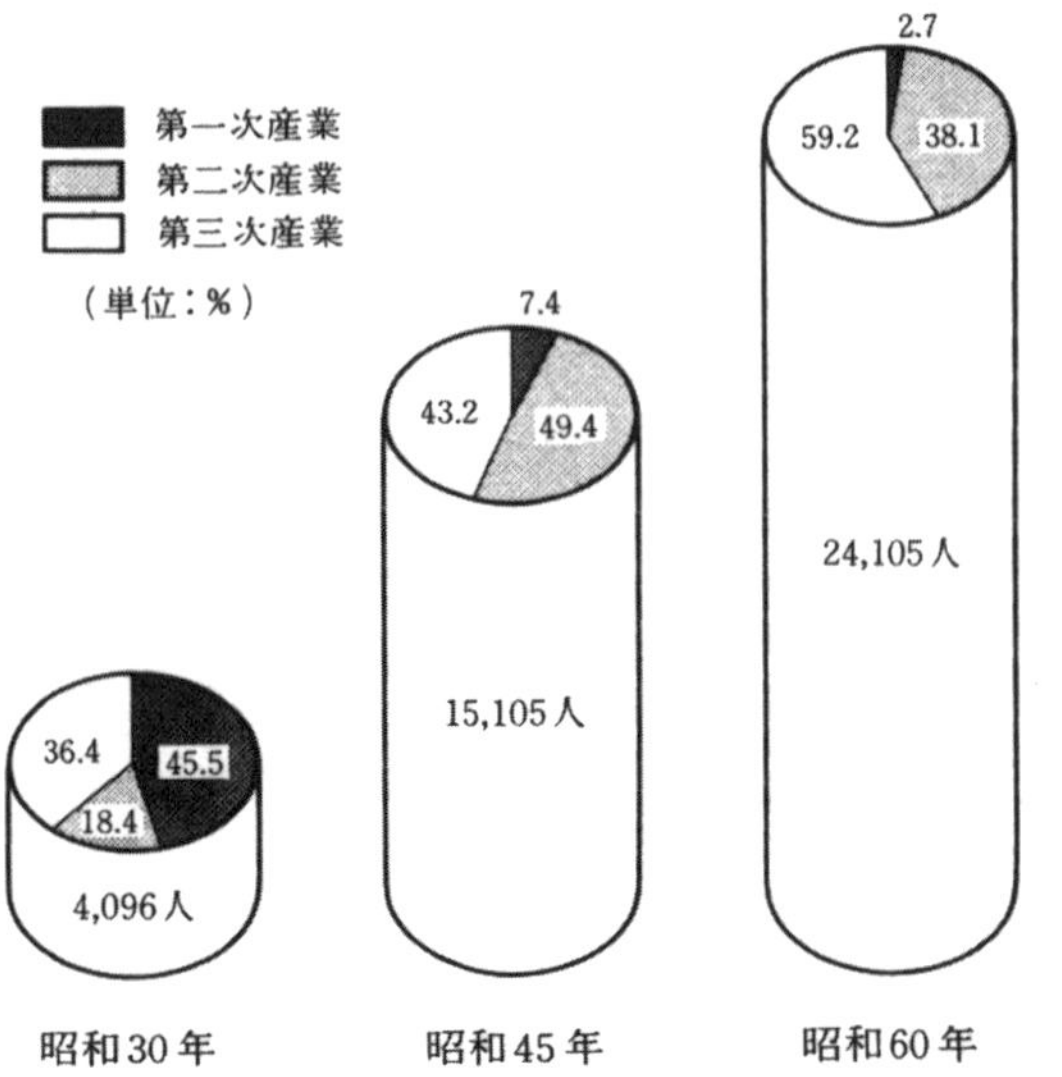

図145　産業別人口構成

『統計いなぎ』より小野修一作成

と、工場などに勤める第二次産業人口が約半数を占めるようになる。そして六十年では、商業やサービス業など第三次産業にたずさわる人たちが市民の半数を占めることになる。

この現象は、とりもなおさず日本の産業構造そのものの変化である。そしてこの傾向は、多摩ニュータウンの完成で、さらに強まるにちがいない。

（大沼一雄）

第3章
東急多摩田園都市

〔2―3―A〕東京急行電鉄田園都市事業部編『多摩田園都市――開発35年の記録』（東京急行電鉄、一九八八年、一～二六頁）

序章　田園都市づくりの夢

1　打ち出された五島構想

五島慶太の復帰

昭和25年6月に勃発した朝鮮戦争は、それまでドッジ・ライン下での不況に悩んでいた日本経済に時ならぬ〝特需ブーム〟もたらし、さらに輸出の伸長も加わって、翌26年の経済諸指標は一気に戦前水準を回復した。

また27年には1人当り実質国民所得も戦前期の水準（9～11年）に達し、国民生活はしだいに安定方向に向かいつつあった。しかし生活の改善は衣食面にとどまり、住生活の内容はまだ戦前水準にはほど遠い状態で、特に人口増加の激しい首都圏では住宅難が大きな問題としてクローズアップされていた。

住宅建設は戦後復興の主要な柱として、政府、民間ともそれぞれ努力を重ねたが、建築資材の高騰や地代家賃統制令などが影響し、なかなか進まなかった。

さらに大都市における住宅難に拍車をかけたのが、人口の都市集中化現象である。昭和24年、終戦直後から実施されてきた都市への転入制限が解除されると、大都市への人口流入は急増し、東京都を例にとると、20年には348万人に過ぎなかった人口が、27年には684万人とわずか7年で2倍にふくれ上がった。しかも無計画、無秩序に膨張する人口に対応していくだけの社会資本は完全に立ち遅れ、特に住宅不足は深刻の度を加えていた。25年「住宅金融公庫法」が成立して、住宅困窮者に対する長期低利の融資が始められ、また26年には「公営住宅法」が公布されたが、勤労者の住宅難はいっこうに解消しなかった。

こうした東京都の実情を目のあたりにしつつ、公職追放を解除された五島慶太が東京急行電鉄に相談役として復帰したのが26年8月のことであった。

同月26日、「五島慶太氏復帰歓迎祝賀会」が本社屋上で開催されたが、席上、社長鈴木幸七の歓迎の辞に応え五島慶太は、雌伏4年の間に練られた事業哲学と今後の会社経営についての抱負を次のように披瀝した。

「人は自分の取り組んでいる事業を通じて国家社会に奉仕する覚悟をもつことが必要である。会社の利益だけ考えていたのでは、その会社は永続性がなく、まして一個人の利益だけを考えているような人は必ず自滅することは火を見るよりも明らかである。これは社会生活においても事業経営においても心得ておかなければならない根本哲学である。

第2として、近郊鉄道事業はまったくローカルなものであり、われわれはその中に閉じこもらず視野を広くもつことが必要である。文明も産業の発達もすべて交通機関の発達にその基礎をおいている。したがってあらゆる交通機関が総合的に調和し、有機的に動くことによって産業、文化の発達が促進されるのである。われわれが鉄道事業のみ考えていたのでは永続性がなく、また社会にも役立ち得ない。交通事業は固定資産の価値においても、毎日の現金収入面においても、経済上の信用は他のいかなる事業よりも大である。したがってその信用を利用して、さらに他の国家的事業に協力する覚悟をもつことが必要である。

今後は、交通事業ばかりではなく、映画事業や製造事業にも進出して貿易を振興させ、海外に進出して海外の資源を利用することも考えなければならない。

第3は事業は人である。人が真に事業と一体となり、心身を打ち込んで努力を重ねたならば、どんな事業でも成功すること疑いない。

第4に役職員は絶対に派閥争いを避けねばならない。派閥争いは弱者のすることである。また派閥のある会社は思想の統一がなく、決して発展しない。

私は今後とも日本人の精神再建につとめたいと思う。その一つとして私が戦前から唱えていた聖徳太子の17カ条憲法の第1条にある『和を以って貴しと為す』という精神を復元したいと思う」

復帰祝賀会で挨拶する五島慶太

こうして五島慶太の復帰は、当社に新たな発展への息吹を与え、以後活発な事業展開がなされるのであるが、なかでも田園都市業の復興は、当社の基本理念を再確認する証として注目されるものがあった。

このことについて五島慶太は、26年下期賞与授与式の席上、次のように訓辞している。

「東急電鉄の前身である目蒲電鉄、東横電鉄は田園都市㈱から生まれたものであり、したがって田園都市業は当社の古いノレンであり、東急の田園都市業か、田園都市業の東急かと思われていたほど重要な事業であった。しかし、最近は積極的な名案なきため全く沈滞している。今期は6カ月間かかって58万円の利益しかあげていない。利息を負担すればもちろん赤字である。そこで社員全員が協力し、現在の不振を挽回し是非とも、昔の田園都市業に復元することをお願いする（後略）」

この訓辞がきっかけとなって、以後当社の田園都市業は、住宅難の解消と会社の発展を期して、積極的な事業展開を開始した。

昭和27年5月6日の取締役会において、五島慶太はふたたび当社の代表取締役会長に就任した。そして翌28年、長い間胸中に暖めてきた城西南新都市建設構想を打ち出し、当社田園都市業の集大成ともいえるこの新構想の実現に向けて、歴史的な第一歩を踏み出したのである。

ちなみにこのときの役員改選で、当時東急横浜製作所（現東急車輛製造㈱）の常務だった五島昇が当社取締役に選任され、翌28年2月の副社長制の発足時、専務大川博とともに副社長に就任、さらに29年5月には鈴木幸七に代わって社長となった。

再編成後の田園都市業

五島慶太から「全く沈滞している」と指摘された当社の田園都市業は、戦後の会社再編成の嵐の中で曲折に富んだ道を歩んできた。

昭和22年7月から全面施行された「独占禁止法」、また同年12月の「過度経済力集中排除法」の公布を機に、戦時体制下の昭和17年から19年にかけて東京横浜電鉄と合併した小田急電鉄、京浜電気鉄道、京王電気軌道の3社の分離独立機運が台頭し、ついに22年12月の第51回定時株主総会において、「会社再編成計画に伴う事業譲渡について」の特別決議がなされ、東京急行電鉄の再編成が行われることとなった。

再編成の方法は、たんに被合併会社を元の姿へもどすだけでなく、東京急行電鉄を存続させ新たに第1、第2、第3会社を設立し、これに鉄道業および軌道業・自動車運輸業・砂利業・田園都市業ならびにこれに付帯する設備を帳簿価格で譲渡する。また東横興業には百貨店業として、これに付帯する設備を帳簿価格で譲渡するというものであった。

　このようにして23年6月1日、4社・1百貨店の再編成はすべて終わり、各社はそれぞれの道を歩みつつ発展を遂げていくのであるが、その際、存続する東京急行電鉄、つまり当社の田園都市業に残された土地は、約10万４０００㎡の売残り分譲地と約37万㎡の未造成地だけであった。

　面積のうえでは、かなり多くの土地が残っていたが、分譲地はその94%が箱根春山荘の別荘分譲地で、未造成地にしてもその90%が別荘分譲予定地、あるいは「自作農創設特別措置法」に基づく農地の買上げ予定地で、いずれも売却不可能であった。

　したがって担当部門である田園都市課は、沿線の小規模分譲地や土地付きの小住宅の販売を行う程度にとどまり、物納財産払下げ(1)事務の委託業務を行ったりもしたが、総じてこの期間は田園都市業にとって雌伏の時代であった。

　五島慶太の田園都市業復活の要請は、まさにこれまでの沈滞ムードに活を入れ、以後の業務拡大を促進する契機となったのである。

　これと同時に、多岐にわたる建設事業をおし進めるため、28年1月臨時建設部を設置したが、その中での最大の事業となったのが、五島構想に基づく城西南地区の開発であった。

2　田園都市づくりの沿革

田園都市株式会社の設立

　五島慶太が田園都市業の復活に熱意を燃やし、その集大成ともいえる城西南地区の都市開発構想を打ち出した背後には、戦前から五島慶太の胸の内を一貫して流れる事業家としての夢があった。それは理想的な田園都市の建設である。

　この理想に初めて灯を点じたのは、日本経済の近代化を推進した功労者でもある渋沢栄一(2)で、その淵源をたどると大正年間までさかのぼることになる。

　大正3年8月の第一次世界大戦勃発を機に日本の工業はいちじるしく発達し、工業化にともなう都市人口の増大が、この時代の大きな特徴であった。東京の人口は、明治34年当時の２０１万人から、大正4年には３３５万人に増えたが、山手線内の旧市域では増大する人口を収容することができなくなり、このため新たに東京市に流入する人々は、隣接する荏原郡、豊多摩郡、南足立郡、南葛飾郡等の各町村へ分散移動するという状態であった。

　これに対し、財政的に恵まれない周辺町村においては見るべき都市施設の整備もできず、また無秩序な市街地化の進行で、居住者の生活環境はとみに悪化していた。

　無計画な都市化現象のもたらす社会的な影響を憂慮する渋沢栄一の脳裏には、欧米に見られる理想的な市街地の一つである田園都市の建設構想が描かれ、それはしだいに強烈な意欲へとつながっていった。

　田園都市への理想と熱意は、昭和2年に刊行された自著『青淵回顧録』の中にもあますところなく述べられている。同書の「都市生活と田園生活」からその一部を引用してみよう。「……近年東京大阪等の大都市生活者にして郊外生活を営む人の多くなったに就ては一面に於て経済上の理由もあるけれども、主として都会の生活に堪へ切れなくなって、自然に親しむ欲求からである事は争はれぬ事実である。都会の最も発達してゐる英国などに於ては余程以前から都市生活中に自然を取り入れる事に就て苦心して居るが、年々人口の増加する大都市に自然を取り入れることは難しい。そこで20年許り前から田園都市(3)といふものが発達して来てゐる。此の田園都市と云ふのは簡単に申せば自然を多分に取り入れた都会の事であって、農村と都会とを折衷したやうな田園趣味の豊かな街を云ふのである。私は東京が非常な勢を以って膨張してゆくのを見るにつけても、我が国にも田園都市のやうなものを造って、都市生活の欠陥を幾分でも補ふやうにしたいものだと考へて居った。……」

大正4年のある日、渋沢栄一は東京府下荏原郡の地主有志の訪問を受けた。彼らは荏原郡一円の開発計画を説明し、その実施方を依頼した。ここにおいて年来の田園都市構想実現の機会がいよいよ訪れたのである。

大正5年、実業界の第一線を退いた渋沢栄一は、余生を公共事業のために捧げる決心をし、その第1目標としての田園都市構想をことあるごとに披瀝し同志を求めた。やがてこの意見に同意する人々が現われ、大正6年ごろにはこれらの人々の属していた当時の紳商グループである日本橋クラブ[4]のメンバーを中心に、会社創立の気運が熟してきた。

こうして翌7年1月には、渋沢栄一を筆頭に中野武営（東京商業会議所第2代会頭）および服部金太郎をはじめとする日本橋クラブのメンバーを含む9名の発起人をもって、「田園都市株式会社設立趣意書」が一般に発表された。

会社設立趣意書は、まず東京市の過密化がただならぬ状態にあることを述べ、その結果衛生上、風紀上幾多の弊害が生じるなど生活環境の悪化につながる問題が派生しつつあることを指摘し、「而して此等の弊害を救治せんが為めには各種の社会政策に拠りて改善に関する事業多々あるべしと雖も、然も其根本に向って救済の手段を加へんとするものは実に田園生活復興の問題に外ならず」と述べたのち、会社設立の基本的な考え方を次のように説明している。

「抑も田園生活復興の施設は都会に集中せる人口の過剰を農村に移植し、以て都会に潜在する各種の弊害を緩和すると同時に、農村の復興を図らんとするものにして、幾多の社会政策中に在りて最も基礎的にして且つ最も永遠的なる目的を有する事業の一なりとす。今や吾人が経営せんとしつつある田園都市会社の如きも亦此事業の一分科にして、要は紅塵万丈なる帝都の巷に棲息して生計上衛生上風紀上の各方面より圧迫を蒙りつつある中流階級の人士を、空気清澄なる郊外の域に移して以て健康を保全し、且つ諸般の設備を整へて生活上の便利を得せしめんとするにあり。[5]田園都市の目的実に斯くの如し」

こうして、田園都市株式会社は東京府下荏原郡玉川村および洗足村付近の土地139万㎡（42万坪）を事業地と定め、田園都市づくりに乗り出すのであるが、趣意書はさらに鉄道計画をも次のように明らかにしている。

「而して東京市とを連絡すべき交通機関の設備に就ては、曩に認可を得たる池上電気鉄道及び武蔵電気鉄道2会社の敷設すべき線路が何れも洗足に於ける我予定地の一部を貫通すべき計画なりと雖も、然も当社は之を以て満足せず、更に府下大井町を起点とし我洗足予定地に至り、池上電気鉄道及び武蔵電気鉄道と交差し、玉川予定地を過ぎて玉川電気鉄道駒沢付近に連絡し、尚ほ進んで院線[6]新宿駅に至る電気鉄道を自ら敷設するの計画を立て、既に其大部分は主務省に対して認可申請せり」

これをもって田園都市株式会社の目的がたんなる郊外住宅地の造成のみにあるのではなく、交通機関をともなった大がかりな都市づくりであったことがうかがえる。会社は趣意書発表9カ月後の大正7年9月2日に設立され、社長には中野武営が就任した。新会社の資本金は50万円、本社は東京市麴町区永楽町の日清会館（現大手町東京生命ビル）内に置かれた。

土地買収と田園都市計画の具体化

田園都市株式会社は、設立後ただちに先の会社設立趣意書の骨子に基づいて、次のような田園都市計画を策定した。

・事業対象地……荏原郡洗足村、調布村および玉川村にわたる多摩川畔一帯の地域（洗足・大岡山・多摩川台地区）125万4000㎡（38万坪）を事業区域とする。

・交通……当社の運営する交通機関（のちの大井町線、目蒲線）を設けて、省線、東京市電と連絡させ、都心への交通の便をはかる。

・電灯・ガス・上下水道・道路……電灯、電力は当社直営とし、料金も東京市内と同額とする。ガス供給については検討をつづける。上水道は、玉川水道の建設費を補助してその新設濾過池から引用し、また下水道は高地を利用し、道路の両側に水路を設けて完全に放出させる。道路は、幅員3・6mから12・6mにおよぶものを適宜に通し、街路樹を植え美観を添える。

・住宅の建築……住宅建築は居住者の任意であるが、当社としても建築部を設けて土地購入者の依頼に応ずる。また建築にあたっては、①他人の迷惑となるような建物を建造しない。②障壁を設ける場合もしょう洒典雅なものにする。③建物は3階以下とする。④建物敷地は宅地の5割以内とする。⑤建築線と道路との間隔は道路幅員の2分の1とする。⑥住宅の工費は坪当り120円以上とすること、などの条件を定めて、理想的な田園都市にふさわしい居住環境をつくる。

このほか、郵便局の設置、電話の架設、学校・幼稚園の新・増設、商・住両地域の区分、駐在所や医者の誘致、倶楽部の設置、公園と遊園地の開設など計画は綿密をきわめていた。このように大規模でしかも諸施設が充分に整えられ、環境保全を重視した郊外住宅地開発は当時としてはまったくユニークなものであった。ちなみに前記の環境保全策は、今日の建築協定の淵源をなすものである。

田園都市㈱は、以上の計画を立てるかたわら、洗足、大岡山、調布、玉川一円におよぶ事業用地の買収に取りかかった。当時の社員はいずれも経験のないいわば素人集団であったが、さいわい地元の大地主の積極的な協力があり、途中地価の値上がりなどの障害も派生したものの、大正10年11月には計画面積を上回る159万9000㎡の買収を完了した。

一方、宅地造成はその第1段階として大正10年5月26日、田園都市耕地整理組合を設立し、洗足地区碑衾村の一部（洗足駅付近）12万2100㎡の造成をこの組合事業方式で進めることとした。

当時一般に耕地整理組合といえば、村の行政機関の事業を指していたが、田園都市の場合は、地主、農民、田園都市㈱が共同で行う民間事業である点を特色としていた。それだけに、土地所有者の土地に対する愛着、利害関係が複雑にからみ合い、当初は反対する者も多かったが、田園都市㈱の熱意と設立趣旨が浸透するにつれ、しだいに賛同に傾き、新たな試みとして実施したこの耕地整理事業は無事完成をみたのである。

さらに田園都市耕地整理組合が近郊に与えた影響も大きく、隣接の奥沢地区そして玉川全円耕地整理組合の結成におよび、現在の世田谷区への発展へとつながった。ちなみに同事業の方式は、のち多摩田園都市建設過程における区画整理事業とまったく性格を同じくするものであったことに注目したい。

こうして造成を終えた分譲地には各種設備の工事が施され、大正11年6月洗足地区第1回の土地分譲売出しが開始された。田園都市計画は早くから一般の関心を集めていたこと、また3カ月前の3月30日、目黒線の敷設工事が開始されたことなどからこの売出しは人気を呼び、約80％はたちまち予約済みになるという好調な滑出しをみせた。そして同年12月には、売残りの区画は数えるほどになった。

売行き好調のもう一つの原因は、土地代金の支払いに月賦制度を採用したことで、総額の2割を契約金として、残額を購入者の希望に合わせて3～10年の割賦払いとした。家賃程度の賦払金で土地が購入できる画期的な制度は、対象とする中流階級のニーズに充分かなったものであった。この間の大正11年8月、田園都市㈱は逓信省より電力供給の認可を受け、開発区域内に限定した電灯電力供給事業を開始した。

他方、このころ多摩川台地区（田園調布）では26万4000㎡におよぶ宅地造成が、田園都市㈱単独の事業として進められていた。この地区の市街地建設については、欧米の田園都市や衛星都市をつぶさに視察してきた渋沢栄一の子息渋沢秀雄がプランナーとなった。そのモデルとなったのがパリ凱旋門エトワールに見られる環状線と放射線が交錯する街路形式であった。現在も見られる田園調布駅から放射線状に延びる直線街路とこれを結ぶ曲線街路の織りなす市街地の美しい風景は、このときにでき上がったものである。

また、「町ぐるみ公園」のイメージを高めるため緑地・公園・道路の面積をできるだけ高率（18％）に取り、当時わが国の一般的な分譲地が平均5％以下であるのとは好対照をなしていた。

多摩川台分譲地を見学する購入者

田園都市㈱の総力を結集した同地区の分譲売出しは、諸設備を完備した状態で大正12年8月に開始された。ところがその直後の9月1日、東京・横浜の全市に壊滅的な被害を与えた関東大震災が発生した。しかし田園都市㈱の経営地は、その大部分が丘陵台地上にあったため被害を受けることなく、改めて田園都市の安全性がクローズアップされた。

同年10月の売出しにあたって、田園都市㈱は「今回の激震は、田園都市の安全地帯たることを証明しました。都会の中心から田園都市へ！　それは非常口のない活動写真館から、広々とした大公園へ移転することです。すべての基本である安住の地を定めるのは今です」と宣伝している。

宣伝によらずとも、大震災の恐ろしさを体験した市内の居住者の間では、すでに郊外移転を望む傾向が高まっていた。こうした背景のもとで多摩川台地区の分譲は急速に人気を集め、同年11月末までに予定面積の半分以上にあたる5万6000㎡の契約が成立する予想以上の好成績をおさめた。

日本経済は、大震災による打撃から立ち直れないまま、昭和2年からの金融恐慌とそれにつづく世界恐慌の波をかぶり大混乱に陥るのであるが、この間田園都市業そのものは大きな影響を受けることなく事業は順調に推移した。

鉄道業の分離独立と沿線開発

田園都市づくりの一環となる鉄道敷設は、大正9年3月6日荏原電気鉄道が取得した免許を田園都市㈱が譲り受けて実施に移された。この免許路線は院線（国鉄）大井町停車場を起点とし、荏原郡平塚村、馬込村、碑衾村、玉川村を経て調布村（現在の田園調布駅付近）に至る延長8・48kmであった。その後同社は大井町～調布村の中間にある碑衾村（洗足）から分岐して、荏原郡大崎町（目黒駅）に至る延長4・08kmの地方鉄道敷設の免許申請を行い、大正10年2月15日これを取得した。しかしこの間発生した経済変動とこれにからむ用地買収問題などの関係から設計変更を余儀なくされ、大崎町～調布村間7・56kmを第1期線、大井町～碑衾村間4・38kmを第2期線として建設することに決めた。

この第1期工事は大正11年3月着手されたが、このとき工事の指揮にあたったのが当時武蔵電気鉄道の常務取締役であった五島慶太だった。

五島慶太の登場は、箕面有馬電気鉄道の経営者小林一三の推挙によるものであったが、これには次のような経緯がある。

日本橋クラブのメンバーを中心とする当時の経営陣は、鉄道にはまったくの素人集団だった。このため適当な人物を求めていたところ、大正9年3月突如発生した経済恐慌で綿糸市況が大暴落して、経営陣はそれぞれ本業立直しに専念せざるを得なくなり、田園都市づくりや鉄道建設どころではなくなった。

この結果、田園都市㈱の経営は当時財界で敏腕をふるっていた第一生命社長矢野恒太に委ねられることになるのである。その矢野にしても電鉄業は未経験なため、関西の小林一三に経営依頼の話を持ち込んだ。小林は一応承諾したものの、本業が多忙のうえ大阪に居住しているということもあり、自分の意思を代行し得る人物として五島慶太を推挙した。

当時五島慶太は、鉄道院監督局総務課長を退官し、武蔵電気鉄道の常務取締役の職にあったが、先の経済恐慌以来、同社は免許線の建設はおろか、社員の給料支払いにも事欠く有様だった。この窮状を知っていた小林一三は五島慶太を説得し、田園都市㈱の鉄道部門の責任者として推挙したのである。のちに五島は鉄道部門の分離独立を推進し、大正11年9月2日目黒蒲田電鉄株式会社を創立、同社の専務取締役として現在の目蒲線、大井町線の建設および経営にあたることになる。

以上のような経営陣の交代と新会社の設立という過程で進められることになった鉄道建設は、田園都市㈱の手により着手されていた第1期線、つまり目黒～多摩川間（大崎町～調布村間）と、その後に建設された多摩川～丸子間の計8・3kmが大正12年3月11日にまず開通した。

他方目黒蒲田電鉄は武蔵電気鉄道の蒲田支線（多摩川～蒲田間）の路線を譲り受け、これを第2期分として予定していた。ところが第1期線の終着駅多摩川では、集客上問題があるとされたため、中原街道に通ずる前記追加区間の工事が行われることになり、結局蒲田支線は丸子～蒲田間（4・92km）に落ち着き、大正12年9月の竣工が予定された。しかし9月1日関東大震災に見舞われ、開通は11月1日まで延びてしまった。

田園都市㈱が第2期線として予定した大井町～洗足間の鉄道建設は、目蒲線全通後の大正15年7月18日目黒蒲田電鉄が着手したが、用地買収の関係から接続駅を変更し、目蒲線との連絡は現在の大岡山駅となった。工事の区画延長は4・8km、開通は昭和2年7月6日であった。ここにおいて田園都市㈱が当初予定した田園都市の交通機関はすべて完成をみたが、これらの動きに刺激された玉川村では、有志が玉川全円耕地整理組合を結成し、目黒蒲田電鉄では二子玉川線（大岡山～二子玉川間5・5km）の敷設を計画した。同線は昭和3年9月6日から工事を始め、翌4年11月自由ヶ丘～二子玉川間が完成、つづいて12月25日大岡山～自由ヶ丘間の竣工で現在の大井町線が全通したのである。

こうして田園都市㈱の交通網が整備されるなか、武蔵電気鉄道は目黒蒲田電鉄の傘下に入って、大正13年10月社名を東京横浜電鉄と改め[7]、神奈川線（丸子多摩川～神奈川間14・7km）と渋谷線（渋谷～丸子多摩川間9・1km）を建設した。開通は前者が大正15年2月14日、後者は昭和2年8月28日である。また神奈川～桜木町間2・3kmは2回に分けて昭和7年3月31日全通し、ここに現在の東横線が完成したのである。

以上のように鉄道建設が進展する一方で田園都市㈱は、本来の事業目的をほぼ達成し、これを機に事業地を目黒蒲田電鉄に引き継ぎ、昭和3

年5月5日同社に吸収合併された。[8] 以後、当社の田園都市業は、目黒蒲田電鉄と東京横浜電鉄が歩調をともにし、旅客の増加を目的とした沿線開発を展開していった。その概要を記すと以下のとおりである。

目黒蒲田電鉄は、田園都市㈱から引き継いだ多摩川台分譲地（9325㎡）、奥沢住宅地（5万9500㎡）の販売を進め、二子玉川線開通後は等々力、上野毛の住宅地を売り出し、さらに池上電気鉄道と合併した昭和9年10月以降は池上、洗足池畔や雪ヶ谷方面にもその事業を拡大させた。特に奥沢住宅地、鵜ノ木駅前、尾山台、上野毛ではユニークな賃貸住宅地の経営を行い、「敷金のいらない貸地」の宣伝と相まって住宅資金の低利貸付け制度の実施などでおおいに好評を博した。

東京横浜電鉄は、小杉、元住吉、菊名および綱島温泉、太尾（現大倉山）の各地で6〜8万㎡規模の分譲地を売り出した。しかし昭和初期の金融恐慌の影響を受け、売行きは思うように運ばなかった。

こうしたなかの昭和4年7月、慶應義塾大学の誘致に成功し、目黒蒲田電鉄と協力して日吉台の共同経営地の一部（23万7600㎡）を同校に寄付した。これが契機となって一時分譲地の売上げが伸びたが、昭和5年以降ふたたび低迷期に入る。目黒蒲田電鉄の田園都市業もこの時期から売上げが鈍化し、これがきっかけとなって両社の協力関係は強まった。

その後東京横浜電鉄は、渋谷に東横百貨店を開業（昭和9年11月1日）、ついで13年4月には玉川電気鉄道を吸収合併するなど事業の拡張を行うが、合併では田園都市業に寄与するものはほとんどなかった。

一方、両社は沿線諸施設の誘致にも全力を傾けた。その結果、学校の移転が相つぎ、大正13年1月の土地交換を機に移転した東京高等工業学校[9]（現東京工業大学＝大岡山）を皮切りに、昭和初期には前記した慶應義塾大学（日吉）、東京府立高等学校（現東京都立大学＝目黒区柿ノ木

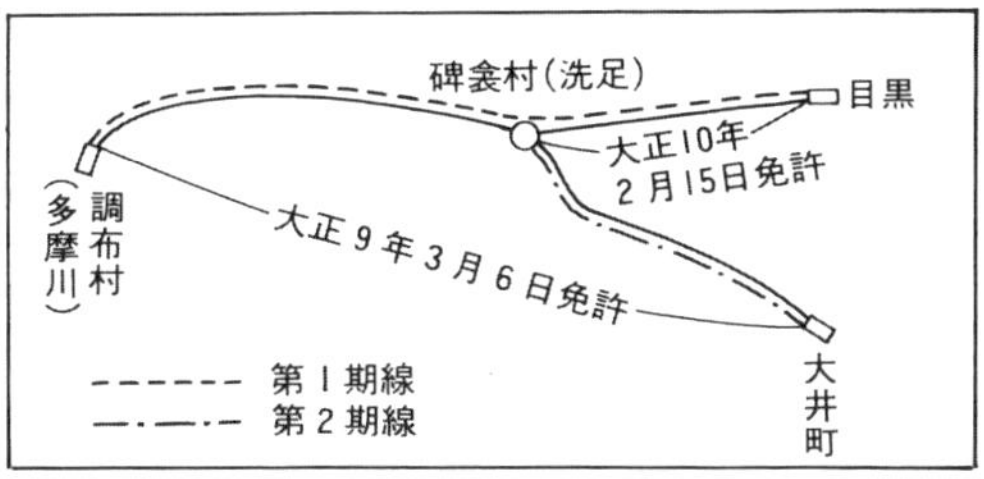

路線免許と工事の順序

試乗会における役員と関係者（終点の丸子駅付近）

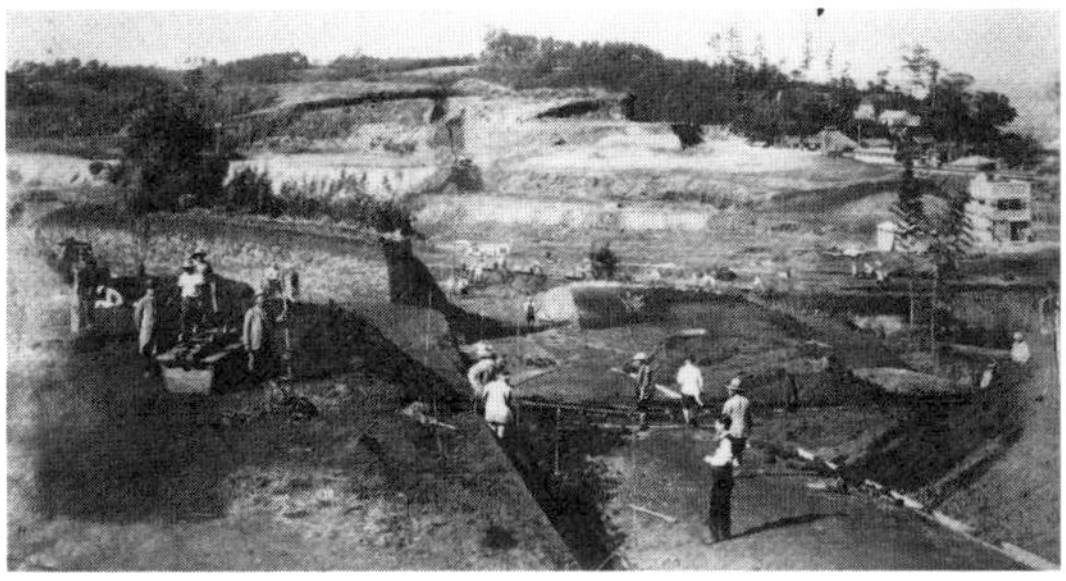
工事の菊名分譲地

菜園化した東京（渋谷駅付近）

坂）、昭和女子専門学校（現昭和女子薬科大学＝上目黒）、日本医科大学予科（川崎市新丸子）、青山師範（現東京学芸大学＝駒沢）、多摩帝国美術学校（現多摩美術大学＝世田谷区上野毛）等の有名校が次々と沿線に移ってきた。

戦時下の田園都市業と大東急の発足

昭和12年7月に始まった日華事変を境に国内の諸制度は戦時体制に移行し、次々と発せられる統制令のもとで、両社の田園都市業にも大きな制約が加えられることとなる。さらに企業活動そのものが各種の統制のもとにおかれるにおよび、経営の単一化による冗費の節約をはかる必要にせまられた。ここに、かねてからの課題であった、目黒蒲田電鉄、東京横浜電鉄両社の合併気運が高まってきた。

両社は大正13年に提携して以来、本社建物はもちろん、職制や本社職員を共通にしたりするなど、実質的には同一形態の会社で、田園都市業の経営も両社が共同で行ってきた。したがって、合併は時間の問題とされていたが、昭和14年上期の業績が両社ほぼ同一となったのを機に、同年10月1日対等合併へと踏み切ったものである。

この合併によって新会社の社名は、「東京横浜電鉄」に統一され、社長に五島慶太が就任した。

昭和16年12月8日、太平洋戦争勃発により戦時体制はいっそう強化され、交通事業も戦争遂行の輸送手段確保という意味から強制的な統制の必要が叫ばれるようになった。民間交通事業の統制については、すでに昭和13年に「陸上交通事業調整法」が公布され、同法に基づく委員会の答申によって、東京においては民間交通事業のブロック統制が決定した。

当時、東京横浜電鉄社長の五島慶太は、京浜電気鉄道社長（16年11月25日就任）、小田急電鉄社長（16年9月20日就任）を兼ねていた。このため国鉄中央線以南ブロックの前記3社がまず合併することになり、昭和17年5月1日新会社「東京急行電鉄」を発足させた。

また、同じブロックにある京王電気軌道も、昭和19年5月31日東京急行電鉄への合併に加わり、ここに東京都の城西南地域から神奈川県一帯の交通機関を一手に経営する〝大東急〟が誕生したのである。

3社合併以降、東京急行電鉄の田園都市業は、宅地建物等価格統制令の影響を受けながらも土地買収、分譲に活躍をつづけていた。

しかし需要は昭和17年下期を頂点に漸減傾向をたどり、戦争末期には売残り地はすべて食料品や潤滑油原料の亜麻の栽培用地に転用された。

戦後の田園都市業とその再建

昭和20年8月15日、わが国の無条件降伏によって、日華事変以来8年間にわたった戦争に終止符が打たれ、日本の平和への道がようやく開かれた。しかし、長く激しかった戦争によって国土も、経済力も、国民生活も、見る影もなく荒廃し、敗戦を迎えたときの日本には、いたるところにすさまじい戦争のつめあとが残されていた。

東京急行電鉄の田園都市業を担当していた田園都市課は、とりあえず戦災のために混乱していた事務関係を整備するとともに、未利用社有地を処分して運輸施設の復興資金を生み出すため、さまざまな障害を克服しながら営業活動を行った。また21年と23年には、戦後初の分譲地として鵠沼と西大崎の分譲地を売り出したが、戦後という特殊な状況のなかで田園都市業は概してはかばかしい進展をみせなかった。また戦時中農地となった分譲用地は、21年10月に公布された「自作農創設特別措置法」によって農地として買上げ対象地となり、販売可能地はごく限られたものとなった。

一方、20年12月結成された東京急行従業員組合は、当時の会長五島慶太以下会社幹部の即時退陣を求めて会社側と鋭く対立した。こうした混乱もあって翌21年6月27日、社長小林中を除く全役員はいっせいに辞任した。さらに五島慶太は、戦時中運輸通信大臣を務め、東京急行電鉄の会長の職にあったことにより22年8月公職追放の指定を受けた。戦時中合併した旧小田急電鉄、京浜電気鉄道、京王電気軌道の分離騒ぎが起こったのは、五島慶太が退陣した直後のことで、これが会社再編成へつながっていくことになるのである。

再編成後の当社は、もとの東京横浜電鉄の規模にもどり、同時に田園都市事業も第1節で記した規模で再出発した。

五島慶太が追放を解除され当社に復帰した後の田園都市業は、綱島吉田口（１万５９００㎡）の土地買収を皮切りに綱島新田（３万９７００㎡）、鵠沼大平台（４万９６００㎡）などと買収面積の大型化が進み、同時に分譲地経営は当社沿線以外にもその活動範囲を拡大させた。そして当社の田園都市業は昭和28年12月に設立された不動産専業会社〝東急不動産株式会社〟(10)に引き継がれていくのである。

一方、当社は経営体質の改善と事業規模の拡大をめざして、懸案となっていた東急会館（現東急百貨店新館）、渋谷地下街の建設をはじめ、東横線高島町〜桜木町間の複線化、砧ゴルフ場および駒沢球場、城西南新都市、東急病院などの建設事業を企画実施することになり、昭和28年1月10日、臨時建設部を設置した。五島慶太が戦前から夢みてきた城西南新都市（後に多摩田園都市）の建設はこうして日の目をみることになり、その後に行われた城西南地区開発趣意書の発表によって建設の第一歩を踏み出すことになるのである。

ちなみに、臨時建設部は建設事業単位に13の建設班ないし開発班からなり、臨時建設部長には専務取締役木下久雄が就任した。各班は担当の事業を企画立案しこれを実施するとともに、事業の完了をもって廃止されるというものであった。新都市の建設は城西南地区開発班（班長山森作治郎）が担当(11)した。

第1章　城西南地区の開発

1　城西南地区開発趣意書の発表

第2の東京づくり

臨時建設部が発足した直後の昭和28年1月19日、会長五島慶太は城西南地区すなわち大山街道（現国道２４６号線）沿いの土地所有者を東急本社に招き、城西南地区開発趣意書を発表した。当日は宮前地区（川崎市）および中川、山内、中里、田奈、新治地区(12)（以上横浜市港北区——当時）の地主58名と当社の役員、幹部が出席し、説明は会場正面に掲げられた図面を前にして会長五島慶太みずからが行った。

冒頭、東京駅を中心とする40キロ圏のうち、もっとも開発が遅れているのは二子玉川から厚木大山街道沿いの鶴間、座間および海老名地方にいたる地域であると指摘したうえ、人口増加に悩む東京都の実情を次のように語った。

「東京都は最近年々50万人くらいの人口が増加しておりまして、今年中には７５０万人に達しようとしております。しかるに東京都の公共施設は水道、ガス、下水、電車、バス等から学校、食糧市場に至るまでだいたい７５０万人を標準として作られておりますから、人口７５０万人以上になれば、下水もふんづまり、水ものめず、ガスも使うことができず、子弟を学校に入れようとしても学校もなく、電車に乗ろうとしても乗ることができないような状態に近々なると思います。食糧市場もまったく充満いたし、物を置くことができないような状態になると思います」

そしてロンドンの事例を引用し、第2の東京をめざす田園都市づくりが東京都の人口問題を解決する唯一の道であると、その持論を次のように展開した。

「かつて人口膨張に悩んだロンドンでは、都市（行政体）とはまったく別個に土地会社を作りまして、この会社が都市から20～30マイル離れた郊外地にいろいろな施設を設けて第2の都市を作り、そこへ過剰人口を移植する方法を考えたのであります。このような都市政策に基づき、最初にできた田園都市レッチワース[13]は、ロンドンの郊外20マイルの地点に土地40～50万坪を買収してこれを分譲地とし、ガス、水道、電気等あらゆる文化施設を施し、また工場をも誘致して文化生活のできるようにしたのであります。このレッチワースは現在すでに30万の人口を擁し、実に模範的な田園都市となっております。またこれに次いでできた田園都市ウェルウィンも、ロンドン郊外にいま10万ばかりの人口を収容しております。しかして、ロンドンとレッチワースおよびロンドンとウェルウィンとの間は、速い電車および自動車道路によって連絡しておりまして、現在の東京都のごとく、自然に膨張するにまかせてあるような無計画なことはいたしておりません。

　東京都の場合も、現状の人口問題を解決する道は、やはり田園都市会社の経営によって都市を作るという以外には私はないと思っております。私は第2の東京を作る場所として、どこが一番良いかということをいろいろ考えてみましたが、やはり厚木大山街道に沿っているあの横浜市港北区の一部の山林、原野以外にはその地勢、気候、距離等において適当な土地がないと断定いたしました。

　そこで私はこの厚木大山街道沿いに約4、5百万坪の土地を買収して、第2の東京をつくりたいと思うのでありますが、しかしてこれをやるのは、やはり田園調布などの街づくりに実績のある当社が一番適当であると考えます」

　すなわち、計画的な都市づくりは大資本によるほかないことを強調し、都市開発では深い経験と実績のある東急にすべてを委せてほしいと訴えたのである。またこの地方を開発するには玉川から荏田、鶴間を経て座間、厚木にいたる間に電車か高速道路をつくることの必要性を論じたのち、具体的な開発方法について次のように説明した。

「私どもの方で買収しようとしている地域は、大部分横浜市港北区の土地で、これに川崎市の一部が加わっておるのであります。

　神奈川県または横浜市の繁栄はだいたい東京都に接近した地方から広がって、奥の方へ発展して参るのであります。したがって、まず東京都に接した川崎とか新丸子とか溝ノ口あるいは登戸という地方が発展し、だんだんと奥地に広がっていくのが普通でありますが、こういう方法で参りますと発展が非常に遅れるのであります。そこでこの厚木大山街道に沿って少なくとも10カ所くらい田園都市的な都会をつくって同時にこの地方全部の発展を盛り上がらせたいと思います」

　さらにこの土地が早急にまとまれば、東映大泉撮影所の移設、ゴルフ場、植物園の新設のほか、東京都と相談して上野動物園を移設することも考えていると述べた。そして最後にこれら総合的な計画の推進にあたり、各地区に連絡員を設置して地域ごとの相談を始めるが、地元においても開発委員を設けていただくよう、計画実現に向けて地元の協力を重ねて要請した。

五島構想に対する反響

会長五島慶太が説いた気宇広大な城西南地区開発構想[14]は、出席した人々に驚きと大きな期待をもって迎えられ、地元にさまざまな波紋を投げかけた。これを大別すると、構想の実現に疑いをはさむ懐疑派と、開発の遅れを取り戻そうとする積極派に区別された。

　会長の話を聞き地元でその衝にあたった人々は、当時の状況を次のように回想している。

「そのころ、ここに電車を敷いて街づくりをする、と東急ではいったんですが、地元ではほとんどの人が信用していなかったんです。私もその一人でしたが」（山内地区＝矢島宇三郎）

「五島会長の話を伺ったのは私の父でした。そのあと開発委員会ができてから私も参加し、地元に説いて回ったんですが、〝あれは五島会長の大風呂敷〟という人もあり苦労しました」（山内地区＝黒沼春雄）

「五島さんは、『東急がやるこの開発は会社の営利というだけではなく、東京都とか国の仕事であり、そしてこれは私の最後の仕事としてやる』といわれました。私はこの話を聞いて、東急の計画に乗って開発をやることは地元のためになる。これに協力しなければどんどんとり残されてしまうと深く思い、地元の説得にあたりました」（有馬地区＝内田仁平）

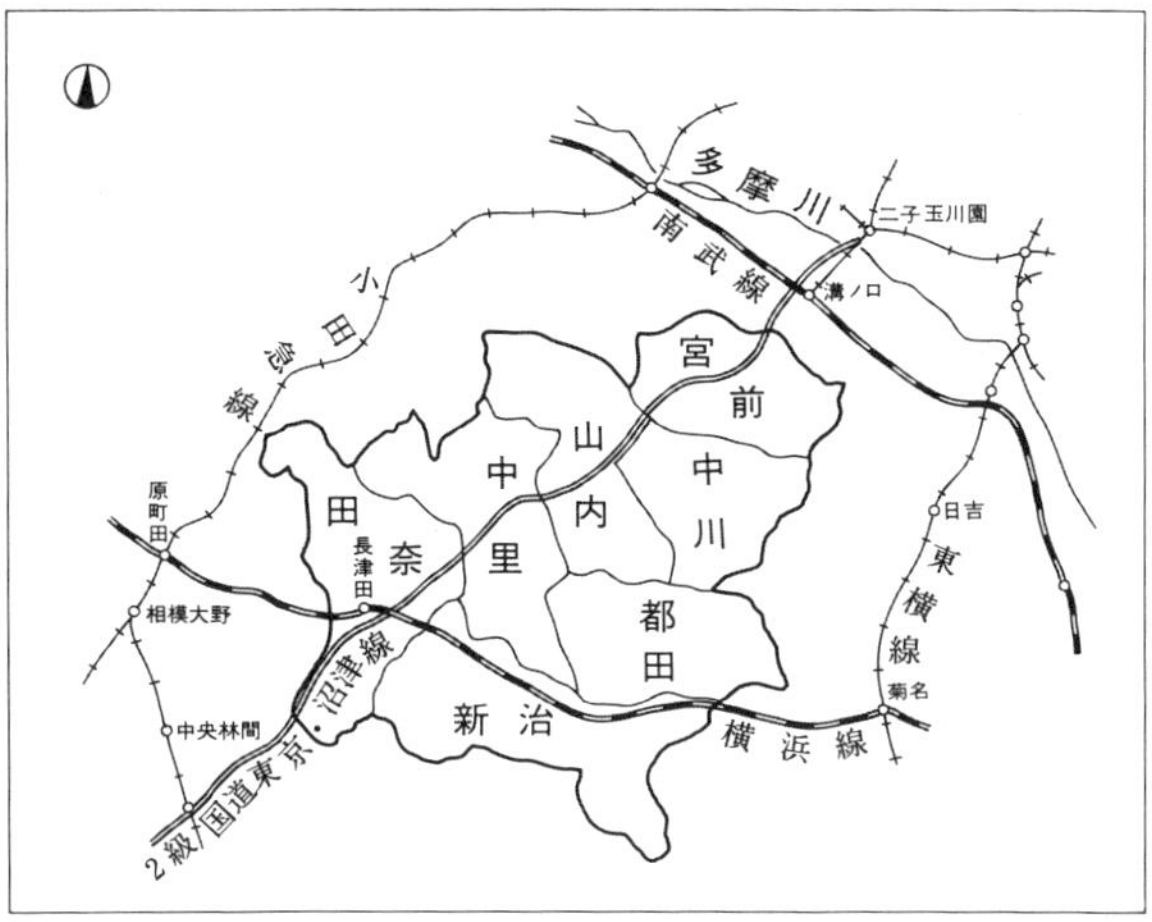

城西南地区概略図

「私は当時、下恩田地区に農地と山林を約7町歩ほど持って農業をしていました。開発構想に対して、私はいずれ開発されるところだと考えていたので賛成でした。小委員会の委員の一人として手弁当を持って地元の人たちの家へ説得に回ったものです」（下恩田地区＝野路久治）

地元が賛否こもごもの複雑な表情をみせていた一方で、当社の開発地域の大半を占めている横浜市の行政当局は、五島構想を客観的な視点からこれを意義づけていた。

五島構想発表後の昭和28年12月、横浜市建設局計画課がまとめた「港北区市街地計画説明書（案）」によると、当社計画地域の現況を「相当に纏まった面積を有し乍らも交通不便な奥地にあたるため、此等の地域は自然発展に委せれば非常に長い年月を要することとなる」と述べ、また同地域をこのまま放置すれば、「貧民窟市街を生み出す因ともなり、（中略）この眠れる山野港北区が将来果たさねばならぬ使命を達観し、当初に将来計画の大道に乗せて、悔いを子孫に残さない様に吾人は共に戒めるべきである」と開発の必要性を指摘し、計画を「特殊開発に依る市街地計画」として位置づけている。つづいて同説明書は、

「この計画を推進するためには、非常に多くの人と多くの指導機関の下、大資本が開発の選手に立ち事々に公益を優先させ、理想の完遂を期する不撓の信念で着手されねばならない。幸いこの計画を実施に移されんとする東京急行電鉄は、その企業体の性格においてまた経営業務の多岐と開発事業に非常なる経験者である点より見て、港北区の特殊開発を委ねる選手として十分ではなかろうかと推慮される」とも記していた。

さらに29年4月発行の港北区区勢概要には、「28年1月19日、東急が城西南地区の開発計画を発表、一大センセーションを巻き起こした」と

の記録がある。

開発前の城西南地区とその沿革

城西南地区開発趣意書の中で、会長五島慶太が、第2の東京づくりは、地勢、気候、距離の面から厚木大山街道沿いの港北区一帯の山林、原野が最適の場所であると述べているが、この発表で一躍脚光を浴びるにいたった開発前の城西南地区とは一体どんなところであったのか、次にそのあらましに触れてみよう。

城西南地区は、川崎市北部の一部と横浜市の港北区（現緑区）におよぶ広大な地域で、南に当社の東横線、北方に小田急線、東西の国鉄南武線と横浜線が同地域を囲むような形で走っている。

都心からの距離は、南西に約15～35km、大部分はゆるやかなスロープをもつ多摩丘陵で、南西部は平坦な相模台地に達している。標高は、おおむね20～90mで排水はきわめて良好である。また地質は第三紀層の強固な粘土質砂岩の上を5～15mの厚さで関東ローム層が覆っており、一般に住宅地としては最適な地質である。気温は丘陵地特有の冬期低温、夏期清涼型で、特に夏はしのぎやすい。

周囲は農耕地と山林原野の入り交じった農村地帯にとりかこまれており、環境は静かなうえ空気は澄み、日光も豊かで樹木も多く、近代的な田園都市としては絶好の立地条件を備えていた。

その沿革をたどると、遠く石器時代に人類生息の跡が見られ、各地に散見される遺跡および遺物の発掘によってその事実が証明されており、市ヶ尾の横穴式古墳群などはその代表例である。

太古から人類の住みついたこのあたりは、年代を経るにしたがって、早淵・谷本・恩田川等が形成する沖積地を中心に集落が営まれるようになる。そして奈良・平安時代には、大山街道が東海道の裏街道として、盛んに利用され、荏田の宿は当時旅人で賑わった宿場町の一つだった。

鎌倉時代に入ると宮前、中川、川和、新治を抜ける鎌倉街道がひらけ、武士の往来が盛んだったが、江戸時代、東海道が神奈川を通るようになってからは、時代の流れから取り残された村落が散在するのみとなった。このころの村は73、民家は４２４０戸で、大部分が天領（幕府直轄領）に組み込まれていた。

明治11年の郡制施行で、港北区一帯は神奈川県都筑郡に、また宮前地区は同橘樹郡に入り、都筑郡役所が川和村に置かれた。川和村近辺は、秩父からつづく養蚕地帯の南限にあたり、横浜港への通商ルートであるシルクロードがここを縦断していた。

昭和14年、都筑郡は横浜市に編入され、港北区の一部として市域に組み入れられ、また橘樹郡は町村合併により昭和13年川崎市に編入された。以後、都市近郊の農村地帯として静かな時の歴史を刻みつづけることになるのである。それはこの地区が、都心から約30km圏内という近距離にありながら、交通機関が貧弱であったためで、大部分が舗装されていない大山街道を、バスが1日数本走っているだけというありさまであった。農地と山林の割合は農地40％、山林60％で、住民が土地から得る収入はいたって少なく、昭和30年当時の人口は2万６７００人ほどにすぎなかった。

未開発のまま取り残されていたこの地区に対し隣接の大和市は、昭和17年海軍工廠が創設され、また海軍航空隊の基地として賑わい、終戦の昭和20年以後は、アメリカ海軍厚木基地として発展するなど対照的な景観を見せてきた。

なお開発が行われた川崎市の宮前、横浜市港北区の山内、中里、田奈の各地区、町田市の鶴間と小川および大和市公所の概要は次のとおりである。

〈宮前地区〉

宮前地区は、川崎市の西北部に位置している。明治22年4月の市町村制実施で、それまでの橘樹郡6字《あざ》（馬絹、梶ヶ谷、野川、有馬、土橋、溝ノ口飛地）を合わせて宮前村[15]となり、その後昭和13年10月川崎市に合併されて今日にいたった。開発着手当時（30年）の人口は約５５００人、花卉の栽培が盛んであった。またこのころから梨の栽培が始まっている。

現在の宮前平、鷺沼にかけての一帯は、馬絹、有馬の地名にもみられるように、昔から馬の産地で採草放牧場が営まれ、鷺沼べりで草を喰む馬も見られた。明治から昭和初期にかけて馬絹の花卉づくりは、多摩地方でも有名であったが、これは江戸末期中原区の市の坪から導入されたものである。はじめ夏菊、しきみ、さかきなどの仏花を主に栽培していたが、大正年間になると花木が主流となった。

これがのち造園業へと変わっていくのである。

花づくりに励んでいた三ツ又集落は、昭和15年旧陸軍の演習場に指定され、同年8月軍の命令によって馬絹に移転した。その後17年から20年の終戦まで東部62部隊が駐屯していたが、戦後同用地（およそ３３０万㎡）は旧軍人等に払い下げられ、これらの人々によって開墾されていた。またこの地区一帯は良質な孟宗竹を産することでもよく知られている。

〈山内地区〉

山内地区[16]は、明治22年の市町村実施により、荏田村、石川村、黒須田村飛地が合併して都筑郡山内村となり、昭和14年には横浜市に編入され、港北区元石川町と荏田町になった。地理的には横浜市の北部の大部分を占める地域で、元石川町の一部は宮前地区に連なる旧軍用地であった。昭和30年時点での人口は約４２００人。そのほとんどは農業に従事し、水稲・蔬菜の栽培、一部で乳牛の飼育を行っていた。

乳牛は明治43年ホルスタイン・エアーシャー種を導入して飼育を始めたものであるが、産業としての定着をみなかった。また明治20年ころ同

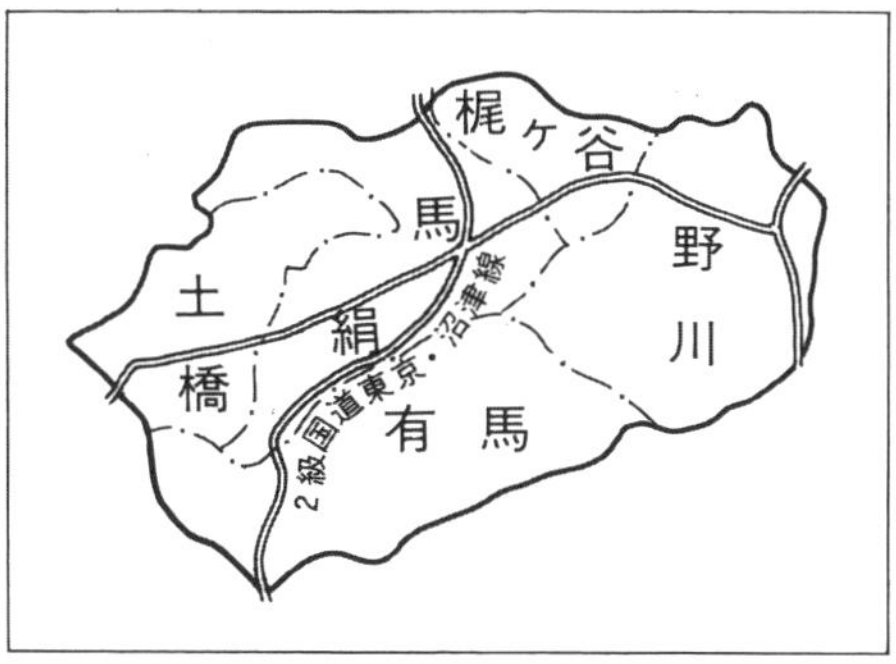

宮前地区概略図

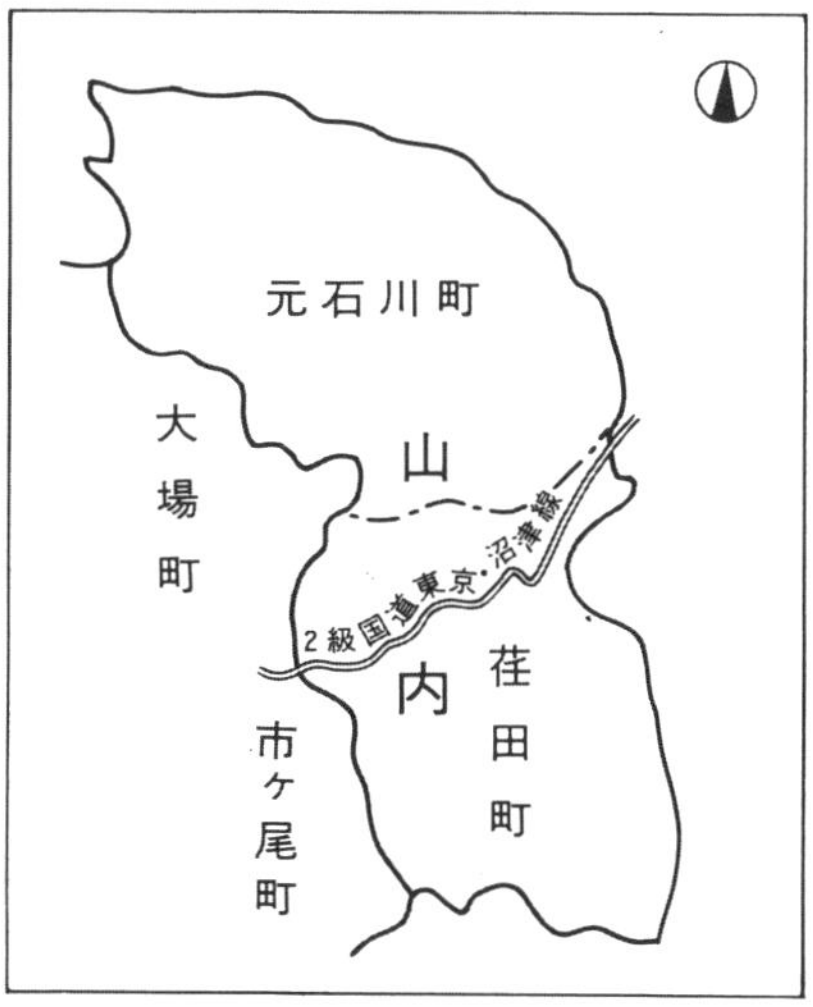

山内地区概略図

開発前の荏田付近

村平川に製糸工場ができ、最盛期には150人の女工が働いたこともあったが、これも大正初期には消滅している。

一方、大正時代には養蚕が盛んになり、同9年には山内養蚕組合ができ、組合員も一時は100人くらいまでになったが、昭和初期の繭暴落の影響を受けて解散し、ついに根づかずに終わった。これに代わって村では蔬菜づくりがブームとなり、県農事試験場指導員の指導を受けながら、きゅうり、なす、ねぎ、はくさいなどを生産、戦前は東京築地、神田などの中央市場にも出荷していた。

交通は大正6年荏田～溝ノ口間に初の乗合馬車が登場している。1日の利用客は20～25人ほどだったといわれる。4年後の大正10年には厚木～溝ノ口間をフォード車の6人乗りバスが1日4往復し、バスと乗合馬車の競合が始まった。やがて乗合馬車はバス会社に吸収され、バス運行に一本化されたが、戦争中はガソリン節約のためふたたび馬車が復活し、昭和22年バスが運行を再開するまで、乗合馬車はこの地区唯一の交通機関であった。

昭和7年と9年には荏田駐在所と山内郵便局が設けられている。

〈中里地区〉

中里地区は明治2年ころ小字名の和田が上谷本村と合併し、同5年ころに上鉄、中鉄、下鉄3村が鉄村一村になった。さらに明治22年の自治制度の公布で旧村13カ村が合併して中里村が誕生した。そして昭和14年にいたり横浜市に編入され、上谷本[17]、鉄、市ヶ尾などの13町に分かれた。人口は約6500人（昭和30年現在13町）であった。

谷本川流域に位置するこの地域は、県内区部でも主要農業地域で、明治初期から養蚕が農家の副業として北部地区から始まり、しだいに全村に普及した。大正年間から各地に養蚕組合が結成されたが、同12年の大震災で乾燥設備が損傷し、秋繭の集荷が不能となった製糸工場が続出した。この苦い経験から養蚕家の要望で長津田に株式組織による繭糸取引所を設立したが、その後の不況で繭が暴落し養蚕農家は一挙に苦境に追いやられた。

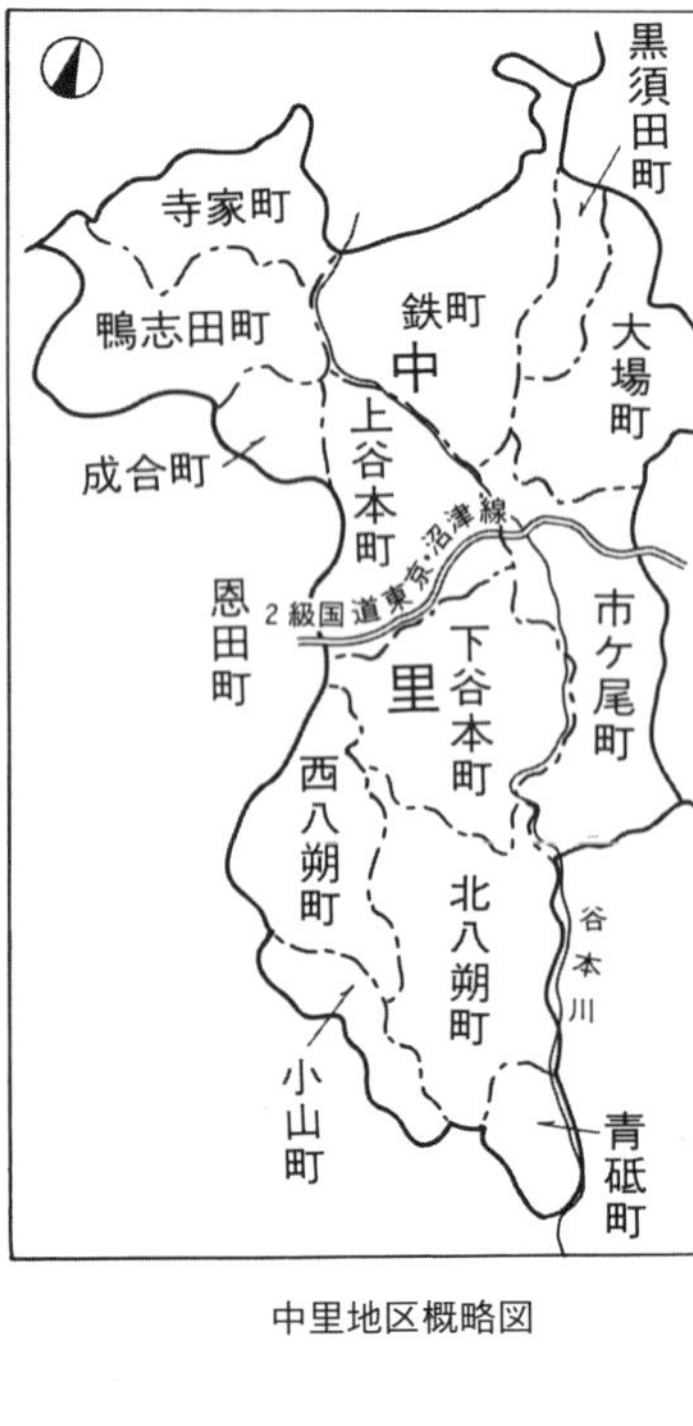

中里地区概略図

これに代わって大正14年、中里第一園芸組合が結成され、以後上市ヶ尾以北の農家ではきゅうり、なす、トマト、葉物の蔬菜栽培を行ってきた。

鉄には若き日の作家佐藤春夫が住み、代表作『田園の憂鬱』がここで生まれている。「それはTとYとHとの大きな都市をすぐ六、七里の隣りにして、譬へば三つの劇しい旋風の境目に出来た真空のやうに、世紀から置きっ放しにされ、世界からは忘れられ、文明からは押流されて、しょんぼりと置かれているのであった」の一節は、まさに当時の中里地区を彷彿とさせるものがある。

〈田奈地区〉

田奈地区は初め明治22年の市町村制施行にともなって、江戸時代以前からつづいた長津田、恩田、奈良の3カ村が併合され都筑郡田奈村となった。その後、昭和14年横浜市に編入し、田奈村は港北区長津田町、恩田町、奈良町となる。昭和30年当時の人口は約1万500人であった。

この地区も明治以来、養蚕を業とする農家が多かったが、昭和4年の経済恐慌によって衰微し、これに代わる野菜づくりも思うにまかせない状態がつづいていた。

昭和13年、田奈村に陸軍の弾薬庫が設置され、以降20年8月まで田奈部隊が駐屯していた。戦後も引きつづき米軍の接収下に入っていたが、のち政府に返還されてしばらくの間は閉鎖状態となっていた。昭和34年4月、皇太子殿下ご成婚の折、全国から両殿下に寄せられたお祝い金を基金に政府が予算化して、ご成婚記念に「こどもの国」をつくる計画を立てた。これを耳にした地元と当社は、元弾薬庫敷地を候補地として名乗りを上げ誘致運動を行った。これが功を奏し、調査の結果も適地とされ、ここに「こどもの国」が実現した。

東神奈川と八王子を結ぶ横浜鉄道が開通し、長津田駅が開設されたのは明治41年9月23日である。大正6年同鉄道は国有となるが、同10年ごろには客待ちのタクシーが早くも登場している。

田奈地区概略図

開発前の恩田町（現在の青葉台駅付近）

〈小川・鶴間地区〉

小川地区には数多くの谷戸と呼ばれる谷がある。それらの谷戸の水を集めた小川が、村の中央を南から北へ流れ、やがて恩田川に注いでいる。小川の流れている村ということで小川村と呼ばれるようになったといわれる。

江戸時代末期の戸数は80戸ほどで、中村、馬ノ瀬、萱場谷戸、柳谷戸などの小字に分かれていた。明治元年品川県に属し、同2年には小川地方はじめ町田地方はすべて神奈川県の管轄となった。明治22年の市町村制施行で小川村は南村の一区となり、自治制の第一歩を踏み出したが、同26年には東京府に移管され、さらに昭和29年町田町と合併、33年2月1日町田市小川となった。

小川の産業では養蚕、製糸、酪農、養鶏などが明治年間から行われていたが、他の地区同様しだいに衰微し、やがて蔬菜の栽培が主流となった。このほか村の大半が山林によって占められていたため、まつ、すぎが建築用材として、くぬぎ、ならなどの雑木が薪炭用として伐り出された。冬季には各所に土がまが築かれ、良質の木炭が横浜方面に出荷されていた。農家にとって冬季の有力な現金収入源となっていたことはいうまでもない。

鶴間地区[18]は、明治11年多摩郡が4郡に分かれ、神奈川県南多摩郡鶴間村となったが、その後の市町村制施行の折、鶴川村、町田村、南村、忠

長津田市街を通る大山街道

小田急江ノ島線中央林間駅（昭和30年代）

生村、堺村の5村に分かれた。大正2年には町田村が町田町になったが、他の4村はそのまま村制を存続した。昭和29年南村が町田町に合併され、つづいて33年忠生、鶴川、堺の3村も町田町と合併して町田市が誕生した。

〈公所、中央林間地区〉

公所の地名の起こりは、もとここに公所《ぐぞ》または公文所と呼ばれるおおやけの役所があったところから名付けられた。

江戸時代から明治初期にかけて公所および鶴間に新開地の開発が行われ、公所は公所新開または内山新開といわれた。しかし、この新開地は明治末期15、16戸の集落が、その後も発展をみせず、終戦後も24戸ほどだったといわれている。

昭和4年、それから約1㎞はなれたところを小田急江ノ島線が開通し、中央林間都市駅[19]が開設された。なお同駅は、16年10月「中央林間」と改称している。

注

（1）昭和21年11月12日に公布された「財産税法」は、悪性インフレ防止を目的とする臨時のものであったため、税率はかなり重かった。

このときの納税方法で注目されるのは広く物納を認めたことで、その対象は大半が不動産であった。これらの土地・建物の多くは、地上権、賃借権が付いていたので、財務局ではその権利者を優先順位として物納財産の払下げを行い、信託会社などにその事務を委託していたものである。

（2）天保11年（1840）～昭和6年（1931）。埼玉県地主の出、旧幕臣。慶應3年（1867）徳川昭武に随行、渡欧。維新後帰朝し静岡に商事会社を設立。ついで大蔵省出仕、明治6年退官、第一国立銀行を設立。以後王子製紙、大阪紡績、共同運輸、日本郵船など大企業の設立に参与し、日本資本主義確立期の実業界の第一人者となる。大正5年（1916）実業界を引退、養育院、感化院等の社会事業、日本女子大・東京女学館等の女子教育、国際親善に努めた。秀雄は子息。

（3）明治31年に刊行された『明日の田園都市（Garden Cities of Tomorrow）』の中で著者であるエベネザー・ハワードは、「田園都市とは田園の中にある都市、つまり美しい農村にとり囲まれた都市」と定義づけている。

（4）日本橋クラブは、当時の上流実業家の集まりで、服部金太郎らは京橋、日本橋の〝紳士的な商人〟としてその名が高かった。

本文以外の発起人に緒明圭造、柿沼谷雄、伊藤幹一、市原求、星野錫、竹田政智がいる。

（5）同趣意書は事業実施地域の地理的な位置と環境について次のように解説している。

「右の予定地は品川、大崎、目黒付近に於ける都市境界線を去ること西南約20町乃至1里余の中に在りて、土地高燥地味肥沃近く多摩川の清流を俯瞰し、遠く富岳の秀容と武相遠近の邱岳とを眺望し、風光の明媚なる宛然一幅の活画図なり。且つ其付近には歴史的の名所旧蹟各所に散在して、遊覧行楽の境亦従って鮮なからず、田園都市建設地として洵に無二の好適地なりとす」

(6)現JR線の前身。なお、院線→省線→国鉄→JRと推移した。

(7)このとき社長には矢野恒太が、専務取締役には五島慶太がそれぞれ就任した。

(8)これを機に矢野恒太は目黒蒲田・東京横浜両電鉄の社長を退き、代わって専務取締役五島慶太が代表取締役に就任した。

(9)東京高等工業学校の大岡山移転は、関東大震災で焼失した浅草区蔵前の同校跡地と、大岡山地区の田園都市㈱社有地30万㎡を交換したものである。

(10)東急不動産株式会社は沿線開発中心の当社田園都市業の行き方を転換し、沿線外でも積極的な宅地開発を進められるようにするため、昭和28年12月17日に設立された不動産専業会社である。設立時の資本金は3億円、社長には当社副社長（当時）の五島昇が就任した。同社は設立後、当社が策定した東急住宅5万戸建設計画を実施に移すとともに、大船玉縄城址一帯（１００ha）の開発を手がけるなど活発な事業展開を行った。東急住宅5万戸建設計画は、戦後の住宅不足の解消を目的とした政府の住宅建設10カ年計画に、民間の立場から協力する姿勢を打ち出したものである。

その内容は、当社沿線と東急不動産㈱の事業地内から、昭和30年度を皮切りとする5カ年間に5万戸の耐火住宅ならびに木造住宅を供給しようとするものであった。

(11)城西南地区開発のきっかけをつかむことになった経緯について、当時の田園都市課長山森作治郎は次のように述べている。

「五島会長は、担当の私を毎日のように呼んで、この土地はどうなった、あの土地はどうだ、と報告を求めるものですから、夢中で土地探しをしたのを覚えています。そうしたなかで、川崎の宮前地区でかなりまとまった土地が入手できるという話がありました。それは、旧陸軍62部隊の跡地で、面積は50万坪くらいだったと思います。

この土地は戦後旧軍人に払い下げられ、農耕地になっていましたが、農業経験のない人もおり、当時、離農者が相ついでいたという事情があったようです。

そこで早速、このことを五島会長に報告しましたところ、会長はこれに満足せず、もっと奥地、つまり山内・恩田といった大山街道の両側全部を探して来いという話に発展しました。会長は、ご自分なりに構想を練っていたようですが、これがきっかけになって城西南地区の開発が準備されたわけです。

しかし軍用地50万坪の買収は、当時の田園都市課にとって大変な重荷でした。まして今日みるような開発をやるなどとは、夢想だにしていませんでした」

(12)地区名は明治22年に実施された市町村制による村名で、当時はこの名称が地区名として頻繁に使用された。なお村名は、昭和13年から14年にかけて行われた川崎市および横浜市への編入にともなって次のように変わっている。

宮前……川崎市馬絹、梶ヶ谷、野川、有馬、土橋、宮崎の6字
中川……横浜市港北区中川町、青山田町、北山田町、牛久保町
山内……横浜市港北区元石川町、荏田町
中里……横浜市港北区寺家町、鉄町、鴨志田町、成合町、上谷本町、下谷本町、西八朔町、北八朔町、市ヶ尾町、黒須田町、大場町、小山町、青砥町
田奈……横浜市港北区恩田町、奈良町、長津田町
新治……横浜市港北区十日市場町、新治町、三保町

当社では、これら地域を総称して、城西南地区と呼称した。

(13)レッチワースとウェルウィンは『明日の田園都市（Garden Cities of Tomorrow）』の著者エベネザー・ハワードが建設した街である。彼は、１８９９年田園都市協会を創設するとみずからその会長に就任し、１９０３年最初の田園都市レッチワースを、そして１９２０年第二の田園都市ウェルウィンを建設した。

(14)五島会長の城西南地区開発プランは、戦前から脳裏に描かれていたものであった。

この点について、昭和6年から13年間五島慶太の秘書をつとめた出川清治は次のように語っている。

「昭和12～13年ごろ、五島慶太社長は、神経痛療養のため当時住んでおられた代官山から静かな郊外への転居を考え、日曜日ごとに散歩がてら土地をさがして歩かれた。結局、昭和14年に上野毛に転居されたが、この土地さがしが契機となって、日曜日ごとに上野毛から城西南地区へ出かけることが習慣となった。

当時、この地域はひなびた農村地帯であった。社長は散歩の際『いずれこの城西南地区に鉄道を建設してこの地域を開発する。それが私の夢である』と話しておられた。そして、『この城西南地域の開発こそ、自分に課せられた仕事である』と考えておられたようである」(『東急電鉄50年史』)

(15) 村には「影取谷戸」の大蛇伝説や火を入れないのに灯がともる「お化け灯籠」、病気を癒す「しばられの松」などの昔話が伝わり、近くに影向寺、平の白幡神社などの古刹がある。

(16) この地区には縄文中期(約4500年前)に人類がすでに生活を営んでいた跡がみられ、また奈良、平安時代にも人びとの活動していたことが伝えられているが、歴史の上にはっきりと姿を現わしたのは中世に入ってからである。足利尊氏が征夷大将軍となって室町幕府を開くと、弟の直義を関東管領に任じ鎌倉に政庁を置いた。このとき鎌倉街道沿いの元石川に石川城を、荏田に荏田城を築いている。その後江戸時代にこの地区は天領に定められ、大山街道に沿った荏田は宿場町となる。渡辺崋山(江戸後期の画家)の『游相日記』には荏田宿の升屋喜兵衛方に泊まった折の記事がある。

(17) 上谷本町の祥泉院には万葉歌碑が建てられ、碑面には筑紫に赴く防人とその妻の相聞歌が刻まれている。また近くにある中里学園は第二次世界大戦中の大陸開拓移民花嫁学校であったのが、昭和21年神奈川県に移管され、孤児の収容施設となっていた。のち23年4月の児童福祉法施行にともない児童福祉施設として新発足した。

(18) ちなみに鶴間の地名は、昔この地方が鶴の大生息地で、常に鶴の舞い上がるのが見られたところから鶴舞村と呼ばれ、これが鶴間に転訛したものであるといわれている。

(19) この駅名のいわれは、『小田急25年史』によると次のように記されている。

「昭和2年、大和において、山林乃至畑地を約63万坪、昭和4年に座間、大野において、約34万坪、合計約96万坪を当時の平均単価1円強で買収し、前者を南・中央林間、後者を東林間・座間と称し、林間と田園生活趣味を求める人達に提供することとした」

〔2－3－B〕東京急行電鉄社史編纂事務局編『東京急行電鉄50年史』（東京急行電鉄社史編纂委員会、一九七三年、六〇三～六〇七頁）

多摩田園都市の開発

相次いで区画整理組合を設立

昭和28年以来、当社は、大井町線溝ノ口以西の多摩川西南の丘陵地帯を開発し、大井町線を小田急電鉄江ノ島線中央林間まで延長、その沿線を東横線沿線に匹敵するほどの市街地に発展させよう、という構想で、土地の買収ならびに区画整理組合の設立を進めてきた。

そして、まず昭和34年5月1日、都市建設事業のモデルケースとして、第1ブロック・川崎市野川字西耕地の一部、約22万平方メートルの土地において、当社と地元の土地所有者が協力して、野川第1土地区画整理事業を開始した。この時点において、宮前地区でも、全区域９９０平方メートルの区画整理を行なう気運が盛上がっていた。また、第2ブロックの荏田地区（約23万平方メートル）では荏田第1土地区画整理組合の設立認可手続きを終え、さらには第4ブロック（現第3ブロック）の恩田地区（約43万平方メートル）でも組合設立の認可申請準備が進められていた。こうした区画整理事業の着工や区画整理組合設立の動きが、隣接する町田市、大和市にも伝わり、早期開発を要望する地元の声がしだいに高まっていった。当社では、こうした気運の盛上がったところで、この計画地域一帯を「多摩川西南新都市」と呼称することとした。

昭和37年3月20日、総事業費８２００万円をかけた野川第1土地区画整理事業が完成した。組合員数は当社を含めて93人であった。完成した野川第1地区は川崎市北郊の台地にあり、適当に山林が点在し、田園住宅地としては好個の適地であった。

地区の中央には東西方向に幅員15メートル、南北方向に12メートルの幹線道路が配置され、また幅員２・５メートルの歩道には街路樹が植え込まれた。

さらにショッピングセンター用地その他も確保された。

しかし、当地区は東横線と計画中の大井町線延長線の中間に位置していたため、交通が不便であった。そこで当社は、区画整理事業の完成後、ただちに乗合バス路線を新設し、武蔵小杉駅に連絡させ居住者の足を確保した。そのほか東光ストアに店舗を開店させ、さらに電話敷設・医院開業の促進、集中方式によるガス施設・街路灯設置などの先行投資を行ない、〝街〟としての形態を整えていった。

こうして、昭和37年8月までには、同地区東側半分の集合住宅予定地（4万７５００平方メートル）に、アラビヤ石油、富士フィルムなどのアパート群が建並び、また西側半分の個人住宅予定地（7万４３００平方メートル）には、当社の建売住宅その他個人住宅が建てられた。

このように、区画整理による整然とした新しい街をまのあたりに見ることにより、土地所有者らは区画整理事業に対する理解をいっそう深め、各地区に東急方式による区画整理組合設立の気運が醸成されていったのである。

そして、昭和36年4月の恩田第1土地区画整理組合の設立許可に引続いて、同年6月に荏田第1地区、翌37年4月に下谷本・西八朔地区、恩田第2地区、7月に有馬第1地区、12月に土橋地区と、昭和41年4月までに設立認可された組合は15、その事業面積は１１９６万３５２９平方メートルにのぼった。

一方、区画整理組合の設立、事業の進展につれて、当社の職制も逐次

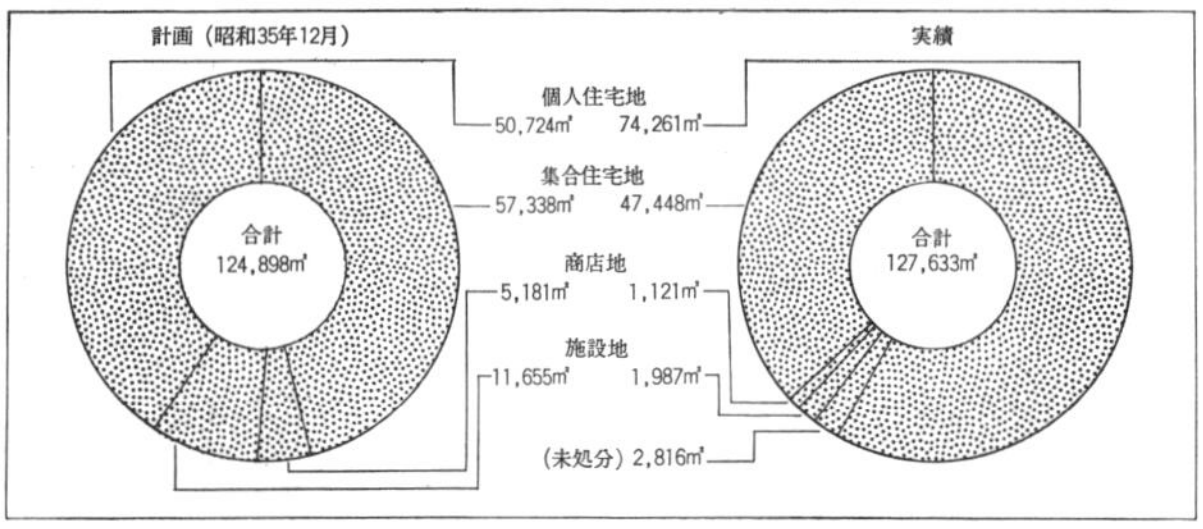

野川第１土地区画整理地域（当社取得地）用途区分

昭和38年当時の山内都市建設事務所（現たまプラーザ団地付近）

変化をみせていった。昭和31年10月16日に設けられた衛星都市建設部は、昭和39年2月1日に田園都市建設部と名称変更されるまで約8年間存続したが、その間、当社は、開発事務所を廃止して、区画整理事務所のほかに、区画整理組合の実質上の代行機関として、昭和37年6月16日に宮前、恩田、翌38年6月16日に山内の各都市建設事務所を設置した。さらに、昭和39年7月1日の大和都市建設事務所（田奈開発事務所が昇格）の設置以降、都市建設事務所の新設は相次ぎ、昭和48年2月現在で、多摩田園都市の都市建設事務所は9か所を数えている。

多摩田園都市と呼称

昭和31年7月に策定された当社の多摩川西南地域の開発マスタープランによると、同地域は第1ブロックから第4ブロックに分けて区画整理が行なわれる計画になっていた。しかし、このうち横浜市港北区の第3ブロック（茅ケ崎町、勝田町、川和町など10町）は、昭和36年になって、次のような理由から、区画整理対象地域からはずされた。なお、この地区は、現在の港北ニュータウンの一部である。

① 第3ブロック内を縦貫する東急ターンパイク構想が、新たに第3京浜道路が建設されることとなったため、建設省の認可がおりず白紙還元されたこと。

② 該当地区の用地買収が困難であったこと。

③ 計画中の大井町線延長線沿線の居住者の間に鉄道の早期建設を望む声が高まり、鉄道用地買収に協力する態度が打出されたこと。

そして、新たに従来の第4ブロックが第3ブロックに、また第4ブロックとして長津田以遠中央林間までの900万平方メートルが加えられ

野川第１土地区画整理事業に伴う当社取得地

区　分	面　積	摘　要
	㎡	
換　地	78,347	当社買収地に対する代替
保留地	49,286	組合との契約により事業の見返りとして取得した土地
合　計	127,633	

土地区画整理組合設立認可一覧表

（昭和41年４月現在）

区画整理組合名	事業面積	設立認可申請年月日	認可年月日
	㎡	昭	昭
野　川　第　1	221,068	33. 7. 5	34. 5. 1
恩　田　第　1	273,755	35. 6. 6	36. 4. 1
荏　田　第　1	297,168	34. 5.28	36. 6.10
下谷本・西八朔	1,044,671	36.11.24	37. 4.14
恩　田　第　2	1,729,233	36.12.21	37. 4.14
有　馬　第　1	688,577	36.10.27	37. 7.13
土　　　橋	1,210,710	37. 6.27	37.12.15
元 石 川 第1	1,180,411	37. 9. 4	38. 3.15
恩　田　第　3	649,597	37.12.21	38. 6.15
市 ケ 尾 第1	288,986	38. 2. 7	38. 9.14
下 谷 本 第2	640,182	38.12.27	39. 6.25
宮　　　崎	1,298,901	39. 2. 5	39. 9. 7
梶 ケ 谷 第1	766,746	38.12.27	39.12. 3
大和市北部第1	1,125,344	40. 1.29	40. 7. 6
恩　田　第　4	548,180	39. 8. 6	40. 9.25
計	11,963,529		

土橋地区の土地区画整理事業起工式

た。

当初は昭和38年10月11日、大井町線延長線の建設着工を機に、大井町線を「田園都市」線に、多摩川西南新都市を緑の新都市、近代的な田園都市にするために、「多摩田園都市」と呼称変更した。

ペアシティ計画による開発推進

昭和41年4月、当社は建築家菊竹清訓と共同で、多摩田園都市開発計画として〝ペアシティ計画〟を企画、立案した。ペアシティとは〝梨の街〟という意味である。この計画は、従来から多摩川梨の産地として名が知れていた多摩田園都市一帯に、みずみずしい果実を模して拠点をつくり、周囲に枝葉を張るようにサービスのネットワークを完成させようというものである。

ペアシティ計画によると、新都市開発は次のように第1期から第4期まで各5年単位で行なわれ、昭和60年には、人口40万人の都市が出現することとなっている。

① 第1期（昭和40年〜45年）準備期

区画整理の終わった地域のうち、その中心となる場所、つまり駅前に複合施設（プラーザビル）をつくる。そのほか自動車交通路、地域内主要道路（ブルーバード）の性格を定め、必要個所を整備する。また、都市機能をもつ近代的副々都心拠点（ショッピングコリドール）の土地利用方法に対する地主の協力を確立する。

② 第2期（昭和46〜50年）開発期

駅前複合施設の増設と第1段階地域の近隣地区に住区センター（クロスポイント）を建設、さらに住居拠点（ビレジ）の建設、ショッピングコリドールの充実、ブルーバードの延長を図る。

③ 第3期（昭和51年〜55年）発展期

クロスポイントの充実とビレジの増設、コリドールの拡充整備、公共サービスのネットワークの増大、歩道設備の整備を図る。

④ 第4期（昭和56年〜60年）調整期

緑地地域の整備、歩道の充実、第1・2・3各段階での拡充を図る。

このペアシティ計画を根幹として、多摩田園都市は着実に街の機能を拡大していった。当社はまず、日本住宅公団や神奈川県住宅供給公社による団地の建設を速めることに努めた。その結果、青葉台駅前には10階建て385戸の青葉台プラーザビル（日本住宅公団、昭和42年8月完成）、たまプラーザ駅前には分譲アパート90戸（神奈川県住宅供給公社、昭和43年2月完成）が早々と建並んだ。続いて、同じく、たまプラーザに5階建て1254戸の分譲アパート（日本住宅公団、昭和43年3月完成）、田奈駅付近に4階建て416戸の分譲アパート（神奈川県住宅供給公社、昭和43年7月）が完成している。また、当社においても、社有地ならびに地元所有地利用による拠点施設の建設に着手し、駅前拠点の市が尾プラーザビル、住環境のモデル施設としての桜台コートビレジ、宮崎台ビレジなどや、おもな地点には、近隣住区の日常生活のセンターとして江田ドエリング、北しらとり台ドエリングを建設した。

さらに住宅建設の促進、土地販売、アフターサービスを行なう拠点として、青葉台と鷺沼にそれぞれサービスセンターが開設された。電話局・郵便局・学校も続々と開設、開校された。また、ＣＡＴＶ（有線テレビ）の実験放送も開始している。

この結果、多摩田園都市の人口は、田園都市線開通前の4万5000人から昭和47年9月には、約15万人となった。

この間、区画整理事業は着実に進捗し、事業を完了した野川第1、有馬第1などの土地区画整理組合は、逐次解散していった。

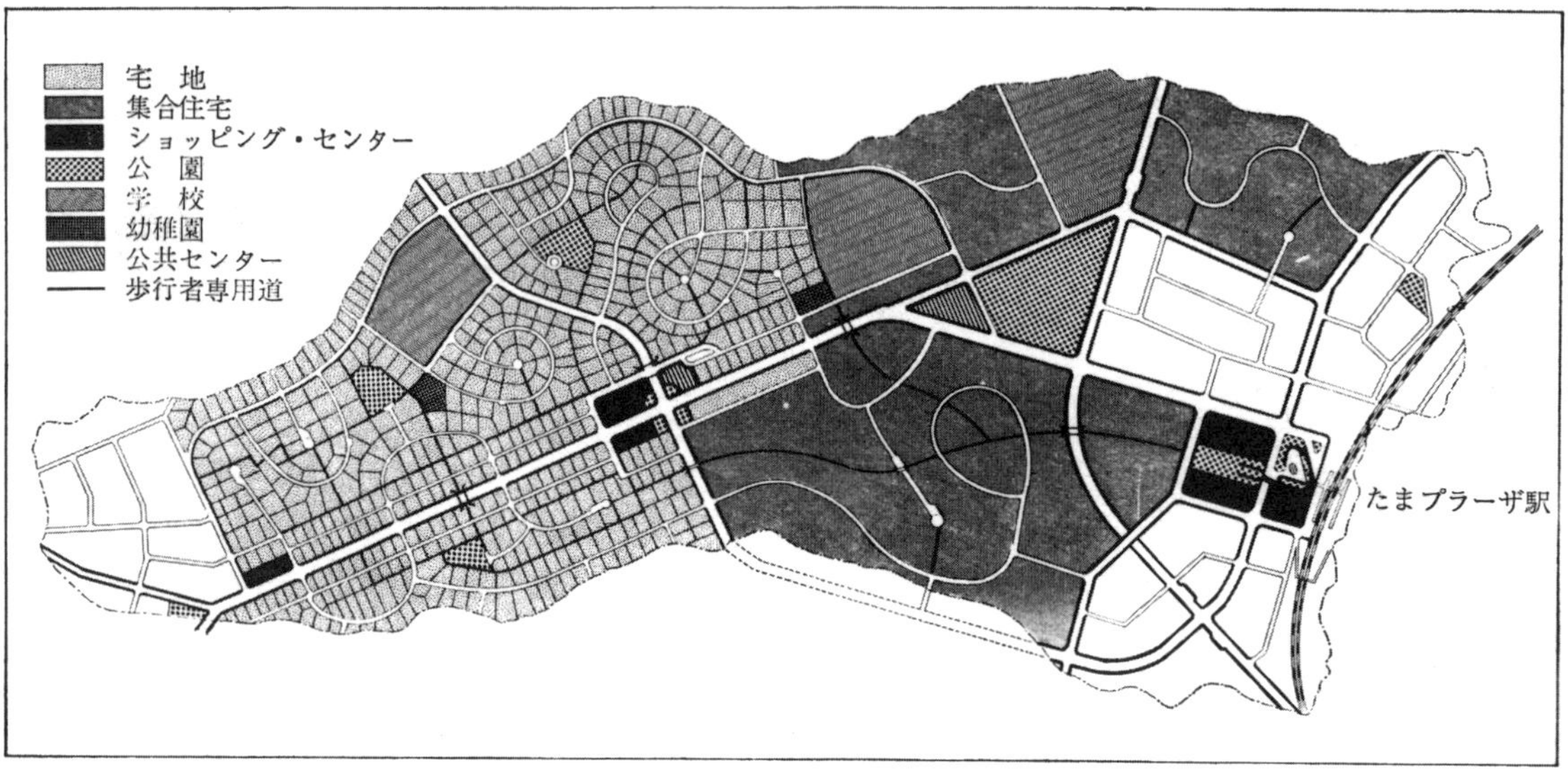

元石川地区マスタープラン

クロスポイント、ビレジ、プラザ

クロスポイントは、主要道路の交差する地点に重点的に配置された、半径５００メートルの地区を対象とした開発拠点で、日常生活に必要なショッピング施設、および公共サービス施設と集合住宅で構成されたもの。またクロスポイントは、多摩田園都市内で視覚的サインとしての役割をもち、地形や交通関係を考慮しながら、約１００メートル間隔に分布される。昭和47年12月現在、７か所に完成している。

ビレジは、住居地区の拠点となるよう、やや高級な住居を中心とした施設で、各戸に庭つきのテラスを取入れたり、プール・レストランを併設したりして、周辺の開発を刺戟し、波及効果が期待されるようにしたもの。住居は分譲・賃貸を併用して建設し、土地所有権を施設に立体転換する方法など、多様な手段が講じられている。昭和47年12月現在、こうした意味のビレジの数は4となった。

プラザ（プラーザ）は、コミュニティー・センターの働きをもつよう計画されたもので、田園都市線延長線の駅前広場と有機的に関連させ、さらにショッピングセンター、公共施設と高密度の住居をあわせて建設された。昭和47年12月現在４棟のプラーザビルが完成している。

〔2-3-C〕
東急不動産総務部社史編纂チーム編『街づくり五十年』（東急不動産、一九七三年、三三七～三五八、三七三～三八二、四〇一～四一七頁）

第4編 総合都市産業を目ざして（昭和42年～48年）

第1章 住宅産業への展開

1 建売住宅拡大方針の決定

(1) 政府の住宅政策の強化

「住宅建設計画法」の制定

昭和30年代は、わが国の産業経済が急速に発展した時代であり、人口の都市集中、世帯の細分化（核家族化）等が進行し、都市部においては、深刻な住宅難の時代であった。昭和41年6月政府は、国民の住生活を適正な水準まで高めるため、長期にわたる総合的な計画を策定し、これに基づき国、地方公共団体および国民が協力して、住宅の建設を強力に押し進めることを目的とした「住宅建設計画法」を公布した。

この法律によると、建設大臣は、都道府県知事が、市町村長の意見に基づいて作成し、提出してきた資料と、住宅宅地審議会の意見を参考にして、住宅の需要および供給に関する長期見通しを立て、昭和41年度以降の毎五カ年を各1期として、その期間中の住宅建設に関する計画（住宅建設5カ年計画）を策定しなければならないとされている。

また、この住宅建設計画法の特色は次の通りである。

(1) 5カ年ごとの計画立法

同法は、5カ年限りの緊急措置法ではなく5カ年ごとの計画立法である。これは、わが国の住生活を適正な水準に安定させるためには、長い年月がかかるとともに、住生活の水準自体が社会経済の進歩発展に応じて不断の向上を図るべきものであるという認識に基づくものである。

(2) 住宅建設の一元化

住宅建設5カ年計画は、民間を含む総合的な住宅建設目標を定める。公営住宅、公庫住宅、公団住宅など公的資金による住宅建設など、従来、ややもすれば総合性を欠いていた住宅建設計画の一元化を図った。

(3) 地方住宅建設5カ年計画

全国の住宅建設5カ年計画のみでなく、地方の住宅建設5カ年計画も作成する。

第1期住宅建設5カ年計画

住宅建設計画法に基づいて、昭和41年7月第1期住宅建設5カ年計画を策定した。この第1期計画によると、従来からの住宅難と人口の都市集中、世帯の細分化等による新規の住宅需要を充足し、あわせて国民の居住水準の向上を図ることにより、昭和45年度までに、すべての世帯ができるだけ「1世帯1住宅」を実現することを目的としていたが、計画内容は次の通りである。

1　居住水準の目標

国民のすべての世帯が国民経済の成長発展に即応して、その家族構成、居住する地域の特性等に応じ、昭和45年度末までに少なくとも、小世帯については9帖以上、一般世帯については12帖以上の住宅を確保する。

2　住宅建設戸数

昭和41年以降の5カ年間に、670万戸の適正な質を備えた住宅の建設を図るものとした。この670万戸の建設必要戸数は、次のように求められた。（別表①参照）

昭和38年の住宅統計調査によると、9帖未満の住宅に2～3人の世帯が住み、または12帖未満に4人以上の世帯が住むといった狭小過密住宅や老朽住宅などに居住する者のための不足数が278万戸、さらに世帯の細分化が続き、45年度末には普通世帯の平均世帯人員が3・8人程度になると推定した場合には、普通世帯数の増加は380万世帯となる。また、住宅の建替え、除却住宅の補充のための住宅数は、過去のすう勢からみて143万戸、人口の移動を円滑にするために必要な空家の増加が52万戸と推計された。以上の合計853万戸は、昭和39年～45年ま

①　第1期住宅建設5カ年計画の住宅必要戸数の推定

住宅需要等の内訳	測定値
(1)　昭和39～45年度住宅建設必要戸数	853万戸
①　昭和39～45年度の普通世帯数の増加(イ)－(ロ)	380万世帯
(イ)　昭和45年度末普通世帯数	2,530万世帯
a　昭和45年度末総人口	10,304万人
b　〃　普通世帯人口	9,614万人
c　〃　普通世帯人口率	93.3%
d　〃　普通世帯の規模	3.8人/世帯
(ロ)　昭和38年度末普通世帯数	2,150万世帯
②　昭和38年度末住宅不足数	278万戸
③　昭和39～45年度の間の減失住宅の補充	143万戸
④　昭和39～45年度の間の必要空家の増加	52万戸
(2)　昭和39年度および40年度住宅建設戸数	181万戸
(3)　昭和41～45年度住宅建設必要戸数(1)－(2)	672万戸≒670万戸

②　第1期住宅建設5カ年計画の実績

区分	計画戸数	実績	達成率
	千戸	千戸	%
公営住宅（含改良）	520	478.9	92.1
公営住宅	440	445.5	101.3
改良住宅	80	33.4	41.8
公庫住宅	1,080	1,087.3	100.7
公団住宅	350	335	95.7
その他の住宅	480	664.1	138.4
調整戸数	270	—	—
公的資金による住宅計	2,700	2,565.3	95.0
民間自力建設住宅	4,000	4,174	104.4
合計	6,700	6,739.3	100.6

③　戦後の住宅建設戸数

（単位：千戸）

種別／年度	公営住宅	改良住宅	公庫住宅	公団住宅	その他の住宅	公的資金による住宅計	民間自力建設住宅	合計
20～25	274	—	62	—	297	633	2,136	2,769
26～30	224	—	256	20	118	618	944	1,562
31～35	246	2	459	148	130	985	1,594	2,579
36～40	288	22	640	188	321	1,459	2,537	3,996
41	73	4.5	168	53	107	405	686	1,091
42	82	5	199	61	118	465	764	1,229
43	88	5.5	223	65	122	503	795	1,298
44	100	8	246	79	149	582	918	1,500
45	103	10.5	252	77	168	610	1,011	1,621
41～45	446	33.5	1,088	335	664	2,566	4,174	6,740

（注）(1)　27年以降の戸数には、住宅事情の緩和に役立つと考えられる増築を含んでいる。
(2)　35年以降の「民間自力建設住宅」は、住宅事情の緩和に役立つと考えられない狭小住宅（2～3人世帯で9帖未満、4人以上の世帯で12帖未満の住宅）を除いた戸数である。
(3)「その他の住宅」は、厚生年金住宅、雇用促進住宅、入植者住宅、公務員住宅等である。

での数であるため、39年、40年にすでに建設された181万戸を差引いた残りの約670万戸が、41年度～45年度の建設必要戸数として設定された。

また、この670万戸の建設計画における公的資金による住宅は、270万戸であり、残りの400万戸は民間自力建設住宅に委ねられていた。（別表②参照）

この第1期計画は、別表の通り、昭和45年度末までの5年間に建設された住宅は、674万戸に達し、建設戸数でみる限り、その目標は達成することができたといえる。しかし、昭和43年10月実施された「住宅統計調査」（総理府統計局）の結果によると、狭小住宅、老朽住宅など住宅難世帯が、全国で360万世帯もあり、これは全国普通世帯2469万世帯の15%を占めている。この住宅難世帯は、昭和45年度末には300万世帯に減少していると試算されているが、38年10月の住宅難世帯431万世帯にくらべ130万世帯（30%）の解消に過ぎず、居住水準の立遅れは、なお著しいものであった。その原因として次の点があげられる。

(1) 住宅建設必要戸数の想定が過少であった。

(2) 計画のねらいであった住宅難世帯のうち、重点を置くべき勤労者のための公的住宅が十分でなかった。

(3) 地価の高騰が良質な住宅の建設を妨げた。

第2期住宅建設5カ年計画

第1期計画は、戸数のうえでは計画目標を上回ったが、質的にみると必ずしも十分といえるものではなかった。特に大都市およびその周辺地域においては、昭和38年～43年の5年間ほとんど減少していない（別表⑥参照）。全国の住宅難世帯のうち、大都市周辺地域の14都府県における住宅難世帯の占める割合は、昭和38年の58%から43年には65%に増大している。

また、わが国の人口は、国勢調査によると昭和36年～45年の間に年率約1%で増加している。これに対して普通世帯数は、36年～40年の間に年率3・2%、41年～45年の間に年率3・0%とかなり高率で増加している。これは昭和30年以降の人口の大都市集中に伴う世帯の細分化の進行と、核家族世帯の増加のためである。さらに、戦後の昭和22年～24年のベビーブーム期に出生した年齢層が結婚適齢期に入り、新規世帯の増加が著しいと考えられる。

このような実情に対し、昭和46年3月政府は、46年度～50年度を計画年度とする第2期住宅建設5カ年計画を策定した。第2期計画の内容は次の通りである。

1　計画の目標

従来の住宅難を解消するとともに、人口の都市集中、世帯の細分化等に伴う新規の住宅需要を充足する。あわせて国民の居住水準の向上を図るため、昭和50年度までにすべての世帯が最低限必要な居住室の規模を有し、かつ適切な構造および設備を備える居住環境の良好な住宅に住むことができるようにすることを目標としている。

最低限の居住水準は、長期的には食事室と寝室の分離と、各個人が分離して就寝することを可能とする「1人1室」を備えるものとする必要がある。また台所、便所、浴室などの必要な設備を備えた住宅に住むことのできるようにすることを目標としている。

2　住宅建設戸数

「1人1室」以上の計画目標の達成を図るために、昭和46年～50年の間に「1人1室」を有する規模の住宅950万戸の建設を設定した。この950万戸の必要建設戸数は別表④の通りである。このうち公的資金による住宅建設は380万戸であり、残りの570万戸は民間自力建設に委ねられている。公的資金による住宅については、首都圏、近畿圏、中部圏の大都市圏に住宅難世帯が集中していることから、380万戸のうち270万戸（約70%）を大都市圏に建設することにしている。またこの地域では、職住接近を図るため高層住宅（6階建以上）の建設割合を従来の8・5%から28%に引き上げることにしている。特に公団住宅では45%までを高層住宅としている。一方、民間自力建設570万戸の達成のために、①大都市近郊農家が建設する賃貸住宅に対して、利子補給制度の新設、②民間の都市再開発事業に対し、住宅金融公庫、日本開発銀行による融資制度を創設する。

農家等賃貸住宅利子補給制度は、首都圏、近畿圏、中部圏の市街化区域と近郊整備区域を対象に農家など土地所有者が個人または共同により、農協資金などを借り賃貸住宅を建設する場合、国が利子補給するというものである。

また都市再開発融資制度は、民間資金を活用して大規模な都市改造を図ろうというものであり、住宅供給事業には住宅金融公庫、市街地整備

④　第2期住宅建設5カ年計画の住宅建設必要戸数の推定

（単位：万戸）

(1)　昭和44～50年度の住宅建設必要戸数	1,259
①　普通世帯数の増加	492
②　人口の社会移動等	156
③　水準以下住宅の解消	275
イ　老朽住宅	(6)
ロ　要大修理住宅	(29)
ハ　狭小住宅	(210)
ニ　同居および非住宅居住	(30)
⑤　減失住宅の補充	336
(2)　昭和44～45年度の住宅建設戸数	310
(3)　昭和46～50年度の住宅建設必要戸数(1)－(2)	949≒950

⑤　事業主体別建設戸数

（単位：千戸）

区分	第2期5カ年計画 46～50年度(A)	第1期5カ年計画 計画（41～45年度）	実績（41～45年度）(B)	達成率 %	(A)／(B) 倍
公営住宅（含改良）	670	520	478.9	92.1	1.40
公営住宅	590	440	445.5	101.3	1.32
改良住宅	80	80	33.4	41.8	2.40
公庫住宅	1,370	1,080	1,087.3	100.7	1.26
公団住宅	460	350	335	95.7	1.37
その他の住宅	920	480	664.1	138.4	1.39
調整戸数	380	270	—	—	—
公的資金による住宅計	3,800	2,700	2,565.3	95.0	1.48
民間自力建設住宅	5,700	4,000	4,174	104.4	1.37
合計	9,500	6,700	6,739.3	100.6	1.41

⑥　地域別住宅難世帯数

（単位：千世帯）

地域名	昭和43年 普通世帯数 A	住宅難世帯数 B	同左地域別構成比	住宅難率 B/A	昭和38年 普通世帯数 A_1	住宅難世帯数 B_1	同左地域別構成比	住宅難率 B_1/A_1	増減率 $\frac{B_1-B}{B_1}$
南関東（東京、神奈川、埼玉、千葉）	5,903	1,345	% 37.3	% 22.8	4,564	1,361	% 31.6	% 29.8	% △1.2
東海（静岡、愛知、三重、岐阜）	2,630	289	8.0	11.0	2,233	340	7.9	15.2	△15.0
近畿臨海（大阪、兵庫、和歌山）	3,270	625	17.4	19.1	2,593	667	15.5	25.7	△6.3
近畿内陸（京都、滋賀、奈良）	916	101	2.8	11.0	808	137	3.2	16.9	△26.3
小計	12,719	2,360	65.5	18.6	10,198	2,505	58.2	24.6	△5.8
その他の地域	11,967	1,241	34.5	10.4	10,913	1,801	41.8	16.5	△31.1
全国	24,686	3,602	100.0	14.6	21,111	4,307	100.0	20.4	△16.4

（注）38～43年「住宅統計調査」（総理府統計局）による。

には日本開発銀行が低利融資を行なうというものである。

(2) 住宅市場の動き

活発化する住宅業界

第1期住宅建設5カ年計画にみられるような膨大な需要に対して、供給体制は零細な工務店や大工・左官・トビなどによる一品注文生産方式が大部分を占めている。このような生産方式は、労賃の上昇や資材の高騰を生産性の向上によって吸収することができないため、住宅建築費は恒常的に値上がりを続けた。このような地価と住宅建築費の高水準の上昇は、一般の住生活充実の大きな阻害要因となった。これに対し、民間住宅業界では、第1に、当社が先鞭をつけ拡大した住宅提携ローンが、昭和42年ごろから大幅に長期化・大型化したことがあげられる。第2は、住宅のプレハブ化、住宅の部材・部品流通面の合理化、現場施工面のシステム化などによるコスト・ダウンの努力があり、大手プレハブ・メーカーの本格的台頭となった。また、大手による在来工法を改良しての大量生産・販売の方向となって現われてきた。第3は、1戸建住宅の高騰に対応する動きとして、中高層住宅（マンション）の供給が増大してきた。

このような動きの中で、昭和43年ごろから〝住宅産業〟という言葉が出現し、オリンピック後の不況からの脱出の意味もあり、産業界の住宅産業分野への進出が激化してきたのである。

激化する大手企業の進出

こうした時代背景のもとに建売住宅の推移をみると、昭和30年代後半から本格化した建売住宅は、当初は中小工務店等が住宅公団の建設した住宅団地に隣接して小規模に建設していたものが多かったが、40年代に入ると〝住宅産業〟は将来の有望産業として、大手の不動産業者、建設業者、あるいは商社等が生活関連施設を整備して大規模な住宅地開発として建売住宅を供給するようになった。

住宅産業は「宅地の造成から建築資材の生産、住宅の建築、販売のほか、住宅需要者への融資まで含んだ総合的な分野」であり、土地・建物の開発・建設に限らず、広く建築材料、各種施設、電気、ガス、家具、その他家庭用品を含み、現代産業のあらゆる方面と結

1世帯当り世帯人員の推定（普通世帯）

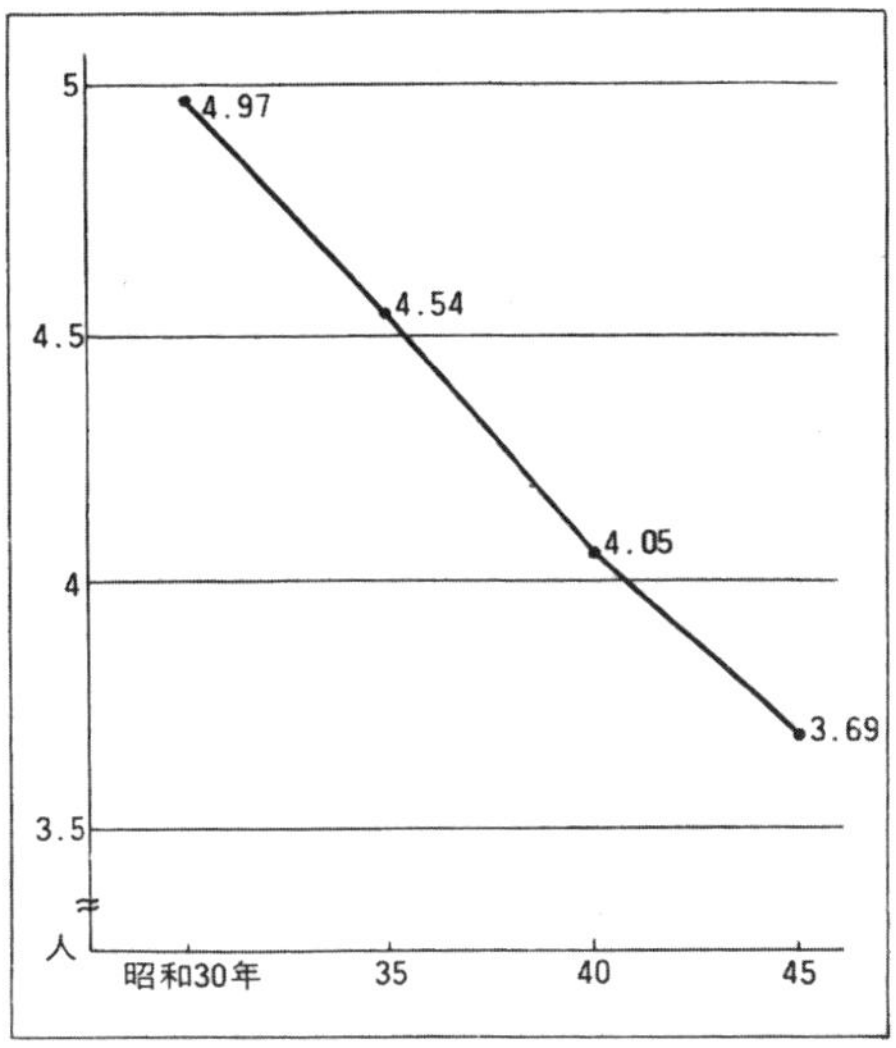

（注）国勢調査による。

地価および建築費推移グラフ

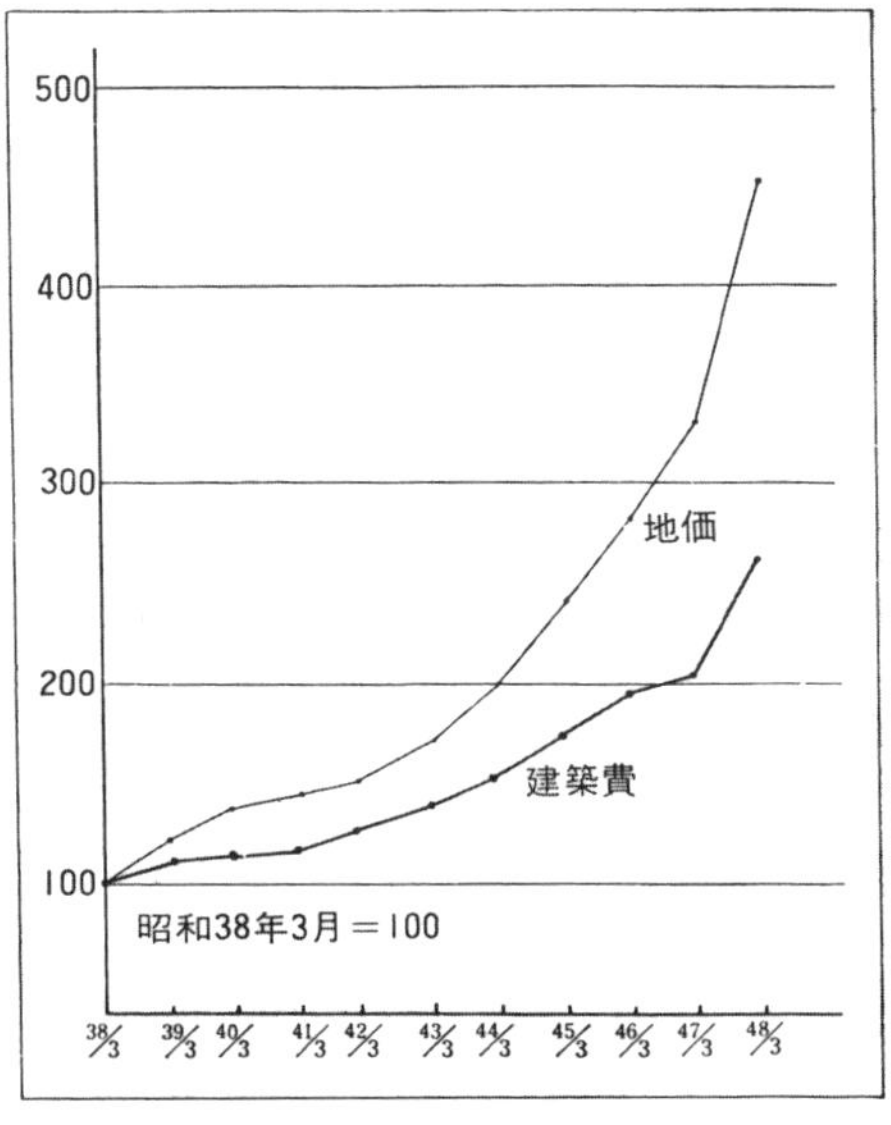

（注）日本不動産研究所資料による。
地価推移は6大都市における住宅地価格である。
建築費推移は全国木造建築費である。

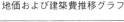

大手企業進出の新聞記事（46.11.8日刊工業）

合する独特の産業である。

政府の第1期住宅建設5カ年計画では、６７０万戸の住宅建設が計画され、前5年間（昭和36年～40年）の建設戸数の1・7倍、事業量で約2倍に相当する。しかし、それでもまだ住宅の不足をきたし、昭和41年建設省の国土建設の長期構想案によると昭和41年～60年までの20年間で２７００万戸、投資される金額が約１２０兆円という膨大なものである。また住宅建設の景気浮揚効果について、建設省が試算したところによると、住宅投資額1に対して平均2・７８という誘発効果を持っている。このように住宅産業は昭和60年までに１２０兆円、年間6兆円であり、波及効果を入れると実に年間17兆円にのぼる大市場を持つ産業といえる。現在の花形産業である電子工業、自動車工業が年間2兆円という額からみても、そのスケールの大きさがわかる。

このため、他産業の企業が住宅産業に無関心でいるはずがなく、続々と住宅産業界に進出してくることになり、住宅産業が一躍ブームに乗ったのである。

それでも昭和44年ごろまでは、従来からの土地分譲に重点が置かれていたが、大手業者は年々建売住宅に重点を移してきた。その理由として、

(1)　住宅の膨大な潜在需要を見込んだ点である。住宅の建設において、従来の工務店などによる建設方法が限界に近づきつつあるため、量産量販という規模の利益を追求するようになる。

(2)　土地分譲において、用地の取得難、公共負担の増大など土地分譲に関する経営環境が大きく変化し、土地の販売以外の利益の確保が求められる。

(3)　住宅ローンが、昭和42年以降急速に長期化し、超金融緩和とともに、住宅購入資金が拡大された。

以上のような要因を背景に、建売住宅業界は、中小業者の時代から大手の時代に移り、昭和46年ごろからは、三井不動産、西武不動産などが、在来工法の木造住宅を中心に全面建売団地の供給を多くし、いずれも、金融の超緩和状態等による需要力の増大と供給絶対量の不足により好調な売れ行きであった。

また中高層住宅においても、郊外の大型面開発を中心とする本格的大量販売時代に入った。中高層住宅は、昭和46年後半にドル・ショックと日照紛争などにより、その供給ペースは一時ダウンしたが、47年度に入り再び活発化した。

（3）当社建売住宅の飛躍

全区画建売住宅分譲の実施

当社の住宅分野への本格的進出の推移をみると、まず1戸建注文住宅の分野では、昭和41年に在来工法の一部を改良した住宅を「東急ホーム」の名称をつけて、建設、販売を開始した。また中高層住宅の分野では、第2次マンションブームといわれた昭和43年に藤沢オークス、フェニックス合わせて２３５戸の販売を行ない、当社設立当初の東急スカイライン、代官山アネックス以来の中高層分譲アパートの供給を再開した。

昭和44年、五島昇社長は、年頭あいさつにおいて「今後の課題は住宅産業への進出」として、当社の住宅産業分野の強化について、次の通り指示した。

東急ホームＲＤ型（デラックス型・和風）

東急ホームＲＳ型（スタンダード型）

東急ホームＲＤ型（南欧風）

東急ホームＲＤ型（洋風）

東急ホームＰ型（ピロティ型）

東急ホームＦ型（超デラックス型）

東急ホーム建設戸数の推移（48年度は推定）

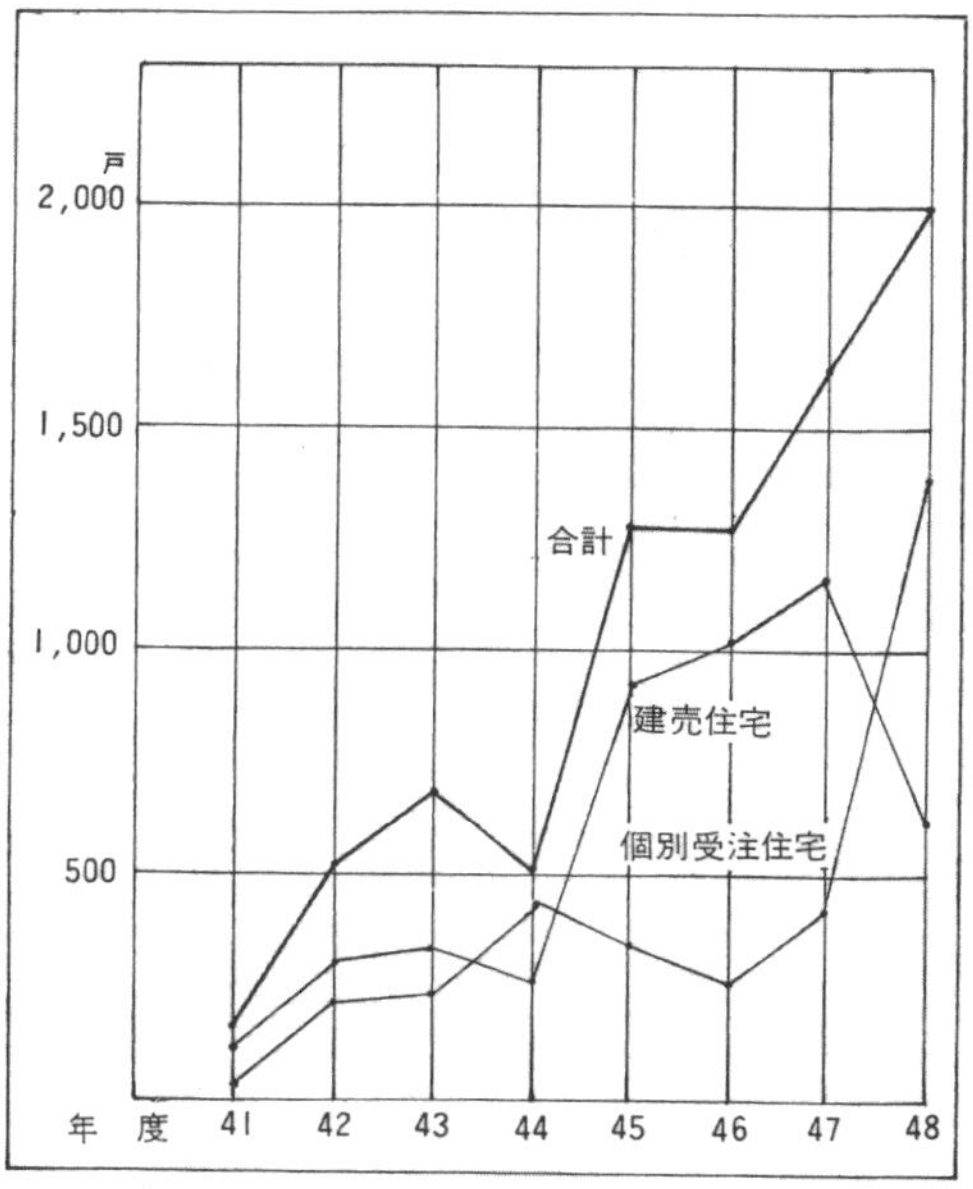

「…今年から重点的に取り組んでいく長期の目標として、住宅産業という課題が諸君に与えられている。…住宅は個人の希望というものがあるので規格化は難かしいと思うが、人間の好みはそんなに変わるものではないから、決して規格化できない産業ではないと考える。必ず住宅は規格化されて、大量生産化される時代がくると思う。住宅産業の投資の大きさを数字でみると、43年が約3兆円で、鉄鋼より大きいのに、まだ完全な産業の形をとっていないということは、非常によいチャンスである。…立派に住宅産業を扱う不動産会社に成長してもらいたい」

同年、当社は〝新しい成長の課題〟として昭和44年度～48年度の長期計画を立てた。その中で特に大きなポイントとして次の3点をあげた。

(1) 住宅産業へ進出する第1段階として東急ホームの飛躍的拡大
(2) 都市再開発事業の一環として、あるいは近郊住宅地における立体開発の必要性に応じて高層住宅（東急ドエル）の拡大
(3) 営業所網の拡大、およびコンピュータによる情報システムの開発に基づく仲介収入の増大

このような住宅分野の拡大計画は、デベロッパーを取り巻く経営環境の大きな変化に対応するための重点戦略として実施に移された。

当社は、昭和44年の長期計画に基づく、住宅分野への事業展開として次の通り実施策を策定した。

(1) 施工業者の育成強化を含めた当社の総合的な住宅建設体制の急速な整備
(2) 東急ホームの伸長をバックアップする住宅地供給力の強化
(3) 住宅建設における在来工法の合理化によるコスト・ダウンの努力および商品の質的研究の強力な推進
(4) 営業部門における住宅の販売体制の強化
(5) 中高層住宅用地の積極的確保

東急ホームの拡大計画は、長期計画においては個別受注住宅が主体であったが、当面の実施策としては、部材を大量に一括購入し、現場で一括加工することにより、現場労務費を大幅に短縮でき、工期も短縮できるフィールド・ファクトリー工法の有利性を生かした建売住宅が主体となった。昭和45年度には、フィールド・ファクトリー工法による武里ニュータウンにおける全区画建売住宅の分譲を行ない、一挙に年間1000戸を突破した。この昭和45年度は金融引締効果のピークであり、販売には相当の努力を要した。

武里ニュータウンの全区画建売方式は、業界におけるパイオニア的存在であり、その後の大手各社の建売拡大方針への大きな刺激剤となった。

大宮プラーザ「タウンハウス」

タウンハウスの開発

建売拡大方針を打ち出した当社は、さらに、近代的なタウンハウスを開発して、住宅産業界に新風を吹き込んだ。このタウンハウスは、昭和46年9月に大宮プラーザにおいて販売した。「タウンハウス」を日本式にいうと「連棟式独立住宅」といえる。タウンハウスは集合住宅の一種であるともいえるが、中高層住宅の味気なさを解消し、わが国の伝統的な1戸建住宅の最大の魅力〝庭〟を持つ合理的な住宅である。

このタウンハウスが、時代によくマッチした近代的合理的住宅として業界において注目を集めたのは、最近の異常な地価高騰により、1戸建住宅に住みたいが、高すぎてあきらめざるを得ないという状態に対処し

て、住宅の敷地面積を小さくすることにより、1戸当りの総額を安くし、〝庭付き住宅〟実現の夢を果たしたことである。また、当社のタウンハウスは、連棟式とすることによって、土地の有効利用率を高め、それによって節減した費用を、建物の設備の充実に振り向けた。そのひとつにダイキン工業との共同研究による集中冷暖房用ダクトの配管施工がある。これによって、いつでも希望に応じてわずかな工事費で集中冷暖房が可能になった。このような近代的な機能面だけでなく、外観上は連棟式のように見えるが構造的には1戸1戸が独立しており、防火や遮音の性能を高めるとともに、長屋というイメージを打ち消し近代的でデラックスな感じを持たせた。このタウンハウスは、中高層住宅のような合理性、便利性を持ち、同時に1戸建と同じように庭を楽しむこともでき、中高層住宅の区分所有のように土地の共有ではなく、自分の土地の範囲も明確になっており、資産価値、換金性などについても1戸建住宅に変らない画期的なものである。

2 新製品・新工法の開発

(1) 住宅生産方式の合理化

住宅生産のシステム化

昭和44年に始まった当社の住宅産業への進出は、ひとつには在来工法による東急ホームの拡充と、もうひとつに住宅生産の工業化による量産住宅の開発があった。

昭和44年ごろにおける東急ホームの建築方式の特性として商品の規格化は進められていたが、生産面の合理化については、ほとんど研究されていなかった。大型住宅地における集団建設についても、個別の住宅を1戸1戸つくる方式がとられ、当社は、請負業者が建てる住宅の質と工期を監理するにとどまっていた。

地価の高騰、建築資材、労務費の高騰により、コストの上昇が恒常的になる傾向があり、住宅供給と顧客の購買力を結びつけるには、良質、低価格の住宅ができる体制をたてる必要があると考え、当社は、東急建設、流通技研の3社で、昭和44年12月に東急ホーム建築合理化調査グループを編成した。

このグループでは「集団建設における住宅生産の合理化」を主要テーマに掲げ、次のような研究を進めた。

(1) 建築工程の合理的編成のために、建築のネットワークの検討と建築作業時間の研究
(2) 現場作業の効率化のために部材化の拡大、完成部品の導入、新建材の活用等新しい建築工法の開発
(3) 集団建設のメリット追求のため団地工場の建設に関する研究
(4) 大量建設に伴う資材購入方法の合理化

この研究により、東急ホーム集団建設システムの開発に取り組んだ。この研究は、昭和44年12月から47年3月までの2年4カ月であり、次の2段階で進めた。

(1) 武里型住宅の開発
(2) 大宮型FC工法の開発

分譲住宅建設に新手法
現場に工場を設置
安く大量に供給が可能

武里型実験住宅に関する記事（45.4.21日本経済）

武里型住宅の開発

武里ニュータウンにおいては、

住宅建設の実態を解明するために、在来工法の作業時間の観測を実施した。その結果、建物面積76㎡の住宅における実作業時間は８７８時間であることが明らかとなるとともに、住宅建設のコスト削減には、在来工法から脱皮して新しい工法による作業の簡易化が必要であることが判明した。このため作業の簡易化のため新工法の第一歩は、昭和45年3月の第1次武里実験住宅の建設であった。

〔第1次実験住宅〕

(1) 基礎工事のブロック化
(2) 柱梁工法における壁、天井、床下地のパネル化
(3) 窓枠、戸袋、バルコニー面格子、階段の部品化
(4) 和室の大壁化

また、昭和45年5月からは第2次武里実験住宅の建設に入った。

〔第2次実験住宅〕

(1) 基礎工事枠のパネル化
(2) 構造材キザミのホゾを金物に変更
(3) 和室の大壁化
(4) 柱梁工法における壁、天井、床下地のパネル化の確立
(5) 窓枠、面格子、庇、バルコニーの部品化の確立

第1次、第2次実験の結果、柱梁工法におけるパネル化は、使用木材の増加や、作業能率の向上が少ないため、完全なパネル工法に移行する必要があると考えられた。部品化および大壁化については、工場作業化、職種の削減等について有効であることが明らかになった。

なお、第2次実験住宅の作業時間は８５３時間であり、在来工法に比べ24時間（3％）の短縮にすぎず、住宅生産システム研究の試行錯誤の段階であった。しかし、その後の研究課題を明らかにしたことには、大きな意義が認められる。

大宮プラーザ現地工場配置図

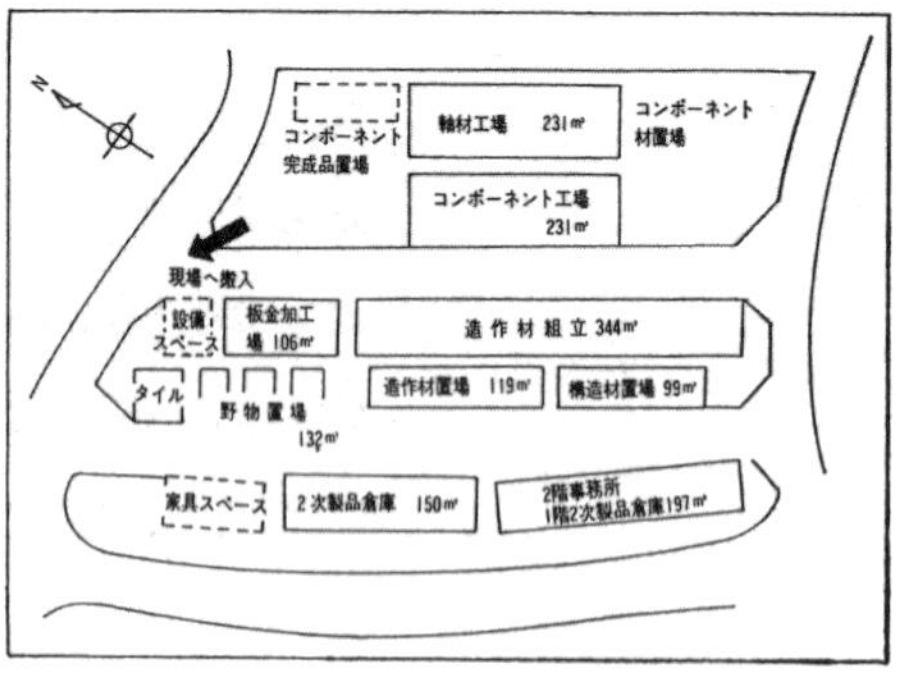

大宮型ＦＣ工法の開発

武里ニュータウンにおける研究成果を、集団住宅建設に反映させるため、昭和45年8月から大宮プラーザにおいて、次の課題に取り組んだ。

(1) 構造の簡易化
(2) 部材の規格化
(3) 生産の工場化
(4) 新建材の活用
(5) コンピュータの活用

その成果として大宮型ＦＣ（フレームコンポーネント）工法を開発した。

〔大宮型ＦＣ工法〕

1　フレームコンポーネントの採用

フレームコンポーネントとは、建物の構造体をつくる工法で、アメリカにおいては在来工法といわれている最も一般的な木造住宅工法であり、わが国在来工法の集中支持方式に対して分散支持方式である。この場合、全部釘打ちのため作業は簡単で速く、武里の実験住宅で採用した継手部品の金物も不要である。また部材が統一できるためプレカットが容易になり労働力の節減が図れる。また構造強度についても、建築基準法に規定されていない風圧まで計算しており、在来工法より強固である。この結果、大工作業時間は35％の減少を可能にし、材積においても構造材11％、造作材6％の減少を達成した。

2　大型パネルの工場生産

武里ニュータウンで用いたパネルは、小型パネルで、軸組内パネルのため取付手間があまり減少せず、またパネル枠材が在来工法よりも増加

するという欠点があった。そのうえ横架材間の距離がそれぞれ異なるため、パネルの種類が非常に多くなるなどの問題点があった。大宮実験住宅においては、軸組そのものをパネル化し、ライトフレーミングの採用によって横架材間の距離を統一し、3・64m幅の大型パネルにしたことによって前述の障害を克服し、コストダウンを可能にした。

この大型パネル化は、プレハブ各社でも目標としているが、運送コスト、重量、取付工事の際の風圧の影響などの問題が未解決のため実施されていない。大宮プラーザでは、フィールドファクトリー（現地工場生産）工法を採ることにより、日本で初めて3・64m幅の大型パネルの本格採用を行なった。この結果、住宅建設全作業時間の16％、大工作業時間の47％を工場生産化することができた。

3　その他バルコニー、建具、階段、窓枠などを規格化し、工場で一括して加工組立てし、コストダウンを図った。

以上のような工法研究のほか、資材の流通網調査を実施し、大量購入のメリットを生かし、また工程の合理化などにより、総合的に建築費の12～14％のコストダウンを達成した。

（2）量産住宅の事業化

プレハブ業界の動き

第1次、第2次住宅建設5カ年計画の推進と、相変らず膨大な住宅需要をかかえ、一躍住宅産業はブームを引き起こした。

この社会的要請に応える住宅供給については、土地供給をはじめ多岐にわたる問題が内在しているが、住宅建設自体において従来の方式では行き詰まりつつある大きな2つの障壁がある。

ひとつは、労働力（大工・左官等）の量的不足と質的低下であり、これに伴う労務費の上昇である。高度経済成長社会に育った若年層の間に、職人志望者が激減しているうえに、大工左官等の組織は、保守的体質が根強いため、旧態依然としており、後継者の育成も古い徒弟制度によっている現状では、膨大な住宅需要に対応する労働力の供給は不可能となりつつある。

もうひとつは、建築資材、特に木材などの天然材の不足による供給の不安定と、それに伴って起る急激な価格上昇である。

支給材方式採用により現地に建設された材料倉庫

現地工場での内法材のプレカット

現地工場での壁パネルの組立て

組立ての完了した枠材の集積場

組み立てた壁パネルの運搬

マスコミを賑わすプレハブ住宅関連記事

工場生産（プレハブ）住宅の建設戸数

（単位：千戸）

区分	昭和41～45年度（実績）			昭和46～50年度（計画）		
	総戸数A	工場生産住宅戸数B	B/A	総戸数A	工場生産住宅戸数B	B/A
公的資金による住宅	2,565	197.7	% 8	3,800	1,080	% 28
民間自力住宅	4,174	145	3	5,700	820	14
計	6,739	342.7	5	9,500	1,900	20

これらの問題を解消し、低廉で良質の住宅を供給するためには、住宅の工業化生産および、それを取り巻く流通機構の整備が緊急の必要事となった。

日本では、昭和30年ごろからプレハブ住宅の研究が盛んになり、35年前後には、相次いでプレハブ会社の設立がみられた。プレハブ住宅の建設はその後、試行錯誤を重ねながらも昭和41年度の3万5000戸から46年度の12万4000戸と戸数を伸ばし、総建設戸数に対する割合は、3・2%から7・9%に伸びている。

プレハブ住宅では、生産性を高めるため規格化を進めて工業製品化率をアップしていく面と、需要者の多様な嗜好による非規格化的要求にどれだけ対応するかという面の、相矛盾する点をどのように調和させていくかに、各事業会社の試行錯誤がある。その中で、軽量鉄骨系の大和ハウス、ナショナル住宅建材、積水ハウス、木質系の永大産業、ミサワホームのプレハブ大手5社は、設計施工面の研究と販売網の展開充実を図りながら大きく成長し、各々年間数百億円の売上げを達成し、大手5社を合わせると低層プレハブ建設戸数の70%弱を占め、プレハブ事業としてすでに収穫期を迎えている。

一方政府においても、増大する住宅需要を充足しつつ、建築費の安定化と品質の向上を図っていくためには、天然材料と労働力の不足に対処して、住宅生産の工業化を進め、天然材料を極力工場生産部品に切り替えるとともに、省力化を図っていかなければならないとしている。別表の通り第1期5カ年計画では、公的資金による住宅において、工業化住宅は8%程度にすぎなかったが、第2期計画においては、28%を建設することを目標としている。

技術提携の検討

昭和44年、五島昇社長の「住宅産業に取り組め」との指示により、東急ホームの量産システム研究および住宅建設工業化の研究をはじめた。プレハブ住宅について、当社はすでに昭和36年八幡エコンスチールとの提携によって、「東急スチールハウス」を開発、販売を行なった経験があった。（第3編第1章（本書には収録せず））しかし、当時の社会経済情勢にマッチせず事業化はなし得ず、中止してしまった。

昭和45年10月5日、当社は、アメリカのレビット・アンド・サン社と木質系プレハブ住宅の共同研究の契約を締結した。同社は、アメリカ最大の住宅事業会社であり、日本の企業が海外の大手住宅会社と提携して共同研究を進めるのは初めてのことであった。

当社は、このため昭和45年11月1日田園都市部に「木質住宅パイロットチーム」を設置した。この共同研究は、レビット社の開発したボックス型住宅を日本市場用に再開発する研究であり、結果的には、レビット社との共同研究は解消されたが、その内容は次のようなものであった。

当社は、レビット社の需要予測および生産建設に必要な、日本の住宅事情、建築法規、輸送事情などの情報を提供し、一方レビット社は、同社開発のボックス型住宅の設計の詳細、製造方法の概要など同社の建物自体の評価、および再開発のための基礎情報を提供するものとし、以来8カ月半にわたる共同研究の結果、次の2つの大きな点が問題となった。

(1) 価格が当初計画値を上回る可能性が強い。

(2) ボックス型住宅は、わが国の輸送面、現場施工面での障害が予想外に大きく、解決方法の見通しがない。

この2点は、レビット社との共同研究における当初目標にとって、大きなネックであることが確認されて、その後の共同研究を断念することに決定した。

このようにレビット社との工業生産住宅の共同研究は終了したが、五島社長は、「引き続き工業生産による量産住宅の研究を続けよ」と指示し、木質系プレハブに限らず広く量産住宅の開発を行なうため、昭和46年8月1日田園都市部内に「量産住宅パイロットチーム」を発足させた。

この量産住宅パイロットチームは、アメリカのGE社のプラスターキャスティング工法について研究を開始した。この研究は、松下電工との共同研究で、日本の住宅市場での適応性について約6カ月間の検討を重ねた。

しかし、GE社と提携を結び事業化する結論を出すには、いくつかの問題点があり、これらの点について、さらに研究の必要があるとの判断のもとに交渉は打ち切られた。

独自の量産住宅開発

当社は、アメリカのGE社のプラスターキャスティング工法の検討を契機として、東急グループ独自の低層一戸建量産住宅の開発が必要であるとし、軽量鉄骨を架構材とした大型パネル工法の開発に努めた。

約6カ月にわたる調査研究の結果、価格的にも商品としての可能性が十分あると考えられ、また、事業性についても、ある程度の見通しがつけられたので、その成果を昭和47年4月7日の東急企画会議に報告した。

その結果、さらに事業性の研究が必要であるとされ、当社を中心にして、鉄骨部材の生産を東急車輌製造が担当することを基本にして、東急独自の量産住宅事業化の研究を進めることになった。この量産住宅事業化のために、昭和47年4月の住宅部独立と同時に、量産住宅開発チームが編成され、研究が続けられた。

プレハブ住宅事業としては後発であるが、そのデメリットを逆に生かし、先発他社の長所短所を十分に研究し、競合に打ち勝つ商品特性を持ち、独自の新しい工法による住宅を開発した。

これは軽量鉄骨を架構材とした小型パネル工法であり、その特徴は、床、天井、外壁などのシェルター（外郭部分）と内部空間の間仕切りや仕上げ等のインテリア（内部空間）を分離させることにより自由な間取り設計、壁等の部品交換や容易な増改築等を可能にするものである。また現場施工面においても、道路、敷地等のきびしい制約条件下においても容易に適応できるように、重揚重機のいらない建方をも可能にするものである。

しかし、この量産住宅の事業の成否を左右するものは、建物の設計や工法より、むしろ住宅事業全体の流通機構をどのように整備するかということにかかっている。資材の流通から、工場生産、運搬、現場施工、販売、アフターサービスまで全体のシステムが、物流情報とともに、スムースに稼働しなければならないが、この流通機構の中核にオルガナイ

新しく開発した当社独自の量産住宅の作業工程

ザーとしての当社を置いた、新しい総合住宅システムが開発された。

第2章　コミュニティの創造

1　都市と人間生活

(1) 住環境の変遷

東京の過密とその対策

われわれを取り巻く住環境は、現在最も重大な問題となっている。当社の前身である田園都市㈱が50年前、田園調布の開発を試みたのも、旧東京市の過密に対処したものであり、市内の過密環境を逃れ、明るく健康的な郊外の土地に理想的な住宅地をつくろうというものであった。もっとも当時の過密公害は、現在のような大気汚染、交通災害、通勤難、日照問題といったものではなく、公共公益施設の飽和状態という基本的なものであった。それでも大正12年の関東大震災の時には、旧市内は壊滅状態になり、死者5万8104名、全壊焼失戸数30万5146戸（大正14年版『朝日年鑑』による）という大被害を受けたのである。それに対し、田園都市㈱が開発した洗足など郊外の新都市は、ほとんどその被害を受けることがなかった。このことをみても過密それ自体が、住環境においては最悪の要因であるといえる。

欧米諸国においては、これらの過密問題に対して、事前に対策を講じ、郊外に計画的に衛星都市を建設し、過密を避け、都市の空地率を高く保っているのである。前述の田園調布も、その建設に先立って、このような欧米諸国の都市事情を、つぶさに視察してきた田園都市㈱の成果であ

昭和31年売出し当時の上野毛・旧岡田邸分譲地

った。一方、東京においては、これといった事前の対策が施されないまま、過密が一方的に進んでしまったのである。しかし、この過密都市東京にも、過去2回大改造の機会があった。それは、関東大震災と第2次世界大戦による首都壊滅の際である。

関東大震災の時は、元東京市長で当時内務大臣兼復興院総裁であった後藤新平が、首都大改造の構想を打ち出した。それは新橋〜上野間の昭和通りや八重洲通り、それに勝関橋などの大橋梁、中央区の浜町公園などの市民公園の設置等部分的には相当の成果を上げたが、首都全般にわたって構想を実現するには至らなかった。また、第2次世界大戦後の戦災復興区画整理事業も遅々として進まないうちに、再び過密を招いてしまったのである。

終戦10年後の昭和30年、「衣食」においては、すでに戦前の水準を回復したが、住宅の不足は改めて社会問題として表面化してきた。住宅不足は終戦直後から、重大な社会問題ではあったが、「衣食」が先に立ち、「住」に関しては、文字通り応急措置的な対策のまま経過してしまっていた。それが戦後10年を経過し、本格的に住宅問題が社会的に取り上げられるようになったのである。

昭和30年代に入って、ようやく日本住宅公団が設置され、東京の過密と住宅難に対処するため、郊外に大規模住宅地を開発することになった。

一方、東急電鉄の五島慶太会長は、それより以前の昭和28年に、衛星都市構想を打ち出し、多摩田園都市、大船衛星都市の建設に取り組んだのである。この衛星都市構想は、都心の過密を指摘し、もはや人間らしい生活環境は保ち得ないと訴え、郊外に自然と調和のとれた人間本来の欲求を満たすような新都市を建設しようとするものであった。当時としては画期的な内容であったこの多摩田園都市については、次節〔本書には収録せず〕において詳細に述べるが、この人間と自然との調和は、地域開発の根本理念として、今もなお当社に引き継がれているのである。

住環境整備を目ざした街づくり

さて当社の住宅地の開発の流れをみると、昭和30年代初期は世田谷区方面に点在している屋敷を買収し、簡単な宅地造成工事と、ガス、水道などの施設工事を施し、これを10〜30区画に区画割りして売った時代である。この時代は社会的要請に応えて、とにかく「住宅地」を供給しなければならないということに重点が置かれていた、いわゆる「切り売り時代」であった。

その後昭和35年ごろまでは、都市近郊農地の宅地化を積極的に行なったが、農地の宅地化は、「農地法」の規制により建売住宅方式によって行なわれた。

昭和29年に入って「住宅金融公庫」では、「分譲住宅貸付制度」を発足させ、その建設供給機関に対し、低廉で良質な居住水準を有する分譲住宅の建設に必要な資金を融資することになった。この分譲住宅の建設供給機関すなわち事業主体は、当初、原則として公益法人に限定していたが、公的機関による建設戸数は必ずしも十分ではなく、住宅政策の実をあげるためにも、民間法人にその一部を委ねる必要があった。そのため、公庫は分譲住宅の予算上の枠内で、「計画建売住宅」(通称公庫住宅という)の事業主体に、すでに沿線開発の実績を持っていた私鉄各社を認めたのである。こうして公庫住宅の事業主体になった東急電鉄は、

農地を公庫住宅地に開発（昭和32年・井田堤団地）

多摩川ニュータウン「津田山」（昭和37年）

その業務一切を当社に委託した。当社では、この公庫住宅と昭和32年から始めた「自己資金建売住宅」を東急線沿線農地の宅地化の中心業務として活用し、従来からの分譲地と共に、30年代前半の「分譲地・建売住宅時代」を築いたのである。

これら昭和30年代前半の宅地開発は、まだまだ小規模なものであり、都心の過密を避け、明るい健康的な住宅地の供給という当初の理想には、もう一歩という状態であった。なお、当時の一般市民の住宅観は、住宅公団の団地に住めれば、これ以上の幸運はないと考えられていた時代であり、生活環境を云々するほど余裕のある時代ではなかった。

当社は、第3編第1章（本書には収録せず）においてすでに述べた通り、昭和30年代も後半に入ると、神奈川、千葉、埼玉など首都周辺部において、かなり大規模な住宅地を開発するようになった。これは「ニュータウン」と呼ばれるもので、山林、原野、田畑を包括して開発した大規模な宅地造成であった。このように大規模な宅地造成を手がけるようになったのは、土木技術の進歩もあったが、当社がかねてから考えていた総合的な街づくりによって、少しでも住み良い住宅地をつくろうとする意欲が強くなってきたからであった。当時の主なニュータウンには「津田山」「狭山若葉台」「二俣川」などがあるが、団地内に公園、ショッピング施設などを設置し、日常生活における利便性を追求するようになった。これは、昭和30年代後半から40年代はじめにかけての「ニュータウン時代」である。

一方、政府も、昭和38年7月11日公布の「新住宅市街地開発法」や39年7月9日公布の「住宅地造成事業に関する法律」などによって、住宅地の開発において、公園や学校用地の確保等、住宅地の質的向上を目ざす方向を打ち出した。

こうして宅地開発に対する規制が強まると同時に、顧客の住宅環境整備に対する要望も高まり、当社を含めたデベロッパー各社は、それらの要望を満たすため、積極的に開発規模の拡大を図り、現在の「地域開発時代」へと移行してきたのである。

（2）住環境問題の高まり

高度経済成長のヒズミ

昭和30年以降、日本経済は、東京オリンピック、大阪世界万国博を核として、世界に類をみない高度成長を遂げた。しかし、これらの経済成長は、産業優先型の政策に終始し、過去においても何回となく、その是正を指摘する主張が提起されてきた。しかし、国際経済における競争力の強化策から離れられず、従来からの産業優先型の政策の継承を余儀なくされてきたのである。その結果、GNPは世界第2位、国際収支は大幅な黒字を生むまでに成長したが、一方では、産業公害、都市公害と言われる社会問題を生み出す結果になった。

今日は大気汚染、水質汚濁、騒音など、人間生活を脅かす問題が表面化し、一般住民もようやく生活環境に対する厳しい問題意識を持つようになった。そして日照、自動車騒音、排気ガス、自然破壊など、生活環境保全について、真剣かつ強い要求を示すようになってきた。

このような社会の要請に応えて、当社は、第2節〔本書には収録せず〕、第3節で後述するように、理想的な住宅地を目ざした地域開発に、積極的に取り組んでいるのである。この開発姿勢は、人間が本当に人間らしい生活を営もうとする場合、現代文明とともに、人間本来の心のあたたかさが享受できるような、広範囲の諸条件を満たす「コミュニティ」を形成するという基点に立っている。この実例が東急グループの多摩田園都市であり、また当社の「つくし野」「大宮プラーザ」等の街づくりにおいても実践されている。

自主規制による住環境の維持向上

今日、各デベロッパーが進めている地域開発は、いずれも住環境に関する諸問題を重点的に取り上げている。それらを集約すると次の通りである。

(1) 日常生活に直結した施設
ショッピングセンター、クリニックセンター

(2) コミュニティ形成のための施設
サービスセンター、スポーツセンター、集会場、文化教育センター

(3) 自然環境および空地の確保
公園、緑地

(4) 自動車公害の排除
歩行者専用街路

(5) 交通網の整備

(6) 街全体の明るさ、ゆとりなど、心理的なあたたかさを生み出す環境形成

これらは、各デベロッパー独自の企画はもちろんであるが、各地方自治体の指導も加わり、ますますその質を上げている。

特に最近の傾向としては、(6)の街全体のイメージづくりに特徴が現れている。従来はデベロッパー側が積極的に建物を先行投資的に建築し、ある水準以上の環境を形成、維持させようとする方法が採られていた。しかしこれはデモンストレーション効果によって、自然発生的な環境形成を図ることはできても、積極的な環境形成はできない。そこで街全体を明るいゆとりのある街にと、積極的に環境形成を図ろうとする「建築協定」が実施されてきた。

この建築協定は、建築基準法によって定められている制度であり、一定の地域の住民がお互いの宅地の利用形態について、建物の用途、高さ、建ぺい率、あるいは庭木、石積などを制限することを協定し、特定行政

つくし野につくられたショッピングセンター

若葉台ニュータウンの児童交通公園

2-3-C

東急不動産総務部社史編纂チーム編『街づくり五十年』

庁の認可を受ける制度である。この協定が認可になると、法的に強制力が発生し、その地域内の土地所有者が代っても、新しい所有者も従来からの協定を守らなければならない。このようにして、地域居住者が自主的に、バランスのとれた理想的な住環境を有する街を形成しようとするものである。

この建築協定は、昭和42年ごろから人口増の激しかった横浜市やその周辺都市において積極的に取り入れられるようになった。なお東京都における建築協定の第1号は、新宿区百人町4丁目の協定で、昭和37年に都知事の認可を受けている。

また、第1編第1章〔本書には収録せず〕において、すでに記述したが、田園都市㈱が50年前に開発した田園調布において、法的強制力を伴わない任意的なものではあるが、環境づくりのための協定が、会社と購入者の間で締結されている。この協定が現在のすばらしい住環境を形成する一因になったのである。当社においては、昭和45年4月に売出した綱島新吉田第4団地（約9万㎡・2万7200坪、320区画）において次のような建築協定の認可を受け住環境の保全を図っている。

東急綱島新吉田第4団地建築協定書（抜粋）

(1) 住居専用および医院併用住宅地域の建物は、1戸建とし、住宅（付属建物も含む）の建築面積は敷地面積の50%を超えないものとする。

(2) 店舗併用住宅地域の建物は店舗併用住宅のみとする。

(3) 地階を除く階数は2以下とする。

(4) 地盤面からの高さは9m、軒の高さは6・5mをそれぞれ超えないものとする。

さらに当社が開発している横浜市旭区の二俣川ニュータウン（約66万㎡・20万坪・2300区画）でも、居住者が自主的に協定を結び住環境の維持向上に努めている。

結局、住環境に関する前述の6要素について、デベロッパーが完全な整備を行なったとしても、それらの良好な環境を積極的に維持管理していかなければ、再び環境が悪化していくことは明らかである。すなわち、デベロッパー側の住環境の整備とともに、地域居住者および地方自治体による積極的、かつ組織的な管理体制を確立しなければならないのである。

(3) 住宅と日照問題

問題発生の背景

住環境に関しては、もうひとつ日照問題が大きく取り上げられる。最近、テレビや新聞で頻繁に取り上げられているように、日照紛争に関する問題が、社会的にクローズアップされてきている。

わが国においては、前述のように、昭和30年からの高度経済成長に伴って、産業および人口の都市集中が著しく、都市においては住宅不足を招き、ひいては地価の高騰、宅地の細分化を進行させている。都市における住宅需給のアンバランスは、市街地での建築物の高層化となって現われている。また、都心部の地価の高騰、建設適地の減少から建築物の高層化は、その周辺部に広がってきた。加えて、わが国の都市計画、都市行政の貧困により、商業地と住宅地あるいは低層住宅と高層住宅との無秩序な混在現象を惹起している。

また一方、都市の過密化および生活環境の悪化などに対する、住民の問題意識の高揚と相まって、日照に関する紛争は急激に増加している。この日照問題は、それが単なる日照だけの問題にとどまらず、人口の都市集中、住宅の供給のあり方、ひいては都市問題、土地問題など、極めて難かしい諸問題と密接に関連しているため、一層解決を困難にしている。このような日照問題は、欧米諸国においては、ほとんど問題になっておらず、わずかに採光について一部保護されている例をみるだけである。日照問題は、わが国特有の現象であり、その背景には、次のような事情があると考えられる。

(1) 過密化した都市にあって、住宅1戸当りの敷地面積が狭小化している。

(2) 道路、公園など公共空地率が著しく低い。

(3) マンション建築が、市街地再開発とは名ばかりの、単発的なものが多く、しかも地価および建築費の高騰が原因して、その容積率が年々高くなっている。

(4) マンション建築が、都心周辺部の低層住宅地へ進出している。

(5) わが国の木造住宅における生活は、外部の自然条件に依存する度合が強い。

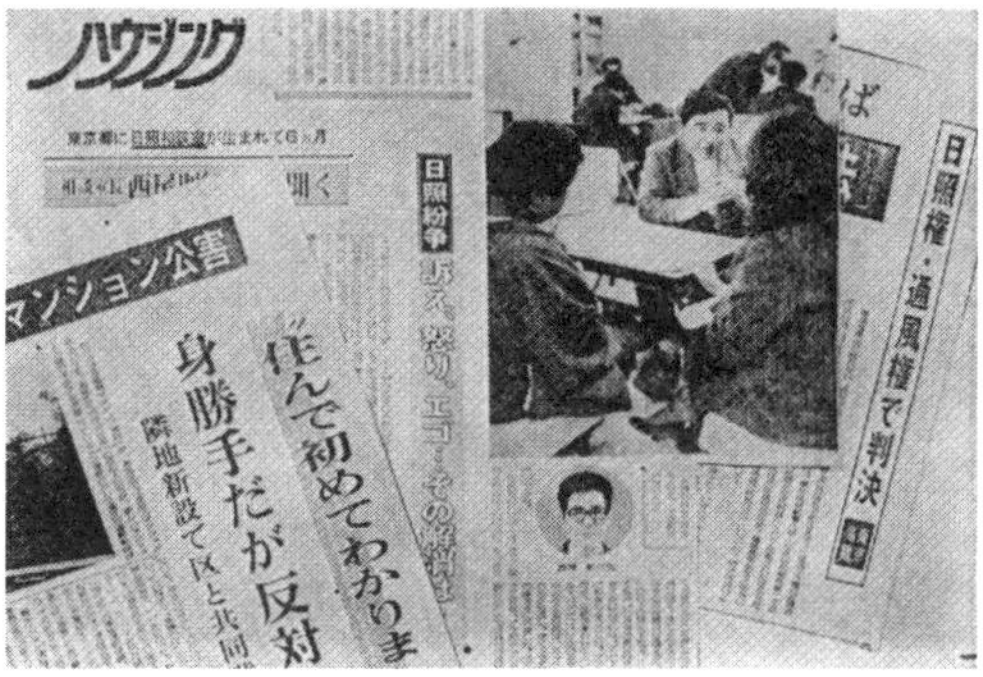

日照紛争の新聞記事

マンション建設反対運動

このような背景にあって、日照問題を起こすマンション建築は、一部社会的には、否定的評価を免がれないとされている。しかし住宅需要のますます増大する都市部において、自力で1戸建の土地建物を取得することが、絶望的になりつつある需要者に、職住接近の住宅を供給するという、社会的効果を簡単に見逃すことはできない。

また、都心における将来の土地利用の高度化を考えるとき、都市居住者の生活環境が向上し、地域冷暖房が整備されるとともに、公園など公共空地が十分確保されるならば、個人の住宅において、日照を享受しなければならない必要性は、相当低くなるものと考えられる。現在のわが国の住宅は、「衣食」の充足に比べて著しく遅れている。冷暖房設備はもとより、住環境においても、公園などの空地率が低水準にあるため、木造住宅における自然条件、特に日照の享受に対する要望が強く、日照問題について極めて神経質になっている。

困難な日照問題の解決

現在これらの日照問題の解決方法は、その多くが裁判所の判断に委ねられている。裁判所としても、住民側の苦悩と、産業、人口集中の著しい都市の現状をあわせて考えるとき、その判断は、非常に困難なものとなる。しかし、最近では産業優先を否定し、人間尊重、福祉優先が叫ばれるなど、価値観の転換がみられている。

日照問題においても決して例外ではなく、日照・通風の確保を可能な限り法的に保護すべきであるとの見解がみられる。しかし、日照問題に限るならば、都市機能とその地域性を軽く見た、片寄った人間性の尊重が、必ずしも将来の都市機能に合った福祉が約束されるかどうか慎重に検討する必要がある。

現在のように、日照問題の解決が裁判所に委ねられている段階では、日照問題の抜本的な解決策とはなり得ない。日照問題は、人口の都市集中および住宅供給のあり方と住民の快適な生活利益との調和をいかに図るかに問題の核心がある。したがってこの日照問題の解決については、さまざまな問題が派生すると考えられるが、徹底した用途地域の純化を図るとともに、都市全体のきめ細かい土地利用計画を策定し、土地利用に関する私権の制限など、思いきった立法措置や強力な都市行政に基づく、市街地再開発を推し進めることが要請される。

3　当社の地域開発事業

(1)　新しい街づくり

つくし野の街づくり

旧東京市の過密に対処しての田園調布開発は、時代を超えたすばらしい住環境を持つ理想的な住宅地として高く評価されている。また前述の通り20年前に五島慶太が、東京都の将来の過密を予測し、多摩田園都市の建設を計画し、以後、東急電鉄を主体とする東急グループが、総力を結集してその地域開発に当っている。この多摩田園都市も、その規模と質において広く社会的に高い評価を受けており、地域開発の範ともなっている。この多摩田園都市の開発地域にあって、当社が地元土地所有者と一体となって、その地域開発の一端を担ったのが「つくし野」の開発である。このつくし野の開発に関する区画整理事業については、第3編第1章〔本書には収録せず〕においてすでに詳述しているので、ここでは、地域開発に新しい方向づけをした点について取り上げることにした。

つくし野は、高級住宅地としてすでに、不動産業界のみならず広く一般に知られている。つくし野がこのように評価されている理由は、地域開発の歴史において、当社がその開発のあり方に新しい方向を示し、それが、その後の業界に大きな影響を及ぼしているからである。

当社は、つくし野の街づくり以前に、すでに昭和30年代後半から40年代初期にかけて「ニュータウン」と呼ばれる住宅地開発を行なっており、津田山（川崎市）、狭山若葉台（埼玉県）、二俣川（横浜市）などにおいて、大規模、かつ明るく健康的なニュータウンを開発し、業界において独自の地位を築いてきた。しかしその当時は、環境整備といっても、ショッピング施設や公園、歩車道の区分および街路樹などの整備にすぎなかった。これは、日常生活上の不可欠な利便施設を整備したもので、生活における高度の要求に応え、さらに豊かな生活を追求するという環境整備までには及ばなかった。また、それらの施設にしても、分譲開始後、数期にわたって段階的に整備するというのが実態であり、居住者にとってはまだ不十分なものであった。

昭和43年ごろのつくし野駅前

つくし野の開発に当って、当時の松尾英生常務は「東急の街づくり50年の結晶を世に問うような代表的な街づくりを試みること、そのためには、従来の住環境の整備に対する考え方をさらに深く追求し、居住者の要求する広範囲な諸条件を満たし、自然と調和した、うるおいのある人

つくし野・南つくし野全体計画図

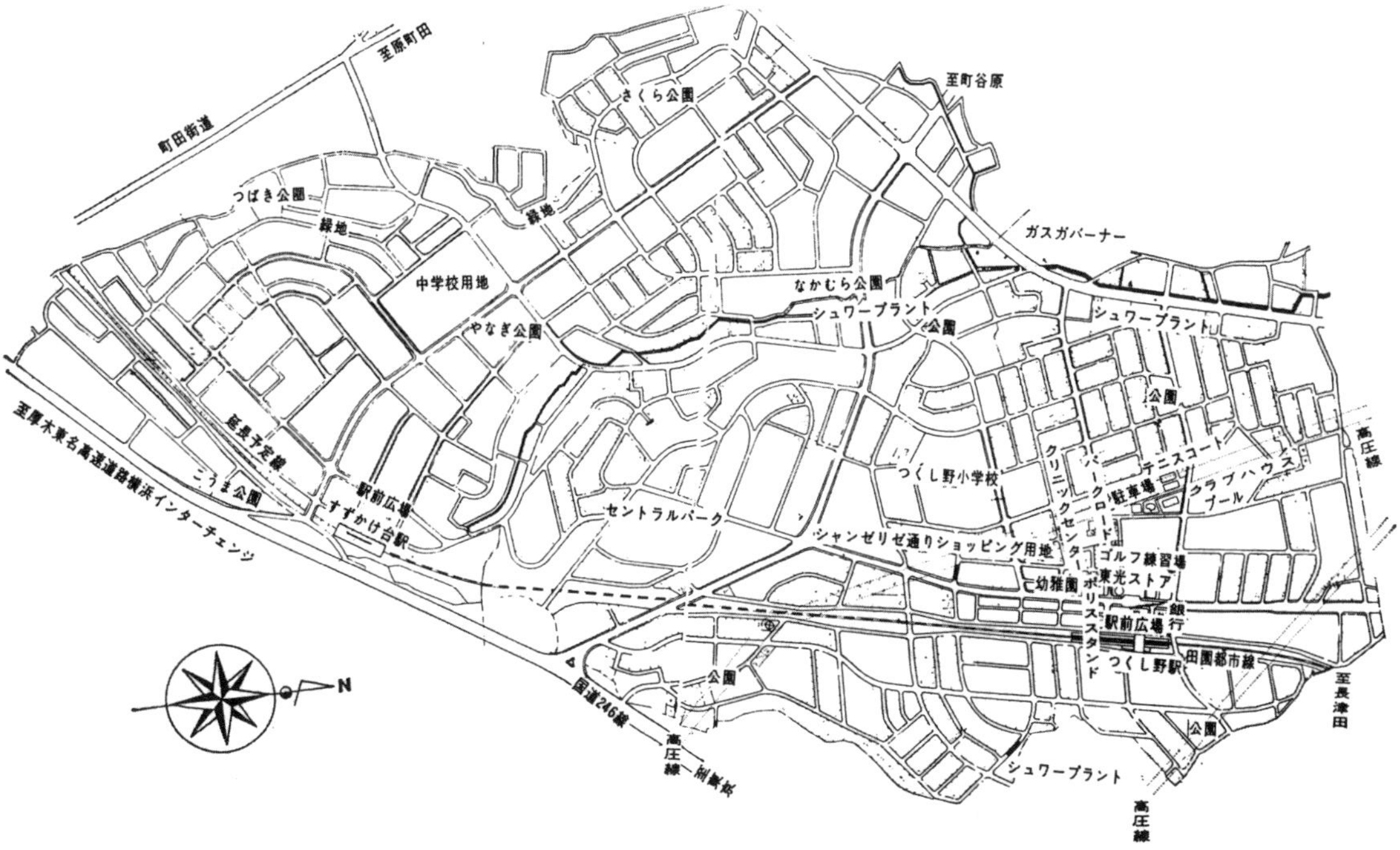

間生活が営めるような街づくりを志向すべきである」と指示した。

この方針に基づいて、昭和41年6月、つくし野の新しい街づくりを専門に担当するプロジェクトチームを組織し、「豊かな人間生活の追求」に取り組んだ。

当時すでに都市における過密は、人間から本来の人間性を奪い、人間を、錯綜する都市機能の中に埋没させてしまっていた。特に過密から逃げ出して新住宅地に移った人々には、人間の心のふれあいが要求されるようになっていた。そのためには、住民相互の間にコミュニティの形成が必要であり、住環境においてコミュニティの形成をかもしだす「場」を整備し、さらにまた、街全体に自然と調和した「ゆとり」が感じられるようでなければならないと考えられた。これが当社のつくし野で示した「地域開発の本来のあり方」である。

つくし野の全体計画

コミュニティの創造を目ざす街づくりの基本計画の特色は、次の通りである。

(1) 日常生活における利便施設の整備
各種商店とショッピングセンター、クリニックセンター、交番、児童公園、幼稚園など、日常生活に必要な施設を完備する。

(2) コミュニティ形成施設の整備
テニスコート、大小プール、ゴルフ練習場などのスポーツクラブとともに、集会場、大公園などコミュニティを醸成するような施設を整備する。

(3) 街全体を近代的、かつ明るい街として、イメージアップを図るため、諸施設の呼称を、カタカナとする。たとえば、パブリックホール（集会場）、クリニックセンター（医療センター）、パークロード（遊歩道）、プレイロット（児童公園）、セントラルパーク（中央公

つくし野・南つくし野団地の概要

団地名	つくし野	南つくし野
所在	東京都町田市つくし野１丁目１番ほか	東京都町田市南つくし野３丁目11番ほか
交通	東急田園都市線つくし野駅下車	東急田園都市線すずかけ台駅下車
総開発面積	165万㎡（50万坪） 内、当社社有地75万㎡（22.7万坪）、内 {分譲用地 48万㎡（14.5万坪）—1,970区画 事業用地 5 〃 （1.5 〃） 潰地 22 〃 （6.7 〃） 潰地率29.3%	
設備（両団地共通）	東京ガス（全区画宅地内引込済）、町田市営水道（全区画宅地内引込済）、道路・4.5m～16m（幹線は歩道付）、排水・中心管方式（全区画汚水桝・雨水桝設置）、汚水処理場（３カ所）、街路灯、街路樹、公園（大１、小８）	
その他の設備	商店街、スーパーストア、クリニックセンター、交番、幼稚園、遊歩道、スポーツクラブ（テニスコート２面、大小プール、ゴルフ練習場、駐車場）、集会場、小・中学校用地（小学校開校済）	
販売開始	昭和42年10月	昭和46年９月
土地単価（販売開始時）	平均２万6,318円/㎡（１区画平均面積240㎡）	平均４万8,500円/㎡（１区画平均面積254㎡）

つくし野スポーツクラブ（昭和43年ごろ）

コミュニティ形成の場・つくし野パブリックホール

園）、パブリックスクウェア（駅前広場）、ポリススタンド（交番）など。

(4) 街全体をゆとりと気品のある街に発展させるため、約５００戸の高級モデルホームを建築する。

(5) コミュニティ形成における駅の役割を重視し、駅舎を単なる駅業務だけの施設と考えず、郊外の近代的住宅地にふさわしい、明るいゆとりを持った建物とし、駅前広場も広く、池をつくり大樹で囲み、通勤者に心理的なうるおいを与えるよう配慮する。

こうした考え方に基づいて建設したつくし野並びに南つくし野両団地の概要は上の通りである。

街づくりの根本理念

戦後の都市においては、隣人愛的な心のふれあいなどは、ほとんど忘れられてしまっている。たとえば、町の自治体の活動ひとつをとってみても、無関心はおろか抵抗を示す人達が多くなっている。近代科学の進歩と、片寄った高度経済成長のなかにあっては、人間が本来の人間らしい生活を求めることは、非常に困難なことになっている。

人口の都市集中が容易に解決し得ない問題であるならば、郊外のニュータウンの開発は重要な役割を持っている。しかし、郊外住宅地において、単に家屋があり、少々の庭があるからといって、「緑と太陽の街」などといって満足してはいられない。

このような問題意識を持って当社は、街づくりの根本理念として、近代的都市機能と自然との調和によって、人間の広範囲の諸要求を充足することと、人間の心のふれあいにより、人間性の回復を図るようなコミュニティの創造を目ざすものとした。これが、つくし野に代表される当社の街づくりなのである。

大宮プラーザ団地概要

所在	埼玉県大宮市大字二ッ宮字井戸尻1,039番地ほか
交通	京浜東北線大宮駅下車、バス停新屋敷徒歩6分
総面積	31万2,600㎡（9万4,560坪） 内　有効面積20万5,427㎡（6万2,142坪）—1,295区画 潰地　〃　10万7,173㎡（3万2,420坪）、潰地率34.3%
設備	東京ガス（全区画宅地引込済）、県営水道（全区画宅地内引込済）道路・4.5m～13m（幹線は歩道付）、排水・中心管方式（全区画汚水桝設置）、汚水処理場、街路灯、街路樹、公園（大1、小3）
その他の設備	商店街、クリニックセンター、スポーツセンター（テニスコート2面、大小プール）、集会場、駐車場、幼稚園用地
販売開始	昭和46年4月
土地単価（販売開始時）	平均2万8,604円/㎡（1区画平均面積159㎡）

業種も豊富な「大宮プラーザ」商店街

「大宮プラーザ」スポーツクラブ・集会所と街並み

(2) 大型団地におけるコミュニティづくり

新しい街「大宮プラーザ」

当社の地域開発におけるコミュニティづくりへの志向は、すでにつくし野において示され、業界に対しても大きな影響を与えた。さらに当社は、首都圏近郊の地域開発において、コミュニティ形成のための環境整備に対する積極姿勢を示した。

昭和42年12月の土地買収契約当時の当社大宮プラーザの周辺は、新興住宅地として小規模な建売住宅地が無計画に開発されていた。これらの住宅地には、日常生活に必要な施設でさえも整ってないという状況であった。

当社は、このような周辺の住宅地の状況を考慮して、住民の利便施設およびコミュニティ施設を積極的に整備した。特にこの大宮プラーザは全区画建売住宅分譲のため、初期の入居者に対処して諸施設の早期開設を図る必要があった。

そこでショッピング施設として団地中央部に22店舗を確保し、業種の指定や開業期限を付けて特別販売を行なった。さらにクリニックセンター、プール2面、テニスコート2面、集会場、幼稚園についても1年を経ずして開設した。

当社のこのような積極姿勢は、当社が予期した以上に居住者の高い評価を得ている。

また大宮プラーザは、街づくりとして統一イメージをつくりあげるため、前述した通り全区画建売住宅分譲としたが、さらに土地の有効利用の促進、かつ新しい街のイメージづくりのため、全く新しい感覚の「タウンハウス」を建設した。

また、地価の高騰に伴って、年々敷地面積が小さくなる傾向にあり、従来の東急ホームでは、北側の日照が十分確保されない心配のある宅地については、新プランの東急ホームを開発するなど、日照についても十分の配慮をした。

居住者による施設の活用

これらの、つくし野や大宮プラーザのほかに、当社が昭和40年代後半に売出した大型団地の主なものに

増尾第2（南柏）　28万3000㎡（8万6000坪）　1198区画（含第1）

鶴が峰（横浜）　20万5000㎡（6万2000坪）　742区画

二俣川第2（横浜）　65万9000㎡（19万9000坪）　2300区画（含第1）

つきみ野（大和）　112万㎡（33万9000坪、区画整理総面積）

川西萩原台（兵庫）　49万4000㎡（14万9000坪）　1300区画

などがあるが、これらの団地はショッピングなどの生活施設はもちろん、公園などのコミュニティ施設から、将来に備えて幼稚園や学校用地まで確保してある。

こうして当社は、常に「住みよい街」への配慮を持って街づくりを進めているのである。

このような、街づくりに対するデベロッパーの積極的な姿勢は、その街に住む人々の理解と信頼が得られ、日常生活に密着する諸施設に対し、受益者としての住民の認識を育成することになる。住民の中にこの認識が確立されるならば、諸施設は、その本来の役割を果たしたことになる。

この諸施設に対する住民の認識が確立されれば、諸施設を通してよりよいコミュニティの形成が可能となるのである。

このように、当社の地域開発におけるコミュニティの創造に対する積極姿勢は、つくし野においてその志向を明確にし、大宮プラーザその他において、さらに強められていったのである。

（3）地域開発のための中高層住宅

〝中高層住宅ブーム〟の到来

昭和35、6年から当社をはじめとして、首都近郊において、次々に大規模宅地開発が行なわれるようになった。旺盛な住宅需要を背景として、業界全体が「ニュータウン」の開発に積極的に取り組んでいた。昭和40年代に入って一世帯一住宅を目ざし、大都市圏では、ますます盛んな住宅需要により、不動産ブームの様相を呈してきた。こうした状況から首都近郊における開発適地は払底し、それに伴う地価の著しい上昇により、住宅地は年々遠隔化していき、都心まで1時間半以上もかかるような極めて足の不便な地域の開発が多くなっていった。住宅需要者のほとんどが都心への通勤者であるため、毎日通勤時間が1時間半を超えるという状態は、一般的には通勤の限界を超えるものであった。このため住宅需要者は、改めて「職住接近」の価値を見いだすことになった。これは都心の中高層住宅需要の増加という「Uターン現象」となって現われた。

東京都内の中高層住宅は、昭和30年5月の代官山東急アパート（賃貸）、32年4月の三田東急アパート（賃貸）、33年10月の南平台東急スカイライン（分譲）、34年10月の代官山東急アネックス（分譲）など当社の開発が先駆的なものとして始まった。その後昭和37年には「建物の区分所有等に関する法律」が公布され、中高層分譲住宅における建物の区分所有の形態が確立された。このころより都心型中高層住宅の数も徐々にふえはじめたのである。しかし昭和30年代の中高層住宅は、その需要層が在日外人や芸能人などの高額所得者に限られており、一般的なものではなかった。昭和39年のオリンピック景気とともに、〝第1次中高層住宅ブーム〟といわれた都心型中高層住宅の建設が急増した。これは前

述の住宅需要の「Uターン現象」に結びつき、都心型中高層住宅が一般需要者のものとなった。このため昭和40年代に入ってますます盛んになり、42年以降〝第2次中高層住宅ブーム〟が到来し、住宅供給における都心型中高層住宅時代を迎えたのである。

都心型中高層住宅は既成市街地の再開発による過密解消、あるいは職住接近という社会的要請に応えるという両面からみて、大都市における住宅対策として、大きな役割を果たすものであった。

中高層分譲住宅（東京都内の推移）

完成年度	戸　数	前年比増加率	平均分譲価格 1戸当り	平均分譲価格 1㎡当り
	戸	%	万円	万円
40	2,184	—	826	10.9
41	2,541	16	730	10.7
42	3,213	26	576	9.4
43	7,529	134	588	10.7
44	11,627	54	691	11.6
45	21,292	83	825	13.7
46	18,914	△　12	788	13.4
47	18,881	△　0.2	848	15.4

（注）　1㎡当りは専用面積当り（資料：当社、日本高層住宅協会より）

都心型中高層住宅の建設

当社は、このような住宅需要者のUターン現象という社会的要請に対応して、昭和43年10月1日、業務組織を改正して田園都市部商品計画課に都市開発係を設置し、都心型中高層住宅計画の本格的検討を開始した。こうした動きは、すでに業界においては中高層住宅建設を主体とする企業が数多く先行しており、あきらかに出遅れの情勢であった。しかし、昭和30年代初期の代官山・三田等の高級アパート供給の経験を生かして都心型高級中高層住宅を供給していくことになった。これはUrban Life Series（都市生活シリーズ）と名付けられた。

その第1弾は、Urban Life Seriesの頭文字をとった「東急アルス本郷」である。この東急アルス本郷は、高級型中高層住宅を志向し、当時としては、豪華といわれるほどの設備を施し、すでに下火になりかけていた第2次中高層住宅ブームに対抗するような状態で、昭和44年11月に発表された。しかし、総額が張ったために売行きは芳しいものではなかった。

また第2弾は、昭和45年8月の「東急アルス石川台」であった。昭和45年4月政府は住宅不足を解決するための手段として、中高層集合住宅の役割を重視し、民間による中高層集合住宅の供給を促進するために、住宅金融公庫による「民間高層分譲住宅資金融資制度」を制定した。そこで当社では、このアルス石川台を公庫融資対象にするため、一般需要者向けの中高層住宅とした。その結果、アルス石川台は、この融資制度の第1回適用対象になり、総供給戸数１９５戸のうち１２０戸に対し、１戸当り１５０万円、年利５・５％、20年償還の融資金が付けられた。このアルス石川台については売行きがよく、発表後2カ月足らずで全戸売却済になった。

しかし、年々都心における中高層住宅建設が増加するとともに、高層住宅と低層住宅との混在による日照問題が社会問題として取り上げられるようになった。これは前にも述べた通り、都市政策の欠如と、個人の権利意識の問題が、その大きな原因とされている。この問題解決においては、社会的にはっきりした方向が示されず、混乱状態にあるといえる。都市における住宅供給において、国による個人の権利と公共の福祉とをハカリにかけ、大きな視点からの政策が必要である。強力な政策により、社会一般の考え方が市街地住宅の高層化の方向に進むようにならなければ、都心型中高層住宅の建設は極めて困難である。

このような都市情勢の中で、当社は、あえて都心型中高層住宅の建設を進めて、付近住民との摩擦を引き起こすことは好ましくないとした。これは、既成市街地における住宅供給の面からすると極めて消極的な行動ではあるが、一民間企業の立場から、社会的背景が否定的である情勢においては、やむを得ないことといえる。そこで当社は、都心型中高層住宅の建設をアルス本郷とアルス石川台の2カ所にとどめ、以後、住宅

アルス本郷・アルス石川台の概要

物件名	東急アルス本郷	東急アルス石川台
所在地	文京区本郷1丁目28番30号	大田区石川町2丁目10番地
交通	地下鉄丸の内線本郷3丁目下車徒歩5分	東急池上線石川台下車徒歩5分
敷地面積	1,725㎡（522坪）	5,204㎡（1,574坪）
建物概要	鉄骨鉄筋コンクリート造10階建1棟	鉄筋コンクリート造7階建2棟
延床面積	6,637㎡（2,008坪）	1万793㎡（3,265坪）
戸数・専用面積	64戸・75.17㎡（22.74坪）～141.94㎡（42.94坪）	195戸・45.31㎡（13.71坪）～93.97㎡（28.43坪）
設備	エレベーター2基、駐車場（35台）	エレベーター3基、駐車場（38台）、倉庫（85戸）
	ロビー（本郷）、集会場（石川台）、管理人室、ゴミ集積場、TV共同アンテナ、造園（池、植込、庭園灯、散水栓）、小公園（石川台）	
販売価格	1,159万円～2,068万円・平均17.8万円/㎡	480万円～1,205万円・平均13万円/㎡

当社都心型高層住宅第1号「アルス本郷」

「アルス石川台」と小公園

の高層化を首都近郊における地域開発に結びつけ、土地の高度利用による高い空地率を確保する郊外型中高層住宅の建設を進めることになった。

郊外の中高層住宅

昭和43年以降、不動産業界では、面開発としての大規模な郊外型中高層住宅が盛んになってきた。このように業界が、郊外型中高層住宅の建設に向かった理由としては、前述の都心部における住民との摩擦や地価の著しい高騰により都心型中高層住宅適地が払底し、分譲価格が引上げられ、購入者が限定されてしまうなどの要因により、都心型中高層住宅の建設が企業性に欠けてきたのである。

都心型中高層住宅に比べると、郊外型中高層住宅は、価格が安いことに加えて、オープンスペースが広く、さらに共用施設などコミュニティ施設がより豊富に確保できるなどの利点がある。これらは地価の著しい高騰により、土地すら買えないほどになった一般需要者にとって、福音的なものになった。

昭和40年代後半に入って面開発としての郊外型中高層住宅の建設は、地域開発事業として積極的に企画されるようになった。それは、1戸建住宅地域に比べ、より一層コミュニティ施設の整備に重点を置くことに現れている。1戸建住宅においては小さくても庭があって、土、草花という自然と接した生活があり、その生活には、ある程度の心理的なゆとりも感じられる。一方、中高層住宅においては、居住者にとって単なる「住む箱」という感じが強く、心理的圧迫が強いものである。このため、特に郊外型中高層住宅においては、自然との調和、あるいはコミュニティ施設の整備に一層重点が置かれなければならなかった。

このことは、当社の藤沢CZ計画にはじまり、多摩田園都市における東急ドエルシリーズ、海老名プラーザ（神奈川県海老名市）等で実施され、さらに今後の入間川地区、我孫子地区の開発において実施するため検討を進めている。

藤沢ＣＺ計画

当社の一般向郊外型中高層住宅の第一歩は、昭和42年からのコミュニティゾーン・プロジェクトすなわち「藤沢ＣＺ計画」である。

藤沢地区の当社所有地は、藤沢駅南部一帯の藤沢市施行の土地区画整理事業区域55万㎡（17万坪）の中にあり、昭和32年から区画整理が進められていたが、昭和42年、藤沢市との密接な連携のもとに、単なる宅地分譲ではなく、高度な土地利用の検討を始めた。その第1弾が昭和43年5月に売出した「藤沢オークス」65戸であり、引き続き同年11月に売出された「藤沢フェニックス」１７０戸である。さらに昭和44年夏には具体化計画に移り、同年12月には藤沢市に対し特定街区[注]の申請を行なった。その具体化計画は次の通りである。

藤沢ＣＺ計画の一環としての「藤沢フェニックス」

(1)　立地条件

藤沢駅南口から５００ｍ、商業地域であり、その南側は、市民体育施設、市民会館、県総合庁舎などの公共施設地域に接している。

(2)　基本構想

①　住居部分を20～28階の高層にし、空地部分を多く確保する。

②　低層部に人工地盤を設け、人間と車の分離を図る。

③　都市機能を十分備えた施設を整備する。

④　駐車場を十分確保する。

(3)　公共施設計画

幼稚園、保育園、児童公園、郵便局、交番、集会場、銀行、クリニックセンター、管理サービスセンター、スーパーストア、レストラン、ボウリング場、プールなどのコミュニティ施設の整備。

しかし、この計画は、区域全体を1街区としてまとめることを前提としていた。そのためには、区域内にある区画街路の払い下げを受けるか、付け替えをしなければならなかった。これについては、藤沢市、当社ともに昭和46年の区画整理事業の完了後実施する予定であった。ところが昭和46年完了予定の区画整理事業が、48年以降に延びてしまった。このため、業界における画期的な藤沢ＣＺ計画も実施に移れないまま現在に至っている。

なお、当社は、藤沢市との連携のもとに、従来の藤沢ＣＺ計画を白紙還元し、新計画の立案を検討している。

海老名プラーザの開発

当社が郊外型中高層型住宅において、地域開発として一段と積極性を示したのは、昭和47年7月19日着工した「海老名プラーザ」の建設であった。

この海老名プラーザの特色は、総戸数６６２戸という規模の大きさと、自然との調和を目ざした環境づくりである。そのため開発地域における建築面積の割合が、わずか23・8％と非常に低く、オープンスペースを十分確保している。

さらに地域周辺部に駐車場を確保し、地域内には自動車の進入を禁止し、ゆとりのある環境をつくり出している。また、パークロード（遊歩道）、スポーツ公園、児童プール、集会場などのコミュニティ施設をはじめ、充実したショッピングセンター、東急コミュニティによる常駐管理サービスなど、郊外型中高層住宅建設のモデルといえるものである。

こうした当社の技術と実績を結集した海老名プラーザは、全戸公庫融資付きで、しかも頭金なしの「100%ローン」の使用も可能という資金面での配慮もうけて、昭和47年11月2日~10日の公募期間中に平均3・8倍の応募があり、全戸売却済になる好調さであった。

(4) コミュニティの総合サービス

ビル・アパートの維持管理

前述の通り、多摩田園都市の地域開発は、東急電鉄を中心に東急グループが、地元土地所有者と協力して行なう土地区画整理事業による開発であった。しかし、地域開発が進むにつれて地元土地所有者にとって、都市化する生活環境と相まって、従来の農業中心の生活を転換する必要が生じてきた。そこでその生活基盤を安定させるためには、開発された土地の、より効果的な利用を図らなければならなくなった。このため、東急電鉄は、地元土地所有者と提携して、ショッピングビルおよび中高層住宅の建設を企画した。この企画は、地元土地所有者の生活基盤の安定と、多摩田園都市の統一のとれた開発促進という一石二鳥の企画であった。しかし、これらのビルおよび中高層住宅には、その維持、管理という問題が付随している。特に中高層住宅の場合、その維持、管理を主とする環境管理の良し悪しが、居住者にとって重要な問題とされている。そこで、東急グループの中にあって、昭和30年の代官山東急アパート開

海老名プラーザ概要

所在	神奈川県海老名市中新田42番ほか
交通	小田急小田原線厚木駅、国鉄相模線厚木駅下車約2分
敷地面積	6万9,365㎡(2万983坪)
総戸数	住宅650戸、店舗併用住宅10戸、専用店舗2戸、計662戸
建物構造	壁式プレキャスト鉄筋コンクリート造地上5階建15棟(中層住宅)、鉄筋コンクリート造地上7階建5棟(高層住宅)、同地上3階建1棟
建築延面積	5万1,037㎡(1万5,439坪) 各戸専用面積61.24㎡(18.53坪)~85.68㎡(25.92坪)
設備	パークロード(遊歩道)、中央広場、スポーツ公園、森林公園、児童用プール、集会室、管理事務所、ショッピングセンター、駐車場(200台)、倉庫(中高層住宅全戸)、幼稚園(49年4月開園予定)
その他	団地内自動車乗入れ禁止
販売価格	540万円~950万円、平均11.4万円/㎡

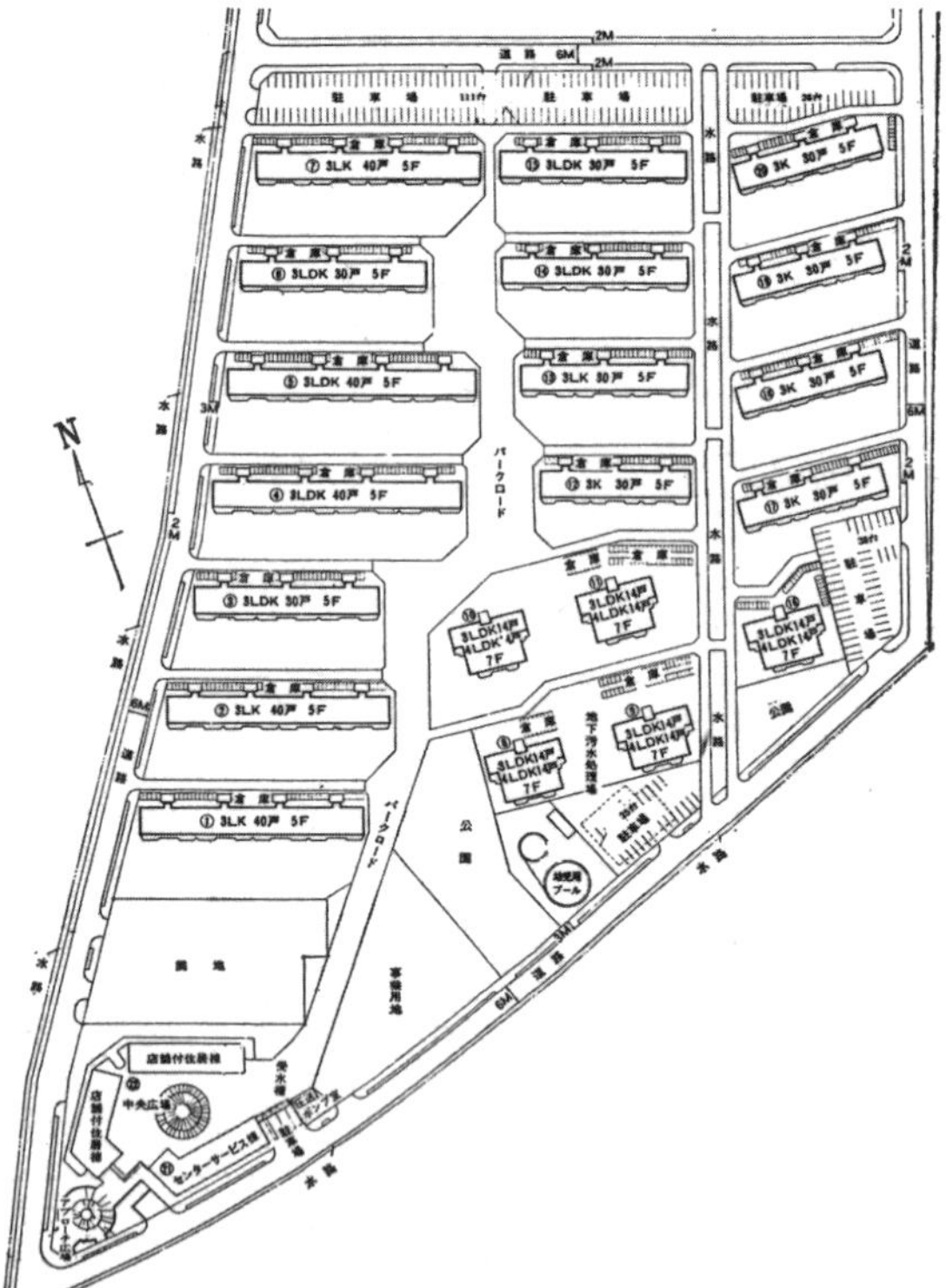

海老名プラーザ平面図

「海老名プラーザ」のパークロード

業以来ビル・アパートの維持管理において、長年の経験と信用を誇る当社が、それらの維持管理サービスを受託することになった。そのため、当社は住宅公団の青葉台プラーザビルの完成に伴い、昭和42年9月1日業務部内に多摩田園都市管理担当を設け、同ビル内に現地出張所を置いた。この管理業務は、昭和43年から「東急ドエルシリーズ」として次々に建設された中高層住宅の増加に伴って受託物件数もふえ、急速に業務が拡大していった。

　このような、ショッピングビルあるいは、中高層住宅の管理業務というものは自社ビルや自社アパートと違い、ビル・アパート自体の収益はなく、純然たる維持管理、たとえば機械、電気など諸施設の保守点検や運転、建物の清掃、補修、あるいは諸料金の受け払い事務を居住者や建物所有者に代って行なうことなどによって収入を得るものである。

　したがって、この管理業務は人件費の割合が高く、利潤追求という企業性の面から考えると、非常に難しい問題を持つ業種であった。

地域サービスの提供

　前記「東急ドエルシリーズ」は、もともと地域開発の一環として建設されたものである。当社が地域開発において目ざすものは、本当に人間らしい生活、人間と自然との調和を図るとともに、近代的文化生活を享受できるような地域社会の開発であり、地域社会の生活環境の整備である。この場合、生活環境の整備ということは、ショッピング施設、集会場、広場などのコミュニティ形成をなし得る環境を整備することである。ここにコミュニティ形成に伴う総合サービスの問題が重要な意味を持つものと考えられた。

　これら施設面の環境整備は、コミュニティ形成の不可欠な要素であることに違いはないが、施設の整備がそのままコミュニティの形成となり、豊かな人間生活に結びつくといえるかどうかが問題であった。地域開発において、よりよいコミュニティの形成を図るためには、施設面の環境整備プラス地域サービスが必要であり、当社は、この地域サービスに積極的に取り組むべきであると判断した。

　自社分譲アパートを、単に販売政策上のために管理サービスを行なうという姿勢では、居住者に十分満足を与えるサービスを提供することは不可能である。さらに深く居住者と密着し、地域社会における居住者の諸要求に応え、幅広いサービスを提供していかなければならないと考えられた。その意味において、当社の組織内における一係として、このような地域サービスを遂行することには、当然、限界があり、居住者の幅広い諸要求に対処して、十分コミュニケーションを図ることはできず、地域サービスの提供に難点が生じてくる。そのため、地域社会における居住者の諸要求に対して、機動性を十分持った独立したサービス会社を設立する必要があった。

「東急コミュニティー」の設立

　当社は、地域開発に伴う総合サービス会社として、従来の多摩田園都市管理事務所を発展的に独立させて、昭和45年4月8日、東急コミュニティー（代表取締役安達平八郎、資本金５００万円）を設立した。

　新発足した東急コミュニティーは、地域開発に伴う総合サービス会社として、地域住民に対する従来にも増した幅広いサービスを目ざしたものであった。住居に関するあらゆる修理、湯沸器・クーラーといった住宅付属品などの物品販売、ショッピング施設の経営受託や、ビル、アパート、1戸建住宅など、建築に関する種々のコンサルタント業務をも目ざすものであった。これらの業務は、いい換えると、地域開発におけるアフターサービス業務ともいえるものである。

　地域開発において、最近は、種々のコミュニティ施設をはじめ、その他の住環境についての整備を行なう。しかし、その地域社会において、この良好な生活環境を積極的に維持管理していかなければ、より良いコミュニティ形成も期待できず、豊かな人間生活も実現されないのである。地域社会において、コミュニティを創造し、豊かな人間生活を可能にするためには、開発後の積極的な環境管理に負うところが大きい。

東急コミュニティーは、広くこのような地域開発におけるアフターサービスを受持つ環境管理会社である。地域開発において、より良いコミュニティが形成されるかどうかは、このアフターサービスいかんにかかっているのである。

東急コミュニティー営業実績

年度別	営業収入	損益	利益率
	千円	千円	%
昭和45年度	133,183	5,031	105.0
〃 46 〃	356,344	8,712	174.2
〃 47 〃	575,677	13,746	157.1

このような重要使命を持って設立された東急コミュニティーは、昭和45年4月16日に当社からの出向者18名で営業を開始し、同年5月1日には、さらに当社から4名が加わり組織が充実した。

その後同社は、多摩田園都市のコミュニティサービスに限らず、東京都内の大型ビルの管理も受託し、さらに戸塚汲沢における横浜市住宅供給公社による分譲アパート団地の管理を行なうなど、積極的にそのサービス網を広げている。

(注)　特定街区

住居地域や商業地域などの用途地域とは別に、市街地の整備改善を図るため、特に街区を定め、その街区内における建築物の延べ面積の敷地面積に対する割合並びに建築物の高さの最高限度および壁面位置の制限を定めた街区である。これらは都市計画法により建設大臣の許可を得て都道府県知事が指定する。

第4章

団地研究など

［2―4―A］村上さち子ほか「新しき庶民〝ダンチ族〟アパート住いの暮しの手帖」（『週刊朝日』一九五八年七月二〇日号、三〜一一頁）

ダンチ族？　お分りになりませんか。ダンチは団地のことです。このごろふえたアパート群のことを団地といいますが、あのアパート居住者をダンチ族というわけです。

ダンチ族は新しい都会の中堅庶民層です。一団地千戸以上のもザラですから、そうした新しい庶民層が生み出すさまざまな問題を、無視することはできますまい。これはそのダンチ族の生活と意見です。

1　ダンチ族すでに百万

「団地の定義を述べよ」と言われると、建築の専門家たちも、ちょっとあわてるそうだ。

なんでも大正八年に制定された都市計画法の第五条に、「一団地の住宅経営」うんぬんという文句があり、昭和二十六年に施行された公営住宅法にも、「一団の土地に五十戸以上の住宅を建てる場合には、児童施設、公共施設」うんぬんの規定があるのだが、そうした定義で追いつかないのが、このごろのいわゆるダンチである。

昭和二十二年に東京・高輪に建てられた鉄筋コンクリート・アパートの団地が初まりで、今年度計画分まで入れると、日本全国に約五千のコンクリート・アパートの団地が建設され、戸数にすれば、三十五万戸に及ぶという。一戸平均三人としても、百万人のダンチ族がいるわけだ。

元気に遊ぶダンチ族二世たち（東京・青戸で）

しかし、この団地という新しい居住地帯は、今までの日本の庶民には経験のない形態なので、そこにはいろいろの混乱があるようである。

挿話1　アパート糞尿譚

都営のある団地のことである。屋外の共同排水管が詰まり、マンホールから黄金水が氾乱して大騒ぎになったことがある。管理人が近所の管工事屋を呼んで来て調べてもらうと、第二階段と第三階段の間に紙綿がつまっているという。ということは、第一か第二階段のどちらかの住人のしわざだということだ。

総出で工事を見物していた居住人のうち、第三階段の住人はホッとした表情で、第一、第二階段の住人を眺めて、やがて一人二人と引きあげて行ってしまった。

あとに残された第一、第二階段の住人たちは互に、「あの人だろう」「この人だろう」と陰口をたたき合っていたが、だれ一人自分だという者がいない。困った管理人が、「犯人がわからないのだから、修繕費は二つの階段の居住者が共同で負担してほしい」というと、一組の老夫婦が「私どもでは紙綿などを使うはずがないから、分担する理由がない」と抗議を申込む。するとまた、ある会社員が、「私の所では家内が二週間前から田舎にお産で帰っている。ほかに来客もなかったし、負担する義務はない」と言い出した。困りきった管理人は、「階段の方々でお話をおきめ下さい」といって、とうとう請求書を置いて逃げ出してしまった。

それからしばらく階段会議が続いたが、てんでに勝手なことを言ってラチがあかない。根負けしたある奥さんが、「私は紙綿など捨てた覚えはございませんが、このような責任逃ればかりを言っていてもラチがあきませんから、私が払いましょう」と言うと、ようやく、「あなた一人で払うことはありません。私も払いましょう」という声が上がり、とうとう白紙にもどして、皆で分担することになった。階段会議が始まってから、二時間あまりの後のことだった。

中央広場で商店出張の即売会（三鷹市牟礼団地で）

挿話2　共かせぎ夫人と奥様族

「アパートが当って結婚できた時には、ほんとうに嬉しかった。アパートって、共稼ぎの天国だと思っていたんですもの。ところが、ダストシュート（厨芥を投げこむと下のゴミ箱に落ちる装置）の掃除当番ができないからって、こんなに肩身の狭い思いをするとは思わなかった。

奥さん連中だって、いつ来るかわからないゴミ屋を待って、外出もしないでイライラしてるそうだけど、ナンセンスじゃない？　皆で二十円か三十円出し合って、掃除の小母さんを傭えば、お互にいいと思うんだけど、『自分の食べたものの始末ぐらいは自分ですべきだ』っておっしゃるの。要するに暇なんだわよね。

私のお友達の中には、掃除当番をしない申しわけに、階段の電灯料金を一手に引受けている人もいるし、月に一度皆さんをお招きしてご馳走する人もいるのよ。でも、そんなことまでする義務があるかしら」

東京郊外のS団地に住む若い共稼ぎ夫人のKさんは、アパート生活にいささか失望気味だ。

ところが同じ階段のU夫人に言わせると、

「お勤めの方にもお当番をしろなんて申しませんけれど、お掃除をなさらないものだから、苦労がわからなくて、臭いものでも何でも、むき出しでジャンジャンお捨てになるんですよ。私たちに負担をかけていてすまないと思えば捨て方も違って来るはずですわ。それに日曜日ぐらい、階段でも掃いて下さればいいのに、一日中テレビを見てらっしゃるんですの。一度だって子供や私どもに見せて下さったこともないんですよ」ということになる。どこの団地でも、共稼ぎ夫人と奥さま族とはどうもしっくりいかないようだ。

挿話3　かけ売御用心

東京郊外のM団地に、浅草から板前さんが引越して来た。毎日午後になると、はるばる浅草へ通勤していたが、ある日のこと、「これだけ多数の人がいるなら、ここで商売ができそうなものじゃないか」と思いついた。さっそくガリ版ずりのチラシを作って、「すしとそばの昼食サービス」を始めたところ、大当りで、テンテコマイの忙しさ。板前さんはとうとう勤めをやめて、団地営業に本腰を入れはじめた。

仕事場は自宅のリビング・キッチン、お客はドアをノックして注文に来るという簡易営業だったから、商売は黒字つづきで、またたく間に、出前係を二人もおくほどの繁盛ぶりだった。

ところで、つい数日前、板前さんは夜逃げ同然に引越してしまった。近所のうわさによると、近所づきあいのよしみでついふえて行った「かけ売り」が、かなりの額になったが、もぐり営業の悲しさで、強いことが言えず、とうとうソロバンが合わなくなってしまったのだそうだ。

挿話4　仲がよすぎて…

S夫人とY夫人は、東京都営のT団地の一棟に隣り合せに住んでいた。二人とも月給二万円たらずの安サラリーマン、子供もほぼ同じくらいといったわけで、ひどく気が合って、いつの間にかミソ、ショウユ、はては残り御飯まで融通し合う仲になった。ところがS夫人が知人のすすめで保険の外交をアルバイトに始めることになった。団地という背景のお陰で、契約がとんとん拍子にふえて、S夫人はすっかり羽振りがよくなった。そこでY夫人は、月末になると、しばしばS夫人に借金をするようになった。

しかし最初はいい調子だったS夫人のアルバイトも、一わたり親戚知人をまわってしまうと、あとはとんと成績が落ち、急に派手な生活を始めたS夫人は、たちまち赤字に苦しむようになった。そこで今度はS夫人がY夫人に借金を申込むようになった。Y夫人にしてみれば、「かつてお世話になった以上、ムゲにも断れない」というわけで、とうとうミシンの頭を質に入れて、S夫人に融通した。

もちろん、お互に夫には秘密の取引だったが、S夫人の金策がつかず、ミシンの頭が流れてしまったことから、Y氏がS氏にどなり込む騒ぎになった。管理人のOさんがしきりにとりなしたが、Y氏は激怒して、とうとう細君を離縁して、自分もどこかへ引越してしまった。

2　ダンチ二世は民主的

しかし、そうした大人たちに対して、もうすでにダンチ族の二世たちが、新しい環境にともかくも即応した生活を始めているようだ。

東京都新宿区戸山団地のまんなかにたっている西戸山小学校は、ダンチ二世の小学校といえよう。

西戸山団地には都営アパートが四十三棟、一般公務員アパート十四棟、住宅金融公庫職員用アパート三棟、呉羽紡績の二棟、計六十二棟が並んでいる。

同校がこの団地の子供たちのために開校したのは二十六年九月。いま約千五百三十人いる児童の九割近くがこの団地の子供で、しかも三年生以下は、文字通りここに生れ、育ち、四年生以上もアパート生活しか知らない。

進学に熱心

子供たちの特徴について、先生方がまず第一にあげたのが、非常によく勉強するということだ。また子供たち自身も、勉強の出来る子供になりたいといっているという。

ここは西戸山中から都立戸山高校か、新宿高校に進むコースにもなっており、とにかく競争ははげしいらしい。

テストが終って答案を先生の机に出すとき、子供たちは決して表を上にしない。人に見られるのがいやなのだ。またもし自分が人のを見て、自分の答えが間違っていたらという心配もある。だから次の子が答案を出すまで、自分のを手で抑えている。次の子が紙を裏がえして出し、また手で抑えているといったぐあいだ。

四年一組の宮田正人先生は、

「子供同士でけん制し合うんですね。わたくしの組でも、進学準備のために塾に通っている子が十四、五人いますし、三、四人が組んで家庭教師についているグループがいくつかあります」

といっており、この競争の原因について次のように見ている。

親が子供に残すことが出来るのは、ほとんどの場合、学歴と就職だけ。したがって親の最大の関心事は子供の教育、はやくいえば進学熱心ということだ。これが子供に強くひびいて、自然に子供自身の考えになっている。団地の一面はサラリーマンの再生産地域ということになるのだろう。

競争意識が強い反面、団地の子供たちは一般に普通の住宅や商店街など、自分の家から通っている子供より民主的な訓練が行きとどいているという。他の学校でもこれは指摘している。

カ、ハエ撲滅運動

同校のカとハエをなくす運動が始まったのはさる二十八年。以来これはことしで六年も続いている。これはつゆどきの衛生、伝染病の学習から出発した。カやハエの生態や実害を調べた子供たちは自分たちの住んでいる所を考え、学校全体でこれをなくそうじゃないかとまとまった。

各地区ごとに発生する場所を調べ、地図をつくった。新聞部や放送部は、これをPRした。映画部は「ハエのない街」を上映、気分を盛りあげた、このように組織的に準備し分担も決まった。そして六月のある土曜日の全校集会の時間にPTAの保健部の人々、委員、先生、全校児童を前に、児童の代表がカとハエの恐ろしさを説き、さあこれから協力して絶滅しようと一席ぶった。DDTやBHCを持った子供たちが全地域に散らばり、片っぱしから清掃を始めた。草をむしり、水たまりをなくし、くさったものは埋め、ダストシュートをきれいにし、下水を通した。これが月二回、九月まで続いた。

この間おとなたちもだまって見ていたわけではない。住居ごとにあるアパート連合会、住居人組合、町会、自治会なども清掃をした。だが、おとなたちのこの仕事には大切なことが一つ欠けていた。それは全地域でいっぺんに清掃するという、カやハエの撲滅に欠かせない条件である。

一方PTAも二年後の三十年から応援にのり出し、子供たちだけでは解決出来ない外部との交渉などを受けもった。また地区ごとに、子供たちはパンフレットやチラシを配り、徹底的にカとハエをなくすには、ぜひ、おとなが一度参加してほしいと訴えた。おとなたちだけの話し合いでは、なかなかまとまらなかった一斉清掃も、「あんなに子供たちがやっているんだから、学校が音頭をとってくれるなら」と、ようやく一本になった。

これらの地域団体や主婦連、保健所、消防署など関係団体を連ねた西戸山地区保健委員会が先月結成され、七月十二日には第一回の一斉清掃が行われる。

これなど、新しい街づくりという、西戸山小の生活指導を通じた子供たちの結びつきが、親たちに理解され、親たちも結びつけた典型的な例といえよう。

この点、東京都教育庁の貞閑《さだか》晴子主事は、

「親ははなればなれになりがちだが、子供たちはこのような集団生活に順応し、親たちをへだてている壁を破っている。つまり、新しい生活の知恵を自然に養っているわけですね」

という。

狭いオウチ

とはいえ、テレビがないと、子供の肩身がせまかろうと、無理して月賦で買ったり、アンテナだけを屋根に立てた父親もあるという話だ。また、奥さん連中の井戸端会議をぬすみ聞きする彼らの表情は、決して明るいものとはいえないようだ。

彼らがアパート生活をどう考えているか。同校四年三組の作文から拾ってみよう。題は「わたくしの住いと将来」である。

私の家は子どもべやがないのでこまります。公むいんアパートの二かいですがせまいのです。……私のきぼうはとてもひろいおうちにすんで……。

▼

ぼくはアパートがだいきらいです。だってじぶんの家ではないからです。……ぼくは大きくなったら、父母にテレビかってあげ、おねえさんにピアノをかってあげ……。

▼

ぼくは大きくなったら今すんでいるようなアパートにはすみたくない。……せいぜい十人ぐらいねれるへやをつくりたい……。

これはほんの抜き書きだが、ほとんどの子供がアパート生活に不満なようである。

3 案外多いウエット族

では、ここいらで、そのダンチ族の暮し方を、もう少しくわしく調べてみよう。

以下は、社会心理研究所の協力を得て、住宅公団の東京都西郊の緑町団地と、下町の青戸団地に、アンケートを試みた、その結果のレポートである。

緑町団地は中央線三鷹駅から北へ徒歩二十分、もとグリーン・パークといわれた競馬場あとに、白いエナメル塗りのしょうしゃな木柵をめぐらせた二万四千二百坪の大団地。自然の起伏を生かして、五つの遊園地が設けられ、その遊園地を結ぶ団地の通路にはアカシアの並木が植わり、ところどころに暗度によって自然に点灯するモダンな蛍光街灯が立っている。

その通路にはさまれた緑地に、クリーム色の四階建箱型アパートと、グレー五階建星型アパートが二、三棟ずつ、適当な間隔に建てられており、各棟のテラスの前には、十坪ほどの花壇が季節の花を咲かせている。

ここの住人は三十二棟、千十九世帯である。

青戸団地は、上野から成田山に通ずる京成電車の沿線、千葉県との県境にほど近い青戸の二万四千坪の工場の焼けあとに三十八棟、千百七十七戸のアパート群を持った大団地だ。

両団地とも六畳、四畳半、ダイニング・キッチン、浴室、バルコニー付の世帯者用住宅を主力として、五畳一間の単身者住宅が約一割。緑町団地にはこの他に六畳、四畳半、ダイニング・キッチンで十五坪半の豪華版と、六畳とダイニング・キッチンだけという新婚者用住宅が、一割ずつふくまれている。

調査は各団地の家族構成に応じて、単身、二人家族、三人以上の三種類に分け、各種別に三戸に一戸ずつを無作為に抽出した。調査対象は緑町が二百四十六戸、青戸が二百二十一戸、男女の比率は男九十五、女三百七十二、調査の方法は個別の面接である。

職業

まずダンチ族の顔ぶれを職業別にみると、緑町では会社員五十九％、公務員と教員が各十％、ジャーナリスト九％、自由業八％が主な顔ぶれで、青戸では会社員が六十一％、公務員が十五％、教員九％、それに工場労働者七％、職人および店員二％が、ちょっと特色を添えている。

収入

収入の面では、緑町は最高が月収九万円、最低一万五千円。二万五千円から三万五千円までが約半数を占めている。青戸では最高が七万五千円、最低が一万五千円以下で、二万円から三万円クラスが約半数を占めている。

おばあさんと孫たち（東京・青戸団地で）

部屋の前の土地に苦心の庭づくり（青戸団地で）

前住地

これらの人々が一体どこから、どういう理由で団地に集められたのだろうか。まず入居前の居住地を調べてみると、ほとんどが東京都内の在住者で、緑町では杉並区の二十％を筆頭に、世田谷区、中野区、三鷹市、新宿区の順。青戸では葛飾区が九％、これに北区、足立区、中野区、台東区などが続いている。ほとんどが自分の居住地の近くを選んでいるわけだ。

新しいダンチ族にも山の手ダンチ族、下町ダンチ族の二つのローカル・カラーが現われているといえる。

住宅困窮者

アパートを選んだ理由は、両ダンチとも圧倒的に多いのが

「家が狭かった」「家がなかった」で、入居前の住居が一間だったものが五十%、二間が二十五%、三間が十%といったところ。結局、より広い住居を求めて来た住宅困窮者が八十五%で、五間以上の広い家を整理して、自ら好んでアパートに引越したという積極的アパート主義者は、まだ十%にも満たないことになる。

申込回数

ところで、公団アパートというと、抽選に当るまでには相当の根気がいるというのが通り相場のようだが、この調査の結果では、案外簡単に当っている。

申込回数では、最高が緑町で十二回、青戸で十三回という数字が出ているが、緑町では一回目にストレートで当選という好運組が三十三%もおり、約六十%が三回以内で当っている。青戸の場合は募集が早かったためか（緑町よりも一年早い）、六十五%が一回で当っている。

申込み初年度は緑町では三十二年が半数の五十六%、青戸が三十一年度が六十七%。これで見ると半分以上が申し込んでから一年ぐらいで入居できたというわけだ。

電気器具

この辺で、失礼ながら、ちょっとダンチ族の生活程度を拝見することにしよう。

電気器具をバロメーターとしてみると、両団地とも、電気せんたく機が二軒に一台、電気冷蔵庫は七軒に一台、電気ガマは三軒に一台、電気掃除器が緑町では十軒に一台、青戸では四十軒に一台ずつといったあんばいで、ダンチ族の家庭電化はかなり高度に進んでいるようだ。

神だな、仏壇

反対に神だな、仏壇をバロメーターとしてみると緑町では神だなのある家が全体の六%、仏壇が十三%。青戸では神だなが十四%、仏壇が二十五%という結果になった。このへんに山の手ダンチ族と、下町ダンチ族の性格のちがいがのぞいているともいえそうだ。

広さは十分か

さて、ダンチ族は鉄筋コンクリートの文化住宅をどう評価しているのだろうか。

まず「広さ」について。両団地とも五十%以上が不満を訴えている。家族数で見ると、単身と二人家族では比較的満足組が多く、不満組は大体三人以上の世帯に集中している。やはりいまのアパートは、せいぜい三人どまり、それ以上は無理だということになるようだ。

不満組に対して、さらに、「幾間ぐらいが理想ですか」という質問をしてみると、六畳、四畳半、四畳半、ダイニング・キッチン、または、六畳、六畳、四畳半、ダイニング・キッチンというのが圧倒的で、五間、六間を求める声はほとんどない。

家賃はどうか

アパートを採点するもう一つの要素、家賃についてはどうだろう。緑町では五千七百五十円から七千五百五十円まで、青戸では四千五百五十円から四千七百円までの家賃を納めているわけだが、「今のままでよい」というものが、緑町では四十%、青戸では三十四%、大部分が三千円前後を適当と考えているようだ。

以上を総合した「結論的にいって、このアパートの住み心地はどうで

すか」の質問に対しては、

	緑町	青戸
満足	一五・〇	一二・二
まあ満足	五九・三	六三・四
普通	二〇・三	一五・四
不満	二・七	五・四
非常に不満	〇	一・八

というパーセンテージが出ている。いってみれば、あれこれと不満を持ちながらも、住宅難の折から、まあ満足して生活を送っているというわけである。

しかし本当に満足し切っていないことは、次の点から明らかになった。「もっと収入がふえた場合には、どうなさいますか」という質問に対して、約半数が、「庭のある独立住宅に住みたい」と答えており、「このままアパート住まいをする」と答えた残り五十%の中に、「このアパートを自分のものとして買いとりたい」という希望者はほとんどいなかった。

近所づきあい

この両団地の特色は、団地の入口に立派な管理事務所と、共同施設としてのなかなか整った集会室とを持っていることだが、ダンチ族の大部分は、案外に自治会やサークル活動に冷淡だ。

自治会組織に関心を持っている者が、緑町では三十五%、青戸では二十一%、実際に自治会やサークルに加わって活動している者は、両団地とも、わずかに十五%にすぎない。

自治会やサークルに加わらない理由は、その大半が、「時間に余裕がない」「面倒である」ということであり、自治会、サークル活動に加わっている人々の大半が主婦の生花や手芸の講習会である点からみると、ダンチ族の大部分は「求めず与えず」型の個人主義者だといえそうだ。

この傾向は、近所づきあいにもはっきりとあらわれている。最も近い隣人である同じ階段の住人とのつきあいについて、まったく交際しないと答えた者が両団地とも約五十%という高率を示しているのは、ちょっと驚かされる。

最後に、ダンチ族の人生観、社会観を知るために、次の二組の質問を試みた。

（A）この間の父親殺しについて

1　どんな悪い人間でも父親を殺してはいけない。
2　あれほどひどい人だから、最後の手段として殺すのもやむを得ない。

1　あの悲劇は程度の違いこそあれ、どこの家庭にも起りうる問題だ。
2　あの悲劇は、父親の非常に変った性格からおきた特殊なものだ。

1　あの悲劇の責任は家族が負うべきで、娘を兄がひきとったのは当然の処置だ。
2　あの悲劇の責任は社会が負うべきで、兄にひきとらせるのは問題だ。

（B）

1　固形スープは多少味は落ちても便利だから使う。
2　固形スープは便利だけど、味が悪いから使わない。

1　月賦は買いやすいが、高くつくから利用しない。
2　月賦は高くつくが、買いやすいから利用する。

1　結婚のお祝いには、自由に品物を選んでもらえるよう商品券がよい。

2　結婚のお祝いには、やはり心のこもった記念品を贈る方がよい。

結論を簡単に言えば、（A）の回答で121の組み合せは非合理的なウエット派、212が合理主義的なドライ派、（B）の回答では逆に212がウエットで121がドライというわけだが、両団地とも（A）については122が最も多く、（B）については212が多かった。この辺で診断してみると、ダンチ族は、表面は冷たい個人主義者の顔をしているが、内心はかなりウエットな非合理派で、いったん考えはじめると、合理主義的なドライ派になるタイプといってよさそうだ。

4　戸数かせぎの住宅政策

日本の団地は、ざっとこんな具合で、まだまだ「住みよい共同住宅」にはほど遠いようである。世論調査の結果にも明らかなように、大半の居住者が相変らず「庭とへいのある独立住宅」に憧れながら、やむをえず、アパート住まいを続けている実情であってみれば、そう住みよい共同生活ができるわけもないが、一つには日本の団地そのものが片輪だからだともいえるようである。

土地問題

まず第一は、日本の団地は都市計画というバックボーンを持たずに、行きあたりばったりに作られているということだ。東大教授高山英華氏によれば、

「欧米の団地は必ず都市計画と密接な関係をもって建設されている。道路、上下水道、商店などの住宅地に必要な諸施設をきちんと配置して、その上で団地の建設が始められるわけだ。

こういう方法をとる場合、まず隘路になるのは、土地問題だが、たとえば英国では、都市計画のマスタープラン（総合計画）にしたがって都市の再開発がはじめられると、指定された地区の地代はストップし、接収地をめぐる公聴会が何回となく開かれる。こうしてさまざまの苦情の処理が終って、いよいよプランが確定すると、大臣がこれを決定して立法化する。しかもそうして決定されたプランも、その後の情況に応じて、さらに五年目ごとに再検討が加えられるという、慎重だが徹底した土地政策がとられている」

とのことである。

ところが日本の団地はまったく逆だ。都市計画によるマスタープランがないために都内の便利な所に墓地、旧軍用地、米軍接収解除地というような、かっこうな敷地があるにもかかわらず、それは放っておいて、公団や公社がてんでに抵抗の少ない郊外のへんぴな〝たそがれ地帯〟をねらって、家ばかりをやたらに建てている。お陰で土地問題は一向に解決しないばかりか、いよいよ深刻になり、団地はいよいよ不便になっているわけである。

画一的な住宅

日本の団地の第二の欠点は、住宅があまりに画一的だということである。評論家花森安治氏に聞いてみよう。

「日本の団地住宅の根本的な誤りは、家が不足しているからとにかく建てるという間に合せ主義と、木と紙はやめて耐震耐火のコンクリートで建てようという永続性尊重主義との二つの相反する性格が、いとも無

造作に組み合されているところにある。間に合せ主義ならばカマボコ兵舎風のバラックでたくさんだが、耐震耐火ならば人間が住む場所として、さまざまの条件を考えなければならないはずだ。

たとえば、広さの問題にしてもそうだ。住居というものは、二人用の住宅に四人が入れば狭いし、四人用に二人が入れば広すぎて手がかかるし、不用心だという具合に、元来融通のきかない性質を持っている。だから耐震耐火ならば、なおさらのこと、さまざまの広さを作るべきだ。少なくとも今後十年間くらいを予定したマスタープランを作って、それに即して歴代の政府が、『今年度は貿易不振だから小さい住宅に重点をおく』とか、『今年は景気が上向きだから広い住宅を手がける』とか、

田園の中に出現した町（千葉県光ケ丘団地）

やっていくべきだろう。それが政策というものだ。

ところが政府は、そんな政策はおろか、相変らずの戸数かせぎで、住宅の質は一向にかえりみようとしない。そこへもって来て、公団や公社が思いつき程度の設計でコンクリート・アパートを作ってしまったから、たまらない。あんな画一的な住宅は、人間の住居というよりはむしろ倉庫といった方がいい。団地居住者の不満の大部分は、このへんから出ていると思う」

と手きびしく批判を加えている。

数字のカラクリ

そこでちょっと外国の例をみると、ニューヨークのラガディアの団地（アメリカでは近隣住区というそうだ）を見学した都立大学教授磯村英一氏の話によると、

「ここでは一棟ごとにモデル・ルームがあり、管理人が住んでいて、団地の居住者達はいつでも自由に見学できる。室内には洗たく機やソファが工夫して配置されており、管理人がシーズンにマッチした団地生活を指導している。

部屋も平均八畳程度の寝室が三つ、夫婦用と男の子用、女の子用というわけで、アパートのタイプも家族構成によってさまざまに変化している。隣の棟との間には、かならず生垣をめぐらしてあるのも特徴だ。とくに力を入れているのは共同設備で、庭はたっぷりとり、診療所、薬局、託児所、美容院、理髪店、教会などがついている。主婦が子供を託児所にあずけて、居間で読書にふけっているような風景はどこにもみられた。買物には近くに大きなスーパーマーケットがあって、たいていここで用を足せるようにできている」

ということである。

四畳半、六畳、ダイニング・キッチンの十三坪に二人家族も五人家族も一様に押しこまれている日本の団地は、やはり政府の住宅政策の絶対的貧困が生んだ片輪といわれても仕方がないようだ。しかも困ったことに、昭和三十三年度の政府の住宅予算は、この片輪性に拍車をかけこそすれ、決して健康な方向に進んでいないようにみえる。

たとえば、住宅計画の決定戸数は昨年度と同数の十六万九千戸だが、内訳をみると、ふえているのは一戸六坪という第二種住宅と、国費をあまり使わないで戸数を余計にする公庫住宅とであって、公営と公団住宅は逆に減少しているという状態で戸数かせぎ政策はいよいよ強まる一方だからである。

団地が本当に健康な共同住宅地の姿をみせるのは、まだまだ遠い将来のようである。あるいは前述の本当の団地は、団地の苦しみを生れながらになめて育った子供たちが社会を支える時代になってはじめて実現するのかもしれない。

［2-4-B］吉沢久子・丸山邦男「団地アパートの町をルポする——むさし野に誕生した霞ヶ丘住宅」（臼井吉見編『現代教養全集22　生活の科学』筑摩書房、一九六〇年、三七八～三八九頁）

むさし野のまんなかに忽然と出現した近代アパートの町。まるで西部劇に出てくるあの開拓町のように荒涼とした辺りの風景と好対照をなしています。火星に出来る町もある意味でこんな工合ではないかと思われます。これが霞ヶ丘公団住宅の表情です。星型、フラット、テラスハウス、下駄ばき住宅等々、各種各様のアパート群が集合して、一七一四戸、五千人の人口を有する「新しい町」となったわけです。

役場、学校、診療所、郵便局、公園、工場はおろか、デパートまで備わっているというこのアパート町、もちろん個々の住いもそれこそ近代施設の完備した理想的な住宅ということです。建築家によれば、このような住いの大量化、規格化は好むと好まざるとに関らず、将来のあり方を暗示しているということですが、さてその規格化された住いの中で、私たちの暮しはどのような変貌をみせることでしょうか。霞ヶ丘公団住宅のルポからそれをうかがってみましょう。

一　団地暮しのうちとそと

御近所同士

日本人は共同生活——といっても、各家庭という「単位のある共同生活」だが——にふなれである。「遠い親戚より近い他人」とか、「御近所同士」などという言葉にみられる、おとなりさんやお向いさんとのつきあいを大切にし、おたがいに助け合っていくことを美徳とする習慣はあっても、ともするとそれは、私生活にまで立ち入りすぎたものである場合が多い。村の生活によく見られる、共同の責任感と同居している口うるささ、たとえばそれは、「あそこの娘もそろそろ年ごろになったが、いい相手を見つけてやらなければ……」と、自分の娘のように気にかける半面、その娘が自分で「いい相手」でも見つけようものなら「あの娘も見かけによらないスゴイ腕《うで》だ」などと、「自分を通さず」にものごとが運んだ場合は、極端に他人になって冷たい目を向ける。こういうぐあいに、私生活に立ち入らぬ共同生活というものが、なかなか成立しにくいものである。

このような習慣というか、ものの考え方の根本になっているものは、

星型ハウス（向うにみえるのはテラスハウス）

都会生活にもそのまま持ち込まれていて、「隣は何をする人ぞ」的なくらしをしている人は、近所から一種の変りもの扱いにされている場合が多い。「うちの近所は、うるさくないですよ。朝晩のあいさつがせいぜい。別に近所同士いききをすることもなくて」などと呑気《のんき》にかまえている人もあるが、たいていは、知らぬは本人ばかりで、近所では、口うるさく「変りもの」のうわさ話をすることで気が合っているということもある。

こういう公私の区別のつけにくい共同生活が、初期の頃の団地には持ち込まれていたようである。

初期の頃の団地に入ったある共かせぎの若夫婦が、掃除も洗濯も炊事も仲よく分担し、新しい住居の形に合わせた、新しい共かせぎの形を作り出すことを大いに努力していたところ、ある日、奥さんが同じ階段の年配夫人に階段の中途でよびとめられた。

「つかぬことをうかがいますが、お宅みたいなくらし方なさっていて、旦那さま御満足なさっているのでしょうか?」

くったくのない共かせぎ奥さんは、その年配夫人のいうことの意味がわからず、何のことかをたずねてみると、

「そりゃ、昼間はお二人ともいないから、お気づきにならないでしょうけれど……」

と、言葉はていねいだが、旦那さまに掃除をさせたり洗濯ものまでほさせる神経はいくら共かせぎだからといっても、見てはいられないと、近所の評判になっていることをきかされた。

共かせぎ奥さんはびっくりしたものの、家の中で旦那が掃除をすることまで、誰が見ていたのか不思議な気がした。のちになってわかったのは、向いの棟《むね》の奥さん連が窓ごしに毎日観察していたわけで、せっかくコンクリートの厚い壁で仕切られた、となりへの気兼ねから解放されたはずの団地住いにも、向うの棟という強敵? があったことに気がついたというしだいである。

団地という新しい住宅形式も、はじめのうちは、こういうおせっかい性の多い近所づきあいがずいぶん問題になり、ジャーナリズムのとりあげ方も、その点に中心があったようである。というのは、日本でも戦前から、今の団地に似た民間経営の鉄筋アパートがあったのであるが、そこに住もうとする人たちは、いわゆる近所づきあいとか、立派な門戸をかまえて見栄をはるという生活をきらって、便利さ——今の言葉でいえば生活の合理化を考えて——のためにそういうアパートを住居にえらんだ人たちであったから、お互いに、不愉快さをさける共同生活の要点を心得ていた。ところが戦後の公営の耐火アパート、つまり団地は、住宅不足を解決するため新しい都市計画の一端としてできたものだけに、とにかく住居の安定を求める人たちが、集団住宅での生活に対する心がまえをもたず入ってしまったともいえる。

自治会

各団地にはたいてい居住者がお互いの利益を守り親睦をはかるための自治会が作られている。今までのところ、自治会ができたきっかけのほとんどは、固定資産税の問題からである。これは、家賃のほかに、固定資産税を払えと家主である公団からいわれて、「自分の家でもないのに、なぜ固定資産税を払う必要があるのか」という居住者側の意見を公団側に伝えるために、団結する必要があったからである。個人がもっている普通の貸家の場合は、地代とか固定資産税などの点も十分に考慮に入れた家賃が計算されているのだが、苦労のないお役所仕事のせいか、よくいえばあまりにも良心的であったのか、家賃は家賃、あとで経費としてかかってくる税金は別に払えというような、賃貸住宅居住者には納得のいかない形ができてしまったのである。

納得のいかないことに反対するのは結構なことで、ことにそれが集団の声ともなれば強力である。またわるくいえば、自分では何もしなくても、月十円か二十円の会費さえおさめておけば、会の責任者たちが、居住者の利益になることを考えてくれるだろう。まあ損にはなるまい——という程度の気持で自治会に参加する人も多いらしいが、とにかく自治会ができると、道路の整備とか街灯の追加、子供の遊び場の設備、あるいは共同保育の場所作り等々、個人ではいくら考えても無理だと思うようなことが、次々に実現していくのを見て、

「やっぱり、寄らば大樹のかげって、本当ですわね」

という団地マダムもいる。

ただし、自治会も、本当に団地生活者のためを考えて税金対策や、生活必需品の廉価共同購入、働く母親のための保育所作りというようなみんなのくらしのためによかれと力を入れているならばいいのだが、ときにはそれが、ある人をボス化させるおそれがあるという一部の声もある。

しかし、それはそれとして、団地自治会は、普通の町の町会とは別の、大体が同じ程度の生活水準の人々の共同体という形で、生活を守る会的な動きを見せているようである。しかしまたそれは、

「自治会として子供の遊び場を作るように公団に交渉しようというような呼びかけがあると、子供の遊び場作りはいいことにちがいないが、子供のいない家庭では、別にどっちでもかまわないという気持で、賛成もしないし反対もしない態度をとると、こういういいことに賛成してもらわなければ困ると、子供のためにという錦の御旗で詰めよられることもあり、その点では、自治会というようなものもよしあしです」

という形にもなるが、一長一短は団地にかぎったことではない。戦争中の隣組のように、お上の命令を伝えるのに便利な形ではなく、めいめいの生活者の声の通り道として、タテとヨコに通じるものに発展していくことがのぞましいようである。

団地の衣食住——新しい衣類計画のきざし

先日私は、完成四カ月そこそこの埼玉県霞ヶ丘の団地を訪ねてみた。初冬の陽をあびた家々のベランダに、洗濯もののひるがえっている風景がまず目に入った。どこの団地を訪ねてもそうなのだが団地の大づかみの風景をとらえようとすると、しぜんに上をむくことになる。四階建鉄筋コンクリートの建物のベランダというベランダに洗濯ものがひるがえっている風景は人のくらしがそこにあることを示していて、なかなか味わいがあるものである。

先日、ある団地向けの商売をしている人の話をきいたとき、現在、団地で一番よく売れるものは、ガウンとネグリジェだと教えられたが、霞ヶ丘の団地にも、美しいネグリジェが、あちこちに見えた。

あとでこの団地の奥さん方と座談会をしたとき、

「洗濯ものをほすにしても、やっぱり気になりましてね、なるべく、きれいなものを前に出して、人に見られたくないつぎのあたっているものなんか、裏側にほすようなことになりますね。シーツなんかを一番外側にほせば、ぼろかくしになりますが、それではよくかわかないし……」

といっていたが、団地に入ってまず感ずるのは、よその洗濯ものがきれいに見えたり、よそのカーテンが上等に見えたりすることだと、他の団地の奥さん方も話していた。

よく週刊誌などに取上げられる団地マダムの競争意識ということも、こういう、何の警戒心もなく、ふっといった言葉から、面白おかしく書かれる場合もあるかもしれない。ただ、団地でくらすようになってから生活費が上ったという人が、その理由として、

「やっぱりね、あちこちの窓から見通しですもの、洗濯ものひとつほすにも、まさかあんまりツギの当ったパンツなんかほせませんもの。ど

うしても衣類の出費が多くなりますね。おもしろいですよ、お向いの棟が黒いスリップをほしているうちがあったので、おとなりの奥さんに、あそこは水商売の人かしらってきいたんですの。私、それまで、色のついた下着なんて水商売の人が着るものだと思っていたでしょ？　だからそう思っていたんですが、おとなりの奥さんに、今は色の下着が流行なのだときかされて、早速私も主人に内緒で買ってみたんです。そうしたら、よごれないし、階段の中途で風にスカートを吹き上げられても、あんまり目立たないの。すっかり気にいって、また着替えを買ったりしてね。こんな出費も案外多いものですよ」

と話してくれたこともある。こういうざっくばらんな話はユーモラスでいいが、とにかく、見ている、見られているという意識は、おたがい似たりよったりの生活状態のために、普通の一戸建住宅に住む人よりは、ずっと強くなるにちがいない。それが、当事者たちにとってはいわゆる競争意識とは違う社会見学的な意味になり、新しいものをどんどんとりいれていく意欲にもなるというわけで、しぜん、収入は入居前と同じであれば、生活にひびいてもくるのである。

ぬかみそ樽と文化的な住い

住いの形で食べものまで変ってくるという経験は誰にもあると思うが、最近の団地住宅は大体がダイニングキッチン様式である。あるいは板敷の食堂と応接をかねた居間と畳の間というような形になっているが、食器などはやはり鉄筋コンクリートのドアのある建物という住いの形に合った、モダンな感じのものがぴったりするようである。台所の戸棚に、今流行の頒布《はんぷ》会でそろえた、新しいデザインの皿小鉢が並んでいるのも、団地によく見ることである。こうした食器に盛るごちそうが、おいもの煮ころがしより、サラダのほうが似合うのは勿論だし、サンマのおいしい季節になっても、塩焼きはあの煙で参ってしまう。ベランダに七輪《しちりん》をもち出して炭火で焼いてたべるほどの手間をかけるなら、わざわざさんまをたべるまでのこともない……というように、いきおい洋風化していることはたしかである。

新しい団地には、スーパーマーケットが付設されているところが多いが、夕ぐれどきの団地のスーパーマーケットで、一番繁盛《はんじょう》しているのは肉屋さんであるが、一枚二十円のメンチカツや魚フライなどの洋食惣菜《そうざい》も、なかなかよく売れている。八百屋さんの店先の最前線に、ラディシュが山盛りになっていたり、セロリの一本売りが出ているのも、団地のマーケットの特色だが、それが夕食の料理がどういう傾向かを物語っているようである。

リビングキッチンで何よりも困るのは漬物樽《つけものだる》の置場で、おかずは洋風になっても、御飯と漬物からはまだまだ離れられない過渡期の食生活が、いろいろと話題を呼んでいる。ぬかみそをかきまわしているときあいにく玄関のベルがなり、ドアをあけ、とたんにあの特有のにおいがただよい出て、

「あら、ごめんなさい、お手洗いに入っていらしたのじゃないの？」

といわれたと、ある団地の奥さんは話していた。私の訪ねた霞ヶ丘団地でも、数人の奥さんとの座談会で、「団地に入って一番お困りになったことは？」の問に、「漬物樽の置場」をあげた奥さんがいた。

最近は、婚約の証明書があれば入居申込みができるので、（団地は単身者住宅以外は二人以上の家族でなければ入居の資格がない）入居できるときまってから結婚する人が多くなった。団地ではじめて世帯をもって、漬物樽の置場に困るとなれば、若い人は割切りが早いから、ぬかみそに恋々《れんれん》とすることがなく、マーケットで買ってきた塩漬やたくあんで、結構という習慣が、これからはどんどんできていくことであろう。

団地住いの暮しのセンス

団地住いの最もいいことは、共稼ぎの絶対の条件であるカギひとつで自由に外出のできる便利さであり、一階は盗難のおそれがないとはいえないようだが、それにしても、あちこちから見通しのきく団地では、泥棒のほうで、どこから見られているかもわからない不安があろうということ、庭つきの一戸建住宅などよりは、はるかに安全な住いの条件である。

まわりはコンクリートの厚い壁、廊下や階段は往来と同じわけだがドアの中に一歩入ってしまえば、全くの独立した住いであり、しかもその中には、文化生活に必要な最低の設備だけはととのっているのだから、たとえ向いの棟からのぞかれていようと、気にさえしなければこれほどいい条件はないようなものである。霞ヶ丘のように入居早々でまだ自治会の結成もないところでは、向い合せのドアの人とさえ、顔が合えばおじぎをする程度で、それこそ「隣は何をする人ぞ」というくらしであるという。したがって、専《もっぱ》ら白い壁にかこまれたわが家にとじこもるだけの人は、

「白い壁ばかり見ていると、刺戟が強すぎるのか、めまいがしたり、何だかからだの調子がわるくて、ふらふらしてしまいました」

と、入居早々白のノイローゼにかかったという奥さんもいたが、そういうこともあり得る。しかし、共稼ぎの人は、そういうことを全然感じないという。ただ団地では、湿気に悩まされる例も多いようで、雨の吹き込みによる雨もりとか、案外、湿気に関する苦労が多くて、神経痛が起きたというような人もある。

コンクリートの住宅は、建築としてはすっかりでき上っても、完全に乾燥するまでには数カ月以上の期間が必要だそうで、それを待っていられず入居という形になるため、湿気に悩まされるわけである。

「湿気のことを知らなかったもので、押入におひなさまをしまっておいたら、全部人形がべたべたになってとけてしまいました」

「私のところではタンスを一つ台なしにしました。壁にぴったりひっつけておいたらどうも着物がしめっぽくなるので、タンスのうしろを見たんです。そうしたら、ブワブワになっているんですよ」

等々、いろいろな団地を訪問するたびに湿気の話をきかされる。しかし、おひなさまやタンスはまだいいとして、最近はプール病が問題になっているようで、たとえば霞ヶ丘でも、管理事務所に「プール病の届出」をたのむとビラがはってあった。霞ヶ丘団地の診療所の先生にきくと、プール病の患者は今までのところそれほどはないこと、療法とはいっても対症療法で、原因不明の高い熱を下げるしかないことなど話してくれた。

共稼ぎの人にはあまりないが、白い壁ノイローゼは、意外に多い。ひとつには居住条件の中に勝手に改造することが禁じられているせいでもある。たとえば、正式には釘一本うつにも、届出の必要があり、住む人の好みに合わせた壁紙などをはることもできない。人間は誰でも天邪鬼《あまのじゃく》にできているもので、勝手に改装できるとなれば案外気にかからず、かえって白いのを清潔だと感じて安定感をもつのかもしれない。それがお仕着せで何もかも自由にできないと思うからノイローゼにもなるのである。

何もかも画一化されやすい集団住宅では、その中に「わが家だけのもの」を作ることが精神の落着きを作ることにもなるので、これは勿論住む側にも「文句だけいっていないで工夫することも必要」といわなければならない。事実、一年、二年と団地ぐらしになれるにしたがって、奥さん同士でくらしの研究会的おしゃべり会を作っているところもあり、ダイニングキッチンのかたすみに、れんが数個で室内ガーデンを作るとか、観葉植物で植木棚をかざるなど、部屋の中に自然を持ちこむ工夫で、土に遠い生活の味気なさを解決している例もある。

団地訪問のたびに私がよく感じるのは、

「どうして、どこの家でも同じようなカーテンをかけているのだろう」

ということである。

ほとんどが申し合わせたようにクレトンのカーテン、そして夏は白いレースのカーテンである。公団住宅の備品としてついているカーテンレールは一重なので、こういう雨戸のない住宅の設備としては不完全である。雨戸がない場合は、陽よけ用と、安眠のための遮光《しゃこう》用と二重のカーテンが最低必要なのだから、カーテンレールも二重のものを取りつけておくことが、こういう住宅の住い方の指導第一歩にもなるわけだと思う。

その点、申し訳だけにカーテンレールをつけてあるようで私には不親切にみえる。陽よけ、遮光以外に、団地では、のぞかれているということに、いつも気を使うわけだから、陽よけ用は目かくし用カーテンとしても必要であろう。したがって、冬でもその目かくし陽よけ兼用のカーテンは必要ということになる。カーテンは、かなりのスペースをとるものだから、白い壁の刺激をやわらげるためにも、こういう住いでのカーテンの色彩効果は大きい。

規格化された住宅形式であるだけに、外からながめるわが家の窓に独特のカーテンの模様を見つけることや同じ形の窓や戸口に、わが家にしかないカーテンをかけることが、団地ぐらしの場合には、「家庭」としての心のよりどころをも作るのではないかと私には思われる。従来の日本家屋ではあまり重要視されなかったカーテンの技術やアイディア、室内アクセサリーのえらび方とか配色というようなことが、団地住いの暮しのセンスとして、今後大きく浮び上ってくるのではないかと思う。

（吉沢久子）

二　公団住宅は誰のもの？

団地は「超文化住宅」？

この間、吉沢久子さんと一しょに、埼玉県の福岡村につい最近生まれた霞ヶ丘の団地村を見に行って驚ろいた。今まで団地の中に入ったことはなかったが、まさに「新しき村」の現代版である。というより、関東平野の畑地にポッカリとアメリカ村が出来たような感じだった。

子供の頃、郊外電車の窓から眺めた青や赤や緑の屋根の、いわゆる洋館建ての「文化住宅」。それから終戦直後、米軍進駐と同時に、あっという間に焼ノ原の東京のあちこちに立ち並んだスマートな米軍宿舎。あんな家の中に住んでみたいな、と思った。

子供のときの「文化住宅」への羨望は、多分、一年に二、三度わが家に舞いこんで来る外国絵葉書の風景と似ていたからだろう。戦後はじめて見た米軍宿舎にたいしての第一印象は、ただオドロキだけだった。焼け残った日本の家屋が、なんとカビくさくみえたことか。

子供ばかりではない。「文化住宅」は昭和初年のモダン族たちに大いにもてはやされたし、また進駐軍宿舎は、防空壕住宅や焼トタン住宅に寝起きしていた十五年前の日本人の眼には、異様にまぶしくみえたことだろう。今から思えば、当時の「文化住宅」も、ただペンキをけばけばしく塗っただけの、舞台装置の家みたいなちゃちなシロモノが多かったらしい。米軍宿舎など全く味もソッケもない安建築にすぎない。それがひどく最高にみえたのだから人間の欲望など他愛なく、その審美眼もいい加減なものだということになる。

なぜこんなことを書いたかというと、霞ヶ丘の敷地五万三千坪といわれる広大な土地に、文字どおり総花式に立ちならぶ大アパート群を眺めたとき、私はふと子供の頃みた文化住宅の新鮮な印象や、戦後の米軍宿舎の「画一美」にたいする感嘆と、まったくおなじようなショックをうけたからだ。

「文化住宅」の流行時代に、さらにその先端をゆく「文化アパート」というのがやたらに建ったそうだが、この団地村の風景をみて、これは今日の超「文化アパート」だな、と思った。

話はそれるが、先日東京の晴海アパートで、近くの罐詰工場の騒音に団地の人たちから抗議が出たことが新聞に報道された。あわてて会社側は平あやまりに謝まったという後日譚をこの高層住宅の住人にきいたが、その後日譚がまたふるっている。会社がお詫びにアパートの人達に自社製品の罐詰を配ったところ、それがとびきり上等品でみんな舌つづみを打ち、「団地に入っているショッピング・センターの品物よりこのほうがよい」ということになり、お蔭でそれまで団地に入れていたメーカーが閉め出しを食うという始末になった。禍をもって福となすというか、転んでもタダでは起きぬおそるべき商魂である。この話をしてくれた知人は、「考えてみると結局の被害者は、団地の住人ではなく、閉め出された罐詰屋で、一ばん儲けたのは騒音を出していた近くの罐詰工場だというわけだ。これがこのエピソードのオチさ」と言って笑っていた。この話は同時に、団地という新興集団にたいする商人や会社の納入合戦の激しさを示す一例ともいえるだろう。

スーパーマーケット

団地内はいっさい車馬交通止。遊園地はあちこちにあり、子供を外で遊ばせておいても危険はない。その意味では子供天国だが、スーパーマーケットの前あたりは若い奥さんたちが乳母車を押して往来する風景がめだつ。団地の中の唯一の「車馬」は乳母車である。

蜂ノ巣的な社会

公団住宅はいうまでもなく日本住宅公団が家主というわけ。故鳩山首相の浮世への置みやげになったのだが、昭和三十年発足してから今年までに平均年二万五千戸という建築実績をあげている。今年は三万戸できるそうだ。住宅不足の絶対量には遠く及ばないが、それでも公営住宅や住宅協会の建物と共に、ともかく住宅事情の緩和に一役はたしている。

公団住宅には、家賃制のものと分譲住宅と二種類あり、公団発足後四年間、つまり今年じゅうに十万八千戸の住宅が東京、大阪、名古屋など大都市とその周辺に出来る勘定になる。そうすると現在でもすでに日本全国には、数十万人の団地居住者ができているということだ。これは、大きな都市人口に匹敵する。都市には都市の風俗がある。「団地族」なる名称がうまれるユエンだろうが、歴史も伝統も、また陰気くさい因習もなく、ポッカリと地上に生れた団地都市に生れる風俗とはどんなものだろうか。

アメリカの何十階建という高層のアパートについては映画でみる程度だが、日本でも晴海住宅のようにエレベーター付十階建アパートが出来ている。その様式もアメリカ型に近づいているらしい。もっとも住宅公団の人にいわせると、晴海の住居者は公団住宅全体の一～二%にすぎず、関西の西長堀住宅（十階）と共にテスト的なものなのだそうだ。

東京という処は元来、日本全国の名店街みたいなもので、ことに銀座通りはミス・ニッポンのコンクールやファッション・ショウを連日入れ替えなしでやっている野外ステージである。これに対して団地内の道路は、さながらミセス・ニッポンの地域代表コンクールの観がある。おそらく他の団地でも似たり寄ったりの風景が展開されているに違いない。

また団地族は男女の別なく、都会人中の都会人という感じがする。とくに東京人は無国籍的な表情がその特色ともいえるが、その顔をみても日本的郷土意識など薬にしたくもなさそうだ。その点では、ヨーロッパ的かアメリカ的か知らないが、ともかく近代以降の個人主義的市民意識がそこでは自由に開花しているように思われる。

スター・ハウスに住む六人の子の親のKさんも、フラット住宅に入っている結婚一年目という若き新聞記者夫人Nさんも、向う三軒両隣りとのおつきあいのわずらわしさから解放されていることではおなじだ。建物と部屋の構造が、無用な社会から保護してくれる。一歩、室内に入ってカギをしめれば、誰からもおかされない。天井をとったら、まさに蜂の巣とそっくりだろう。そしてめいめいの蜂たちはそれぞれ「個人の自由」を求めて団地というこの蜂の巣型の集団社会にあつまって来ているのである。

しかし、本能的に共通の広場を求めたがる子供たちは、団地という個人主義的集団社会の中で、どういう精神形成がおこなわれてゆくのだろうか。大へん興味のあることだが、私にはちょっと見当がつかない。また団地に必ず設けられるという集会場などが次第にひろく利用されるようになって、そこに集まる婦人たちで井戸端会議がどう「近代化」されてゆくだろうか？　これも私には興味ぶかい。ただ、よい意味でも悪い意味でも、今後そこにつくられてゆく「団地精神」は、今までの日本にはなかった、全く新しいものだということはたしかである。あるいは今日の日本を象徴する根っからの植民地的な風俗がここから発生してゆくのかもしれない。

一つの団地がうまれると、遊園地、運動場、診療所などの他に小学校も併設されることになっている。霞ヶ丘では東武線の駅から二十分位の処にある火工廠跡に、福岡村小学校の分校をつくった。これも団地的な設計で、生徒は現在三六三人。

福岡村の人たちはこの分校の生徒たちを「団地の子」と呼んでいる。これは都市の場合でもおなじらしい。戦争中の疎開児童はみじめだった。「疎開の子」とよばれ、村の子たちからしばしば仲間はずれにされたり、イジメられたりした。しかし現在では社会状況が違ってきており、そんなことはないようだ。むしろ村の子たちが親から「団地の子に負けるな」と尻をたたかれるのだという。

何しろ霞ヶ丘団地でも千八百戸に五千人の居住者が集まっている。福岡村が八千の人口だから、もう一つ「新福岡村」がくっついたようなものだ。その勢力関係からみても、たとえば選挙に団地の組織化に成功すれば、村会に半数ちかい「団地代表」を送りこめるという理屈で、村のボスにとっては一大脅威となる。しかし、それだけに各団地に生れつつある自治会とか婦人会とかが、新しい「団地ボス」に利用される危険性もあるわけだ。そして全国のダンチ族ひとたび団結すれば、国鉄、日教組ぐらいの大組合にならぬともかぎらない。ただ現状では、ここの例でも自治会はあるが一割程度しか参加していないらしい。蜂ノ巣的な社会の住人たちが、一つの集団として行動できるかどうか、これも大へんむずかしい問題だろう。

「家」からアパートへ

ところで「文化住宅」地帯の駅の名や、町名、道路などには大ていシャレた名がついている。東京の軽井沢といわれる自由ヶ丘などは古い方だが、最近はトップレベルの夫人たちがあつまっているというので、関西の「芦屋夫人」に対抗させるつもりか、「自由ヶ丘夫人」などという敬称？ まで生れているようだ。

こんなエピソードもある。住宅公団で居住者に対して、「現在の公団住宅に永く住みたいかどうか」というアンケートをとったそうだ。ところが親子家庭の場合、親は八〇％まで「永く住みたいとは思わない」と答え、子供のほうは「アパート生活がいい」と、ちょうどその数字が親と子と全く反対になってあらわれた。

これなど「家」というものに対する考え方の世代的な違いを、如実に示すものといえよう。とくに中年層以上の人達にとっては、「家」というものは生活や社会活動の基盤であり、同時に目的ですらあるわけだが、戦後の六三制教育や開放的な集団生活の訓練をうけた若い世代にとっては、「家」は次第に生活の手段として考えられてきている。幼少時からアパート生活の中でそだった者は尚更はっきりしている。住居はたんに生活の手段だから、当然合理的な形式をえらぶ。家を建てるために一生がい営々として働く、なんていうのは愚の骨頂ということになる。

もちろん年代だけできまるわけではない。それ以上に職業からくる家庭環境が大きく左右するだろう。都会で生活する者、とくに勤労者、サラリーマン層は、若い年代から次第に家というものに対する考え方を変えてきている。そして大きな企業体（会社、工場）を中心に、サラリーマンやサラリーガールの生活が向上してゆくと、そこにアメリカあたりでいわれているホワイト・カラー、つまり中間階級が大きくふくらみをもってくる。このふくらんだ中間層の人々の「家」に対する考えや夢が、都営の低家賃住宅なども含めて、アパート生活というものに向うわけだ。もちろんその幅は、千円程度から七、八千円まで家賃には大きな開きがある。中間階級の中での分化がおこり、落差がつく。

その意味では、家賃が四千円から六千円という公団住宅は、まず中間層中の中間層のためのものといえるだろう。団地は今日の中間階級のシンボルであり、その住人は、「団地族」というより「団地層」「団地階級」といったほうが正確のように思われる。

テレビと週刊誌とトリスバーに代表されるいわゆる中間文化。その住宅版、家庭版が、テラスハウスであり、スターハウスであり、ダイニングキッチンだとでもいえようか。したがって昼はショートパンツ、夜はネグリジェというスタイルの団地夫人達は、有閑マダムならぬ「中間マダム」ということになりそうである。管理人氏のいう「入っておられる方の九十九％は東京に出勤するサラリーマン」であることの社会的経済的そして風俗的背景とはこんなところだろう。

団地住宅は庶民のものでない？

建設省の発表した三十四年度の「建設白書」によると、ことしの四月現在で、全国の住宅不足は百八十万戸だと書いてある。この百八十万戸という数字が、どの程度の「不足」の実情を基準にしてハジキ出したものなのか、その点についてはふれていないのでよく分らない。官庁統計というものは悪い条件には大体できるだけ内輪の数字をあげる。掘立小屋でも、一戸をかまえていれば、この数字におそらく入っていないのだろう。

またこの八月には来年の住宅計画を発表したが、それによると来年は「民間自力建設」を含めて六十一戸つくるという。うち公営、公庫、公団住宅などは、二十三万戸、その重点の一つとして、公団住宅の家賃引下げをはかることがあげられている。

住宅公団にきくと、今後は都下の立体化と衛星都市化に力を入れるという。ということは、人口の密集したところは晴海団地のような高層建築で、そして現在の規格型住宅は都市周辺にひろがってゆくことになる。霞ヶ丘団地は東京駅から電車で一時間半だから、こういう団地が新しいモデル・ケースとして、これからの建設目標になるらしい。

「独身住宅から老人ホームまで」というのが団地づくりの理想なのだそうだ。それには社会保障制度がもっとしっかり確立される必要があるだろう。「公団住宅には将来は最低所得者が入っていただくことになると思います」ともいう。結構な話で、それなら、たしかにかなり理想的な建設計画といえる。しかし、終戦直後の都営アパートがよい例だが、建物に手も入れず、ただ老朽化を待つだけなら、カネのある者は新しいより高級な建物に移り、いれ替って入居して来た者が定住して、建物といっしょにスラム化してしまうだけの話。貧乏人はいつまでも廃物利用の材料にされる。

終戦後十カ年間に、風水害による年平均の被害額は、二千四百億円だという。この一年分の額を住宅建築にまわすとするとたとえば一戸三十万円の家が一年間に八十万戸できる勘定になり、数字の上では三年以内に一応日本の住宅不足は解消される計算である。伊勢湾台風ばかりではなく、台風や水害でやられるのは皆貧乏人の家である。厚生白書によると、一千万人をこえる最低生活者がいるそうだが、住宅公団も、この一千万人以上の人達のために住宅をどうするかにもっと心を配るべきではないだろうか。それともこんな注文は現在の公団にとってはないものねだりなのだろうか。

（丸山邦男）

〔2-4-C〕 橋爪貞雄『変りゆく家庭と教育――団地文化が予見するもの』（黎明書房、一九六二年、二三～四四頁）

II 団地の消費生活

1 団地族＝中間階層論

団地がジャーナリズムや学問研究の焦点となってきたことには、いろいろな理由が考えられる。団地はあるいは住宅問題、都市計画の領域で、はなばなしい脚光を浴びる。過去の日本には、全然考えられなかった新しい居住様式、あるいは地域社会が、忽然として現出し、周囲の住居や地域社会とあざやかな対照を示すということに、人びとの注意が集中する。あるいは、ジャーナリズムが創作した団地族と称する特殊な社会集団が次第にその存在を明らかにし、かれらの生態や将来が議論のまととなる。また、団地族の主流をなすホワイト・カラーをとりあげ、かれらが職場においてばかりでなく、家族生活・地域社会の生活においても、いかに「組織のなかの人間」であるかを論ずる人もある。さらに旺盛な消費力をねらって大小の商業資本が有形無形の手をのばし、マーケッティングや宣伝、広告の戦場となっているのが団地である。――すべてこうした現象の根底にあるものは、団地族がいわゆる中間階層の典型をなしているということではあるまいか。

所得の中間層

われわれはまず、もっとも客観的と思われる指標にしたがって、団地族がどのような中間階層であるかを一べつしておこうと思う。

第1表は京阪神五八団地の入居者の月収分布である。[1] 一見してわかるように、月収三万円台がいちばん多い。この調査当時、大阪の家庭の平均月収は三万八千六百八十三円だから、団地のふつうの家庭の月収はほぼこれに近いわけである。この表で目だつのは、三万円台をピークに、その上下のグループが、かなりの高率を示し、この三つの収入階層（二万五千円～五万円）が全体の七一・三％を占めていることである。

つまり、団地家庭は月収の絶対額が一般よりずばぬけて高いわけではない。しかし、どの家庭もだいたい粒が揃っていて、とくに収入の多い家とか、とくに貧しい家は、どちらもひじょうに少ないのだ。ほとんど全家庭が中間階層なのである。

もっとも、月収の額だけで、その家庭の階層をきめてしまうのは、少々早計なようだ。階層は収入や支出の金額だけでなく、むしろくらし向きが楽か苦しいかということできめられるべきだろう。収入が多くても扶養すべき家族が多ければ、当然くらし向きは苦しくなる。そこで、各家庭について一カ月の平均支出額と家庭人数とを組みあわせて考慮し、さらにそれに、電化製品など耐久消費財の手持ち状況を加味して、くらし向きのよしあしを総合的に判定するという

第1表　団地家庭の月収分布

（%）

月収	～2万	～2.5万	～3万	～4万	～5万
%	0.9	4.1	14.8	36.2	20.3

～6万	～7万	～10万	10万～	不明	計
9.5	4.7	5.1	1.9	2.5	100.0

第2表　団地家庭の生活程度別分布

（%）

程度	上	中上	中	中下	下	計
%	5.0	49.5	42.3	3.2	0	100.0

方法を試みてみる。この方法を第1表と同じ調査対象にあてはめた結果が第2表である。(2)

一カ月の支出額と家族人数の両方を考慮すれば、たとえば一カ月二万五千円で生活しているひとり者と、同じく四万円を費やしている五人家族とは、どちらのほうが生活程度が高いかというような問題も、ある程度解決できる。このようにして生活態度を、上、中上、中、中下、下の五階層に分けてみると、表にみるように、実に九割以上が、中上と中に集中しており、下流階層などひとりもいない。まさにはっきりと団地族＝中間階層を物語っているわけだ。現代社会の大衆化という議論がその一つの根拠を、中間層の増大という点に求めるならば、団地家庭こそまさに、その最適な例といえるだろう。

意識の中間層

もっとも、大衆社会論における中間階層論は、単に所得額の区分から生ずる階層（一種の統計的な分類）だけを問題にするのではない。むしろ、この階層に属する人たちの意識内容や生活態度、あるいは、現代社会のなかで、この中間層がしめる位置とその役割、およびそのような階層の発生理由などのほうが、客観的なインデックスによってとらえられる階層区分以上に重視されなければならない。その意味からいうと、次のデータのほうが、団地族＝中間階層論の資料としては、ずっと興味深い。(3)

第3表は団地居住者に対して、いわゆる階層帰属意識を聞いた結果である。〝階層〟とはどういう意味か、また具体的にはそれをどのようなことばで表現すればよいかについては、いろいろの説がなされている。たとえば、生活程度中、という表現と、中流階級という表現、あるいは、中産階級、中間階級（階層）という表現は、それぞれ独自な響きをもって、〝階層〟の概念にさまざまなニュアンスを付与するであろう。そのような制約を十分承知のうえで、あえて二つの異なった調査（それぞれ質問の用語が多少ちがう）の結果をここに並べたのだが、上（あるいは上流）とか中（あるいは中流）ということばは、少なくとも、マルクス主義の資本家階級、労働者階級の〝階級〟とはちがって、だいたい、生活程度という意味で回答者にうけとられているといえる。かれらは、自分が生活程度その他からみて、いまの日本の社会でどの辺にランクされるかと考え、これに回答しているわけである。さてこの表をみると、両調査とも、回答者のほぼ八三％が、自らを中流階層に属するものと判定していることがわかる。二つの調査の数字の符合は驚くべきほどである。われわれはこの事実にたって、「団地族の大半は、自分たちがミドル・クラスに属すると自覚している」という点に注目したいと思う。

2　消費生活ははでか

団地族のイメージ

はじめにわれわれが行ったイメージ調査の一部を紹介しよう。第4表は、団地以外に住む人びとに対し、「〝団地に住む人びと〟ということばをきいたとき、あなたは次のことばのうち、どれを思い出しますか」と質問した結果である。

この連鎖反応で、「電化生活」「周囲がうるさい」「見栄をはる」が高率なのは、なかなか興味ぶかい。これを綴りあわせてみると、「団地生活は周囲がうるさいので、どうしても見栄をはることになる。電化が進んでいるのも、一つはそのためだ」という一般の団地観が浮びあがってくるようだ。たしかに、われわれは団地族について、そんなイメージを抱いていることに気がつく。

そこで、われわれは団地の経済生活が——といっても、生産活動は皆無に近いし、流通活動も団地内の限られた数の商店で行われているだけだから、話はどうしても消費生活に限られることになるが——はたして、「見栄をはる」という特徴をもっているかどうか検討してみようと思う。ことばをかえていえば、いったい団地族の消費生活ははでなのか、堅実なのか、それとも、もっとちがった形容詞のつけられるような性格のものなのか——という点である。

第3表　所属階層の自己判定

（単位％）

	生活程度	上	中上	中下	下上	下下	無答不明	計
(1)	戸山団地	0	21.3	61.5	12.4	2.4	2.4	100.0

	生活程度	上	中上	中中	中下	下上	下下	無答不明	計
(2)	団地サラリーマン	0.1	7.1	37.6	37.9	11.1	0.7	5.5	100.0

(1)　戸山アパート居住者対象（31年12月）
(2)　東京・大阪の団地居住サラリーマン対象（35年11月）

第4表　「団地に住む人びと」に関するイメージ（抄）

反　　応	%
自分勝手	6.9
電化生活	25.1
周囲がうるさい	22.2
他人のおせっかいをやかない	2.8
見栄をはる	23.6
他人に気がねしない生活	12.5
無回答	6.9

団地の家計簿

そのため、まず団地家庭の家計簿を拝見してみよう(4)。第5表でみると、団地家庭は一般家庭と比べて次のような特徴をもっている。

(1)　エンゲル係数が一般家庭よりも低い。とくに穀類の割合はきわめて低くなっている。団地には、毎日かならずパン食をとるという家庭が四四％もあるそうである。

(2)　穀類への支出が少ないのと対照的に、「その他の食料」への支出は、団地のほうが一般家庭よりかなり高く、割合にすると約三割高となっている。このカテゴリーには、主に肉、牛乳、卵、くだものなどがふくまれている。つまり、団地の食生活は、一般よりかなり高級であり、

第5表　消費支出金額・割合の比較

	1人当り実額(円)		比　率（%）		格差(%)
	公団A	東京全世帯B	公団	東京全世帯	A／B
消費支出総額	9,763	7,198	100.0	100.0	135.6
食料費	3,405	2,946	34.9	40.9	115.6
穀類	663	791	6.8	11.0	83.8
その他の食料	2,742	2,155	28.1	29.9	127.2
住居費	2,217	651	22.7	9.0	340.6
家賃	1,523	186	15.6	2.6	818.8
設備修繕	22	142	0.2	2.0	15.5
水道料	80	33	0.8	0.4	242.4
家具什器	593	290	6.1	4.0	204.5
光熱費	435	342	4.5	4.8	127.2
被服費	1,229	842	12.6	11.7	146.0
雑費	2,445	2,418	25.0	33.6	101.1
保健衛生	495	387	5.1	5.4	127.9
交通通信	362	183	3.7	2.5	197.8
教育娯楽	692	710	7.0	9.9	97.5
交際費	271	368	2.8	5.1	73.6
その他	624	769	6.4	10.7	81.1
記入不備	32	—	0.3	—	—

公団のものは33年10月、東京全世帯のものは33年平均

しかも高級でありながら、たいした負担となっていないのである。

(3) 住居費は、その絶対額も、家計全体での割合も、一般とは比べものにならぬほど高い。とくに家賃は、一般家庭の八〇〇倍と、ものすごい倍率であり、家計全体からみても、一五・六%の負担となっている。もっとも、最近の大都市の住宅難は「家賃は収入の二割」を常識にしてしまったそうだから、支出の一六%なら、まだまだ軽いほうかもしれない。

(4) 家賃とならんで、団地における家具什器の支出絶対額が一般家庭より多いことは、注目に値する。これは、あとでのべるように、団地家庭における耐久消費財(とりわけ、電化製品)の普及を物語るものである。

(5) 団地の被服費の絶対額は、一般より五割ほど高くなっている。しかし、家計支出における割合は、別に大差はないから、さきに、(2)でみたように、「程度は高いが、大した負担になっていない」という、はなはだめぐまれた状況にある。別のデータによると、団地族の男子で、背広を年に一着新調する人は三三・八%ないし五九・二%だそうである。しかし、だからといって、団地族がはでだとも断言できないだろう。団地族の主流をなすホワイト・カラーにとって、新調の背広は一種の生活必需品なのだから。

(6) 以上の項目とは逆に、団地家庭では雑費支出が目だって少ない。とくに、教育娯楽、交際、その他が、絶対額においても一般家庭におよばないのは、かれらの生活状態を暗示するものとして興味深い。まだ幼い子どもたち、ほどほどに切りつめた近所づきあい、小づかい銭やタバコ銭を節約する案外つましいダンナ様――そういったものが浮んでくるようである。

この家計簿でみる限り、団地家庭の消費生活は「一般よりレベルは高いが、別段それが大きな負担になっているともいえない」と形容するのが、いちばんあたっているようである。この特徴はこれなりに意味があり、たしかに団地における生活水準の高さを示している。しかし、団地の消費生活がはでかどうかという問題には、端的に答えてくれない。むしろ、雑費支出が少なく、家具什器の支出が多い点に注目して、ムダな出費をできるだけ切りつめ、電気器具や家具をととのえるという、合理的な消費態度を見出すことさえできるだろう。

周囲がうるさいからか

さて、次に、団地家庭の消費生活がはでだと感ずる人は、その根拠を「周囲がうるさい」という点に求めるのがふつうのようである。周囲の影響が強いから、いきおい競争意識をかりたてられ、生活がはでになるというのである。この理由づけは、消費生活がはでかどうかの原因を家計簿の数字に見出そうとする試みより、ずっと事態の核心に近い。なぜなら、はでな消費生活うんぬんの問題は、単に数字に示されるだけの経済問題でなく、むしろ社会心理的な立場で考えられるべき問題だからである。

さて、しからば、「となり近所の目がうるさいから、いきおい消費生活もはでにならざるをえない」という理由づけは、どの程度真実だろうか。

ところで、右にあげた文句をもっと気の利いた表現で簡潔にのべたのが、次のことばである。"To keep up with the Joneses"(「ジョーンズさんとこに負けないようにする」の意)このアメリカのコロキュアリズムにおいて、「ジョーンズさんとこ」というのは、日本語でなら、さしづめ「山田さん(あるいは、伊藤さん……)とこ」とでもいおうか、近所どなりの平均家庭である。ホワイトは、アメリカの団地家庭の消費生活を特徴づけるさい、このコロキュアリズムをもじって、「団地にはむしろ"To keep down with the Joneses"（しいて訳せば、「ジョーンズさんとこぐらいにしておく」とでもいおうか）という現象がみられる」とのべている。[5] さきの文句が、上昇による平準化なら、これは下降による平準化である。とにかく、"To keep up with the Joneses"にしろ、"To keep down with the Joneses"にしろ、そこには、みんなへの同調という努力——むしろ、あせりと呼ぶべきものがひそんでいる。このような同調への努力（焦慮）へ駆りたてる雰囲気——それが、「団地生活は周囲がうるさい」といわれる雰囲気なのである。そこで話がもとにもどるが、このホワイトの例でもわかるように、「周囲がうるさいから生活がはでになる」場合もあれば、逆に「周囲がうるさいから、互に牽制しあって生活がはでにならない」場合もありうるのだ。

ついでにふれておくが、ホワイトは、右の理由から、団地生活の一つの特徴は、「目だたない消費」inconspicuous consumption であるといっている。いうまでもなく、これはベブレン（Veblen）の用語 conspicuous consumption になぞらえた表現である。おそらく、ホワイトは、団地に住む中間層（かれの用語ではオーガニゼーション・マン）が、ベブレンのとりあげた有閑・富裕階級とは、まったくちがった方向に発展してきた階級であることを、用語のコントラストでもって暗示したかったのだろう。

マーケッティング・リーダー

なお団地の人びとは、たとえ、周囲がうるさくても、直接それにはあまり影響されないようにみえる。周囲からあまり個人的な影響（パーソナル・インフルエンス）をうけていないのである。

ここでこの個人的影響という問題を、団地族の消費生活と結びつけて少し考えてみよう。消費生活における個人的な影響というと、マーケッティング・リーダーのことが浮び上がってくる。いったいマーケッティング・リーダーとは何のことなのか。

そもそもの話はこうである。現代のようにマス・コミによる宣伝、広告が盛んになると、お客さんが品物を買ったり、あるメーカーの商品を選んだり、あるいは、いままで使っていたある銘柄の品を他の銘柄に変えたりする場合、それはもっぱら、このマス・コミの宣伝、広告の影響によるものだと考えられがちである。なるほどそれにちがいなかろうが、それ以外にも、購買活動に影響を与える要素はあるはずである。マス・コミの力が過大視されるため、このほうは忘れられがちだが、直接の影響力は、このほうが強いともいえる。それは、他の人びとからうける直接の影響である。われわれも反省してみると、新聞・雑誌・テレビ・ラジオなどの広告や宣伝は、それが強烈で、印象的であればあるほど、何かしら、"眉つばもの"という不信感を抱きやすいのであるが、知りあいの人から、「あの品はいいですよ」と一言いわれると、すっかり信じ込んでしまう場合が多い。とりわけ相手が話好きで、子どもの二、三人もかかえた買物じょうずな中年の奥さんともなると、彼女からちょっとヒントを与えられただけで、相手の推奨する品物を買ってしまう女性は、案外多いものである。この場合、この話好きの奥さんは、マーケッティング・リーダーの役割をはたしているのである。だからリーダーとはいっても、別にみんなの先頭に立って指導するというようなリーダーではない。

このマーケッティング・リーダーのもつ社会的意味は、かれらが購買活動に強い直接的な影響を与えるという点にだけあるのではない。もう一つ忘れてならないことがある。それはかれらがマス・コミの中継所のような役目をはたしていることである。たとえば新聞紙に報じられる情報は、何もかもそのまますべての人びとにまっすぐに到達するのでない。まっすぐ到達する場合もあるが、一方では、右のようなリーダーが新聞をよみ、かれらがその情報を自分の口で他人に流すという場合も、案外少なくない。この場合、情報はその源泉からリーダーへ、リーダーから大衆へというふうに二段構えで流れてゆくのである。リーダーはマス・コミをろ過し（ときには歪曲し）、これを中継するはたらきを演じている。マーケッティング・リーダーというのはこのような存在でもあるから、すぐ推察できるように、となり近所のつきあいが活発でないところ、マス・コミの波がまっすぐ——何の屈折もなしに——その源泉から各人に流れてゆくようなところでは、こういうリーダーは発生しにくい。団地はまさに、そのようなところである。

　都営アパートに住む主婦について調べたところによると、購買活動における個人的影響《パーソナル・インフルエンス》は次のように報告されている。(6)

「あなたは最近どなたかから特定銘柄の商品をすすめられましたか」という質問にノーと答えているものは八四・二%。「あなたは最近どなたかに特定銘柄の商品をすすめましたか」という質問にノーと答えたものは九〇・九%。「あなたは最近ある商品についてどなたかから助言を求められましたか」という質問にノーと答えたものは七八・二%。これでみてもわかるように、団地では「すすめられたり、すすめたり」という個人的な働きかけはきわめて不活発である。

　またある団地調査によると、なぜそのメーカーの石けんを使っているのかという質問に対し、「知人にすすめられたから」という個人的影響をあげたものはわずか二%ないし六%しかいない。(7) 大多数の団地族は、むしろ泡立ちのよさや香りの高さという石けん本来の特徴を、その理由としてあげている。この回答は多少割引きして考えても、団地族が、他人（いわゆるリーダー）からの個人的影響をあまりうけないで買物をしていることを示している。

デモンストレーション効果

　以上、購買活動における個人的影響ということを少し検討してみたが、団地にはそのような影響が強いとは決していえないことがわかった。いいかえれば、団地族は、あまりとなり近所から干渉をうけない（うけつけない）のである。かりに「周囲がうるさい」としても、そのうるささは、直接、干渉的に働きかけるようなうるささではないのだ。この点が、ホワイトの描いたアメリカの団地とちがうところである。ホワイトによると、アメリカの団地ではつきあいが盛んなため、それと並行して、他人の生活態度に対する直接的な干渉もかなり多く、露骨な牽制がつよいようである。日本の団地には、ふつうそんな傾向はない。しかし、直接的なはたらきかけはなくても、間接的な、心理的な影響は常に行われている。ひところ、「となりがテレビを買ったから、うちもアンテナだけは立てよう」という笑話があったが、これなどその好例であろう。いわゆるデモンストレーション効果である。ただし団地では、家屋の増築とか、門を造る、というような大規模なデモンストレーションは、絶対起りえない。だからいってみれば芸が細かくなって、布地のカーテンがレースのカーテンになり、さらにそれがブラインドにかわるというような、あまり目だたない変化でも、結構大きなデモンストレーション効果をあげるのである。どれもこれも似たりよったりだから、よけい小さなことでも影響力を強めるというわけである。なかには、この原理を意識的に利用して、ささいな点でデモンストレーションを行おうとする家もないではない。リースマンのいう「マージナル・ディファレンシエーション」(marginal differentiation) である。(8)

生活ははでか

結論的にいえば、団地族はその消費生活においてはでだとか、conspicuous だと評するよりも、むしろ合理的だと形容したほうがよいように思われる。もちろん、どの家庭も、どんな場合でもそうとは限らないけれど、全体としての傾向は合理的というべきだろう。「団地の奥様は値段に敏感で、少しでも安い店をさがして、そこへ出かけてゆく」とか、「大根を四分の一本、ネギ三本、肉を五〇グラム、海苔を一枚、というふうに、ムダのない買い方をする」という観察がしばしば聞かされる。もちろん、どこの奥様でも値段に敏感にはちがいないし、少人数の家庭では材料も少ししかいらないのは当然であるが、とにかく、そのような当然なことを当然として実行できるところに、団地族のもつ合理的精神——というか、たくましさというか、ドライな気質というか——があるといえる。

3 電化生活の背景

さきに引用した団地のイメージにもはっきり現れているように、電化生活は団地族の一つのシンボルになっている。

第6表でもわかるように、扇風機とテレビ以外は、いずれも団地のほうが普及率が高い[9]。なかには、洗濯機、電気釜、冷蔵庫、ストーブのように一般家庭より大幅に高率な品もある。そのうえ、生活白書も指摘しているように、団地の場合はこれらの品の約半数が過去一年間に購入されている。一年前を比較すると、いまの団地入居家庭より一般家庭のほうが普及率が高かったという品目さえある。洗濯機、冷蔵庫、ストーブ、テレビなどがそれである。このことからも察せられるように、団地に生活するようになると、こうした電化製品が急にふえてくることはおよそ確実らしい。その理由はいろいろあるだろうが、とにかく団地は、電化製品をはじめとして、耐久消費財が非常に多いところである。おそらく、同一収入階層を比較してみても、団地のほうに耐久消費財の普及率が高いのではあるまいか。ではなぜ団地家庭には耐久消費財の普及率が高いのかそれが問題である。お断りしておくが、われわれはこの問題に対する確答を用意していない。ただ、こういう解釈もあろうかという可能性をいくつか紹介しようと思う。

第6表　耐久消費財の普及率の比較

	団地世帯（35年2月）	東京都区部全世帯（35年2月）	名古屋C団地（36年7月）
	%	%	%
ラジオ	90.5	84.8	95.8
電気洗濯機	76.0	49.2	92.0
電気釜	56.0	25.1	51.0
電気冷蔵庫	20.5	13.7	61.7
電気・ガスストーブ	63.2	37.1	84.2
扇風機	22.2	35.7	71.7
テレビ	61.1	60.6	86.3

近代的なすまい

第一の説明は、団地における近代的合理的な生活様式ということである。狭いけれど（あるいは、狭いがゆえに）合理的に設計された住居は、新しい家庭用品の使用を容易ならしめるし、旧式のものはふさわしくない感じさえ与える。それに、ここに住んでいると、生活が自然と洋式になってくる。洋式になると、どうしても家具什器の類も、しっかりしたものを、しかも数多く揃えなくてはならない。このように、近代的な居住形態が、耐久消費財の普及に深い関係のあることは、さきに指摘したことからも明らかで、ラジオ、扇風機、テレビの普及率が団地と一般で大差ないのに、洗濯機、電気釜、ストーブというような生活合理化に役立つ実用品が団地にとくに普及しているのは、まことに示唆的といわねばならない。

第二の説明は、さきにのべたデモンストレーション効果ということである。となりにもあるから、うちでも買おうという心理のはたらきが累積して、耐久消費財の普及を高めたという解釈も、かなり妥当するようである。

代償行為

第三は、心理学でいう代償行為からみた解釈である。いわく、「団地族は自分の家がもちたくても、それが容易に実現しないので、そのかわりに家財道具をあれこれ買いこんで、欲望を満足させようとしているのだ」。なるほど、かなり多くの団地族は、団地生活から一日も早くぬけ出して、自分の家に住みたいとねがっている。そしてまた、自分の家を建てることが、現在、どんなに困難であるか、も万人の認めるところである。団地の住人は大多数がホワイト・カラーであり、職場の関係で大都市から遠く離れて住むことが許されない。ところが市内や郊外に土地を求めようとしても、地代の騰貴はまさに天文学的で、サラリーマンのわずかな貯蓄ではとうてい追いつかない。貯蓄が増すよりもずっと速い速度で地代が騰貴している限り、ふつうに考えれば、自分の家は永久にもてないことになる。このような状況のもとで、あわれな団地族たちは、いまの狭い住居に、最新式の家具や電気器具をとり揃えて、実現しない「わが家」への夢を、せめて少しでも果そうとする――というのが、この解釈である。

われわれは、団地家庭の消費生活を考慮するにあたって、団地族を合理的なドライな人種として取り扱ってきた。しかるにこの解釈は、団地族をきわめてウエットな側面においてとらえているようである。たしかに団地族にはウエットな面あがる。新しい電化製品にため息をつく団地夫人に象徴されるように、かれらは近代的なもの、合理的なものに弱い〝合理主義者〟である。代償理論が説明するような、満たされない望みをいささかの〝デラックスさ〟でもって、はかなくも代用しようとする気持――その底にあるものは、小市民的な哀歌、あるいは少女趣味的なセンチメンタリズムだ。しかし実情ははたしてそうだろうか。自分の家がほしいという欲望がなかなかかなえられないということ、団地家庭に不相応なまでに家財道具がととのっているということ――この二つが事実だとしても、それをむすびつけるのに、代償行為というような〝理論〟をもち出すのが正しいだろうか。団地族はウエットだとしてもこんなふうに感傷的ではないようにみえる。むしろ、この二つの事実を結びつけるには、次の第四の解釈のほうが適当なのではあるまいか。

現在をエンジョイしよう

第四の解釈は、結論的には、「団地族は現在の生活をエンジョイしようとする」とでも表現できようか。

第7表は東京の団地の住民に「生活をじょうずに楽しむため努力しないことは恥ずかしいことだ」という考えに対して、賛成か反対かを問うた結果である。[10]

第7表　団地族の生活意識

（単位 %）

団地		賛成	どちらでもない	反対	不明無答
ひばりヶ丘	男	71.2	18.2	6.1	4.6
	女	80.5	10.4	3.0	6.0
青　戸	男	60.7	16.4	6.6	16.4
	女	72.2	13.9	0	13.9

この表をみるといろいろおもしろいことに気がつく――生活をエンジョイすべしという立場が、男性より女性に多いこと、同じ団地でも設立が新しく、雰囲気が山手的なひばりヶ丘団地のほうに、生活享楽派がいく分多いこと、生活をエンジョイする努力に対し、昔ふうの罪悪感を抱く人びとがきわめて少ないことなど。とにかくこれは明らかに〝現在の生活を楽しく〟という生活態度である。このような生活態度がある限り、かれらは現在の住居がいかに狭くても、

それをスイート・ホームにつくり上げようと家財道具をととのえ、新しい器具やアクセサリーを大胆にとり入れてゆくのではあるまいか。そう解釈したほうが、哀れな〝代償行為〟よりずっと団地人の心理に即しているようである。

4 現在を楽しむということ

ところで、この〝現在の生活を楽しむ〟という生活態度は、二つばかりの問題点をはらんでいるようである。その一つは、直接に消費生活に関連し、もう一つは教育の問題に結びついてゆく。

予算主義

まず第一の問題点から……

たびたび引用したホワイトは、アメリカの団地族について、パラドキシカルなことばを造成している。予算主義（Budgetism）というのがそれである。[11]予算主義というのは、金銭収支の計画を綿密に立て、その計画にしたがって経済生活を行うことではない。「予算主義のすばらしいところは、全然予算を立てなくてもよいという点である」。自分で予算を立てたところではたして守り通せるかどうか、はなはだ心もとない。それよりも銀行から金を借りるとか、月賦で品物を買ってしまうとかすれば、とたんに、毎月の返済を義務づけられることになる。これはきわめて、規則的に、容赦なく、絶対不変のペースでもって、債務者の家計をコントロールしてゆく。いってみれば、他律的な予算生活である。――これがホワイトのみた団地族の予算主義である。しかも、アメリカの団地族はむしろこの予算主義を歓迎しているようにみえる。「銀行の借金ならきっと返済できる自信はあります。だけど、自分に対する借金というのは、返済できるかどうか自信がありません」と答えた若夫婦を、ホワイトは引用している。

ただし、似ているようだが、この〝予算主義〟は、〝宵ごしの金を持たない〟という江戸っ子気質に通ずるものではない。江戸っ子のほうは財布がからっぽなのに明日のことも考えず、やせがまんを張っているのだが、予算主義は、次のようにずっと現実的な計算に立って将来を見通している。――大企業に属している限り、将来のことに心配はない。いってみれば将来に対して、先払いがしてあるようなものだ。将来のことに心配がないなら、まず現在を最大限に楽しむことだ。月賦で買物をしようが、借金をしようが、会社をクビになる心配のない限り、あえてビクビクするに足りない。それより、この〝今〟を豊かなものにするよう努力すべきだ。――これが、予算主義者の生活信条なのである。

残念ながら、われわれの社会は、われわれをこんな計算づくの楽天主義者にしてくれるほど、豊かでもないし、安定もしていない。しかし、しいて、この種の予算主義者をわれわれの周囲に求めるならば、やはり、それは団地に見出されるのではあるまいか。なぜなら、われわれはすでにこの予算主義のきざしともいうべき現象を、団地家庭に見ることができるからである。

三五年一一月に行われた、ある調査によると、団地に住むサラリーマンの約四割は、現に月賦販売を利用中だそうである。[12]その品目は、テレビ、洋服、冷蔵庫を筆頭に、ステレオ、トランジスター、自動車、ソファ・ベッドから、食器、八ミリカメラの類にまでおよんでいる。どれもみんな家庭生活を〝デラックス〟に色どってくれる品ばかりである。ただし、月払い金額は平均すると千円ないし三千円程度だから、このサラリーマン家庭（月給手取り三万ないし四万というクラスがいちばん多い）にとっては、さほど手痛い出費でないかもしれない。

また、別の報告によると、東京のある団地では主婦たちのあいだにいくつかの金融グループがあるそうである。[13] これは各人が毎月いくばくかを積立て、それを順次、落札してゆく無尽式のから、もっとシステマチックな、相互保険法スレスレというのまである。ある例では、メンバーが一二人、積立金は千円で、いつも総額八万円ぐらい集まるが、これを五人ずつに〝落す〟そうである。利息は二〜三分が相場だが希望者多いと利率もセリ上がる由。主婦たちは、こうして〝落した〟金を新入学や慶弔のようなもの入りに使うほか、衣類や家財道具の購入資金にあてているらしい。報告書は、この団地には表面に表われないが、この種の金融グループがかなり数多いと推定している。

月賦金が少額だとか、無尽の利息が低率だということは、このさい問題でない。われわれが注目したいのは、団地族が、このような金融制度の利用にあまりためらいを感じなくなっているということなのだ。一昔まえ月賦はラムネなどと俗称されて哀れむべき洋服細民がコソコソ利用するものだと見なされていた。月賦買いは、質屋通いほどでないにしても、とにかく、かなり恥ずかしい思いで行われるものであった。それが今では、「月賦買いでも何でも、とにかく、現在の生活を最大限に豊かにエンジョイするのが近代的であり、合理的でもある」という方向へ、人びとの思想は変りつつあるようだ。そして、この方向変換の先頭グループにいるのが、団地族、ことにその若いゼネレーションである。

このような方向変換の趨勢、これこそ計算づくの楽天主義＝予算主義への気運を示すものといえないだろうか。もっとも、われわれは、このような方向変換そのものより、その根底にある社会倫理の変化に、より強く心をひかれるのである。それは一言でいうと、――以前は分相応の暮しをするのが道徳的だとされたのに、現代は多少の無理をしてでも、分不相応でも、とにかく今のこの生活を豊かにすることが大切だとされ、そのような才覚（生活力）こそ、新時代のモラルだとみなされるようになった――という変化である。

あすのためにきょうを犠牲に

さて、〝現在の生活を楽しむ〟という生活態度をめぐる、第二の問題点とは……

団地の親たちが子どもの将来に対して抱く期待はすこぶる大きく執拗なまでに根深い。この期待の主な特徴の一つは、「あすのしあわせのためにきょうを犠牲に」ということである。「しっかり勉強しないと高校へ入れませんよ」「いま苦しいのをがまんして、寝る間も惜しんで勉強しておかないといい学校へ入れませんよ。いい学校を出なければ将来どうなると思うんです?」。すべてこうした、期待と鞭撻の底にあるものは、将来のために現在を犠牲にするという人生観である。そして親としてはそういう人生観をもって子どもに対する団地族が、他方では〝現在の生活を最大限にエンジョイする〟というムードをもって、デラックスな家財道具をとりそろえているのである。

注

（1）朝日新聞社『団地のくらし』昭三六、一五頁
（2）同右　四〜五頁、九頁
（3）小山隆編『現代家庭の研究』昭和三五、三九頁　および
　　読売新聞社編『われらサラリーマン』昭三六、二一九頁
（4）『国民生活白書』（三五年）一四二頁
（5）W.H.Whyte, Jr. *The Organization Man*, 1956, chapt.24.
（6）明治大学広告研究部『駿台広告』二八号（三四年一〇月）
（7）中部日本放送「団地世帯の商品購買状況の調査と購買習慣に関する心理学的考察」昭三五

（8）D. Riesman et al. *The Lonely Croud*, 1950, P.64

（9）『国民生活白書』（三五年）一四四頁　および
名古屋市立城山中学校『千種台の総合研究』（第五集）昭三七、一頁

（10）日本住宅公団建築部調査研究課編『アパート団地居住者の社会心理学的研究』
一八一頁

（11）*The Organization Man*, chapt.24.

（12）『われらサラリーマン』二三二頁

（13）東京都教育委員会『大都市における社会教育集団の研究』（その一）昭三六、
三四頁

〔2―4―D〕
生活科学調査会編『団地のすべて』（医歯薬出版、一九六三年、五～二〇八頁）

序章　団地の出現がえがいている社会の変化

人間、このノアの子孫は、その昔はたせなかった高壮なバベルの塔をいたるところに建てている。ただ祖先たちと違うところは、天上に達したいという惰慢な野心とは逆に、地上の価値があまりにも高いので空中へと逃避を試みたのである。

高層建築が人間のすまいになった歴史はまだ短い。しかもそのなかに幾十・何百という家族が集合して新しい「むら」を作った事実は、ほんの半世紀にもならないくらいである。太古の穴居生活から地上にすまいをつくった人類は、これから空中にむかってすまいを求めようとしている。「団地」の歴史は、こうしてはじまった。

しかし、いったい、この「団地」というのは何だろうか。

アンバランスからの脱出――政治意識の変化

政府の「国民生活白書」（六二年一二月一二日、経済企画庁発表）によると、わが国の生活は、テレビなど家庭用電化製品については一流国、被服については二流国の域に達したが、生活環境施設に関しては「等外国」といわれるほどのアンバランスである――と述べられている。

衣食住を、人間の基本的な生活条件とするならば、「わが国の生活」はそれらをある水準でおさえたところに、電化製品を中心とする耐久消費財の普及、都市では家計支出の二割に達するレジャー消費がおこなわれているといえる。衣食住をある水準におさえなければ、〝消費革命の〟現代生活をいく分なりとも享受することができない、といったほうが正確であるかもしれない。このアンバランスは、同白書によると、とくに食と住の水準停滞にあらわれているとつぎのように指摘している。

所得の平準化がすすみ、随意的な支出がふえている反面、食料などの基礎的支出は伸び悩んでいる。食料消費をみると都市生活の実質消費では、三六年には前年に対して〇・四％の微増にとどまり、三七年上半期はむしろ〇・五％も前年同期より減少している。厚生省の国民栄養調査でみても、ここ数年余り目立った伸びはみられない。住宅問題にしても同様である。地価は数年来大巾な値上りを続けて三七年三月は前年同期よりも二七・一％も上昇している。建築費、木材価格、手間賃などは一八・七％も高騰しているし、家賃に至っては三六年には前年の四割近くも値上りしている。住宅事情に苦しんでいる者にとって、これも生活のアンバランスとして意識された。白書はこう述べる。

いいかえてみれば、電化製品・レジャーは一等国、衣生活は二等国、食生活は三等国で、住にいたっては四等国というのが、国民生活の実態的水準である。もちろんそういうアンバランスを急速につくりあげた原因は、いろいろ指摘できる。耐久消費財・衣服といった生活の「うわべ」にまず投資する国民の伝統的な生活態度。加えてマス・コミの異常な宣伝攻勢に同調する「つきあい」心理が、国民自体の生活意識の問題として反省される必要はあろう。と同時に、じつは住に対する政治の貧困が、国民の生活に対する基本的な身構え方をゆがめてきたと考えられないだろうか。

衣・食は社会主義社会でもかなり個人の所得・嗜好による選択にゆだ

ねられている。しかし住については資本主義社会でさえ、社会政策の対象として考えられるようになっている。住が個人生活の基本であると同時に、人間の社会生活の基礎条件であるからには、個人生活の保障を社会の力で条件設定をするというのが近代福祉国家の政治の中心課題となっている。国民の衣食住生活に対する意識のアンバランスは、おおもとにこの住と政治への期待がはずされているからであろう。

　しかし、戦後の日本でも、ようやく住の政治がある種のかたちをとりはじめた。「団地」の出現がそれである。すまいといえば私財を投じて個人が建築するものと観念されていた戦前の住宅観は、根本的にあらためられてきた。それはもちろん、戦争による大量の家屋の喪失という大きな犠牲の結果として、住に対する政治の責任が、新しい国民意識につけ加えられたとみるべきであろう。

小住宅化・小家族化——生活の思想の変化

　いったい「団地」とはなんだろうか、という問題を提出したわけだが、その建築学的社会学的定義は別にゆずるとして、人間の集合生活は歴史からみれば、こういうことがいえるだろう——昔の「むら」や「まち」は家族ごとのすまいはバラバラであったが、生産と消費はそのひとまとまりの集合地域のなかで直結していた。産業革命以降、現代の社会が生産と消費の場を別にするにつれて、すまいの場と生業の場（商工業地域）とをとおく引離してきた。工業の機械化、生産販売の大量化と集中化と関連産業の近接化は、生産販売施設の集中高層化をうながすにつれて、土地価格を高騰させ、工業地帯・商業地域をつくり出すと共にその距離をますます大きくしたといえる。郊外における住宅の集中高層化は、都市中心部の産業施設の集中高層化と平行しておこなわれてきたという点に注目したい。一般的には都市への人口集中、住宅地の不足、したがって住宅の集合高層化という現象が指摘されるが、新しい工業地帯の場合も、その住宅地域が団地造成からはじまっている例をみれば、まず団地の発生は社会学的には労働力の集中にともなう「すまい」の集中確保の現象と考えることができる。しかも、こうして集中される労働力の個々の価値が、個々ですまいをつくるだけの財力にはならないというアンバランスをあらわしているともいえる。もちろん人口の都市集中という事実、社会生活のある種の合理化という傾向からは、「団地」を否定することはできない。むしろ拡大の方向にあるだろう。しかし現在、団地の歴史のすべり出しの段階でいえることは、それはけっして手ばなしの住宅の近代化・合理化の所産とみるべきではない。

　とりわけ、日本の集合住宅「団地」の歴史は、戦後のいわば慢性的な住宅不足を解消する「応急対策」的施策と、政治的な土地価格の高騰にともなう結果的な住居形態として発展した要素とを充分にもっている。したがって、居住者の家族構成の変化が計算に入れられていないので、「終《つい》のすみ家」としての意識が乏しい。現象的には「ニュー・タウン」であっても、そこには新しい地域社会《コミュニティ》が生まれてこない。定着性のある、したがってそこから新しい社会性を生み出していくような集合住宅の生活の歴史は、これからだということであろう。

　ただ、こういうことだけは、いまの段階でもいえる。「すまい」の形態の変化は、生活の方法と意識を変えつつあるし、逆に従来と異った生活の技術や思想を生み出している場面もある——と。例えば狭小で構造の修正がきかない団地住宅の条件が、「小家族」を生み、せいぜい子どもが成人するまでの親子二世代の同居という近代的家族形態をつくり出したし、そのなかでの一家そろっての「だんらん」をもつようになった。したがってまた、従来の家族制度的家族には考えられなかった「話しあい」の思想・技術を求めはじめたし、家事労働を家族のすべてに分担するルールが確立されているところもでてきた。

このような生活形態・思想の変化は、従来の家屋居住者と相違がでてくるのは当然だし、そこに過渡期の社会・人間関係の諸問題がおこるのも予想できることである。

よそものと地つき——地域社会の変化

「団地」の出現は、日本の社会・文化に大きな変化をおこしている。それがいいか悪いか、という判定はまだくだせないし、どう変化していくかという予測もできない。しかし少なくとも、地域の変貌・生活様式の変移、そして住人はもちろんその周囲に及んでいる意識の変質は、ある種の仕事に従事している人たちにとっては見逃せない研究課題である。

例えば、季節にとっては、突如として異質の生育層と家庭環境とをもった子供たちが、大量に教室を占領してくる。あっ、という間にこの子供たちは、いままでの「地つき」の子供を押しのけるようにテストの高点をさらってしまう。学級集団は動揺して、従来の教育技術をもってしては収拾ができない〝恐怖〟に見舞われる。教師は「団地」の地域社会、学校におよぼす影響を研究しなければと痛感する。

また、町役場の吏員は人口が急増して、町の格が一段とあがったと尊大にかまえてはみるが、町行政に対する批判は、団地人口の増加率に比例して大きくなる。〝寄らしむべし知らしむべからず〟の旧行政観は、足もとから崩れる。これが町政・選挙にからんでくると、いっそう複雑である。

埼玉県F村に二〇〇〇戸近い団地ができたのは昭和三四年である。それまでのF村は人口八〇〇〇人。そこへ約五〇〇〇人の団地居住者がどっと入ったのだから、村の事情は一変した。そして半年後に村長選挙があったが、このさい団地の有権者三五〇〇人のうち三割余が選挙人名簿から脱落していた。役場側は、補充選挙人名簿の申請についてはひととおり広報したが、申請がこれだけだったといい、団地側は「土着の人を当選させるために、わざと名簿もれになるように広報の手をぬいたのだろう」と批判する。この事件を報じたある新聞は「要するに農村流の広報の仕方と都会流のそれは受取り方の相違だった」と述べているが、結果的な対立よりも、じつは、旧村落の社会生活観と、団地のもっている異質のそれとの対立という原因に注目していると考えてよいだろう。

もちろん、団地の生活様式意識が、つねに近代的・合理的だとはいえない。旧村落の「地つき」を古いものときめてかかっている団地意識のなかには、それなりの問題をもっている。この意味で「団地」の研究が必要だ、と実感したある保健所員のケースを紹介しなければならないようだ。

神奈川県S市の近くに、いくつかの団地ができた。旧村落地にはまだひかれないのに、ガス・水道は完備し、電化生活が「文化的」にくりひろげられた。しかし道路は悪い。下水道は不完全。つまり都市計画はでき上っていないうちに、町はふくれ上ったわけだ。問題はたくさんおこってくる。そのなかで、付近の小川に団地からもち出されるゴミが流されるという事件が起ってきた。まだ農家の多い地域だけに、野菜の洗浄ができなくなるという苦情が出た。団地側は下水道もつくらない。ゴミ集めを定期的におこなっていない役場の責任であるととり合わない。対立は保健所に持込まれたが、野菜の洗浄を従来どおり小川でおこなうことを認めることはできないし、といって団地側のゴミ捨てを認めることもできない。

団地といい、単独住宅といい、これはすまいであり、どこにどう移動しようと集合しようと、法的には何ら問題にならない。しかし一挙に何百人・何千人という居住者があらわれるということは、社会的には問題を大きくはらむ。受入れ体制というのは、たんに土地・生活設備ということだけでなく、そこからおこる社会学的問題への周到な準備が必要だ

――保健所員の実感は、こういうことである。

以上の例は、団地があの地域に出現したときにおこる社会的変化の、いわば一現象である。問題は、むしろその底辺と現象、現象と将来への方向の二面にあるといえる。

「団地」の出現は、以上のように、その人口の拡大にともなって生活思想・政治意識のゆるやかな変質をもたらしている。地域社会の様相も変化しつつある。この過渡期にあたって、どういう変革の方向がこれからの個人と社会の福祉につながるかというのが団地の社会教育研究の一つの重要な課題であろう。

（重松敬一）

I 住宅政策と国民生活

現在団地と呼ばれている集団住宅は、政府の住宅政策のなかでどういう位置を占めているのだろうか。またそれは、国民全体の住居水準や日本のこれからの住生活のあり方に、どういう影響を与えようとしているのだろうか。この章では、それらのことを知るために、最初に、戦前戦後の住宅政策を概観し、つぎにそれが国民の生活に与えた影響をしらべ、最後に団地の持つ意味を考えてみることにしたい。

1 戦前の住宅政策――資本主義の発達と住宅難

集団住宅の発生

住宅政策の登場

わが国の資本主義は明治政府の手厚い庇護によって成長してきたが、都市労働者の賃金はきわめて低く、住生活もみじめな状態におかれていた。初期の工場労働者の大部分を占めた繊維工業や鉱山労働者の住居は、居住施設というよりも労働力の拘禁のための施設といったほうがよいほど悲惨なものであった。

当時の低い住居水準は、例えば明治末期の労働者の状態を伝える「職工事情」（明治三六年）によれば、あるマッチ労働者の住居は、一棟一〇戸程度の長屋で、各戸は開口一間奥行二間の二坪で、三帖と一帖の土間からなり、便所も押入も台所もなかった。ここに四～五人の家族を有するものがはいり、家賃は二円前後で一日に六～八銭づつ支払うのを原則としていたとある。

しかしこれらの状態もいまだ社会的問題となることもなく、特別の住宅政策をもたらすにはいたらなかった。ところが、第一次世界戦争を契機として、人口の都市集中が急激にすすみ、一方好況にともなう住宅建築用材料・労賃の上昇は、それまでわが国の住宅供給の大部分を占めていた貸家供給を手控えさせることになって、家賃の昂騰・住宅不足の激化ははなはだしく、政府もここにいたってついに住宅政策をとりあげる必要にせまられた。

その第一は、公共団体および公益団体に対して、いわゆる公益住宅の建設を援助する方法で、大正八年から昭和七年までに、大蔵省予金部より一億一〇〇〇万の低利資金を融資、大正一〇年には、中流階級の住宅取得の資金援助として住宅組合法を制定した。しかし、これらによって供給された住宅は十数年間に一〇万戸に満たないものであった。

大正一〇年には借地法、借家法を、同一一年に借地借家調停法を制定する措置をとって、借地人・借家人の地位の安定や家主側の保護も試みられたが、政府のとった不充分な住宅政策の結果、住宅供給はいぜんとして大部分が民間企業にまかされ、需給の不均衡は、紛争を頻発し、その件数は増加の一途をたどった。

しかし、わが国でまがりなりにも住宅政策がおこなわれたのはこれがはじめてであろう。その狙いは中産階級を住宅の小所有者として安定させようというものであったと考えられる。

同潤会の設立

大正一二年の関東大震災はわが国の政治経済に大きな被害を与えたが、失なわれた住宅は東京府付近において四六万五〇〇〇戸にのぼり、罹災によって人口が八〇万人減少し、避難民は六六万人に達した。この災害を契機に、全国からよせられた救援義損金一〇〇〇万円をもって内務大臣を会長とする財団法人同潤会が設立され、そのうち九七〇万円を使って、小住宅・アパート・分譲住宅などを建設供給する実施機関となった。

図1　同潤会アパートの一例

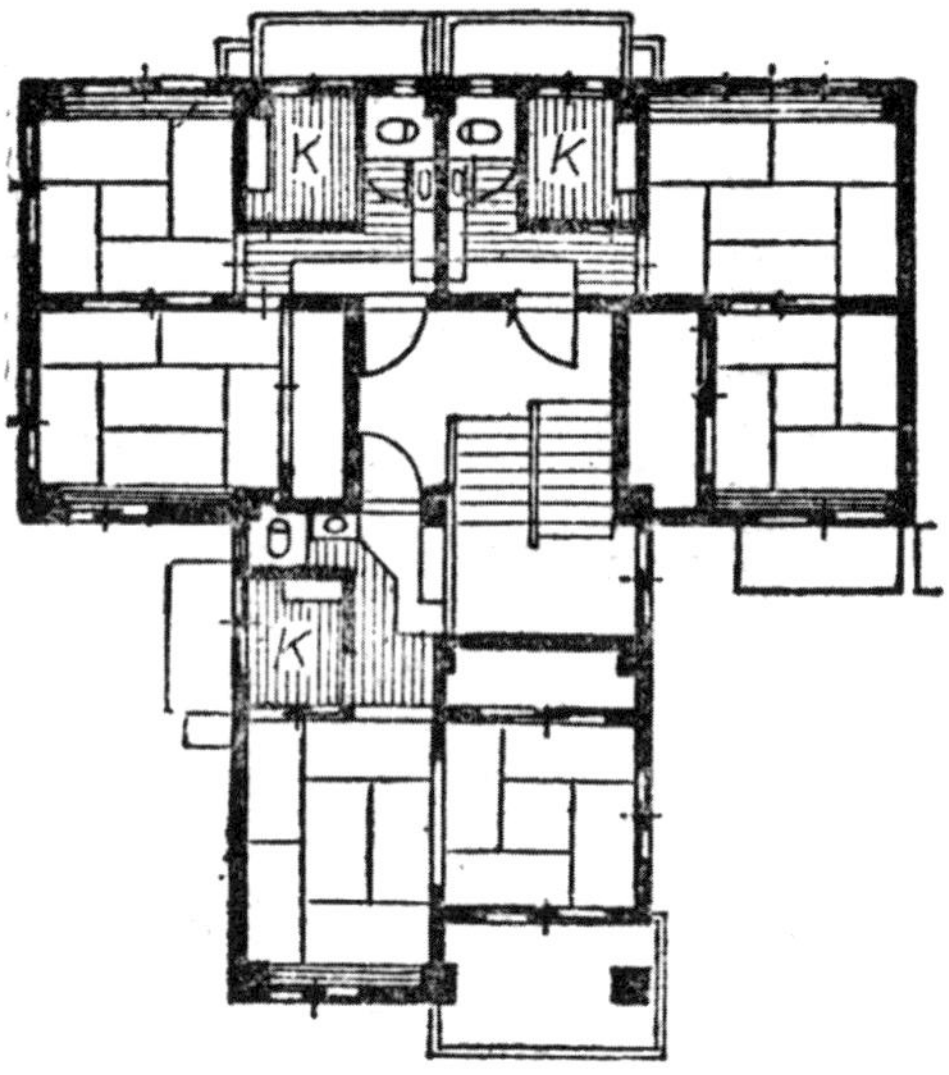

図2　同潤会アパートの一例

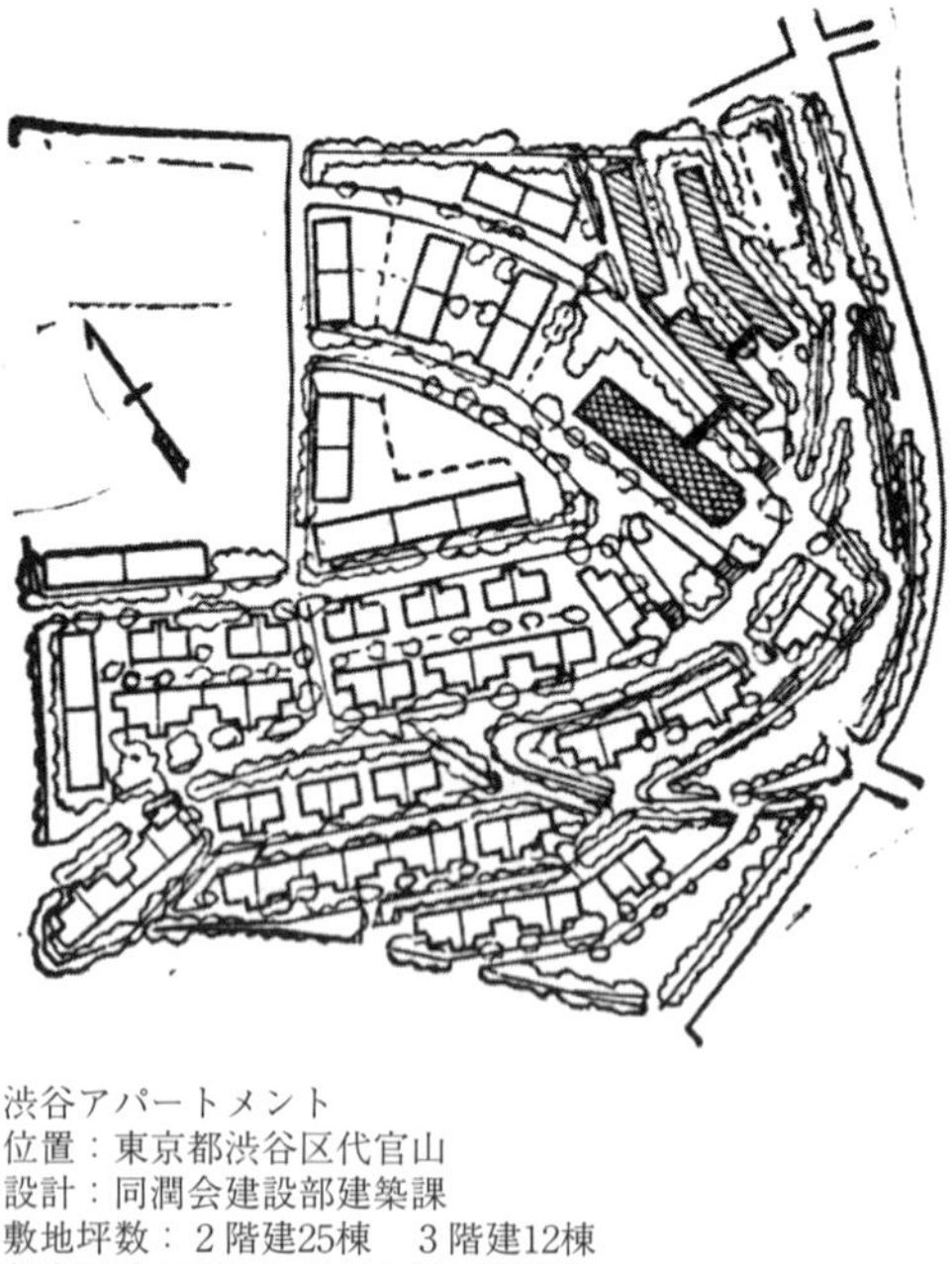

渋谷アパートメント
位置：東京都渋谷区代官山
設計：同潤会建設部建築課
敷地坪数：２階建25棟　３階建12棟
収容戸数：298戸 他に食堂、娯楽室
建坪：1,228.1坪
延坪：3,139.27坪
竣工：1927.3.7
住宅の型：Ａ～Ｅ　世帯向連続住宅
　　　　　Ｊ　独身者向（斜線）
　　　　　Ｓ　食堂および店舗（二重斜線）

同潤会は、最初震災後の急場をしのぐために建てられた集団バラックを整理するため、約二〇〇〇戸の仮設住宅を建て、ついで普通木造住宅三四二〇戸の建設をおこなった。この頃建てられた応急バラックは、木造トタン板張りといったもので、後にスラム化してゆくのであるが、その後は木造住宅の建設を打切り、鉄筋アパートの建設にとりくんだ。

最初の鉄筋アパート

大正一四年から昭和二年にかけて東京都渋谷区代官山、千駄カ谷、深川東大工町、本所区中ノ郷、柳島元町などに鉄筋コンクリート造りアパートを建てた。これらは公益法人による不燃集団住宅の最初のものであった。

その住宅は、現在の公団や公営住宅と大差なく、一戸当り一〇～一二坪で、六帖・四帖半のタタミ室からなるもので、一部には独身棟を配し、食堂や店舗、診察室・娯楽室を設けたものもある。昭和九年には、東京都新宿区に江戸川アパートが建設された。これは六階および四階建二棟、二六〇戸からなるもので、戦前のアパートとして代表的なものである。

昭和九年までに建てられた鉄筋アパートは一四カ所二二〇〇戸を数えるにいたる。当時は鉄筋造りの建築が木造にくらべ数十倍という坪当り単価を示していたが、建設にふみ切ったことは特筆されてよい。住戸の規模としては今日とあまり変らないが、日当りや通風、隣棟問題などの居住環境は現在ほどの配慮に欠けるものが多く、住戸の密度も高かった。

不良住宅の改良

一方この頃、震災後建てられたバラックの密集地域がスラム化し、保健上、保安上問題となってきたため、同潤会は東京深川方面に三三〇戸の不良住宅改良事業を実施した。それにつづいて全国主要都市の不良住宅地の調査が、府県および市の社会局・社会課によっておこなわれた。

昭和二年三月公布された不良住宅地区改良法にもとづいて、東京・大阪・名古屋・神戸・横浜の五都市（七地区）が対象となり、四〇〇〇戸の改良住宅が建設された。これらの改良住宅は鉄筋コンクリート造りのものが多く、ほとんど三階建てで、隣保館や浴場・理髪所をそなえたものがあった。

恐慌と経済的住宅難

昭和初期は世界恐慌の一環として未曽有の不景気となった。失業者続出、賃金の切下げなどによって多くの市民はこれまでの粗末な住宅の家賃さえ払えず、より小さな家へ、同居過密居住へと追いたてられ、住居水準は極度に低下していった。中流住宅の空家が増加する一方、零細な小住宅は不足し、同居が強まった。昭和三年の旧東京市の住宅棟数二七万四三〇〇戸に対し、昭和四年一一月の空家は約三万戸であったから大体一〇・一％の空家率であった。しかるに一カ月の家賃一〇～一五円の低所得者向き住宅の空家は三〇〇戸たらず、しかも同居世帯数が五～六万世帯もあり、空家の約二倍におよんでいる。

大正時代にいちじるしかった量的住宅難に比べ、ここではっきりと質的住宅難・経済的住宅難としてとらえることができる。住居水準の低下とならんで家賃値下げ運動が全国的に波及し、借家争議が各地に激発したが、このような労働者・市民の追いつめられた生活水準に対し、効果的な対策は何もとられなかった。

住宅難の二相

大正年間において好況にともなう物価の値上りで建築価格が暴騰すると、家賃が経営ベースにのらないため貸家業者が住宅供給をさし控える一方、その好況のあおりで都市に集中する労働者の数はどんどんふえ、住宅の量的不足がおこる。逆に不況時代になると家賃の負担能力がない

戦前の不良住宅改良法によるアパート（36.9 新海悟郎氏撮影）

神戸市の新川地区は、賀川豊彦氏が居をかまえ、地区改善に努めたところで、戦前不良住宅改良法によって、鉄筋アパート7棟326戸が建てられた。現在は完全にスラム化している。アパートの屋上は、わずかに人の歩きうる巾の通路を設け、バラックがぎっしりと建ちならび、そこに住みえない人たちはさらに階段室の上部または差出式にありとあらゆる空間を利用して仮小屋を設け、そこに居住している。その形態はまったく鳥小屋に等しく、入口を入ると3尺角程度の空間に猿梯子を設け、それをよじ上ると階段室の上部空間にわずかに人の横になれる空間が設けられ、そこに数人居住している。また窓からさし出しの居室をつくるものも多いと、このアパートを視察した新海悟郎氏は述べている。

ために労働者は住居水準を切り下げざるをえない。貸家業者も空家が多くなって経営が成立しない上、家賃値下げ・不払いなどの運動をおそれて供給を手控える。

このように、住宅供給事業が営利を目的とする貸家企業に依存している限り、景気のよし悪しを問わず住居水準の低下と貸家供給の後退が悪環境を形づくり、労働者のみじめな住水準をそこに押しとどめる結果になるという現象が、わが国資本主義発達の初期における姿であった。そして、あとでふれるように、これがまたわが国労働者の低賃金を支える一つの要素ともなるのである。

労働力対策としての住宅問題

戦争と住宅

昭和六年の満州事変、ついで一二年の中日戦争は軍需工業の拡充とインフレの進行をもたらした。戦争遂行にともなう重化学工業への労働者の集中は、再び住宅の絶対的な量の不足としてあらわれた。

昭和五〜一五年までの一〇年間に総人口の増加が一四％であるのに対し、市部の増加は七九％に達している。昭和一一年の空家率は東京三・四％、大阪二・九％であったが、一四年になると東京〇・六％、大阪〇・九％と極端にへっている。軍需工業地帯では、六帖に一二人の青年工が同じ寝床を昼夜交替で使用するとか、鶏小舎を改造して住居としたり、遊郭から通勤するとかいった例が報告されることが少なくなかった。

このような労働者の悲惨な住居の状態は労働能率の低下、風紀の頽廃、休養の不足などを招き、労働力の維持に障害となることが明らかになるにおよんで、軍需動員を確保するため、従来の社会的観点から脱した労働力対策としての住宅問題がとり上げられることになる。

地代家賃統制令

一方、戦争遂行は当然インフレをひきおこした。貸家の新建設はますます困難になり、家賃もまたあがる傾向にあった。政府はインフレによる賃金の上昇を押える必要から、昭和一四年九月、国家総動員法にもとづく地代家賃の統制令を公布し、家賃は一三年八月の価格に据置かれることになり、一五年には第二次の統制令が布かれた。

このような家賃対策は経済家賃の成立をはばみ、貸家業者による住宅の供給を一層不可能にさせた。こうして、一般の住宅はうちすてられ、住宅建設は軍需労働者のために集中されてゆく。

同潤会から住宅営団へ

昭和一三年に政府は、まず軍工廠のある大阪など五都市に単身者用のアパートを建設するとともに、九府県に対して五〇〇万円の低利資金を融資して共同宿舎の建設を奨励した。ついで一四年には労務者住宅供給三カ年計画をたて、世帯用住宅三万戸、共同寄舎二〇〇カ所を一二府県に建設するため、所要資金一億円中、三〇〇〇万円の融資をおこなうことにした。また昭和一五年には「労務者住宅建設損失補償制度」を設け住宅供給をおこなったが、これは公共団体が災害その他によって損失をうけた場合、その二分の一を補償しようとするものであった。さらに一六年にはついに資本金一億円、住宅債券一〇億円、計一一億円の資金によって「住宅営団」を設立し、住宅難の激しい都市に五カ年間に三〇万戸の住宅建設をおこなうことになった。同潤会は約一七年間に八〇〇〇戸ばかりの小住宅を建設したが、ここに解散し、八五四五戸の住宅の経営管理も住宅営団に引継ぐことになった。

表1　同潤会建設戸数

種　　類	戸　　数
普通住宅	3,155戸
木造共同住宅	799
分譲住宅	1,551
受託住宅	602
鉄筋アパート	2,438
計	8,545

図3　営団住宅地の一例

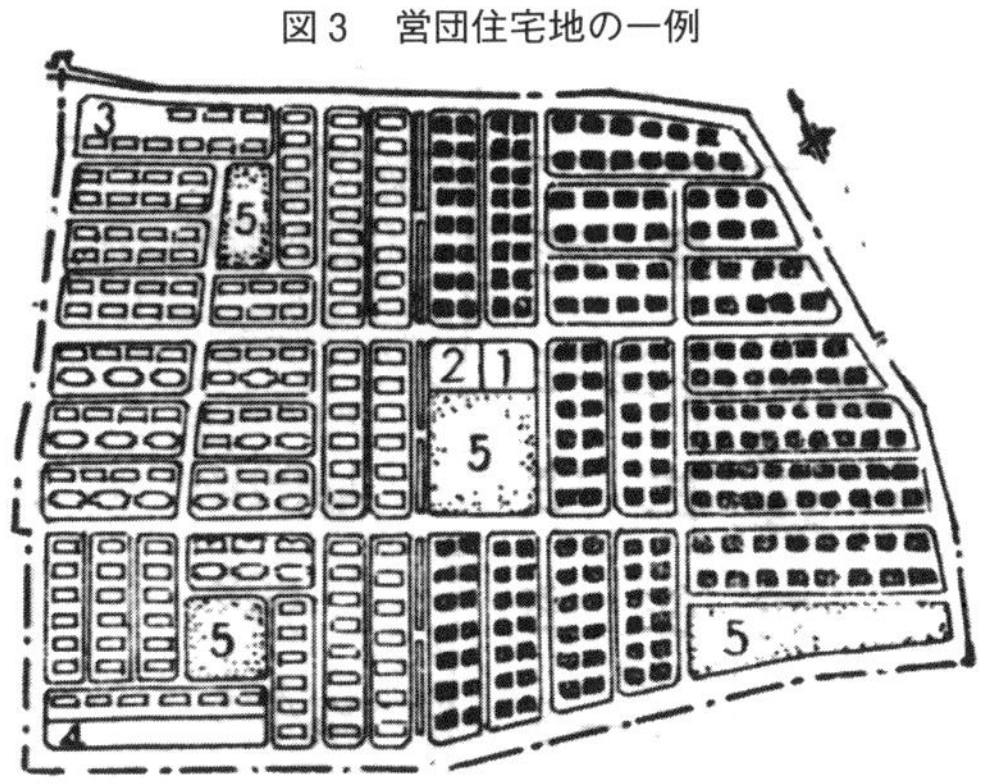

1　集会所
2　管理事務所
3　共同浴場
4　日用品売場
5　緑地
□　2戸建住宅
■　1戸建住宅

住宅営団は当初「庶民住宅の供給」を看板にかかげていたが、しだいに軍需工場の社員・工員の住宅供給にかわっていった。住宅営団の建てた住宅は、資材の関係で鉄筋コンクリート造りはできないこと、同潤会の経験から持家の方が維持管理上望ましいとし、土地付の独立住宅で二〇年償還の分譲住宅を主とした。住宅の規格として、当初は一人当たり最低三坪を確保した「い」号九坪三人型から「へ」号二四坪八人型までの六種の国民住宅規格があげられた。しかし現実に建設された住宅の質は年々低下し、これらの戦時規格（臨時日本標準規格）を下回る特別型七坪半一本にまで低下を強制されるにいたった。配置計画も画一的な敷地にできるだけ多くつめこむ方向にすすんだ。一七年からは本土空襲がはじまり、一九年からは建物の強制疎開がはじまったが、住宅営団はそのあとに簡易住宅の建設もおこなうようになった。戸数も戦況の悪化で五年間三〇万戸という計画はしだいに困難となり、終戦までに建設された戸数は転用住宅を含め約一五万戸と推定されている。

富国強兵の住宅政策

戦前の住宅政策を通じていえることは、第一は激動する社会変動の中で借家供給というこれまでの住宅経済が大きくゆらいだこと。第二は一般の住宅は「戦力増強」に役立たないとしてますますうちすてられ、住宅建設はあげて軍需工場の労働力維持のためにむけられ、それさえも量の不足と質の低下をともない、日本人の住居水準はみじめなまでに低下していったことである。

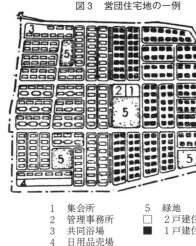

図4　応急簡易住宅

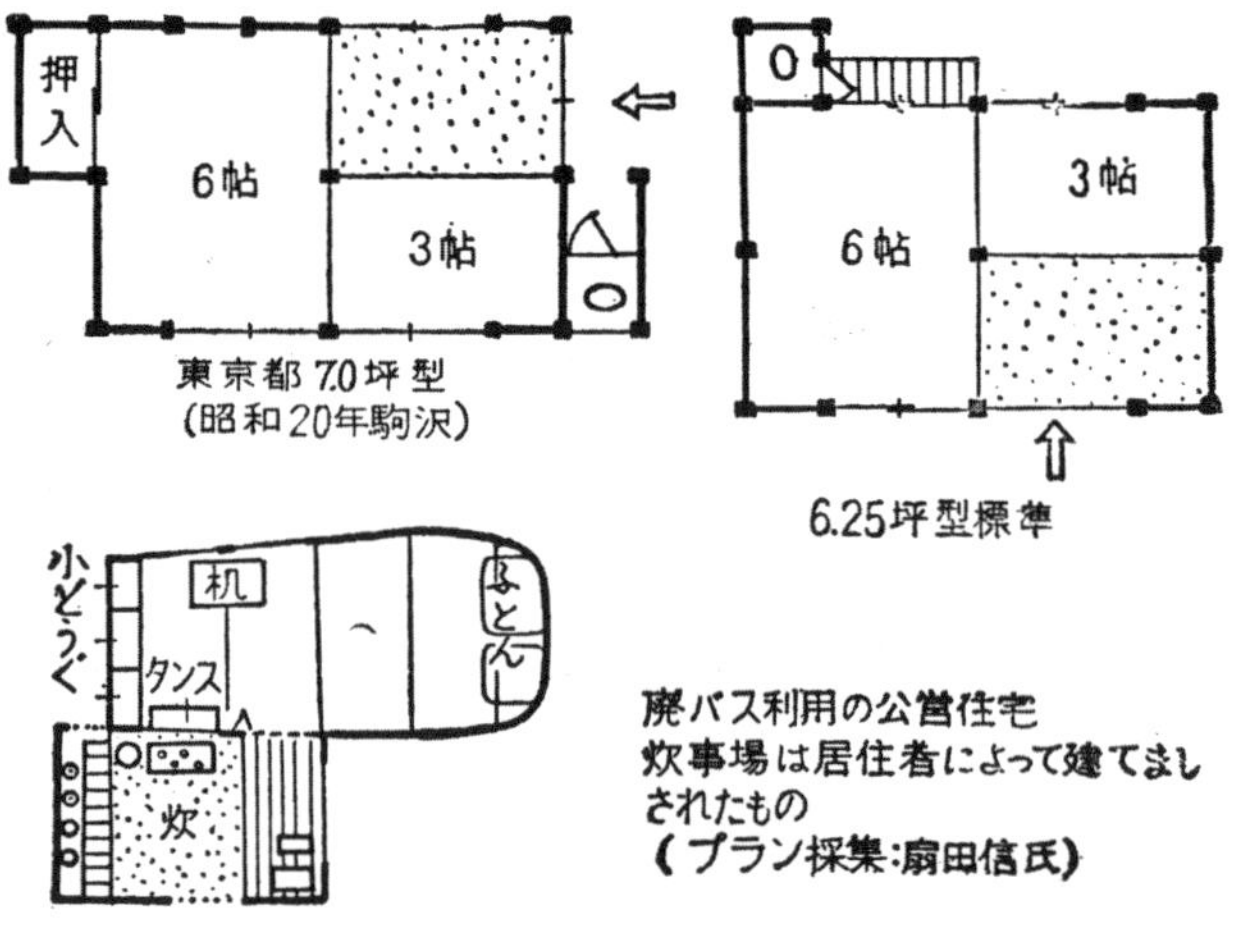

世田谷郷内転用住宅：旧兵舎を改造して住宅としたもの（東京都提供）

2　戦後の住宅政策——四二〇万戸の住宅不足に対決するもの

混乱のなかの住宅対策（昭和二〇～二一年）

危機対策

戦争によって厖大な住宅が破壊されたが、終戦当時の計算では四二〇万戸が不足しているとされた。その内容は、

①戦災によるもの二一〇万戸
②強制疎開によるもの五五万戸
③引揚げによる増加六七万戸
④戦時中の建設不足一一万戸

計、約四五〇万戸で、戦死および戦災死による需要の減少三〇万戸をさしひくと四二〇万戸という数字がでてくる。これはわが国の住宅総戸数の約五分の一にあたっている。この巨大な住宅不足に対し、政府と国民はどのように対処しようとしたか。

終戦直後の住宅政策は、これらの家をなくした人たちに対し迫りくる冬をいかにしてこさせるかというところから出発した。政府は二〇年八月二八日、三〇〇万戸の住宅を五カ年で建設すると発表、九月四日は、閣議で「罹災都市応急簡易住宅三〇万戸建設要綱」を決定し、戦争の遺産である木製飛行機・木造船などの工場を動員し、六・二五坪の応急簡易住宅による越冬住宅の建設をはじめた。

一一月二〇日「住宅緊急措置令」が施行されて、バスや鉄道などの古客車、旧兵舎や焼ビルなどを住宅に転用することがおこなわれ、二四年までに約七万戸分が戦災者や引揚者に開放された。このようにして混乱のなかで、木枯しとともにしのびよる冬を前にし、住むに家なき人たちに対する応急対策が、矢つぎばやにうたれたが、これらの処置によって翌年の春までに建設された住宅はバス住宅・客車住宅などの転用住宅を含めてわずか一〇万五四戸にすぎなかったのである。

翌二一年二月には都会地転入抑制緊急措置を公布、三月被災者などの住宅購入資金として封鎖払戻し五〇〇〇円（のち一万円）まで認める措置がおこなわれ、五月になると住宅緊急措置令の一部を改正し、余裕住宅の開放を強制する措置がとられた。余裕住宅としては、居住室八室以上、タタミ数四二帖以上で、居住者の数に二を加えた以上の室数をもつものがとりあげられた。しかし全国で二六万戸あると推定された余裕住宅は、二二年四月までの届出数三万四三〇〇戸、開放されたもの一万八〇〇戸にすぎなかった。

二一年五月には「臨時建築統制令」が公布され、不要不急の建築は制限されるとともに、九月には臨時物資需給調整法が建築資材にも適用され、資材や建設力をあげて小住宅にふりむけようとした。住宅も一二坪以下に制限された。しかし、資材の割当が少ない上、闇経済におどる料理店・旅館・待合などの営業用建築は建設されるが、形式的な統制強化によって闇値はますますつり上り、市民の一般住宅復興ははかどらなかった。

八月には「罹災都市借地借家臨時処理法」が公布され、これまでの借地・借家人に借地権や借家権を取得しうる道を開くとともに、以前の統制令が終戦による総動員法の失効とともになくなったので、九月にはポツダム勅令として第三次の「地代家賃統制令」を公布、戦前に引続いて、インフレのなかで一層激しくなった地代・家賃の上昇を押える措置がとられた。この家賃統制政策は戦前と同じく戦後の国民の住生活全般に大きな影響を与えた。

住宅営団の閉鎖

二一年一二月住宅営団が閉鎖された。その理由は、形式的には戦時中の国策代行機関は廃止するという占領政策によるものであったが、実際は経営収支の完全なゆきづまりによるものであったといってよい。住宅営団は昭和一六年に発足し、戦時中一五万戸、戦後約五万戸の住宅を建てたが、当初の目標――五年間に三〇万戸――が達成されなかったばかりか、粗末な労務者住宅供給に終った。

しかも戦後はインフレにもとづく人件費その他の高騰と、凍結された家賃のアンバランスのなかで存立の基盤はまったく失なわれていた。

閉鎖当時、帳簿上の損失額だけで一億円、資産処分による損失額を加えれば数億円にのぼると推定され、残った住宅は、賃貸住宅六万二一一七戸（うち四九九六戸は旧同潤会建設分、二万五四八五戸は戦時中建設分、三万一七三六戸は戦後建設分、うち四八五三戸は転用住宅）、分譲住宅一万八七〇〇戸、工事中のもの一万三三四八住宅は完成戸、計九万四〇〇〇戸であった。賃貸住宅は、居住者・地方公共団体などに売却、分譲住宅は繰上げ償還、工事中の後、地方公共団体に移還された。

応急対策と住宅の質

さて六・二五坪の粗悪な応急住宅は老朽化が急速にすすむと同時にその集団が形成する居住環境もきわめて悪化していった。住宅団地は一〇戸以内で、もちろん公共施設らしいものは何もなかった。敷地の選定に

表２　住宅営団賃貸住宅一覧表（閉鎖当時存在したもの）

型	戸　数	１戸当り平均坪数	備　考
元同潤会木造住宅	2,163	8	大正13、14年度に建設
〃　鉄筋アパート	2,733	10	大正15～昭和16年に建設したもの
昭和16年標準型	9,657	12.27	
〃 17年特別型	5,092	9.54	
〃 18年規格型	6,855	9.24	
〃 19年　〃	3,881	7.65	応急工員住宅として建設したもの
〃 20年応急簡易型	17,337	6.73	
〃 21年復員型	9,547	9.45	
共同住宅その他	4,853	12.32	木造アパート都市疎開故材利用住宅遊休建物及元軍用建物転用住宅
計	62,117		

建設省住宅局編「住宅年鑑」（昭和26年）による

あたっては何の計画もないため、遠隔地・浸水区域・重工業地帯にも建設されたし、狭い敷地にできるだけ数多くつめこもうとするうえ、住宅が小さいために居住者が勝手に物置などを建てまし、空地はなくなって住環境は新しいスラムを形成していった。

西山教授による六・二五坪応急住宅二〇〇〇戸の調査では、六帖に一一人、三帖に五人寝ている例があり、寝床の七六%は二人以上同衾し、炊事場が狭いので炊事を戸外でするもの二九・七%と報告されている。また、二一~二年度建設の木造公営住宅についての建設省の調査では、一〇坪の住宅に七・七%が同居人をいれ、七人以上の過密居住が一三・七%もある。また、団地の道路側溝は三〇%が皆無、三四・三%が素掘りで、三割はちょっとした雨でもたまり水を生じるという環境の悪さであった。

戦争直後から昭和二四年までに公営住宅二四万戸(「公営住宅」は昭和二六年の公営住宅法によって明文化されるがここではすでにこの当時建てられていた同質のものをそう呼ぶことにする)、入植者住宅および引揚者住宅各一〇万戸、炭鉱住宅七万戸、計五一万戸の政府計画住宅と、民間自力建設の一九二万戸、合計二四三万戸の住宅が建てられたが、政府計画住宅の五割以上は転用住宅やバラックであり、民間自力によるものは、平均規模一二坪程度で、住宅難の再生産に一役かうようなものだった。

民間自力建設の時代(昭和二二~二四年)

炭鉱住宅

二二年に入ると産業復興のかけ声のもと、石炭増産の傾斜生産に国の財政援助が強まり、住宅も炭鉱住宅に重点がむけられることになった。

資金や資財の割当のほか、北海道・北九州・常磐・宇部といった特定の地域に建設資材を集中するため特別の輸送まで考えられた。炭鉱住宅はこの年、国の政策によって建設された住宅五万五〇〇〇戸のうち五一・七%、全住宅建設面積の六分の一を占めた。二一年から二三年までの三年間をみると、全人口の一%にあたる炭鉱関係者に対し、全建設戸数の四%、政府計画住宅の二〇%がふりあてられたことになる。これはちょうど戦時中の軍需工場労働者に対する住宅供給の状態と似ている。

これらの住宅は、一般の公営住宅と比べてかなり質がよく、浴場・集会所・診療所・配給所などの共同施設が設けられたので、集団住宅としてはかなりまとまったものになった。

戦後最初の鉄筋アパート

二二年一〇月、戦後はじめての四階建公営鉄筋アパート二棟四八戸が、東京高輪に建設された。建築資材が極端に不足している状態のなかで、これは一つの英断を要したが、以降、全国で鉄筋アパートがとりあげられ、住宅の不燃化、共同化、土地利用の高層化へすすむ契機となった。この高輪アパートには各界の代表者一〇世帯を特別入居させ、一年のあいだ居住性その他の研究を依頼するといったこともおこなわれた。

進む民間自力建設

さきにみたように、この時期の住宅政策の重点は炭鉱住宅にむけられたため、一般の住宅はほとんど自力で建てられることになった。二二年は五一万一〇〇〇戸、二三年は七四万一〇〇〇戸という戦後最高の数字を示すのである。

ところで、ここで注意すべきことは、昭和二三年の前半ぐらいまでは資材の不足が住宅建設をはばんでいるといわれていたが、二三年後半から資材事情が好転しはじめ、二四年から二五年にかけてレンガ・建具・タタミ・釘・木材・セメント・ガラス・鋼材・亜鉛鉄板などの順で統制

戦後初めて建てられた東京高輪の鉄筋アパート（東京都提供）

が解除になり、建築制限も事実上撤廃されてしまった。とすれば、当然住宅復興が促進されてよいわけであるが、事実は逆で二三年を頂点に民間自力による住宅建設は急激に減ってゆくのである。これは、自分で住宅を建てる力のあるものは、すでに建設をすませていたことを示しており、この建築資材の統制撤廃は住宅難になやむ一般市民にとってはあまり関係がなかった。

持家と社会の政策（昭和二五～二九年）

金融公庫と産労住宅

民間自力建設が減少する傾向のなかにあって、昭和二五年五月、政府は住宅金融公庫法を制定し、この突破口を長期低利資金の貸付による持家政策という方向に求めた。持家を建設する個人や住宅組合、賃貸住宅を建設する法人に対して融資がはじまった。この政策は持家を希望する層や頭金を用意できる層に受入れられ、政府賃貸住宅計画住宅は二五年から飛躍的にのびることになる。

二八年七月には「産業労働者住宅賃金融通法」が公布され、従業員の住宅を建設しようとする会社・工場に対し、住宅金融公庫を通じて資金の一部を貸付け、企業ごとに住宅難を解決しようというものであった。給与住宅の建設を政府で援助しようとするこの政策は、三二年から厚生年金積立金の還元融資を通じてもおこなわれ、やがて戦後の日本における住宅事情に大きな比重を占め、さまざまの問題をなげかけることになる。

この時期、都市の宅地難が深刻化し、公営住宅の用地はじょじょに周辺においやられる傾向をみせはじめた。例えば、二八年の住宅金融公庫の当選者のうち約四分の一が棄権したが、これは宅地取得が困難なためと考えられた。二九年五月公庫法の一部が改正されて土地に対する融資、分譲住宅に対する貸付もおこなわれることになった。後者は、宅地の取得、造成、住宅の建設を地方公共団体や公益法人が代行し、一般に分譲するものである。

残された人たち

戦後数年の住宅建設は民間自力建設が大きな比重を占めたが、そのほとんどは持家であった。戦前、都市に住む日本人はほぼ八割が借家住い

図5　戦前・戦後の住宅所有関係（市部）

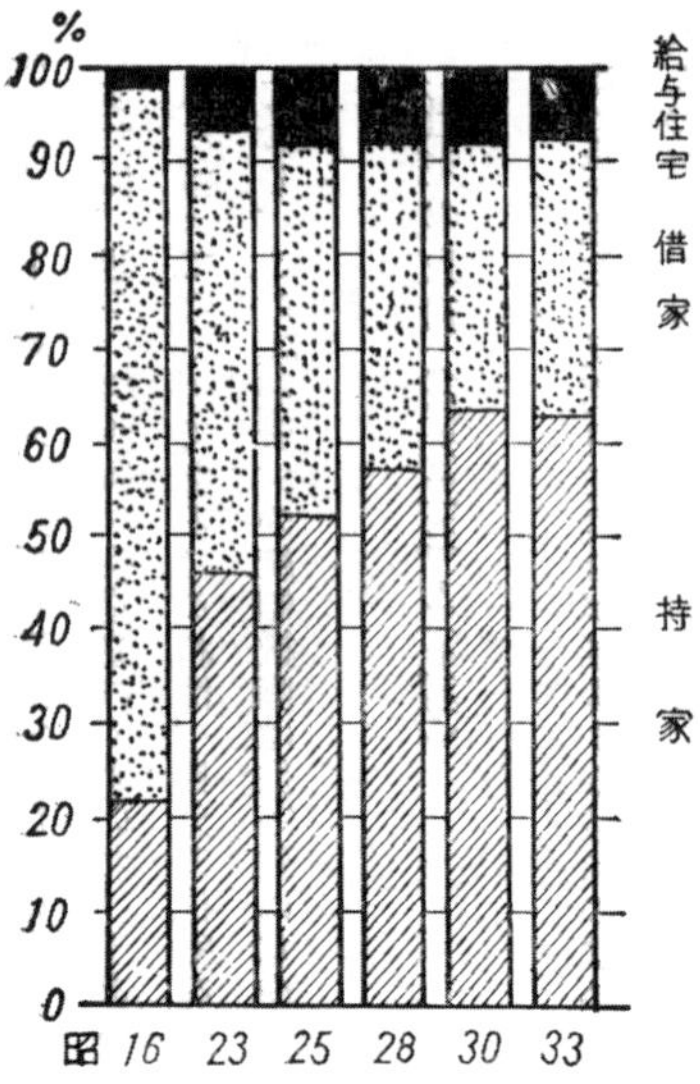

建設省「住宅総覧」(37年）による

図6　戦後の住宅建築戸数

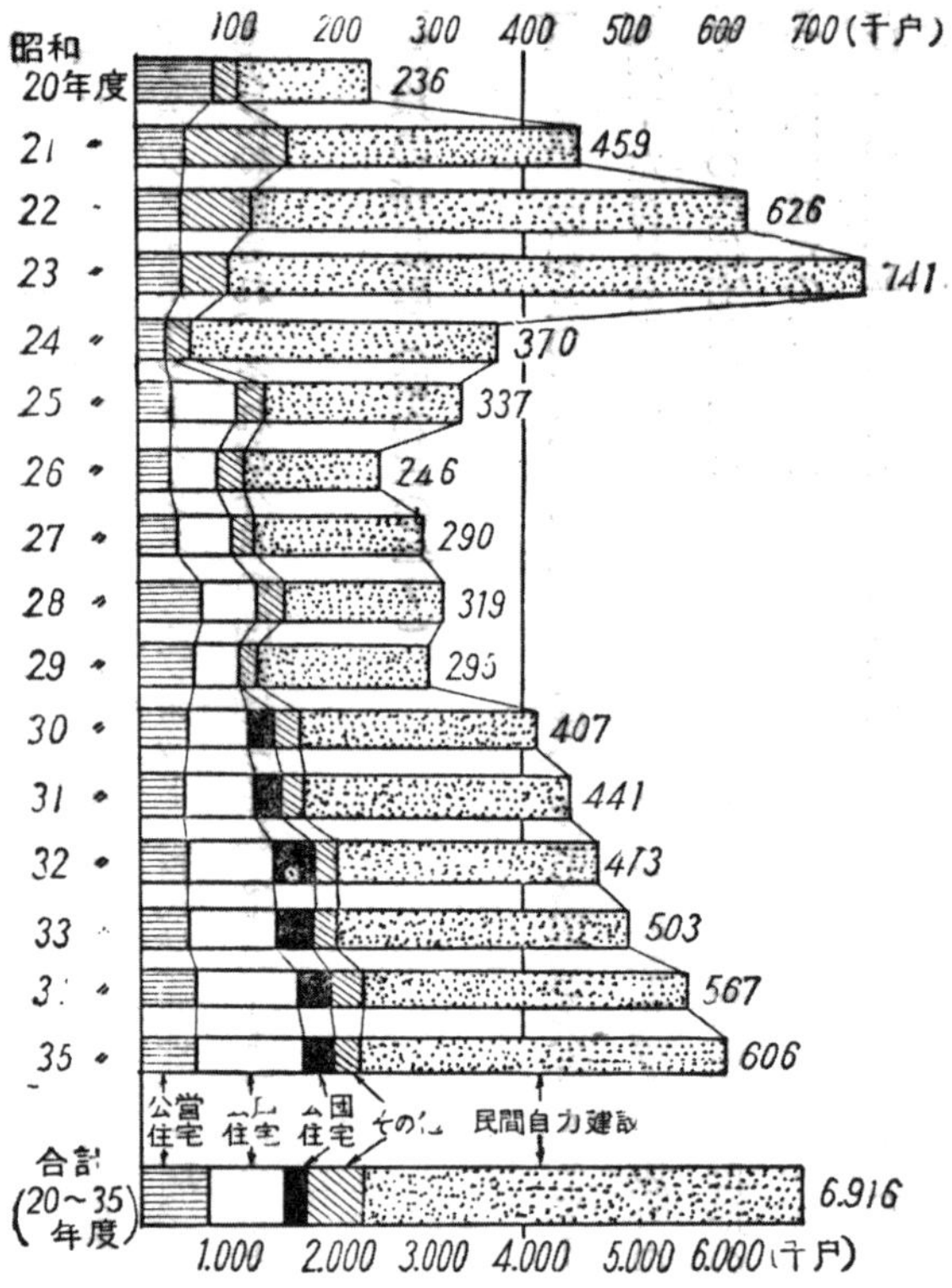

建設省「国土建設の現況」(昭和36年）による

注）1．本表は、住宅事情の緩和に役立つと考えられる増築を含み、その戸数は公庫住宅では、昭和30年度から35年度までの各年度それぞれ9千戸、1万9千戸、2万5千戸、3万戸、3万2千戸であり、民間自力建設では、昭和27年度から35年度までの各年度それぞれ1万7千戸、1万7千戸、1万7千戸、2万2千戸、1万6千戸、2万2千戸、2万5千戸、3万1千戸、3万4千戸である。
2．その他には、改良住宅、公務住宅など含む。

で、持家は二割強、給与住宅にいたっては二%にもみたなかった。ところが戦後はこれがすっかり逆になった。しかも、政府の持家と給与住宅に対する助成政策はこの差をますます大きくしてゆくのである。

昭和二五年に建設された住宅のうち持家八二・六%、給与住宅六・四%に対し、借家はわずか八・九%にすぎない。昭和二四年当時の住宅難世帯は三六八万戸といわれたが、この人たちの大部分は借家供給をのぞんでいるといってよかったのである。

公営住宅法の成立

一般の住宅難世帯が最も希望している低家賃の公営住宅は、戦争直後の応急簡易住宅以来続けられ、二一年から二三年までに約四万戸建設されていた。しかし、二四年度の超均衡予算・不況・朝鮮戦争による特需景気と建築費の高騰といった経済変化でもって、二四年から二七年にかけては毎年三万戸に減った。そこで低額所得者のための公営住宅の計画建設を安定させねばならないということで、毎年予算措置だけでおこなわれてきた公営住宅の建設に法的根拠を与えることになり、昭和二六年六月「公営住宅法」が公布されて、国庫補助低家賃住宅の建設が法制化された。一種、二種の二種類にわかれ、一種は国の補助率二分の一、二種は三分の二ときめられ、入居資格に収入の制限が加えられた。

二五年度の公営住宅の規格は一種が一〇・六坪、二種は八・〇坪、平均一〇・一坪という小規模のもので、その後もあまり変らず、三〇年からはより小さなものになってゆく。また量の少なさからみて、とうてい要求をみたしうるものでなかった。けれども、住宅難世帯の大部分はこれに殺到し、数十倍、数百倍という競争率を示して、宝くじにあたるよりむづかしいといわれるようになったのである。

しかし、技術的には、設計が漸次改善され、不燃率も高まり、種々の型の住宅や形式があらわれるようになる。テラスハウス・ポイントハウス・メゾネット（重ね建て形式）・店舗併存アパートなどが、多くの建築家の協力のもとに設計され、それが今日の団地にみられるアパート群の土台となるのである。

住宅政策の新段階（昭和三〇年〜）

四二万戸政策

昭和三〇年二月の総選挙では、住宅政策が大きくクローズアップされ、自由党・日本民主党・右派社会党・左派社会党はいずれも住宅政策をトップにかかげた。衣食の面ではすでに戦前の水準を上回る状態になっているのに住宅だけがとり残され、各政党とも住宅難に悩む国民の歓心をひこうとして住宅を最重要政策のひとつにかかげたのであった。

これは、この年成立した鳩山内閣の四二万戸政策となってあらわれた。しかしその内容は公約に対し戸数をあわせたという感が強く、さまざまの問題を含み、関係者の批判を招くことになるのである。その第一は、四二万戸のうち民間の自力建設による住宅が二四万五〇〇〇戸で全体の六割を占め、政府計画住宅は、残りの一六万五〇〇〇戸にすぎない。しかも、なかには住宅金融公庫の増築貸付によるものでも一戸と数えるものが三万戸も含まれており民間自力建設を公約の戸数に入れてよいものか、増築は住宅建設戸数に入るのか、といった点に疑問がもたれた。

第二は、公営住宅の質の低下である。六坪や八坪という小規模住宅が母子住宅、小家族住宅といったかたちで六四〇〇戸計画されたため住宅の平均坪数は二九年度の一〇・三坪から九・三坪に減った。こういう小さい住宅をむやみに建設すれば、ちょうど戦後の応急住宅のようにスラム化するおそれがあり、戸数のつじつまを合わせるための方便ではないかという声が強かった。公庫住宅も、前年度の一三・七坪から一二・七坪と低下し、融資率も引下げられ、頭金の負担が大きくなった。このように四二万戸政策の内容は決して評判のよいものではなく、三〇年七月日本住宅公団法成立に際しても、これらの点の改善に工夫と努力を要望するという付帯決議がつけ加えられた。

日本住宅公団の成立

さて、この四二万戸政策の一環として設立したのが日本住宅公団である。民間資金を住宅建設に導入し、宅地難を解決するために区画整理方式による宅地造成をおこない、行政区域にとらわれないで住宅供給をお

第二種公営鉄筋アパート。規模は共同部分もいれて約８坪
（35.9 神戸にて新海悟郎氏撮影）

こなうというのが設立の趣旨である。

住宅難はとくに大都市周辺でいちじるしく、住宅不足のうち一六%が京浜、一〇%が京阪神、五%が中京、六%が九州・山口の各地区に集中しているものと推定された。したがって、それぞれの行政区域内で住宅難を解消してゆこうとするこれまでの公営住宅方式だけではまにあわず、広域的な供給が目ざされたわけである。

ところが、ここで問題になったのが公団住宅の家賃である。国家の低利資金は入っているが、公営住宅のような補助はなく、独立採算制度であるため高い家賃の住宅になることが当然予想され、公営住宅に応募者が殺到し、低額所得者がますますとり残されつつある段階で、公営住宅の質を切り下げるかたわら、家賃の高い住宅を供給するのはどうか、ということが、先にあげた諸点とならんで大いに議論をよんだ。これに対し、政府の住宅政策は、上の階層からしだいに解決してゆくという方針であり、住宅公団は公庫の階層より一つ下の層に対象をおいていて、建設戸数の絶対的な増加は全体としてみれば、結局住宅難の解消に役立つのだという説明がなされていた。

のびる団地

発足当初、公団住宅への応募者は少なかった。大都市といっても高所得サラリーマンの少ない名古屋や北九州地区はもとより、大阪でもちょっと不便な団地では応募者が建設戸数に満たない場合があり、希望者はいつでも入居できる状態であった。しかし、しだいに団地の数がふえ、ホワイト・カラー層が団地居住者として定着するようになってからアパート団地はわが国における新しい住形式として社会的関心を強め、ダンチ族という言葉を流行させるまでにいたった。その環境も最初は団地の規模が小さく、集会所はもとより、共同施設らしいものはほとんどなかったが、しだいに整えられていった。

昭和二二年に東京高輪で二棟の鉄筋アパートが建てられて以来十数年、不燃共同住宅は日本人の新しい住様式として根をおろしていった。そして、戦後の民主主義思想を背景としながら、公団住宅はその規模や入居階層の性格から、家族の分解をうながし、これからの住生活のあり方に少なからぬ影響を与えることになるのである。

地価の高騰

住宅建設の隘路として、宅地難は早くから問題にされていたが、土地の値段自体はそんなに高くはなかった。昭和三〇年頃までは、戦前を基準とした場合、地価の値上りは卸売物価の値上り率よりもむしろ低かっ

34年度から純都費ではじめられた母子住宅・一階には保育所がある。間取りは4.5帖に3帖。家賃1,000〜100（東京都提供）

図7　全国市街地価格指数の推移（昭和11年9月 =100）

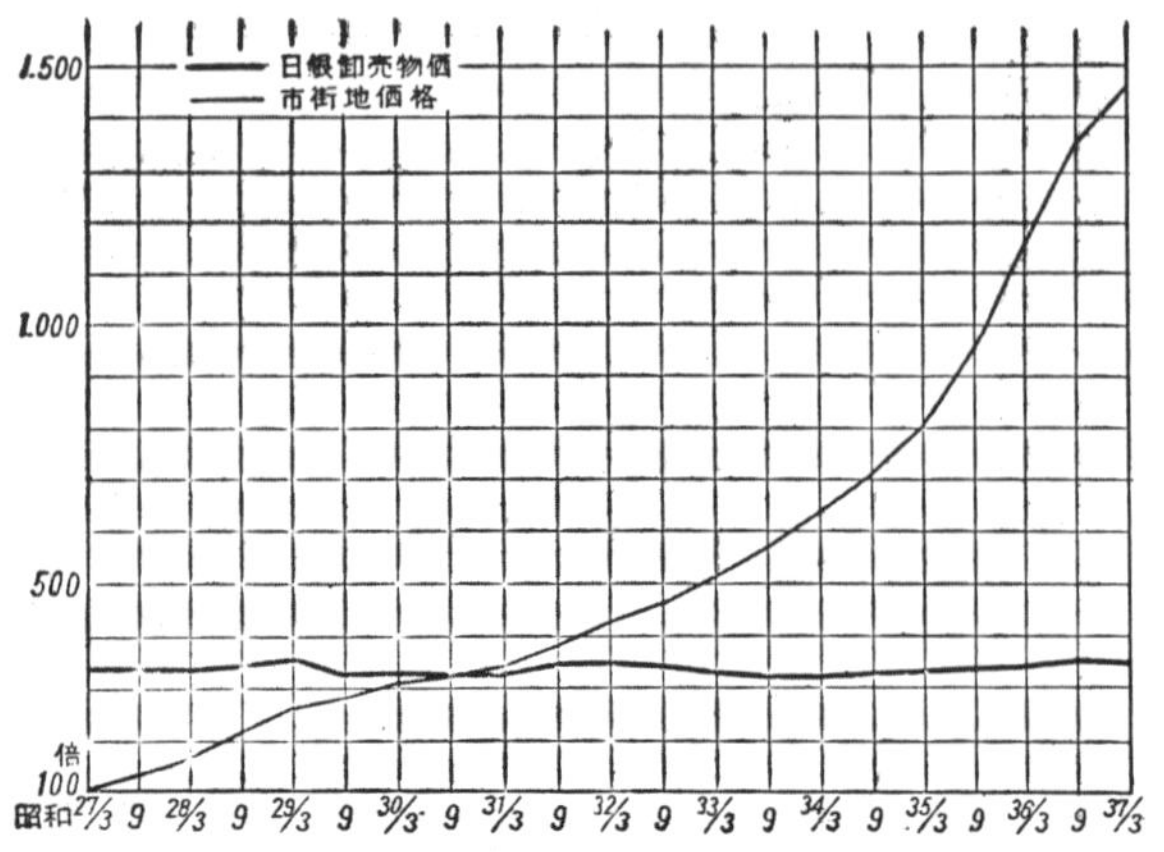

日本不動産研究所の資料による

た。それが三〇年を境として急騰し、その後、高騰に高騰をつづけるのである。

住宅公団が都市周辺部や郊外で大規模な土地買収をおこないはじめた頃とちょうど時期が一致している。各種の公共住宅建設団体が土地入手の面で競合関係におちいり、地価上昇に拍車をかけることになるのである。その結果、公団住宅はもとより、とくに用地費の枠に制限の厳しい公営住宅は安い土地を求めて都市の郊外へえんえんとのびることになる。一般の零細な資金で家をたてようとする市民の住宅ももちろん同じ姿をとった。

地価が高騰し、住宅地が郊外へのびたので、交通機関の混雑は極度に激しさを加え、ラッシュ時のこみ方は殺人的となり、時差出勤が叫ばれ出した。

市街地住宅の登場

宅地難がこのように深刻な様相を示しはじめると、これに呼応して、人びとの眼は再び都市内部に向けられ、三一年から公団の市街地住宅、三二年からは公庫の中高層住宅が登場した。これらはいずれも、店舗・事業所の上に住宅がのるゲタバキ住宅と呼ばれているものである。

都市の不燃化や高層化を綜合的な都市開発事業としておこなうべきだという意見は、この頃を前後として急激に高まったが、こうした市街地住宅はそれと関係なく、個々の画地に、きわめて小さな規模で建てられることが多かった。しかし最近は住宅公団法の一部改正がおこなわれる

図8　戦前から戦後にかけての東京都公営住宅建設戸数比率の推移図（東京都資料により作成）

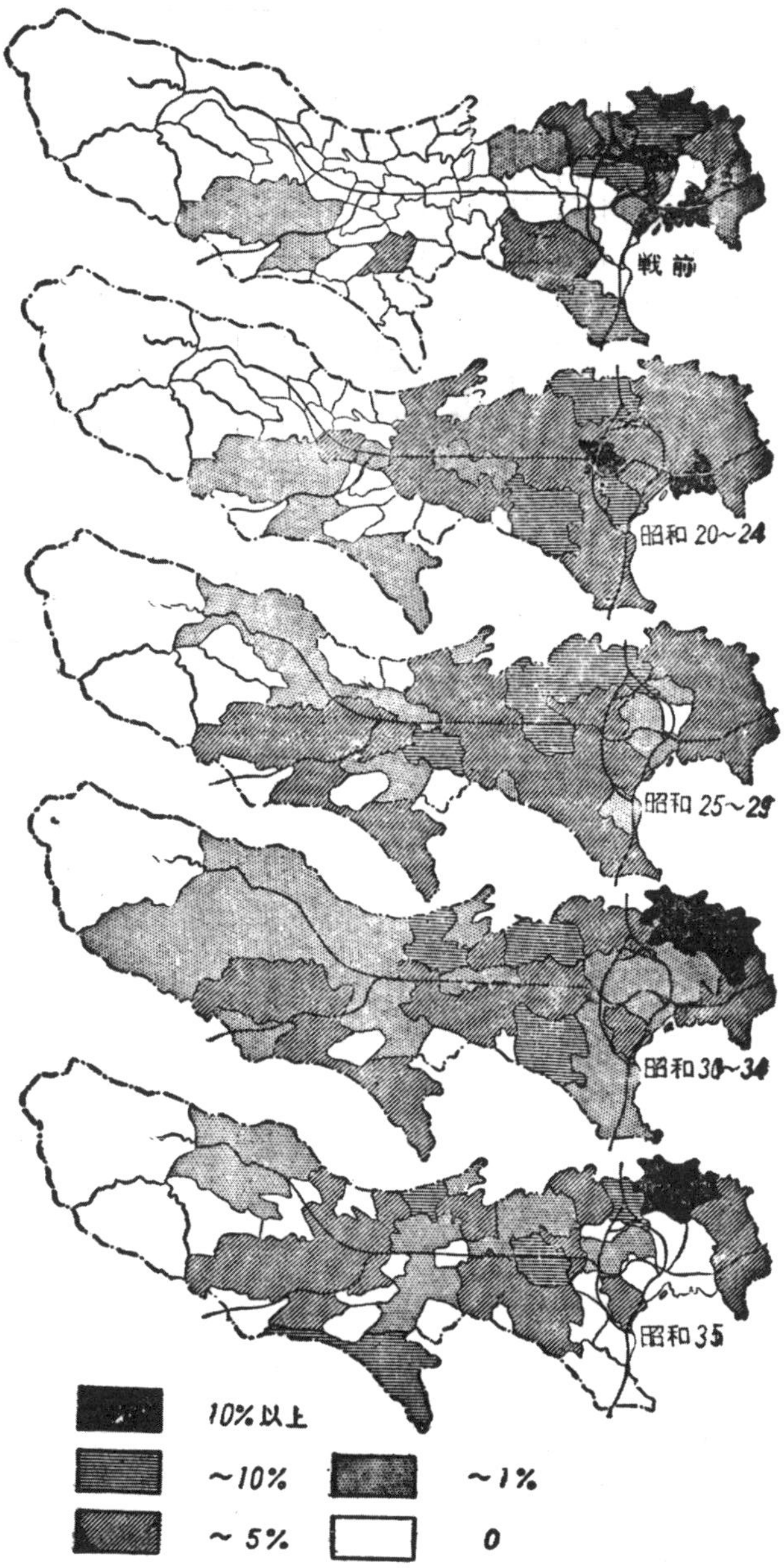

香里団地全景（住宅公団提供）

などして、これを今までの点から線・線から面に移し、総合的に計画実施しようとする動きも二、三でている。

また法制としては、これと別にスラム改良を目的とした住宅地区改良法（三五年）をはじめ、市街地改造法（三六年）、防災建築街区造成法（三六年）が成立し、都市の不燃化や不良住宅の改造を通じて再開発事業を進めようということが計画されている。

最近の団地

住宅公団初期の団地として最も大きなものは、大阪府下枚方市にある香里団地である。これは公団が発足した三〇年に旧東京第二陸軍造廠香里製作所のあと約四二万坪に、七年の歳月と六〇億三〇〇〇万円の資金を投じて建設されたもので、郊外団地の典型的なものになっている。枚方市人口の二割に近い一万七七〇〇人が団地内に居住し、現在の住宅戸数は約五二〇〇戸で、団地内には、公団営業所・派出所・郵便局・公設市場・スーパーマーケット・電報電話サービスステーション・小学校・中学校・幼稚園などの共同施設が設けられている。しかし、最近はこれよりもはるかに大規模な団地がいくつか計画されている。大阪府下千里丘陵はその例である。大阪府の計画によれば、将来人口一五万人のベッドタウンを目ざして、道路・交通機関・上下水道をはじめ幼稚園から病院まで、各種公共施設を計画、入居対象は主として大阪市へ通勤するひとびとで、昭和四一年度までに約三五〇万坪の敷地に公共住宅、民間住宅をあわせて約三万戸が建設される予定である。計画区域は、面積約二〇〜三〇万坪、住宅戸数二〇〇〇〜三〇〇〇戸の規模をもつ一二の住区によって構成され、住区は中心に日常生活に必要な各種の施設を集中配置し、豊かなコミュニティと落ちついた住環境をつくり出すため、住宅配置・動線・教育および医療施設システム・各種公共施設の配置にも新しい方式がとり入れられているという。

この新しい住宅地計画が、住宅難の解決とこれからの日本人の住生活に果してどんな役割を果すか。おおいに注目したいところである。

3　住宅政策と国民生活――団地の意義は何か

低家賃政策と住居水準の低下

住生活の軽視

以上、戦前戦後のわが国の住宅政策を概観したが、それでは、これらの住宅政策は、国民生活にどんな影響を与えたのだろうか。その第一は、生活水準全体の中での、住生活の絶対的あるいは相対的低下をあげなければならない。

わが国には、古くから、この世を仮の宿りとする、仏教的無常観があった。したがって、住居に対しても、起きて半帖、寝て一帖という仮ずまい的くらし方が支配的な思想としてゆきわたっていた。鎌倉時代、鴨長明が一丈四方、高さ七尺の小屋でかいた方丈記はそのような諦観的住居観の例であるが、このような思想は、封建的な時代を通じて生き残り、日本人のまずしい住居観を培養してきた。ところが、近代に入り、その時々の要請に応えて打ち出された住宅政策がもたらしたものは、こうした低い住居観を打ちくだき、住居水準の全体的な向上に役立つものは少なかった。むしろ、結果としてそれを助長する方向にむいていたものが多かったといってよい。

もちろん、そこには戦前においては国民に耐乏生活を強いることによって富国強兵策を遂行しようとした軍国日本があり、戦後においては、労働者の生活水準を一定に押しとどめ、それによって資本主義経済を立ち直らせ得たという事情はあるが、反面、日本人の住生活がしだいに低下していった事実は否定できない。その最も大きなものの一つは地代家賃の統制である。

地代家賃の統制

すでにみたように昭和一三年八月以来、戦時中を通じて家賃統制がおこなわれ、それは戦後にもひきつがれた。わが国のように都市市民の八割が民間企業の供給による貸家ずまいをしている場合、物価騰貴は家賃の値上げをもたらし、それが大きく生活費にはねかえってくる。とくに戦後のように住宅の絶対数が極度に不足しているとき、借家経営が自由経済のままであると、需給関係のアンバランスがいちじるしい家賃値上りを呼び、それは家賃の支払い不可能な借家人を追立てたり、社会不安を招くことになる。

戦後の厖大な住宅不足の時期に家賃統制は、このような事態を未然に防ぐ意味で大きな役割を果した。しかし、この家賃統制のしわよせは、すべて貸家経営をおこなう小所得のうえにかぶせられた。昭和二五年八月における物価と家賃の戦前に対する上昇率は8：1の開きを示し、その家賃も四〇％が家屋税で、地代などをさしひくと家主のとり分はほとんどなかった。家主の犠牲において低家賃水準を維持することが戦前戦後を通じてとられたわが国の住宅政策の特徴となっているのである。しかしながら、この政策による本当のしわよせをうけたものは果して家主であっただろうか。

住宅の老朽

統制は当然家主をして採算にあわぬ貸家を手放し、借家人に売り渡す傾向を助長した。戦後持家が増えたのもこのことが大きく影響している。貸家として存続する場合は、従来家主が負担していた家屋の維持修繕は当然捨ておかれることになったため、力のある借家人は自力で修繕したが、大部分の住宅は老朽するにまかされた。住宅が、風もないのに朽木の倒れるごとく突然倒壊し居住者に大きな被害を与えた事件は、戦後しばしば新聞の報道にみられたところである。建設白書（三七年版）によれば、昭和三五年における世帯は、一九五七万であるが住宅戸数は一八五六万戸にすぎず、約一〇〇万世帯は住宅以外の建物に居住したり同居を余儀なくされている。そして、これら現存する住居のうち、老朽して危険なものが約二〇万戸、大修繕を要するもの約二二五万戸もあり、計約二四五万戸は老朽住宅となっている。この老朽住宅の数は三三年一〇月の調査であるから、老朽化は一部建替えられたものを除いてその後も進行し、ますます悪化していると考えねばならない。とくに戦後建てられた住宅は粗悪なものが多く、風雨にさらされ急速に老朽化し、そこに住むひとびとの住生活を耐えがたいものにしている。パーマネントにマニキュア、アイシャドウとネックレスの近代的装いをこらした女性が、

風もないのに家が突然倒れる。老朽住宅の自然倒壊（撮影新海悟郎氏）

こわれかけたドブ板を踏みながら朽ちかけた家に帰る姿が、戦後世相の諷刺としてしばしば登場するゆえんである。

戦前、借家階層として位置づけられた（全体の八割にあたる）人たちは、こうして老朽化した住居にいつまでも住みつくか、高い家賃を払って零細な規模のアパートに狭小過密居住をおこなって、住めば都と落ちついたのである。それは常に指摘される日本の低賃金水準を維持すると共に、日本人が住生活を粗末にする考え方に大きな役割を果すことにもなった。

低家賃政策としての公営住宅

家賃統制の結果、戦後は貸家供給がほとんどおこなわれなくなったが、それに対し政府もなんらかの手をうつ必要が生じた。それが建設費補助による公営住宅で、これによって従来の借家供給の不足を少しでもカバーしようとしたのである。それは、政府のとっている低家賃政策を裏づけるものであり、それを維持するのに効果を与えた。

しかし、それでは公営住宅が戦前の貸家にかわるものとして、国民の住居水準を維持するのにはたした役割といえば、必ずしも歓迎すべきことがらばかりではない。第一種住宅一〇坪強、第二種住宅八・五坪といった内容は、狭小過密居住を招くばかりでなく、住居水準全体からみても好ましいものではなかった。

例えば二種住宅の応募率は、立地条件が不利な場合が多かったことも原因しているが、厖大な住宅難世帯の存在にかかわらず決して高いものでなかった。

弱点の第二は、建設量の少なさである。昭和三五年までに建設された公営住宅は応急簡易住宅も含めて七四万四〇〇〇戸、年平均五万戸に充たないものであった。もちろん、これらの数字は決して小さくないが、

長屋形式の民間建売住宅。戦前なら貸家というところであるが、今は売家。（37.9 大阪にて）

住宅の需給が健全な形で存在するところに加えて、社会保障政策としての低家賃住宅ならばその意義も倍加するが、低家賃政策にともなう民間借家後退の反対給付としての供給とするならば、全建設戸数の一割ちょっとという数字が少なすぎるというそしりはまぬがれない。

住宅の規模

戦前都市住宅の規模は、持家二五～二七坪、借家一三・五～一五坪、平均一七坪と推定されていた。二三年の住宅調査によれば、戦前（一六年以前）、戦時中（一六年～二〇年八月）および戦争直後（二〇年八月～二三年七月）に建設された住宅の規模は、それぞれ持家は二一・六、一八・二、一三・二坪、借家は一四・三、一三・一、九・七坪と低下している。持家の低下率が一番大きいわけであるが、これは、従来持家階層であったものが、貸家供給の停止により止むをえず零細な規模の住宅を建てることによって、持家階層へ転化するという現象が大きく影響している。戦後の住宅の所有関係が戦前の状態とまったく逆になった事情もこのへんにあるがそれは同時に、戦後の無秩序な都市膨張の原動力ともなっている。

住宅金融公庫による持家政策はそれに大きく働いた。この持家は、その後しだいに規模が大きくなり、三五年には平均二二・八坪となり、戦前を上回るまでになった。

また持家政策と並んで政策が力をいれた給与住宅は、戦争直後を除い

図９　戦後建設された住宅の規模（市部）

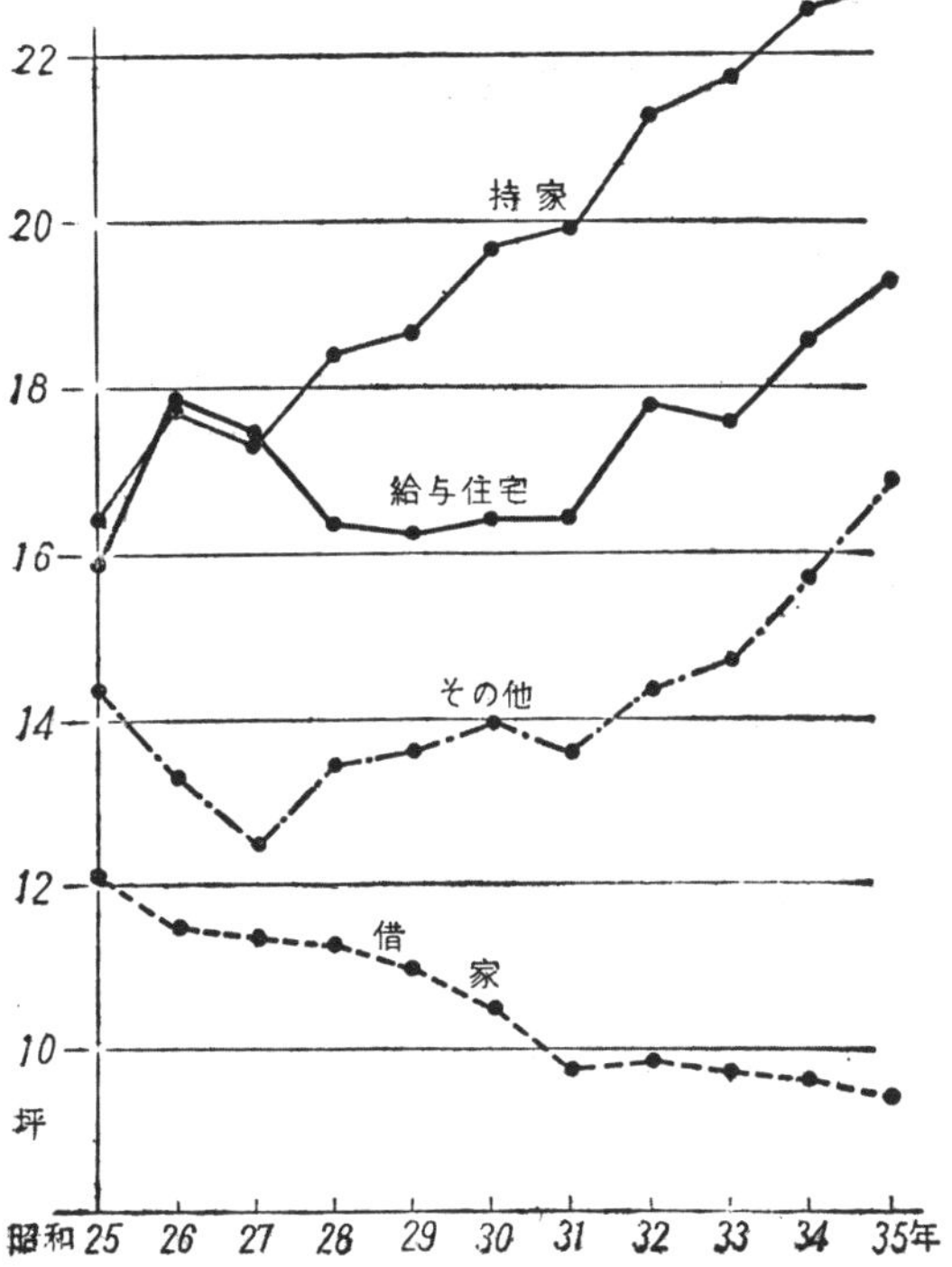

建設省「建築統計年報」による

表３　政府計画住宅の計画平均規模

	公営住宅			改良住宅	公庫住宅	公団住宅	平　均
	平均	第１種	第２種				
昭和21、22年	10.0	10.0	—		—	—	10.0
23〃	10.2	10.2	—		—	—	10.2
24〃	10.2	10.2	—		—	—	10.2
25〃	10.4	10.4	—		13.9	—	12.7
26〃	10.1	10.6	8.0		13.7	—	12.4
27〃	10.1	10.6	8.0		14.3	—	12.7
28〃	10.2	10.8	8.0		14.4	—	12.3
29〃	10.3	10.8	8.1		13.7	—	11.8
30〃	9.3	10.3	7.6		12.7	12.5	11.2
31〃	9.4	10.4	8.0		13.0	13.0	11.6
32〃	9.2	10.5	8.2		13.3	14.0	12.1
33〃	9.2	10.5	8.3		13.4	14.0	12.1
34〃	9.4	10.7	8.4		13.8	14.0	12.4
35〃	9.3	10.6	8.3	10.0	13.7	15.0	12.5
36〃	9.9	10.6	9.4	10.0	13.7	16.0	12.9

建設省住宅局による（建築の値上りで実際やこれより小さいことが多い）

て終始高い水準を維持した。労働力確保のための社宅建設が活発なことは一般の住宅難の反映ともうけとれる。

これに対し、戦後の借家は零細化をたどる一方である。戦前の借家階層はやむをえず零細住宅所有により一部持家階層に移っていったが、それはごく一部にすぎなかった。依然として大多数の低所得階層は低家賃の貸家に依存するより他はなかったのである。そういうとき、貸家供給としての小規模公営住宅は戦後の貸家の質に一つの水準を与えたといえる。そして民間の住宅建設の中に低水準の住宅がますますふえる条件がしだいに濃厚になってゆくのである。

低所得層に集まる住宅難

図10は、住宅事情調査の結果わかった住宅難世帯と都市勤労生活者の世帯収入を比較したものである。ここでいう住宅難世帯とは、①老朽住宅に住むもの　②同居　③防空壕などの非住宅居住　④一人当たり二・五帖以下でかつ一世帯の帖数が九帖以下という狭小過密居住の四つに当てはまるものをいうのであるが（その水準が低すぎるという議論は別にして）、その住宅難世帯の分布は昭和三〇年の調査では一般の都市勤労世帯のそれと類似している。しかるに、三三年の調査では、住宅難世帯はいちじるしく低収入階層に片寄ってきているのである。これは以上に述べた戦後の住宅政策や住宅建設の内容をみれば容易に理解できることである。もはや戦後ではないといわれるように、力のあるものは自力で戦争の傷あとをかくしてしまっている。生活に困り、住宅難に悩んでいるものは低所得階層であり、今日住宅難が低収入世帯にしわよせされていることを物語っている。

それでは都市勤労者の大部分を占める低所得階層は、住宅の改善をどこに求めているかといえば、いうまでもなく公営の貸家住宅である。しかし、公営住宅は何十倍、何百倍という競争率で、宝くじにあたるよりも難しい。公団住宅は入居資格が厳しい上に、最近は競争率が公営なみになってきた。したがって民間経営の貸しアパートを借りる他はない。

増える零細民間貸アパート

地代家賃統制令は当初あらゆる地代・家賃が対象となっていたが、二五年になって同年七月以降に着工した建物については解除された。したがって、それ以降はまったく需給関係にもとづく経済家賃として貸家の供給が民間企業によっておこなわれだしたのである。昭和二五年頃までほとんど供給されなかった民間貸家がこれを契機に急速にふえている。

これらの民間貸家は、戦後の新しい住形式とさえなった感のある四帖半、あるいは六帖一間のアパートが圧倒的に多い。アパートの家賃は坪当たり（帖数一帖に相当する）一〇〇〇円といったものが多く、借り手の支出限界からいってこれが限度である。建設省が三五年におこなった

図10　住宅難世帯と都市勤労世帯の収入を比較したもの

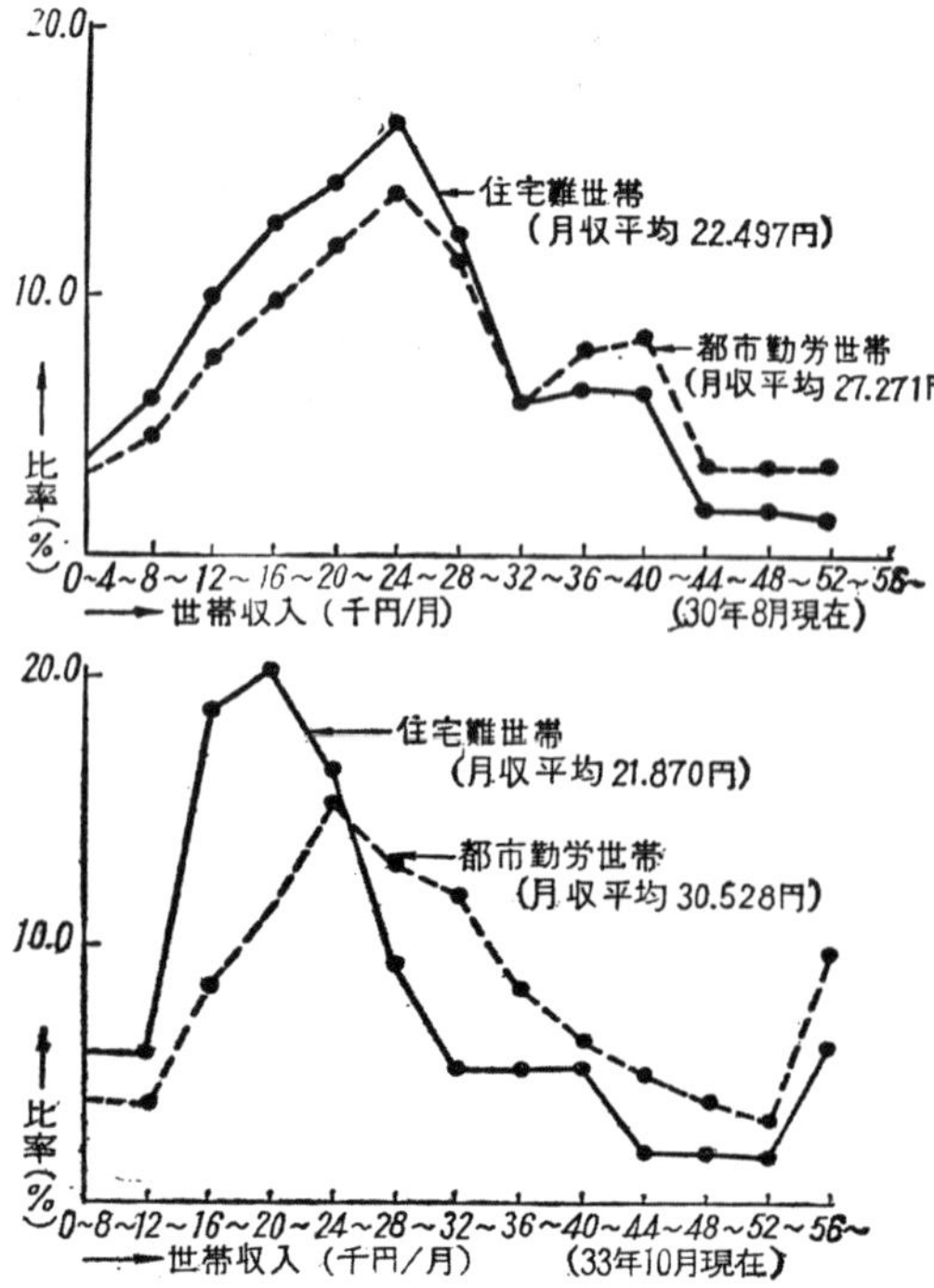

30年は建設省「住宅事情調査」
35年は総理府「住宅統計調査」による

住宅需要実態調査では、借家を希望する世帯が負担できる最高家賃は三〇〇〇円から三六〇〇円のあいだでピークを示している。着工住宅一戸あたりの規模は、このような民間貸家の零細化によってますます狭小となってきているのである。公営・民間経営を問わず、このような零細規模の住宅供給はただちに過密居住という好ましからぬ現象を生み出す。夫婦二人のうちは四帖半一間でもしのげるが、子供が生れ、成長してくればたちまち困る。移転しようにも容易に変るべき住宅はみつからない。

　さきにあげた三五年の住宅需要実態調査は建設省が全国の人口二五万以上（昭和三五年一〇月現在）の都市のうち三五都市について、六大都市は二一分の一、その他の一三・五分の一の抽出でおこなったものであるが、それによると住宅難世帯の全世帯に対する割合は、六大都市で一七％を示し、その八二％は過密居住（一人二・五帖以下、一世帯九帖以下）が原因となっているのである。

生活のアンバランス

住居費率の低下

それでは、このような戦後の住生活は生活構造の中で一体どういう位置を占めているのだろうか、つぎに考察してみよう。まず注目されることは、家計の支出における住居費率の低下である。

　戦争のはじまる前、昭和九年から一一年にかけての借家世帯は、家計支出八一円のうち一三・四％にあたる一〇・八円を家賃地代に払っていたのに対し、三〇年では家計支出二万六七八六円のうち家賃地代に一・八％（四七五円）を支払っている。戦前戦後の家計支出を比べてみると、戦後のエンゲル係数は戦前より一割以上多く、税・社会保障費などの非消費支出は一八倍に達している。その結果、しわよせは住居費に集まり、戦前の支出率一五・九％は戦後五・一％となっている。

図11　所有関係別にみた住宅建設の推移（全国）

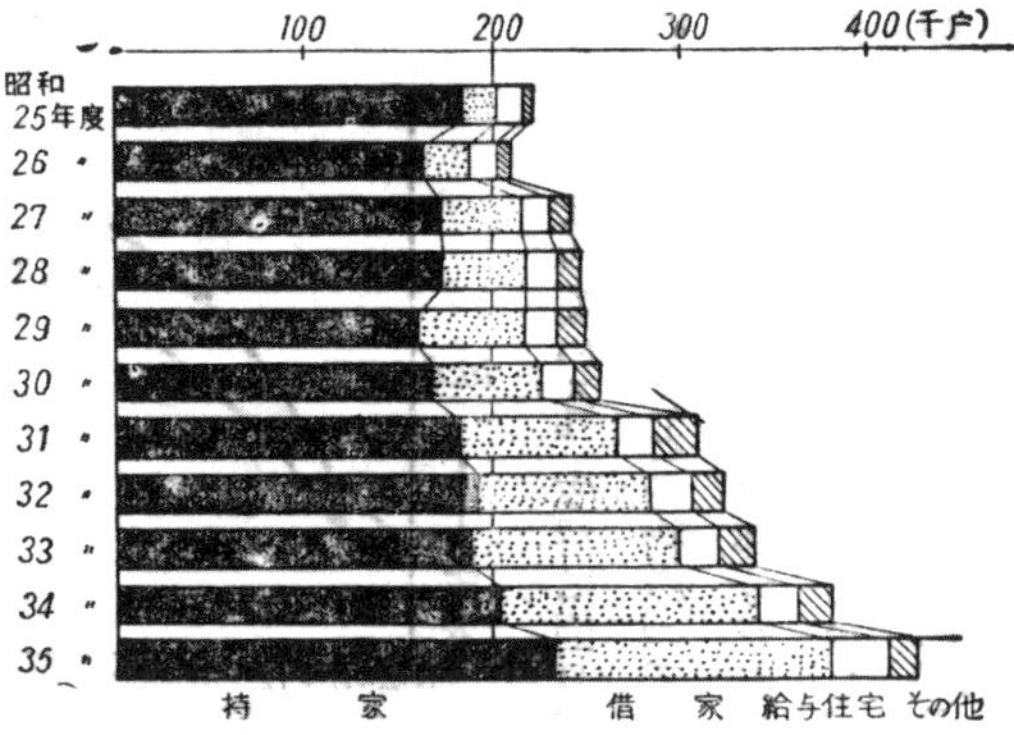

建設省「建築統計年報」（昭和36年）による

図12　統制対象外種類別坪当り家賃（六大都市）

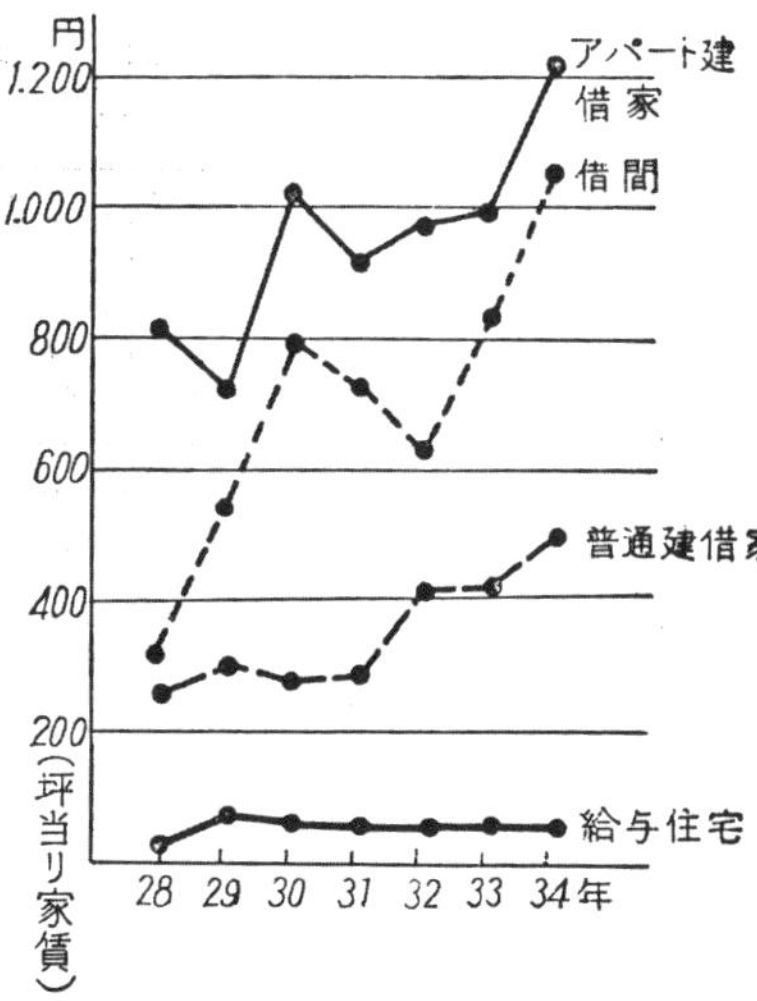

建設省「地代家賃実態調査結果報告書」（昭和34年10月）による

最近ふえつつある「文化アパート」。
戦後の民間貸家の新しい形式（37.9 大阪にて撮影）

このような消費支出の構造は、戦後の借家人が安い住居費によって生計を維持しえたことを示すものであると同時に、一方、そのような安い家賃の住宅に入居しえないものは、きわめて低い水準の住宅でがまんさせられるか、一帖一〇〇〇円というような高い間代を払って六帖か四帖半の部屋に住むことになるのである。この高い間代を払う階層がとくに低所得層に多いことは、それが逆に家計を圧迫し、衣食住のアンバランスによる住宅難世帯の再生産をもたらしている。

賃金が労働力の対価として支払われ、労働力の再生産がそれによって可能であるためには、衣食住を中心とした消費支出の内容が、市場で入手しうる物価と対応していなくてはならない。ところが、もし支出全体の二％前後にあたる家賃によってはじめて成立するべく仕組まれた家計構造のもとで、本当はそれに数倍する家賃を支払わねば住宅を確保できないとすれば、生活の破壊をもたらす他はない。支出は、生計費全体が圧縮されている場合には最も必要なものからおこなわれるのが普通だからである。

支出弾力性

それでこのような生活に対する必要の度合をあらわす指標として、消費支出に対する弾力性という考え方がしばしば用いられる。これは収入が増加した場合、ある項目の支出がどれだけ増えるかによって生活上の緊急度を測定しようとするものである。飲食費のごとく、所得階層が上位に移る（収入がふえる）場合でも支出額があまり変らないものは生活上必要度が強いわけで、この場合弾力性は小さく、逆に所得と支出が比例して増加するような費目は弾力性が大きい。

このような考え方から計算した各費目の弾力性は、つぎのような数字であらわされている。

食料費や光熱費の弾力性が小さいのは、家計の中で最後まで切りつめることの出来にくい費目であり、エンゲル係数の考え方とも一致する。

表4　戦前・戦後の家計支出構造の比較

	実支出	消費支出									非消費支出
		総額	食料費	住居費				水道光熱費	被服費	雑費	
				計	家賃地代	設備修繕費	家具什器				
昭和9～11年	80.79 (100.0)	80.19 (99.3)	30.01 (37.1)	12.80 (15.9)	10.82 (13.4)	0.19 (0.2)	1.87 (2.3)	4.50 (5.6)	9.33 (11.6)	23.47 (29.1)	0.60 (0.7)
昭和30年	22,786 (100.0)	23,513 (87.7)	10,465 (39.3)	1,345 (5.1)	475 (1.8)	319 (1.2)	551 (2.1)	1,274 (4.7)	2,861 (10.6)	7,568 (28.0)	3,273 (12.3)

昭和9～11年：内閣家計調査　昭和30年、総理府家計調査による。
注）1．戦後の家計調査は、水道料が居住費に入れられているが、戦前と比較するため光熱費と一緒にした。
2．戦前は借家世帯、戦後は全都市世帯

表5　支出弾力性（消費支出に対する）昭和35年

食料費	0.565
住居費	1.190
家賃・地代	0.249
設備・修繕費	1.778
水道料	0.562
家具・什器	1.567
光熱費	0.835
被服費	1.389
雑費	1.347

総理府統計局「家計調査年報」（昭和35年）による

図13　最大限家賃階層別借家給与住宅希望世帯の分布（六大都市）

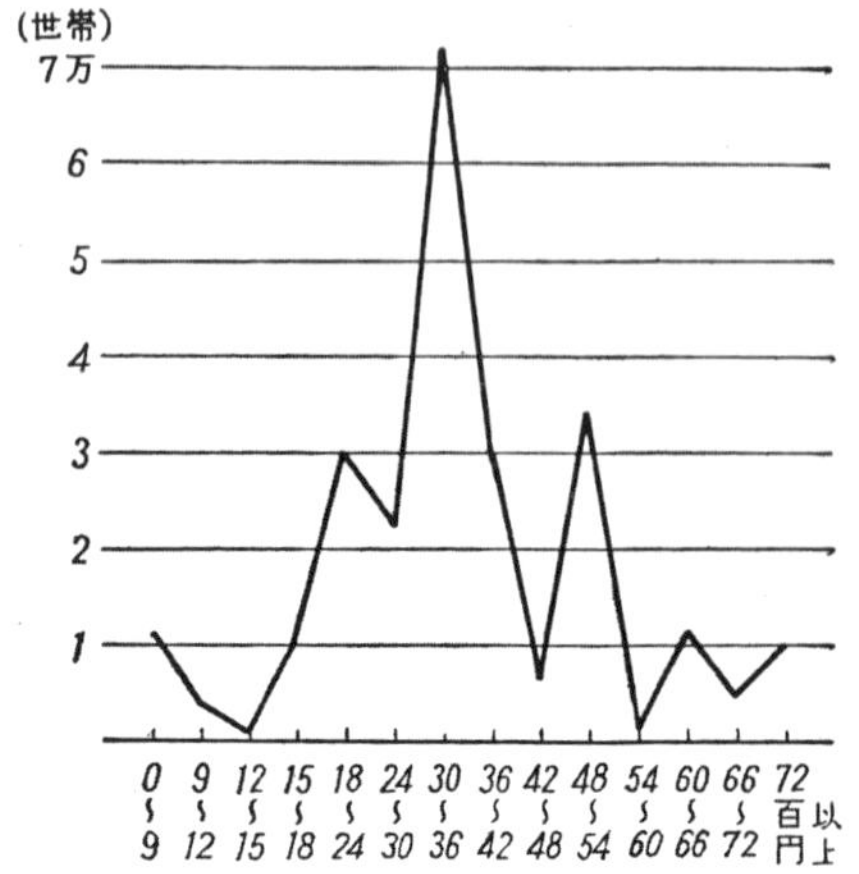

注）建設省の住宅需要実態調査（昭和35年）において借家または給与住宅を希望する世帯に対して「最大限家賃をどれ位負担できるか」という質問に対する答を集計し、希望家賃別に見た世帯の数である。

住居費の弾力性

さて住居費に眼を移してみよう。家賃地代の弾力性が小さいのは、統制家賃・統制対象外家賃（民間アパートなど）を問わず、所得の増加にともなってより高い水準の住宅に住みかえるといったことがほとんど不可能になっていることを示している。住宅供給の絶対的不足と新規に供給される家賃の収入に対する圧迫度の強さをあらわすものでもある。例えば、低所得層の人びとが、高家賃のアパートを借りた場合は家賃のエンゲル係数というべきものがきわめて高く、被服費や雑費はもとより、場合によっては食費さえ切りつめてこの家賃を捻出することになる。家賃以外の生活費、つまり食生活や衣料・文化教養費といったものは収入が増加してはじめて普通の状態になり、バランスをとりもどすのであって、それまではすべて高い家賃のためにしんぼうしなければならないというのが現実の一面である。だからいったん定着した住宅からの脱出は余程のことがないとおこなわれない。

これと対照に、設備・修繕費の弾力性はきわめて大きい。これは住宅の設備や修繕のおこなわれる度合が所得の増大とともに大きくなっていることを示しており、低所得階層の住宅は逆に不完全な設備水準と老朽化のまま打ち捨てられていることになる。三三年一〇月の調査では専用の便所がないもの一六〇万戸、専用の炊事場のないもの一一〇万戸と報告されている。老朽住宅が二四五万戸存在することはすでに述べたとおりである。さきに持家の規模の増大と借家の零細化をみたが、生活の二重構造ともいうべきものはあらゆる面から激しさを増している。そしてここでみたような生活全体のアンバランスに拍車をかけているのが、最近の耐久消費財の普及である。

耐久消費財の普及

最近の家計支出におけるいちじるしい変化は、住居費支出の増大である。二八年には全家計支出の五・三％を占めていた住居費は三七年四月には一〇・二％と倍近くになった。その内容は極端な住宅不足に対応して高家賃の民間貸家の供給が増え、住宅全体の中での比重が相対的に高まることによって、地代・家賃全体が上昇したことに原因がある。しかし、より大きな要素は、家具什器ののびである。経済企画庁の調査（経企庁『消費と貯蓄の動向』三六年版）によると、三五年の都市世帯におけるテレビの普及率は六二・五％、電気洗濯機五〇・二％、カメラ四九・二％で、約半数の世帯にテレビやカメラ・洗濯機がゆきわたっている。各メーカーの必死の宣伝と、手をかえ品をかえの売りこみ合戦の結果まきおこった電化ブームは、これらの品を現代生活に不可欠のものにしてしまったのである。このあいだの事情をもう少し調べてみよう。三三年二月まではほとんどの品目がまだ高所得階層にかぎられていたので、弾性値も一以上のものが圧倒的に多く、一以下は自転車・ミシン・ラジオぐらいのものであった。ところが三六年二月では、ピアノ以外みな一

図14　家賃支出における住居費構成比率（全都市）

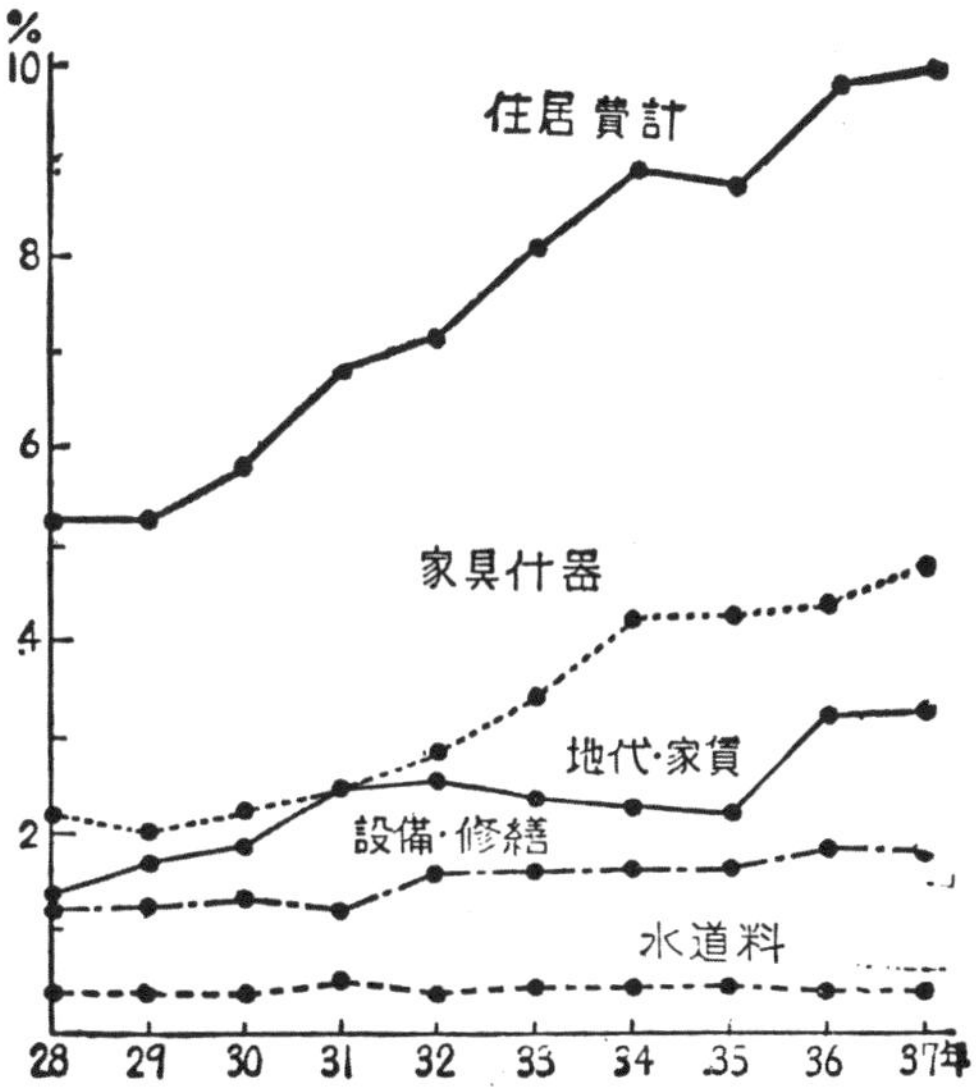

総理府統計局「家賃調査報告」による。36、37年はいずれも4月、その他は年平均

以下となり、なかでもテレビは一・六〇から〇・三〇、電気洗濯機は一・二五から〇・三八、電気ガマは一・一四から〇・三二というように大巾に低下しており、これら耐久消費材の購入がこの数年間に中所得階層以下で急速におこなわれたことを示している。

アンバランス

テレビや電気ガマや電気洗濯機はいまや生活必需品としての性格をもってきている。現代の生活様式はこれらのものをぜい沢品ではなくしてしまった。そして今や家計の中には弾性値の少ない品目がひしめきあっている。家賃・光熱費・水道料・各種耐久消費財・通勤定期代（通勤費のエンゲル係数は上る一方である）・新聞代・教育費……。そこで起ってくる現象はどういうことだろうか。住生活に何をもたらしたか。それは老朽し、傾いた住宅に真直ぐ立っているのはテレビのアンテナだけという現象であり、小さいアパートはこれらの耐久消費財で一ぱいになり、狭い空間に親子何人かがひしめきあって住むという事態の増加である。月賦払いがすまないあいだはもちろん、少々月収がふえても、より高水準の住宅にすみかえることなど思いもよらない。生活のアンバランスは住宅全体の老朽化と過密居住を促進し、強制された生活様式の変化は、住居水準をはてしなく低下させることに力をかしているといわねばならない。

住宅困窮の感じ方

ここでもう一度、昭和三五年の建設省の調査をとりあげてみる。この調査では、住宅難世帯の調査とともに住宅困窮世帯というのが調べられている。住宅難世帯が一定規準以下の住宅に住むものを客観的に住宅難

表6　耐久消費財所有弾性値（都市世帯）

品目 ＼ 調査年月	33.2	34.2	35.2	36.2
ピアノ	1.86	1.68	1.85	1.22
電気冷蔵庫	2.02	2.04	1.52	0.84
電気掃除機	—	—	1.76	0.83
ガスストーブ	1.39	1.38	0.95	0.79
カメラ	0.93	0.76	0.63	0.39
電気洗濯機	1.25	0.95	0.71	0.38
扇風機	1.11	0.86	0.73	0.36
電気がま	1.14	0.77	0.56	0.32
テレビ	1.60	1.21	0.67	0.30
ミシン	0.41	0.35	0.23	0.14
ラジオ	0.05	0.06	0.04	0.04

経済企画庁「消費と貯蓄の動向」36年版による

図15　収入階層別住宅困窮率・住宅難率・住宅困窮感率
（昭和35年勤労世帯のみ）

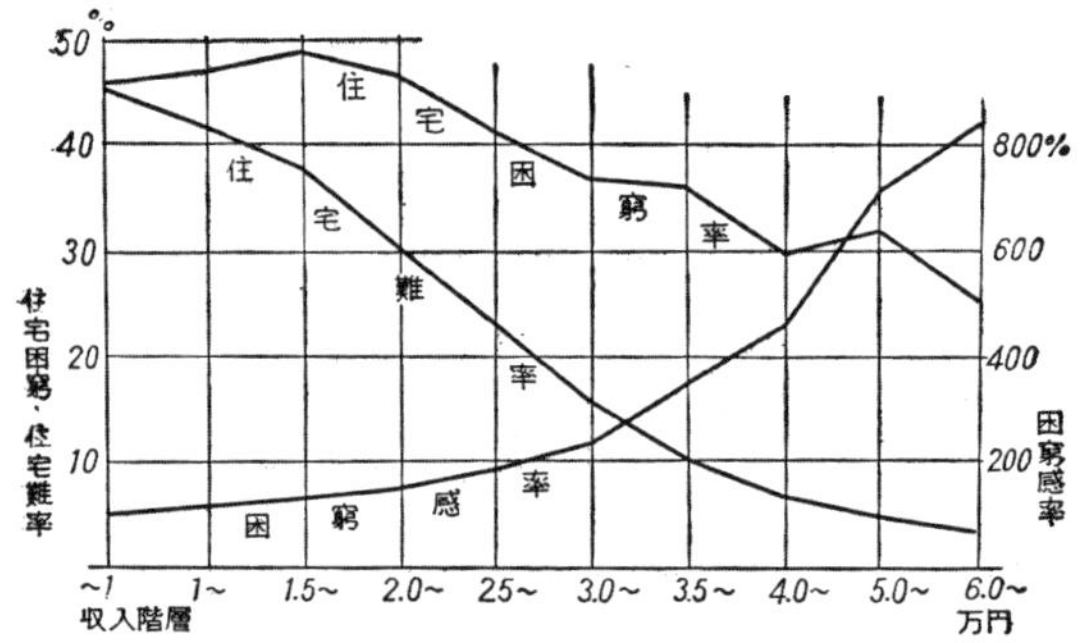

建設省「住宅需要実態調査」（昭和35年12月）による
注）困窮感率とは住宅世帯数に対する住宅難困窮世帯数の比率

図16　住宅困窮の理由別比率（六大都市）

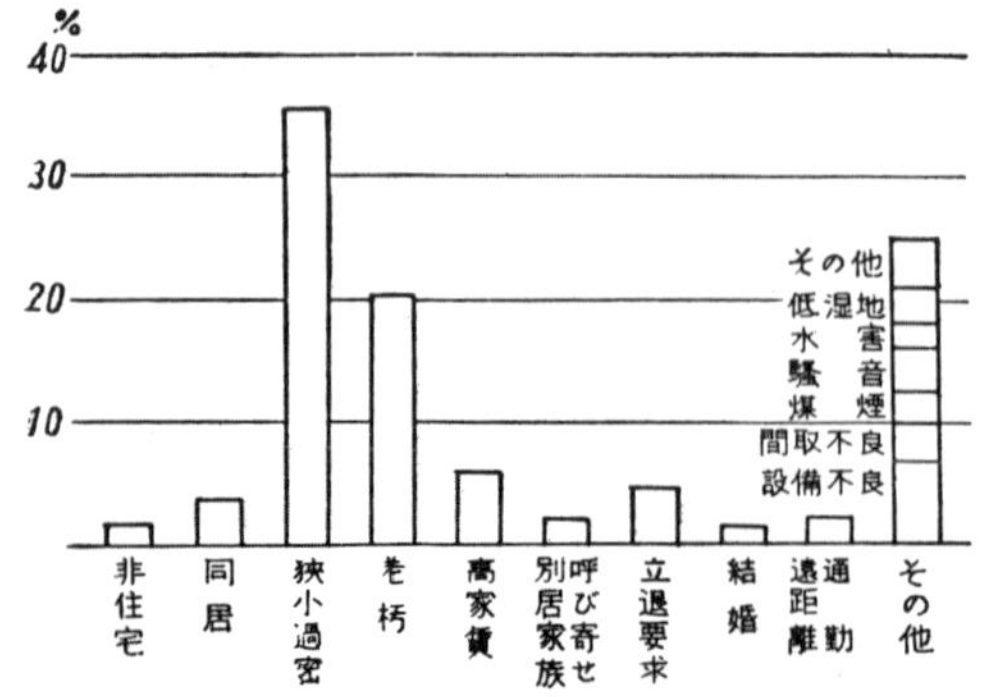

建設省「住宅需要実態調査」（昭和35年12月）による

世帯として数えるのに対して住宅困窮世帯とは、住宅に困っているかどうかという質問に対し、困っていると答えたものである。したがって住宅難世帯であっても、住生活の上で別に困っていないと思えば住宅困窮世帯とはならない。ここでみられることは、低収入階層に住宅難世帯が多いことは当然であるが、主観的な住宅困窮の感じ方は所得があがっても大きく減らない。住宅に困っているという感覚、すなわち住宅困窮感率は所得の高い階層ほどむしろ強いということができる。

　低所得階層では弾力性の少ない費目の支出におおわらわで、住宅難を感じていないことが案外多いし、感じたとしても解決の糸口は絶望的な場合が多い。それにくらべ、所得があがって生活に余裕ができてくると住水準を向上させようという意欲がしだいに高まってくる。いつもは目につかなかったモダン・リビングのきれいな写真が気にかかり出す。いずれ高嶺の花であることに変りはないのだが。

　住宅改善の要求は今日ではある程度高度な要求になっている。少々倒れかかった家でもさし迫った生活難にくらべればまだましだということであろう。それほど大多数の階層では生活がひっ迫しているといえる。しかし、じつはこのことは、歴史の長い期間にわたって低い住居水準にならされ、健全な住生活への要求をすりへらされてしまった日本人の貧しい住居観が根底にあるといってはいいすぎだろうか。

豊かな住居

日本の住宅

　西山教授は日本の住宅の欠点をつぎのように指摘しておられる（「西山卯三『日本の住宅問題』岩波新書）。「㈠都市においては多く過度に密集して建てられ、個々の住宅は平均わずか一人あたり三帖余という狭小さであり、㈡いわゆる和洋の二重生活は克服出来ず、㈢天皇制に結びつけられた封建的家長制度の倫理で家族内の個人の生活は無視され、狭さと蒲団、カヤあるいはコタツなどの夜具の乏しさから混雑密住はもとより一部屋に集まって寝る住み方を慣習化し、人間らしい羞恥心の発達は犠牲にされており、㈣炊事・用便などの設備が原始的で非衛生的であり、都市生活に当然必要な下水施設や汚物処理は完備せず、尿臭のただよいを日本人の楽しい住居の特徴にしており、㈤炊事・洗濯・育児・掃除・採床など貧しい技術で家事労働は婦人を過労におとし入れ、㈥消耗性の木・土・紙・草などの材料で出来ている住居は、手入れの困難さと、荒廃の早さを特徴としており、それをさけようとして陰うつにしたり、子供たちを追い出したりする不自然な住み方を強要し、㈦さらに年々莫大な更改投資を要求するばかりでなく、何よりも非防火的で『宵越しの金

千里丘陵団地（大阪府）

を持たぬ』うすっぺらな生活を不可避としている。」

そして「こうした住居の低劣さを改める道が人間らしい豊かさを住居に求めようとするのでなくて、半坪の庭や盆栽、あるいは床の間芸術に宇宙を感じる諦めと逃避を美化」してきたのが、これまでの日本人の住生活であった。

集団住宅

このようなみじめな住居観をうち破り、国民に人間生活の豊かさを保証するのはもちろん、基本的には生活水準全体を向上させる政治であるが、その中で住宅政策は、たんに住宅不足をおぎなうということだけでなく、日本人の中に眠っている健康な住居への欲望を人間的・文化的に高度な住居と住環境の建設をつうじて、具体的に眼前に展開させる方向が必要である。

現在、おこなわれつつある計画的な集団住宅の建設はこうした意味できわめて積極的な意義をになっている。住生活は住居の建築だけで終らない。社会生活に必要な諸施設の配置や適切な維持管理が必要である。戦前の民間貸家は家主のきめこまやかな管理によって良好な環境が保たれていたが、最近の団地は系統的な管理方式の確立によって、戦後の公営住宅にみられた無責任な維持管理の状態から抜け出そうとしている。

団地と住戸の設計についても、巾広い技術的経験の蓄積のもとに、日本人の新しい住生活を開拓しようとする努力がみられる。住宅の規模については、全体の水準の低さはおおいがたいがいくつかの試みを通じて新しい生活様式への積極的対応がみられる。

そして、不燃化と共同化、生活の公私分解と私空間の確立、食寝分離に対置した活動的なイス坐の部分的導入・各種幼児施設や公園・緑地・商店の意識的配置などによるコミュニティの確立、これらは、考えてみ

図17　住宅公団賃貸住宅年度別 住宅型式別 建設戸数比

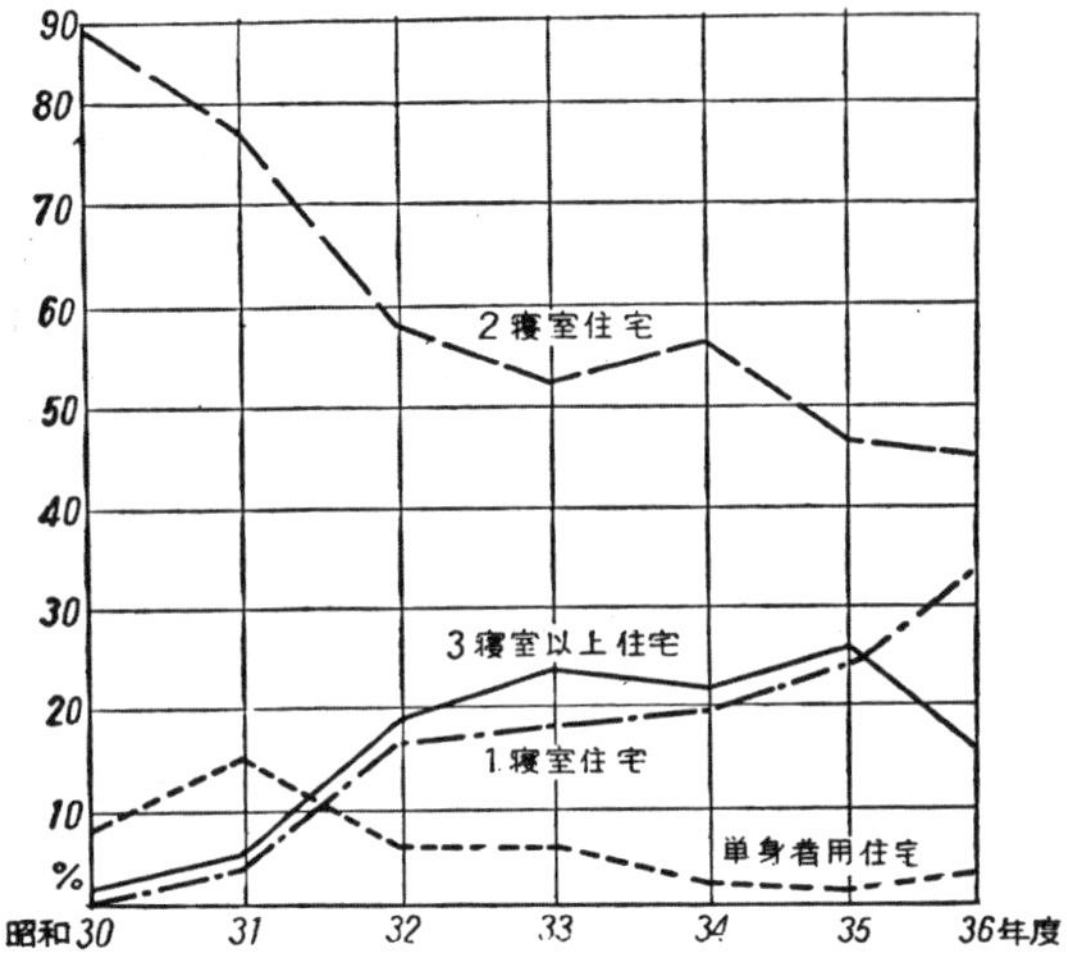

日本住宅公団資料（昭和37年6月）による

図18　宅地指向性別持家借家希望世帯

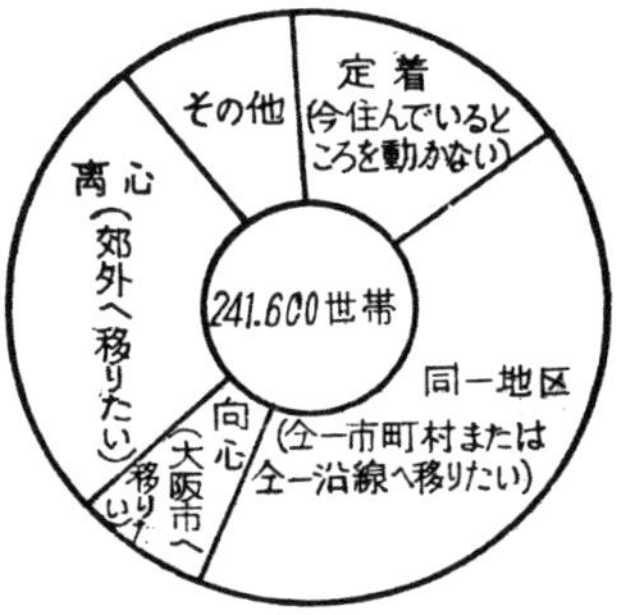

注）住宅需要調査において「場所としてどんなところに住むつもりですか」という問いに対する答えを集計したもの。大阪府住宅年報（1961年）による

図19　大阪府35年度歳出総額と住宅関係費

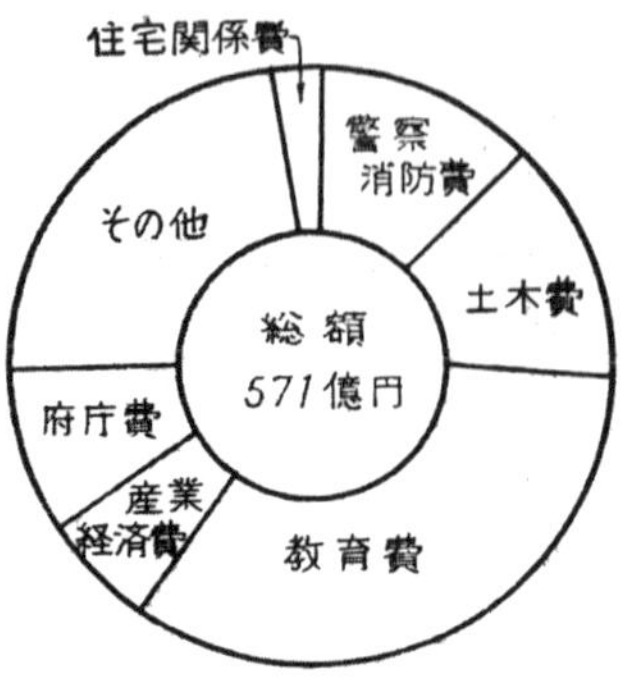

住宅関係の予算はまだまだ少ない
大阪府住宅年報（1961年）による

ればこれまでの住宅政策の積重ねに立っているといわねばならない。その意味では過去の住宅政策は現代に生きている。その欠陥と積極面を明らかにする中でうけついでゆくべき点も多い。

混迷をきわめる都市の中で生活基地としての住宅団地は、いよいよその役割を明らかにせねばならぬときがきている。

（早川和男）

II 団地社会の人間行動

1 団地居住者の特性

夫婦と幼児の社会

団地の種類

団地が問題になりだしたのは戦後、それも一九五〇年を境として、公営公団などによる建設が大規模に進みだしてからであろう。このような団地を生みだした社会的要因については、別章で明らかにされるとして、ここではこのような団地に住んでいる人たちの特性がどのようであり、それがどんな問題を起しつつあるかについて考えてみることにしよう。

団地には、公団や公営住宅のほかに私鉄などによる分譲住宅地、大企業の給与住宅による団地、あるいは土地区画整理事業によって個人住宅を住宅地として計画的に扱う場合などがある。さらに市街地再開発事業や防災街区事業があり、近頃では民間大資本をバックとして、羽曳野ネオポリス（大阪府下羽曳野市）などといった民営団地もあらわれようとしている。このように、住宅が集合化されてつくられるものは非常に多様な形態になっており、さらに公団や公共企業体を建設主体とした中に、分譲地などが組入れられた高次の開発形態が出現しつつある。したがって団地に住む人たちの特性といっても、それぞれの場合で相当に異ったものとなることは確かである。また同じ公営住宅でも、都市の中の立地条件「工業地域か郊外の住宅地域か」によっても違ってくるだろう。もちろんここでは、新中間層論やホワイト・カラー論を展開するつもりはない。しかし、その当否は別として都市住居者の一つの典型を、とくに鋭くあらわしているといわれている公団団地の居住者たちが、どんな状況にあるかを中心にしながら眺めてゆくことにしよう。

人口構成

まず、図1によって団地の人口構成を、日本全体の大都市、あるいはもっと小さくみた一般住宅地の年齢別人口構成と比べてみると、まったく特異な構成を示していることがわかるだろう。とくに中学生から結婚前までの年令の人たちと、老令期の人びとが少ない。ついで壮年期の人たちが少ない。いいかえれば、若夫婦と幼児・学童による社会といっても過言ではない。

厚生省人口問題研究所の昭和三五年四月の推計によれば、昭和三五年に八・八％であった老令者人口（六〇才以上）は、昭和五五年には一二・〇％へと増加、さらに〇～一四才は昭和三五年に二九・九％、昭和五五年に二一・六％となるだろうとつけ加える。今後の団地計画上、このような年令構成をどのように考えるかは後に述べることにしても、公団団地が当分移動によって特異な年令層の構成を続けるのか、それとも団地の年数が経るにしたがって、この年令別割合をたんに高年令層へと持込むのかは、今後の大きな関心事となるだろう。

このような人口構造の問題は、ニュータウン建設の一四～五年間に一五の新都市を出現させたという、実際的な経験をもつ英国においても生じている。ニュータウン・フックについての計画レポート（G. Shankland 他：New Town Development, R. I. B. A. Journal, 1962.2）において、グレアム・シャンクランド（都市計画家）は人口構成の図（図1B英国の場合）をかかげ、「大部分の来住家族は、二十代あるいは三十代の夫婦である。例えば長いあいだに成長した都市では、二十代、三十代の夫婦が二五％であるのに比べ、初期のニュータウン・クローリーでは六五％である。そして中年の家族はいない」という。また、「〇～九才と二五～三五才の年令群のあいだが空白である。したがって英国全体から見ても、またニュータウン自身の経年変化をみても明らかに不均衡なものである」と考えている。

こういった問題を、さらに家族を単位にしてながめてみよう。表1から全国に分布している公団について、平均して入居家族人数とその分布をながめると、一般より小規模な家族であることがわかろう。ただ古い団地ほど人数がふえだしているのは、今後のことを考える時注意しなければならないことと思われる。とくに、当初からいる世帯だけをとると、平均世帯人数、東京三・六～三・八人、大阪三・八人であったことは注目に値しよう。

図1　団地居住者の人口構成

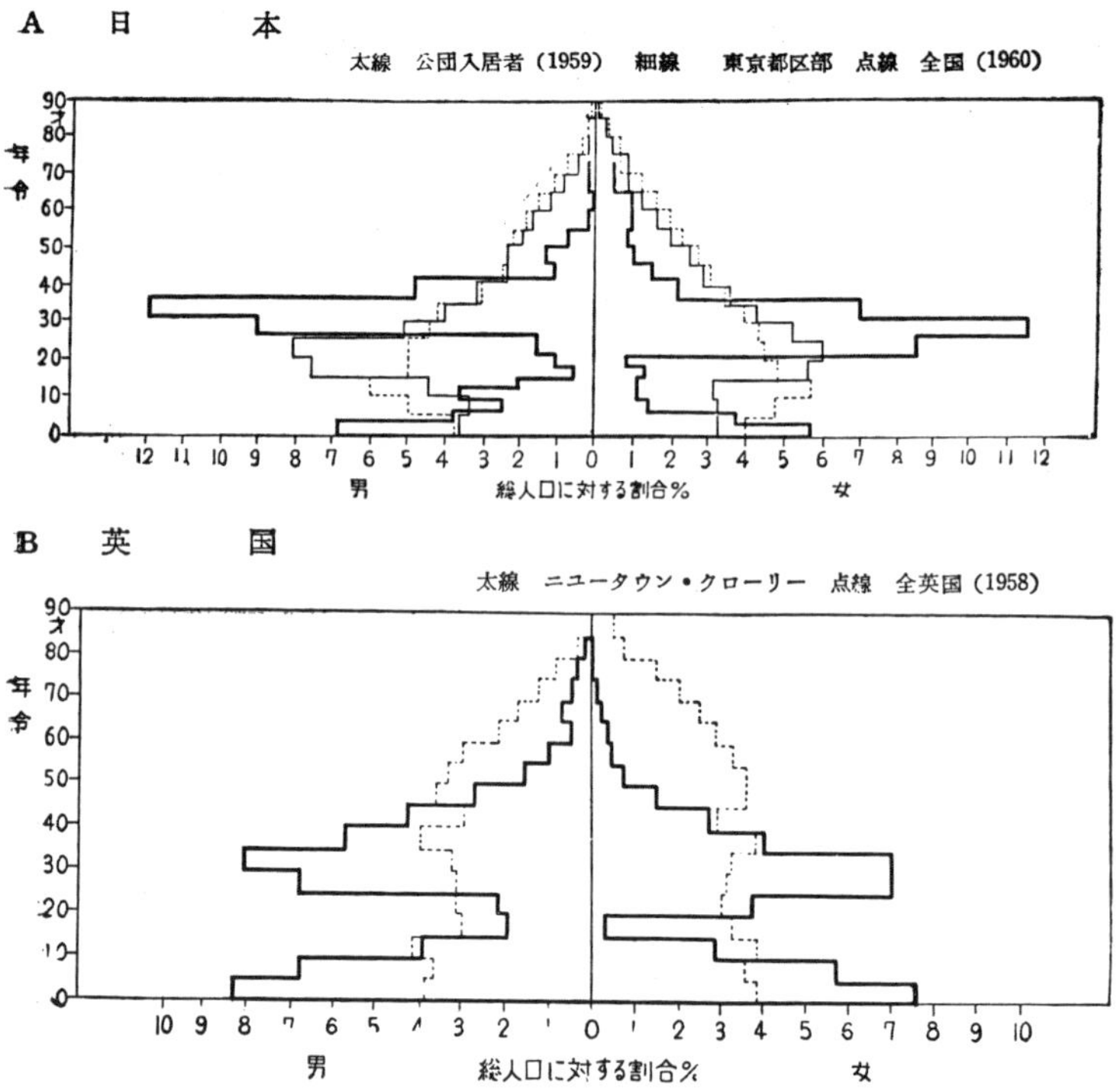

表1　家族人数別割合および平均人数

		1人	2人	3人	4人	5人	6人	7人	不明	平均
公団	昭和30、31年入居団地	0.8%	19.6	28.9	33.4	12.0	3.7	1.0	0.6	3.52人
	昭和32、33年入居団地	0.5%	18.1	40.3	25.4	11.2	3.4	0.7	0.4	3.42人
	昭和34年入居団地	0.8%	26.0	35.9	25.4	8.0	1.7	1.6	0.6	3.25人
全　国		4.7%	12.6	15.9	19.0	17.2	13.1	28.6	—	4.56人
東京都区部		7.8%	19.5	18.5	18.8	14.7	9.4	11.3	—	3.99人
大　阪　市		7.2%	16.5	19.5	19.6	15.5	9.8	11.2	—	4.10人

公団資料は、公団アパート居住者の世帯構造の変化
賃貸住宅入居者全数調査 日本住宅公団 昭和37年1月より
その他は、昭和35年国勢調査報告第2巻 1％抽出結果より

ところでこのような団地居住者の人口構造は以下に述べる二、三の点で問題をもっている。まず年令の偏りは、例えば小学校において要求が多い時はすしづめ学級となり、それがすぎると普通教室を特別教室に転用したりするために、小学校としても使いにくいといった問題を生じることになろう。このようなことは幼稚園・中学校などの種々の学校や、サービス施設などの生活共同施設においても生じ、利用が不安定になることが多い。つぎに、このように家族型や人数において、せまい巾に集まっている特性は、一見都市家族の分解の結果と思われそうである。しかし、ちなみにある団地設計者が、「公団階層は家族数が少ない、などとかりそめの現実を強調しても意味がない。小さな住宅しか供給していないのだから」といっているように、戸数第一主義が支配しているもとでは、これは、いわばはじめから分っているようなものである。つまり、家族型が核家族への分解の過程をたどっている現在の住宅需要にさえ、現在の住宅供給は合致していないことを示すものである。さらに賃貸住宅入居者調査では、「3DKの世帯人数は、2DKのそれより大きい。入居者の申込みの段階において、すでに世帯人数に差が生じている」と述べていることからも、家族の型にあった住宅の要求が強いことがわかる（2DK・3Kについては三節の図参照）。とにかく、もっと多様な型の住居を提供することが先決のようである。このほか、団地が均質の集団であることから生じる問題は、子供の人間形成の過程や、施設の多様化などの点で、いろいろと考えさせられることが大きいと思われる。

職業・収入・学歴など

入居者の従事している職業・産業はどうであろうか。まず表2をみると、都市の場合と比較して、二次産業の割合が少なく、公務や公益産業が多い。

またこれらの人が、どのような規模の産業に属するかを図2にながめると、三〇〇人以上が約四〇％と多い。しかも、このうち一〇〇〇人以上の規模は三〇％である。日本の全労働者の場合と比べて、大変な違いである。

つぎに表3にこれらの人びとの職業の内容をみよう。

職員・上級職員（一般事務的技術的職業）のものが約八〇％であり、これに対して、労務的・技能的職業のものは五～六％程度である。管理職は特定の団地で一三～一五％と高いが、全体としてみると少ない。昭和三五年国勢調査の技能工・生産工程従事者、および単純労働者では、東京区部三八・九％、大阪市四五・五％であるのに比べても、明らかに新中間層の独壇場であることがうかがえる。

それでは、この人たちの文化的要求や、その他の消費水準の裏付となる所得はどうであろうか。これについては、従事している産業と職業に関連して明らかに高いといえる（表4）。しかも家族数が少ないのであるから、一般と違った生活意識や、生活様式が生れても当然といえよう。最後に学歴については、表5からつぎのことがわかる。東京や大阪のよ

図2　規模別従業員数

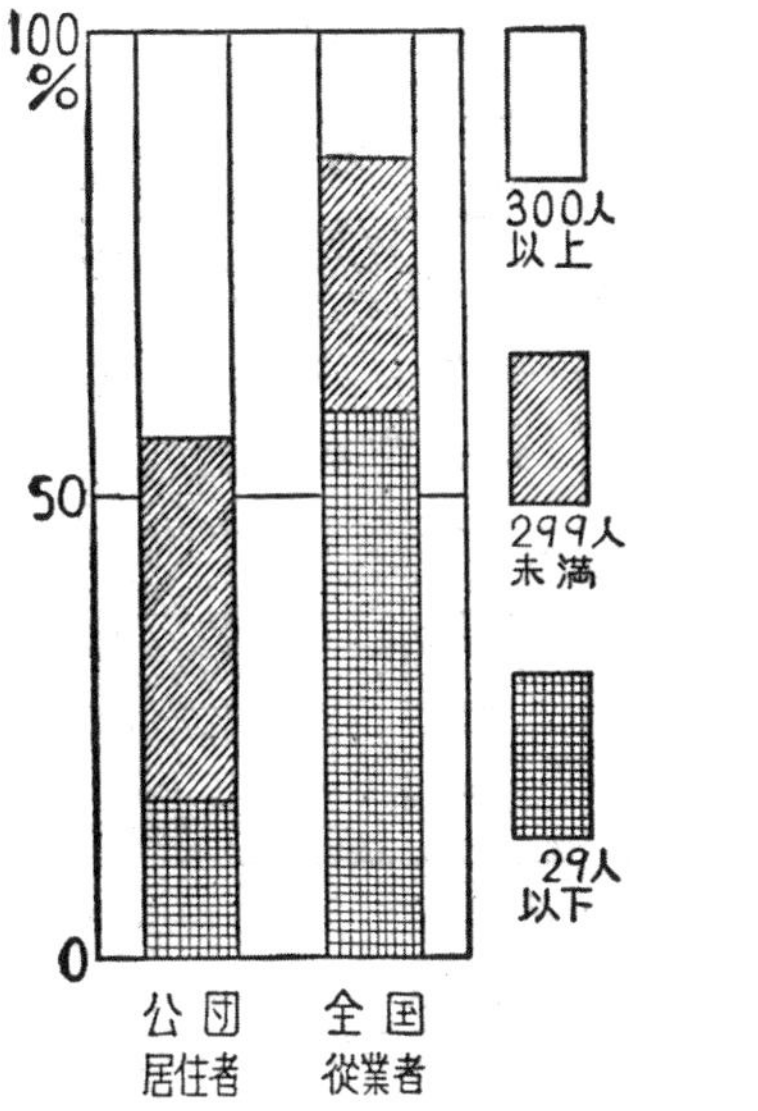

公団資料は表1に同じ
全国資料は総理府統計局 昭和32年事業所統計調査報告より

うな、大都市の教育程度が高いところと比べても、公団層の主人・主婦ともにきわめて高いことがわかる。

以上で団地の居住者がこんな特性をもつかがわかった。一言でいって、この人たちはある意味で将来の生活様式を生みだす条件を、すでにもっていると考えられるわけである。

団地の混合開発

居住者の特性と団地の構成

居住者の構成があまりかたよった住宅地では、居住者の生活にとってもいろいろと問題になるところが多いことは、前項に述べた通りである。すでに種々の混合が自然に生じているような旧一般市街地に、小規模団地を建設するときなどはともかくとして、団地が土地取得の点から郊外に大規模化してくるとき、画一的な住宅の型配分では、かたよった人口構成を大規模な範囲にもたらし、居住者の生活と矛盾を起すことは明らかである。

これらのことから生じてくる問題について、いろいろの考え方が現在まであった。その一つとして、一九四四年のDudley Reportが「大家族や小家族のために、住宅型を混合して提供しよう。四・五階の中層アパートに単にテラスハウスの住宅群を付加するものでなく」といったことにはじまる混合開発の手法がある。

混合開発は、二つの問題をもっている。

(一)家族の型やいろいろの年令層の混合

(二)職業や収入などによる社会階層の混合

表2　産業別就業者割合

	公団			都市	
	昭和30、31年入居団地	昭和32、33年入居団地	昭和34年入居団地	東京都区部	大阪市
1次産業	—%	—%	—%	1.0%	0.5%
2次産業	36.1	36.9	36.6	43.7	47.9
3次産業	29.6	33.4	31.2	45.9	43.4
運輸・通信・その他公益	12.7	12.7	14.0	6.1	6.5
公務	15.3	12.3	12.9	3.1	1.7
分類不能	1.3	0.1	—	—	—
不明	6.0	4.6	5.3	—	—

資料は表1に同じ

表3　公団団地職業種別割合

	昭和30・31年度入居者	昭和32・33年度入居者	昭和34年度入居者
上級職員	15.8%	16.3%	17.2%
職員	62.9	64.1	64.5
管理職	7.8	4.9	5.0
自由業	0.7	2.0	5.0
労務的・技能的	5.5	5.4	1.1
個人業主	0.8	1.3	0.4
その他	2.8	2.6	1.4
無職	1.3	0.1	—
不明	2.3	3.2	1.8
計	100.0	100.0	100.0

資料は表1に同じ

表4　所得の比較

	公団(33年10月)	東京勤労者(33年平均)
0円～24,000円未満	1.4%	24.8%
24,000円～32,000円未満	14.3	24.4
32,000円～40,000円未満	35.5	18.3
40000円～	48.8	32.5

公団資料は「公的賃貸住宅入居者家計支出調査」による。その他は、総理府統計局「家計調査」による。

表5　学歴の比較

			新中卒旧高小卒	新制高卒旧制中学	新制大学旧高校卒以上
公団居住者	昭和35年香里団地調査	男	1.0%	23.4%	70.9%
		女	3.6	73.5	21.9
	公団資料	男	6.6	27.9	65.6
		女	5.0	86.7	8.3
一般都市	東京都区部	男	49.6	29.0	21.4
		女	53.5	40.8	5.5
	大阪市	男	58.2	32.1	9.6
		女	62.1	35.0	2.9

公団資料は住宅公団「アパート団地居住者の社会心理学的研究」による。
一般都市は昭和35年国勢調査報告、1％抽出結果により、卒業者について算出する。

(一)は(二)の社会階層の問題ともつながりがあるのだが、主として家族の型や年令構成にかたよりをなくそうとするものである。いいかえれば、これによって施設の多様化を可能にするとともに、住宅の規模・平面・階数などについていくつかの型(テラスハウスや中層のアパート、高層のアパートなど)を混合して入居者の均一化をさけようとするものである。これによって、異種の要求をもつ家族の生活(趣味や教養の違う生活や、老人家族、若い年令層の生活、子供のいる家族の生活など)を可能にしようとするものである。この場合、青年層を集めるのは困難だが、壮年~老年の人びとはやり方によってよび入れることは充分できるだろうとさきのフックのレポートは述べている。

こうした考え方によって、ローハンプトン団地のように、画一的な扱いを避け、うるおいのある住宅地の造形・オープンスペースをつくっていくことができる。こうすることは、団地建設上の経済性も高いとされている。

(二)に対しては混合開発の思想で、英国の工業都市(かみそりの刃の町)、シェフィールドを考察した社会学者がある。そこでは社会階層の混合は失敗に終っていると考察されている(P. H. Mann : The Socially Balanced Neighbourhood Unit, The Town Planning Review, 1958.7)。

すなわちP. H. Mannは、収入階層を五階級に分けてシェフィールドにおける居住者の分布をみて、結局、「もしシェフィールド市が、社会的に均衡のとれた近隣住区(イギリスの小学校区一つの大きさで、人口一万人と思えばよい)を基盤にして再構成しようとするなら、市内に部分的にかたよっている中間層が移住しなければならない」と述べ、「社会的にバランスのとれた近隣住区単位の理論によれば、シェフィールドの現在の階層の分布は、明らかに悪い状態である」としている。

社宅団地

ここで、わが国の産業労働者の場合をみると、大企業の労働者では、八幡製鉄などにみられるような社宅団地に、そして全国労働者の八〇%以上を占めるといわれる中小企業労働者は、都市の混合地域(住宅と小工場、商店などが混合している地域)などに住んでいることが多い。京都大学の絹谷氏など五名がおこなった中小企業従業員の住宅に関する調査(『日本建築学会論文報告集』第六九号、昭和三六年一〇月の三篇による)によれば、一戸建・長屋建に入るものが八二・七%、アパートに入るもの五・六%である。さらに、この人たちの住宅選択傾向について述べられているところを要約するとつぎのようになる。

「そこには彼らの生活の不安定と、職業にしばられた結果としてのみ理解されるような現象がある。すなわち、現実の苛酷な条件の下において、それにいかに適応するかという努力がうかがえるのである。定着型(今住んでいる所を動かないとするもの、あるいは近所に住みたいとするもの)、地縁血縁型(今の住宅附近をよく知っているから、自分の生れた家の近所だから、親や知人がいるからなどの理由で今のところに住んだとするもの)、職業型(職場の迎所に住みたいとするもの)の比率が高いのは、そうしたものとして理解し得る。これに対して離心型(郊外居住を欲するもの)、自然環境型(空気がよく静かであるから現在地をえらんだとするもの)の住生活があげられるが、これらへの指向はホワイト・カラーに比べれば微々たるものといわねばならない。」

とすると、生活の基盤や歴史的条件の違う階層を、ただ混合するという絵だけでは、解決に近づくことを意味するのかどうか疑わしい。こうした点に関し、ここ一〇年間程の英国の社会学的研究の大部分は、もし異った態度や利益をもつ人たちがいっしょに混合された場合、人びとは自分たちと同類と考えられるような新しい場所へ移るまでは、落着かないと分析しているという。どうもこの問題は都市という大きなスケールで考えられるべきだし、また社会構造の根本的解決なしでは不可能なことであるようだ。

いずれにせよ、混合開発は大団地ほどやりやすいし、またその意義もあることはたしかであろう。しかし、まだその場合の計画技術が確立しているわけでもないし、また逆に、人びとが欲する住居型の供給は、計画技術だけではいかんともしがたいこともまた確かであろう。

（多胡　進）

2　団地社会の思考・行動様式

団地居住者と階層性・地域性・小集団性

ダンチ族とホワイト・カラー

団地族という言葉がよく用いられる。それは団地居住者のあいだに共通した思考・行動様式が実在していることを意味している。しかし果してそれが真実であるかどうかは明確でない。例えば合理的な生活態度や、家族中心主義・夫婦中心主義などが強調される。しかしそれは何も団地居住者のみに発見されるわけではなく、都市居住のホワイト・カラーにも共通した特徴である。団地族とはたんなる名称であり、そういう観点から見る時、実質的には団地族という名称を借りて、ホワイト・カラーに共通した思考・行動様式を説明しているに過ぎない。だからこのような問題を論ずる場合には、つぎの二つの問題点を明確にしておく必要がある。

第一の問題は、団地族という名称の下に語られる思考・行動様式が、ほんとうに団地居住者のみに発見される特殊的現象であるのか、それとも現代の日本社会全体において、あるいはホワイト・カラーなどの特定階層において発見される一般的現象であるのか、という点をハッキリさせることである。その判定は、つぎの三つの問題領域にわけて検討さるべきであろう。

居住者の階層性

「居住者の特性」の項でみられるように、団地居住者を職業階層的にみれば、管理職、事務職というホワイト・カラー層が中心である。年令階層的にみれば、二五才より三五才が最も多く若い層であり、大学卒が多く、世帯員三〜四人の小家族で、夫婦と子供からなる核家族が大部分である。とすれば、合理的生活態度や、夫婦中心主義という考え方は、何も団地居住のために突然発生した現象ではなく、ホワイト・カラーで、若くインテリで、小家族であるという特性から発生する現象と考えられる。しかし何かそこに特殊的なものがあるとすれば、このような同じ属性をもった人びとが団地という特定区画に集合し、集合的雰囲気を形成し、それがいっそう彼らの本来の特性を刺戟し、彼らもまたその特性を強調し、その相乗作用によって、「団地人」という特殊的と目される思考・行動様式を顕在化しつつあるということだろう。しかしそれは、彼らが団地やその周辺地域社会において行動するときのみ、そのような現象がみられるのか、あるいは家庭内においても、職場においても、それ以外の外社会においてもそうであるのか、この点が以下の各論において検討されねばならない。

地域性

一口に団地といっても、所在地別に見ると郊外型・市内型があり、大規模、中・小規模のものがあり、住宅専用団地、工場附属団地など、いろいろの特性上の差異が発見される。したがって、そのような地域差や、さらには建築構造上の差異（低層、中層、高層）を越えて、そこに一種の団地人の特殊的な思考・行動様式が発生しているとすれば、それは何らかの共通的な事情が作用しているものと思われる。

その一つは、団地が主に郊外に建設されること。市内においても土地利用上の盲点になっていた空地・荒廃地・低地に建設されることである。とするとしん気楼のようにこつ然とあらわれた新しい団地の周辺の人びとは、団地入居者とはおよそかけはなれた、異質的な農村人か低所得者ということになる。つまり周辺人との落差があり、彼らは団地という特定区画内で封鎖的となり、それは必然的に思考・規範の同一性や行動の類似性を発生させることになる。

その二は、日本の都市における住宅難、土地不足が特殊事情を発生させる。つまり、いやいやながら都市から押し出されたプッシュ・タイプであり、住居を求めてたどりついた漂着タイプであり、団地入居者はその土地になじみがうすく、地域的連帯感ということになるときわめて消極的となる。こういう二つの事情は、大局的にみれば団地居住者にとって共通であるため、彼らの地元社会への協調性は低く、地元の選挙や自治会活動への無関心が一般的傾向となる。こういう現象は、団地やその周辺社会という単位においては顕在的といわれている。そういう思考・行動様式を、彼らはやはり職場やその他の場面まで持込むのであるかどうかが、以下の各論において問われなければならない。

小集団性

一口に、団地族はホワイト・カラーであるといっても、それは職業階層別にみた場合であり、今、産業別・職業別にみれば、じつに種々雑多な人びとが居住している。彼らの出身地をたどれば、ほとんど全国の都道府県からの来住者から構成されていることが知られる。彼らはそれぞれの土地に固有な価値的、文化的、歴史的環境の中で成長して来たであろう。また夫たちは、毎日それぞれの職場において働き、そこに形成された固有の価値規範が支配する小世界で生息している。そしてそれらは家族に持込まれる。団地内の各家族は、こうしてそれぞれ独自の価値規範を保持し、私秘性を保ちつつ家庭生活を送っている。近隣は偶然に配置されて隣合った人びとより形成されるわけで、ある近隣では、戦時中の隣保組合的に頻繁に、ある近隣では、互いにほとんど交際をもつことなく、ひっそりと生活している。このように、多種多様な価値規範が分布する団地居住者のあいだに、はたして何か特殊的な思考・行動様式が発生するであろうか。もし、そこにある様式が発生しているとすれば、それは鍵と厚い壁という二つの条件が作用していると思われる。家族は夫婦と未婚の子女からなる少人数の核家族である。彼らの家族は、鍵一つで完全な私秘性が保証される。社宅や、一戸建の住宅に比べ、近隣から侵害されることなく、彼らの職場や、出身地から持込まれた自己の家族独自の価値規範を保持し続ける。したがって思考様式のある部分においては、各家族によってそれぞれ様式分化がみられる。他方、外部より持込まれた新しい価値規範は、小家族人数の密接なコミュニケーションにより認知され、また核家族であるために容易に導入される。鍵をかけるだけで、彼らは家族全員で外出することが出来る。夫不在中の妻の外出も自由である。ここに、キー・チャイルド（首から鍵をぶらさげた子供）が発生する。衣服など外面的流行のみならず、日曜日に家族単位で外出するという行動様式は、きわめて顕在的なものとなっている。彼らは、近隣において頻繁な交際をする場合もあり、そうでない場合もある。いずれの場合にも、彼らの交際は、表面的なものが多いといわれる。偶然に配置されただけで隣人となり、転勤の可能性があり、産業別・職種別にみれば価値を異にする隣人であり、出身地もそれぞれ異る。このような事情は、交際の頻度は別として、その深さにおいては近隣の交際を表面的なものにする。しかしそれに最も決定的な作用を与えるものは、厚いコンクリートの壁である。壁の中では、それぞれの家族独自の価値規範的様式分化がある。壁はその独自性や、自己意識を保護するかのように隣人を冷酷に遮断する。こうして近隣の交際が、その深さから見れば、表面的でドライであるというような特殊的と目される様式が発生すると思われる。反面、その代償として、趣味・娯楽や、子供の交際を通じて自主的な選択によって知り合った同好会・クラブ・サークルなどの交際は活発であるといわれる。このように、家族・近隣・同好会というそれぞれの小集団においては、一方において、それぞれが価値規範の面において独自性を形成し、価値様式の分化がみられるが、他方家族においては夫婦中心主義・家族全員主義が、また近隣においてつきあい方の浅さが、また同好会においてはつきあい方の活発さが特徴となっている。こういった小集団において発生した様式が、はたして職場やその他の場面に持込まれるかどうかを検討する必要がある。

社会状況

つぎに第二の問題を考えよう。それは、団地の思考・行動様式は当然、日本社会の今日的状況——近代化・都市化・産業化・官僚別化・大衆社会化——との関連において考察される必要があるということである。つまり今日的状況が団地という特定地域において、団地族という特定階層において、団地の小集団において、どういう具体化現象を発生させているか、またそれが団地の思考・行動様式とどのような関連をもち、どんな問題を発生しているかが検討さるべきである。例えば近代化は家族人数を減少せしめ、核家族化し、夫婦中心のホーム・メーキングという傾向を促進させるといわれる。この意味では、団地の家族はそのような条件を最もよく具備し、近代化の先端的現象を示す。しかし、それはたんに代表選手としての意味か、それとも団地にのみ特殊的なものとしての意味をもつものであろうか。つぎに産業化は第二次・第三次人口を都市に集中させる。都市化は住宅難、土地不足をもたらし、彼らは必然的に団地という入れものに収まらざるを得ない状況下におかれる。こうして発生した新しい団地社会は、そこに全然組織がないところから、地方行政権力の行きとどかぬ盲点となる。ここに団地社会の組織化運動が展開され、新しい指導者は行政機構の末端の担い手としての役割を附与され、官僚制化の過程が促進される。ある時には、一団地にいくつもの自治組織が発生して、よく指摘されるように、組織の過剰と組織間の葛藤ということが問題となる。それは団地に特殊的な現象であるのか、一般社会にも見られるのか、また団地族はそのような思考・行動様式を他の場面の組織運動にまで持込むのであろうか。最後に大衆社会化状況は、大量生産・宣伝・販売・消費により、一般人の生活様式を画一化・平均化し、また大量伝達は大衆の思考様式を画一化し、受動化するといわれる。それは近代人の自己喪失・人間疎外を深める。団地族もまた例外ではないであろう。もしそこに、団地族固有のある様式があらわれているとすれば、それは何であるかが考察されねばならない。

団地居住者と社会環境

家族、近隣における問題

家族、近隣という小集団においては、まず第一に、思考様式——つまり価値規範の同一化の程度が問題となる。現状を資料によって見よう。東大新聞研究所への依託調査、日本住宅公団発行『アパート団地居住者の社会心理学的研究Ⅰ、Ⅱ』によれば（表6）、団地居住者は家族中心的で、家庭団らんに最高の価値をおいていることが報告されている。また、「団地人をめぐる人びとの中で誰が最も大切か」という質問においても、全体的傾向から見ると家族が第一位で、たんに情緒的な意味のみでなく、規範的にも家族中心的性格を示している。第二位は、女においては実家・親戚となっており、男では同僚であり、いかに団地の家族が各個の価値規範や職場の価値規範を、閉鎖的に持込み保持しているかがうかがわれる。女においてのみ第三位は、ようやく近隣が意識されるが、男では第三位は実家・親戚となり、近隣は第七位でほとんど大切とは思われていない（表7）。また鍵一つで家族の私秘性が保証されることをよしとする価値規範は、意外に多く支持され、団地の思考・行動様式の特性を示すと思われる（表8）。そのような考え方は、団地における交際の拡大をとくにのぞまず、むしろ私秘性の保持される団地生活を享受していることが報告されている（表9）。そして〝今後、団地内交際を広げたいか否か〟という質問に対しても、家族中心主義や、私秘性が保たれている現状のままを持続したいという人びとが圧倒的に多い（表10）。こういう現状から判断すれば、団地は集団生活的要素が強く条件づけられているにもかかわらず、むしろ家族という堅い個々の核に分割されており、内容的にみれば、価値様式の分化現象が顕著であるとともに、各個の価値を保持するための近隣関係の表面性や、家族中心主義が優勢であるという点では共通性を示していると思われる。

第二の問題は、全体社会の近代化と団地家族の思考・行動様式との関係である。前述されたように、団地の世帯員数はきわめて少なく、また核家族が大部分である。しかし、若干の差はあるが、そういう傾向は日本社会全体についてもみられる。昭和三五年度国勢調査の抽出集計では、世帯員数はすでに四・五六人まで減少し、また厚生省資料によれば、核家族は六四・九％まで増加している。団地家族はその先端を示していることになる。核家族であるため夫婦中心主義が強くなり、少人数家族であるためホーム・メーキングがみのり多きものとなる。電気器具などの耐久消費財の普及率が、団地で最も高いことはしばしば報告されている。また団地家族の年中行事のうち、クリスマスが第二位、結婚記念日が第三位を示すという報告はこの事情を裏付けている（表11）。

これに比べて、周辺のある町では、法事が第二位、墓参りが第三位となっている。しかし数的にみれば、クリスマスが団地六四％、某町五〇％、結婚記念日が団地四八％、某町三九％であまり大差はなく、ただ町の方に、法事・墓参りが、これらと併存的に強く残存していることを示していることとなる。たしかに団地家族は、近代化の代表選手といえよう。しかし、夫婦中心主義・ホームメーキング・耐久消費財の普及・西洋的行事の導入・生活の洋風化などの現象は、若干の差はあるが、一般社会の家族においても一つの傾向となっている。したがってたんなる先端的現象からみて、団地家族に特殊的な思考・行動様式が形成されていると断定することは早計に失すると思われる。

周辺地域社会

ここでは第一に、団地居住者にコミュニティ意識が形成されつつあるかどうか、団地内の集団組織はどうなっているか、団地と周辺地元社会との関係がどうなっているかが問題となる。日本住宅公団「前掲書」によれば、「団地はそこだけ別世界だから、なにかにつけて団地だけでまとまる傾向があるかどうか。またそのことをどう考えるか」という質問に対して、「団地だけでまとまる傾向などないと思い、それをよいと感ずる」ところの浮動型で、しかもそういう団地のあり方に適応しているものが一番多い。第二番目は、これと対立した人びと、つまり「何かにつけて団地だけまとめる傾向があると思い、それをよいと思う」ところのコミュニティ型で、そういう全体としての共同的結びつきのある団地に適応している人びとである（表12）。この後者の型はとくにひばりカ丘団地に多いが、それは同団地が郊外に建設されており、外部と隔絶され、また交通・通信・教育など多数の課題を抱えているためにコミュニティとしてまとまる条件をもっていると説明されている。つぎに、「団地は仮のすまいに過ぎず、団地を第二の故郷だと考えるようなことは少ないといわれるが、それは本当かどうか。またそのことをどう考えるか」という質問に対して、「団地は仮のすまいで、第二の故郷などと考えられないと思うが、それにしても、もっと腰を落着けた生活がしたい」と思う型が最も多い。また、若干ではあるが、「団地は仮のすまいではないと思い、新しい村づくりの希望が芽生えている」と思う型があらわれている（表13）。この資料より、団地居住者は、都市から押し出されて浮動的に団地に来住した人びとが多いため、団地という地縁による共同的な結びつきには関心が薄いことを示している。しかし集団組織についてみると、自治会・婦人会をはじめ、その他の公式集団が無数に存在し、組織過剰と組織間の葛藤の問題が発生している。地元社会との

表6　あなたがいっしょにいて一番たのしく感ずるのはどの人びとですか

		家族	実家親戚	近隣	団地内の知人	団地外の知人	先生同窓生	上役	同僚	部下	仕事の知人	DKNR	計
H団地	男	57.6	4.6	1.5	—	1.5	15.2	—	13.6	4.6	1.5	13.6	(66) 100
	女	38.8	25.4	4.5	1.5	1.5	15.0	1.5	4.5	—	1.5	6.0	(67) 100
A団地	男	59.0	5.0	—	—	—	6.6	3.3	6.6	—	3.3	16.4	(61) 100
	女	51.4	20.8	7.0		1.4	8.3	1.4	2.8	—	—	6.9	(72) 100
徳島調査		24.4	15.0	5.3	団体 2.6	—	14.6	2.4	18.9	2.5	12.3	2.0	(758) 100
同ホワイトカラー		25.0	8.0	1.0	1.0	—	15.0	1.0	42.0	3.6	8.0	2.0	(132) 100

日本住宅公団「アパート団地居住者の社会心理学的研究Ⅰ」５－１表より　以下・日住「同書Ⅰ又はⅡ」よりと省略する。

表7　誰が最も大切か

		家族	実家親戚	近隣	団地内知人	団地外知人	先生同窓生	上役	同僚	部下	仕事の知人	DKNR	計
H団地	男	25.8	12.1	1.5	—	—	1.5	4.6	25.8	7.6	6.1	15.2	(66) 100
	女	37.3	28.4	12.0	—	—	1.5	4.5	9.0	—	—	7.5	(67) 100
A団地	男	31.1	11.5	—	—	—	—	8.2	11.5	3.3	14.8	20.0	(61) 100
	女	47.2	19.4	12.5	—	—	—	5.6	5.6	1.4	2.8	5.6	(72) 100

日住「同書Ⅰ」５－３表

表8

		「団地では、鍵ひとつでほかの家から切り離されて他人とのかかわり合いは少い」と思い		「団地では、他人とのかかわり合いが多い」と思い		DKNR	計
		それを享受している型	それを淋しく思う型	それを享受している型	それをわずらわしいと思う型		
H団地	男	46人 69.7%	5 7.6	4 6.1	1 1.5	10	66 100
	女	39 58.2	9 13.4	8 11.9	3 4.5	8	67 100
A団地	男	43 70.5	5 8.2	2 3.3	0 0	11	61 100
	女	48 66.6	10 13.9	4 5.6	1 1.4	9	72 100

日住「同書Ⅰ」５－５表

表9

		「団地は、一種の集団生活だから、交際は自然と広げられる」と思い		「交際は別にひろがらない」と思い		DKNR	計
		享受している型	やり切れないと思う型	結構だと思う型	淋しいと思う型		
H団地	男	10人 15.2%	4 6.1	37 56.1	3 4.6	12	66 100
	女	16 23.9	5 7.5	32 47.8	8 11.9	6	67 100
A団地	男	4 6.6	4 6.6	36 59.0	4 6.6	13	61 100
	女	14 19.4	5 6.9	41 56.9	2 2.8	10	72 100

日住「同書Ⅰ」５－６表

関係を考えれば、新来住者であり、いろいろの点で地元と落差があるために、いっそう地縁的結びつきはうすいと思われる。このことは、地方選挙や、地元諸団体との提携についての無関心となってあらわれている。

彼らは地元と提携することは少なく、団地居住者連合体として結びつく。他方、衆・参議院選挙においては、それが地元をはなれた一般的政治問題であるため、高学歴の団地人は一般人と同じ、またそれ以上の関心を示すことが投票率を資料として実証されている（表14）。それによれば、大阪のK団地では、棄権プラス無回答者を除いた投票者の比率は、男子で七六・一%、女子で七四・五%である。ちなみにK団地の地元地域社会であるH市の投票は六八・四%で、それを下回っている。これと関連して、団地の政党支持をみると、自民三〇・〇%、社会五〇・〇%、民社一〇・三%、共産三・四%。なし六・三%で革新派が多い（読売新聞社『日本のサラリーマン』より）。また一九五八年と一九六一年の選挙資料より団地人の政治意識の変動を

表10　団地内交際を広げたいか否か

		広げたい	今のまま	減らしたい	D.K.N.R.	計
H団地	男	10人 125.0%	44 66.7	0 0	12 18.1	66 100
	女	10 14.9	51 76.1	0 0	6 9.0	67 100
A団地	男	11 18.3	39 63.9	2 3.3	9 14.8	61 100
	女	13 18.0	54 75.0	1 1.4	4 5.6	72 100

日住「同書Ⅰ」5－9表

表11　家庭の行事

	北口団地	北昭和町
誕生日祝	86.9	90.0
法事	36.0	74.0
結婚記念日	48.0	39.5
墓まいり	46.0	63.2
ひなまつり	34.0	39.5
端午の節句	34.0	26.5
クリスマス	64.0	50.0
その他	2.0	5.4

西宮市教育委員会「鉄筋アパート街の生活をさぐる」5－1表

表12　団地のまとまり

		「何かにつけて団地だけまとまる傾向がある」と思い		「団地だけでまとまる傾向などない」と思い		D・K・N・R	計
		それをよいと思う型	それをわずらわしいと思う型	それをよいと感ずる型	纏まりがなければならぬと思う型		
H団地	男	17人 25.8%	3 9.6	26 39.1	4 6.1	16	66 100
	女	23 34.8	3 4.5	20 29.9	12 17.9	8	67 100
A団地	男	7 11.5	1 1.6	30 49.2	10 16.4	13	61 100
	女	22 30.5	4 5.6	22 30.5	12 16.7	10	72 100

日住「同書Ⅰ」5－11表

表13

		「団地は仮の住いで、第二の故郷などと考えられない」と思い		「仮の住いではない」と思い		D・K・N・R	計
		それで結構だと思う型	もっと腰を落ち着けた生活がしたいと思う型	村づくりの希望がめばえていると思う型	それにわずらわしさを感ずる型		
H団地	男	4人 6.1%	33 50.0	12 18.2	0	17	66 100
	女	2 3.2	42 62.7	12 17.9	3 4.5	8	67 100
A団地	男	2 3.3	36 56.0	6 9.8	0	17	61 100
	女	2 2.8	52 72.2	8 11.0	3 4.2	7	72 100

日住「同書Ⅰ」5－12表

表14　1960年11月選挙におけるK団地の投票

	自民	社会	民社	共産	その他	棄権	N.R.
男	24.6	38.3	8.0	1.5	3.8	22.4	1.5
女	24.7	35.9	7.4	0.9	5.6	25.1	0.4

日住「同書Ⅱ」6－1表

追及すると、保守化に比べて革新化の傾向が強いことが報告されている（保守化、男四・五％、女八・七％、革新化、男一二・〇％、女一六・三％　日住「同書Ⅱ」6－11表）。このような革新化の傾向や、その組織票と地元選挙との関係がどうなってゆくかは今後の研究が必要である。その他方、ＰＴＡ・宗教団体・地区婦人会・防犯会・赤十字奉仕団などを通じて、地元との結びつきが形成されつつある。しかし地元社会との関係については、今後さらに、周到なコミュニティ的現地調査が必要であろう。第二の問題は、都市化・産業化・官僚制化と団地との関係である。都市化はさらに都市人口を郊外団地へと押し出していくであろう。とすれば、押し出されて、無縁の土地に漂着した団地人の、団地や地元社会に対する帰属意識は発生せず、発生してもきわめてうすいものと思われる。こうして団地人の無故郷的な思考・行動様式は、ますます顕在化していくであろう。しかし産業化の過程は、地方出身者をますます都市に集中せしめ、都市居住者の大部分が大勢としてコミュニティ意識を喪失していくことになる。つまり、無故郷的な思考・行動様式は都市の全体的傾向となるし、現実にその傾向が指摘されている。したがって団地居住者の無故郷的性向を、彼らにのみ特殊的な思考・行動様式であると断定することは出来ないであろう。

職場とその他の社会

男性は団地を出て職場・街頭などへ行く。ここでの第一の問題は、ホワイト・カラー層によって代表される団地居住者の自己疎外の状況についての検討である。仕事の組織の中では、人間はそれ自身「目的」ではなく、他の発展のための「手段」として利用される。こうして疎外された労働は、そこに二つのマイナスを引きおこす。一つは分業化・機械化・合理化などによって深められてゆく人間性喪失の事態である。二はマルクスが指摘したように人間の労働の一部が雇用主によって利用されるという剰余価値収奪過程へのマイナス意識である。ホワイト・カラーでは、とくに前者が問題とされる。つまり自分は大組織の一つの歯車に過ぎないという自己喪失感・無力感は、勤倹力行主義的考えを減少させ、現実主義的快楽主義への傾向を強めるだろう。日本住宅公団「前掲書」によれば、「生活を上手に楽しむために努力しないことは恥かしいことだ、という意見についてどう思うか」という質問に対して、賛成の意見が圧倒的に多いことはこの事実を例示している（表15）。ところが「仕事をすることは人間の義務だから、時間のある限りは働かなければならない、という意見をどう思うか」については、Ｈ団地では、男女とも勤倹力行主義に批判的な空気が強いが、Ａ団地では反対にこれを肯定する態度が優勢である（表16）。したがってこのような思考様式が団地人特有のものとはいえない。ホワイト・カラーの全体的傾向が大勢としてその方向へ向っているというべきであろう。

つぎに行動様式について見よう。われわれの団地研究グループが、昭和三六年、大阪府下香里団地で調査した結果によれば、勤務時間を除いた他の時間における主人のつきあいの場所は、全体平均として職場二九・一％、団地六二・五％、その他の場所八・四％となっている（「全社会生活と団地生活」の節、図11）。つまり職場で、ある程度スポーツをしたり、趣味・娯楽の会合をもって人とつきあっているが、大部分は家に帰って誰かとつきあいをしていることになる。また主人のつきあいの相手をみると、職場の人六五・五％、団地の人八・〇％、その他の人二六・六％である。それは彼らの団地への帰属感がいかにうすいかを示している。つまり彼らの大半は職場という場所から疎外され、家族へ逃避するが、それは外面的行動であり、彼らの心は依然として職場の人びとに碇泊している。居住地の人とのつきあいがほとんどないという現象は、古い地域社会では想像も出来ないことである。これは団地居住者の象徴的な行動様式といえるのではあるまいか。第二の問題は、大衆社会状況が、団地居住者というホワイト・カラー層の思考・行動様式に、どのような影響を与えつつあるかである。ここでは団地居住者とアノミー的病理との関係が問題となる（デュルケームによれば、アノミーとは「幸福の配分および職務への人の配分に関する伝統的な規準がその権威を失い、人びとの欲求を規制する限界が見失われた状態」であった。しかし今日のように資本主義経済が独占段階にうつれば、アノミーの構造も変る。すなわち、目標を達成する現実的基盤が狭隘化し、他方それを達成する制度的手段も社会構造的に強く制限される。こうして今日では、いっそう慢性的・停滞的・抑圧的な欲求不満が増大し、グッド・ワークと報賞の関係を規定する規準が崩壊し、欲求は無限に増大し、無規制的状態が促進されつつあるといわれる）。このようなアノミー的病理が、団地居住者をとくに侵害することはないだろうか。彼らは、安定した収入をもっている。しかし欲求が無限に増大するとき、そこに居住者同志の無意味な競争が発生する恐れがある。一般に団地族は派手で、みえっぱりで、競争心が強いといわれる。しかしこれを日本住宅公団の前掲書の資料からみれば、一般にいわれるイメージとは異り、近隣との生活水準や消費財などにおける競争はさほど強く意識されていないと報告されている（表17）。したがって、とくに団地において、このような思考・行動様式が発生しているという見方は幻想に過ぎないこととなる。また団地の生活様式は、画一的・平均的で考え方も画一的で、受動的・消極的であることを特徴とするといわれるが、しかしこれは、今日の全体社会の大衆化現象に結びつけられることは前に指摘した所である。以上において、全体社会的状況と団地との関連や、団地と階層性・地域性・小集団性の関係を検討して来たが、結論的にいえば、これら要因が団地という特定の場所や人に結びつき、ある部分では、他の社会に比べて、ずば抜けて象徴的で、特徴的な現象を示しているかに見えるが、大局的に見れば、一般に指摘されるいろいろの特徴的な現象は、何も団地であるために発生した特殊団地的な、思考・行動様式として断定するのは、早

表15　生活を楽しむことについての見方

「生活を上手に楽しむために努力しないことは恥かしいことだ、というような意見については、賛成か、反対か」

		賛成	どちらでもない	反対	不明無回答	計
H団地	男	47	12	4	3	66
		71.2	18.2	6.1	4.6	100
	女	54	7	2	4	67
		80.5	10.4	3.0	6.0	99.9
A団地	男	37	10	4	10	61
		60.7	16.4	6.6	16.4	100.1
	女	52	10	0	10	72
		7.22	13.9	—	13.9	100

日住「同書Ⅰ」6－2表

表16　勤倹力行主義に対する見方

「仕事をすることは人間の義務だから、時間のあるかぎりは働かなければならないという意見について賛成か、反対か」

		賛成	どちらでもない	反対	不明無回答	計
H団地	男	20	7	37	2	66
		30.3	10.6	56.1	3.2	100
	女	22	11	30	4	67
		32.8	16.4	44.8	5.9	99.9
A団地	男	26	7	17	11	61
		42.6	11.5	27.8	18.1	100
	女	33	14	16	9	72
		45.8	19.4	22.2	12.5	99.5

日住「同書Ⅰ」6－1表

表17　競争意識

		あり	なし	D.K.N.R.	計
H団地	男	6人	51	9	66
		9.1%	77.3	13.6	100
	女	14	49	4	67
		20.9	73.1	6.0	100
A団地	男	7	45	9	61
		11.5	73.8	14.8	100
	女	22	47	3	72
		30.5	65.2	4.2	100

日住「同書Ⅰ」5－10表

計に失するといえよう。

（大藪寿一）

3　生活水準とすまい方

生活革新と団地

消費ブーム

最近数年間における国民の消費生活にはめざましい躍進と変化がみられることは多くの人びとの指摘するところである。国民生活白書（三五年）は、その特徴として、㈠衣食住にわたって洋風化がみられること、㈡インスタント食品や既製服ののびをも含めて、家事労働節約的な商品の購入が増加していること、㈢耐久消費財が急激に普及していること、㈣レジャー消費がのび、旅行・スポーツのブームを起していることなどをあげている。同時にこうした変革をもたらした理由としては、経済の発展にともなう所得水準の向上、技術革新と大量生産方式の結びつきによる消費財のコストダウン、社会構造の変化による大量消費基盤の誕生、勤倹・節約思想から生活エンジョイ思想へという生活意識の変化、消費財生産者・販売業者のマスコミなどによる積極的な売りこみ・宣伝活動などを指摘している。

最も、こうした消費生活の変革が、広く「消費革命」とか、「消費ブーム」というかけ声でよばれていることに対しては批判もあり、例えば飯尾要氏は、電気器具と家具のいちじるしい伸びのかげに、食料・光熱・住宅・保健衛生・教育などの面に消費増加率の相対的な低下がみられることの不健全さを指摘している（『余暇』生活科学調査会）。

しかし、それはともかくとして、消費生活を主体とした生活革新がわれわれのあいだで進行していることは事実である。

この場合、革新のテンポが国民各階層について決して一様ではなく、階層別・地域別にかなりの差異がみられることも、また重要な事実である。生活白書もいうように、今日生活革新が最も進んでいるとみられるのは、都市の勤労者階層、なかんずく大企業に所属する勤労者階層の世帯である。それはもとより、この階層が相対的な意味で高い給与水準をもち、労働時間もほかよりは短くて多少とも余暇をもつことが、その基本的な要因であろう。

ところで団地という社会は、少なくとも現在はこれら大企業の勤労者世帯に対応している住居集団であり、とくに公団住宅の場合などは若いホワイト・カラー一色の集団といっても差支えない。したがってこの団地社会に生活革新が最も尖鋭にまた最も典型的な形であらわれるのは、ある意味では誠に当然のことといえるであろう。

消費支出

資料によって実態を見てみよう。図3は団地世帯の一人一カ月当りの消費支出を、一般世帯と比較したものである。この図からいえることをひろってみよう。

㈠全体として団地世帯の支出規模は大きく、一般世帯とはおよそ二六〇〇円もの差がある。

㈡エンゲル係数（食費の割合）は一般の四一％に対して団地は三五％と低く、とくに穀類の比率は低い。しかし肉・乳・卵・果物を含む「その他の食料」は一般よりも絶対額においてかなり上回り、副食が豊かなことを示している。穀類の形態も別のデータによればパン食が一般より多いことがわかっており、全体として食事内容は高い。

㈢住居費は一般の一〇％に対し、団地は二三％と高い。これは主として、公団の家賃の高いことによるが、家具什器費が一般の四％に対して六％、絶対額でいって一般の約二倍である事も影響している。

(四)光熱費・被服費の比率は似たようなものであるが被服費は支出金額でいえば一般の五〇％増である。

(五)雑費の比率は一般よりも小さい。これはさらに細かい内訳からみて、団地居住者の年令の若さからくる交際費の少なさ、同じく子供たちの年令の幼なさからくる教育費の率の低さなどによるものとみられる。

以上は、団地居住者の生活の一つの断面をはっきり示しているわけであるが、支出の各項目が人間の生活に対してもつ意味はもとより異るし、こうした消費支出だけで生活をはかるわけにもいかない。

耐久消費財

団地居住者の生活水準はどうか、という問題に多少とも近づくために、生活革新の花形選手であった耐久消費財について少し見てみよう。図4は、その普及版を再び一般世帯との比較で示したものである。ここには限られた品目しか示されていないが、この範囲の中で、電気洗濯機・電気釜・電気冷蔵庫・ストーブなど、「生活を能率化するための器具」だ

図3　団地世帯と一般世帯１人当り消費支出の比較

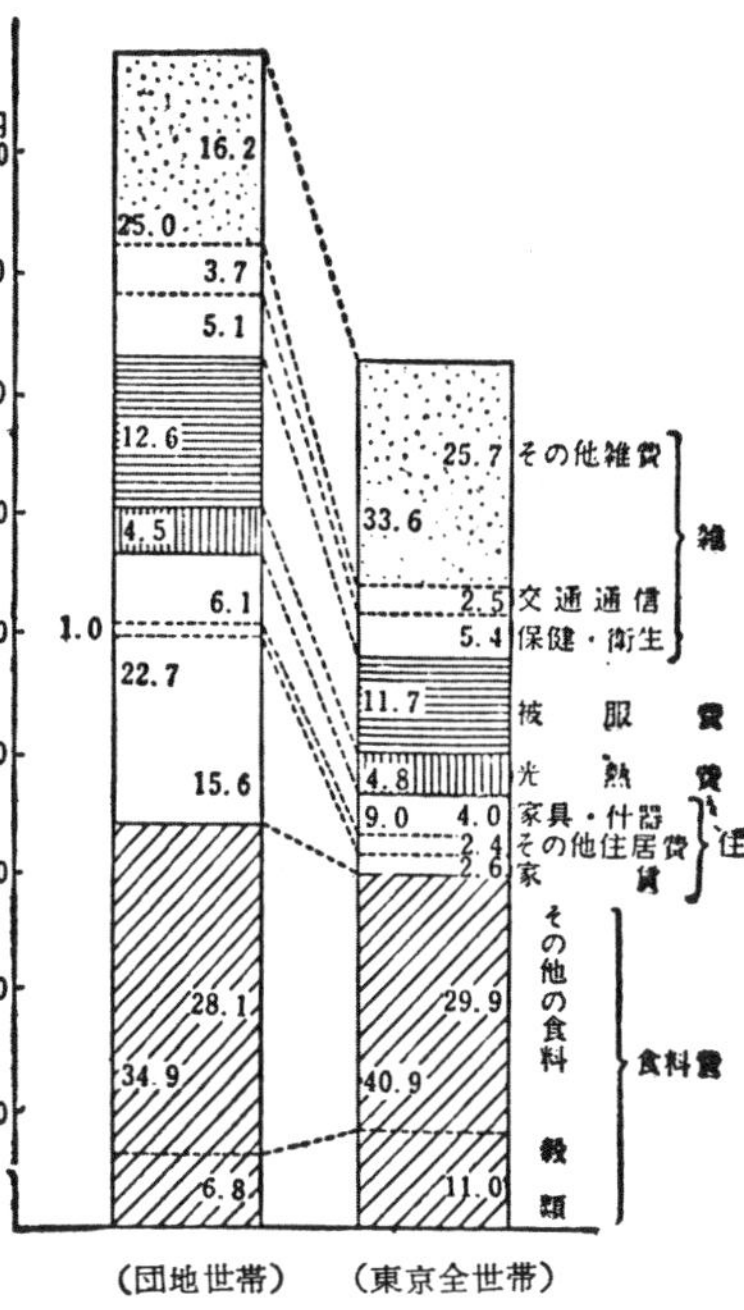

国民生活白書35年版

図４　耐久消費財の普及率の比率

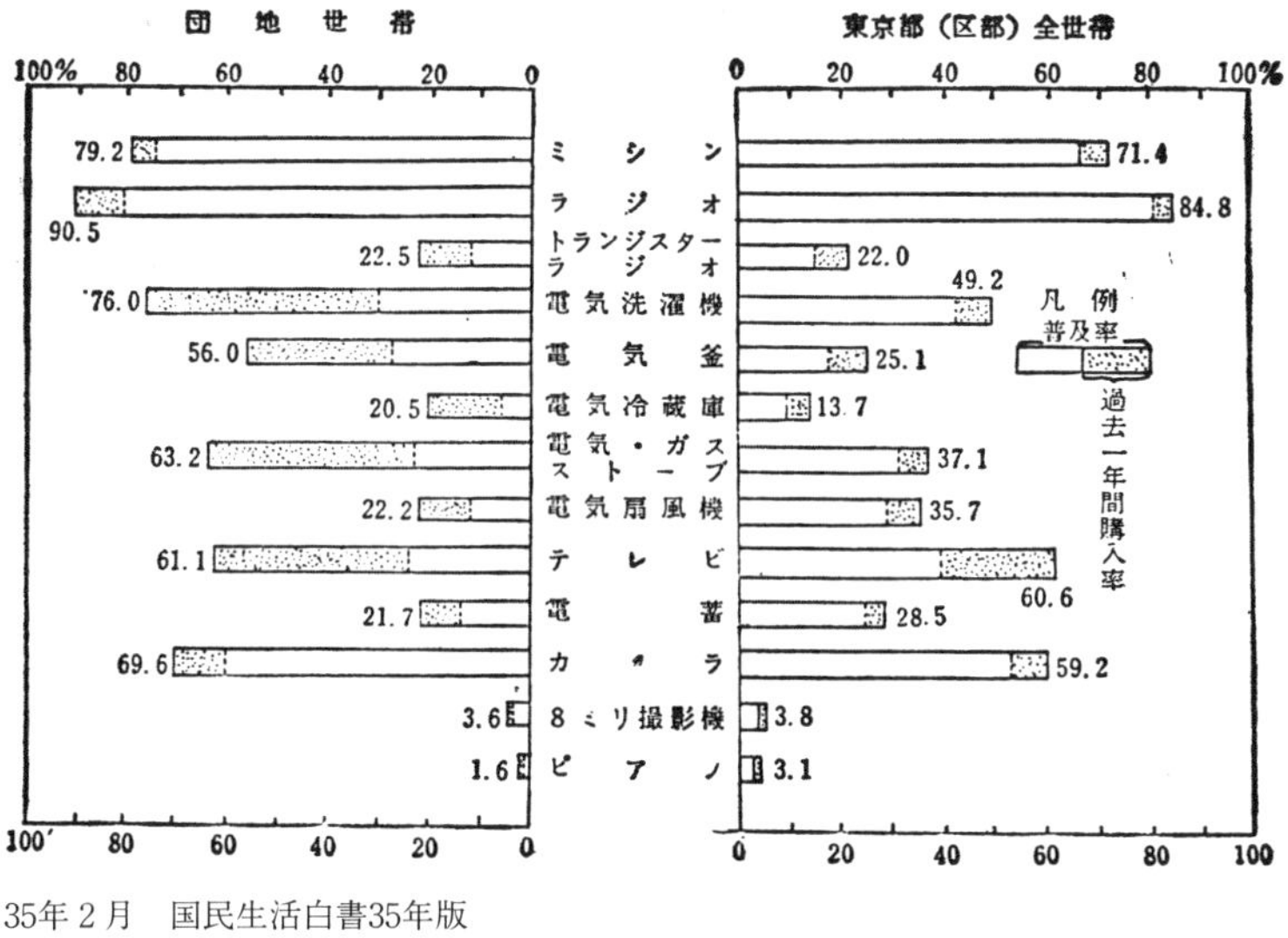

35年２月　国民生活白書35年版

けが一般世帯の二倍近い普及率を示している点は特徴的である。その場合それらの多くが、最近一年間に購入されたということも注目してよいだろう。つまりそれらは三四年に団地に一挙に普及したのであり、ある製品の普及が中所得階級におよぶときには、中所得階級の均質集団である団地には一挙にその製品の普及が見られることをまざまざと示したものといえるだろう。

なお、この図は三五年二月現在のものであるが、一年後の三六年二月現在の公団団地における普及率を、別資料（住宅公団建築部調査研究課『公団アパート居住者の世帯構造の変化』その一、昭三七・一）にみてみると、建設年次によって差異はあるが、テレビ・電気洗濯機はともに八〇～九〇％、電気冷蔵庫は五〇～六〇％とそれぞれ引続きかなりの伸びをみせている。

さて、一般に耐久消費財とか家具什器とかいうものは、毎日の生活に対していつもある作用を持続する結果として、人びとに対して一種の生活様式ともいうべきものをもたらすのである。その意味で、団地世帯において家具什器費の割合が、一般より高いという事実は充分に注目してよい性質のものである。そしてその場合、どのような種類の耐久消費財・家具が買い求められるかが、生活様式を決定づけてゆく一つの鍵になるわけである。

団地においては、生活を能率化するための器具がとくに伸びているといったが、電気洗濯機・電気冷蔵庫・電気掃除機・電気釜などのほかに扇風機・各種ストーブ類、ルームクーラーなども含めるとすれば、これは能率化というより、もっと広く「生活を楽にする」ないし「合理化する」ための器具というべきであろう。

これに対して、もう一方にテレビ・電蓄・ステレオ・楽器・テープレコーダー・8ミリ・コレクション・スポーツ用品などが、いわば「生活を楽しむ」系列のものとしてあげられるだろう。ベッド・食卓セット・応接セット・敷物類や自動車類などは、考えようによってどちらのものともいえるだろう。

余暇消費

ところで三五年を経て三六・三七年と、消費形態の中心はしだいに余暇消費に移りつつあるといわれる。生活の合理化が進めばそれだけ余暇が生じ、それが余暇支出の増大となってあらわれるのは、いわば当然の筋道でもある。

余暇生活は一方では旅行・スポーツという形で外部へ展開してゆくが、もう一方では家庭をより豊かな楽しみの場所として仕立てる。家具・器具にしても、「合理化系列」に続いて、「楽しみ系列」のものがどんどん伸びていると思われる。そしてまたしても、この傾向は今は団地において、最も顕著に典型的にあらわれていると推定されるのである。例えばピアノである。数的な根拠こそないが、筆者らの観察の範囲において、ここ一年間に、かなりのピアノが団地に入ったことが認められる。ピアノはなんといっても趣味のものだから限界はあるだろうが、ことによると家具としての貫禄（？）やら、育児過剰を伝えられる団地主婦の育児用具として、不当に（？）多くが買い求められないとも限らない。蜂の巣のような団地の窓々から、一斉にバイエルが鳴りひびく光景を想像すると、そぞろ恐怖におそわれるのである。

似たようなことは、団地における自家用車の激増についても起っている。深夜早朝の騒音、子供の遊びに対する邪魔・危険、共同水栓による洗車などに対する周囲の苦情は多く、公団当局に団地内駐車禁止の検討をさせるところまできてしまった。

生活様式の移行

生活というものがどんどん発展するものであることを考えるならば、

こうした種類の問題はいろいろな形で、今後とも団地社会には最も典型的な形をとりつつ起るであろう。少なくとも消費生活面に関する「合理化をへて楽しみ追求へ」という傾向は高所得階層から中所得階層、中所得階層から低所得階層へと、タイム・ラグをもちながら移行するもののごとくである。中所得階層であり、同時に若く生活意識の高いホワイト・カラーの集団である団地社会に、最も典型的にあらわれる生活様式の変革は、こうした発展形態の中ではじめて順当な位置づけと評価をなし得るものであろう。

団地社会に典型的にとらえられるこうした生活様式の変革が、ブルー・カラー層にそのまま移行するかどうかは疑問としても、例えば、鈴木成文氏は生活様式に関連してつぎのように述べている。

「異った階層、例えば産労住宅に住まう工業労働者層などではどうか。昔からのたたきあげた労働者層では、やはり畳の上を中心とした生活の慣習が根強く残っている。しかし、今や労働者層そのものの性格が大きく変りつつある。技術革新によって、高校出の若い工員はしだいに半ば技術者化しているし、新しい経営方針をもつ会社では、彼らは非常に大事にされる。彼らは生活の上に田舎っぽさを多分に残しながら、その形ではホワイト・カラー層のあとを懸命に追いかける。工員社宅において、ホームバー・ハイファイ・ソファベッドなどさえみられるのである。いまや公営も産労もその設計の考え方を変えて行かなければならない。」（鈴木成文『集合住宅計画の研究』六一年三月）

要は、団地生活にあらわれてくる生活上の鮮明ないくつかの現象を、団地特有のものとして説明したがる、ややもすれば好奇的・週刊誌的な感覚では、恐らくは何もつかめないだろうということであり、必要なのは、それらの現象を良きにつけ悪しきにつけ生活革新の動向を示す一つの鮮明な標識としてとらえようとする眼ではなかろうか。

生活様式と団地の住戸

狭い部屋

生活は急速に発展してゆくというが、その中で生活の容器である住戸は一体どうなっていくのだろうか。はやい話が小さなコンクリートの部屋の中に、何はともあれ洗濯機やら冷蔵庫やらを備えたまではよかったとして、テレビ・電蓄・ソファにピアノ、オルガン・ステレオ・映写機……がひしめきあう。人間が自由に動きまわれるスペースはどんどん小さくなる。ちょっと動くと、すぐにステレオの角に腰をぶつけてしまう。その度に大事な機械に悪い震動を与えたのではないかと心配だ。どうも人間のすまいなのか、ステレオのすまいなのかわからない。

いうまでもなく、団地の住戸はあまりにも狭いのである。図5に欧米との比較をみれば分るように、けたはずれに狭いのである。五〇㎡そこそこしかない。

英国のニュータウンに関する最近のあるレポート（G. B. Taylor 他：New Town and Neighbourhood Planning, Architecture and Building, April 1960）はこういっている。

「家庭はしだいに社会生活の中心として重要になりつつある。テレビ・テープレコーダー・電蓄・シネカメラ・プロジェクターは家庭を娯楽やレクリエーションの場に、時として教養の場にさえしつつある。人びとはより大きな、よりよい住宅を欲しているし、実収入の上昇はこの傾向を強めている（中略）。一九七〇年までに一二〇〇ft^2（一一二㎡・三四坪）の広さの住戸はタウンデザインの基礎になるにちがいない。」

図6は公団住宅の代表的な例であるが、当局はこれをそれぞれ2DK・3Kとよんでいる。意味はそれぞれ二つの寝室とダイニング・キチン、三つの寝室とキチンということであり、前者は子持ち世帯向き、後者は多家族向きだという。つまり簡単にいって、2DKは夫婦と子供が

分れて寝られる住宅だし、3Kは狭いキチンで無理して食事をするかあるいは食事の部屋にも寝ることを考えれば、ともかく三部屋に分れて寝られる住宅だというわけだ。つまり2DKとか3Kとかいうよび名自身がそのまま語っているように、住戸に入ってくる生活としては、もともと寝ることと食べることしか念頭に置かれていないのである。ステレオをもちこめば角にぶつけるのも道理というものである。

部屋の利用

狭い住居は生活の自由な発展をもとより妨げている。居住者たちは部屋が狭いために買いたい家具を控え目にしている。にもかかわらず、どうしてもステレオがほしいし、団らんセットがほしいのだ。さすがにデパート資本などはそこを見逃さない。ダンチサイズと称して何もかも一まわり小さなサイズのものが用意される……。かくして結局はあれやこれやとしつらえて、タタミの部屋にはジュータンを敷いてリビング・ルームをこしらえてしまう。こうして一方で家の中に家族共通の団らん空間をつくると同時に、他方で家族の成員が個室をもとうとする、いわば公私の分離の要求の強いことが、鈴木成文氏らのすまい方調査によってはっきりと実証されている。

その結果はどうか。2DKも3Kも、その中で一番主要な六帖の部屋は、多くの場合、テレビを中心として団らん部屋（リビング・ルーム）にしつらえられ、その中に止むを得ず就寝が入込むという形をとるので

図5　欧州各国とわが国の住宅規模

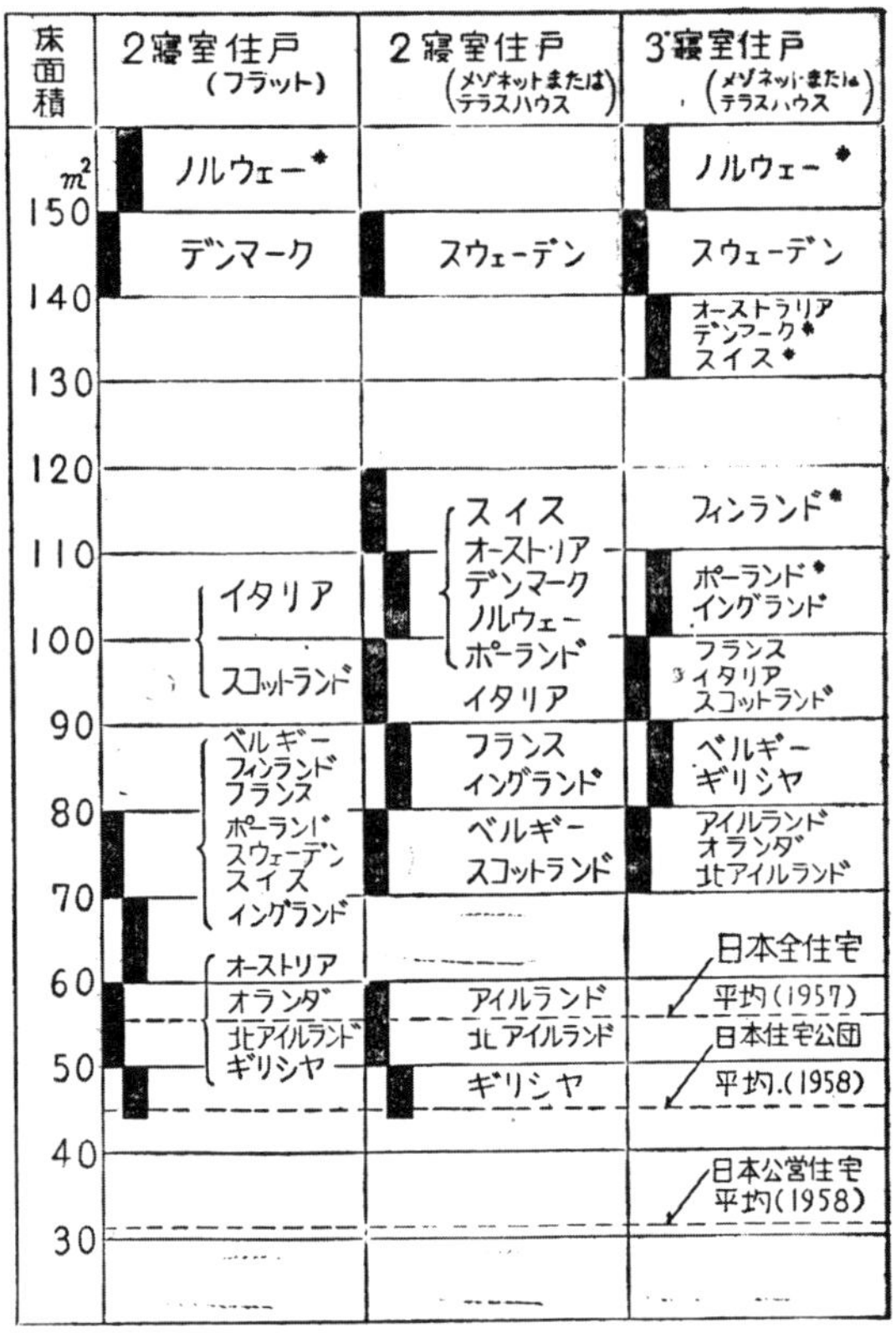

欧州については、1948〜49年に14カ国で建設された最も標準的な規模の勤労者住宅の規模をまとめたもの。※印は地下室のあるものを示す。建築設計資料集成Ⅰより。

図6　公団住宅の標準的な例

2DK　　3K

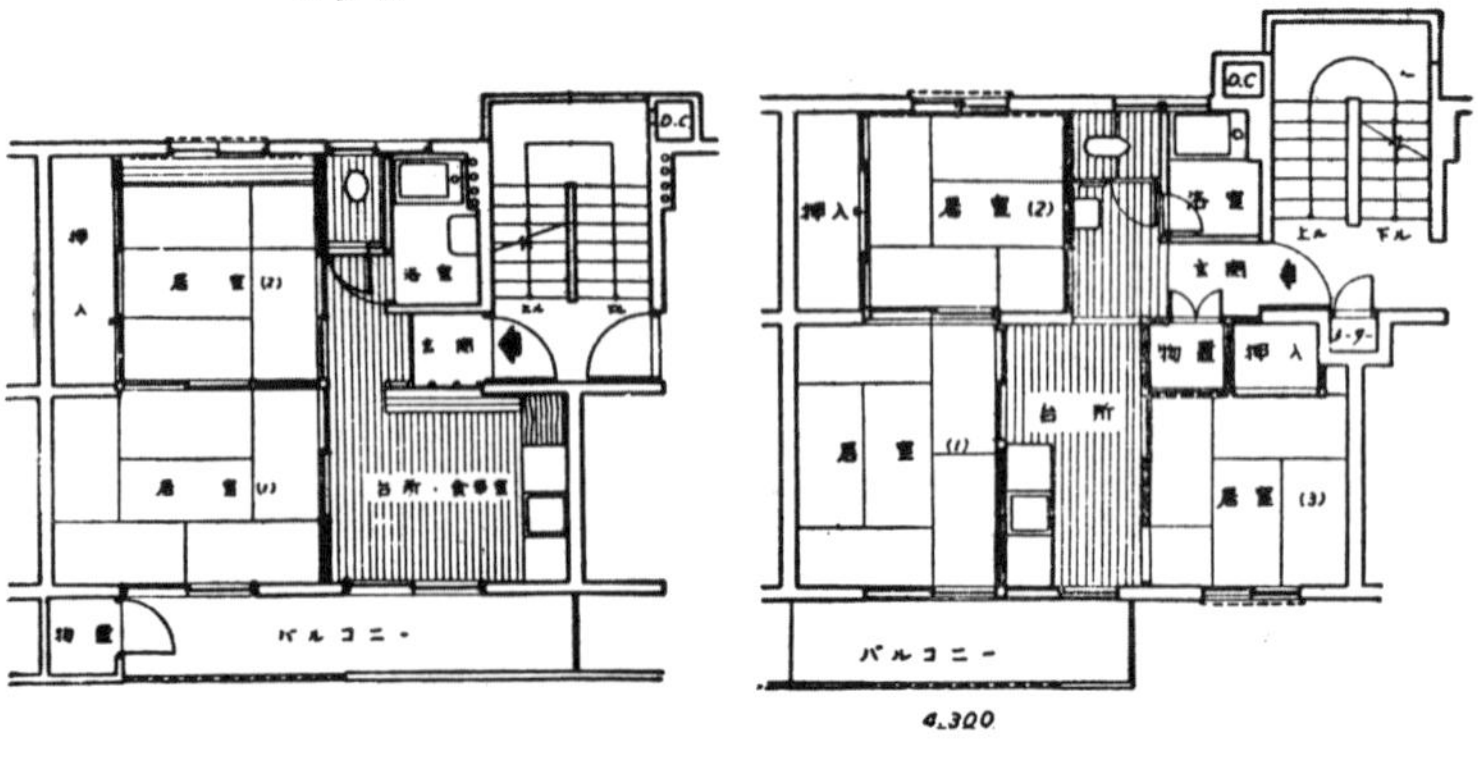

図７　実際のすまわれ方（実例）

（Ａ）２ＤＫ（星形）

夫婦と赤ん坊のみ。ダイニングキッチンの隣の4.5帖はテレビなどをおいて居間的に使い、６帖を書斎兼寝室にしている。今のところ６帖に３人寝ているが子供が大きくなれば4.5帖に分れて寝ざるを得まい。しかしそうするためには、4.5帖をもっと居間的にしつらえたくても差し控えなければならない。

（Ｂ）３Ｋ

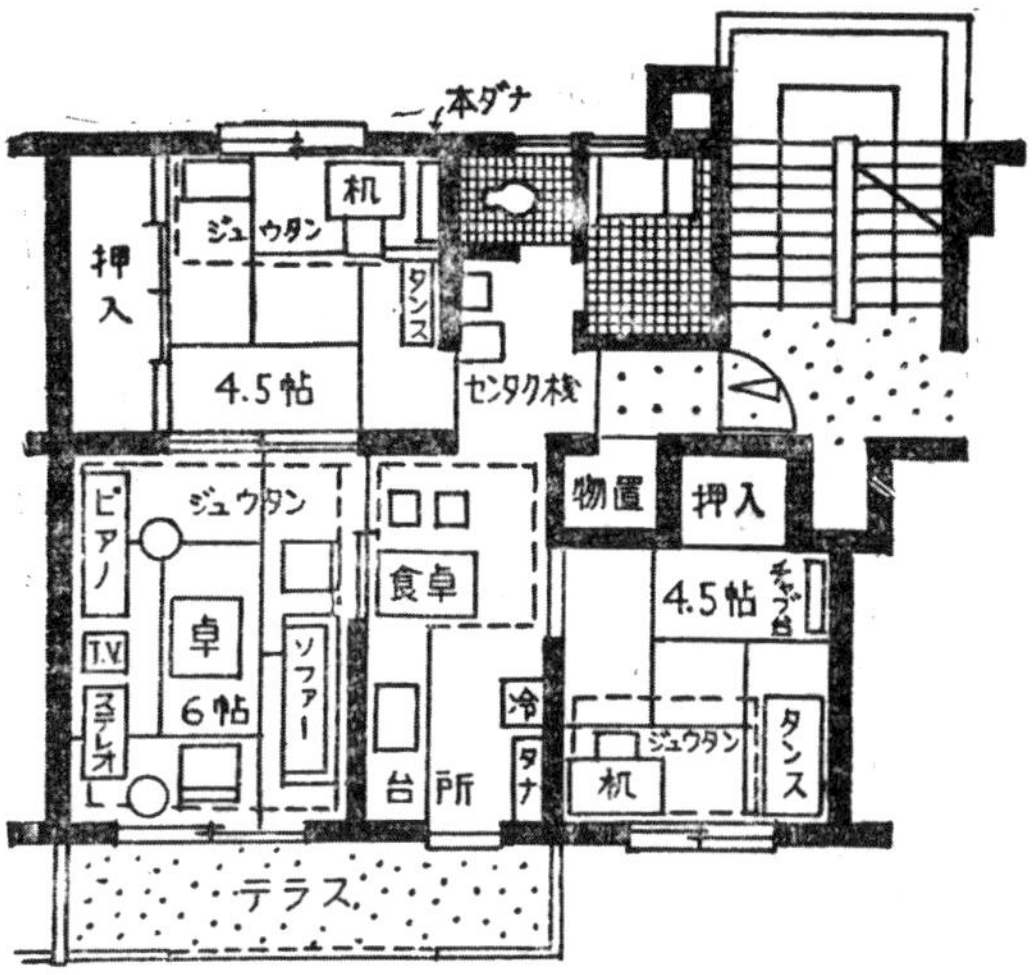

家族は夫婦と小学生の子供２人。６帖はジュータンを敷き詰めてリビング・ルームにしている。夫婦は北側の4.5帖に、子供２人は南側の4.5帖にそれぞれ寝ている。

ある。２ＤＫの場合は、何しろ二部屋しかないから大方リビング・ルームと重っても二部屋に分れて寝るけれども、３Ｋになるとリビング・ルームとしてしつらえた部屋はなるべく空けておいて、他の二室に寝る傾向が強いのである。三寝室住宅とよばれている3Ｋの住宅で実際に三部屋に分れて寝ているケースは、同氏らの調査では、夫婦だけの世帯を除いて数えても三〇％に満たないのである（図７は同氏の調査の中からすまい方の傾向を示す実例を拾ったものである）。

鈴木氏も結論しているように。テレビを中心とした団らん空間の形成は、もはや決定的である。タタミの部屋を三つつくって三寝室住宅とよび、多家族向きなどと称する感覚は、もうそろそろ追放しなければならない時期のようである。にもかかわらず、最近親しく登場した４Ｋ・４ＤＫのプランを見ると、その呼び名の通り、相も変らず四つのタタミ寝室＋ダイニング・キチンで出来ているのにはいささか驚かされる。マンネリズムというか、固着というか、もう少し何とかならないものであろうか。

面積がどうにも狭い上に、間取りが住みにくいというのでは、何十倍、特に何百倍という競争率の中で見事抽せんに当った感激も、子供が二人・三人と出来、勉強部屋をせがまれる頃ともなれば、何とかしてここを出なければという切ない思いに変ってしまうのもまことにやむをえないのではないか。公団自身のレポート（住宅公団建築部調査研究課『公団アパート居住者の世帯構造の変化』その一、前掲）によっても、居住世帯の移動率は年間一〇％程度であるにもかかわらず、「今のアパートを移りたいと思い、心あたりを探している」者は約三〇％にのぼるという。それも入居後の年月が経った古い団地ほど団地を出たいという希望が多くなるが、他方移動率自身は逆に古い団地ほど少なくなり、その結果、傾向として、古い団地は住宅に対する不満だけが累積した状況になってゆくというのである。これはまことに重大な問題ではなかろうか。

成長した家族には積極的に出てもらって、また新しい小家族の需要にこたえればかまわない、という見方もあるかもしれない。しかし、それはもとより団地をまったくの仮ずまいとして規定することを意味しよう。そんなことでは、団地が新しい地域社会として大地に根をおろす日は、永久にやってこないにちがいない。例え、現下のきびしい住宅事情のもとではあるにせよ、もしもこの新しい団地社会に対して、本当に明白のすまいとして定着してゆくものを期待するのだとしたなら、この辺でもう一度住戸設計も考え直されてよい時期にきているのではなかろうか。

4　近隣の人間関係

近隣関係の形成

調査

人間は社会的な存在であり、もとよりいろいろの場でいろいろの人間関係をもちながら生活している。近隣関係もその一つである。ここでは団地居住者が、それぞれの住戸を中心にどんな近隣関係を展開しているかをながめ、そしてそのことの意味を考えてみることにしよう。

まずはじめに、筆者らがおこなった調査をご紹介したい。場所は日本の代表的な団地の一つである近畿の某団地（日本住宅公団）である。

私たちはこの中から、庭つきのテラスハウスのブロックを一地区、中層フラットのブロックを一地区、星型アパートのブロックを一地区の合計三地区をとり出し、そこに生じている近隣関係をもれなく調べてその構造を知ろうとしたのであるが、ここでは一般的なテラスハウスとフラットの場合について紹介しよう。図8は両地区の棟の配置の状態を示したものであり、テラスハウスは一二棟七四戸、フラットは三棟八八戸の大きさである。入居後およそ二年を経た時の調査である。

図8　調査対象地区配置図

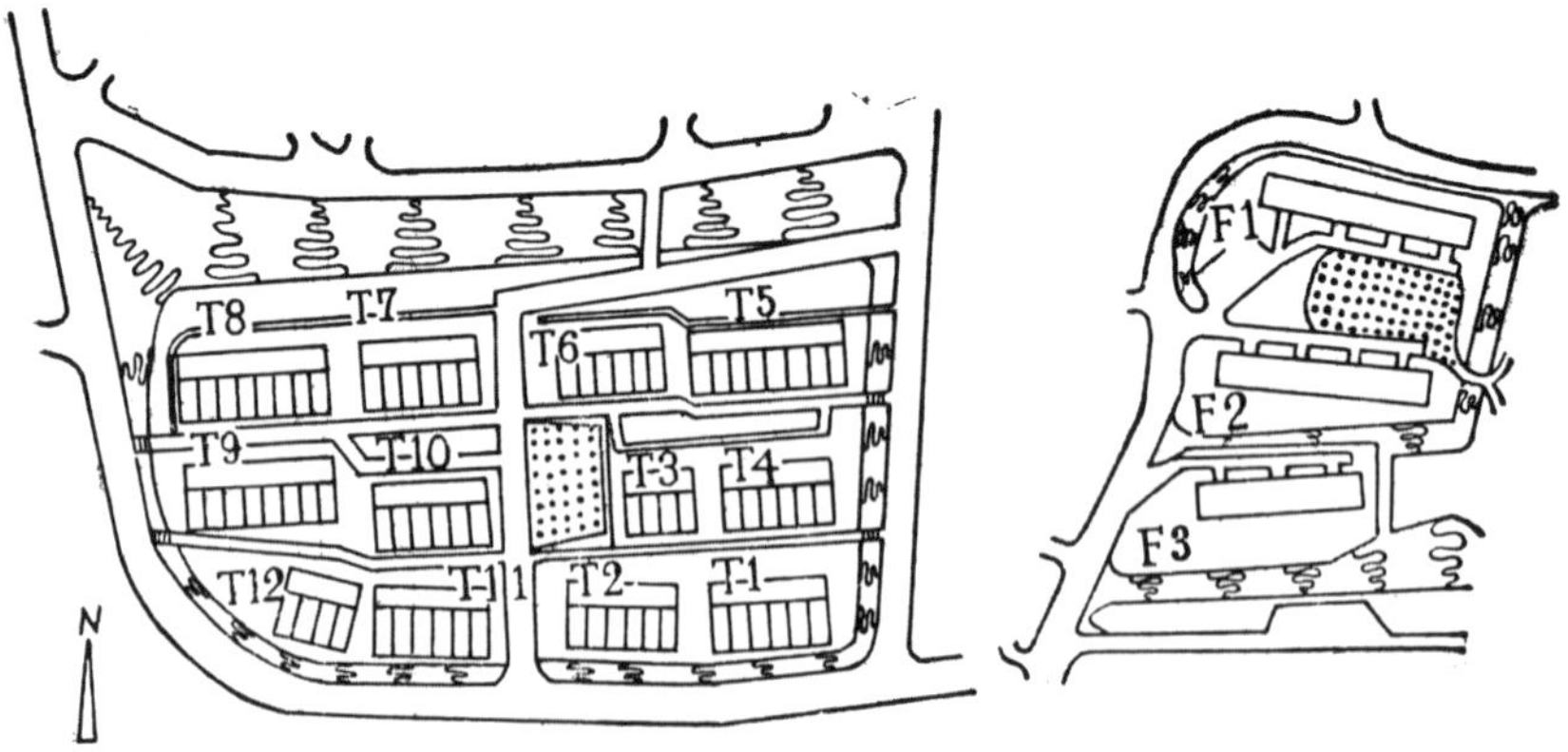

テラスハウス地区　　フラット地区

（T5～T8は南入り、他は北入り）

調査は、家族のうちの成人を対象として、予め用意した調査表に、団地内での交際相手の住戸番号の記入を求めたものである。ただしこの場合、つきあいの程度をつぎの二段階に分けて設定した。すなわち、深い関係として「ふだんからお互に気があって例えばよく世間話をする、趣味やスポーツをともにする、会合・PTA・買物・遊びなどを一緒にさそい合わせてする、というふうにして親しくつきあっている人」、浅い関係として「顔を知っていて会えば挨拶を交わす人」である。

　ところで対象になった人びとが、どういう社会的属性をもった人びとであったかは、基本事項としてもとより大切であるが、はじめの節に公団居住者層について述べてあるので、ここでは一般的傾向と同じく、夫婦だけ、または夫婦に乳幼児を加えた単純家族を主とした、若く学歴の高いホワイト・カラー層であったことを報告するに止めよう。ただ、テラスハウスの居住者の方が、フラットと比べて年令・地位ともにやや上位にあり、子供も多かったことは指摘しておきたい。さて調査結果をみよう。

大阪府下Ｋ団地（住宅公団）

大阪府下Ｎ団地（住宅公団）。手前は庭つきのテラスハウス。後方は中層フラット。

テラスハウスのつきあい

　図9は、テラスハウスについて主人・主婦がえらんでいる近隣交際の相手を一覧図示したものである。縦軸および横軸に配置図と対応した順序に住戸を並べ、縦軸を選択する側、横軸を選択される側として表示してある。読み方を一例で示せば、T１－２の主婦はT１－３と深いつきあいをもち、T２－４、T３－３、T４－２と浅い関係をもつということになる。この図ではつきあいの相手が主人であるか主婦であるか、あるいはまた親や子供であるかの区別はしていない。図中のtwo step 結合というのは深い関係についての間接的な知合いを意味する。例えばAがBをえらび、BがCをえらんだときのAとCとの関係を、Aの行に記したものである。選択側の住戸番号の横につけた※印は、主人の図の場合は主人のいない世帯、主婦の図の場合は主婦のいない世帯の意味であり、したがってその行は空欄となっている。※印は主人・主婦がいるにもかかわらず不在その他の理由で調査表を配布または回収できなかったものを意味する。したがって、その行は完全な調査の場合は埋まるべき性質のものである。また横軸の被選択の項に地区外とあるのは、団地内の調査対象地区以外の住戸をさしている。

　ところでこの図の内容をみると、まず棟ごとにかなりのまとまりがあることがわかる。主婦はそこに深いつきあいをかなりもっているし、主人でも挨拶をかわす程度のつきあいはほとんどがもっている。

　自分の棟の外へ出ると浅い関係が主となるが、主婦の場合では前後左右の棟へかなりつきあいがひろがっている。主人の場合は棟の外へのひろがりは少ないが、入口が向いあって一つのアプローチを共有しているT

図9　テラスハウスの近隣関係

(A) 主人の場合

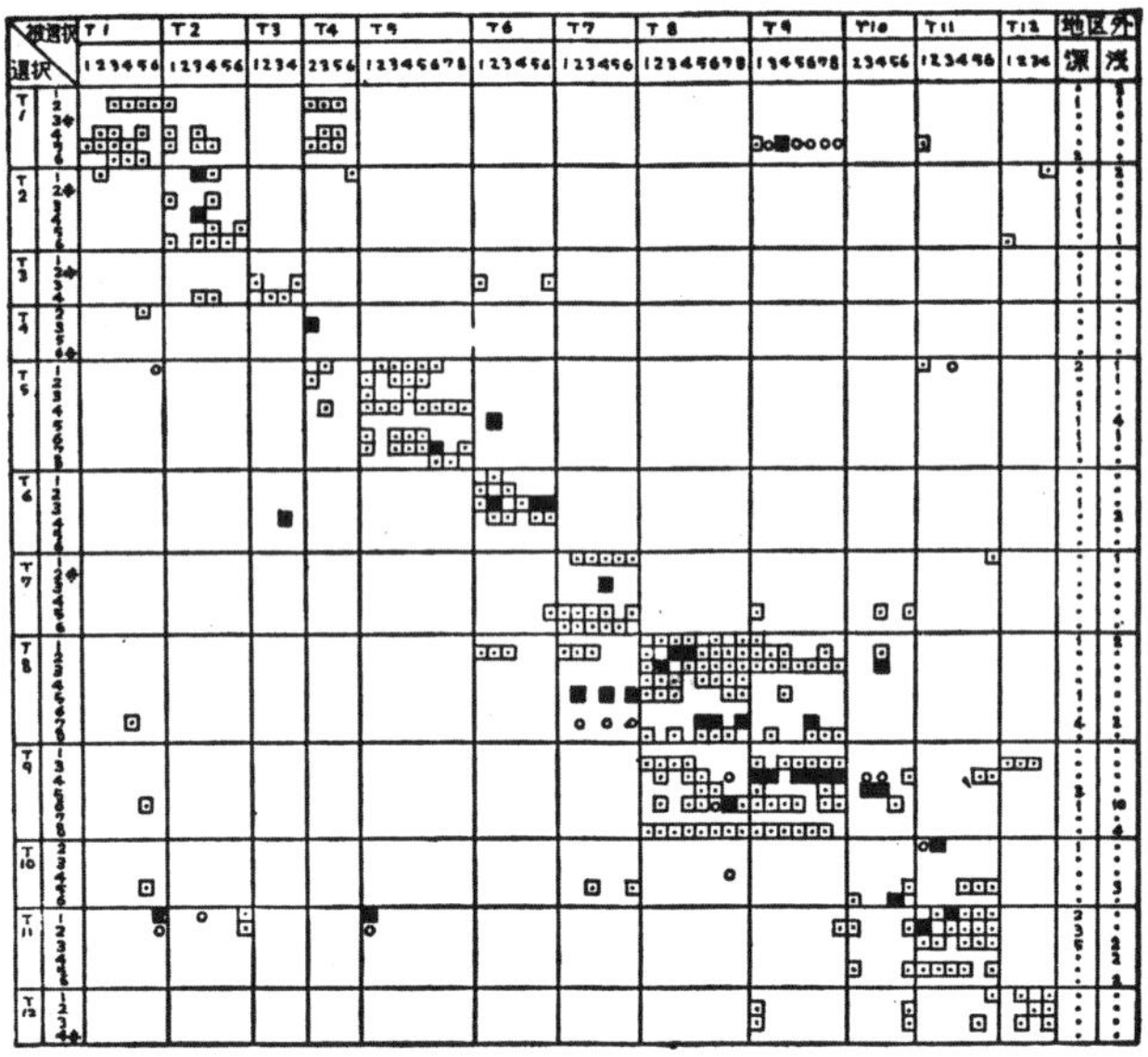

(B) 主婦の場合

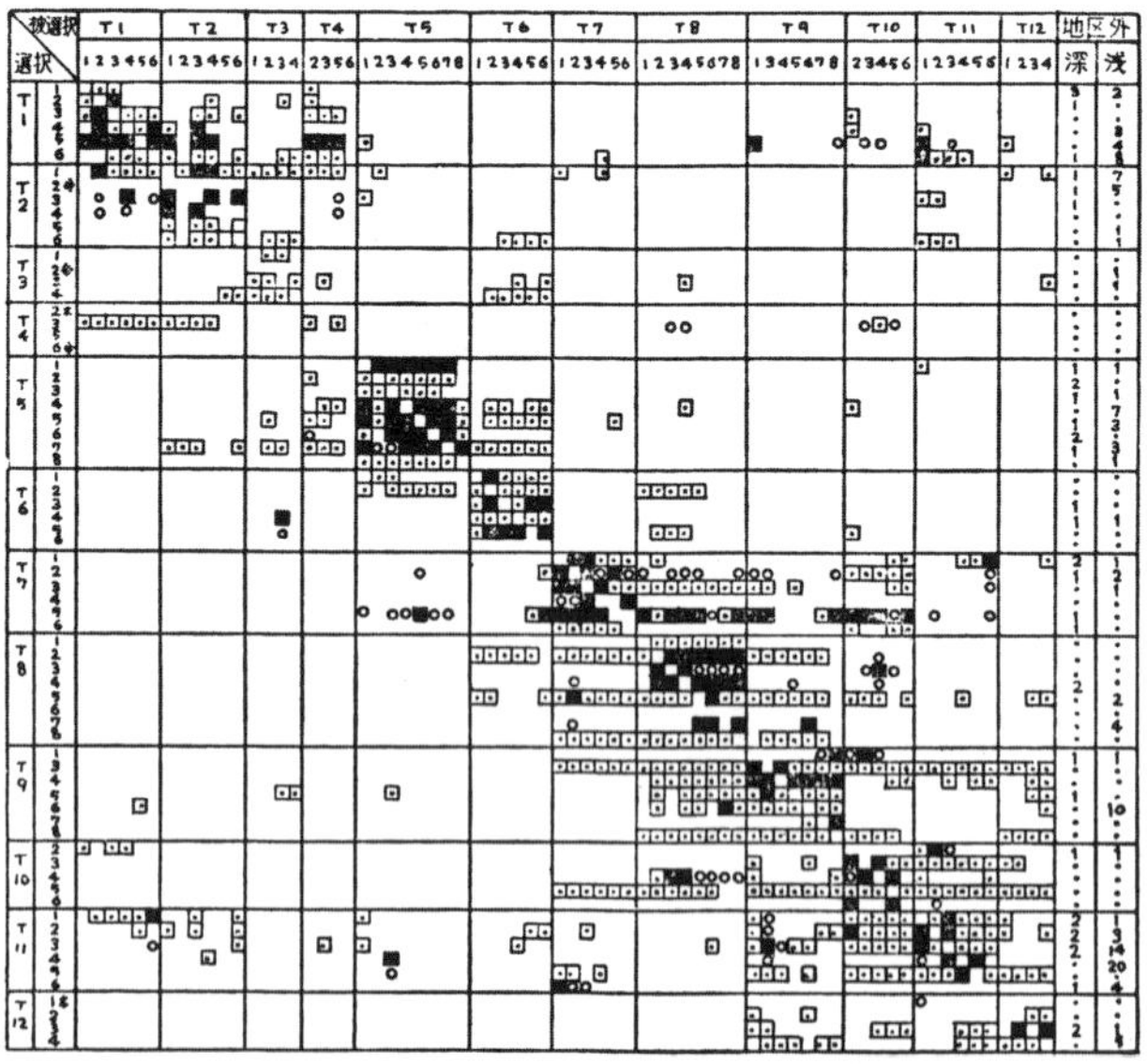

■深い関係　□浅い関係　○two step結合

8とT9のあいだだけにまとまりがみられるのは興味ある事実である。主婦のつきあいの伸びは中央の道路できられ、道路をはさんで東西二つのグループに分れていると認められる点も注目してよい事実だと思われる。

フラットのつきあい

図10はフラット地区についての同様の図である。同じ要領で考察してみよう。

まず階段室ごとのまとまりがみとめられるが、その度合はテラスハウスにおける棟のまとまりにはおよばない。これは家族構成の上でテラスハウスより子供が少なく、そのため子供を通じてのつきあいが減ることにもよると思われるが、フラットにおいては、テラスハウスの庭先に相当するような、つきあいの媒介となる空間がないことも、その一因と考えられるのである。

つきあいは階段室のつぎの段階では同棟内にひろがり、ついで主として浅い関係がF1・F2号棟のあいだにひろがっている。この両棟は主婦の場合一つのまとまりになるとさえいえるが、F3とのあいだにはほとんどつきあいを生じていない。これは、F1・F2の建物の関係があいだに幼児遊園をはさんで出入口が向かいあった形になっているのに対し、F3はアプローチが異るうえに、F2とのあいだに一～一・五mの崖もあったりするためと解釈できる。

つまり、テラスハウス地区の場合と合わせ考えるとき、近隣交際が住戸形式や配置技法という、いわば物理的な要因によってもかなりの影響を受けることがはっきりするのである。

図10　フラットの近隣関係

(A) 主人の場合

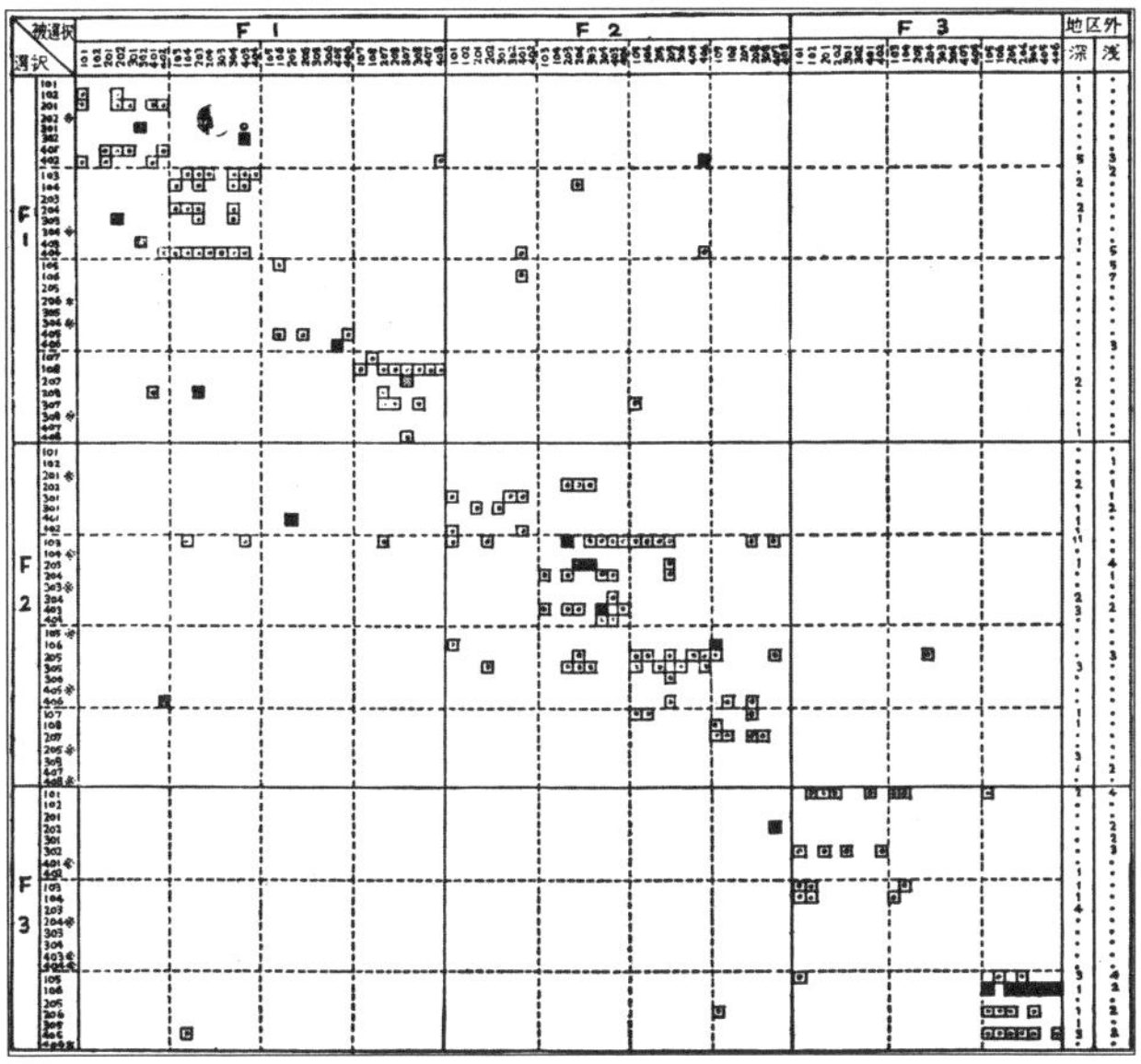

(B) 主婦の場合

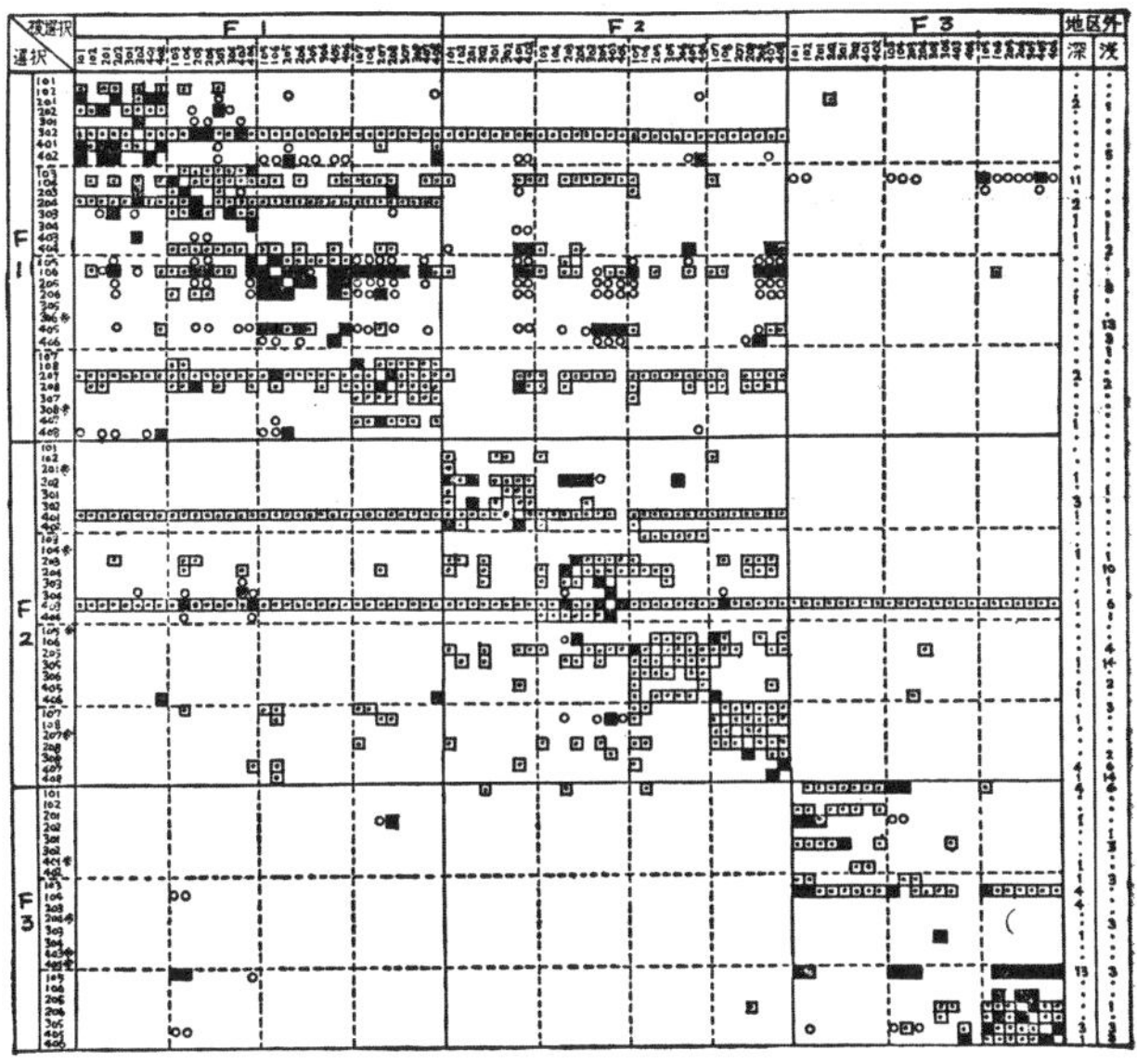

つきあいの量と性格

図9・10の深い方の関係を集計するとともに、そのうちの入居前からの知合いの割合を出したのが表18である。これから主人のつきあいの総量は主婦の三分の一程度だが、その内訳はむしろ地区外に多く、しかもその多くが入居前からの知合いであること、これに対して主婦の場合は、地区内のつきあいが大半を占め、そのほとんどが入居後知合った関係であること、地区外へ伸びているつきあいの場合でも、主人と比べれば入居後の関係が主であることなどがわかる。団地における交際のパターンが主人と主婦ではっきり違うという点は重要な事実である。

近所づきあいに対する意識

表19は同じサンプルについて、現在の近所づきあいの人数についての意識を問うたものである。これによると大方は現状程度をちょうどよいとしているが「もっと多くしたい」という意見と「もっと少なくしたい」という意見では、前者の方が多いことも見落せない。表20はさらに近所づきあいに対する一般的見解を問うたものであるが、これによると「なるべく多くの人とつきあい、仲良くした方がよい」とする考えと、「干渉しあわず勝手に暮す方がよい」とする考えとは大体相半ばしているが、主婦は主人と比べて、前者に傾いている点はやはり注意されてよ

いであろう。また、つきあい量の多いテラスハウス地区において、意識面も、近所づきあいに対して肯定的な傾向が強いことも注目される。

サークル活動とつきあい

こうした狭い範囲の近所づきあいとは少し意味を異にするが、つぎに、このサンプルが団地内の集会所を、どのくらい利用しているかをみてみよう。団地の集会所の性格はなかなか多岐にわたってはいるが、その主要な内容は生活向上につながる各種の講習会や趣味・娯楽・教養のサークル活動であり、一階の集まりは二〇名程度のものであることがわかっている。参加の気持としては、交際というより、もっと機能的ないし受益的なものであると考えられるが、こうした会合が近隣関係に与える意味からいって、この問題は近隣関係を考えるときには除くわけにはいかない。

表21は、同じサンプルが調査日前の半年間に集会所を何回利用したかを示したものである。一度も行かないものが大半を占めており、利用が一部にかたよっていることがわかるが、ここでも主人と主婦の違いがかなりあること、および、同じ主婦でもテラスハウスの方がやはり多いことに注意しなければならない。さらに表22は一度も行かなかったものに

表18　団地内つき合い人数（深い関係）

		1人当りつき合い人数			つき合い総量中の地区内の割合
		地区内	地区外	計	
主人	テラスハウス地区	0.5人（14%）	0.5人（56%）	1.0人	51%
	中層フラット地区	0.3　（23　）	0.8　（62　）	1.1	29
主婦	テラスハウス地区	3.0　（2　）	0.7　（26　）	3.6	81
	中層フラット地区	2.0　（1　）	0.9　（21　）	2.9	68

（　）内はそのうちの入居前からの知り合いの割合　（%）

表19　現在の近所づきあいの人数に対する意識

	主人		主婦	
	テラスハウス地区	フラット地区	テラスハウス地区	フラット地区
多くしたい	12.3%	10.0%	4.4%	10.4%
この程度でよい	81.6	81.5	89.7	79.4
少なくしたい	—	1.4	2.9	3.9
わからない・不明	6.2	7.1	3.0	6.5
計	100.0	100.0	100.0	100.0

表20　近所づきあいに対する一般的見解

	主人		主婦	
	テラスハウス地区	フラット地区	テラスハウス地区	フラット地区
多くの人とつきあい仲良くした方がよい	47.7%	38.5%	55.8%	42.9%
互に干渉しあわないで各人が勝手に暮す方がよい	41.5	54.2	32.4	41.6
わからない・不明	10.8	7.1	11.8	15.6
計	100.0	100.0	100.0	100.0

表21　集会所の利用

	主人		主婦	
	テラスハウス地区	フラット地区	テラスハウス地区	フラット地区
利用しない	77.7%	81.5%	42.7%	57.1%
1、2回	12.3	11.4	22.0	22.1
3～5回	9.2	4.3	20.6	10.4
6回以上	1.5	2.4	11.8	9.1
不明	—	—	2.9	1.3
計	100.0	100.0	100.0	100.0

（調査日前の半年間の利用回数）

表22　集会所を一度も利用しなかった人の理由

	主人		主婦	
	テラスハウス地区	フラット地区	テラスハウス地区	フラット地区
興味・関心がない	50.0%	49.2%	24.2%	40.9%
家事・仕事などで忙しい	42.0	36.8	55.1	43.2
行きたいがなじめない、面倒だ	2.0	7.0	10.3	4.5
その他・不明	6.0	7.0	10.3	11.4
計	100.0	100.0	100.0	100.0

ついて、その理由を示したものであるが、ここでも主人が「興味がない」と多く答えているのに対して、主婦では「いそがしい」という方に多く答えている点も注目したい。つまり、主婦は主人と比べて、最も近隣的といもいうべきこの施設を一応は利用しているし、またこれがもっとふえる可能性もあるというわけである。

以上に、団地における近隣関係の実状を一通りながめてみた。いろいろの場面において、現在のところ、近隣関係は主人に対してはあまり意味をもっていないが、主婦に対しては相応の意味をもっているようである。少なくとも、「団地における交際は、以前からのすでにでき上ったつきあいが持込まれるだけで、地縁的集団が入りこむ余地はほとんどない」というような表現は、いささか世帯主的感覚に過ぎ、片手落ちのようである。

近隣関係を意味づけるもの

つきあいの後背条件

前項で団地の主婦がかなりの近隣関係をもっていることを述べた。しかし、これは主人との比較で見たいわば相対的な見方であり、これだけで主婦が地縁的な存在だと断定するわけにはまだゆかない。どこまで地縁的かというようなこと、あるいはもっと一般的にいって、以上に述べてきたような近隣交際の量を、多いとみるか、少ないとみるかという問題は、本当は近隣関係の観察だけからでは何ともいえない性質のものである。それはむしろ、社会生活全般の中で、近隣生活がどういう位置を占めているかという全体的な見方の中で、はじめてとらえられるべき種類の問題だということができよう。この問題は次節において改めてとりあげるが、ここではそれとも関連して、近隣関係というものの意味づけ、価値づけ、評価といった問題を少し考えてみることにしよう。

これはもとより困難な問題であり、論の分れるところでもある。また団地が出現して一〇年とたっていない現在において、団地に生じかけている近隣関係の方向を規定してしまうことは、不可能というよりも誤りを犯すことでもあろう。そこで、ここではともかくも近隣関係の意味を規定する後背条件を一、二整理し、問題と思われる点を指摘するに止めたい。

一般に近隣の関係は、農村において濃密で都市において希薄であるといわれる。都市の中でも下町や商店街に濃く、山手住宅地・郊外住宅地に薄いという。とすれば、郊外を中心とした新しい住宅地の典型である団地の近隣関係は、希薄でむしろあたりまえということになる。デンマークの都市計画家ラスムッセンも、近隣関係は地方の集落・芸術家部落・スラムにおいて濃密であり、郊外住宅地において希薄であることを実証的に示している。

農村の近隣関係が濃密なことは、農民が強く土地にしばりつけられており、土地を捨てることはできないこと、したがって生活圏がきわめて狭いこと、そこでの村八分は決定的な打撃を意味することなど、つまり一口にいって、〝近隣的結合が生活上の保障に直結する〟という事実によって基本的に説明できる。

これに対して、都市の住宅地の近隣関係が薄いことは、職場と住宅が分離しているところから、住宅地における近隣関係がなんら生活保障を意味しない上に、嫌なら転宅の自由もあることなどによって基本的に説明される。都市の場合、職場やら、あちこちに住む親類やら、いろいろなところにつきあいがひろがっていて、つきあいには不自由しないことも大きい理由となる。この中で都市の勤労者にとって職域集団がもっている力は、わが国の場合とくに大きいようである。職場はめったなことでは変えないし、また変えられもしない。その結果として、職場の人間関係はいやでも強い意味を帯び、人びとを支配する。職場の関係から解放された時にまで、また近隣関係をもとうとは思わないのであろう。

こう見てくれば、職場をもたない主婦の場合は事情が一変することは明らかである。しかし、わが国の場合、伝統的な血縁主義が強く残存している結果として、主婦の実家依存の傾向が強いことが、近隣関係を育てないもう一つの要因になっているという。増田光吉氏は西宮団地における調査において、主婦の実家へ帰る回数と近隣関係に対する態度の関係を分析した結果、近隣関係に対して好意的な態度のグループには、実家にあまり帰らぬものが多く、反対に否定的ないし消極的なグループには、実家へしばしば帰る者の多いことを明らかにしている。

これら職場の集団や親族が、個人に対してもつ力は、社会的な条件によって変化する筈のものである。例えば、職場を簡単に変えることができる条件がととのえば、当然、職場集団の支配力は小さくなろうし、現に一部の欧米諸国はそうらしい。また親子の関係にしたところで、大きく変ってきたし、今も変りつつある。とすれば、近隣集団のもつ意味にしたところで、それにつれて変っていくものとみるべきであろう。

ところで、近隣関係を弱いものにすると考えられているもう一つの要因は、個人主義的、ないしは家族中心主義的な思想傾向である。増田氏の言葉を借りれば、求心的なホーム・メーキングへの傾斜である。これは、これまでに述べたいくつかの要因が外的なそれであるのに対し、いわば内的な要因といえるだろう。個人主義・家族中心主義は、もとより外に対してはプライバシーを要求するし、またそれなしには決して育たない。

近隣関係を、個人の確立・個人の成長との関連で最も鋭く分析したのは、やはりホワイトの『オーガニゼイション・マン』であろう。ホワイトの調査によれば、アメリカの郊外住宅地パーク・クオレストでは、濃密な小集団が無数に育ち、隣人はすさまじいまでに活発なゆききを展開している。そしてそれが魅力として住宅地の宣伝にも使われ、事実人びとはそうした近隣関係を求めて移住してくる。そこにもはやプライバシーは存在しないが、人びとはむしろそれを受入れ、ひたすら協調的に生き、またそれによりかかる。その結果、個人はまったく仲間のつきあいの中に没入し、同質化してしまうという。ホワイトは終局的に、この「個人のそう失に」対して警告を発しているわけである（アメリカの項参照）。

アメリカの住宅地におけるこうした様相は、わが国の場合とずい分異っている。その原因については、すでに述べたような外的条件もあろう。また団地そのものが、わが国の場合ではいわば市街地からはみ出し追出される形で形成され、人びとは仕方なしに、あるいは偶然にそこに住むのに対し、アメリカの場合は、積極的に郊外に住もうとする人びとの集まりとして、郊外住宅地が形成されていることも大きな要因と考えられる。しかし、さきにも述べたように、わが国の現在の近隣関係にしても、決して固定的なものではなく、例え緩慢にせよ変化発展していくものにちがいない。そのときに、近隣関係は、他のいろいろな集団とも合わせて、人間の発展における「個」と「協調・協働」の交互循環の過程の中で、おのずから相応の地位が与えられていくことになるであろう。こうした背景のもとにあって、団地という新しいすまいの中で、人びとがどのような近隣関係を定着させてゆくかは、まさに今後の問題というほかはない。

この節では、はじめに、近隣関係が住戸形式や棟の配置技法によって影響をうけることを述べたが、最後にもう一言この問題にふれたい。東京の下町を調査した英国のすぐれた社会学者ドーアは、彼の調査した地区において近隣関係がきわめて濃密なことを記し、こういっている。

「家が互に近隣し、壁が木でできている関係上、お祈りをしても、パーティをひらいても、悲しんでも、けんかをしても、それを隣人に聞かれないようにすることは出来ない。（中略）プライバシーが保たれないとすれば、親しくするより仕方がない。だからどの家も皆あけっ放しなのだ。（R・P・ドーア著　青井和夫・塚本哲人訳『都市の日本人』一九六二。傍点筆者）

団地はコンクリートでしっかりと仕切られてはいる。しかし密集していることに変りはない。階段のつけ方、廊下のつけ方、住戸単位の組合せ方、棟配置のグルーピングの仕方、集会所のつくり方など、設計の仕方一つで社会的な接触量は多くも少なくもできる。現に、庭続きのテラスハウスは、フラットに比べて接触量の多いことはすでに述べた通りである。これを、社交型の人がテラスハウスを選んでいるとみなすことは危険である。テラスハウスが人びとを社交的にしたとみることの方がむしろ近いのではないか。とすれば、団地という新しいすまいの中で、人びとが好ましい近隣関係のあり方をどのように考え、どのように評価し、そしてどのように期待するかという問題は、じつは明日の団地計画をつくりあげてゆく道筋の上で、きわめて重要な鍵となっていく問題なのである。

（栗原嘉一郎）

5　社会生活と団地生活

生活のひろがり

生活の分化

〝居住者の生活の発展を助長するような住宅地はいかにあるべきか〟ということを、団地設計の技術者や研究者たちは常に考えてきた。そこで、〝団地で営なまれる生活がどのような要求をもっているか〟ということが団地計画の最大の問題となり、出来あがる団地空間を直接決定する。

原始社会においては、住居が唯一の建築であり建物である。建物を必要とする生活行動のすべてが、この住居の中やまわりでおこなわれていた。ところが、社会生活の発展は、生活を複雑・高度にし、建築物を地域的、用途的にさまざまに分化した。近代から現在にいたる大都市の発達は、仕事の場とすまいの場を分離し、その地域をも分離せしめた。都市の商工業の仕事場や店舗では、一部では住宅と同一建物にあっても、都市勤労者といわれる人たちの場合、仕事場と住居は完全に分離され、住居は日常的な生活の休養、再生産を営む地域となった。さらに都市居住者の生活をみると、倉沢進氏は、「ホワイト・カラー層はまさに都市的である。夫婦中心的・平等的家族、近隣・地域社会への無関心、完全に分離された家庭と職場などの面で」と述べる（講座社会学『家族・村落・都市』）。さらに都市の流動として、「流動のうち最も巨大なのはいうまでもなく通勤であり、これについでは、買物、娯楽を求めての流動である。……流動はまたこのような地域的性格とともに、時間の面からも見ることができる。……ホワイト・カラー層が出勤する。……都市社会の昼が展開する。ビル街で、工場街で。そして住宅地域では主婦を中心とした近隣関係が展開する。五時を合図として、……巷に群衆を生みだす。都市社会の夜がくりひろげられ、中心は産業組織から群衆と家族、随意集団へ、ビル街や工場から繁華街へ、そして、それほど目立たないが各種の随意集団へさらに移行する。……これに子供の遊びが地域社会で展開される」とあらわしている。このような状況は、『余暇』『町内会・部落会』（ともに生活科学調査会編）、講座「現代日本の分析一、日本の社会（福武直編）」などでも、視野や深さ、あるいは時点の違いはあるにせよ説明されている。

生活における団地の受持ち量

さて、団地の生活にも、個人としての生活、家族とのつながりにおけ

図11　社会生活量と二次接触量の平均値

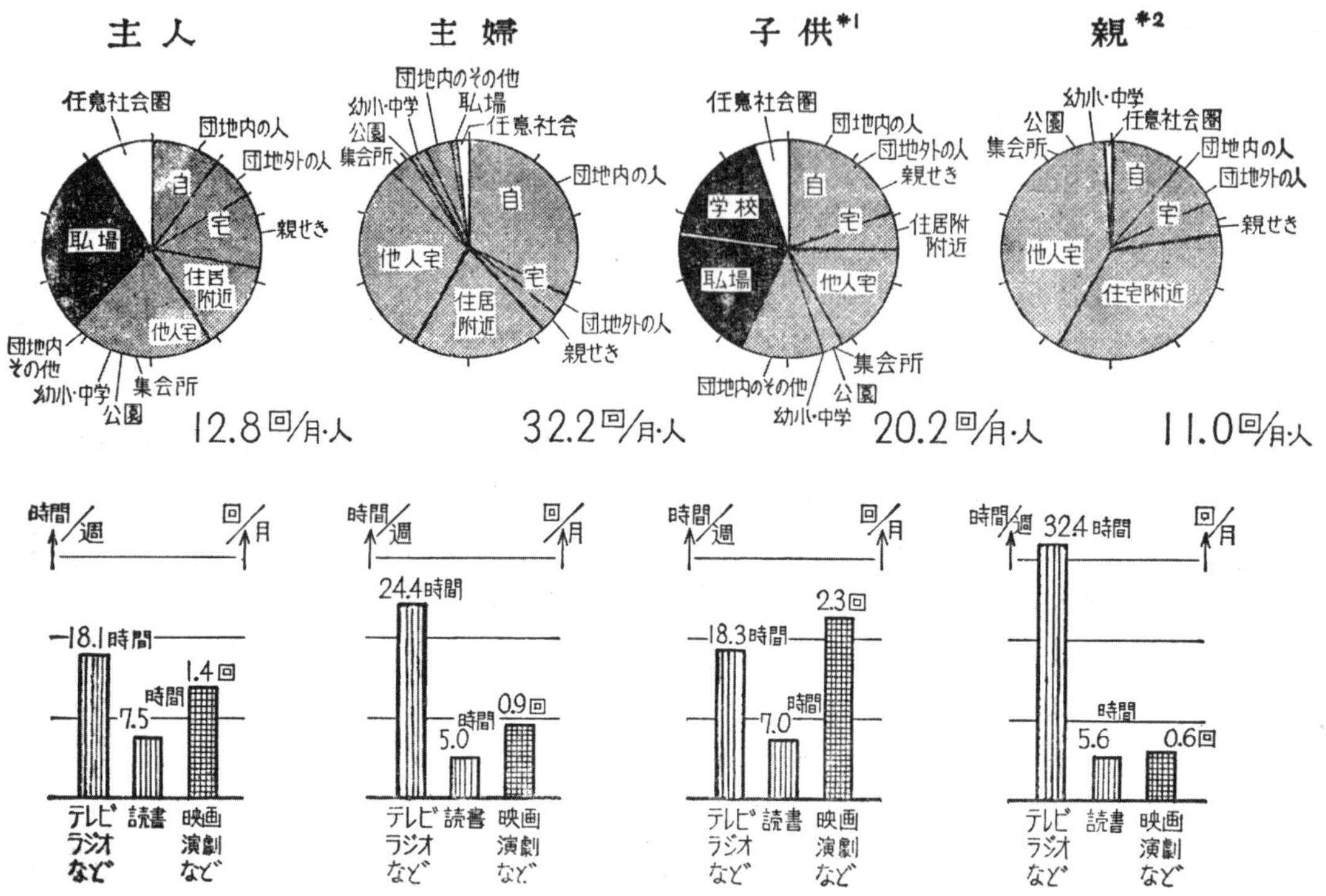

※1　ここにいう子供とは義務教育終了以上の未婚成人のこと　　※2　世帯主夫婦の親すなわち老人

る生活、何らかの意味で他の人と接触しておこなう生活がある。この内、個人だけの生活や家族とのつながりにおける生活については、住居は家族に対応するものという以上の考えが現在見出されない。もちろん純個人的生活や家族だけの生活にしても、住宅や団地から排出されたり、あるいは他の人とおこなう生活との対立の上で減少したり増加したりする。例えば、個人的娯楽においても団地外ですませたり、家族とのレクリエーションも、時にドライブやハイキングの形で郊外へ出たりする。しかしここでは主として人との接触、広くいって社会生活の面について、

一、全体の生活の中の住宅地生活のみで、団地の生活像と考えてよいか。

二、主人・主婦・子供・老人にとって団地が受持つ生活量はどう違うのだろうか。

ということを考えてみたい。

他人とおこなう余暇生活は、現在の団地が受持つ機能のうちで、量的にも質的にも最も変化がはげしく前節の人間関係と表裏一体となって問題となるところであろう。こうした面については種々の個別調査がおこなわれているが、ここでは一人の人間が余暇時間に他人と一緒におこなった生活を全体的にとらえ、そのうち団地がどれ位の比重を受持っているかを考察してみよう。これはすでに前節に一部が述べられた私たちの近畿某団地調査による分析である。ここで一人の人がおこなう社会生活の全体量というのは、労働時間・通勤・睡眠・生理行為の時間以外に、他人と会って話をしたり、趣味や娯楽をおこなったり、買物やＰＴＡに誘いあって出かけたり、人と一緒に講習をうけたりして、ともかく他人と一緒に何かをしたというもののすべてを一カ月当りの回数で数えたものである。回数でとることにはいろいろと問題もあると思わるが、まず生活圏の中で「ある」か「ない」かからみるために、一応この調査ではこうしてみたものである。

結果を平均値で示したのが図11である。まず主人・主婦・子供・親によって社会生活の量そのものが相当に違うことが目につく。このことは経済企画庁の消費者動向予測調査（三五年八月）が示すような一日の余暇時間三〜四時間が国民の平均値としても、それぞれの人がもっている社会生活の条件で相当にその内容や量が違ってくることを示している。主人は勤務時間・通勤時間の制約、そして疲れての帰宅後は家族団らんやごろ寝など。主婦は家事時間があるといっても家事の合理化も含めてとにかく時間が自由になるといったことの条件が結果にあらわれているようだ。それにしても老年期に入った親たちの社会生活量が少ないことには注意が必要である。

つぎに他人との社会生活をどのような場所で展開しているかを見ると、主人の社会圏が最も広く、ついで子供であり、主婦や親はほとんど日常の社会生活が団地内でおこなわれていることがわかる。主婦や親の社会圏が職場にひろがらないのは当然としても、他の任意社会圏へのひろがりもほとんどもたず、ひたすら団地内に集中している点は充分注目されるべきだと思う。つぎに主人や子供（未婚成年層）の場合でも、団地内の比率が意外に高いのには驚かされる。それが他人とともにおこなう生活であるのに。もっとも、これは相手が近所の人だということでは必らずしもなく、職場や学校の関係が団地に持込まれたものもすべて含まれている。しかし、それはともかくとして、一口にプライバシー型といわれる団地居住者が、団地内、それも接客などによる住宅内での生活量が多いことは興味あることである。プライバシーといっても、施設のたり

図12　社会生活のおこなわれる場所（個人別プロット）

(A) 主人

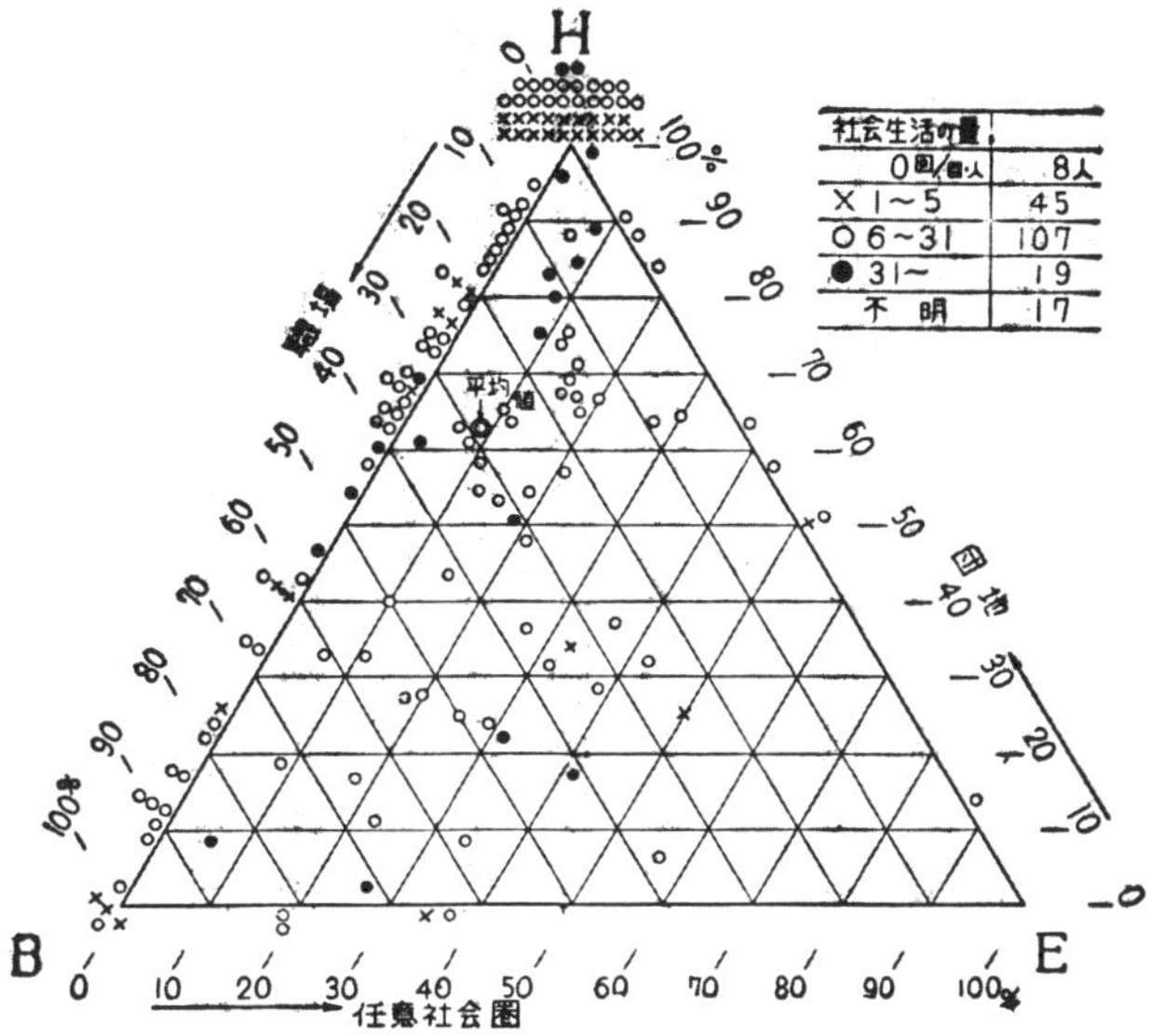

(B) 主婦

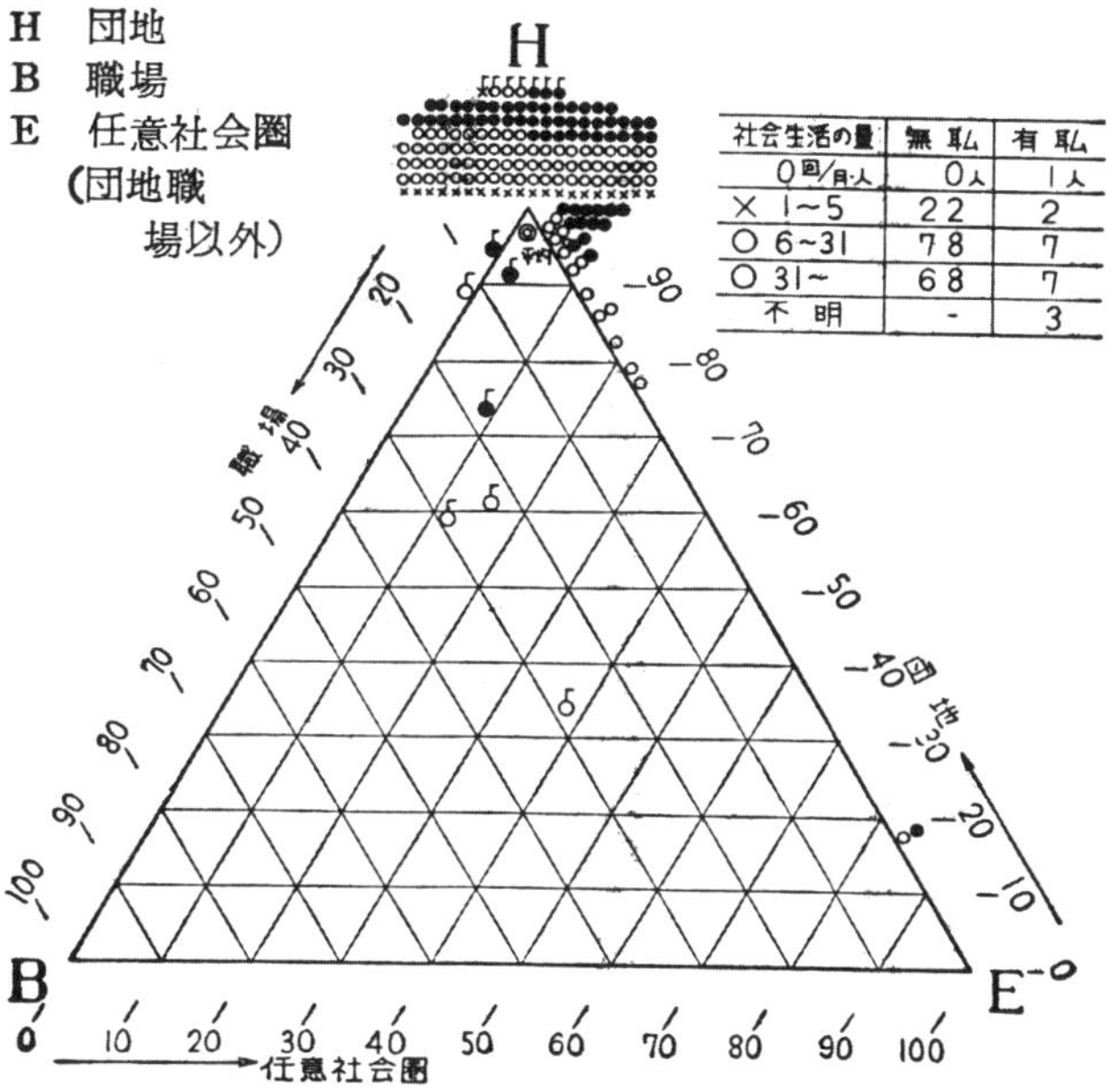

ない団地では、興味を同じくする人との生活に対しても住宅を提供しなければ仕方がないのかもしれない。

一方、社会との接触ということでは、直接に他人といっしょに活動しなくても、ラジオやテレビなどの二次接触によってある程度満すことはできよう。図11をみると、テレビなどにさかれる時間は全体に相当量であるが、とくに注目をひくのは、社会生活や人間関係の量などのすべてにおいて低い値を示した親がここではじめて一日当りにして四、五時間と第一位になることである。ついで主婦であるが、社会圏の広い主人や子供は第二次接触がやや少なくなることはうなずける。

団地人の型

以上から団地居住者の社会生活の全体の様子はわかったが、これはあくまで平均値での話であり、団地の人たちの生活がみなこのようだということでは決してない。

団地居住者はホワイト・カラー層であるといっても、ひとりひとりは家族の人数・学歴・生活歴・年令・収入・職場関係・職種・個人的性格などの条件の違いがある。

したがって生活の型には当然種々の型があると思われる。この中に明日の団地を要求する人たちもいるだろう。そこで主人と主婦の場合についてひとりひとりがどんな場所で社会生活をくりひろげているかをプロットしたのが図12である。

まずこの図の主人の方の場合をみると、図11に示した平均値などは実はあまり意味がなく、実際はいろいろのちがった生活の型が混在したものであることがわかる。

この人たちを社会生活の型に分類してみると、大きくつぎのようになる。

㈠「団地中心型」の人たち。
例えば、会社の帰りに友だちと麻雀をしたり、あるいは日曜日に人とハイキングにいったりはしないし、職場でもバレーやコーラスなどはおこなわない。ときに団地へ友人を呼んでくることはあるが、ともかく仕事が終れば団地すなわち住宅へ帰るような人である。

㈡主としてHとBを結ぶ線上にある「団地・職場型」の人たち。
この人たちは団地と職場に余暇の社会生活がひろがるが、街頭にはまだ出ていない。

㈢職場中心型の人たち。
人との余暇活動はもっぱら職場ですませて家庭へ帰ってくる人たち。

㈣BとEの線上に少しみられる職場・任意社会圏型。
団地内では他の人と交際しないが職場と任意社会圏の場所でおこなう人たち。

㈤少数のEとHの線上にみられる団地・任意社会圏型の人たち。

㈥全然いなかったが、任意社会圏型の人。

㈦三つの空間での比重は異るが、とにかくいずれの場所でも余暇生活をおこなう生活拡大型（三角形の中の人たち）。

㈧最後に全然そのような人との接触による余暇生活をもたない型の人びと。

さてこれでみても、社会生活を営む場として、団地に全然左右されない人たちは少なく、むしろ関係のある人が多いことがわかる。また社会生活圏が団地内に限られる人は、社会生活量が少ない傾向がある。以上からともかくも生活が要求する住宅地計画は、単純な生活のイメージのみを頼りにできなくなることがわかろう。

主婦は現在の時点では主人と比べて全く事情が一変している。職場をもっていない主婦が約九〇%であったのだから生活圏が職場へひろがらないのは当り前として、団地内だけが自分の余暇の全社会生活圏となっている人たちのなんと多いことか。また有職の主婦をみても主人と違って団地内の比重が全体に大きい。なお図は省略したが、子供は主人の場合と、親は無職の主婦の場合と同様と考えてよい。

このようにいろいろの生活型をもった人たちが団地に居住しているわけであるが、とくに主人をとってみても、今後とくに伸びるであろう生活がどの型の人かは、予断をゆるさないといったところである。

団地内の社会生活

ところで他人との社会生活の内容はどんなものなのかということを簡単に述べよう。

(一)主として住宅の棟まわりでおこなわれる階段室会議といわれる立話。いっしょにする植樹・散歩など。

(二)場所的にはすべての場所であらわれる非常に多岐にわたる趣味・娯楽・教養的なもの。

(三)特定の空間でのスポーツ。

(四)職場や集会所・小学校などでおこなわれる講演会・講習会・教習会や行事・催しもの。

(五)住宅や集会所・学校での自治会・PTA・婦人会などの集まり。

このうち全体的には(二)のような活動が圧倒的に多いのだが、主人や子供ではとくに(四)が職場や学校で多く記録された。またとくに住宅内の場合についてみると、(二)の大半がここでおこなわれるのはともかくとして、(五)もそのうちかなりの部分がここでおこなわれている。こうして住宅内での交際活動が意外に多くの量と内容のものを含んでいることは、住宅が一般に家族だけの空間だと思われているとき、注意しなければならないであろう。このことは生活構造や集団組織そのものにも問題があろうが、集会所の設置数が一〇〇〇戸（時には五〇〇戸）に一カ所、二室程度であることにもよるだろう。くわえて商業・サービス施設にしてもそれは一般市街地のように分布しているわけでなく、その内容や量においてあまり単純に整理され、つくられているためにもよるのではないだろうか。

社会生活から団地計画へ

居住者の生活から団地計画へ

このような状況の生活を受持っている団地は、今までどのようにつくられてきたのだろうか。同潤会（一九三三年～一九四一年）、住宅営団（一九四一年～一九四六年）の頃から、英国の田園都市運動から始まるニュータウンへの一連の理論や米国の近隣住区理論（一九二九年にC・A・Perryによって唱えられ、ニューヨークの郊外のラドバーンなどで実現される）やその他外国の住宅地計画論からの影響はあったが、現在までは団地規模が小さかったこともあり、住戸や棟設計にのみ追われていた。一方、都市計画は戦後の事情を反映して都市の無計画さの是正に忙しく、より大きなスケールでのマスタープラン（全体計画）づくりに力が入れられてきた。このような状況下にあってそのあいだをつなぐ団地設計に密度がなかったといえる。そこへもってきて公団設立とともに生じてきた大規模な団地を一気に建設するという経験はわが国では歴史上、はじめてである。

このような状況の中では一つの住戸のみの計画を考えている限り、住宅地はマッチ箱をならべたものでしかない。そこでは住宅内の生活が社会との対応の上でなり立つものであることを再認識し計画理論の視野を広げなければならない。

公団の初期の進歩に貢献した技術者たちの素直な表現をかりれば、「住宅地をつくるものはユニットプランでなくてレイアウトであり、住宅計画家の理論は土地にあり云々」（「建築と社会」一九六〇年一〇月より）。また一方で、公団金沢弘真、西田隆雄氏の「住宅団地の理論と表現」（「国際建築」一九五八年一〇月）では、「人間の接触はかつてのように全面的なものではなく、自分の一部分をもって他人の一部分に接するにとどまり相互に完全な理解と愛情による結びつきは失われてしまっている」と清水幾太郎氏の言葉をかり、ここで反転して「しかしながらこのような社会的分裂と妥協しておくわけにいかないだろう」と述べ、近隣集団の形成こそ住宅団地設計の最上の原理（Most Principle）だとしている。

こうした考えをどこまで押し進めてよいものかは「近隣関係」の節にもふれたように疑問が残されるのだけれども、ともかく数千戸、あるいは、最近の住宅都市へという計画の大規模化は、生活行為の団地の受持ちやら、その中での生活様式全体やらを考えねばならなくさせてきている。

一九六〇年の公団団地設計要領（一九六一年には修正が加えられている）ではつぎのように提案されている。すなわち「住区は原則としてグルーピング、コミュニティ、クラスターの三段階の単位によって、構成する」。これを説明すると、グルーピングとは中層（4、5階程度）のアパートなら一〇〇戸から一五〇戸、テラスハウスでは五〇戸から一〇〇戸程度のまとまりでつくられ、中に幼児遊園を設けている程度のもの。コミュニティは一〇〇〇戸から一五〇〇戸のまとまりで、中に集会所・管理事務所・共同の広場（公園、児童遊園、またはその組合せ）をもち、さらに団地周辺に小学校・診療所・店舗・幼児施設がない場合にはこの中にこれら施設をもうけようとしている（現実には居住者の購買要求以下の店舗やマーケットが設けられるのみのことが多く、小学校は遠方に、幼児施設は建設後の居住者の声によってやっとつくられていることが多い）。最後にクラスターは二つ〜四つのコミュニティのまとまりをいう。規模としては、東京都下の日野団地や、大阪府下の香里団地、名古屋市の虹カ丘団地などになる。そして、小学校、中学校、綜合診療所または病院、公民館・図書館・それらの分館、レクリエーションセンター・行政施設などを設けることとして考えている。また居住者がすんでいる住戸から歩行距離一〇〇〇メートル程度を超えない位置に設けるように考えている。しかしこのうち病院や公民館、レクリエーションセンター・図書館・各種学校施設などはいまだとられたことがない。そこで建設後年を経るとともに要求がどのように出てくるかわからず、いろいろと問題になっている。したがって一般によくいわれているように団地はベッドタウンであるといっても、それはただ公団創立後一〇年たたない現在の団地がそうさせているだけなのかもしれない。

英国の団地計画

つぎに英国の団地や新都市の計画において、生活との対応がどのように考えられているかをみると、大きくは図13・図14が語っているところであろう。図13は英国最初のニュータウンのスティフネイジの場合で、都市を近隣住区単位で構成している。各単位の受持っている施設は小学校や商店などの比重が図14に比べて相当に重く、各単位毎で生活の相当量が完結されていくのがよいだろうという考え方である。

これに対して図14は一九六一年二月現在まだ人口六四〇〇人であるが、やがて、七万人になる最も最近の新都市カンバナールドの場合である。「それまでのニュータウンは都市生活の場でなく都市的でない。かといって田園的でもない。中途半端で未完成の都市である」といったいくつかの論争の中から、都市らしさ（Urbanity）と田園らしさを人間生活に合してつくることを意図しているといわれる。前者に比べ、都市生活の公共的生活の多くを中心部一カ所に集めて受持たしたものである。これは公共施設を分散させると一つ一つが淋しいもので魅力がなくなることが多いところから、これを都市中心部に集めて施設の多様化と豊富さをめざそうとしている計画である。ただしこれについては自動車化の条件を前提としている。この場合多くの生活施設が二三〇〇戸の住宅群の中から出ていくが、二、三の多用途な機能をもつ小商店やクラブハウスなどは依然として住宅のごく近くに分散させられている。しかしその位置は住宅の中心部というのではなく、都市センターへ人びとを結びつける道路に沿って設けられている。つまり自給自足の色合いの強い近隣住宅区の原理によって生活を考えていた場合と違い、都市全体を一つの基準単位にして、種々の生活単位とその次元をより広い範囲で自由に秩序づけていこうとする考えともいえるだろう。いいかえれば現代の都市生活にあった都市を求める一つの試みであろう。

　都市生活を容れる型として二者のうちどちらが好ましいかはまだ今のところわからない。ちなみに近隣住区の中の生活が、生活を豊かにしているという意見も一部で示されており、また初期の新都市ハーロウが二世三世の子供たちが生れ、工場誘致がうまくいくとともに落着きだしたともいわれる。一方で後者のような型の都市もつくられつつある。結局グレァム・シャンクランドが他の論文で述べているように、「新都市は、人びとの生活をコミュニティの中で反映し、そして向上しつつある一連の生活水準、進歩してゆく生活様式に合わせることにより、計画が提案出来る」の言葉が、現在の英国の住宅地計画の進歩を代表しているといえるだろう。

（以上二つの新都市に関する資料は、Graeme Shankland; New Prospects for New Towns, Architecture and Building, 1959.11 および Paul Ritter; Planning : Social and Recreational, Architect's Journal, 1960.10~1961.2 を主として参考にした）

わが国の場合にも生活圏に対する考え方に対して都市計画研究者の日

図13　英国最初のニュータウン・スティフネイジ

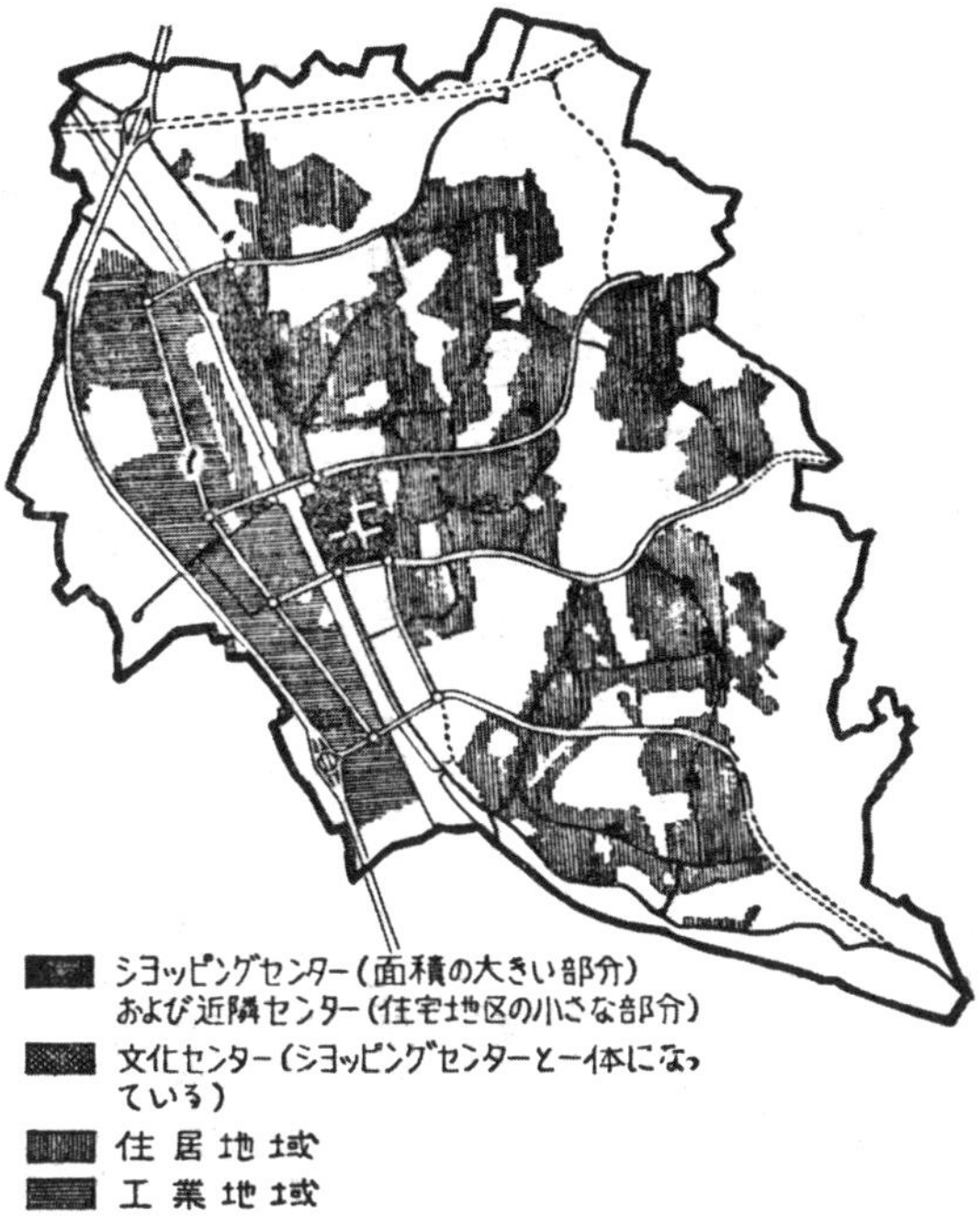

近隣住区論による計画
（人口：60000人　許容人口：80000人）

図14　一番最近のニュータウン・カンバナールド

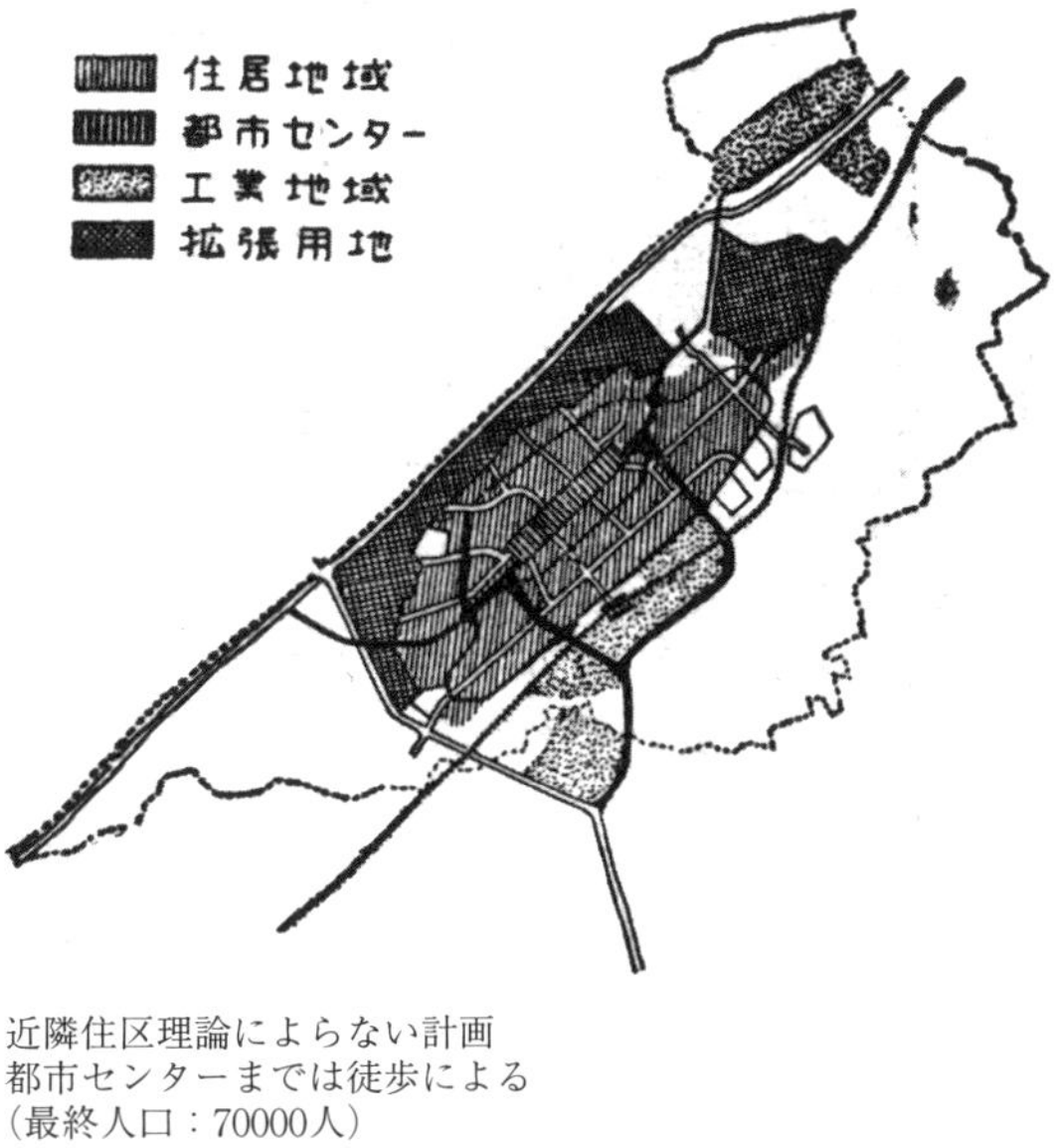

近隣住区理論によらない計画
都市センターまでは徒歩による
（最終人口：70000人）

笠氏は「都市小学校区（八〇〇〇から一万人）は計画単位としてそれは比較的明確であるが、それ以下の単位は社会的にも生活圏構成からもほとんど意味がなく、ただ公衆浴場や幼児遊園などの施設の配置の単位としてしか意味がなくなってくるので、これを今日わが国の住宅地の計画単位として取り上げることは研究の余地がある」（『建築学体系』27巻一九五五）と述べている。以上生活の変化が団地を変えていくものであることがわかる。

さて人間関係において近隣集団・地域集団を一人の現代人にとって第一の要求にすることはもはや疑問であり、これを押しだした団地構成論による配置計画は意味を失うだろうと述べる人たちが多いようだ。しかし現実の近隣関係や生活行動についてはすでに考察したように主婦の場合などにかなりの地縁性がみられることでもあり、さらに明日の都市の生活構造にまで考えを進めてゆくならば、はたしてそういいきってしまってよいかどうかには疑問があろう。

例えば大きな流れとしての労働時間の短縮（週五日制など）などによって生活の構造は、さらに変化していくであろう。それによって職場と住宅地のつながりや意味も変化し、結果として住宅地の受持ちも変ってくるであろう。現在の方式で単純に空間的な意味での生活圏だけを切離していく生活分化が快適な都市生活かどうかはまだわからないといえるだろう。やはり団地計画は社会計画・都市計画・地域計画との関連で多次元の都市生活をどのように秩序づけていくかが重要であるし、さらにそれが空間との対応で住宅一戸にまで到達する密度の高い計画でありたい。いいかえれば「あすの生活構造の要求をもつ居住者」とともに団地は進歩するといえよう。

（多胡　進）

III　団地の新しいモラル・その条件

1　団地の機能

団地居住者の変化

まえがき

人が住居を定めるにあたって、まず土地をもち、その上に家をもつ、というのがいちばん安定した方法だろう。こうして安定した固有の財産たる家が代々伝えられるというのが、古い静止的な社会の〝すまい〟のありかたである。しかし、人口・産業の集中する都会で土地はそう簡単に買えないものとなり、土地だけは賃借してその上に家をもつものもでてくる。家をもつこともむずかしいとなって、土地も家も借りものということになる（封建時代には、借りるということは、貸すものに対する一種の服従的な立場になることでもあった。江戸時代の武家屋敷に附随した長屋とか、地守、家守―大家―店子という一応の契約関係にある町の表長屋・裏長屋といったものにしても、すまいを貸し与える立場は、その居住者に対する身分上・行政上の管理者の役割をも有していた）。

都市の中に住宅を通じて代々の格式・身分差・偏見などをもって、大きな家・小さな家・自分の家・他人の家などに居住し、混然となって動きの少ない小さな一町内単位を形作っていたのが、これまでの住宅地のパターンだとすれば、団地はその居住者のすべてが〝借りる者〟だけの集まりからなるという点で特異である。これらの居住者は、純粋な住宅の賃貸借契約の関係においてのみ住宅所有者に対するわけである。彼らはそれぞれ都心の有力な企業体や公的機関に勤務し、その組織の一員として中堅的なサラリーマンとして生活している。彼らの生産的な〝稼ぎ〟の場所と、〝休養〟のための団地とは切離されているが、俸給生活者の生活が、その属する組織の要請によりかなり流動性が大きいのと同様に、彼らの居住地も、そのときどきに変らなければならない。住宅には社会的な体面を維持したり、公的な社交の場を持込んだりする必要がなくなり、純粋な住居の機能を果せばよく、また住宅の修繕改良、共益的な施設の維持なども各居住者がいちいち手をくだすことなく、一定の機関による定常的なサービス業務に転嫁してしまうことが望ましい。

このように住宅を、一個の居住のための機械として運営しようという要請にマッチすべくつくられたのが団地であるともいえる。

さて、団地というものがこれまでの都市の住宅地と異る点は、一群の大きな集合住宅がこつ然と一年ないし二年といった短時日のあいだにつくられ、新しい町が誕生し、生活をはじめること、しかも、これらの居住者たちは、広大な大都市の中のどこからともなく、まったく見知らぬ無縁の人たちが、何かにひきつけられるように集まってなに事もなく平穏無事な、豊かでモダンな都市生活を営みはじめることである。

平穏な生活といっても、これらの人たちの多くは都心に職場をもち、いろんな組織や団地に属し、子弟は遠くの有名学校に通っているから、日常の行動圏の広いダイナミックな活動をしている〝都会人〟である（表1・図1）。

それに、これらの団地居住者が、この新しい団地ずまいを、彼らの住居の終着点と考えてなどいないことはもちろんで、せいぜい今日の住宅難からの一時的な避難場所か、人生の栄達のための足溜りとして団地を選んでいる。だからその居住者たちが、それほど長くない周期をもって交代し入れかわってゆくことを考慮にいれないで、団地社会の全体像を描きだすことはできない。

しかし、団地居住者の生活構造・社会構造の動態的把握はなかなかむずかしい。住宅公団が住宅団地を大量に建設して、いわゆる「ダンチ族」簇生の歴史をつくりはじめてからもう約七年になるけれども、団地居住者が都市社会の中でどのような社会構造的位置を占めるようになるか、団地の内外のどのような要因によって左右されて変化してゆくかということを正確にいいあてるには、もう少し気の長い観察を待たなければならない。本章では、団地を建設し、管理をはじめてから数年ごとの実態調査の資料を組合せて、おおまかな居住者の変化をたどってみるが、団地の内部構造の変化は、都市の全般の住宅事情など、外部社会の様相にかなり影響される（住宅難がきびしければきびしいほど、団地居住者も動きを失って、団地ずまいの全般も歪んだものにならざるをえない）。

団地社会というものは、元来流動的な性格によって成立っているのだが、それは団地社会自体の自律的な流動をするのでなく、都市全体の状況におぶさった流動をするのである。だから、団地居住者の変化の過程も、単純なダンチ族調査だけから得られるものでもない。

アメリカの場合、高級住宅地に一人の黒人が住みつくと、急速にその住宅地から白人が移転しはじめるというが、わが国の団地の場合には、そんな人種偏見によるインパクトはないにしても、何かの社会状況によっては——例えば大量な宅地供給とか、創造的な都市改造などのインパクトにより——相対的に今日の団地居住者は、再び都市のどこかに消えてしまうかも知れない。それとも団地は近代スラムと化すかもしれない。そのせまさ、ゴチャゴチャと建てこんだ味気ないコンクリートのマスによって……。

今日の住宅団地は、新しい都市生活のありかたについて一つのヴィジョンを明らかにしたということで大きな意義があるし、これは、日本の建築家・プランナーの功績とされようが、この団地が将来とも都市中間層の生活の容器として耐えうるかについては疑問である。むしろ、この団地自体、不都合な都市の混乱が生んだ奇形的な解決の姿といってよいのかもしれない。

　このような前提をおきながら、とにかくも今日の団地が〝庶民の夢〟であるということは否定できない。団地は都市社会のほんの一部にしかすぎないとしても、この新しいすまいを通して、将来の庶民の都市生活を考えることが〝現実的〟であるとも考える。だからわれわれも、いちおう今日の団地の〝成果〟の上にたってその構造の展望を考えるわけである。

家族の構成

今日の団地の動きを示すため、若干の具体的な数字をあげよう。

　団地が一時的なすまいだとしても、その短い時期においても居住者の世帯構造は変化し、社会構成もかなり活発に変容してゆく。

　公団住宅の標準的なタイプである二つの寝室とダイニング・キッチンのある住宅（2DKタイプと称する）の管理開始当初の入居者の家族型は、全体の約四〇%が夫婦二人だけであり、約二〇%が夫婦と五才以下の幼児からなる家族である（図2）。夫婦と小学校までの子供のある世帯、夫婦に高等学校までの子供のある世帯はそれぞれ五%程度で、他に、夫婦と成人（しゅうと、夫婦の兄弟姉妹など）と一緒に暮している世帯とか、変形的な世帯（兄弟欠損家族など）が二〇%以上となっている。つまり、全世帯の約六〇%が夫婦だけか、幼児だけある夫婦という家族構成である。

　家族数の分布をみると、二人家族が全体の約四五%、三人家族が約三〇%となっている。

　このような一見して若くシンプルな世帯構成からなる団地の性格が、年を経るにつれて変化している有様を示したのが、図2および図3である。入居して一～二年たつと急に幼児をもつ夫婦の世帯が増して約四〇

表1　団地居住者の勤務先所在地（青戸、大久保団地）

	勤務先所在地	昭31年	昭36年
東京区部	中心部（千代田、中央、港、台東、文京）	67%	55%
	中心西部（豊島、新宿、渋谷）	4	4
	東内部（江東、墨田）	9	10
	東外部（江戸川、葛飾）	6	12
	北部（足立、北、荒川）	6	4
	西北部（練馬、板橋）	1	—
	西部（中野、杉並、世田ケ谷、目黒）	2	1
	南部（品川、大田）	3	3
東京市部		1	—
千葉県市部		1	5
横浜市		—	2
不明		—	4
計		100	100

青戸・葛飾区青戸町1
大久保・千葉県習志野市大久保町1
住宅公団、調査研究課の申込者調査及び賃貸住宅全数調査より作成

表2　継続居住の意志（大阪、香里団地）

居住の意志	男	女
できるだけいまの団地生活を続けたい	8.3	10.8
ある程度続けるつもりでいる	36.4	42.0
今のところ続けるほかない	26.5	25.6
できるだけ早く移りたい	22.2	19.0
その他	3.3	2.6
不明、無回答	3.4	0.0
計	100%	100%

『アパート団地居住者の社会心理学的研究』Ⅱ（東大辻村助教授他）より

図1　通勤通学所要時間分布

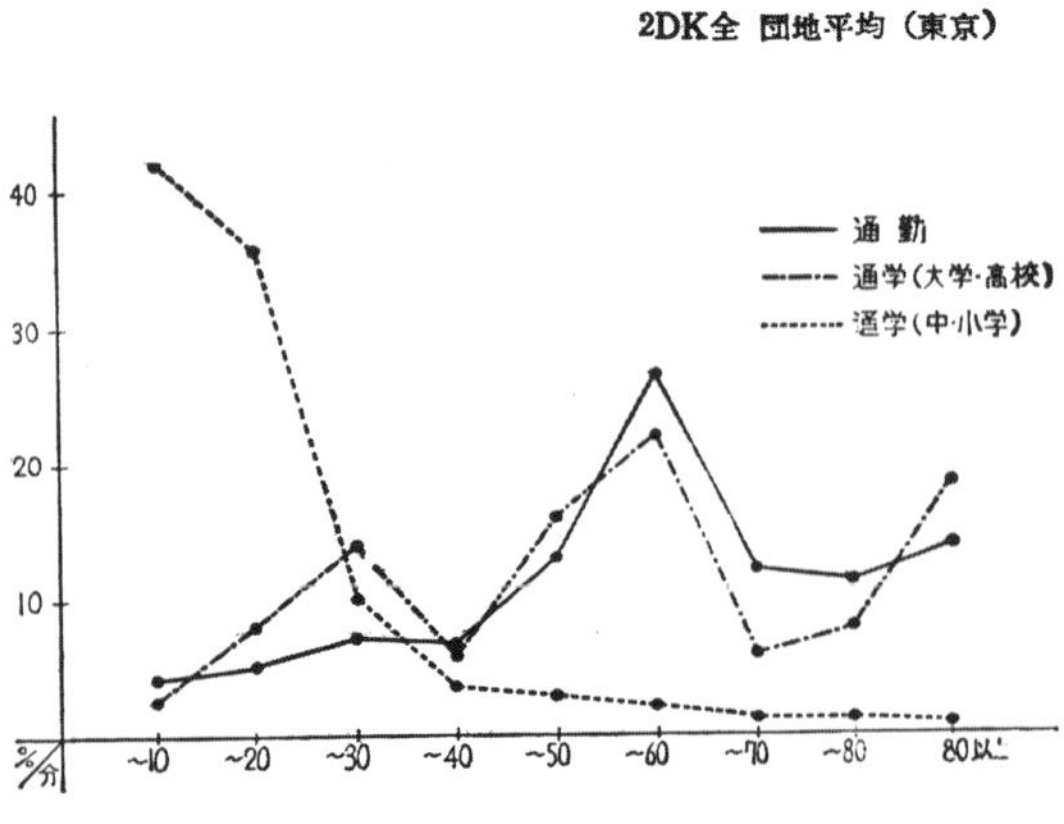

図2　家族構成の経年による変化

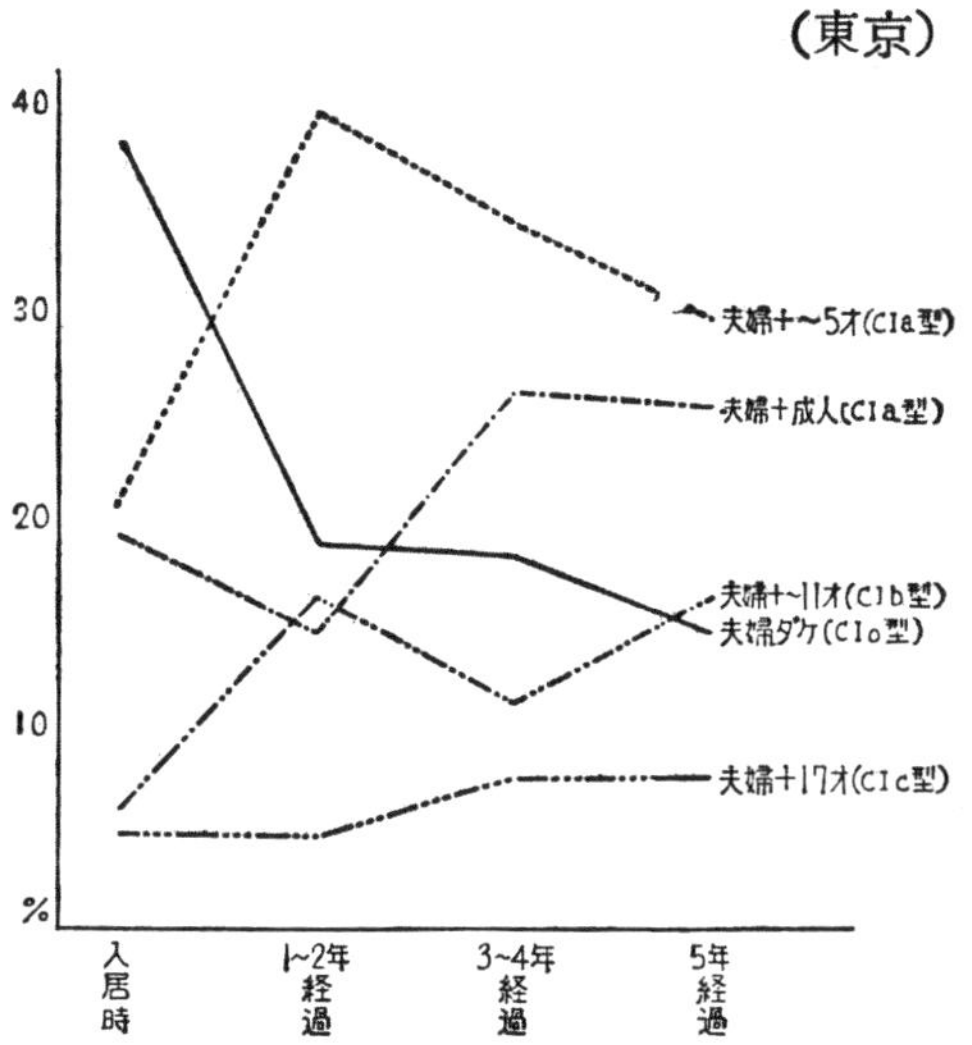

図3　団地居住者の人口（100世帯当り）

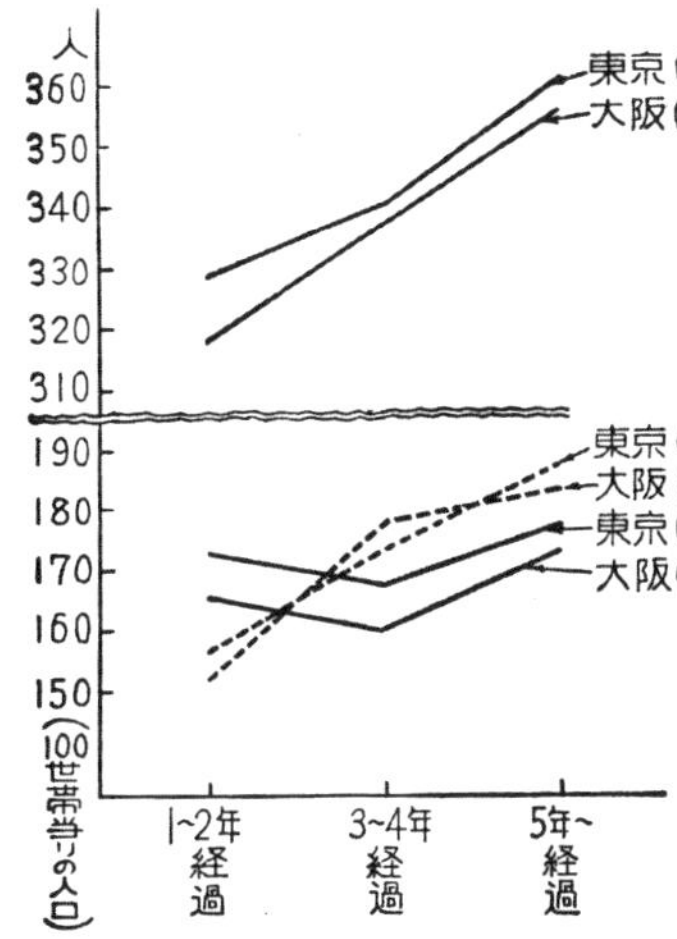

%になり、逆に夫婦だけの世帯の比率は約二〇%へと減る。以後、調査で得られた五年までの資料では、家族型別の構成比率の変化はしだいにゆるやかになりながらも、夫婦だけの世帯の比率は約一五%、夫婦と幼児の世帯は約三〇%と漸減し、小・中学生・高校生のある世帯がわずかずつふえてゆく。

このような世帯構造の全般的な変化のテンポは、居住世帯の交替のテンポにより左右され、また変化も一定のものではないだろうが、それはともかくとして、新婚早々の世帯が入居して数年のうちに子供をつくり、単純家族の場合には、子供二人位までならとにかく今の団地で充足しているという、ホワイト・カラーの家族形成の初期段階が団地において営まれているわけで、その意味で図2は、定着性の強い団地の設立当初の短期間についての世帯構成の変化のパターンを示すといってよいだろう。

このような世帯構成の変化とともに団地の人口も当然ふえてゆくが、これは団地の初期の段階では図3に示すようになっている。

単純な家族形態だけからなるものだとすれば、人口の増加は、出生による以外にありえないと考えられるのだが、統計資料でみると必ずしもそうでない。古い団地には、新しい団地よりも成人数・老人数が多く、ことに都心から近い便利な団地にこの傾向が強い。このことは団地の有業率（一世帯当りの有業人数）についても同様なことがいえる。つまり、団地は今日の段階ではかならずしも純粋に単純家族の生活の場でなく、一般都市住宅と同様に複合的家族がいりまじり、あるいは直接の家族員以外の者の寄留先ともなっていることがうかがわれる。

すまい方との関係

例えば、公団の団地の2DKという住宅型は、板敷きのダイニング・キッチンとタタミ敷きの寝室二つ（六畳・四畳半）という設計になっている。居住する中堅的ホワイト・カラーとも考えあわせて、この設計のねらいとしているのは「これまでの庶民住宅のぎりぎりの住空間である〈ねどこ〉的な段階からの最初の秩序化として生れたものであり、食事のみは独立の部屋を与えるが、なお、接客・だんらん・その他日常生活万般は、タタミの部屋のつながりをこれまでのしきたりに応じて住みこなしてゆこうとする」ものである（引用は鈴木成文『公団住宅における公私両空間の分化』より）。

一般に単純小家族の居住者には、この設計の意図は充分にうけいれられており、板張りの食事室をきらってタタミの上にチャブダイをもってきて食事をするといったようなこれまでの生活慣習を固守する傾向はない。

むしろ生活の近代化・合理化ということにさらに積極的な意欲をみせて、夫婦・子女の個性・生活の尊重・生活享受といった意識が活発である。したがって食事・だんらん・作業・勉強・読書などという家族員の個々の日常生活上の機能要求を合理的に各部屋にわりふった生活を営もうと努力している。

彼らの指向する〝すまい〟のありかたとは「男女平等・個人生活の尊重・〝たのしみ〟意識の強化といった家族生活の変化により、リビング・ルームを中心とする新しい空間構成の型が進出してきた。

これは椅子坐の食事。だんらんの居間を中心とし、私的なタタミの寝室がとりまくタイプであり、いわば住空間の公私両空間への分離の傾向とみられる…」（前掲論文より）

今日の団地アパートの設計内容は、こうして若い小家族の生活にのみ合理的に対応するわけである。

ところが現実には、年を経るにつれて家族数の増加がみられ、ことに夫婦以外の成人（しゅうと、こじゅうとなど）が一緒に住みこんでいる世帯が全体の二五％にもなることを見ると、これらはもはや、合理的な個人生活尊重の生活の場という本来の設計目的とそぐわないすまいということになる。げんに、両親と大きくなった子供とざこ寝したり、ダイニング・キッチンにフトンを敷いて寝室にしたり、はなはだしい例では、押入れの中に子供を寝かせたりというすまいかたまで報告されている。

住宅が、コンパクトに最小限のスペースで設計されるほど、その居住者の世帯構成や生活方式は、明確にその設計の意図するパターンに対応しなければならないのだが、このことは団地の場合、建設管理する側が常に規制するわけにはゆかない（入居当初に家族数や家族構成について規制することは可能だとしても、時がたつにつれて無意味になってしまう）。結局これは、居住する人たちの自覚した生活意欲に待つことになるのだが、都市の全般的な住宅難の状況の中では、いったん入ったアパートに閉じこめられてしまい、せっかく身についた合理的な生活様式が、なしくずしにされてふたたび雑居長屋に後もどりしてしまうかもしれないのである。

職業階層の構成

団地居住者の社会的なフェイスを示す統計資料によれば、知性・技術・専門的経験をもち、将来企業なり政策決定に参与するような特権的地位が象徴されているようである。

このことから団地居住者を社会構造的な類型にきめこんでしまって、いっぱしのエリート社会の典型としてしまうことはできないが、たまたま一定の収入水準を入居資格として設定したことが、居住者の集団としての性格をかくもきわだったものとしてしまうということは、今後の〝社会計画〟という観点からも注目すべきことである。

団地居住者の職業の内容・地位を示すと、表3のようになっている。夫婦の学歴が、高等教育をうけたものの比率、男八〇％、女六〇％という数字ともあわせて、将来の大衆社会のヒエラルヒーが団地に集中したかのような錯覚さえもつのは無理からぬことだ。

表3では、二寝室型の住宅（2DK）と三寝室型（3K）の住宅との居住者の職業内容を比較している。ご覧のように明らかに三寝室住宅居住者の職業的地位は、二寝室型のそれより高く、前者については、上級職員・管理職にあるものの比率が、東京の場合全体の三〇％、大阪の場合六〇％以上をも占める。

住宅の選択条件は、たんに収入水準だけであることからもたらされる必然の結果ともいえようが、収入の高いもの（職業上の位置）が住宅の質のよさ（家賃）に対応するということは、近代的公共アパートにおける奇妙な身分・格式の残さい（?）とでもいっておこうか。

つまり、団地アパートもその一見合理的な設計にもかかわらず、市民生活のすまいの機能と結びつかないで、社会的な地位に結びついてしまう可能性が高いのである。

表3　団地住居者の職業内容

	東京ひばりカ丘		大阪旭カ丘	
	2DK	3K	2DK	3K
労務・技能的職業	12	6	5	1
職員	64	57	61	24
上級職員	18	21	19	44
管理職	2	8	7	19
自由業	1	3	1	5
個人営業主	—	—	3	1
その他	1	2	2	4
無職	—	—	—	—
不明	2	3	2	2
計	100%	100%	100%	100%

住宅公団賃貸住宅調査より

地域への定着

住宅団地と職場のつながり

大都市の住宅団地は、都市周辺にまんべんなく、数百戸ないし数千戸の規模をもってまきちらされている。そしてこれらの居住者の大部分は、都市部に職場をもっており、東京の場合ホワイト・カラー業務の集中する都心（千代田・中央・港・台東・文京区）に勤務先をもつものが圧倒的な比率を占めて、毎日の交通ラッシュを助長する一因ともなっているわけだ。

しかし、団地が年々〝セット〟されてゆく過程で、団地の立地点と居住者の勤務地との関係が、いくらかずつ接近する傾向が表1から知られる。

表1は、東京東南部葛飾区と、千葉県習志野市にある二つの団地の居住者の勤務地の分布を、入居開始当時の昭和三一年と、五年後の三六年とで比較したものであるが、これでみると、東京中心部に勤務するものの比率は、三一年に六七％だったのが、三六年には五五％に減っている。そして逆に、江戸川・葛飾区など団地に近い下町に勤めるものの比率が、六％から一二％に増し、千葉県の市部に勤めるものの比率も増している。相変らずの住宅不足で、団地入居の申込み窓口は押すな押すなの盛況であり、入居申込者にとっては、どんなに不便な場所の団地でもというひっぱくした状況の中でさえ、やはり、このような団地の地域的定着の傾向がみられるのである。このように団地は、どれも表面的にはならされた一様な性格をもつようでありながら、それぞれ地域的特性をもち、地域に密着してゆくという傾向の底流があることをよく認識しなければならないのである。職場への通勤時間が、一時間・一時間半とかいう団地の立地条件が、あたかも一般には容認されきっているかのような、あるいはまた、団地周辺の社会とは隔絶した誇り高き孤城であるかのような

図4　住宅地の人気

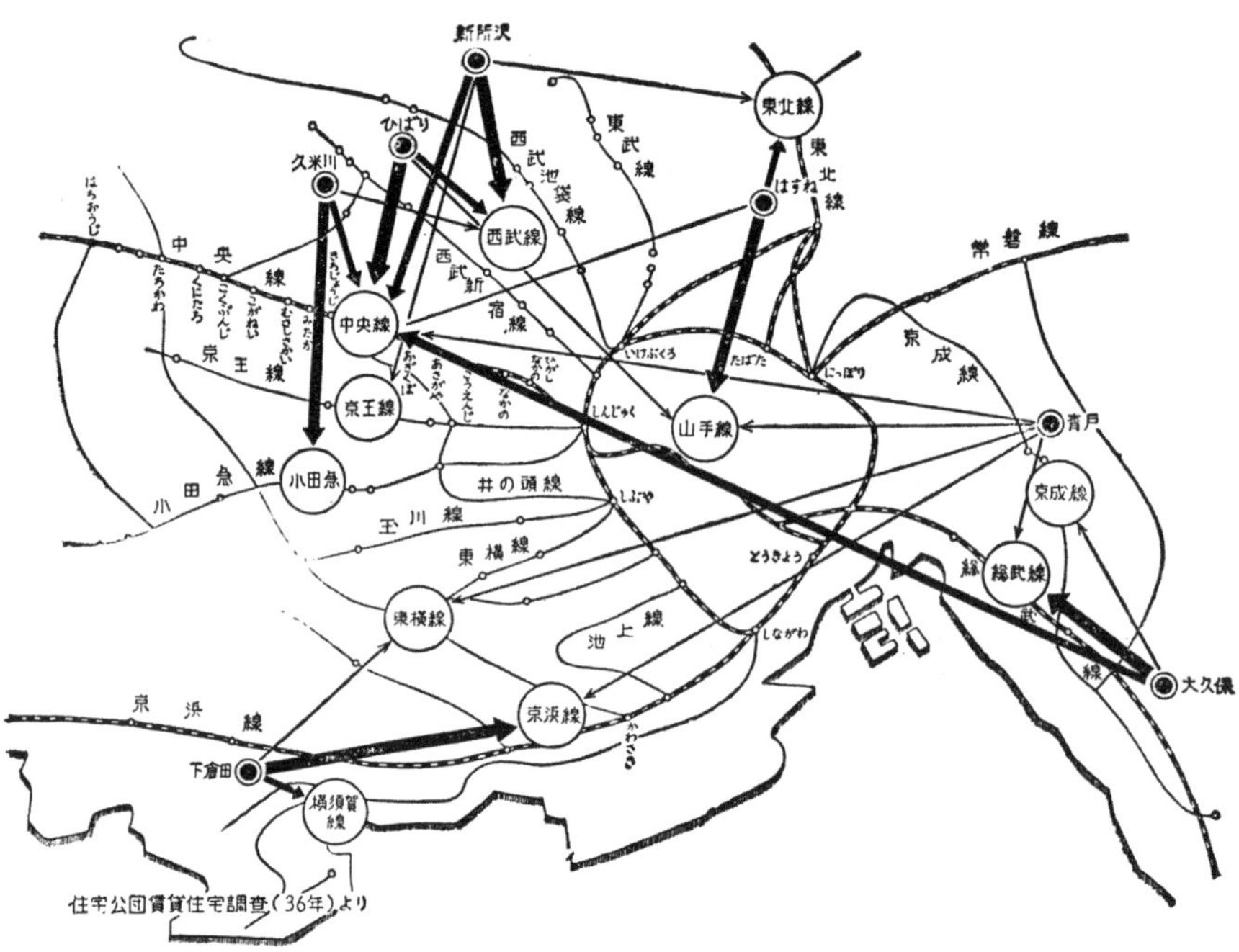

「今のアパートを移転する場合その住宅をあなたはどのような地域に求めますか」
回答は路線地域として出してもらった。図の線の太さは回答数の順位による。
なおどの路線についても都心から１時間程度、駅から10分以内の地点を希望しているものが大半である。

認識にたって、住宅団地が計画されることは誤りである。しょせん団地も地域社会の一部であり、他の社会との連携において都市計画の機能的な一翼になるべきものなのだから。

ただし、ことわっておかなければならないのは、既存の都市において住宅立地の〝人気〟の差がかなりはっきりしていることである。東京の場合には、ホワイト・カラーは住宅地として西部のいわゆる山手を理想の地としている。

住宅公団の団地は、都市のどの地域に建設するにせよ、その住宅の質、団地環境の整備のしかたなど等質であるのに、その立地点によって応募の量が異ることはもちろん、入居後の地域への帰属のしかたも異っている（図4）。

ホワイト・カラーにとって、位置すべき地域には一定の制約があるわけで、その立地いかんによっては、地域に同調できない異分子を多くかかえこんで、団地内においても、団地と周囲の社会との関係においても、疎外の度合を強くしてしまうことになる。

団地への帰属意識

昭和三一、三二年頃完成した団地について、昭和三六年三月までの居住者の移動の状況を示す一例が表4であるが、これでみると、管理を開始してから四～五年の時日しか経っていないのに、ずっと住み続けている世帯は、東京の場合で全体の六〇～七〇％、大阪の場合は三七～六六％にすぎない。東京の団地が比較的定着性が高いのは、当然住宅難という外的条件のためにいったん手にいれた入居の権利を簡単に手ばなさないこと、そのために〝団地の立地上の不便などはある程度外視される〟といったことが推察される。もちろん、サラリーマンの渡り鳥的な性格は一般的なもので、間借り・社宅・公営住宅などと移り歩き、今日の団地住宅ではむしろ――その最小限の合理性に満足して――その移動が一時的に停止するところ、といってもよいかも知れないが（二〇世帯のキャリア一覧、図5）

団地に住む世帯が、それぞれ、結婚以降団地アパートをも含めて、一つの住居に平均何年住んできたかを示すのが図6である。図の四つのカーブは、団地の入居年によって分られたものだが、三〇、三一年のグル

表４　住居者の移動状況

	団　地　名	管理開始年月	管理開始当初から36年３月まで住みつづけている世帯の比率
東京	牟　　礼	31.8	73%
	青　　戸	31.11	71%
	清水カ丘	32.1	69%
	蓮　　根	32.3	64%
	大　久　保	32.5	65%
大阪	中　宮 (2)	31.8	37%
	下　新　庄	31.12	66%
	明　　石	31.12	46%
	出　来　島	32.3	47%

図５　団地入居者任意の1.5世帯の結婚後団地入居までの住居歴（ひばりカ丘団地）

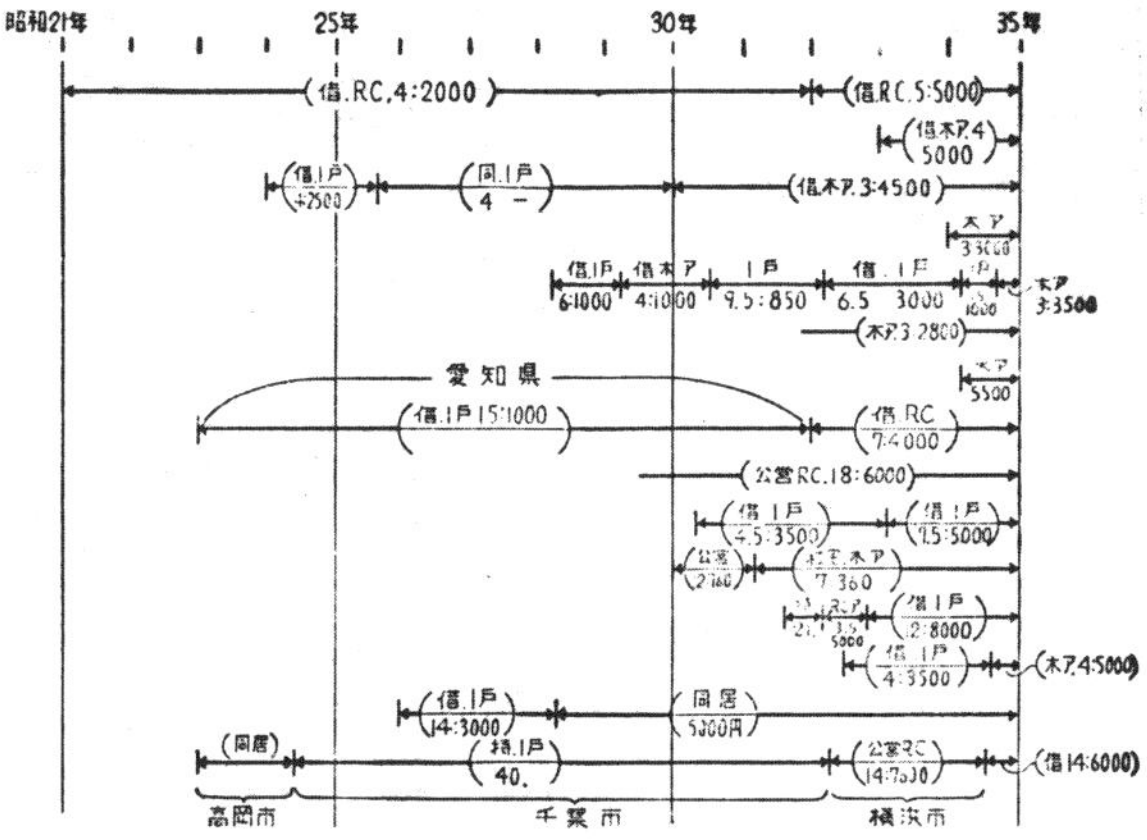

（　）内表示　借－借家　木ア－木造アパート　１戸－１戸建
数字は専有部分の広さ（坪）家賃の順
附記のないものはすべて東京都内

図６　平均居住年数（東京２ＤＫフラット）

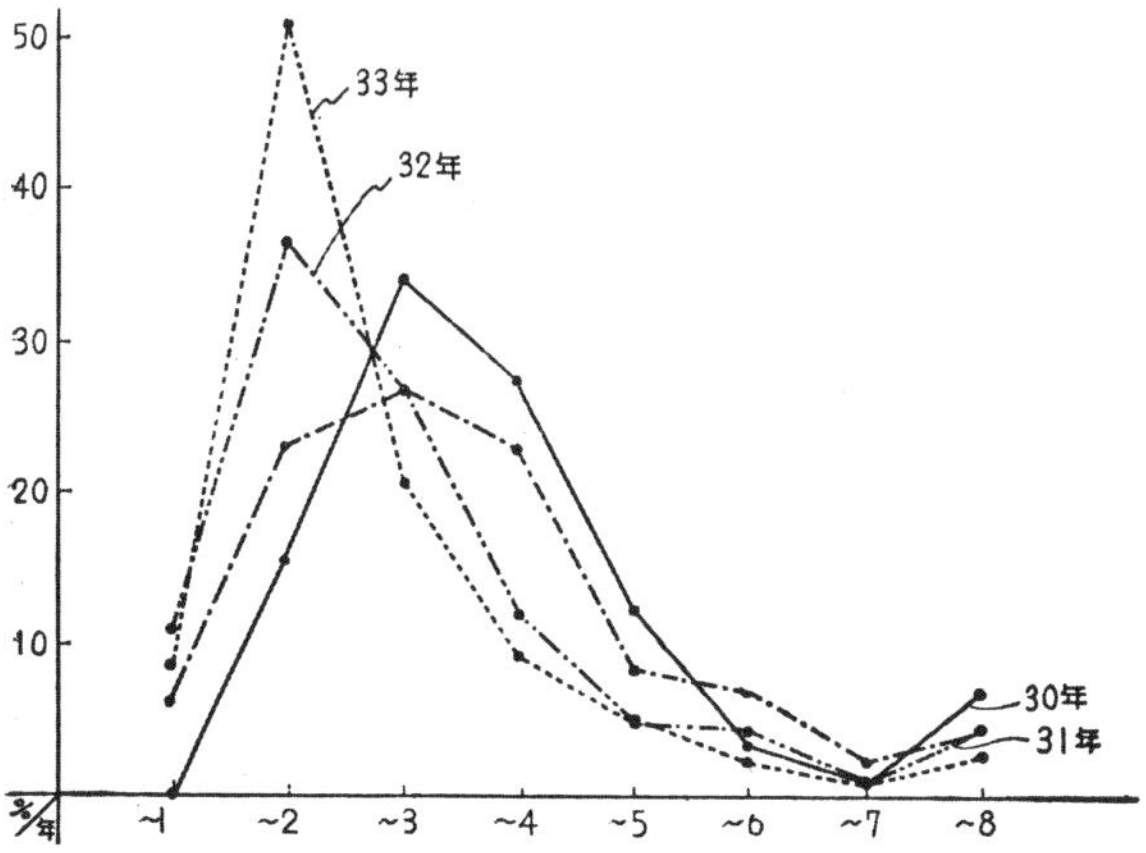

結婚後の経過年数を結婚後の住み替えの度数で除した年数

ープは、一住宅平均居住年数が三年以下の世帯が全体の約五〇％（平均一住宅居住年数はそれぞれ三・三二年、三・〇五年）、三二年入居の世帯は、一住宅平均居住年数三年以下の世帯数が全体の七四％（平均二・四八年）、三三年入居の世帯は、全体の七八％が一住宅平均三年以下（平均二・二四年）で移り住んできている。いかに都市サラリーマンの住居の変転がはげしいかがわかる。このように転々と移り住むことの背景には、一面にはサラリーマンの職業的な流動の特性があり、他面には住宅難の中でまっとうな住居をもとめての市民の〝さすらい〟のあとをも見るのである。団地に入居する前の住宅の種類・広さ・家賃などの資料を図７、図８に示したが、東京の場合、広さ平均五～七坪程度、大部分は借間といったすまいに世帯をおかなければならない多くの都市サラリーマンが、子供を生むことにもちゅうちょしたり、少しでも余裕のある住宅へと血まなこで動きまわる様相は推察にかたくない。

このような人たちにとって、団地アパートは一応の〝安住の家〟なのかもしれない。しかし、それはあくまでも一時的のことであり、団地居住者の多くが、この新しい住環境にも満足しきっていないことは表５に示すとおりである。

団地居住者の団地社会に対する〝帰属意識〟はつぎの二つのグループ

(a)　団地は一時的なすまいであって、いずれは自分の家を自分の好みによってもつことを予定しているもの

(b)　都市住宅とは、団地社会的なものが望ましいとして、団地を肯定するもの

の二つにわけて求められよう。(a)のグループは、住宅事情の緩和とともにうつり去る人たちであり、(b)のグループが本来の〝団地族〟的成長が

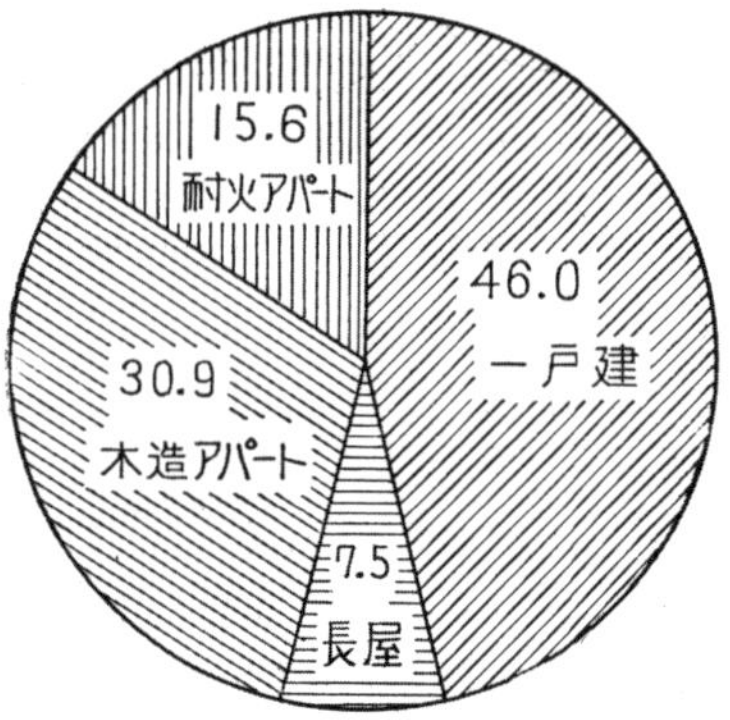

図7　公団アパートに入る前の住宅の種類
2DKフラット（東京）

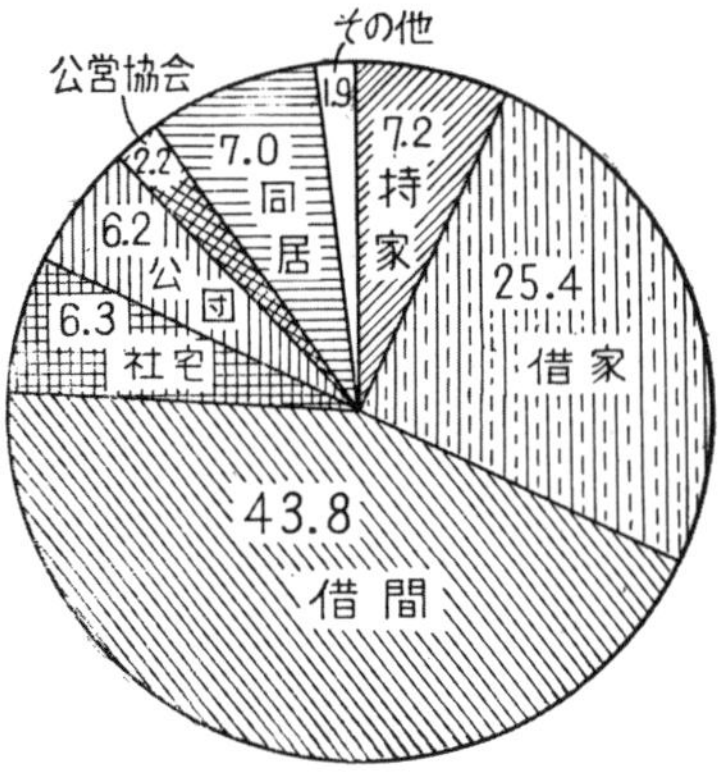

図8　公団アパートに入る前の住宅
2DKフラット（東京）

表5　移動希望（今のアパートを移りたいと思い、心あたりをさがしている）（%）

	東京					大阪			名古屋	福岡	全国
	遠隔		近郊		平均	遠隔	近郊	平均			
	南東	北西	南東	北西							
30、31年度建設団地	34	26	28	51	30	47	35	42.7	14	37	33.6
32、33年度建設団地		29	14	25	28.2	32	21	29.7	31	27	28.8
34年度建設団地		29		9	28.3	25	11	22.8	13	11	24.7
平均					28.7			33.2	21.1	29.5	29.7

期待される人たちである。そしてまたこの(b)のグループについてさらに

(b)－A　団地を都市中間層の溜り場として、大衆社会的な疎外の場として享受しながら渡りあるく

(b)－B　団地に、新しい地域共同体社会の形成を期待して、参加の意志を示すもの

とわけられよう。

(b)－Aグループと(b)－Bグループは、同じく団地に帰属意識をもちながら、その参与のしかたは正反対である。しかし、いずれにせよこの相反する態度から、団地社会の将来が組織化または分解されてゆく。これを図式的に示すと図9のようになる。

図9

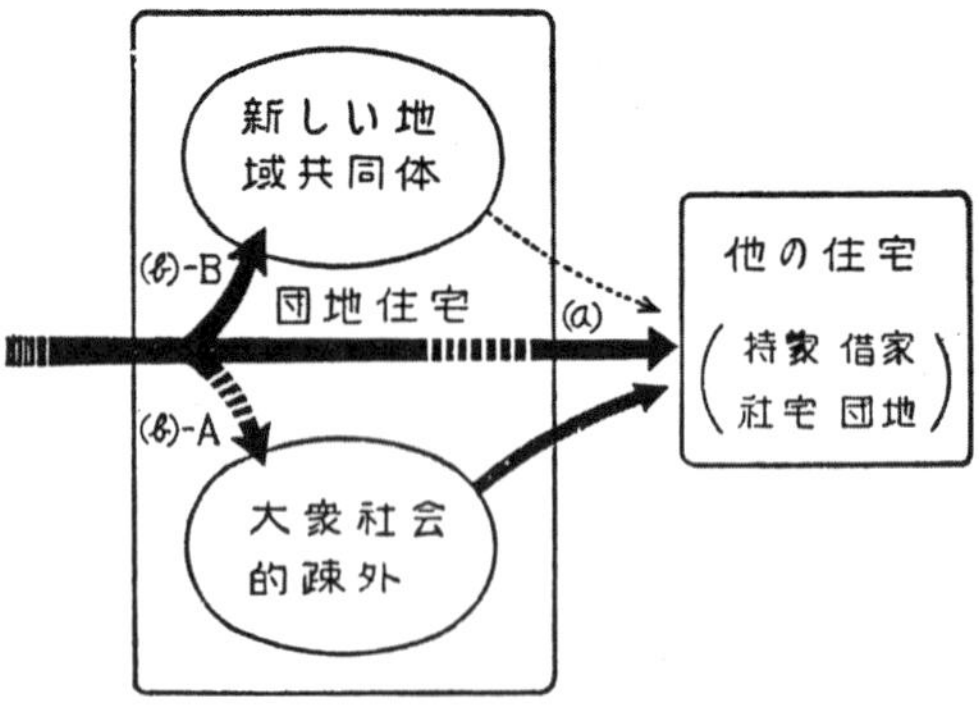

　団地とは、このようないくつかの意識グループが混在している場所なのである。このように積極・消極の各意識が分れるとはいえ、いずれも、団地に拠ることでばらばらな大衆の原子化してしまうことには耐えられないだろう。だから団地というならされた地域集団の中に、彼らの生活のシンボルを見つけなければならない。例えば住宅地における明日の世代を夢見る未来派とか、現実のレジャーを中心としてサロンを構築しようとするもの、さては貝のように閉じこもりながら〝イデオロギーのない競争〟に没頭するものなど、いずれも精いっぱい団地において人間性を喪失すまいとして、生活をあるシンボルのもとにおき正当化しようとする。団地の社会集団は、このシンボルのもとに再構成されてゆくわけである。

2 新しい地域社会の条件

人間の復活

団地のコミュニティとは

今日の団地は、都市のホワイト・カラー層を中心として、その日常生活のフィジカルな面について、最も機能的なサービスを期待できるようつくられつつある。例えば、最小の計画単位として、一つの小学校・購買施設・集会所を中心とする人口二〇〇〇人程度の近隣住区をつくる。この住区内で、子供はすべて歩いて小学校や幼稚園に通い、主婦の日常の買物も、住区内の店舗で満足できるようにする。住区内には、自動車の通過交通はなくし、ときには住区内の自動車乗入れはいっさい廃して、歩行だけで自由に行きかうようにし、親近感に満ちたデザインで近隣の社交の場を醸成するようにする。この最小の近隣住区をいくつか組合せて、中学校・高等学校・診療所・行政庁の出張所・運動場・購買センターなどを含む公共センターを支える地域社会の単位が構成される。この地域社会をいくつか総合して、独自の産業施設に結びつけ、〝田園都市〟〝郊外都市〟をつくりだす。今日のところ、これはまだ模型的な構想であるにすぎないが、このような段階的な単位構成を考える都市計画理論の一部分の〝今日的〟な体現が団地というものなのである（図8）。ところで、このような都市機能の必要にもとづいた近隣単位において、計画者は同時に居住者相互のソシアルな近隣関係をも計画しているのである。

いま述べた物理的な生活機能にもとづいた計画単位の考えかたに対して、社会学の立場からみた地域社会〈コミュニティ〉とは、「人がともに住み、ともに属することによって、おのずから他の地域と区別されるような社会的特徴が生ずる。そして一定の特殊な関心ではなく、生活の全体にわたる関心を共有し、ある程度自足的な社会生活のおこなわれる地域社会――したがってコミュニティの概念は上から与えられるものではなく、自主的な共同意識の存在――……」（磯村英一『都市社会学研究』）とする立場がある。

一方で、都市に住む人たちの居住地における普遍的なパーソナリティというのは、偶然的な寄り集まりからくる匿名性、近隣への〝帰属意識〟、〝なじみ〟の薄さ、ということが指摘されている。都市においては、人びとは居住地をめぐる地縁的な接触は弱く、彼らは職場や労働組合や何なにの会、あるいはマスコミを通じた一方的な〝われわれ〟意識に支えられ追いまわされている。団地はその尖鋭的な集団の姿である。別章で述べられているように、入居後日が浅いとはいえ、団地居住者の団地を中心とした共同意識や帰属感が稀薄なことは明らかである。むしろ彼らの多くは、積極的に団地における〝孤独さ〟、周囲からの〝無縁さ〟を享受しているともいえる。もちろんこの態度は、男の場合と主婦の場合、子供の有無などによって異り、団地の場合、育児を中心に近隣の接触関係が発展することはたしかだが、だからといって移り変りの多い今日の団地で共同体意識にまで昇ってゆくかどうか疑問である。

元来、地域的な共同体というものはどのような社会なのか。都市計画家の頭に描かれているイメージは、物理的な形としては明らかであっても、ソシアルな形についてはさだかでない。

中世の身分的拘束の強い〝家〟の集団であるか、西部劇の中にでてくる開拓者の溜り場なのか、中国の人民公社なのか、イスラエルのキブツなのか。

二〇世紀初頭に、イギリスのE・ハワードは田園都市論を唱へ、その建設に着手したが、彼の考えによれば、田園都市とは農村の自然や緊密な人間関係と、都市の合理性・生産性とを結びつけることだった。都市

図10　衛星都市計画案の一例

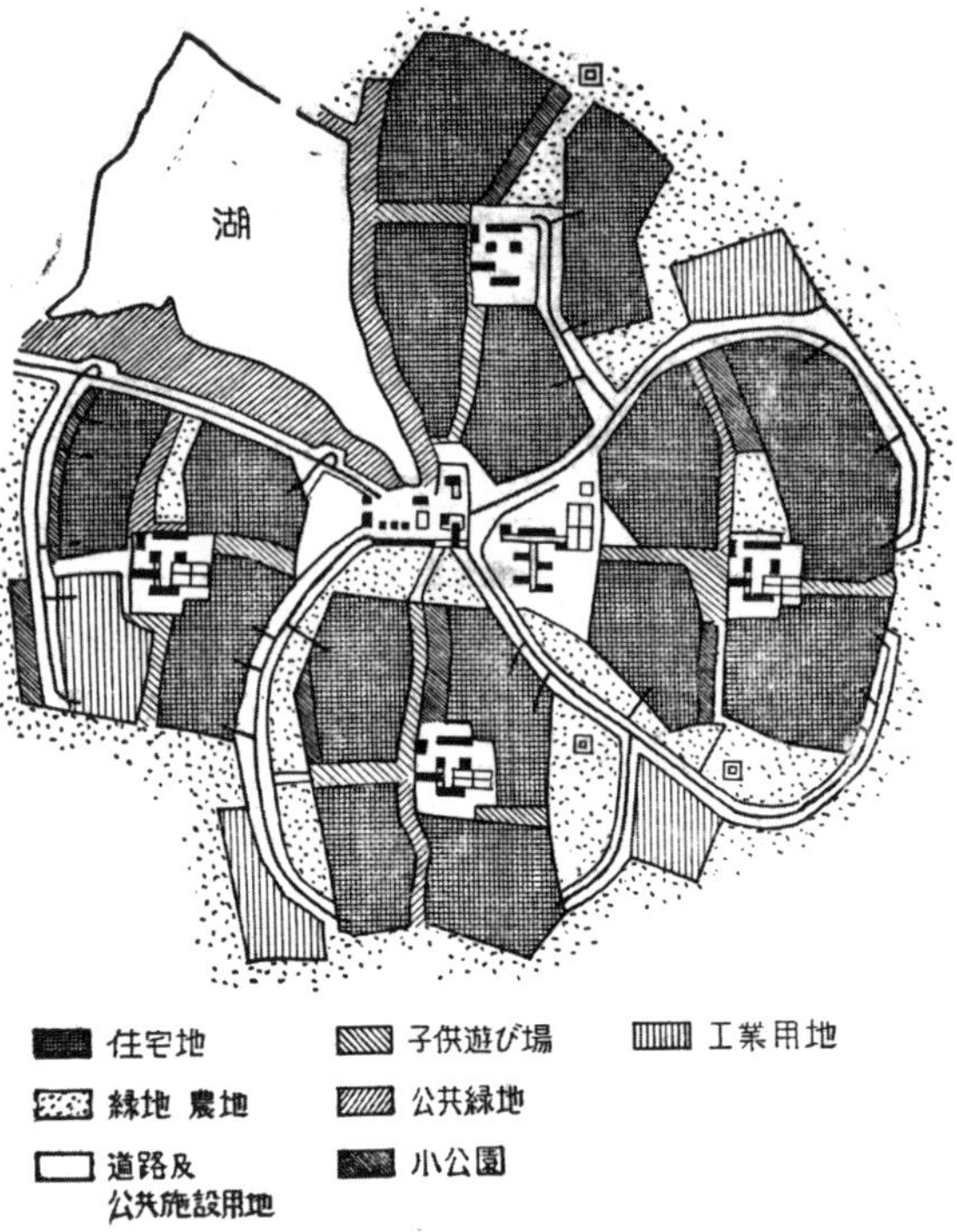

人口2,500人の地域単位４つで計10,000人の都市を構成する

的な多元的な活動を、小さな田園に封じこめることによって、共同の利害に生きる暖かみのある人間のふれあいの場ができると考えたわけだ。これは産業革命以降の荒廃した都市から、かつての牧歌調の静止的な地域共同体に対するノスタルジアの産物であり、しょせん巨大都市のマスとなった社会に対しては、消極的な気やすめの計画以上をでるべくもなかったのである。

近代以前の地域社会には、多かれ少なかれ〝よりかかりあい〟意識に支えられた共同意識があって、冠婚葬祭の寄合いとか、小銭の貸し借り、身上相談まで、一定の町内・部落内ですべて処理された。人間同志の暖かい触れあいは、いわば義理人情とうらはらであったのである。これに対して現代の団地居住者の意識が職業・教育・購買・交友関係などすべて汎地域的・汎都市的に広がっている状況で、なお地域的共同社会の形成を求めるとすれば、それはまず、現代の大衆社会的疎外の中にある市民の生活意識に根ざした社会化——人間性の回復——でなければならない。ここでいう人間性回復とは、通勤のために何十分も電車にのらなければならないことは人間的でないとか、徒歩で通勤・通学・買物にゆけるのが人間的だというようなことではない（交通機関の混雑による〝人間的でなさ〟については別問題として）。

団地・新都市が固有の産業をもち、居住権はすべてこれに従事して自足的な都市を成立させ、現在ある通勤交通などを解消するという考えには、賛成できないのである。それは古めかしい閉じられた社会をつくり、連帯意識と銘うたれる身分関係や義理人情をきわだたせるだけのものだろう。

集団の組織化

住宅公団の建設している団地のアパートは、一寝室の住宅、二寝室の住宅、三寝室の住宅などで構成されている。これらは、いずれも台所またはダイニングキチン・浴室などを合せて、いくつもの設計パターンをつくっている。また建物の型として、テラスハウス（庭つき住宅）と一般の四～五階建てのフラットなどがある。

これらの型配分は、居住者のすまいかたの多様さと対応させようとするものであり、かつての公営住宅などのような、まったく同じ住居の列からなる団地からみれば、大きく進歩した計画である。

これらの各タイプごとに、どのような世帯が入っているかを、収入と家族数との相関分布のなかでみると、図11のようになっている。

図でハッチのある包絡線内は、各住宅タイプの居住者の約五〇%を占める範囲であり、外側包絡線は、約七五%を占める範囲である。各住宅タイプの居住者集団が、収入と家族数分布のなかで少しずつずれて、それぞれの供給分野をなしていることがわかる。この図では、各住宅タイ

図11　団地の型と人数（東京）

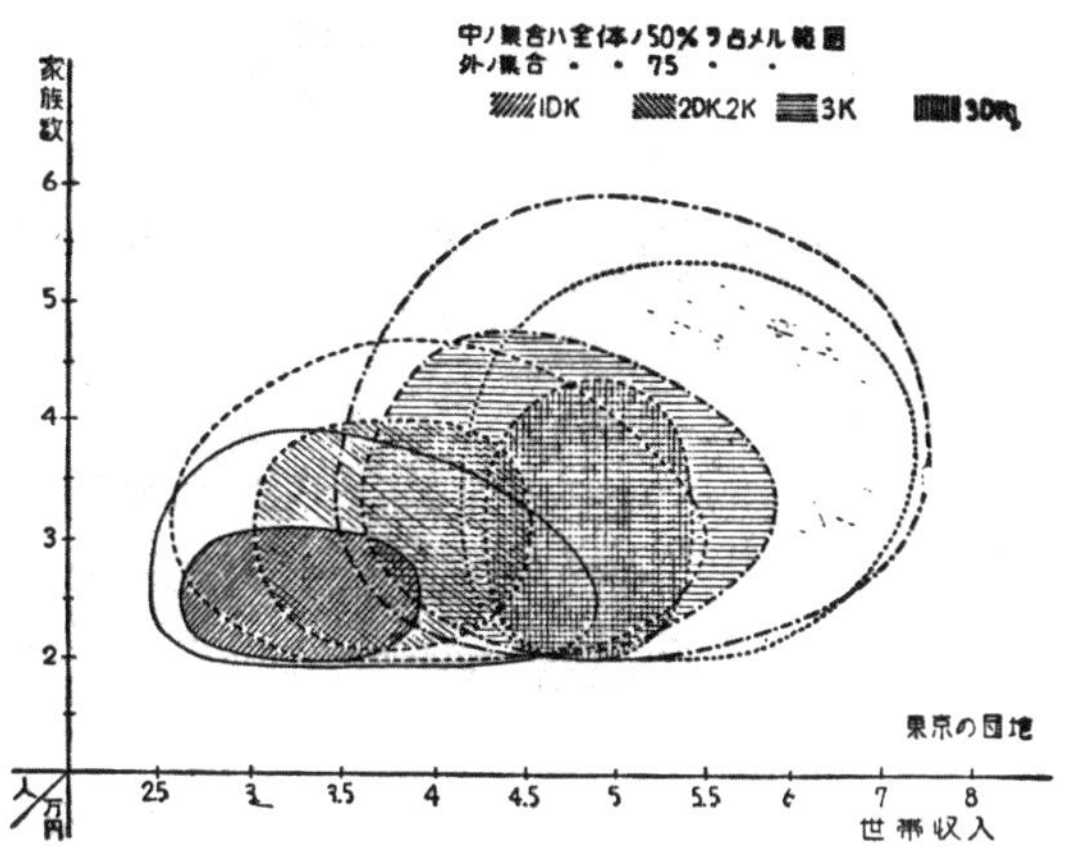

図13　世帯主年令分布

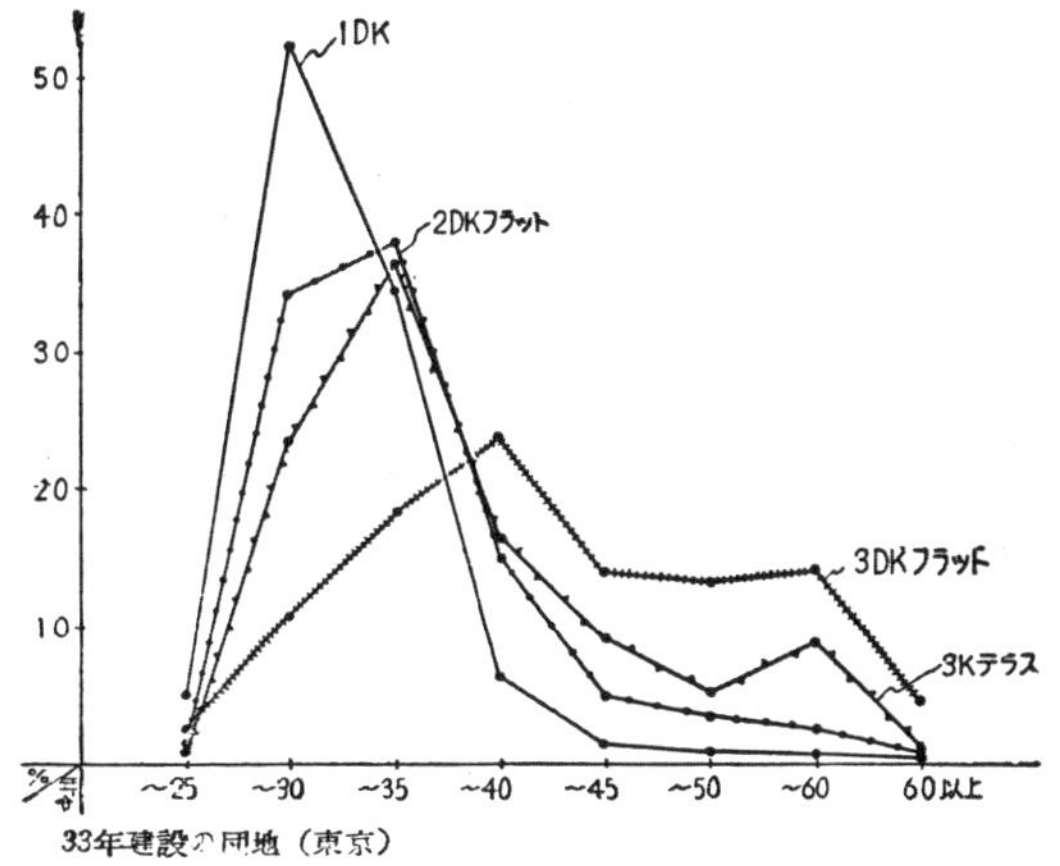

図12　世帯主の月収分布

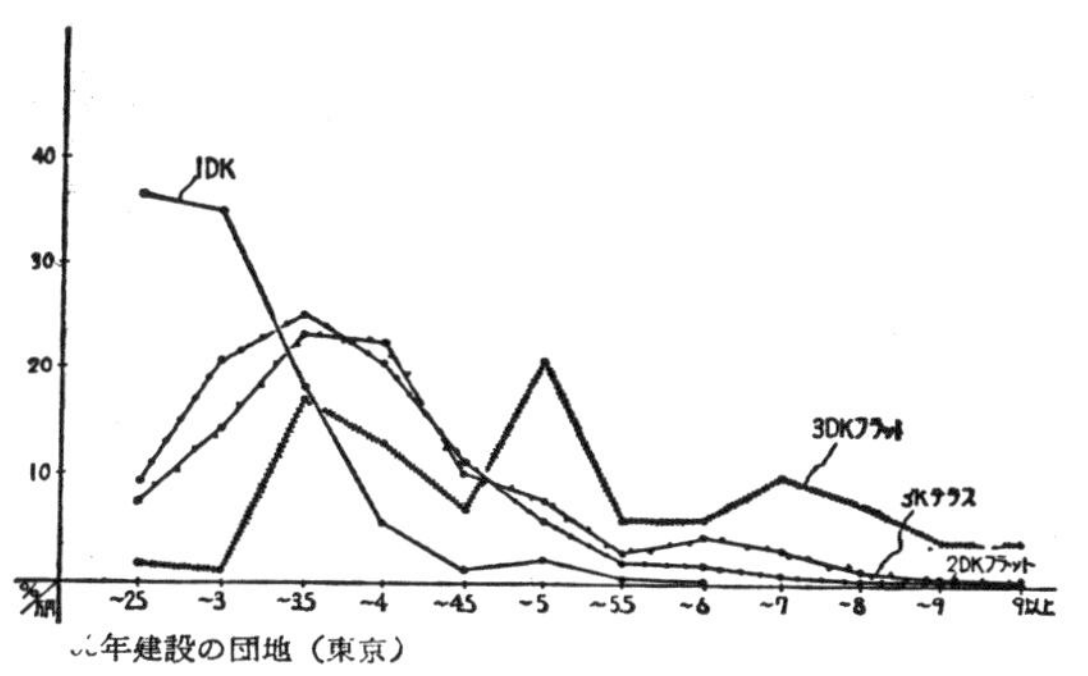

図14　結婚してからの年令分布

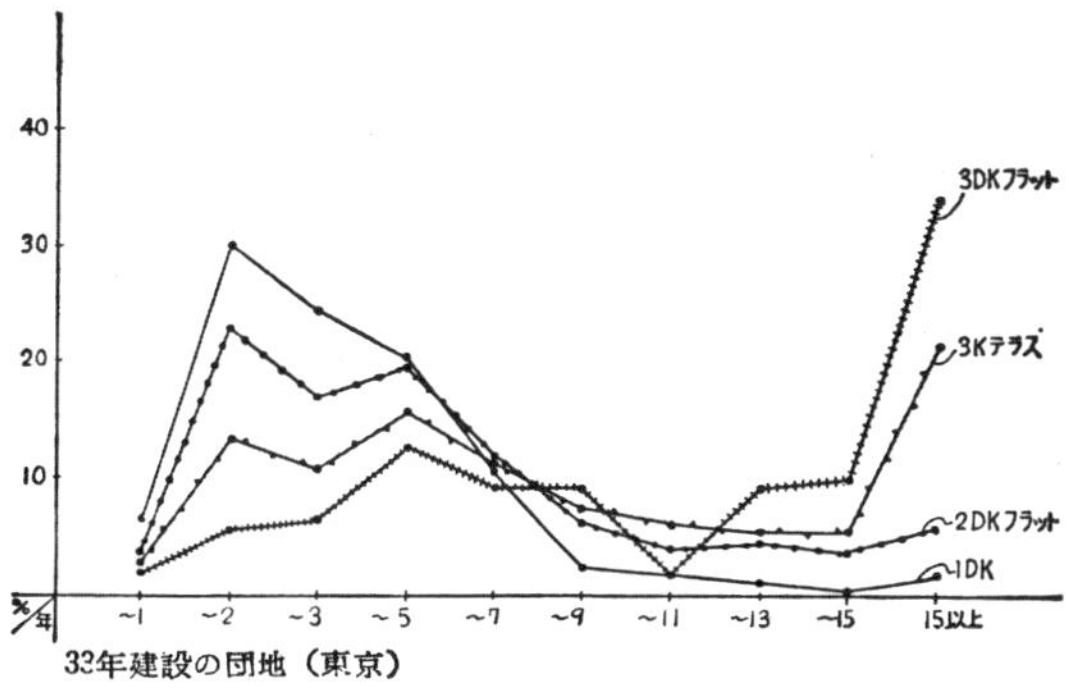

プの供給量と、入居階層の各集団との量的な対応関係は示されず、実際には、各タイプの供給は量的バランスをもって配されてはいないのだが、ここで問題とするのは、それ以前の供給方式と、入居集団の対応関係そのものである。

団地の居住者は、特殊な既存の集落がそのまま移住するのではなくて、一般には都市の全域にランダムに散在しているものである。

つまり新しい住宅団地を建設することは、既存の都市から、一定の需要条件をもってランダムに存在する供給対象をとりだして、ひとつの新しい集団を創造することである。

計画者が、その建設した団地について、その企業経営上の要請などから一定の家賃算定をおこない、居住者の家族構成・職業・収入などについて、一定の資格条件を設けた場合、これは住宅需要者——市民一般——にとっての住宅選択情報といったものになる。そして、さまざまな選択情報に対して、さまざまな潜在的な集団が対応し、これらが参加して新しい団地の社会集団を構成することとなる（図12、図13、図14）。図から団地居住者のフェイスが住宅型ごとに異る集合をなしていることがうかがわれる。つまり団地の社会集団の形成過程は、まず、①人為的に選択情報を与えることによって、ひとつの集団が組織され、②つぎにこの集団自体の内部に、新しい環境のもとに、相互の生活意識のもとに、共同体意識が醸成されてゆく、という二段の要因があるわけだ。

今日いわれている団地社会の一般論は、①の前提をとびこえて②だけにとらわれているように思われるが、団地を計画するにあたって、①の組織づくりに関する責任は大きいのである。

そして、この組織づくり——人為的に一定の集団を既存の都市からひきだすこと――を果すうえに必要なことは、計画者が、居住者のための多様な選択条件――スタイル――をつくることである。この〝スタイル〟が、新しい都市のイメージにつながるわけだが、これはもちろん、古めかしい地域共同体的な田園都市論を固守することではなく、前述②の新しい地域集団意識の普遍性の中から、計画を組みたててゆかなければならないのである。

例えば、将来性あるサラリーマンはいずれ社宅なり持家に移るための数年間の足溜りとして、また他の人にとっては、しゅうと・こじゅうとの多い家族のわずらわしさをさける意味で、あるいは逆に、老夫婦の老後のやすらぎの場として、それぞれ団地に移り住んでくるだろう。それぞれの生活条件や意識の違いから、ある人はより広い住宅を求め、ある人は賃借関係にあきたらず、将来、自分の家になるよう分譲を希望するだろう。

このような広い生活意識に相応する団地に対する帰属意識の多様さのうえにたって、はじめて、団地の社会像の明確なイメージが浮かんでくるのではなかろうか。

合理的な、しかも人間的なうるおいのある地域社会を造成するには、たんに家賃水準の変化だけで入居者の集団をきめるような安易な方法ではなく、より高次な居住者個人個人の住宅選択条件と、生活意識に対応しうるような住宅供給形体、供給方式の計画化が必要であり、しかもこれらの住宅が、渾然と新しいコミュニティを形づくって、機能的な各種の都市施設や交通系統の中に緊結されていなければならないのである。

（池田亮二）

3　日本人の住居観

「仮のすまい」と「ついのすまい」

〝これがまあ　ついの住家か　雪五尺〟（つい＝終局）

三七年の放浪のすえ、故郷信濃国柏原村に帰った小林一茶は、生れ育ち父母から受けつぐべきわが家をこのように述懐した。三才で母を失い、継母に冷たくあしらわれ、一四才のとき江戸に出て以来、全国を遍歴したはてであった。旅に暮らすことは「仮りのすみか」であり、死すべきわが家は「ついのすみか」なのである。このような「すまい」に対する考え方は、小林一茶にとどまらない。もっと以前、鴨長明はその『方丈記』の冒頭で、つぎのように述べている。

「ゆく河のながれはたえずして、しかももとの水にあらず。よどみにうかぶうたかたは、かつきえかつむすびて、ひさしくとどまることなし。世中にある、人と栖《すみか》又かくのごとし。たましきのみやこのうちに棟をならべ、いらかをあらそへるたかきいやしき人のすまひは世々をへてつきせぬ物なれども、是をまことかと尋ぬれば、昔しありし家はまれなり。或はこぞやけてことしは作り、或は大家ほろびて小家となる。すむ人も是に同じ。」

「すまい」と無常観

鴨長明が生きた時代はちょうど歴史の大転換期にあたり、しかもこれに加えていろいろの天変地異がつづいた頃でもある。そこでは世の流れ、人の動きとともに、栄枯盛衰、諸行無常をつくづく思わしめることが多すぎたのである。彼はこの文章のあとで、京都におこったかずかずの大火や災害にふれ、世の無常を嘆いている。このような無常観は、この世を「仮りのすまい」だとする、仏教思想の大きな側面である。日本人の本来の思想は決してそうではなく、古事記にうかがわれるように、「ヨミジノクニ」さえ、ひじょうに楽天的に描かれている。しかし、仏教は大陸から輸入されて以来、皇室をはじめとする支配階級あげての帰依のなかで、新しい土着的な考え方の基礎となった。そこに流れるものは「来世安楽」――この世は地獄、あの世は極楽――であった。こうした底流が、この世を「仮りのすみか」と観想し、あの世こそ「ついのすみか」とする、大きな思想的根拠となっている。

もちろん、このような外来思想がそのまま定着するのでなく、相つぐ戦乱、天変地異、不安な風土と社会に生活をさらされるなかで、人びとはそれを肯定するようになっていくのである。無常観はもちろん日本独自の思想ではなかったが、まず論点を住居にかぎっていえば、木・草・紙で簡単に建てられるわが国のすまいこそ、「ゆく河のながれはたえずして、しかももとの水」でないというような無常観を培《つちか》うに、最もふさわしい生活環境だったといえる。『邸』といい『荘』といっても、それはあくまでも「宿舎」「しもやしき」であり、定住のものではなかった。そして文人・墨客・世捨人が好んで使用した『庵』も、イエにはちがいなかったが、それはまさに草屋であり、永久に住めるようなものではなかった。

すまいに対するこのような思想は、いうまでもなく土地を耕す農民のものではなかった。むしろ都市に住む貴族・僧侶などの知識階級や武士階級、あるいは役人たちのものであった。そこでは任地そのものが、「仮りのすまい」であったし、有為転変による境遇の変化も、たとえ同じような目にあったとしても、生産の本拠をたちどころに回復しなければならない農民とは、比べものにならなかった。このような農民の住居観は、さらにあとで述べることになろう。

近世都市民の住居

日本社会の必然的な発展の結果、そこにはおびただしい都市が生れた。とくに近世都市では、あたらしい町人階級・職人・封建諸侯の家臣が、新しい消費者としてめざましく登場してくる。古い規制によって土地にしばりつけられていた農民も、やがて都市に集まるようになる。都市はまたそうした人びとを必要とした。参勤交代制度によって、多くの家臣を引きつれて諸大名が移り住んだ江戸では、武士たちは主人が与える屋敷に住んだが、小身の家臣や身分の低い人びとは、いわゆる棟割長屋に集まった。これは何よりも一朝事あるときの連絡のために役立つし警護の意味も大きく、多くは主人の屋敷の中かその周辺につくられていた。しかし住んでいる人びとにとって、江戸の屋敷や長屋は故郷を遠くはなれての、やはり「仮りのすまい」であった。もちろん屋敷といっても、一万石以下の場合ですら「屋敷二間半梁にすべからず。但し台所は三間梁苦しからず、ありきたり候家を作り直し候時は、右の間数を用うべきこと」（「徳川禁令考」）という規則があって、〝分に応じて〟ぜいたくをいましめられていたくらいである。小身の武士・農民・町人の住居が、そう大きなものでなかったことは、容易に想像されよう。

近世における江戸は、人口一〇〇万人に近い（五〇万から一四〇万までの説がある）。当時でも世界最大の都市の一つであった。今でもわかるように、都市の発達は、おびただしい人口の集中をもたらし、住宅・宅地の問題が大きく浮かびあがってくる。都市の土地は、はじめは身分に応じて町民に一定の割合で与えられたが、やがて、土地を手放すものと、これを併呑するものとに分解し、土地を貸したりそこに借家を建てて、その収入によって生活する新しい階層が生れた（『明治文化史』）。このような階層は「家持」と呼ばれたが、借家・借地人は「家持」の指揮下にある地守・家主・大家などといわれる管理人に、土地や家屋のことだけでなく、あらゆる生活を規制された。彼らは町役人として町内を支配したからである。つまり借りる者と貸したものとの関係は、たんに金銭上の取引きだけでなく、さらに権力的な支配、従属の関係におかれていたことが、この時代の重要な点である。

このような関係は、大家と店子との関係としてながく続いたが、しだいに薄れていった。しかしその借家や長屋ぐらしが、はじめは「仮りのすまい」であっても、しだいに定住せざるを得なくなっていったこと、家持や大家が世間に認められているにもかかわらず、借家人は公《おおやけ》のことは一切個人で行動することがゆるされなかったことは、やはり「一国一城のあるじ」にという希望に人びとをかり立てたといえよう。

自給自足思想と住居観

農民の住民思想

「一国一城のあるじ」という考え方は、戦国時代における武士の生きがいであり、まれには農民でさえ実現不可能なことではなかった。しかし徳川封建制の基礎が固まり、武術が士官のアクセサリー化してくると、それは新しい日本のブルジョアジー＝町人階級の人生観となってくる。もちろん暴力によって一国を奪取するというのではない。彼らの武器「金」によって、名実ともに「一国」を構えようというのである。幕府はたびたびの禁令を出して、町人階級の住居や生活を律しようとしたが、やがて町人の財宝にみずから寄生するようになって、威令地に落ちていくことはすでに知られているとおりである。こうした富裕町人だけでなく、一般の棟割長屋に住む人びとにとっても、「仮りのすまい」から「定住」を求める風潮が、都市生活という条件からよみがえってくるのは不思議ではないだろう。

この世を「仮りのすまい」とする仏教の無常観は根強いものであったが、それは政情が定まらない時代の戦乱・下剋上を眼のあたりに見てきた〝思想と現実〟の一致であった。時世が落着くとともに現封建制は既定の事実としてとらえられ、その範囲内でみずからのあり方を求める階層が生まれるのは必然であろう。ことに、「仮りのすまい」意識は知識階級や武士層のものであるとすれば、農民はまた別に、生産ととりくんできた生活から得た、根強い「定住」への欲求をもっていた。これは彼らの農耕生産と、細分化された封建支配、共同体生活から生れた「自給自足」の思想にほかならない。自ら耕し自ら紡ぐ生活は、他との関係なしに成立するものであった。たとえどんなに小さな領地でも、あらゆることがその範囲内でおこなわれたし、他の領地や村との交流は固く禁止されていた。部落は人びとが生活をおこない、補いあえる程度を出ることはなかった。

このような「自己自足」の生産と生活は、たんに外界の自然条件や制度だけでなく、労働する家族の生活集団としての、自己完結性からも支えられる。家族そのものが運命共同体であったのである。そして一方では土地にしばりつけられるとすれば、出口のない勤労主義に傾斜せざるをえない。家族生活と生産を中心とする、その本拠としての農民のすまいに、どのような規制があったとしても、住居そのものに対する意識は、生産と生活の自己完結性に耐えるものであり、一方では土地の永代相続という所有意識が、農民をして〝土着〟の思想を生みださせたのである。一茶が「ついのすみか」と、死すべきわが家をしみじみ見つめたことにも、〝土着〟への観念した境地を読みとることができる。

自給自足思想を根底にもつ農民の住居観は、むろん家屋や土地そのものを対象とはしていない。あらゆる生産労働とそれがおこなわれる風土と自然、とりまく人間と世間をふくめて、住居＝住むということが納得されるのである。この中で生産手段としての土地が、もっとも基本的な要素としてあるのはいうまでもない。

自給自足思想は独立自往の思想である。農民の場合、これをみずから実践することのできるものは、家族制度によって多くその長男に限られていたが、次、三男以下も女子も、土地によって立つ自給自足思想を深くもたざるを得ない。経済の必然的な発展のなかで農民の分解がはじまり、農村出身者が町人や都市への移住者となることによって、自給自足思想はやがて都市へもちこまれる。しかし土地にまつわる郷土への愛着は、都市そのものが「宿《しゅく》」ということばに象徴されるように、彼らにとっては「仮りのすまい」であり、一時の身の寄せどころに過ぎなかった。住居はすでに述べたが多くは棟割長屋であり、そこでは村役人にかわって、新しく町役人の支配があり、借り家すまいでは、世間的に一人前の人間とは認められなかった。そして、「仮りのすまい」のつもりであったものが、やがて定着を余儀なくされるようになると、「一家をとりしきる」とか、「店をきりまわす」という、ちがった表現ではあっても、「一国一城」意識が〝居を構える〟〝世帯を張る〟ことを、生きがいにさせるようになるのである。都市の青年たちの場合は、〝世帯を張る〟までは「部屋住み」であり、その意味においても一人前には扱われなかった。出世間《しゅっせけん》の第一歩は、名実ともに一家を構えることであり、それが経済的にも社会的にも独立したという認定の、大きな基準であった。

都市の発達と住居

このような状況は、幕府政治が終り、新しい明治の時代になっても同じように理解することができる。貨幣経済はいっそう発展し、物々交換や自給生産の範囲がせばまってくると、生活はしだいに機能化していく。都市においては新しく工場労働者が発生した。これらの給源もやはり農村であった。住居は都市町人階級や農民における生活と生産の場とは違って、労働力再生産の場としての機能に局限されてくる。いわば武士階級に近づいたのである。ことに明治政府の官吏は、旧薩長土肥の藩士を中心として形成されたので、藩主から支給された住宅や長屋はそのまま使われた（『明治文化史』前掲）。新しい都市労働者層・旧武士階級・旧町人階級のそれぞれの住居観は、期せずしてここに混在することになった。しかし、これらに共通するものは、やはり〝一戸を構える〟という自給自足思想の延長であり、よい意味では独立心であった。問題はその実現の可能性がどうであるか、いつまでも社会的に有用な評価として、永続するかということであろう。

まず前者についていえば、都市発展に伴っておこる土地の値上り、諸物価の値上り、賃金の少なさがこれを妨げたし、新しい商人階級がそれを実現したとしても、それは商売をおこなうためや、金融の信用を獲得することが大きな条件であった。それにもかかわらず後者についていえば、持家が手に入りにくければそれだけかえって、社会的な評価の基準となった。そしてこれがまた地価をつりあげるという悪循環の原因となり、同時に借家や借地料を高くした。このさい果した日本の賃金の貧しさはまた特別である。なぜなら、低賃金は家賃を支払う上に障害となり、ひいては日常生活の危機さえ生むからである。その上家賃や地価の値上りは、賃金のそれより早くかつ動きやすいからである。このため、家だけは自分でもちたいという欲求が、それまでの自給自足思想に加えて、都市市民層の課題として登場してくる。つまり家をもつことによって社会的に一人前に扱われたいという充足感の満足と、家があれば何とか食べるだけはやっていけるという、都市的な人生観がここに形成されるのである。

もちろん、このことのほかに、「所有する」ということの重要性は忘れてはならない。社会的な認知、経済的な最後のよりどころ、家族が他人に世話をかけることなしに暮せるという欲求の、集約的な帰結としての「所有」ということ、財産としての住居観があることにもっと注目しなければならない。これこそあとでふれるように、われわれの住居観の核心として、すべてを含んでいるからである。

持家への欲求の強さにもかかわらず、都市における借家は時とともにふえた。東京においても、家賃・地代による生活者は、江戸といっていた時代とは比べものにならないほど多かった。大正・昭和と移るにつれて、都市化はいっそうすすみ、高層アパートや集合住宅が建てられるようになった。あるアパート経営の専門家はこの間の事情を、つぎのように書いている。

「急激な人口の都市集中は、土地の価格を高騰せしめ、従来市民が比較的容易に手にいれることの出来た住宅、敷地の保有は困難となった。都市地域、商工地域に於いては、住宅として残された地域は狭隘となり、その職場に便宜な地点に居住せんとすれば、その住宅料は極めて高価となるのみならず、住宅として最も必要な、衛生・保険・慰安・休息という要求が充たされ難い」（下郷市造『きたるべきアパートと其経営』（一九三七年）

そして近代都市の給料生活者は、いつも勤務場所の変化に応じて、「仮寓生活を便宜とし」定着して永住しないから、たとえ独立家屋でなくとも、文化的な集合住宅であれば利用するというのである。そして「ここ五、六〇年も住ったなら、東京の市街地では個人住宅はその影を没するに至るであらふ」とアパート時代の将来を予言している。大すじとしては間違いないところであろうが、その過程で問題はないのであろうか。とくにわれわれの「持家」に対する郷愁は、何の抵抗もなく近代アパート住宅の白亜の壁に、あとかたもなく消滅していくのであろうか。

4　住宅問題と住居観

「持家」への悲願

“建売族”と団地族

地価の暴騰、建築資材の高値によって、自力で家を建てるものは戦後は激減した、といいたいが、事実は決してそうではない。国民生活白書（昭和三六年度版）によると、市部における持家の全住宅に対する比率は六二・九％、郡部では八四・九％に達している。全国平均七一・二％は持家ということである（数字は昭和三三年度「住宅統計調査」によるもの）。これを昭和三〇年度国勢調査のさいの数字と、地域別に比較してみると、表6のようになる。あげたのはわずか四都市にすぎないが、この三年間に持家の比率は急げきに増えているとみてよい。三年間の増加は、東京の二・二％をのぞけば一四％から二三％以上に及んでいるのである。東京の場合でもぼう大な人口集中を計算に入れると、二・二％も上昇することじたい大きな驚きなのである。戦前の都市では、むしろ借家の比率こそ六〇％以上にも達していたのが、戦後は逆現象があらわれているのはなぜだろうか。土地代金の高騰にもかかわらず、一般のふところが豊かになったからであろうか。

持家に住みたいというねがいは、すでにみたようにわれわれの悲願の一つであったが、これは戦後にもつよく受けつがれているといわざるをえない。表7、表8は埼玉県川口市の中学生から聞いたアンケートである。「お金持ちになったら、何をしたいと思いますか」という問にこたえて、「家を建てる」というのが、男女とも第一位になっている。日常の狭い住宅、衛生的でない住宅で暮らすことが、彼らにとってどんなに辛いことかを示しているともいえよう。しかしそれ以上にこの数字には、鋳物の町の中・小企業に働く彼らの親たちの、「家をもちたい」という願いが、つよく反映しているとみることはできないだろうか。

しかも国民生活白書すら「自分の住宅を持ちたいという願望は、世帯を持つ人なら大方の人がいだいている。比較的設備の充実した公団公営住宅に居住する人でも終局的には自己の所有する住宅に移り住みたいと考えている。これをみても持家から得られる安定感に対する執着は根強いといわなければならない」（原文のまま。昭和三六年度「国民生活白書」一二三ページ）といって、持家こそ「ついのすみか」とあおるのである。この文章は「アパート生活や社宅生活に甘んじている人びとも、いずれは〝持家〟が人生終局の目標でなければならないことに気づく時がくる」（ダイヤモンド社『土地・家屋の上手な買い方選び方』一九六〇年、三ページ）とまったく違わない。

他の章でふれたように、日本の住宅政策の貧しさは、ある意味ではもう再起不能ともいえようが、国民のこのような持家への願いを利用して、住宅そのものを〝自給〟させようとする方向をみることができる。さいきんのおびただしい建売住宅の建設は、とくに都市郊外に拡がっており、ほとんど野放し状態の不法建築が多い。それでも需要はおとろえず、軒ひさしを重ね合せた規格建築は、それがどのように粗末な材料で作られ、隣家との間隔が三〇センチであろうと、とにかく〝持家〟である点で売れていく。もちろん、これが借家でないということだけが条件ではない。

表6　持家の比率（%）

	昭30年	昭33年
東　京	54.7	56.9
富　山	74.1	88.9
奈　良	50.3	74.7
鹿児島	63.5	86.3

注　持家比率 = $\frac{持家世帯数}{普通世帯数}$

昭和36、37年国民生活白書より

表7　お金持ちになったらまず何をしますか（実数）

	最初に		二番目に		三番目に		合計	
	男	女	男	女	男	女	男	女
家を建てる	196	326	51	46	24	19	271	391
旅行	77	56	72	64	63	53	212	173
事業	73	18	65	31	34	21	172	70
社会をよくする	66	105	90	95	77	79	233	279
くらしをゆたかに	50	94	77	155	60	213	187	462
乗物を買う	41	11	83	39	86	31	210	81
親孝行	18	46	10	29	6	14	34	89
あそぶ	7	1	7	10	24	14	38	25
その他	14	18	16	16	18	10	48	44
計	542	675	471	485	392	454	1405	1614

注　田辺「中学卒業生の社会的態度および関心の分析」1954年

表8　表2のうち主なもの（実数）

男			女		
やりたいこと	人数	順位	やりたいこと	人数	順位
家を建てる	271	1	家を建てる	326	1
自動車を買う	173	2	貧乏な人を助ける	183	2
外遊	141	3	生活を豊かに	124	3
寄附	83	4	旅行する	115	4
工場経営	69	5	洋服	95	5
旅行する	63	6	金を残す	94	6
社会施設	60	7	孝行をする	89	7
金を残す	59	8	自動車を買う	68	8
貧乏な人を助ける	55	9	外遊	59	9
テレビ・ラジオ	43	10	道具をそろえる	53	10
商人	42	11	社会施設	44	11
実業家	28	12	進学する	44	11
生活を豊かに	37	13	実業家	44	11
孝行	34	14	寄附	26	14
飛行機を買う	27	15	ピアノ	23	15
計	1185		計	1387	

注意　表2に同じ

畳一帖千円では足りないアパートや間借り生活で辛抱しきれなくなって、無理をして建売り住宅に乗りかえるのである。しかしここで生じる家屋の所有者という立場は、たんに家賃を払わずにすむという「持家から得られる安定感」だけではなさそうである。団地から出て外に住みたいという人びとの比率が、しだいに少なくなってくるのとまさに対照的に、現代の持家階層の代表者〝建売族〟は、これまでの日本人の住居観を、そのまま受けつがいできているといえよう。所によっては団地族と建売族の暗黙の対立が、はげしくなっている地域も少なくない。建売族は団地族を評して「政府の厄介になっていながら、文化的な生活をしている」ということであり、団地族にいわせれば、「マッチ箱のような薄い材木の家が、一〇年保つものか」というのである。一方は誇り高き自給自足人種であり、一方はどうせ税金を払うなら、申しこんだ方がいい、せせこましい独立家屋よりはずっと快適だ、という合理主義的人種である。

もともと戦後の持家への志向は、たんに日本人の自給自足思想だけの所産ではない。この自給自足思想の近代的発展を妨げ、再び持家へしがみつかせたものがあるのである。それはとくに第二次世界大戦といってよい。焼土と化した一九四五年八月一五日までに二一〇万戸の住宅が焼け、強制疎開させられたものを入れると二〇％の住宅が失われていた。しかしこれは農村がほとんど無傷であったことを考えれば、都市によってはほとんど全滅ということも容易にうなづける。また軍事産業への労働力の移動、疎開、引揚など多くの要素を入れて、戦後の住宅事情はみるも無残なものであったということができる。そしてとられた措置は同居生活ということであった。終戦以前から遊休住宅の戦災者への開放が軍の命令でもおこなわれたが、日本人は家族以外の人びとと、共同で住む経験をしたのである。しかし日本の家屋は決してそういう生活にあうように出来てはない。「四六時中、起きてから寝るまで、常に他人の存在が直接に意識される。カラカミ、フスマでは音はつつぬけであり、声はもとより、身動きしても察しられる」（高木正孝『日本人の生活心理』一九五四年、一九ページ）ような構造では、「他人」と同じ家に住めるわけがないし、ながいあいだこのような住み方のなかで身につけた日常生活の技術は、貸す者にとっても、借りたものにとっても精神的な苦痛であった。当時おこなわれた調査は同居の場合家主側は来客に困り、教養のちがいや遠慮、同居側は遠慮することによって家庭生活が不明朗になったことの不満などをあげている。炊事の場合でも、共同でやっているのは親類で二四％、他人の場合はわずか六・九％、物品の借り貸し、電気代の分割負担まで面倒が起っている（西山卯三『日本の住宅問題』一九五二年、四〇ページ）。家屋構造からいっても、親子以外に暮した経験のないことからいっても、この共同生活は国土の荒廃以上に日本人の心に大きな傷あとを残した。他人とはいっしょに暮せないという〝確信〟が貸す側借りる側にできたことはそのまま、ながくわれわれがもちつづけてきた持家への願望を、いっそうつよめる結果となったとみることができよう。これまでの親子・主従というタテの関係で暮してきたことは、同居という貴重なヨコのつながりで暮す経験によって、微動もしなかったのである。

実らない悲願

他人と暮せないという〝確信〟をもったことは、日本が近代化していく上には大きな不幸であった。それがたとえ建売住宅という持家への要求を満足させることができても、近代社会に必要な新しい連帯を形成するどれだけの力になり得るかというのは、大きな疑問だからである。同じ時期に同じような規模の家に移り住んだときはよいが、やがてある家が建て増をすると、急にまわりとの関係が冷却する。庭をつくるといっても、一寸の土地にさえ血まなこの監視がつく。先に住んでいた人が声をかけると集まるが、同じような人たちではうまくいきにくい。さいきんの若い世代には、このような「年功序列」が無意味に受けとられても、自給自足人種には今なおつよく生きている場合が多い。現代の「一国一城」意識はまさに分裂と孤立のかべを形づくる。持家の激増はこのようにして、バラバラの人間をつくるのに役立つのである。つぎのことばは今も生きているといえよう。

「彼等のいうには、所得精神というものは、私たちのように自分の家をもち、自分だけのためのひとりの妻と子供たちをもっている人間のなかにだけ生れて来、また強くなるものだそうです。この所有精神から利己心（エゴイズム）が生れるのです」（カムパネルラ『太陽の都』邦訳、岩波文庫、一五ページ）

資本主義社会では、持家へのつよい願望が大きないきがいとさえなっている。ある外国人が、さいきん東京の下町の実態調査をおこなった結果によると、アパートに住む警官の家計はつぎのように分析されている。

「……新年と直夏に年二回、一万円から一万五〇〇〇円の定期的なボーナスがある。このうち半分は衣料のような必需品にすぐ使われてしまうが、他の半分はいつかは自分の家を持ちたいと願って貯金している。自分の家を持つということは、かれらの生活のうちで、なによりも根強く、けっしてうすらぐことのないひとつの願望である。」（R・P・ドーア『都市の日本人』一九六二年）

もちろんこのような願望が、かんたんに成就しないことは、すでに常識となっているとおりである。たとえばこれを、貯蓄という方向からみることにしよう。

経済企画庁の昭和三七年下期「消費と貯蓄の動向」によれば、貯蓄の目的で最も多いのは「病気その他不時の支出」五九・四％、第二に「子供の教育費」四四・四％、以下「老後の生活安定」二五・八％、「土地や家屋の購入・修理」二一・七％、「結婚資金」一〇・六％などとなっている。土地や家屋を目的とした貯蓄は比率が少ないようにみえるが、じつはそうではない。むしろその他の不安が住居以上に懸案となってきていること、天文学的に上昇する地価に対して、持家への絶望感もあると想像される。前記「消費と貯蓄の動向」でも、今後五年間に住宅関係支出の具体的計画をもっている世帯は、「新築する」が六・七％、「増築する」五・七％、「改造または修理」一六・四％、「土地（宅地）を買う」一四・九％となっていて、「前回調査にくらべ、何れも減少しているが、とくに〈新築する〉と計画するものが前回の九・六％から二・九ポイントも減っている」と報告していることでも、このことは裏づけられよう。

住居観と社会意識

新しい住居観

団地は、現代における「仮りのすまい」の代表的なものとされている。前にふれたようにその移動率も決して低くはない。持家への願望も、団地の外の人たちより少ないとはいいきれないであろう。しかし、日本の団地もようやく定着し、一〇年以上も住みなれた人たちや、新しい教育を受けて入ってくる若い人たちの中には、これまでにみられなかった新しい住居観が芽生えているように思われる。たとえば読売新聞社が調査した結果では、団地の人の持家に対する計画は表9のようになっている（『わたしとあなた』一九六二年）。

この数字のかぎりでは、持家をもちたいというのは一般よりも高いし、準備している比率も多い。しかし、わずかではあるが、「自分の家をほしがるのは古い考えだから」という態度があらわれている。「古い考え」ということの中味はさらに検討を要するとしても、団地に定住しようという人たちの増えていることも、また事実である。中には「とても可能性がない」といって持家をあきらめる人たちが、積極的に団地に住もう

表9　A　ご自分の家を建てる計画をお持ちですか（1,631人）

	東京	大阪	計
あ　る	66.8	60.4	63.7
な　い	28.2	33.1	30.6

B　あるとしたら、なにかそのために準備をしてますか（1,070）

	東京	大阪	計
準備している	32.7	24.6	29.0
現在は準備していないができるだけ早くはじめるつもりだ	65.8	70.7	68.1

C　“ない”としたらその理由は（447）

	東京	大阪	計
自分の家をほしがるのは古い考えだから	12.5	13.5	13.0
そのうちに自分のものになる家があるから	20.4	26.3	23.4
自分の家を建てるなど、とても実現の可能性がないからムダな努力はしない	57.6	39.0	48.0

と決意するようになることも多いだろうが、もしある程度の快適さを確保できさえすれば、この比率はもっと大きくなるであろう。まして団地に生れ育った世代の団地に対する積極性は、親たちと問題にならないほどのものとなるかもしれない。

しかし、ここで重要なのは、団地に、つまり借家や貸室に定住するような住居観ができはじめたということではない。「仮りのすまい」は「仮りのすまい」として住み、住居を所有するとかしないとかが、価値の基準とならない人たちの誕生である。貯蓄や内職の成果が「家を建てた喜び」という美談となる傾向は、いっこうになくならないときに、ではほんとうに団地の住人のなかにそういった新しい住居観が生まれるであろうか。

今のところそういう芽生えは、それとまったく反対の持家への願望と同居している。またヨコのつながりの暮し方も、団地らしいものがよく育っているとはいえない。ある意味で団地族の生活は自己の家庭の内部で自己完結し、団地は教育もスーパー・マーケットも呑みこんで、そこで充足する。まわりの地域社会と断絶したところにこそ、団地が成立するのかもしれない。〝社会からの逃走〟と、一般市民との優越性をバネにして。

このような孤立した充足という点においては、団地も一般住宅地域も共通である。むしろ団地はその近代的な環境条件のゆえに、これまでいだいてきた住居観の古い側面がかえって強化されるといってよい。となりで悲鳴が聞えても、ついに誰もたずねなかったアパートの殺人事件は、その象徴的なできごととしてよい。古い共同体的なヨコのつながりは、天災や飢饉からおたがいを守るという意味が根底にあった。しかし、生活と生産が分離し、社会化され、家庭の機能が労働力の再生産に限定されるようになった現在、しかも消費生活の近代化、家事の合理化などによってすべてが〝充足〟していくとすればどうであろうか。ほとんど一年中、他の住人との特別な関係なしに、生活がおこなわれるとすれば、ヨコのつながりは直接必要の対象とならない。その上、現代の技術革新は、人びとの生活を「個人的に支配し充足させる」だけの力をもつようになっている。屋根をふきかえるために「ゆい」の力が必要となり、留守番をとなりに頼むというような相互扶助は、ほとんど不必要となった。人間が他人を必要としない状況、せめて淋しくない程度の家族や隣人が必要なだけで、他人をわずらわせず、みずからもわずらわせない生活が、いったい何を意味するだろうか。はなはだ皮肉ではあるが、このように高度な自給自足の状態こそ、われわれのながくいだいてきた理想ではなかったであろうか。

団地における生活の充足は、新しくできる団地ほど整備しつつある。まわりの非文化的な地域生活と比べて、そこには〝身のまわりの問題〟がないということもいえる。これまでの生活周辺の問題は、たとえば水道・下水・ゴミ・電話・道路・交通・家事労働のようなことに限られていた。地域の団体やグループは、このような生活周辺の問題をその成立と成長の基盤においていた。ところが、団地の場合、そうした問題のほとんどが団地そのものの中では発生する余地がない。交通・道路にしても、ある程度一般的な障害があっても、他の地域にくらべて特別待遇を受けていることが多い。われわれの調査では、このような団地の自治会を組織する場合の困難さがあらわれている。

「団地では、もっと身近なことをというので、ドブのことや高い家賃を問題にしようとやってみたが、ドブはすぐに解決、道路も間もなく鋪装がはじまり緑地帯も完成、電話もこちらがブツブツいうころは『申込みをして下さい』といってくるしまつ」その上、若い共かせぎ夫婦が多く、もっと将来起るべき問題に対処したり、〝身の廻り〟以上のことを学習しようと、自治会やグループの組織をしたいという活動家がいても、ほとんど実現できないでいる。まして、マンモス団地や、活動家がいないところでは、いっそう困難なのである（東京都教育委員会『大都市における社会教育集団の研究』その1　団地について、一九六一年）。

もちろん、抽せんだけで集合して居住する近代的な環境が、永久に集団を生みださないわけではない。子供が小学校に入学するようになるとPTAで知りあう母親がふえ、交流がはじまる。自治会を母体にしていくつかのグループが芽生える。内職や頼母子《たのもし》までをふくめて、雑多な集団が形成される。また若い母親たちのあいだに保育所設置の要求が起って、ひたむきな運動が展開される。あるいは物価値上り反対、地域の政治民主化などの集団的な活動が発展することもある。

所有意識と連帯感

しかし、これらの集団への依存は、これまでのように日常要求の充足、経済的な自己の利益追求をどれほど超えているであろうか。実情はほとんど、これまでによくみられた団地組織への参加度とかわることがない。新しい団地の名称によく使われることばに、「――を守る会」「――をよくする会」というのがあるが、これらに参加する人たちの大部分は、〝よくする〟〝守る〟ために積極的に実践するのでなく、やはり〝よくしてもらう〟〝守ってもらう〟ために入会するのである。いきおい一部の人たちの献身的な努力が要求され、一方的なひきずりまわし主義におちいる。活動家が倒れるとともに運動も終息するのである。しかも、〝よくしてもらう〟人たちは、たとえば保育所設置要求の運動にたちあがって、積極的に活動したとしても、それが実現し、いざ託児募集となったとき、自分の子供が除外されるとその瞬間に運動から脱落する。他の運動も、ほとんどは生活要求がナマのままとりあげられ、ナマのままで終る。すべて物とり主義に堕してしまうのである。

このような傾向は、とくべつ団地に限ったことではない。日本のあらゆる運動の伸びなやみの根底には、このような運動の経済主義があるとみてよいであろう。しかし団地はそうした一般地域の傾向に加えて、住居と環境、生活様式がさらに自足的な条件にあるから、集団をつくりにくいといえる。現在の孤立と分裂は、団地に集中的に表現されているのである。

もともとこのような分裂に民衆を置くことは、あらゆる時代の統治者のねらうところであり、江戸封建期に他村との交流を禁じ各種の「講」でさえ共同体の公認によってはじめて成立させたことからも、いかに連帯と団結を恐れてきたかがわかる。この意味ではたとえ革新的な政治意識が団地住人にあったとしても、投票率が低い状態では何の力にもならないし、高度に充足する団地生活はある意味で、人びとを最も孤立と分裂に追いやる環境として働きかけるのである。多くいわれるプライバシーも、日本的な視点からは見栄と人間的・家族的欠かんを単にかくすだけの、ひどくお手軽なものにすぎない。それらがプライバシーといえるかどうかは疑問としなければならない。もともと家族が、肉体的にも精神的にも寄り添って暮してきたわれわれの〝ベッタリズム〟が、近代的な個人の自由を基底とするプライバシーにたどりつくには、さらに多くの生活と運動の歴史を必要としよう。

団地でみた人間の孤立化への傾向は、持家に拠る人びとの孤立と分裂とまたそうちがわない。中味のちがいはあっても、持家の住人のあいだで当然起る割拠主義・自足主義は、やはり団地社会も生みだすのである。このようにみてくると、日本の住宅政策は、一本の太い柱をもっていることがわかる。狭い、不衛生な、家賃の高い住宅を与えることによって、団地と持家への志向をうまく利用するのである。一方では、持家という正反対の帰着点であっても、そこに生みだされる孤立や分裂は結果として同じものになってくる。

労働者に個人所有の住宅を与えることが、これからの政策であるとするプルードンの所説に対して、それこそ労働者を住宅にしばりつけることによって職場に無気力に従属させ、かつは持家そのものをもつことによって、賃金にふくまれる家賃の部分を、必然的に切りすてる結果となることを強くついたのはエンゲルスであった（エンゲルス『住宅問題』一八八七年　岩波文庫版）。労働者を小所有者階級にすることによって、古い支配層への貢献の危険を説いたのである。このような観点は、いまの日本の事情とほどんとかわっていない。むしろ経済の必然的な発展が、日本的な住居の歴史や思想によって強化され、人びとを身のまわりの要求に釘づけしているのである。これをうながしているものは他にも多く求められるが、住居こそ最も大きな要素といえよう。もちろん、現在の住居事情は、このような理論上の帰結は別として、やむにやまれぬ住宅不足や高家賃が持家への志向を強めていることはいうまでもない。しかし、少なくとも家屋そのものが所有物であっても、それはたんなる商品・耐久消費財にすぎないこと、借家であっても物品を購入する分割支払分として家賃を支払うのだという自覚は、この辺でもうできてよいのではなかろうか。ただ団地でみるように、定住の問題もそう小さなことではない。団地がコミュニティとして成立するかどうかは、まだはっきりといえない状況ではあるが、新しい意味の、地域を母体としての生活集団の形成は、団地であろうと他の地域であろうと、これから必要なことにかわりはない。持家を人生終局の理想とする人生観は、ようやく変革の機会がきているようである。これを日本の自然的、精神的風土のなかでどう変えていくかは、やはり安価な孤立を克服し集団をみずからきずいていく生産と、生活の実践のなかで求められる。われわれが生活の主人公になるかどうかにかかっている。家をもつかもたないかは、もとよりその条件にならないであろう。

（田辺信一）

Ⅳ　諸外国の団地生活

1　アメリカの団地生活

まえがき

日本の団地は、アパートの集合であると同時に郊外住宅地であるという二つの側面をもっているが、アメリカではアパートの郊外住宅地などといったものはほとんど見当らない。郊外住宅地（Suburbia）といえば、ほとんどが独立家屋の集合であって、アパートは都心地の建築様式なのである。ひろびろとした郊外にでてまで、わざわざ窮屈なアパートをつくるなどということは、およそ考えられないことで、それほどに土地が広いのである。といっても、郊外住宅地にアパート形式が全然ないわけではない。『組織のなかの人間』（W・ホワイト著）の主要舞台となったシカゴ郊外のパーク・フォレストにも、賃貸アパートはあるにはある。しかし、アパートといっても、それはすべて二階建てで、しかも一棟は最大で八世帯の連続にすぎず（写真1）、およそ日本の団地アパートとはおもむきを異にしている。また一方、都市のアパートとなれば、日本の団地のようなカステラ型の棟が画一的にならんで（例えばシカゴ市内のレーク・メドウ、写真2）、外見こそ日本の団地に似ているが、今度は逆に一九階建ての高層建築で、一棟三七〇世帯収容といった巨大なものになり、これまた日本の団地アパートとはおよそおもむきを異にしているのである。このようにみてくると、アパートという側面からいっても、郊外住宅地という側面からいっても、厳密な意味では日本の団地に対応するような団地は、アメリカにはないといっていい。日本の団地はいわば都心的建築様式と郊外的地域様式との混合形態であり、都心的なものにも郊外的なものにも徹底しきれない曖昧さを残している。この曖昧さが、じつは日本の団地生活にいろいろの歪みをひき起す原因になっているが、それは差当って、アメリカの団地生活を取扱う本稿の主題ではない。

写真1　パーク・フォレストのアパート
筆者撮影

写真2　レーク・メドウのアパート
筆者撮影

ではアメリカの団地生活をみていく場合、アパートという側面にあわせて都心のアパートをとりあげていくべきか、あるいは郊外という側面にあわせて郊外住宅地を取り上げていくべきかが問題となる。おそらく、建築学の立場からは、アパートという建築様式に焦点がおかれることになるだろうが、社会学の立場からは、郊外住宅地という地域様式に焦点がおかれることになる。というのは後にも述べるように、郊外住宅地という特殊な地域社会が、たんに限られた地域社会の問題をこえて。現代社会全体の特徴を集約的に表現するものとして問題化されてくるからである。したがってここでは、アメリカの団地という場合、郊外住宅地をとりあげることにする。そしてまずはじめに、アメリカの郊外住宅地とはどんな規模のどんな環境のものであるのか、その物理的側面を検討し、ついでそこで営まれる人間生活のいくつかの断面を紹介してみよう。

郊外住宅地の物理的側面

住居形式

アメリカの郊外住宅地の代表として前述のパーク・フォレスト、日本の団地の代表として東京地区の「ひばりカ丘」をとってみると、表1から明らかなように、すべてにおいて規模がまるで異っている。パーク・フォレストの人口三万六〇〇〇人というのは、すでに一つの小都市であり、事実行政体としても独立していて、市役所（Village Government といっているが、実質的には市である）、警察・消防も単独の組織をもっている。この点日本の団地は、ひばりカ丘も含め、一つの市の規模にまではいたらず、行政的に中途半端であるための諸困難がうまれてくる（周囲の地元社会との紛争など）。面積も三〇倍の広さであり、人口密度にいたっては、日本は一〇倍の過密地域とな

表1　1人あたり面積の日本とアメリカの比較

	総人口	総面積	人口密度（1ha当り）	賃貸棟数 ※	平均一棟世帯数 ※	一単位面積 ※※
パーク・フォレスト	36,000	2,400エーカー（970ha）	37人	681	4.4	130㎡（40坪）
ひばりカ丘	9,900	10万坪（33ha）	300人	118	19.8	48㎡（14.5坪）

※　パーク・フォレストについては、独立家屋地帯を除いた分。
※※　パーク・フォレストについては、二寝室型。ひばりカ丘については2DK。

図1　二寝室型（総室数5室）の設計図

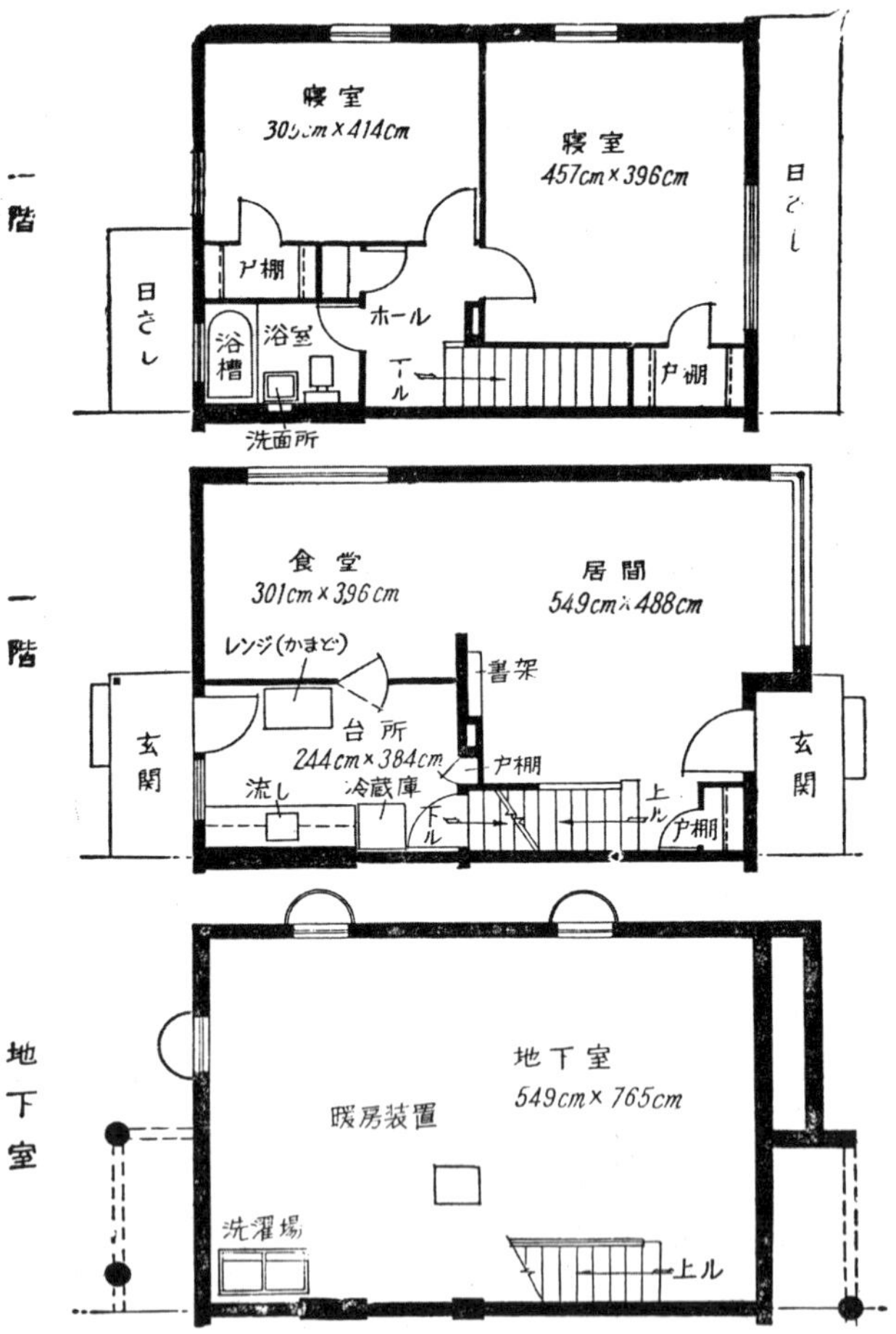

っている。またパーク・フォレストの方は賃貸アパートだけをとって比較してみても、棟数は多いのに、一棟当りの世帯数は五分の一という少数であり、いかに日本の団地が人口過剰の窮屈な条件におかれているかがわかるであろう。一つの棟にしても、パーク・フォレストでは前述のようにすべて二階建てで、各棟は二世帯・四世帯・六世帯・八世帯の四形式であり、すべての世帯が地下室ももてる仕組になっている。また室数の形式からいくと、一寝室型（総室数三・五室になる。〇・五室というのは地下室を半分共有することになる形式）が二〇四世帯、二寝室型（総室数五室）が二二〇四世帯、三寝室型（総室数六室）が七二一世帯、四寝室型が二世帯で、二寝室型と三寝室型が圧倒的に多いが、二寝室型の場合、地下室のほかに、一階には居間・食堂・台所があり、二階に二つの寝室と風呂がおかれていて総面積は一四〇四平方フィート（一三〇平方メートル、約四〇坪　図1）、三寝室型の場合は地下室のほかに一階に居間・食堂・台所、二階に三つの寝室と風呂があって、総面積は一五九三平方フィート（一四八平方メートル、四五坪）といった具合で、「ひばりカ丘」の標準型2DK（二室とダイニング・キッチン）の四八平方メートル（一四・五坪）のほぼ三倍の広さである。これが独立家屋になれば、すべてにおいてさらに余裕のあることはいうまでもないだろ

写真3　ケープ・コッド型
ボストンの南にあるケープ・コッドから発生した典型的なニューイングランドの建築様式

写真5　スプリット・レベル型
中2階様式で、これも郊外住宅地および中産階級のシンボルとなっている

写真4　ランチ・ハウス型
スマートな平屋建ての様式で、今や郊外住宅地ひいては中産階級のシンボルとなっている

写真6　郊外住宅地の家並

う。独立家屋は約五〇〇〇軒で、形式にはケープ・コッド型（写真3）、ランチ・ハウス型（写真4）、スプリット・レベル型（写真5）といろいろのバリエーションはあるが、いずれも低い平屋建てか、せいぜい中二階形式であり、しかもどの形式にしても三寝室か四寝室あるのが普通で、寝室のほかに居間・食堂・台所はもとより、子供用の娯楽室が設けられていることも多く、けっきょく総室数は七～八室ということになる。いかにひろびろとした余裕のある住宅であるかがわかるであろう。そしてどの家も広い芝生や庭をもっているわけで、そうした独立家屋がスマートな曲線の舗装道路に沿ってたちならんでいるのである（写真6）。

団地のデザインおよび設備

つぎに団地全体のデザインをみると、図2はパーク・フォレストの地図であるが、一見して周囲との境をなしているハイウェイが直線であるのに対して、団地内の道路はカーブした曲線の多いことに気がつく。なぜそうしたデザインになるかというと、第一は美的感覚からの配慮、第二は類似した家屋が多いため、道の変化によって家の所在を識別しやすくする、第三には、自家用車の発達している国であるため、安全交通の必要から車のスピードを落とさせるために、道路をカーブさせるのだそうである。いかにも画一的な感じのする日本の団地デザインとは大部おもむきを異にしている。ショッピング・センターがほぼ中央に位置しているのは当然として、公園や、リクリエーション地域（プール・テニスコート）も方々に点在し、とくに賃貸アパート地域では、その面積三二六エーカー（約一・三平方キロメートル）を九つの地域（エリア）と一〇三の小地域（コート）にわけ、エリアごとに遊園地と、コートごとに幼児の遊び場が配置されている。学校も一二の公立小学校、二つの教区学校、二つの中学、一つの高等学校とじつに多くのものが、各宗派の教会一一とともに各所に点在している。

以上、要するに、パーク・フォレストの物理的諸条件はしごく快適なものといってよく、アメリカの郊外住宅地の典型的なケースと思われる。ではこうして快適な環境のなかにあって、人びとの生活はどのように営まれているのだろうか。

郊外住宅地の人間的側面

居住者の社会学的属性

まずはじめに、居住者の特性をみておくと、W・ホワイトが、『組織のなかの人間』を書くためにパーク・フォレストを調査したのは一九五二年～五三年で、ほぼ一〇年の昔になるが、当時の入居者の属性として、「その平均人といわれるようなものは、二五才から三五才のホワイト・カラーでサラリーは、年収六〇〇〇ドルないし七〇〇〇ドル、妻と一人の子供と、二番目の子供ができつつあるといった状況のオーガニゼーション・マンである」と記している。六二年の夏、筆者が現地を訪れたときの印象では、パーク・フォレストも一〇年の年を経ると共に成熟し、すべてにおいて数字が多少とも高くなっていた。子供の数は独立家屋地帯は三人が圧倒的に多く、しかもほとんどすべてが学令期に達している。開発会社の六一年度のパンフレットによると、子供の総人口は全体の四〇％以上（全米の平均は二七％）、世帯主の年齢は三五才前後（四〇才以後の年令層も結構ふえている）、職業は九〇％がホワイト・カラーで、収入は賃貸アパート地域で五〇％が六〇〇〇ドルから九〇〇〇ドル（独立家屋地域についての調査はないが、賃貸アパート地域よりも高いことはいうまでもなかろう）、学歴では大学中退以上が男で八〇％、女で五〇％、平均教育年数は一四・七年で、アメリカでも最も高い地域になっている。このようにみてくると、パーク・フォレストの居住者は、学歴の高い幹部候補生の若いサラリーマンで、典型的な新中間層といえるわけである。これは日本の団地居住者についてもほぼあてはまることで、社会学的属性に関する限り、日本の団地もアメリカの郊外住宅地に非常に近い関係にある。そしてこうした特定の階層だけが、しかも現代社会に特徴的な新しい階層だけが、計画的な新開地にかたまって居住するという事実から、郊外住宅地独特のさまざまな現象が発生してくるわけである。しかもその多くは、単に特定の地域社会に限定される特徴ではなく、現代社会全体の特徴につながっている。ここでは紙数も限られているので、そうした現象のうちで最も本質的と思われる「帰属感」の問題にしぼって、とくに郊外住宅地の移動性・社交性・土着性といった側面から検討を加えてみることにする。というのも、人為的に開発された新しい地域社会が、果して人びとをそこに根づかせる「第二の故郷」となりうるか否かといったことが、「故郷の喪失《ハイマートロス》」とか「根無し草」とかいわれる現代的状況にとって、文化創造のうえからも、個人の精神衛生のうえからも、最も緊要な問題と考えられるからである。

帰属感と移動性

転々と移動すればするほど、地域社会に対する個人の帰属感は失われるし、同時に地域社会としてのまとまりも失われる。その意味で、過度の移動性は地域社会の発展のうえに好ましくない結果をもたらすであろう。ちなみにパーク・フォレストの移動率をみると、賃貸アパート地域で年間三五％、独立家屋地域で年間二〇％といわれる。賃貸アパート地域の移動のなかには、同じパーク・フォレスト内の独立家屋への移転も

図2　パーク・フォレスト地区

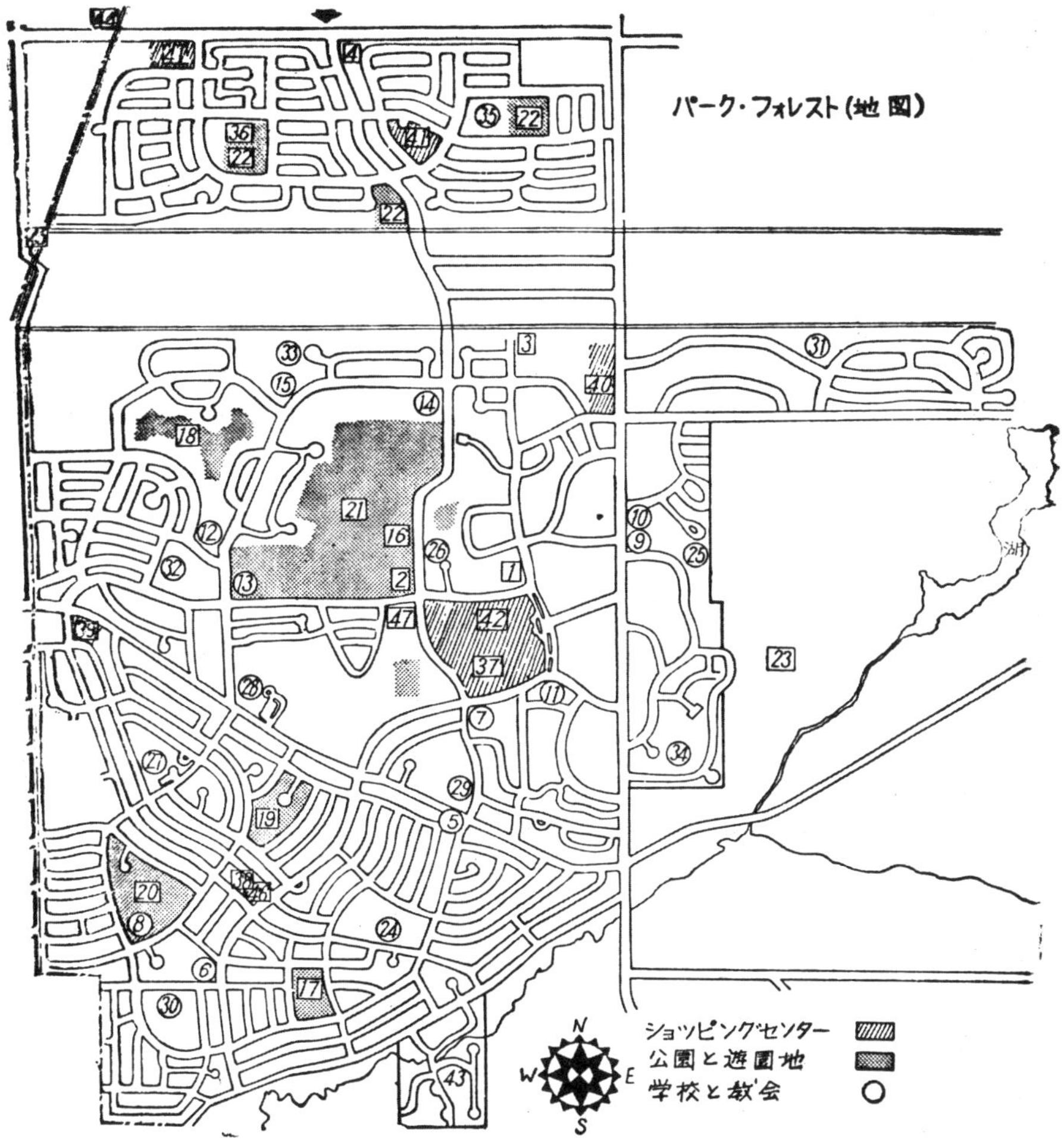

1．市役所、警察署、消防署
2．市立図書館
3．水道局
4．カルヴァリ合同プロテスタント教会
5．聖家族教会（エピスコパール）
6．ホープ・ルーテル教会
7．聖イレニュウス・ローマ・カトリック教会
8．グレース合同プロテスタント教会
9．ベス・ショーレム寺院
10．トリニティ・ルーテル教会
11．フェイス合同プロテスタント教会
12．ファースト・クリスチャン・サイエンス教会
13．グッド・シェパード合同プロテスタント教会
14．ファースト・バプティスト教会
15．南部ユダヤ地域
16．アクァセンター（水泳プール）
17．シャボナ公園
18．ウイロー公園
19．マーケット公園
20．ソノモーク公園
21．中央公園（88エーカー）
22．公園用地
23．保護林
24．ブラックホーク小学校
　　ブラックホーク中学校
25．ドッグウッド小学校
26．レークウッド小学校
27．モホーク小学校
28．リッチ・タウンシップ高校
29．ソーク・トレイル小学校
30．タララ小学校
31．アルゴンキン小学校
　　ウエストウッド中学校
32．ウエストウッド小学校
　　娯楽館
33．ウィルドウッド小学校
34．ヒッコリ・ヒル学校
35．イリノイ小学校
36．インディアナ小学校
37．パーク・フォレスト・ショッピングセンター（60軒以上の商店）
38．タウアー・ショッピングセンター
39．ソーク・トレイル・ショッピングセンター
40．ノーウッド・ショッピングセンター
41．将来のショッピングセンター用地
42．パーク・フォレスト不動産会社
43．ツーン・グリーク不動産会社
44．イリノイ・セントラル＝パーク・フォレスト駅（通勤者の駐車場あり）
45．イリノイ・セントラル＝メイトリン駅（通勤者の駐車場あり）
46．市貯水塔
47．イリノイ・ベル電話会社

含まれているので、パーク・フォレスト外への移動はもう少し低くなるであろうが、それにしても驚くほどに高い移動率である。三〜四年もすれば、隣人がすっかり入れかわるという計算になる。このように高い移動率をもってして、果して住民はパーク・フォレストに根をおろすことができるのだろうか。ホワイトはある植物園の広告を引用して、パーク・フォレスト居住者のことを、「根毛のはえた苗木」にたとえた。

「私たちのところの苗床では、苗木は一回から四回ないしそれ以上にわたって移植されます。移植するごとに、比較的長い、したがって損なわれやすい根は退化していきます。その結果、小さな根毛がますます幹の近くに発生します。根毛が多ければ多いほど、ますます早く樹木はあなたの土地に定着します」

転々と移動するアメリカの団地族は、うっそうたる大樹を支えるような深い根をおろすことはできない。せいぜいのところ、細い根毛によって、広く浅く根を張るにすぎないのである。郊外住宅地居住者が、前にもみたごとく、比較的若い幹部候補生のサラリーマンであってみれば、大企業の経営方針によって頻繁な転勤を運命づけられているのも止むをえない。また同じ会社でなくても、転々と会社をかえていくことこそ、出世の道とされているアメリカ社会では、若い有能なものほど転々と住居もかえなければならないのである。こうした風土にあっては、じっくりと根をおろす暇はなく、「故郷の喪失」もまた必至の勢であろう。

また一方に、アメリカの郊外住宅地のなかには、定年退職した老人専用の住宅地が、とくにフロリダ、アリゾナ、カリフォルニアなどの太陽の多い地方に多くつくられている。そうしたところではまったく正反対に、住民の移動率はきわめて低いわけであるから、移動性からくるマイナスの条件はないけれど、すでに人生の旅路の果てにある老人ばかりの世界では、うっそうたる大樹も独特の文化も期待することはできないであろう。写真7・8はアリゾナ州フェニックスのカサ・ドウ・ソル（スペイン語で「太陽の家」という意味）という老人団地の一風景であるが、芝生の色に注意していただきたい。週一回の草刈りも老人には重荷であるため、緑に塗った小石を敷きつめた模造の芝生が出来上っているのである（写真7の部分小石をしきつめた模造の部分、写真8が本物の芝生）。根無し草と模造文化の支配、現代文明のいく末が象徴的に表されているようだ。

写真7　模造芝生のある老人団地

筆者撮影

写真8

帰属感と社交性

再びパーク・フォレストに帰っていこう。ホワイトのあげた根毛の比喩は、単に移動性についてのみ語っているのではない。根毛による定着はまた社交性についても語っている。うっそうたる大樹は深く根をおろしている反面、いったん移植するとなると枯れやすい。人間関係もこれと同じで、一カ所で深いつきあいの根をおろすと、移転のときに大きなショックをうけやすい。それが根毛程度の浅いつきあいであれば、ひっこぬいてもたいしたショックでもないし、新しい未知の土地に移転しても直ちに根を張ることができるのである。しかし一方に、根毛のように浅いつきあいでは全人的な人間関係は生れず、いつまでたっても孤独感をまぬがれない。この不足をカバーするために、網の目のような無数の交際が生れる。ちょうど根毛が網の目のような無数に細かい根からできているように、深さの不足を広さで補うわけである。結局、はげしい移動にともなう孤独感から、広く浅い社交術が発達してくるわけで、根毛的社交性ははげしい移動に対処するためのアメリカ人の知恵というべきものであろう。

では具体的に、根毛的社交性とはどんなものであろうか。パーク・フォレストにはさまざまのクラブやグループが一〇〇以上もあるといわれる。筆者が厄介になったお宅のS夫人は、婦人有権者運動の初代会長であっただけに、とくに有力者として顔が広いのであろうが、所属する組織の数をきくと「いくつになるかわかりませんわ、恐らく六〇か七〇になるでしょう」と、事もなげな返答でまったく恐れいってしまった。一週間の滞在中、筆者はS宅とM宅の二軒に厄介になったが、いずれのお宅においても連日何らかのパーティがおこなわれ、しかもパーティは通例、夜中の一時、二時までおしゃべりが続き、いささか閉口した。まったく網の目のような社交である。

こうしたパーティのあいだで気のついたことは、宗教を媒介にしたつきあいが、招待の重要な契機になっているのではないかと思われたことである。ホワイトによると、近隣の物理的条件が招待の大きな契機になっているとのことであったが、遠来の客を主人公にしたパーティでは、もっと密接なグループが招かれたようで、しかもそれは、宗教関係が重要な役割を果しているように思われた。最初に厄介になったS宅はプロテスタントであったが、S宅に招かれた客、またS夫妻と一緒に筆者が招かれていった先のお宅、およびそこに招かれてきた客は、すべてプロテスタントであった。また二軒目に厄介になったM宅は、主人がユダヤで、奥さんがカトリックであったため、結婚後二人ともユニタリアンに改宗し、こちらのお宅でのパーティはすべてユニタリアンの人たちだけの集まりであった。結局これは日曜日ごとの教会行きを媒介にして、社交が発達することを端的に物語っている。

ある日曜日、プロテスタントの教会にいってみたら、パーティですでに顔見知りの人たちが多勢いて、筆者までがすでに彼らの仲間であるかのような錯覚を覚えた。パーク・フォレストのプロテスタント教会は合同プロテスタント教会（The United Protestant Church）といって、プロテスタントの各宗派ごとに教会を建てるのは費用がかかるので、各宗派を合同した大変合理的なスマートな教会が出来ているのだが、それほどに合理的な考え方をする人たちが、なぜ神を信じなければならないのか不思議な気がする。「クリスチャン・フレンドシップ」というお説教の続くあいだ、隣に坐っていたC夫人（S宅のパーティですでに顔見知り）が紙片にメモを書いて渡してくれた。みるとtoo longと書いてあった。やはり適当に宗教的で、適当に合理的であることが必要なのだろう。こうしてみると、教会の大半の機能は社交の媒介にあるといってもよさそうである。神は心を救ってくれる。社交もまた孤独感を救ってくれる。神と社交とが教会で席を同じくしていても決して不思議ではないであろう。いずれにしろ、教会は救いの場所なのである。

これがもっと徹底すると、ユニタリアンの集まりになる。彼らはもはや神を信ぜず、教会にもいかない。そのかわり、彼らだけのシンボルをつくって、日曜日ごとにグループの家に集まり、壁にそのシンボルを掲げるだけで一日中おしゃべりに時間を費すのである。ここでは一〇〇%、社交が救いの場となっている。そのなかの一人D夫人は、最近夫をなくし、一人の親戚もない天涯孤独の身となったが、夫の入院中に、そのグループの人たちが示してくれた好意を涙ながらに語ってくれた。見舞品はいうにおよばず、食事の世話から、車や芝生の手入れにいたるまで、面倒をみてくれたという。そして彼女は「パーク・フォレストの友情に満足し、今やパーク・フォレストに根をおろしている」という。彼女のように、もはや移動の可能性のない場合には、容易に根をおろすこともできるのかも知れない。

帰属感と土着性

パーク・フォレストもすでに一〇年以上の年を経た。依然として居住者の移動率は高いが、なかにはパーク・フォレストに住みつく人たちの出てきたことも確かである。開発会社のパンフレットでも四〇才以上の人たちの人口が結構ふえてきていること、老人用アパートの必要が話題にのぼっていることなどを訴えている。また筆者が厄介になった前述のS家もM家も、かつては最初パーク・フォレストの賃貸アパートに居住したことがあり、それからいったんパーク・フォレスト外に移転した後、再びパーク・フォレストの、今度は独立家屋に入ってきたという経歴の持主であったが、舞い戻ってきた最大の理由は、快適な環境と交際関係であったという。こうしてみると、独立家屋地域には、住みつく人たちがかなりでてきているように思われる。そうだとすると、外圧的な移動性のない限り、パーク・フォレストの環境は人びとを根づかせるだけのものを充分にもっているようである。それは物理的側面を検討したときに明らかになったように、まず第一に物理的条件が充分に満足を与えるものなのである。そもそも自分の家、自分の庭をもつということは、人びとを根づかせる第一条件であろう。その点賃貸アパートは、たんに入居者の年令が若く、人生航路の途中駅にすぎないという浮動性のほかに、土地から遮断されているという物理的条件が、人びとを根づかせるうえで困難な要因として働く。日本の団地の場合には、移動率は年間一五％程度で、アメリカよりもずっと低く、移動性からくるゆゆしい問題はアメリカほどではないが、逆に住居形式がすべて賃貸アパートの借り物だという条件と、一軒一軒のユニットはテラスハウスを除いて、すべて土地から遮断されているという物理的条件が、団地に対する住民の帰属感を阻害し、団地が第二の故郷になっていく可能性を妨げている。アパートずまいを卒業して、いったん独立家屋をもてるようになった階層が、再び団地に舞い戻ってくる可能性は、日本の団地にはない。そうである限り、日本の団地は永久に浮動的な途中駅にすぎず、仮ずまいの集合からは故郷というものはうまれてこないのではなかろうか。その点パーク・フォレストは住民のはげしい移動性にわざわいされながらも、潜在的には第二の故郷に発展していく可能性を秘めているようだ。パーク・フォレスト会社のキャッチ・フレーズは「われわれは家を建てることだけに関心があるのではない。われわれの関心はアメリカの家族に対してよりよい生活を創造していくことにある」というが、広告文として割引いてきくとしても日本住宅公団はもっと考えなければならないだろう。

〔附記〕アメリカの郊外住宅地の問題としては、以上のような帰属性の問題のほかに、子供の問題、女性の問題、政治意識の問題、通勤の問題など、それぞれ単独にいくつかの単行本がでている有様であるが、紙数の関係で、ここではとりあげることができなかった。

（辻村　明）

2　ソビエトの都市と住宅

社会主義と住居

まえがき

ソビエトにおける都市住宅は、個人所有住宅と、社会主義部門（市や学校・病院・企業ならびに協同組合所有）の住宅に大別され、その比率はほぼ一：二である。都市全体では一人当りの規模は平均すると七・三五㎡（一九五五年末）となっておりソビエト自身が定めた基準の約半分である。さらに、老朽住宅・成人の混寝・いくつかの世帯の雑居などに見られるように、深刻な住宅難に悩んでいるのが現実である。そして、つとに報じられているように、目下、一九六〇年代にその住宅不足の解消を果すべく、国をあげて目標をかざしている。

住宅にかぎらず、ソビエトの事情を語る場合、例えば、西欧の水準をもとに比較対象する考え方と、ソビエトの歴史を帝政ロシヤの四五年前の遺産から出発したものとし、主としてソビエト自身の歴史的発展の面からのみ評価する考え方の二つに大きくわけることができる。ソビエト自身はといえば、近頃までは、後者の発想に強く支配されていたようであるが、最近では、革命後のめざましい発展を強調しながら、他方では、あえて西欧の進んだ生活水準と比較することを恐れず、未来の建設にいそしんでおり、その端的な例を「最も進んだ米国に追いついて、さらに追い越す」という現在進行中の七カ年計画（一九五九年～一九六五年）の方針の一つに見ることができる。

住宅問題の指針

さて、ソビエトの都市生活の現状の紹介を、まず、住宅問題と都市計画についての基本の考え方から、順をおってはじめることにしたい。エンゲルスの著した『住宅問題』は社会主義理論の古典として知られているが、読者は、そこに、将来の共産主義時代における具体的な生活形態を捜そうとして、失望するかもしれない。が、理論的創始者たちは、労働者階級が、まず政権を獲得し、実際に社会の各部門を、生産を、消費を、一歩一歩社会主義的に改造するなかで、はじめて具体的な形態をつくりあげることができるものと考え、あらかじめ、何らかの「バラ色の夢」を描くことは、空想の領域にゆずっていたのである。いわば発展に応じて問題を提起し、社会主義的方向に沿って、その解決を図ることを基本においているのである。

事実、ソビエトの都市の変革は、まず第一に、不動産の資本主義的私有所有を禁止（一定の範囲で貸家業も認められている）し、一定の規準以上の余裕のあるものを徴発し、労働者をはじめとする大衆の生活向上のための方策がとられたのである。その時期が戦争の末期にあたり、また工業の発達がおくれていたことから、革命後、直ちに、新しい住宅の建設が不可能であったことを考えれば、不動産の資本主義的所有（多くの借家アパート）の禁止が、高い家賃とみじめな住宅事情に市民をおとしこんでいた当時、もっとも適切な対策であったと自負するのもうなづけるのである。

第二に打ちだした方針は、都市生活の社会化・共同化であった。当時、家庭単位に考えられていた食事・育児・幼児教育がその対象となった。小規模な個人家庭経済のために、台所や育児にしばりつけられた婦人の解放は、公共給食となってあらわれ、内戦時の一九二〇年頃には、一二〇〇万人以上の市民が何らかの形で公共給食で生活していた。このような状況を背景に生れたのがドム・コムヌイ（共産の家・一九二九年）の設計案である。そこでは、家事のすべてが社会化・共同化されるという前提から、一足とびに「家族の消滅」にいたり、建物としては、成人館・児童館・幼児館に分けて別棟とし、ホテル形式に近いものを考え、それにスポーツ施設・庭などを設備し、全体では一七〇〇人位の規模のものを設計していた。他方、婦人が台所から解放されたことにより、婦人の社会的活動の分野は拡がり、それに従事する数が増えるにつれて、男女間の関係に大きい変化をもたらし、適切な言葉ではないが「乱婚」を礼賛するが如きコロンタイ女史（一八七二年～一九五二年）の恋愛論が勢をなし、それに対して、レーニンが「一杯の清水」の自然の健全さをさとし、あえて泥水をすする愚をいましめたのもこの頃であった。ドム・コムヌイといい、前述の恋愛論といい、共に機械的形式的な考え方であるとされ、その理論的偏向が槍玉にあがったのである。ともあれ、台所と公共給食の関係は、婦人の解放と家族形態の関係に対応するもので、住宅の設計は、それを無視するわけにゆかなかったのである。

一九三〇年代に中層のアパートが建設されることになると、居室一～五室ごとに台所・便所・浴室が設備されており、これが、階段室を中心に四～八ユニットずつ配置されていて、台所・便所・浴室を中心とした居室の組合せが、必らずしも一家専用に設計されたものでなく、実際に専用で使用されることが少なかったといわれ、事実、「同居生活のエチケット」の手を借りていたのである。さきにも触れたように、公共給食の役割が依然として大きかったことと、他方では、住宅不足のため一家族用の多居室ユニットでありながら、小家族のいくつかの世帯が同居することが慣習となり、いわば雑居生活が出現したのである。

マロメトロジナーヤ・クバルチーラ

「雪どけ」以来、こうした住生活に対する不満が積極的にとりあげられた結果、一九五八年以降の都市・農村を問わず、マロメトロジナーヤ・クバルチーラが住宅設計の基本となることが決定されている。これは〝一住戸には必ず一家族しか居住させないこととし、そのための最も経済的な住戸の中で、最大限の便利さを生み出してゆこうとする〟ものである。試作はすでに一九五六年に完成しており、設備を完備し、階高を三・三mから二・七m（天井高二・五m）に下げることにより、建設費の節約をもはかっている。こうした、マロメトロジナーヤ・クバルチーラは、社会主義部門の目下の基本的形態として出発したばかりである。

一九五八年から、都市住宅の計画と計算は、マロメトロジナーヤ・クバルチーラの出現に伴い、戸数・延面積・居住面積（廊下・階段・前室・浴室・台所・壁厚などを差引いたもの）の三本立てでおこなわれることになった。従来は、統計では延面積であらわし、予算・家賃・住宅規準は居住面積で示し、また郊外の個人住宅は戸数で把えていたので、統一的な数量を摑むことが困難であったのである。

アメリカの研究者サスノーヴィ氏に依れば、上述の延面積と居住面積の比率は、ほぼ一〇〇：六五といわれる。居室の規模は、当然住宅の規準居住面積九㎡／一人から規制されるのであるが、設計（図3）について見ると、一室住戸（二人用）では一八㎡～一九・二七㎡（玄関・台所・浴室・便所・階段室など含まず以下同じ）、二室住戸（三人用）では、二七・一五㎡～二八・八〇㎡、三室住戸（四人用）では三五・三〇㎡～三七・七〇㎡となっていることがわかる。さて、冒頭に述べたように、現状は規準の半ばであるが、人口増一七人／一〇〇〇人、老朽・火災などの消耗を一〇％内外であることを考慮に容れても、現在の計画増加率が持続されさえすれば一九六〇年代の末に九㎡／人に達することも不可能ではないだろうと思われる。

前述の社会主義部門の都市住宅の大部分は、四～五階のアパート型式で、エレベーターなしの階段式である。手近な例をとれば、わが国の各地に見られる公団をはじめとする鉄筋コンクリート造りのアパートを心に描けばよい。もちろん、内容・外観共に異っている。まず居室の大きさが異る。一室住戸（二人用）では、最低一二帖大、二室住戸（三人用）で一〇帖・六帖、三室住戸（四人用）では一〇帖・八帖・六帖大となっており、設備は、都市ガス・電気・水洗便所はもちろん、中央暖房さらに中央給湯設備も見られる。さらに大きい違いは家賃であろう。光熱費を含めた家賃が月収の一〇％を越えないように規定されており、細かくいえば、一人当り九㎡／人の居住面積の規準から出発して、一人当り一平方メートル当りの月額の基準価額が定めてあり、住宅の交通上の位置・設備・衛生上の欠陥、規準・規模の超過の有無、職業別の諸条件などの補正係数に依る計算方法を採り、実に面倒と思われるほどの家賃算出体系をもっている。このことは、計画と計算が社会主義経済の一つの幹であることにもよるが、他方、未だに部門別・部門内に熟練・未熟練労働の差があり、労働生産性に上下のあるソビエトで、賃金体系が、労働者が自らの労働の結果に対して抱く物質的関心に基礎をおいていると同じように、基本的な消費経済＝住宅経済に対する市民の積極的関心の喚起、ひいては、国民経済に占めるその役割の意義の評価をたかめることにも役立っているのかもしれない。なかでも賃貸契約とか家賃支払は、家族の筆頭者が代表としておこなうが、家賃の算定がひとりひとりについておこなわれることは、社会における市民ひとりひとりの勝利と責任を再確認するものとして軽視できない事実であると考える。

図3　マロメトロジナーヤ・クバルチーラ設計図

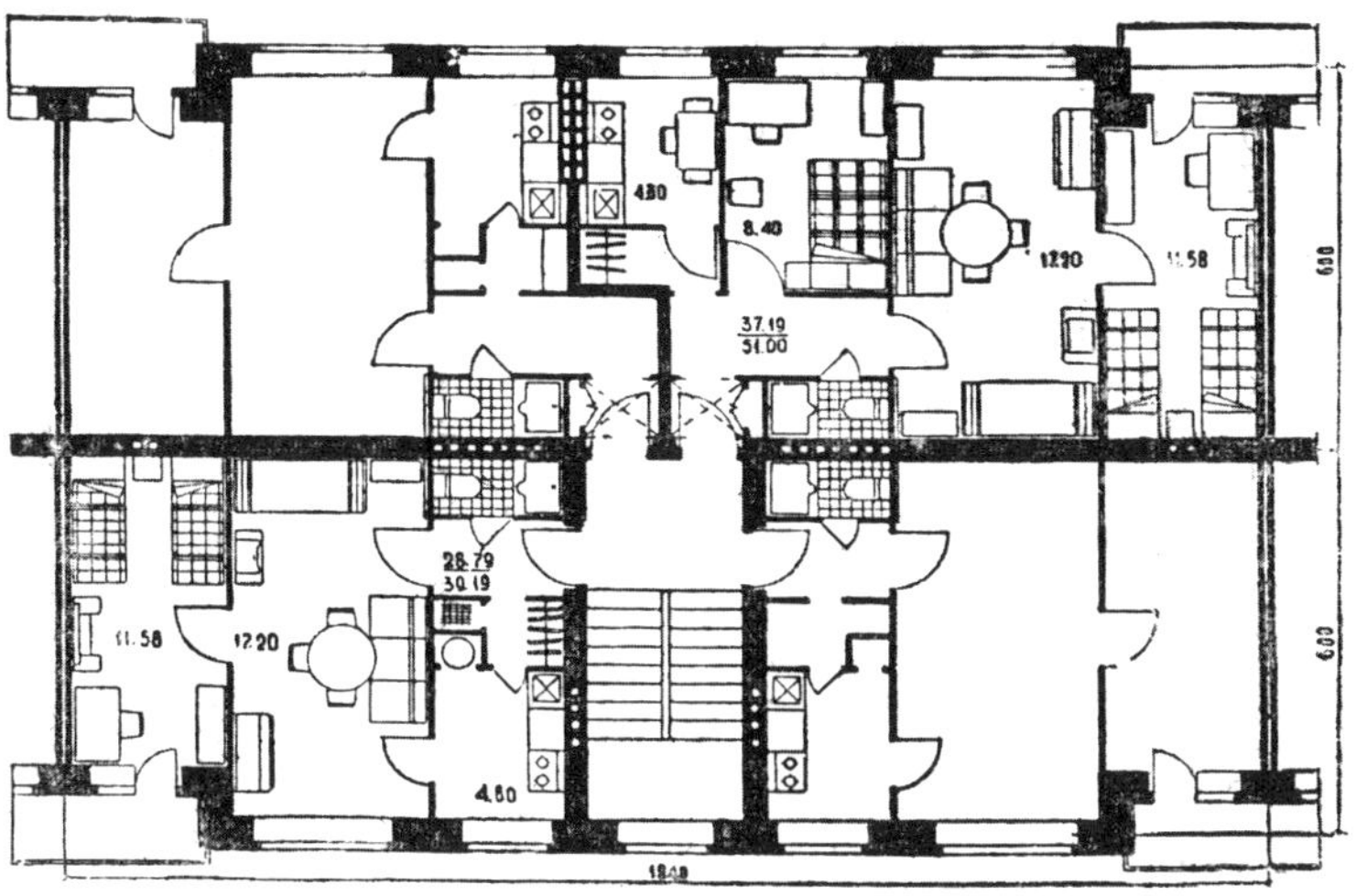

都市計画の中の住宅

新築の禁止

住宅の変革が、台所の社会化にはじまり、紆余曲折を経てきたように、社会主義都市の形態も混沌の時日を過さねばならなかった。一九二〇年にモスクワ市会がモスクワ改造国際競技設計計画を発表するや、徹底的な革新計画者、古美術保存者、自然愛好の田園主義者、マンモス都市化を唱える者と議論百出したが、一九三一年には、西欧資本主義都市の提起する問題点の分析と、その蓄積と、ソビエト革命一〇年の歴史の歩みの中から、都市計画の基本方針が生みだされたのである。

都市の社会主義的発展の方向は、生産諸力の合理的な配置、国土全般にわたる天然資源の利用ならびに動力や原料・生産地の利用を基盤として、都市と農村とのあいだに横たわる矛盾を漸次に消滅させることにあるとして、第一に、全国にわたって都市を均等に配置すること、第二にそれぞれの都市で系統的総合計画をはかること、第三に都市の生活内容を社会主義的に改造するという三つの原則に要約している。

第一着手として「われわれは、都市施設の改善のためには、資本主義諸国の都市経済の技術の点ですぐれたものはすべてこれを利用しなければならないが、都市の大きさの点においては、まったく独自の方向に進まねばならない」とし、まずモスクワ・レニングラードで新しい工場や企業の建設を一九三二年以降禁止し、マンモス化を抑制した。それぞれの都市には、西欧と同じく生産施設と消費・文化施設とを別々の地域に配置して、地域的機能分化をうながす用地地域制度を採り、衛生的で環境のよい住居地域を設けることを目ざし、それらを結ぶ交通機関は地下鉄とトロリーバスの採用が特徴的である。

ソビエト的団地

住居地域は、他地域とは幹線道路や緑地帯によって区切れ、そのなかでは住宅街区・公共施設・道路・緑地が機能的に配置されている。この住宅街区がいわば〝団地〟に相当するのであるが、最近ではミクロ・ライオン（極小住宅地域＝単位住区）という複合語がよく用いられているが、ここでは以下、団地またはコミュニティという語を用いることにする。

ソビエトの団地は、人口二〇〇〇人～五〇〇〇人、規模は三～一二ヘクタールの規準が推奨されたこともあったが、最近の紹介では、むしろ七〇〇〇人～八〇〇〇人、二〇ヘクタール前後の団地が多く見られるので、とくに規模にとらわれることなく、日常の購買施設があり、幼稚園や小学校をもち、小公園や広場があって、しかもひんぱんな交通から隔離されているのが共通である（図4）。団地の施設には住宅の項でふれたように、皆ながゆける食堂を備えた日常購買施設、いわゆるクリーニング施設・託児所があって、婦人労働を軽減し、婦人が容易に社会的活動に進出できるようになっており、また交通ひんぱんな横断歩道がないので、児童の交通禍を恐れることはなく、安心して学校へ送り出すことができる。団地内の緑地は、その地域の気候を改善し、埃と騒音を防ぐだけでなく、大人の休息と子供の遊び場所としても重視されている。母親は、その木蔭を縫って乳母車を押し、老人は日向ぼっこで憩い、はしゃぎまわる子供たちを見やる場所でもある。そうした点から、団地内の緑地遊園地は、通路・小公園・広場などのまわりから、いくらか奥まった場所が選ばれている。個人用自動車のガレージまたは駐車場は、自分の住んでいる建物から離れた街路から直接に車を乗入れの出来る場所が定められ、規模は五〇～一〇〇台用、利用半径二〇〇～三〇〇メートルが推奨されている。このような団地のほかに、郊外にも低層の個人用住宅地域がある。が、とにかく都市の日常生活で、市民のほぼ三分の二の生活が団地で営まれている事実は、ソビエトの団地生活は、わが国における「団地族」の意味するものとは、質的に異なった意味をもち、いわば、ソビエト市民生活そのものを指すことになるのである。したがって、ソビエト社会全体の動きのなかでとらえる必要があるのであるが、あえて許されるならば、ソビエトの住宅団地は、基本的に一家族単位の文化的・健康的生活の基盤を保障しながら、育児・食事・洗濯などの共同化・社会化により、婦人の家事労働解放のための施設を備え、首都モスクワをはじめとする都市改造のなかで、新しい開拓地での新都市の建設のなかで、都市の施設の段階的の一つの機能として生れ、そして成長しながら、発展を続ける夢に満ちているということができよう。

（厨　茂）

図4　チェリヤビンスク市ゴーリキー通

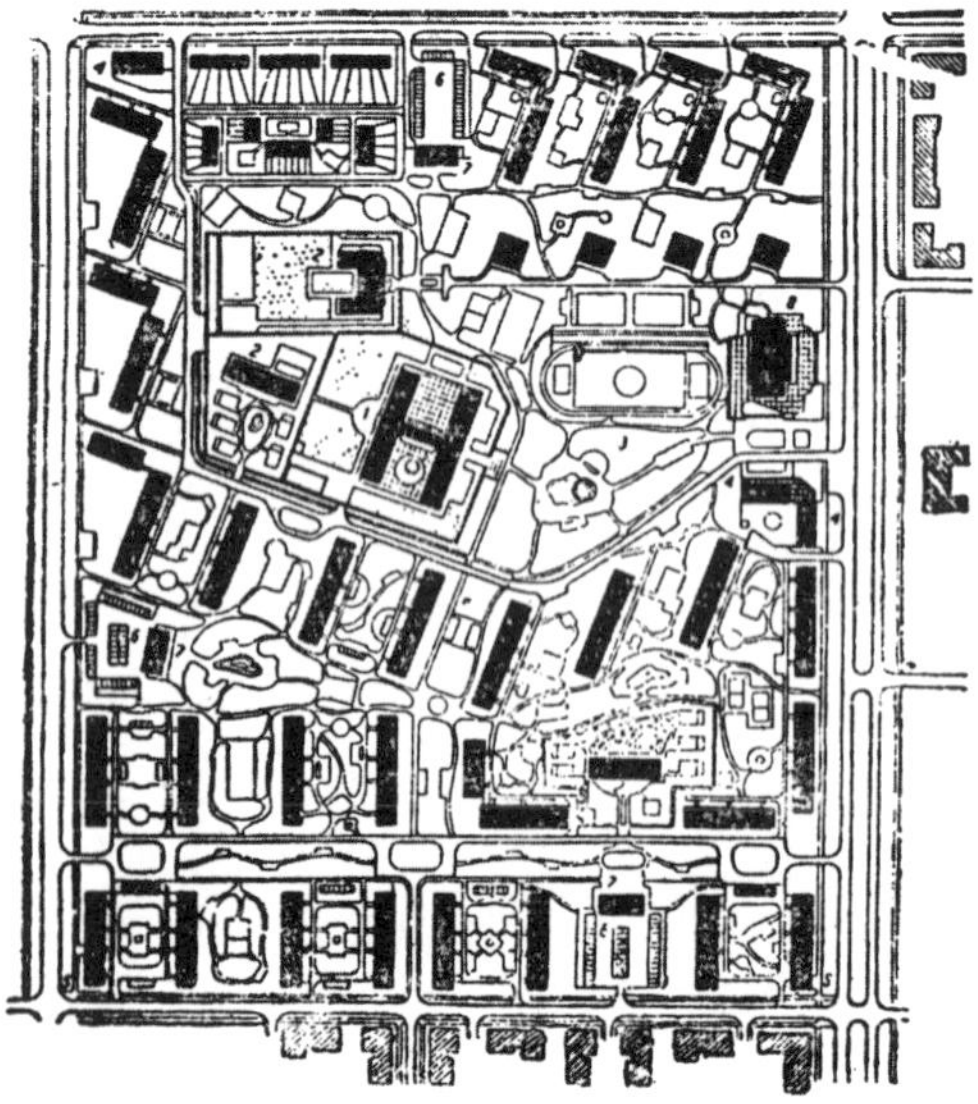

人口6700人　約26ヘクタール
1．学校　2．幼児施設　3．公共広場
4．購買施設および食堂（独立タイプ）
5．　〃　（併存タイプ）
6．パーキングエリヤ
7．住宅経営施設（クリーニングなど）
8．管理慈雨所
9．ボイラー

3 イスラエルの国づくりと集団住宅の発展

ユダヤ人の国づくり

民族の国土

第二次大戦後、二〇〇〇年ちかくにもわたる苦難な流浪に終止符をうって、ユダヤ人がパレスチナの地に再建した国、それがイスラエルである。

この地には、すでに一九二〇年頃から、イギリスの委任統治の下でユダヤ人コミュニティがしだいに発展していた。だが、一九四八年のイスラエル独立により、発展の様相はにわかに新しい段階をむかえるにいたった。それまでのユダヤ人コミュニティの形成が、新しい「国づくり」へと移行し、しかもこの国づくりはきわめて速いテンポで進められることになった。

まず第一に、独立以来、年々おびただしい数にのぼる海外からの帰国ユダヤ人家族を受け入れなければならなかった。これに伴うイスラエルのユダヤ人人口の増加は驚くほど急激で、一九四八年には六五万人であったのが、六〇年には一八六万人へと、一〇年ほどのあいだに約三倍にふくれあがっている。わが国のやっと四国ぐらいの広さの国で、年平均にして一〇万人ずつの増加の割合であった。

第二に、新しいイスラエル「国民」としての文化的統合の要請があった。世界中に離散して数十世紀におよぶ生活をおくってきたために、おなじユダヤ人種とはいえ、例えばヨーロッパから帰ってきた者、中東にいた者、アフリカに住みついていた者のあいだには、髪の毛、骨格、皮膚の色にまで、一見して区別がつく相違が刻みこまれている。当然、文化的背景を異にするこれら各種ユダヤ人の価値基準・生活様式などのいちじるしい違いが存在する。これらを、イスラエルというひとつの民族共同体の成員として統合しなければならない。

わずか一〇年そこそこのあいだの、イスラエルにおける集団住宅建設の急速な進展を理解するには、こうした国づくりの特異な状況を知っておくことがどうしても必要である。そこには、たんに住宅建設の経済的・物質的な面ばかりではなく、あきらかに「新しい集団生活の思想」――新しい共同体形成への指向――が、重要な面としてあらわれていることが認められる。

思いきりざん新なアイデアを生みだすユダヤ人の才能が、小型の国という条件のもとで、まったく計画的な、いわば実験的国づくりにとりくんでいるとき、あの炎熱不毛の荒野を緑地に変えつつある意欲的な国土開拓の事業と共に、集団住宅建設の進展にはたしかに注目に値するものがある。

働く者を中心として

この国は社会主義国といわれている。労働党がずっと政権をとり、社会福祉の拡充を政策の主要目標のひとつとしている。

例えば、現行紙幣のデザインをみても、働く者を中心とする国づくりの基調がよく示されている。一〇ポンド札には試験管を凝視している科学者、五ポンド札にはハンマーを両手に握りしめた労働者、一ポンド札にはイカリを肩にかついだ漁夫、そして半ポンド札には収穫物をカゴに入れて運んでいる女子農業訓練兵が、それぞれ実験室・工場・漁港・集団農場をバックに写実的な手法で大写しに描かれている。

札の裏がわには、いずれも、古いユダヤの文化、聖書時代のヘブライ文化を象徴する意匠がほどこされてある。表裏あいまって、国の建設の基本理念をあざやかに示しているのである。

ここには、伝統的なユダヤ民族意識による国民の結合と働く者の手による国づくりの態勢とが誇示されている。科学者の姿にあらわされる高度の知性にたいする期待と信頼は、建設のあらゆる面にみられる綿密な計画性・合理性、そして大胆な実験精神を反映しているものといえる。

もっとも、社会主義国といっても、それは「西欧的」な意味においてそうなのである。イスラエルの経済制度は、いわゆる混合経済の形態をとっていて、国営企業、協同組合企業・民間私企業の三者が、国の経済を三分している。民間の資本主義的企業も、経済制度構成の一要素となっているのである。

しかし、集団住宅建設についていえば、独立以来の異常ともいえる急激な人口膨張に対処するには、とうてい資本主義的企業の任意な住宅建設のよくするところではない。一九四九年から五九年までの一〇年間に、イスラエルの住宅総面積は人口膨張に比例して三倍にふえたが、この増加分は大部分、国営企業および労働者・農民の出資になる協同組合企業によって建てられたものであった。

ほぼこの期間に、住宅建設に向けられた政府出資額は、じつに政府の公共投資総額の三分の一を占めている。また、現在、イスラエル総人口の一割余、全イスラエル協同組合連合（ヘブラート・オブディム）に加入している労働者・農民の家族の約四分の一が、協同組合の建てた住宅に住んでいる。

集団住宅建設というぼう大な資金を必要とする事業が発展するためには、国の政策や、経済の制度が、それを充分に支持するようなものであることが不可欠の条件である。イスラエルの場合、働く者を中心に国づくりが進められ、しかも高い生活水準の確保へのつよい要求によって、社会福祉拡充の政策にとくに重点のおかれていることが、絶対の強味になっている。

家庭生活機能の社会化の試み

キブツ

典型的なイスラエルの集団住宅の生活形態をみよう。それは、なによりもキブツの生活にみられる。

キブツは、協同組合村のうちでも最も徹底した共産的集団村である。ソ連のコルホーズや中共の人民公社と、経営的に類似の制度である。現在全イスラエルで二〇〇をこえるキブツがあり、ひとつのキブツに、小さいところで一〇〇人位、大きいところで二〇〇〇人位が生活している。

キブツは主として農業生産をおこなっているが、なかには製材工場のキブツ、陶器工場のキブツ、プラスチック工場のキブツというように、工業生産を中心とするキブツもある。

キブツメンバーは、男女共すべて、キブツごとの労働委員会の作業割当てによって、一週六日、一日八時間の労働に従事している。「能力に応じて働き、必要に応じて受取る」という共産主義的原則が実行されていて、衣・食・住の大部分は現物支給であり、その他に小遣い程度のものが、男女・年令・労働の種類による差別なく、一律平等に支給されている。

キブツの家庭生活は、われわれの家庭生活とはまるで違う。家で食事をとることをせず、また親と子は別の棟に住んでいる。普通キブツの住宅は二ベッドの寝室とひとつの居間とだけからなり、そこに夫婦二人が住む。三度の食事は、キブツ・センターともいえる共同食堂でとる。子供は、キブツの産院で生れると、保育所・幼稚園・小学校・中学校（以上すべて寄宿制）というように、成長の段階にしたがってキブツ内の子供専用施設に移り住み、一八才までそこで育てられる。

もちろん同一キブツ内のことであるから、親と子の接触は常時おこなわれている。とくに、親たちの一日の労働が終ったあとでは、子供は親の家にゆき、就寝時間までをそこで過ごすという場合が多い。独身者には、独身者用住宅がもうけられている。

　こうした生活形態は、われわれの家庭における調理・育児・教育の機能が、家庭の外に分離されておこなわれている姿であるといえる。それだけにとどまらず、衣服のつくろい・洗濯までも、キブツではすべて共同で処理される。食事・子供の養育と同様に、衣服修理場・洗濯場の担当者によって一括して処理されるのである。このように、家庭生活の諸機能を、キブツというわばひとつの団地を単位に社会的に営むところに、この集団生活の最も基本的な特質がある。

　これは、それぞれ独立した家庭生活を営んでいる数百・数千の世帯を同一区域に集合させているだけの団地生活とは、まったく違った性質のものである。キブツ全体が一個の家庭として機能している、とみてもよいであろう。そしてそこには、こうした方式をとることによって、人びとの労働エネルギーを最も有効に活用し、同時に、家庭生活機能を最も合理的・科学的に営むための条件をつくりだして、そのうえに豊かな人間生活を創造していこうという「新しい集団生活への思想」が裏打されているのである。

新しい生活形態の探求

イスラエルでは、キブツはすでに集団生活形態の一定型として確立されている。

異郷にあっては決して農民となることをゆるされなかったユダヤ人、

計画的な村づくりの典型（ナハラール協同組合村）

図５　郊外団地〝平和の町〟の設計図

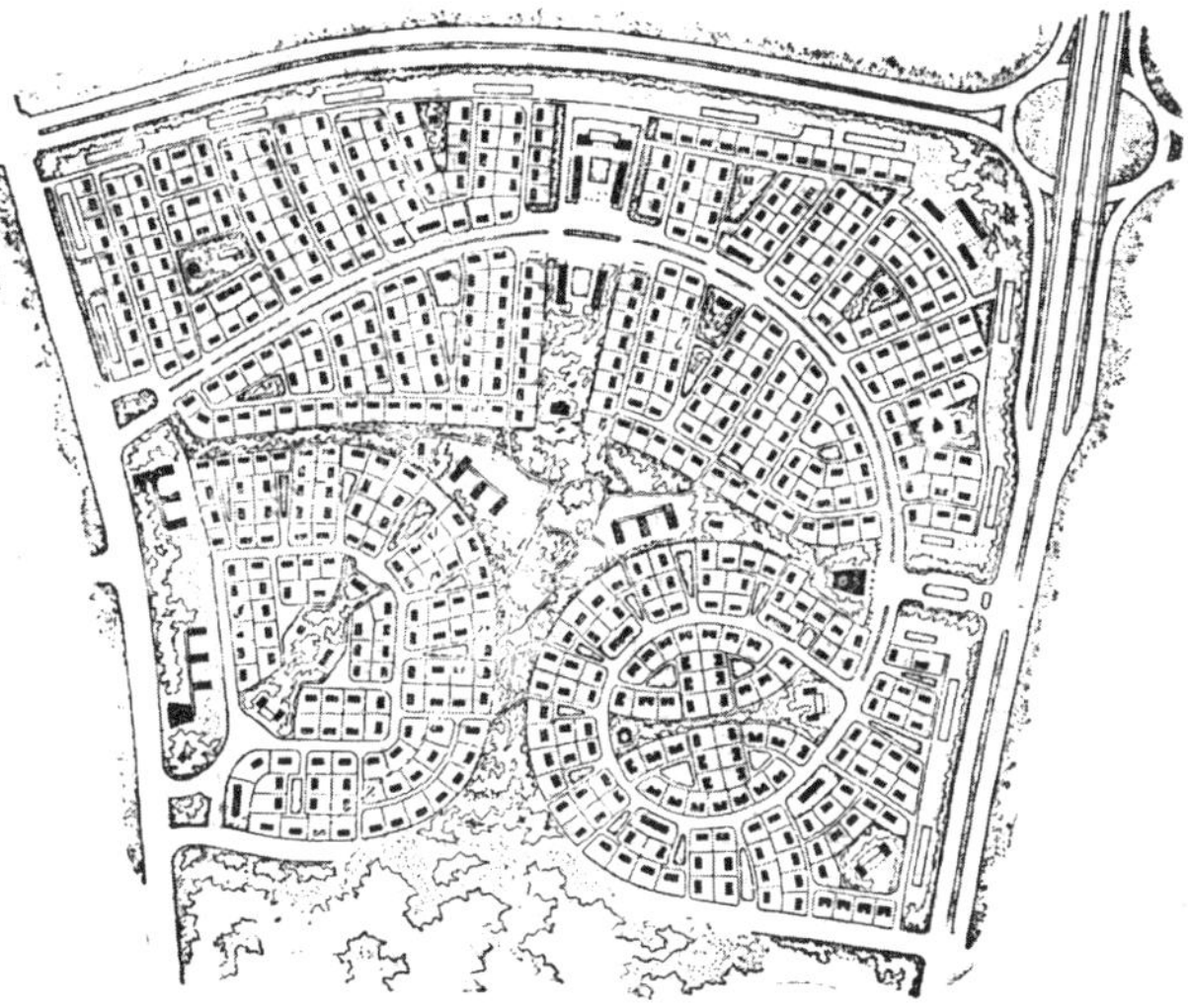

空からみた建設中の〝平和の町〟(テルアビブ郊外)

これまで農業に素人のユダヤ人を、しっかりと祖国の大地に根づかせるために、また開拓事業の困難にうちかつための有利な方式としても、キブツの建設は国策によって強力に支持されている。

大統領ベンツビ自身が、いくつものキブツを創設したキブツ運動の指導者であり、首相ベングリオンは現に開拓の第一線であるネゲブ砂漠のキブツのメンバーの一人で、彼の家族はそのキブツに住み、彼はキブツから政府に派遣されているというかたちになっている。

さきにもふれたが、キブツの経済制度は共産主義的原則に立脚している。他人の労働を搾取することを否定し、みずからの労働によって糧をうることを土台に、真の平等と自由とを実現していこうというのである。その願いの根底には、ユダヤ人が長いあいだ他民族によって強いられてきた、不平等と不自由の生活の歴史がある。

それだけに、イスラエルのユダヤ人のあいだには、とりわけ自由な生活への願望は強い。キブツ方式は自由実現のひとつの道として生みだされたものであるが、例え国策としてこれを支持するとはいえ、この方式をすべてのイスラエルの人びとに適用しようとはしていない。キブツメンバー自身が、現在のキブツのやり方をも実験的なもの、つまりいつでも修正しうるものという柔軟な考え方をもっている。実際、例えば育児システムなどは、キブツによってかなり違った方法を試みているものがある。

こうしてイスラエルには、キブツの生活形態を一方の極として、他方の極にはわれわれとまったく同様な私的家庭生活形態にいたるまでの、生活機能社会化の程度のさまざまな段階がある。協同組合村にしても、キブツ、モシャブ・シトゥフィ、モシャブ・オブディムなどの諸種類があって、それぞれ集団生活の形態を異にしている。

そのように異った形態が選ばれるのは、もちろんイスラエルの人びとのもつ過去の文化的背景の相違ということが働いている。しかし注目されなければならないのは、さまざまな生活形態がたんに併存しているのではなく、どのような生活形態が生活水準をいっそう向上させ、より豊かな人間生活を築いてゆくものであるかということが、農村の生活についても都市の生活についても探究されていることである。そして、いずれの場合にしても、キブツという在来の伝統的な家庭生活とは異る形態がすでに強固に存在するという事実が、イスラエルにおける新しい生活形態の探究にとって、ひとつの大きな指標となっているのである。

（倉内史郎）

〔2―4―E〕

『住まいのすべて』（京王帝都電鉄、一九六七年、一〇～一二、六三～六四頁）

第1章　家を建てる前に

第1項　敷地の選び方

1　まず考えたいこと

敷地――といっても、ここでは、分譲地に限っておきますが、それには、どういった種類のものがあるのか、まずふれておきましょう。

一口に分譲地といっても、種類は意外に多く、公的機関（都道府県など）のやっているものや、住宅公団、住宅金融公庫の行なっている宅地分譲、また有名電鉄会社の宅地分譲、中小不動産業者が手がけているものなど、種類も豊富です。

これから土地を買い、マイホームづくりをなさろうとする方は、まずはじめに、つぎのことはぜひ知っておいていただきたいと思います。

㋑私鉄の分譲地など、大会社（名の通った会社で、しかも実績、経営規模の大きいもの）の造成する分譲地を選ぶこと。

㋺中小業者の分譲地を求める場合は、その会社の過去の実績、また正式な宅地建物業者の資格の有無などを調べます。

㋩街の不動産屋が間に入っている宅地分譲については、まず登記所へ行ってその土地の実存を調査した上で土地を見るのはもちろんですが、近所の評判、できればその会社の取り扱い物件の件数、内容などにも注意したいものです。

㊁その他地主、農家などが、直接分譲するというケースもありますが、その裏には、必ずといってもよいほど零細土地業者の暗躍がありますから、まず避けたほうが賢明でしょう。

さて、いまのべた要領で、あなたが迷わずに、㋑の分譲地を買うことにしたとしましょう。その場合でも、敷地についての良否は、いろいろとあるのです。

2　素人に必要な敷地の心得

大きさと形が最初に問題になってきます。小さい敷地では、

㋑日照が思わしくないときがある。

㋺生活のプライバシーが確保しにくい。

㋩火災の場合の影響が大きい。

などがあって、普通、敷地は建築予定坪数の3倍ぐらいは欲しいものです。それ以上なら、もちろん理想的です。

また形についても、住宅の平面計画に、長方形が多いため、敷地も長方形に近いものがよいとされてきました。できれば東西に長いほうがよく、不整形のものは、なにかと不便が多いものです。広い敷地なら正方形でも、もちろんよいわけです。

そのほか、土留、擁壁（図1・2）が完備されているかどうかも、ポイントの一つになります。最近は傾斜地を開発して、宅地造成をしているものが多くなっていますから、注意しましょう。なお一般的な問題として、つぎのことを知っておくと便利です。

㋑環境　工場の騒音、排気ガス、煤煙などによる公害などを避けるた

めに、これらから完全に離れたところ。

㋺地盤　土留、擁壁とも関係がありますが、傾斜地で一方が埋め立ててあるところは、できるだけ避けましょう。（図2）

㋩地下水　水道の設備のないところでは、地下水の深さや水質も調べます。

㋥排水　平坦分譲地の場合は、汚水処理がしにくいので、付近に汚水処理のための川があるかどうかも見極めたいもの。悪例の一つとして、見せかけだけの側溝でごまかしている分譲地があるので注意してください。（図1）

㋭日照　太陽がいちばん低くなる冬至は、東京では影の高さが1・9倍ぐらいになるので、それで敷地の日当たりの見当をつけます。（図3）

㋬通風　冬はむしろ風あたりがないのがよく、夏の風の向き、常風向が問題です。関東地方では南北に通風がないと、暑さがしのぎにくいものです。

3　スペースに合ったプランを

ここに、建て坪が68平方メートル（約20坪）の住宅があるとします。それを例にとって、説明してみましょう。

この68平方メートルの住宅が、6・3メートル×10・8メートル（3・5間×6間）の平屋建てであったとして、最小と考えられる敷地の大きさを考えてみますと、東西の余裕は最低1・2メートル、北側は出入口があったりするため、1・8メートル以下というわけにはいきません。南側の空きが残されていますが、これを日照ということから計算しますと、図4に示すように、約8メートル程度が必要となります。こ

石積みの一例（京王めじろ台住宅地）

図1

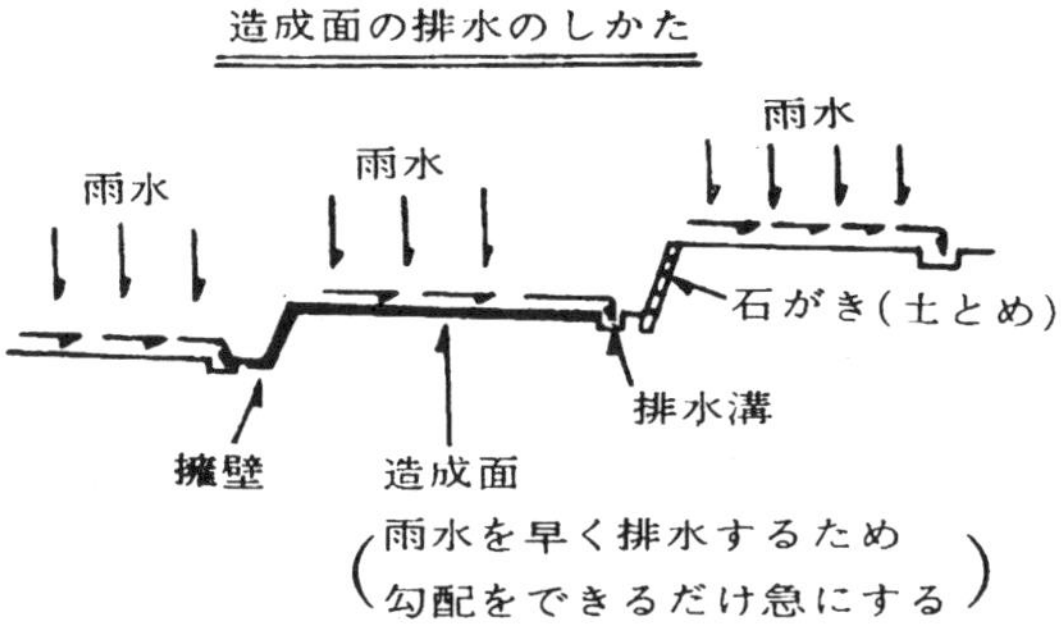

図2

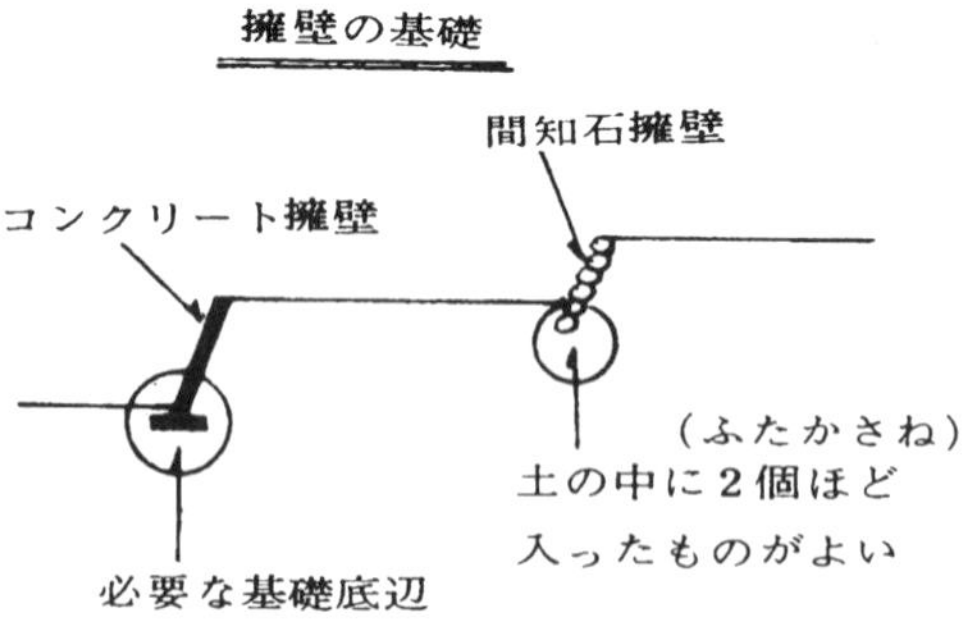

図3

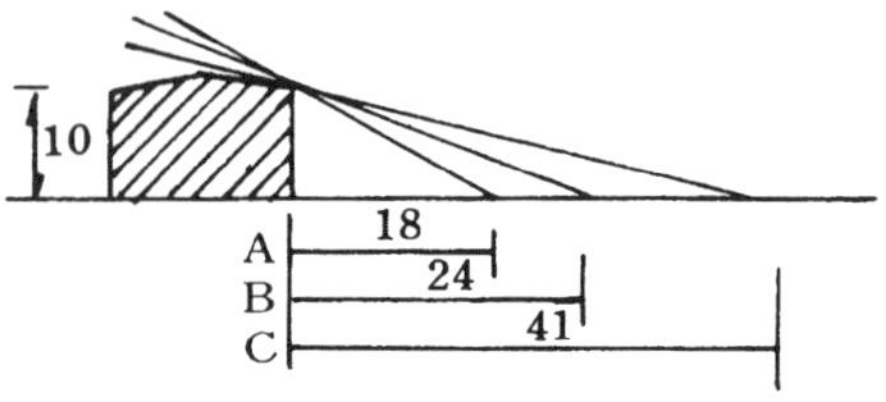

A：冬至の日4時間日が当たる限界
B：冬至の日6時間日が当たる限界
C：冬至の日8時間日が当たる限界

れではじめて、冬至の日、6時間のあいだ日光が建て物の床近くまで当たることになります。

敷地全体の広さは、東西の余裕1・8メートルの場合で約230平方メートル、90センチにちぢめたとしても、約200平方メートル必要となります。前にも述べましたように、どうやら敷地は、建てようとする建て物の大きさの3倍が、必要妥当な最小限といえそうです。

つぎに土地の勾配についての、プランの形式について述べてみましょう。

やや南下がりの敷地がよいというのは雨水をできるだけ建て物の下に流しこませないという点からですが、北下がりでもそう面倒なくその処理ができるものです。もっと急な勾配の敷地の場合は、これを逆に利用して、新しい住まいの空間をつくることさえ、建築家の間では考えられ、実行されています。

図4

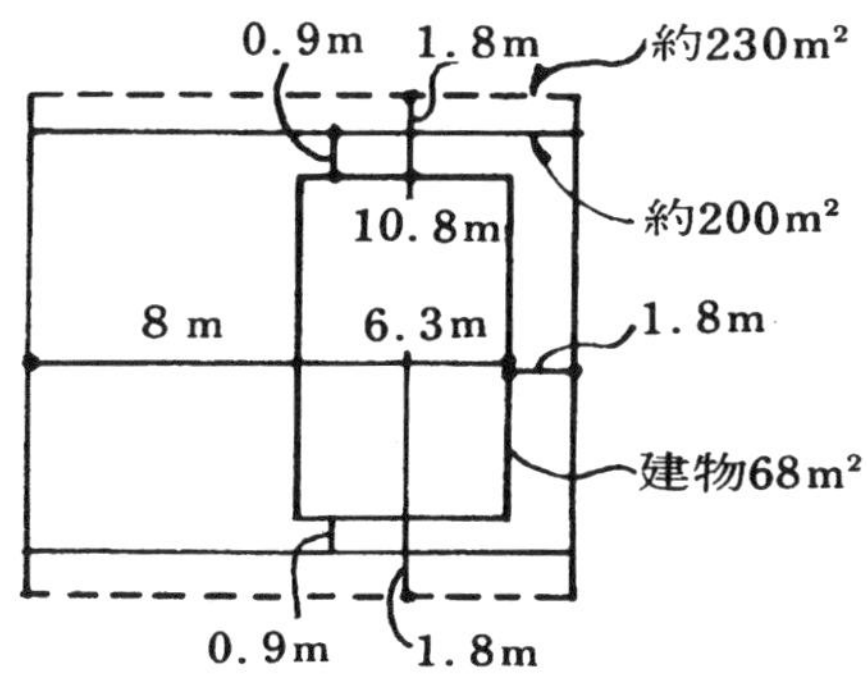

図5

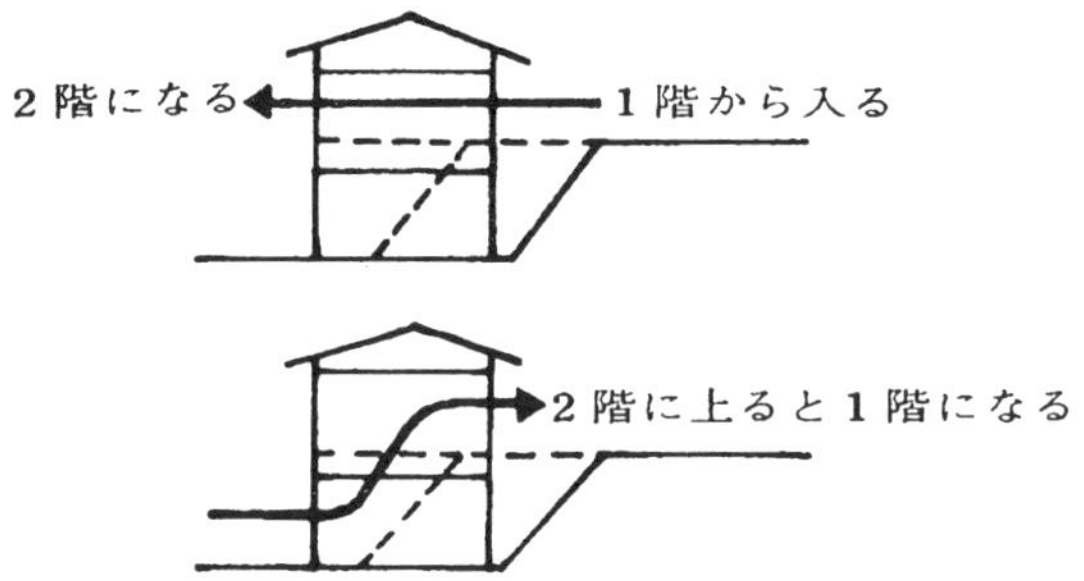

よく考えられる方法として、図5もその一つで、また南北に長い土地よりも、東西に細長いものがよいという説も、図6のようなプランニングをすることで、かえって敷地全部を生かした新しい空間が出来上がるものです。利用してみてください。

4 敷地についての法規

建築基準法では、建て物ばかりでなく、土地と建て物の関係でもいろいろの制約をもうけています。その主なものを述べてみましょう。

㋑建て物の大きさに関するもの　住宅を建てようとするところはたいがい何らかの地域指定が行なわれています。延べ何割、建て何割といわれるもので、法規上の制約のうちでも、いちばん影響の多いものです。

㋺防火措置に関するもの　やはり敷地に属する地域の指定内容によっ

図6

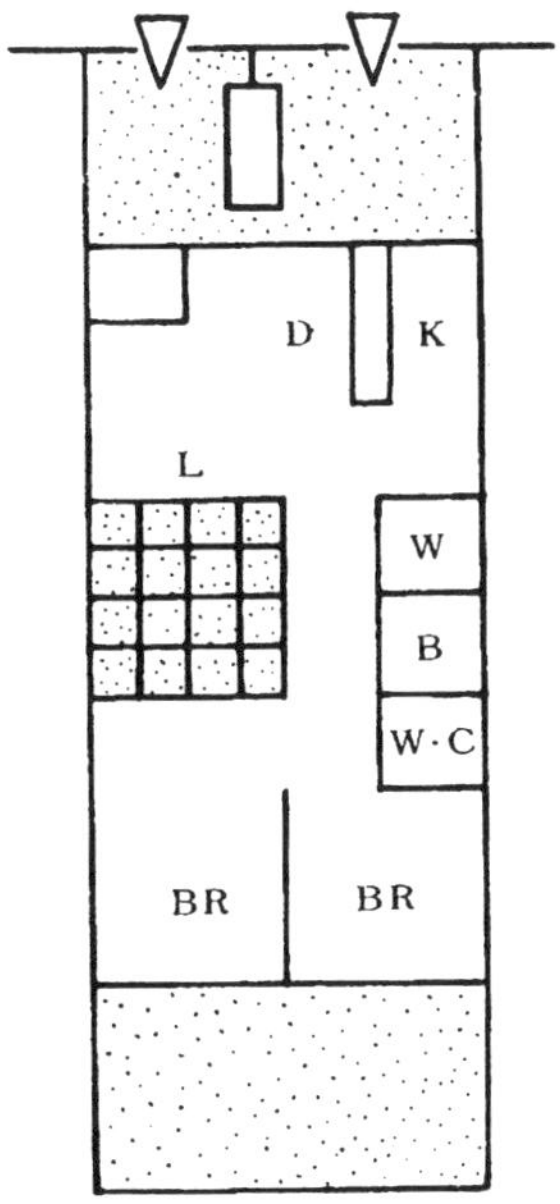

用途地域の建ぺい率一覧表

A ＝敷地面積

		一般の地域		準防火地域		防火地域耐火建築物	
			角地などの場合		角地などの場合		角地などの場合
都市計画区域内	住居、準工業工業、地域	(A－30㎡)×$\frac{6}{10}$	(A－30㎡)×$\frac{7}{10}$	$\frac{6}{10}$	$\frac{7}{10}$	$\frac{7}{10}$	$\frac{8}{10}$
	商業地域	$\frac{7}{10}$	$\frac{8}{10}$	$\frac{7}{10}$(耐火$\frac{8}{10}$)	$\frac{8}{10}$(耐火$\frac{9}{10}$)	$\frac{10}{10}$	$\frac{10}{10}$
	用途地域指定のない所	$\frac{7}{10}$	$\frac{8}{10}$	$\frac{7}{10}$	$\frac{8}{10}$	$\frac{8}{10}$	$\frac{9}{10}$
	都市計画区域外	制限なし					

空地々区建ぺい率と制限

空地々区の種別	延面積の敷地面積に対する割合	建築面積の敷地面積に対する割合	建物の外壁またはこれに代わる種の面から敷地境界線までの距離
第1種空地々区	$\frac{2}{10}$以下		1.5m以上
第2　〃	$\frac{3}{10}$　〃		1.5　〃
第3　〃	$\frac{4}{10}$　〃		1.0　〃
第4　〃	$\frac{5}{10}$　〃		
第5　〃	$\frac{6}{10}$　〃		
第6　〃		$\frac{2}{10}$以下	1.5m以上
第7　〃		$\frac{3}{10}$以〃	1.5m以上
第8　〃		$\frac{4}{10}$以〃	
第9　〃		$\frac{5}{10}$以〃	

て建て物の構造や仕上げに、政令できめられた質以上のものが要求されます。

㋩デザインに関するもの　地域によって（例えば美観地区、風致地区）建て物や外まわりのデザイン、樹木の移動などに、制限や義務が課せられます。

㋥区画整理と関係ないか　都市計画によって、将来道路とか公園の予定地になっていないかなどですが（都道府県の建築課で調べると事前にわかります）これは大手業者の分譲地など信用のおける業者の土地を求めれば、まず自分で調べる必要はありません。

㋭農地、山林の場合の地目変更に関するもの　これは宅地に変更する手続きがたいへんです。とくに農地の場合は、問題が大きく、簡単に変えられないのが普通ですから、だまされないよう注意してください。

5　道路の心得

〝土地柄〟といえるものですが、その中でも、とくに周囲の道路や土地との関係ということが大切です。

まず道路については、住宅の敷地が4メートル幅の道路に接しているか、あるいは接しているようになるものでなければ、住宅の敷地としては認められません。

またその接し方も、道路に2メートル以上の長さで接していなくては、（条件によって3・4メートルになる場合があります）敷地として成立しない場合もあります。

片流れの美しい外観の家

家族構成・夫婦+子ども1人
床面積・1階57.83m² 2階20.08m²

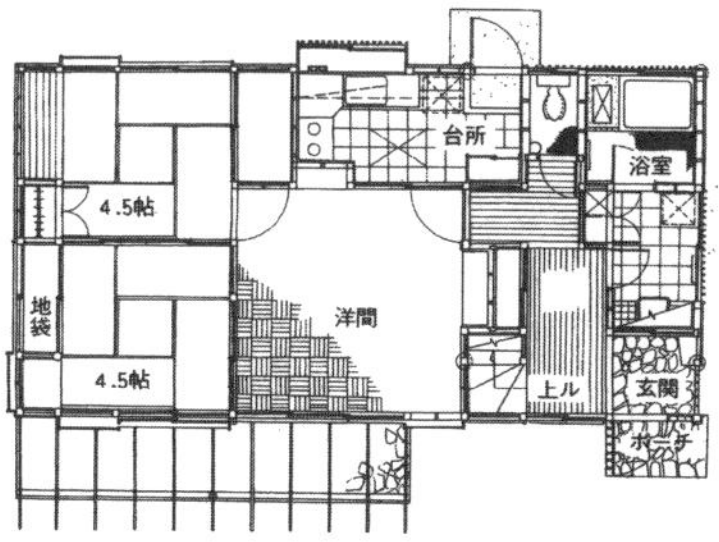

1階平面図

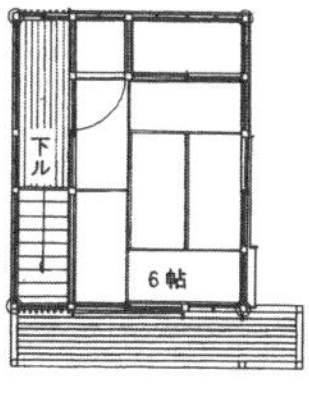

2階平面図

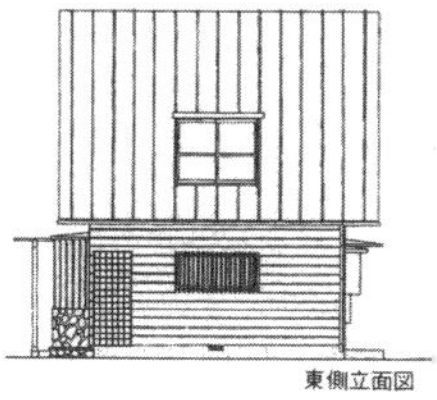

東側立面図

片流れの傾斜屋根をもつ現代風な洋風住宅です。よく別荘地やシーサイドの週末住宅に見られる外観ですが、最近では郊外地にも多く作られるようになりました。屋根が急勾配のため、見た目には変化があって美しいのですが、反面、平面的にはどうしてもむだな空間ができて、まだまだ一般的とはいえないかも知れません。

しかしこの住宅は、そのギャップを上手にうめています。水まわり（台所、風呂、洗面トイレ）を北面にコンパクトにまとめ、中央の洋間は吹き抜けにし、西側に4.5帖の和室2間、2階に6帖の和室を収め、とくに2階サンデッキは冬の日光浴、夏の夕涼みに積極的に利用されます。外壁ドイツ下見、一部プラスター仕上げ。

廊下に収納を集めた家

家族構成・夫婦+子ども3人
床面積・1階64.44m² 2階33.05m²

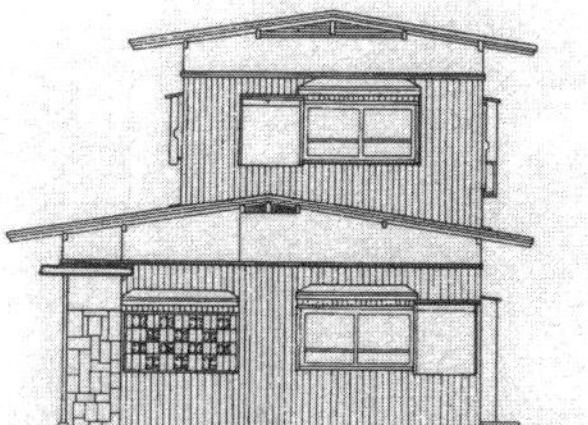

西側立面図

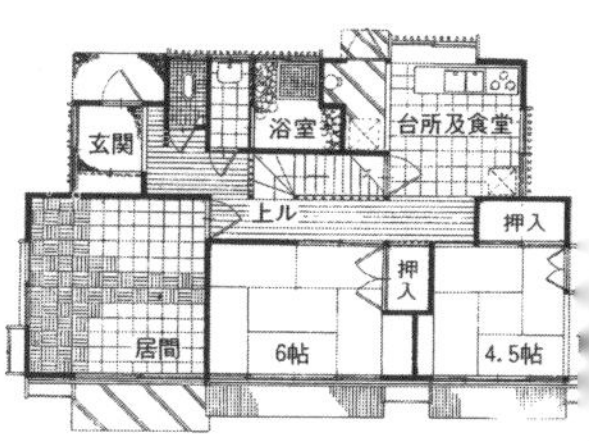

1階平面図

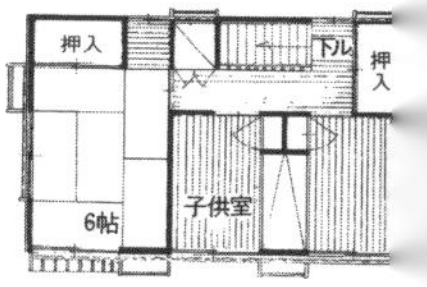

2階平面図

子ども3人のうち、2人がまだ幼児のため2階子ども室の窓を高窓としました。外観はあまりスッキリしませんが安定を考えれば大切なことです。ただこの場合問題なのは日照の点ですが、前が南道路のため、日差しは十分すぎるほどです。

内部配置は、南に3部屋をならべ、北側に台所、水まわりという常識的なもので、中央を廊下で仕切っています。部屋を広く使おうとしたため、押入れなど収容部分が、1、2階を通して廊下にハミ出してしまいました。設計的には不成功かも知れませんが、室内は広々として快適です。

外壁ラワン竪羽目、屋根はカラー鉄板瓦棒葺きです。

［2―4―F］上田篤「貧しき日本のすまい」（『朝日新聞』一九七三年一月三日付）

強い庭への執着　口ではアパートを礼賛

現代の日本の住宅の貧しさは、目にあまるものがある。戦後二十八年を迎えて、経済の回復、生活、文化の向上は著しいが、住宅だけは、戦前水準はおろか、戦中のそれに近いようなものも数多い。

広さも質でも

たとえば、東京の人間の三〇％は、いまなお一間きりしかないような木造アパートに住んでいる。さらに一般的に「住宅の広さ」ということをとりあげてみても、現代の日本人のすまいは、平均して戦前の二分の一、欧米のそれの三分の一程度である。また最近日本を訪れたあるイギリス人の建築学者が、日本の住居を評して、「これらはすべてオースチァ・ハウス（耐乏住宅）である」といったが、たしかに現代住宅の大半がモルタル建築で占められる日本の住宅では、隣室や隣家あるいは外部からの物音を完全にしゃ断できる構造のものにはほど遠い。このように住居におけるプライバシーの欠如が、一面この社会に、おびただしいゴシップと評論の紙くずを生産する「相互人間看視文化」を生み出す素因になったといっては、いいすぎであろうか。

少なくとも現代住居の規模や構造における貧しさは、住宅に安住できない国民性と、根無し草のように落ちつきのない都市文化を生みだしたことだけは事実のようである。それをどう評価するのも自由であるが、最近のようにより一層の都市の混雑と、公害の襲撃に対して、日本の住居が全く無力・無防備であるだけでなく、それ自身の居住性もまた劣悪であるというのではこの「経済大国」の由々しい社会問題であるはずだ。

これに対して田中首相は「日本列島改造論」の中で、都市の立体化による解決を示唆している。つまり、住居や建築物の高層化をはかることによって、オープン・スペースや公共施設を充実しようというのである。しかし、そのような空間の立体化による解決の手法は、いままでにもしばしば論じられてきたが、現実には公団団地などの例にもみられるように、最初の構想はともかく、いざ建築する段となると、高地価のために住宅をぎゅうぎゅうづめに押しこんで、結局は高密度な「立体スラム」を現出する、ということになりかねない。したがって庶民は、このような都市の「高層アパート」よりは郊外の「庭つきの一戸建住宅」に、住居の最終的な夢を追っていることが、最近のいろいろな調査から明らかにされてきている。

それは庶民だけではない。住宅のことを論じるとなると、きまって「日本の国土は狭いから、各人がいつまでもネコの額のような土地にしがみつくのでなく、欧米のように高層アパートに住まなければならない」と説く政治家、高級役人、学者、評論家も、ご自分はたいてい「庭つき一戸建住宅」に住んでいる。

慢性的〝飢餓〟

ある座談会で、この聞きあきた「公式論」に対して、「それではあなたがたもこのさい都市のアパートにお住みになったら」と水を向けたことがあるが、そのとき相手は頭をかきかき「これからの若い人はそうでなければならないが、私のような古い人間は、どうも融通がきかなくて……」と融通《ゆうずう》無《む》碍《げ》の返事がかえってきた。もしそういう古い人間なら、あんまり「新しいこと」はおっしゃらない方がよさそうなものなのに、

絵・久谷政樹

と思えてくるのだが、この国のインテリの間では、自分は「一戸建の住宅」に住み、あるいは「一戸建住宅」を獲得すべく秘かに準備をしていても、「自分を除く国民」に対しては、「高層アパート」に住むことを説くことが、一種の「教養」であるかのごとき風潮があるので、やるせないことである。おかげでそういう「世論」をくんでか、政府は戦後「アパート」の建設を積極的に進めてきたが、どっこい慢性的な「住宅飢餓状態」は今にいたるも解消されそうにない。

実際、わが国の住宅建設のエネルギーそのものは、数字でみるかぎり大きいものがある。たとえば、国民総生産に占める住宅投資の割合は、ソ連に次いで世界第二位で、一九六六年以来、毎年百万戸をこえる住宅が建設され、去年、わが国の住宅の総戸数は三千万戸をこえた。これは国民三・三人に一戸の割合であるから、決して少ない数字ではない。それでいて「住宅難」がいっこうに解消されないのだから、考えてみると不思議な話である。

たとえば上図は私の研究室における「住みかえの研究」から生れてきた現実の庶民の住宅の住みかわりの傾向を、わかりやすく図化したものであるが、この図にみる通り、国民の住居の最終目標が「一戸建住宅」にあり、「アパート」も「マンション」も、みなその間の「経過的な宿り」であるような、一種「住宅双六《すごろく》」とでもよぶにふさわしい絵模様が現実に存在している。とすると、最終的には、「一戸建住宅」を三千万戸ほどつくらないかぎり住宅難は解消されないことになる理屈である。

それでは私たちの社会は「一戸建住宅」の大量建設にふみきるべきなのであろうか。それもたしかに一つの手取りばやい方法かもしれないが、しかしその前にやはり、この私たちが生きている社会の住宅の「上がり」はそれに尽きるのであろうかという疑問を、いま一度根本的に考えてみる必要があろう。

あと三千万戸

そのためには、「庭つき一戸建住宅」などは学問的研究課題として論ずるに足りないといって捨てさるのでなく、多くの人々が「一戸建住宅」を願望している現実を認めた上で、現代社会における「一戸建住宅」のもつ意味と構造を諸学あげて徹底的に再検討してみるのである。つまり、一種の住宅に関するテクノロジー・アセスメント（技術総点検）を展開することだ。そういう掘下げが積極的におこなわれないかぎり、きょうも自宅の裏山の竹ヤブがブルドーザーによって根こそぎこわされて、擁壁用のコンクリートブロックがうず高く積重ねられてゆくという「破壊」に対するゆき場のない憤りを、一億の日本人は三千万戸の「一戸建住宅」が建設されるまで味わいつづけなければならないであろう。

この国の住宅の貧しさは、一面で「住科学」の貧しさでもあるように思われる。

［2－4－G］
板橋区史編さん調査会編『板橋区史　通史編　下巻』（板橋区、一九九九年、六七六～六八八頁）

第二節　大団地の誕生

消え行く田んぼ

板橋区は、東京への人口集中がすすむなかで、都心への交通網を整備することで、宅地開発への期待がよせられた。なかでも農村的景観をのこす赤塚田んぼ・徳丸田んぼは、近郊農家としての都市農業への転換がはかれなかっただけに、都市開発にのみこまれていくこととなる。この地域の農地売却は、日本住宅公団が手をつけるより以前に、昭和三十四、五年ごろから民間の開発業者によって検討されていた。地下鉄六号線の埼玉県大和町（現和光市）延長計画があきらかとなり、東京都交通局が志村西台町に地下鉄車庫の土地買収にうごき、東武鉄道が路線地買収にともなう代地を準備するために西台や赤塚の土地の買収をはじめるなど、開発気運はいっきに加速する。

日本住宅公団による開発の意向があきらかになると、地元では、総合的な地域開発をめざし、昭和三十七年五月に関係地主による「旧赤塚水田地帯開発協力会」が結成された。会は、西台・赤塚地区の緑地帯からの解除をもとめる運動をおこし（解除は昭和四十四年五月八日）、同年八月に「住宅交渉委員会」を結成、公団と協力して区画整理をおこなうこととした。地主五七七名は十二月に公団が希望する五〇万坪をこえる土地の保有に応えるため、五十一万坪の土地の売りわたしを承諾する（『資料編4』142・143）。地元選出の区議会議員田中熊吉は、当時住宅交渉委員会副委員長で公団との交渉の肝煎役であったが、土地売却交渉の経過と買収価格をめぐる経緯について、昭和三十八年九月二十五日の区議会総合開発調査特別委員会でつぎのようにのべている。

昨年八月二十四日に交渉委員会が出来たが、代表者百名の内、十九名が副委員長となって交渉にあたっている。昨年の話をすると、住宅公団は五十万坪まとまれば、交渉に応ずるということであったので、五十一万坪まとめたところ、価格を示して来なかった。都が利用計画を出さないと、計画が出来ないので提示が遅れたということで、話が齟齬してしまった。

最初に価格を示されたのは、坪単価一万八千円であり、その次が一万九千円であった。地主側は二万二千円の線で応ずることを決めたが、住宅公団は結局二万一千円という線を打出して来ているが、地主側は大宮バイパスの買収価格を要望している。

現在のところは、将来の発展を願う意味で、二万一千円で落ちつき、現在三十万坪ばかりまとまっている。委員会としては、何とかして四十万坪にはまとまると思うし、必ずまとめなければならないと思っている。

（板橋区議会事務局所蔵文書）

大野喜久雄委員長は「公団も家だけを造ればよいとはいってはいない。公共施設その他で四割以上の減歩になるという話であるので、もっと坪数を増して理想的な都市造りをやってもらうように運動をしたい」と発言した。

ここに赤塚田んぼは、一坪あたり二万一〇〇〇円で住宅公団に売却され、公共施設が整備された住宅地を中心とする理想的なニュータウンに生まれかわることとなる。

東京最後の大規模開発

赤塚田んぼは、昭和四十年六月七日に「板橋土地区画整理事業施行区域」として都市開発が決定し、翌年に日本住宅公団が建設大臣より事業認可をうけ、区画整理事業が開始された。事業の特徴は、完全な住宅地として計画されたのではなく、地域内に大宮バイパスのような幹線道路を通し、首都高速道路五号線やトラックターミナルの建設がもりこまれていた。高度成長下の東京は、広大な赤塚田んぼを住宅地としてのみ開発することをゆるさなかったのである。

団地は、当初五階建程度の中層団地を中心に、四八九〇戸が計画されていたのが（『板橋土地区画整理事業計画書』）、昭和四十四年七月に都市の住宅難を改善すべく、十四階建を中心とする高層団地約一万一〇〇〇戸（最終的には一万一七〇戸）に設計が変更された。この間の事情は、住宅公団職員として高島平開発に従事した小西輝彦がつぎのように回想している。

これ（＝高島平）はもともと、公団における宅地開発部門の区画整理事業として開発されたという経緯があります。昭和三十八年から流通業務団地を併設した形で、三三二ヘクタールの区画整理事業が進んできた。その一部を住宅用地として移管しようという話があったわけです。当時の用途地域図を見ますと、二三区内では昔徳丸田圃と言われていたこの高島平地区だけが真っ白くなっているんですね。そういう意味では二三区内で唯一のところだったと思います。

で、区画整理の段階である程度、設計とは関係なく人口の目安をチェックするために並べてみるわけですが、そんな段階の、最初の人口計画のときには、三三二ヘクタールの中の三六ヘクタールを住宅用地として移管する。その住宅としては中層五階くらいのもので四八〇〇戸ぐらいということだったわけです。したがってインフラも、大体この戸数に合わせてセットしてきたんです。

ところが客観的情勢が変わりまして、あそこを中層で開発する手はないだろうという話が急遽出てきたわけです。正論からいくと、区画整理の段階からそういうことを考えるべきだということになりますが、急遽、そういう形で高層高密度開発に切りかえたというのが、この高島平の一つの特徴、公団の事情だったわけです。

高層高密度の開発になりますと、大体計画戸数が倍くらいになるんです。若干住戸の面積は狭いんですが、結果的には最初の四八〇〇戸が一万戸ぐらいになったわけですから、戸数として倍以上のものを計画することになったわけです。

当時は、皆さん非常に協力的で、都の方も板橋区の方も、すごく協力してくれました。そんな計画では普通なら怒られるんですが、それでいこうということで、当初の区画整理ではほとんど住居専用なんですが、駅の近くとかメイン道路に面するところは二〇メートルぐらいを住居とか商業に塗りかえるといったことも、急遽、それはもうあっという間にやってくれたので、私も非常に助かりました。高層高密度開発がいけるなという目安がついたのが、昭和四十四年の三月ごろだったと思います。

（『昭和の集合住宅史』）

板橋区の意向

高島平の開発は、東京二三区内にのこった最後の大規模開発として、住宅難の解消をめざし、当初計画の四八〇〇戸を倍以上の一万戸と建設計画を変更した。この変更は、都市計画を根本から改めたものだけに、都も区も協力的だったと公団が評価しているが、突然の通告だけに大騒ぎになった（『読売新聞』昭和45年12月1日）。公団と都・区関係は、昭和四十一年四月二十三日に開催された総合開発調査特別委員会理事会で板橋区総務部長朝日仁一が「公団と都の連絡は皆無」と内幕をぶちまけたように、緊張をはらんでいた。

公団法によると、公団が施行する土地区画整理事業に要する費用は、公団が負担することになっている、その次に公団が施行する土地区画整理事業の施行により利益を受ける地方公共団体に対し、公団は利益を受ける限度において費用の一部を負担することを求めることができることになっている、これについてはやはり協議するが、協議不成立の場合は建設大臣が裁定することになる、ところが現在の都の雰囲気は、さわらぬ神にたたりなし的考え方がある

そこで八日に首都整備局に連絡したところ、デリケートな問題でもあり逃げられた、四月十四日に行政部に連絡したが、五ケ年計画（長期計画）との関連もあり、又一件算定要素があり折衝して来た、その後首都整備局都市計画部長に連絡したところ大きな話を持って来られても困ると云っていた

一方公団は都区の事情を知らないのではないかと思う、公団としては建設省と密接な関係があり、その方面から話しはつくと考えているらしい

我々としても公団に対し連名にて基準以上の要望をした場合、区負担となることも考えねばならない、そこで我々としても都の局長クラスの人達に赤塚団地の問題を示し、ときほぐしたい気持である

（板橋区議会事務局所蔵文書）

こうした齟齬が生じたのは、一般の市町村とは異なり、区のみではすべてを決められない特別地方公共団体としての特殊性にあった。それだけに区は、住宅公団に要望書を提出して、すこしでも区側の意見を反映させようとした。区は、昭和四十一年に「赤塚水田開発地区の区画整理事業に対する要望について」を作成し、団地をめぐる周辺整備のあるべき姿をうったえた。

1　土木関係について

(1)公団施行による区画整理区域内の道路は完全舗装道路に整備すると共に、街路灯は都の基準により設置されたい。なお、埋設物についても都の基準によること。

(2)区域内において計画している公園は、公園としての機能を充分発揮できる状態に整備すると共に、中央公園（仮称）内には野球場その他運動施設が設置出来るよう配慮されたい。

(3)高層住宅の建物と建物の間に児童遊園を設置されたい。

(4)将来の下水道計画にあわせて前谷津川の整備並びに主要道路に共同溝を設置されたい。

(5)地下鉄の駅前広場を設置すると共に、緑地の整備に充分なる配慮を願いたい。

2　教育関係について

(1)小、中学校の建設予定地については、既設学校との学区域の関係もあるので変更されたい。なお、校舎建設は本区が行う。

(2)高校（一校）建設予定地を確保するよう配慮願いたい。

(3)幼稚園の建設用地については、特別措置を考慮されたい。

(4)高島秋帆記念碑を中央公園内に存置することなど郷土史蹟の保存に充分配慮されたい。

3　その他について

(1)道路公園等公共減歩率が極めて高いようなので、国及び都において、区画整理の事業費につき充分なる財政措置を講ずるよう関係機関に強く訴え、地元民の負担軽減を図られたい。

(2)保育所の用地は、必ず確保すると共に、病院・郵便局・消防署・交番・ショッピングセンター等については、関係機関と連絡を密にして計画されたい。

(3)計画道路は、組合施行の区画整理事業と連絡を密にして計画されたい。

(4)公団団地が本区内にあることが誰れにでもわかる団地名とされ

たい。

（板橋区議会事務局所蔵文書）

ここに区は、この原案をもとに協議をおこない、同年五月に都市設備の整備を主眼とする都市計画にかかわる要望書を公団に提出した。そのさい、膨大な財政負担に懸念をいだき、都にたいしては財政措置に関する善処をもとめる意見書を提出した（『資料編4』145）。

団地の名称は、赤塚みづほ団地、新赤塚団地、赤塚ニュータウン、徳丸ケ原団地、希望平団地などが検討されたが、最終的に高島秋帆がこの地で砲術演習をおこなった故事にちなみ高島平と命名され、昭和四十四年三月一日より高島平一～九丁目が誕生した。

計画と誤算のもとで

昭和四十一年十二月からはじまった高島平地区の区画整理事業は、昭和四十四年一月には第一回仮換地指定をなし、同年十二月から団地の建設がはじまり、四十七年三月に竣工した。ここに賃貸八二八七戸・分譲一八八三戸の合計一万一七〇戸からなる団地と、約一万戸が予定された分譲地が完成し、一大住宅地が出現した。そこには、住民のために行政諸機関やショッピングセンターと一八カ所の公園が開設された。昭和四十七年一月から賃貸住宅、四月からは分譲住宅への入居がはじまった。家賃は賃貸2DKで月二万五九〇〇円～二万八二〇〇円、3DKで月三万円をこえるなどかなりの高額であったにもかかわらず、団地の人気は高かった。〝夢の3DK生活〟とうたわれた3DK賃貸住宅二九七戸の募集には六三九六人が応募し、二一・五倍の倍率であった。もっとも戸数の多い2DKの倍率は一〇・八倍、3LDK分譲住宅はじつに倍率一二五・五倍を記録した。

住宅公団は、この高島平団地を「郊外につくられるニュー・タウンと、都心につくられる高層高密度団地の両面の性格をあわせもったユニークな団地」と銘打ち、その威容を内外に宣伝した。

東京都心より北西へ一五キロメートル、広大な水田地帯を公団施行の区画整理事業で計画的に開発した新市街地、〝板橋ニュータウン〟の中心部に位置し、大規模な公園、広い街路、駅、学校など施設整備のゆきとどいた環境の中にあり、住宅も郊外団地と同様の日照・通風条件を満たしているなど、高い居住環境水準が確保されています。

一方、高層住宅を中心とする集積効果の高い街なみとすることにより、利便性が高く、都市的な雰囲気をもったセンター地区の形成、中央監視システム技術導入などを可能にし、〝都市の中の都市〟とも言われる活気にあふれた生活空間をつくり出しています。

団地の中では、既に三万人を超える人々が生活を営んでいますが、新しいまちづくり、新しいコミュニティづくりの経験の場として、団地の内外はもとより、国の内外においてもその成長・発展過程が注目されています。（『日本住宅公団高島平団地（パンフレット）』）

かくて豊かな自然にはぐくまれた村々がいとなむ赤塚たんぼの景観は遠い歴史のかなたへと消え去り、人為的に造成された街に変貌し、一定の年齢層と収入・職業をもった家族が集住する団地となった。この団地は、規模が「最大」だけに、当初のみこみとずれもした。その誤算のひとつが間取りである。当時の住宅取得希望者の多くは、一戸あたりの間取りが多少狭くても、住宅の供給数が多いことを望んでいた。そのため高島平では、全体の半数強の五二二二戸の間取りを2DKにしたが、入居直後より「狭い」という不満の声があがっていた。

最大の誤算は標準的な入居世帯の年齢層を読みちがえたことである。公団は、高い家賃を設定したためある程度の収入がある比較的年齢の高い世帯の入居を想定していた。このため当初は学校は高校一校・中学二校・小学四校を予定し、幼稚園・保育園にいたっては、「公団側としては普通家賃の約五・五倍であり、あまり保育所は必要でないとの見解を取って」、「幼稚園については、八ケ所程度、保育園については、六ケ所程一応計算上出してあ」ったにすぎず、区側の要望をいれ高校一、中学四、小学七、幼稚園四、保育園一三を設置した。しかし実際は、団地で生まれ育った子どもが昭和四十年代後半から五十年代にかけて集中的に幼稚園から小中学校にかけのぼったため、関係施設がおいつかない状況となった。とくに保育所問題は住民・区ともに大きな負担となった。

現在では子どもが成人し、その多くが高島平をはなれ、当初入居した世代がいっせいに老年期にさしかかりつつあるなかで、かつての「ニュータウン」は「シルバータウン」に変質するという問題に直面している。

団地の昼と夜

団地は、最新の生活を象徴する場として羨望の眼差しがむけられる一方、団地生活者は「団地族」とよばれることとなった。団地というかぎられた空間に、三〇歳前後の若い夫婦ばかりが大量に居住している光景は、それ自体が奇観であり、周囲の羨望と好奇の視線にさらされたのである。

団地入居者の多くは、これから子育てにとりかかる世代であり、部屋の広さに問題があるものの、地下鉄の開通による通勤の利便性にひかれての応募であった。その思いを一女性はつぎのようにかたっている。

主人の仕事が東京なので千葉県我孫子市から武蔵関（練馬区）に来たんです。比較的環境もよくて、でも段々と子供が大きくなると、もう少し広い所をということと、それから私は団地という所に入ったことがなかったので興味もありましたし、それで一生懸命団地に応募をしました。落選回数も多くなって一五、六回まで行きました。ちょうどその当時、第一回目の高島平の公募があり、３ＤＫを申し込んだのですが見事にはずれまして、二回目の公募の時には２ＤＫしかなく、武蔵関の家も２ＤＫでしたが、それよりもう少し広かったので応募しました。その時、子供の幼稚園も区立へ申し込んだところ、六倍の倍率だったと思うんですが、入れました。昭和四七年の一二月二四日か二五日には団地の当選の発表があり、良いクリスマスプレゼントだと思って喜んだことがありました。

東京育ちの一女性は、「東京から離れるのが嫌だという感覚がありました。東京のはずれの練馬・板橋は絶対に嫌でした」という。しかし、「高島平は、とりあえず東京で、家が二部屋ある、そんな感じで」移ってきたという。また中野坂上に居住していた女性は、「公団の分譲土地に当たった時点で、すごくとんでもない所というイメージがありましたから、ものすごく野原というのか、すごい田舎だし、とんでもなく遠い所という意識があったのですが、徐々に自分の家を建てることによって、そこに永住するんだ、みたいな覚悟みたいなものはできましたね。だから住むこと自体は、勤務も近くに替われ、子供も保育園に入れて、ものすごく嬉しかったです」と、各々のよろこびととまどいの交錯する思いをもって移住してきたのである。

初期の入居者は、荒涼とした造成地としての高島平の風景におののき、周囲には高島平中央商店街と地下鉄の高島平駅（当時は志村駅）しかない不便をしのぎ、保育施設不足をはじめとする育児に苦心惨憺しなくてはならなかった。若き主婦として高島平に移ってきた多くの女性たちは、入居以来今日までの日々を子育てとともに過ごしたといっても過言ではない。年齢層が比較的均質な共同体では、幼稚園や保育園問題がある一方、同年齢の子どもをいっしょに公園で遊ばせることを通し、核家族同士の相互の連帯感がはぐくまれもした。

亀裂と異和のなかで

高島平の子どもには、生活上エレベーターが不可欠であるという高層団地での日常だけに、親がいっしょでないと外出できず、乳幼児期に戸外活動の楽しさをじゅうぶんに身につけられない傾向があった。また就学後の子どもにおいても、学区域が狭いため登下校距離が短く、必然的に戸外活動が少ない傾向にあった。こうした事情を反映してか昭和五十二年当時、高島平団地の児童は、東京都統計の平均より全体的に体格が小さかった。しかも戸外よりも室内で遊ぶ傾向がきわめて強く、学校の保健室の利用者も外傷よりも内科的不調をうったえる子どもが多かったという（『高島第二小学校創立十周年記念誌』）。

こうした高島平が内外に広く喧伝されたのは、「自殺問題」によってである。高島平団地を舞台とした自殺第一号は、入居開始からわずか半年後の昭和四十七年六月二十七日の早朝、埼玉県草加市に住む当時三四歳の無職女性であった。その後も断続的につづいた団地内での飛び降り自殺は、大々的に報道され、激増した。自殺者も昭和五十二年からは来訪者が圧倒的となり、自殺をはかるために他県からわざわざ高島平までやってくる者も数多くみられた。かくて、高島平の名はいっきに全国に知れることとなった。

団地での自殺問題は、住民にとっては迷惑かつ危険このうえない話であり、当初は開放されていた屋上を閉鎖し、階段・廊下などに鉄柵をはめて構造的に自殺できなくするよう公団にはたらきかけたり、警察と住民の協力のもと、挙動の不審な人に声をかけて、張りつめた自殺志願者の心を解きほぐしたり、早期の通報によって未然に自殺をふせぐなどの活動がおこなわれた（『資料編4』152）。こうした努力の成果や報道の鎮静化などにより、高島平団地での自殺者は大幅な減少をみせている。

いわば高島平団地は、各地から生活を異にした多様な住民が移り住んで形成された場であるため、地域住民としての協同性をきずくのに時をかけねばならなかった。そのため住民生活をめぐるものがたりが無責任にかたられもした。「自殺譚」は、そうした噂をマスコミが興味本位に報道し、世間に流布されたものにほかならない。

（内藤一成）

第5章

東京都三多摩

［2－5－A］
三鷹市史編さん委員会編『三鷹市史』（三鷹市、一九七〇年、七一六～七四三頁）

二〇年間の都市化―人口増加の趨勢と市民構造の変化

昭和三〇年代は年率七〇〇〇人の増加

三鷹は人口ほぼ五万五〇〇〇人で昭和二五年に市制を迎えた。その後も人口の増加率は高まり、昭和三〇―三五年には四一・一パーセントに達した。増加率は、これを頂点に低下の兆がみえてきたようであるが、増加人口の絶対量はますます増加し、昭和四〇年には一三万五〇〇〇に達した。年平均七〇〇〇人以上の増加量で、この傾向はなおしばらく続くであろう。武蔵野市では三〇―三五年に人口増加量の最大二万五〇〇〇余を記録し、人口密度一万人を越え、人口容量の飽和点に近づき、増加の率・量ともにかなり低下を示している。武蔵野市の市域は一一・〇三平方キロであるが、三鷹市は一六・八三平方キロでかなり広い。したがって四〇年には武蔵野市の人口をやや上廻ったが、まだ人口密度は八〇〇〇で、なお余裕がある。

昭和三五年と四〇年の国勢調査では、人口集中地区すなわち市街地の面積と人口が調査されている。人口集中地区は、人口密度一平方キロあたり四〇〇〇人以上の集密状態で、五〇〇〇人以上の人口集団を形成しているところであるが、武蔵野市は、昭和三五年、四〇年の両年次とも市の全域が人口集中地区を形成している全国唯一の市である。三鷹市の人口集中地区は、三五年には市域の六一パーセントにあたる北辺一帯の一〇・三平方キロ、四〇年にはこれと離れた南部に第二地区〇・九平方キロができ、あわせて一〇・八平方キロ、市域の六四パーセントになった。北部の集中地区面積が減少したようにみえるが、これは調査技法上、調査時の前年に人口集中地区の設定が行なわれるため、四〇年のときには前回の結果に基づく修正があったものとみてよいので、事実上の減少ではないことになる。ここに集住する人口も、この五年間に総人口の八五パーセントにあたる八万四〇〇〇人から同じく八八パーセントにあたる一一万四〇〇〇人になり、三万六〇〇〇人の増加である。この増加人口は、市の全域の増加人口の約九六パーセントに相当する。限られた期間ではあるが、市街化の形勢をよく伝えるひとつの資料である。

地域別にみた都市化の遅速

三鷹における人口からみた都市化の態勢は前述のとおりであるが、行政区域一六平方キロ余りで最も狭小な市（昭和四三年現在、小さい方から一九番目）に属するとはいえ、全域が均等に都市化の過程をたどってきたわけではない。市内は、細分化すると一〇の大字に分けられる。大字は農村当時の集落区分であって、都市形成が進み地域構造が変容してくると、いつまでこの区分が維持されるか保障しがたいが、ここで農村から都市への移行の状況を知るために、この字別の動向を見ることにしよう。戦時中から戦後にかけて物資の配給などのため常時、地区人口の把握が要請され、その後は住民登録法が施行されたりしているので、そうした系列の人口の記録をたどると、大字ごとの動静がうかがえる。

それによると、町になって間もない昭和一七年の年初に、下連雀はすでに人口一万余に達し、一平方キロあたりの人口密度にしても五六〇〇余人、ほぼ市街化した地区になっていた。これに隣接する上連雀も人口密度三〇〇〇人を越え、両者一体の市街地形成が進んでいたわけである。ここから都市形成が進行したのは、すでに記したように昭和五年に国鉄中央線の三鷹駅が開設されたことにある。しかし国鉄駅が設置されるには、すでにそこに相当の都市的な実態が存在したことを考えなければならない。それにつづいて牟礼が人口密度一三〇〇余人で部分的にはかなりの市街化模様がうかがわれ、これも帝都電鉄の沿線になったことにつながる。これにつづいて人口密度の高い新川・野崎・井口あたり非農村集落の目についたところは人口密度も一〇〇〇人内外に達していた。

昭和二〇年終戦までの間に人口激増の注目される深大寺は軍需工場のための集団住宅の建設があったことによるという。終戦直後は各地区とも一段と人口増加がみられたが、なかに目につく大沢の著増は調布に設けられた進駐軍の水耕農場関係の飯場労務者が影響しているものといわれる。昭和二五年、市制が施行された頃には右のような臨時的事象も一応精算されたと考えられる。そこで各地区の人口を人口密度に置きかえて面積の不同を除去してみよう。その上でさきに述べた人口集中地区の設定に用いられた指標のひとつである四〇〇〇人の人口密度を借りて、各地区がこれに達した時点を求めると市街化の遅速がわかる。その順序に従ってあげると下連雀は昭和一七年にはすでにこれ以上に達して最も早く市街化していたことをすでに記した。これについで上連雀も一九年にはこれに達したと推算され、牟礼（二九年）・深大寺（三二年）・新川（三四年）・井口（三六年）・野崎（三九年）・中仙川（三九年）の順になり、北野と大沢は四〇年にはまだその域に達していない。図185「大字別人口の推移」の曲線に▼で示したのは人口密度一平方キロあたり四〇〇〇人を越えた時点である。さきに述べた人口集中地区の四〇年における第二地区はいうまでもなく、四〇年に人口五〇〇〇に達した中仙川であるが、四〇世帯ぐらいの小さい調査区を積み上げて算出される集中地区では新川との間に断絶ができているのである。

都市化の先進地区である下連雀・上連雀・牟礼の三地区は、人口量も多く、市になった当時は全人口の七五パーセントを占めていたが、四〇年においてもなお六六パーセントを擁している。そのなかでも下連雀はつねに首位に立ってきたが、牟礼は日本住宅公団の牟礼団地・三鷹台団地ができたときに一時的に上連雀を抜いてきた。しかし、地区

表115　国勢調査ならびに臨時国勢調査による人口推移

	三鷹市				武蔵野市			
年　次	人　口	増加人	増加率	人口密度（1㎢当り）	人　口	増加人口	増加率	人口密度（1㎢当り）
大正9年	5,725	－	－	340.1	4,931	－	－	447.5
14年	6,459	734	(12.8)	383.7	10,366	5,435	(110.0)	939.8
昭和5年	8,218	1,792	(27.8)	494.2	17,229	6,863	(66.3)	1,562.0
10年	11,810	3,591	(43.6)	701.7	25,221	7,992	(46.3)	2,286.5
15年	24,247	12,437	(105.1)	1,440.7	41,767	16,546	(65.5)	3,786.6
21年	41,830	17,583		2,485.4	55,669	13,902		5,047.5
22年	50,699	8,869		3,012.4	63,479	7,810		5,755.1
25年	54,820	4,121		3,257.2	73,149	9,670		6,631.8
30年	69,466	14,646	(26.7)	4,127.5	94,948	21,799	(29.8)	8,608.1
35年	98,038	28,572	(41.1)	5,825.2	120,337	25,389	(27.0)	10,909.9
40年	135,516	37,835	(38.6)	8,052.1	133,516	13,179	(11.0)	12,104.8

注　昭和21、22年の頃は、5年区切でないので増加率を省いた。昭和15～20年、20年～25年を等率で伸びたとすれば、三鷹市は各50パーセント、武蔵野市は各70パーセントになる。

表116　人口集中地区・非集中地区の人口推移

	昭和35年	昭和40年	昭和35～40年 増　減
人口全域	98,038 (100.0)	135,873 (100.0)	37,835 (38.6)
人口集中地区	84,261 (85.9)	120,629 (88.8)	36,368 (43.2)
非集中地区	13,777 (14.1)	15,244 (11.2)	1,467 (10.6)
面積全域	16.8 (100.0)	16.8 (100.0)	－　－
人口集中地区	10.3 (61.3)	10.8 (64.3)	0.5 (4.8)
非集中地区	6.5 (38.7)	6.0 (35.3)	△0.5 (△7.6)
人口密度全域	5,836	8,088	
人口集中地区	8,181	11,169	
非集中地区	2,119	2,540	

（　）内は比率

昭和36.1.1	昭和37.1.1	昭和38.1.1	昭和39.1.1	昭和40.1.1	昭和41.1.1	昭和42.1.1
28,485	29,272	29,879	29,840	29,348	30,515	30,259
20,452	21,003	25,263	27,213	28,021	※28,744	※30,878
8,574	9,407	10,776	11,955	12,886	※11,217	※11,711
1,109	1,369	1,604	2,124	2,591	※2037	※2,318
1,597	2,257	3,021	4,208	5,237	※8,854	※9,790
21,259	21,950	22,909	24,024	24,983	25,766	※25,657
4,724	5,100	5,578	6,258	6,673	6,941	7,275
4,384	4,601	4,908	5,470	5,885	6,468	6,411
1,767	1,849	2,079	2,478	2,766	3,114	3,214
5,228	5,683	6,294	6,370	6,810	7,651	8,048
97,579	102,491	112,311	119,940	125,200	131,307	136,561

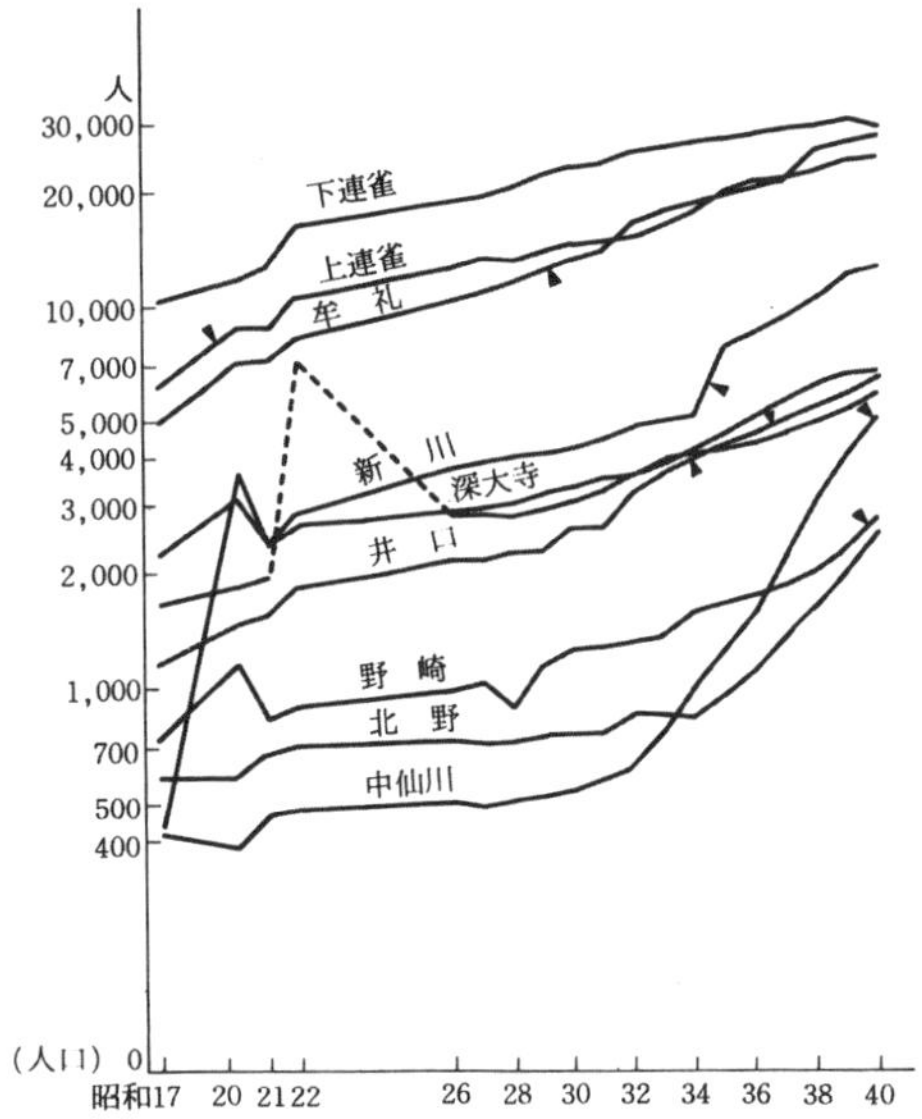

図185　旧大字別人口の推移

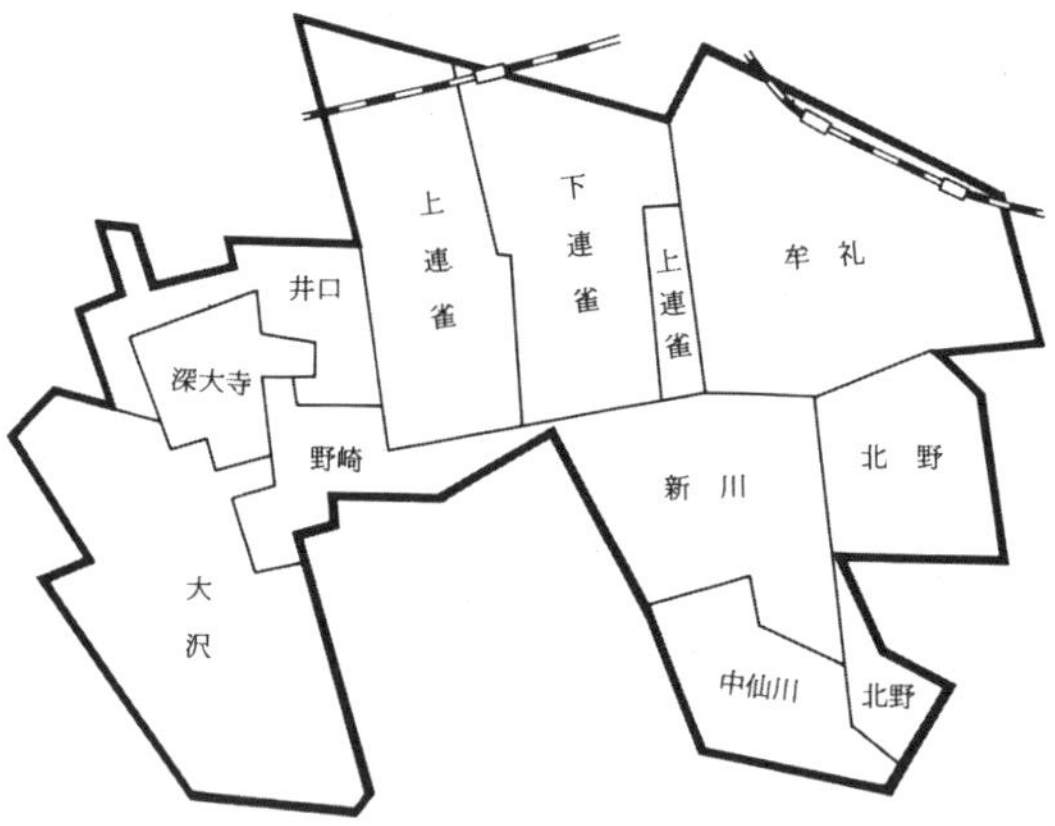

図183　三鷹市地域区分（旧大字）略図

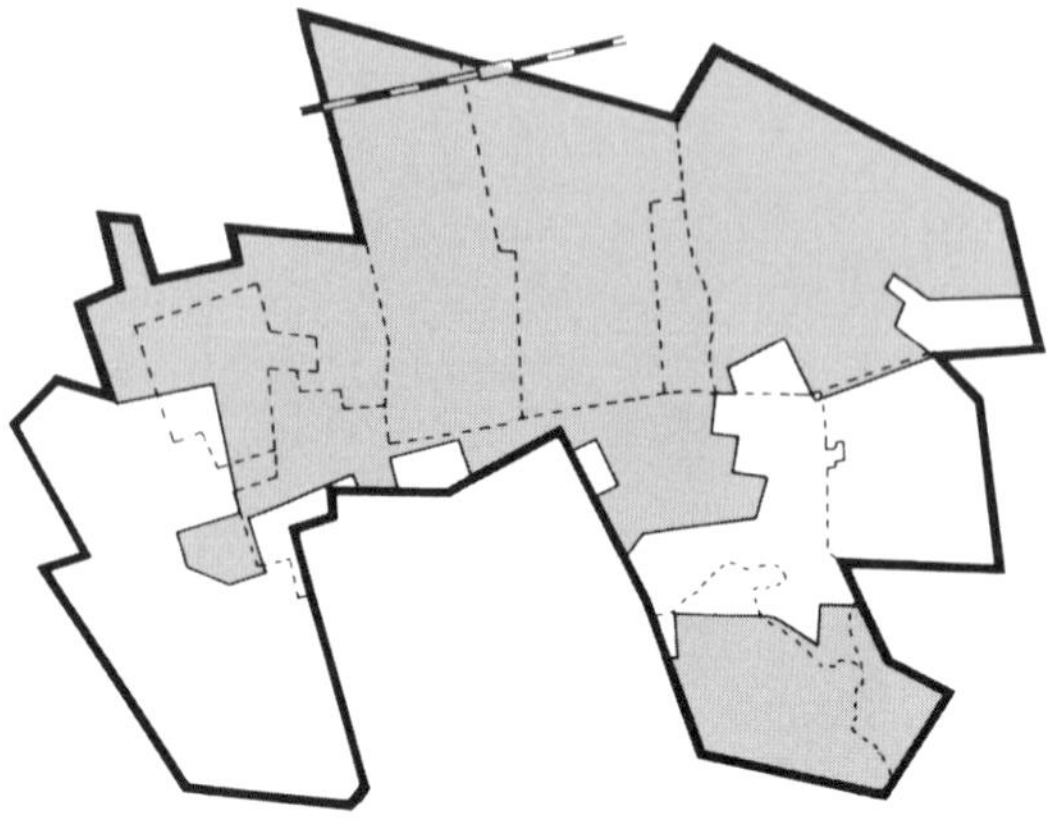

図184　昭和40年人口集中地区

の広い牟礼はようやく上連雀を引離し、さらに下連雀を凌ぐことになろう。これにつぐ新川も公団団地ができて大きく飛躍するとともに余勢をかって三〇年代後半期は高い増加率を示した。戦時中前述のような事情で井口を大きく引離した深大寺は大沢と拮抗してきたが、三四年に次第に追い上げてきた井口に抜きかえされた。これも面積の相違によることである。三〇年代後半あたりから人口の定着は南部に拡大し、中仙川・野崎・北野の人口増加速度は他を圧し、なかでも中仙川の増加率は著しく、人口量も三三年に北野を、三六年に野崎をそれぞれ抜き、井

表117　地区別人口の推移

	昭和25.10.1	昭和26.1.1	昭和27.1.1	昭和28.1.1	昭和29.1.1	昭和30.1.1	昭和31.1.1	昭和32.1.1	昭和33.1.1	昭和34.1.1	昭和35.1.1
下連雀	18,667	19,021	19,936	20,973	22,143	23,297	23,879	25,219	26,053	26,905	27,413
牟　礼	9,964	10,135	10,930	11,896	12,393	13,377	14,158	16,542	17,852	18,714	19,416
新　川	3,809	3,791	3,897	4,000	4,174	4,237	4,531	4,798	4,909	5,210	7,959
北　野	729	734	733	723	747	761	767	845	854	864	975
中仙川	474	503	503	508	524	546	593	630	786	1,011	1,273
上連雀	12,468	12,790	13,459	13,155	14,081	14,744	14,927	15,144	16,116	17,942	20,056
井　口	2,126	2,156	2,148	2,455	2,489	2,663	2,690	3,255	3,698	4,091	4,356
深大寺	2,870	2,907	2,937	3,076	3,204	3,382	3,563	3,598	3,943	4,078	4,306
野　崎	1,001	994	1,009	896	1,145	1,267	1,288	1,316	1,370	1,580	1,692
大　沢	2,720	2,849	2,853	2,822	2,959	3,034	3,322	3,711	3,941	4,370	4,644
合　計	54,828	55,880	58,405	60,504	63,859	67,308	69,718	75,058	79,522	84,765	92,090

※　41年以降町名改正にする区域変更のため、従来の地区別の集計がなく、新地区集計により、従来の区域に近似の人口をもとめた。

口・深大寺に迫っている。

人口増加の原因としての社会増と自然増

三鷹の都市形成に伴う人口増加の概況は以上のとおりであるが、このように急速に人口の増加を招来したところでは、地域社会の構造、住民生活、社会関係などの変化、あるいはまた、これに対応すべき行政体制や社会諸施設の整備など多くの面で問題が生起する。耕地や山林が切り開かれて宅地になる、開発された市街地にさらに住宅や産業が割り込む。そのあとから都市生活に必要な公共諸施設の建設が追いかける。ひとつの地区に農村生活と都市生活とが混在し、住民は二重生活に適応しなければならない。それがやがて都市化の強い波でひとつの方向にむけられていく。

こうした駿足な都市形成においては、人口の集積は、出生と死亡の差数である自然増加より転入と転出の差数である社会増加に大きな比重がかかっている。市になってから五年間ずつをみても、自然増加は、昭和三〇年までに三四一九、三五年までに四九七〇、四〇年までに九四九八人であったが、社会増加は、同じ時期に一万一八九人（自然増の約三倍）、二万三一二一人（四・六倍）、一万四二三〇人（一・五倍）であった。したがって毎年の増加人口は社会増加の動向が支配する。戦後初期の極端な社会増減は、すでに述べた特殊な事情によるものであるが、その後の増加のなかで、昭和三一年、三四年、三七年の増加がそれぞれの年の前後にくらべて著しく大きいのが目につく。これは市内に建設された日本住宅公団の住宅、牟礼団地（四九〇戸と分譲一六〇戸）、新川団地（九二一戸）、三鷹台団地（一二五一戸）のそれぞれ入居時期に当っている。一地区を画した集団転入は、都市形成の上からも影響が大きい。なお、牟礼団地は同公団が全国で最初に完成した住宅団地である。

社会増加が主導力をなしているときには、後に述べるように若い年令層の人口が比較的に多いので、相対的に死亡が少なく、自然増加も一般の都市にくらべて多い傾向にある。市になってから一五年間に人口は二倍半も増加しているのに、毎年の死亡数は市になった当時にほぼ等しい。市になる以前は戦後の悪条件もあて比較的死亡数は多く、五〇〇人台であったが、その後はかえって三〇〇人台になり、人口の増加に伴って四〇年前後からふたたび五〇〇人台になった。これにたいして出生は人口の増加に伴って増加し、昭和三五年あたりから、戦後のベビーブームの頃と同数に達し、次第に増加している。ただ四一年の出生がやや目立って少ないのは、「ひのえうま」の年の、全国的にみられる現象ではあるが、最も近代的な市民の住んでいるところでなおこの俗信の影響が明白に出ているのは意外である。それと同時に注目されるのは、このときまで人口増加は、社会増加に一方的に支配されていたのに、ここで初めて

「ひのえうま」減少が、すなわち自然増加が人口増加に明らかに影響しているのである。この地の都市形成が次第に完成に近づき、人口が飽和に接近するにつれて、やがて社会増加から自然増加に主導力が交替し、人口が安定する。その兆候が見えはじめているからである。

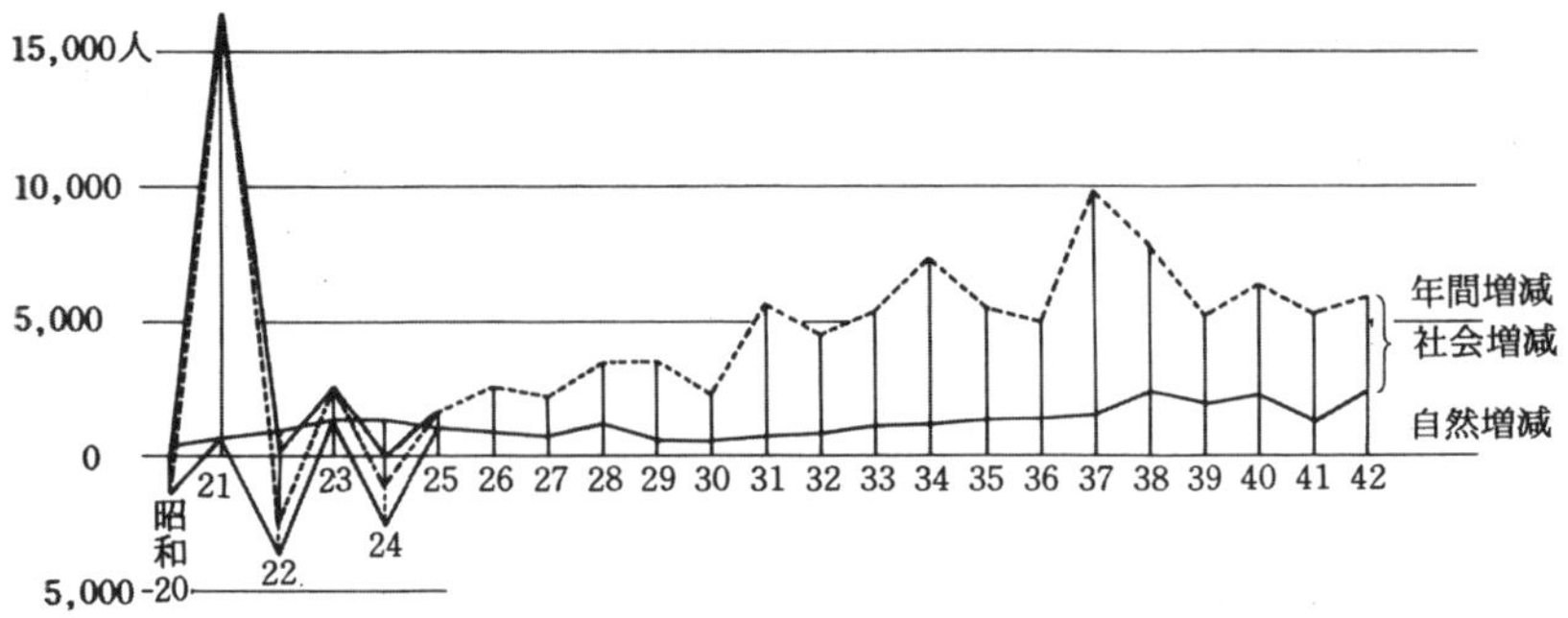

図186　人口動態（年間人口増減実数表）

表118　旧大字別人口密度の推移　1平方キロ当り人口

旧大字別	昭和17年	21年	26年	31年	36年	40年
全　域	1,748	2,338	3,320	4,128	5,862	7,439
牟　礼	1,828	2,247	3,557	4,374	6,371	8,729
新　川	1,398	1,553	2,399	2,850	5,426	8,155
北　野	662	780	834	870	1,335	2,989
中仙川	325	368	396	461	1,257	4,123
下連雀	5,648	7,214	10,587	13,231	15,825	16,204
上連雀	3,098	4,414	6,395	7,466	10,629	12,491
井　口	964	1,280	1,767	2,172	3,593	5,469
深大寺	428	2,384	2,936	3,609	4,428	5,944
野　崎	1,088	1,227	1,483	1,938	2,603	4,128
大　沢	518	610	887	1,036	1,628	2,121

年令別階層の特色

来住による社会増加が主流をなして人口の著しい増加を見た置市以来の三鷹の人口は、年令構造から見ても、すべての年令層にわたって増加してきた。この種の都市の年令構造を示す人口のピラミッドは、〇―四歳より一五―一九歳が卓越し、基底の幼少年層より青年層の方がふくらんだ「つぼ」型を呈するのが特徴である。しかし、人口増加がすでにその以前に発足した三鷹では、置市時期の昭和二五年には、〇―四歳あるいは五―九歳の幼少年層の方が、青壮年層の各五歳人口よりも多く、人口ピラミッドは、まだ安定した形状をみせていた。ただ、二〇歳代が一〇歳代より卓越して、「つぼ」型形成のきざしを見せはじめたところである。ひとつにはこの期の〇―四歳には、いわゆるベビーブームの幼児が含まれていて、ピラミッドの基底をひろげ、安定性をたすけていたことも考慮に入れなければならない。逆にこの集団がつぎつぎに上層に移るにしたがって、基底の不安定性を生ずることにもなる。

図187　社会増（人口）の主導力となった日本住宅公団・団地

昭和二五年から四〇年までの五年ごとの年令構造を、〇—一四歳、一五—五九歳ならびに六〇歳以上の幼少年、青壮年、老年に大別してみると、構成比において幼少年層は三五・三パーセントから二一・六パーセントに次第に減少する傾向を示している反面、青壮年層は五九・五パーセントから七一・七パーセントに、老年層は五・二パーセントから六・七パーセントに増加をみせている。この現象は生産都市にも一般的にみられる傾向であるが、三鷹の場合、そう単純でない内容をもっているようである。

表119　配偶関係別人口　(15歳以上)

配偶関係	昭和25年		昭和30年		昭和35年		昭和40年	
	実　数	構成比	実　数	構成比	実　数	構成比	実　数	構成比
男								
総　数	17,989	(100.0)	24,822	(100.0)	37,933	(100.0)	55,895	(100.0)
未　婚	7,054	(39.3)	11,203	(45.1)	17,157	(45.2)	25,570	(45.7)
有配偶	10,342	(57.5)	12,877	(51.8)	19,742	(52.1)	29,163	(52.2)
死　別	479	(2.6)	544	(2.2)	645	(1.7)	765	(1.4)
離　別	114	(0.6)	186	(0.8)	260	(0.7)	370	(0.7)
不　詳	−	(−)	12	(0.1)	129	(0.3)	27	(0.0)
女								
総　数	17,511	(100.0)	22,879	(100.0)	35,508	(100.0)	50,753	(100.0)
未　婚	4,400	(25.1)	6,732	(29.4)	11,125	(31.4)	16,051	(31.6)
有配偶	10,394	(59.4)	12,805	(56.0)	19,730	(55.5)	29,112	(57.4)
死　別	2,420	(13.8)	2,869	(12.5)	3,789	(10.7)	4,681	(9.2)
離　別	295	(1.7)	437	(1.9)	749	(2.1)	880	(1.7)
不　詳	2	(0.0)	36	(0.2)	115	(0.3)	29	(0.1)

(　) 内は比率

五歳ごとの年令層の人口増加をとってみると、増加率の頂点が各年次とも三つあらわれている。

昭和二五—三〇年
　一〇—一四歳　五七・八パーセント
　五〇—五四歳　四九・四パーセント
　七五—七九歳　九六・四パーセント
昭和三〇—三五年
　一五—一九歳　五三・三パーセント
　五〇—五四歳　六〇・二パーセント
　八〇歳以上　一〇二・二パーセント
昭和三五—四〇年
　二〇—二四歳　四三・一パーセント
　三五—三九歳　三七・八パーセント
　六〇—六四歳　三七・九パーセント

これは頂点にあたる年令層をあげたもので、この層の前後あるいは前後いずれかに連続して増加率の高い部分があり、三つの波頭をもった波状がみられるということである。昭和二五—三〇年の時期において就業年令以前の一〇—一四歳層がこれにつづく若い就業年令層より高い増加率をあらわしている。この年令層の来住の誘因となるものは強いてあげれば就学であろうが、むしろ家族の一員としての来住が主であろう。とすると五〇歳代前期を頂点とする四〇歳代の高い増加率が目にうつる。あわせて高令層の増加率の高いのにも関連が考えられる。波頭は世代間隔であらわれている。そうみると、もちろん若い就業年令の来住者は多いのであるが、一方に四、五〇歳代の社会的地位を確保し、あるいは安定した所得を保持した二世代以上の家族構成の来住者も少なくないことが推測できる。同じことが各年次を通じて考えられる。

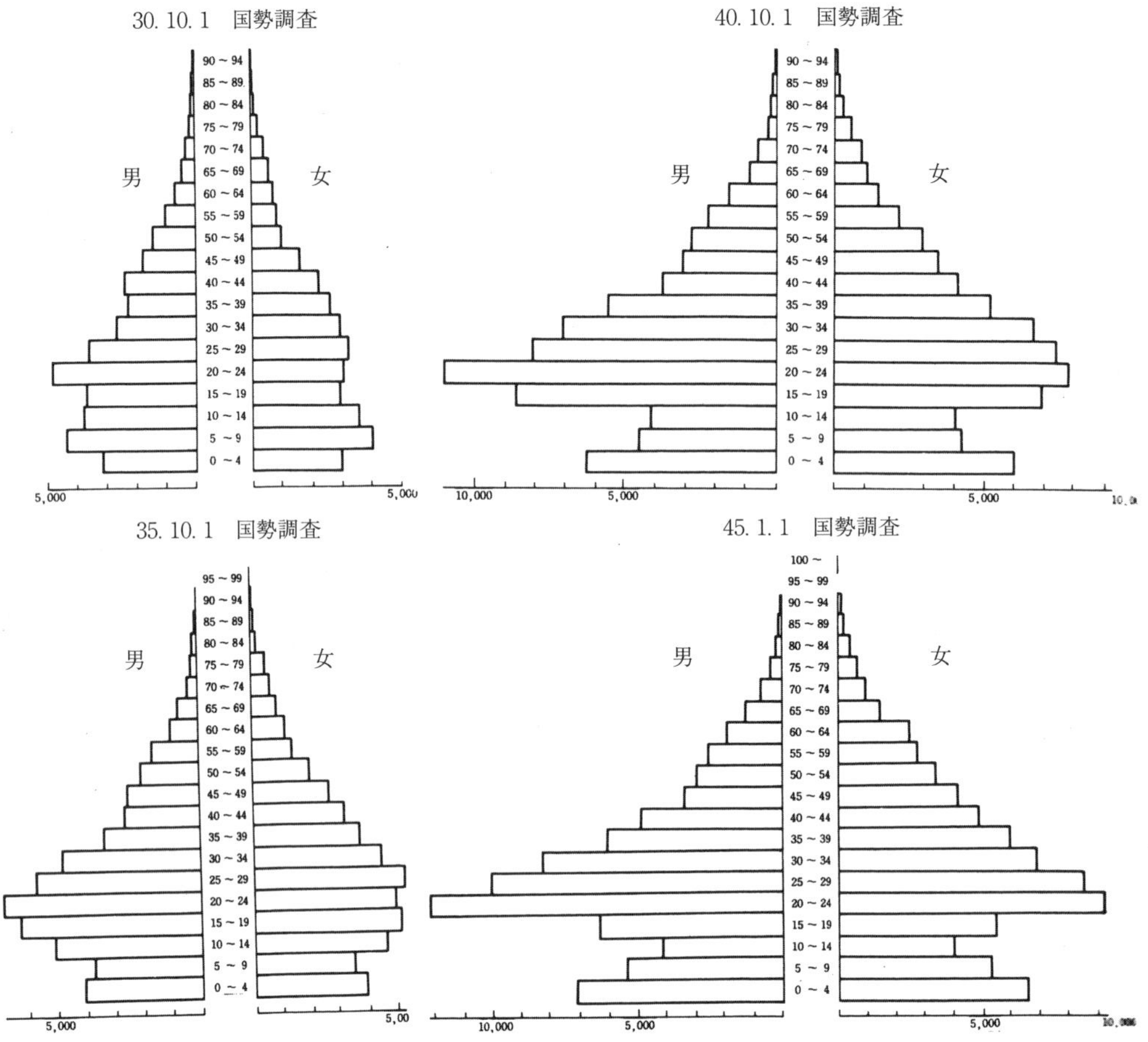

図188 年令（5才階級）別・男女別人口

年令構造を通じてもうひとつ注目されるのは、三五年にピラミッドの基底をなす○—四歳層が増加のきざしを示したのにつづいて四○年にはこの基底層が大きく伸びていることである。これはその以前に来住した二○歳代、三○歳代の若い世帯から次の世代が続々出生しつつあることにほかならない。社会増加中心からようやく自然増加が地歩を固めてくる時期になりつつあることがうかがわれる。

各年次間の増加人口にたいする一五—三四歳層の増加寄与率は、二五—三○年が五八・八パーセント、三○—三五年が五八・○パーセント、三五—四○年が五八・五パーセントで、依然として大きな割合を占めている。また、○—四歳層の寄与率は、二五—三○年には前期にベビーブームが含まれているのでマイナス六・四パーセントになっているが、三○—三五年が五・八パーセント、三五—四○年が一一・九パーセントと増加している。

大家族世帯の分解と核家族の来住

戦後、新憲法は家の制度を廃止した。家庭は夫婦を中心として子を育てる場であるという考え方は、すでに戦前から都市では常識化し、次第に現実の生活となりつつあった。それが、家の観念が拠りどころを失うとともに、急速に進展しはじめた。核家族ということばも普及した。人口統計にもこの事態が顕著にあらわれてきて、人口の増加を上廻る世帯数の増加が全国各地おしなべての現象となっている。人口が減少しつつある農村で世帯数は増加する状況である。

三鷹でも昭和二五年を基準として、普通世帯の世帯数は二・八六倍の伸びを示し、その所属人員の増加二・三○倍を

表120　年令（5歳階級）別人口の推移

年令階級	人口				増減		
	昭　25	昭　30	昭　35	昭　40	昭25～30	昭30～35	昭35～40
総　数	54,820	69,466	98,038	120,629	14,646	28,572	22,591
0～4歳	8,045	6,111	7,771	10,705	−1,934	1,660	2,934
5～9	6,691	8,416	7,146	7,659	1,725	−1,270	513
10～14	4,584	7,234	9,680	7,078	(57.8) 2,650	(38.8) 2,446	−2,602
15～19	4,611	6,595	11,359	13,923	(43.0) 1,984	(53.3) 3,508	2,564
20～24	5,443	7,851	11,789	16,878	(44.3) 2,408	(50.1) 3,938	(43.1) 5,089
25～29	5,118	6,777	11,009	13,765	(32.4) 1,659	(62.5) 4,232	(24.0) 2,656
30～34	4,740	5,644	9,243	12,085	(19.1) 904	(63.7) 3,599	(30.8) 2,842
35～39	4,257	4,937	6,896	9,489	(15.9) 680	(39.8) 1,959	(37.8) 2,593
40～44	3,157	4,576	5,661	6,958	(45.0) 1,419	(23.8) 1,085	(22.9) 1,297
45～49	2,348	3,377	5,101	5,772	(43.7) 1,029	(51.1) 1,724	(13.2) 671
50～54	1,667	2,489	3,991	5,172	(49.4) 822	(60.3) 1,502	(29.6) 1,181
55～59	1,331	1,836	2,926	3,986	(37.9) 505	(59.4) 1,090	(36.2) 1,060
60～64	1,112	1,339	1,983	2,735	(20.4) 227	(48.0) 644	(37.9) 752
65～69	856	1,022	1,488	1,868	(19.4) 166	(45.5) 466	(25.6) 380
70～74	536	715	1,032	1,275	(33.4) 179	(44.4) 317	(23.5) 243
75～79	194	381	635	787	(96.4) 187	(66.5) 254	(23.9) 152
80～	130	162	328	494	(24.6) 32	(102.2) 166	(50.6) 166

（　）内は増加率

明白に上廻っている。普通世帯というのは、下宿・寮・寄宿舎あるいは病院その他社会施設などに居住する人びとを除いた、家族を主体に生活している一般の家を指す統計の単位である。そして、さらに注目されるのは、その普通世帯を構成している人員の変化である。世帯数の増加が人員の増加より高率であるから、当然に一世帯あたりの世帯人員は減少するわけで、二五年四・二八人から三〇年四・四四人と一時増加をみせたあと、三五年には四人を割り、三・九七人、四〇年には三・四三人と急速に減少傾向に移った。

当然に、これは大家族の分解を意味するもので、一〇人以上の世帯は二五年、八人および九人の世帯は三〇年、七人の世帯は三五年をそれぞれピークとして減少に移っている。これらの大家族世帯は、ほとんどが旧来の在住と推測されるが、縁事や就職にともなう転出で縮小し、これが農業からの離脱につながる場合は少なくないと思われる。都市化の圧力がこれを促進し、在来の在住者の都市生活に転じさせる動機ともなっていることであろう。五人・六人の中規模の世帯は、絶対数はなお多少増加しつづけているが構成比は三〇年以後小さくなってきた。

これにたいして、二人ないし四人の世帯はますます増加し、二五年の構成比四七・七パーセントから、五年ごとに五一・六パーセント、六〇・二パーセント、六四・二パーセントと高い割合を占めるようになった。とくに三〇年から三五年の変化が大きいが、これは一人世帯が少なかったのと表裏になっている。これらはいうまでもなく、来住者が小家族であることが大きく影響している。

このような小家族世帯が三鷹の典型であり、なお、このよ

表121　世帯数・世帯人員の推移

	昭　25		昭　30		昭　35		昭　40	
総数 世帯数	12,766		15,855		25,499		38,310	
総数 世帯人員	54,820		69,466		98,038		135,873	
普通世帯 世帯数	12,533	(100)	14,595	(116)	22,709	(181)	35,952	(286)
普通世帯 世帯人員	53,632	(100)	66,826	(121)	90,188	(168)	123,245	(230)
1人世帯	1,237	(9.9)	570	(3.9)	1,202	(5.3)	4,710	(13.1)
2人〃	1,600	(12.8)	2,060	(14.1)	4,074	(17.9)	6,387	(17.7)
3人〃	2,008	(16.0)	2,507	(17.2)	4,685	(20.6)	7,978	(22.2)
4人〃	2,372	(18.9)	2,964	(20.3)	4,968	(21.8)	8,737	(24.3)
5人〃	1,997	(15.9)	2,558	(17.5)	3,615	(15.9)	4,549	(12.6)
6人〃	1,463	(11.7)	1,770	(12.1)	2,120	(9.3)	2,133	(5.9)
7人〃	848	(6.8)	1,030	(7.1)	1,057	(4.7)	850	(2.4)
8人〃	513	(4.1)	579	(4.0)	542	(2.4)	323	(0.9)
9人〃	227	(1.8)	296	(2.0)	225	(1.0)	152	(0.4)
10人以上	268	(2.1)	261	(1.8)	221	(1.0)	133	(0.4)
1世帯当り人員	4.28		4.44		3.97		3.43	
				(7.9)		(10.9)		
準世帯 世帯数	233	(1.8)	1,260	(0.8)	2,790	(1.0)	2,358	(6.1)
準世帯 世帯人員	1,188		4,540		7,850		12,628	
1人の準世帯			819		2,530		1,588	
その他の準世帯			441		260		770	

（　）内は増加率

うな来住が継続するであろうが、来住者の定着性が強ければ、一世帯あたりの世帯人員は、これからはあまり減少しないのではなかろうか。

転入・転出現象の変質

三鷹は首都の大都市化の一端を担って急速に都市化してきた。したがって住民登録の計数の得られる昭和二八年以来についてみると、転入はそれぞれの年初の人口の一六ないし二〇パーセントを記録した。実数では初期には一万一〇〇〇人程度であったが、一〇年後には二万人を越えるようになった。しかし大都市は人口移動の活発なところであって、転入が多ければまた転出も少なくないのが常である。同じ時期に、転出は一一ないし一四パーセントを示し、八〇〇〇人から一万五〇〇〇人を数えた。その差二ないし七パーセントが社会的増加を形成してきたわけである。三四年、三七年には七〇〇〇人前後がそれぞれ社会的増加として人口の増大に大きく寄与しているが、これはすでに述べたように日本住宅公団の団地への入居が大きく影響しているからである。

むしろ注目されるのは、四〇年以降、転出入の絶対数の増加している反面、差増は各年二〇〇〇人程度で、従来の伸びの少ない年と同じぐら

表122　年次別転入転出数

年　次	転　入		転　出	
昭和28年	11,377	(18.8)	8,768	(14.5)
29年	12,053	(18.9)	9,346	(14.6)
30年	11,026	(16.4)	9,490	(14.1)
31年	13,402	(19.3)	8,687	(12.5)
32年	13,336	(17.8)	9,798	(13.0)
33年	14,257	(17.9)	10,108	(12.7)
34年	17,285	(20.4)	10,997	(13.0)
35年	15,330	(16.6)	11,168	(12.1)
36年	15,085	(15.5)	11,473	(11.8)
37年	19,913	(19.5)	12,242	(12.0)
38年	…	…	…	…
39年	20,788	(17.3)	15,971	(13.3)
40年	21,972	(16.5)	17,758	(12.7)
41年	21,819	(16.7)	19,942	(13.5)

（　）内は比率
比率は各年次の年初の人口にたいする割合。

いにとどまっている。都心からの人口圧力はさらに外周の地域に進出して、人口増加の波頭も遠のきつつあるようにも見受けられる。

昼夜人口―通勤・通学現象

住居地の選択に伴う人口移動とあわせて、毎日の通勤・通学による人口の往復運動も大都市の顕著な社会現象のひとつであり、ひとつの人口移動である。これによって人口の昼夜間差が生ずるが、その移動は必ずしも一方的ではなく、三鷹では都心その他への昼間流出のある半面、この都市固有の都市活動に参加する流入も少なくなく、移動量は大きい。

図189　朝の通勤・通学者

このような通勤・通学による地域間の移動現象は、昭和三五年と同四〇年の国勢調査で把握されているが、三五年には従業者と通学者の数が区別されていない。また移動は市町村間相互に掲出されているが、ここではその潮流を大きく方向づけて観察することとしたい。市町村という行政区域は、こうした住民の動きにおいては、とくに意識されているものではない。職場を求めて動き、学校のあるところへ通学するのである。市内で通勤するのと、武蔵野市や調布市へ通勤するのとは大差ない。むしろ後者の方が身近な場合も多いであろう。三鷹のように市域が小さい場合とくにそうである。隣接市区は日用品の買物圏内であり、自動車行動の圏域である。したがって市の中心から四キロメートル半径の円周がかかる武蔵野・調布・府中・小金井の四市と杉並・世田谷の二区を隣接地域として準市内とする。また、市内から通勤する場合、東京の都心への通勤はとくに多く、これが東京の毎日の人口移動の主流をなしていることでもあり、ここに三鷹の特性もあるので、千代田・中央・港・新宿の都心四区への移動を、その他地域への移動と区別してみることとした。

三鷹に常住する人びとの従業・通学地をみると、三鷹市内で従業・通学する人口は、三五年から四〇年の間に二万余人から二万七〇〇〇人に約三五パーセントも増加したが、隣接地域へ従業・通学する人口は七〇〇〇余人から一万二〇〇〇余人に六八パーセント増加し、都心四区へは一万二〇〇〇余人から二万人に五九パーセントその他の地域へは九〇〇〇余人から一万五〇〇〇余人に六六パーセントそれぞれ増加した。このように三鷹市内に常住する従業・通学者は、その過半数（三五年で五九パーセント、四〇年で六三パーセント）が市外に出て従業・通学している。先に述べたように隣接地域は市内に準ずる地域的生活圏とみても、四四パーセントないし四七パーセントという半数近くが毎日往復運動を繰返しているのである。しかも市内での従業・通学者も含めて四人に一人は都心四区に通っているわけである。

また、その都心四区側の状況をみると、千代田区は、この五年間、同じ比重を維持するだけの増加数を受入れているが、中央区は実数は増加しているものの比重はやや低下し、港・新宿両区は増加数も比重も増加してきた。ここに日本橋・銀座方面の発展が飽和の傾向となり、都心機能が西南の方向に拡大されつつあることが窺い知れると同時に、当地と都心機能との密着性が一層高まることも推測できるわけである。都心四区への依存度は、四〇年の計数からみて、従業面では三〇パーセントに近いが、通学面では一七パーセントに低下し、その他の地域ではこの依存度がほぼ逆の割合になっている。都心といっても企業活動と学校とは所在の場所が分かれているし、後者はむしろ各地に分散している。

　視点をかえて、昼間、市内で行なわれる産業活動に参加し、あるいは市内の大学・高校に通学する三鷹市を指向する動きをみよう。これらの従業・通学者は市内に常住する者を含めて、昭和三五年から四〇年の間に、三万七〇〇〇余人から四万九〇〇〇余人に増加した。この伸び率は三〇パーセント強であって、そのなかに占める市内常住者の伸び率は前に記したように約三五パーセントで、市内常住者の割合がふえてきている。市内に準ずる隣接地域を含めて考えると従業・通学による昼間人口の七四パーセント前後が市内と隣接地域の常住者で占められていることは両年次とも同じである。したがって、四人に一人ぐらいがもっと遠方から通勤・通学してくるわけである。

　市内と隣接地域との間の移動に限定してみると、三五年には出入がほぼ等しく、わずか九〇人の流出超過にすぎなかったのが、四〇年には流入約九〇〇〇人にたいし流出一万二三〇〇余人で三三〇〇余人の流出超過になってきた。流入は二三・八パーセントの増加にすぎなかったが流出は六七・九パーセントの増加であった。人口が増加するとともに隣接地域への依存度も高まってきたのである。

　さらに、これを市・区別にわけると、三五年には、武蔵野市ならびに杉並・世田谷の両区へは流出超過、調布・府中・小金井の三市からは流入超過であったのが、四〇年には調布市も流出超過にかわった。武蔵野市は常に一歩先に発展してきた地域であり、当市もこれに接する北部から人口の定着が進んだので、同市との交流はとくに密接である。三五年

表123　昼夜間人口と地域別移動状況

地域別	昭35年	昭40年		
	従業通学	総数	従業	通学
昼間人口（三鷹市で従業・通学する人口）				
常住地別総数	37,828 (100.0)	49,389 (100.0)	42,833 (100.0)	6,556 (100.0)
三鷹市内	20,570 (54.4)	27,674 (56.0)	25,127 (58.6)	2,547 (38.8)
隣接地域	7,237 (19.1)	8,957 (18.2)	7,292 (17.0)	1,665 (25.4)
その他の地域	10,021 (26.5)	12,758 (25.8)	10,414 (24.4)	2,344 (35.8)
夜間人口（三鷹市常住者の従業・通学者）				
従業地別総数	49,787 (100.0)	75,506 (100.0)	62,292 (100.0)	13,214 (100.0)
三鷹市内	20,570 (41.3)	27,674 (36.7)	25,127 (40.4)	2,547 (19.3)
隣接地域	7,327 (14.7)	12,303 (16.3)	8,203 (13.2)	4,100 (31.0)
都心四区	12,591 (25.2)	20,070 (26.5)	17,819 (28.6)	2,251 (17.0)
その他の地域（都心4区を含まない）	9,299 (18.8)	15,459 (20.5)	11,143 (17.8)	4,316 (32.7)

（　）内は構成比

表124　三鷹市から都心四区への従業・通学者

	昭和35年	昭和40年		
	従業・通学	総数	従業	通学
千代田区	5,286 (10.6)	7,967 (10.6)	6,834 (10.9)	1,133 (8.6)
中央区	3,532 (7.1)	5,047 (6.7)	5,026 (8.1)	21 (0.2)
港区	1,678 (3.3)	3,432 (4.5)	3,171 (4.8)	261 (2.0)
新宿区	2,113 (4.2)	3,624 (4.8)	2,788 (4.5)	836 (6.3)

（　）内は構成比

表125　流出入人口の地域別移動

方向別	昭和35年	昭和40年		
	従業・通学	総数	従業	通学
三鷹市への流れ				
総数	17,258 (100.0)	21,715 (100.0)	17,706 (100.0)	4,009 (100.0)
都下他市町村（西から）	10,923 (63.4)	14,218 (65.5)	11,528 (65.1)	2,690 (67.1)
特別区（東から）	5,088 (29.4)	6,017 (27.7)	4,896 (27.6)	1,121 (28.0)
他県	1,247 (7.8)	1,480 (6.8)	1,282 (7.3)	198 (4.9)
三鷹市からの流れ				
総数	29,217 (100.0)	47,832 (100.0)	37,165 (100.0)	10,667 (100.0)
都下他市町村（西へ）	6,459 (22.1)	11,008 (23.0)	7,429 (20.2)	3,479 (32.6)
特別区（東へ）	22,066 (75.5)	35,409 (74.0)	28,572 (76.9)	6,837 (64.1)
他県	692 (2.4)	1,415 (3.0)	1,064 (2.9)	351 (3.3)

（　）内は構成比

の時点で、隣接地域間の流出の三七・五パーセント、流入の三三・九パーセントが同市との間で行なわれていた。他の地域との交流が進んできたので四〇年には流出入とも五ポイント方その比重は低下したが、それでも両市の関係は他を抜んでている。それだけにもっと過去の時期には両市の相互依存度は一層高かったことが、推測される。杉並区は武蔵野市とほぼ同じような比重を示しているが、区域において三倍人口において四倍の規模を有しているので、交流の密度はそれだけ割り引いて考えなければならない。

この五年間の流出入の伸びは、六市区のうち調布市が最も多く、同市への流出は一二五パーセント、同市からの流入は約六四パーセントも増加した。すでに述べたように、これによって同市との交流は流入超過から流出超過にかわったが、これはおくれて人口定着が始まり、近年になって人口が急増している南部の地区とこれに接する同市との交流が盛んになり、とくに同市を指向する人口が多くなったことにあろう。これに次いで府中・小金井両市との交流が伸び、両市にたいしては流入超過を維持してはいるが、流出人口の伸び率がとくに著しい。

表126　三鷹市と隣接地域との従業・通学者の流出入関係

	昭和35年			昭和40年			伸び率（%）	
	流　出（A）	流　入（B）	B－A	流　出（C）	流　入（D）	D－C	流　出	流　入
隣接地域計	7,327	7,237	－90	12,303	8,957	－3,346	67.9	23.8
	(100.0)	(100.0)		(100.0)	(100.0)			
世田谷区	858	541	－317	1,894	785	－1,109	120.1	45.0
	(11.7)	(7.5)		(15.4)	(8.7)			
杉並区	2,280	1,889	－371	3,573	1,994	－1,579	56.8	5.6
	(31.2)	(26.1)		(29.0)	(22.2)			
武蔵野市	2,752	2,456	－296	3,760	2,592	－1,168	36.6	5.5
	(37.5)	(33.9)		(30.6)	(28.9)			
調布市	769	854	85	1,731	1,399	－332	125.1	63.8
	(10.5)	(11.8)		(14.1)	(15.4)			
府中市	333	708	375	685	1,011	326	105.8	47.0
	(4.5)	(9.8)		(5.5)	(11.3)			
小金井市	335	789	454	660	1,176	516	97.0	49.0
	(4.6)	(10.9)		(5.4)	(13.5)			

（　）内は構成比

市民の職業構成―農業の後退・サラリーマン層の増加

三鷹が市になった直前の昭和二五年二月の農業経営調査によれば、経営耕地面積は約六五〇ヘクタール、市域の三分の一はまだ農耕地で占められていた。しかし兼業農家二三九戸を含めて農家戸数は八四八戸、農家人口は五六五二人であったから農業従事者は二〇〇〇人程度であると思われる。やや時期がずれるが、二七年の工業統計によれば、工場数一四〇、従業者五四〇八人、また二六年の事業所統計の事業所数は一四六九であった。したがって人的要素からみれば、二五年当時一万人以上が非農林産業で活動しており、ほぼその半数が工業に従事していたと推算され、農業従事者をはるかに上廻る第二次、第三次産業が所在したことは明かである。この時期の国勢調査によれば、常住する就業者数は一万八三四〇人であるが、その六〇パーセント以上に相当する数の人びとの就業の場が市内にあり、さらに、その六〇パーセントが第一次、第二次の生産的産業であったわけである。

右の国勢調査によれば、第三次産業が過半を占め、第一次産業一二・九パーセント、第二次産業三四・二パーセントの構成比になる。これは国勢調査の方は市内に常住する就業者の構成を示すものであって、職場と住居とが分離している現代生活では、これをもって昼間の産業活動を律することはできない。この時期にすでに市民の過半は、三鷹を住居の場として選び、市外に通勤していた。また、古くからの在住者、たとえば農家においてさえ、その家族のうちに、市内はもとより市外へ通勤する人びとが出ていたと想像できる。また産業別就業者というのは、勤務する企業等の産業上の帰属を意味するものであるから、必ずしも働く人びとの職能、したがって市民の性格を伝えるものではない。同じ会社勤めのサラリーマンでも、生産会社の営業部員なら製造業に、百貨店の店員なら卸売小売業に分類され、第二次産業と第三次産業に分属してしまう。市民の性格を知る上からはむしろ従業上の地位や、職業別をみる方が適している。

それは次に述べるとして、産業別就業人口の昭和二五年から四〇年までの推移をみよう。農業がそのほとんどすべてを占める第一次産業就業者は、この間に約四割減少したが、その過半は三〇年から三五年の間に減少した。これはほとんど地元市内で従業する人びとで、市街化に伴う

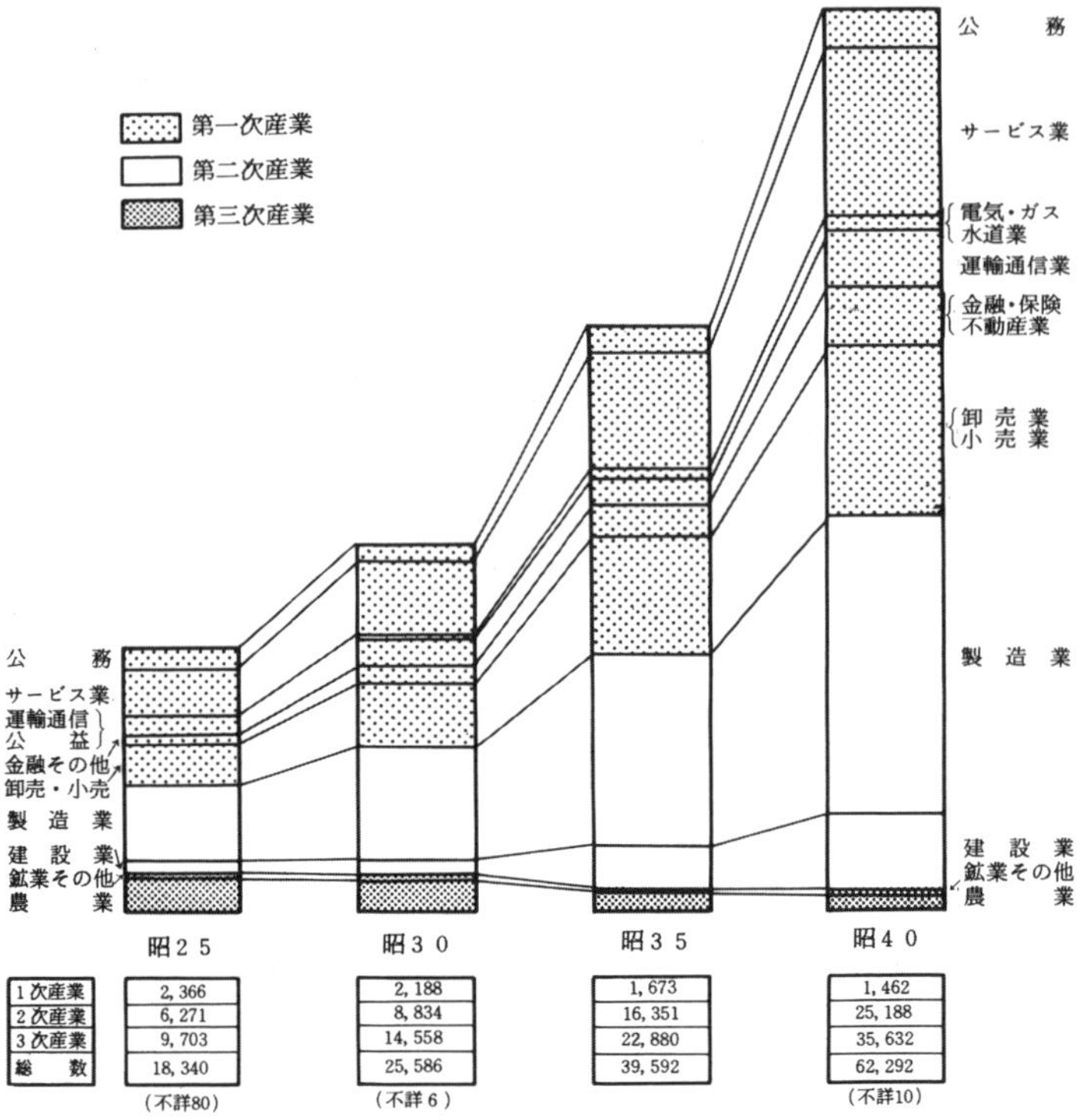

図　産業別就業者数（国勢調査）

表127　産業大分類別15歳以上就業者数

産業別	昭和25年	昭和30年	昭和35年	昭和40年	昭25～30	昭30～35	昭35～40
総数	18,340	25,586	40,917	62,292	7,246	15,331	21,375
農業	2,298	2,087	1,539	1,309	－211	－548	－230
林業・狩猟業	6	8	8	11	2	－	3
漁業・水産養殖業	4	15	27	28	11	12	1
鉱業	58	78	99	114	20	21	15
建設業	1,348	1,320	2,720	5,179	－28	1,400	2,459
製造業	4,923	7,514	13,631	20,009	2,591	5,117	6,378
卸売業・小売業	3,175	4,906	7,985	12,806	1,731	3,079	4,821
金融・保険・不動産業	609	1,191	2,270	3,850	582	1,079	1,580
運輸・通信業	1,319	1,799	2,492	4,556	687	693	2,064
電気・ガス・水道業		207	317	432		110	115
サービス業	2,782	5,097	7,969	11,718	2,315	2,872	3,749
公務	1,738	1,565	1,847	2,270	－173	282	423
分類不能	80	6	13	10			
	上欄の構成比				上欄の増加率		
農業	12.6	8.2	3.8	2.1	－9.2	－26.2	－15.0
林業・狩猟業	0.0	0.0	0.0	0.0	33.3	－	37.4
漁業・水産養殖業	0.0	0.0	0.1	0.0			
鉱業	0.3	0.3	0.2	0.2	34.5	27.0	15.2
建設業	7.4	5.2	6.6	8.3	－0.2	106.0	90.4
製造業	26.8	29.4	33.4	32.2	52.6	37.6	31.8
卸売業・小売業	17.3	19.2	19.5	20.6	54.6	64.0	60.5
金融・保険・不動産業	3.3	4.7	5.5	6.2	95.5	94.5	69.5
運輸・通信業	7.2	7.0	6.1	7.3	36.4	38.5	83.0
電気・ガス・水道業		0.8	0.8	0.7		53.0	36.2
サービス業	15.2	19.9	19.5	18.8	83.1	56.8	47.0
公務	9.5	6.1	4.5	3.6	－10.0	18.0	22.9
分類不能	0.4	0.0	0.0	0.0			

（注）各年次の間に若干の分類の変更があるが、無視した。

農耕地の喪失とともに農業から離脱していった。この間の農家戸数は八四八戸から六〇五戸に、約三割の減少にとどまっているが、これは兼業農家、ことに「兼業が主な」第二種兼業が一二一戸から二〇四戸にふえていることからうなずかれる。農業統計の農業従事者数は一一四三人で、むしろ国勢調査より少なく記録されている。これは両調査の就業にたいする定義の違いによることと考えられる。

第一次産業の減少にたいして、第二次、第三次産業就業者は大きく伸びて、前者は四倍に、後者は約三・七倍になり、当然に構成比を高めた。とくに金融・保険・不動産業やサービス業が伸びているが、前述のようにこれは、一般的な、とくに東京の就業者の傾向を示しているわけで、市内の動向とは必ずしも一致しない。

就業上の地位は、国勢調査では雇用者・業主・家族従業員に三大別されている。雇用者が官公庁に勤務するものか民間企業に勤務するものかの区別は省略され、会社や団体の役員は使用者の立場にあるものとして業主に含め、業主の企業規模をうかがわせる雇用者を使っているか否かの区分も略されるようになった。

三鷹ではサラリーマン層が圧倒的に多い。雇用者の比率は、就業者の八〇パーセント前後から八五パーセントを超えるに至った。もちろん雇用者のなかには労務者とか工員といった方が適切な人びとも含まれている。しかし、あえてサラリーマン層が多いと断定するのは、職業分類からみて、都市的職業あるいは近代的職業といわれる専門的技術的職業・管理的職業・事務・販売の四部門の従事者が過半を占めているからである。この四部門のなかでも専門的技術的職業と販売には業主の立場に属するものもかなり含まれているが、ふたつの視点を組合わせて三人のうち一人ないし七人のうち三人までは少なく見積っても給料生活者と推測できる。

表128　従業上の地位別就業者数

<table>
<tr><th>従業上の地位</th><th>昭和25年</th><th>昭和30年</th><th>昭和35年</th><th>昭和40年</th></tr>
<tr><td>総数</td><td>18,340</td><td>25,586</td><td>40,651</td><td>62,292</td></tr>
<tr><td>民間の雇用者</td><td rowspan="2">13,482</td><td>17,431</td><td rowspan="2">34,233</td><td rowspan="2">53,286</td></tr>
<tr><td>官公の雇用者</td><td>2,800</td></tr>
<tr><td>雇用者のある業主</td><td rowspan="2">2,774</td><td>758</td><td rowspan="2">4,223</td><td rowspan="2">5,694</td></tr>
<tr><td>雇用者のない業主</td><td>2,458</td></tr>
<tr><td>家族従業者</td><td>2,045</td><td>2,139</td><td>2,195</td><td>3,277</td></tr>
<tr><td>不詳</td><td></td><td>–</td><td></td><td></td></tr>
<tr><td colspan="5">（構成比）</td></tr>
<tr><td>総数</td><td>100.0</td><td>100.0</td><td>100.0</td><td>100.0</td></tr>
<tr><td>雇用者</td><td>73.5</td><td>79.0</td><td>84.2</td><td>85.6</td></tr>
<tr><td>業主</td><td>15.1</td><td>12.6</td><td>10.4</td><td>9.1</td></tr>
<tr><td>家族従業員</td><td>11.2</td><td>8.4</td><td>5.4</td><td>5.3</td></tr>
</table>

高学歴の市民

三鷹の市民性を特徴づけるまたひとつの資料がある。

青沼吉松氏（慶応義塾大学教授）は、明治三三年から昭和三七年にわたる三世代の推移を調査し、大正期に入ると学校出の最高経営層が続出し、昭和初頭には大企業経営者の三分の二は専門学校以上の学歴をもち、昭和一〇年代に入るとこの数字は四分の三にまで伸び、戦時中に八〇パーセントをこえ、戦後におよんで九〇パーセント近くが高等教育機関の卒業者となったという。（青沼吉松著「日本の経営層―その出身と性格」昭和四〇年・日本経済新聞社刊）また馬場四郎氏（東京教育大学教授）も昭和三八年ころ有名企業に在職する中級管理者層約一〇〇〇名を対象に行なった面接調査から、現代企業に勤める部課長一〇人中の九人までが大学もしくは旧制高専の卒業生であり、今日の企業リーダーたちの大多数は大学卒業者によってしめられていることがわかったと述べている。

（馬場四郎「大学卒業者は何になったか」"Energy" 六巻一号―一九六九年エッソ・スタンダード石油会社刊）こうした高学歴者がわが国力発展を指導した原動力であり、近来、大学教育の普通化するにつれて、大学卒業者のエリートとしての評価は低下してはきたが、なお、その社会的地位は高い。

昭和三五年の国勢調査で初めて一五歳以上の学卒者の学歴が調査された。その結果によると、全国の大学卒業者は一六六万四〇〇〇人で、学卒者の二・八パーセント、短大・高専卒業者は一七五万三〇〇〇人で、同じく三・〇パーセントであるが、大学卒業者の三二・二パーセントに当る五三万六〇〇〇人、短大・高専卒業者の二一・〇パーセントに当る三六万七〇〇〇人が東京都に集中しているという驚くべき知能偏在が明らかになった。

そこで三鷹市についてみると、別掲のとおり、男子は大学・短大・高専卒を含む最高学歴者は、全学卒者の三一・二パーセントで、新制高校・旧制中学卒をあわせた三〇・七パーセントより高率を示している。女子も大学・短大・高専卒八・七パーセント、新高・旧中をこれに加えると五五パーセントが普通教育以上の学歴を有するのである。このように高学歴者の集注する地域は限られていて、隣接の武蔵野市は全国でも最もその比率が高く、男子は大学卒のみで三〇・〇パーセントに達し、短大・高専・新高・旧中以上を含めると七〇パーセントをこえ、女子も六五パーセントに達する。これに次ぐのが兵庫県芦屋市である。しかし三鷹市と、これに接する武蔵野市・杉並区・世田谷区の地域は数量からいっても、比率からみても全国で最も高学歴者の集住している地域であり、比率からみてこれに匹敵するのは関東で鎌倉市、阪神地域で豊中・

表129　京浜・阪神の六市と隣接二区の高学歴者構成比

	武蔵野市		三鷹市		鎌倉市	
	79,318人		63,396人		66,272人	
	男	女	男	女	男	女
新高・旧中	29.5%	52.7%	30.7%	46.3%	25.7%	44.8%
大学・短大・高専	41.9	12.3	31.2	8.7	32.6	8.6
	豊中市		西宮市		芦屋市	
	134,866人		175,093人		38,375人	
新高・旧中	34.8	50.1	30.9	46.6	30.4	53.3
大学・短大・高専	28.0	7.0	27.7	7.1	39.1	10.2
	杉並区		世田谷区		全国	
	324,188人		430,740人		59,127,872人	
新高・旧中	29.6	53.2	29.1	50.7	22.9	26.0
大学・短大・高専	40.3	11.5	37.5	10.6	9.1	2.5

（注）　市区名に併記した数字は、小学校以上全学卒者の数である「大学・短大・高専」「新高・旧中」の比例数は全学卒者にたいする割合である。

表130　在学年数・年齢および男女別６歳以上非在学者数（昭和25年）

在学年数	総　数		男		女	
総　　数	32,927	(100.0)	15,979	(100.0)	16,949	(100.0)
0～24歳	7,670	(23.3)	3,684	(23.1)	3,986	(23.5)
0	961	(2.9)	502	(3.1)	459	(2.7)
1～6	510	(1.6)	221	(1.4)	289	(1.7)
7～9	2,900	(8.8)	1,430	(9.0)	1,470	(8.7)
10～12	2,465	(7.5)	929	(5.8)	1,536	(9.0)
13～	830	(2.5)	600	(3.8)	230	(1.4)
不　　詳	4	0.0	2	0.0	2	0.0
25歳以上	25,257	(76.7)	12,295	(76.9)	12,962	(76.5)
0	500	(1.5)	91	(0.6)	409	(2.4)
1～6	5,134	(15.6)	1,762	(11.0)	3,372	(19.9)
7～9	8,367	(25.4)	4,150	(26.0)	4,217	(24.9)
10～12	6,775	(20.6)	2,659	(16.6)	4,116	(24.3)
13～	4,472	(13.6)	3,631	(22.7)	841	(5.0)
不　　詳	9	(0.0)	2	(0.0)	7	(0.0)

（　）内は構成比

表131　卒業者の学歴（15歳以上）　昭和35年

学　歴	総　数		男		女	
総　　数	63,396	(100.0)	31,517	(100.0)	31,879	(100.0)
小　　学	4,584	(7.2)	1,527	(4.8)	3,057	(9.6)
高　　小	12,293	(19.4)	5,612	(17.8)	6,681	(21.0)
新　　中	8,144	(12.8)	4,019	(12.8)	4,125	(12.9)
青　　学	1,324	(2.1)	839	(2.7)	485	(1.5)
旧　　中	14,296	(22.6)	4,947	(15.7)	9,349	(29.3)
新　　高	10,159	(16.0)	4,735	(15.0)	5,424	(17.0)
短大・高専	5,135	(8.1)	3,075	(9.8)	2,060	(6.5)
大　　学	7,461	(11.8)	6,763	(21.4)	698	(2.2)

（　）内は構成比

西宮・芦屋の三市である。

学歴については、これに対応する過去の調査がないので的確な比較はできないが、昭和二五年の国勢調査では、学令以上の男女について非在学者の在学年数を調査している。これを、調査目的がやや異なっているのと、ほとんどの対象者が旧学制の修学者であることを念頭に、在学年数一三年以上を高専・大学卒、一〇—一二年を旧中学卒に対応させて経年的比較をしても大過はないであろう。この数字は、二五歳未満とそれ以上とにわけられているので、両者をあわせると、男は在学一三年以上が二六・五パーセント、一〇—一二年が二二・四パーセント、女は同じく六・四パーセントと三三・〇パーセントになる。男女とも普通教育以上の学歴が過半であり、専門学校以上の高学歴も昭和三五年に比すればそれぞれ少し低率ではあるが、当時すでに高い学歴の市民が多かったことがうかがわれる。その頃はまだ来住者の割合が後年にくらべれば、かなり低かったわけであるから、むしろ来住者の学歴は一層高かったとみてよいのではなかろうか。

〔2－5－B〕
町田市史編纂委員会編『町田市史　下巻』（町田市、一九七六年、一〇六一～一〇七一、一〇七六～一〇八六頁）

第五節　都市化の進行

三　公営住宅の建設

都営住宅ラッシュ

町田市域に集団的に住宅が建てられるようになったのは、戦時中、軍ならびに軍関係の施設が相模原一帯に造営されるようになってからのことで、そこへ勤務する人々の住宅地として適当な条件をそなえていたからである。生産施設は相模原へ、住宅・商業等の生活施設は町田へという開発のパターンはこの時点において創始されたといってよい。こうして迎えた戦後においては、昭和二二～三年に造られた小松製作所の住宅の例を除くと、二七年に建設されたシベリヤ引揚げ者用の住宅を手始めとする都営住宅の進出が顕著である。戦後、シベリヤに抑留されていた日本人の引揚げは、すでに二四年から始まっていたが、その第五次分の一部をうけいれたのが金森に造られた三九棟の都営住宅であった。引揚げ者用の住宅はつづいて二八年にも四二棟造られている。その後一般市民用の都営住宅が三五年に至るまで毎年造られて、都営住宅ラッシュともいえる様相を呈した。その合計は三九九三戸に及び、都下では第三位の建設数であったが、その規模は最大でも一団地二〇〇戸以下、なかには五〇戸にも満たぬものもあるといった状況であったため、これを受け入れることによって特別の政策的配慮を必要とすることはまず無かったのである。

大型団地の造成

昭和三三年（一九五八）、町田市が誕生した時に掲げた市づくりのビジョンの中には、鶴川、忠生、堺三村の広域開発によって土地の取得を容易ならしめ、清澄な空気、閑雅な環境を有効に使った住宅都市の建設という一項が明記されている。三五年一月の新春座談会で青山市長の「市営住宅は三五年度も四〇～五〇戸建設したい」という発言をうけて、梶関市助役が「今、市長のいわれました日本住宅公団の鶴川団地は延二七万坪（九〇万平方メートル）となる予定で、完成の暁には人口は一挙に一万数千人増加し、二万以上の立派な街ができることになります」といっているのは、当時の市づくりの照準がぴたりとそこへ向けられていたことを物語っている。市議会の姿勢も全く同じで、この年の一二月に

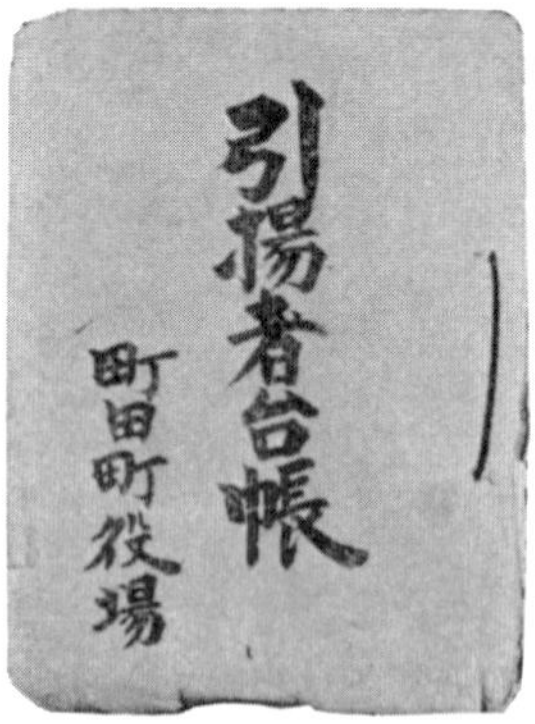

図版80　引揚者台帳

図版81　造成中の鶴川団地（夏梅金次郎氏提供）

は次のような議決を日本住宅公団に対して行なっている。

町田市鶴川地区における貴公団の住宅団地の造成計画については感謝にたえないところであります。このことについては昭和三四年一一月二八日、当市議会において全会一致でその実現のすみやかならんことを希望いたしましたが、いまだその実現をみないことは遺憾な次第です。万一全面買収等、困難な場合は区画整理等の方法を採用されて、この計画が早期に達成せられるよう重ねて要望いたします。

右決議する。

昭和三五年一二月一七日

町田市議会

日本住宅公団総裁　狭間　茂殿

当時、町田市は中心部の市街地再開発のプランとともに三大拠点開発構想をもっていたが、これは鶴川、忠生、南町田の三地区を重点的に開発しようとするものであった。

図版82　鶴川地区の今昔（鶴川中学校より）
上、団地造成前　下、現在

この中の鶴川地区の開発についての促進決議が今あげたものである。多摩丘陵の起伏を生かし、都市的機能をもたせた住みよい団地づくりをキャッチフレーズにして鶴川地区の開発が日本住宅公団の手によって五か年計画で開始されたのは昭和三八年（一九六三）のことであった。その規模は一二一ヘクタール、計画人口は二万一〇〇〇人であった。この団地の入居は四二年一二月から始まっている。

忠生地区の場合、南部の団地建設は日本住宅公団および東京都住宅供給公社が行ない、一応順調に進んだ。北部地区でこの事業を担当したのは東京都建設公社である。この公社は首都圏整備構想に基づき、都の区域内で市街地開発区域に指定された区域（町田・八王子・日野地区）および指定を予定される区域（青梅・羽村・福生地区）を対象として総合的建設を促進するために、都および関係六市町村の共同出資のもとに昭和三六年設立された。忠生地区の区画整理は木曽、根岸、山崎、図師、矢部、常盤の六町にまたがる約五九万坪（一九〇万ヘクタール）であった。事業は四〇年八月、都知事によって認可されたが地主側の抵抗にあい最も難航した。公社はその遅延を理由として事業の委嘱を投げだそうとしたほどである。そのため事業計画は大幅に狂って四四年度中に完成予定だったこの工事は、四八年四月現在なお第一工区が進行中で、第二工区は未着手といった状態である。

図版83　忠生の区画整理地区
（手前、第一工区　林のあたり、第二工区）

南町田地区の事業形態はまた違

図表128　市内住宅団地年次別進出状況

年　度	32	33	34	35	36	37	38	39	40	41	42	43	44
団地数	9	13	14	23	36	43	56	65	75	81	82	83	84
（内 公団・公社）				（1）	（2）	（3）	（3）	（1）	（2）	（2）			（1）
面積（ha）	13.0	26.5	30.4	63.2	109.2	137.9	294.8	361.3	494.8	593.0	594.7	597.9	603.1
戸　数	728	1,386	1,655	3,313	6,457	8,047	13,423	15,962	19,539	26,431	26,525	26,745	26,912

（注）『団地建設と市民生活』（団地白書）による。

っている。すでに昭和三六年、高ケ坂には東京都住宅供給公社によって中層団地が建設されていたが、その後の南町田地区の開発方式は、地主を事業主とし民間デベロッパーの協力をえて実施するという点で特徴的であった。たとえば小川の開発は東急の全面的協力をえて四〇年八月に事業が開始された。この事業はきわめて順調に進行し、三年余りたった四三年一〇月には第一期工事が完成している。この結果、九五ヘクタール二一六〇戸分の宅地が造成されて、つくし野一丁目から四丁目という新しい町が誕生した。これに伴って、東急田園都市線はこの年の四月、つくし野駅まで延長されている。

小川蜂谷戸地区の開発も地主を主体とした方式で四七年秋から開始された。この開発には、南農協が進めている農住都市づくり構想による地主自らの手による中層賃貸住宅の建設計画が含まれている。

このようにして町田市における団地造成は三〇年代の後半から四〇年代の前半にかけて急速に進んだ（図表128）。

その総面積は四五年五月現在で六〇三ヘクタール（団地人口は市の総人口の四四・五パーセント）で昭和三四年に比べ、実に一一倍もの高率である。当時その戸数二万六九一二戸は実に日本一の規模であったといわれる。

四　商店街の発展

新原町田駅前の開発

原町田の商店街はもともと公民館通りの交差点あたりから横浜銀行付近あたりまでが中心であって、小田急銀座通りなど中心部から離れた商店街は、小田急の新原町田駅が開設されてから長い期間かかってじょじょに出現したものである。終戦直後の昭和二〇年代においても小田急銀座通りには、かご屋、ちょうちん屋、鍛冶《かじ》屋等、町はずれ特有の昔ながらの手工業者の店が見られたほどである。当時、新原町田駅前の南側には岡直三郎商店の醤油《しょうゆ》製造工場があった。この道を通って国鉄駅方面へ行く人は、やや刺激性のある醤油特有のにおいをかがされたものである。

この駅前一等地を商店街として開発することを強く説いたのは時の町長渋谷三右衛門であった。この結果、醤油工場は昭和二八年森野へ移転し、その跡地一八〇〇坪（六〇〇〇平方メートル）を区画整理して駅前商店街が出現した。その一角にはただちに町田中央映画劇場が進出しているが、経営主はすでに戦前から町田日活館を経営していた今岡七五郎であった。この時期には町田映画劇場もすでに原町田一丁目から小田急駅前へ移っていたので、おりからふえつづけていたパチンコ店と相まって、ここに小田急駅前のさかり場が誕生したのであった。

昭和三三年当時、町田市には町田日活、町田映画、町田中央劇場、町田東映、町田エトアールの五常設館があったがその中の四館までが小田急周辺にあった。しかし、映画館の経営は、当時すでに乱立気味であったことや二八年から放送を開始していたテレビの攻勢をうけたことなどによって全国的に不振となってきていた。町田市においても間もなく町田中央劇場と町田東映が閉鎖されている。この跡地へ進出したのは三菱銀行町田支店であり、日本生命町田支部である。以後この地区への銀行、保険、証券会社等の金融機関の進出が相つぎ、小田急周辺地区の経済的地盤は急速にかたまっていった。ちなみに昭和四七年一月発表された国税庁の地価評価によれば、新原町田駅前には三・三平方メートル当たり二〇〇万円と、赤坂二丁目を抜いて一気に都のベスト二〇位入りをしている。その値上り率は都内平均一九パーセントの三倍強の六七パーセントで都内では最高であった。

大型店の進出

昭和三〇年代、日本の経済は繁栄し、神武景気（三〇年）、岩戸景気（三四年）などの流行語がつぎつぎに造られた。三五年七月には池田内閣が成立、首相は「……私は所得倍増を一〇年以内にやろうとしているのだ」と抱負を語り、経済政策に拍車をかけた。

町田市の商店街が急速に力をつけてきたのもこの時期である。商店会の行事もはでであったが、売上高も、三三年の三一億六〇〇〇万円が三九年には一三一億九〇〇〇万円と四倍以上に激増した（『町田市商業統計調査』）。この伸び率は同期間の東京都全体の二・二六倍にあたり、都下第二位の立川市（三・三四倍）、第三位の調布市（三・三倍）をはる

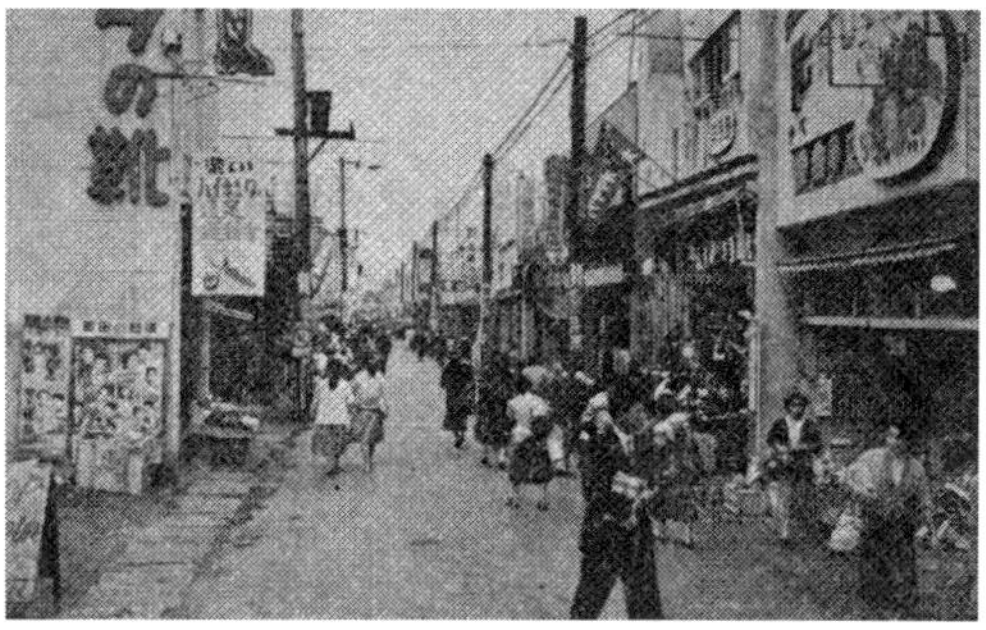

図版85　昭和30年ごろの原町田４丁目

図版86　地域別にみた原町田商店街の買物客

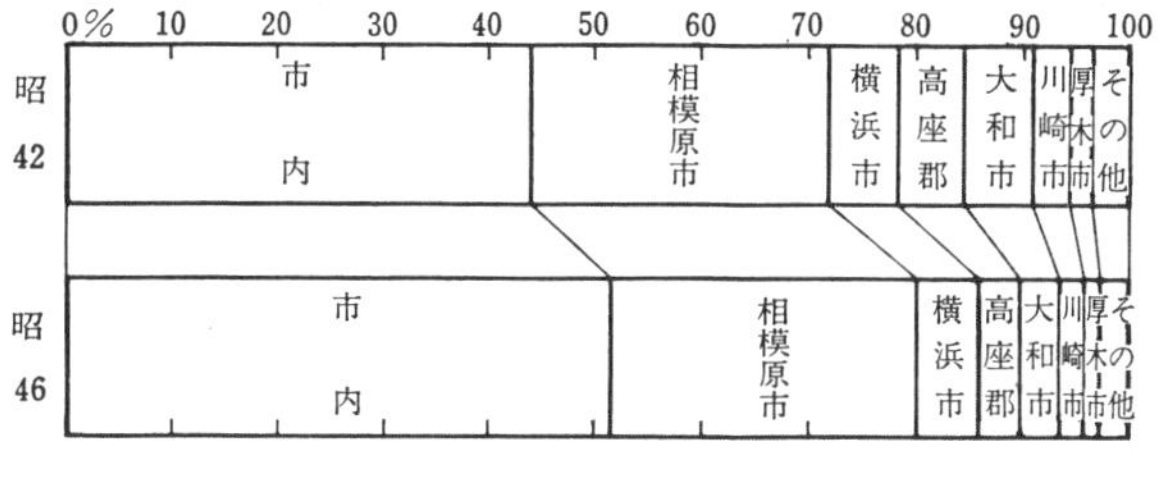

（注）　町田市商工課の調べによる。

パチンコの大流行は、昭和二六年（一九五一）に名古屋から始まったが、町田市の場合、町田署のデータによると昭和二七年の半ばにはすでに管内に二三店のパチンコ店があり、台数の総計は一一〇一台であった。これは一店平均五〇台弱である。この期の特長は店の盛衰が激しかったことで、平均寿命は一年一〇か月、極端なものは二か月余りで廃業している。これに対し、四八年一二月現在では、台数の総計は一九四三台、一店平均は一九四台と大型化すると同時に店の寿命八年強となり、二六年以来連綿として続いている店もあるほどである。一台当たりの市人口は、昭和二七年の五〇人に対し、昭和四八年は一一八人である。なおボーリング場は昭和四八年現在、七か所が営業をしているが、第一号が開設されたのは四三年一一月であった。（昭和五一年現在で二か所）

図版84　パチンコ店風景

かにひき離した数字である。この時期に、町田市の人口は六万人（昭和三三年）から一〇万人余り（昭和三九年）に増加し、町田市の商圏の有力な部分であった相模原市、大和市はそれぞれ一・六倍、一・八倍の人口増を記録している（図版86）。

このような町田市およびその周縁都市の人口の急増は大型商業資本の関心を呼んで、四〇年代にはいるとその進出が顕著になってくる。すでにその先駆的な動きは二〇年代の後半からみられていて、十字屋、緑屋は二六年、長崎屋は二八年、静岡屋は三八年に、それぞれ町田店を開設していた。

しかしなんといっても本格的な大型資本の進出は、川田酒造工場の跡地へ昭和四二年一一月三日、七万人という客を引きつけて、はなばなしくさいか屋が開店してからである。

さいか屋の進出に対して地元商店の講じた方策は、たとえば、吉川百貨店では四一年、第五期増築工事に着手して地上五階、搭屋を加え八階とし売場面積の大拡張を図っているし、三橋宝永堂でも地上四階、地下一階の工事を四二年には完成していた。一方、商店連合会としては「これまでの商品を並べれば売れる式の経営ではだめだ」としつつも、「大型店の進出をおそれるのではなく、逆に消費吸引の要因と考えて商店街全体が発展する方向へもっていきたい」という当時の会長矢部英雄の談が物語るように、希望的観測が支配的であったといえる。事実、四四年のダイエーの進出によってこの付近の商店の売上げは著しく伸びたといわれている。しかしながら、町田市商工課が昭和四五年にまとめた商勢力調査の結果によると、昭和四三年の小売業販売総額の伸び率は四一年度に比して二二パーセントと、物価と所得の上昇率にほぼ見合う程度であり、都下の主要都市に比べると、町田市だけが伸び悩んでいることが判明した。その上、小売業販売総額に占める大型店の割合は、三五年の八・五パーセントが四五年には二四・四パーセントとほぼ三倍にのびていること、またこれとは逆に市内商店の九九パーセントにも及ぶ小規模商店の売上げ率は下降の一途をたどっていることが明らかにされた。こういう情勢の中で大丸デパートの進出が公表されたのであった。商店会が反対のため総決起大会を開いたのも理由のないことではなかったといえよう。

町田市の商店に自動販売機が現われたのは、昭和四二～三年のころである。しかし、その販売品が酒、たばこであったため、青少年への影響を心配する世論と販売機自身の性能の限界のためにその伸びは一時停滞した。しかし、人件費の高騰や食品メーカーなどの販売拡大策に伴う改良機の出現によって、四七～八年には清涼飲料水、インスタントラーメン類など多方面への進出がみられるようになった。この情勢を反映して、町田市では市内のたばこ販売店に対し、自動販売機を設置する場合の奨励金を四六～七年と交付している。なお、小田急電鉄が新原町田駅に多口座式切符自動販売機を設置したのは四二年四月のことであった。

図版87　街にならんだ自動販売機

しかし、大丸デパートは四六年一〇月、地上一〇階、地下三階、延べ売場面積二万七〇〇〇平方メートルという町田市では空前の規模で開店した。町田市商店街の大型店舗化の時代はまだ終わってはいない。市街地再開発事業の進行は、その方向をさらに推し進めるものと考えられている。

五　市政の進捗《しんちょく》

新町名の表示

町田市のように戦後の人口増加が急速にすすんだ都市では、同一番地に多数の家屋があったり、ひとつの町に著しく多数の世帯があったりして、市民生活上のむだや非能率が年ごとに激しくなってきていた。三七年五月、住居表示に関する法律が公布施行されたのは、これを改善しようとしたものである。町田市はこれをうけて翌三八年から作業に着手し、

図表129　新旧町名の対照表

新　町　名	旧　　町　　名	施　行　日
原　町　田1丁目	原町田の一部、森野の一部	39年6月1日
2	〃　、金森の一部、および高ケ坂の一部	〃
3	〃　、高ケ坂の一部	〃
4	〃　、　　〃	〃
5	〃　、　　〃　、および南大谷の一部	〃
6	〃　、森野の一部	〃
森　　野1丁目	森　野の一部	40年7月1日
2	〃	〃
中　　町1丁目	原町田の一部	〃
2	〃	〃
3	南大谷の一部	〃
4	本町田の一部	〃
森　　野3丁目	森　野の一部	41年7月1日
4	〃	〃
5	〃	〃
6	〃	〃
旭　　町1丁目	原町田の一部	〃
2	木曾町の一部	〃
3	本町田の一部	〃
玉川学園1丁目	南大谷の一部	47年7月1日
2	本町田の一部	〃
3	〃	〃
4	〃	〃
5	〃　　　、金井町の一部	〃
6	〃　　　、　　〃	〃
7	成　瀬の一部	〃
8	南大谷の一部	〃
鶴　　川1丁目	大蔵町の一部、能ケ谷町の一部	43年8月1日
2	〃	〃
3	〃	〃
4	〃　、真光寺町の一部、および広袴町の一部	〃
5	〃　、広袴町の一部	〃
6	〃　、能ケ谷町の一部、および広袴町の一部	〃
つくし野1丁目	小　川の一部	43年10月16日
2	〃	〃
3	〃	〃
4	〃	〃
南つくし野1丁目	小　川の一部	46年11月2日
2	〃	〃
3	〃	〃
4	〃	〃

図版88　昭和29年ごろの玉川学園（中尾照子氏提供）

三九年六月にまず最も人口密集の進んだ原町田地区についての新表示を実施、ひきつづく四二年七月までの三年間でこの仕事を終了させたのであった。この結果、中町、旭町、玉川学園の三つの新町名が誕生した。このうち、玉川学園（町名）は、玉川学園（学校名）が経営した分譲地およびその周辺の地名として戦前からとなえられていた通称が正式認知されたものである。この町に玉川学園前駅が新設された昭和の初期における、「まるっきり原野であった裏山や線路をはさんだ南側の辺には、野兎や狐がよく出て来て驚かされたものだ」（高尾英輔『風雪六十年』）という面影は、全く無くなってしまっていた。同様な現象は本町田、南大谷、金井、成瀬、森野など原町田の周辺の町々にもひろくみられるようになっていた。このように市街地の拡大という既成事実の追認という形で、新住居の表示が実施されたのである。

第六節　市民のための都市の建設

一　『団地白書』前後

「七〇年プラン」

「七〇年プラン」は昭和四五年（一九七〇）二月、青山藤吉郎市長の任期切れ直前に発表された。その点から考えて青山市政の結論であったといえる。青山市長は、「この長期総合計画は、町田市が相次ぐ人口増加と行政需要の増大、また、さまざまな都市問題の発生など、かつて経験したことのない激しい変動の中にあって、七〇年代の新しい時代にふさわしい住みよい都市づくりを着実に推進するために……過去一六年間にわたる私の町政ならびに市政経験を生かして練り上げたこの計画試案が……真の住民自治の確立を期して広く市民のみな様方の市政参加の糸口となるよう……お知らせすることにいたしました」とダイジェスト版の巻頭で感懐をこめて述べている。

青山市政は、町田市が一介の田舎町から国内有数の団地をもつ住宅都市へと膨張した時期を担当した。新しく誕生した町田市をどのように育てていくか、そのためにどんな力をつけていくかが青山市政の課題であった。市議会もその方向で動いていたし、住民もそれを希望していた。あたかも町田市が市制を施いた昭和三三年は首都圏整備法が公布されて二年目に当っていて、町田市は隣接の相模原市とともにその指定第一号として市街地開発区域とされたのである。

これにともなって町田市が都市総合計画を策定したのは、昭和三六年一〇月のことであった。この計画では、当時広い畑であった南町田（旧南村地域）、木曽、根岸地区をそれぞれ軽工業地域、住宅地域としていることができよう。したがって開発に先行する計画としての意味は十分にあったといえる。一方、この計画では鶴川地区、堺地区の区域指定は欠けていた。このため時の助役梶関市は、まず、鶴川地区の区域指定をとりつけるべく首都圏整備委員会へ直接かけあう等の努力をして、ついに鶴川地区の指定に成功した。これが町田市の都市計画変更の第一回となり、この時点で鶴川団地の進出が決定したのである。

町田市がこの都市計画を策定したころ、市の北境では多摩ニュータウン計画が進行中であった。この計画は、東京都が計画し、八王子市、町田市、多摩町、稲城町の二市二町にわたる三〇一一ヘクタールを開発、そこを将来四〇万都市とするという壮大なものであった。こうした大規模計画が実施されるとその周辺地区にはきまって乱開発がひき起こされる。町田市がこうした実情に対応して何回となく都市計画を手直しせざるをえなかったのは、当時の条件の中では、やむをえない処置であったといえる。こうして計画が先行するのではなく、事実が先行して計画をそれに合わせるというパターンが繰りかえされて、町田市の全域が区域

図版91　用途地域・空地地区指定図（昭和36.11.9告示）

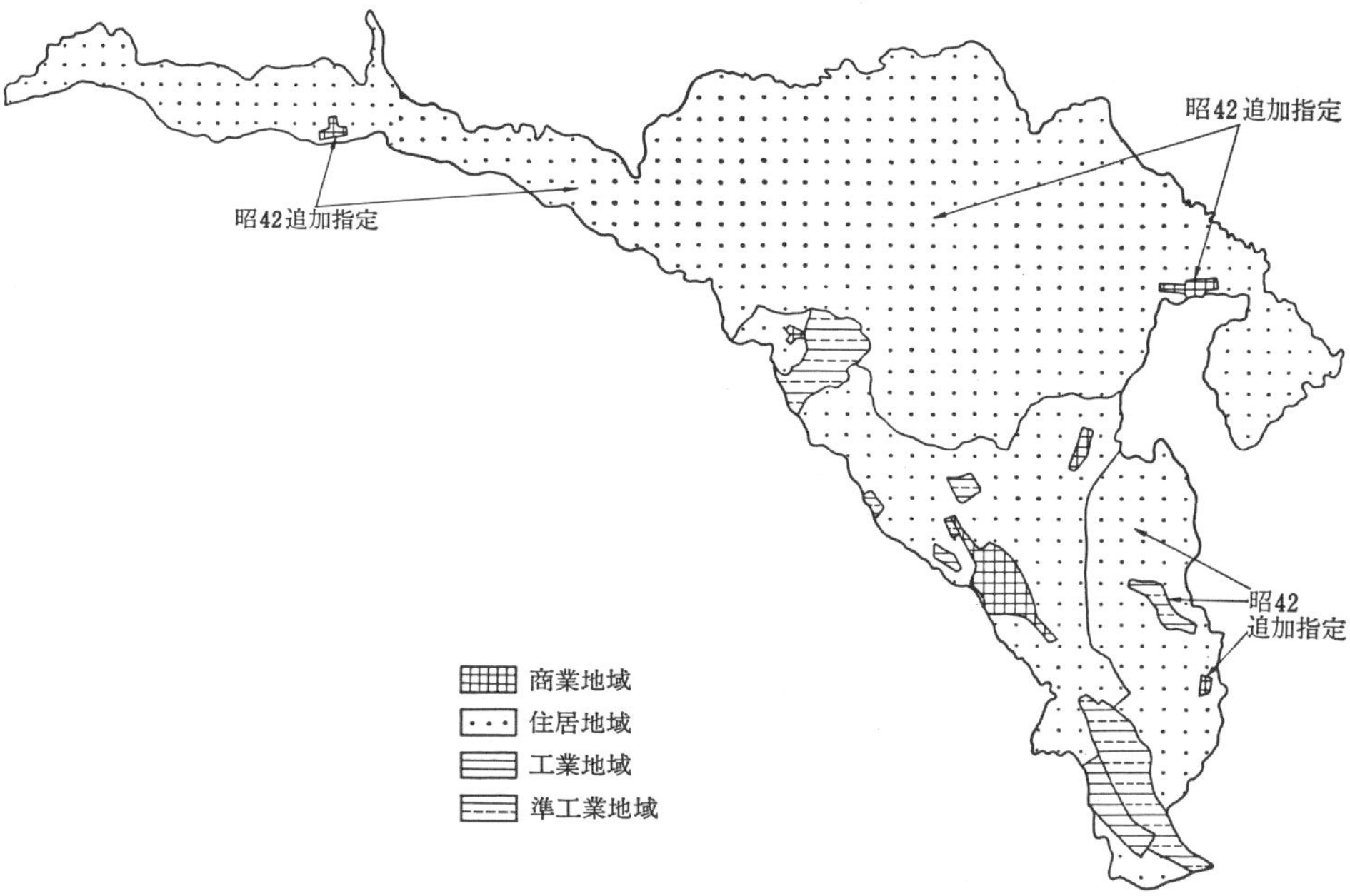

薬師池は七国山とともに市域の小学校の遠足など市民の憩いの場として古くから親しまれてきた。町田市が都市機能を整備する計画の一環としての公園を、まずこの地に造成しようとしたのはこのためである。「七〇年プラン」では七国山を含む三〇万平方メートルを整備する計画が出ていたが、その後修正されて、薬師池周辺九万九〇〇〇平方メートルの工事が昭和四〇年一一月開始された。梅林を造成したり、魚見橋をかけたり、市域の旧家の建物を移築するなど、整備は着々と進められている。町田市の公園面積は、四六年五月現在で市民一人当たり〇・五平方メートル弱、これを都区内平均と比べると約三分の一、都のシビルミニマム（昭和五五年目標）三平方メートルに比べると六分の一にすぎない。

図版92　薬師池公園の花しょうぶ田

図版93　昭和32.3年ごろの薬師池（夏梅金次郎氏提供）

指定されるに至ったのは昭和四〇年四月のことである。

町田市が、こうしたその場しのぎ的色彩の濃い計画を是正するために、長期総合計画策定委員会を庁内に発足させたのは、四二年一一月のことであった。この委員会が二年余りにわたる作業によって、四五年一月に提出したのが「七〇年プラン」である。

「七〇年プラン」では、昭和五四年（一九七九）の人口を三五万人と想定、市の将来の都市像を「高度な文化に支えられた、緑と太陽の広がる健康で美しい住宅都市、新しいショッピングと健全な娯楽が楽しめる豊かな商業都市」と規定し、これを一〇年計画で達成しようとしている。この計画の大要は次のとおりであった。

開発にあたっては、都市機能の確立、コミュニティの育成、開発と環境の調和をはかり、市内を原町田地区・木曾地区・本町田山崎地区・玉川学園地区・成瀬地区・南町田地区・忠生地区・野津田小野路地区・鶴川地区・堺地区の一〇ブロック（コミュニティブロック）にわけ、それぞれの地域の特殊性を生かすことを提案している。ついでこの計画の実施には一〇個のプロジェクト、すなわち、街路網・上水道・公共下水道の整備計画のほか、コミュニティごとの市民センターの建設、国鉄・小田急両駅を中心とした原町田市街地および鶴川駅周辺の再開発、南町田流通センターの建設、忠生地区の開発、中央公園ならびに大地沢ランドの建設が用意されるとしている。なお、部門計画として、学校増設計画、市民会館・中央図書館の建設整備、児童会館・保育所・老人福祉センター・社会福祉会館の建設、市民本位の役所行政等、きわめて広範なサービス計画を提示している。

「七〇年プラン」は市政のすべての面にスポットをあてた壮大な計画であった。この計画が策定された時点においては、財政的な見とおしも一応たっていたといわれるが、その後の諸情勢の変化はあまりにも急激であった。「七〇年プラン」の前途は、その発表の時点においてすでに多難であったといえよう。

大型団地の進出と小・中学校の建設

町田市は四〇年三月、高ケ坂団地内にいわゆるはちの巣型の小学校（町田第六小学校）を建設した。同じ時期に町田第二小学校が、ついで鶴川第一小学校が同型式でつくられている。苦しい財源をやりくりして、できるだけ建築費を節約しようとした窮余の一策であったが、保温、騒音対策等に問題があったために学校現場からは敬遠され、以後の建造はうちきりになっている。このように団地進出に伴う教育施設の問題は、大型団地進出の第一号である高ケ坂団地の入居開始の時点において、すでに市の財政に暗雲をなげかけていたのであった。この情況を反映して市議会では四〇年一二月、「……教育・水道・衛生施設・道路等に対して財政的補償のないかぎり、今後の増設に対してはあらゆる面で協力しえないことを表明する」旨の決議を行ない、さらに一年を経過した四一年一二月には、団地対策特別委員会を設置し「宅地造成事業協議基準」を定めて「団地の計画人口が八千～一万人程度の場合には小学校一校分の土地を提供させる」などの線をはじめてうち出している。四一年になると、当時東日本最大といわれた木曾山崎団地の造成が開始された。この団地はすでに造成中であった鶴川団地とともに四三年度には完成して入居が始まったが、この年、町田市の人口は一挙に二万五〇〇〇人以上も増加し、過去一〇年間での最高の伸びを示した。

図版94　はちの巣型校舎（鶴川第一小学校）

町田市の団地人口は以後数年の間、毎年二万人以上が増加するとみられていた。市はその対策のために、都・国等への陳情をくりかえしていたが、きめ手をつかめないままに苦慮していたのである。

こうした中に、四五年三月大下市政が誕生した。大下市長は団地建設には批判的で「……公団や公社の学校建設基準は甘すぎる」、として「多少契約違反といわれても子どもの教育のことを考えれば……強引の入居に対しては市営水道の給水停止という措置をとることもやむをえない」という意見をもっていた。この考え方を体系的にまとめたのが、昭和四五年一〇月一五日に発表された『団地建設と市民生活』（団地白書）である。『団地白書』は急増する団地開発のために、町田市の自然が破壊され、市財政がピンチにおいこまれて、都市機能が著しくたちおくれている現状を、教育環境の低下のほか、交通事情の悪化、下水道事業の停滞、レクリエーション施設の不足等にわけてつぶさに分析している。

『団地白書』は教育環境について「公団、公社及び民間の既設の五団地だけでも、昭和五四年までには小学校一五校、中学校七校を新築しなければならないと予測される。現在これらの団地内に確保されている用地は七校分しかないが、残りの一五校分の用地がその時になって確保できるかどうかは疑問である」としている。また、団地内へ新設される学校の資金需要のために在来校への資金投下が減って、教育施設は国の基準に比べて低い水準に停滞せざるをえないとして、このような団地建設のあり方はもはや放置できない段階にきているときめつけている。

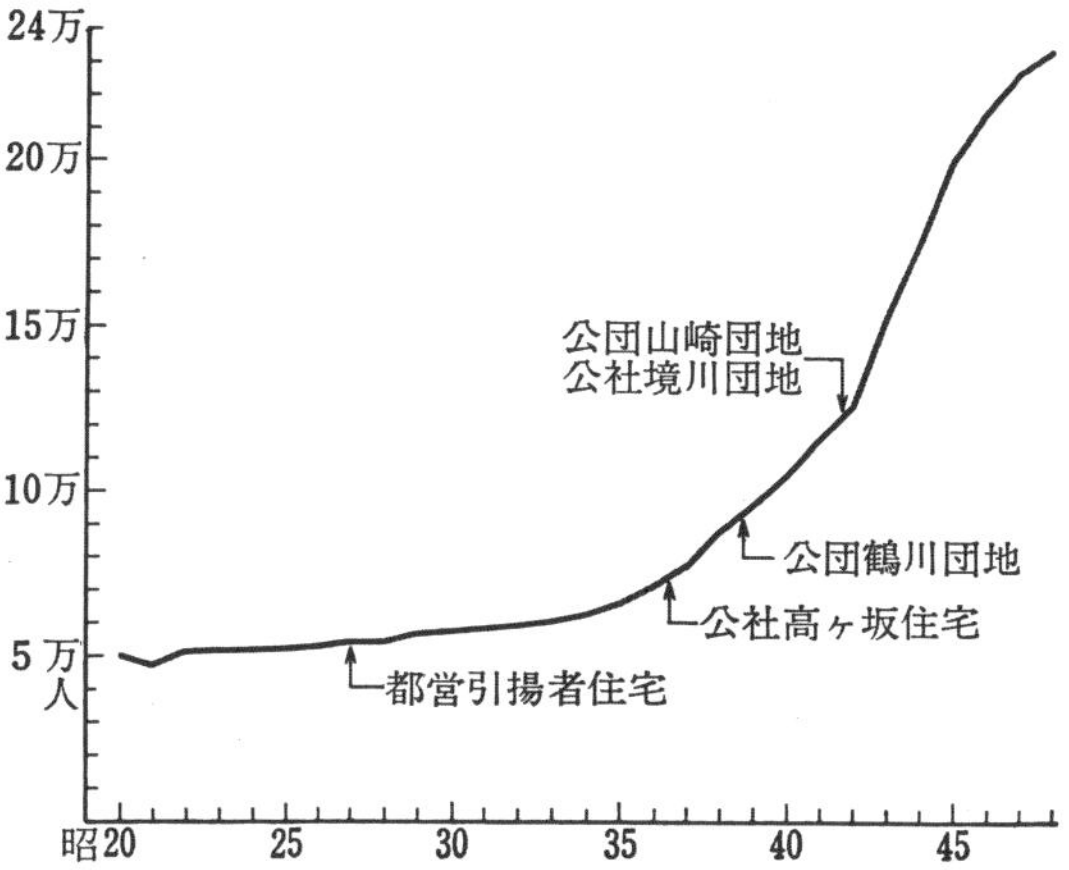

図版95　戦後における人口の変遷（「統計まちだ」より）

図版96　小山田団地予定地（日大三高より望む）

「宅地開発指導要綱」の制定

『団地白書』は町田市が開発の犠牲となって、自治体本来の機能を喪失してしまうのではないかという危機感が底にあって発表されたが、そのねらいは「自治体の危機をいかにして救うかを実態に基づいてさぐり出すことにある」、と大下市長は発刊の辞で述べている。この考え方の延長線の上に、町田市では翌四六年一〇月、「宅地開発指導要綱」をまとめた。

この要綱は「……町田市における無秩序な宅地開発を防止し、良好な市街地の造成を図るため、本市において、宅地開発事業を行なう者に対し協力と応分の負担を要請し、公共公益施設の整備促進をはかり、もって住みよい町田づくりの実現をはかることを目的」として制定されたものである。これはそれまで日本一きびしいといわれていた兵庫県川西市の要綱の適用面積〇・五ヘクタール以上をうわまわる〇・三ヘクタール以上ということで、おそらく全国的に例が無いだろうというきびしいものであった。さらに、学校用地の無償提供の基準を、中高層住宅の場合、計画戸数一〇〇〇戸に対し小学校一校、二〇〇〇戸に対し中学校一校を基準としたことは、従来の基準が人口八〇〇〇～一万人について小学校用地一校分の提供としていたのに比べると飛び切りのきびしさであった。これは、町田市の団地の場合、就学児童は一戸当たり〇・九九人であって、日本住宅公団の一戸当たり〇・三人や、文部省の〇・四五人が著しく実態にそぐわない基準であることが判明したからである。

　このほか要綱は、道路・公園緑地・上水道・消防署・派出所用地等の無償提供などを義務づけているため、あまりにきびしすぎるとして今後の開発への影響を心配する意見もあるほどであった。事実、農協による農住都市の構想はこの要綱の施行によって、第二期以後の計画の進捗に大きな影響を与えたといわれる。しかし、町田市は四七年四月、要綱制定以前にできた団地についてもこの基準によって、都および公社から六校分に相当する学校用地提供の約束をとりつけ、その実効性を証明している。

　団地建設に対する町田市の徹底した規制要求は、現在造成を計画中の小山田団地については、小山田地区環境会議を発足させることとなった。小山田団地の開発は日本住宅公団によって行なわれるが、要綱の基準によって公団が五校分の学校用地の提供を申し入れたのに対し、市は従来の公団主導型の開発では町田の自然がこわれてしまうので、設計の最後の段階にまでタッチする必要があるとし、この会議の開催を要求したのである。全国でもはじめてといわれるこの会議の成行きは、これからの団地建設問題解決のための試金石としてその成否が注目されている。

市民の足

　町田市が団地の町として急激な人口増をみたのは、電車で新宿、横浜へ三〇分余りという時間距離にあるというその位置と深くかかわりあいがある。

　『団地白書』によると四五年七月現在、都心（二三区内）に職場をもつ者の割合は、公団、公社の住民の場合七〇～七四パーセントにおよび、一〇世帯当たり約八人が都心へ通勤していることになるという。この実情が町田市と都心を結ぶ小田急線の混雑に直接に結びつくことはいうまでもない。こうした利用客の増加に対して、小田急は車両編成の増加、運転間隔の短縮、車両の大型化などで対応策をこうじていて、その効果は朝のラッシュ時の輸送力が昭和四五年には対四〇年比で五二パーセントもあがってきていることに単的に表われている。それにもかかわらず、四五年九月九日の調査では、午前七時から七時三〇分の間の新宿行急行電車は、平均定員の一八四パーセントの乗客を乗せて新原町田駅に到着し、二九六パーセントの乗客を詰めこんで新原町田駅を発車している状態であった。

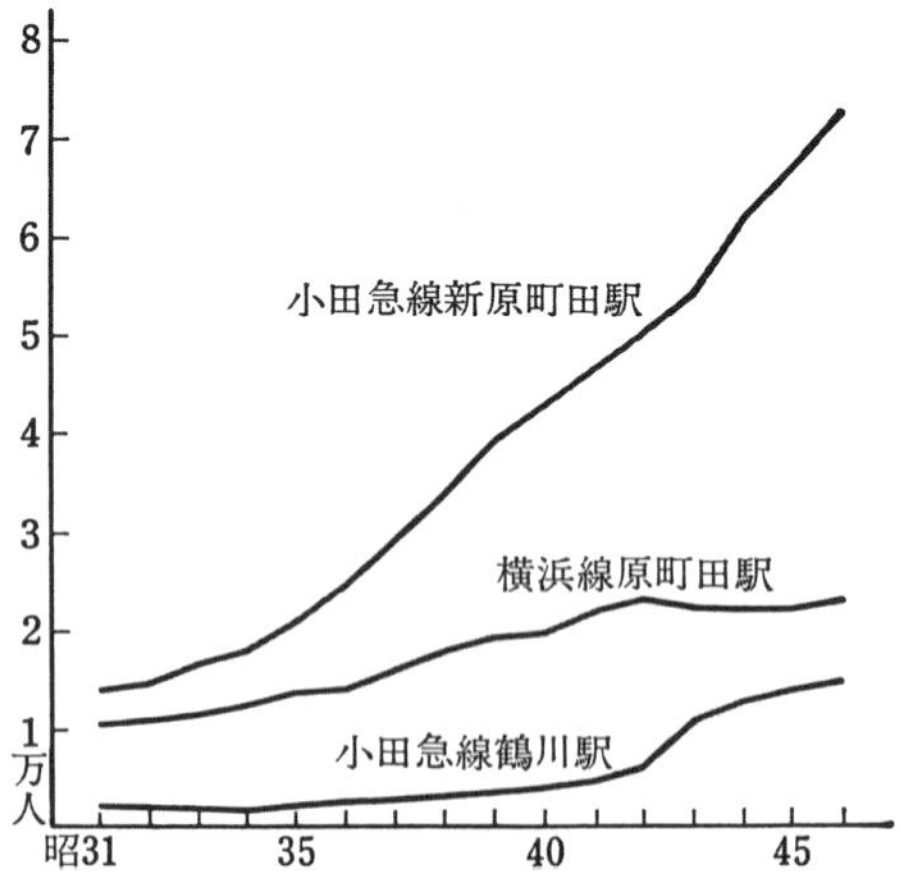

図版97　主要各駅の１日平均乗車人員変遷
（「東京都統計書」より）

　小田急には昭和四八年度までに現行輸送力を二一パーセント増とする計画があるが、この程度の増強では今後予定される団地の進出を考えると、焼石に水であるといわれている。現在工事中の小田急多摩線を小山田団地まで延長するという計画も、たとえ実現したとしても新百合が丘駅以東は本線に乗り入れることになるので抜本的な対策とはならないであろう。（小田急多摩線は昭和五〇年四月、多摩センター駅まで開通した。）

町田と八王子・横浜を結ぶ横浜線は、開通以来約七〇年の間、電化や一部区間の複線化がすすめられてきたが、小机駅以北はいまだに単線のままで、その輸送力は限界にきている。横浜線の全線複線化は、長い間、沿線住民の悲願であった。町田市議会では、四〇年三月、横浜線複線化促進特別委員会を設置し、複線化促進のための条件の検討、国鉄当局への働きかけなどを行なってきたが、四七年に国鉄の利用債の引き受け等についての沿線四市（横浜市、相模原市、町田市、八王子市）の合意が成立、四八年一〇月には小机—淵野辺間の複線化が実現する見通しとなった（その後の情勢の変化で計画は昭和五一年（一九七六）三月を目標とした全線一挙複線化に変更された）。この工事によって、横浜線の輸送力は大幅にアップされるとともに、成瀬駅や古淵駅（相模原市）の新設によって、新しい通勤の流れが生まれることは必須と予想されている。

昭和四三年四月、つくし野駅まで開通した田園都市線は、市の南のはずれをわずかにかすめる位置にあるため、大規模団地の進出が著しい市の西部地区の交通緩和については全く役に立っていない。

図版98　横浜線複線化工事
（新相原トンネル貫通、昭和50年）

町田市を通る以上の三つの鉄道はそれぞれ路線が独立していて、相互の乗り換え利用がきわめて不便である。これを解決するために町田市は田園都市線の横浜線への乗り入れを当局に打診したことがある。これは不成功に終わったが、小田急線と横浜線の駅統合問題は、現在進行中の市街地再開発事業の一環として近くなんらかの結論が出されることになっている。これに伴って駅前広場の整備も進められ、路線バスのターミナルとしての機能も確保される見通しである。『団地白書』によると、市外への通勤者の五七・四パーセントはバス利用者である。バスの輸送力は、都市計画道路網の整備がすすむにつれて急速に充実した。四七年現在、相原駅発のものを除き、五六系統が運転され、一日当たり五万四〇〇〇人余りを輸送している。しかし、朝のラッシュ時の輸送力増強や、深夜のバス運行等、解決をせまられている問題をかかえている。

〔2－5－C〕町田市役所企画部団地白書プロジェクトチーム編『団地建設と市民生活（団地白書）本論編・資料編』（町田市、一九七〇年、三～五八頁）

第Ⅰ章 団地の急増と問題の発生

第1節 急増する団地

1．近郊農村地帯の住宅都市化

急激な人口の膨張と拡大する住宅地域——町田市は急速に住宅都市化している。昭和33年町田町を中心として鶴川村、忠生村、堺村の合併によって町田市は誕生した[1]。その当時全世帯の1／4は農家で占め、市街地はわずかに旧町田町の中心地だけであった。農業生産物は市の需要をまかない、一部は都心へも供給されていた。市の中心である国鉄横浜線原町田駅と小田急線新原町田駅の周辺は居住人口も多く、商店も集中して近隣市町村の消費需要をまかなっていた。東京の近郊農村地帯のまちとして町田市は存在していた。

そのような12年前の町田市も相つぐ人口の大増加で住宅地は市街地からさらに農村地帯へとどんどん広がっていった。6万人にすぎなかった人口は今では実に3倍を越す20万人になっている。

近郊農村地帯を急速に住宅都市に変えたのは何であろうか。それは町田のもつ地理的条件や自然の環境などが住宅地として適していたことと、大都市へ集中する人口の住宅需要である。町田市は都心から比較的近く30キロ圏に属している。そして恵まれた自然環境のなかにある。新宿と小田原・江の島を結ぶ小田急線を利用すればおよそ40分で新宿へ出ることができ、横浜と八王子を結ぶ横浜線で京浜工業地帯にも30分ほどで行くことができる。最近では市の南端に田園都市線、東名高速道路が開通し[2]、ますます都心との結びつきが強くなった。潤いのある生活に必須な要件ともいえる自然環境は特に秀れている。なだらかな丘陵地帯にあり、市内のどこからも森や林の向うに丹沢や秩父の山々が眺められ澄んだ空気にも恵まれていた。こうした自然環境と、都心を短時間で結ぶ交通機関のあることは、近郊住宅地として絶好の条件である。しかも多量の住宅需要をまかなえるほど広くて未開な土地があった。

第Ⅰ－1図　首都圏30キロに位置する町田市

同心円は東京を中心として、内円は30km、外円は50km

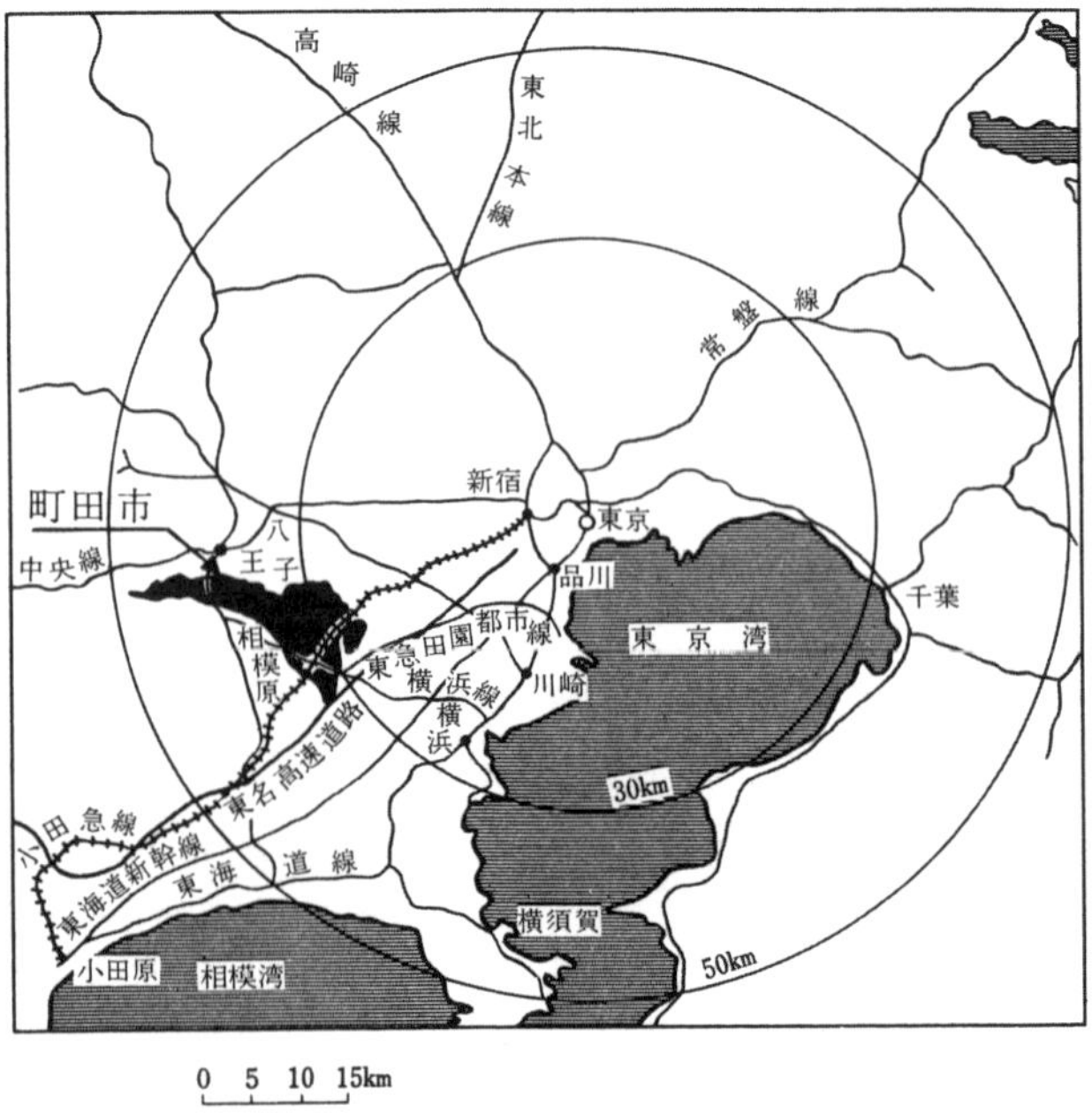

都心が人口集中によって急膨張をとげているとき、住宅都市として秀れた素質をもつ町田市は、たちまち都市人口の流入にみまわれたのである。東京都への人口集中はかつての近郊農村地帯を近郊住宅都市へと急速に変えていったのである。

2. 急増する団地

「団地」とは、この白書では住宅がグループとして計画され、建設された地域すなわち住宅団地を言う。具体的には計画的に建設された50戸以上の集団住宅を「団地」と規定した。

住宅団地は完成と同時に多数のひとの集りの場となる。小規模なものでも一時に２００人も増やし、大規模なものとなると3万人を越え、新しく一つの市が誕生するほどの人口を市外各地から市内の一ヶ所に集めてしまう。団地は人口を増やすとともに広範な土地を宅地化する。

現在市内には団地が84にのぼり、各所にちらばっている。それらの団地に住むひとは8万３５００人に達し、市総人口の半分にも及ぶ。まさに町田市は団地都市といえよう。団地の進出は、安価で比較的便利な土地ならどこでも構わないという建設のされかたで、まず市街地周辺から始まり、しだいに拡大し分散する。住宅地として適当な条件を満たしているのか、という検討もされずにどんどん膨張したのである。市内へ団地が進出してきた経過はおゝよそ三段階に分けられる。

第1期は、昭和33年頃から始った都営住宅ラッシュである。建設されたところは市街地からほゞ2km以内の各地におよび、1ヶ所で50戸に満たないものもあるが、現在３９９３戸ある。この戸数は都下でも3番目に多いものである。この頃市営住宅も建設されている。

第2期は、昭和36年東京都住宅供給公社（以下公社）「高ヶ坂住宅」の建設によって始まった。高ヶ坂住宅は鉄筋コンクリート5階建て、戸数８５２である。第2期の特徴は中層団地[3]の進出が始まったことと、民間宅地造成業者による50~１００戸ほどの区画をもつ宅地分譲、建売り分譲方式による団地進出が始まったことである。

第3期は昭和42年頃から始まる。日本住宅公団（以下公団）「鶴川団地」や公団・公社による「木曽山崎団地」、大手不動産業者による「つくし野」などが代表的なものである。それは今までになかったような大規模なもので、しかも市街地からずっと離れた地域を開発して建設されたことである。鶴川団地は小田急線鶴川駅から比較的近いところにあり、広さ１２１ha[4]中層住宅と一般住宅の混合で、人口1万２９００人[5]にのぼる。つくし野は市の南端にあって都心と結ぶ田園都市線の敷設とともに、つくし野駅周辺95haが開発されたものである。木曽山崎団地は公団と公社の団地が集合して大規模な一団地となった（第Ⅰ－3図）。これは面積１１７ha、人口1万８０００人[6]である。さらに今後隣接して建設が予測される公団団地と公社の既設2団地を併せると実に１５１ha、推計人口3万９０００人となる。これは一つの都市の誕生である。しかしこの

第Ⅰ－2図　急増した団地と戸数の推移

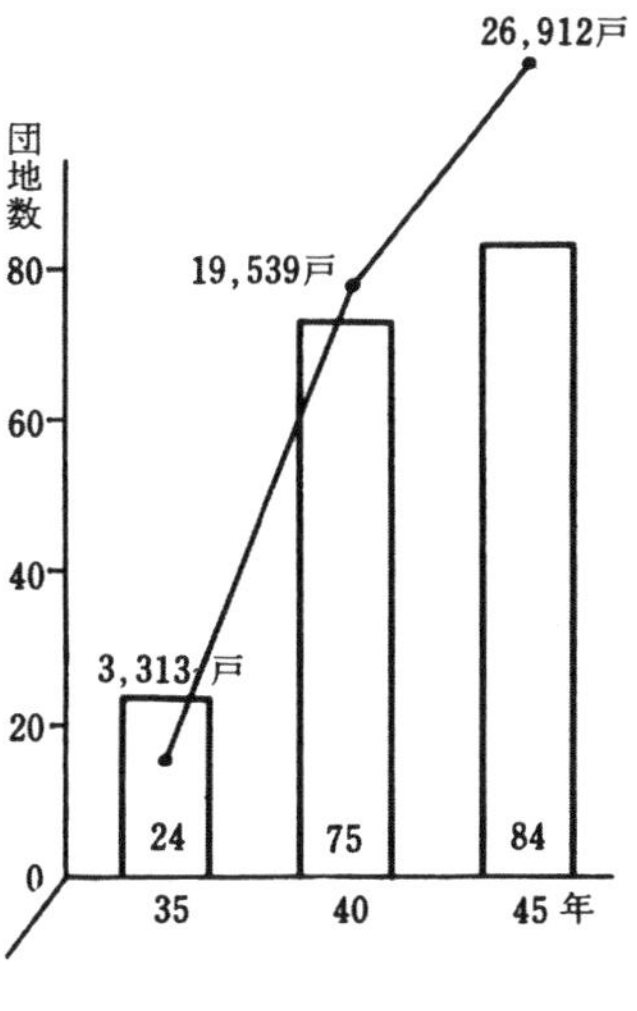

第Ⅰ－1表　団地建設は小規模から大規模に

住宅区分＼期	第1期 30～35年		第2期 36～41年		第3期 42～45年5月		合計	
	団地数	戸数	団地数	戸数	団地数	戸数	団地数	戸数
都営住宅	12	2,095	7	1,678	1	220	20	3,993
市営住宅	2	178					2	178
民間団地	6	687	36	5,581	5	2,796	47	9,064
公社団地			11	3,844	2	2,405	13	6,249
公団団地					2	7,428	2	7,428
計	20	2,960	54	11,103	10	12,849	84	26,912

第Ⅰ－3図　集合した団地群はこんなに大きい

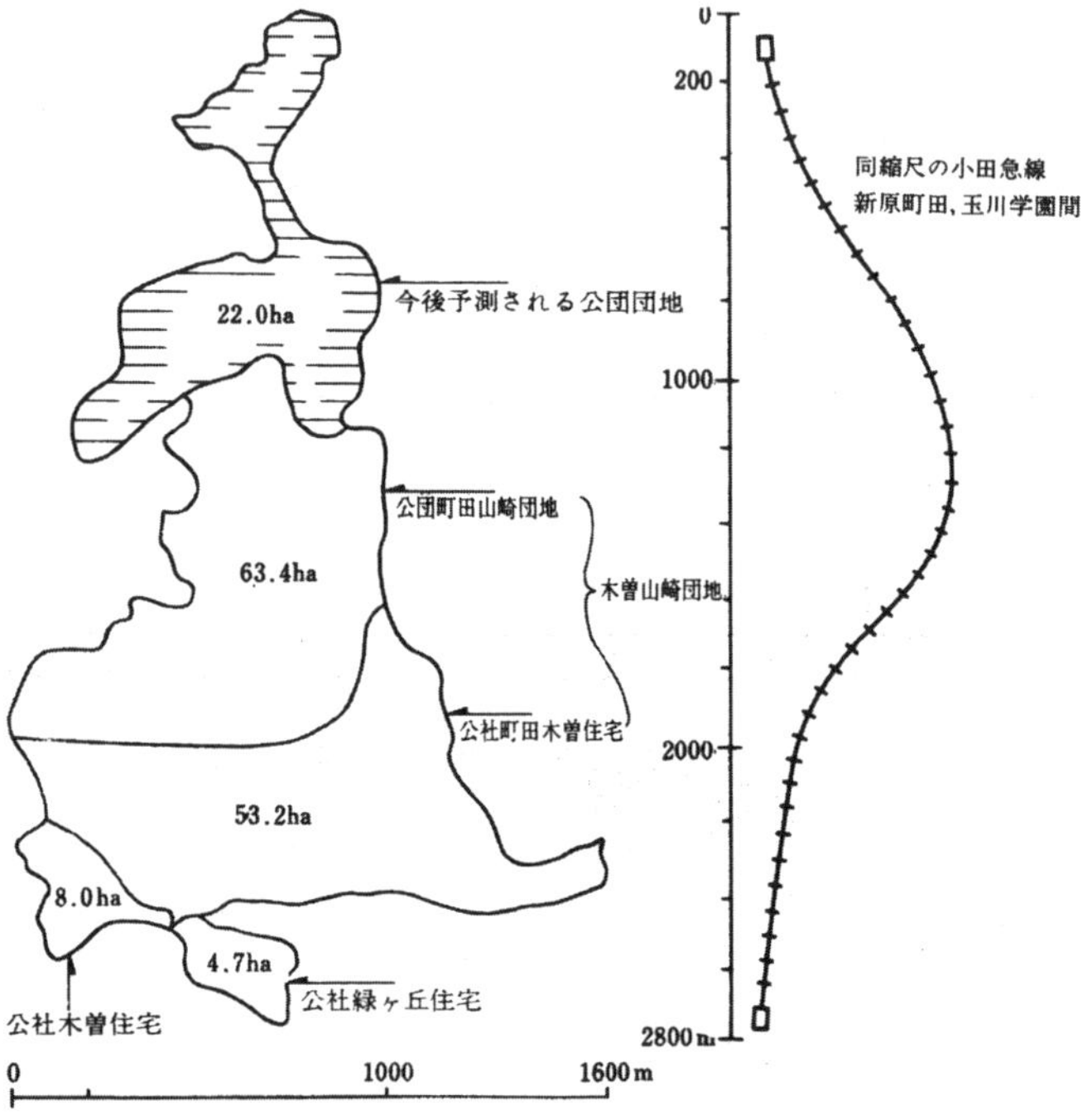

第Ⅰ－4図　町田は全国一の団地都市

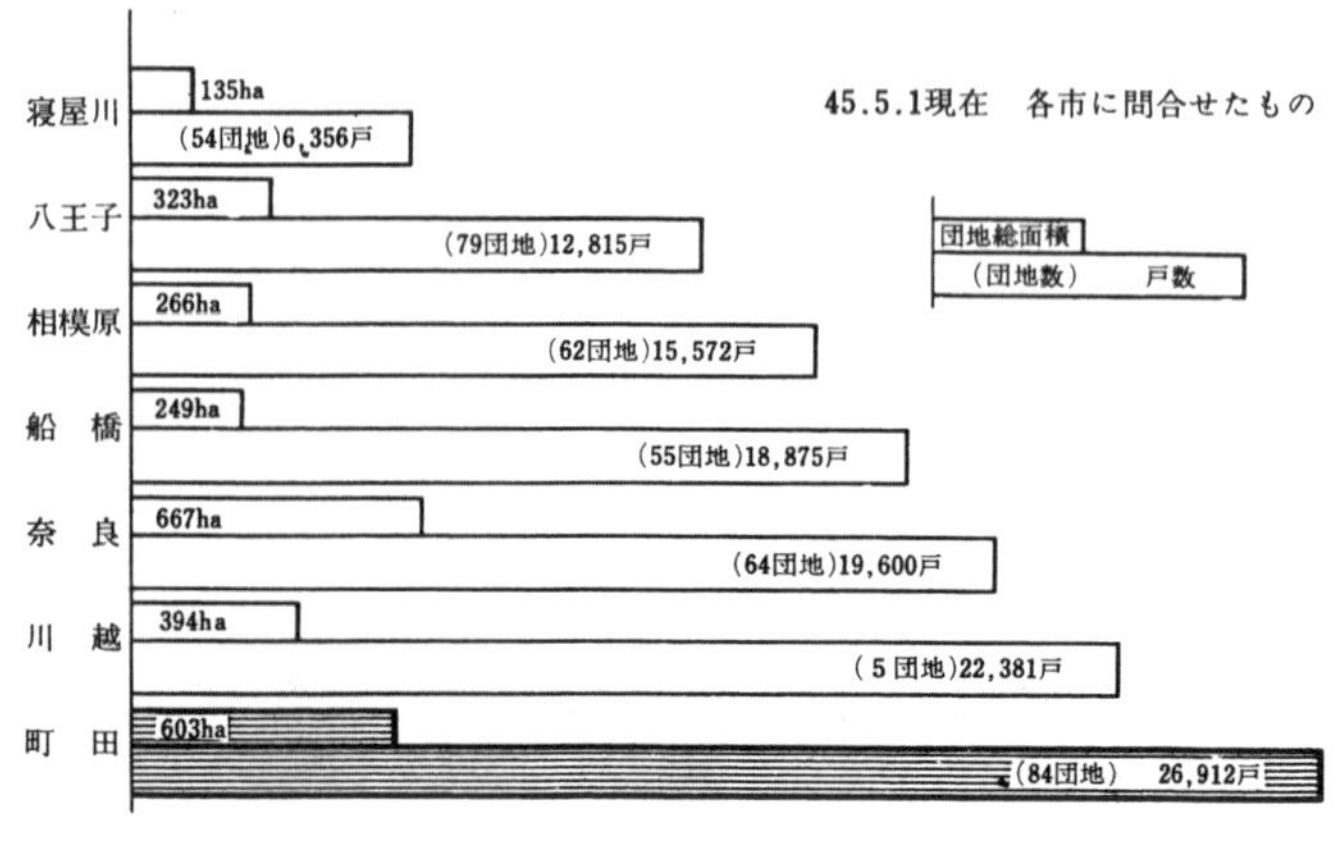

ような人口集中地に鉄道の便はなく、そこでは既設の4～5kmも離れた駅に依存しているのである。

こうした経過で集中してきた団地は建設施行者もあらゆる種類におよび、(7)全国でも有数の団地都市となった。団地に住むひとの環境もそれぞれの団地ごとにみな違い、団地内の施設整備にしても優劣さまざまで、環境の格差も著しい。最近の傾向である市街地や駅から遠距離にできる大規模団地はそのことだけでも大きな問題を住民に提起している。

町田市の全国でも例を見ないほどの急激な住宅都市化は数多くの団地建設によって進められてきた。それだけに住宅都市として多くの困難な問題をかゝえながら膨張してきたのである。

第2節　押し寄せる都市化の波

あいつぐ団地建設は、そのスピードと拡大の力をゆるめることなく進められた。住宅地は市街地を広げ、農業・森林地帯にも波及してどんどん膨張している。住宅地から離れてできていた団地も、いつしかその周辺にほかの団地や住宅を吸い寄せて巨大な住宅群を形成する。自然のまゝの姿から利用形態を住宅地へと急激に変化させた団地建設は、町田市に何をもたらしたのだろうか。近郊農村地帯を急速に住宅都市へと変えた住宅団地の進出は、恵まれた自然環境と地の利という条件を破壊してはいないだろうか。

すでに巨大になり、これからもさらに成長する団地のつくった住宅群は都市化を早めたと同時に、主に次のような現象をあらわにさせた。

1．自然を破壊した。

2．人口を急増させ、人口構成を異常に変化させた。

これらはいずれも急激な都市化傾向にある都市のどこもが持つ問題点であり、また苦悩の出発点でもある。

1．自然の破壊

緑に囲まれた農村地帯に入ってきた団地、そこからは以前の姿が消えうせる。建ち連なる住宅群、以前そこには緑の自然がふんだんにあった。濁り、悪臭を発して流れる川、雨が降るたびに氾らんしそうになる川、そこでは子供が魚つりをしたり、泳いだりした時期もあった。もう以前の姿は見ることができない。これらは住宅群の成長と都市化が巷間にもたらしたものである。

団地が未だ進出して来ない頃の町田市は、中心の原町田地域を除けば純粋に農村地帯で、土地も農作物を提供したり緑を保ち自然そのものを提供するものであった。それが田畑や山林を宅地化する団地の進出は、それまでの土地利用の姿をいっきょに住宅を建てるための土地として一変させてしまった。農村地帯の近郊住宅都市化は、農業生産のため存在していた土地を住宅地とし、土地そのものの価値を変えること、となったのである。良好な住宅地としての要件を満たしていた市内の自然の姿の土地は、こうして新しい価値をもち団地の進出とともに姿を変えていった。

現在住宅地となっている土地は市の総面積の30％、2195haである。(8) このうち84もの団地は603haを占めている。大量の団地進出による住宅地の膨張はつぎつぎに目の前の緑を食いつぶしてきた。それは想像を越えた勢いで田畑や山林を侵食していく。さらに大規模になっていく団

公団町田山崎団地

第Ⅰ－5図　残された緑と自然はあと70％

45.1　固定資産概要調査より算出

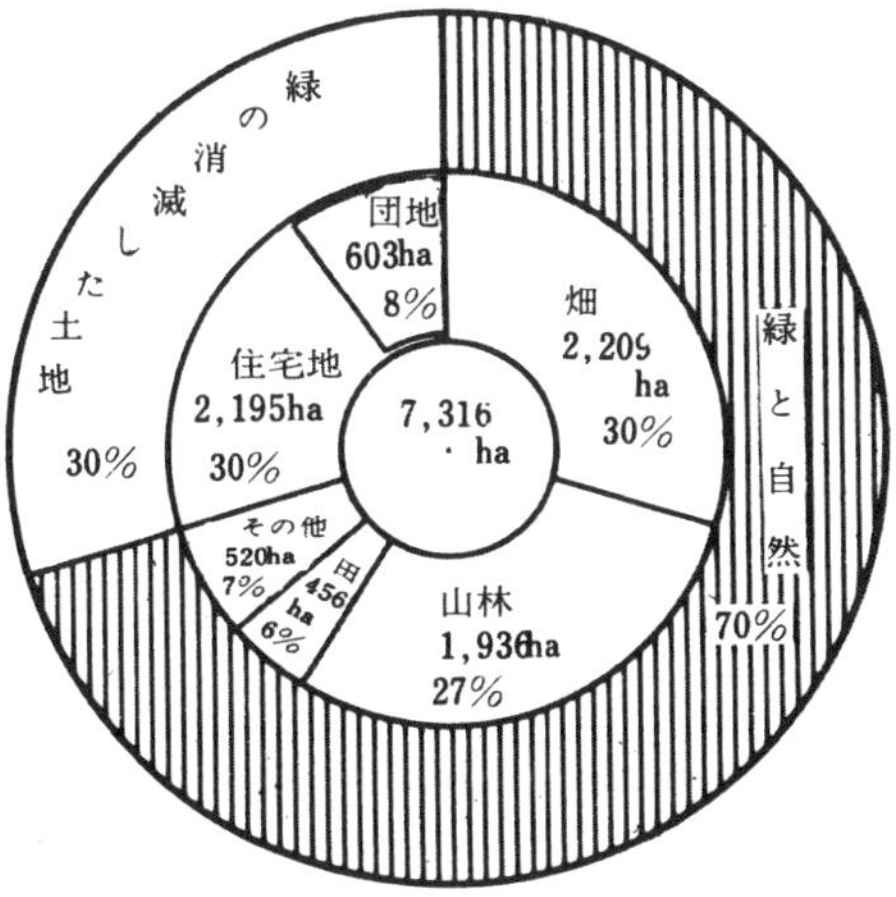

第Ⅰ－6図　どんどん増える団地

（37年を100とした場合）

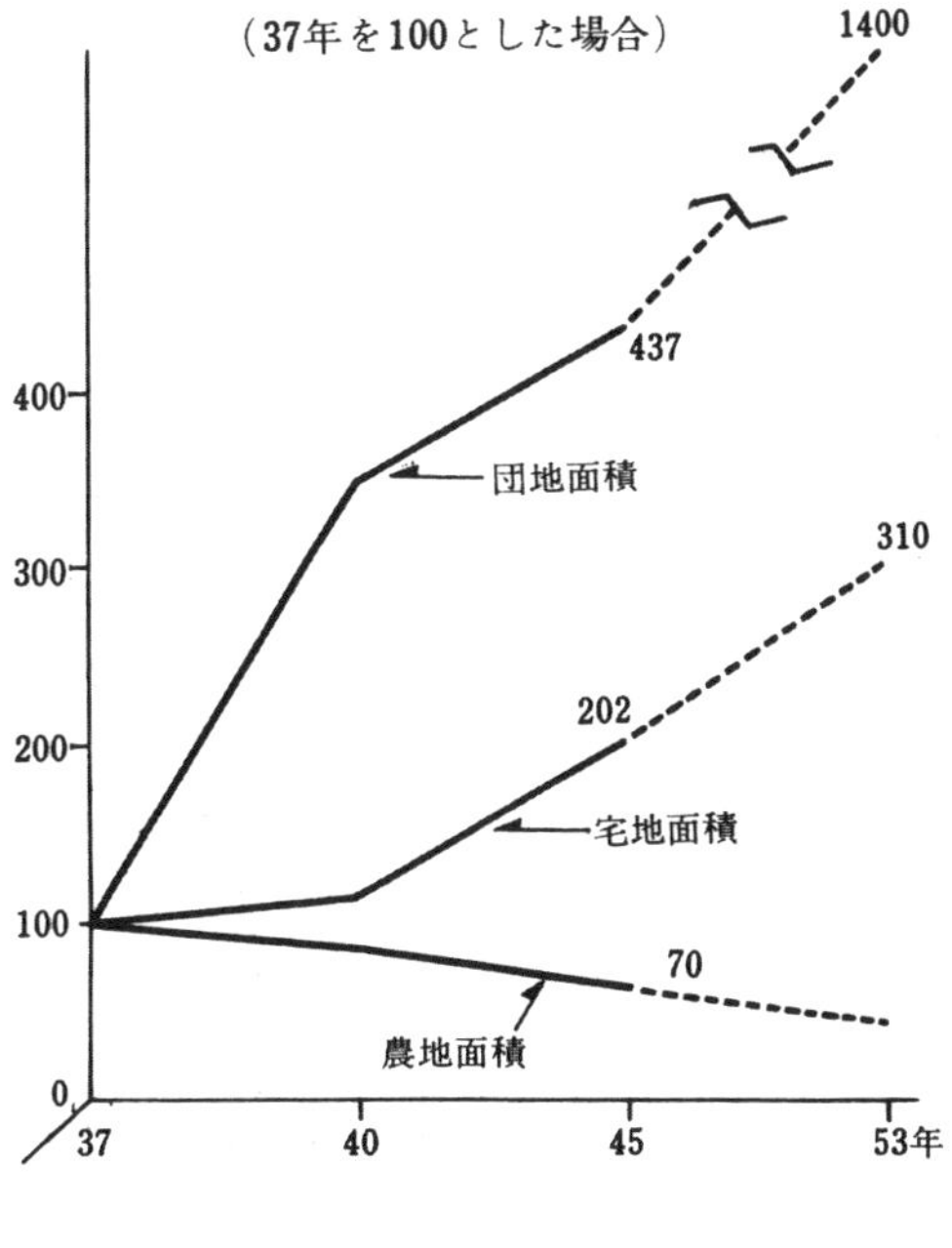

地建設は未開の地を求めて自然を残す奥地に及んでいるのである。30％もの土地はほとんど家また家というように、家並でうめつくされてしまったのだ。６０３haの土地も、そのすべてを住宅に換えてしまっている。住宅地から離れてできていた団地は、さらにその周辺に住宅を呼び寄せ緑を消滅させる起点になっている。このようにして自然は急速に消滅していく。残された70％の土地が一面住宅街として塗り変えられても良いものだろうか。もとより、団地の進出、住宅の増大を全く否定するものではない。無計画に自然を破壊している現状を憂慮するからである。

公団や公社の大団地を例に取ると、元の姿から変えられてはいるが自然らしきものを見ることができるのは公園や緑地であろう[9]。公園は開発面積の3％を取ること、なっている。緑地と合わせると実際には5～6％残され、たしかに緑を見ることができる。しかし団地の建設で緑は大量に消失している。いま緑深い山林である小山田に住宅公団は94・2haの小山田団地（仮称）を計画している。もしこれが6％の公園・緑地を残して完成したとしても、88・6haの住宅地に対し僅かに5・6haの緑の土地が残されることになる。市民一人あたり6㎡の公園が必要だというのが国の計画でも認められた基準である[10]。小山田団地に2万５０００人の市民が住むとすれば、この基準をみたすためには15haの公園が必要だという勘定になる。

用地買収も終り昭和53年頃までに進出を決定しているものは、大団地だけで面積１２８９haで、現在の団地面積の2倍以上、そこに住むことになるひとは現在の団地人口の約2倍の19万人と計画されている。これらの団地建設による自然のさん食と、反面の人口増加を考えると自然保護の施策の重要さが痛感される。

自然の保護は情緒や潤いのある生活のためにのみ必要なのではない。災害などの危急なときになくてはならないものである。森や林がそうであるし、河川についても同様である。水を供給し、雨水を流し市民に憩いを与えるものである。それが今では川岸ぎりぎりにまで住宅が押し寄せ、河川のもっていた機能を奪い取られ、汚水を流す川に変ってしまった。大雨でも降ると住宅地から流れ出る雨水はたちまち川に集中する、そして氾らんするまでに増水する。その端的な例は境川である。

自然は私達の財産である、しかも破壊してしまうと二度とは戻ってこない。無計画な住宅団地の建設による自然の破壊を防がなければならない。

さらに、団地建設による工事は、いままでにたくさんの埋蔵文化財を発見している。町田市は歴史的にみると、北は多摩川、南は相模川にはさまれた丘陵地帯であるため、たくさんの遺跡があり考古学的に貴重なところである。遺跡は大規模な団地開発途上でしばしば発見されている[11]。その多くは縄文式土器文化時代のものである。これらの遺跡は発見されても保存するということがなかなか実現されないでいる。単に研究に貢献するだけでなく、文化的遺産として破壊から守られていなければならないものである。

2. 人口の急増と人口構成の異常な変化

団地は大量のひとを集めて進出する。昭和33年市制施行当時6万１０００人余りであったものが12年後の45年5月には18万４０００人に達するまで増加し、いまでは20万人を突破した[12]。ここ2～3年は年間2万人以上も増加するという異常な傾向が続いている。44年中に2万３１４３人増加したが、これは毎日63人づつも増えていたことになる。

市内最大団地は、公団・公社木曽山崎団地で、その広大なことは既に述べたとおりであるが、５８８９世帯1万７９４８人を擁している。やがて入居が完了すればさらに大きくなる。団地は高密度に人口を集中させている。中層団地では1haあたり２００～４００人[13]、一般宅地分譲地では１２０～１４０人である。全市の住宅地から割り出した全市平均の

1haあたり84人と比較して相当高密度である。こうして総計603haの団地に集中した人口は8万3549人、市総人口の44・5%を占めるまでになった。町田市は全国でも有数の人口急増都市⒁であるが、人口に占める団地人口の割合は全国一である。

市内各地区の団地進出の状態は、地区別人口増加の状況に最もよく現われている。全市を南・町田・鶴川・忠生・堺の5地区に分けると⒂、南地区は早くから人口増加があり平均的増加傾向をたどっている。近年特に人口増加の著しいのは忠生・鶴川両地区である。これは大団地の進出を明らかに語っているものである。これに対し堺地区はほとんど人口の増加がみられない。堺地区は交通の便が悪いことや団地進出のないことがそうさせているといえる。

第Ⅰ－7図　人口増加の急上昇ぶり

（備考）各年度とも1年間の増加人口。45年度は9月1日まで。

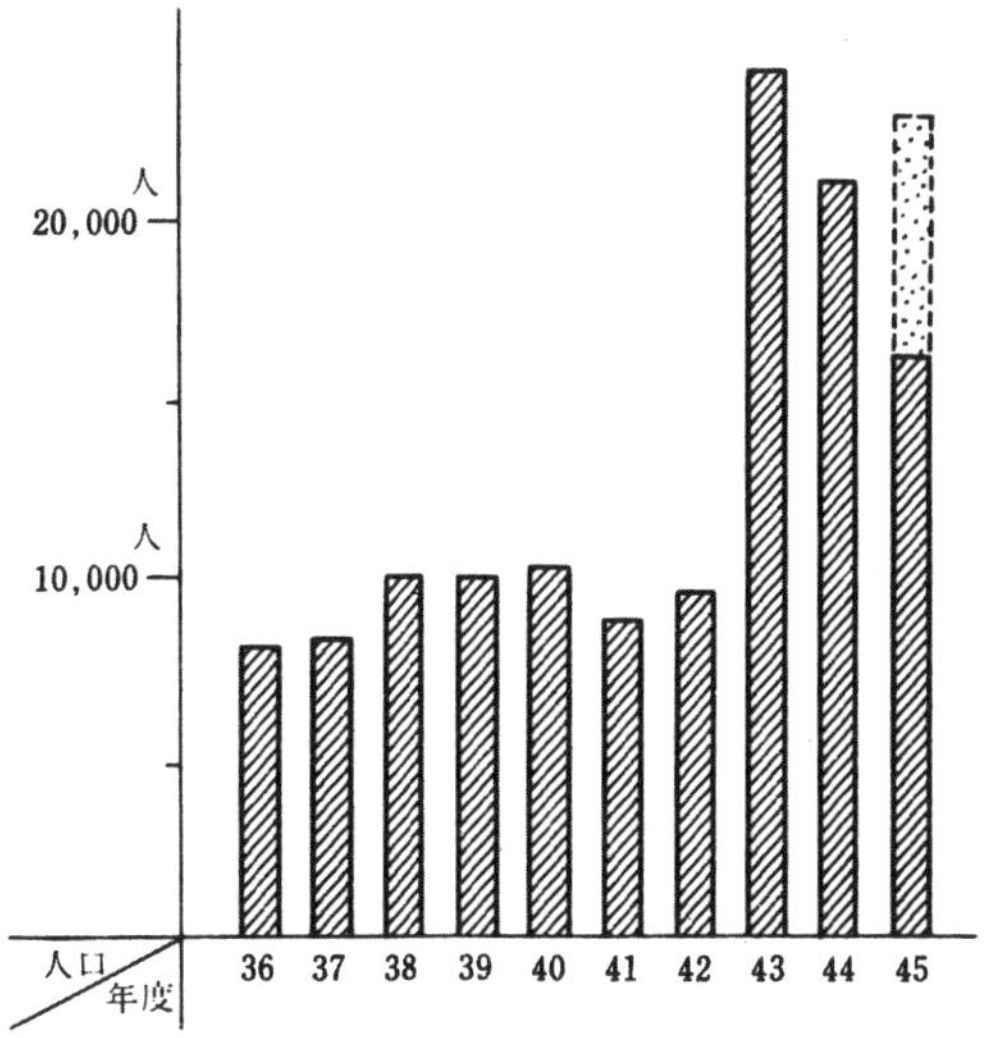

市内には人口が減少している町がある。それは原町田で市の中心街として大規模商店・金融機関が集中しているが、その反面住宅がビジネスに吸収されたり、住みにくい環境の出現で人口分散が始ったのであろう。農村地帯でも市街地に比較的近い木曽町、山崎町の人口は急増し、遠い相原町は停滞している。団地のもたらした人口は、地域的に人口動態を大きく変えている。

人口の急膨張と同時に、人口構成が異常に変ったことも大きな特色である。

市総人口の年令別構成は団地人口の特殊性を物語っている。Ⅰ－11図は昭和35・40・45年の市人口の年令別ピラミット図である。35年は総人口6万6228人で、年令構成は10～14才台が一番多く幼児が幾分少い

第Ⅰ－8図　町田市の団地人口は全国一

（人口20～30万人規模の都市）

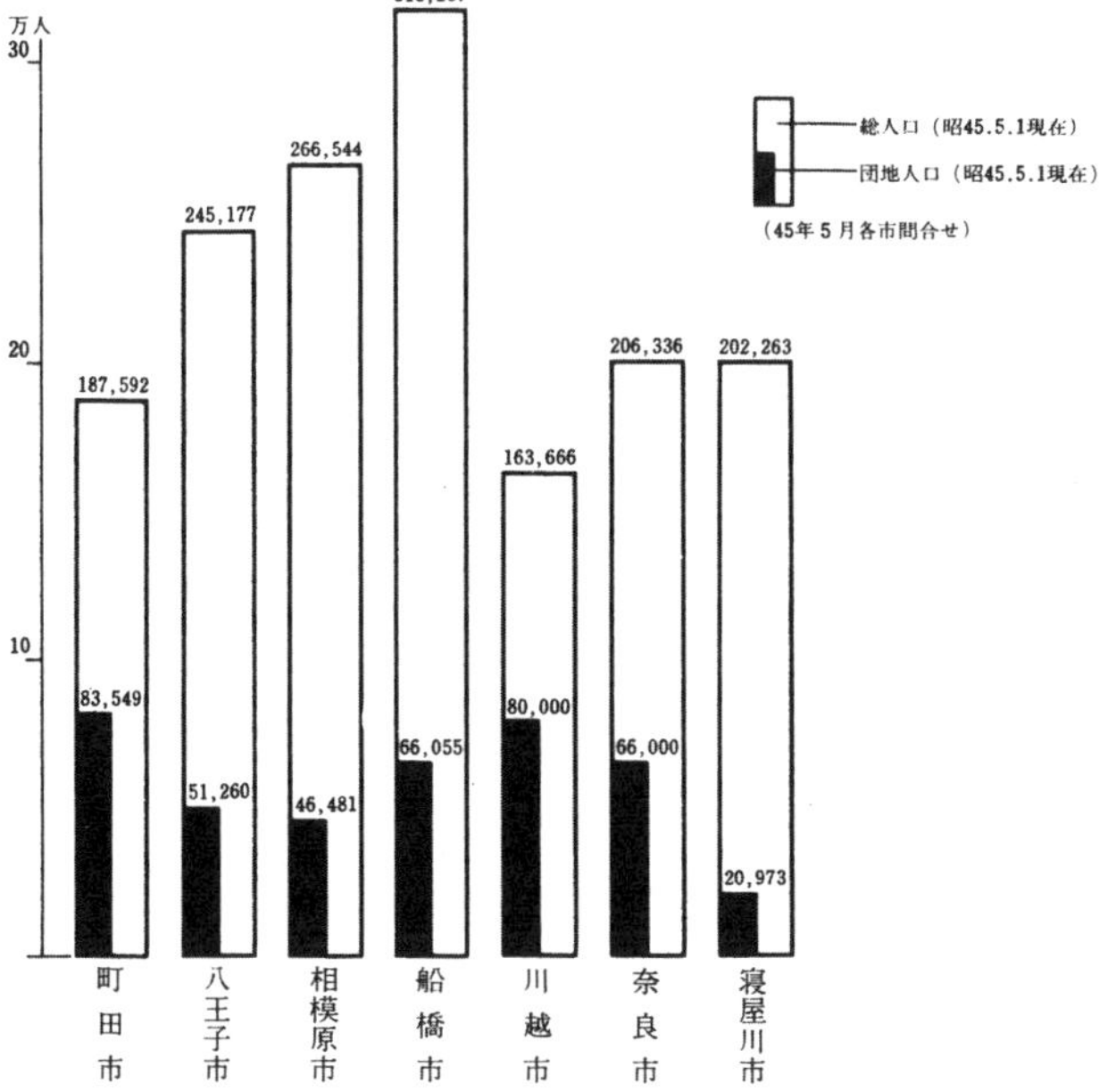

が、高年令にいくに従って漸減する一般的な形態であった。それが40年になり総人口10万5484人となったとき、5~14才が少なく0~4才、15~34才が突出るというように変形が始っている。ところが総人口18万2411人となった45年になると異常な形態に変化している。極端に飛び出て多い0~4才の乳幼児と、25~29才の女性、30~34才の男性という構成になったのである。I－12図は既成の住宅地と団地の人口構成を比較したものであるが、この極端に飛び出た年令層が団地人口の特徴であることを証明している。既成住宅地の例として人口1万1500人の森野1~6丁目を、団地の例として1万3300人居住する公団山崎団地（木曽山崎団地の公団分）を比較すると、森野がバランスの取れた形態であるのに対し、山崎団地では年令階層によって極端な集中傾向がみられる。公団や公社の大規模団地は若い夫婦と幼児のまちである。

団地に移り住むようになったひとは、ほとんどが都心あるいは横浜などの工業地帯へ勤める世帯主とその家族である。団地の職業従事者の83%は市外への通勤者で、なかでも都内へ通うひとは特に多く、市民アンケート調査(16)によると56%に達し、市全体の38%に対し非常に高い割合に

第Ｉ－10図　地域格差の大きくなった人口動態

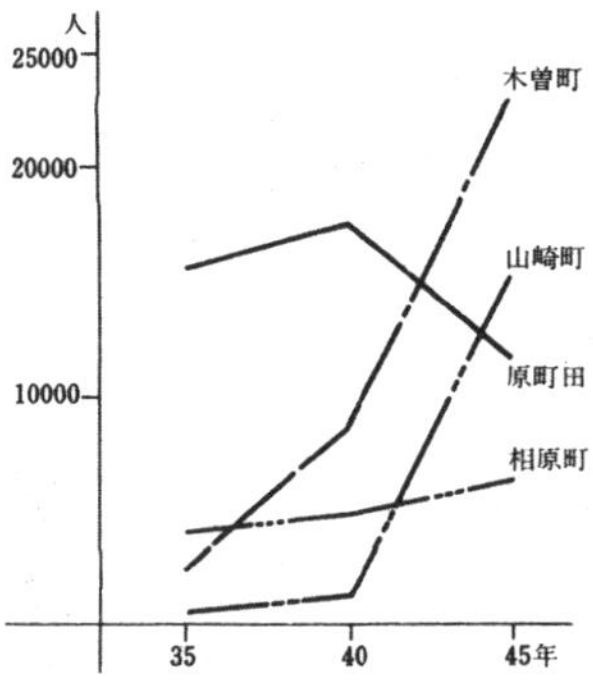

第Ｉ－９図　地区によって人口の伸びはこんなに違う

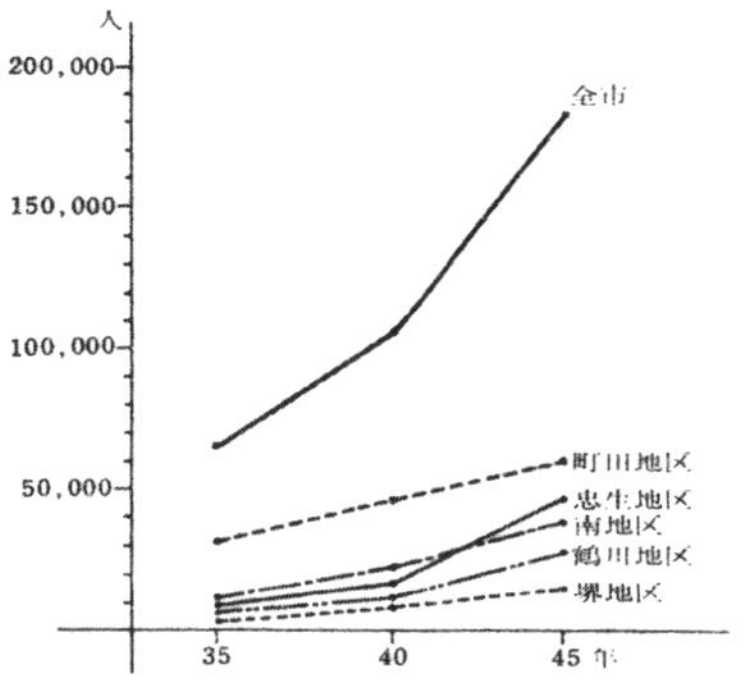

第Ｉ－11図　昭和35年と比べて大きな変化は０～４才、25～34才台が大きく増えた

（各年１月１日現在，住民基本台帳）

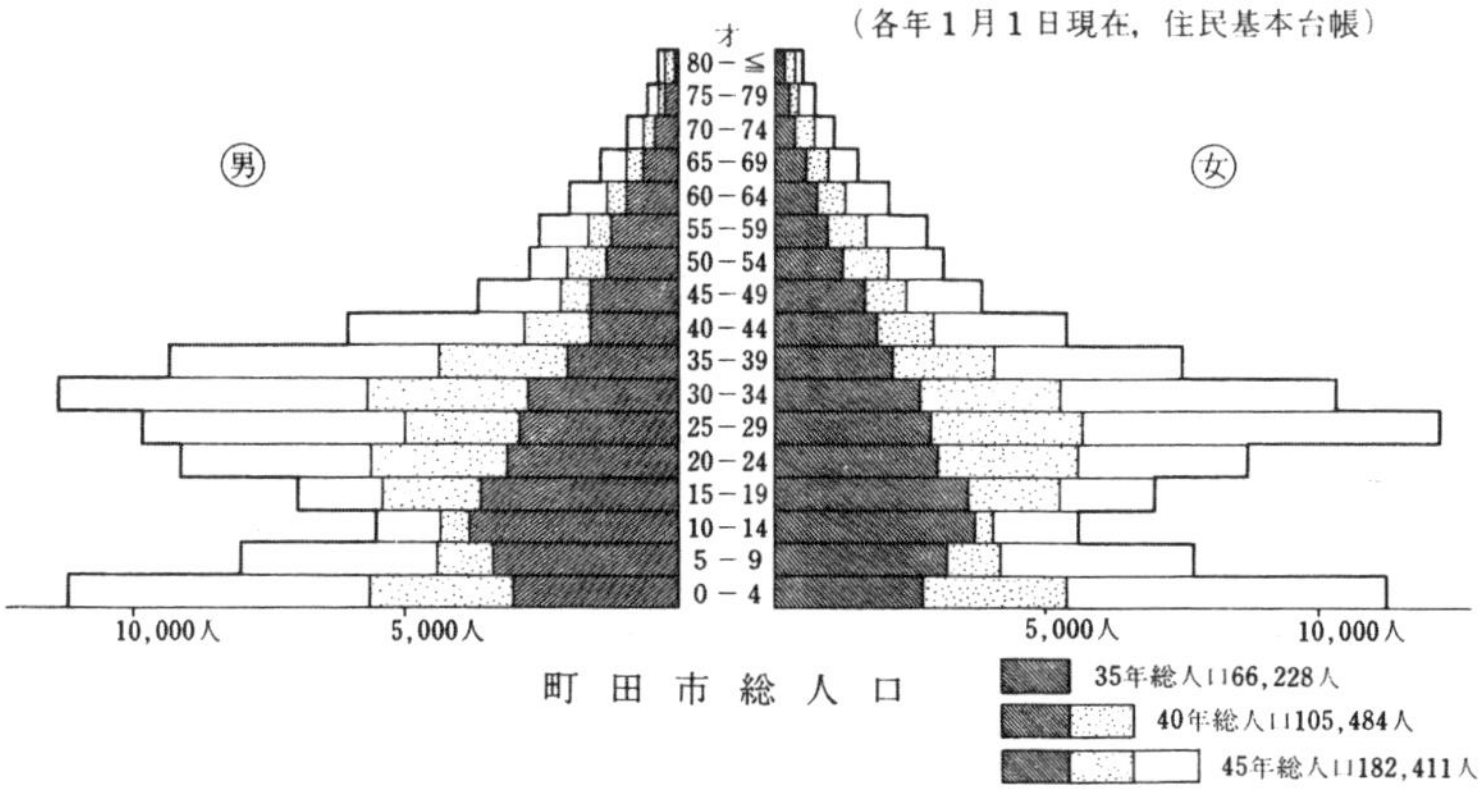

第Ｉ－12図　大きく違う団地と既成住宅地の人口

（45.1.1現在住民基本台帳）

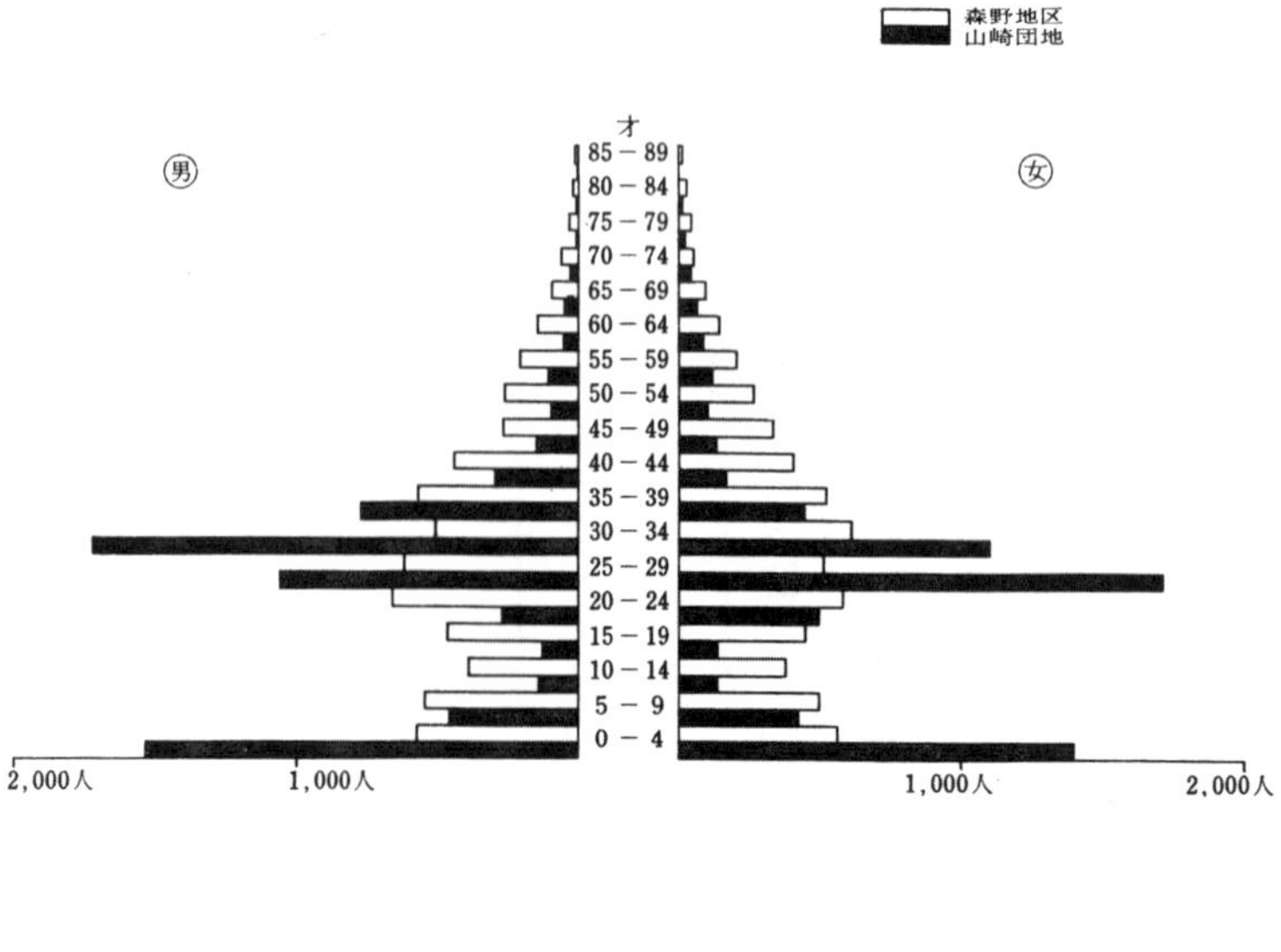

なっている。

第Ⅱ章　立ち遅れる都市機能

白書では、都市における交通運輸、教育、文化、社会福祉、生活環境施設などにかかわる機能、行政サービスを提供する機能を総称して「都市機能」とした。

住宅団地の建設は、急激な人口増加と無秩序な自然の破壊を伴って行なわれている。都市としての基盤をもたない町田市にとって、それはただちに各種機能の著しい立ち遅れをもたらす直接の要因となった。市民は毎日の生活のなかで、さまざまな不便や不安の入り混った数限りない住みにくさを味わっている。こうした現状からの脱出は一刻も早くなされなければならない。

そのためには、立ち遅れた現状の把握とその要因の分析がまず不可欠である。

第1節　激化する通勤難

輸送の現状をみるまえに、まず人口増加の背景をみておこう。首都東京への政治、経済、文化、教育など諸機能の過度な集中は、必然的にここに急速な人口集中をひきおこした。都心人口が飽和状態となり、その結果、郊外への人口分散が始まり、加えて他府県からの流入と相まって、町田市には洪水の如く人口が流入してきた。特に町田市においては、それが色とりどりな団地という形で入ってきたのである。

こうした団地の増加は主として、都心[17]に職場をもつひとを増加させた。団地でも特に公団・公社の中層団地はそれが著しく、通勤者の70％をも超えている。これを中層団地1世帯当りの就業者数1・2人というアンケートの結果と併せ考えると第Ⅱ－1図のとおり、10世帯当り実に8人強ものひとが都心へ通勤しているのである。

こうした通勤者の増加に対し都心への輸送ルートは、従来から小田急線一本に頼らざるを得ない状態にある。従って人口の伸びとともに小田

第Ⅱ－1図　団地の増加は都内通勤者の増加を生む

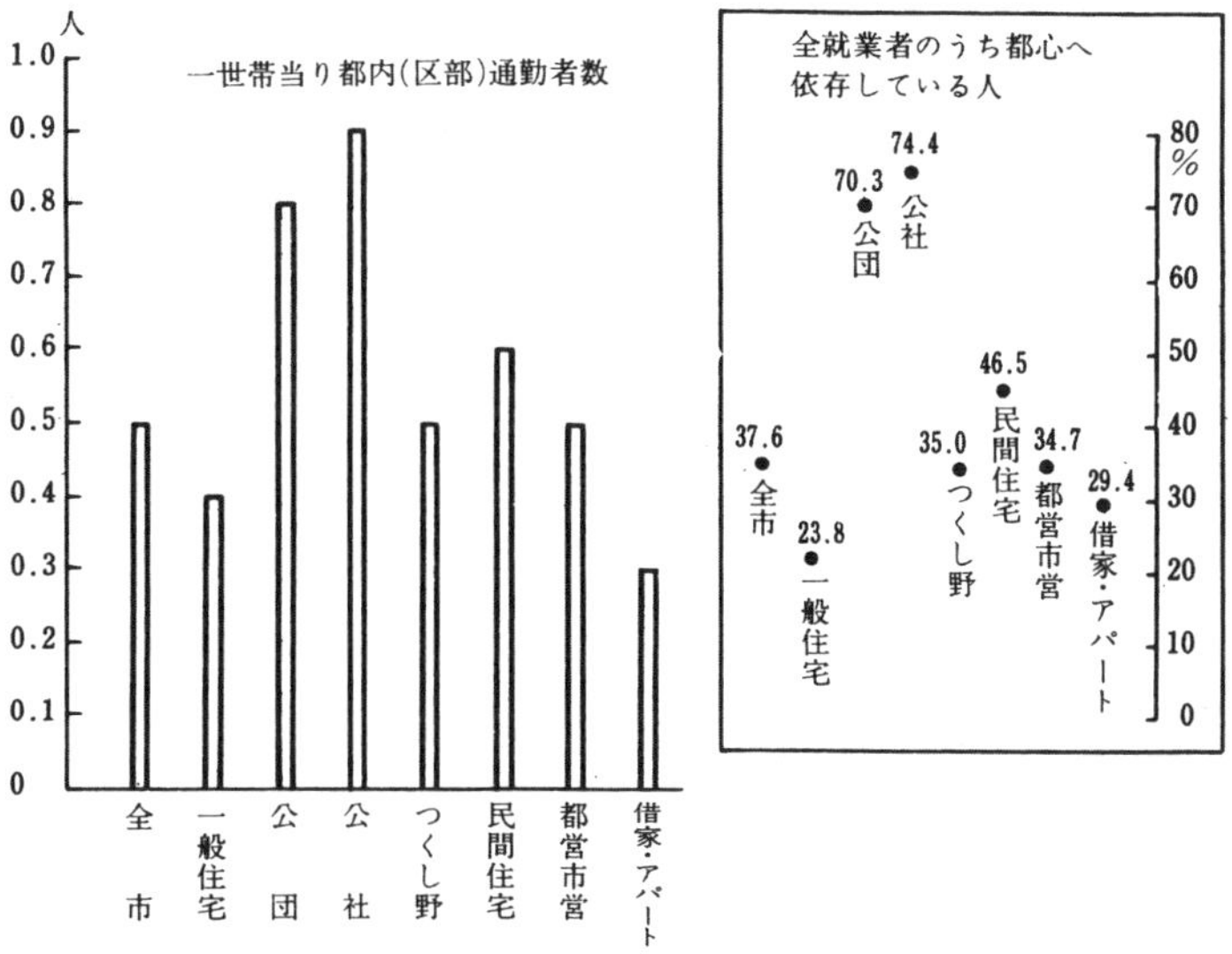

（市民アンケート調査）

第Ⅱ－2図　激増する小田急線利用者　（単位　人）
～一番増えている新原町田駅～

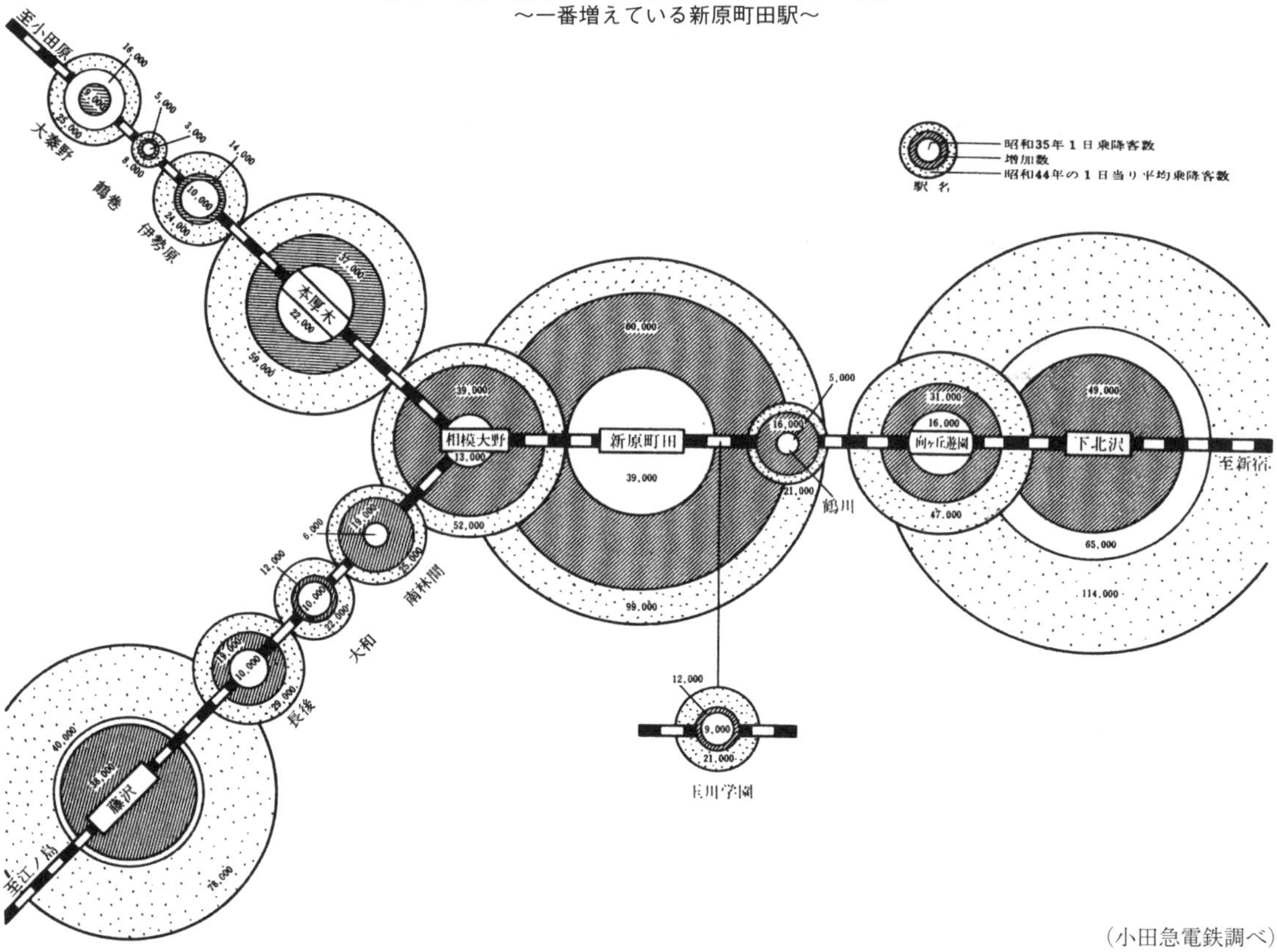

（小田急電鉄調べ）

第Ⅱ－3図　小田急線へ集中する通勤者　　45. 7. 1 現在

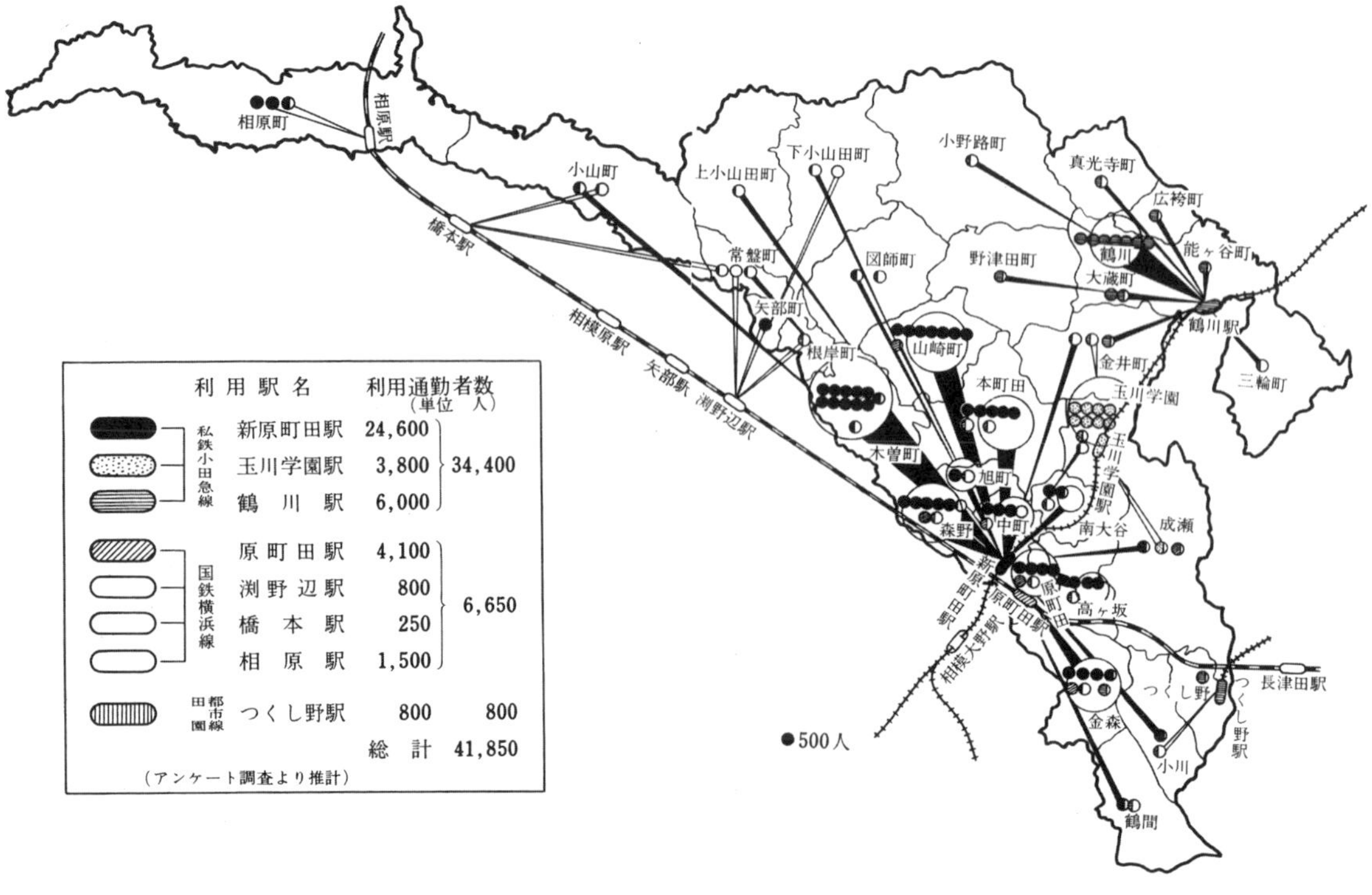

急線の乗客集中度は高まり、市内の沿線各駅では、人口増に比例して利用客が激増している。

このような利用客の激増に対して、小田急はホームの延長、運転間隔の短縮、車輛の大型化などで対処してきたが[18]、そうした輸送力の強化も利用客の激増には到底追いつけないでいる。ラッシュ時には、新原町田駅ホームは雑踏をきわめ、その上いったん乗車すれば週刊誌を読むことはおろか、身体も自由に動かせないほどの混雑度に加え、昼間は新宿まで30分で行けるところも45分もかかるという二重、三重の負担をおわされている。こうした通勤地獄に対する不満はアンケート結果からも数多く出され、市民のすべてがやり場のない憤りをもっているといっても過言ではない。

去る9月に市職員が実施した、小田急線新原町田駅における混雑度調査[19]では、午前7時～7時30分の間の新宿行急行は、平均定員の184％の乗客を乗せて新原町田駅に到着し、296％の乗客を乗せて新原町田駅を出発している。なかでも7時11分発にいたっては窓ガラスが割れてしまったほどである。定員を無視した詰め込みはもはや人道上からも許されない。300％を超える混雑は肉体的限界ともいわれ、人間軽視も甚しいといわなければならない。小田急電鉄に輸送力の増強計画[20]はあるが、今後の利用客の増加を予想すると、混雑は緩和するどころかさらに激化していくものと予測される。

朝の新原町田駅ホーム

こころみに利用客の増加を推定すると町田市内だけで、それも現在入居の始っている公団藤の台団地、公社町田木曽住宅（木曽山崎団地の一部）と進出が計画されている小山田団地の3団地だけに限ってみても、都心への通勤通学者は新たに1万2000人増え、これがラッシュ時の7～8時に集中したとするなら、同時間帯には現在の19％に近い利用客増が予測される。これだけでも今後の輸送増強計画による輸送人員増4520人の2・7倍の増加である。

輸送力の増強計画は前述したように現行輸送力の21％アップであるが、小田急電鉄側では、これは現在の軌道やホームの機能上輸送力の限界だとしている。さらに今後の問題として多摩ニュータウンのための小田急新線が分岐点の新百合ヶ丘駅からは既設軌道を使用するわけで、それによるしわよせも予測され、もはや総合的な輸送計画に基づく路線の新設か増設が急がれない限り、収拾のつかない最悪の事態になるのは必至である。

小田急線と並んで市内から市外へ通ずるもう一つの足は国鉄横浜線である。この線は町田と八王子、相模原、横浜を結ぶ唯一の鉄道である。スピード化が進む現代にあっていまだに単線[21]のまゝであり、運転間隔は長く、また距離に比べて所要時間も長い。横浜をはじめ沿線各都市が我が国でも有数な工業地帯としてめざましい発展を続けているにもかかわらず、そうした職場への人の流れを著しく阻害しているともいえよう。それは市民にとって大きなマイナスといわなければならない。現在、市内居住者の横浜線利用による通勤者は約6500人と推定されるが、横浜線についての市民アンケート調査の結果では、単線への不満が圧倒的に多く、混雑と待ち時間に対する不満で二分されている。首都圏内、それも30キロ圏を横につなぐ鉄道を開通以来60年近くを経た今日、いまだ重要路線でないとして単線のまゝでおく国の姿勢にも問題があるといわなければならないだろう。

　一方、昭和43年4月開通の田園都市線は、市の南のはずれをわずかにかすめる位置にあるため、大規模団地進出の著しい市の西域にとってはまったく役に立たず、せっかくの新鉄道の開通も小田急線の混雑度を下げる役割を果していないのが実状である。

第Ⅱ－4図　横浜線についての不満

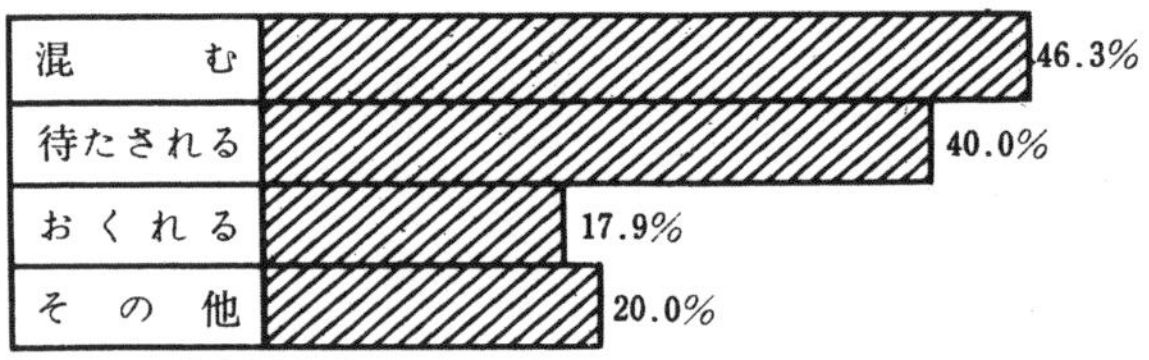

（備考）　該当記入数／全回答者数 × 100

（市民アンケート調査）

Ⅱ－5図　通勤者の半分はバス利用

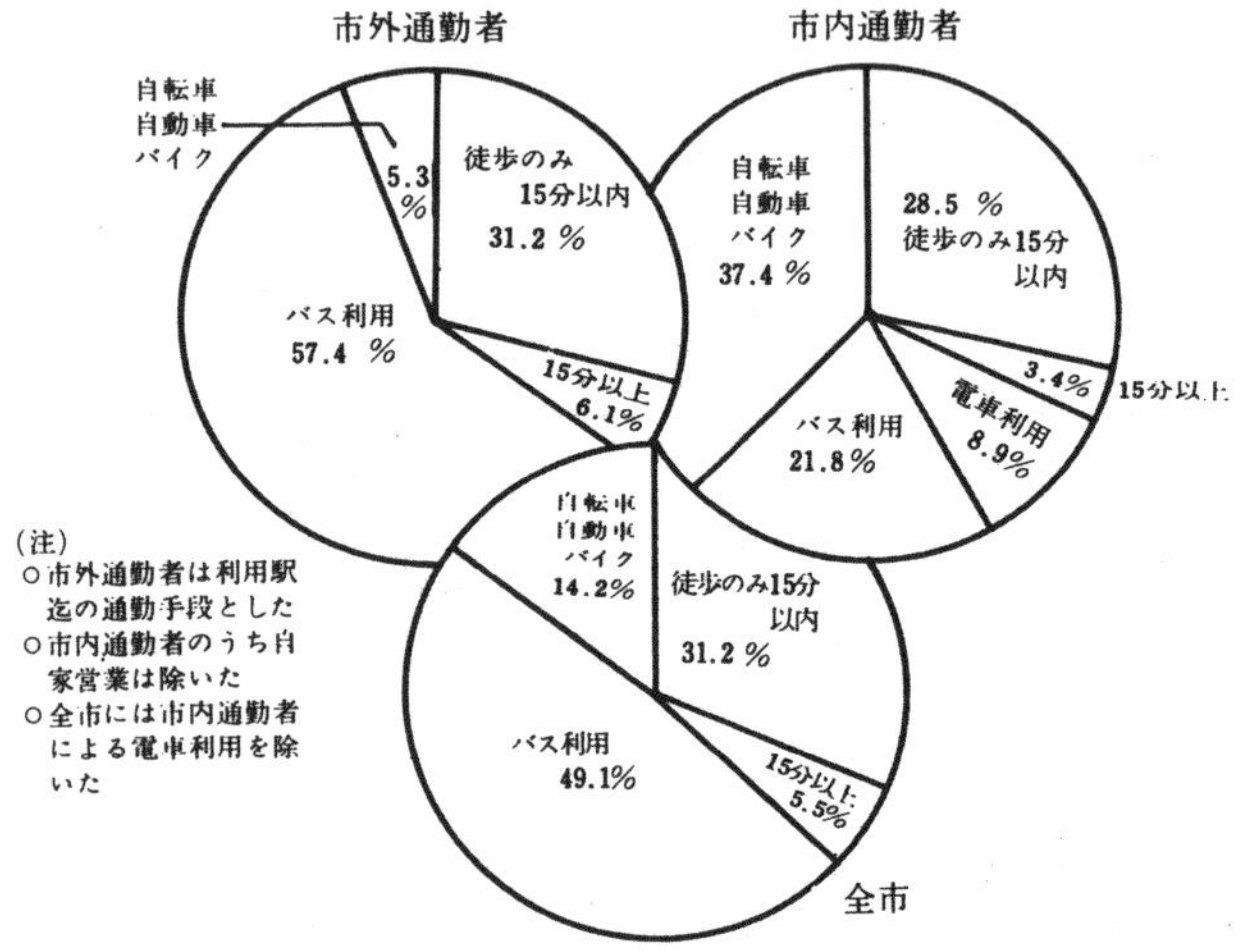

（市民アンケート調査）

　つぎに、通勤・通学の困難さに拍車をかけているのが市内の輸送を担うバスである。団地はこれまで、山林や田畑の未開発地域へ拡散的に建設されてきた。かつてのそこは、路線バスが日に何本も通わなかったようなところや、全く人の往来とは縁のない場所であった。したがって建設と同時に駅までの足の確保が大きな問題となったのである。電車が市と市外とをつなぐ重要な足であるように、バスは住居と駅とをつなぐ重要な足である。しかしラッシュ時にはバスもまた満員すしづめの状態であり、始発時での乗り残しや途中バス停での満員通過さえ生じている。

　さらに市民生活に不便をもたらしているものとして見逃せないことが

第Ⅱ－6図　国鉄原町田駅で降りた人はほとんどが小田急方面へ歩いている
〔単位　%〕（調査時間　6月15日午前6：30～8：30）

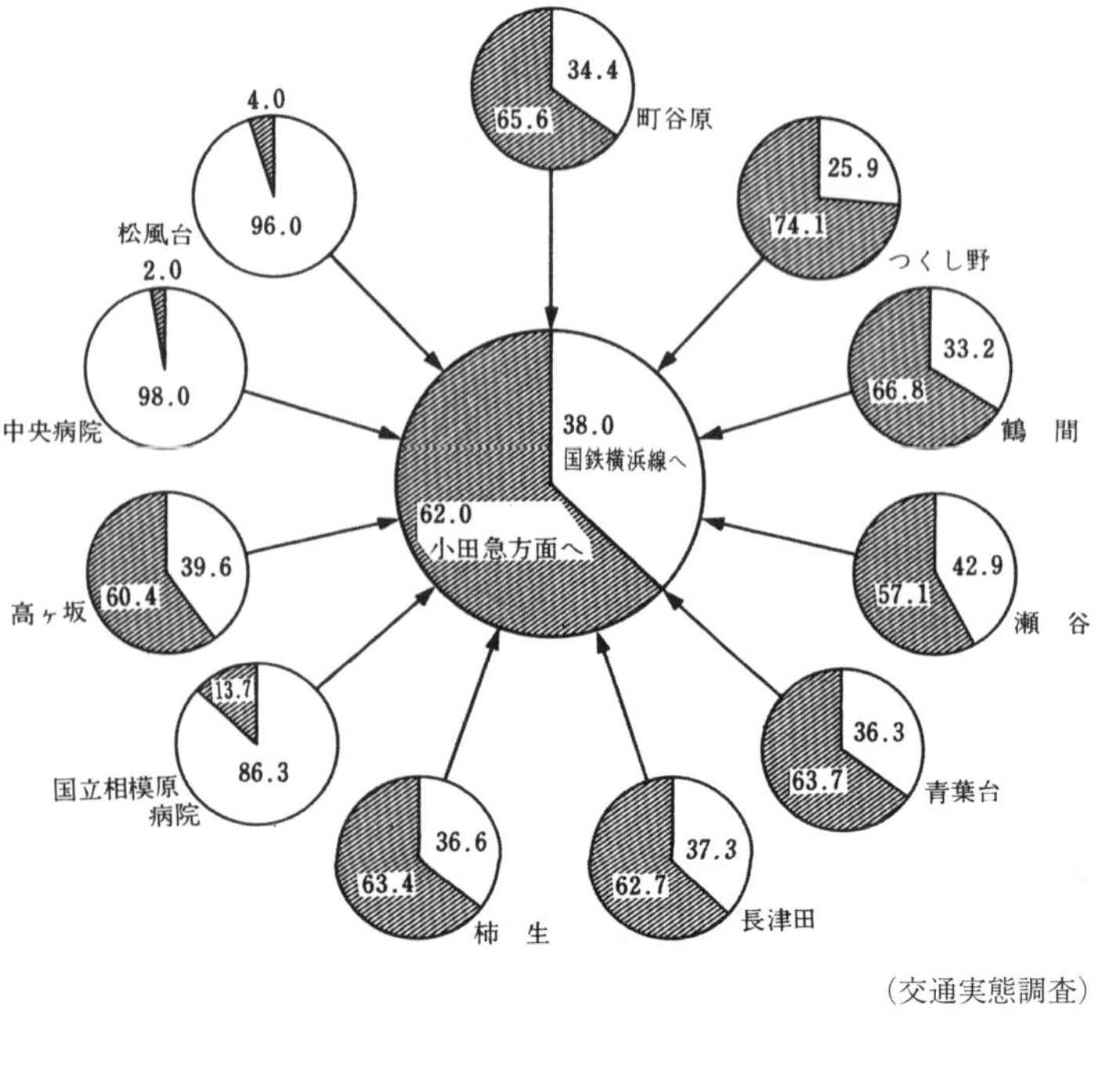

（交通実態調査）

ある。国鉄原町田駅前で降車する市の南域の通勤者は、その62％ものひとが小田急線新原町田駅方面へ歩いている事実である。これは国鉄横浜線と小田急線が交差しているにもかかわらず両駅が離れていて、(22) しかもその間の道路が狭いことから、バス路線がそれぞれもよりの駅を終点としているためである。

また、現在市内のバス路線は、その9割までが原町田駅、新原町田駅、鶴川駅の3点に集中しているが、路線としての道路、中継点としてのバスターミナルはいずれも非常に混乱している。

これらの問題のほか、市民の終バス時間の延長を望む声が強いことも忘れてはならない。終バス後のタクシーの奪い合いや最近の深夜バスの問題(23)がそれを裏付けており、団地建設がますます遠隔化する現在、早急に時間延長への方策が講じられなければならない。

バス輸送は、道路やバスターミナルの狭いことや交通事情により大きく運行が左右されたり、その上、一日の内でも朝夕一定の時間だけに集中することなど企業経営上の問題ともからむため、バスターミナル、道路なども含めた総合的な対策が図られない限り、輸送力強化は果されないであろう。

陸の孤島である団地の生活の足を一手に引き受けるバス輸送の問題は、団地の建設とともにさらに需要が高まる中で、複雑な都市問題ともからんでますます深刻化しているのである。

市民の通勤の姿は、朝は長時間待たされたうえ、すしづめのバスにゆられ、雑踏する駅から身動きさえ自由にならない電車につめこまれ、帰りは終バスの時間を気にしつつバスターミナルまで駈け足をし、またすしづめのバスにゆられて家へ帰るということの繰返しである。団地建設が外とのつなぎまで考慮せずに行われている矛盾が、電車とバスの問題に象徴されているのである。いまや足の確保は市民にとって最大の関心事である。

第2節　悪化する道路事情

団地進出により人口が増加し、それにつれて人と車の交通量は増大した。そして従来から遅れていた道路の整備が財源不足や地価の上昇などでさらに遅れてしまった。こうした結果道路に対する不満は増え、市民アンケート調査からも、生活上の諸問題のなかでもっとも優先的にとりあげて欲しい事項としては、道路の整備があげられている。市内の道路に関して市民が不便や不安を感じているものに、1．生活道路の未整備　2．中心市街地の混雑　3．主要道路の交通マヒの三つがあげられる。

第Ⅱ－7図　生活上の諸問題で解決改善してほしいもの

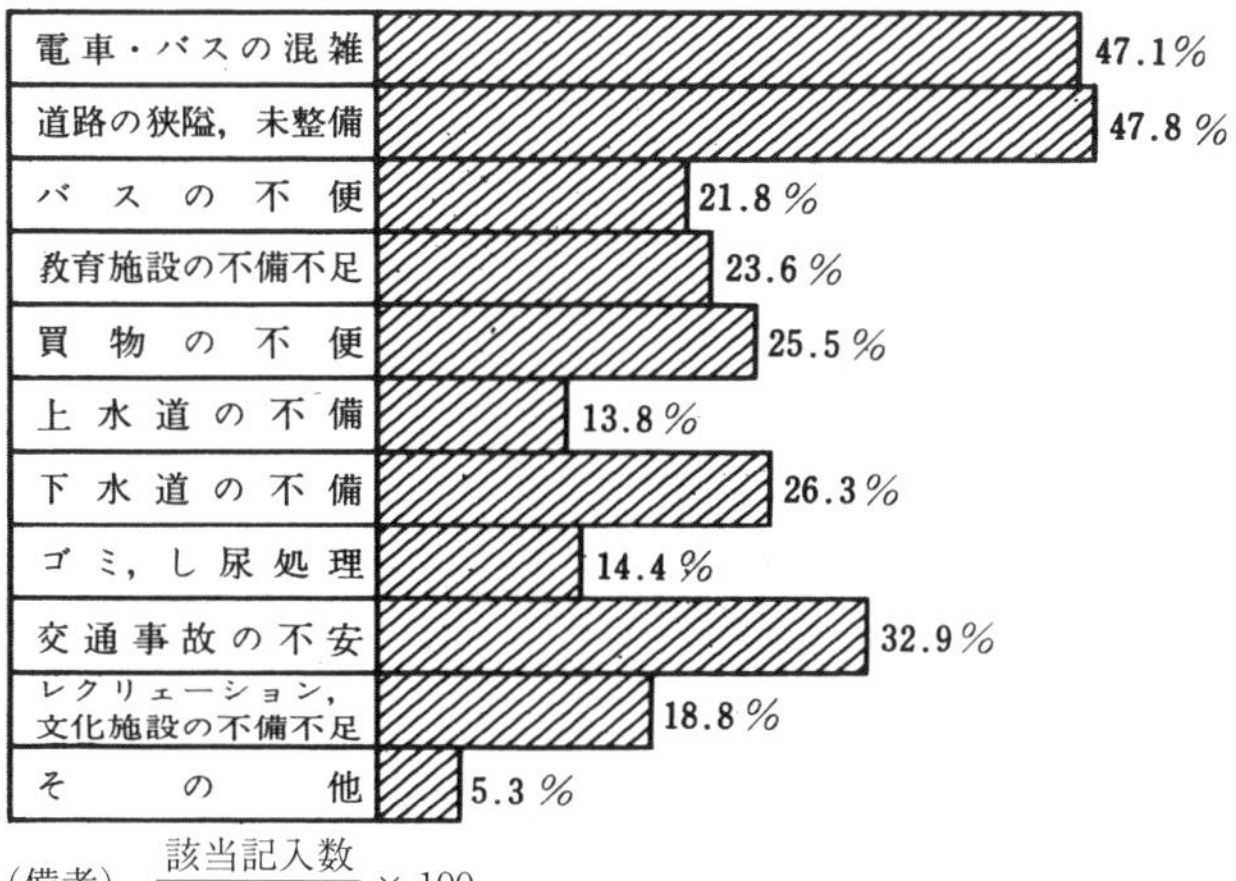

（備考）$\frac{\text{該当記入数}}{\text{全回答者数}} \times 100$

（市民アンケート調査）

1．生活道路の未整備

日常生活にもっとも密接な関係にある生活道路（買物、通学、通院などのための道路）についてみると、大規模団地では、程度の差はあっても、団地内の道路はかなりの幅員と舗装で一応整備されている。しかし、一歩団地を出ると整備が著しく立ち遅れている。中小団地では、団地内の道路は整備がまちまちで幅員も狭く舗装もしていないところが多い。特に市の宅地造成指導基準(24)ができる前の団地はひどいものである。こうした生活道路の未整備は、毎日の買物や子どもの通学などに多くの危険や不便をもたらしている。雨の日はドロンコ道のハネをよけながら、また晴天が続いたあとは目も開けていられないようなホコリの中を歩かされる。こうした中で、市は通学道路や通院道路は優先して整備にあたっているが、市内すみずみまではとても手がまわらない状況にある。

第Ⅱ－8図　整備の遅れている市道

44. 3.31現在

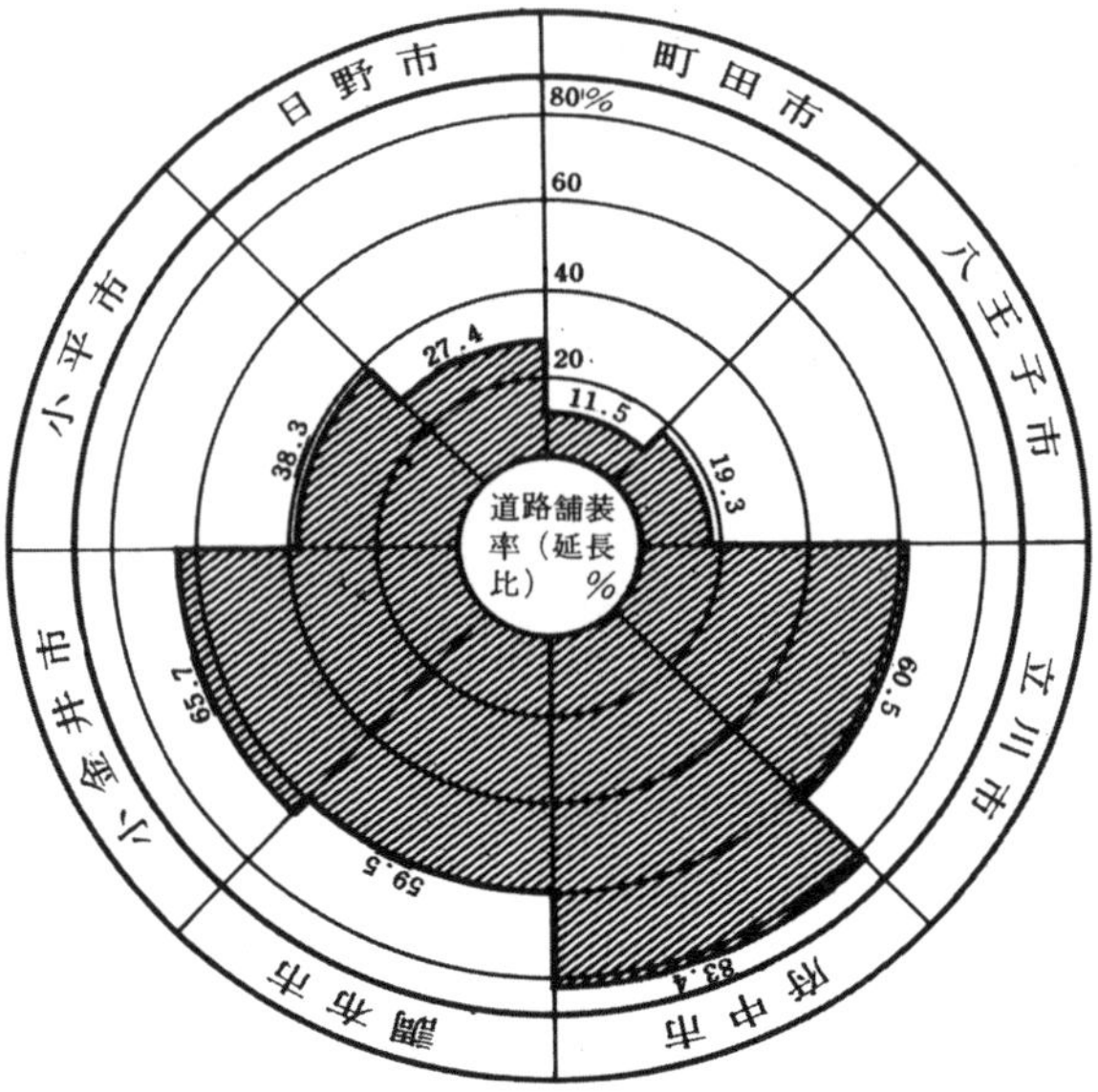

（東京都・市町村公共施設状況調査）

第Ⅱ－9図　ますます混雑する中央商店街

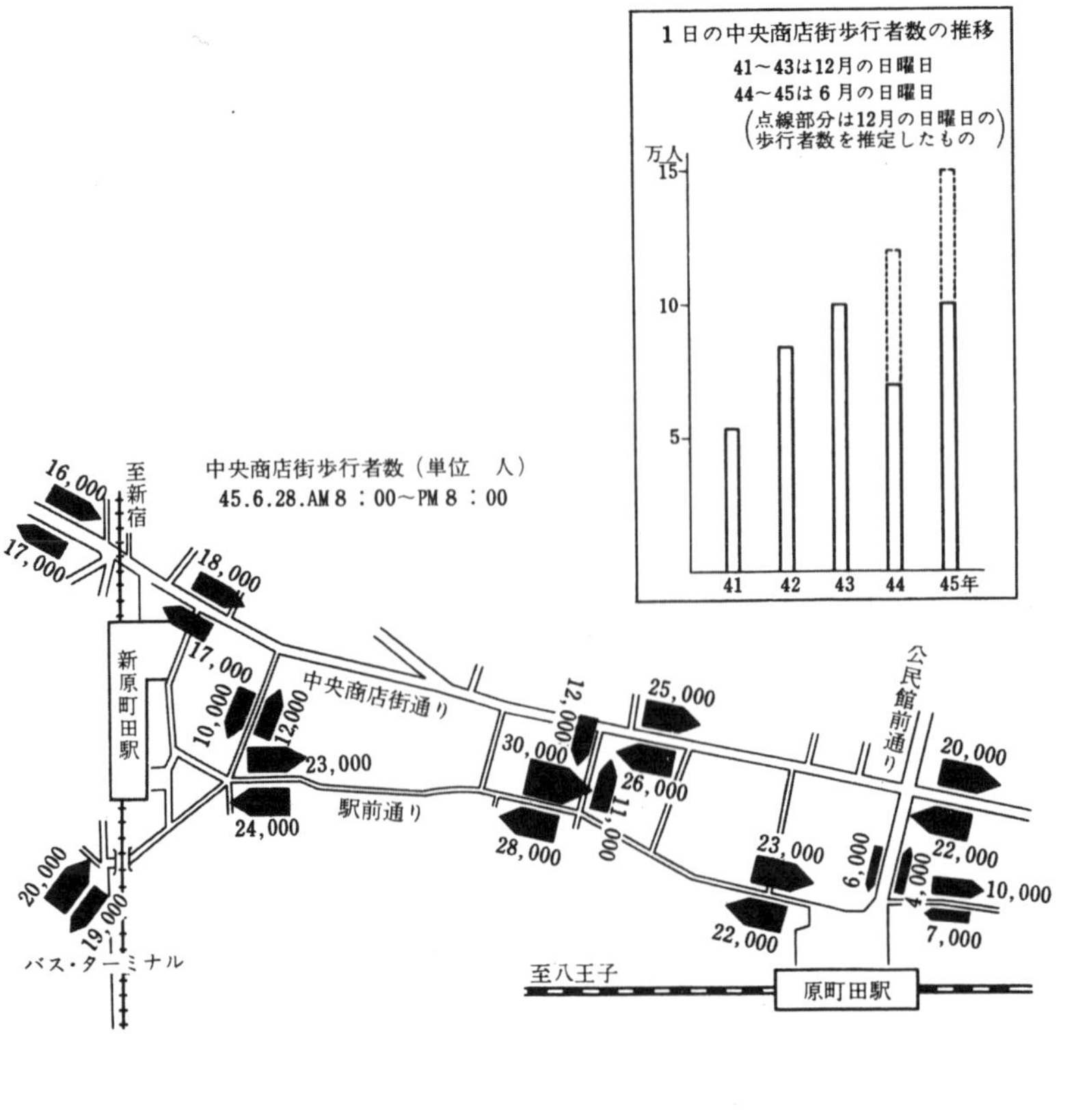

生活道路の未整備は、火災などの場合にも大きな危険や不安をひそませている。生活道路の未整備は市の道路への投資が不足しているためで、市道の整備状況がⅡ－８図のとおり他市と比較して著しく遅れていることからも明らかである。

また公団・公社の中層団地では、本来施行者が設置すべき駐車場の不足が目立っている。駐車場不足から団地内道路に駐車している車が増え、道路を狭くしている。自家用車の普及率が伸びる一方で、路上駐車はますます増え、問題をより大きくしていく。

2. 中心市街地の混雑

団地による人口増加は、中心市街地に衣料品、食料品などの生活用品を求める買物客を激増させた。そこには百貨店、スーパーマーケットなどの大型店舗、銀行、証券会社が続々と乗り込んできて、そのテンポの早さには目を見張るばかりである。こうした都市化の進む中にあって、中央商店街通りと小田急、国鉄両駅を結ぶ駅前通り（通称マラソン道路）は昔の道路そのまゝである。かつての中央商店街通りは狭いながらもバスが通っていた。

しかし昨今の両通りの混雑はものすごく、自動車を締め出さなければ(25)とても安心して買物ができる状態ではない。国鉄原町田駅と小田急線新原町田駅を結ぶ交通、特に自動車交通は完全にマヒしている。また中央商店街通りは小田急線の踏切りと交差(26)しており、これが開かずの踏切りで中心市街地の交通に大きな障害となっている。こうした状態は必然的に裏通りへの交通量を増加させている。しかし裏通りは市街地の駐車場不足から路上駐車が後を絶たず、狭い道路がさらに狭められている状態で、道路混雑に一層の拍車をかけている。

これらの現象は、余りにも早い都市化の速度に市街地の整備が全く立ち遅れてしまった結果にほかならない。中心市街地の機能マヒを回復するためには、市街地再開発が早急に行なわれなければならないだろう。

3. 主要道路の交通マヒ

人口増加に伴う大量の消費物資の輸送や、急速なモータリゼーション

第Ⅱ－10図　進まない都道の整備

44. 3. 31現在

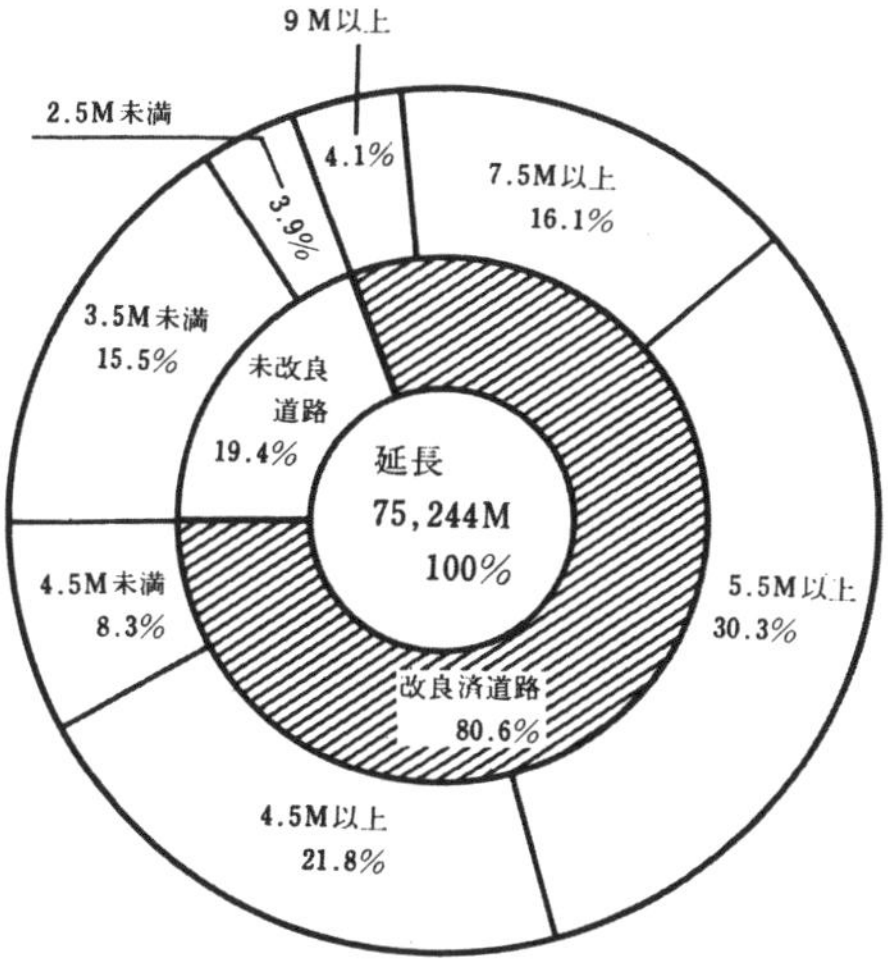

（東京都南多摩建設事務所資料）

第Ⅱ－11図　高い交通事故の発生

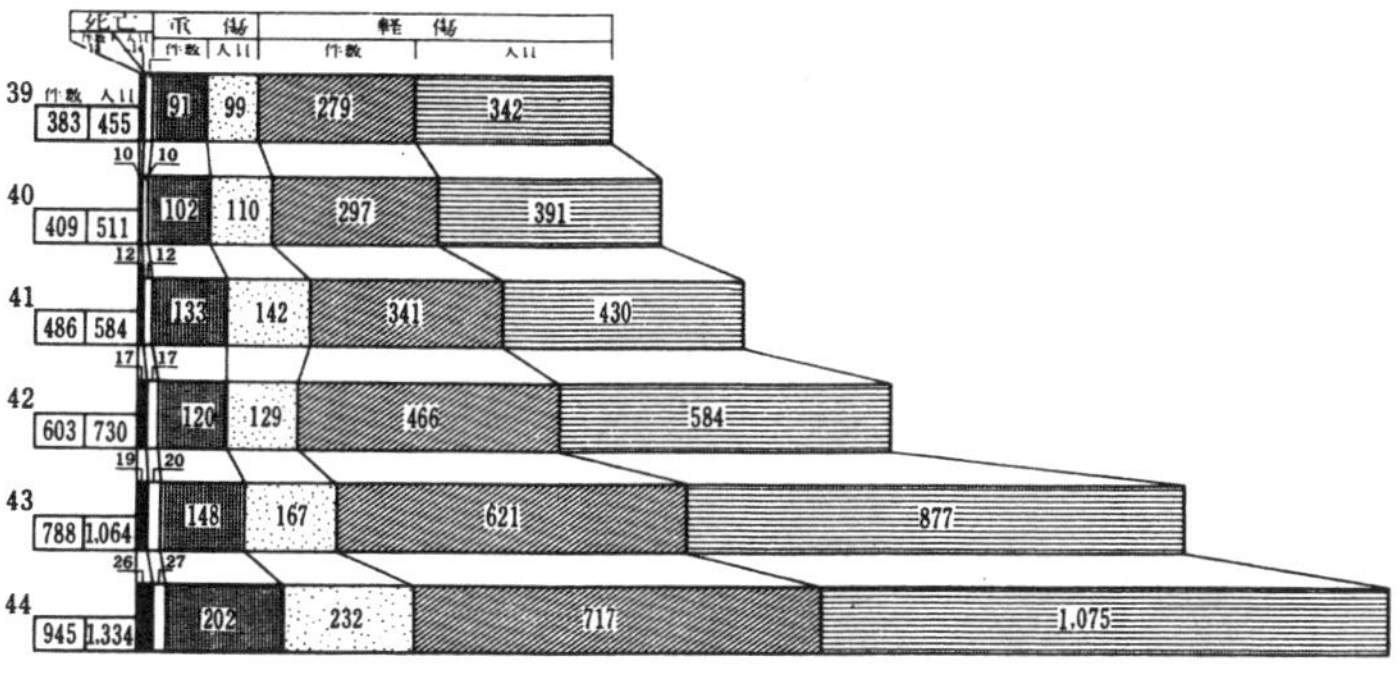

（町田警察署資料）

が道路への需要を高めている。市内の主要道路は、ほとんどが町田街道や鶴川街道を代表とする都道である。都道の良し悪しが市内の交通事情を左右するといっても過言ではない。しかしこれらの道路は総体的に幅員が狭く、安全施設も不十分である。

36年以降9年間に東京都が市内所管道路の整備に投資した総額は約30億円にのぼっている。しかしこのうちの多くは、市内主要地方道6路線のうちのわずか1路線（通称五間道路）で費され、それは現在においてもなお未完成である。

一方、都市計画街路はその計画に比べて極度に立ち遅れている。境川住宅、木曽山崎団地などの大規模団地の輸送を担う西通りが約半分完成しているのがもっとも進んだところで、あとは団地内にとぎれとぎれにあるに過ぎず、道路としての本来の役割を果していない。

このような道路整備の立ち遅れにもおかまいなく自動車は増加している。

こうした道路事情や運転手のモラルの低下、交通安全対策の遅れなどから、車対車、車対人の交通事故という暗いニュースが連日のように提供されている。特に子どもの交通事故死は、都下でも第一位となっている。

市内主要道路上に立てられている「死亡事故発生地点」を告げる悲惨な看板の多いことがそれを示している。

また、自動車の洪水は各地で交通渋滞をひきおこし、排気ガス、騒音による不眠、イライラ、頭痛などの被害を周辺住民にもたらしている。さらに最近では、光化学公害さえ市内に発生させている。[27]

このように市内主要道路の交通事情は悪化する一方で、自動車交通のマヒ、交通事故の発生、公害の発生など二重、三重の不便や不安を市民生活にもたらしている。道路の未整備による交通マヒや尊い人命を奪う交通事故、自動車の利便とは裏腹の公害の発生という危険をいつまでも市民に負わせておくことは許されない。一日も早くこうした不安を一掃しなければならない。

第3節　教育環境の低下

団地建設とともに、Ⅱ-12図のとおり児童生徒も増加の一途をたどった。36年に市内にある小学校は12校、中学校6校だったものが、団地の増加がはげしい現在では、小学校23校、中学校7校にもなっている。[28] 中学校が1校しか増えていないのは、公団、公社の大規模団地がこの3、4年に建設され、子供がまだ中学生になっていないためである。近い将来特に中学校をふやすことが必要になるであろう。

在来の学校は木造老朽校舎が多く、プールや屋内体育館もないという状態であった。したがって木造校舎の鉄筋校舎への改築を始め、教育施設の整備は急がなければならないことであった。ところが、団地建設による児童生徒の増加は、在来校の整備を著しく遅らせてしまった。中小団地の児童生徒数の増加に対しては在来校を増築し、大規模団地の場合には新たに学校を建設しなければならず、市の財政に莫大な負担をかけたのである。また、児童生徒の増加につぐ増加は、在来校、団地校を問わず教室不足をもたらし、図書室、特別教室などを普通教室に転用するという最悪の方法をとらざるを得なくした。こうして、教育環境の低下はとどまるところを知らない状況となっている。

懸命なやりくりにもかかわらず、夏は暖房、冬は冷房というプレハブ校舎が、実に19校60学級[29]にも及んでいる。その数は都下で第一位というなげかわしい状況である。団地校では開校当時は生徒が数人しかいなかったのが、開校後1年もすると、もう教室が足りなくなるといった事態が相次いだ。最近の例で、本年4月に開校した公団藤の台団地の本町田

第Ⅱ－12図　増える児童生徒数と教室

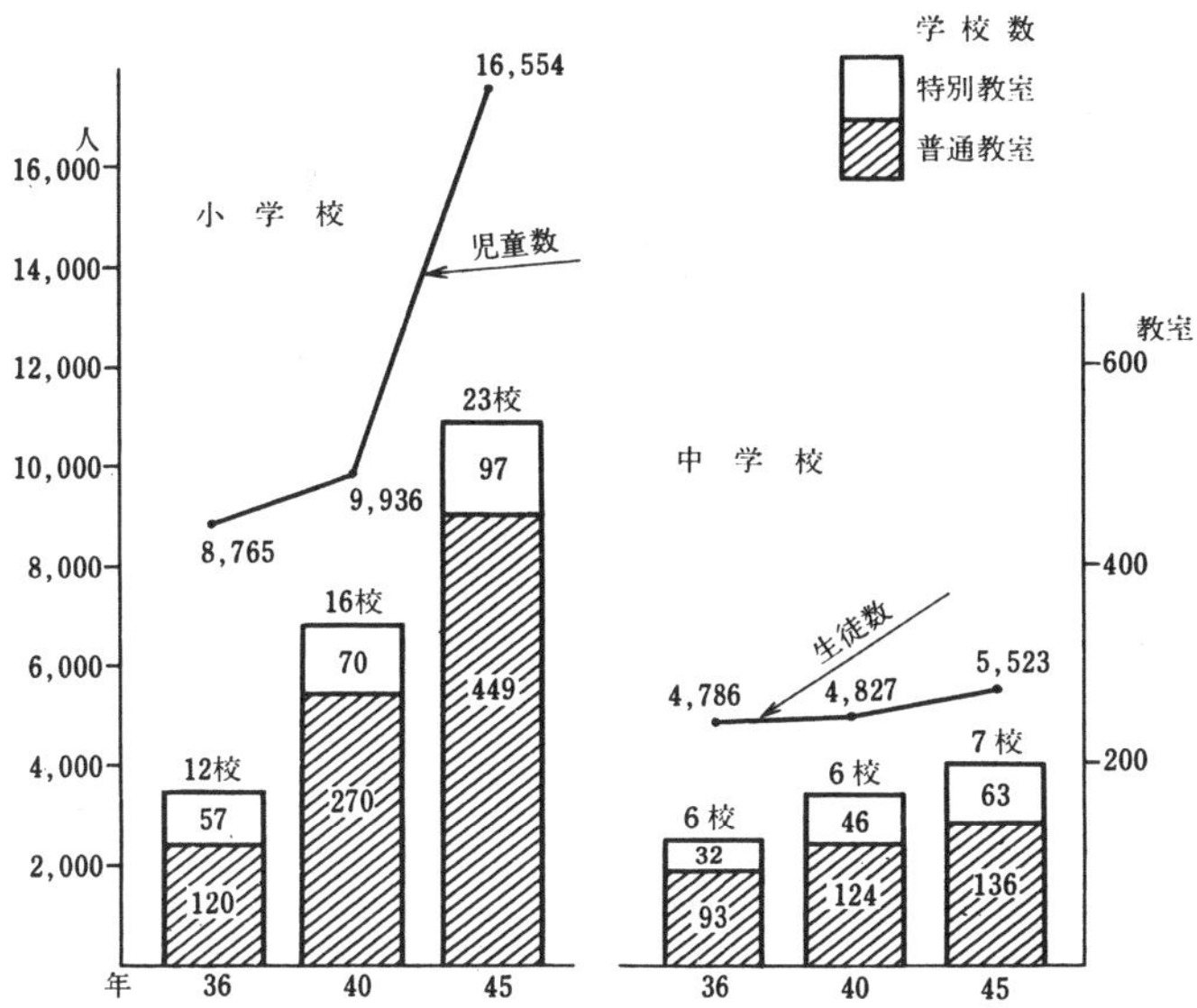

東小学校、公社町田木曽住宅の緑ヶ丘小学校の両校は、当初からプレハブ教室で開校した上に、さらに翌年の4月にはもう東小で6教室、緑ヶ丘小で9教室不足するということがはっきりしている。このような、教育の場としてはあまりにも粗末な環境の中で、今なお2000人という児童生徒が、人生にとって大切な期間をすごさせられている。鉄筋校舎と隣合わせに並んでいるプレハブ校舎のみじめさを幼ない児童に味わわせてよいのだろうか。

　団地の児童生徒増加による学校建築のしわよせで在来校にはあまり手がまわらず、Ⅱ－13図のとおり市内の全般的な義務教育施設の水準は著しく低下している。また、団地校は鉄筋校舎で在来校は木造校舎という格差が生じ、在来住民の団地住民に対する感情に微妙なものが感じられる。さらに学校ができるたびに学区の編成替がおこり、せっかく慣れた学校を途中で変わらなければならないというような、有形無形の悪影響のあることも見逃せない。

　児童生徒の増加に対応して教育環境を整備することが、今後も容易でない理由として、公団、公社の大規模団地は人口構成の特色でも明らかなように若い夫婦と幼児が多く、Ⅱ－14図のとおり、7～8年先には文部省基準[30]をはるかに超えることを確実に予測させるだけの未就学児童を擁している。

　このような未就学児童の異常な増加は、学校用地の確保、校舎の建築をさらに必要とさせ、将来もそのしわよせで教育環境の低下をひきおこす恐れが十分にある。特に、学校用地の確保は、一度団地が建設されるとたちまちにして周囲は住宅化してしまい空地がなくなってしまう結果、一層困難になる。かりに附近にまとまった空地があったとしても、団地ができたことにより地価は異常に値上りし、その取得は非常に困難なものとなる。だからといって、既設校に増築すれば、校庭はなくなり児童生徒数1千人を超える超マンモス校となり、学校の適正な運営に数々の障害をもたらし、教育の低下は免れないものとなる。

　公団、公社及び民間の既設5団地だけでも、昭和54年までに小学校15校、中学校7校を新築しなければならないと予測[31]される。そして現在これらの団地内に確保されている用地は7校分しかない。残りの15校分の用地をそのときになって確保できるであろうか。現在の小中学校30校でさえ、学級数に対する敷地面積が適正基準を満たしているのは、わずか3校であり残り27校の不足面積は約31万㎡にも及んでいる。

　これまでの団地建設による影響で、教育環境は著しく低下し、さらに将来もそれが引続くと予想される。後述するように現在でも足りない財

第Ⅱ－13図　遅れている教育施設水準（文部省基準との比較）

45.5.1 現在

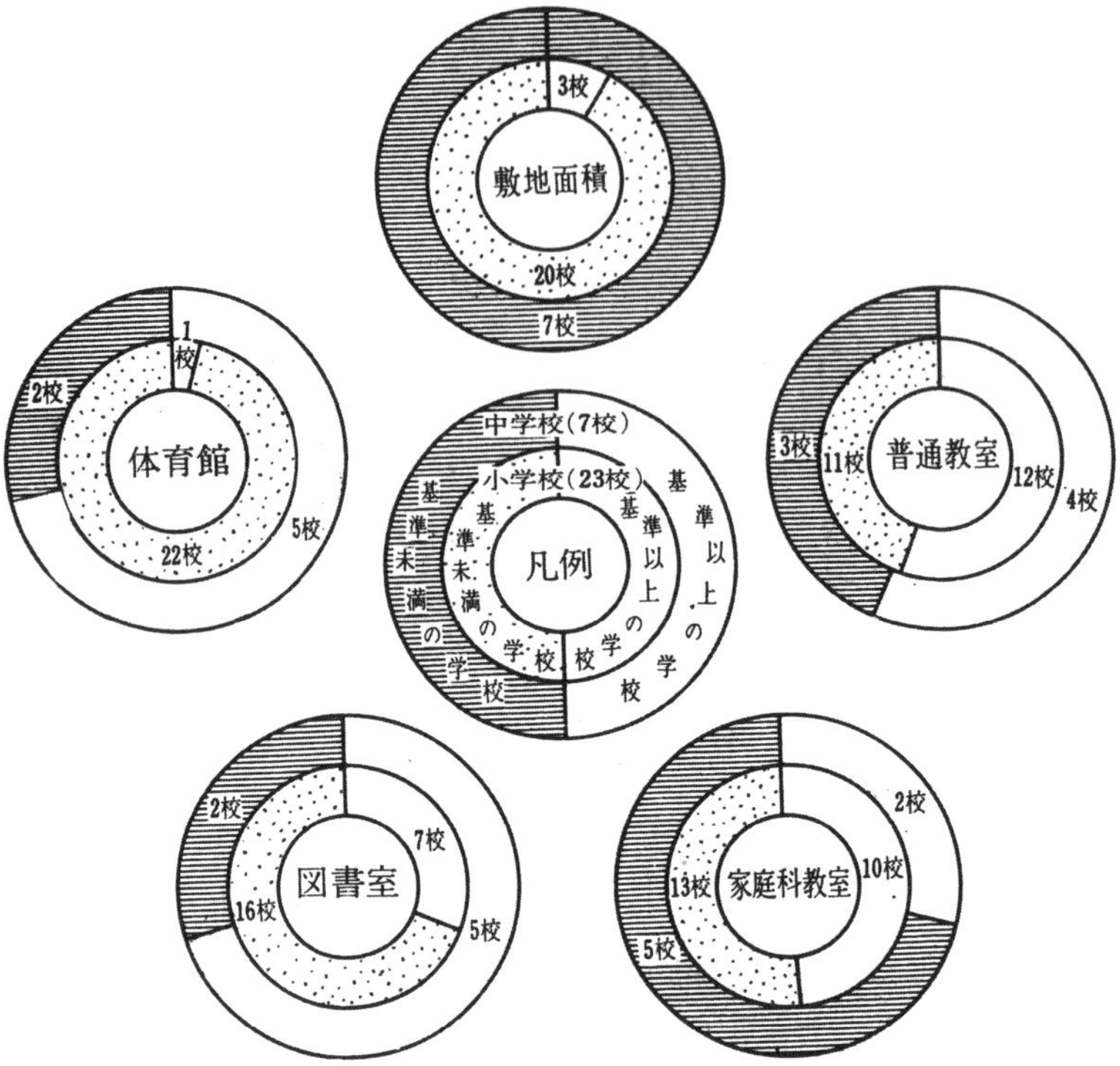

（市教育委員会資料）

第Ⅱ－14図　団地は文部省基準をはるかにこえる児童生徒を擁している

——100世帯当りの児童生徒数の推定——

（単位　人）

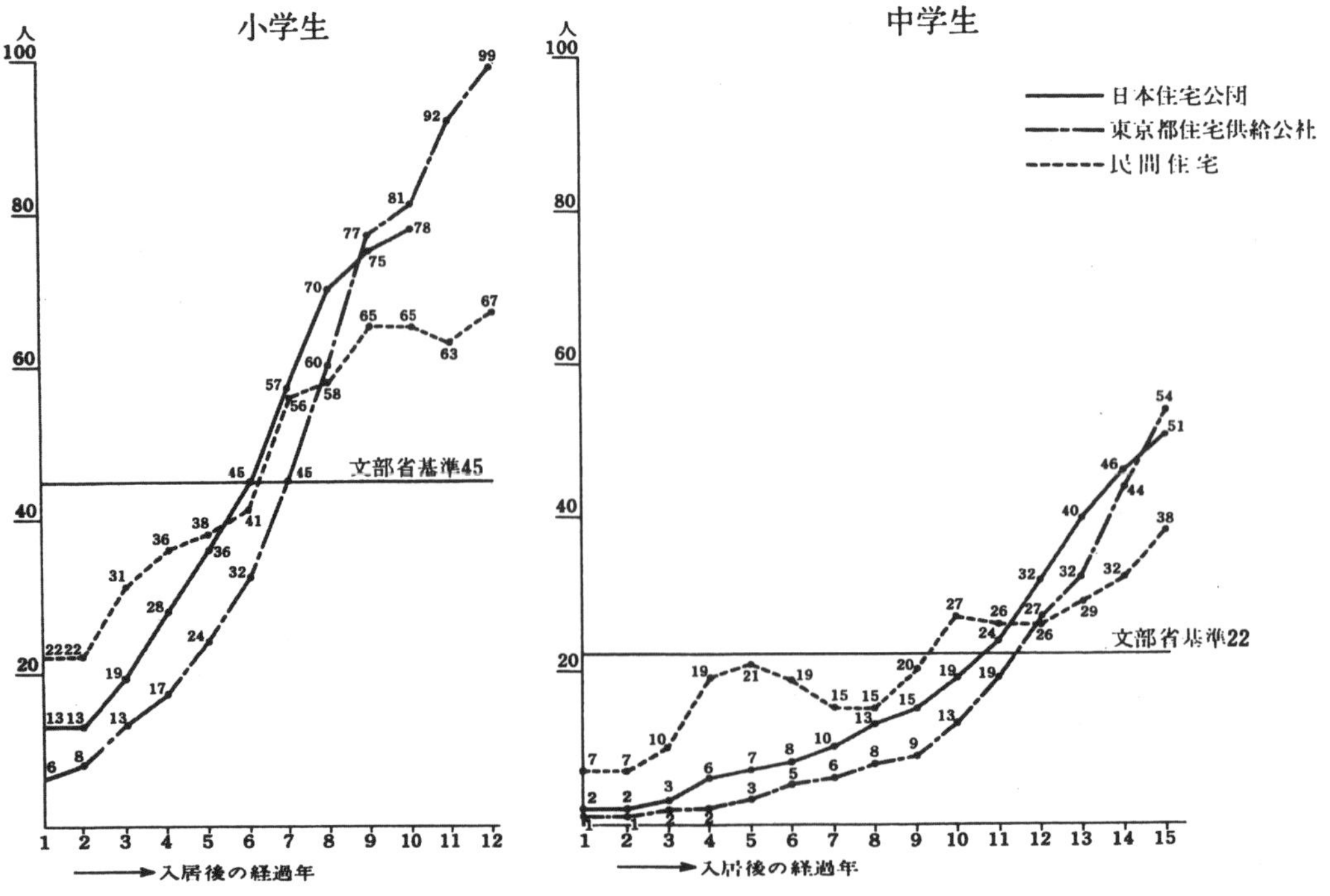

（住民基本台帳）

政資金が一層不足幅を拡大するという深刻な問題を投げかける。このような団地建設のあり方は、教育環境の低下を防ぐためにももはや放置できない段階にきている。

第４節　進まない下水道整備

人口の増加にともなって下水道の不備が急激にクローズアップされてきている。し尿処理については、これまで団地建設のつど水洗による高級処理方式で行うよう指導してきた。しかし中小規模の団地では、資金的な理由などにより個人浄化槽や集中浄化槽、汲み取り処理に依存しなければならない状態である。Ⅱ－15図のとおり、現在市内の58％の家庭が汲み取り処理に頼っている。汲み取り家庭の増加によりその処理量は、この8年間に3倍以上にも達し、それに加えて汲み取りによらない中小団地の個人浄化槽や集中浄化槽についても、処理後の汚泥の仕末に困難な問題を生じさせている。すでに処理能力は限界にきているのである。こうした結果、し尿処理場の近くにある境川住宅や木曽、森野両都営住宅などの住民に悪臭の公害をもたらしている。

第Ⅱ－15図　立ち遅れている下水道整備

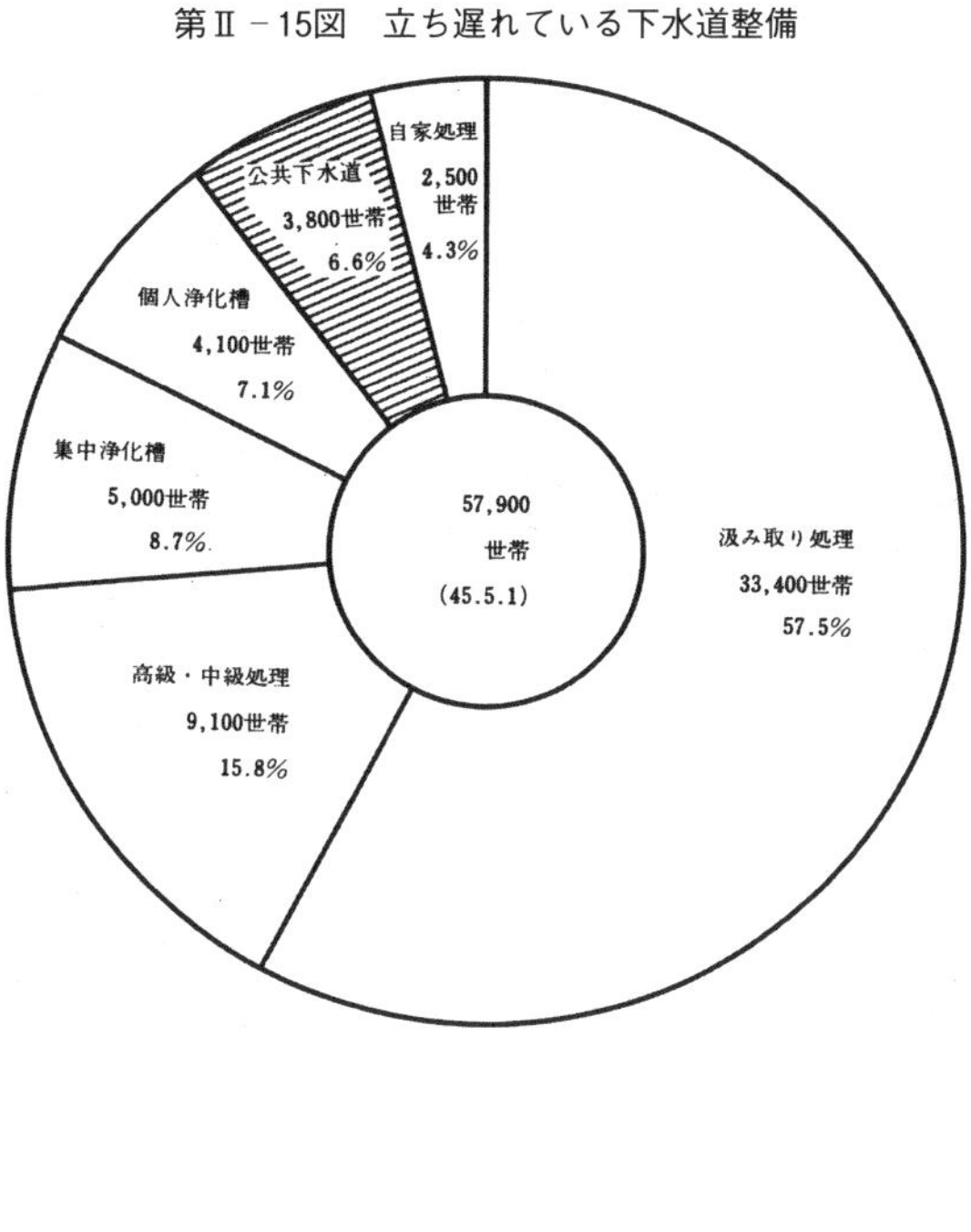

一方、台所や風呂から出る家庭汚水は、公団、公社の大規模団地を除いては、ほとんどが道路側溝に流されている。汚水の通る側溝は、カやハエなどの発生源ともなって、さらに流れ込む川を汚し悪臭を発生させている。このように、し尿や家庭汚水の処理が不備なため、市内各地での環境は急激に悪化している。

こうした環境の悪化を防止し、より良い環境を保持するためには、下水道の1日も早い整備が決め手となるわけである。しかし、市内で公共下水道が完備されているのは鶴川団地内だけである。これは、市内全家庭でみれば、6・6％に過ぎない。

都市化が急速に進むおり、これまでの下水道整備の立ち遅れは、ますます環境を悪化させていくもので、もはや汚物による環境の破壊、公害の発生という問題から市民生活を守るには、下水道の整備以外にその道はないといっても過言ではなかろう。

下水道整備を進めるには、その放流先である河川の改修もなされていなければならない。市内を流れる主要な川は境川、鶴見川、恩田川である。これらはもともと農業用水として利用されていた川であったのを、都市化とともに下水道の代りとして利用されるようになってしまった。三つの川は共通して、川幅は狭く、河床は浅く、蛇行が著しく、流れは不規則になっている。ところが団地建設により山林や田畑などがつぶされ宅地化して、これまでの雨が降れば地下にしみこむという自然の調節機能が失われてしまった。なかでも境川は過去二回にわたって氾らんし、沿岸の住民に大きな被害を与えている。

（境川のはんらん状況　45.7.1）

こうした状況から東京都は、36年以降市内の河川改修に約13億円を投じている。しかし、計画延長1万490mに対し8・3%という部分的な改修[32]にとどまっているために、今年7月1日の集中豪雨で境川はまたも決壊し、床下浸水295戸という被害をもたらした。そのうち都営住宅は95戸であった。自然の調節機能をこわしたのも人間で、それを補うべき河川改修を遅らせたのも人間である。まさに人災というべきである。

境川は東京都の管理下にあり、境川未改修による氾らんの被害が周辺の都営住宅に多いことは、河川改修に先行してなされた住宅建設そのものにも問題があるといえよう。

それにしても河川の氾らんは、尊い人命や財産にかかわることであり、市民の安全な生活のためにも、その改修は急がされなければならない。

第5節　不足する公園、レクリエーション施設

団地建設は丘を削り、緑したたる木々を切り倒し、そこを宅地に一変させてしまい、人と自然の交わりを目の前から無残にも奪いとってしまう。緑が失われていく一方、その代りの公園と呼べるものは、整備途上にある市内七国山風致地区の薬師池公園ただ一つである。計画中のものとしては、多摩丘陵の中腹を東西に貫く8キロ余りの防衛施設庁の車輛試験道路（通称戦車道路）[33]を桜やケヤキ並木の遊歩公園にしようというものだけである。このように、全市的にみて公園は全く不足している。

一方、団地内には、公団・公社などの大規模団地にわずかな木を植えた小公園があるに過ぎない。広大な緑を切り開いて建設される団地は、もとの景観をガラリと変えて、そこをコンクリートジャングルにさせてしまう。こうした団地では、造成面積に対してたった3%の公園を残すことになっているに過ぎない。公団・公社の中層団地のように高密度な人口を擁する団地では、緑はなおさら必要なものであり、現状では余りにも少なすぎる。団地内に、消滅した自然に代る公園用地が十分に確保されなければ将来に大きな問題を残すことになる。まだ足を延ばせば自然の緑に親しめる現在はよいが、野山の大半が削りとられてしまう将来、失われる野山に代る公園緑地の確保は、今後一層重要性をますことになろう。団地建設に伴う自然の破壊が続く中で、それに代る公園の不足を目の前にし、ただ手をこまねいていることは、いたずらに自然環境を悪化させ、将来の生活を味気ないものにするだけであろう。

公園の不足と同時に、子どもの遊び場や児童公園も全市的に不足している。現在は大規模団地内にいくつかある程度である。将来性を秘めた子ども達に適当な遊び場を提供していないことは、子どもの成長にとって大きなマイナスとなろう。そればかりではない。前述した子どもの交

通事故死が都下でもっとも多いということも、このことに関係があろう。

遊び場や児童公園がもっとあったなら、防げた事故もかなりあったはずである。

また市内には、野球、サッカー、バレーなどのスポーツを楽しむ広場やレクリエーション施設は、極く限られたものが特定な所にあるだけで、これもまた極度に不足している。レクリエーション施設の不足は、将来生活が向上して余暇時間が増えたときには、一層大きな問題となろう。

市民の快適な生活のためには、団地内に公園用地を確保することは勿論のこと、全市的に公園、レクリエーション施設を充実させてゆき、さらに自然そのものの保護もしていかなければならない。

第Ⅱ－16図　町田市民１人当りの都市公園面積は0.4㎡

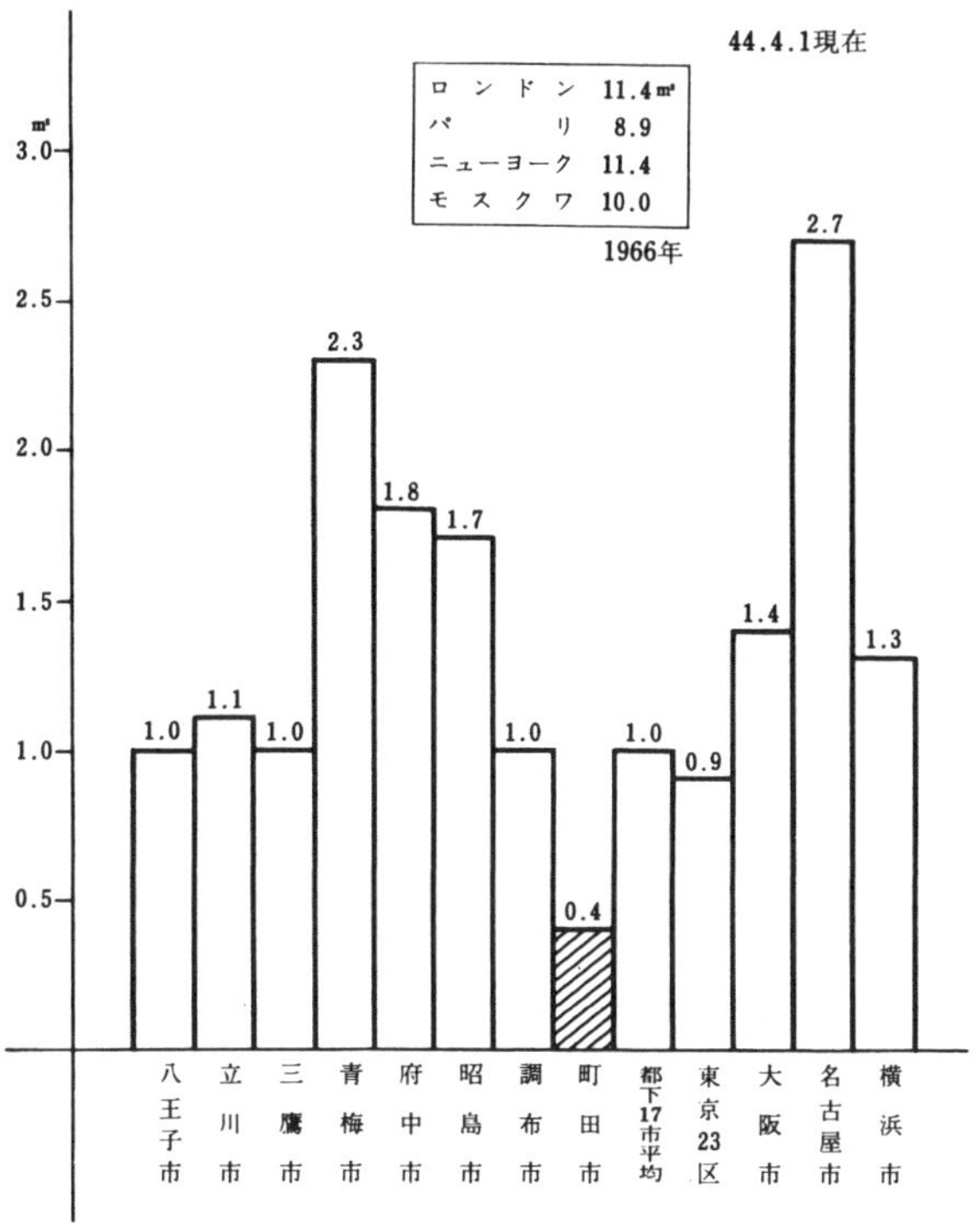

（東京都・市町村公共施設状況調査）

第６節　市民生活の不満

町田市の都市としての機能は小規模なものでしかなかった。そこにいっきょに大人口をかかえた団地が入ってきたために、輸送機関の混雑とか生活環境整備の立ち遅れ、諸施設の不備不足など、市民生活でさまざまな不満が出ている。それら不満はⅡ－１表のように団地によってまちまちである。(34) 既にみてきた不満や不安のほかに主だったものを市民アンケート調査から拾い上げてみると、病院や防犯、郵便、飲料水、保育所、幼稚園などに対する不満が多い。

病院についての不満は、待たされる、専門医が少ない、近所に病院がないというのが主だった内容である。

病院はⅡ－２表のとおり人口増加で全市的に足りなくなっている。特に、公団、公社のように何千人、何万人という人口をかかえる団地では、80％近くの世帯が病院に対する不満を訴えている。団地内の病院は、鶴川団地と木曽山崎団地に１ヶ所づつあるだけで、その他は周囲に開業医を待つという状態である。１ヶ所しかない団地内の病院は非常に混み合っている。また、こうした団地では、若い夫婦と乳幼児が多いため、特に産婦人科や小児科の不足が目立っている。救急車の出動が団地に多くなっている事実は、団地が如何に病院の不足で悩まされているかを如実に物語っているものといえよう。

都市化が急速に進む町田市においては、さまざまな犯罪が続発している。このようななかで防犯についての不満は、警察官や派出所の不足に対するものである。都市化や人口増加に対処して警察官もかなり増員され、派出所や駐在所も増え、移動交番車による市民との接触などがされている。しかし、それらは団地の拡散化や人口の急増に比べ不十分である。

街路灯についての不満はかなり多い。これは団地の拡散化による需要に対してその整備が追いつかないからである。

一方、プロパンガス、灯油の使用といった火災危険物の増加や中層建物の増加に対し、消防力も次第に高められているが、狭い道路や少ない消火栓などがからんで市民に火災時の不安を投げかけている。また、交通事故の続発や急病人の発生など救急車の要請は非常に高まっているが、市内の救急車は2台しかなく、人口の増加や市の面積からみて余りにも少なすぎる。

警察官と消防官の人数はⅡ－20図のとおり東京都23区や都下17市平均と比べても極度に少ない。市民の安全な生活を確保するために、早急に増員されなければならない。

郵便についての不満は、近くにポストがないとか、郵便局が遠いといったものが主なものである。これは、団地の拡散化によってもたらされたものであり、郵便事業の予算や人員などの問題がからんで思うように進まない状況にある。

飲料水についての不満は、主に料金が高い、水が濁る、水の出が悪い

第Ⅱ－1表　団地別の不満内容

区分＼不満順位	1	2	3	4	5
大規模団地（公団・公社）	交通機関	病院（医療機関）	教育施設	水　道	食料品、日用品の買物
	○通勤通学の電車、バスが混む ○終バスが早い	○混んで待たされる ○専門医（眼科、歯科、小児科）が少ない	○体育施設が足りない ○教材、教具備品が足りない ○高等学校が足りない	○料金が高い	○近所に商店が少ない
小規模団地（民　間）	住居周辺道路	病院（医療機関）	食料品、日用品の買物	下水道	交通機関
	○舗装されていない ○道幅がせまい ○いたんでいる	○近所に病院が少ない ○専門医（眼科、歯科）が少ない	○近所に商店が少ない	○流すところがない ○あふれる	○バスの本数が少ない ○終バスが早い
区画整理（つくし野）	食料品、日用品の買物	郵　便	交通機関	教育施設	水　道
	○近所に商店が少ない	○局が遠い	○バスの本数が少ない	○教材、教具備品が足りない	○水がにごる

（市民アンケート、団地実態調査）

第Ⅱ－17図　病院（医療機関）についての不満

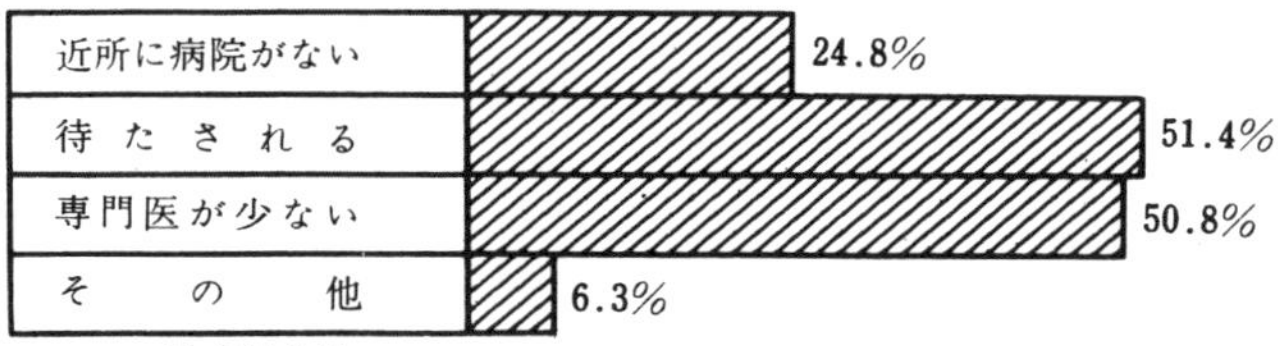

（備考）$\frac{該当記入数}{全回答者数} \times 100$

（市民アンケート調査）

第Ⅱ－2表　年々不足する医療機関

（各年1月1日現在）　単位　人

区分＼年	40	41	42	43	44	45
医師1人当りの人口	689	695	713	771	856	908
病院診療所1施設当りの人口	1,150	1,230	1,240	1,240	1,360	1,420
普通ベッド・1ベッド当りの人口	163	188	174	194	189	194

（町田保健所資料）

第Ⅱ－18図　防犯についての不満

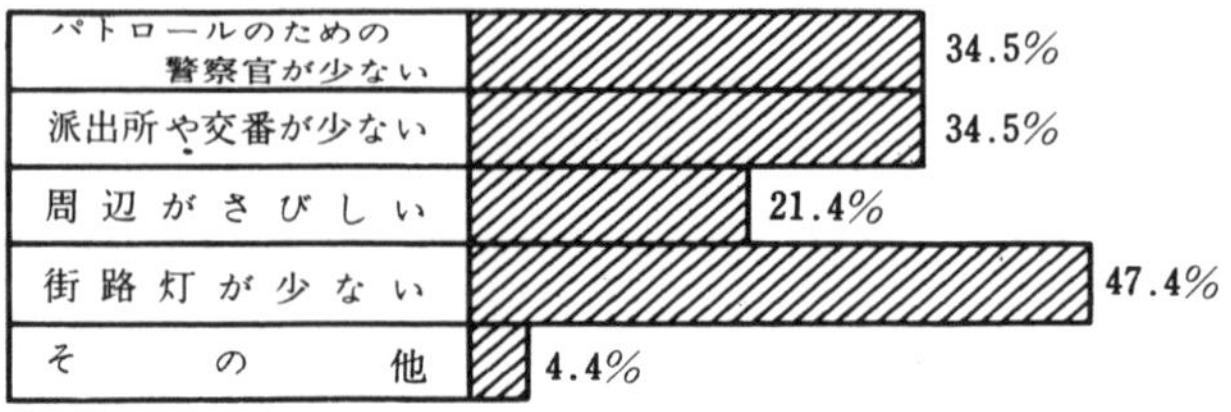

（備考）$\frac{該当記入数}{全回答者数} \times 100$

（市民アンケート調査）

第Ⅱ－19図　災害（周辺の地域環境）についての心配

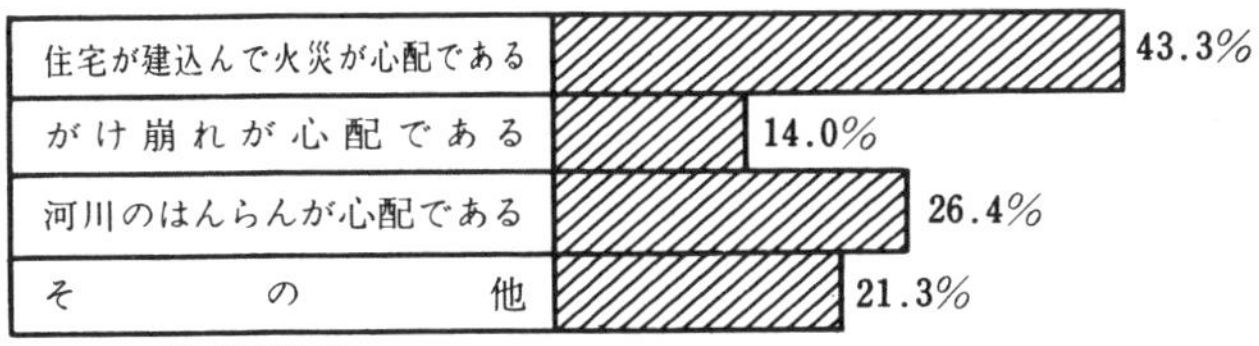

（備考）　$\frac{\text{該当記入数}}{\text{全回答者数}}\times 100$

（市民アンケート調査）

第Ⅱ－20図　市内の警察官・消防官は１人でこんなに多くの市民を受け持っている

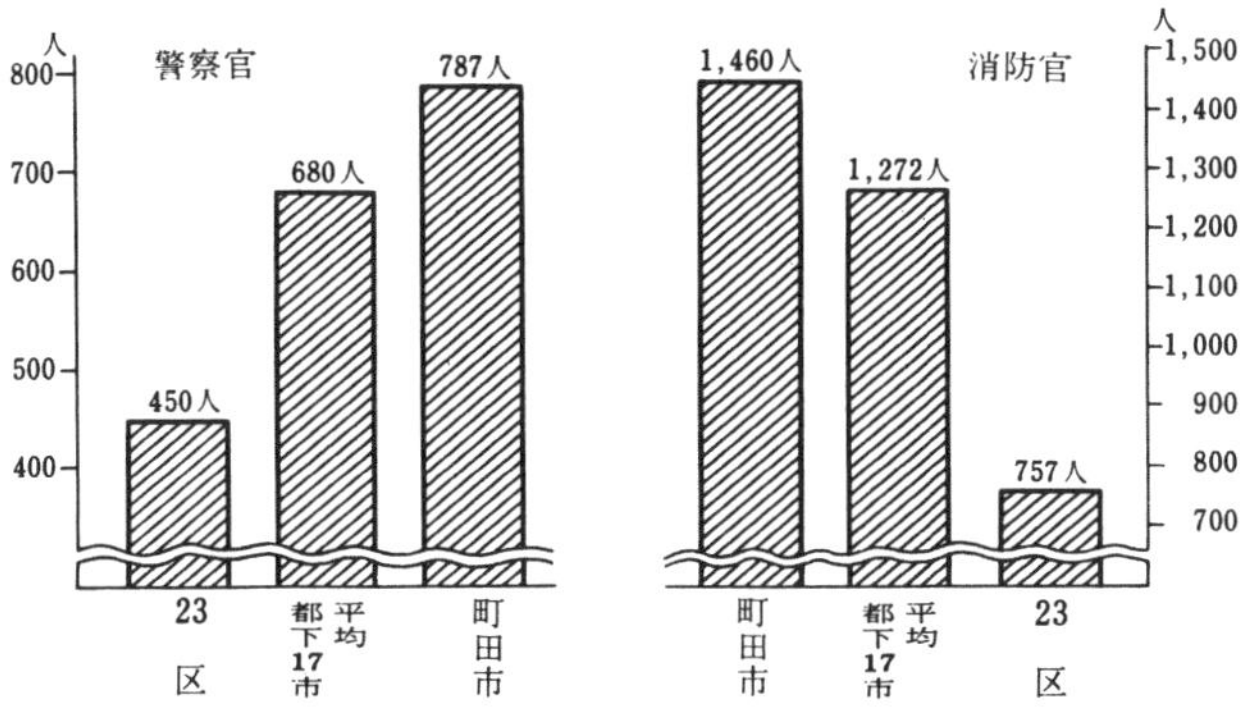

（警視庁・消防庁資料）

第Ⅱ－21図　郵便についての不満

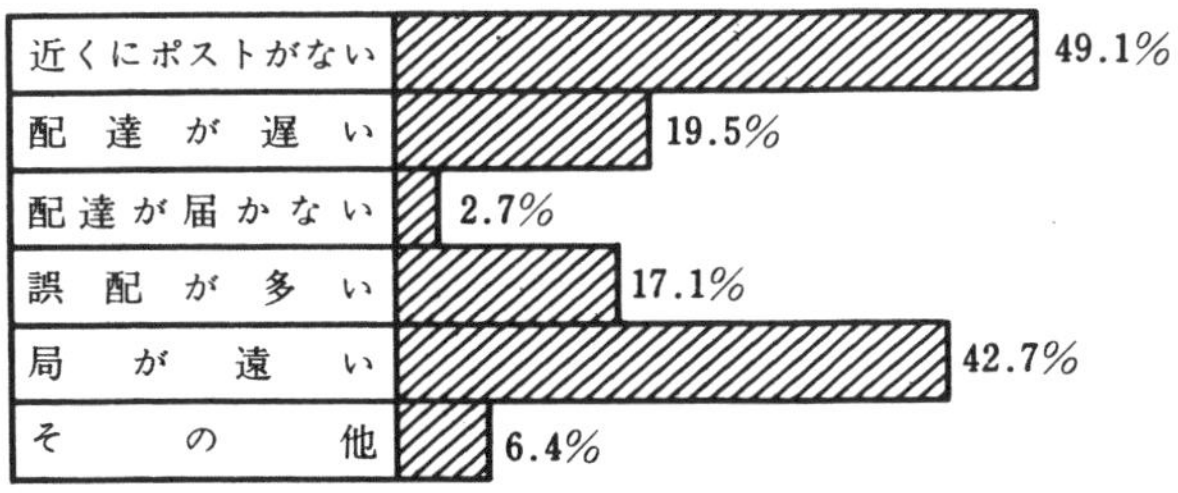

（備考）　$\frac{\text{該当記入数}}{\text{全回答者数}}\times 100$

（市民アンケート調査）

第Ⅱ－22図　飲料水（上水道）についての不満

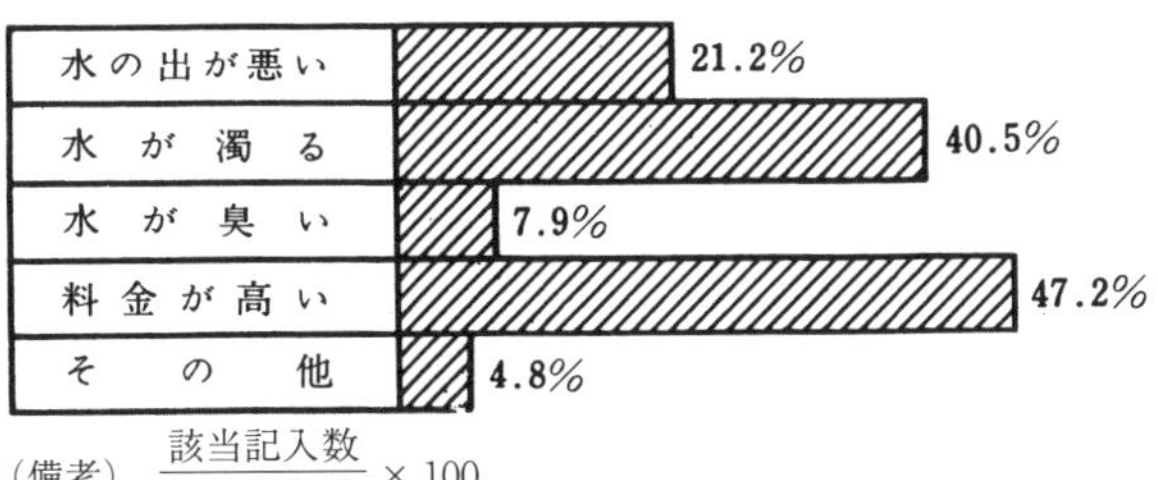

（備考）　$\frac{\text{該当記入数}}{\text{全回答者数}}\times 100$

（市民アンケート調査）

といったものである。町田市の水はもともとは、地下水に頼ってきたのであるが、Ⅱ－23図のとおり人口の増加により水の需要が飛躍的に増大して、地下水ではとても間に合わなくなった。昭和43年8月からは東京都より高い利根川の水を買い、それを各家庭に給水することによって、ようやくまかなっている状態である。水道特別会計は東京都の分水の大幅な受け入れなどで支出がかさみ、水道料金[35]は都内に比べ2倍強も高いにもかかわらず水道会計[36]は悪化している。

保育所・幼稚園についての不満は、近所にないというものが圧倒的である。

保育所、幼稚園は、団地による幼児の異常な増加はもとより、共働き世帯の増加や幼児教育の一般化などで全市的に不足している。市内の０～5才児[37]は約2万７０００人で、保育を要する推定児童数[38]約２８００人に対し、保育所は公立、私立併せて14ヶ所定員１４００名である。また、幼稚園対象年令児童数[39]約1万２０００人に対して幼稚園は28園定員４４００名となっている。保育所、幼稚園に対する不満は、特に公団、公社の中層団地に多くでている。こうした団地では人口構成の特殊性で述べたとおり、20～30代の入居世帯が圧倒的に多くたくさんの幼児をかかえている。団地内の保育所、幼稚園ではとてもまかなえ切れない状態である。たとえば、山崎団地（木曽山崎団地の公団分）では、幼児人口３００人に対して、保育所1ヶ所、幼稚園2ヶ所で定員約５３０名にすぎないのである。

こうした数々の不満のほかに、本来20万都市としてあるべき、市民会館、図書館㊵、総合グラウンドなどの施設整備充実を望む声が多いことも忘れてはならない。

いままで述べてきた都市機能の立ち遅れは、いずれもが団地建設によって、直接・間接にひきおこされたものであり、しかもなお今後も深刻化する一方である。こうした現状を各市および都内23区と比較するとⅡ−3表のとおりである。

現状の立ち遅れた都市機能、住みにくさに対して市民の「何とかしなければ」という声が大きく集まって現われている。主なものは、公団・公社中層団地の自治会の連合組織である「町田市公団公社自治会連合会㊶」が当面の活動方針としてあげている、救急車の増配、団地に合った防火対策の強化、各団地のバス路線の拡充と増発、通勤電車の増車、小

第Ⅱ－23図　水の使用量はこんなに増えた

各年度共4月中（1ヵ月間）の使用量

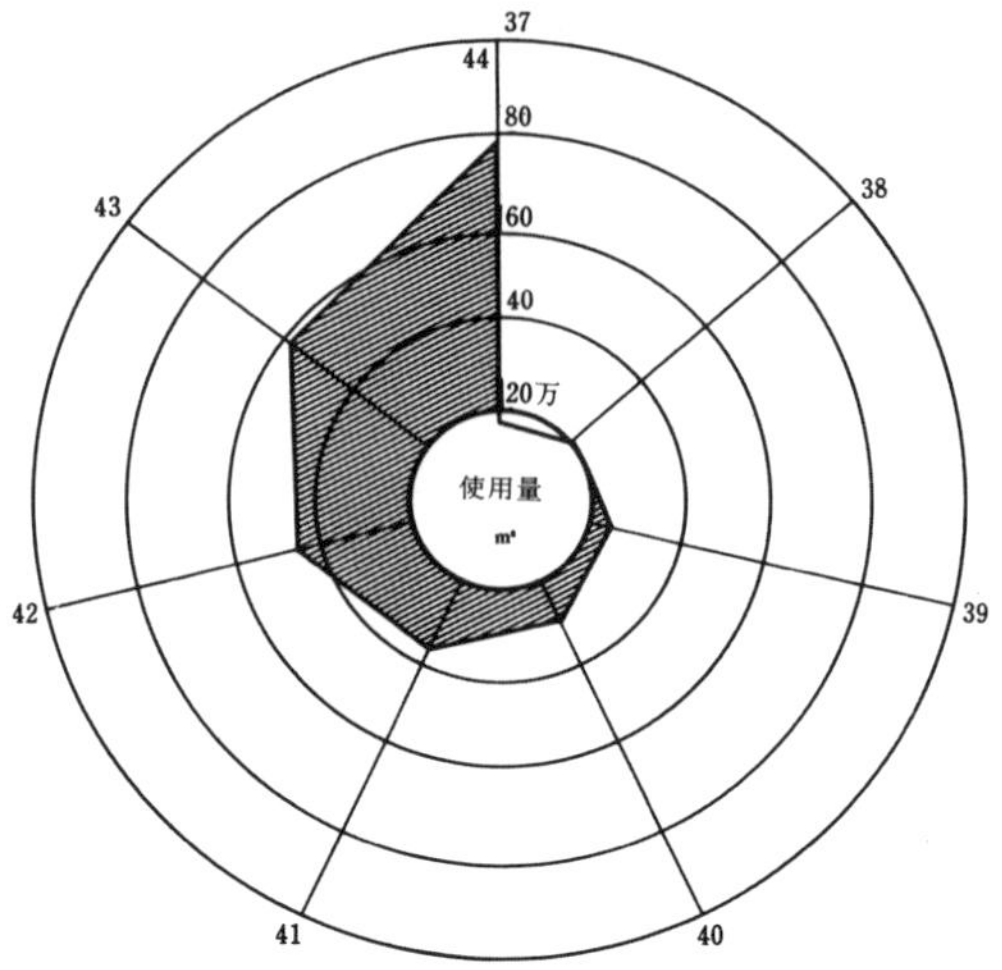

第Ⅱ－24図　保育所について

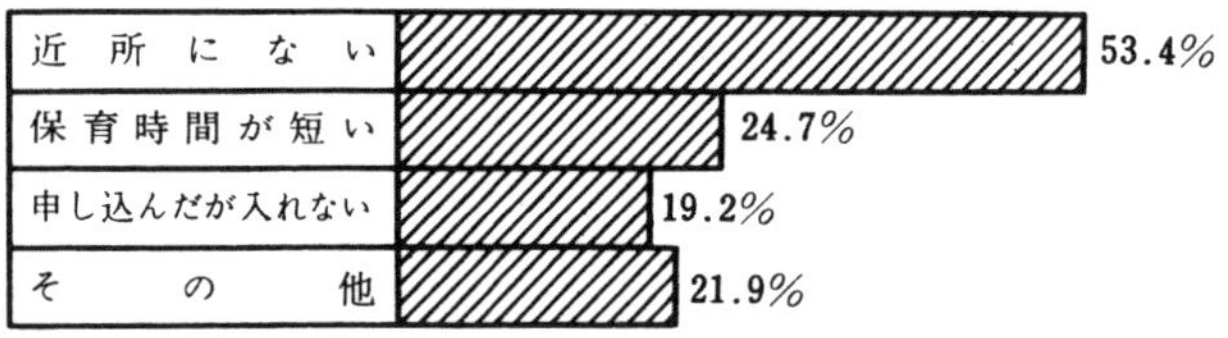

（備考）$\frac{\text{該当記入数}}{\text{全回答者数}} \times 100$

（市民アンケート調査）

第Ⅱ－3表　主要公共施設状況比較表

区分	道路		上水道	下水道	都市公園	保育所	小学校		中学校	
	改良率	舗装率	普及率	普及率（対人口）	1人当り面積	収容率	校舎非木造率	屋内体育館不足率	校舎非木造率	屋内体育館不足率
	改良済延長	舗装道延長	給水人口	現在排水人口	公園面積	公私立収容定数	非木造面積	屋体不足校	非木造面積	屋体不足校
	実延長	実延長	住民基本台帳人口	40年国勢調査人口集中地区人口	44.3.31現在行政区域内人口	対象者数	校舎面積	学校数	校舎面積	学校数
	%	%	%	%	㎡	%	%	%	%	%
町田市	17.1	11.5	73.9	0	0.4	50.1	38.8	95.2	34.9	42.8
都下17市平均	28.4	32.3	82.3	20.4	1.0	88.3	57.8	77.7	61.6	32.1
八王子市	26.0	19.3	73.2	19.0	1.0	39.3	41.1	69.4	46.5	26.6
立川市	50.2	60.6	93.9	68.8	1.1	103.1	98.8	7.6	97.2	0
武蔵野市	50.6	87.8	94.9	26.9	0	122.9	45.5	0	89.0	0
三鷹市	32.2	7.6	91.7	51.4	1.0	42.5	58.3	36.3	23.3	0
府中市	28.1	83.4	92.2	32.7	1.8	59.4	74.2	0	86.7	0
昭島市	26.3	36.7	99.2	0	1.7	77.8	88.5	100.0	81.0	100.0
調布市	18.4	59.5	81.0	12.6	1.0	141.8	45.5	100.0	41.6	20.0
小金井市	7.3	65.7	91.6	0	1.6	156.5	45.0	12.5	46.6	0
小平市	93.6	38.3	73.1	0	0.2	120.8	51.2	100.0	45.8	0
東京都23区	58.4	72.2	97.2	45.5	0.9	64.5	66.7	11.0	69.9	1.0
横浜市	22.9	28.0	96.4	49.6	1.3	100.0	59.2	97.8	53.5	76.8
名古屋市	54.7	20.5	97.1	81.2	2.7	85.8	56.2	86.8	57.4	79.5
大阪市	63.9	66.6	99.9	72.2	1.4	30.5	96.6	83.4	98.4	89.8
全国市町村	12.9	4.8	70.6	25.6	2.8	58.3	33.2	63.4	38.4	51.9

（東京都・市町村公共施設状況調査）

田急線の複々線化の促進、プレハブ校舎の解消と教育施設の整備拡充、団地内の交通安全対策と駐車場問題の解決などである。

また、市内各町内会、自治会の任意加入による「町田市町内会連合会」[42]からも、交通安全対策、防犯灯、市道の改修整備、水道料金の格差是正、河川の公害と改修、通勤過密の緩和、保育所の増設、下水道の整備などが叫ばれてきている。

これらはいずれもが緊急に解決されなければならないものであり、市民に住み良い環境を提供すべき自治体の立場からも、一刻も放置できない問題である。

第7節 都市機能は何故立ち遅れたか

都市機能がこのように立ち遅れたのは何故か。どうしてそれを防げなかったのであろうか。その要因はさまざまに求められるが、主として次の五点があげられる。

第一に、数多くの団地が、都市生活の基本的条件である都市施設が満足に備わっていないところへ急速に入ってきたことである。下水道や道路がその典型である。

団地建設は、国の住宅政策にもとづいてなされているにもかかわらず、団地建設に伴う必要な整備は自治体の仕事として押しつけられ、そのための財政的裏付けも制度の改善も何一つ抜本的に考えられはしなかった。もともと町田市は、自然環境には恵まれていたが、そこには大量のひとが住む都市としての機能は備わっていなかった。

もし、町田市に自治体の義務として、そうした多くの新しい人々を迎え入れる機能を備えることが要求されるならば、その準備のための時間とそれなりの資金とが必要であったのである。しかし、現実にはその両方ともが与えられはしなかった。

第二に、団地建設施行者自体も、人間の住む環境づくりに充分な投資を行なってこなかったことである。

たとえば、住宅政策を進める代表的な住宅供給機関である住宅公団、住宅供給公社の団地にあっては、必要最小限度の道路や遊び場などは比較的整備されているが、公園、広場、病院、駐車場などについては、大勢の人々が住む団地としては全く不十分なものであった。特に、学校用地が当座の必要最小限のものだけしか確保されていないことは、財政的な理由があったにせよ、今後取り返しのつかない結果をもたらすものとして大きな問題である。これらは、一定の敷地内にできるだけ多くの戸数を建て、しかも国の財政支出をできるだけ行わないで住宅を提供するという住宅政策の戸数優先主義と独立採算制に起因しているといわねばならない。

また、民間企業による団地においても、ただ利潤だけを追求して優良な宅地を提供するという基本的義務を怠っているものも少なくない。

こうした団地では道路が狭く、未舗装であるとか、幼児の遊び場がないなど全く最低の条件すら満たされていない場合が多いのである。市内各所に散らばった団地に住む人々が、毎日の生活に極度な不便を訴えているが、苦しい市財政では、それに直ちに応ずることができないのである。

第三には、人口が集中増加している地域に対して、国や東京都の行政上の配慮が十分になされていないことがある。警察官の増強や消防力の強化、郵便業務の拡充、高等学校の増設などはもちろんのこと、河川の改修や主要道路の整備なども人口の急激な増加に対応した考慮がほとんど払われてきていない。

このように、それぞれの行政がバラバラに動いていることも機能の立ち遅れの大きな要因となっているのである。

公園			駐車場		管理事務所	集会所	郵便局	巡査派出所	店舗	スーパーマーケット	銀行	汚水処理	給水	調整池	その他
面積（㎡）	全面積に占める比率（%）	1人当りの面積（㎡）	保有台数（推計）	収容台数											
44,291	3.6	3.4	1,370	413	3	3	1	1	22	1	1	公共下水道	給水塔（2）	0	
52,500	8.2	4.0	820	450	4	3	1	1	22	1	1	公共下水道以外の高級処理	給水塔（1）	3	
22,500	8.8	3.7	600	0	1	4	0	0	0	1	0	〃	給水塔（2）	4	
6,000	7.5	2.0	240	0	1	2	0	0	8	0	0	集中浄化槽	地下受水槽（2）	0	
4,800	5.3	1.6	240	0	1	2	0	0	0	1	0	〃	地下受水槽（1）	0	
6,351	8.7	2.2	220	0	1	1	0	0	16	0	0	〃	給水塔（1）	0	
5,920	15.5	3.7	120	0	1	1	0	0	0	0	0	〃	上水道	0	
39,902	4.2	20.7	429 各世帯で車庫を所有	35	1	1	0	1	15	1	0	公共下水道以外の中級処理	〃	0	スポーツクラブ テニスコート　2 プール　1 ゴルフ練習場　1

（団地施行者資料）

第四に、民間企業を含めた公共的サービスにおける投資不足とそれに対する総合的な指導とコントロールが全く施されてこなかったことである。その代表的なものが通勤輸送である。企業体における投資不足については、経営上の問題もあり単純に投資不足を非難することはできないが、かりに本来の使命である公共サービスを忘れ、免許事業の上にあぐらをかいているとするならばゆるされないことである。現在の首都圏におけるラッシュ時の交通機関の混雑はきわめて異常なまでの状態に陥っているが、それに感覚的マヒを起し、「定員を守る」という常識へ回復させる努力を忘れている。企業体もまた指導する側もそのための努力を怠ってきたのである。

さらに、ながい間の利用者の願いである国鉄横浜線の複線化は一向に改善されないばかりか、本来国鉄が行なうべき投資を自治体に押しつけ多額な利用債の引き受けをその条件としているのである。そのような公共的サービスの充実は、大量の団地建設と併行して国が取組まなければならないものであり、そうした総合的なコントロールの欠如が今日の町田市の通勤難の激化をひき起こしているものである。

第五に、このような公共投資の不足をさらに助長している、地価の急騰についてふれなければならない。首都圏域の30キロに位置する町田市は、大都市への人口集中がもたらす土地需給のアンバランスによって、地価の高騰する素地は十分であったが、団地の拡散的増加が市内全域の地価を異常に急騰させる結果となっている。Ⅱ－25図でみるように、町田市の地価の上昇指数は、六大都市や全国平均をはるかに上廻ったものとなっている。

このような地価の急騰が、公共事業の進展を妨げ、ただで

第Ⅱ－４表　団地内公共施設等現況表

施設名 / 事項 / 団地名	保育園・幼稚園			学校				医療機関									
	幼児人口（人）（０～５才）	施設数		将来の必要数		現在数		施設数	内科	外科	小児科	レントゲン科	産婦人科	耳鼻いんこう科	眼科	歯科	その他
		保育園	幼稚園	小学校	中学校	小学校	中学校										
鶴川団地 121.3ha 3813世帯	2,176	0	3（470人）	4	2	2（内１校建設中）	用地有（１）	1	1	1	1	1	1	0	0	0	0
山崎団地 63.4ha 4025世帯	3,344	1（163人）	2（360人）	5	3	2	用地有（１）	1	1	1	1	1	1	1	1	1	0
境川住宅 25.4ha 2186世帯	1,691	1（100人）	1（200人）	2	1	1	0	0	0	0	0	0	0	0	0	0	0
木曽住宅 8.0ha 856世帯	745	0	0	1	0	0	0	0	0	0	0	0	0	0	0	0	0
本町田住宅 9.0ha 861世帯	854	1（60人）	0	1	0	0	0	0	0	0	0	0	0	0	0	0	0
高ヶ坂住宅 7.3ha 799世帯	504	0	0	0	0	0	0	0	0	0	0	0	0	0	0	0	0
森野住宅 3.8ha 429世帯	333	0	0	0	0	0	0	0	0	0	0	0	0	0	0	0	0
つくし野団地 95.0ha 550世帯	335	0	1（120人）	2	1	1（建設中）	0	6	1	1	1	0	1	0	0	3	1

（　）内は定員数

さえ少ない公共投資の効率を大幅に低下させている。昭和39～44年度までの6年間に新設した小学校の場合では、公団、公社から比較的安く買収しているにもかかわらず、6年間で総事業費に占める用地費の割合が10％上昇（地価は2倍強）しており事業費の半分以上が用地費に取られている。また建築費の上昇も見逃すことはできない。同年間の建築費のコストは1・36倍となっていて、地価の高騰と併せて1校新設の事業費を結果的には6年間で約1・6倍強にまで上昇させている。

こうした地価の急騰などに何ら効果的な手が打たれなかったことが、公共事業を遅らせ、その効率をも低下させてきたのである。

団地建設が続くなかで人口は急増し、市民をとりまく自然環境は失われ公共施設や公共サービスなどの都市としての機能は著しく立ち遅れたものとなっている。都市機能の立ち遅れは、まさに近郊農村地帯から近郊住宅都市への急速な変貌の落し子であった。

団地進出のあり方とそのスピード、需要に追いつけない公共投資など、その原因は根深いところにあった。また、町田市自体大量の団地を受け入れるには余りにも財政が貧弱であったのである。団地の大量建設がその結果として、いかに市財政を混乱におとし入れ、都市機能を立ち遅らせるにいたったか、市財政の分析を通じてそれを明らかにしなければならない。

第Ⅱ－25図　急激に上昇する地価

市街地域住宅地価格推移指数表

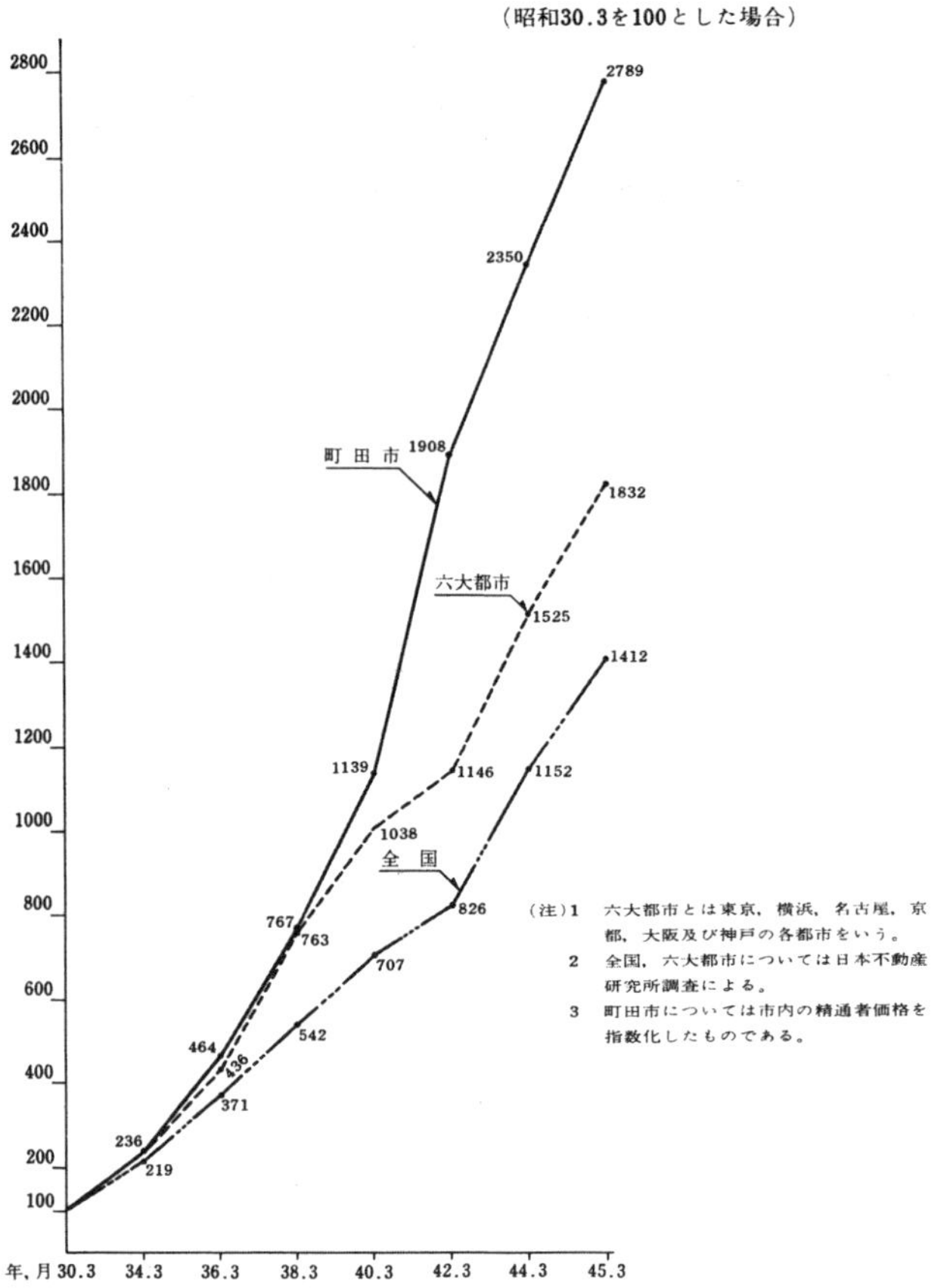

2　全国，六大都市については日本不動産研究所調査による。
3　町田市については市内の精通者価格を指数化したものである。

第Ⅱ－26図　新設小学校の用地費の割合

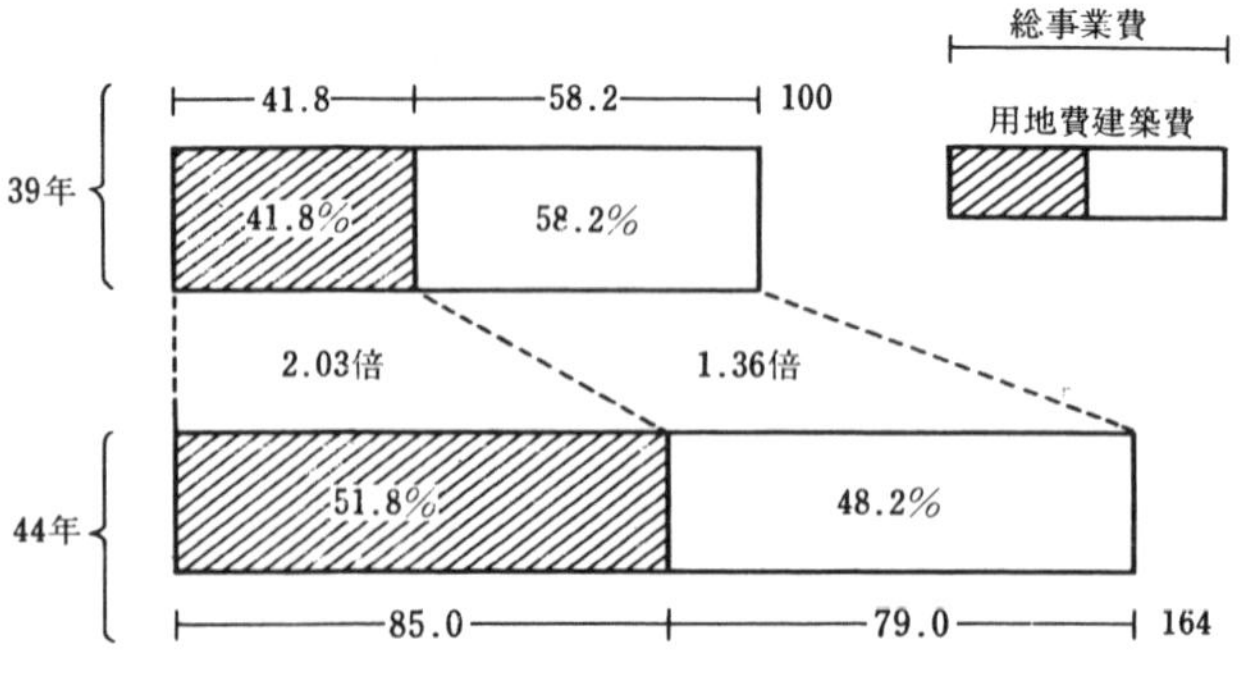

〈注〉

(1) 市制施行当時の各町村人口

(昭和33年2月1日現在住民登録人口)

町田町　36313人

鶴川村　8192人

忠生村　9150人

堺　村　7450人

計　61105人

(2) 田園都市線、東名高速道路

田園都市線は、品川区大井町より溝の口を経てつくし野へ結んでいる。昭和43年4月開通。

東名高速道路

43年5月東京—厚木間が開通し、横浜インターチェンジは、横浜市との境にある。

(3) 中層

中層とは3〜5階建てのものをいい、低層は1〜2階建て、6階建て以上を高層という。

(4) ha (ヘクタール)

1haは10000㎡(約3025坪)である。

(5) 鶴川団地の人口

45・5・1現在の居住人口で、将来さらに増加し住宅予定地に入居が完了する時点では21000人と推定される。

内訳、中層分譲及び賃貸住宅　9849人

宅地分譲　３０４６人
計　１２８９５人

(6) 計画人口　２８９４７人
45・5・1現在　１７９４８人

(7) 団地建設施行者
公的機関のもの　日本住宅公団、東京都住宅供給公社、東京都、町田市
民間によるもの　電鉄2社他不動産会社多数

(8) 住宅地の内訳
宅地１３５８ha　雑種地３４０ha（宅地に準ずるもの）
宅地周辺道路３４７ha　その他（公共用地）１５０ha　計２１９５ha

(9) 緑地
都市における自然地の保全、都市環境の整備及び改善、公災害の防止その他地域間相互の緩衝又は緊急時における避難の用等の目的に供するもの。

(10) 1人当り6㎡の公園
都市公園法による。

(11) 大団地開発中の遺跡の発見
日本住宅公団鶴川団地、同山崎団地、同藤の台団地、同小山田団地用地で発見された。藤の台団地と小山田団地には遺跡公園として一部を保存する計画がある。

(12) 20万人を突破したのは昭和45年9月25日で、20万人目の人は公団藤の台団地の入居者であった。

(13) 中層団地の人口密度
公団団地は1ha当り２００人くらい。公社団地は２３０～３９０人で最高密度の団地は、高ヶ坂住宅で1ha当り３９０人である。なお、全市では1ha当り25人である。

(14) 人口急増都市
昭和35年1月1日の人口を１００と45年4月1日の人口の比率を出すと、寝屋川市４５０・６、松戸市２８９・５、小平市２７４・９、町田市２７３・５、越谷市２１６・７、相模原市２１４・５である。

(15) 市内5地区図

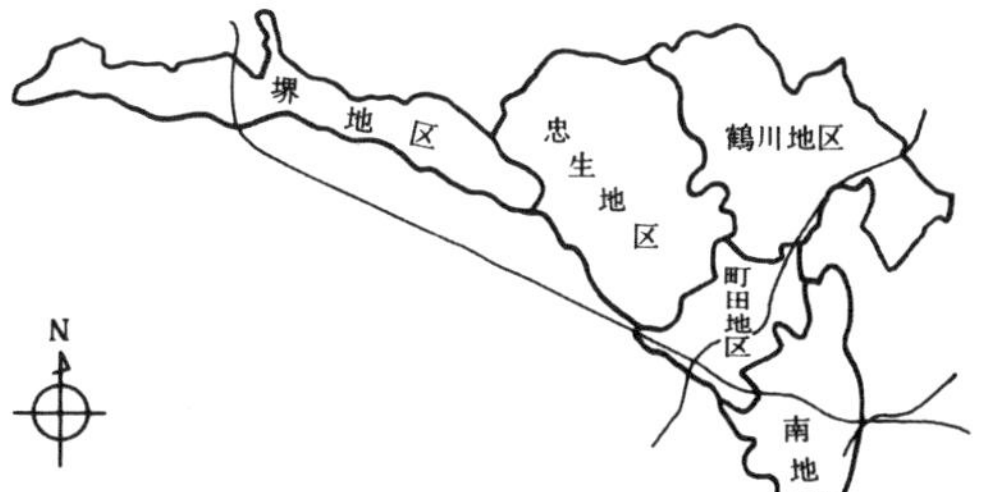

(16) 市民アンケート調査
今回団地白書をつくるにあたって実施した市民に対するアンケート調査。

7月18日～25日にわたって実施し、28項目について意見を聞いた。

対象は7月1日現在５９１２２世帯のうち９４９世帯を系統的に無作為抽出した。うち６７３世帯の回答を得た。

回収率70・9％

有効回答６４１世帯67・5％である。

詳しくは「市民生活の実態と問題点」―アンケート集計結果―を参照されたい。

(17) 都心
ここでいう都心とは特別区（23区内）をさす。

(18) 過去の輸送力強化
小田急電鉄では輸送力強化に過去5年間で約２９６億円投じたと発表している。

昭和40年に比較して45年では午前7時～8時の輸送力は52％上がっている。

(19) 混雑度調査

相模大野駅出発後の乗客数並びに新原町田駅における乗降客数から到着時点と出発時点の定員に対する実数を調査した。昭和45年9月9日実施

(20) 将来の輸送増強計画

小田急線は昭和48年度中までにラッシュピーク午前7時~8時1時間当りの急行、準急18本全部を大型8輌化にし、現行輸送力の21%増とする計画である。現在同時間帯の輸送能力は21520人である。

(21) 横浜線の複線化

横浜線の複線化は市内並びに周辺の利用客の増加に伴ってすでに6年も前から叫ばれている課題であるが、横浜線の地理的条件と国鉄の財政事情により重要路線でないとして全額鉄道利用債による工事とされ、町田市にも実に14億円の引き受けという条件付のものとなっている。

(22) 両駅間の距離

国鉄原町田駅と小田急線新原町田駅間は約650メートル、徒歩10分の距離にある。

(23) 深夜バス問題

深夜バスの問題とは、小田急線鶴川駅と鶴川団地間約3・9キロメートルを神奈川中央交通が午後10時45分の最終バスが出た後、11時10分、11時30分の2回普通料金（20円）の3倍、定期券は利用できないという「深夜バス」をテスト的に運行しているもので、これに対して団地自治会では「住民が要求している終バスの延長を3倍もの料金の深夜バスにすり代えることは運賃値上に外ならず、これは終バスの延長とは本質的に違う」として深夜バスのボイコット運動を行なっている問題である。

(24) 宅地造成指導基準

昭和42年5月制定。45年9月廃止。

(25) 中央商店街通りの交通規制

中央商店街通りは従来より日曜祭日に限り交通規制されていたが、本年8月1日からは平日でも規制されることとなった。

(26) 中央地下歩道

9月21日「新原町田中央地下歩道」が完成し、ひとだけは通れるようになった。

(27) 光化学公害の発生

8月5日午後、町田市三輪町鶴川女子高校において運動中の生徒34名が呼吸困難、目の痛みなどの症状を訴え、内3名が病院に収容された。この日は東京都全体で670名の被害者があった。

(28) 小・中学校数

昭和45年4月1日現在

(29) プレハブ校舎の数

昭和45年5月1日現在

(30) 1戸当りの就学者数

集団住宅建設に伴う予定児童等の数は小学校児童数の場合は0・45人／1戸当たりを乗じ、中学校生徒数の場合は0・22人／1戸当たりを乗じて算出する。

（義務教育諸学校施設費国庫負担法施行規則第3条第2項）

(31) 既設5団地の54年までの必要学校数

公団・公社木曽山崎団地、公団藤の台、鶴川団地、公社境川住宅

団地名	小学校		中学校	
	必要校	用地有	必要校	用地有
公団公社　木曽山崎	6	1	2	1
公　団　藤の台	3	1	1	1
公　団　鶴　川	3	1	2	1
公　社　境　川	1	0	1	0
民　間　つくし野	2	1	1	0
合　計	15	4	7	3

（備考）建設中のものを含む

(32) 部分的な改修

昭和45年3月31日現在。

(33) 戦車道路

戦車道路については、その払い下げを防衛施設庁に要請中である。

(34) 市内各団地の問題点

市内各団地の日常生活で当面する問題については附属資料「市内各団地住民の不満」参照。

市内各団地住民の不満（主なもの3つ）

◎日本住宅公団

1. 町田山崎団地
 1. バスが混む。又終バスが早すぎて不便。
 2. 病院が少く混んでおり、又専門医がないため不便（不安）である。
 3. 歩道橋が1つしかなく交通事故が不安である。
2. 鶴川団地
 1. バスが混む。又終バスが早すぎて不便。
 2. 商店が近くになく買物が不便。
 3. 幹線道路に歩道橋が無く交通事故が不安である。

◎東京都住宅供給公社

1. 金森西田団地
 1. 団地周辺の道路が舗装してなく、又狭い。
 2. バスの本数が少く、又バス停まで遠いので不便。
 3. 商店が近くになく買物が不便。
2. 東ヶ岡団地
 1. 近所に化学工場があるため悪臭がする。
 2. 団地内道路が狭く、悪い。
 3. 貸物車（道路公団へくる車）が多く通るので交通事故が不安。
3. 玉川学園茜台団地
 1. 団地内道路が狭く、悪い。
 2. 商店が近くになく買物が不便。
 3. 水道の水が時々にごる。
4. 緑ヶ丘住宅
 1. 病院が近くになく不安（不便）。
 2. 水道の水が時々にごったり、出が悪くなる。
 3. 団地内外とも道路が悪い。
5. 木曾南住宅
 1. 境川からの悪臭。
 2. 病院が近くになく不安（不便）。
 3. 商店が近くになく買物が不便。
6. 西木曾住宅
 1. 病院が少く混むので不便（不安）。
 2. バス停まで遠いので不便。
 3. 商店が近くになく買物が不便。
7. 鶴川三輪分譲住宅
 1. 病院が近くになく不安（不便）。
 2. 商店が近くになく買物が不便。
 3. 団地内外とも道路が悪い。
8. 南大谷第一団地
 1. 団地内の道路は狭く、悪い。
 2. 周辺の埋立て地にゴミがすててあり不衛生。
 3. 水道の水が時々にごる。
9. 公社森野団地
 1. 境川からの悪臭。電車による騒音。

2. 団地周辺の道路が悪い。
3. ダストシュートを使う事が出来ず、ゴミの運搬が不便。
10. 公社本町田住宅
1. 団地前街路が悪い。
2. バスの本数が少い。又終バスが早すぎて不便。
3. 病院が近くになく不安（不便）。
11. 公社高ヶ坂住宅
1. 交通事故が多く不安。
2. バスの本数が少い。又終バスが早すぎて不便。
3. 病院（専門医）がなく不便（不安）。
12. 公社境川住宅
1. 買物が不便（品質が悪く、価が高い）。
2. 郵便局が遠く不便。
3. 病院（専門医）がなく不便（不安）。
13. 公社木曾住宅
1. バスの本数が少く混み合う。又終バスが早すぎて不便。
2. 病院（専門医）がなく不便（不安）。
3. 郵便局が遠く不便。

◎東京都営住宅
1. 金森第5都営／第6金森都営
1. バス停まで遠い。又バスの本数が少く不便。
2. 水道の水が時々にごったり出が悪くなる。
3. 病院（専門医）がなく不便（不安）。
2. 金森第1都営／金森第2都営
1. 病院（専門医）がなく不便（不安）。
2. 下水の処理にこまる。
3. バスの本数が少いので不便。
3. 第9金森都営
1. 病院（専門医）がなく不便（不安）。
2. 水道の水が時々にごったり出が悪くなる。
3. 道路が舗装されていない。
4. 金森第3都営／第4金森都営
1. 大雨が降ると境川が氾らんするので不安。
2. 水道の水が時々にごる。
3. 病院まで遠く、又少ないので不便。
5. 金森第10、12都営／第11、13金森都営
1. 大雨が降ると境川が氾らんするので不安。
2. 水道の水が時々にごる。
3. 病院まで遠く、又少いので不便。
6. 南引揚者住宅
1. 公営自家水道、時々モーターが故障し困る。又井戸なので水質が不安。
2. 側溝に段がついており水の流れがわるい。
3. 家が古く、せまい。
7. 金森第7都営／第8金森都営
1. 道幅が狭く舗装されてなく悪い。
2. 水道の水が時々にごる。又晴天の日、水の出が悪い。
3. 病院（専門医）がなく不便（不安）。
8. 町田第24都営／町田第25都営
1. バス停まで遠く不便。
2. 病院まで遠く又少ないので不便（不安）。
3、水道の水が時々（日曜日）出ない。
9. 第22町田都営／第23町田都営
1. 大雨が降ると境川が氾らんするので不安である。

2．周辺の道路は舗装されてなく悪い。
3．湿気が多い。

10．第26、27、28町田都営
1．商店が近くになく買物が不便。
2．側溝の流れが悪い。
3．病院が近くになく不便（不安）。

11．町田第21都営／第18町田都営
1．バス停まで遠く不便。
2．水道の水が時々にごる。
3．団地内道路は狭く悪い。

12．第17町田都営
1．商店が近くに少なく買物が不便。
2．電車による騒音がある。
3．遊園地の施設がない。

13．町田第31都営／第32、33町田都営
1．商店が近くになく買物が不便。
2．病院が近所になく不便（不安）。
3．し尿処理場からの悪臭。

14．町田第13都営
1．商店が近くになく買物が不便。
2．病院が近所になく不便（不安）。
3．自動車による雑音、交通事故が不安。

15．第29、30町田都営
1．バスの本数が少く混み合う。
2．団地内道路が砂利道で悪い。
3．病院（専門医）が少く不便（不安）。

16．町田第10、11、12、15都営
1．大雨が降ると境川が氾らんするので不安。
2．病院が近くになく不便（不安）。
3．バスが利用できず駅（原町田・新原町田）まで20～30分歩かなくてはならない。

17．町田第16、19、20都営
1．し尿処理場からの悪臭。
2．側溝の流れが悪く、少しの雨でもあふれてこまる。
3．病院（専門医）がなく不便（不安）。

18．木曾町都営住宅
1．し尿処理場からの悪臭。
2．病院（専門医）が近くになく不便（不安）。
3．家が古く狭い。

19．木曾町第2、3都営
1．し尿処理場からの悪臭。
2．病院（専門医）がなく不便（不安）。
3．側溝の流れが悪い。又側溝にふたもない。

20．玉川学園都営／玉川学園第2都営
1．病院が近くになく不便（不安）。
2．道路が狭く、悪い。
3．家が古く狭い。

◎市営住宅

1．金森2号団地
1．団地内道路は狭く舗装されてなく悪い。
2．バス停まで遠く、又バスの本数が少い。
3．家が古く狭い。

2．山崎町団地

1. 団地内道路は狭く舗装されてなく悪い。
2. 自動車と工場の騒音。
3. 排水が悪い。

◎民間団地

1. つくし野団地
1. バスの本数が少く不便。
2. 買物が不便。
3. 水道の水が時々にごる。

2. 南ヶ丘団地
1. 道路は舗装されてなく、又狭い。
2. 水道の水はよくにごる。又時々断水する。
3. 病院（専門医）が近くになく不便（不安）。

3. 金森さつき会社宅
1. バスの本数が少く不便。
2. 団地内道路が悪い。
3. 水道の水が時々にごり、又出が悪い。

4. 犬塚住宅
1. 団地内、外道路とも狭く悪い。
2. 買物が不便。
3. 病院（専門医）が少く不便（不安）。

5. 小田急金森住宅
1. バス停まで遠くて不便。
2. 近くに商店がなく買物が不便。
3. 病院（専門医）が少く不便（不安）。

6. 緑風会団地
1. 境川の氾らんが不安。
2. 水道の水がにごる。
3. 団地内道路が悪い。

7. 京浜団地
1. バス停まで遠くて不便。
2. 排水が悪く不衛生。
3. 団地内道路は舗装がしてなく悪い。

8. 旭ヶ丘住宅
1. 商店が近くになく買物が不便。
2. 病院が近くにない。又往診に来てくれず不安。
3. 水道の水が時々にごる。

9. 芝好園住宅
1. 道路が舗装されてなく悪い。
2. 商店が近くになく買物が不便。
3. 団地が山の上なので出かけるのに不便。

10. 鞍掛台住宅
1. 道路が舗装されてなく、又狭い。
2. 商店が近くになく買物が不便。
3. 病院が近くになく不便（不安）。

11. 晴見台住宅
1. バスの本数が少く不便。
2. 団地内道路は舗装されてなく又狭い。
3. 病院（専門医）が少く不便（不安）。

12. 高北住宅
1. 団地内道路は舗装されてなく又狭い。
2. 商店が少く買物が不便。
3. 病院が少く不便（不安）。

13. やよい団地

1. 境川の氾らんが不安。
2. 団地内道路は舗装されてなく又狭い。
3. 病院が近くになく不便（不安）。

14. 東橋団地
1. 団地内道路は舗装されてなく悪い。
2. 商店が近くになく買物が不便。
3. 電車による騒音、振動。

15. 東急曙住宅
1. バスの本数が少く不便。
2. 団地内道路は舗装されてなく悪い。
3. 病院が近くになく不便（不安）。

16. あさぎり住宅
1. 団地内排水溝にふたがしてなく不衛生である。
2. 商店が近くに少なく買物が不便。
3. 団地内道路は舗装してなく悪い。

17. 福神団地
1. 団地内道路は舗装されてなく、又狭い。
2. 近くに商店がなく買物が不便。
3. 病院は近くになく不便（不安）。

18. 南大谷分譲地
1. 団地内道路は舗装されてなく、又狭い。
2. 商店が近くになく買物が不便。
3. 水道の水が時々にごる。

19. 成瀬台第一団地
1. 駅（玉川学園）まで遠く不便。
2. 商店が近くになく買物が不便。
3. 病院が近くになく不便（不安）。

20. 成瀬台第2団地
1. 駅（玉川学園）まで遠く不便。
2. 商店が近くになく買物が不便。
3. 病院が近くになく不便（不安）。

21. 成瀬東急台団地
1. 駅（玉川学園）までの道は狭く舗装されてなく悪い。
2. 商店が近くになく買物が不便。
3. バスがなく（徒歩20～30分）不便。

22. 井手の沢団地
1. 団地内道路が狭く舗装されてなく悪い。
2. 駅（新原町田・原町田）まで遠く（歩いて20～30分）不便。
3. 商店が近くに少く買物が不便。

23. 日東団地
1. 病院が近くになく不便（不安）。
2. 商店が近くになく買物が不便。
3. バスが混雑し乗りきれない時がある。

24. 第4小田急団地
1. 取り付け道路が狭く、又舗装されてない。
2. 買物が不便である。
3. 病院が近くになく不便（不安）。

25. 玉園台団地
1. 道路が舗装されてなく悪い。
2. 病院（専門医）がなく不便（不安）。
3. 商店が近くになく買物が不便。

26. 玉川学園第1住宅
1. 団地内外とも道路が舗装されてなく悪い。
2. 商店が近くになく買物が不便。

3. 病院（専門医）がなく不便（不安）。

27. 学園台団地
1. 団地内道路は舗装されてなく悪い。
2. 水道の水がにごる。
3. 買物が不便。

28. 南ヶ丘団地
1. 団地内道路は舗装されてなく悪い。
2. 買物が不便。
3. 病院が1つしかなく不便（不安）。

29. 弥生ヶ丘団地
1. 近くに商店がなく買物が不便。
2. 病院が近くになく不便（不安）。
3. バスの本数が少く不便。

30. 玉林台団地
1. 近くに商店がなく買物が不便。
2. 病院が近くになく不便（不安）。
3. 駅（玉川学園）まで遠い（歩いて15～20分）。又バスの利用が出来なく不便。

31. 池の台団地
1. 道路は狭く、又舗装されてなく悪い。
2. 水道の水が時々にごる。
3. 近くに病院（専門医）がなく不便（不安）。

32. 千代ヶ丘団地
1. 団地内道路が狭く、舗装されてなく悪い。
2. 病院が近くになく不便（不安）。
3. 商店が少く買物が不便。

33. 日の出ヶ丘団地
1. 道路が狭く、又舗装されてなく悪い。
2. 商店が少く買物が不便。
3. バスの本数が少く不便。

34. 三輪町第一住宅
1. 近くに病院がなく不便（不安）。
2. 道路は舗装されてなく悪い。
3. 商店が近くになく買物が不便。

35. 馬駈団地
1. 団地内道路は舗装されてなく悪い。
2. 商店が近くになく買物が不便。
3. バスの本数が少く、混み合うので不便。

36. 薬師ヶ丘団地
1. 団地内道路は舗装されてなく悪い。
2. 病院まで遠く混み合うので不便。
3. 商店が少く買物が不便。

37. 桜美林住宅
1. 団地内道路は舗装されてなく悪い。
2. 商店が近くになく買物が不便。
3. 病院が近くになく不便（不安）。

38. 鶴ヶ丘団地
1. 団地外道路が舗装されてなく悪い。
2. 商店が近くになく買物が不便。
3. 病院が少く混み合うので不便。

39. 常盤団地
1. 団地内外とも道路が狭く、舗装されてなく悪い。
2. 商店が近くになく買物が不便。
3. 病院が近くになく不便（不安）。

40. 沼団地
1. バスの本数が少く不便。
2. 道路は狭く、舗装されてなく悪い。
3. 商店が近くになく買物が不便。

41. 三ツ目団地
1. 病院が近くになく不便（不安）。
2. 団地内外とも道路が狭く、舗装されてなく悪い。
3. 近くに商店がなく買物が不便。

42. 学研団地
1. 道路は狭く、舗装してなく悪い。
2. 商店は近くになく買物が不便。
3. 側溝が不完全なので不衛生（排水設備の不備）。

43. かすみが丘団地
1. 道路は狭く、舗装してなく悪い。
2. 商店は近くになく買物が不便。
3. 側溝が不完全なので不衛生（排水設備の不備）。

44. 相原駅前団地
1. 団地外道路が舗装されてなく悪い。
2. 病院が少く不便（不安）。
3. 飲料水が井戸水なので不安（不便）。

45. 丸山団地
1. 団地内外とも道路が舗装されてなく悪い。
2. 飲料水が井戸水なので不安（不便）。
3. 病院が少く不便（不安）。

46. 望ヶ丘住宅
1. 商店が近くになく買物が不便。
2. 病院が近くになく不便（不安）。
3. 道路が舗装されてなく悪い。

47. 新玉園台団地
1. 団地内道路は狭く、舗装してなく悪い。
2. 商店が近くになく買物が不便。
3. 病院が近くになく不便（不安）。

（実態調査）

(35) 水道料金
基本水量20㎡使用した場合、町田市は６００円、東京都は２８０円である。

(36) 水道特別会計
現在1㎥給水するごとに8～10円の赤字を生じている。

(37) 0～5才児の数
昭和45年1月1日現在

(38) 保育を要する児童
学令前児童×入所措置基準（10・45％）

(39) 幼稚園対象年令児童
3才から5才までの幼児数

(40) 図書館
近々全市民にサービスが行き届くよう移動図書館車を運行する予定である。

(41) 町田市公団公社自治会連合会
連合会に参加している自治会は、公団の鶴川賃貸、同分譲、町田山崎賃貸、同分譲、公社の高ヶ坂、木曽、町田木曽、境川、各自治会である。

(42) 町田市町内会連合会
45年9月1日現在88町内会が加入している。

〔2−5−D〕『日野市史　通史編四　近代(二)　現代』（日野市史編さん委員会、一九九八年、三七八〜三九一頁）

第三節　都市化の進展と日野市の誕生

一　転入人口の急増と都市化の進展

経済復興と都内人口の増加

戦後の経済復興にともなって都内の就業人口の増加が進んだが、とくに昭和二十五年なかばからは、朝鮮戦争の特需景気も加わって、急増に転じた。表38によれば東京都の就業人口は、昭和二十五年にくらべて三十年に一・四二倍、三十五年には一・九三倍と、十年間に二倍近くに増加した。そのため総人口の増加も三十五年まで毎年三五万人前後にのぼり、その後も四十年までは二五万人前後の増加となった（表39）。

このような急激な人口増加は、都内の深刻な住宅不足と住居費の高騰を招くとともに、無秩序な宅地の開発や住宅の供給によって、都市の居住環境の悪化を加速化する危険性を強めた。国や地方自治体による大規模な公共住宅の供給が、緊急の課題となったのであった。

日本住宅公団の設立と多摩平団地の開発

このような事情のなかで昭和三十年七月八日、日本住宅公団法（法律第五三号）が公布され、即日施行された。同法はその目的を、「第一章総則」においてつぎのように定めている。

表38　東京都の産業別就業人口

調査年	第１次産業	第２次産業	第３次産業	合　計	指数
昭和25年	150,352	897,717	1,305,152	2,353,221	100
〃　30年	132,210	1,278,909	1,934,742	3,345,861	142
〃　35年	101,820	1,969,560	2,481,100	4,552,480	193
〃　40年	79,830	2,230,560	3,134,025	5,444,415	231
〃　45年	58,225	2,195,675	3,392,670	5,646,570	240
〃　50年	42,879	1,957,825	3,619,260	5,619,964	239

注　1．C.クラークの産業分類法により分類。
　　第１次産業は農林水産業、第２次産業は鉱業、建設業、製造業、電気・ガス・水道・熱供給業、第３次産業はその他の産業。
　2．『日野市の人口』（昭和53年）により作成。原資料は国勢調査。

第一条　日本住宅公団は、住宅の不足の著しい地域において、住宅に困窮する勤労者のために耐火性能を有する構造の集団住宅及び宅地の大規模な供給を行うとともに、健全な新市街地を造成するための土地区画整理事業を施行することにより、国民生活の安定と社会福祉の増進に寄与することを目的とす。

以上のような目的に従って公団は、政府出資金六〇億円のほか地方公共団体の出資金と銀行借入金を合わせ、合計一六〇億円の資金によって、都内各地の大規模な住宅団地の開発と集団住宅の建設に乗りだすことになったのである。

『日本住宅公団10年史』（昭和四十年七月刊）によれば、昭和三十、三十一年度の第一期事業として計画された首都圏の宅地開発は、金ケ作（千葉県松戸市）、豊田（東京都日野市）、生田（神奈川県川崎市）、北所沢（埼玉県所沢市）の四か所計三〇〇万坪で、都内では先頭を切って日野町豊田で、四〇万二〇〇〇坪の開発が行われることになった。

このような日野町の大規模な開発計画は、日本住宅公団法の公布・施行に先立ち、すでに前年来、衛星都市計画として具体化されつつあった。昭和三十年三月五日付の「日野町広報」は、この点についてつぎのように報じている。

日野町の東京都モデル

衛星都市計画について

この衛星都市計画は、東京都の首都建設法にもとづいて建設省、東京都の両者が計画したもので、都の人口が年々約三十七万人位増しておる現状でありますので、都はこの人口増加を他府県に分散させるより、もっと首都に近い郊外、即ち三多摩に送り出したいと云うのは当然のことであります。（中略）

このため何処か適当の地域はと検討中でありましたが、日野町が指定されたのであります。勿論この実現には国会に於いて衛星都市法案並に予算の決定を行はなければなりませんが、その規模とするところは日野町三十万坪を対象とする鉄筋コンクリート四階建、収容家族四千五百世帯、人口二万人を目標としております。（下略）

表39　人口、人口増加率、人口指数、人口密度の変化
（日野市、東京都、全国　昭和25～50年）

		昭和25年	昭和30年	昭和35年	昭和40年	昭和45年	昭和50年
日野市	人口	24,444	27,305	43,394	67,979	98,557	126,847
	増減数		2,861	16,089	24,585	30,578	28,290
	増加率		11.70	58.92	56.66	44.98	28.70
	人口指数	100	111.7	177.5	278.1	403.2	518.9
	人口密度	902	1,007	1,601	2,508	3,635	4,679
東京都	人口	6,277,500	8,037,084	9,683,802	10,869,244	11,408,071	11,673,554
	増減数		1,759,584	1,646,718	1,185,442	538,827	265,483
	増加率		28.03	20.49	12.24	4.96	2.33
	人口指数	100	128.0	154.3	173.1	181.7	186.0
	人口密度	3,091	3,972	4,778	5,357	5,328	5,441
全国	人口	84,114,574	90,076,594	94,301,623	99,209,137	104,665,171	111,939,643
	増減数		5,962,020	4,225,029	4,907,514	5,456,034	7,274,472
	増加率		7.09	4.69	5.20	5.50	6.95
	人口指数	100	107.1	112.1	117.9	124.4	133.1
	人口密度	226	242	253	266	281	300

注　1．『日野市の人口』（昭和53年）による。人口は国勢調査の人口。
2．人口密度は1平方キロメートル当たりの人口。
3．日野市の25年、30年の人口は、日野町と七生村の合計。

以上のように日野町が衛星都市計画の候補地に指定された背景には、日野町側の熱心な運動があった。三十年八月六日付の『毎日新聞』は、この点についてつぎのように伝えている。

日野町で衛星都市の計画

建設省では今国会での日本住宅公団法の成立を機に首都建設計画として東京都の周辺に衛星都市を育成、産業と人口の定着をはかることになったが、都下南多摩郡日野町では国と都の助成を得て同町中央線日野、豊田駅間三十万坪に四千五百世帯、二万人を収容する集団住宅街の誘致を進めている。同町では昨年春ごろから斉野町長らが建設省都市復興課、首都建設委、東京都都市計画課に働きかけていたもので、誘致と決れば土地買収が終り次第五ヵ年計画で着工する。

このような日野町の運動は、日本住宅公団法の公布・施行によって大きな展望を与えられ、八月二日には、全町議会議員と全農業委員会委員および町理事者から成る衛星都市促進協議会が結成され、住宅公団による開発事業に全面的に協力することになった。

以上のような経緯を受けて日本住宅公団は、同法第三五条以下の土地区画整理に関する条項に基づいて、三十一年三月豊田地区の区画整理区域を決定し、九月末までに事業計画を作成して都知事および日野町長の意見を添え、計画の認可を建設大臣に申請した。この事業計画は施行規

程とともに、同法第三六条第五項に基づいて十二月十日から二十三日まで（二週間）、「豊田地区区画整理事業」として一般に告示され、翌三十二年三月十三日、建設大臣の認可を受けた。同年五月二十五日付の「日野町広報」は、この間の経緯についてつぎのように述べている。

公団事業其の後の経過について

（前略）

昨年十二月十日より二週間建設省が本事業計画を告示を以って一般の縦覧に供したる結果、本事業の施行には反対ではないが、区画整理に伴う地元権利者（所謂、受益者）の負担が過重である旨の陳述乃至意見を団体とし又個人として提出された方があったのであります。そこで町当局としても、土地権利者の主張は至極尤もな意見であり、且つ地元負担たる四割の軽減に努むべきであるとの見地に立って、公団と交渉、努力の結果、当初の平均四割より三割五分八厘とその引下げに成功した次第であり、それ以上の引下げについては成果を見ずに三月五日の都市計画地方審議会を迎えた次第であります。

当日開催されたる都市計画地方審議会に於ては、左記の如き意見を付して建設大臣へ答申する事に決定した次第であります。

施行者は、国、都などから援助を得て、地元負担の軽減をはかるよう努力せられたい。

（中略）

其の後三月十三日付を以って正式に本区画整理事業が建設大臣の認可を得まして、年内五百戸完成を目標に工事が進められて居る次第であります。

（下略）

以上のような経緯を通じて区画整理事業が認可されることになったが、用地の買収はすでにこれに先立って前年一月に始まり、十月には約一九万坪の買収が終っていた。事業計画によれば住宅公団は豊田地区において四〇万二〇〇〇坪の区画整理事業を行い、そのうち約二〇万坪を買収してその一部に二五〇〇戸前後の耐火構造・鉄筋中層の住宅を建て、残りの公団所有地と民有の二〇万坪を住宅用地として一般に分譲するものであった。また区画整理に際しては、それぞれ用地の三五・八パーセントを学校・公園・道路・上下水道などの公共施設の整備のために無償で提供することになっていた。なお用地買収価格は一坪平均一一五〇円で、所得税は免税であった。

図4－5　多摩平団地

豊田多摩平地区の土地区画整理事業は、以上のような用地買収と事業認可に続いて、三十二年四月二十六日に地鎮祭を迎えた。四月二十七日付の『毎日新聞』はその模様をつぎのように報じている。

反対のなかに地鎮祭

日野の豊田住宅建設

畑地から衛星都市の大住宅街に生まれかわる日野町豊田の四十万坪は建設大臣の事業認可もおりて二十六日午後二時から日野二中校庭で日本住宅公団の豊田住宅建設地鎮祭が行なわれたが、農地をつぶすことに反対する一部農民はノボリ旗を立てて地鎮祭会場付近に座り込み、公団総裁などに反対決議文を提出する一幕もあった。

当日は招待された約四百人の地主たちが笑顔で会場を埋め、花火が中空にこだまして豊田地区の前途を祝福する気分でみなぎっていた。クワ入れ式は神宮のおはらいがすんでから日本住宅公団総裁加納久朗氏と同公団東京支所長畑市次郎氏が行ない、薩摩衆院、中山参院両建設委員長などの祝辞があって乾杯、豊田住宅の前途を祝った。

豊田住宅の建設で農地をつぶすことに反対する日野同志会（会長内田吉久氏）の農民四十人は会場付近のクヌグ林や麦畑に〝減歩を軽減せよ〟〝農地を守れ〟などと大書したノボリ旗をかかげて座りこみ、地鎮祭風景を冷たい目でみつめていたが、会長ら百九人の名義で住宅公団総裁や都知事、日野町長、建設大臣に「①住宅公団法の一部を改正する法律にかかる付帯決議の主旨を尊重し、農地の保護について十分配慮すること②衆院建設委で加納総裁が声明したように一切地元民に迷惑をかけないこと③前二項について公団の適宜の処置がない限り事業施行に断固反対する」という反対決議文を提出した。

区画整理工事は、このような反対運動をともないながらも着実に進行し、同年十二月末には、第一次工事分の住宅の建設が業者に発注された（三十二年十二月二十一日付『毎日新聞』）。その結果、翌三十三年秋にははやくも第一次分六九六戸が竣工し、十月十五日には第一陣の入居が開始された。そして翌三十四年七月には第二次入居（五五六戸）、三十五年九月には第三次一五〇四戸と施設付三六戸の入居が行われ、計二七九二戸の入居が完了することになったのである。なおこの後三十六年末には、豊田駅前第一（二七戸）、第二（三三戸）の公団住宅が竣工し、三十七年一月に入居が完了した。

2－5－D　『日野市史　通史編四　近代㈡　現代』

市街地開発区域の指定と工場誘致条例の制定

上述のような都内や周辺地域への人口集中と開発の進展にともない、「わが国の政治、経済、文化等の中心としてふさわしい首都圏の建設とその秩序ある発展を図る」（「首都圏整備法」第一条）ために、昭和三十一年四月二十六日、首都圏整備法（法律第八三号）が公布された。同法は総理府の外局として首都圏整備委員会を設け、首都圏（首都と政令で定める周辺地域）を既成市街地、近郊地帯、市街地開発区域に区分して、宅地、道路、交通施設、公園、緑地、上下水道、汚物処理施設、河川、水路、海岸、住宅等の建築物、学校等の教育文化施設の整備計画の作成、事業の推進をはかるものであった。同法第二四条は「委員会は、既成市街地への産業及び人口の集中傾向を緩和し、首都圏の地域内の産業及び人口の適正な配置を図るため必要があると認めるときは、工業都市又は住居都市として発展させることを適当とする既成市街地の周辺地域内の区域を市街地開発区域として指定することができる」とし、第二五条では市街地開発区域内の事業計画の実施にあたり、小中学校の建設を必要とする地方公共団体に対する助成（小学校は建設経費の三分の一以内、中学校は二分の一以内）について定めている。

町村合併促進法の公布（昭和二十八年九月一日）以来、立川市や八王子市とは別個の発展を目指してきた日野町は、首都圏整備法の公布を好機として、市街地開発区域の指定を関係方面につよく働きかけ、三十四年五月、指定にこぎつけた。四月二十一日付の「日野町広報」はつぎのように述べている。

　かねてから町の発展の為め、総理府の首都圏整備委員会に市街地整備地域《開発区域》の指定を上申していたが、町民待望の件であったこの全日野町の市街地整備地域《開発区域》の指定は漸くこの程政府の許可があり強力に進められることになった。

　この指定を受けることに依って国、都の強力な財政及び行政上の援助と協力が得られ、十億円に近い事業が実行に移される。（下略）

七生村との合併（昭和三三年二月一日）に引続いて実現をみた市街地

図4－6　昭和38、9年頃の平山台（旭が丘1～6丁目　写真左下が平山工業団地　左上楕円形の八王子競馬場跡付近に、都立工科短期大学、日野第四中学校などが建設された）

開発区域の指定は、新日野町の開発に拍車をかけた。すなわち指定直後の六月六日には「日野町工場誘致奨励に関する条例」（条例第四三号）および「日野町工場育成奨励に関する条例」（条例第四四号）が公布され、即日施行された。またこれにともなって多摩平地区に隣接する平山台（旭が丘）の開発が計画され、翌三十五年六月十三日に、建設省告示一〇一五号によって区画整理区域の指定を受けた。

右のうち「工場誘致奨励に関する条例」は、新設または増設しようとする工場に対して、必要な援助や奨励を行って健全な育成と発展を図り、日野町産業の振興に資することを目的としたもので、固定資産評価額二〇〇万円以上または従業員五〇人以上の工場を指定とし、当該工場の納入する固定資産税額の範囲内で、奨励金または施設的便宜を供与することができることなどを定めた（第五条）。また「工場育成奨励に関する条例」は、前者よりやや規模の小さい固定資産評価額一〇〇万円以上、従業員二〇人以上の工場を指定の対象とするもので、納入固定資産税の一割に相当する範囲内で、奨励金を交付することができることなどを定めた。このようにして二つの条例は日野町への工場誘致を進め、その奨励と育成を通じて産業の発展をはかろうとしたものであった。

平山台の開発

このような方針は程なく、平山台の開設を通じて具体化されることになった。

昭和三十五年六月に建設大臣の区域指定を受けた平山台の土地区画整理事業は、施行面積一二八ヘクタールのうち約五九ヘクタールを工業用地、約三九ヘクタールを住宅用地、その他を道路・公園・学校などの公共用地とするもので、事業計画の作成に約二年を費し、三十八年九月に事業認可、着工のはこびとなった。

工事は、先に市街地開発区域に指定された八王子・日野・町田・青梅・羽村・福生の六市町と東京都の共同出資によって三十六年七月に設立された東京都新都市建設公社に委託して行われ、十年の歳月と一六億一四〇〇万円の事業費を費して、四十八年九月に竣工した。

幹線道路四七〇〇メートル、区画道路二万四三〇〇メートルおよび公園五か所計三万八七〇〇平方メートル、平山台浄水場、個人住宅と市営長山住宅、第四中学校、市立希望の家、都立工科短期大学などの建設のほか、厳重な審査によって、公害のおそれのない二社の工場や事業所の誘致が行われた（東京都新都市建設公社編『しゅん功記念誌』）。

公営住宅と公共施設の建設

日野町・七生村の合併と多摩平の開発、市街地開発区域の指定と工場誘致条例の制定などによって日野町への転入人口が急増し、昭和三十五年には二十五年の一・八倍、市制施行直前の三十八年六月には二・二倍（五万四一二三人）となった。また小・中学校の児童・生徒数も三十二年以降年々増加し、三十七年の中学校の生徒数は三十三年の一・六倍を越えた。その結果学級数も年々増加し、校舎の増改築が頻繁に行われた（表40）。そのほか三十六年三月には町立第一保育所（豊田）が竣工し、高幡幼稚園を受けついだ第二保育所とともに、四月一日開所、三十七年九月には多摩平保育所も開所した。

他方、多摩平団地の建設にともなって進められた町営下水道処理施設の工事が、入居開始（三十三年十月十五日）直後の十一月に竣工して十五日から運転を開始し、終末処理場も三年の歳月と五五〇〇万円の工事費を費して、三十五年三月、多摩平地域南側に竣工した。また上下水道工事も三十三年秋から一億六〇〇万円の工事費で進められ、三十五年六月、東光寺・四谷・東町など約一万人に対する給水を開始した。

表40　小・中学校校舎の増改築

年	月	日	事　項
32	3	4	第3小学校の6教室増築落成式
〃	3	11	第1小学校の給食場竣工
〃	7	10	第3小学校の給食場工事着工
34	4	1	第5小学校開校
〃	5	—	潤徳小学校の給食場と8教室の増築竣工
35	3	30	潤徳小学校の第2期工事完成、落成式
〃	5	28	第2中学校の特別教室竣工
〃	5	—	第5小学校増築
〃	7	20	第4小学校のプール竣工
36	3	—	第2中学校の増築校舎竣工
〃	3	—	町立第1保育所（豊田）竣工
〃	4	1	町立第2保育所（高幡）開所
〃	7	—	潤徳小学校プール竣工
〃	7	—	第5小学校プール着工
37	9	17	第1中学校の改築工事竣工、落成式
〃	9	28	町立多摩平保育所開所
〃	9	—	第1小学校の防音、改築工事着工
38	3	—	第1小学校の改築第1期工事竣工
〃	3	—	七生中学校特別教室棟竣工

注　「日野町広報」による。

図4－7　日野町健康保険病院

また三十五年十二月には、多摩平の日本住宅公団から譲り受けた土地と東京共立病院跡地を合わせた三七五平方メートルの敷地に、国民健康保険加入者を対象とした町立病院の建設が始まり、翌年七月に竣工、諸般の設備を整えて十一月一日に開業した。開設された診療科目は内科・外科・産婦人科・眼科・耳鼻科の五科で、院長以下五人の医師と一一人の看護婦が就任した。また入院用のベットも二〇ベット設けられ、十一月十五日には厚生省や東京都庁関係者をはじめ、地元出身の国会・都議会議員、近隣市町村長、町議会議員、医師会会員など多数の来賓者を迎えて、盛大に落成式が行われた。

なおこの年の八月には、従来立川都市計画区域に編入されてきた日野地区（昭和十四年指定）と八王子都市計画区域に編入されてきた七生地区（昭和十六年指定）が、日野町の申請に基づいて東京都市計画地方審議会において指定を解除され、独立の「日野都市計画案」が承認された。これによって道路・公園・緑地や用途別の地域の整備を自主的・計画的に進め、魅力的な街づくりを進める大きな展望が開け、市制施行への有力なよりどころとなったのであった。

以上のような小・中学校の増改築や公共施設の建設と平行して町営住宅の建築も積極的に進められた。すなわち三十三年には四〇戸（延べ床面積一三八八・四平方メートル）、三十四年には三〇戸（同一〇四六・九平方メートル）、三十五年には五二戸（同一八二四・九二平方メートル）、三十六年には五〇戸（同一七五五・五平方メートル）、三十七年には四〇戸（同一四四〇平方メートル）をかぞえ（「日野町々勢要覧」）、多摩平の公団住宅と相まって、町内の住宅供給を大幅に増加することになったのである。

なお三十七年三月四日には、任期満了にともなう町長と町議会議員の選挙が行われ、古谷太郎が町長に再選された。

［2―5―E］『保谷市史　通史編3　近現代』（保谷市史編さん委員会、一九八九年、四七七～四九八頁）

第一節　都市化の深まり――住宅都市へ

1　人口の急増

五年ごとに行われる「国勢調査」の数字には表れないが、さきにもふれたように保谷町の人口は、昭和十年代の後半に軍需工場とその労働者住宅の建設によりいったん二万人近くにまで急増したあと、空襲・疎開によって急減し、敗戦時には九〇〇〇人足らずになっていた。つまり五年もたたぬうちに人口の半減をみたわけである。農地改革もほぼ完了し食糧事情も好転しはじめた昭和二十五年（一九五〇）の人口は一万五〇〇〇人足らずで、敗戦直後の五年間に人口は一倍半以上にふえたことにはなるが、まだ戦争中のピークを回復するには至っていない（史4―統計編1―1）。

以後五年ごとの人口増加率は、昭和二十五～三十年が五七パーセント、昭和三十～三十五年が一〇〇パーセント（倍増）、昭和三十五～四十年が五二パーセント、昭和四十～四十五年が二一パーセント、昭和四十五～五十年が六パーセント、昭和五十～五十五年がマイナス〇・三パーセントと推移している。ここに見るように、保谷の人口最急増期は昭和二十五～四十年の一五年間である。それ以後の増加率は急速に低下している。とくに昭和三十年代前半のわずか五年間に人口倍増をみたことが注目されるが、これは、公営や公団の大住宅団地が建設されたことによるところが大きい。

保谷町内には、昭和二十～二十四年に都営住宅三団地二〇二戸、昭和二十五～二十九年に都営住宅一九団地六七九戸が建てられたが、昭和三十～三十四年には、さらに都営住宅一五団地五五七戸、市営住宅二団地四〇戸に加えて、日本一といわれたひばりが丘をはじめ公団住宅三団地二二〇六戸が建設されている。昭和三十五～三十九年には都営住宅五団地一五一戸の建設にとどまった。

右のうち、昭和三十年代前半に建てられた合計二八〇三戸に一戸あたり平均三人が入居したとして約八四〇〇人、これはこの期間の人口増二万三四四一人の三分の一にあたる。このような新住民の来住による人口急増は、いろいろな意味で従来の農村的な保谷の地域環境に著しい影響を与えるものであった。しかもここで、この五年間の始点にあたる昭和三十年にすでに、戦前のピークを大きくこえる二万三〇〇〇人という人口規模に達していたことに着目しておく必要がある。それは、この時点ですでに、戦争中の人口増加に対応してつくられた〝受け皿〟では間に合わなくなっていたという意味においてである。

ここで〝受け皿〟というのは、人間居住の基礎条件としての社会資本あるいは公共施設の意味である。その最重要なものは、ふつう住宅であるが、保谷のような〝衛星都市〟の場合、自治体など地域の側から見れば、さきにも見たように住宅――とくに公団などの大規模住宅団地――の建設は〝受け皿〟づくりというよりも、むしろ人口急増の原因そのものであった。ここで〝受け皿〟としてすぐに目に見えるかたちで問題になってきたのは、後述のように子どもを受けいれる学校の収容能力である。

ここで前述の昭和二十五年以降の各五年間についてそれぞれの人口増

図99　ひばりが丘団地全景

表50表　保谷町における年齢別人口増加

左の終点年次における年齢	昭和30~35年			昭和35～40年		
	人口増加数	人口増加率	全増加への寄与率	人口増加数	人口増加率	全増加への寄与率
歳	人	%	%	人	%	%
0～4	5,081	∞	21.6	7,660	∞	31.2
5～9	1,504	63	6.4	853	17	3.5
10～14	1,304	43	5.6	723	19	2.9
15～19	1,895	80	8.1	2,692	62	11.0
20～24	2,363	115	10.1	3,344	78	13.6
25～29	3,218	133	13.7	2,957	67	12.1
30～34	3,374	154	14.4	2,455	44	10.0
35～39	1,644	84	7.0	1,163	21	4.7
40～44	784	47	3.3	730	20	3.0
45～49	602	44	2.6	632	26	2.6
50～54	578	56	2.5	517	26	2.1
55～59	448	54	1.9	439	27	1.8
60～64	292	45	1.2	280	22	1.1
65～69	225	46	1.0	150	16	0.6
70～74	145	36	0.6	88	12	0.4
75～79	52	22	0.2	－4	－1	－0.0
80～	－66	－29	－0.3	－144	－32	－0.6
計	23,441	100	100.0	24,535	52	100.0

（史4－統計編2－4－①より作成）

加数を見るなら、八五一一人、二万三四四一人、二万四五三五人、一万四八九一人、五三五二人、マイナス二八七人という推移になる。人口増加数が最も大きいのは昭和三十五年～四十年の二万四五三五人で、人口増加率の最も高かった昭和三十～三十五年の増加数二万三四四一人をもやや上回る。この両期間それぞれの人口増加数にくらべると他の各五年間の増加数はぐんと少ない。

右に見てきたことから、人口増加が〝受け皿〟との関係においてひきおこす問題を見ていく上でとくに重視しなければならないのは、昭和三十年代の一〇年間であろう。ここでまず問題になるのは、どの年齢層で人口がとくに著しく増加しているか、ということである。そこでこの昭和三十年代の前・後半期それぞれについて、人口増加数・人口増加率を、年齢階層別に見るなら、第50表のとおりである。

昭和三十年前半期では、とくに昭和三十五年時点で二五～三四歳になる年齢層（いいかえれば昭和三十年時点では二〇～三〇歳であった年齢層）の増加率が高く、この間の人口増加数に占める割合も大きい。右に表示してないが、この五年間の動態について男女別に見ると、男ではとくに昭和三十五年時点での三〇～三四歳層、女では同じく二五～二九歳層の増加率が高く、それぞれ五年間に約三倍にふえている。この増加分はほとんど結婚と同時、あるいは結婚後間もなく保谷町に来住したものと考えてよい。さらに、この五年間の人口増加の約五分の一を、昭和三十五年時点での四歳以下層（すなわち昭和三十年時点にはまだ生を享けていなかった年齢層）が占めている。この層のなかには生後に保谷に転入した者もいるだろうが、そのかなりの部分が前述の年齢層の新婚夫婦の子としてこの間に生まれた者と見てよい。したがって、保谷におけるこの昭和三十年代前半の人口急増は、新婚夫婦の来住によるところが大きいといえる。

　昭和三十年代後半になると、その前の五年間よりも低い年齢層、すなわち昭和四十年時点での一五～二九歳層（いいかえれば昭和三十五年時点での一〇～二五歳層）の人口がきわだって高い増加率を示し、その増加が人口増加数全体に対して占める割合も大きい。しかし新婚夫婦に該当する年齢層もなおかなりの勢いでふえつづけてはいる。またこの五年間についていま一つ注目されるのは、この間の人口増加に占める昭和四十年時点での四歳以下層（いいかえれば昭和三十五年時点には生まれていなかった年齢層）の割合が、昭和三十年代前半におけるそれの一倍半、三〇パーセントを越えるに至っていることである。これもまた、前述の昭和三十年代前半に多く来住した昭和三十五年時点の二五～三四歳層が、昭和三十年代後半にも――というより昭和三十年代前半よりも多く――子どもをつくりつづけたことによるところが大きいといってよいであろう。

第51表　保谷町・保谷市における学齢人口の推移（人）

年齢階層	昭和25年	昭和30年	昭和35年	昭和40年	昭和45年	昭和50年	昭和55年
	人	人	人	人	人	人	人
5～9歳	1,799	3,056	3,876	5,934	7,504	7,191	6,871
10～14歳	1,339	2,382	4,360	4,599	5,721	6,884	6,610
15～19歳	1,403	2,046	4,277	7,052	6,691	6,868	7,746

（史4－統計編2－4－①より作成）

第52表　保谷町・保谷市における学齢人口の増減率（コーホートによらない単純比較）

年齢層	昭和30～40年	昭和40～50年
5～9歳	94%	21%
10～14歳	93%	50%
15～19歳	245%	97%
参考　25～34歳	273%	14%
参考　全人口	206%	28%

（史4―統計編2－4―①より作成）

　このように特定の短い期間に出生力の高い年齢層にかたよった人口の社会増が起きると、その少し後のやはり短い期間に乳幼児人口が急増して保育所などの需要ひっ迫をまねき、数年を経ずして短い期間における学齢人口の急増―学校施設のひっ迫を生ずることになり、しかもこういった保育所や学校の需要ひっ迫はそれぞれ短期間にとどまるので、これを充足すると間もなく施設の遊休化が生ずる、という矛盾につきまとわれることになる。

　このようなわけで昭和三十年代、とくにその前半期における二〇歳代半ば～三〇歳代半ばの年齢層に偏った人口急増は、昭和四十年代半ばごろに至るまで小学校施設の需要増を、さらに昭和五十年ごろまで中学校施設の需要増――そしてそれぞれその後における需要減――をもたらすこととなったのである。それは、学齢に相当する年齢層の人口の第51表に見るような推移からもうかがわれるであろう。

　また右の数字によって各年齢層人口の一〇年ごとの増加率――ただしここでは前述のようなコーホートごとの増加率でなく、単純に、たとえば昭和三十年の五～九歳層と昭和四十年の同じ五～九歳層とを比べて増加率（保育所・学校といった公共施設の需要の変化を事後的にとらえようとする場合には、コーホートごとの増減率を見るより、これによる方が適切）――を算出すると、第52表のとおりになる。

　保谷の人口の最急増期にあたる昭和三十年代においては、その人口急増（一〇年間で三倍増）にとくに大きく寄与したのは、前述のように二〇歳代半ばから三〇歳代半ばにかけての年齢層であって、学齢人口の方は、右の表に見るように、高校生に相当する年齢層の増加率は総人口のそれより高い値を示しているものの、町財政に直接影響してくる小・中学校の学齢人口（五～一四歳層）の増加率は、総人口のそれの半分以下である。しかし、この昭和三十年代における五～一四歳層の九〇パーセント以上という増加率は、この期間における総人口の激増のなかでみれば相対的に低いものの、学校などの〝受け皿〟づくりに責任をもつ自治体当局の立場から見れば、異常ともいってよいほど高い値である。またこの五～九歳層九四パーセント、一〇～一四歳層九三パーセント――つまり、いずれも倍増に近い――という増加率は、次の昭和四十年代の当該数値（二一パーセントと五〇パーセント）に比べても、きわだって高い。

2　昭和三十年代における住民構成の変化

就業者の職業別構成の変化

以上に見てきたような人口の急増は、当然のことながら、保谷の住民の構成を大きく変え、ひいては地域社会の性格を著しく変化させることとなった。その変化は何よりもまず、かつての保谷を特徴づけていた農村的性格が薄らいでいった、ということであった。

もっとも、すでにふれたように、保谷はすでに戦時中に農村から基本的に〝脱皮〟していた。農地改革がほぼ完了して全国的に農業人口が一つのピークに達した昭和二十五年（一九五〇）においても、保谷は基本的に農業に依存する地域ではなかった。平地林と畑がどこまでも広がる、いかにも武蔵野らしい田園的な景観にもかかわらず、である。このことを、保谷に住み仕事をもつ人びとのその仕事の内容、すなわち国勢調査でいう「就業者」の「職業大分類」別構成によって検討してみよう（史4－統計編2－4－④）。昭和二十五年に保谷町に住んでいた就業者五一六一一人のうち職業大分類上の「農林漁業作業者」――保谷の場合そのほとんどが自分の家の農業に従事している農民とみてよい――は、三〇・二パーセントの一五五七人にすぎなかった。

保谷在住の就業者数および、そのなかでの「農林漁業作業者」数の以後五年ごとの増減数と増減率の推移をみると第53表のとおりである。

まず就業者総数については、総人口の場合と同様、増加率は昭和三十年代前半において、増加数は同年代後半において、それぞれ最も大きく、かつこの各五年間の増加数は他のいずれの五年間と比べても格段に大きい。総人口の動きを見たときにすでに予想されたはずのことであるが、保谷在住の就業者数の最急増期も、昭和三十年代であったと見てよいわけである。

つぎに農林漁業作業者の数は、この間一貫して減少しており、とくに就業者総数の増加率が最も高かった昭和三十年代前半に、減少数・減少率ともに群をぬいて大きい値を示している。ただし昭和四十年代に入るとともに、就業者総数の増加数・増加率ともに逓減していったのにたいし、農林漁業作業者の減少数・減少率は、昭和三十年代後半よりも大きくなっていった。

昭和四十年代以降の動きについては後述することとし、ここでは昭和三十年代の動きを検討することにしたい。右の数字からまずいえることは、とくに昭和三十年代前半は、保谷在住の就業者総数の激増、そのなかでの農林漁業作業者の激減という対照が鋭かったということである。

そこで昭和三十年、三十五年、四十年の各年における保谷在住就業者の職業大分類別構成比、および、昭和三十～三十五年および昭和三十五～四十年の各五年間における職業大分類ごとの増減率を算出してみると第54表のとおりになる。

昭和三十年といえば日本経済の高度成長が始まった年である。この年に至る昭和二十年代後半の五年間に保谷在住の就業者総数は六二パーセントほど増え、そのなかで農林漁業作業者の数は一三パーセント減ったため、前者に占める後者の割合は昭和二十五年の三〇パーセントから昭和三十年の一六パーセントまで急低下して、保谷の農村的性格はさらに弱まった。しかし昭和三十年の時点で構成比一六パーセントといえば、なお「事務」の一七パーセントに匹敵し、「販売」の一二パーセントや「専門的・技術的職業」の一一パーセントを上回り、農業がまだ保谷で無視しえない存在であることを物語る数値であったといえる。ただ、この農林水産作業者一六パーセントという数値は同時点における全国についての当該数値四〇パーセントに比べれば著しく低く、やはり保谷は高度成長に至らずしてすでに農村ではなかったことを再確認させるものである。

昭和三十年時点での職業構成について、このほかに全国との対比で保谷の特徴といえる点をあげれば、右に見たように農民の構成比が全国のそれより著しく低いのに、それに代わり得るほどには「技能工・生産工程従事者など」の構成比（二九パーセント）や「販売従事者」の構成比（一二パーセント）が全国のそれぞれ（二四パーセントと一〇パーセント）を大きく上回っておらず、それよりも「事務」の構成比（一七パー

第53表　保谷在住就業者増減数および増減率

期　間	就業者増加数	同増加率	農林漁業作業者減少数	同減少率
	人	%	人	%
昭和25～30年	3,214	62.3	206	13.2
昭和30～35年	10,429	124.5	408	30.2
昭和35～40年	11,725	62.4	99	10.5
昭和40～45年	7,276	23.8	104	12.3
昭和45～50年	2,645	7.0	200	27.0
昭和50～55年	1,103	2.7	17	3.1

（史4－統計編2－4－④より作成）

第54表　保谷在住就業者職業大分類別構成比および増減率

職業大分類	昭和30年 構成比	昭和30～35年 増減率	昭和35年 構成比	昭和35～40年 増減率	昭和40年 構成比
	%	%	%	%	%
就業者総数	100.0	⊕ 124.5	100.0	⊕ 62.4	100.0
専門的・技術的・職業従事者	11.3	⊕ 159.4	13.1	⊕ 39.8	11.3
管理的職業従事者	3.3	⊕ 156.8	3.8	⊕ 163.2	6.2
事務　〃	17.3	⊕ 218.2	24.5	⊕ 62.6	24.5
販売　〃	11.7	⊕ 144.6	12.8	⊕ 84.3	14.5
農林漁業作業者	16.1	⊖ 30.2	5.0	⊖ 10.5	2.8
採鉱・採石　〃	—	∞	0.0	⊕ 50.0	0.0
運輸・通信従業者	3.4	⊕ 223.4	4.9	⊕ 50.3	4.5
技能工・生産工程作業者等	29.2	⊕ 120.0	28.6	⊕ 63.8	28.8
保安職業従事者 サービス職業　〃	7.7	⊕ 115.7	7.4	⊕ 63.4	1.7 5.7
分類不能の職業　〃	—	∞	0.0	⊕ 66.7	0.0

（史4－統計編2－4－④より作成）

図100　上保谷町営住宅

セント）や「専門的・技術的職業」のそれ（一一パーセント）が全国の該当数値（八パーセントと五パーセント）を著しく上回っていることが注目される。これは保谷が、高度成長の始まろうとする時点ですでに、それまでの人口増によって相対的にホワイトカラー勤労者層の多く在住する郊外の地になっていたことを意味する。なお「管理的職業」の構成比（三・三パーセント）も全国のそれ（二・一パーセント）より高いが、構成比そのものが他に比べて著しく小さく、このことをもって保谷の特徴とまでいうほどのことはないであろう。

つぎに昭和三十年代前半における保谷在住の就業者総数の増加率（一二五パーセント）は、全国のそれ（一一パーセント）の一〇倍をこえるという異常な高さを示したが、その中でも大きな増加率を示したのは、「運輸・通信」（二二三パーセント）・「事務」（二一八パーセント）・「専門的・技術的職業」（一五九パーセント）・「管理的職業（一五六パーセント）であった。いっぽう、「農林漁業」の減少率（三〇パーセント）は全国のそれ（一〇パーセント）の三倍におよび、この高度成長初期の人口急増による保谷の農業破壊のすさまじさがうかがわれる。

このような変化の結果、昭和三十五年（一九六〇）には「農林漁業」の構成比はわずか五パーセントで全国（三二パーセント）の六分の一足らずとなり、もともと小さくて右に見たように三倍増をこえる急伸長をとげてもなお構成比五パーセント弱の「運輸・通信」と肩を並べることとなった――五年前、後者の構成比が前者の五分の一強にすぎなかったことを想起せよ――。そして何よりも注目されるのは、「事務」の構成比が二五パーセント（全国の当該数値の二・四倍）となって「技能工・生産工程従事者など」のそれ（二九パーセント、ほぼ全国なみ）に近づき、「専門的・技術的職業」の構成比も全国（五パーセント弱）の二倍半以上の一三パーセントに達して、ホワイトカラー勤労者層の分厚い存在という保谷の特徴をいっそう強めたことである。

昭和三十年代後半における保谷在住の就業者数の増加は、すでに見たとおり、その絶対的な幅においては他のいずれの五年間よりも大幅で、その増加率（六二パーセント）も全国の当該数値（九パーセント）の六倍に及んだが、前の五年間に比べると、住民の職業構成を変えることが少なかったようである。これは構成比のきわだって高い二つの大分類――「事務」と「技能工・生産工程従事者」――の増加率が、全就業者のそれとほぼ等しかったことによるところが大きい。

この昭和三十年代後半における就業者数の変化のなかで、保谷の特徴の一つとしてあげることができるのは、全国ではこの期間における「農林漁業」の減少率がその前の五年間の数値（一〇パーセント）に比べて大きく高まって一八パーセントに達したのに、保谷ではこの間に「農林漁業」の五年間の減少率がかえって低下（三〇パーセント→一一パーセント）したことである。これは昭和三十年代後半に「基本法農政」のもとで全国的に進められたのと同様の農業破壊が、保谷ではすでに昭和三十年代前半に進行していたことを示唆するものと考えられる。ただ、保谷では昭和三十五年時点で「農林漁業」の構成比が五パーセントまで低下しており、従ってそれ以降におけるその従事者の減少―構成比の変化が職業構成全体におよぼす影響は、もはや軽微なものとなっていた。

この間の変化で、そのほかに注目されるものは「管理的職業」と「販売」の就業者数が、就業者総数よりも高率のテンポで伸長したことである。その結果、昭和四十年には「管理的職業」の構成比が全国のそれ（一・九パーセント）の二倍以上の六・二パーセントとなり、全体のなかで一定の〝層〟をなすものとして無視しえない存在となった。また昭和三十年には全国の当該数値とあまり差のなかった「販売」の構成比も昭和四十年には全国の一二パーセントに対して保谷の一五パーセントと、差がかなり開いてきた。

以上を要するに、保谷では、昭和三十年代を通じて、もともと全国に比べてきわだって高いウエイトを占めていたホワイトカラー勤労者層がそのウエイトを一層高めるとともに、この年代の始めにはなおかなり残されていた農村的性格が急速かつ決定的にうすれたこと、またそのような変化は、とくにこの期間の前半期に急速に進んだことを指摘できるであろう。

自営業者・雇用労働者別構成の変化

国勢調査において就業者は「従業上の地位」別にも分類される。ここでは農民や商人は「自営業主」またはその「家族従業者」に分類され、会社や官庁で働くホワイトカラーのサラリーマンや工場労働者、デパートなどの店員は「雇用者」に分類される。ここで昭和二十五年、三十年、三十五年、四十年の各時点における保谷在住の就業者の「従業上の地位」別構成比と、昭和二十五～三十年、昭和三十～三十五年、昭和三十五～四十年の各五年間における増減率を示すなら、第55表のとおりである。

ここに見るように、保谷では戦後初期の昭和二十五年時点ですでに、賃金労働者あるいは給与生活者に相当する「雇用者」が在住就業者の半数を大きくこえており、わが国全体としては一〇年後の昭和三十五年に初めて労働者階級が労働力人口の過半数となった（大橋隆憲『日本の階級構成』岩波新書）ことと比べても、保谷は早く都市化していたことがわかる。いっぽう、この昭和二十五年時点における自営業者層――「自営業主」と「家族従業者」とを合わせてこう呼ぶことにしよう――の四割という構成比も、同じ時点のわが国全体の当該数値に比べれば低かったが、当時の保谷の地域社会に農村的な性格を少なからず与えるものとして無視しえない意味をもっていたといえよう。さきに検討した職業別の数値と重ね合わせるなら、この自営業者層の構成比四割という数字のうち三割分が農民で残りの一割分が非農業自営業者層であったことになる。

第55表　保谷在住就業者従業上の地位別構成比および増減率

従業上の地位	昭和25年 構成比	昭和25～30年 増減率	昭和30年 構成比	昭和30～35年 増減率	昭和35年 構成比	昭和35～40年 増減率	昭和40年 構成比
	%	%	%	%	%	%	%
就業者総数	100.0	⊕ 62.3	100.0	⊕ 124.5	100.0	⊕ 62.4	100.0
自営業主	18.6	⊕ 25.7	14.4	⊕ 67.9	10.8	⊕ 62.0	10.8
家族従業者	22.5	⊖ 5.7	13.1	⊕ 0.7	5.9	⊕ 71.1	6.2
雇用者	58.5	⊕ 101.2	72.5	⊕ 158.1	83.4	⊕ 61.5	82.9

1）構成比の合計が100にみたない場合があるのは、従業上の地位の不明なものがあるからである。
（史４－統計編２－４－②より作成）

これ以後の変化のなかでまず注目しなければならないのは、何よりもまず昭和二十五～三十五年の一〇年間に「雇用者」が就業者総数の増加を大きく上回る度合いで急増して、そのウエイトを圧倒的に高めたことである。これは、この間における保谷の人口急増―就業者の急増が、主として賃金労働者あるいは給与生活者、すなわち、いわゆる〝勤め人〟の来住によってもたらされたことを示している。

ここで「職業大分類」のうちおもなものと「従業上の地位」との一般的な関係についていえば、前者における「事務従事者」のほとんど、「専門的・技術的職業従事者」および「技能工・生産工程従事者など」の大部分が後者における「雇用者」に属し、前者における「農林漁業作業者」のほとんど、「販売」や「サービス」のかなりの部分が後者における「自営業主」・「家族従業者」に属する。もっとも「販売」・「サービス」では階級分解が進んで「雇用者」に属する部分がふえている。さきに検討した保谷在住の就業者の職業構成と重ね合わせてみるなら、保谷に在住する「雇用者」は主として「専門的・技術的職業従事者」・「事務従事者」および「技能工・生産工程従事者など」から成っているとみてよい。この三つの職業のうち前二

第56表　農業・非農業自営業者層の就業者に占める構成比

	昭和25年	昭和30年	昭和35年	昭和40年
	%	%	%	%
保谷在住の就業者に占める「農民」の構成比	30.2	16.1	5.0	2.8
〃　「非農自営」の構成比	10.9	11.4	11.7	14.2
計（〃　「自営業者層」の構成比）	41.1	27.5	16.7	17.0

（史4－統計編2－4－②、2－4－④より作成）

者の合計の構成比と「技能工など」の構成比をくらべてみると、昭和二十九年には二四パーセント対二八パーセント、昭和三十年には二九パーセント対二九パーセント、昭和三十五年には三八パーセント対二九パーセント、昭和四十年には三六パーセント対二九パーセントと推移しており、昭和三十年代前半に雇用労働者の中で〝ホワイトカラー〟と〝ブルーカラー〟との関係が大きく逆転したことがわかる。つまり保谷の人口急増期のなかでも初めのうち（昭和二十年代後半）は、ブルーカラーの労働者とホワイトカラーの〝勤め人〟という二つのタイプの賃金労働者がほぼ相並んで著増し、人口増の主動力となっていたが、増加率の最も高かった昭和三十年代前半の就業者激増―人口急増には、同じ雇用労働者のなかでもホワイトカラーの〝勤め人〟が主役を演じたわけである。

いっぽう、この間に当然のことながら自営業者層の構成比は大きく低下した。人口急増のなかで全体として絶対増をみたものの、その中で「家族従業者」は昭和二十年代後半には絶対減、昭和三十年代前半にも横ばいに近い微増にとどまった。さきに昭和二十五年の場合について試みたことだが、ここで職業大分類の「農林漁業作業者」をすべて農民とみて――保谷ではそうみて差し支えない――自営業者層に属するものとすれば、「自営業主」プラス「家族従業者」から「農林漁業作業者」をさしひいた数が近似的な意味で非農業自営業者層の人数ということになる。そうすると、農業・非農業の自営業者層の就業者に占める構成比は、第56表のように推移してきたことになる。

右に見るように農民が相対的には無論のこと絶対的にも激減していったのに対し、商店経営者など非農業自営業者が急増したのは確かであるが、その増加率は、人口・就業者全体の最急増期にあたる昭和三十年代前半までは、その全体の増加率とほぼ同じであったため、非農業自営業者層の構成比をこれというほど高めず、ましてや農民の構成比の低下をカバーできるものではなかった。家族従業者だけについていえば非農自営の増は農民の絶対減をすらカバーできなかったことになる。こうして自営業者層全体の構成比が、農民の構成比の低下分をほとんどそのまま反映するかたちで低下することになったのである。

このような自営業者層のシェアの低下とひきかえに、とくに昭和三十年代前半におけるいわゆる〝ホワイトカラー〟層の激増によってシェアを高めた賃金労働者（＝「雇用者」）は、昭和三十五年の時点でそのシェア八三パーセントという圧倒的な地位に立つこととなった。

昭和三十年代後半にも人口・就業者の激増は続き、それぞれの増加数はむしろ前の五年間より多かったことはすでに見たとおりであるが、この五年間に自営業者層と雇用労働者との構成比は、ホワイトカラー・ブルーカラー間の構成比と同様、ほとんど変化しなかった。このことは、戦後初期から高度成長期初期までの人口急増のなかで形成された階級・職業構成が、ここでいちおうの〝定着〟をみたことを物語っているのではなかろうか。

前章〔本書には収録せず〕で見たように、保谷の「勤評」・「学テ」反対運動が教師だけでなく多数の住民に支えられて行われたのも、一つには以上に詳しく見たように、労働力人口の圧倒的部分がホワイトカラー・ブルーカラーの両階層にわたる労働者階級からなるような住民構成によるところが大きい、といってよいであろう。

3 〝ベッドタウン〟化の進展

就業者の圧倒的部分は町外で従業

これまでしばしば「保谷在住の就業者」というような表現を用い、「保谷の就業者」という表現はできるだけ避けてきたが、これは、この人たちが必ずしも「保谷で働く人たち」ではないのに、「保谷の就業者」と書けばそのようにうけ取られがちだからである。しかも次に見るように保谷に在住する就業者の多数は、保谷で働いていないのである。

第57表　保谷町に在住する就業者数およびそのうち町外で従事する人数の産業大分類別内訳

	昭和30年			昭和40年		
	人	人	%	人	人	%
全産業	8,375 — (100%)	4,845 (100%)	〔 57.9〕	30,529 — (100%)	21,031 (100%)	〔 68.9〕
産業大分類 農業	1,347 — (16.1)	14 (0.3)	〔 1.0〕	832 — (2.7)	14 (0.1)	〔 1.7〕
林業・狩猟業	3 — (0.0)	0 (—)	〔 —〕	4 — (0.0)	2 (0.0)	〔 50.0〕
漁業・水産養殖業	0 — (—)	0 (—)	〔 —〕	12 — (0.0)	12 (0.1)	〔100.0〕
鉱業	19 — (0.2)	18 (0.4)	〔 94.7〕	73 — (0.2)	73 (0.3)	〔100.0〕
建設業	475 — (5.7)	285 (5.9)	〔 60.0〕	2,994 — (9.8)	1,792 (8.5)	〔 59.9〕
製造業	1,928 — (23.0)	1,452 (30.6)	〔 75.3〕	8,259 — (27.1)	6,294 (29.9)	〔 76.2〕
卸売・小売業	1,288 — (15.4)	568 (11.7)	〔 44.1〕	6,274 — (20.6)	3,507 (16.7)	〔 55.9〕
金融・保険業／不動産業	293 — (3.5)	271 (5.6)	〔 92.4〕	2,011 — (6.6)	1,817 (8.6)	〔 90.4〕
運輸・通信業／電気・ガス・水道業	700 — (8.4)	621 (12.8)	〔 88.7〕	2,276 — (7.5)	1,986 (9.4)	〔 87.3〕
サービス業	1,693 — (20.2)	1,101 (22.7)	〔 65.0〕	6,233 — (20.4)	4,266 (20.3)	〔 68.4〕
公務	625 — (7.5)	512 (10.6)	〔 81.9〕	1,555 — (5.1)	1,268 (6.0)	〔 81.5〕
分類不能の産業	4 — (0.0)	3 (0.1)	〔 75.0〕	6 — (0.0)	0 (—)	〔 —〕

（史４－統計編２－４－⑤より作成）
町内在住就業者数Ⓐ－左のうち町外従業者数Ⓑ 〔100 × Ⓑ/Ⓐ〕
（上の産業大分類別構成比）　（上の産業大分類別構成比）

国勢調査によれば、町内在住の就業者数とそのうち保谷町外で働く人数、および前者に占める後者の割合（かっこ内）は、昭和三十年には八三七五人のうち四八四五人（五七・九パーセント）、昭和三十五年には一万八八〇四人のうち一万三〇三七人（六九・三パーセント）、昭和四十年には三万五二九人のうち二万一〇三一人（六八・九パーセント）と推移しており、とくに昭和三十年代前半に、もともと高かった町外への通勤流出率がさらに大きく高まったことがわかる（史４－統計編２－４－⑤）。ここから町内在住就業者の増加数とそのうちの町外従業者の増加数と割合（かっこ内）を算出すると、昭和三十～三十五年が一万四二九人のうち八一九二人（七八・六パーセント）、昭和三十五～四十年が一万一七二五人のうち七九九四人（六八・一パーセント）となる。この間の町内在住の就業者の急増が町外への通勤者の急増によって生じたことは明らかである。また人口―就業者の増加率が最も高い昭和三十～三十五年には、この依存率がとくに高かったこともわかる。

就業者の産業別構成と通勤流出

つぎに、保谷在住の就業者数とそのうち町外に通勤流出する人数を、昭和三十年と四十年との両時点について、国勢調査の「産業大分類」別に見るなら――本来なら「職業大分類」別に見る方が適切なのだが、通勤流出者についてはその統計がえられないので――、第57表のとおりである。

ここで町外従業者のこの一〇年間の増加への寄与が大きかった産業をその寄与率（かっこ内の数字）の順にあげると、①製造業（一九・九パーセント）、②サービス業（一九・六パーセント）、③卸売・小売業（一八・二パーセント）、④金融・保険・不動産業（九・六パーセント）、⑤建設業（九・三パーセント）と並ぶ。

①の製造業はもともと――ここで「もともと」とは「すでに昭和三十年の時点で」の意、以下同じ――保谷の住民の就業先として産業大分類のなかで最も大きい構成比を占め、しかも高度成長のもとでその構成比を高めたが、その就業先の圧倒的な部分は、その間、事務労働の場たる本社などの管理部門も、生産労働の場となる工場も、ともに終始、町外にあった。②のサービス業――この「サービス業」は、教育・研究・医療といった部門も含む「産業」であって、そこに働く人の三分の一以上は「専門的・技術的職業」に、また二割前後の人は「事務」に属している――は、保谷町民の就業先としてもともと製造業に次ぐ大さをもち、かつその就業先の多くはもともと町外にあった。③の卸売・小売業は町内の商店を多く含み、昭和三十年時点には保谷の住民にとって三番目に大きい就業先であったが、昭和四十年時点にはその構成比を高めてわずかながらサービス業を上回り、二位になった。この構成比の上昇は町外従業率の大幅な上昇を伴っており、その就業先が町内の商店などよりも都区部の百貨店などで大きく伸びたことをうかがわせる。④の金融・保険・不動産業は、町外従業率が最も高く、もともと保谷の住民の就業の場としてそんなに大きいものではなかったが、高度成長を通じてその構成比を大きく高めたものである。高度成長下における首都の金融機関の肥大化が、その背景となっている。⑤の建設業も、住民の就業の場としての構成比を昭和三十年代に大きく高めている。

通勤流出者の主要な従業地

では保谷の住民の従業の場とされた「町外」とは、どこであろうか。それは広く都区内・都下のほぼ全域と埼玉県南にわたっているが、ここでは主要な通勤流出先について見ることにする。そこで便宜的に、保谷からの通勤者が昭和三十年には二〇〇人以上、昭和四十年には一〇〇〇人以上であった市区町村をひろってみると、たまたま同じ八つの市区町があがってくる。これもたまたまこの両時点において、保谷町に住み町

第58表　保谷に住む就業者のおもな町外通勤先

通勤先（従業地）	保谷町からの通勤者数（かっこ内は通勤流出者総数に対する比率）	
	昭和30年	昭和40年
	順位　人	順位　人
千代田区	① 683 (14.1%)	① 3,351 (15.9%)
中央区	② 513 (10.6)	② 2,286 (10.9)
新宿区	④ 396 (8.2)	③ 1,810 (8.6)
練馬区	⑦ 243 (5.0)	④ 1,321 (6.3)
港区	⑥ 272 (5.6)	⑤ 1,295 (6.2)
田無町	⑧ 239 (4.9)	⑥ 1,088 (5.2)
豊島区	⑤ 276 (5.7)	⑦ 1,077 (5.1)
武蔵野市	③ 448 (9.2)	⑧ 1,052 (5.0)
8市区町計	3,070 (63.4)	13,280 (63.1)
保谷町に住む町外通勤者総数	4,845 (100.0)	21,031 (100.0)

（史4－統計編2－4－⑥より作成）

図101　ひばりが丘駅の通勤風景（『保谷町広報』35号）

外で働く人たちの六三パーセントがこの八市区町に職場をもっていたから、この八市区町をもって「主要な通勤流出先」とみなすことができる。これら八つの市区町への保谷からの通勤者数の動きなどを見るなら、第58表のとおりになる。

これによって明らかなように、保谷町に住む通勤者の主要な従業地は、(1)都心三区、(2)副都心二区、(3)近隣三市区町、に大別できよう。昭和三十年代の一〇年間に、保谷町から町外への通勤者は四倍強にふえたが、その間、その有力な通勤先としての八市区町の地位は不動であったものの、八市区町相互間の順位には次に見るように、多少の変動があった。

まず都心三区についていえば、千代田・中央の二区は、もともと保谷からの通勤先として一、二位を占め、六位だった港区も合わせて昭和三十年時点ですでに町外通勤者数の三〇パーセント強を占めていたが、一〇年間に三区ともそのウエイトを高め、昭和四十年には合わせて三三パーセントとなった。つまり保谷からの町外通勤者のちょうど三分の一が都心三区をその通勤先とするようになったのである。

つぎに副都心二区は、それぞれ西武新宿線、同池袋線によって保谷と直結しているが、この十年間に新宿区は保谷にとって通勤先としてのウエイト（町外への全通勤者に占めるそこへの通勤者の比率）をやや高めたのに対し、池袋を含む豊島区はそのウエイトをやや低下させた。両区合わせたウエイトは、昭和三十年代を通じて一三・九パーセントから一三・七パーセントへと、ほぼ横ばいに推移した。

近隣三市区では、この昭和三十年代の一〇年間に練馬区と田無町が保谷からの通勤先としてのウエイトをやや高めたが、武蔵野市への通勤者の増加は比較的緩慢であったため、同市のウエイトはかなり大きく低下し、三市区町を合わせたウエイトも一九・一パーセントから一六・五パーセントへと、かなりの低下をみた。

以上に見てきたことを総じていえば、高度成長下にあっては、やはり都心部の労働市場が近隣のそれにくらべ保谷にとって決定的に重要な意味をもち、かつその重要性を増大させつつあったといえるのではなかろうか。

〔2-5-F〕
武蔵村山市史編さん委員会編『武蔵村山市史 通史編 下巻』
(武蔵村山市、二〇〇三年、五六九~五八六頁)

第四節 住宅団地と大学

北多摩の住宅地化

「もはや戦後ではない」といわれた昭和三〇年(一九五五)代は、池田勇人内閣による所得倍増計画に代表されるように、国民の経済生活や消費水準が飛躍的に向上したことで知られている。新技術の導入などで高度経済成長が進展し、仕事を求めた地方の労働者が大都市へと流れ出ていったのもこの時期であった。とりわけ東京都は人口が集中し、巨大化していったことで特記される。大量の移住者を受け入れるだけの住宅を十分に完備していなかった東京都は、住宅を増設する必要にせまられていくのである。

そもそも、衣食にくらべ都民の住生活は立ち後れており、戦前の昭和一六年(一九四一)には、住宅一人あたりの畳数が三・六畳であったものが、三〇年には二・九畳に減っていた(『東京都政五十年史』事業史I)。東京都の人口増加が激化していくなかで、住宅問題を早々に解決することは、政府にとっての課題でもあった。

昭和三〇年三月に発足した第二次鳩山一郎内閣は、「住宅対策の拡充」を重要施策の第一に掲げ、住宅不足を一〇年間で解消するむねを表明した。七月には日本住宅公団法に基づき、日本住宅公団(現住宅・都市整備公団)の設立に踏み切っている。この公団は、行政区画にとらわれず

表Ⅱ-13 昭和30~40年代北多摩に建設された公団団地(500戸以上)

自治体	団地名	戸数	入居年月
立川市	けやき団地	1,250	S41・10
	幸町団地	764	S46・6~7
	若葉台団地	1,409	S46・7
	柏町団地	660	S46・7
武蔵野市	緑町団地	1,019	S32・11~33・2
	桜堤団地	1,829	S34・3~6
三鷹市	新川団地	921	S34・8~9
	三鷹台団地	1,151	S37・5~8
府中市	府中団地	696	S35・3
	府中日鋼団地	702	S41・6
昭島市	東中神団地	594	S42・5~44・4
調布市	神代団地	2,022	S40・7~10
小平市	小平団地	1,726	S40・3~5
東村山市	久米川団地	986	S33・6~11
	萩山団地	899	S48・3
西東京市	柳沢団地	512	S33・11~37・8
	東伏見団地	558	S33・12
国立市	国立富士見台団地	1,959	S40・11
東久留米市	ひばりが丘団地	2,714	S34・4~35・2
	東久留米団地	2,280	S37・12~38・6
	滝山団地	1,060	S43・12
清瀬市	清瀬旭が丘団地	1,820	S42・9~11

金子淳「高度経済成長と住宅地の形成」(『多摩のあゆみ』100)より

表Ⅱ-14 昭和30~40年代北多摩に建設された都営団地(1000戸以上)

自治体	団地名	戸数	建設年度
立川市	松中団地	1,232	S44~45
武蔵村山市	村山団地	5,260	S39~41
東村山市	天王森住宅	2,259	S34~H8
東大和市	東京街道団地	1,957	S36~52
狛江市	狛江住宅	1,762	S41~50
調布市	くすのき住宅	1,720	S37~52
	緑ヶ丘団地	1,126	S36~39
清瀬市	竹丘団地	1,618	S45~H8
府中市	府中南町住宅	1,257	S41~H8
国立市	国立北三丁目住宅	1,097	S46~H7

金子淳「高度経済成長と住宅地の形成」(『多摩のあゆみ』100)より

大都市やその周辺に賃貸住宅や分譲住宅を大量に建設し、大規模な宅地造成を行うことを目的にしており、深刻な住宅難を解消するうえで大いに期待されていた（『日本住宅公団20年史』）。公団発足後は、都内だけでなく、都心から半径二〇～四〇キロメートルの範囲で、都内までの通勤時間が一時間半から二時間程度の場所も住宅建設の候補地とされた。その意味で、東京郊外の多摩地域は住宅を供給する格好の場所であったといえる。

多摩地域では、中央線沿線の区部に隣接する北多摩から住宅地化が進行していった。戦前、軍需産業を中心に重工業地帯を形成していた北多摩は、都心部とは別の独自の経済圏を持っていたが、三〇年代の高度経済成長と、東京の人口増加からくる住宅難によって、東京のベットタウンとしての機能を果たすよう求められていったのである。（金子淳「高度経済成長と住宅地の形成」『多摩のあゆみ』100）。

昭和三一年に建設された三鷹市牟礼の公団牟礼団地（一六〇戸）をはじめてとして、三四年には武蔵野市に桜堤団地（一八二九戸）、さらに保谷町（西東京市）・田無町（西東京市）・久留米町（東久留米市）の三町にまたがるひばりが丘団地（二七一四戸）などが建設され、北多摩の景観はまたたくまに変ぼうしていった（表Ⅱ－13・14）。経済成長下の北多摩一帯は、膨張《ぼうちょう》する東京の人口を抱え入れる地域と化していったが、同時にそれは北多摩を市街地として再編していく過程でもあったのである（鈴木浩三「戦後の地域形成と住宅地化」『鉄道とまちづくりのあゆみ』Ⅰ）。

村山町もその例にもれず、昭和三九年から四一年にかけて、狭山丘陵から少し離れた南部一帯に、東京都宅地開発公社（現東京都宅地供給公社）によって、都下最大の都営住宅団地（村山団地）が建設されていくことになる。それにより村山町の人口は一気に二・五倍に急増し、四五年の市制施行に大きな役割を果たした。しかし、三〇年代前半にあっては、村山町はほかの北多摩地域の団地ラッシュにくらべ、それほど市街地化が進んではおらず、人口の増加もままならない状況におかれていた。将来の開発が大きな課題とされていたのである。

少年飛行兵学校跡地の開発

昭和三四年（一九五九）一月一一日、東京陸軍少年飛行兵学校跡地の地主数百人が、町公民館で地主大会を開催した。この大会は、「郷土開発」を志し開かれたもので、町長の諸江吉夫や町議会議長の加園治助ら多数の議員も参加していた。このとき地主たちは、将来の町の発展をめざし、少年飛行兵学校跡の農地・山林・原野を含む、およそ一八万坪の土地を開発すべきであると、町長らに要請していった。戦後、北多摩の各自治体には先に述べたようにつぎつぎと団地が建設され、工場も進出しており、市街地化が進んでいた。それにくらべ、「村山町にこれ等の施設も特筆すべきものもなく」、人口の増加も停滞している状況であった。発展に乗り遅れていると意識していた地主たちは、この地を日本住宅公団の住宅用地とすべきと決議し、そのむねを町当局へ求めていったのである（『資料編近代・現代』四六一）。それに対し町長らも賛同したとみえ、地主らに激励の言葉を贈っている。

少年飛行兵学校跡地は、戦後の農地改革によって、畑・保安林・採草地という地目で中藤の農家に分割して払い下げられていたが、「郷土開発」のために売却に承諾した地主は、二〇一名中一七一名もいた。わずか数一〇名の地主が売り渡しに反対していたようだが、何回かの談合の結果、計画面積を縮小してようやく決議にこぎつけている。二月六日には、日本住宅公団誘致運動発起人の山田秀吉（農業委員会長）と森谷清之助（選挙管理委員長）が、加園町議会議長にあてて開発要請書を送り、町議会での審議を求めていった（歴史民俗資日本住宅公団総裁の加納久料館蔵「請願書綴」）。それを受けて町当局は朗にあてた陳情書を作成し、少年飛行兵学校跡地一五万坪を住宅用地として買収するよう依頼していくのである（『資料編近代・現代』四六二）。

そのなかで諸江町長と加園町議会議長は、村山町に住宅を建設するメリットを次のようにあげている。

①村山町は都心より一時間半の距離にあり、村山貯水池を抱えて水利の便がよく、また、自然に囲まれ眺望がよいため、東京の近郊都市建設地として理想的である。

②既存《きそん》の中央線に加え、武州鉄道や西武電鉄が着工されようとしており、バスは都営・立川・西武の三線があり、交通上便利である。

③村山町は、立川市をはじめとして国立町や八王子市に隣接し、将来政治・経済・文化などの発展が期待される前途良好な地である。

④各地に小学・中学・高校があり、教育施設も充実しており、子弟教育に問題はなく、また、国立村山療養所をはじめ各種病院もあり、厚生衛生上不便がない。

⑤立川市まで電気やガスが引用されており、生活に不安はない。

以上のように、町当局は住宅建設に格好の地とばかりに、公団へ村山町をアピールしているのがわかる。①は、村山町が首都圏への通勤に便利で、東京のベットタウンとしてふさわしいことを強調したもので、生活環境においても申し分ないことを述べたものだが、実際、②でいうように、村山町の念願でもあった鉄道誘致もこの時期進んでおり（『資料編近代・現代』五二一）、〝鉄道のない町〟を払しょくしようとしていた（しかし、結局実現を見なかった）。また、学校の完備は、子供を抱えた若いサラリーマン家庭にとっては最も関心を寄せる問題であったが、④では教育施設が充実している点を指摘している。だが、当時の村山町には小中学校ともに一校ずつしかなく、後に述べるように実際は団地造成を切っ掛けに、急ピッチで学校増設が進められていくのである（『資料編近代・現代』四九三）。高校も立川市や八王子市に通学するほかはなく、昭和三九年に至っても大和・村山地区に都立高校を新設するよう、都に請願書を出しているのが知られる（歴史民俗資料館蔵「請願書綴」）。

このように、町当局は多少の誇張《こちょう》をまじえながらも日本住宅公団に住宅建設を働きかけているが、公団からはよい返答はなかったものと思われる。だが、少年飛行兵学校跡地の開発は、町全体の悲願でもあり、早々にあきらめられるものではなかった。

荒れ果てた跡地

そもそも、陸軍少年飛行兵学校の跡地は、そのまま放置しえない現実的な問題を抱えていた。先にも述べたように、この地は農地改革によって農家に払い下げられていたが、昭和三〇年前後から、立川、昭島などの自治体がこの地にし尿を捨て去ったことから、周囲にはハエや蚊がまん延し大きな問題となっていたのである。戦後、農作物の肥料として重《ちょう》宝《ほう》されていたし尿は、化学肥料の進出によりこの時期すでに利用価値を失っていた。そのため、工場などが増設され人口が集中し始めた都市では、し尿の処理に困り近郊の空き地を見つけては投機せざるをえない状況になっていた（『資料編近代・現代』五二二）。都市化が進む立川市などは、開発されずに放置されていた飛行兵学校の跡地を絶好の投棄《とうき》場とみなしており、他の自治体も同様であったのである。昭和三六年（一九六一）六月二二日付の『読売新聞』をみると、「一日のべ五十台から百台のバキューム・カーが、三百トンものし尿を爆心地のようにえぐられた穴に〝波状攻撃〟をかけて放出していた」とあり、飛行兵学校の跡地は惨たんたるありさまであったことが窺われる。臭気《しゅうき》とハエで農耕作業にも支障をきたし、外では弁当すら食べられなかったという。五〇〇メートル北には、国立村山結核療養所（現国立療養所村山病院）があり、衛生上の観点からも早急な解決が求められていた。

村山町では、この周辺に工場やその他の施設を誘致する準備を進めていたが、このままでは、悪環境などを理由に挫折《ざせつ》する可能性もあった。その上、この地の南方約八〇〇メートルのところには、都民の飲料水となる玉川上水が流れ、北方は村山貯水池や山口貯水池に接していた。少年飛行兵学校跡地の開発は、村山町だけでなく、ある意味都全体に関わる問題でもあったのである。

　し尿投棄に関しては、すでに昭和三六年の五月、村山町は武蔵野市・小金井市と協同で衛生組合を結成し、この地にし尿処理施設を設立する議案を町議会に提出していた（市役所蔵「昭和三十六年度会議録綴」）。施設が完成したのは昭和三八年で、現在の湖南処理場にあたる。だが、当初この地の開発は住宅を造成することにあり、し尿処理場を建設することではなかった。町当局は、し尿処理場建設の代償《だいしょう》として、地主たちにその周辺を開発するむね約束しているが（市役所蔵「昭和三十七年会議録綴」、『村山町史』）、地主に約束するまでもなく、町当局にとっても、町の開発とその結果がえられる人口の増加は悲願であった。

団地建設のあゆみ

　昭和三九年（一九六四）、日本全国は東京オリンピックで沸《わ》きかえっていた。日本の政治・経済・市民生活の国際化はいっそう高まっていき、国家事業として東海道新幹線や首都高速道路もつくられ、国土開発も着々と進行していった。

　この年の五月二九日、村山町でも「総合的に開発計画を推進するため」、総合開発委員会が結成され、六月二九日には設立総会が開催されている。委員会の顧問には農業協同組合長の山﨑七次郎がなり、諸江吉夫に代わって町長に就任した高橋正緩がその会長をつとめた。また、常任委員は町議会議員より一八人、農業委員会委員より五人、自治会長より五人、農協役員および支部長より五人、町理事者より二人がそれぞれ選出され、この委員会のもとで町の「飛躍的発展」のために事業を推進していくこととなる（『町報むらやま』一八号）。

　団地建設に関しては、総合開発委員会結成以前の二月二六日、高橋正緩、加園治助、山﨑七次郎の三名が、都に現地調査を求め、村山町へ団地を造成するように働きかけていた。村山町は、東京都民にとって必要不可欠な水源地を保有していると述べ、東京都との強い結びつきを指摘し、東京都の住宅難緩和の一翼を担《にな》いたいと、積極的に運動を繰り広げている（歴史民俗資料館蔵「請願書綴」）。町当局としては、町を発展させるために、こうした請願を数年来繰り返してきたが、よい返事はもらえずなかなかうまくいかなかった。近年になって、プリンス自動車工業株式会社の誘致に成功し、関係工場などの数一〇社が用地を買収し、一部ではすでに事業を開始していた。それでも、町当局はまだまだ発展には程遠いと思っていたようで、団地を誘致し人口の増加をはかる以外に、もはやなすすべがないと考えていたのである。

　村山町の強い働きかけにより、昭和四〇年一月二八日に、東龍太郎東京都知事が来町し、立川周辺の開発のため、村山町に都のモデル団地を建設する意向を表明した（市役所蔵「昭和四十年会議録綴」）。三月八日には、東京都住宅局計画部長の服部源太郎が高橋町長にあて、今年度から村山町と大和町にまたがる「都営住宅村山団地」を建設すると、計画の内容を報じている。全五二六〇戸中第一期計画は約四〇〇〇

写真Ⅱ－23　村山団地建設当時の町三役
左：内野治平（助役）　中央：高橋正緩（町長）　右：乙幡泉（収入役）

写真Ⅱ－24　建設途中の村山団地

写真Ⅱ－25　村山団地への入居開始　（歴史民俗資料館所蔵）

戸で、居住者の入居を四一年の二月に予定していた（歴史民俗資料館蔵「請願書綴」）。総工費七二億二六五三万円余りをかけた大規模団地の造成計画で、敷地は農村と原野あわせて五五万六四三〇平方メートルの広範囲に渡っていた（『読売新聞』昭和四〇年一月二二日）。

村山町では、町の発展をとげる大きなチャンスとばかりに、都の意志に沿い、土地の売り渡しに応じるよう地主に働きかけていった。地主側も数年来開発をめざしていたこともあり、売買契約は順調に進行したようである。ただ、隣接する大和町住民の土地収用《しゅうよう》に関しては、難航した形跡が窺われるので紹介しておきたい。

村山町の土地売買契約がほぼ交渉し終わった昭和四一年一月三日、村山団地の建設用地にあたる大和町住民が、売却に反対して東京都に陳情を申し入れた（『資料編近代・現代』四六二）。大和町側は実情をつぎのように述べている。

①大和町の土地所有者に対しては、十分な意見聴取もなく、一方的に強制収用の手続きに入ったため公正に反している。
②隣接はしていても、大和町の土地は村山の既買収済みの土地にくらべ高額である。にもかかわらず、低価で買収しようとする姿勢は納得できない。
③土地収用されれば耕作面積が減少し、家計の維持ができない。収用するならば転業保障等、特別の配慮をされたい。
④団地建設の計画を変更し、大和町隣接部分の区画を整理し、所有者に返却するなど適当な方法を考慮されたい。

村山町と都との協議によって始まった村山団地の建設計画は、当初大和町の土地は予定区域には含まれてはいなかった。だが、事業の進行とともに、都の指示により急きょ大和町の土地が計画区域に編入されたようである。大和町側は、事前に計画についての意見を求められたことはなく、事後報告を受けたのみであったという。用地買収の交渉も、村山町との交渉がほぼ妥結《だけつ》した昭和三九年一二月に初めて行われたのが実情であった。寝耳に水の大和町側は、生活に関わる大きな問題であったため、先のような理由をあげ売り渡しに断固反対したのである。大和町は、昭和三八年に二〇〇〇戸余りの東京街道団地が建設され（『東大和市史』）、市街地も形成されつつあり、プリンス自動車株式会社が誘致された他は大きな変化がなかった村山町のように、団地建設を熱望するような状況ではなかった。また、大和町の土地は、し尿処理場がある村山町の土地にくらべ、一等地の農地として高く評価されてきており、この点からも低価にすぎた買収価格に不満は大きかったといえる。買収価格の低さだけではなく、仮に手放せば家計の維持も困難となる。土地を手放したあとの農家の転業や生活維持のための保障も求めていた。

そして、大和町側にとって、もっとも不可解であったのは、団地の西側（村山町側）にも土地は十分あるのに、なぜあえて大和町を編入しようとするかにあった（都公文書館蔵「立川都市計画―団地の住宅（村山住宅）経営事業のための土地収用裁決申請事件」）。村山町の土地所有者が売買に応じなかったのかもしれないが、大和町民としては、納得のいく説明がえられなかったのである。

　このような大和町側の反対にも関わらず、都は現行計画をそのまま実行していくこととなった。他地域の都営住宅地においては、任意売買が成立しなかった土地については強制収用をしない例が多かったが（前同上）、村山団地の建設では、大和町の一部四万一〇〇〇平方メートルを村山町側に編入し、建設事業は進められていったのである。大規模な団地の建設によって、行政区画が変更するということに注目しておきたい。

　東京都の進める開発事業のなかで、町の発展を志し積極的に土地を手放す人もいれば、不本意ながらも土地を手放さなければならなかった人たちもいた。こうしたさまざまな思いのなかで村山団地は完成し、昭和四一年四月二一日、五〇〇世帯がいっせいに入居を始めていったのである。（『資料編近代・現代』四六五）。

都下最大のマンモス団地

　立川周辺の開発のために、東京都が立案した都営村山団地とは、つぎのようなものであった。建物は、簡易耐火建築（一九九七戸）と中層耐火建築（三二六三戸）があり、部屋の構造は、三寝室ダイニングキッチン型（六九〇戸）と二寝室ダイニングキッチン型（四四八〇戸）の二種類があった。全戸数五二六〇戸は、これまで都営最大であった北区の桐ヶ丘団地を七〇〇戸も上回る大規模なもので、レクリエーション施設としてクヌギの森林公園（九万平方メートル）を配置することも計画していた。ほかにも中央公園二、児童公園一〇、集会所二、小中学校各一、保育所二、幼稚園一、共同浴場二、給水塔二、管理事務所などの設置も予定されており、快適な住環境をめざした団地建設であったことがわかる。上下水道用に団地内に二本の深井戸を掘り、給水塔を経て給水し、水の不便をなくす仕組みをとり、下水道は団地北部に沈砂槽《ちんさそう》とし尿浄化槽を設け、排水とし尿を処理し、下水パイプで団地北方約一五〇メートルの空堀川へ放流する計画もたてられていた。交通機関は団地の東南約一〇〇〇メートルのところに西武玉川上水線の玉川上水駅があり、都心までは約一時間二〇分。西武、立川バスが国電立川駅と団地を結ぶ新路線を新設中であり、通勤への配慮もなされていた。また、医療施設として、西方約四〇〇メートルのところに内・外・小児科を完備した国立村山療養所があり、医療環境のうえからも不便はないはずであった（『読売新聞』昭和四〇年一月二二日、二月二三日）。

　団地が完成すると、つぎつぎと入居者が増えてくる。団地の入り口には、入居者より先に雑貨屋などが「入居歓迎」ののぼりをたて、ハタキやホウキ、バケツなどの店開きをするありさまで、あたかもお祭り騒ぎのようなにぎやかさであった。団地住民の受け入れにあたっては、村山町も一四〇人の職員を二一五人に増やし、プレハブ庁舎を急増して体制を整えた（『資料編近代・現代』四六五）。そんな入居騒ぎのなか、米軍立川基地の飛行機が爆音をとどろかせて上空を飛び交っていた。入居者は新生活に入る期待と同時に、一抹《いちまつ》の不安を感じたに違いない。

　入居者の増加は、村山町の人口を急増させることでもあった。市役所蔵『事務報告書』によると昭和四〇年（一九六五）一月には、一万二六八六人（男六四三三人、女六二五三人）であった人口が、最初の入居者のあった四一年四月にいたり、二万三二六〇人（男一万一九三四人、女一万一三二六人）となり、六月には二万四六二三人（男一万二六三三人、女一万一九九〇人）と急激に増加している。その後も人口は増え続け、四万人を突破した村山町は、数年後の昭和四五年一一月三日、武蔵村山市として新たな道を歩むこととなったのである。その大きな役割を果たしたのが、村山団地の完成と新住民の入居であったことはいうまでもない。それを裏付けるものとして、団地への入居者数をみてみよう。

　四一年七月段階では、すでに団地への入居者が一万一三八三人もおり、村山町民の総人口二万五四四七人に対し、半数近くが新住民であった。さらに、四三年一万七六五二人、四四年一万七九六七人、四五年一万八二九八人と年を経るごとに入居者は増え続けていったのである（村山団地連合自治会『村山団地と「連自」の歩み』）。村山団地の建設は、あたかも町のなかに〝新しい都市〟が出現したかのようなありさまであった。

　さて、入居者の年齢別人口構成は、表Ⅱ－15のとおりである。男女と

表Ⅱ－15　入居者数の年齢別人口構成

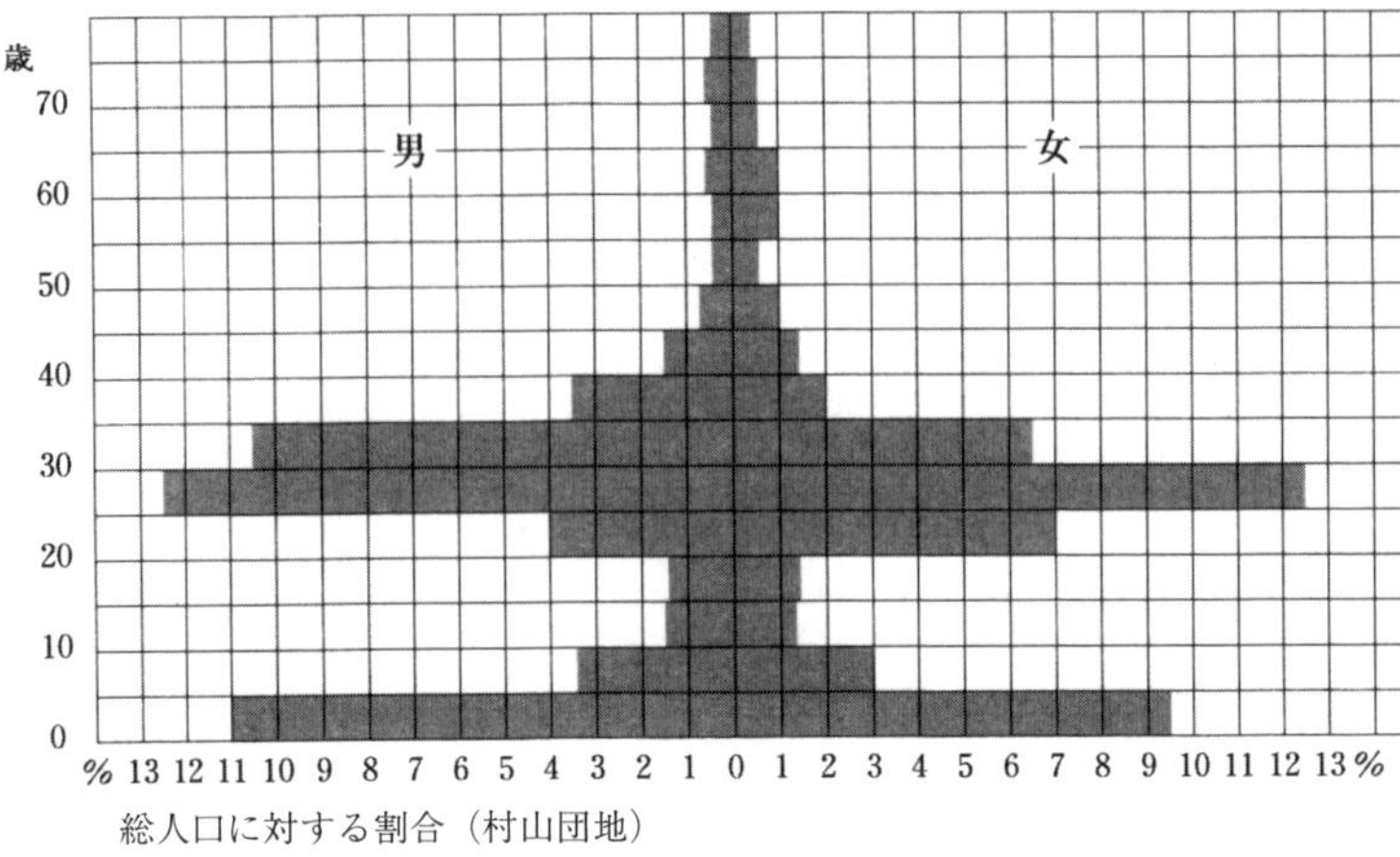

『住宅局報』No.7（昭和43年）より

表Ⅱ－16　世帯主の勤務先所在地

勤務先所在地	割合
千代田、中央、港	17.0%
台東、文京	3.8
豊島、新宿、渋谷	12.8
江東、墨田、江戸川、葛飾	5.2
足立、荒川、北	2.1
練馬、板橋	4.7
中野、世田谷、杉並、目黒	10.6
品川、大田	3.6
区部計	59.8
市部	27.1
郡部	10.2
その他	2.9
計	100.0

『住宅局報』No.7（昭和43年）より

もに二五～二九歳が最も多く、男女とも〇歳から四歳がそれに続いていた。世帯主、配偶者および乳幼児が入居者の大半をしめていたことがこの表からわかる。また、表Ⅱ－16をみると、世帯主の勤務先所在地は、千代田・中央・港の三区に通う居住者が一七パーセントをしめ、区部通勤者が半数以上であった（東京都住宅局『住宅局報』No.7）。村山団地は三〇歳代の若いサラリーマン家庭がほとんどで、村山町はまさに東京のベットタウンとして位置づけられたといえよう。

　団地内には、第一次入居にあわせて、中藤出張所（現緑が丘出張所）が開設され、その隣に四三年に都によって中央集会所が設置された。そのほか、北・南・西の各集会所も都によって建てられている（『武蔵村山の民俗』その五）。また、お互い面識がなかった住民は、昭和四一年八月一五日、情報交換のために『村山団地ニュース』を発刊し、横田省三を会長に一七のブロックで村山団地連絡協議会を結成した。連絡協議会は、四二年二月に評議委員会に改組《かいそ》され、さらに、九月二四日にいたり、松嶋金作を会長とした村山団地連合自治会に発展していった（『資料編近代・現代』四六六、『村山団地と「連自」のあゆみ』）。その下には、各ブロック独自の自治会があったが、こうした自治会のもとで、つぎに取り上げるような飛行機の騒音問題や、NHK受信料不払い問題に取り組んでいくのである。

団地をめぐる課題

土と緑と武蔵野の澄んだ空気のなかに建設され、公園などを配した村山団地は、都のモデル団地として最適な住環境のはずであった。だが、新しい団地生活に夢と希望を抱いて引っ越してきた入居者は、必ずしも満足できたとはいいきれず、改善していかなければならない問題が山積みされているのに驚かされることとなった。そのいくつかを紹介してみよう。

まず、都の計画では、当初児童公園をいくつか設置することとなっていたのだが、入居してみると、予定地は雑草がひざのうえに達するほど伸びており、荒れるにまかせ放題であった。団地への入居者が増加するにともない、団地内への車の往来は日増しに激しくなっていったが、児童公園が整備されず、遊び場のなかった子供たちは、交通事故に巻き込まれていったのである。こうした事態を憂《うれ》いた団地一二ブロック自治会（会長・大塚明）は、昭和四一年（一九六六）九月、一日も早く児童公園の設置工事を行うよう都の関係当局に取りついでほしいと、町長の高橋正緩に要請している（歴史民俗資料館蔵「請願書綴」）。入居当初の住民は、新しい住居をえてくらしは成り立ったとしても、一方では車などの危険にさらされ快適とはいえない環境に置かれていたことが窺われる。

写真Ⅱ－26　団地上空を飛ぶ米軍機
（村山団地連合自治会蔵）

また、昭和四一年九月二五日未明、台風二六号が村山町を通過したことにより、村山団地も大きな被害を受けた。二四時間も停電したため、三日間水道がストップしてしまったのである。団地役員は給水の手配に奔走し、米軍立川基地より給水車が到着するにおよんでようやく水にありつけたという。しかし、この混乱で、団地住民は町営水道の給水能力に疑問をいだくようになった（『村山団地と「連自」のあゆみ』、歴史民俗資料館蔵「請願書綴」）。危機管理が徹底していない事態は、入居者の不安をあおったであろうことは想像にかたくない。

そして、入居者がもっとも難渋《なんじゅう》したのは、米軍飛行機の騒音であったろう。村山団地は、米軍立川基地からわずか数キロメートルたらずのところにあり、飛行機が離着陸する際の航路に位置したため、その被害は甚大《じんだい》であった。飛行機がもたらす騒音は、一般の騒音とは違い危機感、威圧感を持つもので、住民に与える被害は大きくとも、被害度を測る基準がはっきりしないため、救済する法的措置がないことに特性があった。夜間離着陸のもたらす影響は睡眠不足や疲労の加重《かじゅう》、食欲の減退などを引き起こし、団地住民は相当なストレスを感じたものと思われる（歴史民俗資料館蔵「請願書綴」）。また、爆音と震動が起こるたびに、テレビの映像がとぎれて見えなくなったため、村山団地連合自治会はＮＨＫ受信料不払い運動を起こすに至った。団地住民からは、「どうしてこんな所に団地を建設したのか」という疑問の声が出るほどであったという（『読売新聞』昭和四二年七月一四日）。

このように、都の掲《かか》げるモデル団地は、当初の期待とは裏腹に新住民の生活にさまざま課題を突きつけていった。都内の住宅難を緩和するため、郊外に住宅を建設することのみにまい進していた都の団地政策のしわ寄せが、一気に現実化したことをこうした事実からかいま見ることができる。

一方、村山町当局も、団地造成により新たな課題に直面することとなった。

団地住民は二〇～三〇歳代のサラリーマン家庭が圧倒的に多かったため、学齢期の子供人口が一気に増加していったが、それに対応するため、町は新たに学校を造成しなければならなくなったのである。学校建設には、一校につき当時の金額で約二億円もかかるといわれ、教育費にかける割合が町財政の大半を占めるに至った。そのため町の新規事業は、立ち上げることもできず、大きな後退を余儀なくされたのである（『資料編近代・現代』四九三）。

また、昭和四二年七月一九日付の『読売新聞』は、村山団地で学校をさぼって団地内をブラブラする小中学生が目立ち始めたと伝えている。その対策として自治会連絡協議会婦人青少年小委員会の呼びかけで、団地の父兄は朝晩実態調査をかねたパトロールを始めたという。村山町は、都市化につきものの「不良少年」の対策にも追われることとなったのである。

こうした新たな課題に直面した村山町であったが、昭和四四年にいたっても、さらなる開発をめざして団地の造成計画を進めていった。この年一月、日本住宅公団は、峰などの六地区にまたがる狭山丘陵一帯（一〇五万平方メートル）に、鉄筋五階建ての賃貸住宅五六〇〇戸、分譲住宅二四〇〇戸の団地と、商店六〇店舗、小学校四校、中学校二校などを建設する「野山団地」（仮称）構想を明らかにし、町当局に協力を要請してきた。町にはすでに村山団地をはじめ、三ツ藤団地、中藤第一団地などが設立され、都市開発が急ピッチで進んでいたが、西部はいまだ純農村地帯であった。そこに村山団地をもうわまわる大団地が建設されようとしていたのである。昨年末には、町西部地域開発推進協議会が結成され、町では均衡《きんこう》のとれた開発事業を推進しようとしていた矢先でもあり、町当局は開発に資するため、地主側と土地買収の話を三月より進めてきた。ところが、地主たちは、①団地ができても恩恵がない、②代替《だいたい》地《ち》がなく農業ができなくなる、③団地建設で土地を売ったものは困っている、といった理由で団地造成に反対し、町議会へ反対陳情や請願などを行っていった。町議会も、「狭山丘陵地帯の公団団地建設は中止せよ」との請願を賛成多数で可決し、町当局に公団との話し合いを打ち切るよう申し入れている。このため、町当局も議会の決議を尊重し、今後は公団との交渉、団地建設などに関わらないむねを決定するに至るのである。町議会が、正面切って団地建設の反対決議をしたのは、三多摩では初めてのことであり、他市町村に影響をおよぼすことは必至《ひっし》であったと考えられる（『読売新聞』昭和四四年六月二六日）。

地域開発をめざした団地建設は、結果として団地にかたよった投資が行われることになり、一方で、既存の地域への整備が手薄になるという矛盾を引き起こした。村山団地についていえば、それにより人口が急増し市制施行に一役買ったことも事実であるが、教育施設の充実にせまられたり、「不良少年」への対策が必要となるなど、町は新たな課題に直面することになった。村山団地の造成を切っかけに、村山町は都市化のうねりのなかに巻き込まれていったのである。

［2-5-G］
野田正穂「西武鉄道と狭山丘陵開発——東村山文化園から西武園へ」（東村山ふるさと歴史館編『東村山市史研究』第13号、東村山市、二〇〇四年、三一～五四頁）

一 はじめに

現在の西武鉄道は一九四五年（昭和二〇）九月、武蔵野鉄道（池袋—吾野間、その他）が旧西武鉄道（高田馬場—本川越間、その他）を合併して成立した。その際、食糧増産という会社をあわせて合併したことから、当初の社名は西武農業鉄道（翌四六年一一月、西武鉄道と改称）といった。合併当時の沿線の大部分は畑（大根やサツマイモの産地で有名）や山林からなり、しかも四四年六月から五三年三月まで、都民の糞尿を沿線の農家に肥料として供給するための「糞尿電車」を走らせていたから、何かと農業とは縁が深い鉄道であった。明治以降の数多い鉄道のなかで、社名に農業の二文字を冠した鉄道は、実にこの西武農業鉄道が最初であり、また最後であったのである。

ここで、合併前後の輸送状況、とくに旅客のそれをふり返ってみると、表1のようになる。太平洋戦争下の一九四一年度から四四年度までをみると、約五割と大幅な増加をとげていた。沿線での軍需工場や軍施設の建設と拡張によるものであり、たとえば田無町の中島飛行機関連の軍需工場、小平町の陸軍兵器廠小平分廠や陸軍経理学校、そして所沢町の陸軍航空学校などがあげられる。しかし、敗戦とともに、以上のような軍関係の施設は閉鎖・撤収されたから、その影響は当然乗客数にも及び、一時的とはいえ四五年度はかなりの減少となった。

戦後は、沿線の農村に出かける都内からの買出し客がふえ、また、戦争中の沿線への疎開者が定着したことから、乗客数は再び増加に転じたが、一九四七年度から五〇年度にかけては経済不況の影響もあり、横ばいとなった。乗客数がいちじるしい増加をとげるのは、五〇年代の後半になってからであった。なお、表1で収入の動向をみると、四四年度から五〇年度までの間に五八倍増となっている。これは主としてインフレの進行にともなうこの間の運賃値上げによるもので、乗客数はそれほど増加したわけではなかった。いま東村山—高田馬場間の運賃を調べてみると、四四年四月は七〇銭、五〇年六月は三五円と、この間に五〇倍に上昇していた。

ところで、東京の私鉄のなかには戦災の被害（車輛や駅舎の損壊・焼失など）を受けたものも少なくなかったが、西武鉄道の場合は高田馬場駅舎の焼失など比較的軽微であった。しかし、合併時の車輛や設備の多くは戦時中の酷使によって消耗・老朽化し、車輛数もわずかに一〇五輛[1]を数えるにすぎなかった。それだけに、戦後は乗客数の増加にそなえて、輸送力の増強が急務となり、車輛の増備、電化、複線化などの設備の改善につとめなければならなかった。

注目されるのは、西武鉄道を率いる堤康次郎がその政治力を駆使し、国鉄や旧軍部の車輛・施設の払下げによって、格安に設備の増強を実現したことであろう。他の私鉄も車輛の払下げを受けてはいるが、西武鉄道の場合はケタはずれに多く、一九五〇年代前半に七四輛に及んだという[2]。またレ

表1　西武鉄道の輸送状況

年度	旅客（万人）	貨物（万トン）	収入（万円）
1941	6,084	80	687
44	9,194	100	1,357
47	10,382	94	12,924
50	10,246	126	78,671
53	13,020	158	187,662

（注）1941、44年度は武蔵野鉄道と旧西武鉄道の合計。
各社の『営業報告書』より作成。

ールについては、京成電鉄と競合となった旧鉄道連隊（千葉県津田沼）からの払下げが知られている。そして払下げで手に入れた戦災車輛などの修繕・改造は所沢の車輛工場が引き受けたが、これも旧陸軍立川航空廠の土地・建物・機械の払下げによるものであった(3)。こうして、西武鉄道の保有車輛は五五年度末には一九一輛と大幅に増強されたのである。

問題は、いかにして乗客を誘致し、その増加をはかるかであった。西武鉄道の沿線には畑や山林が多く、宅地化が遅れていただけに、他の私鉄とくらべると、東京の発展・膨張にともなう宅地化の余地は大きかった。しかし、戦後数年間は住宅の新築は限られており、宅地化は新宿線沿線では鷺の宮近辺、池袋線沿線では練馬近辺までで、ある程度進展したにすぎなかった(4)。当時、鷺の宮や練馬の駅周辺は市街化していたとはいえ、一歩奥にはいるとかなりの農地がまだ残っていたのである。

一方、戦後の経済復興が始まり、人口の集中が進むにつれて、都民の間にはレジャーや行楽への志向が次第に高まった。なかでも、戦前から有数の観光地として多くのハイカーを集めた村山・山口両貯水池が、再び脚光をあびることになった。しかも、旧武蔵野鉄道も旧西武鉄道も、昭和の初期に両貯水池へ延長線を建設するなど、観光開発に手をそめた経験をもっていたのである。たまたま一九四七年一〇月、西武鉄道は村山貯水池畔に二〇万坪という広大でほぼまとまった土地を入手することに成功した。そして、ここで乗客誘致の切り札ともいうべき遊園地の建設にのり出したのである。東村山文化園、のちの西武園（遊園地）がこれにほかならない。

注

（1）西尾恵介・井上広和『西武』一九八〇年、保育社、一一一ページ。

（2）青木栄一「西武鉄道の歩み」『鉄道ピクトリアル』一九九二年五月号。

（3）飯島巌他『西武鉄道』一九八五年、保育社、一二八ページ。

（4）沿線の住宅地化の先鞭をつけたのは、戦後間もない都営住宅の建設、そして民間企業などの社宅の建設であり、一九五五年（昭和三〇）以降には西武鉄道自身が多摩地域の沿線で建売り住宅の分譲にのり出した。住宅を建設したのは同じ系列の復興社であった。

その一端を西武鉄道総務部編『西武』第八号（一九五八年八月一五日）により紹介してみると、五五年四月〜六月、武蔵関五九戸、五五年一〇月〜五八年四月、久米川一五一戸、五六年五月〜一二月、東久留米一七三戸、五七年六月〜五八年七月、花小金井一五七戸などとなっている。

二　修養団とその道場

遊園地の建設であれ、住宅地の開発・分譲であれ土地会社（今日でいう不動産会社）や電鉄会社などの開発主体にとっては、できるだけ広い土地を「一坪残らず」買収することが必要となる。もし虫食い状態に買収できない土地が残ると、開発の計画を自由に進めることは困難または不可能になろう。そこで、土地会社などは開発予定地の有力者（大地主や村長など）を抱き込み、開発が地元の発展に役立つことを強調して、「先祖伝来の土地」を手放すよう地権者を説得することになる。しかし、西武鉄道にとっては以上のような面倒な手間、ヒマをかける必要はなく、東村山の回田から所沢の荒幡にかけての村山貯水池畔の土地二〇万坪を一括して購入できたのである。のちに隣接地を買い足してはいるが、この二〇万坪の購入は、その後の遊園地（西武園）の建設の際、決定的な条件となったといえよう。

西武鉄道に土地を売却したのは、同地に「皇民道場」を開設していた蓮沼門三の修養団であった。蓮沼が一九〇六年（明治三九）に創設した修養団は、天皇崇拝、労資協調、勤倹努力をスローガンに掲げる修養・

教化団体の一つで、一九三〇年以降は日本の軍国主義化の波にのって急速に勢力をのばし、その運動は東洋紡績、八幡製鉄所、秩父セメントなど「大工場に野火のごとく」[1]浸透していった。これには、大企業の経営者が従業員の組合運動に対抗するため、修養団の育成と保護をはかったことが大きく寄与したといえよう。たとえば、三五年（昭和一〇）二〜四月の東京モスリン金町工場の労働争議に際しては、「争議団側は労働総同盟の支持を受け、会社側御用団体と対峙を続けて来た」が、ここでいう「御用団体」とは修養団を指していた[2]。そして、敗戦時の修養団は海外を含めて一七〇九支部、団員数は六一八万を数えるまでに膨張していたのである[3]。

注目されるのは、修養団は団員の教化・修養の方法として神道の儀式である禊祓《みそぎはらえ》を導入し、また白衣鉢巻姿での体操や行進などの団体行動に力を入れたことであろう。そして、そのために既存の広場や講堂を利用しただけでなく、大阪、伊勢、鎌倉など各地に自ら道場を建設したのである。最も規模が大きかったのは一九三五年（昭和一〇）八月設立の関西道場で、敷地面積は三〇万坪に及んだが[4]、村山貯水池畔の道場はそれについだ。しかし、その名称に「天皇の臣民」を意味する「皇民」を掲げたのはここだけであり、修養団の中心的な施設であったといえよう。

問題は、修養団はなぜ村山貯水池畔の地を選んで道場を建設できたか、である。この点では、蓮沼門三とは同じ福島県会津の出身で「竹馬の友」であった東村山の化成小学校校長の小池喜八が、用地の選定や購入にあたって協力したことが重要である。小池は蓮沼より一歳年上で、東京師範学校在学中に蓮沼を東京に呼び寄せ、蓮沼が同じ東京師範に入学し、在学中に修養団を結成すると率先して入団したという。一九一〇年（明治四三）から四二年（昭和一七）まで化成小学校の校長をつとめ、この間、北多摩郡教育会幹事になるなど、郡教育界でも重きをなした。そして在職中に第九代東村山村長に推されたのは、小池の行政手腕と町民の信望とによるものであった[5]。

蓮沼が村山貯水池畔に道場を建設していた当時、小池は化成小学校の校長、そして東村山の町長の要職にあったのである。一九五四年（昭和二九）七月、小池の死去に際して、蓮沼は葬儀での弔辞の中で、道場の建設にあたっては「東村山町民各位のご賛成を受け、道場十六(ママ)万坪の敷地をまとめることにご協力を得たことは、小池町長のご尽力にまつところが多かった[6]」と述べている。

修養団が購入したのは、村山貯水池の東北にあたる狭山丘陵の一角であった。一九三八年（昭和一三）四月、貯水池の堰堤下に東京市立の狭山公園（約七万七〇〇〇坪）がオープンすると、その一帯は雄大な貯水池の景観を背景に多数の行楽客を集め、急速に俗化していった。これに対して、のちに修養団の道場となる東村山から所沢にかけての丘陵は、武蔵野のおもかげを残す雑木林からなり、その中には梅林やハツタケの産地として知られた松山もあった。

修養団は一九四〇年（昭和一五）二月に地鎮祭を挙行したが、これには蓮沼門三をはじめ伍堂卓雄、八田嘉明、二木謙三ら修養団幹部が列席し、前田山、綾昇らの力士がドッコイドッコイと四股をふんで「地固めの儀」をおこなった。そして翌月には、宮内省より青山御所旧建物の一部一九〇坪が「下賜」された。建物の移築は四一年一一月になってからで[7]、これが、その後八〇年代末まで西武園競輪場の事務所脇にあった「共承閣」であった。

「皇民道場」には禊場、中講堂、寄宿舎、食堂、そして大運動場などがつぎつぎに建設され、一九四二年（昭和一七）一月には第一回講習として四日間にわたる日本鋼管新入社員講習会が開催された。また、敗戦に間もない四五年三月には、三日間にわたる劇団新生新派講習会が開催されたが、これには花柳章太郎、伊志井寛、森赫子、川口松太郎らが参加した。なかでも注目されたのは、皇民道場のなかで「大陸の花嫁」の養成がおこなわれたことであろう。修養団は三九年六月、蒲田区（現、大田区）矢口町にあった多摩川農民訓練所を「女子拓務訓練所」と改め、満州開拓民の「花嫁」の養成にのり出し、四二年二月には合同結婚式を挙げていたが、[8]四三年、皇民道場の一角（東側）にも、同様の「女子拓務訓練所」を設置したのである。[9]

　敗戦とともに、国策機関化した修養団の活動が中止に追い込まれたのは当然であろう。「皇民道場」は人かげもまばらとなって荒廃し、「殺人死体が白骨になるまで棄て置かれるほどの草深い荒れ果てたところ」[10]となった。もっとも、折からの食糧難のなかで蓮沼門三ら幹部は毎日のように道場に通い、なれない開墾作業に従事したという。[11]一方で、修養団は奇跡的に占領軍（GHQ）による解散命令を免れたとはいえ、団の事実上の崩壊によって財政は窮乏の一途をたどり、道場の名を「公民道場」と改めたものの、処分する以外になく、一九四七年（昭和二二）一〇月、西武鉄道に土地・建物などを一括して売却することにしたのである。[12]

注

(1) 修養団運動八十年史編纂委員会編『修養団運動八十年史・概史』一九八五年、同団、一一五ページ。
(2)『中外商業新報』一九三五年二月一九日号。
(3) 前掲『修養団運動八十年史・概史』一三三ページ。
(4) 同上、一二九ページ。
(5) 下田佐重編『東村山町教育の歩み』一九六二年、同刊行協賛会、三八ページ以下。
(6) 東村山郷土研究会『郷土研だより』二八九号、二〇〇三年六月三〇日。
(7) 蓮沼門三全集刊行会編『蓮沼門三全集』第一三巻、一九六九年、修養団、年譜。
(8) 同上『蓮沼門三全集』第一三巻、年譜。
(9) 東村山市史編さん委員会編『東村山市史』2（通史編下）、二〇〇三年、同市、四四六ページ。
(10) 加藤肇「復興社の事ども」西武鉄道総務部編『西武』第五号（一九五八年五月一五日）。
(11) 蓮沼門三『永遠の遍歴』一九五六年、修養団、五〇七～八ページ。
(12) 前掲『蓮沼門三全集』第一三巻、年譜。

三　堤康次郎の遊園地経営

西武鉄道を統率・支配する堤康次郎（清二・義明の父）は、村山貯水池畔の土地開発の以前にも、遊園地経営の経験をもっていた。もっとも、堤が最初の土地開発のため一九一七年（大正六）一二月に設立した沓掛遊園地は、その社名に遊園地という名称は冠してはいたが、[1]この会社の事業は軽井沢での別荘地の開発であり、アミューズメント・パークの経営ではなかった。堤が最初に手がけた遊園地は、一九二四年（大正一三）から二六年にかけて、当時の四谷区番衆町（現在の新宿区新宿五丁目の一角）にあった新宿園であった。

　当時、堤は箱根土地の事実上の経営者として、東京市内での住宅地の分譲、そして軽井沢と箱根での別荘地の開発、そして以上に関連して鉄道やバスなどの交通機関の経営と、手広く事業を展開していた。そして土地経営の一環として、かつて米相場でならした浜野茂の広大な邸宅の一部約一万坪を買収し、ここに庭園や遊戯施設などを建設し、一九二四年（大正一三）九月、新宿園の名で開園したのである。注目されるのは、浅草六区のような楽天地にすることを夢みた堤は、園内に映画館や劇場を建設したことであろう。そして、大正文化の波にのって劇場の「白鳥座」では水谷八重子による芸術座の演劇、四九八名を収容できる「孔雀館」では外国映画、そして「鷗座」では専属の少女歌劇団による童話劇を上演・上映して観客の動員をはかったのである。

しかし、設備投資に一九一万円もかけたにもかかわらず、新宿園の入園者はあまり伸びず、経営は次第に不振の度を加え、ついに一九二六年（大正一五）はじめには閉鎖のやむなきに至った。失敗に終わった理由としては、遊戯施設に特色がなかったこと、「教育的」を標榜しすぎたために大衆性に欠けたこと、そして入園料が高かったこと、などがあげられる。第二次大戦前に長期間存続した遊園地の殆んどは、運賃収入で入園料を安くできる私鉄の兼営によるもので、個人や会社の独立経営の遊園地は失敗に終わるか、私鉄によって合併されるか、のいずれかであった。新宿園もこのような失敗の例にあげることができよう(2)。

写真１　遊園地・新宿園の入口（『建築写真類聚』1926年　洪洋社）

次に、堤康次郎が経営に関与した遊園地としては、豊島園があった。

豊島園は当初、樺太汽船その他多くの事業を手がけた実業家の藤田好三郎が旧練馬城址一〇万坪に建設した遊園地で、古城を凝した展望台、グラウンド、東洋一の大プール、ウォーターシュート、各種庭園などからなる「東都唯一の大遊園地」(3)であった。しかし、昭和初期の長期の不況の中で経営難に陥り、一九三二年（昭和七）四月、経営は債権者の安田信託の手にわたり、三五年五月、日本企業（社長は小川栄一）によってようやく再建されることになった(4)。

一九三八年（昭和一三）九月、一時は倒産同然となった武蔵野鉄道の経営の再建に成功した堤は、四〇年一〇月には社長に就任し、そして四一年一一月には武蔵野鉄道と豊島園の合併を実現した。こうして、堤は一五年ぶりに再び遊園地の経営にかかわることになったのである。しかし、当時は戦時統制下にあり、戦局の悪化とともに国民のレジャーや行楽に対する規制が強化されるもとでは、遊園地の経営を積極的に展開できる余地はなかった。

敗戦後間もなく、堤は豊島園の充実・整備にのり出し、数多くの施設を導入してその面目を一新した。なかでも豊島園の人気を高めたのは、戦前からあったウォーターシュートの増設、モノレールの「空飛ぶ電車」、旧陸軍の飛行機格納庫を改造した八〇〇坪の「子供劇場」、そして一九五二年九月に完成した収容人員七〇〇人の学童対象の豊島園ホテルなどがあげられる(5)。そして堤は、以上のような豊島園の経営に力をいれる一方、村山貯水池畔二〇万坪の土地を利用した新たな遊園地の建設計画にのり出すのであるが、その前に実現しなければならないのが第二次大戦末期に運転休止となっていた貯水池への鉄道路線の復活であった。

一九二七年（昭和二）三月、二〇〇万東京市民の〝水がめ〟として村山貯水池が完成し、一躍首都圏では有数の景勝地となると、折から乗客誘致に腐心していた旧西武鉄道などは早期貯水池への延長線の建設にのり出した。二九年五月、まず武蔵野鉄道が西所沢から分岐して村山公園駅（のちに村山貯水池際駅と改称）へ至る支線を建設した。また、小平村で学園都市の建設をすすめていた堤康次郎の箱根土地も、宅地分譲と観光開発という一石二鳥をねらって小平学園を通って貯水池へ達する鉄道を計画し、子会社として多摩湖鉄道（四〇年三月、武蔵野鉄道が合併）を設立、三〇年一月には国分寺―村山貯水池間を完成した。そして同年四月には、西武鉄道も東村山駅から分岐して村山貯水池前駅までの支線を建設し、以上三つの私鉄は貯水池への観光客をめぐって激しい争奪戦を演ずることになった。

しかし、第二次大戦の末期、軍需輸送の増強のため一般の旅客輸送の抑制が始まり、一九四三年（昭和一八）以降は観光や遊覧を目的とする鉄道や路線は不要不急線として休廃止されることになった。その結果、四四年三月以降、武蔵野鉄道多摩湖線の武蔵大和―狭山公園前間、同山口線の全線（西所沢―村山間）、そして旧西武鉄道の東村山―村山貯水池前間がいずれも営業中止となった。しかも、多摩湖線を除いて、レールも撤去されたのである。当時、多摩湖線の沿線には陸軍経理学校、傷痍軍人療養所、陸軍兵器廠、陸軍少年通信兵学校などの陸軍の施設が集中し、貯水池畔には高射砲や電波探知機の陣地が構築されていた。[6]レールの撤去を免れたのは、以上のような軍用鉄道化によるものであったと思われる。

第二次大戦後、村山貯水池畔に遊園地を建設するためには、まず休廃止中の鉄道路線、とくに用地に近い武蔵大和―狭山公園前間と東村山―村山貯水池前間を復活し、建設に必要な資材や人員の輸送をはかることが先決であった。こうしてレールが残存していた武蔵大和―狭山公園前間がいち早く一九四八年（昭和二三）一月に営業を再開し、つづいて東村山―村山貯水池前間も同年三月に営業を開始した。西武鉄道は以上のように遊園地建設のための条件整理をすすめる一方、遊園地の構想の検討をはじめ、四八年一〇月、小島正治郎（西武鉄道常務取締役）を委員長とする実行委員会の名前で「東村山文化園建設趣意及計画書」を発表したのである。

注

（1）資本金は二〇万円（払込み五万円）、会社の所在地は当時の堤の自宅があった東京府豊多摩郡下落合五七五番地であった（帝国興信所編『帝国銀行会社要録』第七版、一九一八年、同所）。

（2）以上は野田正穂「新宿にあった遊園地の話」（新宿区教育委員会編『ステーション新宿』一九九三年、に所収）による。

（3）白石実三『大東京遊覧地誌』一九三二年、実業之日本社、九七ページ。

（4）小川栄一『わがフロンティア経営』一九六四年、実業之日本社、九〇ページ以下。

（5）戦後数年間の西武鉄道による豊島園経営については、加藤肇「復興社の事ども」（『西武』五号、一九六三年五月一五日）による。

（6）第二次大戦の末期には、東京都民の〝水がめ〟村山・山口貯水池はアメリカ軍の長距離爆撃機B29の標的となった。正確な年月は不明であるが、貯水池の周辺には高射砲や電波探知機の陣地が構築され、そのうちの電波探知機の跡は一九八八年八月の時点で、山口貯水池の南側に残っていた。（『朝日新聞』八八年八月一一日）。

四　東村山文化園の建設

西武鉄道の「東村山文化園建設趣意及計画書」は、まず文化園の建設趣意を次のように述べていた。

「東京都の西郊緑なす東村山の地とこれに続く村山、山口両貯水池を中心とする地域はただに水源たるにとどまらす、その山、その丘、その森、その原などのあらゆる自然が健康源であり休養地であることは、世間周知の事実である。がしかし、現在この地の発揮している機能はただ概ね水源たるにとどまって、其の大部分の真価は遺憾ながら開発されていない。

本来この地は東京都民を始め周辺都市住民に対する新鮮な空気の供給地、疲労せる血液の浄化地言い換れば人体活動力の給源地である。それには、これが目的にふさわしい十二分の施設と至便なる交通路線とが開けなければならないことは、これ亦た多く言うまでもないところである。

仍て吾等は再建日本のために斗う人々にこの土地が自然に有する機能を最高度に発揮し提供すると共に、更に広くこれを国際親善の基地とするときは、全国民の夙に念願する文化国家の建設と世界平和へ貢献し得るものと信じ、別項に掲ぐる構想と計画を以て東村山文化園の建設を祈念して已まない(1)」。

以上のように「文化園建設趣意」は、文化園を都民のリクリエーションの場として整備すると同時に、「国際親善の基地」とすることをうたっていた。そして、このような「趣意」を具体化するための「構想」を、一、村山・山口両貯水池を囲む一帯二一万坪の地域、二、西武鉄道村山線、多摩湖線、武蔵野線などの交通機関、三、進駐軍将校の居住や国際人の住宅建設、四、国際文化研究所の建設、五、その他の施設、に分けて打ち出していた。以上のように具体化の大きな項目として、三と四をあげていたのは、日本を占領していた進駐軍の協力をとりつける狙いがあったものと見られる。

他方、いわゆる「遊園地」に相当するのは五の「その他の施設」であるが、これについては次のように述べていた。「東村山文化園の本格的なる施設は第二期以降とし、とりあえず現在西武鉄道会社、修養団、地元有志の所有地の施設や地形を其のまま利用して、昭和二十四年十一月末日を目途に左の項目を第一期施設として実現する(2)」として、次のような項目をあげていた。ホテル、温泉旅館、果樹園、ダンスホール、プール、ドッグレース場、牧場、運動場、ウォーターシュート、動物園、植物園、養魚場、クラブ、射的場、農場など。そして以上のような第一期建築費として計上したのは、六二九六万円であった。

このように、西武鉄道が文化園の「構想」として総花式《そうばなしき》にありとあらゆる運動・遊戯施設を列挙したのは、とくに地元の協力をえることもその目的の一つであった。修養団から二〇万坪のまとまった土地を購入できたとはいえ、計画区域にはなお地元農民の土地が点在しており、これらを早急に買収することが文化園の建設にとっては急務となっていた。そして地元の協力を得るためには、文化園の「構想」が地元にも多くの利益をもたらすことを示すことが必要であったのである。事実、西武鉄道と東村山の地元民との間では、一九四九年（昭和二四）六月にこの問題での協議がまとまったが、その覚書は次のようになっていた。

「西武鉄道株式会社ニ於テ計画スル東村山文化園（仮称）建設ニ対シテ、地元トシテハ共存共栄ノ精神ニ則リ右計画ノ実現促進ヲ計リ之ニ協力シ、曩ニ地元民ヨリ地区農地委員会ニ対シテ申請シタル未墾地買収指定申請ヲ即時取下ゲ、且ツ既ニ農地法ニ就テモ左記条件ヲ以テ解決スルコトヲ協議決定シタリ(3)」と。左記条件とは、山林中の落葉の採取、地元関係者による園内売店設置、園内施設への地元関係者の優先雇用などであった。

ところで、一九五〇年（昭和二五）春の文化園の開園に向けて、西武鉄道がとり組んだ第一期計画は、まず旧来の施設の修復・整備であり、その一つが村山ホテルの改修であった。戦前は村山貯水池の名所に数えられていた村山ホテルは、戦争末期には行楽客の利用がなくなる反面、貯水池の堰堤の補強工事のための宿泊施設に使われるなど、荒廃していた。第二次大戦後、その村山ホテルを一躍有名にしたのが大岡昇平の小説『武蔵野夫人』で、映画や演劇にも取り上げられたが、西武鉄道は大改装の上、五〇年一月、その名も多摩湖ホテルと改称してオープンした。延べ坪数は四六五坪、和室一二、洋室五のほかホール、バーなどを備えた近代的なホテルとなった(4)。

また、修養団から引き継いだ施設としては、二で紹介した共承閣のほかに、日東紡績が修養団に寄贈した中講堂の「揚清館」があった。文化園の第一期施設計画は「共承閣を山荘クラブ（仮称）として結婚式場、

写真2　1935年頃の村山ホテル（絵はがき・筆者所蔵）

接客、宿泊に活用する。建物が高燥地にあり、風景良く展望佳、而して諸種の会合場とする」と。実際に共承閣は結婚披露宴や団体集会などに利用され、宴会の仕出しには野口町の魚屋が出入りしたという[5]。また、揚清館については「現在の建物をそのまま若しくは畳を他に転用して自由に出入り出来る休憩所とする」と。後に、競輪場の選手が休憩所として利用することになった。

　他方、東村山文化園のうちの遊園地には大衆性の強いウォーターシュート、飛行塔、ボート場などの建設がすすめられたが、この間、当初の構想を大きく変更する問題がおこった。当初の計画にはなかった競輪場の建設に西武鉄道がふみ切ったことが、これにほかならない。

注

（1）ふるさと歴史館所蔵「西武園（旧文化園）敷地内農地関係書類」による。

（2）同上。

（3）同上。

（4）西武鉄道運輸課宣伝係編『西武ニュース』第二号（一九五三年一二月）、加藤肇「復興社の事ども」（『西武』第八号、五八年八月一五日所収）など。なお、多摩湖ホテルは六一年秋に西武鉄道の手で取り壊され、そのあとはレストラン西武園となったが、このレストランも今はない。

（5）小山博「狭山ケ丘と皇民道場―修養団・共承閣など―」（『郷土研だより』第二五六号所収）。また共承閣は西武園によって小中学生対象の林間学校などに利用されたが、一九五七年（昭和三二）八月には別館浴場に万座温泉から直送した湯の花による「百円温泉」が開設され、「大広間では連日芸能陣の出演」がおこなわれたという（前掲『西武ニュース』一九五七年八月一日号）。

五　競輪場、豆電車、ユネスコ村

一九五〇年（昭和二五）は春に「東村山文化園」がオープンする一方、当初の計画にはなかった競輪場が開設され、「おとぎ電車」も開通し、その後の「西武園」の原型が固まった年として、西武鉄道にとっては記念すべき年となった。

　日本の競輪は、第二次大戦前からアマチュアスポーツとしておこなわれていた自転車競技を興行化したもので、一九四八年（昭和二三）に議員立法で成立した自転車競技法にもとづいて、同年一一月小倉市（現、北九州市）で最初の競輪が開催された。これが予想以上の成功をおさめたところから、その後、地方自治体では窮迫した地方財政の再建・復興をねらって、積極的に競輪開催にのり出すところが増えた。

　以上のような経過をみれば、西武鉄道が一九四八年（昭和二三）一〇月に発表した東村山文化園の構想と計画のなかに、競輪場の建設が含まれていなかったのは、時期的にみて不思議ではなかった。しかし、各地競輪の人気と成功に刺激された西武鉄道は、乗客誘致と増収の効果が大きい競輪場の建設へと、急遽計画を大きく変更したのである。当時のある経済雑誌は、西武鉄道の兼営事業について次のように述べていた。

「最も期待がかけられているのはなんといっても競輪で、建設許可もおりており、胴元となる埼玉県との話合も出来ているところから、大体この五月には第一回の競輪を行えるよう工事を急いでいる。規模は収容人員五、六千名の比較的小さいものだが、これに要する資金約二千万円は、大凡二カ年で回収出来よう、という。即ち、競輪による乗客数の増加を年三十万人として、沿線各地からの運賃を一人当り平均四十円とすれば、これだけで年額一千二百万円の増収だ。これに競輪場の売上げ、売店、広告収入などの利益も幾分予想される…」[1]と。

こうして、西武鉄道は文化圏の予定敷地内に約一万八千坪の競輪場の建設にのり出す一方、競輪場への交通手段として東村山—村山貯水池前間の路線を転用するため、途中の野口信号所から競輪場入口まで〇・五キロの路線を新設し、信号所から貯水池前までの路線は廃止した。

一九五〇年（昭和二五）五月、その名も「西武園」の競輪場と新駅が完成すると、早速、埼玉県と所沢・川越・行田・秩父の同県各市の施行で第一回の競輪が開催された。当初、西武鉄道は名称を「西武園競輪」とすることを主張したが、埼玉県側は西武園の知名度が低いことを理由に「村山競輪」とすることを主張し、結局、西武鉄道が譲歩したという。[2]

問題はまず第一に、とかく粗野で喧騒をともなう競輪は「自然と文化」、そして教育的を標榜する遊園地にはそぐわないこと、そして第二に、公営とはいえ競輪は本質的には賭博（ギャンブル）の一種で、当然のことながら勤労意欲やモラルの低下などの社会的弊害が発生しがちなことであった。そして以上のような懸念は、村山競輪開始の翌月、早くも現実となって表面化したのである。選手控室などの焼打ちにまでエスカレートした六月二八日の「八百長騒ぎ」[3]がこれにほかならない。

当時、鳴尾、川崎の両競輪場でも騒擾事件が起きており、発足したばかりの競輪はその存廃も含め、世論のきびしい批判を浴びることになった。そして、村山競輪については五〇年九月の埼玉県競輪対策協議会で存廃が問題になり、いったんは廃止することに内定したという。[4]

しかし、結果的には存続となった村山競輪は一九五四年（昭和二九）六月、「西武園競輪」と改称されることになり、五六年九月には総工費約一五〇〇万円で亀裂がはいった走路の修復と同時に、一二〇〇人収容の木造スタンドの新設により、A級の競輪場へと発展した。[5]その後の西武園競輪の歩みはここでの主題ではないが、六〇年九月一三日には再び騒擾事件がおきたこと、[6]そして七〇年代には競輪場周辺の住宅地のなかで、路上の違法駐車がひきおこす〝車公害〟などが地元東村山市で大きな社会問題になったことだけをつけ加えておく。

ところで、西武園線の開通や西武園競輪場の開設に遅れること三ヵ月、一九五〇年（昭和二五）八月には、その後「おとぎ電車」の名前で親しまれた豆電車が開通した。この豆電車は、文化園建設の二年ほど前、堤康次郎が描いていた「桃太郎電車」[7]の構想の具体化であり、東村山文化園の第一期計画に出てくる村山・山口両貯水池一巡の豆電車がこれにほかならない。

「おとぎ電車」は当初、多摩湖ホテル前—山口信号所間の二・五キロで開通し、軌間は七六二ミリの単線、八〇Vの蓄電池二個を搭載する蓄電池式電車が客車を牽引して走った。しかも、地方鉄道ではなく、遊戯物としてであった。この点についての経緯は、次のようであった。

「地方鉄道で……免許になっても駅、隧道、橋梁等の構造物、保安設備、車両等、到底今のようなものでは工事施行認可が下りることがあるまい。又運賃の制限も強いというようなことで、どうしても遊技物として進めるより方法がないということで、四・六粁の線路敷地も遊園地の一部と見做し、乗車券でなく遊技券で、交通が目的でなく、乗って遊ぶことが目的であるというような変な理屈をつけて、とうとう遊技物として埼玉県に届けた程度で工事も済ましてしまった」[8]と。路線に曲線部分が多いのは、遊戯物としての名残りといえよう。

なお、西武園駅の鉄骨やこの豆電車のレール、客車の車体、橋梁の横桁などはすべて旧陸軍から払下げを受けた施設、器材の再利用によるものであった。

ところで、五一年九月、日本がユネスコ（国連の教育科学文化機関）に加盟したのを記念して、西武鉄道は東村山文化園の一角三万坪を選び、ユネスコ加盟四三カ国のモデルハウスからなる「ユネスコ村」を建設した。起伏のある丘陵の間に民俗色豊かな素朴な民家が点在する「ユネスコ村」は、東村山文化園の構想にうたわれていた「国際親善」に一役かうものであったことは否定できない。また、「ユネスコ村」は規模は小さいとはいえ、今日のいわゆるテーマパークのはしりとなった施設であったことも、注目してよい。

そして、西武鉄道はユネスコ村への交通機関として、復活がおくれていた西所沢―村山間の路線を一九五一年（昭和二六）一〇月に復活した。また、同年九月には「おとぎ電車」を山口信号所からユネスコ村まで延長し、こうして今日の西武鉄道の路線網の原型が完成すると同時に、同年九月には、東村山文化園を西武園と改称したのである。

写真3　ユネスコ村にあったオランダ館
（絵はがき・筆者所蔵）

注

（1）『東洋経済新報』一九五〇年三月一八日号。
（2）加藤肇「復興社の事ども」『西武』第五号（一九五八年五月一五日）。
（3）『毎日新聞』一九五〇年六月二八日付。
（4）『日本経済新聞』一九五〇年九月一七日付。
（5）西武鉄道宣伝係『西武ニュース』一三一号、一九五六年九月一日。
（6）二田健蔵編『競輪総覧』（一九七〇年、同刊行会、一二一ページ）によると、六〇年九月一三日、A級決勝レースで本命と目されていた選手が、自転車パンク事故のため途中で外帯線に退避したことから激昂したファンが事務室に乱入、走路に持ち出した椅子などに放火する騒ぎとなったという。
（7）加藤肇「復興社の事ども」『西武』第九号（一九五八年九月一五日）。
（8）同上、第五号（一九五八年五月一五日）。

六　両貯水池の名称変更問題

一九五一年（昭和二六）九月、ユネスコ村が完成し、狭山丘陵開発の第一段階である遊園地の建設が基本的に完了すると、西武鉄道は東村山文化園の名称を「西武園」と変更した。それと同時に、村山・山口両貯水池の名称の変更にものり出したのである。

注目されるのは、その際、前年の五〇年七月に毎日新聞社が占領軍（GHQ）の後援のもとにおこなった「日本観光地百選」が最大限に利用されたことであろう。これは、海岸、山岳、湖沼、瀑布、温泉、渓谷、河川、平原、建造物、都邑の一〇の選定種目について、はがき投票によって各一〇カ所の観光地を選ぶというもので、各種目の第一位への投票者には抽せんで一等三万円一名以下の賞品があたる仕組みになっていた。八月から九月にかけての二ヵ月間の投票総数は何と七七五〇万票、そして湖沼の部の第五位には村山・山口貯水池が三二万票を集めて入選したのである。(1) 両貯水池畔で観光開発をすすめていた西武鉄道が、全社員あげての投票運動、投票集めをおこなったことは想像にかたくない。

そして翌五一年春、西武鉄道は毎日新聞社と提携して村山・山口両貯水池の改称キャンペーンにのり出したのである。もともと堤康次郎は、一九二八年（昭和三）一月、国分寺から村山貯水池までの鉄道の敷設のため設立した会社を、多摩湖鉄道と命名していた。しかし、この多摩湖の名称は三二年一〇月に完成した山口貯水池も含めた名称として使われることが多く、三五年頃に多摩湖鉄道が出した沿線案内も「村山、山口貯水池は……近時多摩湖の名を以て知らるる」と書いていた程であった。

その両貯水池の名称を村山は多摩湖、山口は狭山湖と改称しようというのが、西武鉄道のキャンペーンの目的であった。具体的には西武池袋駅構内で、乗客に対して「山口貯水池を狭山湖、村山貯水池を多摩湖と改称することに賛成の方は〇、他によい名前があれば欄内に記入して下さい」（毎日新聞社）というアンケート用紙を配布したのである。集計の結果は不明であるが、このアンケート調査をふまえて、西武鉄道は西所沢駅から分岐する路線の終点を「狭山湖駅」、また多摩湖線の終点の狭山公園駅を「多摩湖駅」と改称することにした。

以上のように、いちおう世論調査の形式をとったとはいえ、西武池袋駅の利用者は都民の中でも限られており、まして両貯水池の地元の声はまったく反映されていなかった。それだけに、一営利企業が東京都の施設の名称を一方的に変更することに対して、都民の間から批判の声がおこったのは、当然であった。両貯水池に勤務する都職員の「狭山貯水池愛護会」は、その機関誌(2)で「多摩湖狭山湖改称の是非に就て」と題して、次のように異議を申し立てたのである。

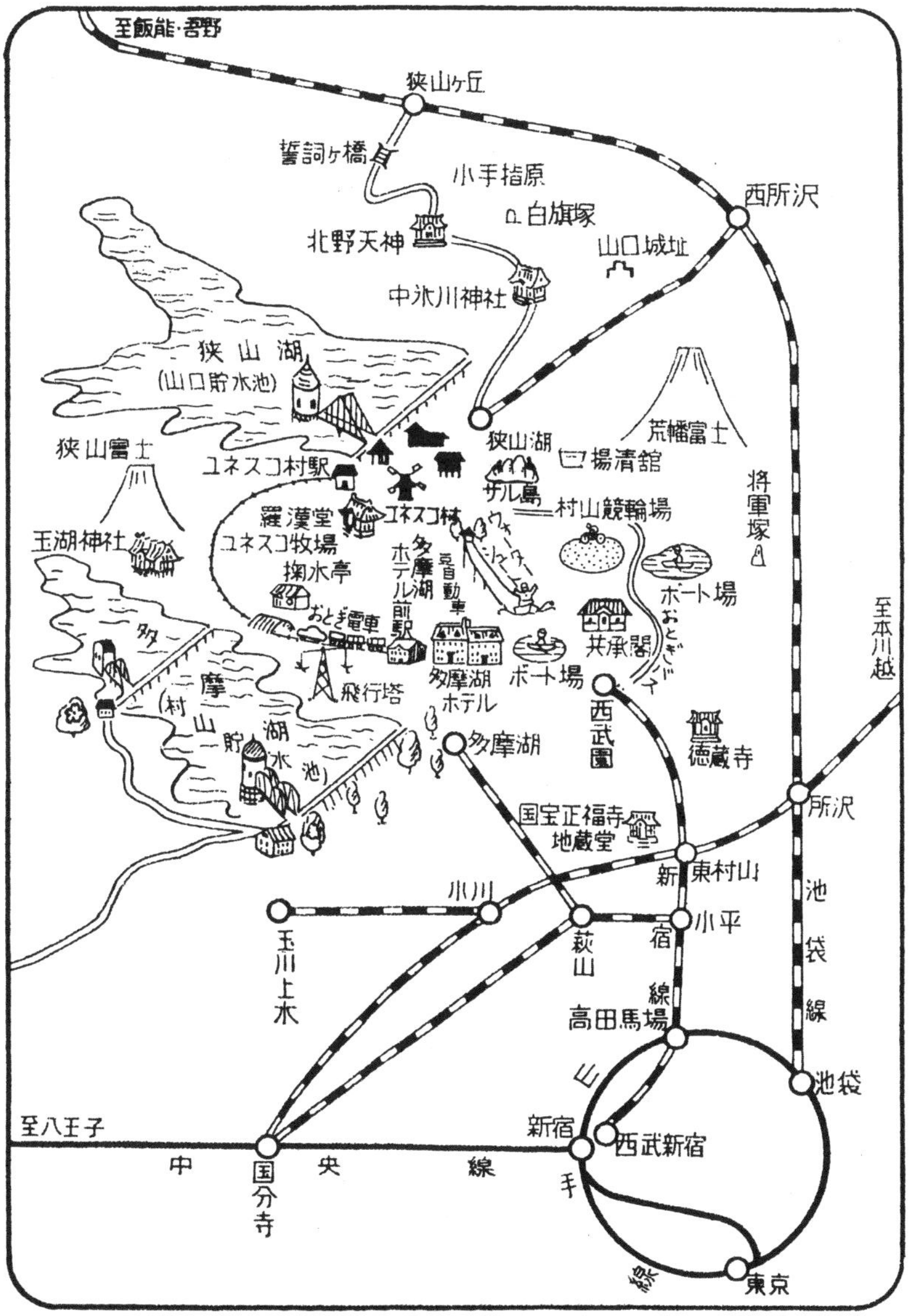

図1　1952年頃の西武園案内図（西武鉄道の沿線案内・筆者所蔵）

「地元の地名に依って名付けた村山、山口貯水池の名を昔からの地名だけに懐しみを以て呼称して来た、時には貯水池とのみ呼称すれば広く両湖を呼ぶことになって居る様である。……観光客として偶々来る人にとっては多摩湖であろうが狭山湖であろうが関心は薄いかも知れないが、貯水池を愛し其の風光によって哺くまれて来た地元の者にとっては、此の湖或は其の敷地一帯は故郷であり心のよりどころである。……此の村山、山口貯水池に観光地としてふさわしい新しい名を付ける運動が起って居るとすれば地元の声も聞いて戴き度いと考へる」と。

しかし、地元の声も大多数の都民の声も無視された形で、両貯水池の名称は変更され（あくまで通称ではあるが）、そして東村山文化園が西武園と改称されたのを機会に、多摩湖、狭山湖の名称は西武鉄道の各施設のなかに大手をふって採用されることになった。もちろん、今でも東京都の両貯水池の正式名称は、村山貯水池、山口貯水池であるが、五二年当時の西武園の各施設を図（西武鉄道の沿線案内）で示すと、図1のようになる。

注

（1）『毎日新聞』一九五〇年七月三〇日号、一〇月一一日号。

（2）『狭山』第一六号（一九五一年七月）。

七　おわりに

西武鉄道による狭山丘陵の開発は、西武園（遊園地や競輪場、「おとぎ電車」、ユネスコ村など）の建設でおわったわけではなく、一九五九年（昭和三四）一二月の狭山スキー場の建設、六四年一〇月の西武園ゴルフ場の開設、そして七九年四月の西武ライオンズ球場の建設とつづき、

表2　西武園・多摩湖両駅の一日平均乗降客

（人）

年　度	西武園	多摩湖
1967	5,943	3,986
70	6,174	4,744
75	6,847	5,823
80	6,769	5,650
85	6,637	6,174
90	7,122	6,411
95	5,441	5,312
2000	3,916	3,859

（注）東村山市役所『東村山市の統計』各年版による。

六六年三月末には西武園の面積は約四〇万坪となった。二〇万坪から始まった西武鉄道の狭山丘陵開発は、わずかに二〇年の間に二倍に拡大することになった。しかし、開発が一段落したのは、東村山文化園を西武園と改称した五一年九月頃と見ることができよう。

そしてほぼ同じ頃、西武鉄道は新たな観光開発の適地を求め、狭山丘陵よりはさらに奥の飯能一帯に白羽の矢を立て、大規模な観光開発の構想を打ち出すことになった。その発端となったのは、一九五一年（昭和二六）三月、飯能一帯が埼玉県により奥武蔵自然公園に指定されたことであり、間もなく、堤康次郎はその後「関東宝塚構想」と呼ばれる大規模な観光開発の構想を飯能町にもち込み、用地の買収にのり出したのである。五二年二月、堤は飯能町の町長をはじめとする有力者を前に次のような大抱負を語ったという。

「目下の西武は資金的には大銀行が何十億でも金を使って貰いたいという申込みを受ける始末で力が余っており、私の健康も充分回復し、一世一代の事業を残したい気持の際だから、（飯能の）地元の協力さえ得られるならば、西武としてもどんなにも努力する。ただ、距離的に飯能は東京から離れ過ぎているから、生半かな施設では、都人士は行かないから、目下箱根土地が箱根でやっているような雄大な計画のものを実現しなければ効果がない。それには理想的にも百万坪の用地がなければ思うような事は出来ない。地元としてこの点に最大限の協力をして貰えれば西武もどんなにも力を入れる。飯能迄の複線化も、スピードアップも訳はないことだ」[1]と。

もっとも、このように大規模な開発計画を打ち出して地元の協力を求め、土地の買収を有利にすすめるのは、当時、西武鉄道が全国各地でさかんに使ったいわば「常套手段」であり、最初から西武鉄道には計画を実現する意図があるのか疑わしい場合が少なくなかった。事実、飯能の町民は「関東宝塚構想」によって数年はわき立ったものの、西武鉄道が買収した土地の多くは何年もの間手つかずのまま放置されたという。(2)

西武鉄道による沿線の観光開発については、狭山丘陵だけでなく、奥武蔵や秩父地方なども含め、自然保護や文化財保存の問題も視野に入れて、総合的に検討することが必要になるが、この検討は別の機会にゆずることにしたい。

最後に、東村山市が統計をとり始めた一九六七年(昭和四二)度以降の西武園の利用状況をみるために、西武園駅と多摩湖駅(西武遊園地駅)の乗降客数の推移を調べてみると、表2のようになる。注目されるのは、一九七〇年代後半にはいってからの伸び悩みと、九〇年代にはいってからのかなり著しい減少であろう。後者が一時的かどうかについてはなお今後の推移をみる必要があるが、全体としてはこの間に西武園(遊園地)の集客力が落ちたことは否定できない。

注

(1)『日刊文化新聞』一九五二年二月二二日、天覧山付近の自然を守る会編『緑のまちと市民たち―市民が守った飯能の自然』(一九八〇年、三一書房、四九ページ)による。

(2)飯能の「関東宝塚構想」の顚末については同上『緑のまちと市民たち』にくわしい。

第6章

埼玉県

〔2－6－A〕『新編埼玉県史　通史編7　現代』（埼玉県、一九九一年、七一九～七四五頁）

第一節　都市化の進展と交通体系の整備

一　都市化の進行

（一）人口の激増と人口流動の増大

急激な人口増加

本県の人口は昭和二十五年（一九五〇）には約二一五万人であったが、昭和三〇年代前半から人口増加がめだつようになり、昭和三十五年には二四三万人となった。昭和三〇年代後半から人口増加がいっそう著しくなり、昭和四十年には三〇〇万の大台にのり三〇一万人、四十五年には三八七万人、五十年には四八二万人となり、全国四七都道府県のなかで第七位の人口規模をもつようになった（3－1図）。

この急速な人口増加を伸び率でみると、昭和二〇年代から昭和三〇年代初めごろまで、年間の人口増加率はほぼ一パーセントであったが、昭和三十六年から増加率は二パーセント台になり、三十七年には三パーセント台、三十九年には五パーセント台と急上昇をつづけ、四十年には戦後最高の約七パーセントに達した。その後も人口増加率は約五パーセントを示したが、昭和四十八年からは下降するようになり、五十年には三パーセント台に低下した。

昭和四〇年代の人口増加はとくに著しく、一〇年間で約一八〇万人増加し、年間二〇万人をこえる増加がみられた年もあった。四十五年から五十年にかけての人口増加率は二四・七パーセントで、全国第一位の増加率を示した。

このように急速な人口増加の多くは社会増加によるものであった。昭和三十三年までは自然増加の方が社会増加よりも多かったが、三十四年以降は社会増加が著しくなり、三十五年には社会増加が自然増加を一万三〇〇〇人余も上まわるようになった。これ以降、本県では人口の社会増加が多くなり、昭和三十五年から四十年にかけては約四二万人、四十年から四十五年にかけては約五七万人、四十五年から五十年にかけては約五六万人の社会増加があり、これらの時期の人口増加のそれぞれ七二パーセント、六七パーセント、五九パーセントを占めた。

3－1　埼玉県人口の推移

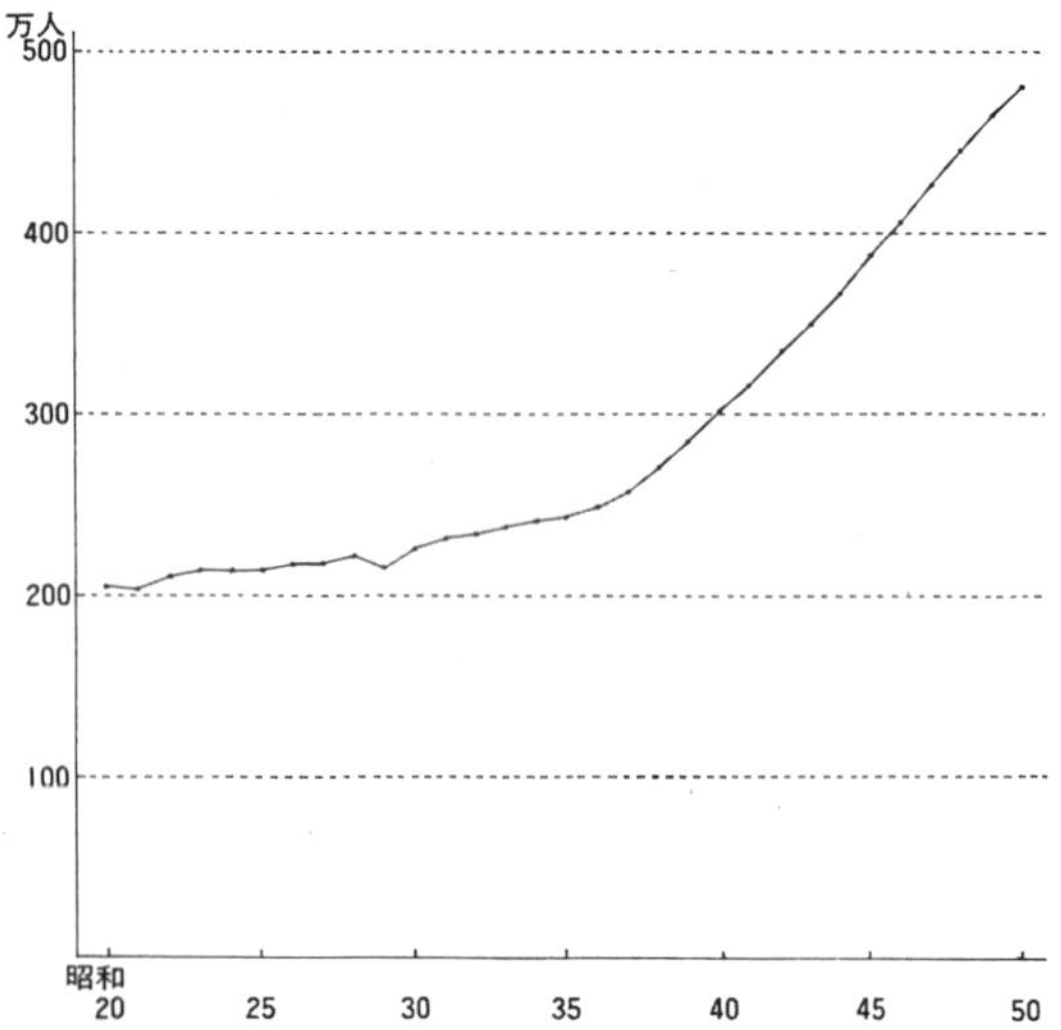

注　別編5　統計より作成

また、一世帯当たりの人員の推移をみると、昭和三十年に五・三四人であったのが、四十年には四・二五人に減少し、五十年には三・六〇人にまで低下した。人口が急激に増加したなかで、このように一世帯当たりの人員が減少しているのは、単身世帯や若い夫婦の転入が多いためであり、本県でもこれによって核家族化が進展したのである。

転入人口の増加

社会増加の増大は、県外からの転入人口の増加であり、本県は首都東京に隣接する位置のために、大都市東京からの転入が圧倒的に多かった。社会増加が急激にふえた昭和三十五年（一九六〇）以降、東京からの転入者数は、本県への転入総数の五〇パーセント以上を占めたのである。東京からの転入者の増加は、大都市東京に人口・産業が集中した結果、住宅・工場・サービス業などの諸機能が郊外へ拡散して、大都市圏内で都市化が展開されたためとみなすことができる。

第二次世界大戦後の日本の都市化は、昭和三十年を境にして、それ以前の戦後復興期の都市化とそれ以後の団地都市化時代にわけられる（山鹿誠次『東京大都市圏の研究』）。本県の急激な人口増加は、この団地都市化時代に始まったのである。昭和三十一年には、三《み》鷹《たか》市の牟《む》礼《れ》団地とならんで首都圏ではじめて住宅公団の賃貸住宅「西本郷団地」が大宮市本郷に完成したが、その後も昭和三十七年の草加松原団地をはじめとして、公団、公営などによる大規模宅地開発や、私鉄・中小不動産業者による宅地開発や宅地造成がおこなわれ、本県は東京の郊外住宅地としての性格を強めた。昭和三〇年代後半以降のいわゆる高度経済成長期には住宅の増加や工場の進出が著しく、これらにともなって様々な商業・サービス活動も進出してきて、県南部では急速に都市化が進んだ。

3－2　人口の自然増加および社会増加（昭和25～50年）

年　次	自然増加	社会増加	純増加	自然増加率（％）	社会増加率（％）	純増加率（％）
昭和25～30年	148,848	△　32,670	116,178	6.9	△　1.5	5.4
30～35年	118,906	49,342	168,248	5.3	2.2	7.4
35～40年	164,469	419,643	584,112	6.8	17.3	24.0
40～45年	280,085	571,404	851,489	9.3	19.0	28.2
45～50年	394,100	560,768	954,868	10.2	14.5	24.7

注　総理府統計局編『埼玉県の人口』より作成
　1）　△は減少を示す

本県において、昭和三十五年から四十年にかけて人口増加率が一〇〇パーセントをこえたのは、草加市と足立（志木市）、新座、福岡の三町であった。これらのうち草加、新座、福岡の市町はいずれも団地の建設にともない転入人口が急増したところであり、都心からの距離が三〇キロメートル圏内であった。また、昭和四十年から四十五年になると、富士見、上尾、春日部、三芳、新座などの市町が人口増加率一〇〇パーセント以上を示し、人口急増地帯は都心から四〇キロメートル圏内にまで拡大した。昭和四十五年から五十年にかけては人口増加率一〇〇パーセント以上のところは鷲宮町だけであり、人口急増の市町村は減少した。

昭和四十五年から五十年にかけての本県の人口増減をみると、九二市町村のうち八四市町村で増加し、減少したのはわずか八市町村だけであった。人口増加が多かったのは浦和市の六万二〇〇〇人がもっとも多く、所沢市六万人、大宮市五万九〇〇〇人、越谷市五万七〇〇〇人がそれにつづいた。3－3図により、県内市町村の人口増減をみると、県東部南側の人口増加と県西北部の人口減少という対照的なパターンが認められる。県南部をさらに細かくみると、人口増加地帯は中央部の京浜東北線・高崎線沿線と、西側の東武東上線・西武池袋線沿線、そして東武伊勢崎線沿線にあることがわかる。このような人口増減パターンは、前述したように都心からの距離と東京から放射状にのびる鉄道交通路線に影響されたものである。

3－3　市町村別人口増減数（昭和45～50年）

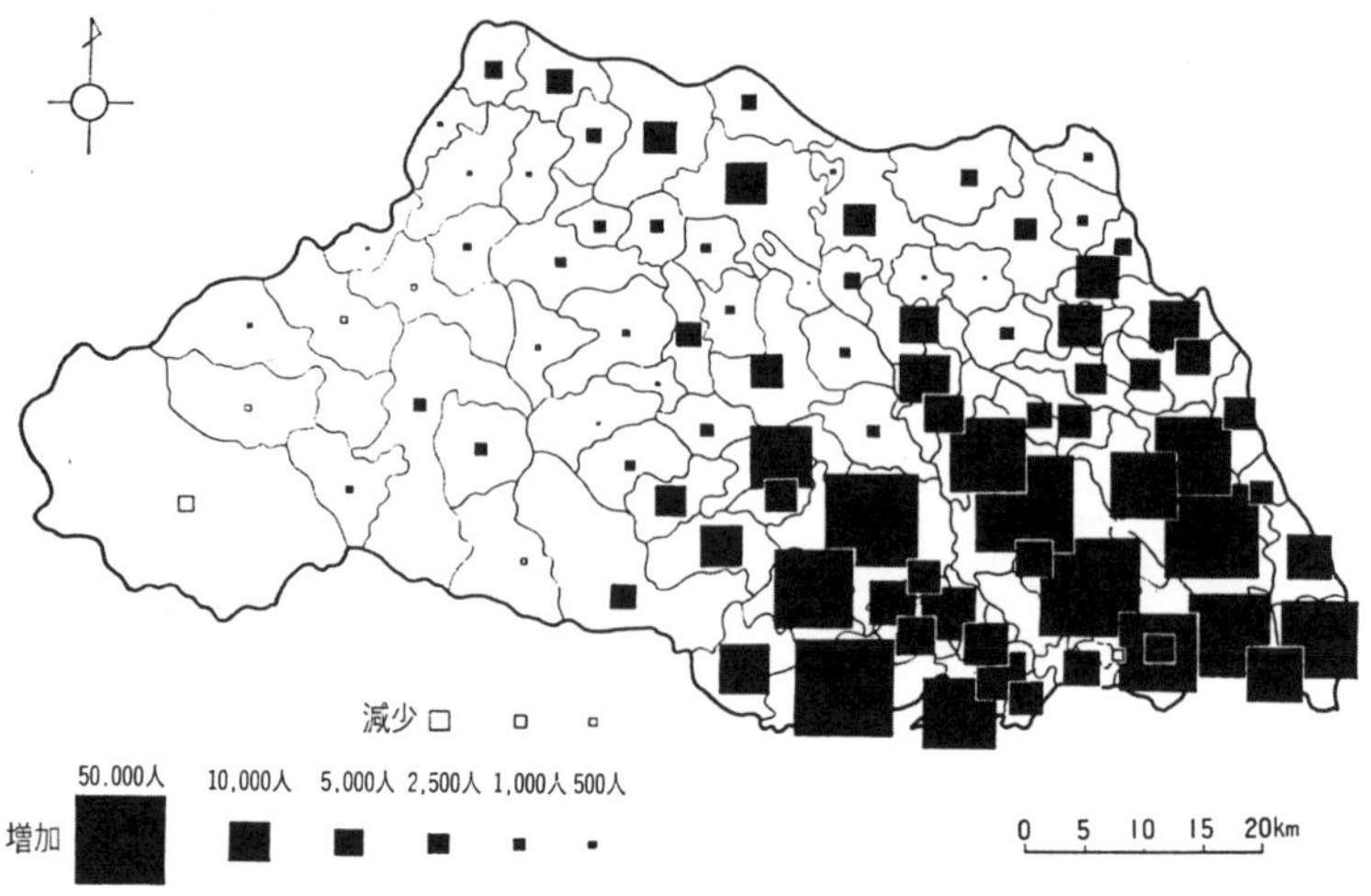

産業別人口構成の変化

本県の就業者数は、高度経済成長期には転入者の増加や工場・商店の進出により、急激に増加した。就業者数は昭和二十五年（一九五〇）には一〇〇万人たらずであったが、昭和五十年にはその二倍以上の二一七万人となった。

産業別人口構成も大きく変化した。第一次産業は絶対数でも構成比でも減少をつづけ、昭和三十五年の四〇万人、三四・七パーセントが昭和四十年には三二万八〇〇〇人、二二・二パーセントに急減した。第一次産業の構成比は、その後も減少をつづけ、昭和五十年には一〇パーセントを下まわり、九・一パーセントになった（3－4図）。いっぽう、第二次産業と第三次産業は絶対数・構成比ともに増加し、昭和三十五年には三六万七〇〇〇人、三一・八パーセントであった第二次産業は昭和四十五年には七九万四〇〇〇人、四一・七パーセントに達した。第三次産業も昭和三十五年の三八万七〇〇〇人、三三・五パーセントから昭和四十五年には八三万二〇〇〇人、四三・六パーセントとなり、昭和五十年には一一〇万七〇〇〇人、五一・〇パーセントに達した。昭和五十年には、第二次産業人口の構成比が昭和四十五年よりも少なくなり、これまでの増加傾向が減少に転じた。

さらに、昭和五十年の就業者を産業大分類別にみると、もっとも多いのは製造業の六八万一〇〇〇人（就業者総数の三一・三パーセント）、ついで卸売・小売業の四五万四〇〇〇人（二〇・九パーセント）、サービス業の三一万七〇〇〇人（一四・六パーセント）、農業の一九万七〇〇〇人（九・一パーセント）であった。

昭和四十五年から五十年にかけての就業者の産業大分類別の増減をみると著しいのは八万一〇〇〇人（二九・二パーセント）減少した農業、一〇万八〇〇〇人（三一・二パーセント）増加した卸売・小売業、七万九〇〇〇人（三三・一パーセント）増加のサービス業、四万八〇〇〇人（三五・三パーセント）増加の建設業であった。

いっぽう、本県を従業地とする就業人口は、常住地のそれよりも少なく、本県は東京の通勤圏的性格をもっている（近代・現代4　二五〇）。昭和四十五年の就業人口を従業地でみると、第一次産業構成比は常住地のそれよりもやや高く一八・五パーセントであるが、第二次産業の構成比は常住地のそれよりもやや高く四三・二パーセント、第三次産業の構成比は常住地のそれよりも低く三八・三パーセントとなっている。このことからも、本県には東京へ通勤する第三次産業就業者が多いことがはっきりと示される。

年齢別人口構成の変化

急速な人口増加は、人口構成も大きく変化させた。第二次世界大戦の影響のために本県の性比（女一〇〇人に対する男の数）は昭和二十年（一九四五）には八七・六であったが、四十年には一〇〇をこえ、五十年には一〇二・二となり、全国の性比九七・〇よりもかなり高くなった。このことは男子人口の増加率が高かったことと、人口急増期の転入者のなかに男が多かったことを物語るものである。とくに、本県の性比は三五～三九歳、四〇～四四歳の年齢階級でそれぞれ一一二・八（全国平均一〇〇・〇）、一一五・八（全国平均一〇一・〇）と高く、生産年齢人口の性比が高いことが特色である。

3－4　産業別就業人口構成比の推移

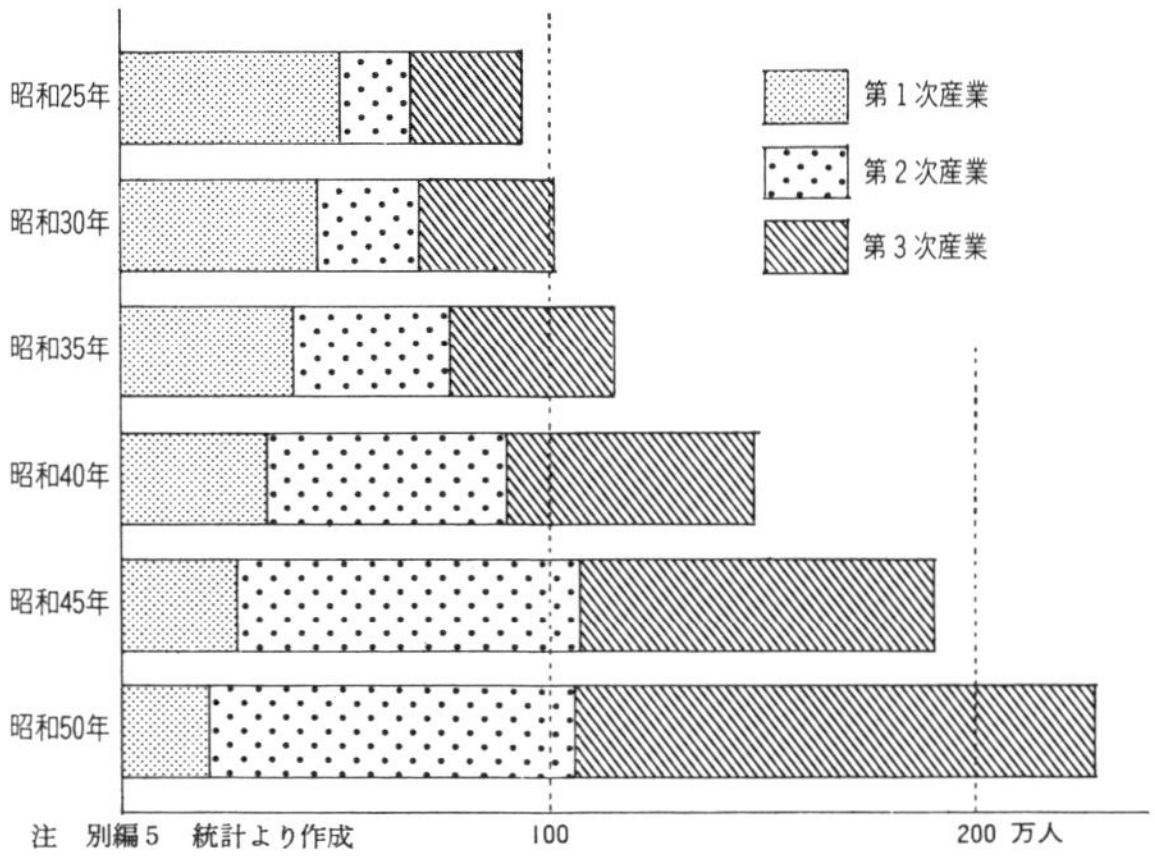

注　別編5　統計より作成

3－5　年齢別人口構成

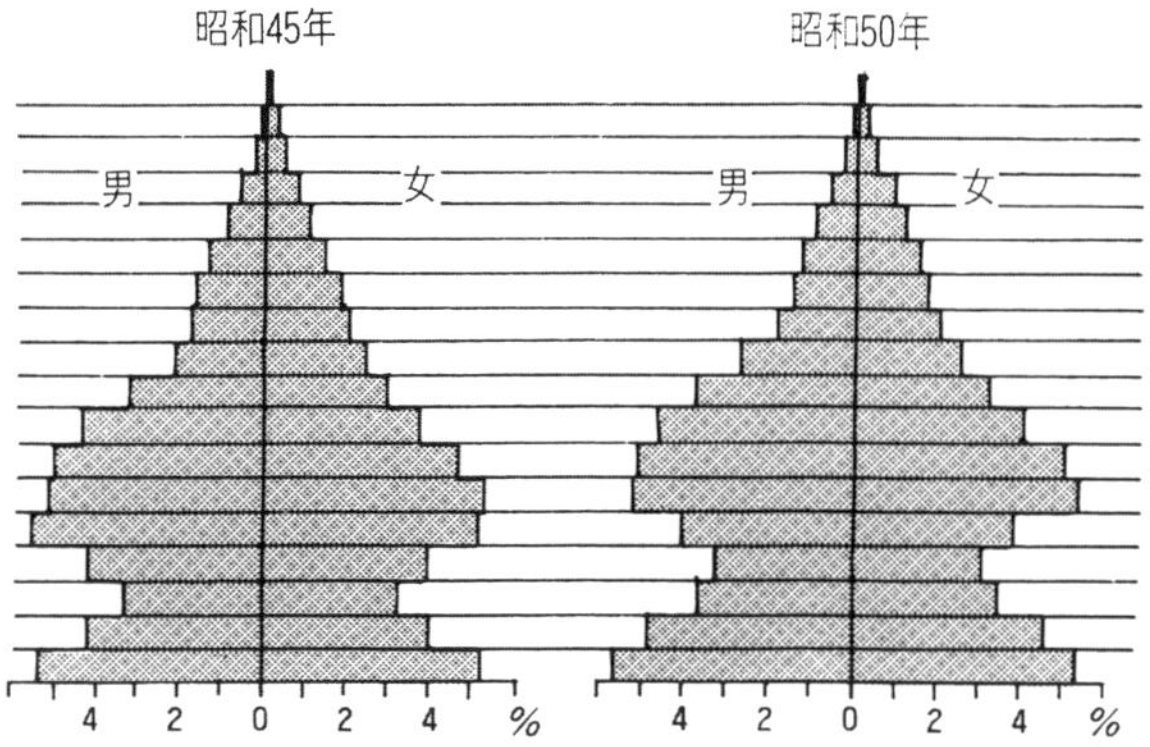

注　総理府統計局編『埼玉県の人口』による

また、年齢別人口構成は、急速な人口増加を経験する直前の昭和三十五年には、年少人口（〇～一四歳）三〇・九パーセント、生産年齢人口（一五～六四歳）六三・六パーセント、老年人口（六五歳以上）五・五パーセントであったが、昭和四十五年には年少人口が二五・九パーセントに、老年人口が五・一パーセントにそれぞれ低下し、生産年齢人口が六八・九パーセントに増加した。これは本県の生産年齢人口の急激な増加を示すものであり、男女・年齢別人口構成をみると、男は二〇～二四歳、女は二五～二九歳の年齢層をピークとした星型の人口ピラミッドを構成している。ところが、昭和五十年になると、生産年齢人口の割合が、六六・九パーセントに低下し、年少人口と老年人口の割合がそれぞれ二七・八パーセント、五・三パーセントに増加した。このことは、青壮年人口の転入にともなう出生者数の増加による〇～一四歳層の増加率の高さと、相対的に多数の六〇～六四歳層の老年人口への移動によるものと思われる。

人口流動の増大

本県の人口の増大と就業者の増加にともなって、県内から東京へかよう通勤者の数も年々増加した。昭和三十年（一九五五）には県内から東京への通勤者の数は一〇万六〇九六人であったが、四十年には三一万七一六〇人となり、さらに五十年には五九万四四〇三人となった。こうした通勤者の増加によって、通勤者が就業者の夜間人口に占める割合は増加し、昭和三十年の一〇・五パーセントが、四十年には二一・四パーセント、五十年には二七・四パーセントを占めるようになった。この期間に就業者数は約一〇〇万人（昭和三十年）から二一七万人（昭和五十年）へと約二倍増加したただけであり、東京への通勤者の増加率がそれよりも高かったことになる。

昭和三十年に東京都への通勤人口が多かったのは、浦和、大宮、川口、蕨、与野、所沢の順であり、京浜東北線沿線の県南都市が大部分であった。ところが、昭和四十年になると、東京都への通勤人口が一番多いのは浦和市であるが、それにつづく都市は川口、大宮、草加、所沢、蕨、越谷、川越の順となり、昭和三十年と比較すると、東武伊勢崎線沿いと東武東上線、西武池袋線沿いの地域からの通勤人口の増加がめだった。昭和五十年になっても、東京都への通勤人口が多いのは浦和市であったが、それにつづくのは川口、所沢、大宮、草加、越谷、新座、川越、春日部、上尾、蕨、朝霞、与野の諸都市であり、昭和四十年以降に大規模な住宅団地が造成された新座、春日部、上尾などの増加がめだった。

東京という大都市に隣接する埼玉県は、東京からの人口流入と東京の通勤圏という観点から取りあげられることが多かったが、高度経済成長期には県内の工場や住宅の増加にともない、県内の通勤者の流動も増加し、県内の通勤者の流れも重要になった。市町村を単位とする通勤による流出人口と流入人口の和を流動人口としてその状況をみると、昭和三十年には浦和市が第一位で、以下、大宮、川口、川越、与野の各都市が一万人をこえているが、流動人口一〇〇〇人未満の町村が多く、人口流動はあまり活発ではなかった。昭和四十年になると、流動人口が一万人以上の都市が二〇にもふえ、浦和、川口、大宮の三市の流動人口は五万人をこえ、人口流動の拠点都市となった。そして、昭和五十年になると、流動人口が一〇〇〇人未満の町村はわずか五つに減少し、三万人以上が一四に増加し、浦和、大宮、川口の三市は一〇万人をこえて、ますます県内の人口流動の中心地としての性格をはっきりさせた（新井壽郎・菅野峰明「都市と農村の交流圏の形成と変容」『人口急増地帯としての埼玉県における言語接触とその問題点に関する総合的研究』）。

また、就業者の夜間人口に対する流動人口の比を流動率として、その変化をみると、昭和三十年の二〇パーセントは四十年には三九パーセントとなり、さらに五十年には五五パーセントに達した。このような流動率の上昇は、都市化の進展にともなう産業構造の高度化、つまり、第二次・三次産業人口比率の上昇による人口流動性の増大によるもので、この期間における埼玉県の就業者の地域的流動の増大は単なる総数の増大によるよりも、むしろ流動率の上昇によるところが大きい。この期間に県内における都市間・地域間の流動は著しく増大した。

市町村を単位とする流動率の変化をみると、昭和三十年には流動率が低く、流動率二五パーセント未満の市町村が全体の七割以上であった。五〇パーセントをこえていたのは朝霞、与野、浦和、戸田、和光の五都市であり、これらの都市は通勤者の流動によって他地域との交流がさかんになった。昭和四十年には、流動率五〇パーセント以上の市町は二七に増加し、その大部分は東京の都心から三〇キロメートル圏内に集中し、高崎線沿線では四〇キロメートル圏内までのびた。しかし、県北や県西の農村や山村は流動率が低く、まだ本格的な都市化が進んでいなかった。ところが、昭和五十年になると、流動人口が三万人以上の市町が一四に増加し、また流動人口が一〇〇〇人未満の町村はわずか五つに減少し、就業者の地域的流動は益々活発になった。流動率をみても上位の一〇市町（和光、与野、三芳、志木、蕨、上福岡、戸田、浦和、大井、朝霞）はすべて八〇パーセントをこえるようになった。これらの都市では、就業者の夜間人口の八割以上に達する通勤者の流出・流入が生じているということになり、地域間の交流の度合が高くなった。これらの都市をはじめとして流動率が七五パーセント以上の都市は、京浜東北線沿いと東武東上線沿いに連続して分布するが、東部の中川低地を走る東武伊勢崎線沿いは断続的である。これは、県南地方の中央部・西部と東部の都市化の進展の度合の違いを示すものであった。

(二) 宅地化の進行

宅地の増大

本県でも高度経済成長期における活発な経済活動と急速な人口増加とともに、住宅地・工場用地・店舗などのいわゆる宅地面積が増加した。昭和三十五年（一九六〇）に二万一九七九ヘクタール（評価総地積）であった宅地面積は、四十五年には三万五七五二ヘクタール（評価総地積および非課税地積の合計）となり、五十年には四万五〇〇八ヘクタール（評価総地積および非課税地積の合計）へと増加した。昭和三十五年から四十四年にかけては、年々五パーセント程度の増加であったが、昭和四十五年前後には約一〇パーセントの増加を示した。しかし、昭和四十七年以降は宅地の増加率は低下の傾向を示した。宅地増加率の高い地域は、首都東京に近接して、東京の通勤圏に含まれる県南部の市町であった。

3－6　着工新設住宅の推移

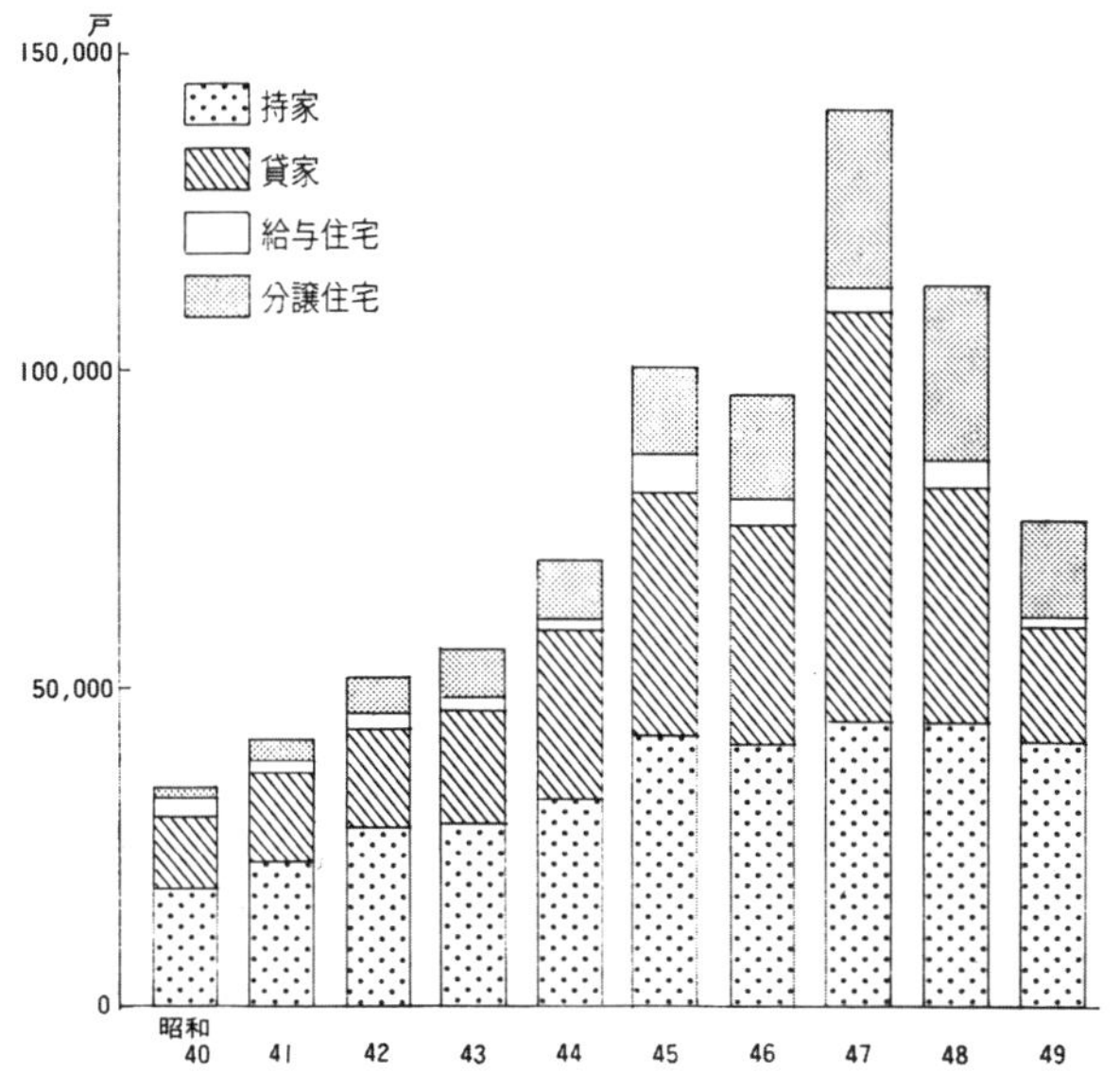

注　埼玉県企画財政部『土地利用の現況』（昭和50年3月）より作成

宅地面積のなかでもっとも大きな比率を占めるのが住宅地である。住宅地面積は昭和四十年の二万二七〇〇ヘクタールが五十年には三万五七〇〇ヘクタールへと増加し、この一〇年間で五七パーセントの増加率であった。住宅地の増加傾向を着工新設住宅の推移からみると、昭和四十年には三万五〇〇〇戸であった着工新設住宅数は四十五年には一〇万戸となり、日本列島改造がさけばれた四十七年にはピークの一四万戸に達した。しかし、住宅の建設はその後、減少気味である。減少気味とはいっても、昭和四十年の水準の二倍以上もあり、宅地化は依然としてつづいている。

着工新設住宅の利用関係をみると、昭和四十年から四十三年までは、持ち家の比率が五〇パーセントをこえていたが、翌年からは持ち家の比率が五〇パーセントを下まわるようになった。いっぽう、昭和四十年に三三パーセントを占めていた貸家は、四十四年には三八パーセントに増加し、四十七年には四六パーセントに達した。また、給与住宅の比率は昭和四十年の八パーセントが次第に低下し、四十四年には二・五パーセントまで下がった。その後は、五パーセントから二パーセントの間を上下している。分譲住宅の比率は昭和四十年の五パーセントが上昇をつづけ、四十八年には二五パーセントに達した。この分譲住宅比率の増加は、建売住宅の増加を意味するもので、不動産業者や住宅建築業者が宅地化に占める役割が重要になってきたことを物語る。

住宅団地の進出

昭和三〇年代中ごろからの急激な人口増加と同時に本県には多くの住宅団地が進出した。前述したように昭和三十一年（一九五六）十月には大宮市本郷に住宅公団の西本郷団地三三二戸が建設されていたが、翌三

3－7　県下公団住宅の分布（昭和49年末現在）

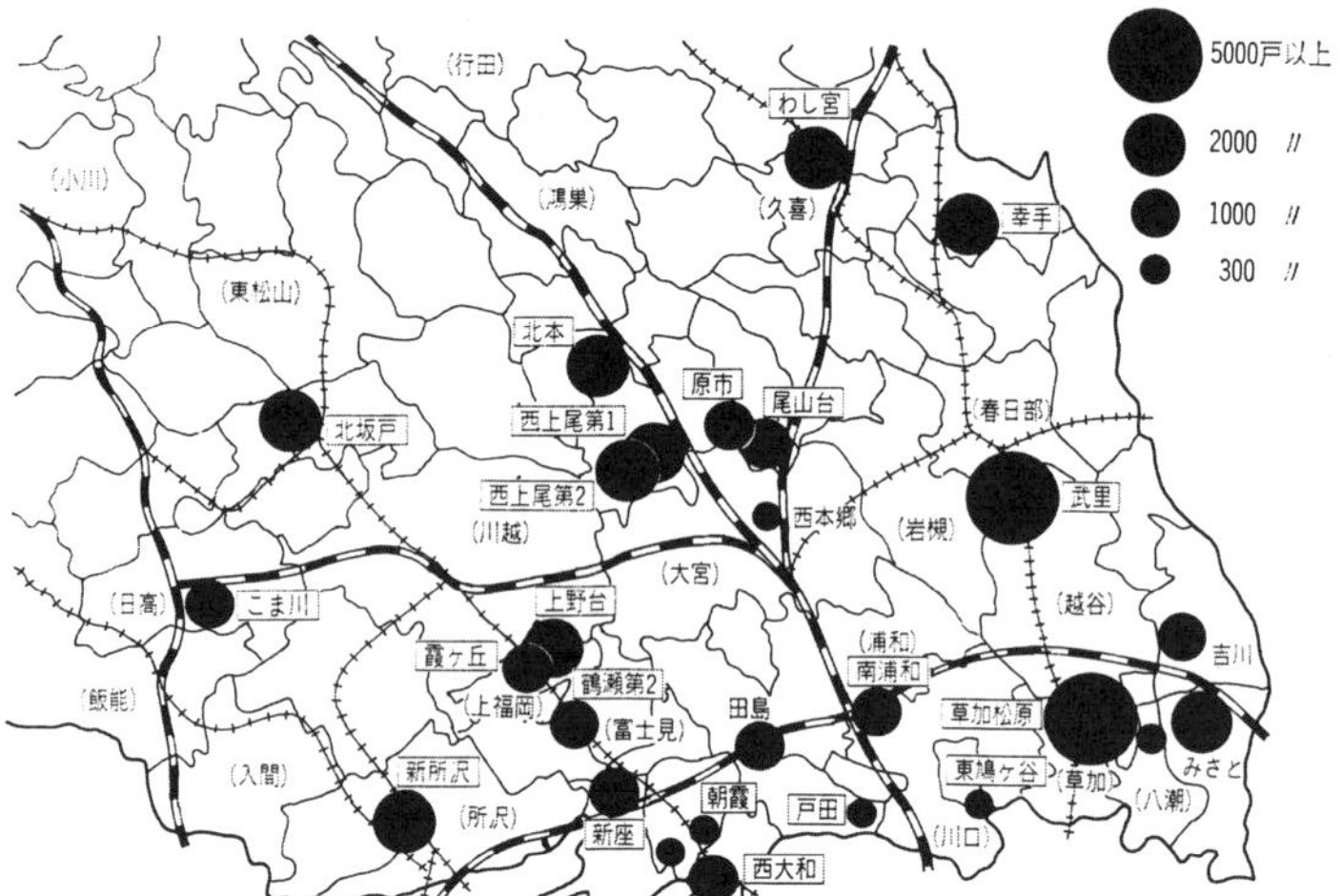

注　『日本住宅公団20年史』より作成
1）（　）内は主な市町名

十二年には大宮市の宮原団地二一四戸、入間郡の鶴瀬団地二三〇戸が建設された。そして、昭和三十五年前後になると、所沢市に新所沢団地（二四五五戸）や浦和市に南浦和団地（一二五三戸）、草加市に当時日本最大の草加松原団地（五九二六戸）などの大型団地が出現した。さらに、昭和四〇年前後には浦和市に田島団地（一九〇七戸）、春日部市に武里団地（五五五九戸）、上尾市に原市団地（一五八三戸）と尾山台団地（一七六〇戸）の大規模団地が建設され、大量の住宅が供給された（3－7図）。これらの団地は、時代とともに都心から遠隔地に広がっていく傾向を示した。

ところが、住宅公団による大量の住宅建設は、住宅団地が建設された市町村に生活関連施設の整備にともなう行政費の急増をもたらした。公団住宅からの税収入では学校建設や行政事務量などの費用をまかないきれなくなったのである。さらに公団住宅に住む人々の多くは都内へ通勤しており、地元市町村はベッド・タウン化に反対し、次第に「公団住宅反対」の声をあげるようになった。昭和四十年十一月には浦和市が「財政が圧迫され、独自の開発ができない」として、「今後、団地造成は断わる」との意見を明らかにした。（『埼玉県行政史』第四巻）。この意見は同じ悩みをもつ多くの市町村にうけいれられて、同じような意見が表明された。マンモス団地の草加松原団地（五九二六世帯、一万九四七〇人）をかかえる草加市は、同団地に行政費など年間一億七九〇〇万円を支出しているが、収入は一億一五〇〇万（市民税）、と国庫補助、地方債二六〇〇万円で、ざっと三八〇〇万円の赤字となっており、また草加市は二万人を予定して上水道を建設し、その後、五万七〇〇〇人分に拡張したが、昭和四十年九月一日には人口が七万八〇〇〇人をこえ、工事が間に合わなくなった。そのため、草加市では、長期の低利資金の特別措置でもない限りもうゴメンだと悲鳴をあげてしまった（『埼玉新聞』昭和四十年十月十八日）。

しかし、これらの市町村の多くは住宅公団の団地施設に絶対反対というわけではなく、東京の膨張にともなう住宅の建設を国の政策としておこなうのならば、公団住宅の建設にともなう関連施設の整備を国がもっと助成すべきだという意見であった。昭和四十四年八月に本県の栗原知事は全国知事会の代表として「住宅団地関連公共施設整備に関する研究会」で、この問題に対して、住宅公団は負担をふやすべきだという意見を述べた（『埼玉県行政史』第四巻）。県や市町村のこうした働きかけによって、住宅公団は次第に地元の意向を考慮するようになり、また、国の補助の増加もあり、地元の市町村の負担は軽減されていった。

農地転用の増大

急速な人口増加と住宅の建設により、県内各地では宅地化が進展し、田や畑、平地林などの農村的土地利用は宅地や工場などの都市的土地利用へと転換が進んだ。

農地法第四条・五条による農地転用許可から県内の農地転用の推移をみると、昭和三十五年（一九六〇）には許可件数約一万五〇〇〇、許可面積約九〇〇ヘクタールであったが、次第に増加し、三十八年には、許可件数約二万五〇〇〇、許可面積約一五〇〇ヘクタールとなり、四十四年にはピークに達し、許可件数約四万六〇〇〇、許可面積二六五六ヘクタールになった。その後、農地転用は許可件数、許可面積とも減少の傾向を示した（3－8図）。昭和四十四年・四十五年は高度経済成長の景気上昇期であり、経済活動の活発さとともに農地転用は増大したが、昭和四十九年以降は景気の後退、さらには「国土利用計画法」の制定、土地税制の改正などにより農地の転用は半減した。

3－8　用途別農地転用の推移

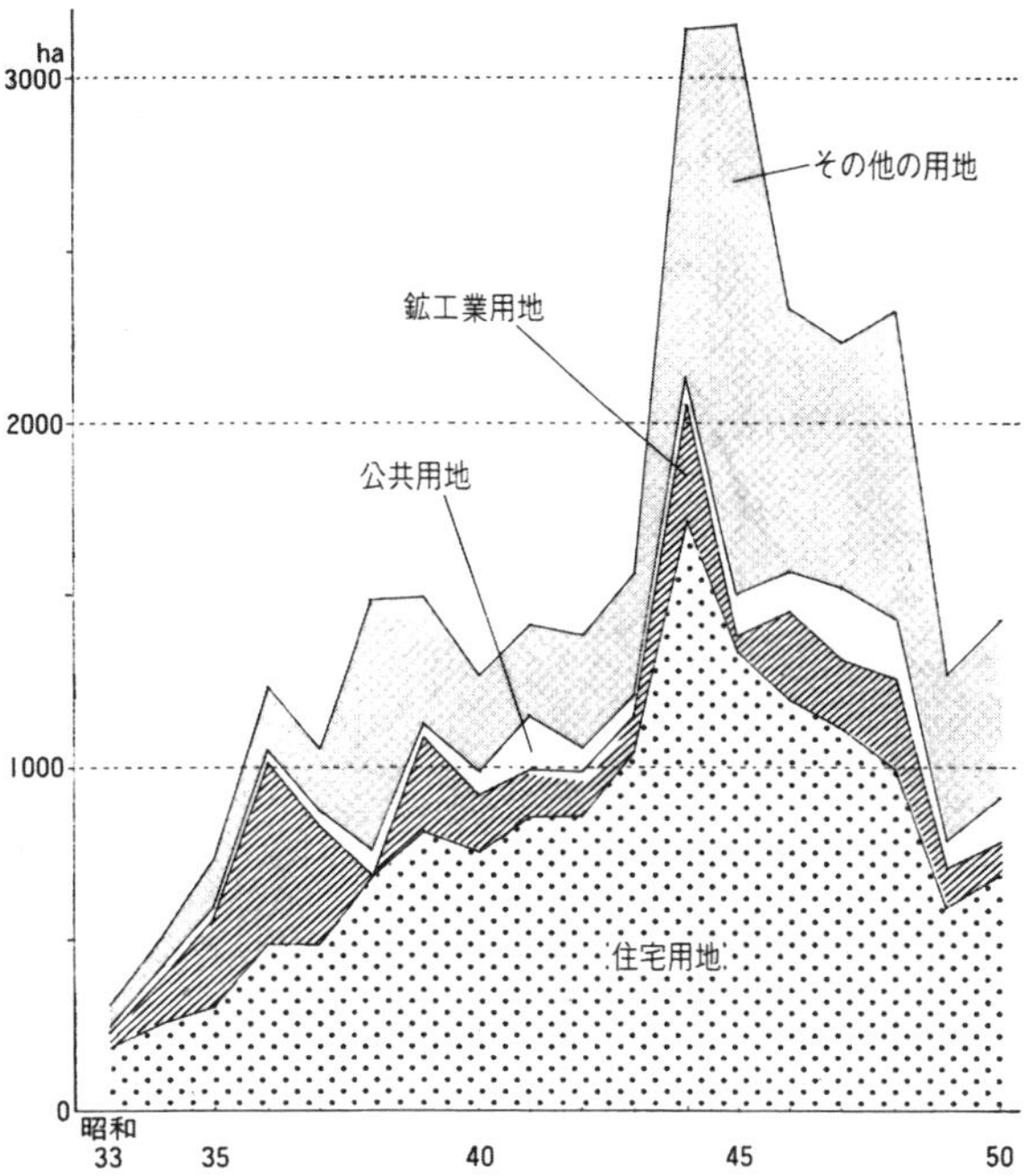

注　別編5　統計より作成

昭和三十五年から四十八年までに二万二〇二八ヘクタールの農地が転用された。これは、昭和三十五年の耕地面積（一六万二八〇〇ヘクタール）の一三・五パーセントにあたる。田畑別に転用をみると、田が七八二三ヘクタールで三五・五パーセント、畑が一万四二〇五ヘクタール、六四・五パーセントで畑の方が多い。

農地転用を用途別にみると、昭和三十五年では鉱工業用地が住宅用地を上まわっていた。その内訳は、工場敷地が一〇八九件、面積三七七ヘクタール、住宅用地が一万二一六九件、面積三五八ヘクタール、残りの二一一二件、面積一八二ヘクタールは、学校敷地やその他の公共用地に転用された。とくに工場敷地用に転用が多かったのは、埼玉県に「工業開発推進本部」が設けられ、積極的に工場誘致をはかったためと、市町村当局が財政力を強化するため誘致競争をおこなったためであった。昭和三十五年に県内に進出した工場は四九四工場にも達した（『埼玉新聞』昭和三十六年四月二十一日）。三十七年には住宅用地が鉱工業用地よりも多くなり、三十九年以降は住宅用地が全体の半分以上を占めるようになった。三十八年から鉱工業用地の占める比率が減少し、かわって公園・運動場・学校用地などの公共用地が多くなった。しかし、公共用地への転用も四十一年以降、減少傾向にあり、それと反対に増加傾向を示しているのが、道路・鉄道・その他の建物施設を含むその他の用地である。（3－8図）

このような農地転用の増大にともない、本県の土地利用構成も変化した。昭和四十年から五十年にかけて農地は一五一六平方キロメートルから一二一一平方キロメートルへと三〇五平方キロメートル、二〇・一パーセント減少し、宅地は二七四平方キロメートルから四五一平方キロメートルへと六四・六パーセント増加し、本県の宅地化が激しかったことがわかる。この一〇年間に宅地化した面積一七七平方キロメートルは、県の面積の四・六六パーセントにあたる。この結果、県の面積に占める農地の比率は三一・九パーセント、宅地の比率は一一・八パーセントとなった。

昭和四十年から五十年にかけて転用の激しかった畑は七万五〇〇〇ヘクタールから五万二四〇〇ヘクタールへと減少した。これは四十年の畑の約四分の一がなくなったことであり、畑の減少は著しかった。いっぽう、田は八万一一〇〇ヘクタールから六万八七〇〇ヘクタールへと減少し、その減少率は一五・三パーセントであった。

昭和四十年から五十年までの耕地の減少率を市町村別にみると、県南部と西武山間部で高い。とくに、県南の鳩ケ谷、蕨、戸田、与野といった都市は六〇パーセント以上もの減少率を示し、都市化・宅地化が急速に進行したことを物語っている。名栗村も耕地の減少率が六〇パーセント以上であったが、これは山間部での耕作放棄によるものであった。

地価の上昇

地価は経済活動の影響を強くうける。第二次世界大戦直後は、インフレーションの影響で地価が高騰した。昭和三十年（一九五五）以降は、民間企業の設備投資が活発になり、また公共投資も拡充されて土地需要が増加し、地価が上昇した。さらに、大都市への経済活動と人口の集中により、工場・住宅用地の需要が増大して、大都市とその周辺の地価は急激に上昇した。

本県は首都東京に隣接しているという地理的特性のために、大都市東京から進出してくる工場、会社そして住宅の需要が多かった。かつて農村風景が広く展開していた埼葛地区においても昭和三十四年ころから土地売買がめだってきて、三十五年には売買件数一二〇〇件、売上高約六億八〇〇〇万円余となり、わずか一年の間に件数で二・五倍、金額で二・二倍に増加した。これらの土地売買は三・三平方メートル当たり二、三万円であったが、越谷以南では国道から相当離れた田畑でも数万円、駅に近いところでは一〇万円が相場であった（『埼玉新聞』昭和三十七年四月十八日）。急激な地価の上昇は、急速な人口増加で、道路整備・上下水道整備・学校建設などに追われている市町村にも深刻な打撃を与えた。とくに、小・中学校の校舎建設では、地価の値上がりから用地取得が困難になるという問題が生じてきた。東武東上線沿線の市町村や県南の浦和・大宮市などのほかにも、東武伊勢崎線沿線の春日部・草加市なども同じような悩みをかかえることになった（『埼玉新聞』昭和四十年八月八日）。また、急激な都市化で県南部、県東部の土地の需要が増大し、農地の価格は昭和三十三年から昭和四十二年にかけて田が五・七倍、畑が八・二倍に値上がりし、農地以外の用途で売買する価格は一五・一六倍に急騰した。とくに県南部、県東部の都市近郊の地帯での値上がりが著しく、農地転用して農地以外に売る場合の価格は朝霞の三・三平方メートル当たり五万円を最高にして、大和町の四・八万円、浦和・川口の四万円、大宮の三万五〇〇〇円がつづいていた（『埼玉新聞』昭和四十三年六月一日）。

地価公示制度が設けられた昭和四十五年から四十九年まで、本県の対前年地価変動率は、全国および首都圏の平均を上まわり、全国的に地価が高騰した昭和四十八年には、全国平均より一〇パーセント以上も高い四二・一パーセントを記録した。しかし、本県の地価変動は昭和五十年には大きく下がり、全国平均のマイナス九・二パーセントを上まわるマイナス一二・四パーセントを示した。その後、昭和五十一年以降はほぼ全国平均に近づき、五十三年ごろまでは地価はほぼ横ばい状態となった。五十三年の地価上昇率が県平均の上昇率三・九パーセントをこえる市町村は三四市町村で、いずれも東京都から六〇キロメートル圏内にあり、高崎線、東北線、東武東上線、東武伊勢崎線、西武新宿線、西武池袋線

3－9　住宅地の距離圏別平均価格（昭和53年）

キロ圏	基準地数	平均価格（円／㎡）	市町村平均価格上位～下位（円／㎡）	対前年比変動率（％）	市町村名
10km～20km	83（80）	61,400	76,600～44,800	4.9	和光市、川口市、蕨市、戸田市、鳩ケ谷市、草加市、八潮市、三郷市（8市）
20km～30km	144（137）	65,500	80,000～30,800	4.7	朝霞市、志木市、新座市、富士見市、三芳町、浦和市、大宮市、与野市、越谷市、吉川町、松伏町（8市3町）
30km～40km	138（131）	53,400	70,000～29,200	5.4	所沢市、入間市、川越市、狭山市、上福岡市、大井町、上尾市、伊奈町、春日部市、岩槻市、庄和町、蓮田市、白岡町、杉戸町、宮代町（9市6町）
40km～50km	55（54）	40,700	49,500～20,500	5.3	飯能市、坂戸市、日高町、川島町、鶴ケ島町、鴻巣市、桶川市、北本市、久喜市、菖蒲町、幸手町、鷲宮町（6市6町）
50km～60km	53（50）	23,900	39,100～6,000	4.2	毛呂山町、越生町、鳩山村、東松山市、嵐山町、滑川村、吉見町、大里村、川里村、行田市、吹上町、栗橋町、大利根町、加須市、騎西町、羽生市、北川辺町、名栗村、都幾川村、玉川村（4市9町7村）
60km～70km	29（27）	27,400	44,100～5,800	3.7	南河原村、熊谷市、江南村、川本町、小川町、横瀬村、東秩父村（1市2町4村）
70km～80km	44（42）	16,800	29,800～4,200	3.4	深谷市、岡部町、妻沼町、美里村、花園村、寄居町、秩父市、皆野町、長瀞町、小鹿野町、吉田町、荒川村（2市7町3村）
80km以遠	24（23）	13,400	23,500～4,500	2.8	本庄市、両神村、大滝村、児玉町、神川村、神泉村、上里町（1市2町4村）

注　埼玉県企画財政部『土地利用の現況』（昭和54年3月）による
　1）（　）は、継続基準地数

沿線であり、東京への通勤圏内で地価上昇が高率であった。

　同年の地価調査において住宅地価格の高い基準地は、県南の三市（浦和・大宮・川口）で上位一〇位を占め、そのうち浦和市が七地点を占め、浦和市の住宅地が評価されたかたちとなった。東京都心からの距離圏別の平均価格は、ほぼ都心からの距離に比例して低下する。ところが、都心から二〇キロメートル～三〇キロメートル圏が一〇キロメートル～二〇キロメートル圏より平均価格が高いのは、県南の中心都市である浦和・大宮市や、住宅開発の著しい東武東上線の地域を含んでいるためである（3－9表）。商業地の地価は、背景となる周辺の地域経済活動および住民の所得と深い関係があり、商業活動の集積した都市の商業地が高い水準の地価を示す。本県では、商業地価格の高い基準地は、熊谷市筑波、大宮市大門町、川口市西川口、浦和市高砂、川越市脇田本町が主なところであった。

(三)　都市化前線の北進

都市化前線の推移

　首都東京に隣接する埼玉県南部・東部地域は、東京大都市圏の一部として常に東京の影響をうけてきた。この地域はかつて東京に食糧を供給する近郊農業地帯であったが、東京西郊の武蔵野や多摩につづいて、住宅・工場が進出し、都市化が進んだ。この地域が距離的に東京に近いにもかかわらず、東京の西郊や南部よりも都市化が遅れたのは、東京と埼玉の間に荒川の低地帯があって住宅地の連続的形成がなされず、大宮台地上の浦和市、大宮市などに飛び地状に都市化が展開したためである。

　しかし、昭和三十五年（一九六〇）以降になると、高度経済成長政策にもとづく工業の急速な発展により、京浜工業地帯から埼玉県内に進出する工場が増加し、また東京への人口集中は東京に隣接する地域への人口分散をもたらし、県南地域の人口が増加した。

　昭和二十五年から五十五年までのそれぞれの国勢調査によって、県全体の人口増加率を上まわった市町村を調べ、それらの市町村の外周を結んだ人口増加前線をえがいて、その変化をみると、昭和二十五年から三十五年にかけては、都心からほぼ三〇キロメートル圏内と、高崎線沿線では四〇キロメートル圏内で人口増加がめだった（3－10図）（『朝日新聞』埼玉版　昭和六十四年一月一日）。昭和三十五年から四十五年にか

3－10　人口増化前線の推移

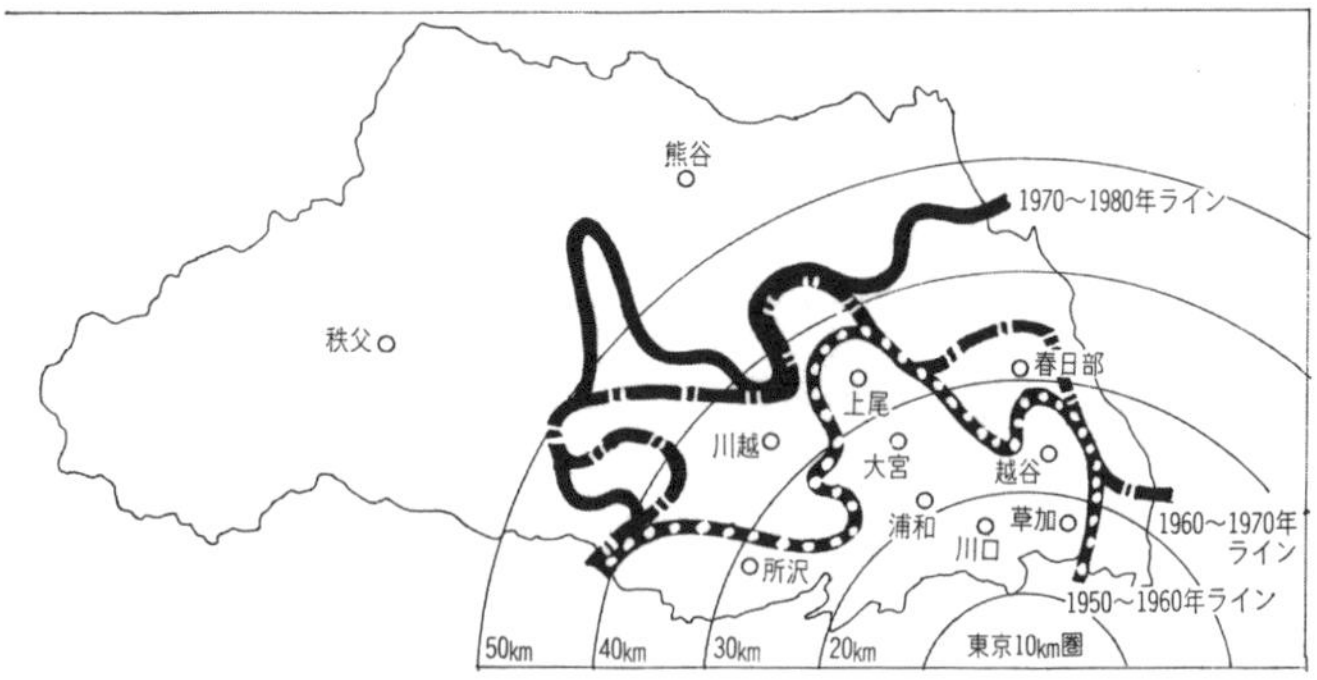

注　『朝日新聞』埼玉版（昭和64年1月1日）より原図を修正

けては、高崎線沿線や私鉄沿線の県西部と県東部で人口増加が著しく、人口増加前線は四〇キロメートル圏を突破した。昭和四十年から五十五年にかけては、県西部で東武東上線沿いに前線が北上し、六〇キロメートル圏の比企郡嵐山町に到達した。また、人口増加前線は県東部でも千葉県境から東北線沿岸にかけて五〇キロメートル圏に迫った。

　ところで、昭和三十五年から四十五年は、本県が高い人口増加率を記録した期間であるが、この期間に人口増加率が五十パーセント以上に達した市町村は東武伊勢崎線沿線では春日部以南、高崎線沿線では北本以南、東武東上線沿線では鶴ケ島以南、西武線沿線では狭山・入間以南であった。高崎線沿線の北本・桶川をのぞくと、これらの市や町は都心からほぼ四〇キロメートル圏内におさまる。

　ところが、昭和四十五年から五十五年にかけて、人口増加率が五〇パーセント以上の市町村は、東武東上線では嵐山・小川以南、八高線沿線では毛呂山以南となり、人口増加地帯がさらに北方にまで拡大した。これらの人口増加地帯は、嵐山・小川をのぞくと、都心からほぼ五〇キロメートル圏内になる。しかし、高崎線沿線では、人口増加率五〇パーセント以上の市町村は上尾と北本だけであり、蕨と与野は人口減少、川口は二五パーセント以下、浦和と大宮は五〇パーセントを下まわった。これは、早くから人口増加がおこった高崎線沿線の県南の諸都市では成長が緩やかになってきたことを示していた。このような人口増加地帯の分布は、東京から放射線状にのびる交通路線とその距離に密接に関連してきた。放射状の鉄道と道路にそって都市化が進み、主要交通路線からはなれたところでは都市化が遅れたのである。主な交通路線としては、東に東武伊勢崎線と国道四号、中央部には京浜東北線と高崎線・東北線および国道一七号、西側には東武東上線と西武池袋線・新宿線および国道二五四号がはしり、これらの沿線ごとに都市化の進展がことなっていた。

　中央部の京浜東北線・高崎線沿線は都市化がもっとも早かった地域である。大正十二年（一九二三）の関東大震災後東京から川口・浦和・大宮に人々が移住してきたし、また、昭和十九年（一九四四）以降も疎開や戦災によって、これらの都市に人口が流入して、都市化を促進し、浦和・大宮は東京の衛星都市の性格を強めた。しかし、昭和五十五年ころまでには、東京から上尾付近までは市街地が連続し、浦和・大宮は衛星都市というよりも、この地域の中核都市に成長した。

　いっぽう、東側の東武伊勢崎線沿線は低地が多く、かつて水田が卓越していた地域であるが、昭和三十五年ごろから江東工業地区から進出してきた工場や、草加の草加松原団地、春日部の武里団地などのような大型団地がかつての水田地帯に建設され、都市化が進んだ。西側の東武東上線と西武池袋線・新宿線沿線は武蔵野台地上に位置し、野菜を栽培する畑作地帯であったが、東京から工場、学校、住宅団地などが進出し、和光・朝霞・志木・富士見・上福岡のように東京のベッド・タウンの性格をもった都市が形成された。

　急激な人口増加と宅地化は主として東京からの人口流入によるもので、昭和四十五年から五十五年には一四一万八〇〇〇人の流入があった。これらの人々は東京へ通勤する人が多く、住居は県内にありながら、地域社会に対する関心が低いために、「埼玉都民」という新しい言葉さえ生まれるようになった。県内から東京への通勤者数は、昭和三十五年の一〇万人から五十五年には七六万七〇〇〇人に増加した。四十五年において東京への通勤流出人口が県内への通勤流出人口を上まわる市町村は、東武伊勢崎線沿線では久喜以南、高崎線沿線では上尾以南、東武東上線沿線では川越以南であり、都心からほぼ四〇キロメートル圏内であった。

ところが、昭和五十五年になると、東京への通勤流出人口が県内への通勤流出人口を上まわる市町村は、東武伊勢崎線沿線では宮代以南、高崎線沿線では大宮以南、東武東上線、西武池袋線・新宿線沿線では川越・狭山・入間以南となり、通勤者が多量に東京へ向かう範囲がやや縮小された。これは、県内の事業所と雇用者数の増加率が東京への通勤流出人口の増加率よりも相対的に高かったことのあらわれである。また、県内への通勤流出人口に対する東京への通勤流出人口の比率も京浜東北線沿線の諸都市では減少しつつある。しかし、これは東京の影響力が弱まったことを意味するのではない。昭和四十五年から五十五年にかけて県内への通勤流出人口に対する東京への通勤流出人口の比率が増加した市町村をみると、群馬・栃木・茨城に接する北川辺、交通条件の整備された伊奈、高崎線沿線の吹上、東武東上線沿線の鳩山があげられ、通勤圏は都心から五〇キロメートル圏をこえるところにまでおよぶようになった。

都市化の類型

大都市東京の影響を強くうけて都市化が進行してきた本県では、当初、東京の郊外住宅地あるいは衛星都市として発展した都市がかなりある。しかし、大都市東京の都市圏が拡大するにつれて、本県を含む東京大都市圏が東京都心からの距離に応じて地域的分化を示すようになった。

大都市圏は人口増加率と事業所の従業者増加率との関係から、市街化地域、近郊化地域、遠郊化地域の三つの地域にわけることができる。市街化地域は、かつての郊外都市や郊外地域だったところが住宅密度の増大、都市機能の充実、農村社会の壊滅などのために巨大都市の市街地に組み入れられつつある地域である。近郊化地域は、巨大都市の機能の成長にともなって人口や産業が拡散し、農村的土地利用が都市的土地利用に転換し、常住人口・就業人口ともに第一次的産業構成から第二・三次的産業構成へと変化しつつある地域である。遠郊化地域は、通勤・通学・買物など日常生活上巨大都市との直接の関係は薄いが、巨大都市からの工場・倉庫・商店・学校などの企業進出で、巨大都市との機能的結びつきが強まり、農家の第一種・第二種兼業化が進んでいる地域である。

そこで、人口増加率と事業所の従業者増加率とから本県の市町村の都市化を類型化した服部銈二郎の研究（服部銈二郎『都市化の地理』）をもとにして、昭和三十五年から四十年にかけての本県の市町村の都市化の様子をみよう。

3―11図によると、市街化地域は、人口増加率が従業者増加率の二倍以上の市や町で、企業進出のピークがすぎ、住宅地化・商業地化が盛大な地域で、工場はこの地域から分散の傾向にある。この類型に入る市や町は、新座・草加・大和（和光市）・戸田・蕨・与野・川口である。

近郊化地域は、人口増加率・従業員増加率がつりあっており、企業進出・住宅地化がともに進んでいて都市化の顕著な地域である。増加率がともに高いB―1タイプには朝霞・福岡（上福岡市）・鳩ケ谷・足立（志木市）・八潮・越谷・富士見・大井が含まれる。このタイプは、東京の隣接地にありながら発展の遅れていた地域にみられる。両方の増加率が県の平均ないし二倍におよぶB―2のタイプは上尾・浦和・所沢・毛呂山・桶川・大宮・春日部で、市街化地域および近郊化地域B―1の外縁にある。増加率は低いが、企業進出・住宅地化をともなう都市化の進

3－11　埼玉県の都市化の成長段階（昭和35～40年）

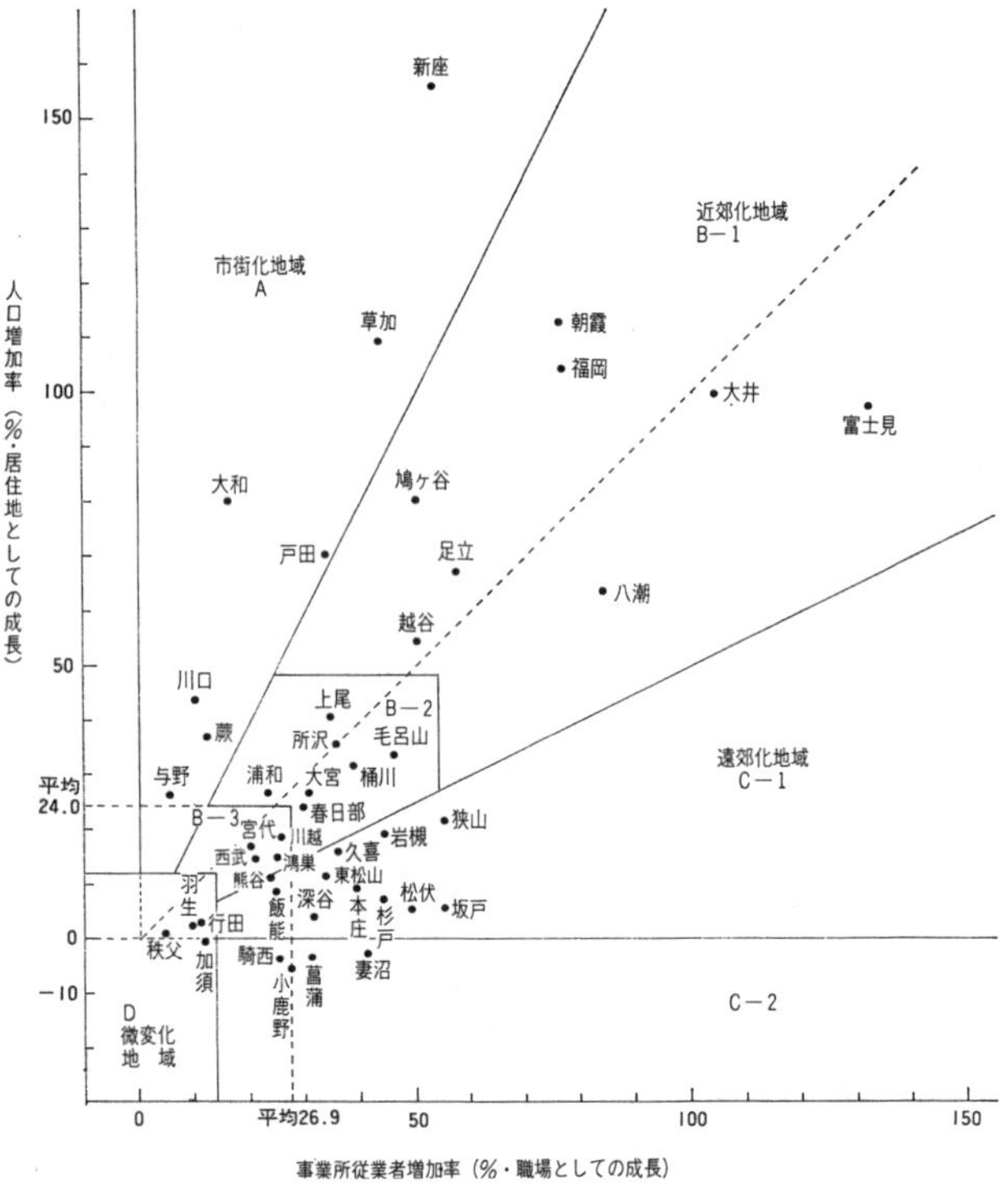

注　服部鉦二郎『都市化の地理』（古今書院）より原図修正

んでいるB－3のタイプは川越・鴻巣・宮代・西武（入間市）である。

遠郊化地域は、従業者増加率が人口増加率の二倍以上のところで、住宅地化はあまり進んでいないが、企業進出で従業者の増加がめだつ地域である。人口増加がプラスのC－1タイプには狭山・飯能・岩槻・久喜・本庄・深谷・東松山・杉戸・坂戸・松伏が入る。いっぽう、人口増加がマイナスのC－2のタイプには妻沼・菖蒲・小鹿野・騎西が入り、C－1地域の外周に位置する。

微変化地域は、東京大都市圏の影響を直接にはうけていないと考えられる地域である。この地域には羽生・加須・秩父・行田が含まれる。これらの市や町は県の東北部・秩父山地地域など、東京から離れた地域に位置している。

3－12　埼玉県の都市化の成長段階

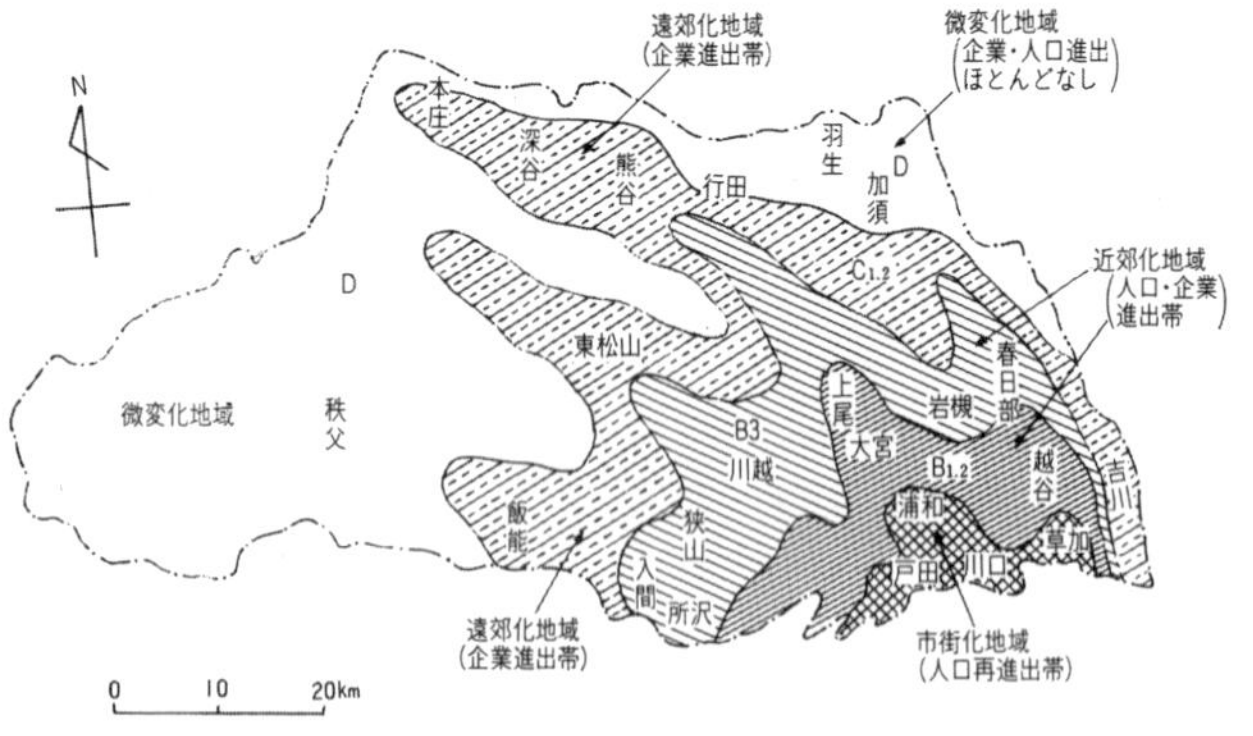

注　服部鉦二郎『都市化の地理』（古今書院）より原図修正

これらの都市化の成長段階の類型を地図にえがくと、本県の都市化の成長段階を空間的に表現することになる（3－12図）。この図によると、本県の都市化の進行状況は東京からの距離と方向、そして交通路線や地形条件などでかなりゆがんだパターンになっていることがわかる。しかし、都市化の成長段階は東京からの距離に応じて、市街化地域・近郊化地域・遠郊化地域・微変化地域と圏状に配列している。

その後、大都市東京の都市圏がさらに膨張するにつれて、本県の都市化の成長類型は3－12図の配列をほぼ保ちながら外側に拡大していった。人口増加率でみても、昭和三十五年から四十年までは東京都心から二〇キロメートル圏内での増加率が本県の最高であったが、昭和四十年から四十五年そして四十五年から五十年にかけては三〇～四〇キロメートル圏が最高の増加率となった。こうして、人口増加と都市化前線は東京都に隣接した地域から、しだいに県内中央部へと移行した。

（菅野峰明）

［2－6－B］
浦和市総務部行政管理課編『浦和市史　通史編Ⅳ』（浦和市、二〇〇一年、二八六〜三〇一頁）

第二節　区画整理、宅地開発と市街地開発

南浦和団地と田島団地

南浦和団地（南浦和三丁目）は、日本住宅公団が建設したもので、昭和三十七年（一九六二）三月に入居を開始した。五二棟一二五二戸の団地で浦和市としては、初めての大規模な団地であった。南浦和駅がその前年に開業し、また同駅周辺では、土地区画整理が進められており一気に農村が市街化されることになった。学校問題も生じ、大谷場東小学校の開設を見たわけである。特に、大谷場東小学校は、大谷場小学校の分校として建設されたものであるが、緊急を要し浦和市では、昭和三十七年二月の臨時市議会に新築工事請負契約議案を提出した。この工事はプレコン建築方式といって、枠組みをしてコンクリートブロックを積む組み立て式の簡易工法を採用したものである。この種の工法としては全国でも早い例であり試験的な採用の感もあった。経費も安かったが、以後この工法は、浦和市では採用することはなかった。学校は昭和三十七年五月一日に開校し、大谷場小学校の校舎で授業を行い十一月二十一日から新校舎に移った。なお、開校時の児童数は七七人であった（『浦和の校歌』）。

田島団地（田島六丁目）は、日本住宅公団が南浦和団地に次いで浦和市につくった共同住宅で、昭和四十年（一九六五）六月に入居開始した大規模な団地である。戸数は一八九五戸を数える。ここでも、学校増設問題が生じ、住宅公団に学校を建ててもらい、これを国庫補助で買い取るという特異な方法で開設した。西浦和小学校がそれである。

この田島団地の建設までの経過について触れておくことにする。昭和三十七年三月九日、日本住宅公団関東支所長から浦和市長あてに「田島地区における住宅建設計画について」、という打診があった。その内容は、浦和市大字田島地内に約五万二〇〇〇坪（約一七ヘクタール）、約二二〇〇戸のコンクリート中層建て賃貸住宅をつくろうとするもので、次の三項目の協力を得たいが内意を聞かせてほしいというものであった。

①同地の農地転用および首都圏整備近郊地帯の指定解除
②同団地よりの汚水排水の鴻沼悪水路への放水
③同団地付近における小学校の新設

これに対して、浦和市長は同年四月四日、①、②、③項目とも「協力いたしたい」と回答し、建設に伴う経費は住宅公団より融資をお願いしたいと申し添えた（『現代史料編』Ⅰ、六七九頁）。照会から回答までの期間が一か月たらずという、ごく短い時間で検討し回答しているが、その中には農地法、首都圏整備法など市長の権限外のことなどについても協力を約束せざるを得ない状況があったように受け取れる。

この年の九月浦和市議会で政和会議員から「住宅建設に同意を与えたが、公団の見返りは学校敷地の一部改良に一五〇〇万円と志木県道の設置だけ、後は折衝中、公団は自治体に仕事を押しつける傾向にあるようだ。また、団地より南浦和駅に直接道路を建設する用意があるか」との質問を受けた。これに対し浦和市側は、「公団からは協力を願いたいという書面が来たので協力すると回答した。土地買収等にある程度協力すると言ったが積極的に浦和市が誘致したのではない。道路（田島通り）は都市計画道路なので建設に努力する」などと答弁している（『浦和市議会史』続巻Ⅰ）。

南浦和団地と工事中の南浦和陸橋（昭和38年）

田島団地と新大宮バイパスと建設工事中の武蔵野線（昭和43年）

昭和三十九年一月三十一日、住宅公団関東支所長は、浦和市長あてに住宅公団法第三十四条に基づき意見を求める協議書を提出した。これには、敷地面積一七万四二一〇・四三平方メートル、賃貸住宅、中層耐火、一八五〇戸とある。二月十四日、浦和市役所で公団側の説明会（協議）が開かれ、浦和市側は助役以下関係部課長が出席した。ここで明らかになったことは、①西浦和小学校（仮称）用地の一部として一七八三平方メートルが用意されており、これを浦和市に公団が取得した翌日から年六歩五厘の利息を加算し譲渡すること、②小学校の規模は、浦和市で決めてくれれば予算化する、③その建設費は、公団が建て替え分譲方式を採る、④保育園は公団でつくり、浦和市に分譲することが原則である、などであった。四月三日、浦和市長は、公団に次のとおり意見を付して回答した。すなわち、学校道路（団地への進入線を含む）及び水路等について、問題意見がないわけではないが、さきに本市との協議で決定されたとおり、これ等を処理される限り特段の支障を認めないとし、下記二点について格段の善処をお願いしたいとして、輸送力増強についてと田島団地小学校について要望した。前者については、志木街道と浦和駅西口は交通量が限界に来ているので、都市計画道路（田島通り）の新設を繰り上げ着工する必要があるが、浦和市では困難なので用地費と工事費等を援助してほしいということであり、後者については西浦和小学校（仮称）の計画の概要を提示、公団が用意した土地は浦和市に譲渡してほしいというものであった。このような経過を経て建設が開始され、竣工予定の昭和四十年六月には完成した順に入居が始められた（『現代史料編』Ⅰ、六八一頁）。

田島団地の交通アクセスとなる都市計画道路、大谷場在家線も昭和三十九年度予算に五か年計画として計上され、昭和四十年度に着手した。武蔵野線の開通（昭和四十八年）により、西浦和駅が開業するまでは、公共交通機関としては南浦和駅に向かうバス路線が主であった。なお、浦和市では団地入居者の便を図るため、土合支所田島連絡所を団地内に設置した。いずれにせよ、こうした大規模な団地の受け入れはベッドタウン化が進行し自治体の財政的負担が相当なものになっていくことは明らかであった。本田市長は、以後、団地の受け入れを拒否すると表明するに至った。このことが報じられたことについて、昭和四十一年三月、浦和市議会でただされ、浦和市側は住宅難のおり、これを緩和するのは望ましいが、これに伴う道路、下水、学校、保育園、排水等相当な浦和市費を投入しなければならないので慎重に考えたいと消極的な態度で臨むことを明らかにした。この質問は、本田市長が前年十一月に発言した「更なる団地造成拒否」を受けたものである。

市長発言は「東京通勤の団地族ばかり増加し、浦和市財政が圧迫されている。今後、団地造成は断る」というものであった（『浦和市議会史』続巻Ⅰ、六六七頁）。この発言は、首都圏への人口流入を安易に受け入れようとする政府、住宅公団に対し、財政負担の増加を避けようとする自治体としての主体的な発言であったと言える。これに先立ち、埼玉県議会でも南浦和団地に住む八三パーセントの人が東京に勤める人であると指摘され、今後は県政の立場から公団住宅の誘致を考えて行きたいと埼玉県知事も答弁している。公団も次第に地元の意向を考慮するようになったという（『埼玉県行政史』第四巻、九八頁）。

区画整理、宅地造成と分譲

土地区画整理法は、昭和二十九年（一九五四）五月二十日に公布され、昭和三十年四月一日に施行された法律であるが、区画整理事業そのものは大正八年（一九一九）公布の都市計画法（旧法）の中に定めがあった。浦和市域でも昭和十五年（一九四〇）、十六年に認可を受けた浦和第一及び第二土地区画整理があり、それぞれ昭和三十四年（一九五九）及び昭和三十五年に換地処分がなされている。

さて、昭和三十年代に南浦和地区から始まった戦後の浦和市内の区画整理事業は、主として南部・東部地区に大きな展開を見せていくが、ここでは昭和三十年代から昭和四十年代にかけての様子を追ってみることにする。

昭和三十五年三月の浦和市議会で、谷田、尾間木、三室地区の区画整理事業を促進してほしいという要望があった。この地区は南浦和駅開業によって急激に宅地化が進み、それからでは区画整理が困難になるという理由である。これに対し浦和市側は、昭和三十三年度に基本調査地図もできているが、南浦和を中心に実施計画を進めているのでそれが完了してから取りかかると答えている（『浦和市議会史』続巻Ⅰ、五一頁）。行政として多方面に事務事業を拡張することは困難をともない、当時とすれば一つずつ片づけるほかなかったと言える。市議会での、このやり取りは、そのことを端的に語っている。

さて、最初の南浦和の区画整理であるが、東北本線を挟んで東側が第一、西側が第二とし、それぞれ浦和市施行で実施されることになった。南浦和駅の開設で南浦和地区は、急速に都市化しようとしていた。昭和二十九年四月二十一日開催の浦和市議会都市計画委員会において、「南浦和地区の区画整理案について」と題して審議があり、土木課長から「区画整理案について修正すべきものは修正し決定したい。案が決定したら埼玉県、建設者に提出し、同省が認めると建設大臣から埼玉県知事に諮問があり、そこで審議会をつくり意見をまとめ大臣に答申する。それから順次手続きをとる」と説明があり、続いて技師から図面で説明が

南浦和区画整理地区（昭和33年）

あった。そのときの説明内容は、次のとおりであった。

第一区（東北本線の東側）　施行前の民有地二一万四五〇〇坪、公共用地二万四〇〇坪、測量の延び一万七〇〇〇坪、新しく造る道路・公園・緑地・学校等区画整理後の土地は一九万一〇〇〇坪、公共用地六万一〇〇〇坪、公共用地に対する減歩率一割一歩、保留地の減歩率一割三歩

第二区（東北本線の西側）　施行前の民有地一五万四〇〇〇坪、公共用地二万九〇〇〇坪、測量の延び三八〇〇坪、整理後の民有地一四万坪、公共用地四万六〇〇〇坪、公共用地に対する減歩率八歩六厘、保留地の減歩率四歩五厘（すでに区画整理が実行されているので、測量による延びは少ない。道路を造る費用も少なくて済むから、減歩率も少ない）

審議の結果、この案で決定し建設省に申請された（『都市計画委員会会議録』）。昭和二十九年八月二十六日、建設省告示をもって浦和都市計画南浦和第一土地区画整理の区域として都市計画決定がなされた。都市計画法（旧法）による区画整理である。昭和三十年三月七日、埼玉県知事から事業認可となり事業に着手することになった。施行区域は、大字大谷場字小池下、中町、横枕の全体、宇北原、上町、一ツ木の一部で面積にして七五・八六ヘクタールを数える規模の大きな区画整理であった。四月二日、浦和市議会の都市計画委員会において、区画整理法に基づき、「浦和都市計画事業南浦和第一土地区画整理審議会規程」が決定した（『各種委員会綴』）。審議会の任務は、浦和市長からの諮問事項を調査審議することであり、委員は三〇人からなり土地所有者およびその関係者を代表する者一五人、浦和市議会議員八人、学識経験者または関係者七人となっている。

事業は順調に進み昭和三十五年（一九六〇）三月三十一日、換地処分の認可を得た。そして、昭和三十八年三月三十日、小松原男子高等学校において落成式を挙行した（『南浦和公民館創立二五周年記念誌』）。

なお、昭和三十六年三月の浦和市議会に「浦和市区画整理推進委員会条例」が提案された。職務は区画整理に必要な調査、審議をし、浦和市長に意見を述べられるもので、構成は浦和市議会議員五人、学識経験者五人からなる。三月三十日に可決された（『浦和市議会会議録』昭和三十六年三月定例会）。

浦和都市計画南浦和第二土地区画整理事業は、昭和三十七年（一九六二）四月十七日、埼玉県知事の認可を受け事業を進めてきたが武蔵野線の計画が入り、これにともない、第二工区を中心とする反対などのため事業が遅延してきた。これに対しては、事業計画の変更により昭和五十二年度まで延長するとともに、反対組織との話し合いについては、「鋭意努力中」ということであった（『市政概要』昭和五十年度版）。ちなみに、昭和四十九年度までの進捗率は七六パーセントとなっており、事業の終了である換地処分の公告は平成九年（一九九七）九月を待つことになる。施行面積五〇・六〇ヘクタール、減歩率一四・一二パーセント（『浦和都市計画南浦和第二十一地区画整理事業竣工記念誌』）。

中丸土地区画整理事業は、市街地開発区域整備計画の一環として土地区画整理組合を設立し、道路、水路、公園などの公共用地を整備するとともに、浦和市が土地を取得し宅地造成を行うものであった。施行の区域は大字中尾字中丸・字緑島、大字大谷口字東中尾の各一部で、九・六二ヘクタールであった。施行前は農地が七〇パーセント、山林が一三パーセント、その他一七パーセントとなっていた。進め方は、浦和市が市街地開発宅地造成事業によって取得した土地と民有地を合わせ、土地区画整理法に定めのある組合を昭和三十八年十月十五日に設立し、昭和四十一年三月二十二日に換地処分を行い事業の大部分が終了した。分譲できる土地は約一・二二ヘクタールで、昭和四十年四月現在で四一区画があり、一区画五〇坪（約一六五平方メートル）から一一七坪までで、坪

単価は平均一万四八〇〇円であった（『現代史料編』Ⅰ、六八六、六八九頁）。

大東土地区画整理事業は、昭和四十年八月三日、事業認可となり、昭和五十一年三月十六日換地処分がなされた一七・二ヘクタールの事業であり組合施行であるが、区画整理に続き浦和市が保留地を宅地造成し、昭和四十二年二月、一般に分譲した。合計七二区画で一区画八三～二三八平方メートル、最低価格は一平方メートルあたり九二〇〇円から一万一六〇〇円となっており、競争入札であった。

根岸土地区画整理事業も組合施行で昭和四十一年五月三十日に事業認可となり、昭和四十八年三月九日に換地処分が公告された。組合施行の区画整理であったが、四八区画を競争入札で分譲することになった。最低価格は一平方メートルあたり八〇二〇円から一万八七七〇円であった（『現代史料編』Ⅰ、六八七頁）。施行面積は一〇・八ヘクタールで、整理により公共用地（道路、公園、水路ほか）が二二・八三パーセント（施行前一一・〇八パーセント）、保留地は七・四七パーセントとなった（『浦和市土地区画整理組合事業のしおり』昭和四十八年）。

宮本土地区画整理組合は、昭和四十二年一月二十三日に認可申請し四月十七日に土地区画整理法第一四条の規定により埼玉県知事の認可があった（『現代史料編』Ⅰ、六九三頁）。宮本地区は、浦和市大字三室のうち最も奥まった地域で二八・〇ヘクタールを数える。武蔵国一宮とされる氷川女体神社があり、その地名もそれによる。起伏に富んだ畑地が主であった。昭和四十二年五月十三日、組合設立総会があった。ところで、土地区画整理法では、施行者を個人、土地区画整理組合、都道府県市町村、行政庁（建設大臣が自ら行うか、地方公共団体機関委任）、その他

根岸土地区画整理地内（昭和43年）

宮本土地区画整理地内１号線・２号線街路工事（昭和43年）

浦和市駒前土地区画整理事業竣工・会館落成式典（昭和53年）

公団や公社によるものに分けられる。浦和市では、組合施行がこの後も続いていくことになり、宮本の区画整理は規模的にも進め方からもそれらの基礎となったものといえる。同年十一月には、仮換地指定がなされ、翌昭和四十三年二月十五日に起工式が取り行われた。昭和四十四年には保留地の処分が開始された。保留地は、その処分（売却）費を事業費（事業に対しては、国庫や浦和市の補助金も投入される）に充てるのに必要なものであり、その保留地は減歩によって生じるのが区画整理の特徴である。減歩は、公共（街路や公園）と保留地の両方からなり施行地全体に対する減歩の割合を減歩率といい、宮本の場合は二五・一五パーセント、すなわち約四分の一という標準的な数値であった。昭和四十八年二月二十日に換地計画が認可され、二十四日に換地処分、三月二十五日に区画整理登記完了、九月十二日に竣工式が行われた。そして、公共施設が浦和市に引き継がれた。昭和五十一年八月二十四日、組合の解散が埼玉県報に告示された。また、区画整理記念館として財団法人宮本会館が設立された（『現代史料編』Ⅰ、七〇七頁）。

東浦和第一土地区画整理事業については、昭和四十二年に事業区域を決定し昭和四十五年十月、土地区画整理法に基づき、この事業の施行規程が浦和市条例第四五号として公布された。浦和市が施行者となるためである。昭和四十六年に事業計画の決定広告を行った。そして、昭和四十七年七月、仮換地指定案の縦覧を行った。工事については、土地の借り上げによる道路新設工事及び排水路の整備等を行っており、昭和四十九年度までに二三パーセントまで進んだ（『市政概要』昭和五十年度版）。同区域は東浦和駅を中心とする地域で、大字大牧、大間木、井沼方を中心とし蓮見新田、中尾などの一部がかかる区域であり、東に見沼田圃を望み起伏に富んでいる。

辻土地区画整理組合の設立については昭和四十四年一月八日に埼玉県知事から認可された。施行地区は、大字辻字五反田および東谷の各一部である（『現代史料編』Ⅰ、六九六頁）。昭和五十一年三月十九日に換地処分が公告された。

駒前土地区画整理組合の設立については昭和四十四年三月四日、埼玉県知事から認可された。施行区域は、大字中尾字駒形・字駒前・字不動谷の各一部である（同前、六九六頁）。昭和五十一年三月十三日に換地処分が公告された。区域内では、都市計画街路大宮東京線と田島大牧線が交差する。

与野浦和都市計画与野駅西口土地区画整理事業は昭和四十四年三月二十五日に公告がなされた。二市にまたがるため、施行者は埼玉県であり、与野市に機関委任して実施されている。施行区域は、与野市大字下落合字大原と浦和市大字上木崎字大原のそれぞれ一部で、都市計画決定は三月二十日であった。七月二日、区画整理法に定めのある施行規程が埼玉県条例として公布された（同前、六九八頁）。

芝原土地区画整理組合設立認可申請を発起人の連名で昭和四十六年八月二十七日、埼玉県知事あてに浦和市長経由で提出し、昭和四十六年十一月五日に事業認可となった。大字三室字芝原を主とする区域で、面積五六・一八ヘクタールと組合区画整理としては規模が大きいものであった。なお、換地処分の公告は昭和六十年十月二十六日であった（同前、六九九頁、『芝原土地区画整理事業竣工記念誌』）。

なお、以後に予定されている組合施行の区画整理事業を受託して実施をしていくため、財団法人浦和市土地区画整理協会が昭和四十七年四月に設立された。同協会は啓発事業にも携わってきた。

昭和四十八年四月六日に事業認可になり昭和五十三年三月三十一日に換地処分が完了した共同（八人）の土地区画整理が大島台（大字円正寺字山崎、大字太田窪字大島の各地内）において行われている（『埼玉県の組合土地区画整理』平成二年七月）。

大谷口第一土地区画整理事業は、昭和四十八年五月二十六日に事業認

可となり昭和五十三年九月十六日に完了している。面積一四・〇ヘクタールであるが、細野工区と諏訪入工区の二か所に分かれる（『浦和市土地区画整理組合事業のしおり』）。

　西浦和第一土地区画整理事業は、昭和四十八年七月十七日に施行区域の決定を行った。区域は大字田島字東、西、北、櫃沼の各一部、面積四〇ヘクタールであり、六月に埼玉県及び西浦和区画整理事務所で案の縦覧を行った。しかし、まだ着工に至っていない。

　中尾第二土地区画整理事業は、昭和四十二年九月二十六日に浦和都市計画事業東浦和土地区画整理区域として計画決定された三三六ヘクタールのうちの一〇・四七ヘクタールで、施行区域は大字中尾字駒前、駒形、中丸、緑島の各一部、大字大谷口字東中尾の一部であり、昭和四十三年に第一回説明会を開催して以来、着々と準備を進めて昭和四十八年八月には発起人会を設立、各方面の協議、手続きなどを進め、昭和五十四年（一九七九）三月二十日に組合設立の認可の申請を行い八月十日に認可となり、九月五日に組合が設立された（『中尾第二特定土地区画整理事業竣工記念誌』）。

民間の住宅地造成

　戦後、引揚者をはじめとし首都圏への流入者により住宅は圧倒的に不足した。これに対し、民間の不動産業者は宅地化できるところは宅地化し、住宅を建ててこれを売却してその需要に答えるという点で大きな役割を果たしてきた。しかし、乱開発という言葉があるように採算のみを考えた場合、低地での浸水対策（たとえば、谷田川周辺の慢性的な洪水など）と消防自動車が入れるための取り付け道路の幅員、隣接との距離など安全性のうえで種々の問題を抱えることになり、その始末は行政側が後手に回りながら対処する形となっていった。こうしたことに対応するため、浦和市は建築基準法の適正な運用、さらには開発行為についての協議基準制定とその励行ということで快適な住環境を確保する努力を重ねてきた。

　建築基準法の改正にともない、昭和四十六年（一九七一）四月一日、浦和市は特定行政庁として発足し建築主事を置く自治体となったのである。ちなみに、昭和四十七年度の建築確認申請受付は七〇八五件となっていた。また、違反建築の件数は三六六件に及んでいた（『市政概要』昭和四十八年度版）。

　昭和四十七年一月、開発行為等に関する協議基準を制定し、民間デベロッパー等による宅地開発の急増に備えた。それまで特に、道路位置指定を手法とした宅地造成や小規模な乱開発が行われており、公共設備の早期整備が困難となり生活環境の破壊等、市民生活のうえで数多くの弊害が生じていた。そこで、浦和市は基準をつくり実情に即した改正を行いつつ行政指導を行ってきたのである。昭和五十年当時の協議基準は、

①開発行為（五〇〇平方メートル以上の土地の区画形状の変更）
②市街化区域内の五〇〇平方メートル以上の土地の形態変更
③道路の位置指定、建築物等の後退及び中高層建築物
④排水設備の設置
⑤公共施設等の整備負担等

であった。なお、都市計画法第八十六条の規定により昭和四十九年十一月一日、一ヘクタール未満の開発許可は、埼玉県知事から浦和市長が委任を受けた（『市政概要』昭和五十年度版）。実際の取扱い件数となると、昭和四十八年度は一一〇件の申請があり、そのうち七九件が許可となった。面積は一九・五四ヘクタールであった。この制度によって窓口が一本化され、合議《あいぎ》によって関係する課に事前協議をし適切な行政指導が出来ることになった。しかも、許可、検査を要するという制度になっているため、良好な生活環境が確保できることになった。

　また、指導では公共用地として築造道路を浦和市に移管させるなどの

ほか、規模により開発協力金の納付といった制度もあった。これは、義務教育施設整備基金という形で運用された。開発により著しい学齢期人口増に対処するため、学校建設が後を絶たなかった時期には効果をもたらした。また、土地開発では埋蔵文化財が即影響を受けその保存が問題となるが、記録保存を義務づけるためにも開発行為の許可制とその事前協議制の確立は、功を奏したといえる。

　昭和四十九年五月一日、開発行為に関する協議基準の一部改正により一・八メートル以上、四メートル未満の前面道路に接する敷地に建築物を建築するときは、事前に後退用地を分筆して登記し公衆用道路として境界標石を設置しなければならなくなった（『市政概要』昭和五十年度版）。

市街地改造

浦和駅西口前の今日の姿は、昭和五十六年（一九八一）三月に完成したものであるが、ここにたどり着くまでの道程は余りにも長く険しかった。ここでは、事業の計画、着手から昭和五十年あたりまでの経過について記すことにする。

　昭和三十六年（一九六一）五月、建設省都市計画課、埼玉県、浦和市の三者は、浦和駅前西口広場や市域全体の都市計画街路変更についての検討、打合わせを開始、以後たびたび繰り返し、昭和三十八年になり埼玉県は、街路計画を新聞発表した。同年の六月、浦和市議会の都市計画・建設合同委員会において、浦和市は都市計画街路変更案を説明した。続いて、地元の自治会、商店会にも説明し実測についての了解を得た。建設省の審査も終え、最終案が完成した。そして、昭和三十八年八月十二日、建設省告示をもって浦和市の申請に基づき、浦和都市計画街路の決定及び廃止が公告された。浦和市は、昭和三十八年度国庫補助事業により密集地帯街路整備調査を行い、昭和三十九年一月には本田市長は記者会見において昭和四十年度より着工に努力すると表明した。

浦和駅西口市街地改造施行区域（昭和45年）

　浦和市では、昭和四十年六月、「市街地改造事業と都市改造区画整理事業との比較」という分析を行い、浦和駅西口地区の整備方法（北側地区を参考にした）として、区画整理でいくと減歩は四〇パーセントにもなり、これの緩和のために宅地の任意買収を行うなどの問題、さらに対象区域を広げることも考えられるが調整が困難など難しさをあげ、「以上のようなことから市街地改造法で整備することが適当」と結んでいる（「浦和駅西口関係綴」）。ここで、大きな選択をしたわけである。なお、市街地改造法（公共施設の整備に関連する市街地の改造に関する法律）は、昭和三十六年六月に公布された法律である。昭和四十年、浦和市では、「都市の再開発―市街地改造事業―立体的な街づくり」というパンフレット（B5判・一四頁）を作成し、この事業の啓発につとめた。

周辺地区を調査の結果、県庁通りより北側約二・一ヘクタールの区域を市街地改造事業により整備することとし昭和四十二年、事業に着手した。これによると、都市計画広場面積一万九二〇平方メートルのうち北側七二八四平方メートルと道路（浦和西口停車場線）幅員二二メートルのうち北半分一一メートル、延長約八〇メートルが整備されることになった。そして、建築施設の設計の概要はA棟、B棟の二棟の商業ビルを建設し、地下三階、地上八階、塔屋二階とし、飲食店、遊戯場、銀行、映画館、店舗、事務所、駐車場などの用途を考えていた（『浦和の都市計画』昭和四十七年）。商業ビルの構想について、浦和市は昭和四十年に東京工業大学の石原研究室に依頼し浦和駅西口商店街再開発診断を行った。そのまとめとして、地下二階、地上七階（一階二〇〇〇平方メートル）程度の建物を想定しても、十分可能性があるとしている（「浦和駅西口関係綴」）。

浦和市はこの事業に関して昭和四十一年度に初めて特別会計を設定した。会計名は、浦和駅西口市街地改造事業特別会計で、予算として三億二〇〇〇万円を計上した。昭和四十一年三月の浦和市議会において本田市長は、施政方針の中で、

近年まちの様相も大きく変り、「ないないづくしのまち」といわれたわが浦和が多年の懸案であった刑務所移転、埼大移転と工学部の新設、京浜東北線線増と浦和駅舎の改築、東京外環状線の通過、総面積約二十七万坪の区画整理と宅地造成事業、浦和駅西口広場を中心とする市街地改造事業、裁判所官舎の移転等いずれも具体化されてまいりました。とくに、裁判所官舎の跡地は、浦和駅西口改造事業促進のための商店仮店舗候補地として考えております。これら、浦和市始まって以来の大事業を市民の皆様のご協力によって達成いたしたいと存じます。

と、いよいよ本格稼働してきた浦和市の街づくりについて、なみなみならぬ意欲をもって臨んでいる様を表明した（『浦和市議会議録』昭和四十一年三月定例会）。

昭和四十二年度には相川曹司市長がこれを引き継ぎ、現状調査、施設建築物二棟の基本設計を実施した。昭和四十三年度は用地、建物等の買収、補償等を進め、昭和四十六年度には商業者のために仮営業所（仲町一丁目、裁判所官舎跡地に設置、現在のイトーヨーカ堂）の入居保証を行うなど具体化し建築設計にも入った。昭和四十七年には仮営業所入居敷金や賃借料を支出した。用地買収の進捗率は、五四パーセントまで至った。なお、この時点での総事業費は一八三億円余となっていた。昭和四十八年度には区画街路新設や電気等の引き込み工事などを行った。昭和四十九年度になって、事業年度を昭和五十二年度までとし総事業費を二七一億円余と改めた。昭和五十年度にはガス工事も入った。事業年度を昭和五十三年度までとし、総事業費も三四六億円余と変更した（『主要施策の成果説明書』昭和四十一～昭和五十年度）。

なお、この事務事業に対処するため、浦和市は、昭和四十一年度に市街地改造事務所を設け、昭和四十三年度に市街地改造課とし、昭和四十五年度には市街地改造業務課・同工務課とし、昭和四十七年度には市街地改造部を設け、業務課・工事課・管理処分課を設けた。

〔2−6−C〕『川口市史 通史編 下巻』(川口市、一九八八年、六七三〜六八八頁)

第三節 都市化の進展と都市計画

市域の人口の増加

国勢調査による市域の人口は、第30表に示すとおりである。これを県内他市と比べると、大正九年(一九二〇)の第一次国勢調査当時は川越・熊谷・大宮に次いで県下四位であった。そして昭和一五年と二五年には県下一位に躍進しているが、同三〇年には浦和・大宮に次いで三位、三五年には当時の市域で比較すると一位であるが、その後の合併地区も合算して比較すると、浦和・川口・大宮の順となる。川口市の人口がずっと県下一位を保つようになるのは、昭和四〇年の国勢調査以降である。

市域の人口増加率を全国および埼玉県の増加率と対比してみると、昭和二五年から三〇年には増加率がもっとも低いが、三〇年から三五年以降には逆転し、三五年から四〇年の本市の増加率は四六・四八パーセントと、県平均増加率の約二倍を示している。実増加数七万五九四三人は県下一位である。昭和四〇年から四五年には、県平均増加率が二八・二四パーセントと前回調査より増加したのに対し、市の増加率は二二・七九パーセントにとどまっている(第31表)。

第30表 国勢調査人口

	川口	横曽根	青木	南平柳	新郷	芝	神根	安行	戸塚	鳩ケ谷	現市域合計
大正9(1920)	14,351	3,413	3,854	4,974	3,246	3,842	4,915	3,192	1,977	6,491	50,255
〃 14(1925)	17,937	6,100	4,388	5,896	3,329	3,966	5,311	3,266	1,983	7,097	59,273
昭和5(1930)	22,226	7,510	5,077	6,511	3,463	4,265	5,383	3,354	2,062	7,393	67,244
〃 10(1935)	53,716	(川口に合併)	(川口に合併)	(川口に合併)	3,311	5,081	5,982	3,505	2,152	8,229	81,976
〃 15(1940)	97,115				(川口に合併)	(川口に合併)	(川口に合併)	3,502	2,247	(川口に合併)	102,864
〃 25(1950)	124,783							4,463	2,726	(川口から分離)	131,972
〃 30(1955)	130,599							4,522	2,824		137,945
〃 35(1960)	170,066							(川口に合併)	(川口に合併)		170,066
〃 40(1965)	249,112										249,112
〃 45(1970)	305,886										305,886

第31表 人口増加率(%)

(国勢調査)

	昭和25〜30	30〜35	35〜40	45〜50
全国	7.30	4.64	5.20	4.54
埼玉県	5.41	7.44	24.03	28.24
川口市	4.52	23.29	46.48	22.79

人口の増加にみる川口の特殊性

昭和三〇年代後半から、日本全国で人口の都市流入の傾向が著しくなり、とくに埼玉県南部はもっとも強くその影響を受けたのであるが、川口市の場合は県南諸都市にさきがけて人口増加があったばかりでなく、増加のしかたには他都市に比べてかなりの質的な相違がある。

第24図は市の人口動態を示したものであるが、一般にこの時期の人口増加はその大部分が社会増であるのが特色で、その点では川口市以外の県南諸都市も同じ傾向である。昭和三〇年代に転入してきた青年層が五年から一〇年経過して親となる年齢に達し、四〇年頃からは自然増加数が上昇してくる。転入者もそれを上回る勢いで増え続

けている様子が図に示されている。しかし転出も多くなり、社会増そのものは自然増より少なくなってきている。

川口市の人口の社会増が他の都市と著しく異なっているのは、昭和三〇年代において、その来住者の多くが同市で働くために転入してきた人びとであり、他の都市のようにベッドタウン型の人口増ではなかったことである。

第25・26図は、昭和三五年と同四五年の川口市の年齢別男女別人口を示している。両図とも一五歳から二四歳の男子が女子に比べて著しく多い。とくに三五年はその傾向が強い。このことは、戦後いち早く復興して民需の生産に切り替えた鋳物工場が、中・高等学校を卒業したばかりの若年労働者を住み込みで採用し、生産復興に努めたことと関連が深い。同三一年に行われた鋳物工場二二九社の調査では、工員の工場内居住者は一一・九パーセントに達していた。これらの若い労働者は、福島・岩手・宮城などの東北諸県や関東近県から来た者が多く、工場の敷地内または近くの寮から徒歩で通勤する者が多かった。

昭和三五年に市内に在住していた有業者人口は七万八八三五人であるが、そのうち市域に就業している者は五万七五四〇人（七二・九パーセント）である。これを浦和市の市内就業率の五二・八パーセントと比較すれば、川口市は市内就業率の高いことがよくわかる。この数値は秩父市の九四・八パーセントは別格としても、県内では高い方である。

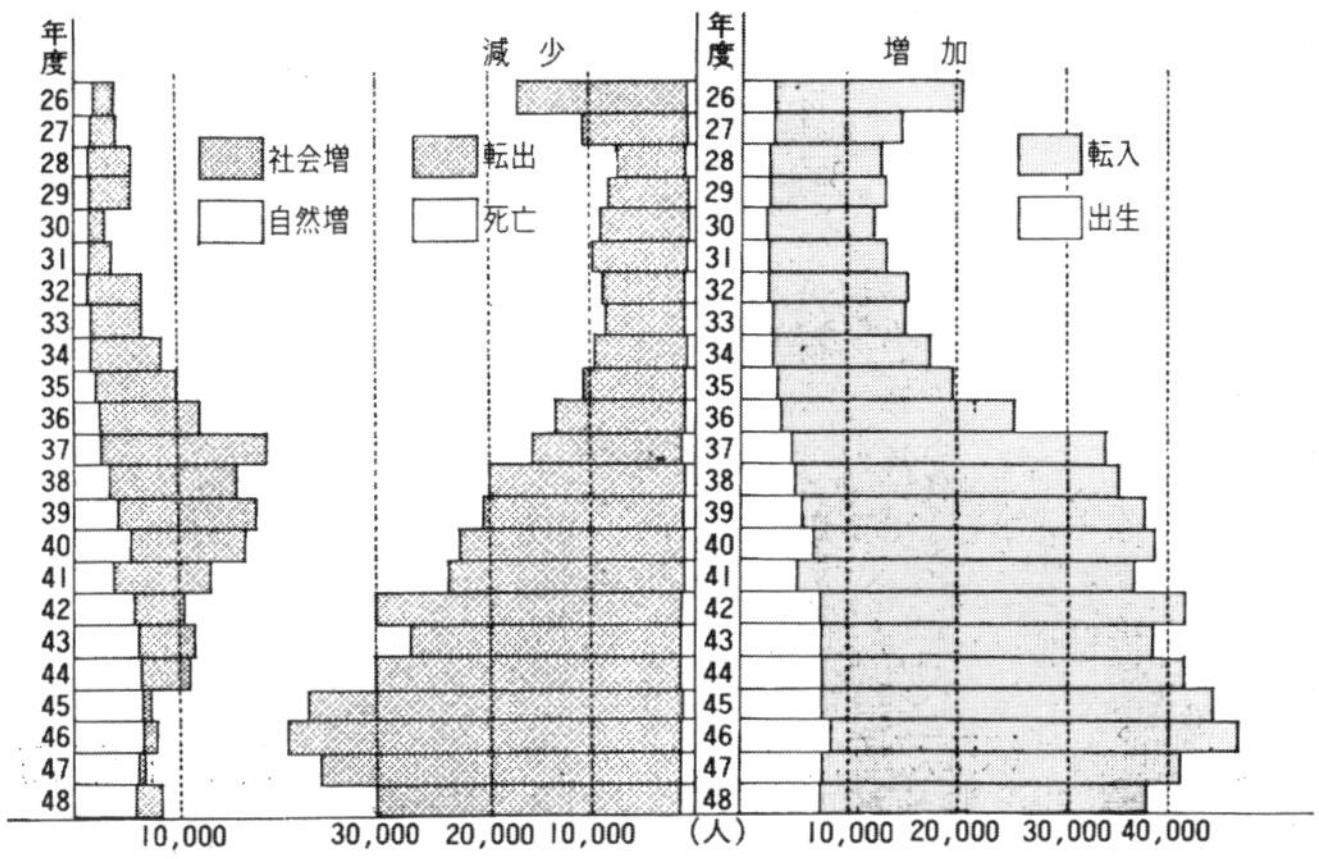

第24図　人口動態（昭和26年～48年）

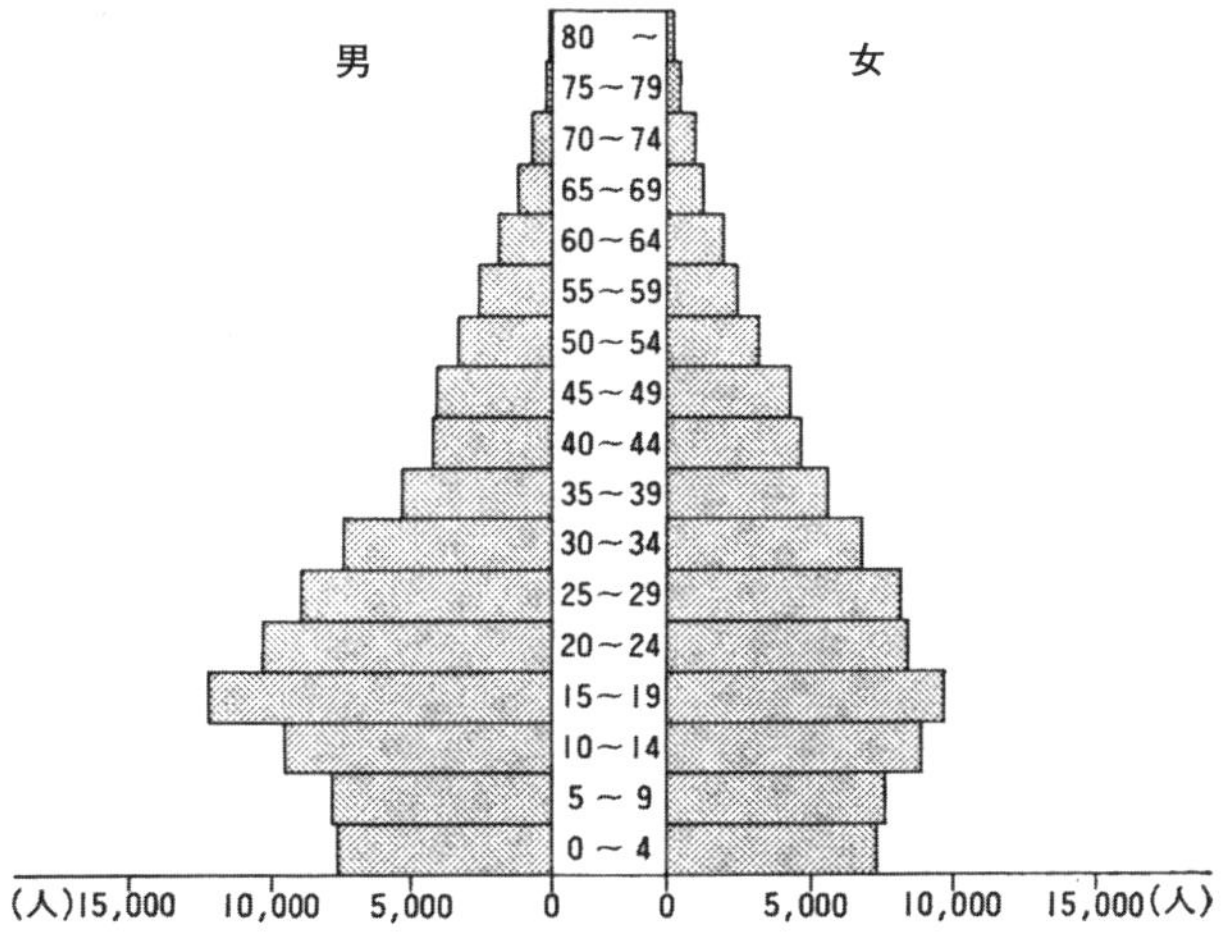

第25図　年齢別・男女別人口（昭和35年）

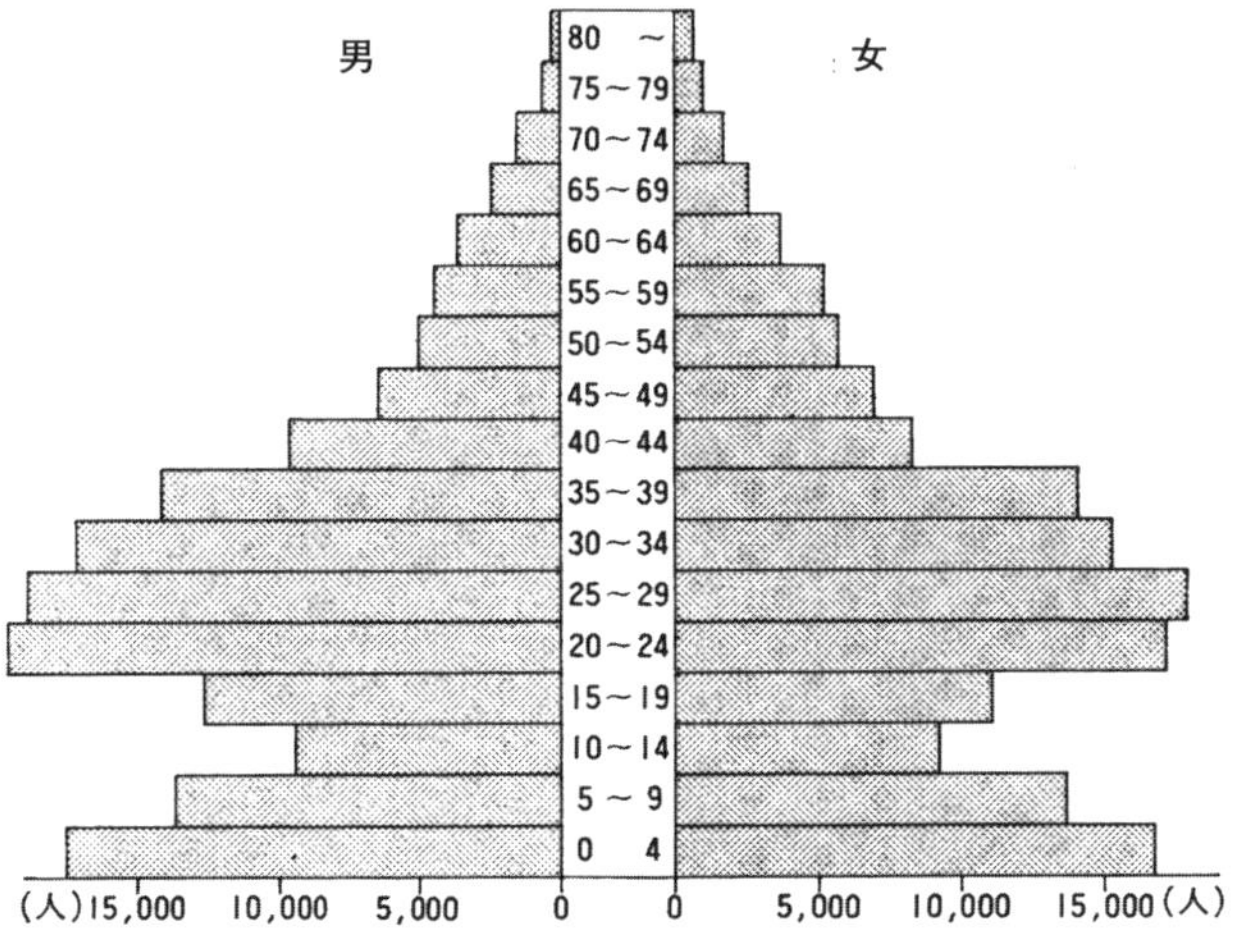

第26図　年齢別・男女別人口（昭和45年）

東京への通勤者の急増

昭和三七年、東京都の人口は都市として世界で初めて一〇〇〇万を超えた。この人口増は県境を越えて埼玉県南部にも波及している。

埼玉県南部が東京通勤者のための住宅都市の性格を持ち始めたのは、大正一二年（一九二三）の関東大震災や昭和七年（一九三二）の省線電車（現在の京浜東北線）の開通がきっかけであるが、台地上にある浦和市が早くから住宅都市的性格を示していたのに対し、川口市は工業都市的性格を維持していた。

昭和三五年には、川口市から東京への通勤者が一万八三三四人で、市内有業者の二三・三パーセントであったのに対し、浦和市から東京への通勤者は二万六三三八人で、同市内有業者の三六・二パーセントであり、浦和市から市外へ通勤する人口の実に八六・一パーセントを占めていた。

昭和三二年、日本住宅公団が川口市では最初の公団住宅七二戸を飯塚町に建設した。このころから市域の北部・東部では住宅地化が進行し、四〇年代に入ると川口市を事業主体とする市街地開発のための区画整理事業が芝地区を中心に大規模に施行された。その結果前述のように、三五年から同四〇年の五年間で四六・四八パーセントという人口増加率を記録したのである。なかでも芝地区の人口増が激しかったことは、第27図にもよくあらわされている。

この時期の人口増加が、同三〇年代前半と大きく異なっているのは、若い独身労働者の転入より、家庭を持った人びとの一家転住が主たる要因となっていることである。このことは、同四五年の年齢別・男女別人口グラフ（第26図）にもよくあらわされている。この図でも、川口の特色である独身男性の比率は他の都市よりも高いが、昭和三五年に比べるとはるかにその特色が薄れ、一般的な近郊住宅都市の形に近くなっている。

その結果、川口市の有業人口の市内就業率は、同三五年の七二・九パーセントから同四五年に六二・七パーセント、同五五年には五六・七パーセントに低下した。一方、東京への通勤者の実数は、昭和三五年の一万八三三四人から同四五年の四万五一七一人となり、同五五年には五万七三三〇人に達し、同年の浦和市の五万七八七〇人と肩を並べるに至った。こうして川口市は、東京近郊の住宅都市としての性格を強めていった。

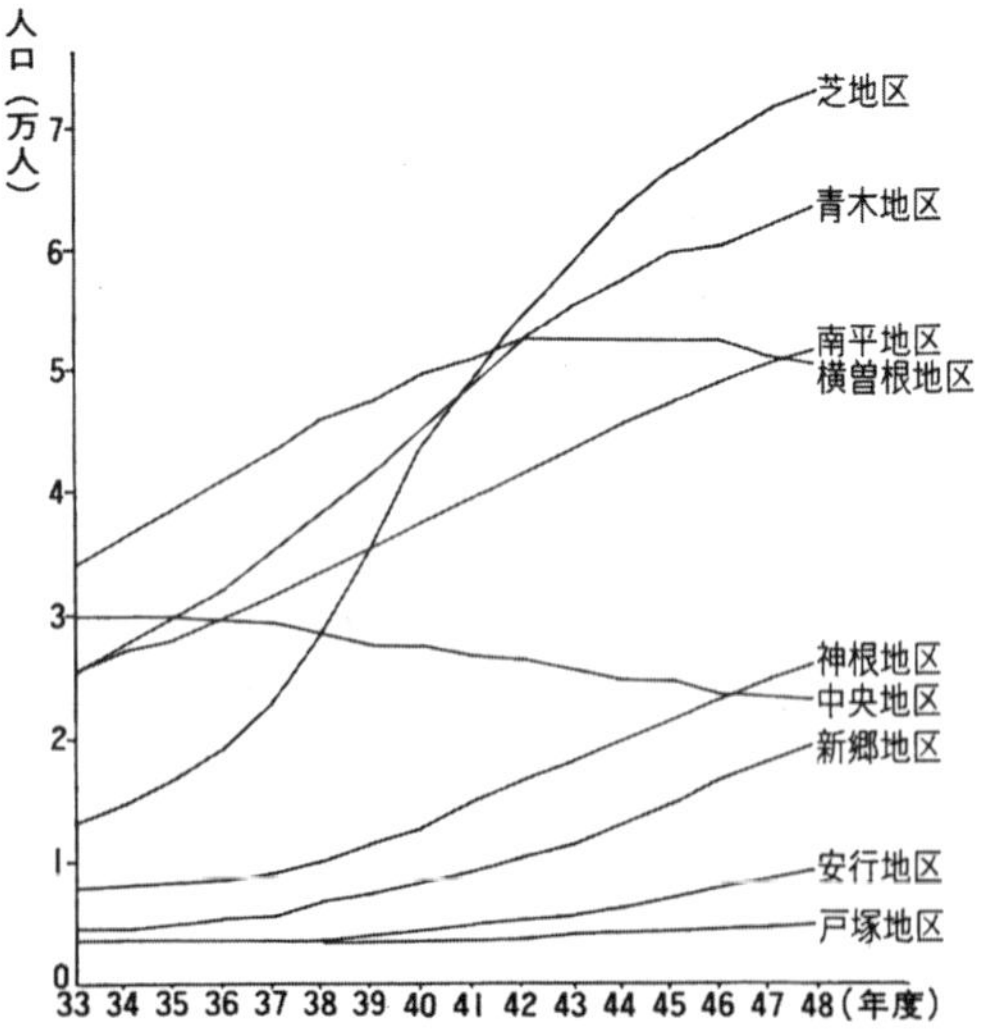

第27図　地区別人口の変遷（昭和33年～48年）

昭和三五年から同五五年にかけて、浦和市では、比率は相対的に低下しつつあるものの、千代田・中央・港の都心三区への通勤者が、東京への通勤者のほぼ五〇パーセントを占め、順位的にも通勤先の一位から三位であった。一方、川口市では、昭和三五年には通勤者の多い順に北・千代田・中央・台東・港・板橋区であり、同四五年には千代田・北・中央区と千代田区への通勤者が一位になった。さらに五五年には、千代田・中央・北・港・新宿区の順となり、都心三区へ通勤する人の割合は三七・八パーセントを占めるようになった。

このことは、川口市に住み東京へ通勤する人びとがしだいにブルーカラーからホワイトカラーに移行してきたことを示している。昭和三〇年代には工業都市川口の余剰人口が東京都内の工業地帯に通勤していたのに対し、四〇年代後半からは、初めから東京都心に通勤することを目的とする人びとが住宅を求めて川口市に移住してきて、川口市に近郊住宅都市としての性格を付加したのである。

鉄道とバス交通の発展

昭和三五年以降、川口市の人口増に伴い、とくに東京への通勤者が年々激増してきたため、通勤地獄はますます激しくなってきた。こうしたなかで、首都圏における交通網の整備の一環として、昭和三八年から進められた国鉄赤羽~大宮間の三複線化工事は、四三年九月二五日に完成し、一〇月一日の時刻表改正に合わせて、電車（京浜東北線）と列車（東北線・高崎線）と貨車が別々の線路を走ることになり、電車や列車の増発とスピードアップ化が実現し、東京への通勤者の便が図られることになった。

『川口市政だより』から、市内の鉄道の駅を利用する人員の推移をみると、川口駅の乗降客（利用者）数は、昭和三五年一〇月には二二九万人（一日平均七万四〇〇〇人）であったが、四〇年一〇月には一六九万人（一日平均五万五〇〇〇人）に減っている。これは、この間における市内の住宅地化の進行やバス路線網の発展に伴って、後述するように、西川口駅の駅勢圏が拡大して、利用者が移ったためと考えられる。しかし、四五年一〇月には三三二万人（一日平均一〇万七〇〇〇人）に増加している。

一方、昭和二九年に開設された西川口駅では、三五年一〇月の乗降客数は八九万人（一日平均二万九〇〇〇人）に過ぎなかったが、その後、駅周辺の都市化の進行に伴って利用者は年々増加し、四〇年一〇月には一〇三万人（一日平均三万三〇〇〇人）となり、さらに四五年一〇月には二九七万人（一日平均九万六〇〇〇人）と三倍近くも激増し、川口駅に肩を並べるようになった。こうして、川口市内の通勤者の流れは、昭和三〇年代には川口駅が中心となっていたが、四〇年代に入ると西川口駅の台頭が著しく、これら二つの駅を核とする複合的な様相を呈することになった。

こうした変化を生み出した要因は複雑で、にわかに断定できないが、この時期における市内のバス路線の新設などが大きく影響を与えていると考えられる。

ここで、市内のバス路線のうちから、川口駅と西川口駅を起点とする国際興業バスの路線新設の状況を示してみよう。昭和三六年四月から四七年一二月までに新設されたバス路線を年次別にみると、

昭和三六年…川口駅から二路線、西川口駅から一路線
同　三七年…川口駅から四路線、西川口駅から三路線
同　三八年…川口駅から五路線、西川口駅から一路線
同　三九年…川口駅から六路線、西川口駅から五路線
同　四〇年…西川口駅から二路線のみ
同　四一年…川口駅から三路線、西川口駅から二路線
同　四二年…川口駅から四路線、西川口駅から一路線
同　四三年…川口駅から二路線のみ
同　四四年…川口駅から四路線、西川口駅から一路線
同　四五年…川口駅から一路線、西川口駅から三路線
同　四六年…川口駅から一路線、西川口駅から一路線
同　四七年…川口駅から四路線のみ

となる。（現代二二一頁）

これを、駅ごとに集計してみると、川口駅を起点とする三六路線、西川口駅を起点とする二〇路線の合計五六路線となる。このなかには、西

第32表　川口市の用途別地域の面積

住居地域		商業地域		準工業地域		工業地域		計		住居専用地区 ha	工業専用地区 ha	特別工業地区 ha	防火地域	
面積 ha	比率 %	面積 ha	比率 %	面積 ha	比率 %	面積 ha	比率 %	面積 ha	比率 %				防火地域 ha	準防火地域 ha
1,897.7	61.0	84.7	2.7	737.6	23.7	390.1	12.6	3,110.0	100	—	30.1	緩 504.4	—	455.0

第33表　川口市土地区画整理事業施行一覧表（都市計画部資料、昭和62年4月1日現在）

	地区名	施行者	目的	施行面積 ha	都市計画決定年月日	事業計画決定年月日	施行期間（年度）	減歩率 %
施行済	南平柳	組合		149.16		15. 5.13	15～35	17.18
	川口第1	川口市		67.07	19. 5.12	26. 4.10	26～35	25.00
	川口第2	川口市		73.26	19. 5.12	28. 9.21	28～34	24.67
	朝日町	川口市		16.83	34.10.31	37. 4.24	36～46	22.63
	東部	川口市		336.70	31.12.22	33. 7.10	33～51	20.57
	川口	埼玉県	市街地造成	282.07	45.12.21	46. 4. 1	46～54	16.91
	芝第8	川口市	市街地整備	51.72	38. 8.12	41.12.13	41～60	22.53
	芝第10	川口市	市街地整備	7.74	38. 8.12	41. 3. 2	41～52	18.60
	戸塚鋏火境	組合	新市街地整備	35.49		51. 1.23	50～57	24.59
	安行出羽	組合	新市街地整備	41.60	55. 6.27	56. 8. 5	55～63	22.90
施工中	芝第1	川口市	市街地整備	48.22	38. 8.12	46.11.24	46～64	19.16
	芝第6	川口市	市街地整備	27.31	38. 8.12	41. 3. 1	40～65	25.00
	芝第7	川口市	市街地整備	46.85	38. 8.12	40. 9.17	40～63	23.63
	芝第9	川口市	市街地整備	53.32	38. 8.12	43.11. 5	43～63	23.66
	新郷	川口市	新市街地整備	194.01	38. 8.22	55. 5.30	45～68	21.99
	戸塚	川口市	新市街地整備	301.83	42. 9.26	45. 5.30	45～64	22.73
	戸塚第3	川口市	新市街地整備	107.14	42. 9.26	49.11. 1	49～67	22.87
	芝東第1	川口市	新市街地整備	135.76	42. 9.26	45. 5.15	45～67	23.89
	芝東第5	川口市	市街地整備	53.81	42. 9.26	54. 4. 1	54～65	19.80
	芝東第6	川口市	市街地整備	41.94	42. 9.26	60. 9. 1	60～66	22.24

川口駅東口～鳩ケ谷公団住宅（昭和三八年開設）や、川口駅東口～柳崎県営住宅、西川口駅東口～柳崎県営住宅路線のように、住宅団地と駅を結ぶものや、川口駅西口～同西口（前新田循環）や川口駅西口～西川口駅西口（公団住宅経由）路線のように、文字通りの通勤路線も開設され、この一〇年間に、市内のバス交通はかなり便利になった。

農地転用と土地利用の変化

前述のように、川口市に住宅機能を要求して移り住む人々が増えてくるにつれて、そのための住宅用地の需要が増大してきた。それに加えて、京浜工業地帯の発展・拡大により、都内に工場適地が少なくなったため、新しい工場の敷地が埼玉県内に求められるようになった。昭和二七年一月の埼玉県工場誘致条例の公布をきっかけに、相次いで県内の各都市は、工場誘致条例を制定した。川口市も、二七年一月に条例を公布・施行した。このように、住宅・工場用地の需要が増加すれば、その供給源を農地に求めざるを得ない。こうして、川口市の農地転用面積は昭和三〇年代から急増していった。

農地転用には、市をはじめとする地方公共団体が行っているものと、民間で行っているものがある。川口市としては両者が均衡を失わずに適正な地域開発が進むよう配慮する必要があった。

川口市が都市計画法の指定を受けたのは、昭和八年一〇月二六日にさかのぼるが、当初の都市計画事業は道路・下水道など都市施設の充実をはかるための諸事業が主で、市街地造成の事業はきわめて部分的であった。住宅や工場の進出に対応し用地別地域を指定したのは昭和三八年八月であり、同四四年五月七日に最終決定された。そしてそれと併行して、市街地開発のための区画整理事業が行われて現在に至っている（第32・33表）。

この開発に提供された農地は、昭和三〇年から同四〇年の各一～六月の集計によると、総数一五〇万五七〇六坪（約五〇〇ヘクタール）、昭和四一年から同四五年の五年間の合計では三一〇ヘクタールにもなっている。

これら転用を用途別にみると、昭和三〇年から同四〇年の場合、公共団体による転用が全体の一〇・一パーセントを占め、その内訳は学校用地三・三パーセント（約五万坪）、公共住宅用地一・四パーセント、道路・河川敷など二・五パーセント、公園・運動場など〇・六パーセントであるのに対し、民間で転用したものは全体の八九・九パーセントを占める。民間開発で最大のものは住宅用地の五一・四パーセント（約七七万坪）、次いで工場用地二〇・七パーセント（約三一万坪）、社宅用地九・三パーセント（約一三万坪）であり、この三者で全体のおよそ八〇パーセントを占めている。

こうして川口市の東南部は工場地帯に、北西部は住宅地帯に変貌していった。農地改革直後の川口市の耕地面積を昭和四〇年の耕地面積と対比としたものが第34表であるが、これを見ても農地の減少の様子がよくわかる。

第34表　農業センサスによる川口市耕地面積

年　度	田	畑	その他の耕地	計
昭和25	1,795町	1,049町	54町	2,898町
昭和40	1,104ha	846ha	16ha	1,966ha

註　昭25年度は川口（鳩ケ谷分約260町を含む）・安行・戸塚の計。
昭40年度は合併後の現川口市域、したがって鳩ケ谷を含まない。１町歩は0.99174haであるからほぼ１haとみなしてよい。

市街地再開発と都市計画

市域の周辺部で農地が住宅や工場に転用されるにつれ、地価の上昇も著しくなり、三五年には新郷地区で半年前に比べて九五パーセントも値上がりした土地がみられた。地価上昇の影響は市域の中心部でも土地評価額の上昇をもたらし、それに伴う固定資産税の増額により、いっそう高度な土地利用が望まれることとなった。昭和二〇年代後半から、川口駅周辺でも県道根岸・本町線の開通（昭和二八年）、市内で初の交通信号機の設置（本町二丁目　昭和三〇年）、児童用の歩道設置（本町・金山町　昭和三二年）など着々と都市機能が整備されてきたが、反面、駅の西口には戦後の無断建築のバラックが依然として残っていたし、市内の繁華街は商店の間に住宅・工場が混在する、かならずしも快適とはいえない生活空間を形成していた。

このような状態を改善し、より高度な土地利用を行うため、昭和三四年二月には市議会に「駅前商店街改築促進方」の陳情がなされた。また、前述の駅前バラックについては、昭和三二年に撤去することが決定され、同三五年には立退きが完了した。

当時、全国的に都市改造への動きがみられ、昭和三七年八月、河野建設大臣が従来の建築基準法の三一メートルの高さ制限撤廃の意向を表明すると、これを受けて同年一〇月、日本建築学会は高さ制限撤廃とそれにかかわる容積地区制度の採用を答申した。翌三八年七月、この答申を盛った建築基準法改正法案が国会を通過した。これと併行して、同年には、新住宅市街地開発法も制定され、全国各地で市街地再開発の動きが活発となった。

川口市には、昭和三九年五月、八階建の高層ビル友愛センターが竣工した。このビルは、井堀繁男の尽力により、川口駅前の旧産報会館を取り壊して建てられたものである。当時、軟弱地盤の川口では四階以上の建物には建築確認がおりなかったが、全国的に高層化の動きがあり、技術の向上も認められてきたため、一つのテストケースとして着工が認められたのである。これ以前の県内の高層建築は、昭和二六年の火災の後再建された埼玉県庁舎が五階建で最高であった。

友愛センターは、地下三〇メートルの基礎工事が施され、竣工をみたが、この成功により同四一年一月には川口市本町に一〇階建の公団住宅が建てられ、県下でも同年県庁第二庁舎（一〇階）、四九年六月には大宮市の埼玉県共済農業協同組合連合会ビル（埼共連ビル、一四階）などが相次いで建てられることになったのである。

　市内にはこのほか、産業会館（八階、昭和四二年）や領家高層住宅（一一階、昭和四三年）などもあるが、それらも含めて、市が組織的に立体的な都市改造にのりだしたのは、昭和四一年七月の「川口駅東口改造計画」発表と、つづく同四二年一月の「川口市総合開発基本計画」発表以降である。

　川口市総合開発基本計画は、市が日本都市計画学会に依頼し、松井達夫早稲田大学教授を委員長とする特別委員会が一年半をかけてまとめたものである。その基本構想は、全市域および鳩ケ谷を四区分し、中央・横曽根を再開発地区、南平柳・青木・芝・新郷西部および鳩ケ谷を調整地区、安行西部・神根・新郷東部を開発地区、安行東部を保留地区とし、人口五〇万の総合都市にする計画であった。

　なかでも、再開発地区は鋳物工場の移転計画と併行して、住宅・商業機能を高層建築に収容し、空地の緑地化を図った。また開発地区、とくに安行西部には地下鉄七号を延長し、その駅を核にして緑の多い中・高層住宅地を開発する構想である。

　機能的には、川口駅を中心に工業・商業地区、西川口地区は住居・商業地区、川口東部地区は流通・工業地区、安行地区は住居・レクリエーション地区、鳩ケ谷は一般住居・商業地区の五区に分けている。この街区に東北自動車道や外郭環状線のインターチェンジを結合し、荒川・芝川の河川計画を含めた総合計画が作られたのである。

県下最初の地下商店街

　川口駅東口の駅前広場の整備計画は、京浜東北線の複々線化に伴う川口駅の改築計画にあわせて、昭和四一年に市が自治省に起債を申請し、総事業費四億五〇〇〇万円で開始されたものである。東口広場は、バス発着所の役割を果たしてはいたが、その直前を大宮～浦和～荒川大橋～赤羽方面を結ぶ県道川口・上尾線（産業道路）が通過しているため車が渋滞し、加えて鉄道の利用者が駅前広場・産業道路を横断しているため人と車が錯綜し、当時の川口市内の交通事故の一割以上が駅前で集中的に発生していた。

　これらの諸問題の解決のため、駅前広場を五二九〇平方メートルに拡張し、その半分をバス発着所にして、バスが車の流れに沿って駐車できるようにした。この広場の下には面積三一四八平方メートルの地下駐車場を作り、普通乗用車八七台を収容することとした。これが県下初の公営駐車場となった。

川口駅東口地下商店街

　地下駐車場の南側には、駅と県道川口・上尾線の東側とを結ぶ商店街が計画された。地下商店街は、昭和三二年の名古屋地下街が日本最初のものであり、埼玉県では昭和三八年の大宮市新共栄ビル（後の大一デパート）の地下街があるが、この地下街は、他の建築物などとの連絡通路の役割はなく、単に一つのビルの地下室の通路に過ぎなかった。したがって、道路としての役割をもつ地下道に商店街ができたのは、本県では川口市が最初であるといえよう。

　この一連の改造計画は、三年一か月をかけて四五年に完成をみたが、地下商店街には飲食店・服飾店をはじめ三〇店舗の社会生活に必要なひととおりの店が揃っており、その中に釣り具店のあるのがいかにも川口らしい。バスの乗車券発売所や公衆電話室・管理事務所もあり、一酸化炭素の自動検出装置のついた換気塔、消火用スプリンクラー、駐車料金の自動計算装置、テレビカメラによる場内監視装置など、当時としては最新の技術を取り入れている。地下道としての機能も、川口駅西口への連絡通路やバス停留所への出口などが一一か所もあり、通勤客だけでなく、一日を通して多くの市民に利用されている。

鋳物工場の移転と跡地の高層化

川口市の他市にみられない特色は、駅前の繁華街の商店や住宅の間に多くの鋳物工場が混在していたことである。表通りに鋳物製品の販売店があり、そのすぐ裏に工場があって銑鉄の塊が積み上げられていたり、その横にもモルタル造りの社員住宅があったりした。鋳物工業は川口市の中心産業であり、それによって町の繁栄を築いてきたのではあるが、こうした住宅や商店との混在の結果、騒音・振動・大気汚染などによる居住環境の悪化、商業地域としての機能の低下が著しくなってきた。

新郷工業団地の造成風景

この問題を解決するため、市では市域南部の東京都との境界部に残る低地帯を利用して、ここに工業用地を造成して密集地の鋳物工場を集団移転させる計画を立てた。そして、新井町・弥平・朝日にまたがる南平工業団地（約三万一〇〇〇平方メートル）と、江戸袋・東本郷にまたがる新郷工業団地（約二一万八〇〇〇平方メートル）が造成された。

これらの工業団地への工場移転により、市内各地に点々と空地ができた。その中には昭和四四年以前に市が買い上げて公園・緑地としたところ（一七〇七平方メートル）もあるが、以前の所有者が鋳物製品の販売部門を残したところや貸駐車場にしているところもある。しかし、このような虫食い的な跡地利用は統一的な都市計画につながらないため、より高度な広域的な土地利用を図ることが必要であった。

昭和四四年、都市再開発法が国会を通過するとともに、各都市の中心市街地で高層化による市街地再開発の動きが活発になってきた。川口市でも、移転工事の跡地を中心にその周辺にある中・低層の商店・住宅をブロックぐるみ高層化していく計画があり、従来都市中心部が再開発されると、とかくオフィスビル化してドーナツ化現象がおこり、これまでに整備してきた学校・下水道などの公共施設がむだになる場合が多かったが、商店の上に高層住宅を作ることにより、市中心部の人口減少や、郊外の住宅地から中心部への通勤難を防止することができるようになった。こうして川口駅付近は、キューポラに代わって高層住宅が立ち並ぶ町の姿へと変貌した。

この高層化に関し、川口市では昭和四八年「川口市中高層建築計画に関する指導要綱」を制定し、高さ一〇メートル以上の建築物を建てる場合には、学校用地（三〇戸以上の住宅を建てる場合）・駐車施設・避難施設・ごみ処理集積施設・緑地などの設置を義務づけているほか、電波障害・騒音などについても対策を講じるよう指導している。

〔2－6－D〕所沢市史編さん委員会編『所沢市史　下』（所沢市、一九九二年、六一二〜六二二頁）

第四節　都市化の進展と住民

一　人口の増加と宅地化の進行

来住人口の増大

戦後における所沢市域の都市化は、主要には首都東京近郊のベッドタウンとしての展開であった。第6－14表は昭和二十五年（一九五〇）以降五年ごとの所沢市域の人口と世帯を示したものであるが、昭和三十年以降、とりわけ昭和四十年代の人口増加が著しい。昭和四十年代前半では平均年率一〇パーセントを超える人口増加を示し、後半には増加率は減少したとはいえ増加数そのものは前半より多く、まさに「高度成長」を地でいくような激しい人口増加であった。昭和五十年代に入ると増加率、増加数ともに四十年代より減少し、人口増加は落ち着きを見せている。

このような昭和四十年代を中心とした激しい人口増加は、いうまでもなく外部からの流入人口によってもたらされたものであった。すでに前の節でも述べられたように〔本書には収録せず〕、所沢におけるこの人口流入の契機になったのは、昭和三十二年に着手された当時の日本住宅公団による住宅団地（現在の緑町新所沢団地）の建設であった。

この団地には昭和三十四年四月から入居が始まり、最終的には昭和三十八年五月までの間に二四五九世帯、八四三六人が新たに入居した。この数値は昭和二十五年から三十年までの五年間の人口増加数の約二倍、また世帯増加数でみると約三倍にもなるが、この住民の前住地は九〇パーセントまでが東京都であり、また住民中有業者の勤務先はその九五パーセントが東京都であった（現代史料―二三三）。

第6－14表　年次別人口および世帯

年　次	世　帯	人　口	増加率（%）	世帯当（人）
昭和25年	9,822	52,188	—	5.3
30	10,632	56,249	1.6	5.3
35	13,642	65,903	3.4	4.8
40	20,752	89,346	7.1	4.3
45	35,756	136,611	10.6	3.8
50	54,680	196,870	8.8	3.6
55	71,093	236,476	4.0	3.3
60	84,522	275,168	3.3	3.3

注　各年次国勢調査より作成。
昭和25年の数値には柳瀬、三ケ島を含む。
増加率は年平均である。

つまり所沢市はこの住宅団地の建設によって、首都東京のベッドタウンとしてのいわば第一歩を踏み出したのである。以後所沢市には第6－14表に示されるような大量の人口流入が続くのであるが、このことはそれまでの所沢地域の様相を大きく変化させる基本的な要因となった。何よりも大量の流入人口を受け入れるには当然そのための住宅が必要になるが、その宅地はこれも当然のことながら、それまでは山林や原野それに農地であった。

宅地化の進行

新所沢団地の場合、この敷地は埼玉県施行の区画整理事業によって造成されたものであったが、施行面積八〇ヘクタール中、山林が七八パーセント、畑が一六・五パーセント、鉄道および公共用地五・五パーセントであった。したがって公団住宅の完成は「わずか数年の間に林野のただ中に忽然と湧いたように興った新しい町」という印象を与える（所沢市立北小学校『指導計画作成のための基礎調査と課題』昭和三十九年三月）ものであったが、この区画整理地には公団の分譲宅地（四四五戸）や民有地もあり、昭和三十七年（一九六二）の段階で「個人住宅、商店、浴場、幼稚園、医院、社宅、寮等が次第に建設されている」状況であった（現代史料―二四一）。またこの周辺地域も急速に宅地化が進み、これを新所沢地区全体の人口でみると、昭和三十五年に六四七六人であったものが、昭和四十年には一六八七二人とわずか五年で二倍以上に膨れあがっている（所沢市『コミュニティマップ』）。宅地化の進行は所沢市域でも一様ではないが、昭和三十五年以降の所沢市における農地転用の状況をみると（第6－15表）、昭和四十年代には毎年五〇～七〇ヘクタールの農地が転用され、その内のほぼ六割から七割が住宅用地になっている。昭和三十五年末の所沢市の耕地面積は約三四〇〇ヘクタールであったから、以後昭和四〇年代終りまでに約八八〇ヘクタール、ほぼその四分の一の農地が消えたことになる。昭和五十年代に入るとこの動きはやや鎮静化するが、それでも五十年代を通じて年平均三四ヘクタールの農地が転用されている。

第6－15表　年次別農地転用状況（4条＋5条）

年　次	総数（各5年間）		年　平　均		内住宅用地※		（割　合）	
	件　数	面積（a）	件　数	面積（a）	件　数	面積（a）	件数（%）	面積（%）
昭和35年	4,916	25,618	983.2	5,123.6	3,979	14,566	80.9	56.9
40	6,672	34,397	1,334.4	6,879.4	5,486	23,685	82.2	68.9
45	5,482	27,814	1,096.4	5,562.8	4,465	15,478	81.4	55.6
50	4,643	17,081	928.6	3,416.2	3,707	9,941	79.8	58.2
55	3,591	17,027	718.2	3,405.4	2,576	7,213	71.7	42.4

注　各年次所沢市統計書より作成。
　　※昭和35年の住宅用地は5条分のみ。

写6－24　新所沢団地（昭和39年頃）

二　行政の対応と農民

新所沢団地の建設

このような急速な宅地化の進行と人口の増加に、所沢市当局はどのように対応したであろうか。まず所沢の都市化の契機となった日本住宅公団による新所沢団地の建設についてみよう。この計画が所沢市民に伝わったのは昭和三十一年（一九五六）の新年早々のことであったようであるが、同年一月六日付および七日付の『日刊新民報』にはこの情報に対する市長、都市計画課長、教育委員会、市議、埼駐労書記長、それに一借家人の談話が掲載されている。この中で、市長は「大所沢」発展、教育委員長は小学校建設の目途、労組や借家人は住宅問題解決を期待して、それぞれの立場からいずれも積極的な賛意を表明している。

この後、市長そして最終段階では市議会議員も挙げて事業誘致と土地買収の斡旋のために活動し、日本住宅公団による正式決定が発表されたのは昭和三十二年一月十七日（『日刊新民報』昭和三十二年一月十八日）であった。この過程で関係地主とりわけ上新井地区農民の土地買収への反対は強く、公団による正式決定の後の土地測量も、区画整理法の適用による見切発車という形で開始している（『埼玉新聞』昭和三十二年二月二十七日）。そして埼玉県施行による事業計画の縦覧が行われたのは、同年八月二十四日になってからであった（『埼玉新聞』『日刊新民報』昭和三十二年八月二十五日）。

結局農民の反対も、さまざまな立場からする「所沢の発展」に押切られた形であったが、ただこの段階で市当局が「住宅都市」としての発展を明確に展望していたわけではないようである。たとえば公団の正式決定に際して表明された市長の談話には、今後の課題として上下水道および教育施設の整備とともに工場誘致が挙げられ、「産業都市としての発展を期」すと述べられている（現代史料―二三七）。実際所沢市で「工場設置奨励条例」が公布されたのは昭和三十一年九月のことであり、丁度土地買収問題が山場に差掛かっている時期であった。またこれに並行して市当局は、国鉄環状線（現在のJR武蔵野線）の誘致運動に取り組んでおり、昭和三十一年二月の「市勢振興委員会」では「住宅群誘致問題」と「国鉄導入問題」が所沢発展の「二つの課題」（『日刊新民報』昭和三十一年三月一日）として取り上げられていた。

所沢市当局の対応

しかしすでに述べたように、新所沢団地完成後の人口流入と宅地化の進行は、これを放置すればいわゆるスプロール化を免れないことになる。所沢市のとった方策の一つは、土地区画整理事業の施行であった。昭和三十二年（一九五七）に着手された住宅公団による住宅団地建設は、埼玉県施行の区画整理事業によるものであったが、以後所沢市では昭和三十七年施行開始の「所沢第一土地区画整理事業」を皮切りに昭和四十年代に入って北野、上新井、東所沢、所沢駅東口と次々に市施行の区画整理事業が着手されていく。これら市施行の区画整理面積は三四八・六七ヘクタールになる（現代史料―二五〇）。

もちろんこれに並行していわゆる民間による宅地開発も進行する。実際所沢市の行政資料によれば、昭和五十年までの民間の宅地開発は、主なものだけでも建売および土地分譲で二一一・四ヘクタール、マンションで九・五ヘクタールにのぼっている（現代史料―二四八）。この外にも小規模な開発あるいは宅地化が多くあったわけであるが、これらに対しては、昭和四十三年に「宅地造成事業協議基準」を設けて、〇・一ヘクタール以上の宅地造成事業について一定の規制を加え（『広報ところざわ』第一九七号）、さらに新都市計画法施行（これにより市街化区域と調整区域の線引が行われた）後の昭和四十七年、新たに「開発行為協議基準」を設けて昭和四十三年の協議基準を強化している。

写6－25　旧飛行場跡地開拓部落（『開拓三十年』より）

この新しい基準では、宅地の一区画を一五〇平方メートル以上としたり建売住宅の協議基準適用を三戸以上にするなど、小規模開発へもこの規制が及ぶようになっており、また地元住民への優先分譲や公園、駐車場、日照および電波障害に対する配慮など、優良な住宅地確保の意図が明瞭になっている（現代史料―二四七）。つまり所沢市はこの段階で、政策的にも「住宅都市」としての発展方向を明確にしたのである。なお「工場設置奨励条例」は昭和三十八年に廃止されている。

農民の対応―反対運動

しかし産業都市であれ住宅都市であれ、所沢の都市としての発展には農地の潰廃に代表される農村の衰微という犠牲を伴う。昭和三十年代初頭の所沢の農村には、もちろん地域による差異があるが、たとえば昭和三十一年（一九五六）八月にはじめて電灯がついた北所沢の旧飛行場跡地の開拓部落のように、ようやく生活の基盤が出来始めた地域も残っていた（『日刊新民報』昭和三十一年八月十九日）。この近くに、電気はもちろんガス、上下水道の完備した「近代的」な住宅団地（新所沢団地）が出現したのであるから、それは都市と農村との生活様式の差異というよりも格差というべき違いであった。

　このような状況がこの後の宅地化の進行とそれに対する農民の対応に影響を与えたことは想像に難くないが、実際北所沢の戦後開拓地域であった美原町地域では、昭和三十五年ころに「電々の寮が出来て、これがきっかけになって、開拓した畑が一戸で二〇〇〇万円にもなるということで、急速に宅地化が進んだ」（美原町北教男氏談）という。

　しかし他方では農地の潰廃に対して、「土地の農業を守る」立場を鮮明にして農民の強い反対が表明される。昭和三十二年北所沢（現在の新所沢）区画整理に対する農民の反対については既に述べたが、この後も例えば昭和三十六年の松郷地区への塵芥処理施設の建設については、予定地の平地林から「落ち葉を掃いていた」農民たちからこの土地の払下げ要求が出されている（『家庭新聞』昭和三十六年五月十三日）。

　また昭和四十年代最初の北野区画整理事業では、上新井地区に「区画整理反対同盟」が結成され、結局この整理事業は上新井地区を除いて昭和四十三年から施行されることになった（現代史料―二四五）。さらには民間の新都市開発（株）によって計画された富岡、三芳、大井にまたがる「一三万都市」開発計画（昭和四十一年）には、やはり富岡地区に反対同盟が結成され、長期にわたって反対運動が展開する（現代史料―二四四）。

農民対応の変化

　もちろんこのような「土地と農業を守る」立場が、どの農民においても同じであったというわけではない。例えば北野区画整理事業においても、上新井地区の反対運動に対して北野地区からは事業促進の請願が提出されており、むしろ無秩序な宅地化による営農の不安が表明されている（『家庭新聞』昭和四十一年三月二十五日）。また昭和四十年（一九六五）に具体化した国鉄武蔵野線の計画では、柳瀬地区に駅や操車場設置の可能性が伝わると地元関係団体の代表者などを含めて「誘致期成同盟」が結成され、誘致運動が展開された（現代史料―二四二）が、翌年の昭和四十一年には柳瀬地区を中心に国鉄反対同盟が結成されて、逆に反対運動が進められる。しかし昭和四十二年には地元の「反対同盟」は解散して「対策委員会」となり、今度はいわゆる条件闘争に転じている（『家庭新聞』昭和四十二年八月十一日）。

　このような「開発」に対する農民の両面的な対応は、昭和四十五年の新都市計画法による市街化区域と調整区域の線引を前にした公聴会における、中富の公述人田中菊男氏の次のような発言にその苦衷をみることができよう。即ち「現在の経済情勢下においては（中略）社会の変化に対応する教育問題、社会的経済問題を始め営農改善は申すに及ばず、経営の近代化は到底望まれない現況にあり」、また「私共農家の生活状況は残念乍ら農業丈で自活出来る者は極少数で、他の大多数は資産の食つぶしに依存して」いるというのである（『日刊新民報』昭和四十五年四月四日）。

　ここで「資産の食つぶし」と言っているのは民間開発業者への土地売却のことであろうが、ただこの発言で注目すべきは、調整区域に予定されている中富地区に「一部市街化区域」を設定して、ここに組合施行の「区画整理事業」を実施しようと計画している点である。外部からの「開発」に対する賛否から一歩踏込んで、農村住民自身による地域計画への展望を持つようになっているのである。所沢で組合施行による区画整理事業が始まるのは昭和五十年代になってからであるが、宅地化を軸にして進行する都市化への農村住民による対応の一つの帰結であろう。

三　都市的生活様式の深化

生活基盤整備要求の噴出

ところで都市化状況のもとでの住民生活はどのような変化をみせたであろうか。第6－16表は各年次に所沢市議会に提出された陳情および請願の件数をまとめたものであるが、まず目につくのはどの年次でも道路、橋梁、河川、上下水道など都市基盤に関する要求が多いことであろう。繁雑になるので表示は割愛したが、この中では道路の改修要求が圧倒的に多く下水道整備に関する要求がこれに次いでいる。道路改修について年次別にみると、昭和三十二年（一九五七）では拡幅や排水施設整備に関わるものが中心で、昭和三十五年以降は舗装要求が中心になっている。またこれを地域別にみると、昭和三十五年までは旧町地区からの要求が相応に多かったが、昭和四十年代以降は周辺地区からの要求が中心になり、新所沢やこぶし団地（昭和四十一年入居、約一〇〇〇戸）といった新開発の住宅団地およびその周辺からの要求も増大している。

次に学校および教育関係では、小中学校の増改築、施設整備に関わるものが中心であるが、昭和四十年以降では新設要求や開校予定の学校の施設整備に関するものが増える。またこの表で「公共施設」としたのは、公民館、保育園、幼稚園、体育施設、図書館、公園、交番、郵便局などを含むが、昭和三十五年までは「地域公民館（分館）」ないしは地域集会所の設置助成の要求が中心で、これは昭和四十年以降は年次を追うごとに少なくなり、これに代って保育園、体育施設、公園などの設置および充実要求が多くなる。なお昭和三十五年のこの項目が多いのは、公民館に関する同一の制度要求四件が五団体から提出されているためである。

さらにこの表で「生活環境」としたのは、都市計画上の地域指定、住宅、消防、ゴミ、交通などに関わる要求であるが、昭和三十五年までは火の見櫓などの消防施設整備の助成、昭和四十年では市営住宅の改修が多いのに対して、昭和四十五年と五十年ではゴミと交通に関わる要求が増加する。とりわけ歩道、街灯、防犯灯、信号機、横断歩道、ガードレールなどの設置要求が昭和五十年では五二件と急増しており、これに通学路の整備要求（道路整備として「都市基盤」の項に含む）を加えればもっと多くなる。

第6－16表　年次別陳情請願件数

内容＼年次	昭和32年	昭和35年	昭和40年	昭和45年	昭和50年
都市基盤	13	30	23	68	107
学校・教育	17	23	16	17	13
公共施設	5	28	3	22	24
生活環境	1	9	17	16	52
団体助成	12	26	2	5	1
その他の政策	2	39	6	6	13
合計	50	155	67	134	210

注　各年請願・陳情書より作成。

住民要求の質の変化

陳情や請願は市当局の行う施策との関連が深く、特定年次の要求件数の多少が住民要求の内容を直接に反映するものではないが、しかし道路に関しては拡幅から舗装へ、学校については改築から新設へ、公共施設では公民館（分館ないし地域集会所を含む）から保育園、公園、体育施設へ、生活環境では消防施設から交通施設へなど、こうした要求内容の時系列的な重点移行には、この時期の所沢市民の生活様式の変化をうかがうことができよう。大まかにこれを表現すれば、何等かの恒常的な地域的団体によるある程度の共同処理を前提とする要求から、行政による専門的処理を前提とする住民の個別的利用に対応する要求へという変化である。

例えば昭和三十二年（一九五七）に『嘆願書』が提出されている旭町二二世帯の下水道設置要求では、「排水溝実行組合」を作って下水道設置のための費用の積み立てを共同で行っている（現代史料―二三八、聞き取り調査）。また昭和四十二年に『請願書』が提出されている久米上組の道路舗装要求では、昭和三十六年以来自治会に「道路委員」を設けて、各戸の無償提供による道路拡幅を行って来た経緯を述べている（現代史料—二四三）。この外にも地域公民館の設置要求は、町内会あるいは自治会による建設に対する行政の助成（補助金交付）要求であり、火の見櫓の設置も消防団分団による管理を前提としている。

　これに対して道路舗装、保育園、公園、体育施設、交通施設などの設置要求は、その設置は当然のことながらその管理も、行政による専門的処理を前提にしている。したがってこの限りでは、住民はそれら施設の個別的利用者という位置に置かれることになり、要求の提出にあたって恒常的な団体を前提にすることもないわけである。第6－17表は各年次の陳情請願の要求主体を類別したものであるが、実際に昭和四十年代以降「連名」による件数の割合が多くなり、昭和五十年では過半数を超えている。しかもその要求内容は一般的な政策要求ばかりではなく、むしろ特定の地域への施設設備の要求が圧倒的に多くなっているのである。

第6－17表　年次別陳情請願提出者

類別＼年次	昭和35年	昭和40年	昭和45年	昭和50年
地域団体	32	10	26	45
制度団体	56	11	30	16
自発団体	17	10	36	24
連　　名	47	30	40	123
個　　人	3	5	2	2
不　　明	0	1	0	0
合　　計	155	67	134	210

注　第6－16表に同じ

都市的生存様式

もちろんこれは住民の権利意識の高まりを反映しているが、同時にそれは職住分離を前提としてこのような社会的な諸施設を共同消費手段として必須とするような生活様式、つまりは都市的生活様式が浸透したという事情が背景になっていると考えられる。昭和三十六年（一九六一）の新所沢団地への保育園設置要求が「連名」で提出されているのは（現代史料—二三九）、団地住民が初めから都市的生活様式を前提にした住民であったためである。新所沢団地は集合住宅であるから建物自体が共同消費手段であるが、昭和三十七年の北小学校の調査によれば、これを含めて道路、芝生、植栽、焼却炉、遊戯施設などが団地管理事務所によって管理され、さらに「個人交渉ではどうにもならぬ生活問題」として、市役所支所の設置、交通機関の新増設、道路の舗装、街灯の増設、保育所、自転車置場、プールの設置などが、管理事務所と住民との懇談会で取り上げられている（現代史料—二四一）。

　新所沢団地の建設を契機として進行する流入人口の増大は、基本的にこのような社会的な共同消費手段の利用を必須とする住民の増大を意味していた。行政を中心とした専門的諸機関による設置と管理を前提とする限りでは、住民はこれら諸手段の個別的利用者、つまりは専門的サービスの購入者として現れるから、これに商品購入の面を加えれば住民は物的な面では文字通り「私的生活者」として存在できる。従って都市的生活様式の浸透というのは、生活における「社会化」と「私化」の同時進行とでもいうべき過程であったが、もしこの両側面のうち「私」化の側面が肥大化すれば、地域問題への無関心やあるいはもっと一般的に大衆社会的状況が出現することになる。

住民運動の展開

この時期の所沢地域にもこのような傾向が現れてきている。第6－18表はこの時期に行われた市長選挙の投票率を地区別に集計したものであるが、人口増加の著しい地域ほど投票率が低下している。しかしもう一方では生活の「社会化」の側面に対応して、陳情や請願の増大にみられるように、社会的な共同消費手段の設置あるいは充実への要求が噴出している。そしてその要求が「連名」という形式によるものの増大であったことにみられるように、私的生活の確保そのものが住民の権利であり、

第6－18表　年次別市長選挙投票率

地区＼年次	昭和38年	昭和42年	昭和46年	昭和50年
所　　沢	83.4	72.7	73.4	56.9
新 所 沢	66.2	48.4	56.0	37.5
松　　井	86.6	61.5	67.9	45.7
柳　　瀬	91.1	85.2	83.8	71.2
富　　岡	90.4	66.3	69.2	43.9
三 ケ 島	91.9	72.7	67.1	42.0
小 手 指	89.9	74.9	73.3	51.5
山　　口	89.7	72.1	62.6	43.5
吾　　妻	88.8	67.3	67.2	44.1
合　　計	84.5	65.9	66.8	45.6

注　各年次『広報ところざわ』より作成

写6－26　こぶし団地（昭和41年）

その立場からの専門的機関としての行政への要求の提出となっていた。例えば先にも述べた昭和三十六年（一九六一）の新所沢団地への保育所設置を求めた請願では、「埼玉県の方針、児童憲章、児童福祉法等の精神にそっ」た、住民の権利としての保育所設置要求であり、また内容も共働きの増加という事情に対応した零歳児保育を含んでいるのである（現代史料―二三九）。

　またこのような住民要求は陳情や請願ばかりではなく、署名、集会、議会傍聴、それに行政当局者との直接交渉といった多様な形態で提出される。例えば人口の増加にともなう北小学校の増設問題では、「多数の主婦を含む代表五〇名が（中略）プラカードをかかげて市長室におしかけ」市長や教育委員長に「陳情」している（『家庭新聞』昭和三十八年八月二十三日）し、また新設小学校の学区編成については市当局の決定に対して、「住民二百数十名がぞくぞく傍聴につめかけ、休憩中市役所庭で交渉が」行われている（『日刊新民報』昭和四十三年一月二十四日）。あるいは厚生年金融資を用いた「労働者住宅の自主建設運動」の具体化として昭和四十一年下新井（当時）に完成したこぶし団地では、すでに団地完成以前から入居希望者の代表が所沢市長を訪れて、零歳児保育を含む保育所の設置を要請している（現代史料―三八五）。

　この時には当時の新井市長から「税金を納めてから言ってこい」と一喝されたというエピソードが残されている（同前）が、いずれにしてもこうした形態での要求提出は、共通の居住条件を持つ人々による一つの社会運動、つまり住民運動の展開を示しており、運動を契機とした住民の組織も様々に作られることになる。こうした住民組織は来住住民であると旧来からの住民であるとを問わず、特定の問題ごとに地域ごとにあるいは全市的な範囲で作られており、第6－17表で「自発団体」としたものの多くがそれである。また「連名」による陳情や請願の提出も運動を契機とした住民の組織を表現していると考えることができ、実際この中には、それを契機にして自治会を結成する場合もあった。

　こうしていわゆる「経済の高度成長」の時代の所沢市は、社会的な共同消費手段を中心とする住民要求の噴出の時代であったと言うことができる。これらの要求は私的生活の確保を住民の権利とする権利意識の高まりを表しているが、様々な形態での要求の提出、つまり住民運動を契機とした住民相互の連帯が、新たな質を持った地域社会形成にどのように繋がって行くか、これが次の昭和五十年代以降における所沢地域の課題の一つになる。

〔2―6―E〕
日本新都市開発企画室編『日本新都市開発株式会社 社史 昭和59年版』（日本新都市開発、一九八四年、一五～三八、五一～一一八、一三〇～一三五頁）

第1編 街づくりの歩み
――変革から成熟へ、激動のなかで

日本新都市開発株式会社が発足したのは、'60年代のいわゆる高度成長時代のさなかの昭和41年である。それから18年、人間でいえば、ようやく少年期を終えて、〝元服〟の年齢を越えたわけである。成人式を迎えるのも、そう遠いことではない。

当社がうぶ声をあげたころは〝世界に前例がない〟といわれるほど、日本は激しい社会的な変貌をとげた時代であった。高度成長に伴って、人口と産業の大都市への集中が、激しい速度と規模ですすみ、国土を塗り替えてしまった。それとともに、都市問題、住宅問題が大きく浮かびあがってきた。当社はその解決に一役買おうとして設立された。そして苦しい街づくりの歩みが始まるのである。やがて〝70年代〟に入る。それは戦後の世界の政治、経済を律してきた枠組みが、次々と崩壊して行った10年であった。なかでも二度にわたる石油ショックにより、高度成長を支えてきた低廉で、豊富なエネルギーの供給が、根底から崩れ去ってしまった。高度成長時代が幕を閉じる。

'60年代から始まっていた土地価格の騰勢が、「日本列島改造論」をきっかけに、土地投機となって爆発したのが昭和47年である。緊急避難的に施行された国土利用計画法や新土地税制などのきびしい規制により、地価は一時沈静化の動きをみせた。しかし宅地供給の激減により、'70年代の末ころから地価は再び上昇の兆しをみせはじめたかに見えたが、もはやかつてのような土地ブームは起らず、地価は高値のまま安定した姿をみせている。首都圏での宅地供給（１０００㎡以上）は、ピーク時に比べ、'70年代末には4分の1に激減した。

昭和48年に初めて住宅戸数が世帯数を上回った。戦後を画する一つの画期的な指数といわれている。53年には空家率が7％を上回った。しかしこのような統計上の量的な「向上」をよそに、住宅に対する質的な窮乏感は、'70年代を通じて次第に高まっているかにみえる。

激動の〝70年代〟を終わり、すべてが不透明のなかに〝80年代〟を迎えた。その第1年目に当たる昭和55年度に、住宅の新規着工が１２１万戸まで落ち込んだ。さらに56年度は１１４万戸、57年度１１５万戸、58年度も１１５万戸程度になろうと見込まれている。ここ数年１５０万戸程度で推移したことを思えば、大変な落ち込みである。その原因が、住宅・宅地の大幅な値上がりに対し、勤労者所得の伸び悩みにあることはもちろんだが、さらにその背景には大都市圏への人口流入の終焉、結婚件数の減少など需要構造に大きな変化が出てきたことも見逃がせない。第2次石油危機後の世界的同時不況の中で、わが国経済も低迷をつづけ、住宅不況の原因になっている。経済は55年ころから調整過程に入り、経済成長率は54年の5・2％から55年4・8％、56年3・8％、57年3・0％と3年も低下の傾向をつづけている。この低迷を脱するには、内需の盛り上がりが必要であるとし、その最重要課題は住宅、都市問題にあるといわれるようになった。以上のような時代の流れのなかで、当社の街づくりの歩みを回顧してみたい。

1972 ■昭和47年 | 1973 ■昭和48年 | 1974 ■昭和49年 | 1975 ■昭和50年 | 1976 ■昭和51年 | 1977 ■昭和52年

●建設中の所沢ニュータウンスカイマンション

●開発のすすむ鳩山ニュータウン

●中郷ニュータウン起工式（51.12.11）

●初期のころの所沢ニュータウン

●鳩山ニュータウン事務所開設（47年7月）

●50年当時の中郷ニュータウン

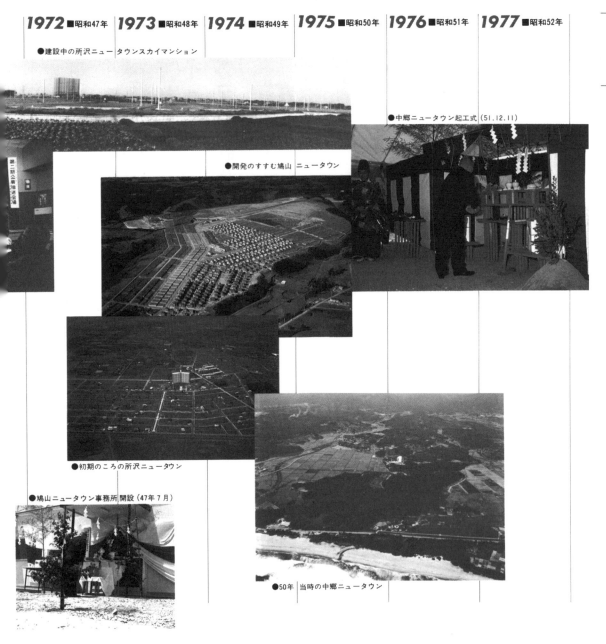

1966 ■昭和41年　**1967** ■昭和42年　**1968** ■昭和43年　**1969** ■昭和44年　**1970** ■昭和45年　**1971** ■昭和46年

●所沢ニュータウン開発予定地の農家

●伐開の始まった所沢ニュータウン

●所沢ニュータウン
第２期抽選会風景
（46年１月）

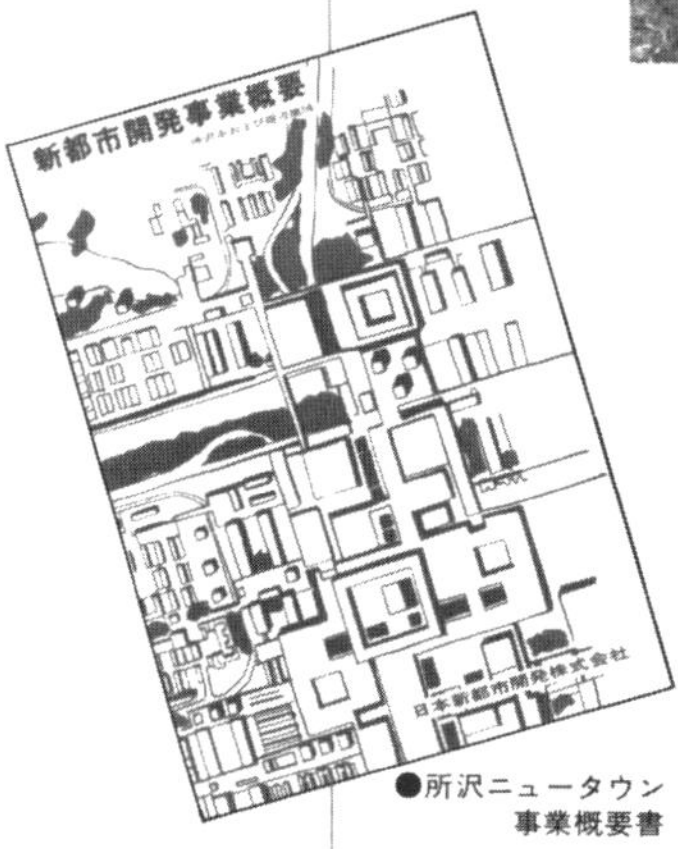

●所沢ニュータウン
事業概要書

●造成中の所沢ニュータウン

●半造成地の鳩山ニュータウン

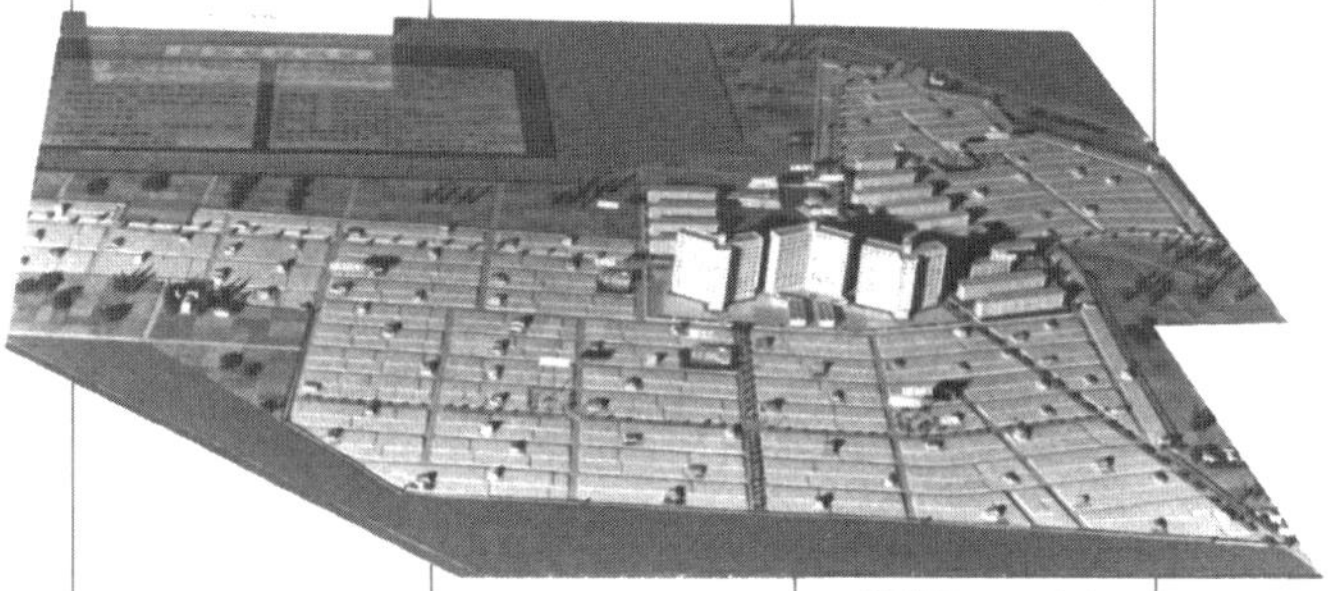

●所沢ニュータウン
完成予想模型

1978 ■昭和53年 **1979** ■昭和54年 **1980** ■昭和55年 **1981** ■昭和56年 **1982** ■昭和57年 **1983** ■昭和58年

●中郷ニュータウン開発披露パーティー（55.4.14）

●中郷ニュータウンに建設大臣賞（58.7.12）

●造成中の中郷ニュータウン

●三木元総理の所沢・鳩山・西所沢椿峰各ニュータウン視察（55.10.8）

●大津留住宅金融公庫総裁 所沢・鳩山ニュータウン視察（53.7.20）

●創立15周年パーティー（56.8.6）

第1章　創始期（41年－45年）

1．前例のない変貌の時代

当社は高度経済成長時代のさなかに発足したが、それがどんな時代であったか、建設白書（42年版）は昭和30年代をふり返ってこう述べている。

「昭和30年代の目ざましい経済発展は、国土建設の追いつかない間に、大都市地域へ人口・産業が集中するといった形で国土を塗り替えてしまった。そこには大都市地域のなかで外延的人口分散、ブロックおよび地域における中心都市への人口集中など再編成がすすみ、過密の弊害が随所にみられる一方、過疎地域が生じている」

しかもその急速な変化について「いまわれわれが経験している社会的変貌は、その規模と速度において前例のない類のものである。したがって、そこに抱えている課題も前例がない。いわばまねるべき手本のない時期に突入したのである」と述べている。

そして都市化のスピードの激しさについて、「過去10年間（31年～41年）において、日本の産業構造の急激な変化によって、第１次産業就業人口の比率は37％から23％へ約４５０万人減少し、これにともなって都市人口（市部人口）は56％から68％へ１３００万人増加した」という例をあげている。こうした都市化のスピードの速さと規模の大きさが、いろいろな課題を生んだことはいうまでもない。

2．公害の発生、集中的な政策投入

高度経済成長により、所得や工業生産の面では先進国水準に接近したが、（国民総生産が42年に自由世界第3位に、43年第2位となる）住宅、道路、下水道、公園等の生活の基盤となる施設の水準の低さが大きな問題となってきた。その他水質汚濁、大気汚染等の都市公害、交通公害等も人口・産業の集中と公共施設の不足に起因することが明らかになってきた。当時の生活指標の国際比較について建設白書（40年版）は次のような数字を掲げている。

	１人当り国内総生産 1962	テレビ普及率 1962	電気冷蔵庫普及率 1962	乗用車普及率 1962	住居水準（１室当り人員）1960年前後	下水道普及率（利用人口／総人口）	自動車事故による死亡者数 1961	自動車１台あたり舗装延長 1962
単位	ドル	台/100世帯	台/100世帯	人／台	人／室	％	人／１万台	m／台
日本	551	（1964）88	（1964）38	（1962）158.1 （1964）90.1	（1958）1.4 （1963）1.2	（1963）11	39	（1962）14.8 （1964）14.5
アメリカ	2691	（1964）93	（1964）98	2.7	（1960）0.7	（1962）※ 65	5	25.7
イギリス	1454	82	32	8.1	（1951）0.8	（1951）98	8	39.3
西ドイツ	1439	41	57	7.5	（1960）0.9	（1960）※ 63	15	22.7
フランス	1437	27	38	7.0	（1962）1.0	（1954）※ 87	12	46.9
イタリア	917	29	25	16.7	（1951）1.3	（1951）41	27	25.1

注）※印は水洗便所をもつ住宅の比率

都市化への急激な動きに対し、効率的な政策を集中的に投入すべきだとの議論が強まった。政策投入の時機を失した場合、大きな混乱と損失を将来に残すであろうと、建設白書は強調し、それは「時間との競争」であるとまで訴えている。

こうした動きを背景に、無秩序な市街化を防止するための「都市計画

当時建設が開始された東名高速道路

法」の改正、「大気汚染防止法」「騒音規制法」（いずれも公布は43年）の制定が論議され、また名神、東名、中央道のみでなく他の国土開発幹線自動車道の建設が着手されようとしていた。

3. 所沢ニュータウンへの始動

　集中的な政策投入に呼応するかのように、首都圏では長期的な展望に立った大規模な開発計画が次々に発表された。例えば、東京都の多摩ニュータウン、東京湾の海上都市構想や2億6000万坪埋立計画、神奈川県の茅ケ崎北部開発構想、港北ニュータウン、千葉県の北千葉ニュータウン、京葉臨海埋立事業など。このような現象は単に首都圏だけでなく、全国いたるところで豊かな未来像を描いた大規模な開発計画が登場し、一種の〝開発ブーム〟の観を呈した。

　埼玉県においても建設省を中心に〝M台地都市構想〟といった壮大な計画が練られたこともあった。このM台地都市構想の中心となった所沢市は、東京都心から30km圏に位置し、日本住宅公団（30年設立）の手で、34年ころから埼玉県下最大規模の賃貸集合住宅団地が建設されるなど従来の様相を一変しつつあった。そして38年ころから、同市周辺の住民の間で計画的な都市開発をはかろうとする機運が盛り上がり、いくつかの計画案が立てられたりしていた。そして40年3月ころ、自民党幹部が当時の経済同友会の木川田一隆代表幹事（故人）に対し、政府の一世帯一住宅を目指す「住宅計画7ヵ年計画」（39年から7年間に780万戸の住宅建設）に協力する意味から所沢都市開発を要請することによって、「所沢ニュータウン」が実現に向かって大きく歩みはじめることになった。

　なお、当時建設省が掲げた住宅の目標は、当面45年度までに一世帯一住宅の実現をはかり、さらにおおよそ20年後には居住水準を「一人一居住室・一世帯一共同室」に引き上げるということであった。

4. 浮かび上がった構造問題

　そのころ、つまり当社発足前後の日本経済の状況は、どうであったのか。

　35年12月、つまり〝60年代〟の初めに発足した池田内閣は、いわゆる「所得倍増計画」を掲げ、日本経済は'60年代を通して急速に成長した。先進国に追いつこうという、この意欲的な計画は、日本経済に活力を与えた。

　しかし戦後経済から抜け出て、それほどときを経ていない日本経済の体質は、必ずしも健全とはいえなかった。計画の遂行に伴って、その弱点が表面化し、各種のひずみが露呈してきた。まず企業はこの倍増計画を受けて、競争的な設備投資に走り、そのため国際収支のアンバランス

30年代の武蔵野台地の平地林と畑

を招き、景気の振幅を大きくした。またこの計画が、重化学工業主導で進められたため、その他の中小企業、流通部門、農業との間に不均衡を招いた。さらには経済発展に比べ「社会開発」の遅れや、「構造問題」が切実に論議されるようになった。

こうしたなかで、39年11月池田内閣に代って佐藤内閣が発足する。そして3年目を迎えた所得倍増計画は、一部修正を余儀なくされる。当社設立の前夜は40年不況といわれ、日本特殊鋼やサンウェーブ、山陽特殊鋼などが倒産し、また山一證券の経営悪化が表面化するなど、経済界は不況感におおわれていた。

一方では、諸外国の強い要請によって、「開放体制」に入った。貿易・為替・資本の自由化を一層きびしく迫られる情勢になった。日本経済は開放体制下の国際競争に対処するため、質的な充実と改善について、深い反省が求められていた。

こうした背景のなかで、地域開発、都市問題、住宅問題などが「構造問題」の一環として大きく浮かび上がってくる。

5. 経済同友会、提言から実践へ

経済同友会はかねてから都市問題に深い関心をよせ、地域開発委員会（委員長　二宮善基東洋曹達工業社長、現同社相談役、現当社取締役）を中心に研究を進めてきた。そして東京再開発について次の諸点を柱にした提言を行った。（東京によせる期待と提言〈東京再開発の基本的方向〉—40年3月）

①土地の公共性に対し正しい社会的、経済的観念を確立する必要がある。

②長期的視野に立った一元的かつ広域的土地利用計画を早く策定する必要がある。

③大都市再開発法の制定。

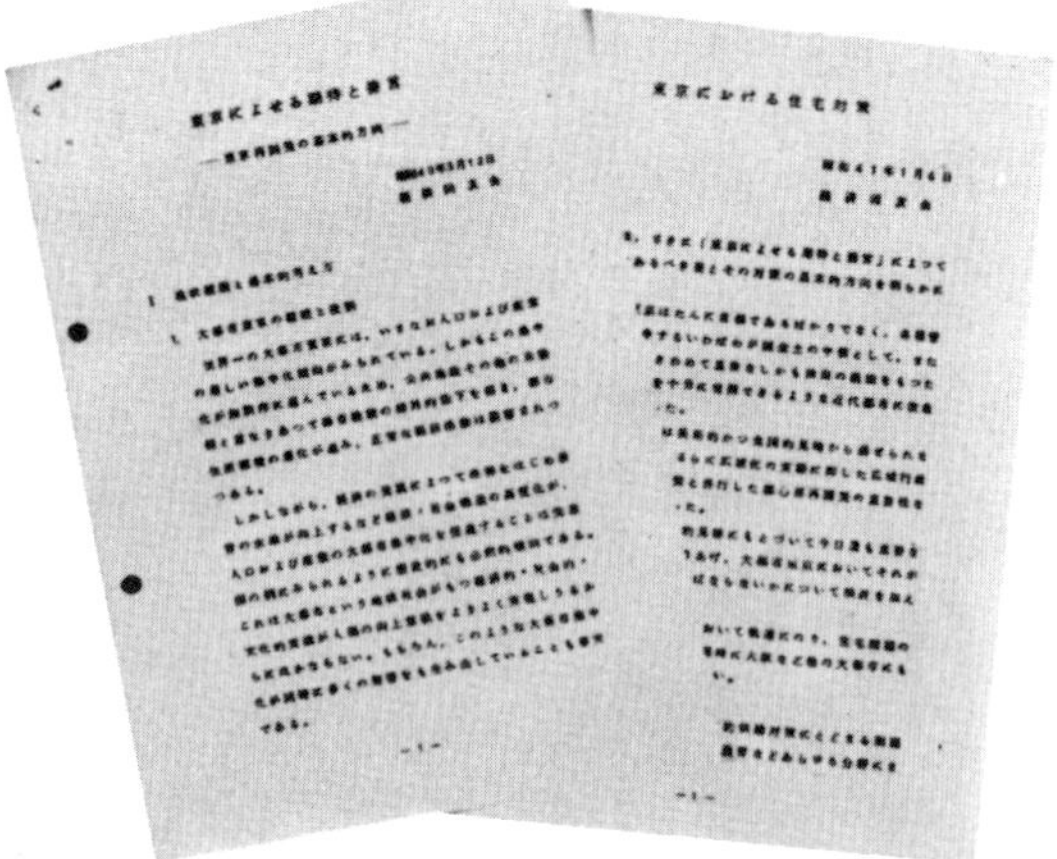

経済同友会の都市問題についての提言

二宮善基取締役（当時の経済同友会地域開発委員長）

創立総会（41. 8. 4）における故木川田氏（左）と江戸英雄取締役

④大都市行政の一元化。

以上の提言につづいて、民間住宅建設の推進を必要とする次のような考え方を明らかにした。

（東京における住宅対策―41年1月）

①民間デベロッパーの活用

地方自治体の都市計画に合致し、宅地、住宅の造成ならびに建築基準を満足する適格民間事業（民間デベロッパー）については、これを公共機関の行う事業と同様にみなして、各種誘導・助成策を講ずることが、今日きわめて重要かつ有効な措置であると考える。

国は民間デベロッパーに対し、用地の収用権を認め、あるいは国が用地収用の代行をするなど法体系の整備をはじめ財政、金融、税制上の援助措置を講じなければならない。

②宅地造成促進のための税制措置

適格宅地造成計画にもとづく用地買収については、用地の被買収者に対する譲渡所得税の軽減措置を講じなければならない。

③新市街地開発

東京に集中する人口を収容するには、大規模団地造成を中心とした新市街地の開発が必要であり、その団地造成に当たっては、公共機関の事業にまつばかりでなく、民間宅地造成事業の活用をはかることが必要である。

上記のほか、用地取得上の障害の排除、公共施設負担の緩和、交通機関の建設・整備などにも言及し、都市問題の解決に果たす民間デベロッパーの役割を強調した。

経済同友会はこの他にも、構造問題についていくつかの提言を行うが、これらのなかで、東京へ人口と産業が集中した結果、都市生活環境の悪化が進み、正常な経済活動が阻害されるようになったと、問題提起を行い、住宅問題は単に住宅の量的供給対策ではなく、それは経済、社会、教育などあらゆる問題にかかわる〝質〟の問題であると訴えたのである。

このような経済同友会に対し、前記のように、自民党幹部から、財界に対し「所沢都市開発計画」の事業化を取りあげてほしいとの要請があったわけである。この要請を受けて、当時の木川田代表幹事、二宮地域開発委員をはじめ、同会幹部の間に、期せずして所沢ニュータウン開発計画に取り組もうとする機運が盛り上がり、そして、「日本新都市開発」の設立が、現実的課題として日程にのぼってくる。「提言」の同友会が、いまや「実践」の同友会へと飛躍しようとするのである。同友会の歴史のなかで画期的なことでもあった。経営者の「社会的責任」が単に理念としてではなく、行動の問題として浮かび上がってきた。一部の人たちの間で胎動をつづけていた所沢ニュータウン計画は、経済同友会という強力な支援を得て〝離陸〟への好機をつかむにいたったのである。

6．当社を支える木川田理念

所沢のニュータウン開発計画は、以上の経過によって、経済同友会を中心にした民間主導の計画として進められ、41年8月4日、「日本新都市開発株式会社」は創立総会を迎えることになった。ここで忘れることのできないのは、この計画推進の代表世話人であり、また会社設立に当たって発起人代表となり、文字通り当社の生みの親ともいうべき、当時の経済同友会代表幹事の故木川田一隆氏である。木川田さんの抱いていた理念こそ、当社の企業理念の原点であり、今なお当社を支えている精神的なバックボーンであるからである。

木川田理念については、さきに「社史55年版」でふれているので、ここでは詳述は避けたいが、木川田さんが当社に、ある理念的なものを期待していたことはたしかであろう。

「木川田理念」の出発点は、経済同友会が31年11月に決議した「経営者の社会的責任の自覚と実践」にある。戦後、焼け跡のなかから、経営者の同志的結合体として発足した経済同友会が、初めて明確な形で表現した「理念」がこの決議である。「現代の経営者は、単に自己の企業の利益のみを追うことは許されない」という前提のもとに、その社会的責任が問題意識として登場したのである。

木川田理念は、ここを起点として、具体的に展開されていく。その特色は、個と全体、自由と秩序、競争と協調、成長と安定、進歩と調和という、いわば一見アンチテーゼとみられる二つの対立概念を、調和、止揚していこうとするところにある。木川田理念が「調和の哲学」といわれるゆえんである。そしてその底に、自由企業への信念と人間価値の尊

故木川田氏（41年８月）

多福寺（埼玉県三芳町）付近の雑木林（40年ころ）

重という原則が貫かれている。

木川田理念の特色は39年度の同友会総会で発表した、「協調的競争への道」と題する所見に最もよくうかがえる。そこで「企業は単に経済的諸機能の一体系であるだけでなく、また人間的諸関係の一体系である」と企業内部における人間性尊重の論理を強く訴えた。そして「新しい産業社会」における企業相互間の競争について、「協調的競争原理」を持ち出し、こう説明する。「自由競争は生産諸要素の最適配分を達成し、企業の創意と工夫を刺激し、産業活動の最大効率を発揮せしめる最良の仕組みであり、現在でもその本質は変わりない。しかし、もともと完全な自由競争はあり得ないし、またそれに任せておくだけでは、安定的な経済成長が期しがたいことは、すでに証明されている。……ここに自由競争はある程度の制限を設けられる。かくて協調的競争とは、いわば完全競争のもつ合理性を、不完全競争下の現実において、経済取引の当事者同士が、相互の英知と理解のうえに、意識的に作り出していこうとする試みといえよう」

さらに41年度同友会総会の所見では、「これからの経済は、開放体制のなかで、蓄積されたストックの価値を重視する質的経済観を中心として、安定的な成長を期待する方向に進むべきであろう」と安定成長志向を明確に打ち出し、「企業基盤の弱さも顧みず、協調への実を棄て、過当競争に明け暮れていることは許されない」と経営者にきびしく自戒を求める。30年代は経済の高度成長のあとを追って住宅問題も量的充足に全力をあげてきたが、40年代に入って単なる量の問題を超えて、質の問題が重視されはじめていた。

7．所沢ニュータウン、苦難のスタート

これまで述べたように当社は、住宅問題に対する社会的要請の高まりと、それに応えたいという、経済同友会の「経営者の社会的責任」論を背景に設立されたのである。会社設立に当たっての発起人の顔ぶれ、資本参加70社の陣容などからみても、当社は民間企業でありながら、半ば公共性を持たされ、独自の経営姿勢と使命を背負った会社として発足したのである。同友会理念の実践を課題として生まれた会社といえる。

会社設立の趣旨と事業目的については、起業目論見書に次のような考え方を明らかにしている。

「当社は、政府の社会開発重点施策の中心課題である住宅政策に呼応し、大都市周辺地域に新都市を計画・建設することにより、大規模な住宅用地を造成供給することを目的とし、民間の資力と企業力を結集して公共の福祉に奉仕せんとするものである。なお、宅地造成分譲に当たっ

ては、原価主義を貫き、供給価格の合理化を実現して、社会的要望に応え、かつ円滑なる開発促進を基本方針とするとともに、新都市建設の公共性に鑑み、計画遂行上、法律や行政制度の改正を必要とする問題や事業資金等の諸問題については、当社の企業力によって積極的に障害を排除していくことを当社の社会的責任と考え、努力する所存である」

また設立趣意書には当社の基本姿勢を次のように明確にした。「われわれは、新都市の開発が過密都市の住宅問題と周辺部の地域開発とを同時に解決し、地域格差の是正と土地の有効利用をもたらす高度の誘導政策であると信じております。したがって、そこに開発されるべき新都市は、単純な団地造成によるベッド・タウンではなく、広域の土地利用計画に基づき、地方自治体の策定する合理的な都市計画の一環として建設されるべきものであり、またそれは、本格的に計画された公益施設を完備し、政治、経済、文化の各方面にわたって自治理念を持ち、都市機能を備え、周辺地域開発の拠点となり得るものでなければならない」

しかしながら、会社設立後、現地に入ってみると、用地買収がそれまで伝えられた話ほどには容易でないことが次第に明らかになってきた。また所沢市や埼玉県の地元自治体も、現地が優良農地であり、上下水道に問題があるなどの点から、ニュータウン建設に必ずしも積極的でないことがわかってきた。会社は苦難のスタートを切ったのである。

かくして、用地交渉に3年間の悪戦苦闘がつづけられる。現地住民の開発への反対運動が、全面的に広がったのは、42年末であった。地主の約30％、計画面積の約40％が反対に回り、所沢開発を旗印に設立された当社は一時危機に直面するに至った。その間、新都市計画法の公布（43年3月）などがあり、また所沢市長のあっせんなどにより、徐々に住民との話し合いが行なわれるようになった。用地交渉が終わり、宅地造成工場の起工式が行なわれたのは、会社創立以来、実に3年5ヵ月ぶりの45年1月20日であった。社員一同は都市づくりの何たるかを骨身にしみて考えさせられたのである。

しかしながら、開発面積は、当初の約１１５０ha（約３５０万坪）、会社設立時の４００ha（約１２０万坪）の計画から、住民の反対運動により最終的には約42ha（約12万７０００坪）と大幅に縮小を余儀なくされてしまった。このことが「ポスト・所沢」として、鳩山ニュータウンへの展開を考えざるを得ないことになった。鳩山ニュータウンが、所沢に次ぐ新しい大規模プロジェクトとして決定したのは、45年もおし迫ったころであった。

所沢ニュータウンの、長い間の苦心が実って、宅地の販売を始めたのは、45年11月であった。

◇41年8月～46年3月の住宅供給件数

所沢ニュータウン	３４４
その他	１５３
合　計	４９７（うち宅地３８１）

会社設立の趣旨と事業目的を明らかにした設立趣意書と起業目論見書

創立総会後のパーティー風景（41. 8. 4）

新全総・三全総

わが国の国土は約３８００万ha、このうち宅地とされるものは約３・７％の１３８万haである（56年版国土利用白書）。ここに1億人以上の人間が生活している。従って効率的な土地利用のためにはどうしても総合的な土地政策が必要になってくる。44年の新全国総合開発計画（新全総）、52年の第三次全国総合開発計画（三全総）の二つは、戦後の日本経済のその時々の動きをふまえて立案された開発計画である。

新全総は40年代の高度成長時代に誕生したが、これは37年策定の全国総合開発計画を補完する目的をもっていた。すなわち、37年の全国総合開発計画は成長経済過程での都市の過大化防止と地域格差是正を重要課題と考え、拠点開発方式を政策手段とした。新産業都市、工業整備特別地域の形成などはこれに応えるものであった。

しかし経済成長は世界史上例をみない高さで推移し、成長率は年10％を超えた。このような事態は策定当時の予想を大幅に超えており、全国総合開発計画だけでの政策遂行は無理と考えられるに至った。そこで生まれたのが新全総である。44年は日本全域が開発対象と考えられ、また同時に過密・過疎現象が深刻化し、国土利用の硬直化が問題とされはじめた時期である。新全総では「成長と効率」を基本思想とし、まず日本列島全体に各種のネットワークを形成することとした。具体的には新幹線鉄道網、高速道路網、情報通信網の整備である。さらに太平洋ベルト地帯外の大規模開発が計画され、苫小牧東、むつ小川原、周防灘、志布志湾地区などが候補地とされた。そしてこれら各開発地域と大都市間を整備されたネットワークで結ぶ開発方式がとられた。

しかし48年の第1次石油ショックによる経済不況によって、成長と効率を柱とする新全総は、その修正を余儀なくさせられた。

52年11月4日閣議決定された三全総は「調和のとれた生活環境の創造」を目標とするが、このためには限られた国土資源を前提として、地域性、歴史、文化を踏まえた、人間と自然との調和のある、健康で文化的な人間環境の整備が必要とされた。具体的には〝定住圏構想〟という形で計画決定された。すなわち水系ごとの流域圏に、従来の広域生活圏や通学・通勤圏を組み合わせ、今後の地域生活や地域開発の基礎圏域として、全国を２００～３００の定住圏に分類し、国と各地方自治体の共同により目標を実現しようとするものである。いわゆる〝地方の時代〟が始まったといわれたが、その三全総も、55年国勢調査による人口動態などの結果が、52年の策定当時とかなりちがってきており、全面的な見直しが開始された。57年末には、最終報告が出される予定である。

このように新全総、三全総は高度成長期から低成長時代にわたる日本経済の一つの断面を示すものであるが、不確実の'80年代の国土政策はどうなるのか、大きな課題である。

48年ころの鳩山ニュータウン建築現場

第2章　所沢から鳩山へ（46年－50年）

1．福祉優先への軌道修正

'70年代のはじめに当たって建設白書（45年版）は「深刻化する環境破壊に挑戦し、豊かな国土を創造することこそ、'70年代初頭の今日、国土建設の直面する最大課題の一つである」と述べている。さきに述べた40年不況を乗り越えた日本経済は、47年から48年にかけての高度成長の頂点に向かって登りつめていく。しかし同時に公害、環境破壊、過密、過疎、生活環境投資の遅れなど、構造的矛盾をいっそう深めていく。とくに大都市ではドーナツ化現象、外延部でのスプロール化が進み、交通混乱、住宅難、遠距離通勤、各種廃棄物による環境悪化が顕著になってきた。

こうしたなかで、問題になってきたのが、地価の騰勢であった。地価は「新全国総合開発計画」策定（44年4月）の前後から目立ち始めた。企業の土地買いが全国的な規模で進展し、とくに46年のドル・ショック（金・ドル交換の停止）後の金融緩和、また田中元首相の「日本列島改造論」の発表（47年6月）などにより、地価の騰勢にいっそうの拍車がかけられ、法人も個人も土地投機に走り、「一億総不動産屋化」ともいわれる様相を呈した。住宅建設戸数は、47年度にピークの年間１８５万戸に達し、また宅地供給も47年度がピークであった。地価の上昇も47、8年にかけて30～40％と頂点に達した。今や誰の目にも「高度成長至上主義から国民福祉優先主義への軌道修正が、国内的にも対外的にも喫緊の課題となっている」（建設白書47年版）ことが明らかになってきた。

こうした世論を背景に、「水質汚濁防止法」の公布（45年12月）、「環境庁」の発足（46年7月）、「自然環境保全法」の公布（47年6月）などが相次いだ。

2．石油危機、土地神話の崩壊？

47年から48年にかけて、土地投機への暴走がつづくなかで、突如襲ってきたのが、第1次石油ショックであった。48年10月に勃発した第4次中東戦争をきっかけに、アラブ産油国は石油戦略を発動し、石油価格が急騰した。主婦らは各地でトイレットペーパー、洗剤、砂糖の買いだめに殺到し、政府が石油「緊急事態」を告示したのはこのときであった。そして〝狂乱物価〟といわれるほどの諸物価の高騰をまねいた。高度成長を支えてきた低廉で豊富なエネルギーの供給が崩れ去り、高度成長時代が終わったのである。政府はインフレ克服を最大の課題として、49年度に総需要抑制策がとられ、日本経済は長い不況のトンネルに入る。49年度には経済成長は戦後初のマイナス成長を記録した。

そのころ、高騰する地価と土地問題に対処して、「新土地税制」（48年4月）、「国土庁」の発足、「国土利用計画法」の公布（いずれも49年6月）、「地域振興整備公団」の発足（49年8月）、「宅地開発公団」の発足（50年9月）などが相次いだ。新土地税制では、法人による土地投機を規制しようというもので、きびしい利潤制限が適用されることになった。この利潤制限の原型は、当社の所沢ニュータウンで適用した「適正利潤算定方式」が基礎となった。「適正な価格による良好な宅地供給」という当社の基本方針を世に示すため、みずからに利潤制限を課した開発姿勢は、当時関係各方面から高い評価を受けたものであった。

また「国土利用計画法」は、土地取引に対する行政の直接介入ともいえる取り締まり法規であった。デベロッパー業界にとっては、まさに〝お灸〟をすえられるような恰好になった。かつて新鮮な響きを持っていた〝デベロッパー〟という言葉が、いつの間にか暗いイメージを背負い込む時代に変わってしまった。

以上のような土地投機の規制により、さしもの地価も沈静に向かい、50年11月の公示価格は、全国平均で9・2％の下落を示した。地価が下がったのは、高度成長以来はじめてのことで、〝土地神話〟はついに崩壊したとまでいわれた。住宅建設戸数も49年度は126万戸まで急激に落ち込んでしまった。

3．木川田時代の終焉

当社の生みの親ともいうべき木川田さんは49年度経済同友会総会で、代表幹事として最後の所見発表を行った。「自由企業の前進のために――社会的主体制の確立」と題し、「われわれ経営者は、企業と社会との調和関係を樹立すべく、人間中心のコミュニティーの繁栄をめざした

GNP 実質成長率推移（40～57年）

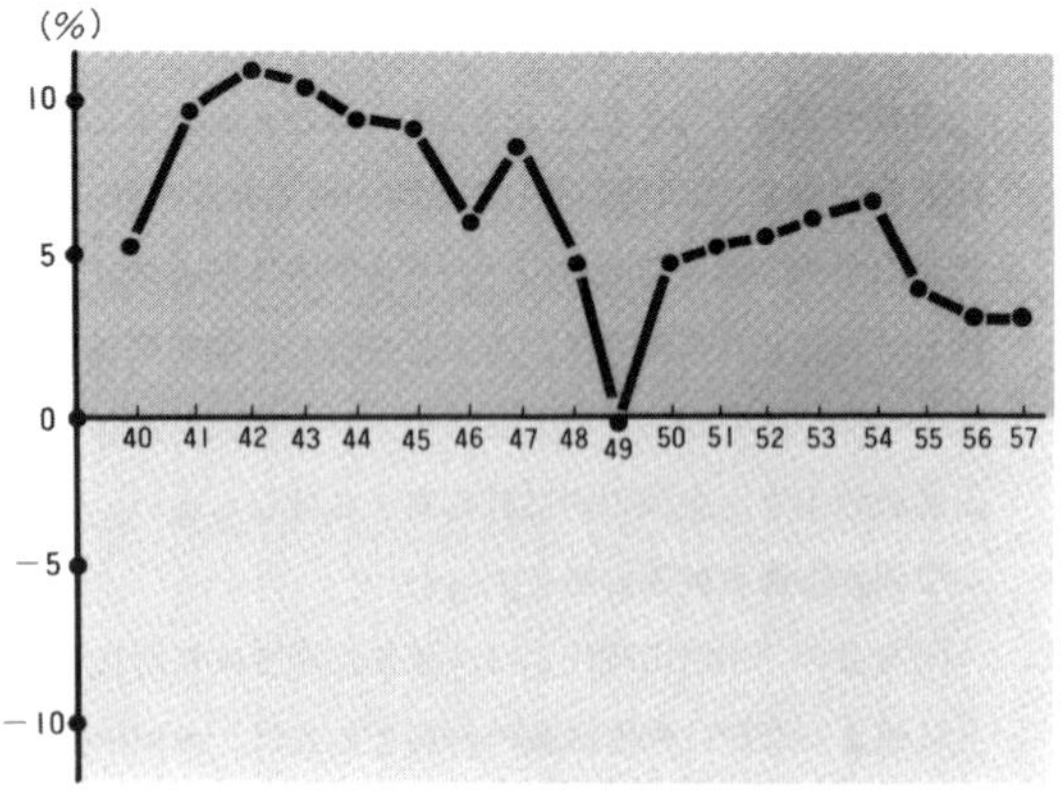

経済白書（50年版、58年版）より

公共の哲学を、企業の内に打ち立てねばならない」と結んで同友会代表幹事の座を去った。

同友会の「木川田時代」は、まさに高度成長時代とともに始まったが、高度成長の終焉とともに、木川田時代もまた終わった。木川田さんが同友会代表幹事として、最後の所見発表をした49年4月は、まさに第1次石油ショック後の〝狂乱物価〟のさなかであった。社会の企業への風当たりが最高潮に達した。

木川田さんが、こういう事態をいかに心配されていたか、それは石油ショック直前の、48年4月の同友会総会で発表した「社会進歩への行動転換」と題する所見のなかでうかがえる。そこで「企業が目先の利益を追求するあまり、最も大切な社会的存在としてのみずからの立場に対する自覚と実践を欠くときには、いたずらな統制主義を招き、自由企業として墓穴を掘る結果になりかねない。ここに、われわれは自由企業としての英知と良識に立って、秩序ある自由を確立し、〝福祉社会〟建設という社会進歩への行動に邁進すべく、覚悟を新たにするものである」と結論している。

故木川田氏（右）と金成社長
（創立総会後の記者会見で、41. 8. 4）

木川田氏筆の石碑のある富士見公園（所沢ニュータウン）

そのころ、建設白書は「国民の意識も変化から安定を志向し、地域社会の急激な変貌に対する拒否反応が強まった」(49年版)、「日本経済の活力と国民の高い貯蓄性向等の長所を生かしながら、良質なストックを着実に積み上げていかなければならない」(50年版)、「高度成長期における〝時間との競争〟といったストックの量的拡大から、〝時間との調和〟をはかりながら良質な社会資本の整備」(51年版)といった政策転換を説きはじめた。

これをみても、40年ころから、競争より協調を、成長より安定を説きつづけていた木川田さんの先見性は高く評価されなければならない。木川田さんは、45年度の同友会通常総会の所見で「'70年代日本の新路線」と題し、「日本はまさに〝未踏経済社会〟へ挑戦する世界的な実験国家であるとし、「現代の繁栄を個人個人の生活のなかに定着せしめ、'70年代の担い手であり社会安定の中核たるべき幅広い中間層を育ててゆけるよう、財産形成策を積極的に推進する」必要を訴えている。木川田理念の根底には、住宅こそ民主主義の基礎となる市民意識を育てる場であるとの認識があった。これこそが当社の企業理念の原点であった。

4．「ポスト・所沢」への模索、鳩山へ

高度成長の頂点から、一転してマイナス成長へと、'70年代前半の日本経済は揺れつづけたが、そのなかで当社は、最初のプロジェクト所沢ニュータウンの開発が、ようやく軌道に乗りはじめた。所沢での宅地分譲の募集は第1回が45年11月、第2回が46年1月、第3回が同年4月とつづいた。同じころ埼玉県下初の14階建のマンション建設に踏み切り、46年4月建築に着工した。

買収当時の半造成地の鳩山ニュータウン（46年）

しかし前述したように、所沢ニュータウンの事業規模を大幅に縮小せざるを得なくなった時点で、「ポスト・所沢」への模索が始まった。「13万人都市」という壮大な開発構想に取り組むため、経済同友会の支援のもとに発足し、「政府の社会開発重点施策の中心課題である住宅政策に呼応し、大都市周辺地域に新都市を計画・建設する」という大きな社会的使命を掲げた当社としては、このまま事態の推移に手をこまねいていることは許されなかった。所沢に次ぐ新しい大規模プロジェクトの確保が緊急の課題となった。

ポスト・所沢のいくつかの候補地をめぐって、社内での議論がようやく高まり、やがて新規開発の候補地が絞られ、埼玉県西部の「鳩山ニュータウン」が、所沢に次ぐメインプロジェクトに決まるのは、45年も押し迫るころであった。かくして鳩山ニュータウンの開発——第1期27ha（8万1000坪）——に向かって、全社をあげての努力が始まった。

しかし鳩山の開発にも、多くの難問が待ち構えていた。進入道路、上下水道、小学校、幼稚園……。それらの隘路打開のため、事業スケジュールが1年以上も遅れることになった。ようやく第1次分譲（200戸）にこぎつけたのは、48年11月であったが、おりから第1次石油ショック後の狂乱物価のさなか、販売価格も当初計画より大幅な上昇を余儀なくされ、販売に不安を投げかけた。幸い全社員の努力によって完売することができた。この開発事業によって、過疎の村、鳩山という地域社会の発展に大きく貢献する糸口をつかむことができた。また鳩山ニュータウンでは、単に住宅の提供というだけでなく、〝環境〟を売るということで、当社理念の実現をはかることに多くの努力が払われた。

5．人口移動に変化の兆し

日本経済が高度成長を昇りつめようとする、そのころから、わが国の人口動態に、大きな構造的変化が現われはじめた。それは30年代後半をピークに進んだ大都市への人口集中の大きな流れが変わってきたことである。46、7年ころから大都市およびその周辺都府県への人口流入が減少する一方、地方各県からの人口流出が急速に少なくなってきた。また若年層の地元への就職志向の強まりが目立ってきた。地方都市の人口増加傾向が著しくなり、また工業立地の動向も、広域化が進んできた。このころから「地方都市と農山村地域が内包する魅力と活力を再認識する必要性を力説したい」「地方のもつ〝緑と太陽と空間〟はより積極的に評価し、その活力を遺憾なく維持増進する」（建設白書47年版）といった言葉が見えはじめた。人口と産業の地方への分散が大きな流れになろうとする兆しが現われたのである。

このような人口移動の流れの変化を背景に地方重視の政策を明確に打ち出したのは、国土庁の三全総（第三次全国総合開発計画）―52年11月閣議決定―以降であるが、当社はそれに先がけて、46年ころから茨城県北最大のニュータウンを目指した「中郷ニュータウン」、福島県いわき市に、民間企業としては例の少ない工業団地「山田インダストリアル・パーク」の開発を進めることになったのも、特筆すべきことの一つであろう。

造成の始まった中郷ニュータウン（51年）

6. 地域開発への挑戦

当社はそれまで、所沢ニュータウン、鳩山ニュータウン等の開発を手がけてきたが、それはいずれも首都圏内の事業であった。しかしながら、都市問題の解決は、大都市圏のなかだけではできないことが、これまでの事業を通じて明らかになりつつあった。

同時に、これまで工業開発を中心に進めてきた国の開発計画も、ようやく再点検の機運が高まってきた。また人口と産業の大都市集中によって、過密、過疎の問題が大きく浮かび上がり、「地方」への見直し、つまり「地域開発」が大きな課題となってきた。中郷ニュータウンの開発は、まさにこのような動きを敏感に汲み上げたのである。当社にとっては、大都市圏中心の住宅開発から一歩踏み出して、地域開発への挑戦という新しい段階を迎えることになったのである。

50年より分譲を開始した千葉市みつわ台

中郷ニュータウン――開発面積約55ha（16万6000坪）、計画戸数1100戸、人口約4400人――の許認可関係の手続きをすべて終わり、造成工事に着工したのは51年12月であったが、この時期は、その準備期間であった。

以上のプロジェクトのほか、昭和50年代前半の主なプロジェクトになる鳩山ニュータウン第2期（25ha―7万6000坪）をはじめ、所沢市椿峰土地区画整理事業（当初の予定83ha―25万坪）などが始動を始めたほか、いくつかの中小プロジェクトの開発が始まり、当社も多面的な展開の時期を迎えた。

◇46年4月～51年3月の住宅供給件数

所沢ニュータウン	1788
鳩山ニュータウン	431
藤沢市立石	255
千葉市みつわ台	196
その他	77
合　計	2747（うち宅地873）

第2編　所沢ニュータウン

第1章　都市づくりへのスタート

1．日本新都市開発の誕生

全国的な開発機運のなかで、所沢13万人都市構想が、地元住民有志の間で具体的な姿を整えたのは、39年ころであった。この構想が40年3月ころ自民党幹部を通じて経済同友会に持ち込まれ、いよいよ実現に向かって動きはじめた。40年9月21日、木川田一隆代表世話人が官民関係者を招いて、ニュータウン開発計画懇談会を開いた。所沢のニュータウン開発計画が、経済同友会を中心にした民間主導の計画として初めて公式に登場したのである。この席上ではじめて経済同友会関係者の所沢開発計画への参加の意向が披露された。

この懇談会での木川田代表世話人の第一声は各方面の注目を集め、「財界が構想を打ち出す所沢新都市建設」「公害のない理想都市」と各新聞は同計画の内容を大きく報道し、一躍脚光をあびることになった。

上記の懇談会以後、経済同友会を背景に、従来の経緯にとらわれない新しい観点から、意欲的に会社設立の準備が進められた。41年2月には、今里広記、江戸英雄、金成増彦、山下静一、吉田清貫の各氏一行が、はじめて現地視察を行い、新井万平所沢市長を訪問し、懇談した。つづいて41年3月、15名の発起人が決定し、これと並行して、新しく会社設立準備委員会（委員長　金成増彦―現当社社長）が設けられた。41年5月、日本新都市開発株式会社の社名をもって設立趣意書と起業目論見書を作成し、同年7月5日発起人総会（木川田一隆発起人代表）、同年8月4

日創立総会を開催、金成増彦代表取締役が選任された。8月6日登記を終わり、正式に会社が発足した。

会社設立を前にして、一部地主から、早く土地を買ってほしいとの要請があり、1億円の資金が必要になったことがある。そのさい、木川田発起人代表の主唱により、江戸英雄（現三井不動産会長）、金成増彦3氏の連帯で資金の調達が行われた。会社の前途の見通しがまったく立っていないその時点で、木川田、江戸氏らの示した毅然とした態度は、当時の関係者を勇気づけたものとして、忘れ得ぬ出来事であった。

設立当初の会社概要（41年9月1日当時）は次のとおりである。

1 会社の概要

名　称　日本新都市開発株式会社
設　立　昭和41年8月6日
資本金　授権資本金　40億円
　　　　払込資本金　10億円
所在地　本　社　東京都千代田区内幸町2丁目3番地
　　　　　　　　新日比谷ビル内
　　　　埼玉事業所　埼玉県所沢市緑町2丁目14番5号
　　　　　　　　太陽生命ビル内

2 目的

当会社は、新都市の開発を行うことを目的とする。
そのため次の事業を営む。

1. 不動産の取得、造成、譲渡及び売買の斡旋
2. 不動産の賃貸及び管理
3. 土木建築の設計監理及び請負
4. 不動産の売買に付随する資金の貸し付け
5. 損害保険代理業
6. 日用生活物資の供給市場、倉庫、バスターミナル、駐車場、その他都市開発を促進するに必要な諸施設の設置、管理及び営業
7. 前各号に関連する付帯事業

3 設立発起人

発起人代表　木川田一隆（東京電力社長）
発　起　人　今里　広記（日本精工社長）
　　　　　　江戸　英雄（三井不動産社長）
　　　　　　大久保　謙（三菱電機社長）
　　　　　　金成　増彦（富士電機製造常任相談役）
　　　　　　五島　昇（東京急行電鉄社長）
　　　　　　堤　清二（西武鉄道副社長）
　　　　　　永野　重雄（富士製鉄社長）
　　　　　　二宮　善基（東洋曹達工業社長）
　　　　　　根津嘉一郎（東武鉄道社長）
　　　　　　藤井　丙午（八幡製鉄副社長）
　　　　　　松田　勝郎（興和不動産社長）
　　　　　　水上　達三（三井物産社長）
　　　　　　水野　成夫（産業経済新聞会長）
　　　　　　吉田　清貫（信販コーポラス社長）

4 株主

（公　益）東京電力㈱　東京瓦斯㈱
（鉄　鋼）八幡製鉄㈱　富士製鉄㈱
　　　　　日本鋼管㈱
（電　機）㈱日立製作所　東京芝浦電気㈱

三菱電機㈱　日本電気㈱
富士電機製造㈱　富士通信機製造㈱
（電　線）古河電気工業㈱　大日本電線㈱
（機　械）日本精工㈱　㈱荏原製作所
オルガノ㈱
（アルミ）日本軽金属㈱
（セメント）日本セメント㈱　東洋曹達工業㈱
小野田セメント㈱
（電気工事）関東電気工事㈱
（陸　運）日本通運㈱　東武鉄道㈱
（石　油）日本石油㈱　出光興産㈱
（自動車）トヨタ自動車工業㈱　日産自動車㈱
日野自動車工業㈱
（商　事）三井物産㈱　三菱商事㈱
日本信販㈱
（生命保険）日本生命保険(相)　朝日生命保険(相)
明治生命保険(相)　安田生命保険(相)
太陽生命保険(相)
（損害保険）東京海上火災保険㈱　安田火災海上保険㈱
大成火災海上保険㈱　千代田火災海上保険㈱
興亜火災海上保険㈱　同和火災海上保険㈱
（銀　行）㈱日本興業銀行　㈱日本長期信用銀行
㈱日本不動産銀行　㈱富士銀行
㈱三菱銀行　㈱住友銀行
㈱三和銀行　㈱三井銀行
㈱協和銀行　㈱第一銀行
㈱大和銀行　㈱埼玉銀行
㈱武蔵野銀行　㈱日本相互銀行
（信　託）三井信託銀行㈱　三菱信託銀行㈱
安田信託銀行㈱　中央信託銀行㈱
東洋信託銀行㈱　日本信託銀行㈱
住友信託銀行㈱
（不動産）東電不動産㈱　三井不動産㈱
三菱地所㈱　東急不動産㈱
興和不動産㈱　住友不動産㈱
野村不動産㈱　北村光嘉
外に発起人15名

5　役員

代表取締役社長　金成　増彦
常務取締役　小川　潤一
常務取締役　杉山　章三
取締役　木川田一隆
取締役　二宮　善基
取締役　大久保　謙
取締役　江戸　英雄
取締役　松田　勝郎
取締役　吉田　清貫
取締役　池原　萬作
取締役　岸　純三
監査役　今里　広記
監査役　上野　虎雄

2. 容易ならぬ用地買収の前途

会社設立後、直ちに①会社設立の趣旨を官庁、関係各方面に説明し、協力を要請する、②当面の所要資金手当と巨額な用地取得資金調達の見通しをつける、③埼玉事業所開設にともなう地元工作の体制づくり、④開発計画の再検討などの活動がはじまった。

しかし、現地に入ってみると、会社設立やプランづくりが先行したのに対し、地元の受け入れ態勢は、話ほどに整っていないことが、次第に明らかになってきた。当社の進出に対する地元の反応は複雑で、用地買収の前途が容易でないことが読みとれた。

そこでまず、地元住民の疑念と不安を解きほぐすため、用地買収に臨む当社の姿勢を次のように示した。

①相互の理解と協力のもと、話し合いで土地の提供をお願いする。
②買収は当社が直接担当し、第三者の手を借りない。価格は合理的な水準で決める。
③開発は双方ともに生きる共益共同開発の精神をもってする。

当社の進出に対し、当初は消極的だった県・市当局も、その後の折衝によって理解と協力を示すようになった。とくに当時の新井所沢市長は、41年12月、2度にわたってみずから地元関係者を招集し、当社の開発計画に協力を呼びかけた。

一方、埼玉事務所では、計画区域内地主数および買収目標面積を別表のように設定し、42年はじめから、各地区ごとに説明会を開き、これと並行して、買収価格提示のための地価評価案作成など、42年の暑い夏を通して苦しい作業がつづけられた。

苦心の用地交渉風景

計画区域内地主数および買収目標面積

区域		地主数	内訳		面積（約）
			地区内人数	地区外人数	
所沢市	中富—月野原（津久井、秋潟、涼美井を含む）	238名	213名	25名	99ha（30万坪）
	中富—武野原（道傍、北新田、下新井を含む）	161	134	27	99（30）
	中新井	129	100	29	59（18）
	下富（神米金を含む）	100	94	6	40（12）
	計	628	541	87	297（90）
三芳村　上富		317	210	107	116（35）
総計		945	751	194	413（125）

三富新田の歴史

所沢ニュータウンの初期計画は、元禄年間に開拓された三富《さんとめ》新田を開発予定地としている。その歴史についてふれよう。

武蔵野台地の新田集落の発達は、江戸初期にはじまる。元禄7年（西暦1694年）1月、ときの川越城主柳沢吉保の家老曽根権太夫の指揮により、近傍29ヵ村の入会地であった原野の開拓に着工。3年間で1551町歩（東西33町×南北47町）の原野を土地割りし、上富（現三芳町）・中富・下富（現所沢市）の3村――三富新田を形成した。この開拓は、幅6間の道路を周囲縦横に配し、これに沿って5畝歩の宅地をとり、宅地の背後に間口40間、奥行375間の短冊型の土地割り（各戸5町歩あて）を行った。

また各戸の所有地の境界には、卯ッ木を植え、各戸毎に幅4尺の作業用道路をつけた。それぞれの所有地は、宅地の背後を畑地とし、その先端を山林（雑木林）とし、防風林としての機能のみならず、堆肥及び燃料の供給源としたのである。耕地は畑地のみで水田は全くなく、土地を品等別に分け、上畑・中畑・下畑・下々畑とし、それぞれ各戸に約5%、10%、39%、46%の割合で支給された。本地域の生産性の低さが示されている。また農民の信仰の菩提寺として多福寺、祈願所として多聞院がそれぞれ建立された（矢嶋仁吉著『武蔵野の集落』古今書院より）。現在なお、本地域は三富新田の原型をほぼとどめ、所沢市中富、下富地区および三芳町上富地区は、「三富開拓地割遺跡」として昭和3年県史跡に指定、37年県旧跡（史跡に準ずるもの）に変更指定されている。

現在の所沢ニュータウンの主要部分を占める中新井地区は、三富地区に隣接する戦後の開拓地である。それまでは所沢飛行場の一部で、戦後、引揚者および食糧増産政策の要請から、入植者あるいは増反者を募り、開拓地として開墾した地区である。県資料によれば、「第1所沢開拓地として、約104haの土地を昭和20年から24年にかけて開墾し、入植者32戸、増反者111戸を数えた。1戸当たりの耕作面積は約1・2haで、陸稲と大・小麦を主としていたが、地味がきわめて劣悪で生産性は著しく低かった」と記されている。

当社は、300年前の、当時としてはめずらしく整然とした〝区画整理事業〟三富新田に、近代的なニュータウンの建設を意図したのである。土地に刻まれた、長くて重い歴史への挑戦であった。

三富地区のケヤキ並木

三富開拓地割遺跡の表示板

3．反対運動の表面化

42年11月中頃にはいよいよ買収実施に踏み切る準備が整った。しかし、当初から三富地区の住民を中心に根強く、くすぶっていた開発反対の空気が、42年11月末、一挙に表面化した。まず中富地区反対同盟が11月29日結成され、それは燎原の火のように急速に他地区に拡大していった。43年3月現在の調査では、地主805名の約30%、計画面積120万坪の約40％が反対であることが明らかになった。

事態解決の糸口もつかめないまま、会社設立以来かつてない緊迫した試練に直面したが、丁度そのころ、所沢市当局では新都市計画法（43年6月15日公布）に基づき、現在の都市計画区域を市街化区域と市街化調整区域に区分する「線引き」の作業にとりかかり、住民の意見を反映させるために、各部落ごとに公聴会を開くことになった。それを機会に、行き詰まり状態をなんとか打開しようという空気が一部地主の間で表面化した。

43年9月10日、平塚所沢市長主催の懇談会が開催され、地主有志20名と当社首脳部との会談が行われ、その席上、市長より、山林、農地の買収面積を大幅に縮小する妥協案が示され、地主側も歩みよりの姿勢を示した。

この会合で一部の地主とはいえ、会社と同じ土俵の上で話し合う足掛かりができたわけである。当社は発足以来すでに2年以上を経過しなが

開発反対の立看板

着工目前の開発地全景

急ピッチの宅地擁壁工事（45年）

ら、いまだに用地買収の見通しも立たず、開発面積もまた五里霧中の状態であった。120万坪開発の夢は遠のいたとしても、この機会を生かして、一部の地域でもよいから開発にこぎつけなければ、所沢からの全面敗退も覚悟しなければならない危機にさらされていたのである。

4. 開発規模の縮小へ

以上のような経緯から、従来までの行きがかりにとらわれず、実情に即して土地提供の協力を求める方針に切り替え、とにかく開発計画を〝実行〟に移すことを決意した。

当社は43年11月10日、協力地主に対し

①山林については2分の1買収、残りの2分の1は同時開発（または買収）。

②農地については10分の2を買収。それを超えて提供を希望する分は同時開発（または買収）。

という方針を示し、半年以上も中断していた地主との交渉に入った。

さらに当初の計画に従って、反対派の多い中富中東部、下富および神米金の全地主に対して、交渉再開申し入れの書状を送った。しかし、268通の発信のうち184通が返却されるというみじめな結果に終わった。

地区別の反対、賛成の色分けが、ここにいたってはっきりした。43年11月19日の常務会で、「当面、中富西部および中新井地区を地固めすることに焦点を絞り、その他地区はしばらく成り行きを見守る」との方針を決定した。結果的にみれば、この方針決定によって、所沢ニュータウン初期計画は規模を大幅に修正することが正式に決まったのである。しかし、初期計画における大部分の開発地域は、新都市計画法の施行に伴って市街化調整区域に編入され、開発の可能性は遠のいてしまった。

5. 用地交渉、3年の苦闘終わる

開発規模の大幅縮小を決意した43年11月からの用地交渉に当たっての最大の課題は、特定住宅地造成事業の指定要件である開発規模30ha（約9万坪）を、直接買収分として確保するという点にあった。用地交渉での当社最大唯一の武器は、特定宅造指定による300万円の特別控除の特典にあった。従って、買収面積30haは事業成立のために死守しなければならない面積だったのである。

しかしながら、県当局との協議において、開発面積は最低50ha（約15万坪）確保が要請されていた。直接買収30haと開発規模50haの目標達成のために、用地関係者は日夜を分かたず、まさに寝食を忘れて地主との交渉にあたったのである。最終的には特定宅造に係わる面積36・5ha（約11万坪）、全体面積42ha（約12万7000坪）、関係地主は170名に及んだ。こうして、45年4月までに一切の用地問題は解決されたが、埼玉事業所を中心に、最盛期25名を数える陣容であった。

なお買収価格は全体平均で坪当たり2万2000円となり地元側が予想していた期待価格2万円を1割程度上回るものであった。

以上のように、3年間の苦しい用地交渉であったが、開発規模の大幅縮小ということで、最後の幕をおろすことになってしまった。それには計画立案の甘さ、調査不備、買収方法の未熟さ、三富地区の複雑な風土、人脈、慣習など、多くの理由があげられるだろう。しかし、結局は先祖伝来の土地への限りなき愛着、つまり三富新田開拓の歴史の重みに敗れたというほかはない。

しかしその間当社は終始〝共益共同開発〟の旗印を掲げ、地元住民の利益を守り、土地提供者の生活再建に意を注いできた。このような当社の開発姿勢は高く評価され、そのことが、その後、当時反対運動の中核であった中富南部地区の開発計画となって生きてくるのである。

第2章　ニュータウンの建設へ――当初計画から起工まで

所沢開発計画は、その発端から完成まで、いくつかの試案が作られた。当初の90万坪、あるいは120万坪といった壮大なプランは、地元住民の協力を得られないままついに陽の目を見ずに終わった。最終計画は、用地買収難から、開発面積の大幅縮小を余儀なくされるに至った。やっと起工式にこぎつけたのは、会社創立以来実に3年5ヵ月ぶりのことであった。

1．会社設立当時の計画案〔90万坪〕

会社設立の決定を機に、既往の計画にとらわれず、当社として初の開発事業計画案を、41年5月に作成した。その概要を紹介しよう。

①所在地及び面積

所沢市、三芳村および大井村にまたがる約1150ha（約350万坪）を全体計画とし、第1期事業は、その中心部である所沢市、三芳村にまたがる約300ha（約90万坪）を対象とする。なお、この段階から、全体計画は面積のみの表示で、開発内容は第1期事業にのみ焦点があわされた。

②計画人口　約4万人、住宅戸数1万2000戸

③事業期間　41年から45年

④事業収支

収入　約168億円（宅地販売価格、坪2万6000円）

支出　約159億円（用地買収価格、坪7500円）

利益　約9億円

以上の開発計画案は、一つの方向を示したものであるが、これに、より具体性を持たせるため、高山英華東大教授を主査とし、井上孝東大教授、日笠端東大教授、石原舜介東工大教授、浅田孝環境開発センター社長、小島重次日大教授などの学者グループを迎えて諮問機関をつくり、41年9月から共同研究会を継続的に開いた。

2．光と水と緑のニュータウン〔120万坪計画案〕

会社設立後半年、関係各方面の批判や意見、前記学者グループのアドバイス、三富新田の地割り、地元住民の動向などを総合判断して、当初の計画案を修正、コの字型400ha（約120万坪）の計画案が生まれた。これが42年2月に策定された「新都市開発事業概要、所沢市および周辺地域」（小冊子20ページ）である。

この事業概要は、①会社設立の趣旨、②新都市開発の構想、③所沢開発計画、④事業計画概要について述べているが、設立当時の事業計画を変更し、「近郊田園都市的な光と水と緑のニュータウンを建設する。その面積400ha（約120万坪）、人口4万5000人（戸数1万2200戸）。そのためには用地の一括全面確保が必要である」と記している。

なおこの計画によれば対象地域は所沢市中新井・中富・下富および三芳村上富とし、事業期間は41年～47年、事業収支を次のように立てている。

収入　約250億円（宅地販売価格、坪3万3000円）

支出　約233億円（用地買収価格、坪7500円）

利益　約17億円

この事業計画を受けて、高山、日笠両教授の指導のもと、都市計画設計研究所（土井幸平主査）がそのパイロット・プランの作成を急ぎ、同年11月に「所沢ニュータウン計画書」（小冊子49ページ）の完成をみた。

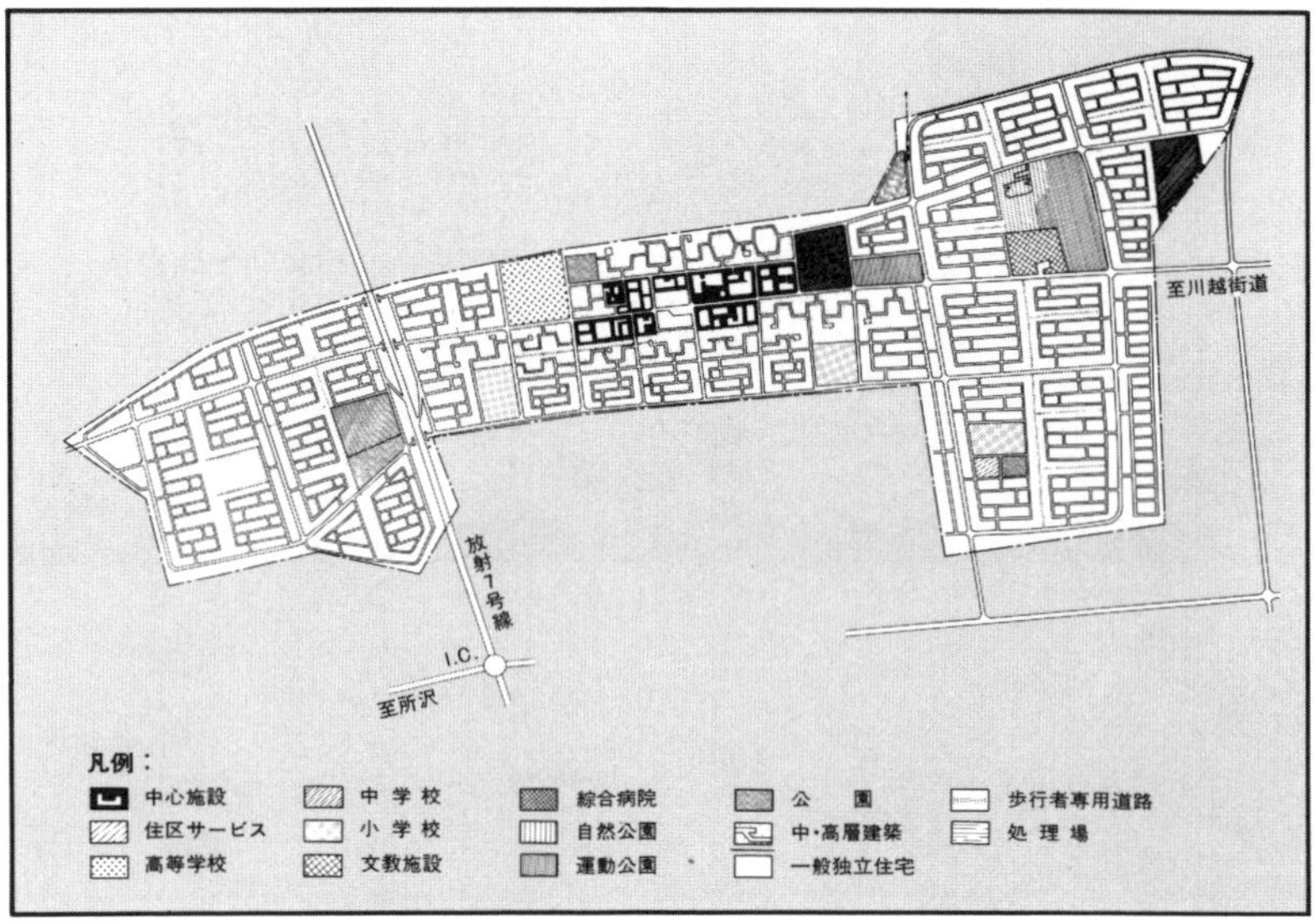

90万坪のニュータウン計画図

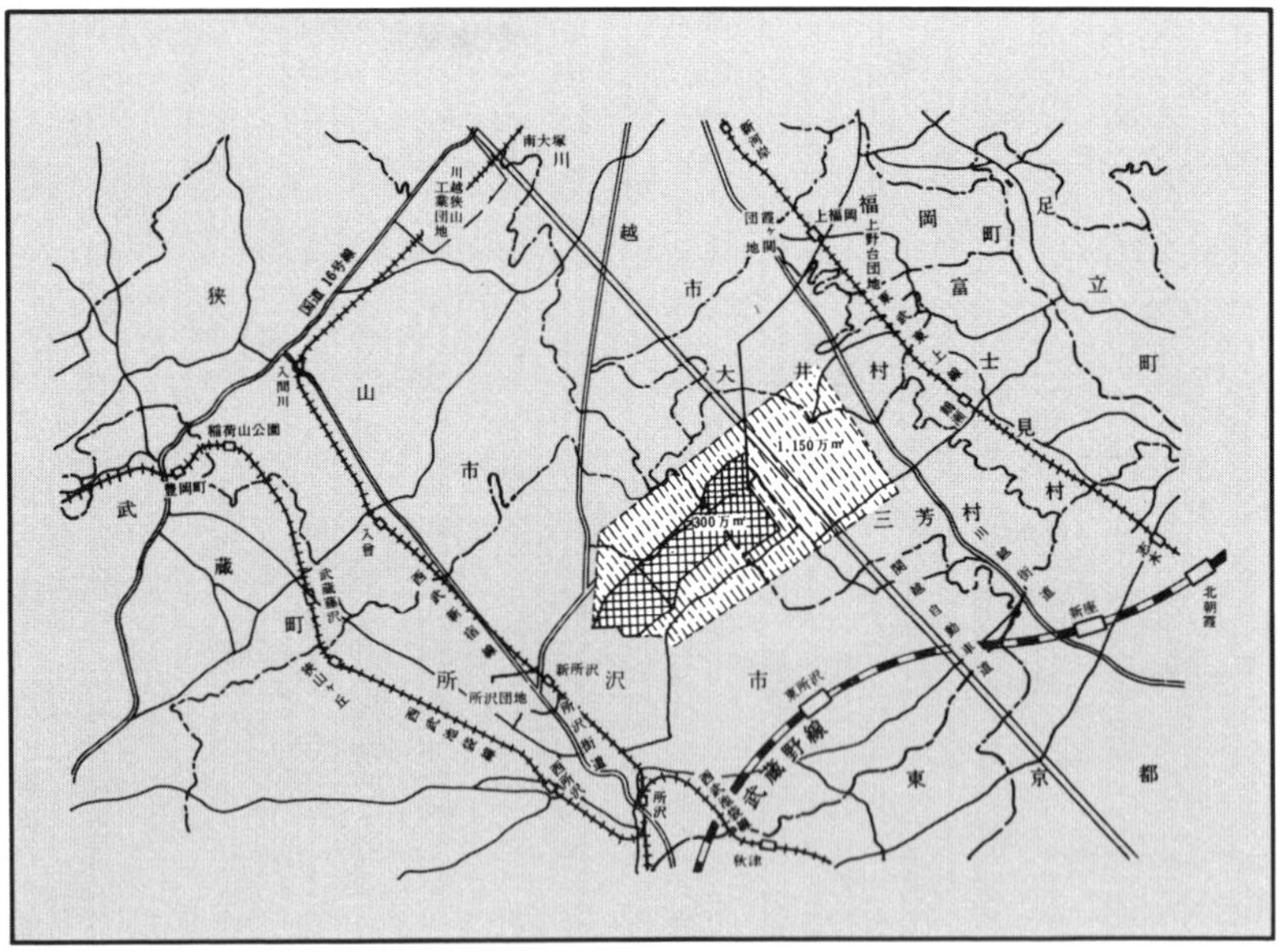

90万坪ニュータウン開発予定位置図（市町村は当時のもの）

この計画書においては、徹底した歩車道分離をはかるため、クル・ド・サック（袋小路）方式やペデストリアン・デッキ（歩行者専用路）の大幅採用が提案された。なお、交通計画と給排水計画については、特に検討が重ねられ、その後の基本的指針となった。また、開発プログラムや周辺地域との関連、そしてニュータウン開発後の都市経営方針についても言及されている。

ただ残念なことに、以上の計画は前述のように用地の取得難によって、計画が大幅に縮小されたため、単なる机上のプランに終わってしまった。

3．12万7000坪の実施計画

3年間の用地買収の苦闘の末、開発予定地、開発面積が最終的に決まったのは、43年12月末であった。当社買収、地主還元、店舗用地、払い下げ官有地など合算して、開発面積は41万9564・45㎡（12万69

18・25坪）となり、はじめて計画の基礎が固まった。これが現在の所沢ニュータウンの全体面積である。

開発面積が最終決定したので、都市計画設計研究所が、引きつづき基本計画の作成を担当、44年5月にまとめられた。その後、さらに計画内容を煮詰めたうえ、三井共同建設コンサルタント㈱が実施計画を作成、それを当社技術陣でさらに修正し、次のような現在の所沢ニュータウンの最終案ができ、44年11月、日本国土開発㈱に造成工事を発注した。同地の測量は大場土木建設事務所が担当した。

①所　在　地　所沢市大字中新井字浅海原1111ほか
　　　　　　　西武新宿線新所沢駅の東方約2km
②地　　　勢　標高61～67m
　　　　　　　東北の下り傾斜約0・6％の平坦地
③開発面積　約42ha（約12万7000坪）
④設計の基本方針

スカイマンション

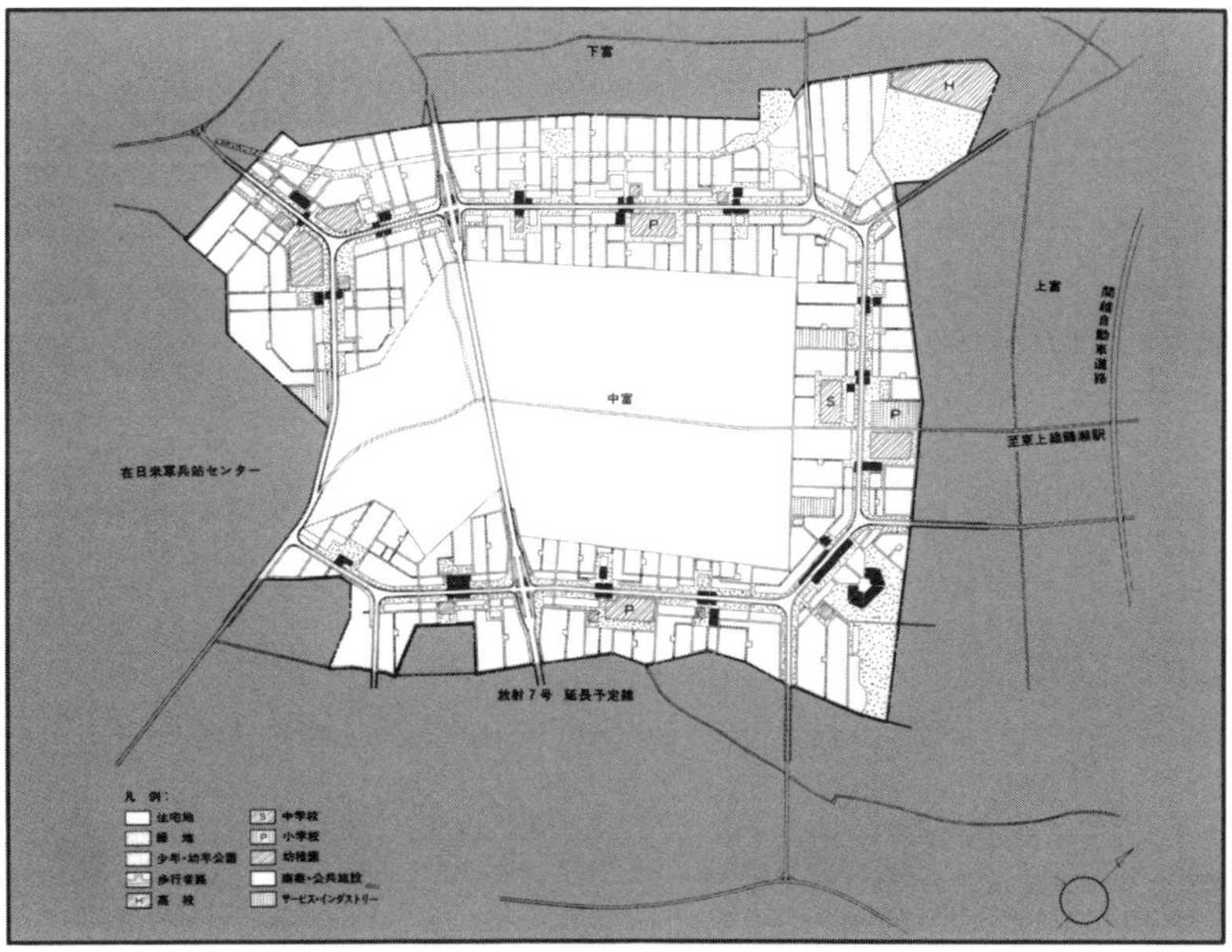

所沢ニュータウン　パイロットプラン

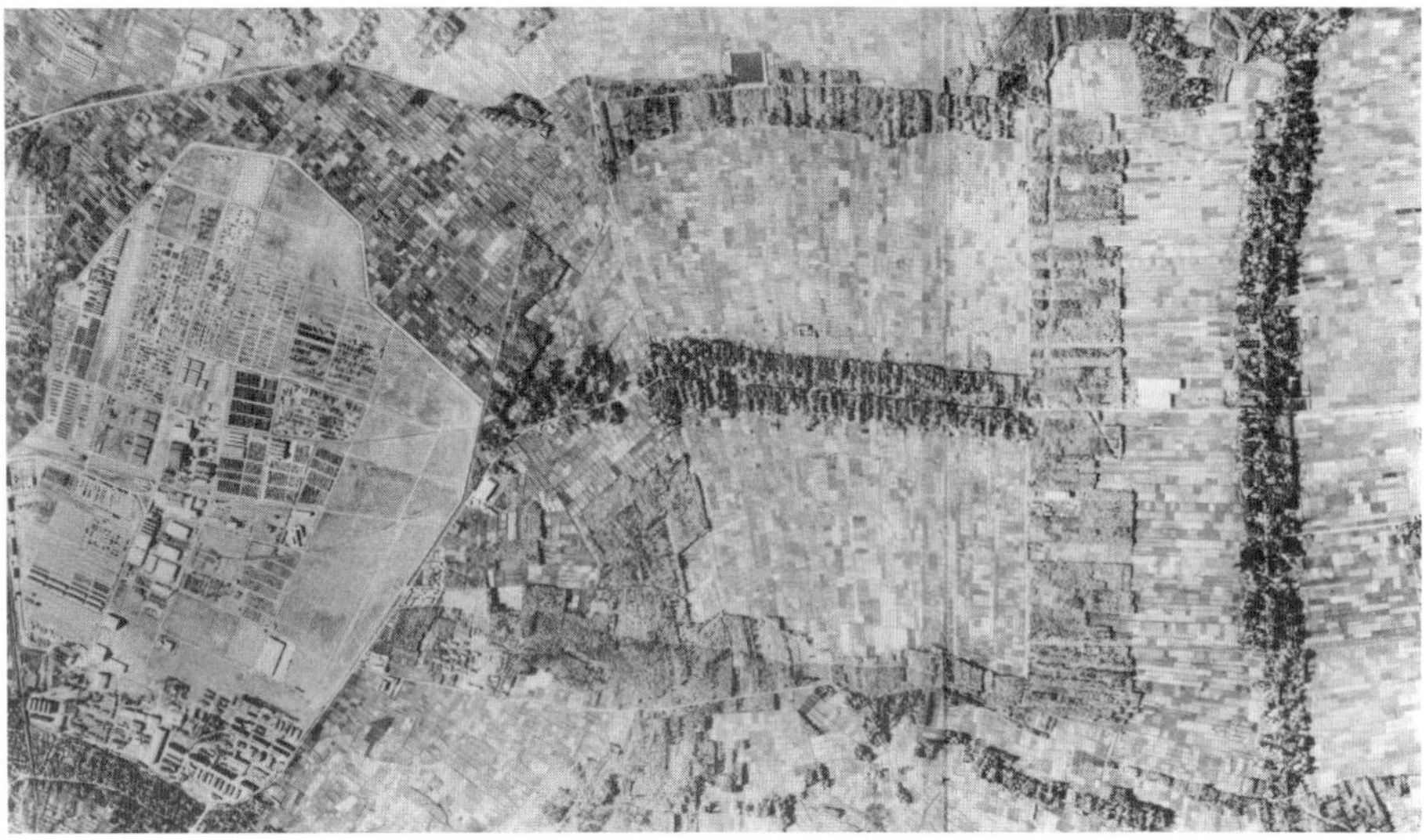

開発予定地全景

a．東西に幹線街路（都市計画街路、バス路線）を通し、これに3ブロックの住宅地を接続させる。

b．中心部に中央公園、グラウンド、商業施設、高層住宅等を集約し、シンボリックなセンター地区を形成する。

c．センターおよびその周辺地区に計画住宅地を設け中高層住宅の建設を行い、住宅地全体の構成に変化を与えるとともに人口定着を促進する。

d．一般住宅地は、日照・通風・採光・防災等を考慮した東西に長い街区とする。街区の南側宅地は間口13m、奥行15m、北側宅地はそれぞれ12m、17mを原則とし、北側は南側より30cm地盤を高くする。1宅地は平均200m²とする。

⑤土地利用計画図

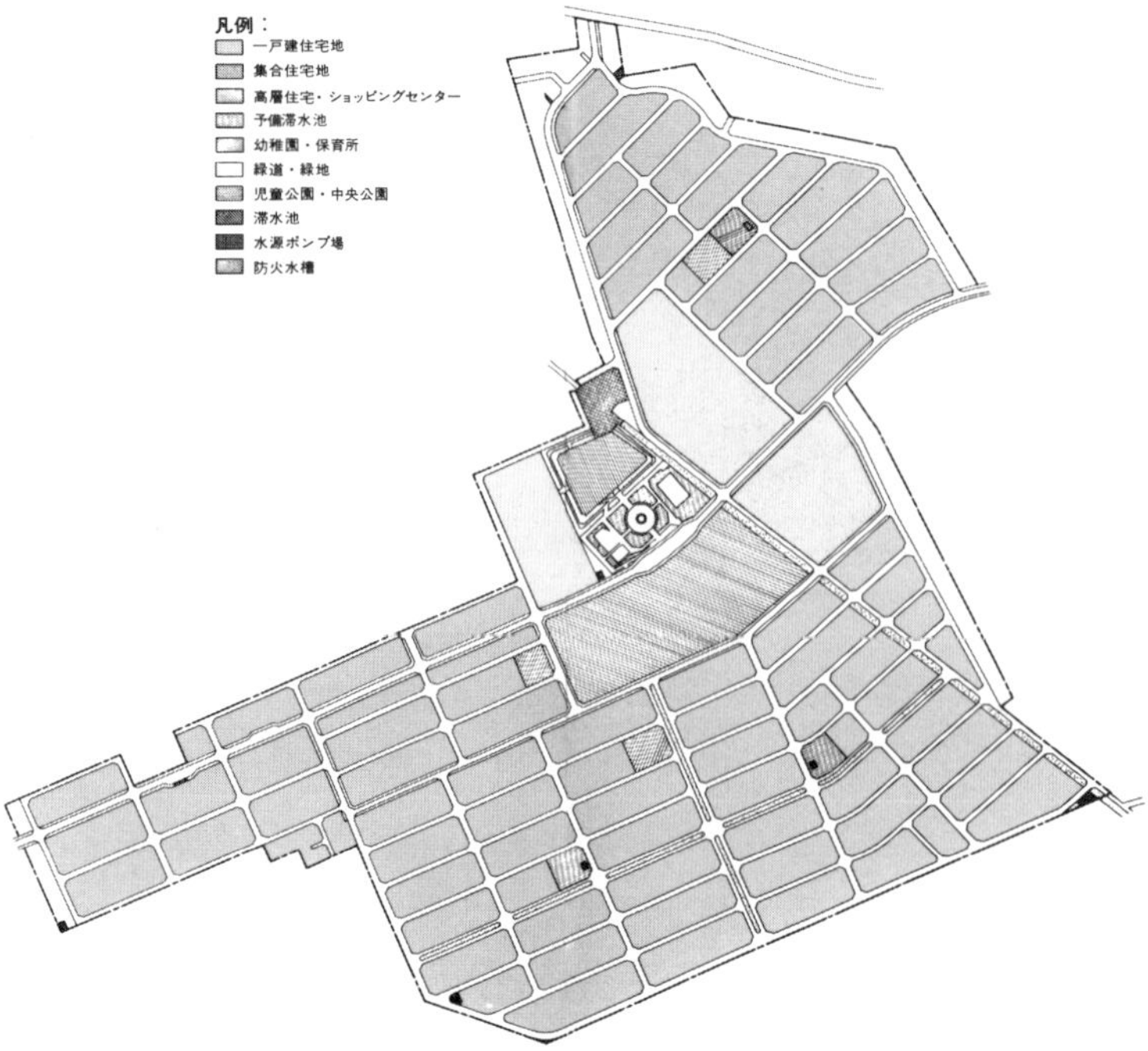

⑥土地利用計画

利用区分	面積(㎡)	構成比(%)
(1)住宅用地		
一戸建住宅	200,130.10	47.60
商業・集合住宅	54,740.65	13.04
地主還元	48,584.30	11.68
計	303,455.05	72.32
(2)施設用地		
保育所(1ヵ所)	1,008.00	0.24
幼稚園(2ヵ所)	2,635.50	0.63
その他(ガスガバナー)	34.00	0.01
計	3,677.50	0.88
(3)公共施設用地		
近隣公園(中央公園)	6,732.40	1.61
児童公園(3ヵ所)	3,030.10	0.72
緑地	3,831.00	0.92
道路	89,483.40	21.33
水路敷	2,930.40	0.70
水源ポンプ場(5ヵ所)	394.60	0.09
汚水ポンプ場(1ヵ所)	385.30	0.09
防火水槽(7ヵ所)	30.00	
計	106,817.20	25.46
(4)その他施設		
滞水池	2,000.10	0.48
予備滞水池	3,614.60	0.86
計	5,614.70	1.34
合計	419,564.45 (126,918.25坪)	100.00

⑦住宅地計画

	面積(㎡)	戸当たり面積(㎡)	戸数(戸)	戸当たり人数(人)	計画人口(人)
一戸建住宅地	200,130.10	200.7	997	3.5	3,489
商業・集合住宅地	54,740.65	56.9	962	3.5～4	3,382
地主還元住宅地	48,584.30	223.8	217	3.5	760
計	303,455.05		2,176		7,631

⑧施設計画

商業・教育・福祉・文化等の諸施設を、センター地区を中心にして適正配置する。

⑨公園・緑地

a．中央公園1ヵ所、児童公園3ヵ所のほか、予備滞水池をグラウンドとして兼用利用。

b．水路敷をボックス・カルバート化して、幅員6mの散策路とする。また、一般住宅地のなかに、東西に幅員3m、南北に幅員7mの遊歩道を設置。

4．起工式に長い苦難忘れる

三井共同建設コンサルタントの実施計画がほぼ固まった44年9月ころから施工業者の選定に入り、日本国土開発㈱に特命発注することに決定。同年12月17日の宅地造成認可、農地転用許可をもって、工事着手の運びとなった。

起工式は、翌45年1月20日、簡素のうちにも、おごそかに挙行された。会社創立以来、実に3年5ヵ月ぶりのことであった。社長が鍬入れをし、全社員一同は、都市づくりの何たるかを改めて嚙みしめながら、長い間の苦難を忘れ、まことに感慨深いものがあった。

なお所沢ニュータウンの難関の一つに排水問題があったが、周辺を流れる砂川堀の改修とニュータウンの造成工事が時期的に合致したことは、非常な幸運であった。

この砂川堀改修問題は、所沢市をはじめとする地元関係市町村の長年の懸案であった。39年5月、所沢・富士見・大井・三芳の4市町村による「砂川堀改修促進協議会」が結成され、県当局に対する積極的な運動がつづけられた。これが、所沢ニュータウン開発構想の具体化に伴って、

感慨こもる起工式（45. 1. 20）

一段と促進される結果になった。当社独自の現地踏査や砂川堀改修工事の検討結果も、事業促進に寄与したと考えられる。

45年度、砂川堀の都市下水路としての改修工事（県施工）が、10ヵ年計画（総工費45億円）で開始された。全長13km、排水区域4900ha、下水路の幅7～15m、深さ3・5～5・3m、事業費の負担は、国15分の5、県15分の3、関係6市町村15分の7の割合である。同年8月、前述の4市町村に川越・狭山の2市が加わって、「砂川堀都市下水路事業推進協議会」が発足し、今日に至っている。当社は、受益者負担のかたちで2億800万円（500円／㎡）を支払った。

第3章　果たした先導的役割

1. 初の三者協議適用

開発事業における許認可関係の手続きの複雑さは、今も変りはないが、所沢ニュータウンの場合、開発予定地が、開拓農地であったことが、手続きを一層複雑にした。種々の手続きのなかで、最も基本となり、また決め手になったのは、首都圏整備委員会、建設省、農林省の三者協議であり、これによって開発予定地が「市街化地域」として特別に認められたことである。当社の周到な準備と精力的な働きかけと、関係当局の理解によって実現したわけで、これによって複雑な諸手続きをパスする糸口が開けた。

この三者協議は、近郊整備地帯（首都圏整備法によって指定）のなかで、まだ整備計画が決定しておらず、しかも急速に都市化が進んでいる地域については、無秩序な開発を避けるため、三者協議によって「市街化地域」を選定し、その開発を認めようとする暫定的な制度で、もともとは公的機関の大規模開発を対象に設けられた制度であった。

これが、当社のかねてからの主張によって、優良民間宅地造成事業にも適用されることになった。そして当社が民間業者としてはじめての適用を受け、各方面の注目を集めた。この三者協議の制度は、新都市計画法の施行にともない、当社所沢ニュータウンの市街化地域選定を最後に消滅した。その意味でも、この適用は当社にとって重要であった。

2．特定宅造事業の創設

当社幹部は設立早々から、大蔵省、建設省、国税庁、自民党などを訪れ、民間宅造事業に対する法規、税制の是正を求めて陳情をつづけてきたが、そのなかで租税特別措置法が一つの焦点になっていた。

ときの自民党の政調会、税制調査会は、その必要性に深い理解を示し、特別な配慮から短期間に、租税特別措置法改正にこぎつけることができた。

すなわち、租税特別措置法第34条の２（42年５月31日改正）によって、民間の適正な宅造事業を推進する見地から、一定の要件に該当する公共性の強い宅造事業のために土地を買い取られることとなった場合は、譲渡所得から３００万円（現在は１５００万円に改正）の特別控除を行うことになった。この宅地造成事業を、特定住宅地造成事業という。

当時は、宅地造成事業法による認可（現在は都市計画法の開発行為の許可）をうけた事業で、次の要件に該当するものを、都道府県知事が建設大臣の承認を得て指定することになっていた。

①開発面積が30 ha以上であること。
②公共空地率が25％以上であり、かつ学校等公益的施設の敷地が確保されていること。
③宅地の処分予定価格が原価に適正利潤のみを加えた価格の範囲であること。この価格は支払利息を含まない原価の１・35倍以下であること。
④宅地の分譲は公募の方法によること。

3．「適正利潤」の原型をつくる

上記の特定住宅地造成事業の制度が、当社の陳情をきっかけに創設された経緯からみて、当社は民間企業として、その第１号指定を受ける必要があった。当時、民間デベロッパーの間で、この特定宅造指定による

第１期工事風景（45年）

事業展開を検討していたのは、当社一社のみであった。規制の厳しさと、利潤制限が最大のガンであった。結局、当社は、44年12月27日、埼玉県知事より指定を受け、「適正な価格による良好な宅地供給」という当社経営の基本姿勢を世に示すことになったのである。

なお、適正利潤の決定にあたっては、43年1月1日の本制度施行を前にして、42年12月ころから建設省、国税庁による本格的な検討が始められた。その過程で不動産協会加盟の大手企業も、資料提出、見解表明をし、当社も、オブザーバーの形で、何度か検討会に出席した。そうして、43年6月1日の建設省計画局長通達により適正付加利益率35%が決定された。

特定宅造制度は、住宅金融公庫の民間宅地造成資金融資の途を開いた。さらには、所沢ニュータウンでの適正利潤の算定方式は「所沢方式」と呼ばれて、新土地税制の土地譲渡益重課制度における適正利潤率算定の原型となったのである。現在では適正利潤率の適用はなくなり、替って「適正価格」ということになったが、当社がみずからに「利潤制限」を課した開発姿勢は高く評価された。

4. 公庫の民宅融資第1号

特定住宅地造成事業制度の創設と、その民間第1号適用を契機に、当社は財政投融資の民間宅造事業への適用を関係当局に要望した。住宅金融公庫のそれまでの公的機関への宅造融資を、優良な民間宅造事業へも適用すべきであるとの趣旨で、大蔵、建設、公庫の三者に対して積極的な働きかけを行った。その結果、44年度の住宅金融公庫貸付方針のなかに、特定宅造事業に限って、公的資金を民間事業者にも融資することになった。

この制度創設の1年後、所沢ニュータウン造成工事がその第1号の適用を受け、4億8000万円（造成工事関係費の約30%相当）の融資を受けた。

本制度はその後、適用範囲を拡大したかたちで運用されているが、当社関係では鳩山ニュータウンをはじめ、港南百合ヶ丘、中郷ニュータウン、千葉あじき台ニュータウンがその適用を受けている。

そのほかスカイマンションA棟の販売にあたっては、購入しやすい条件を整えるため、計画建売住宅購入資金融資（以下、計建融資という）の適用を受け、その後47年度に創設された民間団地分譲住宅建設資金融資制度（現在の「一般団地住宅建設購入資金」）が、光・緑ハイツ、

直接事業費と公庫融資額

		直接工事費（百万円）	公庫融資額（百万円）	比率(%)	購入者融資額（万円／戸）
宅地造成関係		1,828	489	27	45～50
中高層住宅関係	A棟	602	—	—	150
	泉ハイツ	705	—	—	200
	光・緑ハイツ	700	386	55	200
	B棟	758	316	42	200
	C棟	890	360	40	300
	計	3,655	1,062	29	—
合計		5,483	1,551	—	—

販売パンフレット

B・C棟に適用された。

所沢ニュータウンにおける直接工事費と公庫融資額との関係をまとめてみると、別表〔前ページ〕のとおりである。

5．協調融資団の成立

所沢ニュータウンの事業資金調達に当たって、忘れることのできないのは、公的資金もさることながら、協調融資団の形成による民間資金の導入である。

所沢ニュータウン開発事業には、会社設立当初の起業目論見書では約１６０億円、初期計画段階では約２３０億円の事業資金が見込まれていた。この事業の成否は、当社の資金調達能力にかかっていたともいえる。

当初の所要資金は、43年後半の５億円の用地買収費であったが、これはとりあえず株主各行から預金担保で借り入れを行い、その後は一貫して日本興業銀行を総幹事役とする銀行、信託、生保、合計32社から成る協調融資団を組成してもらい、それを通じて事業資金の調達をはかってきた。当社の資金調達方式としては、この協調融資団の形成が大きな特色となっており、現在もこの方式がつづけられている。

6．合理的な販売価格の実現

会社設立から４年後の45年秋、初の宅地分譲を開始した。長い間の努力が実って、いよいよ収穫の時を迎え、同年７月営業部を新設した。

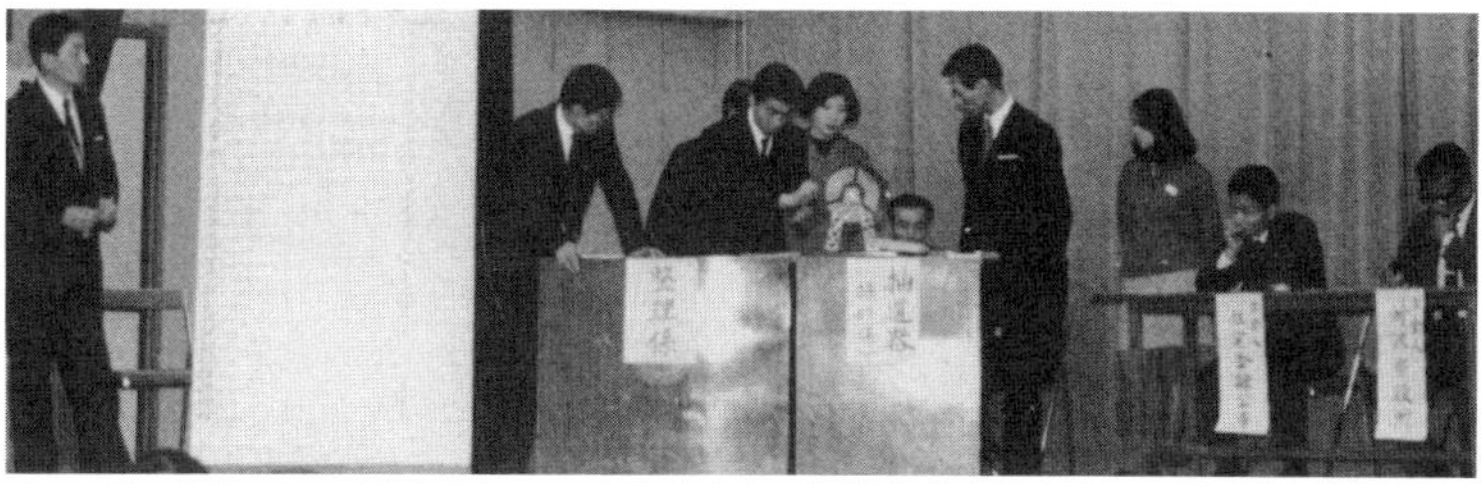
第１期販売抽選会

宅地の分譲状況

		第１回	第２回	第３回	第４回	第５回 限定公募	第５回 一般公募
販売区画数		189	211	259	211	42	67
申込受付時期		昭45・11	昭46・2	昭46・4	昭46・7	昭47・2	昭47・5
区画当たり面積（㎡）	最低	184	175	178	173	168	176
	平均	200	203	202	204	192	201
	最高	237	262	352	272	217	244
区画当たり販売価格（万円）	最低	373	382	413	400	407	533
	平均	442	478	492	505	498	645
	最高	562	666	1,038	627	652	816
平均㎡当たり単価（円）		22,100	23,600	24,400	24,800	25,900	32,000
応募倍率（平均）		9.5	10.3	7.5	8.5	1.4	36.4
提携ローン	利用率（％）	31.8	32.7	32.8	31.8	28.6	38.8
	平均融資額	185万円/戸	214万円/戸	216万円/戸	227万円/戸	290万円/戸	273万円/戸
公庫融資	利用率（％）	36.0	29.4	23.9	20.4	85.7	61.2
	最高限度額（万円）	134	134	134	134	134	134
販売総面積（㎡）		37,856	42,772	52,210	42,978	8,072	13,499
販売総額（百万円）		836	1,010	1,274	1,065	209	432
広告販売費の対売上比（％）		3.0	1.6	1.3	1.5	0.3	4.0

所沢ニュータウンの事業上の特色は、
①民間宅造事業にとって初の特定住宅地造成事業の指定を受けた。
②住宅金融公庫から民間初の宅地造成資金融資を受けた。
という２点にある。

その結果として、

①宅地の処分予定価格は、原価に適正利潤を加えた価格の範囲内であること。
②公募の方法によって販売すること。

というきびしい規制を受ける。つまり公共団体や公団に近い方法で、販売価格の設定と、販売方法をとることになったのである。

45年11月3日、第1回宅地販売を控えて、関係当局と販売価格について具体的な折衝に入ったが、何しろ民間初のケースであり、また見込み原価の算定であるため、住宅金融公庫をはじめ、建設省、国税庁、大蔵省との交渉は5ヵ月間も難航をつづけた。その結果、平均㎡当たり2万3890円（坪当たり7万8975円）の販売価格が算出されたのである。

この販売価格の決定によって、周辺地域での地価の変動とは関係なしに、適正にして合理的な宅地価格が、所沢ニュータウンで実現したといえるのである。

第1回189区画の分譲は45年11月、初の販売を不安のうちに迎えたが、11月10日からの募集申込は、9・5倍の倍率を示し、社内の緊張感は一度にほぐれた。

第2回以降の宅地分譲も、引きつづき高い応募倍率を示し、順調な成績を収めることができた。47年5月、第5回宅地分譲をもって、すべて好評のうちに全宅地を完売することができたのである。

第4章　県下初の14階マンション

1．高層住宅の建設へ英断

今でこそ、高層の郊外マンションは、ごく当たり前のことになっているが、44年当時には、なかなか決心のつかない事業であった。しかしその必要性は当初より認識されており、44年5月の基本計画では、中高層住宅の導入目的を次の5つに求めた。

①ニュータウン全体の空間構造に変化を与える。
②人口定着をスピード化し、人口収容力をアップさせる。
③土地と施設の有効な利用を可能にする。
④住民の社会階層にバラエティをもたせ、地域社会の画一性をある程度防ぐことができる。
⑤商業、店舗の拠点として日常生活物資を提供する。

以上の考えに基づいて、都市計画設計研究所は、中心ゾーンの土地利用についてマスタープランを作成した。当社技術陣は、このプランをも

46年当時の所沢ニュータウン

とに、具体的な計画作業に入り、44年9月ころ、一応の試案を作成した。

それによると、住宅規模1戸当たり70~80㎡、容積率100%以上、ha当たり150戸以上の戸数密度の確保を前提として、中心ゾーンに高層482戸、隣接地区に中層408戸、合計890戸の建築が可能であるというものであった。

問題は、住宅規模、建築費と分譲価格のかね合いをどうするかにあったが、何よりも、巨額な資金を自力調達し、多量の住宅を建築して果たして売れるだろうかということであった。

ニュータウンのシンボルとしての高層住宅の必要性と事業成立の見通し難とが交錯するなかで、社内では幾度も議論が重ねられた。その当時、建設省や住宅金融公庫は、ニュータウンでの高層マンションの建設に疑念を持っていた。しかし、最終的には社長の先見的な英断をもって、この計画を実行する裁定が下った。高層住宅の高さについても、8階案、11階案、12階案、14階案と議論百出であったが、最終的にはシンボル性と経済合理性の両面から、郊外マンションとしては最高の14階案が採用されたのである。当社経営の積極的姿勢を示したものだが、埼玉県下初の14階建高層マンションの建設は大きな反響をよんだ。

2．ニュータウンの核づくり

高層マンションの自力建設の検討と並行して、中高層住宅全体計画の作業が進められていた。45年7月、中心ゾーンを高層住宅、商業施設用地とし、その他のスーパーブロックを中層住宅にする基本方針が決定された。ニュータウンでの核の創造、都市スカイラインの形成がその考え方の根底をなしていた。

8月に入り、造成工事を担当した日本国土開発㈱の前向き、積極的な建設意欲を重視して、当社との共同開発的色彩をこめて、中心ゾーンの設計施工を同社に発注することになり、11月には、現在の所沢ニュータウン中心ゾーンの原型ともいえる14階建のA棟・B棟・C棟、そして連続店舗を内容とする全体計画がまとめられた。

一方、中層ブロックに関しては、ブロック毎のまとまりを重視し、散歩道の確保と、自動車の通り抜け禁止、さらには近隣の一戸建住宅への日照確保を前提に、それぞれの住棟配置計画が、当社設計陣の手でまとめられた。

A棟建設にあたっては、価格の低廉性もさることながら、郊外マンションとしての快適性の追求も大きなテーマとなった。これが3LDK主体の住戸構成、戸別のエアコンおよび深夜電力利用の温水器設備、そして壁も二重、キメ細かい和室の内装等の設計内容へ結びついていった。

埼玉県下最初の14階建店舗付高層住宅ということで、厳重な設計審査を受け、一切の手続きは46年4月15日の建築確認をもって終了し、直ちに工事に着手した。

3．買いやすい価格で完売へ

これまでの宅地分譲につづいて、マンション分譲もまたはじめての営業経験であり、売れ行きに不安があったことはいうまでもない。宅地に比べ一層買いやすい条件を整えるため、住宅金融公庫と精力的な折衝の末、その融資をとりつけることができた。

公庫側は、「販売は至難。誠意と熱意だけでは……」と、はじめはかなり難色を示していたが、好評のうちに完売し、公庫に対し面目をほどこした。

公庫融資のほかに、当社が、株主の金融機関、生命保険会社との間に提携ローンを契約し、購入者に対し融資の利用をはかることにした。

つぎに、宅地分譲とは違った事務として、①管理方式（管理組合規約、管理費など）、②区分所有と共有持分所有、③入居以降の管理運営などの問題もなおざりにはできない。調査研究の結果、住宅金融公庫からモデル的な管理組合規約と賞賛されるほどのものが作成された。さらに46年10月発足の関連会社、新都市興業㈱への管理委託方式の採用により万全の備えができたのである。

販売に当たっては、適正な線を打ち出して価格で勝負するほかなく、結局、1戸当たり平均625万円に決定した。3DKは585万円～600万円（48戸）、3LDKは585万円～698万円（72戸）とし、一般市価より低めの買いやすい価格を設定した。46年10月、A棟の販売は平均2・1倍という応募率で、売れ行きの懸念は一掃された。

A棟に次いで、近隣地区における中層集合住宅・泉ハイツの建設に着手した。施工は大成プレハブ㈱で、所沢ニュータウン用の新タイプを開発し、47年1月、着工した。なお、一般には目立たないが、この集合住宅地から電線の棟間屋上配線という新しい試みがとられた。中層住宅群の配線を電柱を立てず、各棟の屋上間で結ぶもので、東京電力の積極的な協力も得て、日本で初めて実現した。

この泉ハイツにつづいて、光・緑ハイツがそれぞれ建てられ、48年3月までに合計402戸が完成した。なお、最後のC棟販売にあたって、

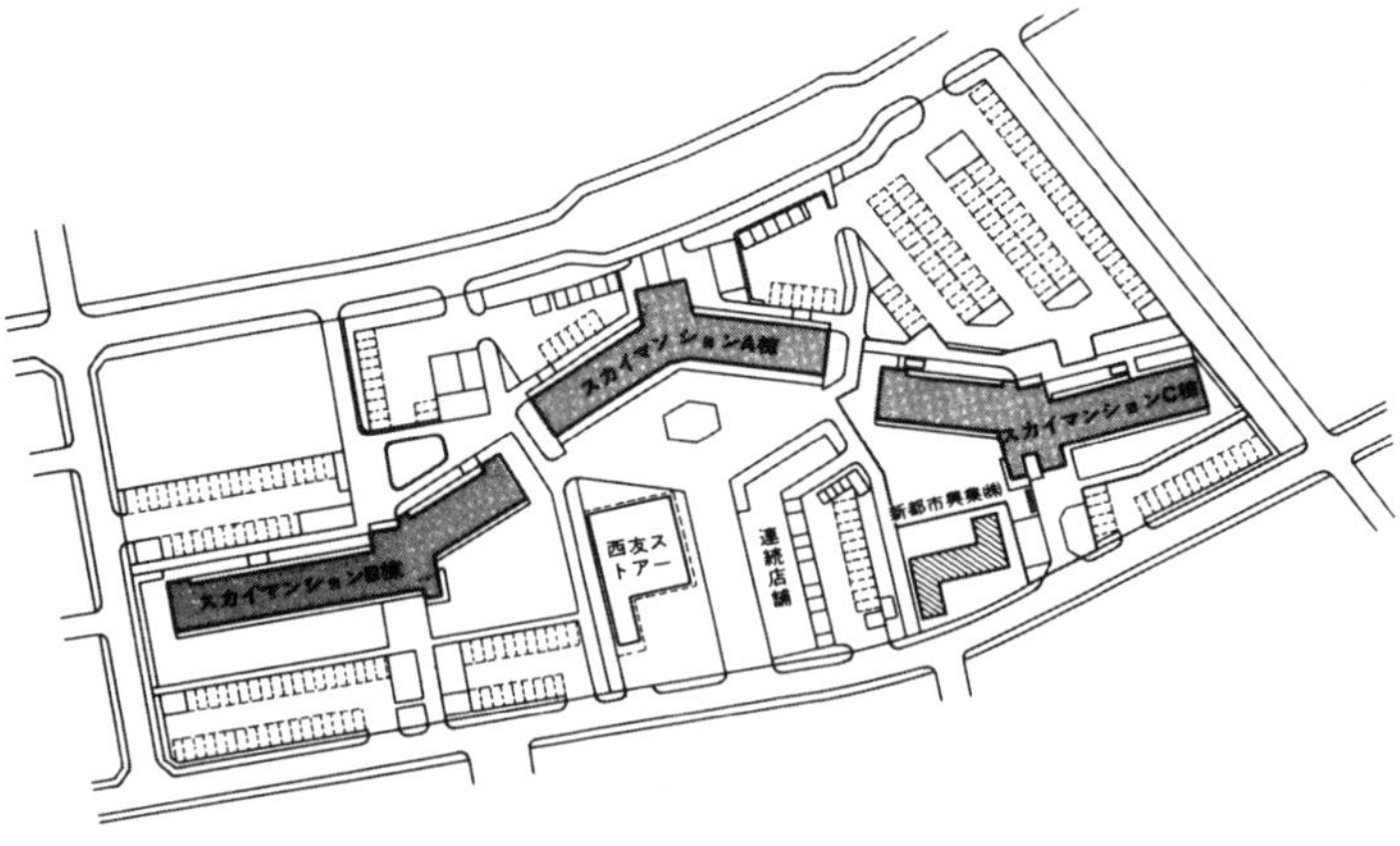

中心ゾーン計画図

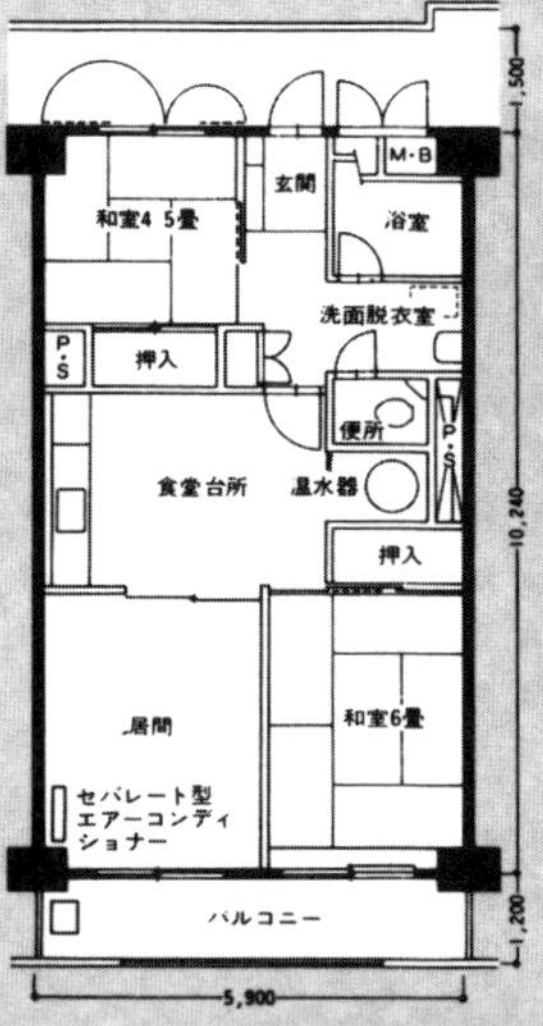

スカイマンションA棟の代表的な間取り

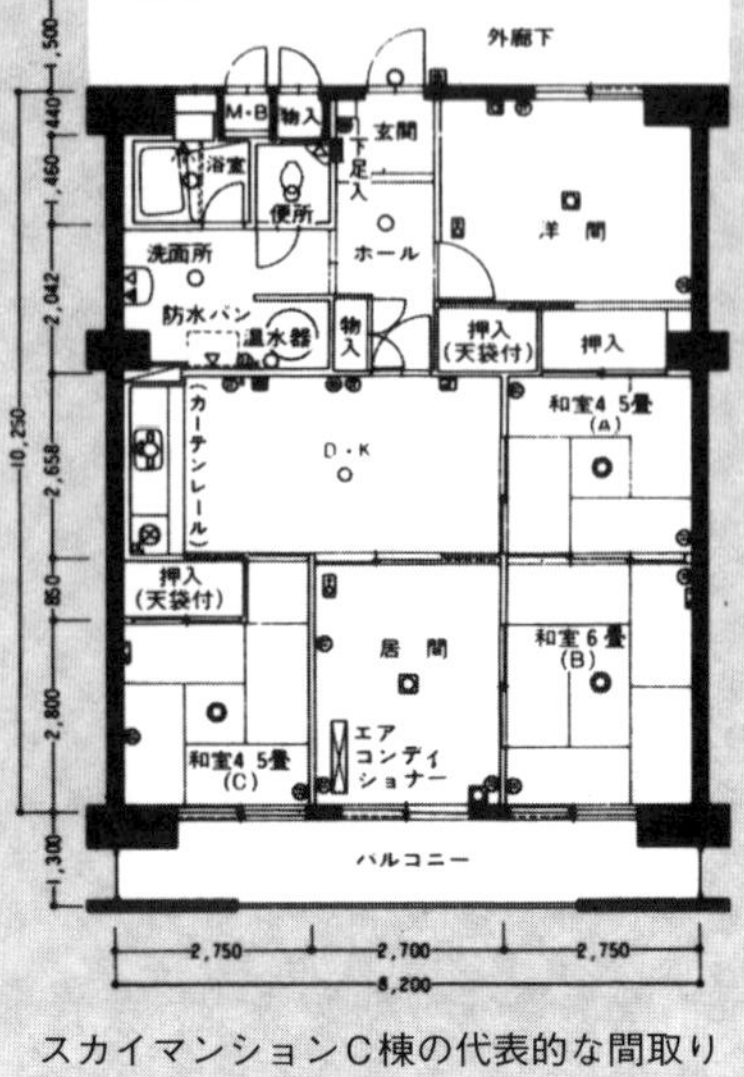

スカイマンションC棟の代表的な間取り

中高層住宅の分譲状況

		A　棟	泉ハイツ	光・緑ハイツ	B　棟	C　棟
販売戸数		120戸	209戸	193戸	158戸	120戸
申込受付時期		昭46・10	昭47・7	昭47・11	昭48・4	昭49・6
戸当たり専有面積	最　低	60.4㎡	61.0㎡	68.9㎡	60.5㎡	65.6㎡
	平　均	64.7㎡	70.7㎡	74.9㎡	67.5㎡	78.7㎡
	最　高	72.3㎡	86.4㎡	86.4㎡	84.7㎡	84.1㎡
戸当たり販売価格	最　低	585万円	550万円	665万円	658万円	1,210万円
	平　均	627万円	689万円	779万円	779万円	1,387万円
	最　高	698万円	890万円	969万円	998万円	1,498万円
応募倍率（平均）		2.1倍	3.6倍	4.4倍	21.1倍	6.2倍
提携ローン	利用率	72.5%	63.1%	60.6%	75.9%	68.3%
	平均融資額	265万円/戸	258万円/戸	330万円/戸	317万円/戸	537万円/戸
公庫融資	利用率	100%	100%	100%	100%	100%
	融資額	150万円/戸	200万円/戸	200万円/戸	200万円/戸	300万円/戸
管理費		4,500〜5,300円/月	2,500〜3,500円/月	2,800〜3,500円/月	4,800〜6,700円/月	5,200〜6,800円/月
販売総額		753百万円	1,439百万円	1,504百万円	1,230百万円	1,664百万円
広告販売費の対売上比		2.9%	2.1%	1.9%	2.3%	2.2%

「県民優先方式」が県の指導ではじめて登場した。

第5章　初の建設大臣賞に輝く

1．豊かな生活へ施設整備

「開発さるべき新都市は、単純な団地造成によるベッドタウンではなく、本格的に計画された公益施設を完備し、都市機能を備えたものであるべきである」という考え方を標榜してきた当社にとって、所沢ニュータウンは最初の試金石であった。第1回宅地販売を好評のうちに終了した45年後半から、豊かな生活を営むための諸施設の整備について、具体的、本格的な検討が開始された。しかし、都市施設の整備はある程度の人口定着によって、はじめて可能になる。そのため当社は人口定着の促進策として、①多量の集合住宅の建設、②住宅建設の請負、③スーパー

表彰状

日本新都市開発株式会社殿

貴社は所沢ニュータウンの建設にあたり種々の困難を克服してよく所期の目的を達成し健康で明朗な住宅環境の育成に寄与されました
ここにその業績を表彰します

昭和四十九年七月十日

建設大臣　亀岡高夫

民間デベロッパーとして初の建設大臣賞受賞

新都市興業㈱社屋

ニュータウン商店街

48年当時の所沢ニュータウン

所沢ニュータウン諸施設配置図

1 都市計画道路
2 緑道
3 中央公園
4 グラウンド〈予備滞水池〉
5 児童公園
6 幼稚園
7 市立保育園
8 ショッピングセンター
9 西友ストア
10 バス停留所
11 スカイマンションA棟
12 スカイマンションB棟
13 スカイマンションC棟
14 泉ハイツ
15 緑ハイツ
16 光ハイツ
17 内科・小児科医院
18 外科・胃腸科・整形外科医院
19 管理センター
20 郵便局
21 警察派出所
22 金融機関
23 新都市興業㈱〈集会所〉
24 小学校〈域外〉
25 テニスコート
26 滞水池

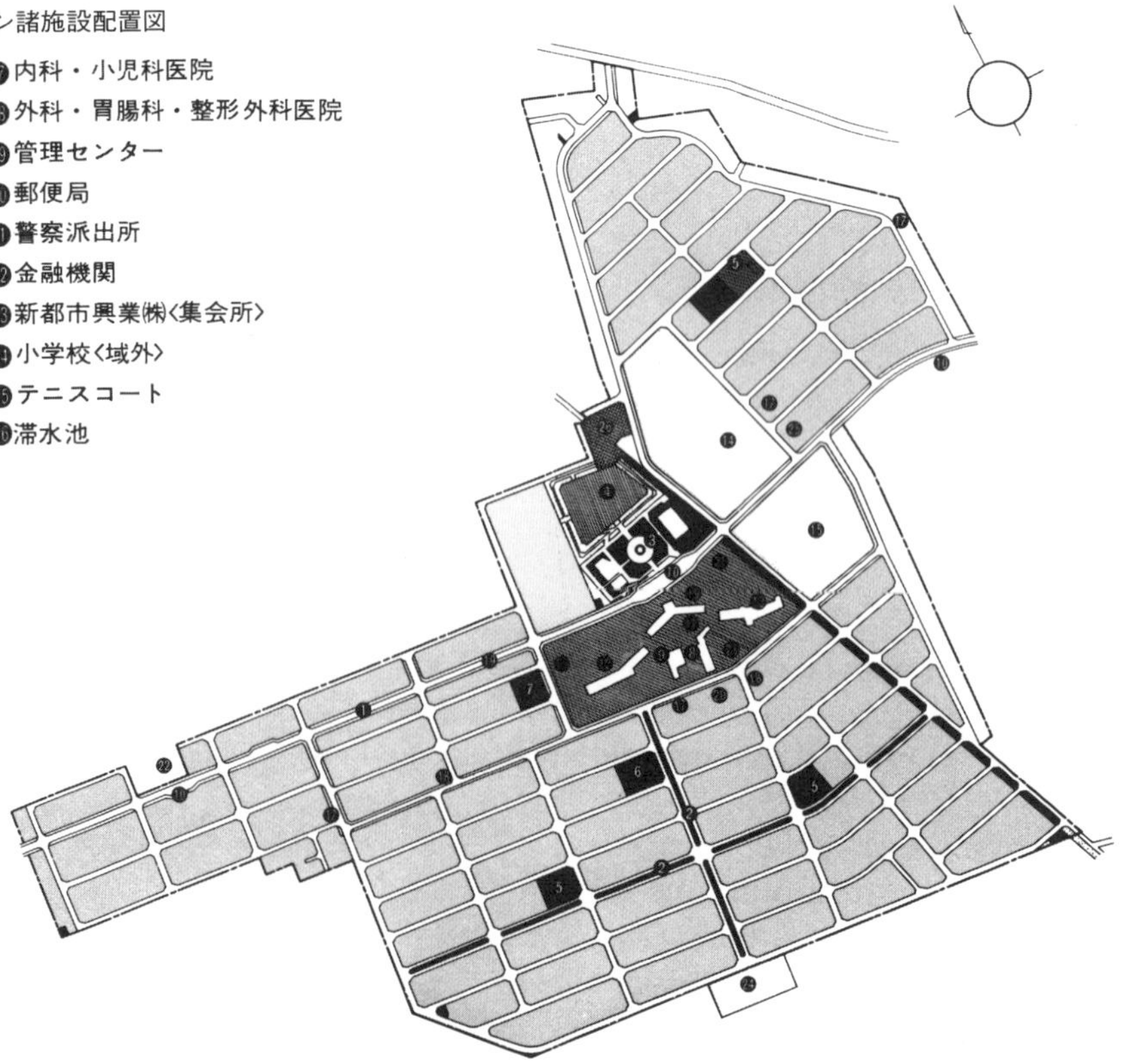

マーケット・店舗街の建設などの措置をとった。

　当初、約1800戸の計画戸数を前提として、所沢ニュータウン基本計画書で考えられた都市施設は、別図のようなもので、それらはほとんど実現済みで、当初計画にはなかったCATVの導入などが実現している。

　なお滞水池については、その跡地にプールのほかコミュニティー・センターなどをつくり、これを住民のため多角的に利用することを計画している。そのため砂川堀の改修が一日も早く完成されることを期待している。

　都市施設の管理運営については、当社がある程度の営業補償をすることを前提に、スーパーマーケット（西友ストア）、バス運行（西武バス）、幼稚園（マルハ幼稚園）を誘致した。また、市当局によって、保育園、小学校（用地無償提供）、児童図書館が開設されたほか、住民の主導による有線テレビ放送、テニスクラブ、教養教室、文化活動などなかなかの盛況である。

2. CATVとカルチャーセンター

　所沢ニュータウンの施設のなかで、とくに高い評価を受けているのが、CATVと所沢カルチャーセンターである。

　所沢ニュータウンでは、CATVの多チャンネル性をいかして、多面的に利用し、コミュニティーづくりに活用、とくにローカルの自主放送を行っていることが各方面の注目を集めている。

　はじめは住民の一部同好者によって、FM放送が始められたが、これが発展して、51年9月1日より所沢ニュータウン有線テレビ放送（TCTV）が正式認可を受けて開局した。

　施設所有者である当社と、学識経験者、住民代表によって構成される番組審議会を核とし、住民も企画や制作その他に多面的に参加しながら運営されている。現在1日4回、1週間単位でニュータウン内のニュース、お知らせのほか、生活や地域社会に密着した特集番組が放映されている。CATVをこのように多面的に活用しているのは民間企業としては数少ないケースであり、ニュータウンの声価を一段と高めている。所沢でのCATVの経験は、その後鳩山・中郷・西所沢椿峰各ニュータウンで生かされることになった。

　所沢カルチャーセンターは、朝日新聞社が市民大学を目指して開設した朝日カルチャーセンター（新宿住友ビル内）の全面的協力のもとに、50年4月に発足し、各種教室を開講し、地域社会活動の一環として大きく寄与している。すでに開講以来8年半、書道、茶道、太極拳など全国的組織につながる高位の有資格者がここからも続々生まれている。

　なお、同センターが開かれているスカイマンションC棟最上階にあるスカイビュー（床面積252・8㎡、76・5坪）の会議室、和室は住民の各種集会や催しものなどのため活発に利用されている。

カルチャーセンター　バレエ教室

カルチャーセンター　書道教室

CATV

所沢ニュータウンをはじめ鳩山・中郷・西所沢椿峰の各ニュータウンの声価を高めているものに、CATVの導入がある。CATVは、ニュータウンの中央にマスターアンテナを設置し、それと各家庭とを有線（同軸ケーブル）で結び、同軸ケーブルの多チャンネル性をいかして多面的に利用しようとするシステムで、情報化時代を先取りする技術である。当社が民間企業としては異例の早さでCATVを各ニュータウンにとり入れたことは、豊かなコミュニティーの創造を目ざす姿勢を示すものとして、注目を集めた。

CATVは、わが国では、もともとテレビの難視聴解消のための再送信を目的として普及しはじめた。ビルかげや山かげで、テレビ放送が見えにくい難視聴地域では、付近の高い感度のよい所にマスターアンテナを設置し、そこで受信したテレビ放送を有線（同軸ケーブル）で各戸に再送信する。これによって、各戸は、個別のアンテナなしに鮮明で、安定した画像を楽しむことができる。所沢・鳩山ニュータウンの景観がすっきりしているのも各戸にアンテナが無いからである。

しかしCATVの利点は単にこのような再送信の利用だけではない。CATVは、NHKや民間テレビ局のテレビ放送を全部受けても、同軸ケーブルの能力は十分に余裕があり、その空きチャンネルを利用して、他の情報サービスに使えるからである。

その一つの利用方法は、同軸ケーブルが双方向通信に使えるのを利用して、自動火災報知設備、非常用押ボタン、防災盤、緊急放送設備など、各戸内受信装置を有機的に結合して、ニュータウンの火災、防犯、救急などの情報を総合化した多目的機能をもつシステムで、鳩山ニュータウンで実施している。

いま一つは、自分たちで番組を製作し、それを自主放送として地域に流すことができることである。

所沢ニュータウンでのCATVの多面的な利用は、民間企業としては数少ないケースとして各方面から注目を集めた。同タウンでは、はじめ一部同好者によるFM放送を行ったが、これ

TCTV 撮影風景

(下) TCTV 放送スタジオ

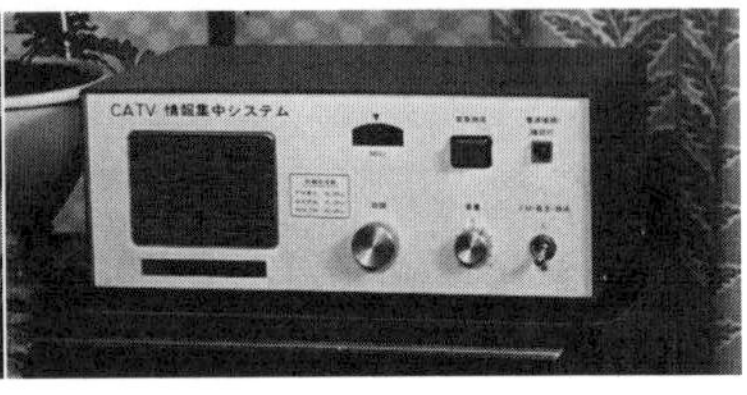

(上) TCTV FM 専用受信機

が発展して51年9月1日より、所沢ニュータウン有線テレビ放送（TCTV）が正式認可を受けて開局、自主テレビ番組を放映するようになった。毎年開催されているCATV全国コンクールにも参加し、その第2回（51年）には「敬老の日特集」、また第3回（52年）には「無公害食品運動はほんものか」、第4回（53年）には「奥さまの味談議」、第6回（55年）には「放置自転車を考える」と四たび全国優秀賞を受賞した。また鳩山ニュータウンのHCTVでも58年4月から自主放送がはじまった。

なお趣味、娯楽や教養番組の録画テープ（映画）の放送や運動会の生中継放送などの計画が進められているほか、将来は、放送衛星からの直接受信、家庭用テレビファックス、電波新聞など、情報化時代のコミュニケーションづくりにCATVは大きな役割りを期待されている。

3. コミュニティー産業を目指して〔新都市興業㈱〕

ニュータウンの共同集合住宅、諸施設の維持管理、そしてさらに地域関連需要を対象にした事業を営むため、当社は46年10月に、関連会社として新都市興業㈱（資本金3000万円）を設立、ニュータウンのセンター地区に事務所を設置した。

当初は、共同集合住宅の分譲開始に当たり、管理業務の重要性を認識し、当初から、本来の開発・営業部門とは別形態での運営を計画してきた。しかしながら、この種の管理事業は、一般的に新しい事業分野であり、さしたる先例もなく、その運営には幾多の試行錯誤を経なければならなかった。新都市興業は、単に「クレーム処理」「アフターサービス」「共同集合住宅の共有施設の維持管理」と「住宅のアフターメンテナンス」をするだけでなく、地域に根ざし、そこに生まれる新しい「生活関連需要に対する事業開発」という積極姿勢で事業展開をはかってきた。

しかも、同社は、住民の負担する管理費を、合理的で明快な計算制度により、また近隣同種の建物に比し、どこよりも廉いことを基本にきめている。このように、同社は小さいながらも、業界の先駆的立場を築いてきた。

また、同社はこうした管理業務の基礎となる生活関連技術を活用し、各種のリビングサービスを事業化してきた。さらに分譲以来の日時の経過と共に、転入転出の事例もふえ、住宅の仲介斡旋業務も徐々に拡大。

なお、55年11月より集合住宅の外壁・屋上の塗り替えを開始し、56年10月までに泉ハイツ、スカイマンションA棟の塗り替えを終了。ひき続き光ハイツ、緑ハイツ、B棟についても、57年秋に実施。この塗り替えについては集合住宅住民全員の同意を必要としたが、各自治会の協力で順調に作業を行った。一戸当たりの負担金が30万円もかかるので全世帯（800戸）の同意をとりつけるのは問題が多かった。しかしそれができたのも、日ごろから有線テレビやタウン紙などを使って住民とのコミュニケーションを密にしてきたからといえる。また住宅金融公庫の「住宅改良資金」を利用したのも、成功の一助となった。このような大規模な塗り替え工事は、成功の前例があまりないので、当社の例は〝成功した大リフレッシュ作戦〟とマスコミの話題となった。老朽化するマンションがふえてきている時だけに、当社の成功は今後のリフレッシュ工事のモデルケースとして注目を集めている。

こうした事業の多角化も、あくまでコミュニティーづくりのためであり、創立12周年を迎えた同社はある時は裏方として、また時にはその推進役として、今やコミュニティーの生活のなかになくてはならない存在となっている。

4．民間初の建設大臣賞

所沢ニュータウン開発は「素人集団」ともいえる当社にとって初事業であり、試金石であり、また精いっぱいの仕事であった。特定住宅地造成事業制度の創設、適正利潤方式の確立、政府資金の民間宅造事業への導入、そして都市機能の充実とニュータウン管理・サービス面での創意等成果は大きい。所沢は当社の原点であり、そこでの経験がその後の事業展開への大きな支えとなった。

全社員の努力の結晶ともいうべき所沢ニュータウンは、49年7月民間デベロッパーとして初の建設大臣賞を受け、当社のあげた成果が社会的に認められることになった。

なお所沢ニュータウンの、宅地・中高層住宅の分譲は、49年6月に終わったが、その総売上額は、宅地約54億円、中高層住宅約66億円、戸建注文建築約7億円、合計127億円となり、全体として適正利潤を確保した。

その後56年3月に中高層住宅（電々公社社宅）1棟24戸などを販売した。

スカイマンションＡ棟の塗り替え（56年）

夏祭り

運動会風景

第3編　鳩山ニュータウン

第1章　比企丘陵に新拠点を

1．絞られていく候補地

前編で述べたように、所沢ニュータウンの事業規模の大幅縮小にともなって、ポスト・所沢のいくつかの候補地をめぐって、社内での議論がようやく高まってきた。

やがて新規開発地点として埼玉県西部の「鳩山ニュータウン」に次第に焦点が絞られていくのが、45年になってからであった。44年夏の経営幹部による現地視察以降、浮き沈みを繰り返しながらも、1年半以上も調査対象として残り、そして検討しつづけられた。「鳩山ニュータウン」を取り巻く自然環境の魅力に引かれたからではなかろうか。

この時期、'60年代後半は、GNP自由世界第2位を達成した高度経済成長の最盛期であるとともに、「新全総」（新全国総合開発計画）が発表された時期で、巨大都市東京の近県では、大規模開発構想がつぎつぎに発表されていた。そのため、先発デベロッパーは、有利な大規模開発の適地を求めて、積極的に用地取得を進めていた。その点に関しては、後発デベロッパーの当社は、むしろ出遅れの感を否めなかった。

鳩山ニュータウンは、その当時、「坂戸ニュータウン」とも、「鳩山丘陵ニュータウン」ともいわれていたが、そのニュータウンは、埼玉県比

買収当時の鳩山ニュータウン（46年）

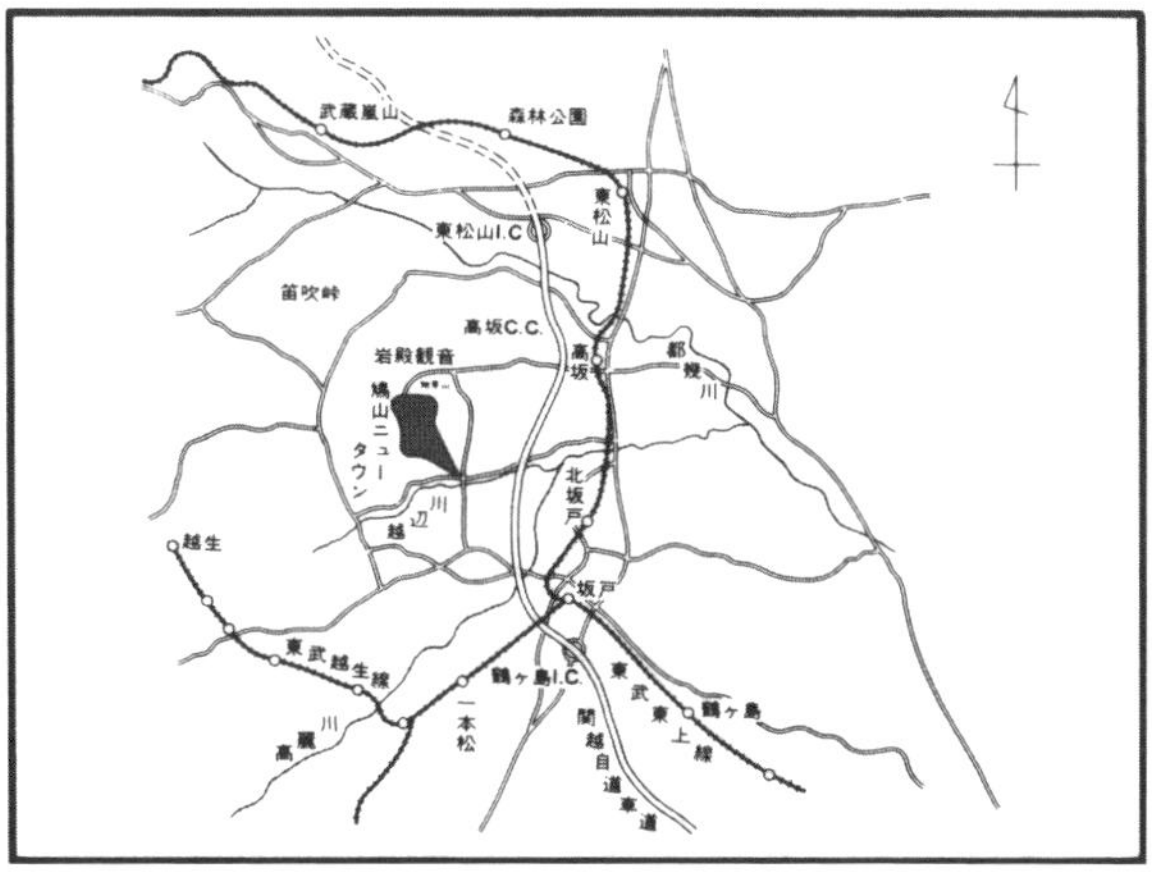

企郡鳩山村に属し、都心より50㎞圏内。最寄りの東武東上線坂戸駅までは、池袋から電車で約50分（急行で40分）、坂戸駅より西北約４㎞程の丘陵の上にあった。付近一帯の丘陵は県立自然公園で、丘陵東端の名勝「物見山」からは、雄大な景観を楽しむことができる。物見山の東方まぢかには大東文化大学の校舎が並び、さらにその東方には、日本住宅公団の北坂戸団地１１９ha（約36万坪）が建設中であった。

2．比企丘陵都市開発構想

鳩山ニュータウン実現のきっかけになったのは、埼玉県の「比企丘陵都市開発構想」の発表であった。これは45年４月、県東北部の久喜、加須市を中心とする「利根広域都市開発構想」とあわせて発表されたもので、この上位構想は、当社経営陣のにぶる決断に大きな刺激を与えたといえよう。

当時、東京都では多摩ニュータウンが建設途上で、44年には第１回入居者募集開始、神奈川県では港北ニュータウンが計画・準備段階、千葉県では臨海埋立事業が着々と進められていたばかりでなく、北千葉ニュータウンの用地買収も開始、そして茨城県では鹿島臨海工業地帯建設に次いで、筑波研究学園都市の建設工事に着手していた。

近県のこのような動向にやや遅れをとっていた埼玉県も「新全総」の工業の地方分散、広域開発というような開発思想を参考にしながら、練り上げた開発政策のモデルが前述の構想である。その後、建設省は前者の構想を、ニュータウンのモデル構想として、詳細な調査に入ったが、社会・経済環境の変動のため、陽の目をみるに至っていない。

比企丘陵都市開発構想のあらましは次の通り。

①構想対象地域

東松山市、小川町、嵐山町、滑川村、吉見村、鳩山村、の１市２町３村で、その面積は２万５０１９ha（約７５７０万坪）。

②人口規模

目標年次60年に25万人（構想発表当時の人口12万人）。

③構想の骨組

台地に工業団地をつくり、産業を中心として、優れた自然環境を利用しながら、住宅地と研究学園施設を周辺の丘陵地域に配置する。また、国の明治百年記念森林公園を北部に建設し、レクリエーション施設とする。

④配置計画

目標年次の工業団地の規模は、おおむね５７０ha（約１７１万坪）で、東松山台地を中心に、非用水型の電子工業、精密工業関連産業を配置する。

住宅団地としては、東松山台地に３５０ha（約１０５万坪）、物見山南部に３００ha（約90万坪）、その他数ヵ地点に４５０ha（約１３５万坪）を配置する。その他特定施設用地として２５０ha（約75万坪）を考える。以上開発面積は総計２１２０ha（約６３６万坪）となる。

3．自主開発への決断

鳩山ニュータウンへの決断までには、多くの検討課題があった。なかでも、鳩山村は人口５０００人未満の過疎村、都市基盤は未整備状態で、この村内にニュータウンを建設するとなれば、巨額な公共・公益施設投資をデベロッパーみずからの手で行わねばならなかった。また、開発期間の長期化も覚悟しなければならない。果たして事業ベースに乗るかどうか、また、次第にきびしくなりつつあった金融情勢のなかで、長期の安定資金が得られるかどうかなど、難問をかかえていた。

一時は、大手民間デベロッパーと組んで、共同開発事業とする動きもあったが、45年も押し迫るころ、何回かの真剣な討議のすえ、自主開発に踏み切る決定が下された。かくして鳩山ニュータウンは、当社にとって'70年代のメインプロジェクトとして浮かび上がったのである。

当時の開発方針の大要は、つぎのようになっていた。

①開発計画面積１００ha（約30万坪）の広域開発とし、所沢ニュータウンにつづくメインプロジェクトとする。

②県立自然公園の環境保全に努める。

③調査段階で採られたと同じように、県と村、さらに周辺市町村と密接な連絡をとると同時に、積極的にその指導を受ける。

④上水道の水源開発および取付道路建設に、社内の技術力を結集する。

⑤建売分譲方式により、人口の早期定着をはかり、都市機能整備の実を挙げる。

⑥巨額な公共・公益施設投資を必要とするので、早期開発達成に全社を挙げて取り組む。

⑦長期安定資金の導入をはかるため、住宅金融公庫の融資制度を活用するとともに、所沢ニュータウンの開発促進により、その投下資金回収の早期化に努力する。

この開発方針を受けて、第一に着手されたのは用地買収であった。開発計画面積１００ha（約30万坪）と決まったが、このうち約半分の56ha（約17万坪）は市街化区域に属し、すでにこの部分は、売り主の東方興業と丸金建設により取りまとめられていた。そして、そのうち16・5ha（約5万坪）は半造成地であって、上下水道やガス管などが埋設されていた。またすでに大手デベロッパーの間へ売り込みに持ち回られていた物件でもあったため、売買契約締結に至るまで、慎重な調査と売主との折衝が必要であった。その間約2ヵ月、46年2月23日、無事、売買契約書の調印が終わった。

なお、引きつづき隣接の市街化調整区域50ha（約15万坪）の用地買い増しや、坂戸市に至る取付道路用地の買収作業が開始された。

第１期建築工事（48年）

第2章　障害を乗り越えて

1．難問の取付道路——南進から北進へ

鳩山ニュータウンの自主開発の決断とともに、用地買収が始まったが、それと並行して、綿密な現地調査にもとづいて開発計画が練られ、関係行政諸官庁との折衝が積み重ねられ、矢つぎばやに計画は具体化され、建設工事に移されて行った。第１回の販売開始目標を48年３月と定め、事業の推進を急いだ。

しかし、これほどの大規模開発事業になると、当然に予期しない障害

鳩山ニュータウン取付道路（物見山付近の急カーブ）

越辺川

が現われる。なかでも、48年度に入ってからは、難問が続発し、事業スケジュールが1年以上も遅れる事態を招いていた。第1回の入居時期（当初は48年9月を目標としていたが、結局は49年3月となった）までに取付道路、上下水道、汚水処理場、教育施設などを、足なみそろえて完成することが至上命令となっていた。

最初にぶち当たった難問が取付道路であった。そしてそれを阻んだのが一級河川、越辺《おっぺ》川。鳩山村と坂戸市を隔てているこの河川は、ニュータウン付近では、川幅20m足らずにすぎない。この程度の川ならば、橋を架ければ簡単と思われたが、実はそうではなかった。開発事業にとって、自然条件がいかにきびしいものであるか、身にしみて知らされたのが、この越辺川である。

当初、付近一帯の道路事情を調査の結果、取付道路は、坂戸市と結ぶ計画を作り、道路用地の買収にも入った。そして、村をはじめいくつかの関係行政当局へは、具体的な道路計画を持って何回となく相談に行く。しかし、話を具体的に詰めて行けば行くほど、先方からの返事はますます不明確になっていく。このままでは、ただ時間がむだに流れるだけであった。

46年12月、南進ルートの坂戸線を再検討せざるを得ない事態となった。この開発事業は、ここで一大危機に直面することとなった。振り返ってみれば、南進ルートを阻んだ大きな理由は、つぎのように考えられる。

①河川管理の行政上の権限が非常に複雑なうえ、流域住民や市町村の利害が微妙にからみ合っている。

②鳩山村付近の越辺川は、河川改修がすんでいない。

③越辺川の坂戸市側の水田地帯は、洪水時の遊水池としての機能を兼ねており、道路改良がむずかしい。

事態がここに至って、物見山を越えて東上線高坂駅に至るルートの研究・調査が、必死になって開始された。もちろんこのルートにも課題が多かったが、南進ルートを阻まれた今、この北進ルートに活路を見出すほかはなかった。47年の中頃には、関係行政当局の基本的了解も得て、北進ルート高坂線で進むことを決定し、このルートにすべてを託すこととなった。

しかし、その後も取付道路建設は、必ずしも順調ではなかった。48年に入って、県と東松山市の教育委員会から、物見山の山頂周辺の文化財保護についてクレームがつけられた。（山頂北斜面に、保護の必要な10種類程のシダ類が群生している）

このため、例えば道路計画線付近の一木一草が入念に書き込まれた詳細な植生図もつくられた。約2ヵ月間、県、市と折衝を重ねた。5月末、文化財の損傷の最も少ない道路計画線についての了解を取り付け、その年11月やっと着工にこぎつけることができた。

北進ルート高坂線が開通したのは、49年3月13日である。当時の経緯を物語るかのように、今もこのルートは物見山の山頂北側で異様なカーブを描いている。

なお、バス路線の新設は、きびしいバス事業経営にもかかわらず、東武鉄道の並々ならぬ協力により実現し、東上線高坂駅まで6・9kmが運行されることとなった。

2. 上下水道建設の苦心

比企丘陵は、もともと水源発見がむすかしく、そのために開発がおくれていたともいえる地域で、「比企丘陵都市開発構想」でも、主として荒川水系からの導水が計画に組み込まれていた。

当社にとっても、水源の確保が大きな課題であった。当社の用地買収に際して、売主がすでに上水道の水源として掘り当てていた井戸を買い取っていた。揚水テストの結果、約５５００人分の水源が確認された。しかし、全体の開発計画のためにも、また予備水源という意味からも、なお相当量の水源確保が必要であった。

新水源を求めて、村境の南を東西に流れる越辺川沿いに、広範囲に、長期にわたって電気探査がつづけられた。なかには、地元住民の理解を得られないまま試掘を断念した個所や、補償問題で地元との交渉が長引いたものもあった。しかし48年12月には第2水源、49年8月には第３水源が発見され、水源は次第に確保されていった。

その後、50年11月には、東松山市と鳩山村との間で上水道の分水協定が締結され、53年8月からニュータウンを含めて全村に、村営水道事業として給水されることとなった。また51年5月埼玉県と鳩山村との間に、県水の供給協定が締結され、56年より県営水道の供給が行われている。

次の難問は汚水処理。その施設計画が定まり、関係行政当局や地元住民との折衝がひんぱんに行われるようになったのは、48年に入ってからである。地元住民に嫌われる処理場の用地買収などのため、本社から特

3000トンの村営配水塔

別応援班が投入された。48年厳冬、秩父おろしに悩まされながら、作業は連日深夜までつづけられた。

越辺川は一級河川であるほか、水質規制基準がＢＯＤ20ｐｐｍ以下というきびしいものとなっていたため、汚水処理後の排水の放流先について、各関係行政当局の意向の一致をなかなかみることができなかった。唐沢川（越辺川の支流）なのか、越辺川なのか、放流先は二転三転していた。また、越辺川から農業用水を取水している土地改良組合の同意を取り付けるのにも、予期しない苦労があった。しかし、幸いにも関係行政当局や地元の人達の深い理解を得て、48年10月には汚水処理場の建設認可がおろされ、放流先も越辺川と決まり、入居時期の49年３月には、ほとんどの関係施設の整備を間に合わせることができた。

汚水処理

高度経済成長によって生活水準の向上、都市への人口集中などが進み、それに伴って水資源の汚濁の拡大や枯渇が問題となっている。

特に近年は河川、海洋の汚濁が著しく、ＢＯＤ（生物化学的酸素要求量）、ＳＳ（浮遊物質）の規制強化、りん・窒素の除去など、汚水処理能力の高度化が要求されるようになってきた。

このような状況下、公害対策基本法が42年８月制定され、水質汚濁について基準を定めるようになった。このため、当社はまず鳩山ニュータウンで、つづいて中郷ニュータウンで、独自に汚水処理施設を設置し、ともに規制基準値以下という好成績をあげている。

鳩山ニュータウンの汚水処理場の建設についいは、すでに述べたように関係者の苦心の末、第１次の入居開始までに、関係施設の整備を終わったが、越辺川への放流に当たっては、処理施設の放流水質をＢＯＤ20ＰＰＭ以下に抑えられている。このため当社は活性汚泥方式による２次処理を行っているが、現在、処理後の放流水質は平均５ＰＰＭという好成績で運転中で、当社がその維持・管理にあたっている。

後述する中郷ニュータウン〔本書には収録せず〕では鳩山と同じように雨水・汚水の排水は分流方式とし、生活汚水はすべて集中汚水処理施設に集められ、そこで浄化された後、塩田川に放流する計画であった。しかし塩田川への排水水質基準はＢＯＤ10ＰＰＭ、ＳＳ10ＰＰＭ以下というきわめて厳しい規制値が設けられていた。

このため、生活排水の高次処理が必要になり最新の処理施設について、数社のコミュニティー・プラントメーカーを打診したが、そのなかから、処理能力の信頼性、維持管理の容易さ、

鳩山ニュータウン汚水処理場

経済性などの点を考慮し、富士電機製造㈱の富士・ドラボ排水処理設備を導入した。同処理設備はこれまでの活性汚泥方式の2次処理のあとに3次処理として重力式深層砂濾過装置（デナイト・フィルター）を用い、BODとSSを高度に除去する最新のプラントである。53年3月の第1次80戸の入居と同時に始動し、現在の9次入居まで、放流水質は平均4～6PPMと、規制値10PPMを大きくクリアーし、さらに放流のための処理水は消毒タンクで滅菌処理を行うという念の入れ方である。

西所沢椿峰ニュータウンでは、全国でもめずらしい「汚水処理協定」が全地権者の間で締結されている。

公共下水道の整備が遅れているため、それができるまでの間、各戸に浄化施設を設け、生活排水の水質基準をBOD20PPM以下に規制しようというものである。区域内の全地権者によって、このように厳しい協定を結んだ意義は大きい。

このように当社は、良好な住環境を末永く維持するため、つねに環境汚染の防止に厳しい姿勢でのぞんでいるのである。

3．小学校、幼稚園などの整備

小学校についても、村との協議に何かと手間どり、最初の1年間はニュータウンから、本村の今宿小学校まで通うことになり、村営通学バスの利用という不便を忍んで貰わねばならなかった。しかし、村当局の深い理解と決意により、50年4月、鳩山丘陵の緑と静寂に包まれたニュータウンの一角に、村立鳩丘小学校が普通教室12学級で開校した。

学校敷地は村に寄付し、校舎は五省協定に基づく立替施行方式により建設された。その後、ニュータウン開発の進捗に伴って、児童の増加が著しく、52年8月に6学級増築し、53年度から普通教室18学級と規模も充実。また施設も逐次整備され、同年夏に8コースのプールが、55年春には体育館が完成した。

幼稚園は学校法人城西大学の協力を得て、50年4月、城西大学付属鳩

鳩丘小学校

新都市学園第一鳩山幼稚園

商店街

西友ストアーと青空市場

山幼稚園として開園した。開園当時は鳩山村の廃校となっていた今宿小学校石坂分校を借用し、校舎を改装して定員80名でスタートした。翌年、鳩丘小学校に隣接する位置に、本園舎が建設され、本格的な保育活動が開始されたが、園児の増加に伴なって、52年に遊戯室、保育室を増改築し、施設も整備された。また54年度には学校法人町田学園による町田幼稚園が、ニュータウン北端に開園し、園児保育の一翼を担っている。

なお当社は、ニュータウン内における幼児教育に積極的に取り組むことを決め、55年2月、関係官庁の認可を得て学校法人「新都市学園」を設立して城西大学付属幼稚園の経営を継承することになった。

ショッピング施設も、所沢ニュータウンにつづいて西友ストアーを誘致した。それも、堤清二同社社長（当社顧問）の好意あるはからいで、第1次の建売住宅200戸の入居に間に合せることができた。開店時の営業収益の不足は当社の補償でまかなってきたが、入居者の増加によって収益も好転した。なお西友ストアーの他に、6軒の連続店舗、さらに地区センター前に12店舗を誘致し、活気あるショッピング街が出現している。

また医療施設として内科・小児科の坂内医院につづいて、篠原医院（内科・歯科）も誘致した。警察駐在所も54年12月に開設、無集配特定郵便局も55年5月に開設された。

なお48年12月には、ニュータウン管理とアフターサービス専門の鳩山新都市㈱（資本金3000万円）が当社の関連会社として設立され、所沢ニュータウンの新都市興業㈱と同じように、街づくりのために、多面的な活動をしている。

こうしたなかで、毎週3回開かれる「青空市場」が人気を呼んでいる。農家が収穫したばかりの新鮮な野菜や果物を提供するこの市場、今ではすっかり住民の間に定着し、村民との交流の場となり、新しい連帯感が育っている。

4. 建て売りで早期の街づくり

都市機能の整備事業を懸命に推進している間にも、47年初めころより、建売住宅の建設計画が着々と進められていた。都市機能の整備に万全の策をとるためには、人口の早期定着が必要不可欠のことであって、そのためにはなんとしても建売分譲方式を貫く以外になかった。

当時年間供給量500戸、第1回分譲200戸と目標が定められていた。また、販売価格の目標も、敷地63坪、建坪25坪平均で、総額750万円（住宅金融公庫融資付）と決められた。この目標に向って、47年3月に新設の住宅相談室（同年10月に住宅部となる）が中心となって、計画は綿密に仕上げられていった。なかでも、住宅建築費用のコスト・ダウンには、特に意が用いられ、株主各社の製品を極力優先的に採用するとともに、その購入価格について、特別の配慮をいただいた。また、工務店への発注に当たっては、可能な限り分離発注方式が採られた。

また、住環境にも新機軸を打ち出そうと、建築設計の若手社員が中心となって、街なみづくりから住宅の設計が進められた。なかでも色調管理や、垣根と石垣の間の植栽が特徴的であった。所沢ニュータウンで実現できなかった建築協定も定められた。この建築協定の運営は、鳩山新都市㈱の協力のもと、住民の自主的な組織によって行われ、ニュータウンの良好な環境づくりに大きな役割を果たしている。さらにはCATV網が防災・防犯にも利用できる情報集中システムを組み込んで、各戸に引き込まれ、「アンテナのない街」となった。このCATVを利用して、毎朝10時より、生活情報を中心とした域内放送が行われている。これは住民の生活のなかに定着し、また村からの行政連絡、公報などにも利用されている。

第1回分譲は48年11月、おりからの狂乱物価のさなか、木材、セメントなどの品不足による値上がりで、販売価格は当初計画を大幅に上まわ

第１期建売住宅の分譲概況

	第１次	第２次	第３次	第４次	第５次	第６次
販売時期	48年11月15日	50年２月21日	50年10月11日	51年５月31日	51年９月15日	51年12月（限定） 52年４月
戸　　数	200戸	133戸	96戸	123戸	83戸	13戸 113戸
平均倍率	1.65倍	1倍	1倍	1.48倍	2.8倍	1倍
平均価格	1,208万円	1,450万円	1,396万円	1,514万円	1,600万円	1,704万円 1,724万円

第１期販売抽選会（50年）

第１期分譲住宅

り、不安材料を提供した。幸いなことに、全社員の販売努力により、1・65倍の申込みがあり、完売することができた。

かくて鳩山ニュータウンは、石油ショック後の苦しい状況のなかで、第1期事業として、面積約27ha（約8万1000坪）、建売住宅761戸を別表のように、6回に分けて分譲し、新しい街づくりが始まった。

第3章　広域開発を目指して

1．1期から2期へ、許されぬ空白

鳩山ニュータウンは当社にとって、所沢につぐ第2のメインプロジェクトであり、営業の空白は許されない。51年春から第2期工事面積25ha（約7万6000坪）の基本計画に着手し、新都市計画法の開発行為の許可を早期に得るために、全力が注がれた。

ちょうどそのころ、「三全総」（第三次全国総合開発計画）が国土庁でまとめられ、それまでの工業開発優先から人間生活重視（自然環境保全）へと発想の転換が明らかにされた。こうして国の基本的考え方の転換期において、鳩山ニュータウン第2期計画が進められたのである。

すでに取付道路、上下水道、小学校、幼稚園、ショッピング施設など都市機能の整備の大筋は完了しており、第2期計画では、街づくりの〝核〟としてニュータウンのほぼ中央に地区センターを計画することが、一つのポイントになった。

後述するように、計画に問題を含みながらも、51年7月、開発行為事前審査申請を提出、県、村当局との精力的な協議を重ね、20haを超える開発行為としては、異例のスピードで審査を終え、52年3月31日付で、開発許可を得ることができた。その後、造成・建築など関係者の全力を

第２期分譲住宅

進む第２期開発（52年）

第２期建売住宅の分譲概況

	第７次	第８次	第９次	第10次	第11次	第12次	第13次	第14次
販売時期	53年１月	53年５月	53年９月	54年１月	54年５月	54年11月	55年９月	55年10月
戸　数	130戸	53戸	102戸	110戸	戸　建　49戸 テラス　30戸	110戸	71戸	23戸
平均倍率	１倍	1.7倍	2.2倍	2.2倍	戸　建　4.6倍 テラス　2.4倍	2.5倍	1.7倍	1.4倍
平均価格	1,730万円	1,761万円	1,857万円	1,924万円	戸　建　2,034万円 テラス　1,723万円	2,276万円	2,579万円	2,669万円

あげての工事推進の結果、53年1月第2期の最初の戸建１３０戸（第7次）の分譲が行われ、ひきつづき空白もなく、第8次以下の販売が別表のようにつづけられている。

2．テラス・ハウスの試み

第2期計画において、最も社内意見の分かれたところは、中央道路の西側地区における中層住宅の計画であった。中層住宅は収益の面からは望ましいことであるとしても、販売上は大きな不安が残り、また自然環境保全や景観の上からも問題なしとはいえなかった。

しかしながら、工事の空白は許されないということから、とにかく中層住宅を軸に策定した基本計画によって、開発許可を得ることになった。だが、基本計画策定で、論議のまとであった中層住宅計画は、開発許可後も、大きな課題として残されていた。中層住宅、是か非か、最終的な決断がつかないままに、新しく試みられたのが、テラス・ハウス（低層集合住宅）の計画であった。土地原価の上昇によって、独立家屋では、適正な敷地面積の確保が、販売価格の面から、次第にむずかしくなってきた。それかといって、中層住宅については、前述のような不安が依然としてつきまとっていたからである。

こうして、第2期地域については、テラス・ハウスを組み入れた新しい計画に変更申請がされ、54年5月テラス・ハウス30戸が建てられ、平均2・4倍で完売された。採算性か、良好な住環境か、というジレンマのなかで、果たして、テラス・ハウスが最適の計画であるかどうか、結論を出せないまま、第2期地域の街づくりへの模索がつづいた。

また、鳩山村からの協力要請もあり、同村内に立地する宇宙開発事業団地球観測センターの鳩山宿舎として、53年12月、ニュータウンセンター地区南側に初めての中層住宅（4階建、32戸）を建設した。

3．2番目の小学校と梅沢調整池

鳩山ニュータウンの発展につれて、55年春二つの工事が完成した。一つはニュータウンの北西端にできた2番目の小学校、いま一つはニュータウンの西側の谷間、梅沢地区にできた調整池である。

テラス・ハウスの家なみ

ニュータウンの将来の発展を見通した場合、小学校一校では学級のマンモス化が避けられず、村は学級の適正規模を保持するため、第二小学校の建設を具体化する必要に迫られた。この結果、ニュータウン北西端に村立松栄小学校の建設を決定、学校敷地の取得と造成は村事業として行い、当社はこれに協力、校舎は鳩丘小学校同様五省協定に基づく立替施行方式により建設され、55年4月普通教室12学級で開校した。ニュータウンをほぼ南北の真中で二分して両校の通学区が指定された。なお56年3月には、体育館、プールが完成し、普通教室も児童数の増加に合わせて整備を計画している。

梅沢調整池は、下流周辺の農地に対する用水の確保を主目的として、下流への洪水や土砂流出等の災害防止を兼ねた多目的利用をはかるためつくられた。その規模は、面積約3・2ha、貯水容量10万7000㎥、対象流域面積71・7haにもおよぶ大きなものである。この梅沢調整池は、

梅沢調整池

松栄小学校

第3期開発中の鳩山ニュータウン（57年）

平時には広場として利用する部分と、常時、水を貯えておく部分とに分かれた二段式構造となっている。将来はこの調整池を近隣公園の一部にとり入れ、規模約8haにわたって、池の水、周囲の緑とスポーツ広場を一体化し、広く近隣住民のレクリエーションの場として総合的に利用できる大公園にする計画である。

この調整池は、鳩山村振興中期計画（案）に沿った形で54年9月村営事業として始まった。当社は鳩山村より、この調整池築造に関する工事委託を受け、調査・設計・工事監理など一連の作業に全面的な協力を行ってきた。工事を終わったいま、巨大な堰堤にかこまれて、広大な池底が広がっており、大抵の大雨にもびくともしない構えをみせている。

ここから搬出された約10万m³の土は、前記の松栄小学校の新設工事により搬出された約25万m³の土と合わせて、調整池上流の沢の埋土に利用されている。

この松栄小学校の開校と梅沢調整池築造が鳩山ニュータウンの将来の広域開発に果たす役割は大きい。

鳩山東駐在所

西友ストアー

鳩ヶ丘郵便局

4．自立したニュータウンへ

鳩山ニュータウン開発は、当初から既得の市街化区域56ha（約17万坪）だけでなく、都市経営的な見地から適正開発規模、すなわち広域開発を目指してきた。いうなれば外部経済に依存しない〝自立したニュータウン〟づくりが当社の目標である。

第1期の完了、第2期の進展とともに、鳩山ニュータウンの比重は、文字通り大きなものになり、村全体の行政の健全化にも寄与しはじめてきた。51年策定の鳩山村振興中期計画（案）によれば、「周辺市町村との格差を是正し住みよい鳩山村として日常生活の向上と福祉の充実をはかるためには、一自治体としての行政基盤の確立が急務である。方策の一つとして、一行政体としての適正人口規模にするため、計画的に市街化し、人口導入を行う」としている。言うまでもなく、鳩山ニュータウンは、この人口導入策の切り札なのである。一方で、鳩山ニュータウンはこれまでの開発経緯から、関連公共施設整備へ巨額の先行投資を行い、水準以上の生活関連施設を整備している。これらは第3期の開発を持って、はじめてその真価が発揮できるのである。

このような事情から、その後市街化調整区域に指定されている地域の開発計画に検討を重ね、現在第3期82ha（約24万坪）の開発が、鳩山ニュータウン成立のために不可欠な要素となってきた。

鳩山西山荘

56年7月鳩山ニュータウン梅沢調整池すぐそばに集会所「鳩山西山荘」が開設された。この建物は江戸時代の書院造りの面影を残すもので、詳細な歴史は明らかでないが、江戸中期から

建物平面図

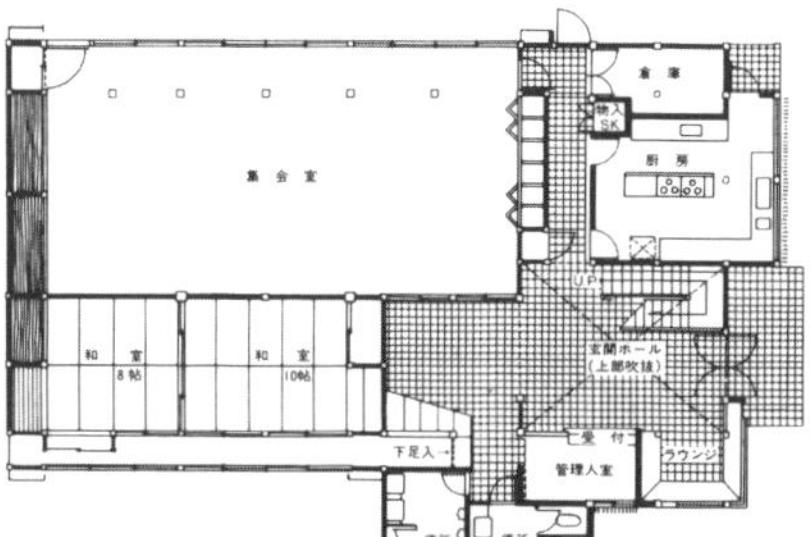

1階平面図

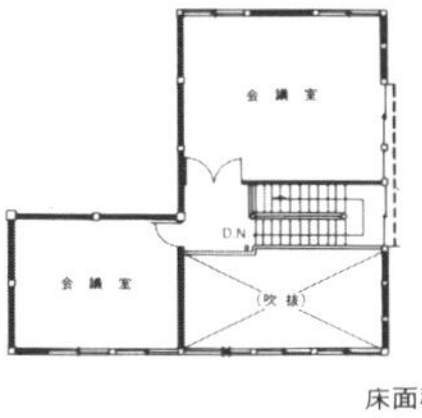

2階平面図

床面積
1F　242.51m²
2F　51.23m²
計　293.74m²

後期にかけての間に長野市善光寺裏に建築されたものといわれている。大正6年岡谷市に移築されたが、当時の岡谷は製糸業の全盛期、この建物も製糸業を営む金ル組社長林氏の本宅となった。製糸業衰退の後もシルク岡谷を象徴する長野県の代表的建築物の一つとして存在していた。同市でも文化財として保存する計画であったが、55年の都市計画道路建設に関連して早急に取り壊す必要に迫られ、その存立が危ぶまれた。

これを伝え聞いた当社は、歴史的建築物が失われるのは忍びないと、その保存をはかることにした。しかし1、2階を併せて延べ80坪を超す大きさ、柱、梁も抱えきれないほどの太い木が使われている。そのため解体、運搬、移築はかなりな作業となった。とくに軒桁は特別長尺物で20m以上あり、鳩山までの運搬は並大抵の苦労ではなかった。さらに移築に際しても、基本的構造を維持しながら、歴史的形態を再現するように注意が払われた。

このようにして鳩山西山荘が完成したのは56年7月19日、1階73・35坪、2階15・49坪の規模をもち、1階には厨房設備もあり、住民に集会所として開放されることになった。鳩山西山荘はニュータウンの西のはずれにあり、鳩山本村の住民からも大きな期待がよせられている。最終的には約3400戸、1万2000人を超す大規模ニュータウンにおける住民活動の一つの拠点として、鳩山西山荘は単にニュータウンだけでなく、広く地域の振興に大きな役割りを果たすことになろう。

5．難航した第3期の開発許可

50年、市街化区域と市街化調整区域の境を画する、いわゆる〝線引き〟の見直しが行なわれることになり、これを契機に、鳩山第3期区域の、市街化調整区域から市街化区域への編入の運動が始まった。しかし前述のように、おりから「三全総」策定の時期で、開発優先から環境保全、福祉優先への軌道修正が行なわれようとするときであった。埼玉県では、こうした時代の風潮を背景にして48年には線引きに〝凍結宣言〟を発していた。当然鳩山第3期の市街化区域編入は〝凍結宣言〟の厚い壁にぶち当たることになる。同じころ、市街化区域への編入運動を始めた所沢市中富南部区地では、住民あげての運動と、大学誘致による学園住区の構想が、関係当局の理解を得ることになり、54年4月市街化区域への編入が実現した。しかし鳩山第3期区域に関しては凍結宣言の厚い壁を破ることは容易ではなかった。

このため都市計画法で市街化調整区域内に、いわば〝例外的〟に開発が認められている大規模開発の許可を受ける方針に切り替えられた。まず市街化調整区域内に、実質的に市街地を形成し、あとで市街化区域に編入するという、いわゆる〝後追い線引き〟である。しかしこの方式での折衝も難航を重ねた。後追い線引きは、埼玉県にとっては初のテスト・ケースであり、どういう手順に従って開発許可を出すのか、各方面の注目を集めていたからである。

一方、鳩山村は、昭和49年策定の総合振興計画基本構想において、鳩山ニュータウン第3期開発計画を見込み、これを基盤として各種の公共・公益施設整備事業を推進してきており、今後の調和ある効率的な村政を展開するために、第3期開発の実現について大きな期待をよせていた。県当局からは、開発済みの第1期・第2期の実績に対する評価とあわせて、第3期開発に対してレベルアップした住環境整備計画について

進む第３期開発（58年10月）

第３期起工式（56.8.19）

の綿密な指導を受けた。また現地では、用地の取りまとめや汚水処理水の放流同意の取りつけ等について、最終的な煮詰めの作業が精力的につづけられた。

　これらの経緯を踏まえて、村当局の協力、そして県当局の理解により、幸い56年5月30日には県の開発審査会をパスし、同年7月20日、鳩山第3期に対する開発許可が正式に下ろされた。

　村当局との緊密な連携のもと、6年にわたる粘り強い隘路打開の努力が、県の凍結宣言解除第1号としてようやく実ったのである。

6．民間異例の大ニュータウンへ

　待望の開発許可が下りるのをまって、56年8月、鳩山第3期の造成工事が直ちに始まった。鳩山ニュータウンは、いよいよ第1期、2期、3

県立鳩山高校（58年10月）

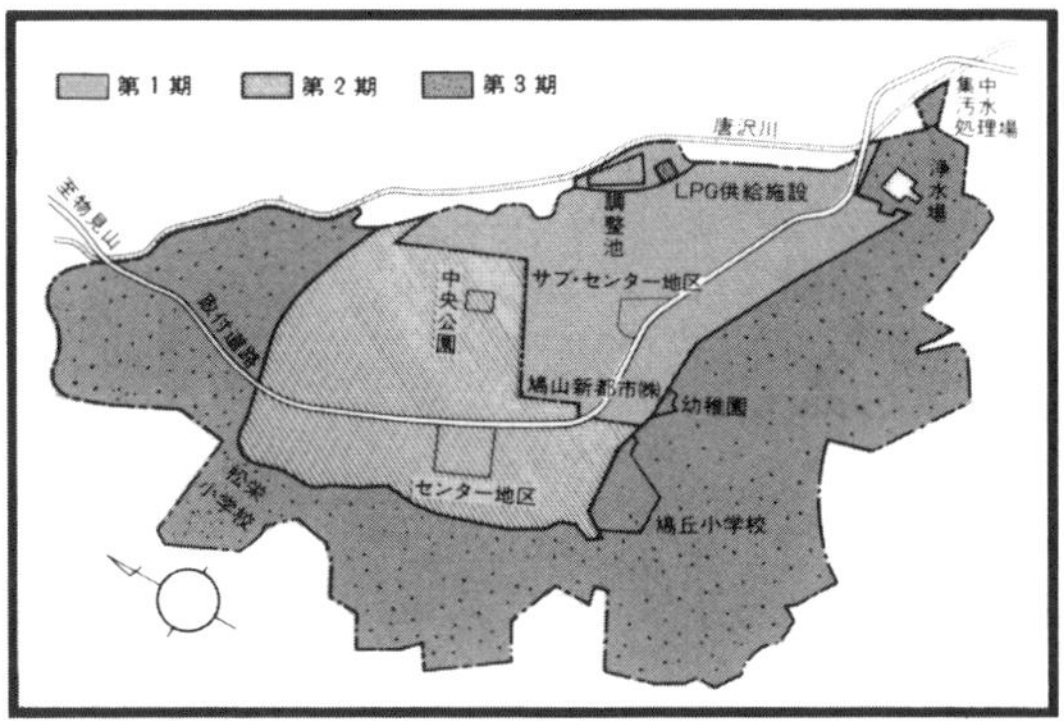

期別計画図

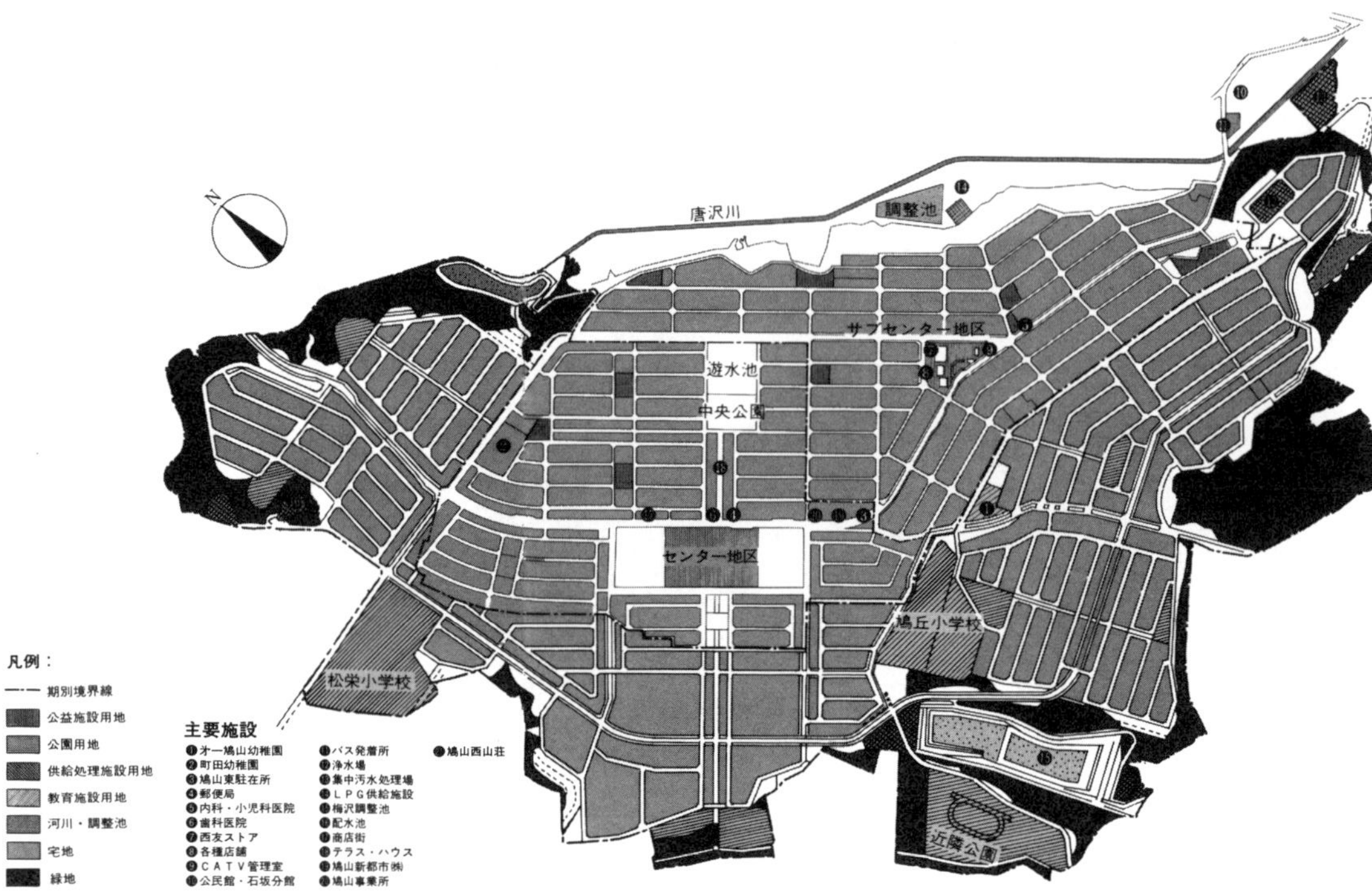

鳩山ニュータウン土地利用計画図

期合わせて全体面積１３４ha（約41万坪）、人口1万２５００人の、一大ニュータウンに向かって動きはじめた。首都圏では、民間事業としては例の少ない大規模な開発事業である。鳩山ニュータウンは事業開始以来13年になり、58年10月までに20次に分け１９２１戸を販売、人口約６２５０人の街になり、うるおいと風格に満ちた、たたずまいを見せている。

鳩山ニュータウンの東側、唐沢川を隔てた丘陵に、東京電機大学が52年4月に開校、現在約１７００名（最終２８８０名予定）が勉学に励んでいる。また物見山のすぐ東側には大東文化大学や県立こども動物自然公園が広がっている。

鳩山村は、57年4月、待望の「町制」が施行され、かつて人口５０００人足らずの村は、いまや「鳩山町」として過疎からの脱皮をはかろうとしている。地域開発の拠点を目指してはじめられた鳩山ニュータウン開発への努力が、こういう形でようやく報いられようとしている。なおニュータウンの隣接地、松栄小学校の西側に県立高等学校が58年4月に開校した。

また地区センター（１・４ha）の整備も進み、59年4月にはそこに集会所や役場支所のほか、西友ストアも開店の予定である。

鳩山ニュータウン開発・期別土地利用表

土地利用区分			第1期地区		第2期地区		第3期地区		全開発区域	
			面積（㎡）	百分率(%)	面積（㎡）	百分率(%)	面積（㎡）	百分率(%)	面積（㎡）	百分率(%)
宅地用地	住宅地	戸建住宅用地	164,881.51	61.7	136,226.49	54.0	273,814.41	33.3	574,922.41	42.9
		集合住宅地	0	0	18,111.71	7.1	63,938.00	7.8	82,049.71	6.1
		小計	164,881.51	61.7	154,338.20	61.1	337,752.41	41.1	656,972.12	49.0
	公益地	センター用地他	(サブセンター) 4,769.54	1.9	(地区センター) 13,670.09 3,998.38	5.4 1.6	898.33	0.1	23,336.34	1.7
		小計	4,769.54	1.9	17,668.47	7.0	898.33	0.1	23,336.34	1.7
	宅地用地計		169,651.05	63.6	172,006.67	68.1	338,650.74	41.2	680,308.46	50.7
公共用地	道路	道路	62,221.62	23.3	56,976.74	22.7	129,677.92	15.8	248,876.28	18.6
		歩行者専用路	0	0	4,746.52	1.7	6,574.51	0.8	11,321.03	0.8
		小計	62,221.62	23.3	61,723.26	24.4	136,252.43	16.6	260,197.31	19.4
	水路	水路	1,272.47	0.5	0	0	232.97	0.1	1,505.44	0.1
		小計	1,272.47	0.5	0	0	232.97	0.1	1,505.44	0.1
	公園	近隣公園	0	0	4,096.08	1.6	25,150.88	3.1	29,246.96	2.2
		児童公園等	7,888.01	3.0	7,450.35	2.9	29,194.12	3.5	44,532.48	3.3
		緑道	0	0	0	0	2,530.98	0.3	2,530.98	0.2
		小計	7,888.01	3.0	11,546.43	4.5	56,875.98	6.9	76,310.42	5.7
	緑地	自然緑地	20,585.10	7.7	0	0	134,655.32	16.4	155,240.42	11.6
		回復緑地	520.26	0.2	0	0	44,002.98	5.4	44,523.24	3.3
		緩衝緑地	0	0	0	0	3,303.89	0.4	3,303.89	0.2
		民有緑地	0	0	0	0	1,111.08	0.1	1,111.08	0.1
		小計	21,105.36	7.9	0	0	183,073.27	22.3	204,178.63	15.2
	公共用地計		92,487.46	34.7	73,269.69	29.0	376,434.65	45.9	542,191.80	40.4
その他用地	調整池用地		1,352.52	0.5	6,096.83	2.4	18,564.84	2.2	26,014.19	2.0
	汚水ポンプ場用地		0	0	0	0	1,464.47	0.2	1,464.47	0.1
	LPG基地用地		0	0	808.48	0.3	1,572.85	0.2	2,381.33	0.2
	未利用他、ゴミ収集所		3,123.80	1.2	323.04	0.2	3,611.41	0.5	7,058.25	0.6
	その他用地計		4,476.32	1.7	7,228.35	2.9	25,213.57	3.1	36,918.24	2.9
既設物用地	民有宅地		0	0	0	0	387.00	0.1	387.00	0.1
	梅沢調整池		0	0	0	0	27,302.29	3.3	27,302.29	2.0
	教育施設用地		0	0	0	0	48,540.46	5.9	48,540.46	3.6
	水道施設用地		0	0	0	0	4,178.32	0.5	4,178.32	0.3
	既設物用地計		0	0	0	0	80,408.07	9.8	80,408.07	6.0
合計			266,614.83	100.0	252,504.71	100.0	820,707.03	100.0	1,339,826.57	100.0

人口計画及び建築計画

開発区域	戸建住宅		中層集合住宅		低層集合住宅		合計	
	戸数	人口	戸数	人口	戸数	人口	戸数	人口
第1期	786	2,869	—	—	—	—	786	2,869
第2期	680	2,482	242	883	46	168	968	3,533
第3期	1,295	4,727	—	—	376	1,372	1,671	6,099
合計	2,761	10,078	242	883	422	1,540	3,425	12,501

西所沢椿峰ニュータウン（58年5月）

第4編　中郷・西所沢椿峰・あじき台ニュータウンほか

第2章　緑と調和した街づくり——所沢市椿峰土地区画整理事業

1．押し寄せるスプロールの波のなかで

本地区は、土地区画整理事業の実施を条件として、45年に市街化区域に指定された。当社は、当時、本地区内に土地を所有していた興和不動産㈱と業務提携し、45年10月の世話人会発足以来、地権者であると同時に事務局として協力参加している。

47年12月、組合設立準備委員会が結成されたものの、「緑を守る会」などの住民運動によって、事業展開は難航した。しかし、激しいスプロールの波が容赦なく押し寄せてきているなかで、関係者一同は計画的開発の意義をかみしめながら、ひたむきに組合設立をめざした。結果的には、当初予定の83ha（25万坪）から約46ha（14万坪）への計画規模縮小と、地形上きわめて不整形な区域設定で発足を余儀なくされることとなった。

世話人会発足から5年有余、51年2月、組合設立が許可され、緑との調和が特色の土地区画整理事業として本格的な第一歩を踏み出した。

2．確保された高い環境水準

組合設立後、周辺地権者の同意を得て、53年8月以降4回にわたる事業計画変更によって、約51ha（15万4000坪）の事業規模となった。緑との調和を基調とした宅地の最有効利用をはかるという、困難な目標設定のもとに、2年間にわたって工事設計の検討が重ねられ、53年10月に起工式を迎えることができた。一方、土地区画整理事業において難関である仮換地の指定も、同年12月に1名の反対者もなく行われ、本事業は完全に軌道にのったのである。

　複雑な地形と周辺隣接部まで進んできている宅地化の波のなかで、とくに防災工事には万全が期された。54年9月から10月にかけて3回にわたって来襲した台風時には、関係者の連日の徹夜作業によって、一点の被害もなく切り抜けることができた。緑との調和の関連で長年の課題であった、第2種住居専用地域への用途地域変更も、55年3月には決定をみた。あわせて、土地区画整理事業としては全国初の建築協定、緑化協定そして汚水処理協定（生活排水をＢＯＤ20ｐｐｍ以下とする）が組合員の合意のもとに締結され、高い住環境水準が確保されることになった。

　このなかでも注目されるのは、次のようなユニークな緑化への取り決めが結ばれたことである。

緑道と立体交差道路

①この協定区域内の中心部を東西に横断する幅員6ｍの緑道の両側から5ｍの範囲は植樹帯緑地とし緑化に努め、建築物（門、塀を除く）を建築しない。
②宅地については敷地面積の20％以上を緑化する。
③樹木、芝生、草花の植栽場所は主として敷地外周を優先する。
④法面は緑化に努めるものとし、高さ1・5ｍ以上の擁壁を築造する場合には原則として水平距離で最低1ｍ以上の緑地帯を設けるか、または、つた類及び緑化ブロック等により擁壁面の緑化に努める。
⑤幹線道路（幅員9ｍ以上）に面する法面は原則として自然法面とし擁壁を築造する場合には極力緑化ブロック等として緑化に努める。
⑥樹木は協定区域内の緑を豊かにするばかりでなく、近隣の環境保全に役立つことが必要であるため、それに適する樹木を選ぶものとし、極力次のものから選定する。
　樹種　サザンカ、ツツジ、ツバキ、サワラ、ピラカンサス、ニッコウヒバ、キンマサキ、モミジ、チャボヒバ、モクセイ、モッコク、サンゴジュ、ウメモドキ、モクレン、ハナミズキ、カイドウ
⑦道路境界における柵または生垣は高さ1・5ｍ以下の鉄柵、金網柵等の透視可能な開放的フェンスとする。開放的フェンスの場合には、フェンスに沿って幅0・6ｍ以上の樹木等の植栽をするものとし、隣地境界においても同様に緑化を努める。

建築協定

　住宅産業において重要なことは質の高い住宅の供給である。住宅の質の高さとは単に住宅本体の良質性を意味するものでな

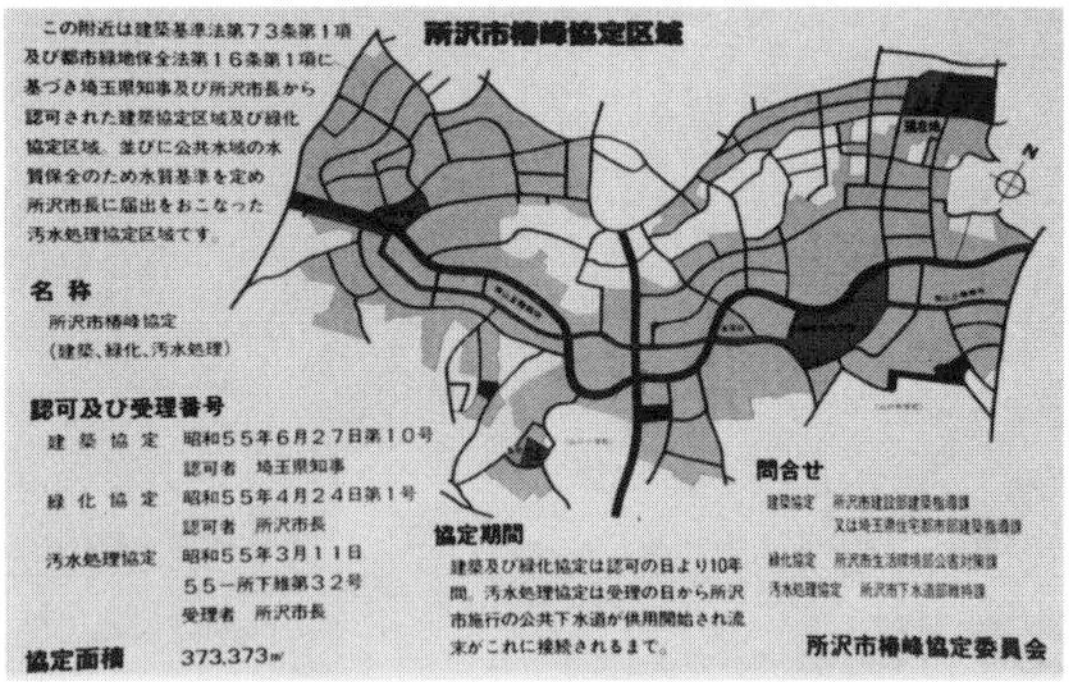

協定区域の看板（西所沢椿峰ニュータウン）

い。住宅地における環境もこれらの大切な要素の一つである。

　当社は大規模プロジェクトにおける住環境維持の一方法として建築協定を実施している。

　建築上の基準を定めるものとして建築基準法があるのは周知の通りであるが、それは一律的な最低限度の基準を示すだけであり、これだけではキメの細かい処理はほとんど期待できない。そこで地域住民が自主的に建築協定を結んで環境基準を決め、地域特性を考慮した住環境を設定できるようにした。これは同時に住民参加による街づくりという大きな意義を持っている。また建築協定は知事等の許可を得て公法上の契約となる。もし協定違反の行為があった場合は、その是正のため必要な措置が行われることになる。

　当社では鳩山・中郷・西所沢椿峰各ニュータウンにおいて住民の協力の下、建築協定が実施されている。これら3ヵ所のニュータウン内の環境の維持には目を見はるものがある。例えば鳩山ニュータウンの建築協定のうちの主なものをあげてみよう。

○建築物は住居専用住宅か医院で一戸建のもの
○階数は地階を除いて2階まで
○カーポートの敷地面積は20㎡以下

鳩山ニュータウンの法面植栽

○広告物の設置、掲示の制限
○建築物の色彩が全体に調和していること
○法面における植栽緑化義務

　これらの制限は一見するとかなり厳しいようにみえる。しかし住環境を高度に維持するために必要な最小限の規制であるといっても過言ではない。隣地にアパートが建築されたり、日照、通風、騒音、美観等による問題発生の事態は建築協定があれば起きないことになる。現在全国で約560件の建築協定が実施されているが、当社の鳩山ニュータウンでは第1次の販売より実施されており、最も早期に実施された建築協定の一つとして各方面の注目を集めた。特に色彩調和と法面植栽の条項はドイツのワイマールなどでは実施されていたが、我国においては珍らしく、高い評価を受けた。

なお西所沢椿峰ニュータウンでは建築協定のほか、緑化協定、汚水処理協定が締結されており、これは大規模な土地区画整理事業としては例の少ない協定で、同地域の高い住環境水準の維持に効果をあげている。

いずれにせよ建築協定が住民の理解と協力の下に運営されていることには変わりはない。ミニ開発などによる住宅地の環境悪化が社会問題となっている今日、建築協定の果す役割はますます大きくなっていくものと思われる。

3. 街づくりへスタート

以上のような準備と並行して、本事業に関する行政サイドの助成もされ公共施設も着々と整備されている。例えば、地区外排水に関する住宅地関連公共施設整備促進事業の適用とか、4ヵ所の公園および緑地（幅員6m延長1・4kmの緑道）が都市計画決定され、そのうち近隣公

つばき児童館

コミュニティー会館

初のツーバイ・フォー工法によるタウンハウス

テラス・ハウス

スーパー・アイマーク

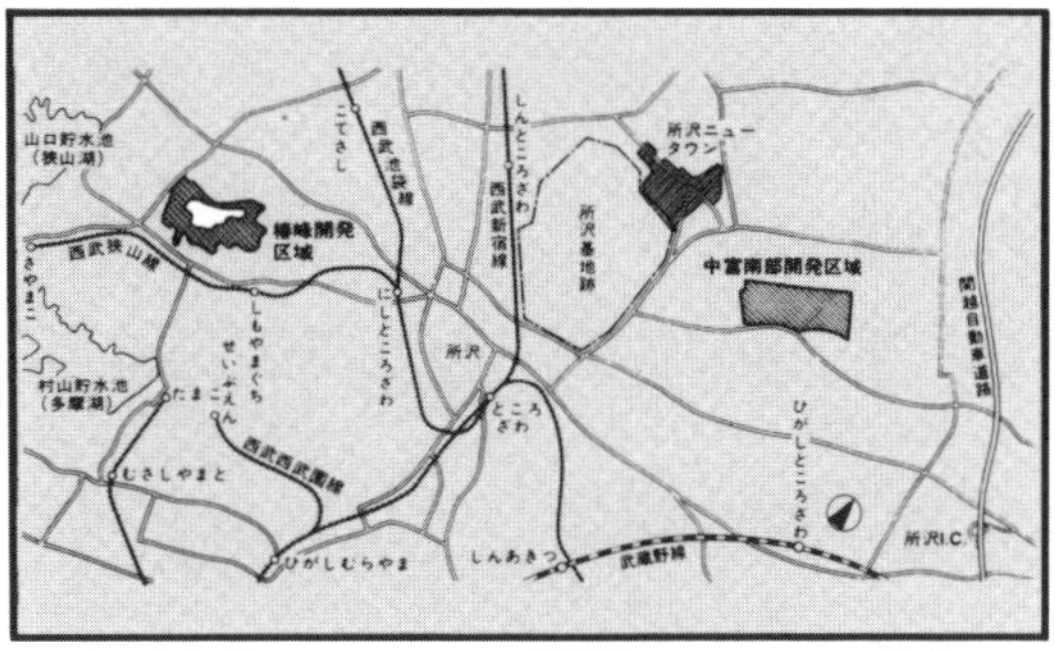

中富南部・椿峰開発地域位置図

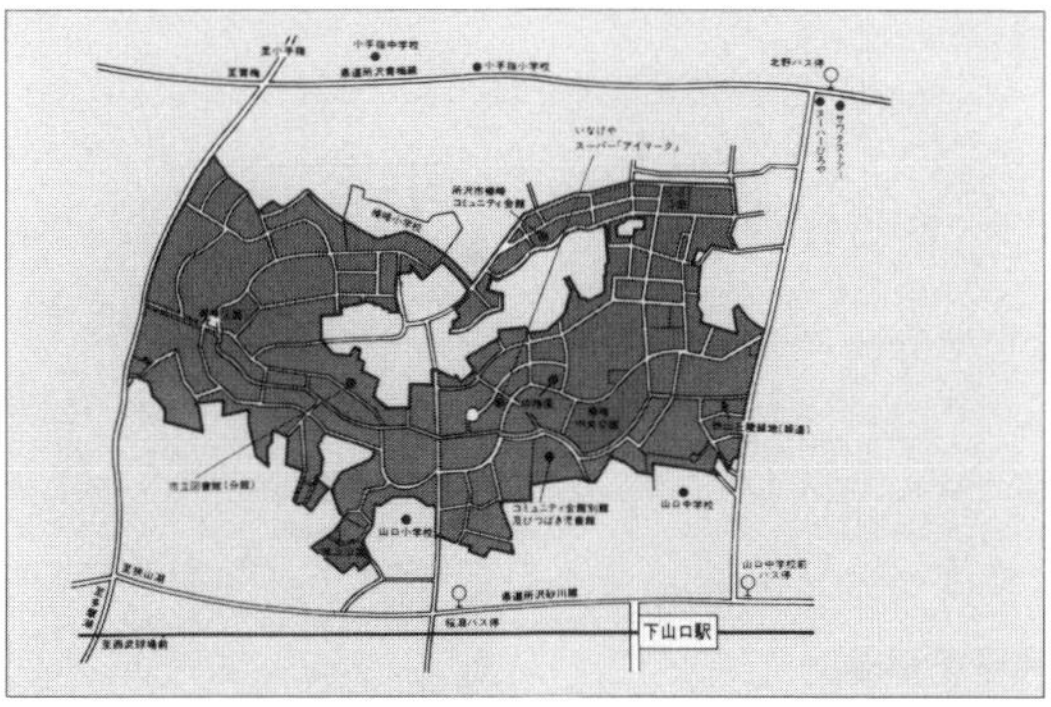

注）本図は、所沢市椿峰土地区画整理組合の事業計画を参考に作成

西所沢椿峰ニュータウン

園、小谷公園および緑道（狭山丘陵緑地）が56年9月1日から一般に開放された。また地域住民の交流の場として北側地区には所沢市椿峰コミュニティー会館が56年7月1日に開館、同じく南側地区には同別館および所沢市立つばき児童館が10月1日に開館、さらに58年10月には域内にスーパーも開店した。

このような環境整備のなかで55年7月から、第1、2期の建築に着工し、56年3月には413戸が入居を完了、ニュータウンの新しい生活がスタートした。

58年10月末までに10次にわたり中層集合住宅965戸、低層住宅148戸を販売した。58年内にはさらに戸建て住宅39戸を販売予定。この中には当社がはじめて採用したツーバイフォー方式のタウンハウス50戸が含まれている。しかし折柄のマンション不況の波を受けて集合住宅の販売には58年ころからやや苦戦した。

なお、所沢市椿峰土地区画整理組合の組合員は117名、開発地点は西武池袋線西所沢駅の西南約2km、西武狭山線下山口駅の北方約500mに位置している。総開発面積約51ha（15万4000坪）、うち当社分約11ha（3万3000坪）。

第7章 千葉県

［2－7－A］

千葉県史料研究財団編『千葉県の歴史　通史編　近現代3』（千葉県、二〇〇九年、七〇四～七一五、八〇六～八一一、八五一～八五四頁）

第二章　高度成長期の開発と諸産業の展開

第三節　社会基盤の整備と交通の発展

一　激増する住宅団地

住居地域の増加

住宅団地建設が本格化してきた一九六〇年代の千葉県では、臨海部の工業化に加え、東京のベッドタウンとしての様相を強め、住宅需要が急激に高まっていた。これに対し県や各市町村は、いかに計画的に住宅地を整備し、乱開発を防ぐかということに取り組む必要にせまられていた。

土地利用に一定の指針をもたせる用途地域指定区域面積の推移をみると、六〇（昭和三十五）年から六九年にかけて、住居地域（および住宅専用地域）は約六五〇〇ヘクタールから、約四万六八〇〇ヘクタールと大幅に増加している。この増加要因の第一は、野田《のだ》市・木更津《きさらづ》市・市原《いちはら》市・流山《ながれやま》市・八千代《やちよ》市・我孫子《あびこ》町（我孫子市）・君津《きみつ》町（君津市）など、同期間に新たに用途地域を指定した一二市一〇町に、住居地域が多く存在していたことであった。そして第二には、千葉市などすでに指定を行っていた市などにおいて、急速な宅地化に対応するため、都市計画の変更によって大幅に住居地域が広げられたことが影響していた。千葉市の住居地域は、六五年に約五〇〇〇ヘクタールであったが、六九年には約八二〇〇ヘクタールに増加されている。五五年ごろから建設が開始された住宅団地は、特定の地域に多数の住居を一度に建設するため、こうした住居地域の決定に大きく影響を与えていた。

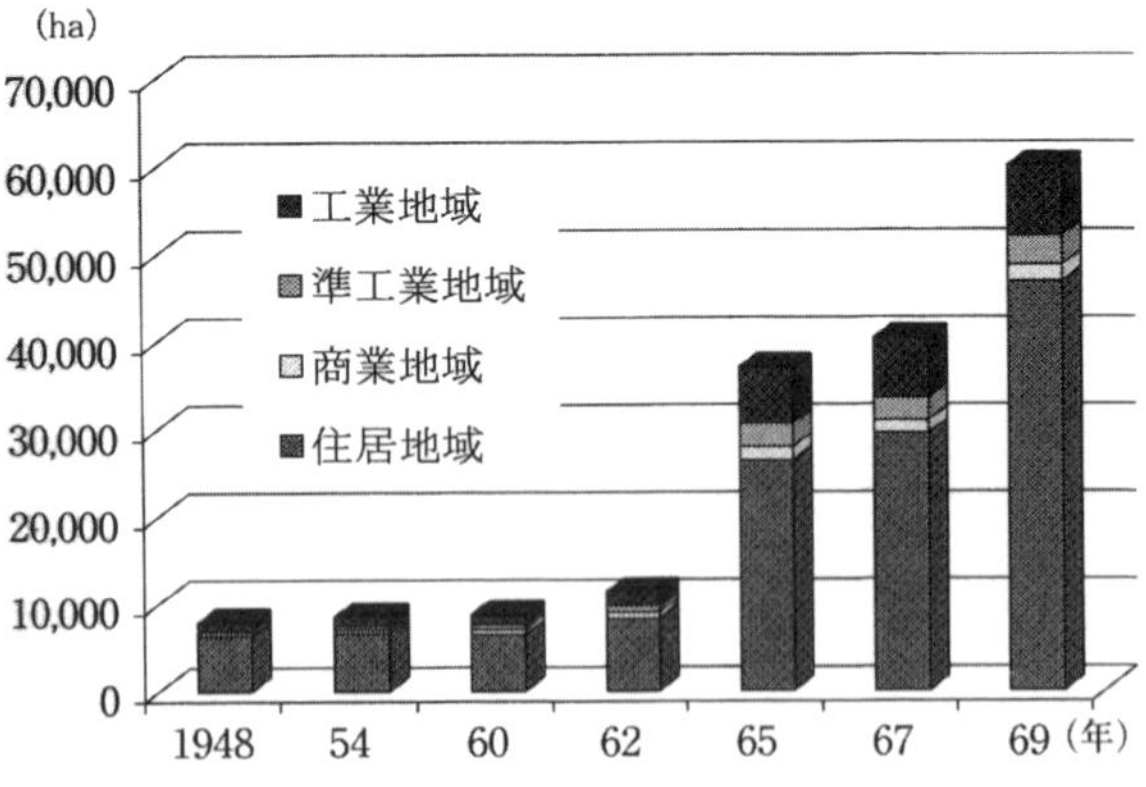

図43　県内都市計画区域における用途地域指定区域面積の推移

『千葉県の都市計画』1965年版、同70年版から作成

県内団地の造成動向

千葉県内の団地建設は、東京都に隣接する県北西部においてさかんに進められた。千葉県の団地建設の傾向は、一九五〇年代後半は一〇〇〇戸未満の団地が多かった。しかし六〇年代に入ると、農民の反対にあっていた松戸《まつど》市の常盤平《ときわだいら》団地がようやく完成したことに代表されるように、

船橋《ふなばし》市の高根台《たかねだい》団地、柏《かしわ》市の豊四季《とよしき》団地など、一〇〇〇戸を超える大規模団地の建設が完成を迎える。

七〇（昭和四十五）年時点で計画が完了していた団地で、一〇〇〇戸以上を分譲・賃貸した住宅団地（土地のみの分譲はのぞく）は千葉県に九団地あり、そのうち日本住宅公団（公団）による建設が六団地を占めていた。公団建設団地は戸数でも市営などを含めた団地全体の六〇パーセントを超えるなど、県内における団地供給の大半を担っていたといえる。そして県内の公団建設の団地住宅戸数は、六七年時点で二万三四五〇戸で、これは公団全体の建設戸数の五パーセントに達するものであった。公団は単に建物を建設するだけでなく、区画整理事業も積極的に行っていた。さらに、千葉県において公団が果たした役割は住宅供給にとどまらず、五井《ごい》・市原地区の海面埋立事業を請負い、住宅地とともに工業用地の供給にも貢献した。

表82　県内団地造成動向（1965年度着工分まで）

建設主体	団地名	建設地	戸数		事業年度
			賃貸	分譲	
日本住宅公団	稲毛	千葉市	0	240	1955～56
	荒工山	柏市	114	0	1956
	光ケ丘	柏市	974	0	1957
	大久保	習志野市	224	0	1957
	八千代台	八千代市	108	116	1957
	前原	船橋市	1,428	0	1959～60
	常盤平	松戸市	4,954	0	1959～63
	小仲台	千葉市	310	0	1960～63
	園生	千葉市	438	0	1961～63
	高根台	船橋市	4,650	220	1961～63
	豊四季	柏市	4,666	0	1962～64
	市川真間	市川市	51	0	1963
	南海神	船橋市	0	120	1965～66
	千草台	千葉市	2,099	0	1965～66
	習志野台	船橋市	2,043	849	1965～69
千葉県住宅供給公社	松ケ丘	千葉市	36	0	1953
	轟	千葉市	20	0	1953
	八千代台	八千代市	0	229	1954～58
	本千葉ビル	千葉市	123	0	1959
	江戸川台	流山市	0	1,198	1956～61
	大宮台	千葉市	196	1,403	1961～65
	小倉台	千葉市	0	709	1961～66
	八千代台東	八千代市	0	72	1963～65
	勝田台	八千代市	0	1,838	1965～70
	こてはし	千葉市	0	2,314	1965～75
	若宮	市原市	0	1,496	1965～78

注1）戸数は予定を含む。2）宅地分譲は除く。
『千葉県における宅地開発一覧表』（1971年）『千葉県住宅供給公社50周年史』（2003）『日本住宅公団20年史』（1975年）から作成

団地に移り住む人々

団地住民の人口は一九六〇（昭和三十五）年時点一万六〇〇〇人であったが、六七年には一三万三〇〇〇人と八倍以上に増加した。同時期の千葉県全体の人口増加率は二六パーセントであったことからも、団地住民の激増のようすがうかがえる。この時期は地域によって、人口増加の速度にばらつきがあり、北西部はなかでも群を抜いて人口増加がいちじるしかったのである。県の調査では、六七年一月時点で最も団地住民の割合が多いのが、民間団地が多く建設された八千代市で四一パーセントであり、つぎに多い流山市では二一パーセントを占めていた。団地住民の年齢層をみてみると（表83）、六五年当時、団地住民の年齢は二五〜三九歳の壮年層、〇〜四歳の乳幼児の占める割合が圧倒的に多く、一〇〜二四歳、五〇歳以上の割合が低くなっている。団地住民は核家族が中心で、両親と乳幼児という構成が多かった。世帯主の就業地をみると、じつに九割が東京に通勤しており、就業人口全体の六四パーセント強が第三次産業に従事していた。第二次産業は三五パーセントで、団地住民で第一次産業に従事している人は一パーセントにも満たなかった。入居前の住所は東京が七七パーセントで一番多く、県内から移動した住民は一〇パーセント、神奈川から移住してきた人が六パーセントで、この一都二県で九割以上を占めている。団地は地方から東京に働きに来るような人たちを直接吸収していたのではなく、東京ですでに第三次産業につとめていた人たちを多く吸収していたのである。

団地増加にともなう問題

県内で宅地増加の一翼を担っていた公団の団地造成は、必ずしも県や市町村に了解を得て進めていたわけではなかったため、両者の間でしばしば問題が生じた。その主要なもののひとつは、交

表83　県内団地の年齢段階別人口構成（1965年度）

平均世帯員	年齢段階別人口構成										
	0～4歳	5～9	10～14	15～19	20～24	25～29	30～39	40～49	50～59	60～69	70以上
3.47人	18.1%	8.8%	4.7%	5.0%	6.3%	13.8%	28.5%	7.2%	4.0%	2.5%	1.1%

注）団地は公団、県営、市営、県住宅供給公社建設のもの。

表84　県内団地世帯主の勤務地（1965年度）

東京都	千葉県	埼玉県	神奈川県	その他	不明
88.2%	7.7%	0.6%	1.3%	0.6%	1.6%

注）2DK、3DKのみ。

表85　公団団地入居前の居住地（1965年度）

東京都	千葉県	埼玉県	神奈川県	その他	不明
76.8%	9.9%	2.7%	6.0%	4.1%	0.5%

表83・84・85とも『市町村行政から見た住宅団地』（1968年）から作成

通事情の悪化であった。戦後千葉県の人口増加は激しく、とくに千葉駅以西の国鉄総武本線・常磐線沿線の人口増加はいちじるしかった。一九六〇年代、ラッシュ時の乗車率は二五〇パーセントを超える状態となり、もはや限界といっても過言ではない状況であった。輸送力増強をともなわない住宅団地の建設は、輸送状況の悪化をもたらすものとして、県は難色を示した。また問題のもうひとつには、住宅団地に対する社会基盤整備費用の激増があった。公団建設の団地内では、文教施設などの社会基盤が公団によって建設されることもあったが、それらはあくまで地方自治体にかわって建設するものであり、地方自治体は代金を年賦などで支払う必要があった。これらに地方自治体みずから建設する上下水道や道路などにかかる費用を合わせ、団地の建設は地方自治体の歳出増加をもたらす要因となった。友納武人《とものうたけと》知事の就任当初である六三年六月、友納知事には県内の市町村から、団地に関する社会基盤整備費用が市町村財政を悪化させているという不満が寄せられていた。また社会基盤が十分に整備されていない状況は、団地住民の生活を直撃した。船橋市の高根台団地の自治会は、「殺人的な」輸送状況にある鉄道について、その改善を友納知事にうったえた。また松戸市の常盤平団地自治会は、道路の舗装・保育所の増設などを友納知事にうったえた。そして六五年六月には県内二〇団地の代表が集って団地連絡協議会が開かれ、県・公団・鉄道関係者らに実状をうったえるまでにいたっていた。

　団地の増加は、地方自治体の財政支出を増加させたが、団地住民の増加によってもたらされた税収入は、増加した支出を必ずしも充足するものではなかった。六〇年から六六年までの七年間の団地関係の経費は、団地からの収入に対して、松戸市で二億四五〇〇万円、八千代市で一億六〇〇〇万円、船橋市で九二〇〇万円の赤字となっていた。その背景には社会基盤整備などの出費がかさむいっぽうで、若年層の入居が多く、納税額が県平均より低いことが影響していた。当時の調査で団地住民一人あたりの納税額は市民一人あたりよりも二〇〇〇～四〇〇〇円低く、平均の五五パーセント～七〇パーセント程度であった。そのため、団地をかかえる市町村の財政は悪化していった。

県による宅地規制の動き

こうした状況をうけ、公団に対して、六三年十一月には友納知事が「無計画な住宅建設」を再検討するよう求めるなど、従来型の団地建設に歯止めをかけようとした。しかし六四年に入っても県と公団の足並みはそろわず、同年十二月に友納知事は、常磐線・総武本線の複々線化の見通しが立つまで、松戸市の北小金《こがね》団地と船橋市の北習志野《ならしの》団地の入居を見合わせるよう公団に申入れを行うにいたった。

その後も解決の見通しが立たなかったことから、六四年に施行された「住宅地造成事業に関する法律」にもとづき、県は翌年、全国に先駆けて、住宅地造成事業規制区域の指定を行うことを決めた。それは、公団のみならず、〇・三ヘクタール（六六年からは一一市町で〇・一ヘクタール）を超える住宅団地建設のさいには、県知事の許可を事前に受けなければならないことを定めたものであった。そして規制開始から一年間で四七件申請があったなかで、一〇件が却下されるなど、県内の団地建設に一定の規制がかけられることとなった。すでに建設中のものについても事前協議が不十分として、県は六五年二月には六団地に建設を中止するよう申し入れ、聞き入れられない場合は水道を敷設しないなどの対応をとると表明した。この動きは東京に近い神奈川県・埼玉県・茨城県とも連携して進められ、宅地開発規制の動きが首都圏の各県においてにわかに高まりつつあった。

県六団地建設拒否
市町村財政を圧迫
住宅公団 前住民と感情問題も

写真241　団地建設拒否を報じる新聞
（『千葉日報』1965年2月2日）

こうした背景のもと六五年六月に友納知事は、公団の挾間茂《はざましげる》総裁と話合いの場をもった。そこでは地元負担軽減、県の計画にそった住宅建設などを要求して、大筋認められ、同年十一月には、団地建設前に計画書を必ず提出することが決められた。その後も住宅建設のタイミングをめぐって、公団と地方自治体はしばしば意見が食い違うこともあった。しかし六六年九月には公共施設建設に関して「住宅建設事業の施行者がみずから必要な公共施設を整備する態勢を確立すべき」という趣旨にもとづいた「大規模住宅団地開発にともなう公共施設整備のあり方の基本方針」が第一一次地方制度調査会によって答申されるなど、状況改善がはかられた。宅地規制の動きは、そののち六八年六月十五日に、従来の法律を全面的に改定して公布された都市計画法により、全国で同法の定める開発許可制度へと移行していくこととなる。千葉県でも六九年十月十五日に「宅地開発事業の基準に関する条例」が公布された。同条例は、全国に先駆けて法規制以外の地域について、法と同様の内容をもった規制方法を取り入れた。

このように県内の宅地開発に一定の規制がかけられることとなったが、これは千葉県が宅地開発を不必要と考えていたわけではなかった。大規模団地があいついで建設されるようになったあとも、住宅不足は解決されず、依然として住宅建設は急務の課題であった。六〇年ごろの県内住宅建設動向は、住宅需要の年間増加分と建設戸数がともにおよそ一万戸で推移し、若干需要増が上まわっていたため、建設は需要増加分に対応するだけで手一杯であった。県住宅課の見込みでは、六〇年時点で五万七〇〇〇戸、六七年の時点で七万戸の住宅不足があると推定していたことから、県内の団地建設が住宅不足の抜本的な解決策とはならなかったことがわかる。同時期は、地価上昇に加え、宅地化しやすい土地が不足してきたことから、用地取得がそれまで以上に困難になり、宅地難におちいっていた。住宅建設は公共団体が建設するものに加え、民間（個人や企業による建設）によって建設される住宅の割合も高かったが、宅地難によってこうした民間の開発が抑制されていると県はみていた。さらに、宅地不足がさけばれるいっぽうで、民間不動産業者が違法な宅地造成を行うなど、宅地をめぐる問題は深刻化していた。

二　千葉ニュータウンと海浜ニュータウン

千葉ニュータウン

県は小規模な宅地開発に規制をかけるいっぽうで、投資効率の高い大規模な宅地開発、つまりニュータウン建設を主導することをめざした。開発にさいしては、公団や民間企業に対しても、県の長期計画、地域計画、都市計画にそった建設を行うように申し入れ、共同でニュータウンの開発を行うこととした。ニュータウン事業のなかでも最大規模であったのが、北総地帯に計画された千葉ニュータウンであった。

一九六三（昭和三十八）年、宅地制度審議会は住宅地開発事業に必要な用地について強制収用制度を適用し、土地の先買制度を創設すべきことを内容とする「住宅地開発事業に必要な用地の確保をはかるための制度上の措置に関する答申」を出した。それにもとづき、同年七月十一日に新住宅市街地開発法が公布された。これにより県は、大規模な住宅地開発を進めるため調査を開始し、六五年一月には東葛《とうかつ》・葛南《かつなん》・千葉・印旛《いんば》の四地区にあわせて三万七六二五ヘクタールの宅地を開発する指針を定めた。六六年五月に県が発表した当初の構想によれば、印西《いんざい》町（印西市）、白井《しろい》町（白井市）、船橋市北部にまたがった広大な地域に、住宅地を中心とした独立の経済圏を将来的につくろうとするものであった。これまでもニュータウンという言葉は、大規模団地である常盤平団地（松戸市）や坂月《さかつき》団地（千葉市）の建設にさいしても使われてきた。しかし千葉ニュータウンの計画は、従来のものとはちがい、工業地帯を隣接させるなど経済圏を独立させることで、職住接近の「自己充足的」な市街地を開発しようとするものであった。

ニュータウン計画は、農業地帯であった北総地帯の市町村に、大きな

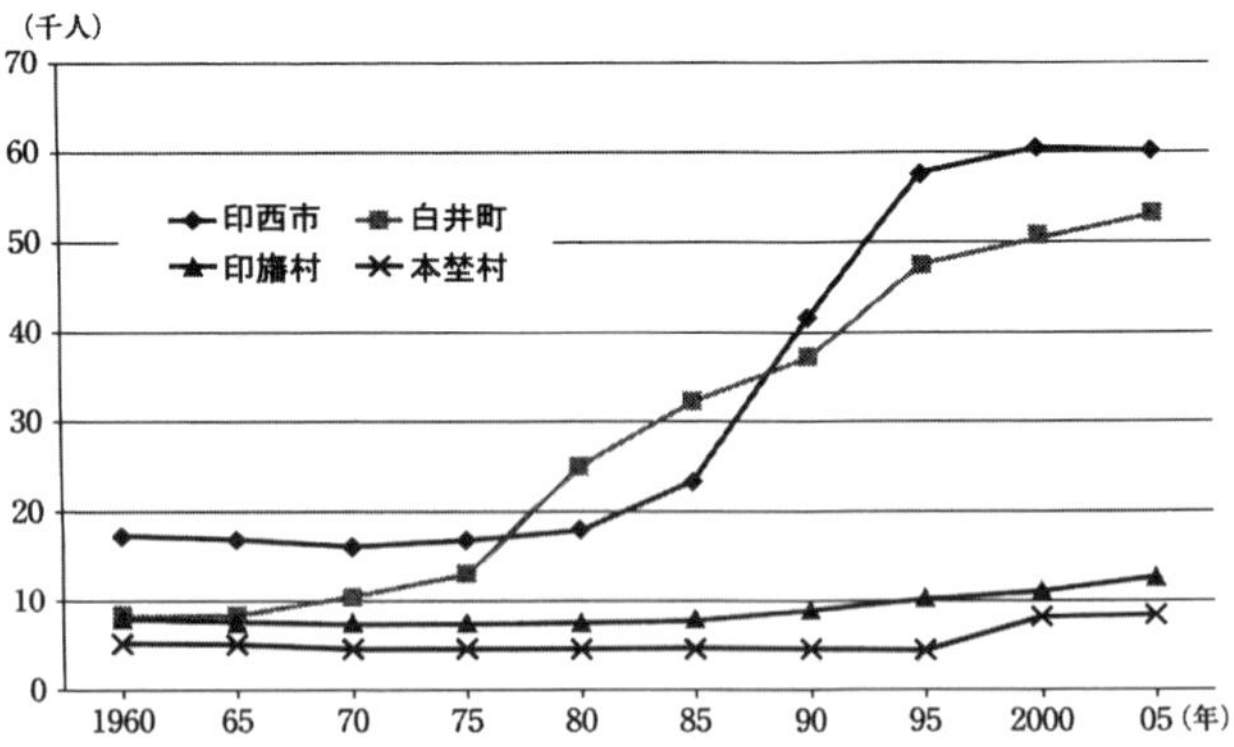

図44　千葉ニュータウン区域の人口推移（船橋市除く）
『千葉県統計年鑑』から作成

影響を与えることとなった。六六年六月には印旛、本埜《もとの》両村がニュータウン建設を希望する意向を表明した。両村は村の発展に伸び悩みを感じていたところであったため、ニュータウン開発の恩恵を受けたいという考えがあった。この時期、両村を含む北総地域は、成田《なりた》空港建設問題も浮上しており、その土地利用に大きな転機が訪れようとしていた。

千葉ニュータウンの計画推進のため、六六年十二月二十七日に印西都市計画区域が、計画地域の中心地区である印西町のみならず、白井町、印旛村、本埜村にまたがる区域に決定された。そして、同地域に新住宅市街地開発法にもとづき、千葉ニュータウンとして、住宅のみならず道路・鉄道・学校・店舗・医療施設などを整備することが決められた。その規模は人口三四万人、面積約二九〇〇ヘクタールというもので、六七年十二月に印西都市計画が、六九年五月には船橋都市計画が決定された。用地買収が地域住民の反対にあうなど難航し、さらにオイルショックによって景気が悪化するなどしたため、計画は大幅に遅れることとなったが、七九年三月に、西白井（白井市）、小室《こむろ》（船橋市）地区に第一期入居が行われた。

海浜ニュータウン

千葉ニュータウンの計画が進められていた一九六六（昭和四十一）年一月、友納武人知事は定例の記者会見において、習志野市津田沼《つだぬま》地先―千葉市稲毛《いなげ》地先間を埋め立て、海浜ニュータウンを建設する構想を発表した。翌六七年二月の千葉県第二次総合五か年計画において明示された海浜ニュータウン計画の概要は、内陸部における無秩序な開発を避けるために、稲毛・検見川《けみがわ》・幕張《まくはり》の海岸部を埋め立て、大規模な宅地を供給するというものであった。同地区が選ばれた理由は、①東京に近く交通の便が将来的にはかれること、②広大な埋立地が利用できること、③工業地帯の影響が比較的少ないことであった。六八年六月に明らかにされた「海浜ニュータウン基本計画」では、計画面積は稲毛地区、検見川地区、幕張A・B地区あわせて一二七〇ヘクタール、計画人口は二四万人というものであり、その用地のほとんどは埋立地があてられた。六九年八月には第一工区の埋立てが始まり、七三年三月には、稲毛地区の埋立地に建設された高洲《たかす》第一団地の入居が開始された。千葉市高洲一～四丁目の人口は、入居開始年である七三年四月時点では一五〇〇人であったが、七五年四月には二万七〇〇人と急増した。このように、大規模な住宅地が建設されたいっぽうで、七〇年代初頭におこったオイルショックなどによる経済状況の変化や、住宅事情の変化などをうけて、数回にわたり海浜ニュータウンの計画は変更されることになった。それにともな

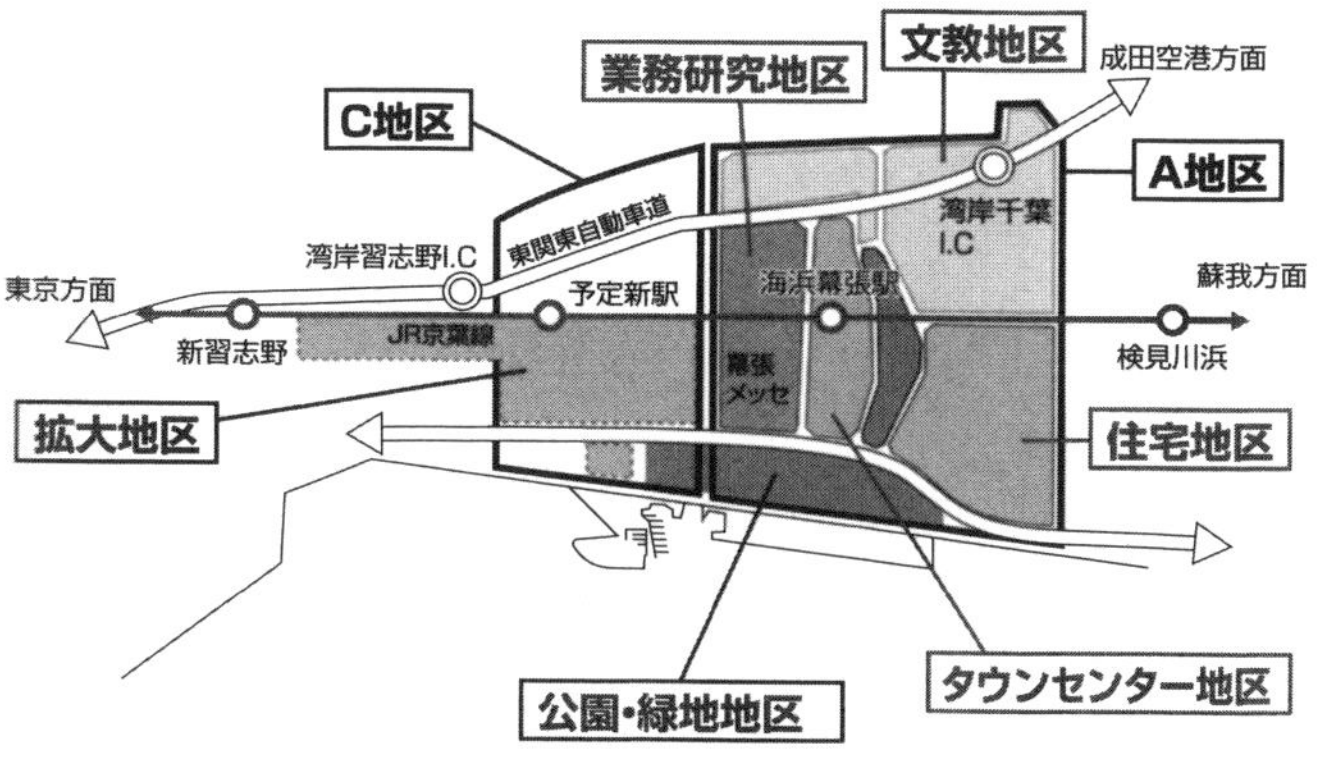

図45　新都心土地利用簡略図
『今後の県政運営に関わる重点施策について』（2004年）を一部改変

い、当初二四万人であった計画人口も一六万人へと変更された。

新都心計画

この一連の計画変更のなかでも、幕張地区の変更は劇的なものであった。海浜ニュータウンの一角である幕張地区は、戦後食糧増産計画のために埋立てが開始された箇所であった。しかし社会状況の変化にともない、農地から工場・住宅用地へと計画が変更されていた。

一九七二（昭和四十七）年ごろ、県開発庁では幕張地区のA・C地区（図45参照）の基本構想の修正案を模索していた。変更方針としては、住宅地中心であった土地利用に、大規模な業務用地、レジャー施設用地を盛り込むものであった。さらに業務用地には、本社機能移転をめざすことが盛り込まれた。これは、昼間人口が少ないことをふまえ、オフィスセンター建設により昼間人口を増やそうという目的があった。七三年の千葉県第四次総合五か年計画において、業務用地・レジャー施設用地などを盛り込んだ新都心建設の計画が決定されると、同年に出された「幕張新都心計画基礎調査」では、幕張A地区に新都心を建設することが明記された。同調査では、新都心は埋立地に建設するため、計画的な土地利用が可能であること、千葉ニュータウン、京葉臨海工業地帯、新空港との連携により、大きな発展が見込まれることなどを幕張の利点としてあげていた。

七三年十一月、新都心の内容を検討するため、幕張新都心計画策定委員会が開催された。会議冒頭で友納知事は、千葉県内に東京通勤者が多く、「コミュニティ」の喪失がおこっているため、職住を接近させる必要性をうったえた。このとき県としては、情報（加工）産業、ソフトウエア部門の研究開発業務機能および国際ビジネス機能を中心とする、オフィス業務を幕張に集積したい思惑があった。県の案は一様ではなく、県開発庁は、資金難を理由に住宅建設を提案するなどしていたが、結局幕張の土地利用の中心は、オフィス業務を集積する業務地区に設定された。このときにはすでに、後に実現されるオフィスセンター、国際見本市センター、大企業の研究所などを立地させることが構想されていた。同会議中、新都心の就業予定人口は一二万七〇〇〇人と設定され、増加人口に関しては千葉ニュータウンをおもな居住先に設定していた。

（小林啓祐）

第三章　暮らしの変化と社会運動・教育・文化の広がり

第一節　暮らしの変貌

四　都市近郊団地と社宅団地

団地の増加と自治会の取り組み

一九六〇年代に入ると県北西部における団地建設は急速に広がった。日本住宅公団（都市再生機構）は、花見川《はなみがわ》・園生《そんのう》・小仲台《こなかだい》・千草台《ちぐさだい》・あやめ台・都賀《つが》駅前・千葉　幸町《さいわいちょう》・稲毛海岸三丁目（以上千葉市）、市川《いちかわ》真間《まま》・市川中山《なかやま》（以上市川市）、前原《まえばら》・高根台《たかねだい》・南海神《みなみかいじん》・習志野台・前原西・若松《わかまつ》・夏見台《なつみだい》・若松二丁目・習志野台三丁目第三（以上船橋市）、常盤平・常盤平駅前・松戸市役所前・小金原（以上松戸市）、大久保《おおくぼ》・袖ケ浦《そでがうら》（以上習志野市）、豊四季台（柏市）などの団地を建設した。また千葉県住宅協会（千葉県住宅供給公社）は、大宮《おおみや》・大宮台北部・こてはし・小倉《おぐら》（以上千葉市）・江戸川台《えどがわだい》（流山市）・勝田台《かつただい》（八千代市）などの団地を建設した。

居住人口が増加すると、日常生活におけるさまざまな環境をととのえるために自治組織の設立を望む声が高まり、各団地で自治会の結成があいついだ。常盤平団地では、一九六二（昭和三十七）年六月に、約三〇〇〇戸におよぶ大自治会が結成された。結成総会では、「通いよい団地」「便利な団地」「住みよい団地」「育てよい団地」「楽しい団地」が活動目標にかかげられた。また、団地内のさまざまな課題に対処するため、自治会には複数の専門部が設置された。江戸川台団地では、自治会結成の翌年に組織が見直され、庶務・衛生・防火防犯・文化の四つの専門部が設置されている。

いっぽう、自治会活動への住民の参加状況は、内容により明らかな差がみられた。たとえば結成十年後の高根台団地で行われた調査によれば、「夏まつり」「共益費・家賃の値上げ反対運動」「児童館設置運動」には会員の半数以上が参加したが、「婦人学級」「映画会の設置」への参加者は一〇パーセント台の低率にとどまった。同じく結成十年後の常盤平団地では、自治会への不参加や無関心が目立つことが問題化した。七一年に発行された自治会報『ときわだいら』第一一四号では「会員が少ない。会費収入が少ない。役員になる人がいない」などの現状をうったえ、「自治会の活動は決して会員のためにだけやっているわけではなく、公団家賃値上げ阻止など全居住者の利益につながるものも多い」と自治会のあり方を主張した。会費の値上げも視野に入れつつ、会員の勧誘や会費の徴収方法を改善しながら、できるかぎり多くの居住者が自治会に参加するよう呼びかけている。

多くの自治会では、会員同士の親睦・交流を目的とした文化事業や体育行事も実施された。書道・絵画・工芸・写真・生花・人形などは、自治会が主催する文化祭で日頃の成果が披露され、体育行事に関しては、体育祭の他にバレーボールやソフトボールなど各種大会を開催する自治会が多かった。

写真271　常盤平団地自治会誕生を伝える会報
（1962年６月25日）

表96　東武野田線の朝のラッシュ時の輸送力の推移
（豊四季～柏駅間）

年度	本数	車両数	輸送力	輸送量	混雑率
	本	両	人	人	%
1960	4	12	1,286	2,784	216
1965	6	22	2,296	4,693	204
1970	7	28	3,284	5,906	180
1975	7	34	4,080	8,907	218

注）午前７：00～８：00の数値。
『東武鉄道百年史』（1998年）から作成

通勤交通の改善

東京近郊に建設された大型団地では、多くの住民が都内へ通勤・通学した。最寄り駅から私鉄と国鉄を利用して都内へ向かった。団地内においては、バス交通の便の悪さや、駅前駐車場の不足が課題であった。鉄道に関しては、私鉄の利便性向上や輸送力増強が課題とされた。

東京への通勤者の急激な増加は、従来の鉄道輸送網にさまざまな限界を生じさせた。一九六一（昭和三十六）年に江戸川台団地自治会が東武鉄道に提出した陳情書では、朝の通勤時間帯の運転本数増加や車両数増加、夜間の東京方面からの終電車の時刻繰下げなどを要望している。また六三年に高根台自治会が新京成電鉄に提出した申入書には、複線化による輸送力の増強、朝のラッシュ時におけるダイヤの改善、総武本線津田沼駅との接続、木造車両の改造や車内照明の改善などが要望されている。なお六二年五月には、常磐線三河島《みかわしま》—南千住《みなみせんじゅ》駅間で列車衝突事故がおこり、死者約一六〇名、重軽傷者約三〇〇名の大惨事となったが、そのなかには柏市の光ケ丘《ひかりがおか》団地の居住者も含まれていた。常磐線運行形態の改善を求めて、光ケ丘団地自治会からは運輸大臣や国鉄に対して要望書が提出された。

いっぽう、入居当初は団地から最寄り駅までの通勤バスの台数が、急増する入居者に追いつかずに、乗車できない住民があいついだ。六九年の花見川団地では、世帯主の約八割が東京都内への通勤者であったが、約二キロメートル離れた京成八千代台駅とを結ぶ京成バスは、朝のラッシュ時にスシ詰めの満員バスがあいつぎ、バス停で、七、八台を見送ることが日常的であった。また、通勤者用の駅周辺駐輪場の増設を望む声も多く出された。

大型団地の建設は最寄り駅における利用者数の急増をもたらした。たとえば常磐線南柏駅には開設当初西口しかなかったが、光ケ丘団地が建設された後も周辺の住宅開発が急速に進んだため、駅東口の開設が強く要望された。常磐線を横断する踏切では交通事故が多発したため改善の要望があいついだのである。その結果、七〇年には南柏駅が橋上化され同時に東口が開設された。

団地内の環境整備

建設当初の団地では日常生活を送るうえで、さまざまな環境整備が必要とされた。とくに、一日の大半を団地内ですごす主婦たちはその必要性を強く実感した。またそれらの問題点は、自治会を通して地元行政に整備や改善すべき点として要望された。

建設当初の団地内の道路はまだ舗装されていない場合が多かった。早

写真272　日本住宅公団が作成した『住まいのしおり』（昭和30年代）

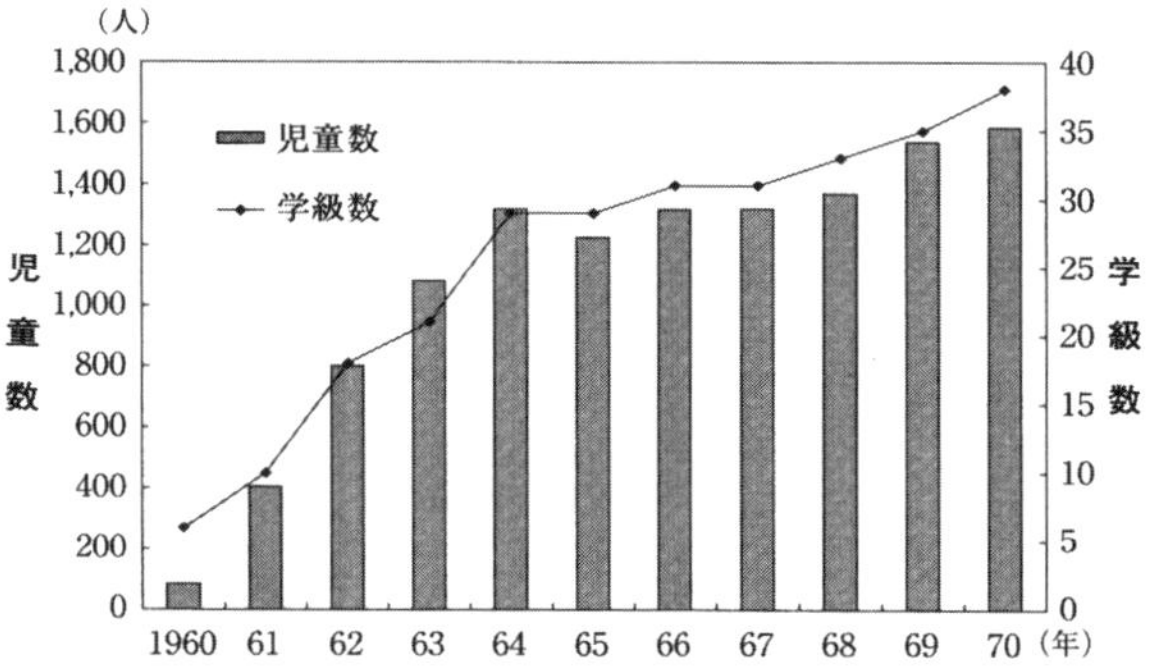

図62　常盤平第一小学校の児童数・学級数の推移

『常盤平第一小学校創立30周年記念誌』から作成

写真273　高根台第一小学校のプレハブ校舎

（浅野順治氏蔵、1971年10月17日）

期の舗装を望む住民に対して、地元市町村は当時の町内でも舗装道路が少ない現状と合わせ考えると、団地のみを優先するわけにはいかないとの立場をのぞかせた。六二年の江戸川台団地自治会と流山町（流山市）の交渉では、道幅八メートル以上は全額を、六メートル以下は三分の二を町が負担するというように、幹線・支線による住民負担の割合を調整した舗装計画が立案された。

家庭ゴミに関しては、収集時間・回収方法・清掃方法などが課題であった。居住人口の増加は従来の焼却場の処理能力を上まわり、ゴミの定時収集がとどこおった。江戸川台団地では、六五年に町から、コンクリート製のゴミ箱にかえポリバケツによる定時収集が提案された。これは前年の東京オリンピックの開催に合わせて東京都内において導入された回収方法であった。新しい焼却炉の完成を機に、六八年にはこの収集方法が正式に採用された。

六九年七月に、高根台団地自治会が実施した環境実態調査では、「危険物入れ」「焼却炉」「下水溝」「自転車置場」「ショッピングの混雑」などが問題点として浮上している。「危険物入れ」については、回収口から空きビンや空き缶がはみ出してこぼれ落ちていたり、子どもが持ち出して空きビンが割られ、その破片が散乱しているので回収頻度を高めてほしいとの要請がなされている。「焼却炉」については、設置場所近くの居住者からはベランダの洗濯物や植木などが煤煙でススだらけになってしまう現状が嘆かれ、焼却炉の性能を向上させることや、投入時間や投入物の制限など利用者のモラルについても指摘している。

教育・保育施設の新設と整備

団地への入居者は若い世帯が中心であったため、子どもが小さな家庭が多く、入居後の出産もあいついだ。子どもの急増により、団地内における教育施設の開設が急務となった。完成から二年目を迎えた一九六〇（昭和三十五）年の江戸川台団地では、保育所の設置を求める声が大きくなった。同年有志による「保育会」が結成され、保母の有資格者の会員が自宅で乳幼児一〇名をあずかり、団地内の保育が始まった。六二年には流山町（流山市）が用意した専用地に園舎が完成、六五年に町立第三保育所が開設されるまで、保育会による活動が続いた。

常盤平団地では、団地の造成と平行して、六〇年九月に常盤平第一小学校が開校した。初年度こそ児童八三名、六学級であったが、三年後には児童数は一〇〇〇名を上まわり二一学級の大規模校となった。その後も児童数の急増は続き、六五年には第二小学校が、六七年には第三小学校が分離したが、第一小学校の児童数も増え続けて七一年には一六一二名、三九学級に達した。この間、校舎の増築やプレハブ校舎の増設もあいついだものの、理科室などの特別教室が普通教室に転用されたり、体育館やプールのない状態が続いた。六五年の国勢調査によると松戸市は県内で最も人口増加率が高く、松戸市教育委員会は「既存の小学校の施設を拡充するよりも、中学校の新設が優先である」との方針をとった。なお、団地内には六七年に常盤平中学校が開校している。

（石毛一郎）

第二節　社会運動の展開

四　団地住民の消費者運動

団地の消費者運動

消費者運動とは、消費者としての権利獲得のために展開される社会運動のことである。戦後日本の消費者運動は、一九四五（昭和二十）年に大阪の主婦たちが始めた物資獲得運動や、主婦連合会結成の契機となる

写真284　高根台団地における野菜即売会のようす
（高根台地区社会福祉協議会蔵、1964年）

写真285　高根台団地の集会所で行われたバザー
（高根台地区社会福祉協議会蔵、1971年）
生協商品や団地住民から仕入れた商品を販売した。

四八年の不良マッチ追放運動などが先駆けとなって展開された。戦後の千葉県において展開された消費者運動のなかで特徴的なものは、住宅団地に移り住んだ住民たちによって行われた運動である。高度成長期に、千葉県では多くの住宅団地が建設された。団地には多くの住民が移り住んだため、あらたに大規模で日常的な生活物資の需要を生み出すこととなった。しかし、高根台団地（船橋市）は、開発が進んでいなかった地域に建設されたため、身近にある商店が限られており、それらの商店のなかには、仕入先が遠方なため値段を高く設定せざるをえない店もあった。そのため団地住民は生活必需品などを、いかに良いものを安価で買うかということに苦慮することとなった。そして住民たちは、こうした共通の問題を通して消費者運動を展開していったのである。

六一年に入居が始まった高根台団地は、四五〇〇戸を超える大規模団地であった。六二年に結成された同団地自治会では、設立当初から「団地の商店街は座っていれば何でも売れる」というわけでないという問題提起のもと、商店街と懇談会を開くなど、消費に関する問題に対して積極的に活動を行っていた。懇談会では住民から「卵がみな腐っていた」「商品によっては値段がまちまちで、買う側にとっては困る」「もっと安く売れる商品もあるのではないか」「しょっちゅう休まれると困る」というような商品の質、価格、店のサービスに対する意見が出されていた。そのいっぽうで商店側からは、サービスの低下は労働力不足に原因があるとし、団地住民の協力（労働力の提供）を求められていた。高根台団地は新しくできた町であったことから、実際生活していくにつれて、さまざまな問題が生じていたのである。

生活協同組合の結成へ

やがてこうして消費に対する関心は、「少しでも安く、良い品物を買いたい」という思いのもと、より具体的な運動へと展開されていった。住民たちは「生産地近くにいながら、新鮮な野菜が手に入りにくい」ことに対して疑問をなげかけた。そしてそうした想いを公民館で青年学級に参加し、「何とか農業を続けていきたい」と考えていた地元農家の青年層が受け止めたのである。この両者の思惑は、野菜の即売会というかたちに具体化されていった。自治会はこの野菜即売会が、購買事業などを行うことができる生活協同組合誕生の契機になってくれれば、という期待を込めていた。そののちに自治会では、「居住者に安く良い品物を提供しよう」という呼びかけのもと、おもに主婦が構成員となった「エプロンの会」が結成された。同会は当初バザーを行ったり、会員のつてをたどって物資を販売したりしていたが、その後住民の要求に応じて、販売物資の多様化をめざすこととなる。そしてまもなく共同購入などをつうじて消費の改善をはかるようになった。共同購入は、千葉県内の各団地で広く行われていたが、なかでも高根台団地の共同購入は充実していた。六八年に共同購入されていた品目の一部をあげると、卵・しょうゆ・さとう・みそ・はちみつ・けずりぶしといった調味料に加え、灯油・のり・牛乳・運動靴といった日常必要となる物資があった。なかでも卵は「健康たまご」として、匝瑳《そうさ》地域の生産者から直接仕入れられていた。さらに季節用品として冬にはクリスマスツリーやクリスマスケーキ、お祭りのはっぴなども共同購入していた。同時期は物価の上昇が激しい時期であったが、こうした共同購入によって、たとえば灯油は、あるとき津田沼駅前では一缶三八〇円であったが、三〇〇円程度で購入することができたという。このように共同購入は直接的な支出減のみならず、周辺店舗の価格の値上がりを抑制する効果もあったと、高根台団地自治会報では報じられている。

　こうした活動の背景には、「賢い消費者になろう」という意識があった。ここにはそれまでの受動的な消費生活から脱却し、主体的に購買活動をしていこうという、消費者運動の潮流をみることができる。高根台団地自治会の主婦たちが行った共同購入の背景には、一度に団地という場所に多くの住民が集まったこと、新規に多くの住居が建設されたため生活する町として未成熟であったこと、などの特殊な社会状況があった。そのために住民たちは、共通の問題（ここでは物価）を通して結集し、積極的に消費者として活動を行っていったのである。当時自治会事務局長をつとめ、エプロンの会の中心メンバーであった山下栄子《やましたえいこ》は、これらの一連の運動は、決して自然発生的なものではなかったと振り返る。さらに山下は、共同購入だけでなく、団地住民がいろいろな物資や施設が不足する団地で生活していくうえで、やむにやまれぬ事情から、さまざまな要求運動を展開していった結果、町がととのっていったのだという。共同購入の品目は、その後も増え続け、これら自治会の一連の地道な活動は、物価上昇を背景にして地域住民たちに受け入れられていくこととなる。そして七三年には、これらの運動を通してつちかわれた人脈が、生活協同組合の設立として結実するのである。

（小林啓祐）

［2－7－B］
新京成電鉄社史編纂事務局編『新京成電鉄五十年史――下総台地のパイオニアとして』（新京成電鉄、一九九七年、一一九～一三四頁）

進む沿線開発（1）――土地区画整理事業と新京成電鉄

全線開通を果たした新京成電鉄の次の課題は沿線の開発である。一方のターミナルである津田沼では紆余曲折の後、昭和29年（1954）8月1日に千葉県下16番目の市として習志野市が誕生し、急速な都市化が進められていた。またもう一方のターミナルの松戸市は、ちょうどこの時期から、全国の自治体の中でも最も積極的に土地区画整理事業に取り組んでいた。

松戸新田の土地区画整理事業

昭和30年（1955）5月のある日、松戸市建設課の宮間満寿雄課長（後に松戸市長）から平野好紳運輸部長に電話があった。近く松戸新田地区の区画整理事業を始めるので、新京成電鉄からそのための人員を派遣してくれないか、との要請である。ようやく全線開通にこぎつけたばかりで、社員数も大幅に増員したとはいうものの、人材の余裕があるわけではない。

平野部長は京成電鉄の田中栄事業部長を相談に訪れた。相談の結果田中部長は、その頃京成電鉄不動産課に在籍していた早川貢さんと内田初太郎さんの二人を平野部長に引き合わせた。そして早川さんと内田さんとが昭和30年6月1日付けで松戸市建設課に出向することになる。

当時の松戸新田駅周辺は民家もまばらだった（松戸新田駅からみのり台方面を望む）

早川さんの仕事は、区画整理事業予定地内の地権者を登記所で調べて、その人たちの同意を得ることだった。内田さんは土木の専門家で、区画整理区域内を測量して600分の1の現況図を作成することから始めた。当時の上本郷駅、松戸新田駅周辺には数えるほどの人家しかなかったという。

松戸新田土地区画整理事業の施行区域は松戸市大字松戸新田字四ッ窪、西中町、六軒新田、北中町、藤兵ェ山、雨田堀などのほか同市大字上本郷字惣台、鳥井戸などの一部を含むもので、総面積5万3917坪に及ぶ広大な事業である。土地の所有権者は175名、借地権者が69名で、新京成電鉄も地権者の一人だった。

この年の4月1日に土地区画整理法が施行されたばかりで、区画整理というのがどんなものかも理解されていない。早川さんは地権者の家を一軒一軒訪ね、区画整理事業の趣旨を懇切に説明してまわった。

「あの頃の減歩率は12％でしたが、自分の土地が減るとなるとすぐに賛成する人はほとんどいません。農家を訪ねると『あんたは見たことのない顔だが、ほんとに役所の人かい』と疑われたり、ある時は水をかけられたりしました。

地権者の多くは農家の方ですから、夜でなければ会うことができません。だから毎日、2食分の弁当を持って出勤したものです。区画整理事業には地権者の3分の2の同意が必要でした。同意を得るまでに280回通ったお宅もあります。

なかには少数ですが協力していただいた人たちもいました。松戸新田の渋谷伊兵衛さんという方は時々市役所に来て私たちを励ましてくださいました。」(早川さん)

区画整理予定地のうち松戸新田駅の北側、雨田堀の地権者の同意は最後まで得られず、結局はこの区域を除いて事業が進められることになる。測量を担当した内田さんもまるで一からの出発だった。測量のアシスタントは市からは出せないというし、外注もだめだという。やむなくアルバイトを募って現況図の作成にとりかかった。

「測量でもトラブルがありました。地権者の方との話合いがついていないのを知らないで測量を始め、叱られたこともあります。また夜のうちに測量の棒を持ち去られてしまったこともありました。600分の1の現況図を作るのに半年ほどかかったと思います。

いま振り返ってみると、市会議員の芦田弘さんや地元の安蒜清さんなど、この仕事で親切にしてくださった方々を思い出します。」(内田さん)

2年余にわたる努力によって、昭和32年(1957)7月18日に事業認可がおり、それから5年後の昭和37年(1962)8月に松戸新田土地区画整理事業は完成した。その結果、この地域には現在見られるような便利な住宅街が形成されたのである。

積極的に区画整理事業へ参加

新京成電鉄はこの後も、松戸地区沿線の区画整理事業の数々に関わっている。区画整理は新京成電鉄にとって、鉄道周辺の道路の整備・統合、踏切の整理、沿線の良好な住宅地の整備など多くのメリットをもたらすものであった。

松戸市役所裏から水戸街道と交差するあたりまでの約900メートルほどは前述したように、山を切り開き低地を埋め立てて線路を敷設していた。そのため小根本の線路が低くなっている所には跨線橋が架けられていたが、この区間の北側、竹ヶ花の区画整理事業(昭和33年12月事業認可)では線路両側の山林が削り取られたため、この陸橋が撤去された。また線路脇に道路を新設するため、社有地の一部を提供している。

松戸市の意欲的な土地区画整理事業の推進もあって、新京成電鉄はさらに昭和37年5月事業認可の南花島土地区画整理事業、昭和39年4月の金ヶ作第2次区画整理事業、昭和40年1月の小根本、昭和40年3月の五香、昭和43年7月の緑ヶ丘、昭和46年3月の八柱駅周辺土地区画整理事業などに地権者として関与した。

緑ヶ丘土地区画整理事業では換地によって上本郷変電所用地を確保し、昭和46年(1971)10月に上本郷変電所を新設、電力供給、輸送力増強を図った。

また松戸市施行の八柱駅周辺土地区画整理事業では、換地と保留地の取得によって八柱駅ビル、駐車場などを建設することができたのである。

不動産事業への取組み

土地区画整理事業による沿線の整備・開発に歩調を合わせて、

新京成電鉄は沿線の不動産事業への取組みを始める。

第18期営業報告書にもあったように、昭和30年2月8日には宅地建物取引業の免許を得て、業者登録をした。そして早速、京成電鉄、京成開発と提携して松戸市の柏葉台に戸建て住宅を建設し分譲に乗り出す。計37戸の入居者への引渡しが完了したのは昭和31年2月末であった。

柏葉台の場合は土地付住宅の販売だったが、この頃の不動産事業は主に宅地を造成して販売するものであった。それには二つの方法がとられていた。一つは新京成電鉄で造成した土地を京成電鉄に販売委託するもので、もう一つは新京成電鉄が買収した土地を京成電鉄が買い受け、それを造成して販売するものである。これらの主なものを上げると次のようになる。

分譲地名	売出し年月日	区画	面積（坪）	販売方法
柏葉台（松戸市）	昭和30.10.24	37	2,464.39	戸建て住宅 京成に販売委託
徳川台（松戸市）	昭和33.6.1	23	2,122.06	土地 京成に販売委託
下矢切東台（松戸市）	昭和33.9.7	4	215.36	土地 京成に販売委託
八幡台（鎌ヶ谷町）	昭和35.6.8	46	2,675.45	土地 京成に販売委託
清香園（鎌ヶ谷町）	昭和35.6.19	16	869.94	土地 京成に販売委託
松戸新田（松戸市）	昭和37.9.14	5	263.05	土地 京成に販売委託
松戸新田店舗（松戸市）	昭和40.3.28	11	483.00	土地、住宅地 新京成で分譲

この時期、第19期からの損益計算書には毎期とも副業収入（土地分譲収入）が計上され、年ごとに増収を重ねるとともに、分譲用土地の買入れも継続して行なわれていた。第25期（33・10・1～34・3・31）の営業報告書では不動産事業について、「電鉄事業の全幅活動期到来までの支柱」と記している。

また旅客増を図るため新京成電鉄、京成電鉄ともに、これらの分譲地を購入した後、1年以内に住宅建築に着工した人には1年間の電車全線無料パスを発行するなどの優遇策も実施していた。

一方ではその他の開発も進んでいた。昭和32年（1957）3月には柏市に日本住宅公団の光ヶ丘団地（住宅960戸、店舗付14戸）の入居が始まっている。それに対応して、新京成電鉄は五香駅から光ヶ丘団地を経て国鉄北小金駅に到るバス路線を新設した。

ちなみにこの光ヶ丘団地は、マーケット、店舗、集会所、診療所、市役所出張所、郵便局、小学校などコミュニティの中核施設を住宅とともに建設した最初の団地で、その後の公団団地のモデルとなったものである。

八柱駅から金ヶ作（常盤平）方面を望む。不動産業者の野立て看板が目を引く（昭和33年11月）

進む沿線開発（2）—日本住宅公団と新京成電鉄

戦後10年がたって国民生活も落ち着きを取り戻してきていた。しかし住宅の回復は大きく立ち遅れていた。昭和30年の「経済白書」はそれを次のように述べている。「生活の一般水準がほぼ戦前復帰を達成した中にあって、生活の三大要件の一つである住宅面がなお著しい立遅れをみせており、生活構造を歪めていることは残された大きな問題」である、と。

この残された大きな問題を解決するために、昭和30年7月25日に日本住宅公団（現住宅・都市整備公団）が発足した。大都市圏など住宅難の激しい地域に行政区画をこえて住宅供給をすること、政府・民間の資金を動員して不燃構造のアパートを集団で建設し経営すること、そして大規模な宅地開発を行なうこと、をその目的として設立された公団である。

東京の人口は終戦直後の278万人から昭和25年には539万人に、昭和30年には697万人へと急増していた。さらに昭和35年にはこれが831万人に激増するのである。世の中は空前の〝神武景気〟に沸き返り、人口の大都市集中がいよいよ進んだ時期である。通勤電車の混雑もひどく、昭和30年10月には国鉄新宿駅に学生アルバイトの「押し屋」（正式には旅客整理係学生班という）が登場した。1人当り国民総生産が戦前の水準を超えたのも昭和30年である。翌31年の「経済白書—日本経済の成長と近代化」には「もはや〝戦後〟ではない」という有名な一節が記されている。その一方、住宅建設は年間30万戸前後で停滞しており、特に首都圏での住宅建設、宅地開発は緊急の課題であった。それだけに住宅公団への期待も大きいものがあったのである。

常盤平（金ヶ作）団地の開発

住宅公団は昭和30年からの第一期事業として、3年間で1000ヘクタール（300万坪）を開発することとし、大都市周辺部に15カ所を選定した。常盤平（当時は金ヶ作）もその一つである。その施行面積は51万2215坪という大規模なものであった。

公団の宅地開発は当時、ほとんどが区画整理事業の手法で行なわれていた。しかし公団の区画整理事業は、農村地区に広汎に適用されたこと、公団があらかじめ相当量の土地を買収し、その地区のおよそ40％前後の地主でありかつ区画整理の施行者として事業を行なうこと、という点で他の区画整理事業とは違っていた。

これは地元の人からすれば、公団という第三者がある日突然に入ってきて、農村地帯に都市が開発される。しかも減歩という形で自分の土地が「とりあげられる」というふうに見ることもできる。そのため公団は地権者に区画整理事業の意味を説明し、同意を得るのに非常な苦労を強いられることになった。

農地の宅地転用で生じた反対運動

公団は昭和30年11月に事業計画を発表、12月24日には金ヶ作地区地権者に対する区画整理事業説明会を開いた。ところが年が明けた1月早々に、地権者223名のうち69名の名で「金ヶ作地区市街地造成計画反対期成同盟」が結成され、4年越しの紛糾を引き起こすことになるのである。

事業完成後の実際は『日本住宅公団10年史』（昭和40年）が言うように、「…今日は立派な近郊住宅地として、その地域の繁栄に大

金ヶ作駅（常盤平駅）ホームから見た団地建設用地（昭和33年11月頃）

整備が進んだ金ヶ作（常盤平）駅前（昭和33年11月頃）

元山駅方面から見た昭和33年頃の五香駅

常盤平駅前に建築中の京成ストア（昭和35年３月）

きく役立っている。保留農地はむしろ宅地用の空地で値上り待ちという形で残っており、しかもこの開発は、周辺の都市化を著しく推進するという結果になっている」。しかしその当時、地元農民の中には耕作農地が住宅地になるということが理解できず、このような予測をする余裕のない人たちもあったのだ。

反対同盟の論拠は、要約すると次のようなものであった。

〈減歩と保留地で平均34・7％、測量増で3・14％、合計37・84％の土地をただ同然で失うことになる。さらに山林や雑草地が換地されることも予想すれば、耕作可能な農地は半減する。平均耕作面積1町歩のこの地区では、その6割で自家消費の作物を、4割で換金作物を栽培しており、事業が実施されれば現金収入の道を絶たれ自給食糧にも事欠く。しかも地価の高騰によって税金負担は増大する。このような損害と犠牲とを強制することになるのだから、この地区は区画整理地としても不適である。〉

一方、新京成電鉄と松戸市とは当然のことながら、この開発計画に大きな期待をかけていた。新京成電鉄は早い時期に公団から団地建設への協力要請を受けており、沿線に日本でも最大規模の大型団地が誕生することは願ってもないことである。計画戸数6000戸から単純に割り出しても、およそ3万人近い人口増になる計算だ。そこで新京成電鉄では積極的に社有地を提供し、用地買収にも全面的な協力体制で臨んだ。また、新京成沿線はどの地点からも東京都心へ1時間以内という有利な立地条件をあげて、さらに沿線数カ所に公団団地を誘致すべく努力していた。

地元松戸市もまた、この開発計画を市の将来がかかった大事業として位置づけ、区画整理事業のＰＲに努め、地権者と公団との調整・取りまとめに奔走した。

　用地買収は計画の基本線に沿って進められ、新京成電鉄、松戸市の協力などもあって昭和31年４月には51万２０００坪の約18・６％、32年４月には約33％17万坪の買収を完了した。

　反対同盟は千葉県知事や千葉県選出国会議員による調停も拒否し、断固反対を主張したが昭和32年２月18日に事業は認可される。そして公団による測量が始まると糞尿をまき散らすなどの実力による妨害行動や、東京の公団事務所へのデモなど活発な反対行動が行なわれた。さらに昭和33年４月の建設省、農林省、自民党、社会党、県、市の６者による最終調停案もまた反対同盟は受け入れず、整地工事の際には警官隊が出動するまでの騒ぎとなった。しかし建設工事は反対同盟の土地を除いて進められ、工事の進捗とともに次第にその輪郭があらわになる。それにつれて反対者のなかにも理解を深める人たちが出てき始め、ようやく反対運動も終息に向かったのである。

新京成電鉄社員が名づけた「常盤平」

　昭和34年12月、松戸市は金ヶ作に建設中の大団地の名称を募集した。応募総数は２２８通あった。そのなかから採用されたのが「常盤平」である。その命名者は、当時新京成電鉄に勤務していた青木正治郎さん（元総務課長）だった。
「あの時はそう深く考えたわけではないのです。私は〈常磐〉という言葉が好きでした。常磐というのは、常に変わらぬ岩のような状態とか、一年中緑の葉をつけた樹木、常緑樹のことを言います。
　そこで〈常磐〉を〈常盤〉という文字に変えてみたのですが、ちょっと悩んだのが〈常盤台〉にするか、〈常盤平〉にするかということでした。結局、金ヶ作のあたりは平坦地ですから〈常盤平〉にしたわけです。」（青木さん）
　こうして日本最大規模の団地名は「常盤平団地」と決まり、昭和35年の「広報まつど」新年号に紹介された。同時に新京成線の金ヶ作駅も同年２月１日から「常盤平駅」に名称変更されたのである。

常盤平駅から見た新築間もない住宅公団の団地（昭和35年３月）

団地の新しいライフスタイル

　常盤平団地への入居は昭和35年（１９６０）４月から始まった。そして同年８月17日には農地転用が一括許可されて、一部農民の反対運動に端を発したいわゆる「金ヶ作問題」は事実上終結を迎えた。反対同盟も翌36年（１９６１）２月に解散、同年11月３日には常盤平団地宅地開発事業竣工式が執り行なわれ、約６年に及ぶ歳月を経て事業の完成を見た。なお施行面積51万２２１５坪のうち公団が買収した土地は34・５％、17万６７７８坪で、公共減歩率19・０％、合算減歩率は30・７％であった。

完成した常盤平団地の全容

松戸市立博物館（八柱駅から徒歩15分）には当時の常盤平団地の暮らしの様子が再現されている

全戸の入居が完了したのは昭和37年（１９６２）６月である。

総戸数４８３９戸の常盤平団地はそのなかに保育園、幼稚園から小、中学校、郵便局、商店街などの施設を備えている。まさに一つの町が誕生したわけである。しかもこれは日本中で最もモダンな設備の整った生活空間だった。食事をするスペースのあるダイニングキッチン（ＤＫ）、ステンレススチールの流し台、浴室、水洗トイレ、シリンダー錠—これらが新しい時代の文化生活を象徴していた。八柱駅から徒歩15分、21世紀の森と広場の中にある松戸市立博物館には、この頃の常盤平団地の暮らしが細部にわたって復元されている。

当時の入居者の大半は都心の大企業に通勤する若いエリートサラリーマン層であった。彼らの生活意識は合理的であり、新しく便利な耐久消費財の購買意欲が高い人たちだった。実際、団地における耐久消費財の普及率は、一般の市街地と比べて格段に高かったようだ。「例えば昭和35年の公団住宅の入居者家計調査の報告によればテレビは東京都の一般の同収入層の普及率60・6％に対して82％、電気洗濯機は49・2％に対して84％」（『日本住宅公団10年史』）であった。この〝団地族〟が、後に続く高度成長期のリード役を担ったと言えるだろう。

またこの頃、地元の子どもたちの間で男の子と女の子が手をつないで歩く遊びが流行ったという。ただ手をつないで歩くだけの遊びである。それを「団地ごっこ」と言ったそうだが、当時の団地周辺の雰囲気がよく伝わっておもしろい。

常盤平団地の完成当時に植樹された欅や桜は、いまでは見事な大木に成長して空間に潤いを与え、さくら通りは日本の道百選にも選ばれるほどの美しい街路を形成している。

団地建設で活気づく

団地建設の進捗に合わせて、新京成電鉄では駅舎やホームの整備、車両の増備、人員の配置などを進めた。常盤平団地の東端は五香駅近くまで広がっている。団地居住者はメインの常盤平駅とともに五香駅も利用することになった。

一方では、常盤平駅前と五香駅前の公団所有の保留地を払い下げてもらい、そこにそれぞれスーパーマーケットの京成ストアをテナントとして入居させた。京成ストアは昭和35年9月に開店したが、新京成電鉄の不動産事業はこの時期から賃貸収入を得ることになる。

また、住宅公団は団地完成を前にして駅施設の整備、輸送力の確保を求めてきていた。新京成電鉄では朝夕のラッシュ時間帯の増便、連結車両増とそれにともなうホームの延長、現有14両にさらに8両の車両増備、30名の新規社員採用などを打ち出していた。さらにバス路線も五香駅―常盤平団地―松戸駅東口を結ぶ松戸線を新設し、また既存路線の変更や延長などで対応する計画を公団に回答している。

団地の出現は、新京成電鉄の企業としての動きをさらに加速させた。やつぎばやのバス路線拡充、車両の増備、電力設備の拡張、駅施設の整備、複線化工事の推進、社員の増員……これらの急ピッチな活動にはずみをつけたのが常盤平団地の誕生であり、また高根台団地の建設だったのである。

用利買収を肩替りした高根台団地の建設

常盤平団地の区画整理事業が始まって1年余り後の昭和32年（1957）4月、新京成電鉄は日本住宅公団から高根木戸団地造成のための用地買収を委託された。これには次のような経緯がある。

6000坪の土地をもとに公団団地を誘致

昭和32年の初めに出入りの不動産業者から新京成電鉄開発課へ、およそ6000坪の土地の売込みがあった。物件は高根木戸―滝不動駅間である。その当時の開発担当役員は田中栄常務であった。この話を聞いた時、アイデアマンだった田中常務の頭にある考えがひらめいた。

その頃、経理課資材係にいて高根台団地の用地買収の後方事務を担当した半谷隆さん（常勤監査役）は次のように語っている。

「田中常務はこのように考えられたのです。6000坪の土地を当社が単独で開発するよりも、この土地を含めて高根木戸駅から滝不動駅の間に住宅公団の大規模団地を誘致しよう、と。ただし、公団の大規模団地となると20万坪ほどの用地が必要になる。その用地買収は当社が全面的に協力しよう、ということでした。」

当時住宅公団は、新京成沿線で常盤平団地のほか、前原駅近くに約1400戸の前原団地（昭和35年9月～10月入居）の建設を進めていた。が、まだまだ人口の少ない新京成沿線にさらに大規模団地を誘致することは、新京成電鉄としても願ってもないことである。この計画は北條社長の承認を得て早速決定となり、田中常務は岡安富蔵開発課長をともなって住宅公団との折衝に入った。公団もこの計画に積極的で、4月には新京成電鉄に用地買収を委託して約4500戸の大規模団地建設を進めることになったのである。

新京成電鉄では早くも4月から用地買収に取りかかった。しかし用地買収に関して公団からいくつかの条件が提示され、用地買収代行の契約が正式にまとまったのは11月のことである。その主な内容は次のようなものであった。

1. 新京成電鉄が住宅公団を代行して行なう公団住宅用地約18万坪の

高根台団地の建設予定地

買収価格は、坪単価965円とする。ただし買収価格が965円を超えた場合、その差額は新京成電鉄が負担する。

2．公団住宅完成の時期までに、新津田沼駅を国鉄津田沼駅に至近の場所へ移転する。また公団住宅に近い場所に新駅を開設する。

3．同時期までに車両の増結、電車の増発を行ない、団地居住者の利便を図る。また近い将来、新津田沼駅—高根公団駅間を複線化する。

4．高根公団駅用地及び同駅前広場、バス発着場などに要する用地は住宅公団が提供する。

将来にかけた団地開発

かなりの負担とリスクとをともなう条件ではあるが、新京成電鉄の将来を考えれば、沿線の開発と住宅の誘致は最優先の課題であった。とはいえこのなかで買収坪単価965円を超えた分の負担がこの後、新京成電鉄の資金繰りに重くのしかかってくるのである。

当初の売込みがあった6000坪の土地は坪単価640円で買収できたので、社内では平均965円なら心配ないだろう、という考えが多数だった。しかし広大な用地の買収は長期にわたるから、その間の価格の上昇を考慮すると不安だ、という少数意見もあった。そこで新京成電鉄では、差損が発生した時の措置として別に数万坪の社有地を買収することにした。差損を生じた場合、この土地を処分して穴埋めする計画だったのである。

用地のほぼ6割強が山林だったが、地権者はおよそ150人にものぼる。これらの地権者の一人ひとりを相手に、買収交渉は根気よく進められた。そして昭和36年（1961）3月までには約16万4000坪の用地を買収することができたのである。またそのほかに、社有地として4万5000坪を買い入れていた。

現在の高根台団地

この新京成電鉄の努力によって高根台団地の開発は、住宅公団が用地を全面買収し、公団の一人施行による土地区画整理事業として紛争もなく実施することができたのである。公団の全面買収による宅地開発は全国でも稀であり、しかも高根台は施行面積22万875坪という最大の規模であった。

奇しくも、住宅公団にとって最も激しい反対運動をもたらした常盤平団地の開発と、用地100%買収による最も理想的な高根台団地の開発とがともに、新京成線の沿線で行なわれたことになる。そしてこれらの大規模開発が完成した後、新京成電鉄は飛躍的な成長期を迎えることになるのである。

用地買収の資金にあえぐ

しかしここで、用地買収の資金に苦しんだ事情にもふれておかねばなるまい。

全線開通したとはいえ沿線の開発もまだ途上にあり、全線開通にともなう人員増その他の経費負担で毎朝、欠損金を計上する状態であった。さらに、全線開通までに要した借入金の返済もある。そのような苦しい台所事情の下で、18万坪もの用地買収を代行しなければならなかったのだ。

公団から用地買収を委託された昭和32年4月の時点では、坪単価965円で公団と契約したとして、買収金額と公団への売却金額との差損、仲介手数料、金利などで約1400万円の損失を生じる計算だった。ただしその時は坪単価を畑900円、山林1000円と想定していた。そして、およそ約5万坪ほどの土地を社有地として別途購入しておけば、公団住宅の完成後、地価は3倍以上に値上りするはずだから、それらの分譲販売によって十分に採算がとれる、との判断だった。しかしそれにしても当面の資金は不足していた。

買収交渉を進めていた同年8月の段階では、想定坪単価が早くも1271円に上昇し、買収代行による差損、手数料負担は6579万円と算出し直されている。この6579万円は「公団誘致費」と表現されているが、なおこの他に社有地購入資金として約2765万円が必要であり、合計9344万円の資金を調達しなければならなかった。新京成電鉄では8月に京成電鉄から4770万円を借り入れ、さらに京成電鉄を連帯保証人として銀行から5000万円の融資を受けてこれに対応している。

地価上昇で8000万円の持出しに

用地買収が進むにつれて、買収価格もどんどん上がっていった。開発計画区域内には不動産業者が造成した住宅地もいくつかあり、新築間もない住宅の建っているところを買収せざるを得ないこともあった。坪単価1万数千円で買収したという記録もある。

昭和35年3月の集計では買収坪単価は1474円となっている。公団との協定単価965円に対して実に53%もの割増しである。その結果、新京成電鉄は最終的におよそ8000万円を負担しなければならなくなった。これはその頃としては大変な金額である。元京成電鉄副社長だった首藤浩さんは、公団に負担金の減額を交渉に行ったことがある。その当時を次のように語っている。

「8000万円は誘致のための費用」

「公団との契約では、用地買収が難航しても坪当り965円以上は出せないとなっていました。しかし当時の京成電鉄の川崎千春社長（後に新京成電鉄会長）の友人が住宅公団の幹部だというので、川崎社長と二人で公団提示額の増額を陳情に行ったことがあります。九段の住宅公団東京支所（当時）へ三度ほど伺いました。

しかし話しはまったく進まない。最後には互いに険悪な状態になって双方とも連絡もしないまま約2カ月が過ぎました。その間は公団との仕事もストップしたのではないかと思います。

その後、新京成電鉄の取締役会で北條社長が『8000万円というのは大変な金額ではあるが、現在の当社としては沿線への住宅誘致を図りたい。8000万円は住宅公団誘致のための費用と考えたい…』との提案があって、承認されました。」

北條社長の苦しい決断が偲ばれる。しかしながら住宅公団高根台団地の完成は、昭和30年代後半からの鉄道事業の躍進を牽引する大きな要因となったのである。

新京成電鉄の経営幹部は昭和20年代から30年代を通じて、幾たびか資金的困難に遭遇し苦渋の判断を迫られてきた。しかし現況から見れば、いずれの判断も今日をもたらした的確かつ優れた判断として大きく評価できるのである。

高根公団駅の新設と新津田沼駅の移転

高根台団地への入居は昭和36年（1961）8月から始まり、2年後の38年（1963）8月には4650戸全戸の入居が完了した。また公団との約束であった新駅は、高根木戸駅と滝不動駅との間に高根台団地の玄関口として「高根公団駅」が新設され、入居の始まった36年8月1

日に開業した。

さらに新津田沼駅を国鉄津田沼駅に至近の場所へ移転する件は、公団との約束事でもあったが、沿線住民からも連署をもって陳情書が提出されていた。そこで新京成電鉄は、開業当初の新津田沼駅を復活して前原駅から新津田沼駅までの路線を新設することとした。それまでの新津田沼駅は36年7月1日から「藤崎台駅」と改称し、従来の京成津田沼駅へ到る路線のほかに、前原から分岐して新津田沼に到る路線を設けたのである。新津田沼駅2度目の移転である。前原駅―新津田沼駅間1・2キロは昭和36年8月23日に営業を開始した。

これで国鉄線との連絡は楽になったが、前原駅で二線に分かれるためダイヤが複雑になり、乗客の評判も芳しくない。そのためこの後、昭和43年（1968）5月15日には新津田沼駅を200メートルほど東南に再三移転し、藤崎台駅を廃止して前原駅―新津田沼駅―京成津田沼駅という現在の路線に変更することになる。

習志野台団地にも北習志野駅を新設

常盤平と高根台に続いて新京成沿線では昭和35年（1960）に、施行面積44万8000坪、計画戸数7000戸、2万7000人という大規模団地・北習志野団地（現習志野台団地）の開発が始まる。これも住宅公団が約40％の用地を取得し、土地区画整理事業として行なった宅地開発であった。昭和39年（1964）12月に事業認可され、工事が完了したのは42年（1967）10月である。

この団地は習志野駅と高根木戸駅との間に位置する。そこで新京成電鉄は公団からの要請もあって、団地正面に新しく「北習志野駅」を開設することにした。ただし新駅開設予定地は勾配のある場所であるため、勾配変更、曲線変更などの工事やそのための用地買収が必要になる。公団と協議の結果、それらの工事費を公団が負担して新駅を建設することになった。北習志野駅は昭和41年（1966）4月11日に開業したが、この駅は新京成電鉄で初めての橋上駅であり、駅構内には喫茶店やそば店も併設された。

なおこの団地は昭和40年10月に「北習志野台団地」と名称が決定されたが、現在では「習志野台団地」と呼称されている。また北習志野駅は、習志野台団地の玄関口であるのみならず、現在は東葉高速鉄道との連絡駅として都心へ向かう乗客に利用されている。

建築中の北習志野駅。新京成電鉄では初の橋上駅である（昭和41年2月）

〔2－7－C〕千葉県史料研究財団編『千葉県の歴史　資料編　近現代9（社会・教育・文化3）』（千葉県、二〇〇七年、四七八～五二四頁）

第四節「団地」という社会

一　都市近郊の団地

団地の生活・自治会

197〔常盤平公団住宅申込パンフレット　抄〕

一九六〇（昭和三五）年

常盤平団地　新京成常盤平駅　徒歩六分

入居予定　八月中旬

松戸市金ケ作四三三の二（七五ブロック）

松戸市日暮六四一（六三ブロック）

〔中略〕

募集概要

型式（常盤平）		構造	面積	間取り	募集戸数	共益費（月額）	家賃概算	基準月収額
A（世帯）甲	一五回以上落選シタ方	鉄筋コンクリート造　四階建	四三・二六㎡（一三・〇八坪）	二DK　六帖　四・五帖　ダイニングキッチン	一〇戸	三〇〇円	五三五〇円	三〇〇〇〇円
A（世帯）乙	一〇回以上落選シタ方				三六			
A（世帯）丙	甲及乙以外ノ方				五〇			
B（小世帯）		鉄筋コンクリート造　四階建	三四・六五㎡（一〇・四八坪）	一DK　六帖、ダイニングキッチン	三二		四四〇〇	二五〇〇〇
C（世帯）		鉄筋コンクリート造　四階建	四九・三八㎡（一四・九三坪）	三K　六帖、四・五帖、四・五帖キッチン	一二〇	三〇〇	六一〇〇	三四〇〇〇

〔中略〕

右記の面積はバルコニー、廊下、階段等の共用面積も含みます。

設備、各室にステンレススチール流し、浴室（浴槽つき）、水洗便所、ガス、上下水道完備

毎月家賃の外、共同施設の維持管理のため、上記の共益費を頂きます。

交通

常盤平　区間	所要時間	片道料金	定期一ケ月　通勤	定期一ケ月　通学
上野～松戸（常盤線）	二七分	四〇円	七七〇円	四二〇円
松戸～常盤平（新京成）	一二	二〇	五九〇	三八〇

〔中略〕

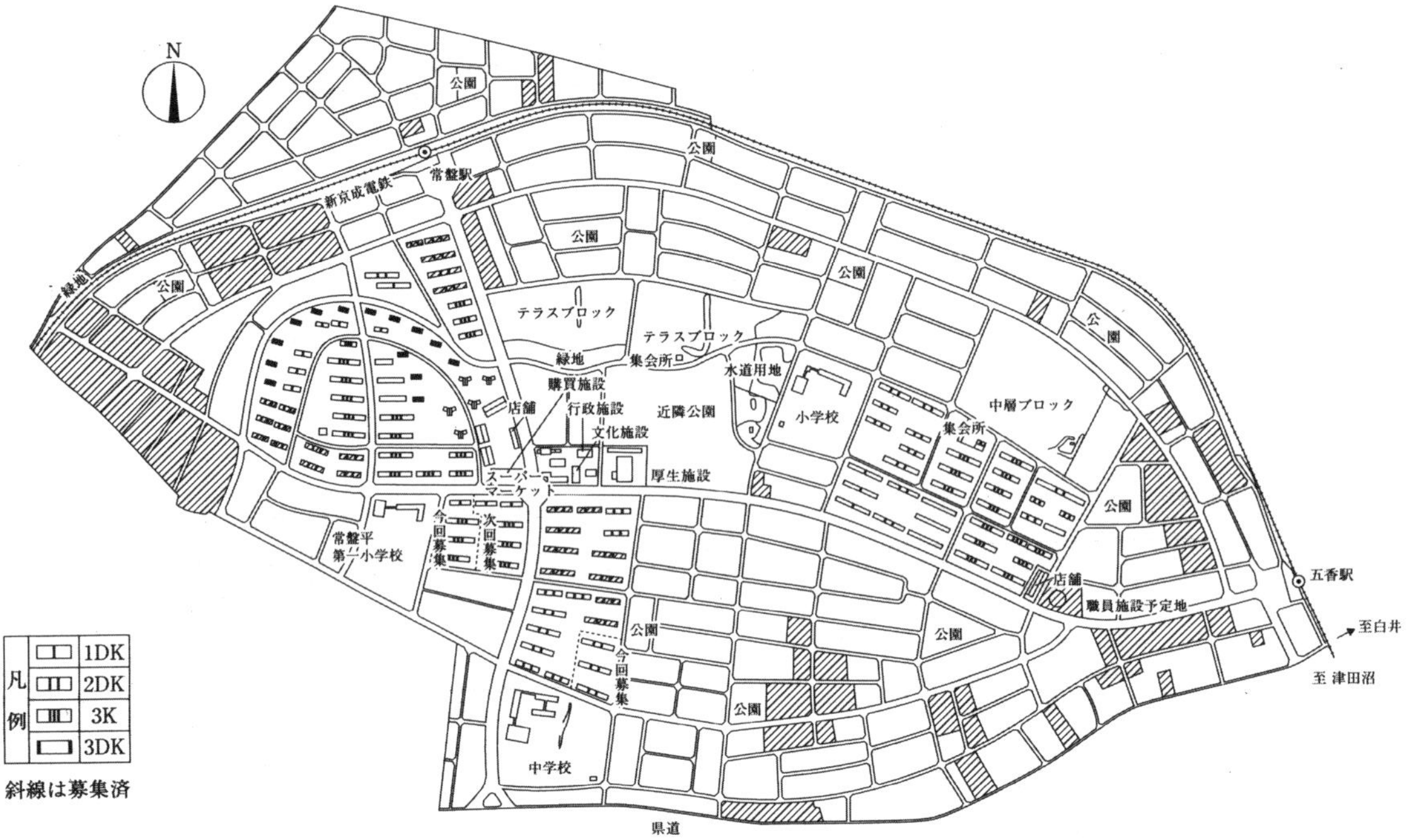

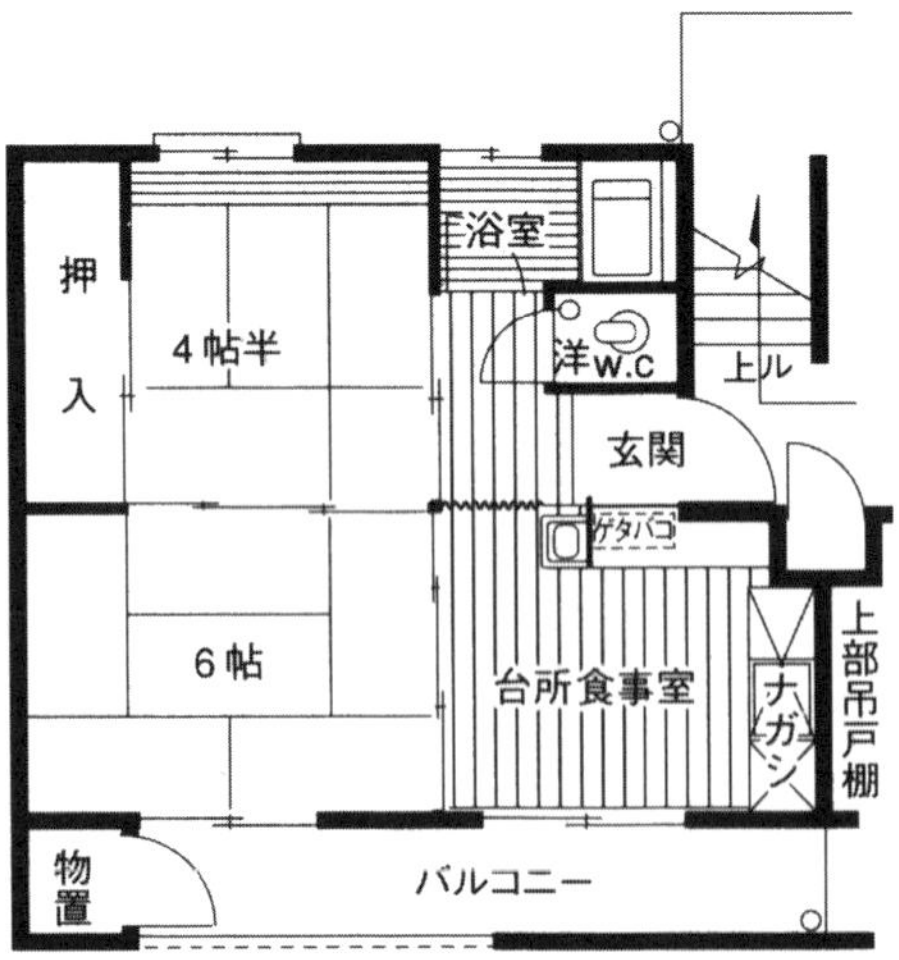

入居申込について

申込の資格

世帯用住宅

勤労者であって、次の各項に該当する方に限ります。

①現に同居し、または申込の日より三ヶ月以内に同居しようとする親族（婚姻の届出しないが、事実上婚姻関係と同様の事情にある方、その他の婚約者を含む）があること。

②住宅困窮者であること。

③申込者の毎月の収入額（税込）が別記の基準月収額以上であること。同居者と収入額を合算される場合申込本人の収入が基準月収額の三分の二以上であることを要します。

④家賃の支払につき確実な連帯保証人があること。

（連帯保証人は都内又は近郊に住所もしくは勤務先を有し、独立の生計を営む方で別記基準月収額以上の収入があること。）

小世帯用住宅

①二人世帯（夫婦もしくは二親等以内の血族）に限ります。（未就学児童一名まで同居を認めます。）

②前記世帯向住宅の項の①②③④の条件を満足すること。

③新婚家庭で両親から確実に家賃補給を受けられる方はその補給額を合算することが出来ます。

この場合、申込本人の収入が基準月収額の三分の二以上あることを要します。

単身用住宅

前記世帯用住宅の②③④の条件を満足すること。

申込本人（一名）以外の入居は出来ません。

申込の方法

①申込みは一世帯一戸に限ります。

二戸以上申込まれますと全部の申込を無効とし、じ後公団のお申込をお断り致します。

②今度の募集では、公団に応募されながら、落選を重ねている方に便宜を計る為、A型に限り、一五回以上落選した方に一〇戸を、一〇回以上落選した方に三六戸を他の申込者と分けて募集します。（落選回数は他支所及び単身の申込を含めますが、空家の申込は除きます。）

③申込の際、提出していただく書類は

申込書　一通（入居世帯員氏名の欄の続柄を必ず書いて下さい。）

封　筒　一枚（表には申込者の住所氏名を必ず書いて八円切手を貼付して下さい。当落のご通知に使いますので角封筒はお断りします。）

④申込の際提示していただくものは、

入居世帯全員の氏名が記載された

①三四年一二月一日以降発行の米穀通帳
②健康保険証
③住民登録票

のうちいずれか一つ（婚約者の分も必要です）

申込本人の印鑑

甲か乙に申込まれる方は、一五枚以上か一〇枚以上の落選通知（紛失された方は受付票片か、受付印のある米穀通帳等）をお持ち下さい。

当選された方の手続

○申込者について、型別に公開抽せんを行い、入居予定者および補欠者を決定いたします。

○当選された時は申込本人（収入を合算する時は合算した方の分も含む）と連帯保証人について下記の書類を出して頂きます。

イ、給与所得者　勤務先の月収証明書（三四年度の源泉徴収票を添付）と三五年度住民税決定額証明書　各一通

ロ、給与所得者以外の所得者　税務署発行の三四年度所得額証明書一通

○小世帯用住宅で両親から仕送りを受ける方は、仕送り者についてイかロの証明書と仕送り証明書を出して下さい。

○婚約者と申込まれる方は婚約証明書を一通（書式は任意ですが挙式予定日を入れ、用紙は便箋大のものにして下さい）上記の書類を提出されない方、又は提出された書類によって必要な基準月収額が証明されない方は、当せんされても入居資格がございません。

上記要項に適合された方は入居が決定し、賃貸借契約を締結して頂きますが、連帯保証人の印鑑証明書一通と敷金として家賃の三倍相当額を契約の時に頂きます。

ご注意

①申込書その他の提出書類の記載内容に虚偽の事実があったときは、お申込および入居の資格はいずれも無効となりますからご承知下さい。
②郵送によるお申込は受付けません。
③申込書その他の提出書類は返却いたしません。
④入居決定者以外の方は入居出来ません。入居決定者以外の方が入居した場合は、不法入居として退去しなければなりませんからご注意下さい。
⑤当せん番号は抽せん日の翌日の朝刊に発表され、各申込者には一〇日以内に当落をご通知致します。
当せん者で一〇日以内にご通知がない場合は当係まで御連絡下さい。ただし当落についての電話のお問合せはかたくお断り致します。
⑥犬鶏及び鳩の飼育は種々の問題が起こりますので認めない方針です。
⑦近来お申込等についてあっせんをするところがありますが、社団法人日本住宅協会住宅相談所（銀座松屋八階に常設されております）で取扱う住宅相談以外は公団とは関係ございません。
⑧皆様が住宅に困っていることにつけこんで、いろいろの言辞を弄して金品を詐取するなど不正を働く者があるという風評もあります。つきましては申込その他に関してこれらの言動にまどわされ、損害を受けることのないよう充分ご注意下さい。もし不審なことがありましたらご面倒でも直接当方にご連絡願います。

（松戸市立博物館所蔵）

198　三千戸参加の大自治会誕生　五つの活動目標かかげ暫定委員でスタート

一九六二（昭和三七）年六月二五日

三千戸参加の大自治会誕生

五つの活動目標かかげ暫定委員でスタート

「日本一の団地に日本一の自治会を作りあげよう」と準備会の八ケ月にわたる努力が実を結び、去る三月二十五日、質量共にほこれる常盤平団地自治会が結成されました。

結成総会は約百二十名出席（委任千三百名）来賓として松戸市長、市議会議長、斎藤松戸駅長、柿本松戸警察署長、公団住宅自治会協議会長、同事務局長、団地新聞記者の列席を得て、午後二時半準備会の解散総会にひきつづき中央集会所で開会、活発な討議の末五時過、万歳三唱で目出度く結成式を閉じました。

先ず田中氏が司会となり、議長団に志治、吉川、桑原、岩崎、和田の五氏及び書記二名を選び、初瀬準備会委員代表の結成までの経過報告のあと、来賓の挨拶は、松戸市長代理池上助役、市議会湯浅議長、川尻自治会協議会々長の祝辞があり、村上管理主任を始め各団地自治会からの祝電が披露されて後、議事に入りました。

議事の大半を費した会則案審議は、先ず「活動の原則」の第四条で「本会の目的に反する営利政治宗教的などの活動に関係しない」の項で特に〝宗教〟の解釈をめぐって異論続出、相当時間討議の結果は削除に決り、その他、「会員の資格を成年者…」の〝成年者〟について、「代議員会の成立で過半数の出席（委任状を含む）」の〝委任状〟について、「会費の免除は一世帯一人以上は免除する」の〝免除の必要有無〟について、それぞれ意見が出されましたが、いずれも原案通りとなり、別に選挙規定の要旨は附帯決議事項として採用され、会則がきまりました。

続いて役員選出に移り動議が出されて、「結成直後は役員選出が困難であるから、暫定執行委員を選んで、代議員選出までの空白、約三ヶ月間を一任する」に決り、併せて予算も一任して、会費暫定額月三十円も決議されました。暫定委員は議長団に選考を任せ、あらかじめ承諾書を提出してある三十二名の氏名を発表、拍手をもって承認されました。

活動方針は結城氏より、会場正面に大きく掲げられた五項目の準備会案を読み上げて満場一致裁決承認されました。

最後に和田紀夫氏の「結成宣言」が高らかに宣せられ、万歳三唱のうちに結成総会を終えました。

【祝辞、祝電、会則、活動方針、結成宣言、暫定委員氏名別掲】

――常盤平団地自治会活動目標――

通いよい団地

国鉄松戸駅跨線橋の架設

新京成電鉄複線化・改善の促進

便利な団地

電話架設、電報、郵便・小荷物の配達改善

住みよい団地

防塵・防犯対策、水道料などの物価値下げとサービスの改善

育てよい団地

保育所設置・幼稚園・小、中学校の施設改善並びに厚生福祉施設の拡充

楽しい団地

スポーツ・サークルの振興

各種催し物の開催

――

準備会は発展的解散

自治会結成のための準備会は昨年七月結成以来、委員会が中心となり各部が具体的活動をもって認識をひろめ組織拡大のPRを展開してきましたが、アンケートによる自治会参加三千戸の数を得て、結成にふみ切ったもので従って準備会は結成大会に先だち十二時から中央集会所で総会を開き発展的解散をしました。

尚議事は初瀬運営委員長から結成にこぎつけた経過報告があり、会則案、活動方針案の説明が白水、結城委員よりそれぞれ行われ、結成総会と重複するということで一応の意見交換を行った程度に済ませ決算報告も後で新聞発表するという約束で中間報告だけ行われました。午後二時過準備会解散と自治会結成移行の承認が行われて結成大会にのぞみました。

通勤対策が多い

アンケート集計結果

準備会が調べた自治会結成についてのアンケート集計結果は、未回収の一～二二第四階段、二一～一第四階段二件を残して全部回収、それによりますと、八四%が自治会参加という回答で、更に新入居の三地区を入れると三千戸は楽に越すものとみられ、敷地、世帯戸数と共に日本一を誇るわけです。

又自治会活動の要望事項としては、やはり通勤対策に最大の活を期待しており悩みも一番大きいことがわかります。続いては「住みよい団地」にするために防塵防犯対策が望まれ、特に水道料金の値下げにはみんなが大きな関心を寄せているし、「便利な団地」にするために電報郵便、集団電話対策が次いでいます。

回答戸数　三五二四戸

自治会参加　二九六二戸

不参加　四六二戸

保留　一〇〇戸

活動要望事項

1、松戸駅跨線橋　二六二二戸

2、新京成線対策　二四八〇戸

3、水道料金値下　二四二三戸

4、防塵対策　二一九九戸
5、防犯対策　一六八六戸
6、電報郵便対策　一五六九戸
7、集団電話設置　一五六七戸
8、環境整備　一〇二〇戸
9、教育施設改善　九二七戸
10、物品共同購入　九二一戸
11、保育所設置　七九三戸
12、趣味の集い　六〇八戸
13、親睦の催物　六〇二戸
14、スポーツ振興　五八三戸
15、講習会開催　五七五戸
16、加入電話促進　五〇八戸
17、サークル助成　四〇九戸
18、他団体と交歓　一六七戸

結成宣言

大東京の北辺、千葉県松戸の一角に忽然と出現したニュータウン〝常盤平〟——

木々の緑、空の青が目に沁む春三月、念願の自治会結成が、此処に三千の声となって結集した。

私達はこの〝常盤平〟をただ単に息する場、休む場にしたくない。文化的に豊かな、楽しく明るい生活の場にしたい。だがこうした願いは、あの白くつめたいコンクリートの壁にぬりこまれて、深く閉ざされた部屋は、人々の心をうつろなものしてしまっている。

私達は、この団地に住む誰でもが参加出来、民主的に運営される自治会を作ることを決めた。私達の自治会は何よりも先ず白い壁に閉じこめられた人々の心のわだかまりを解きほぐしてくれることだろう。

この常盤平団地が、より明るいより楽しい日本一の〝愛の巣〟になることを念じつつここに高らかに「常盤平団地自治会」の結成を宣言する。

昭和三十七年三月二十五日

常盤平団地自治会
結成総会出席者一同
代読　和田紀夫

（『ときわだいら』第一号）

199　華やかに文化祭開く　―写真・書・人形・生花を展覧―　〔江戸川台団地〕

一九六二（昭和三七）年一二月二〇日

華やかに文化祭開く
―写真・書・人形・生花を展覧―

自治会文化部主催の第一回文化祭が、十一月三日、幼稚園すみれ教室ではなやかにおこなわれた。

会場の壁面には、かねて文化部でひろく会員の皆さんから募集していた「写真コンテスト」応募作品がズラリとはりだされたほか、これと向いあって一方の壁には書道の出品作が、空間をひきしめている。

また場内の机には、婦人部の皆さんが人形教室で、こころをこめて自作した美しい日本人形のかずかずが、それぞれ作者をしのばせる思い思いのよそおいとポーズで、華やかにならんでいる。顔のつくりなどにも個性があふれていて、デパートの売場などとはちがった楽しいふんいきだ。「まァ上手、わたしも習いたいわ」などと見物のお母さんの口からささやきがもれていた。

さらに会場の約半分は、生け花（華道）の出品でうめられ、ぐっと落ちつきをただよわせている。さすが菊かおる文化の日、黄菊、白菊など季節の花をあつかった作品が多かったが、これも前夜おそくまでかかって婦人部の皆さんが、日ごろの腕まえにヨリをかけていけこんだもの。ところが、夜中にかなりの地震があり、ケンザンがはずれて開場後また手直しなどという思わぬ一幕もみられた。

会場入口には、金子文化部長ほか文化部役員、田中婦人部長のすがたがみえ、見物の人びとは「写真コンテスト」の投票用紙をうけとる。話題はやはり顔なじみのモデルにあつまり「あら、○○さんの赤ちゃん、かわいくとれてるわねえ」「校長先生が大きな口あいて、パン食い競争してるよ」といった会話がかわされていた。だが、はたして投票の結果はどうだったろうか？　得票順にきめられた入選作の三等までは、本紙三面に写真版で紹介。佳作入選はお名前を発表した。

この日、午後からはおりあしくシグレ模様になり、見物の出足はにぶったが「こんな盛会なので、来年がたのしみだ。たった一日という展覧ではもったいないほどだ」という声が、多くきかれた。

（『自治会しんぶん』第三四号）

200 公団本社へ怒りの陳情

一九六六（昭和四一）年五月二五日

公団本社へ怒りの陳情
家賃・集会所値上げ反対
四五団地から八〇〇余人
常盤平代表も整然と

一六日一一時、九段の公団本所前に続々と「家賃集会所値上げ反対」の幕を巻いたバスが、到着しました。プラカード・ゼッケンなど思い思いの工夫をこらした各団地の主婦たちが拍手をあびてつぎつぎと降りて、公団の中庭へ集まって行きます。予想を上回る四五団地八百余人が中庭を埋めて新聞記者やテレビカメラが取材をはじめるころ、相葉実行委員長や白水会長らの代表は公団側と押し問答をつづけました。最初、総裁か理事がみんなの前に出るという約束がだんだん怪しくなり、昼近くになってようやく陳情と署名簿を受けるために各団地一〇名づつの代表と会うということを承知しました。

じっとうつむいて一切答えない水野理事ら公団側の前に、各団地会長らの代表□□気鋭く抗議をおこなって署名簿を積み上げて行く白水会長を先頭とする常盤平団地代表二二名会員が進み出て、結城委員が力強く代議員会決議文を読み上げました。急な動員呼びかけにもかかわらず、ときわ会の年輩のご婦人をはじめ一三名のエプロン姿の主婦は電車ではるばる参加、一方仕事の合い間を都合してかけつけたご主人がた、常盤平代表の整然たる行動は他団地の仲間から大きな拍手を浴びました。

しかし公団側が日照りの強い中庭に老人・子供をまじえた主婦たちを数時間立たせておいた不誠意に対して、二時半からの各団地会長らとの交渉で怒りが爆発しました。

とくに千葉県からは先きの公開質問状の総裁会見申し入れに対する回答が不誠意きわまるものだったと追及、遂に五時半になって水野理事から責任をもって総裁に会わせるとの回答をとることができました。

なお、一部新聞に報道された家賃・集会所値上げ六月一日強行と回答したとの事実はなく、公団側の一方的な説明に対して居住者側は総裁と話し合いたいとして反論を保留したのが真実です。

空家家賃上げに反対する決議

日本住宅公団はさる四月一八日突如、完全補修、新旧団地家賃格差是正などを理由に「空家家賃大幅値上げ」を発表しました。私たちは、今回の値上げが勤労者の生活を圧迫する諸物価・公共料金値上げの一環をなすものであり、住宅困窮者の不幸な競争と弱い立場につけ込んだ一方的値上げの強行であり、近い将来の公団家賃の一斉値上げに通じるものであると考えます。

よって、私たちはこのたびの空家家賃の値上げに絶対反対し、かつ、日本住宅公団がこの案を直ちに撤回するよう強く要求します。右決議します。

昭和四十一年五月八日

常盤平団地自治会第二十回代議員会

（『ときわだいら』第四五号）

201　これでいいのか！『自治会』への関心

一九七二（昭和四七）年三月一日

これでいいのか！『自治会』への関心
以《（意）》外に多い非会員
活動に必要な予算不足
このままでは会費値上げも

自治会は今年度第二回の運営委員会を開き、四十七年度の新役員の分担、構成を終ってもっか活動計画と予算を検討中である。生活の向上、親睦融和の活動を基本に、盛り沢山の行事計画を立案中。しかし問題は居住者の自治会への関心度である。組織、予算不足、何故会員が増えないのか。運営委員会はこれらを解決していくよう検討し、活動計画と予算案を月末の代議員会に提案する。

（役員の抱負は二面）

住民全員のための活動なのに

「自治会の世話にならない！」「役員になる人がいない」「予算が足りない」「会員が少ない…」どうして「自治会に入らない」のだろう。運営委員会では常にこんなことから議論が始まる。ことしは三十七名、しかも女性役員が多くでてひと安心だが、各部での活動計画、予算づくりに入って、まず当面したのは財源不足である。会員が少ない。会費収入が少ない。昨年が二〇〇万円であり、このままではことしも同じであろう。これでは十分な行事を全会員が楽しみ、利益を守る地域活動としてはできそうにない。

運営委員会では「会費の値上げ」論まで出ている。しかし自治会が地域の発展のためにやっている活動は、けっして会員のためだけではない。もっとも大きな関心事である公団家賃値上げ阻止の効果、利益をみても、これは全居住者に影響するもので、一年阻止することによって、この常盤平団地だけで「一億五〇〇〇万円」の利益になる。一世帯当り年間三〇〇〇〇円にもなっている。

運動会やぼん踊り、ラジオ体操、桜まつり等々――商店会の協力などによって経費をまかない、楽しむのは全居住者である。

住民パワー、「団地パワー」とよくいわれるが、日常の生活権を守る運動の展開は、地域としては当然であり、常盤平団地でも自治会の名のもとに全居住者のために運動を進め、それなりの成果を上げてきている。十年も過ぎようやく市民意識が盛り上り、生活が地域に定着しつつあるとき、居住者全員が加入する自治会づくりの時であろう。

家賃値上げ阻止運動などは相当の盛り上りがあるというものの、日常は会員が会費を出し、それによって利益だけを享受している人が多い。これでは会費を払っている会員がバカをみるというものである。あえて〝エゴ〟といわざるを得ない人が多いのも事実である。

居住者全員が「自治会」というものにもっと関心をもって、協力を願いたい。中には役員は好きでやっているのであり、手当てをとっているのではという人もあるが、役員はあくまでも奉仕。支出があっても収入はないもの。誤解のないように。しかし、役員は少しでも役立つよう責任を感じてやっているのである。

自治会は安易な会費値上げを考えているのではない。必要な運動や、活動をするために値上げでもしなければ自治会が維持できないところまできている［の］である。

しかし会費値上げの前にしなければならないことは「全戸会員・全居住者負担による自治会づくり」なのである。運営委員会はこれらの問題を解決する中で、健全な会の運営を計ろうとしている。会員の勧誘、会費の徴収方法なども考え、全居住者が参加できる自治会をつくるために、会員、役員、全居者が自分のこととして考えてみたい。

（『ときわだいら』第一一四号）

団地における教育・環境・交通関係の諸問題

202 陳情書〔東武鉄道の増発増車・柏駅跨線橋などについて〕

一九六一（昭和三六）年一二月五日

昭和三十六年十二月五日

東武鉄道株式会社殿

陳情書

当江戸川台住宅地の造成以来、駅舎の建築、複線化、電車の増発等、常に整備拡充に労慮せられあることは、住民として感謝いたし居るところであります。団地も、現在に於ては、満三ケ年を経過し初期の目標の約八十%、千六百弐十九戸の世帯数と人口五千七百三十五人を擁する状態となり、住民の殆んどは東京通勤者であり、交通機関こそは吾々の最大の関心事であります。貴社におかれても着々と整備を致されつつありますが、一日の乗降客五千人を数え、特にラッシユ時に、その八五%を輸送するの必要ある時、現在の電車回数と編成車両数にては到底円滑なる輸送は期し難く、通勤者のひとしく苦痛を訴えるところであります。

依つて、住民といたしては、次の点について特に要望いたしますので、ご配慮煩したく、陳情書をもつて御願いいたします。

記

一、ラッシユ時の電車運転回数増加方について

私が十二月四日調査いたしました状況は

（六時から八時まで）

発時刻	編成両数	乗車人員	記事
六、一〇	三	七四名	稍良
六、二二	二	九八名	特に困難
六、三九	四	二八二名	稍困難
六、五二	三	二九五名	稍困難
七、〇四	三	二一四名	稍困難
七、二〇	三	二一六名	稍困難
七、三五	三	三九二名	特に困難
七、五一	三	一五二名	稍良
八、〇五	二	一四六名	稍良

以上の状況でありますので、六時三十分から七時三十分の間に二回程度の運転回数を増加せられたい。又、回数増加が早急実現困難の場合は、記事横の「特に困難」の電車の編成車両増を早急考慮願いたい。

二、ホーム上屋延長と砂利撒布について

前述の乗客に対し、現在のホーム上屋はまことに狭隘そのものであり、降雨時の混雑振りは事故寸前と申上げて過言でないと存じます。依って上屋延長方特に要望いたします。尚、これと共にホーム上の砂利撒布も御願いいたします。

三、上り終電車の時刻繰下げ方について

現在のダイヤに於ては、上野発二十二時三十二分に乗車せざれば、東

武上り終電車に間に合わず、不便を感じ居りますので、終電車の柏発を二十分程度繰下げ方お願いいたしたい。

四、見透し不良の踏切整備について

一九九号踏切（江戸川台東四丁目踏切）は西側運河寄り地勢が高くなつて居り、下り電車に対する見透しは殆んど不可能の状態であるに比し通行者は東西住宅完了に伴い増加の一途にあり、危険につきこれが整備を願いたい。

五、駅舎周辺の除草について

団地内の空地は春秋二回除草を行ない環境整備をいたし居るにかかわらず、東武沿線は雑草の繁茂にまかせ居る状態で、清掃美化の点からも遺憾であり考慮せられたい。

六、初石、柏間の複線化について

さきに運河、初石間の複線化を見て大きな期待を持って居りましたが、その後何等の進展を見ず、現在のお考え方、又、今後の見透しについてお伺いしたい。

七、柏駅に跨線橋増設方について

現在の跨線橋にては、ラツシユ時の混雑はまことに物凄く、間に合うべき接続もみすみす見送る有様にて、危険も考慮せられる状態なるが、柏駅の上野寄りに跨線橋階段を考慮せられあるやお伺いいたしたい。

本問については、国電にも接渉〔折衝〕いたします。

流山町江戸川台
江戸川台自治会長　佐橋信祐
住民一同
（『自治会しんぶん』第二五号）

203　「校舎が足りない」集会場を代用　スシ詰め学級現出

一九六二（昭和三七）年九月二〇日

「校舎が足りない」
集会場を代用　スシ詰め学級現出

九月に入り学校問題がクローズアップされてきました。まず高根台第二小学校が九月一日から開校されましたが、開校したけれども校舎がないというありさまです。

このため市教育委員会から公団営業所に東集会所を校舎代用に使用させて欲しいと申入れがありました。

公団用としても初めてのケースのため検討の結果貸すことを認めました。また当自治会にもその旨の連絡があり、当自治会としては、集会所はわれわれ住居者のためにあるもので他に貸すことは困るという前提で、こと学校教育に関することのためやむをえず認めました。期間は九月一日から十一月末日までこの間、東集会所を使用する集会は出きなくなりました。

なぜこのような状態になったかを過日市教育長を訪ねただしたところ、第二小学校校舎建設予定地に宅地部分が食い込んだ〔た〕めにその代換地を公団に求めたところこれの処理遅れ（まだ未解決）したがって着工が予定よりも約半年遅れたため完成が十月末となったということです。現在校舎がない、第二小の一、二年生は第一小学校に通学し、三年生以上が東集会所を使用しています。このため九月中は第二小学校の児童は午後から第一小学校の一、二年生が午前中つかっている教室を借りて二部教授をしています。十月はこの逆となり、第一小学校の一、二年生が午後から登校することになります。

今までの第一小学校の方は、児童数の増えて現在全学年で十一学級はないと困るそうですが、教室数は普通教室十、特別教室三、計十四ありますが、中学生が四教室を使用しているため特別教室を使っても一教室分は不足しており、スシ詰め学級が現出しています。

また中学校の方も各学年とも増え教室がないためこれもスシ詰め教室となっています。

中学校校舎の着工が遅れた理由も、前述の第二小学校校舎のもたつきが影響したことと、設計が予定より遅れたためだと教育長は述べています。このような事態に対しPTA、自治会は極力促進すべく懸命な努力を行なっております。

（『たかね』第六号）

204 新京成に改善を三たび要求　複線化早期完成輸送力増強など

一九六三（昭和三八）年二月二〇日

新京成に改善を三たび要求

複線化早期完成輸送力増強など

新京成電鉄に今までに申入れた具体的な事項はつぎのとおりで去る一月五日社長との交渉で再び出したもので、その回答はつぎの通りです。

一、複線化について

回答　前原・高根公団間複線は十一月末までに完成予定であります。現在すでに複線工事申請中であります。

（三月十一日に起工式を行います）

二、朝のラッシュ時におけるダイヤの改善

イ、電車がおくれないようにしてもらいたい

回答　とくに混雑する習志野、薬円台駅に一月八日から整理員を出します。

ロ、四両編成を早期に実現してもらいたい。

回答　三月一日から三両編成中二本を四両編成にいたします。

三、国電津田沼駅との接続構造を早期に改善してもらいたい

回答　現状では早急に実現はできませんが将来跨線橋で国電津田沼駅に連絡するようにしたいと思っています。

車両の直接乗入れはできません。

四、車両の改善

イ、夜間電車内の照明が暗いので明るくしてもらいたい。

回答　これは少しお待ち下さい。

【注】実際に実施されるのは、新津田沼～高根公団間の複線化の後、高根公団～くぬぎ山間の複線化の時に変電所を増設した時期は昭和四十年ごろの予定でそれまでお待ち下さいという意味。

ロ、木造車両を改造してもらいたい。

回答　三月末に二両の鋼体化が終り、引続いて残二両の鋼体化を六月までに終ります。

五、保安について、枕木の腐食しているもの、犬釘の弛んでいるものが多い。

回答　保線作業をスピードアップいたします。

六、高根木戸駅改修について

イ、駅前広場の歩行部分を舗装してもらいたい

回答　歩行部分に取あえず敷石を敷きます。

ロ、ホームを舗装してもらいたい

回答　一月末までに簡易舗装いたします。なお二月末までにホーム上家を延長新設いたします。

七、高根台団地内にバスを運行してもらいたい。

回答　現在運輸省に申請中でありますが早ければ七月中に実施したいと思います。路線は高根公団駅―公団船橋営業所―高根木戸駅でワンマンカーで運行し、料金は十円です。

【注】開通時期は、六月中旬頃に早まる予定。

八、その他サービス向上について
イ、事故の場合事故の原因をはっきり知らせてもらいたい
回答　かかる場合事故原因、復旧時間などを知らせるよう指導教育いたします。
ロ、車内の暖房を十分にしてもらいたい。
回答　今冬には間に合いませんが、来冬には完備します。
ハ、車内に放送設備をつけてもらいたい。
回答　三月末までに八両に完備し引続き残り十三両に九月までに順次取り付けます。
ニ、終端駅（新津田沼駅）到着した時、すぐドアが開くようにしてもらいたい。
回答　着いたら直ぐ開くようにします。ただし車両内の電線配線を変えなければならないため、三月ごろから実施します。
【注】は交通対策部が同社に説明を求めてつけたものです。

（『たかね』第一一号）

205　道路舗装計画とその後〔抄〕

一九六三（昭和三八）年七月三一日

道路舗装推進委員会

道路舗装計画とその後

　道路舗装推進委員会も、発足以来早や一ヶ年を経過しましたが、その間における道路舗装の計画については、昨年二月自治会新聞で佐橋会長より詳細な発表がされましたが、更にその活動は遠藤前会長によりすすめられ、道路舗装推進委員会の結成とともに、昨年八月第一回の委員会が開かれた。また同月十八日東、西両自治会が同一方針で事務処理をすることになり、その為第一回の合同推進委員会を開き、名称を「江戸川台道路舗装推進委員会」と決定。坂東委員長、森副委員長（会員十二名…東西各六名）

　本年四月十五日第十五回推進委員会を開き、本年度の舗装要望箇所を検討決定、それまでの仕事は、資料収集、舗装種類の選定、三十七年度舗装箇所の決定、道路舗装実施要領の案文作成につとめてきた。

　毎回の推進委員会は時間励行で開始し、終りは深夜に及び昼間の勤務でお疲れのところ大変恐縮しました。

　本年度の舗装幹線については要望通り決定を見、来年度で終る見込ですが、支線については想像したより少なく、第六回の推進委員会でその対策を議し、佐橋会長を煩わし役場当局と話し合いをした結果、相当量の増加を承諾され当初計画の一部修正に止まり竣工すれば特に重要な道路の大部分が舗装されると考えられます。

　舗装個所の選定についての役場の考え方はよく踏み固まった所から先に工事をやらないと基礎工事に金がかかってやりきれぬということですがこれは交通量の多いところから先に施行するという事になると思います。舗装が強固にできるかどうかは、基礎に左右される由です。支線に対する現在程度の舗装でも乗用車や商店街出入の車程度ならば大丈夫の由ですが、重量物運搬車に通られてはたまりません。この場合は防じん処理でも乳剤舗装でも五〇歩一〇〇歩だと思われます。六米道路のみを乳剤舗装としても工事費は前年度と同額の単価として、約七六〇万円の増となり人手不足の折柄人件費の昂騰はさけられないと考えられます。

　丈夫な舗装はお互いに望むところですが分担金のことを考え又修繕費は役場負担であることを思うときやはり現在程度のもので一応満足し極力早く全部の舗装を終えたいと思います。尤も特殊な所はそれ相応の工法を採るよう要望はしてありますとともに前年度の支線舗装箇所の選定にはこれ等のことも考え実験的な意味も含めて行われたものであることは既に委員会でお話ししたとおりであります。現在建築中の雇用促進事業

団のアパートに対する分担金は草野推進委員の取り計らいで先方にも渉りをつけており、なお佐橋会長より町長を経て県知事の手により解決する手筈になって居り、駅前に経つジェトロのアパートについても佐橋会長を通じて解決する手筈であります。昨年計らずも推進委員長になりましたものの、まことにおはずかしい委員長ですが会員の皆様の絶大な御協力と推進委員の方々の限りなき御尽力により今日まで過ごさせて戴きましたことを感謝致しますと共に今後共宜しくお願い申上げます。なお推進委員会一同は将来共私心をさし挟むことなく仕事を進めて行く所存であります。

（『自治会しんぶん』第三九号）

206　学童ラッシュ　パンク寸前の小学校　新設（松飛台小）増築しているが明年後がピンチ　新学区制来年から実施へ

一九六八（昭和四三）年三月二五日

学童ラッシュ　パンク寸前の小学校

新設（松飛台小）増築しているが明年後がピンチ

新学区制来年から実施へ

入居してまもなく生まれた子供たちはもう〝団地子〟小学生。団地建設と同時に公団側は、第一小学校を新築し、市に移譲した。初年度の児童数はわずか五十八人。まるで辺地の分校なみの児童数だったが、五年後の四十年には一千六百十七人、七年後の四十二年には四十四倍の二千五百六十六人にふくれあがった。

これを見越して市当局は、三十九年度に第二小学校を、四十二年度に第三小学校をそれぞれ建設した。しかし、これでも間にあわず現在、第二、第三小学校の増築工事も急ピッチ。さらに来年度は、第一小学校の増築事業（鉄筋三階建、十二教室）第二小学校の第二次増築事業（鉄筋三階建、六教室）のほか松飛台小学校（仮称）の新築事業（鉄筋三階建、十一教室）が計画されている。

〝一校十八学級〟違反

四十年十月国勢調査の結果、県下最高の人口増加率となった松戸市、なかでも常盤平地区は人口増加の代表格。七年後の五十年になると、松戸市は「三十万人の人口（四十二年四月現在十八万一千人）になると推定される。小学校三十校、中学校十五校（現在小学校十四校中学校八校）が必要になる」（「議会だより」第二十九号）という常盤平地区について、市教委が明らかにした四十三年度以降の児童数、学級規模は別表の通りである。

四三年度以降の児童数学級規模
（一学級四五名）市教委会調査

	第一小 児童数（学級数）	第二小 児童数（学級数）	第三小 児童数（学級数）	合計 児童数（学級数）
四三年度	一四三二（三四）	一五四八（三七）	三二八（九）	三三〇八（八〇）
四四年度	一八七八（四六）	一九六〇（四六）	四一七（一三）	四二五五（一〇五）
四五年度	二二七九（五二）	二四四〇（五七）	五六一（一五）	五一八〇（一二四）
四六年度	二四六四（五八）	二八八七（六七）	八一五（一七）	五九六六（一四二）
四七年度	二六三一（六二）	三一五九（七三）	八九七（一八）	六四八七（一五三）

講堂まで手回らぬ

現在、各校の教室数は、第一小が三十四教室、第二小が三十五教室、第三小が十一教室。したがって、四十三年度の学級数と教室数は一致する。だが、第二小は三十七学級にたいし三十五教室しかないので二教室が不足となる。これには、特別教室を普通教室に転用してまにあわす、という。

ところで、文部省の基準によると、小学校の適正規模は「一学級四十五人、一校十八学級」これに関する法規によると、小学校の学級数は「十二学級以上十八学級以下を標準とする」（学校教育法施行規則第十七条）「一学級の児童数は四十五人」（標準法第三条）と定めている。これらの基準からすると、団地には毎年一校づつ小学校を建設しなければならない計算だ。

そこで、市当局は、各学校を可能なかぎり増築し、増加する児童数に応える、という方針。市教委会総務課長谷口充徳氏は「団地小学校は、いまのところ増築でまにあわすが、新設する計画はない。第一、第二、第三小学校とも鉄筋で四十教室までを限度として増築したい」と語っている。

しかし、このように増築してもなおかつ、四十五年度以降には各校とも〝パンク〟するという実情だ。まさに〝一校十八学級〟違反である。

教育関係者の悩み

「一校四十学級にもなると、学校運営、指導の面でムリが生じる」「増築で運動場が狭くなると児童の体力向上に影響する」と各学校当局者はなげく。増築政策は当然、単位小学校に加重負担となって、しいては教育水準の低下をよぶことになる。

また、児童数の増加で学校増築がすすむにつれ学区再編成はさけられない。「二小学区問題のときは暫定処置だったが、四十三年度中に、いまの学区を再編成し、四十四年度から新学区で発足することになっている。いつごろ諮問するかはまだきめていない」（総務課長谷口充徳氏）という。なお、松飛台小学校の建設にともなって二小学区のE地区が分割されるおそれがある。これについて同氏は「松飛台は十一教室の建設だからE地区は分割しなくともよい。しかし近い将来同校を増築することになると分割は必然である」と答えた。

大規模校そして教室不足の心配に加えて、各校のＰＴＡでは、屋内体育館または講堂そしてプールを設置してほしいという要望が強い。「講堂より中学校建設を優先させる考えだ」（同氏）とする教委側は、学校建設に追われて講堂まで手がとどかない苦しい財政——、を指摘する。だが、四十三年度の一般会計予算における教育費は八億六千五百九十三万六千円、前年度の教育費より一億四百九十一万三千円も少ないのはどうしたことなのだろうか……。

教育関係者はスクラムを

いうまでもなく、戦後の教育の考え方は、憲法二十六条の「教育を受ける権利」に示されるように児童、生徒が無償で教育施設に通学し、そこで能力に応じた教育を受ける権利をもっている。児童数に応じた適切な学校建設、講堂およびその他施設の完備は当然、地域住民の要求であり、国および自治体はこれに応える義務があるはずだ。そして、教育というしごとは、どんな場合でも、人間の可能性を無限に開花させてゆくことである。ところが現実には、可能性をひきだすどころか、逆に限界性をあたえることになりかねない。とわれわれは心配する。

そしてまた、市民のなかに教育の制度や内容についてもあなたまかせという受け身の考えがあるなら、これまたキケンである。

教育問題なかんずく学校建設、体育館または講堂の建設、学区問題および教育水準の維持向上をめざして、ＰＴＡ、自治会教育部、教育関係団体がまずスクラムをくんで、諸問題解決にあたっていく努力は、いつにもまして重要になっている。（教育部　中沢卓実）

（『ときわだいら』第六七号）

207

環境整備問題　もうがまんできない　団地内はススと危険物でいっぱい
市・公団へ積極的に働きかけよう

一九六九（昭和四四）年七月一六日

環境整備問題　もうがまんできない
団地内はススと危険物でいっぱい
市・公団へ積極的に働きかけよう

七月四日、自治会広報部では団地内の環境について実態の調査活動をはじめました。

これは本年度自治会運営方針にもとづくものであり、先に発表した生活アンケートで最も関心の深かった問題でもあります。伝染病の夏に入り、この環境をみていきどおりと不安を持つのだが……。

あちこちの団地で共益費値上げの攻勢を受けています。高根台団地にもいずれ波及してくるものと思われます。適正な共益費と、整った環境を要求するのは、団地居住者として当然なことです。

団地内を巡回して、私たちの住む居住の内外がこんなにも多くの悪い環境にかこまれているのかと驚き憤慨しています。

ここにとりあげたのはその一部ですが、皆で考えなければならないところまできているのは確かです。

「危険物入れ」…一番目につくきたない、危ない場所です。どこへ行っても回収口から空ビン空缶その他の危険物がはみ出しこぼれています。それを子供達が持出して砂場で遊び、砂場とそのまわりはガラスの破片が散乱しています。親は子供に焼却炉のまわりはあぶないとくり返し注意はするが、通路までころがるビン類を放って置く私たち親全体の責任でもあります。

ここ数年でゴミの質と量が変ってきたことは周知のことです。十年前と同じ大きさのゴミ入れと一ヶ月に一回の回収ではあふれるのは当然です。

「焼却炉」…これも当面の大問題です。時間制限、投入物の制限（ビニール・ポリ製品はもやさない）が大きな立看板に書かれてはいるが、焼却炉自体の構造上のこともあり簡単に解決しそうにありません。私たちが訪れた三三棟の主婦は「ただひどいと一口に言うが、ひどさは被害者でなくてはわからない。洗濯物はよごれるし、ベランダにおく植木も毎日油煙で真黒になります。今ここは時間制限をしているが、ゴミ捨てに来る人は、時間制限でもせないから火をつけずに投げ入れていくのです。入口まで一っぱいつまったゴミに三時になったからと火をつけると、真黒な煙と降るようなすすに悩まされます。新しい焼却炉にとりかえてもらったんですが前と同じです。ゴミ入れは三日でいっぱいになります。本当にこまります。」と訴えられました。ゴミを投げ入れる人のモラルの問題でもありお互に注意したいと思いますが、ポリ容器等ももやせる焼却炉などほしいものです。

「下水溝」…三〇棟下の下水道は水を使う午前中、常に泡を吹き出しています。洗濯水の泡が出ているのを子供たちが手ですくって遊んでいたりします。また芝生に下水があふれているのはあちこちにあり、夏に向って不衛生です。

「自転車置場」…駅前に多くの自転車が野ざらしのまま放置されています。ぜひ屋根のある置場を作ってもらいたい。また各棟の階段も、ところせましとひしめいています。出入にもじゃまになるし郵便物のとり出しもままならない。乳母車、自転車置き場の配慮を願いたいもの。

「ショッピングの混雑」…最近の西ショッピングセンターの混雑は目にあまるものです。商品をできるだけ外に出し奥の棚は空いたままで植込の前に出しそれでも不足かアーケードの柱のそばに置いています。つい先日せまい通路に木馬がとりつけられ、買物客のひんしゅくを買いました。買物をするのも必死です。先日年輩の女性が混雑に押され箱につかえてころび骨折をしました。

その上、露店禁止の立看板もものかわ、いっぱいに店を張る露店も混雑に輪をかけています。ショッピングセンターの商品価格、品不足を補って必要悪のように思われています。何らかの規制をしないと、トラブルが起きてからではおそいと思います。

目を内に転じれば、カビ、雨もり等でなやまされる家が多い第二テラスのある家ではカビのため白壁がしみだらけの黒壁に変り湿気でタンスがこわれ使いものにならず、フトンが冷凍になってしまったとか、数えきれない悩みを聞きました。

長い雨で、居住者の要求にこたえる取材が充分できなく、遊び場、屋内の問題等々残されましたが、これを契機に無責任な市および公団に積極的に働きかけましょう。

（『たかね』第七〇号）

208　駅前駐車場問題持ちあがる　大局的見地で考えよう

一九七〇（昭和四五）年一〇月五日

駅前駐車場問題持ちあがる
大局的見地で考えよう

〝緑と太陽の町〟をほこるわが江戸川台にも公害問題が起きてきた。ほかでもない、駅前周辺の〝交通問題〟。静かなわが住宅街の当面解決しなければならない大問題に発展し、十月二十八日午後二時から、このことでほぼ三時間余にわたって、市役所江戸川台出張所で関係者の懇談会がもたれこの解決策が話しあわれた。そのあらかじめ〔マヽ〕をここにレポートしたが、もともとこれは、江台住民だけでなく、江台をとりまく周辺住民の人たちとも力をあわせてもらって解決しなければならない問題だろう。

やってきたクルマ公害

十月二十八日の懇談会は、自治会の要請で市側が、関係各方面の人たち約四十名を集めて、飯田自治会長の司会で話しあいが進められた。メンバーは市側、東自治会、東口商店会、駐車場予定沿線住民などから五名のほか、西自治会、西商店会、事業団、地元議員、市商工会、警察、消防の関係者で、それぞれの立場から意見が述べられた。

冒頭田中市長が、この問題で苦慮していたと語り、商店会、交通安全協会、個人などからも解決の要請が強く叫ばれているのでこのまま放置できない情勢になってきたとあいさつ。このあと、市総務部長から、これらの問題がどのような経過をたどって検討されてきたか、具体的説明がなされた。

それによると、四十三年八月に東口商店会から市商工会を通して市側へ、駅両側線路ぞいの緑地帯に駐車場設置の陳情がなされ、ことしの五月一日東口駅前に放置されている車の実態調査の結果、ふだんで自転車二五六台バイク一七台、自動車六九台という結果がわかった。

このため、緑地帯を駐車場〔に〕という市の内部調整が終り、六月十日陳情書への解答もかね、市側と商店会側の会合をもった。これは、工事費を商工会が負担する私設駐車場ということであったが、七月二十七日に沿線住民から自治会あてに反対陳情があった。このため八月十三日、警察側を含めた現地の交通調査。また、市議会、交通対策特別委員会も九月十一日に現地調査をした。このあと自治会と東口商店会から関係者の会合を持つようにという申し入れが行なわれた。この会号にさきだって、市側は住民から無作為抽出法で三八一通のアンケートをとった。その結果は回収総数二七四通で、賛成九四・六％、反対三・六％という結果がでた。

このような市側の経過説明があって、ただちに懇談に入った。

最初、市側への質問が行われたが、主に沿線住民側から、①当初の緑地としての美観の問題はどうなるか。②実際問題として、予定地に駐車場をつくることは、かえって交通混乱をまねかないか。③このためにかえって江台全体の交通規制が必要になりはしないか。④駐車場はいまの予定地でない空地に設置したほうが得策ではないか。⑤アンケートは最初から無意味なものだ。⑥だれが駐車場自体から起きる混乱の整理にあたるのかなどの反対理由と質問がだされ、これらの問題を中心に話し合いが終始した。

一方駐車場設置問題を提起した東口商店会側からは、「自分たちの利益だけを考えてのことではない。大局的立場から、周辺住民まで含めた利用を考えたものだ。最初は商店街専用という内部意見もあったが、それよりも事故防止がたいせつなのだという見地にたっている。商店会のエゴイズムや納得のいかないものを造ってくれとはいっていない」という見解が述べられた。

こうしてほぼ三時間、終始真剣に話しあいが進められたが、結論はださず再び会合がひらかれることになった。

話しあいの結果、さらに駐車場設置経費負担をどこがもつか、交通規制をどこまで実施するかなど具体的な実現の運びまでには複雑な課題が待っている。

（『江戸川台自治会会報』第八七号）

二　県内進出企業の社宅団地

209　社宅建設はじまる

一九六六（昭和四一）年八月一〇日

社宅建設はじまる

今年度の社宅建設は、次のように決定し、すでに建築工事に着手しておりますので、来年一～二月頃には、入居できる予定です。

型式	戸数	棟番号	場所
三LDK	三階建　一二戸	—	木更津市清見台
二DK	四階建　三二戸	B五	君津町八重原
三DK	〃　四〇戸	B六	〃
二K	〃　四〇戸	C1	〃

社宅の間取り、および諸設備については、今年から社内で統一され、現在の社宅にくらべ次の点が改良されています。

○玄関　ドアーチェック取付
○浴室　腰タイル張り、鉄製ホーロー引きガス風呂
○台所　DK様式で、南側に配置（約六畳）
○便所　洋式水洗
○その他　各室コンセント取付

なお、C一棟の二Kは、小家族用に設定されております。

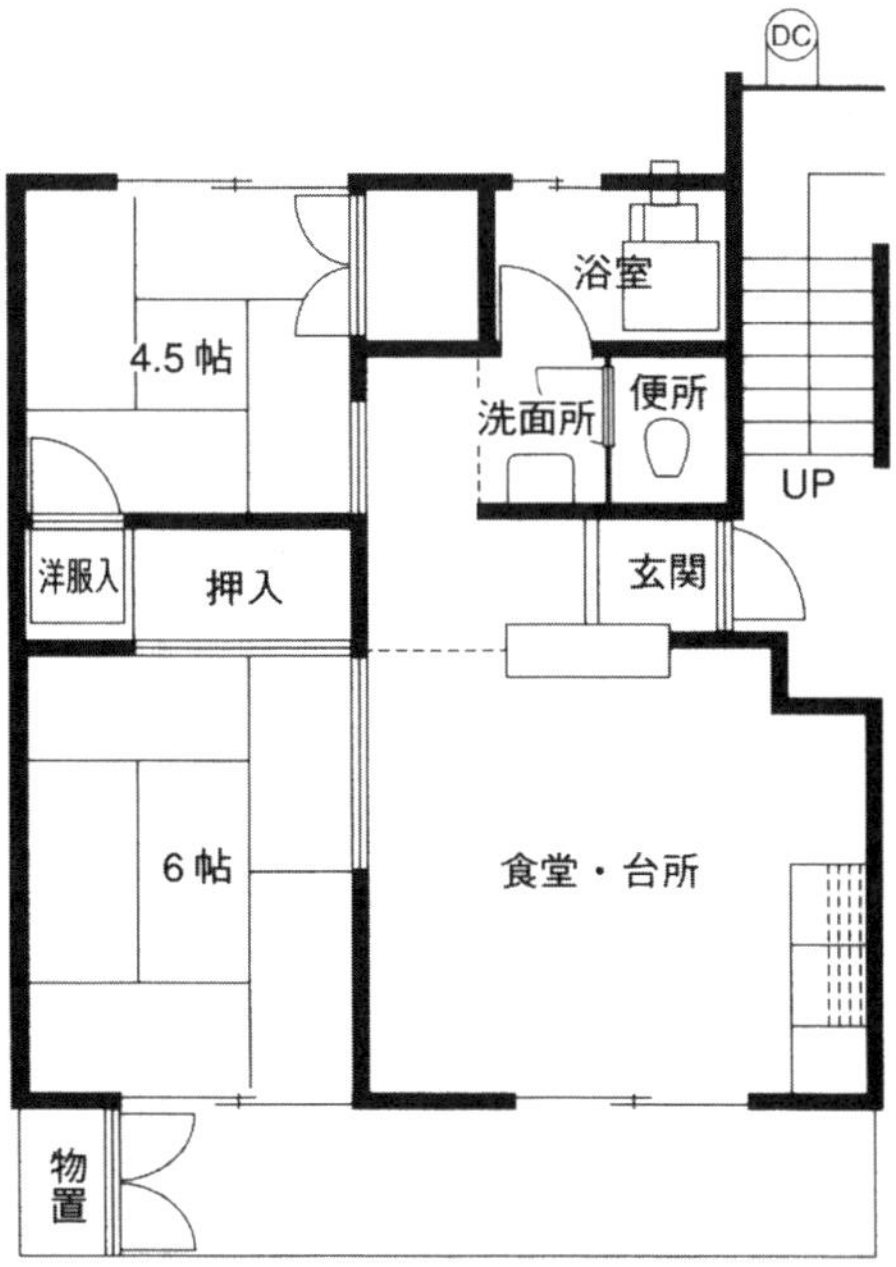

B５－２DK間取図

（『きみつ』第五号）

210　わたしたちの学校　辰巳台中

一九六七（昭和四二）年二月

わたしたちの学校
全国でも独特の存在
理想像に知性・信頼・実行力

京葉工業地帯のベッドタウン、戸数三千戸、人口約一万の辰巳団地の北東の一角にたつモダンな鉄筋三階建のビルディングそれがわたくしたちの学校、辰巳台中学校です。さて、わたくしたちの学校は社宅団地の中学校として全国でも唯一のユニークな存在であり、注目を集めましたが、〝三原則による辰巳台中の教育〟が文部省より全国に紹介されるにおよんで、毎月全国各地から見学者が訪れるようになりました。

辰巳台中の沿革を記しますと団地造成が進んでいた昭和三十七年四月、山木の仮校舎四学級の生徒で生ぶ《（産）》声をあげました。十一月に新校舎（現東小学校）に移り、その後も増築がつづけられ四十一年には十一学級に成長しました。いっぽう小学校では児童の急増により小学校増設の必要にせまられ、本校を東小学校とし中学校を新設することになりました。

昭和四十一年十月、現在のモダン〔な〕校舎が完成し、わたくしたちは十月十五日すみなれた校舎に別れをつげ移転を完了しました。

辰巳台中の特色は、生徒が全国各地より集まっており、年間平均百名の生徒が転入し生徒は豊かな個性をもち、明朗活発です。

また全員が進学希望のため高校選択のときは、校長以下全職員で慎重に検討し、進路指導に万全を期しておりますので、ほとんどの生徒がその希望を達しています。

本校の生徒像としての理想は〝わかる、できる、信用のある〟生徒の育成です。

すなわち〝知性と実行力そして信頼〟のある人間の養成です。そのためとくに自主性の確立をめざし、学習では先生に頼らぬ勉強、たとえば毎朝二十分の問題練習と反省、授業では学習グループの研究討議、自習時間は生徒が先生となって学習を進めるなど、自主性をあらゆる面にだすよう努力しています。

クラブ活動も体育クラブは野球、陸上、排球、バスケット、テニスなどの各部があり、文化クラブには美術、音楽、英語等の各部で自主的に運営され、最近では生徒会によって校内なわとび大会なども実施されるなど体力向上にも努力しています。

近代的校舎とはいえ、まだまだ教室や特別教室などの不足がありますが、職員生徒一体となって、その不足を自主的学習でカバーし、将来の京葉工業地帯を、背負う人材の養成に、勉めたいと思っています。

（『広報いちはら』第四一号）

211　社内預金制度など改訂さる　住宅積立預金制度を新設

一九六七（昭和四二）年一二月一〇日

社内預金制度など改訂さる
住宅積立預金制度を新設

昭和四一年四月一日から実施された社内預金に関する規制措置（昭和四一年三月二三日付労働省令第四号による労働基準法施行規則の改正猶予期間は昭和四三年三月三一日で期限切れとなる）に伴い当社の現行普通預金制度を規則に従うよう改正し、あわせて住宅取得のための自己資金調達の助成制度として住宅積立預金制度を新設することに決定した。

また、従業員の自家保有の意欲にこたえるため、住宅資金貸付額の一部も次のとおり増額することになった。

Ⅰ　社内預金制度

(1)普通預金制度

(ア)預金者の範囲　従業員（現行通り）
(イ)預金者一人当り預金の限度
限度額三〇〇万円
（預金の源泉は会社から受ける資金）
(ウ)利率　年八分二厘　一年複利
(2)住宅積立預金制度
(ア)預金者の範囲、従業員（ただし、女子は現に世帯主である者に限る。）
(イ)預金者一人当り預金の限度
限度額　四〇〇万円（預金の源泉は会社から受ける現金給与賃金）
(ウ)利率　年九分八厘　一年複利
(3)預金の保全の方法
預金保全期間として現行の本部生産委員会をあて、支払準備金制度をとる。
(4)実施期日
昭和四三年四月一日
その他詳細はおって発表する。
Ⅱ　住宅資金貸付暫定措置要綱の改訂
(1)貸付金額　左表の通り
年令別貸付金額表

勤務地＼勤続		二〇年以上	一五年以上二〇年未満	一〇年以上一五年未満	五年以上一〇年未満
君津	現行	一五〇万円以内	一二〇万円以内	七〇万円以内	四〇万円以内
	改正	二〇〇　〃	一五〇　〃	一〇〇　〃	六〇　〃

(2)実施期日　昭和四三年一月一日

212　転勤者のしおり〔抄〕

（『きみつ』第二一号）

一九六八（昭和四三）年一月一日

Ⅱ　君津製鉄所の福利厚生施設について
1．社宅および寮について
a．社宅の概要
(1)社宅入居資格算出基準
君津製鉄所では、他作業所を参考としながら、新しい君津の特殊事情を勘案して、転勤者の皆さんが出来るだけ円滑に社宅に入居できるように基準点を次のように定めております。

ア．勤続点	勤続一年につき		一点
イ．学歴点	大学卒業者		五点
	旧制専門学校卒業者		四点
	高校卒業者（旧制中学を含む）		二点
ウ．転勤加算点	転勤時有家族者		六点
	〃	単身者	三点
エ．家族点	同居家族三人以上		一点
オ．役付点	作業長		三点
	工長		一点

※社宅入居資格基準点数は、右記ア、イ、ウ、エ、オの合計点です。
※現在では暫定措置として、社宅入居基準を設けていますが、将来労務構成と社宅事情の変化によって若干変更が予想されます。社宅の間取りおよび入居資格は次表のとおりです。従って比較的勤続年数の若い人達もできるだけ社宅に入居できるよう考慮してお

ります。

種別	坪数	間取り	入居資格点
三DK	一六・四一一坪	六、六、四・五、DK	二〇
二DK	一二・七九六坪	六、四・五、DK	一四
二K	一〇・八七六坪	六、四・五K	七

なお、単身者については、転勤後結婚し入居する場合も転勤時単身者としての三点が加算されます。従って、転勤後結婚された場合でも（場合によっては社宅事情により一時待っていたゞくこともありますが、）なるべく早く社宅入居できるよう配慮しております。

(2)社宅の場所および戸数

①現状戸数　（昭和四三年一月一日現在）

社宅	形式	棟数	戸数	所在地
八重原社宅	鉄筋四階　三DK	一四	五二〇	千葉県君津郡君津町八重原一七二
〃	二DK	一一	四一六	〃
〃	二K	二	八〇	〃
〃	〃（掛長）三LDK	一	三二	〃
定見坊社宅	平屋建（管理者社宅を含む）		一八	〃木更津市木更津番地（各戸毎番地異なる）
清見台社宅	鉄筋三階（掛長）三LDK	一	一二	〃永井作字台　一〇三六
計			一〇七八	

②将来の建設計画および戸数　四三年中に右記の戸数を含め次のようになる予定です。

社宅	形式	棟数	戸数	摘要
八重原社宅	鉄筋　四階建	四一	一四五六	四三年五月完成
大和田社宅	鉄筋一一階建	四	六五六	四三年一〇月まで四棟完成
	〃　四階建	六	一六〇	四三年六月六棟完成予定
清見台社宅	〃	五	約一〇〇	管理者社宅
定見坊社宅	平屋建		一八	〃　および一般

(3)社宅料諸経費

社宅料　三LDK　二〇〇〇円（月当り）
三DK　一七〇〇円（〃）
二DK　一五〇〇円（〃）
二K　一二〇〇円（〃）
水道料　一五〇円（〃）
たゞし、四三年四月より全額自己負担
電気料
ガス料｝八幡同様個人負担

(4)消費者物価

君津町、木更津市における日用品雑貨、電気器具、家具類等の購入は各個人商店の他に二、三のスーパーマーケットが進出し、北九州市同様質量ともすぐれた品物が手軽に購入することが可能であり、日曜日の木更津市は当所従業員やその家族達の買い物する姿が多く見受けられます。

木更津市から更に足を延ばせば千葉、船橋、東京という大消費地のデパート、スーパー等にも日帰りで出かけることが可能であり、生活環境は申分ありません。さらに社宅付近に現在、大きなスーパーマーケットをはじめ、商店街の進出を誘致しており購売面では益々便利になりつゝあります。

b．八重原社宅

(1)生活環境

八重原社宅は、木更津市南東約九kmにあり、国道一二七号線沿いに周囲を小高い緑の丘に囲まれて、遠く富士の霊峰も一望に眺めることができ、近くは鹿野山連系が鮮やかな緑を映します。四季を通じて鳥や虫の声に賑わう静かな田園社宅として約一〇万坪の敷地を有する好条件に恵まれた当所社宅として最大の団地群です。

房総地区の消費観光の中心地である木更津市にも、社宅からバスで二〇分程で気軽に出かけることができます。

この八重原社宅には、八幡化学をはじめ関連会社の社宅も着々と建設され、四三年末には約、一七〇〇戸以上の大団地が誕生することになります。社宅内には、日常生活に必要な品物が市価より格安に入手できる「八重原マーケット」があり、本来四月には東京一流店の出店も加えてさらに拡充される予定です。マーケットの規模は約二〇〇坪で、この中には寿し、そば屋をはじめ、理髪、美容院やクリーニング店の出店が予定され、更には木更津市内の商店からも団地内に電気器具、家具調度品等の商店街も進出する予定であり、今後ますます生活環境豊かな一大ベットタウンが形成されます。

また、駐車場は勿論、運動施設、子供遊園地等の施設を始めとして、社宅隣接の丘を自然公園として造成していく計画も進められています。幼稚園をはじめ小学校も直ぐ近くにあり、将来は団地の小、中学校の建設計画もすゝめられており、生活環境としては申し分ありません。

(2)八重原社宅戸数

区分	棟数	戸数
四階建鉄筋アパート三DK	二一棟	七二〇戸
〃　二DK	一七棟	六二四
〃　二K	二棟	八〇
〃　三LDK	一棟	三二
		一四五六

（千葉県立上総博物館所蔵文書）

213　大和田団地の建設進む　居ながらにして楽しめる景観

一九六八（昭和四三）年六月一〇日

待望の第一号高炉火入れがいよいよ間近くなってきましたが、銑鋼一貫時の要員受入れに対処して社宅の建設も急ピッチで進められています。八重原団地については六月中に全社宅の建設を完了しその後は大和田団地の造成に全力が注がれることになるわけですがその大和田団地も既に全敷地の半分以上の整地を完了し、一一階建の高層アパートの鉄骨が澄み切った初夏の青空に日一日と力強く伸びています。そこで、今日は、大和田団地の全貌を御紹介することにしましょう。

居ながらにして楽しめる景観

大和田団地は標高三〇〜四〇m国道一六号をはさんで君津製鉄所を見下ろす丘の上にあります。

北には製鉄所の彼方に東京湾が鏡のような海面を光らせ、その向うには遠く対岸の横浜、川崎の街並みがかすんでみえます。夜ともなれば製鉄所の蛍火のような灯と、横浜、川崎の色とりどりのネオンが美しく望まれ素晴らしい夜景です。西に目を転ずると東京湾に長く伸びる富津岬の向うには三浦半島が横たわりその上にひときわ高く霊峰富士が浮かんでみえます。さらに南を望めば、君津町の緑豊かな田園風景が連らなり遠く鹿野山の麓に続いています。大和田団地は居ながらにしてこのような絶景を楽しむことができる場所にあります。

居並ぶ一一階建のアパート群

このような風光明媚な敷地に建設されるアパートが一一階建の高層アパートを主体としている点は、この団地の大きな特色です。既に一部四階建アパート六棟は六月末完成を目指して内装工事にはいっていますが、その北側に一一階建アパート四棟の工事が着々と進んでいます。このアパート群は当社建材開発部の技術の粋をつくして建てられており、完成の暁には当社建材を使用したモデル住宅として注目を集めることでしょう。間取りは二ＤＫと三ＤＫの二通りですが、各棟に二台づつのエレベーターが完備され、洋式水洗便所と美しいポリバス付きのモダンな設計になっています。

結局本年中には、四階建六棟一六〇戸と一一階建四棟六五六戸が完成する予定で一一階建の入居は九月中旬から開始されます。また、この外に五階建の独身寮も建設中で九月に完成すると約二〇〇人の寮生を収容することになります。この独身寮は各室とも二ＤＫタイプで、将来は社宅としても使用できるようになっています。

なお、社宅戸数は最終的には四五年までに約一八〇〇～二〇〇〇戸に、また、独身寮は六〇〇～八〇〇人分になる予定です。

理想的な生活環境整備

社宅周辺の生活環境の整備も、このモダンアパートにふさわしく、理想的に設計されています。購買施設としては、全国的に有名な京成スーパーが団地中央に約二五〇坪のストアを開設して廉価で良質な日用消費品の販売に当るほか、理容、美容、その他耐久消費財についても地元の商店が出店することとなっています。医療施設は、会社のサービスセンターの診療所まで歩いて一〇～一五分程度ですし、国道一六号線沿いに総合病院の建設も計画されているようです。また教育施設については、来年四月開校を目指して団地の候補地に町立の中学校と小学校が各一校づつ建設されることになっているほか、団地の南斜面の日だまりには、東京の私立名門校として名高い暁星学園（幼稚園から高校までの総合学園）が幼稚園を開園します。さらに、大和田には団地の北斜面に会社の総合運動場も予定されており、七～八月にはその一部として野球場とバレーコート、テニスコートが完成します。

高層アパートにしたため棟間のスペースはゆったりとられて、そこは児童遊園地と駐車場がつくられる予定です。

八重原団地、君津駅、製鉄所を結ぶバス路線が大和田団地を経由する日も遠くないでしょうし着々と充実されつつある八重原団地に続いて、ニュータウン大和田団地からマルエスマンが出勤する日ももう目前です。

（『きみつ』第一七号）

214　大和田社宅居住者の皆さんへ〔抄〕

一九六八（昭和四三）年

大和田社宅居住者の皆さんへ

皆さんは、今度大和田社宅に入居することになりました。

大和田社宅は、既に完成した八重原社宅とともに君津製鉄所の二大社宅団地の一つとして計画されています。社宅の敷地は約八〇〇〇坪に及び、完成時には二〇〇〇戸近くの世帯が入居することになっておりますが、現在の大和田団地は、まだその一部が完成しただけであり、皆さんが入居する棟の周辺ではさらに新しい社宅の建設が急ピッチで進められています。また、大和田社宅のある君津町は将来全国でも例のない緑と文化の薫りにあふれた理想的な工業都市として完成が期待されていますが、現在はまさにその建設の緒についたばかりであります。

そこで、ここに大和田社宅に入居する皆さんに大和田社宅で生活する上であらかじめ心得ておいていただきたい事項およびぜひ守っていただきたい事項をとりまとめてみました。皆さんがこのパンフレットに書かれたことを十分に頭に入れて、愉快な大和田生活を送れるように希望します。

1．住　所

皆さんが入居される社宅の住所は千葉県君津郡君津町大和田三二四番地郵便番号二九九—一一です。

2．入居手続

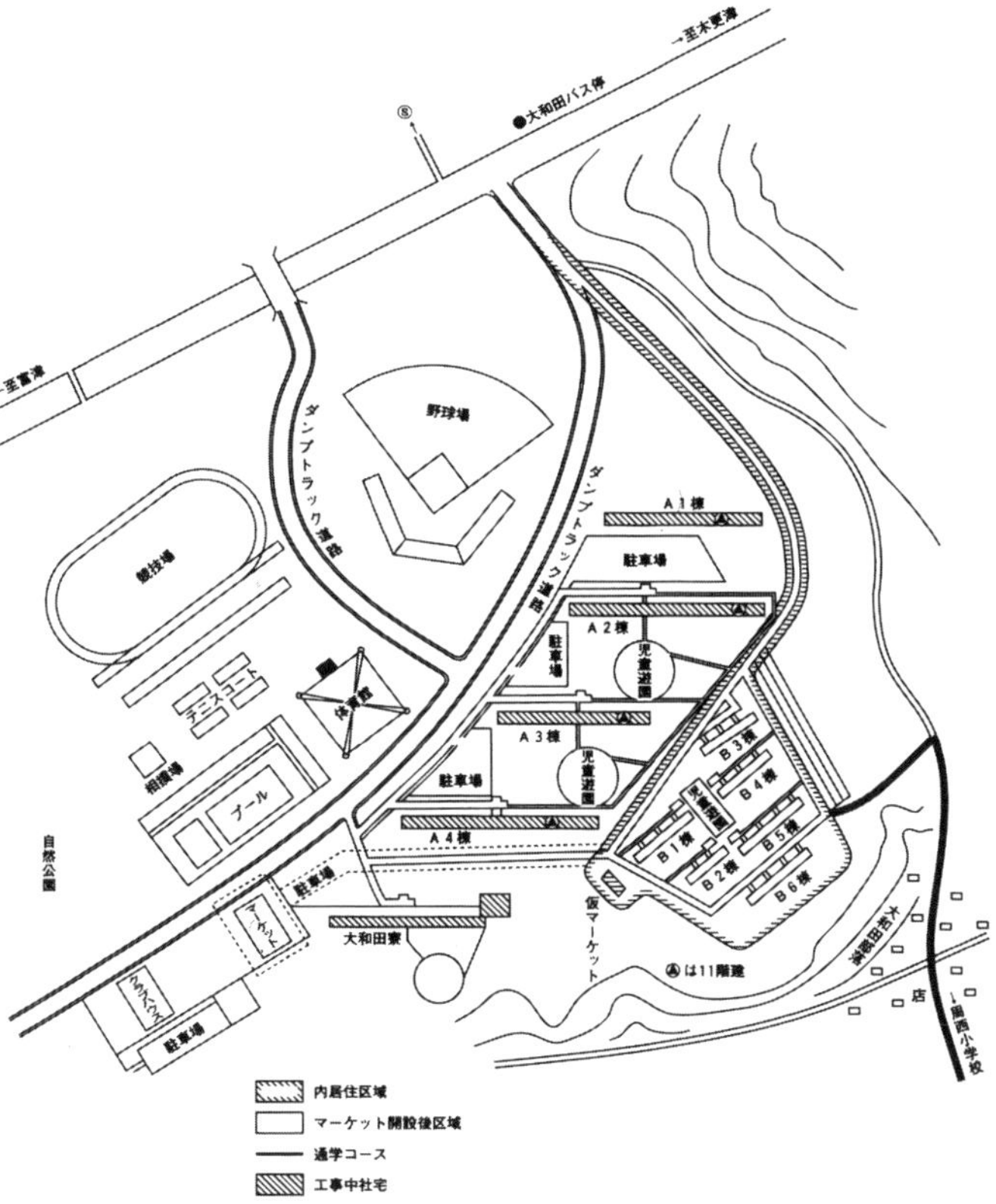

大和田社宅B一棟一一号に厚生掛員（渡辺）が当分の間常駐していますので、印鑑を持参し鍵を受領のうえ入居ください。

3．居住区域

皆さんが入居される棟の周辺は、新しい社宅の建設工事中です。したがって、当分の間危険防止のため上図の太線で囲まれた区域を皆さんの生活専用区域として指定しました。専用区域内にはマーケット、遊園地を設置してありますので、専用区域外には絶対に立入らないようご注意下さい。特に、幼児、児童が専用区域外に立入ることがないようご指導下さい。

なお、八月六日からマーケット、本屋が完成しますので指定区域を上図の点線で囲まれた部分まで拡張します。今後専用区域が拡張される場合には、その都度通知します。

（千葉県立上総博物館所蔵文書）

215　君津小中学校長と訓練班の懇談会報告

〔一九六八（昭和四三）年七月〕

君津小中学校長と訓練班の懇談会報告

小学校の制服について

八重原小学校　冬服は制服で夏服は別に定めていない

大和田小学校　制服は定めていない

小中学校転入時の出費について

君津町の「小中学校の教育要覧」を目下作成中で七月中旬頃配布予定。

小学校の費用

学校によって僅少差はあるが一〇〇〇円前後、年間出費は給食費を含めて約一二〇〇〇円。

中学校の制服

男子は普通一般市販の学生服
女子はセーラー服　色は紺か黒
君津中学校は前開き（ホック止）のセーラー服を採用
価格は一着純毛で四三〇〇円前後、体操服は五〇〇円（市価）を四〇〇円で校内で販売している（周西中学校）

小、中学校の夏休み中の受入について
中学校は日直の先生が登校しているので何時でもよい。
小学校は毎日、プール指導の先生が登校しているので何時でもよい

第二学期に転入学時の受入および教科書の準備について
教科書については、準備する
万一教科書が間に合わない事態が発生したら、学校側で古い教科書を準備しているので授業には支障ない。

小中学校のレベルについて…大差ない。やや君津の方が優るとも劣らない。

中学校関係で転入生の今春卒業者の進学状況は、就職一名（女子）、他全員進学した。

大量転入学で先生が不足することが考えられるが、補充措置は考えてあるか。
千葉県の教育委員会へ九月一日付の充足配慮方依頼している。

現地の生徒との融和について…全然問題なし、非常によい。
○男子中学校の頭髪は全員丸刈りである。
○君津中学は七〇〇名中五〇〇名位は自転車通学である。
○八重原社宅の生徒は通勤バスを利用している者もいる。
○転入生（北九州）はトラホーム、ゼンソク、ヘントウ腺炎等の病気の者多いが、半年、一年でよくなっている。
○君津町の小、中学校の格差については各学校とも地域差はない。
○八重原小学校の児童構成は、転入生七一二名、地元二一〇名（七七％対二三％）で転校生一〇七校からきていて一組に二〇校から入り混じっています。

（千葉県立上総博物館所蔵文書）

216　転入生徒の受付事務について

一九六八（昭和四三）年七月二五日

昭和四三年七月二五日
君津製鉄所
人事課長殿
君津町立君津中学校長
北川夫二男㊞
君津町立周西中学校長
田丸武雄㊞

転入生徒の受付事務について

七月二六日より八月三一日までの夏季休業中貴社職員の異動に伴い生徒の転入が予想されますので、次の日程で行いますから関係する保護者にご連絡をお願いします。

記

期日　八月　八日（木）　八、〇〇—一七、〇〇
八月二一日（水）　八、〇〇—一七、〇〇
九月　二日（月）　八、〇〇—一七、〇〇

持参するもの
在学証明書（一、二年生は教科書に関する証明）
住民登録写

（千葉県立上総博物館所蔵文書）

第二回特別分譲住宅申込募集（貞元上湯江）〔抄〕

一九六九（昭和四四）年二月一〇日

第二回特別分譲住宅申込募集（貞元上湯江）

地価はどんどん高騰しています。首都に近く将来大きな夢を持てる君津の土地に「自分の家」を持とうではありませんか!!。

◇　かねてから特別分譲住宅地として宅地造成工事が行なわれていま◇
◇した君津町貞元上湯江の特別分譲住宅は整地工事も順調に進み近く◇
◇四一戸の住宅建設の運びとなりましたので、次の要領により入居希◇
◇望者を募集いたします。◇
◇　今回の募集については、会社としては、従業員の皆さんにできる◇
◇だけ多くの貸付を行ない、とくに若年層の方々でも〝自分の家〟が◇
◇気軽に持てるよう返済方法等についても充分に配慮しておりますの◇
◇で奮ってご応募下さい。◇

分譲要領は次のとおりです。

1．建設の場所

君津郡君津町貞元上湯江

君津駅より徒歩約一五分、会社までの距離約六km

2．特別分譲の種類および区画数

今回は分譲ですので土地だけの分譲は行ないません。全部土地付建売住宅です。

戸数　四一戸

土地　六〇坪～一一〇坪　平均八〇坪

住宅　木造瓦棒葺平家建　一六坪～二二坪

　八種類（型別平面図次ページ参照〔略〕）

注：建物の種類及び仕様変更は一切認めません。

3．分譲の建設工期及び時期

四四年四月着工　七月完成引渡し予定

4．分譲価格

宅地　坪当り約一三〇〇〇円

上記価格には道路、宅地造成、上下水道工事費等一切の費用が含まれております。

※区画毎の面積は次頁表参照　住宅　別表1参照

(注)(1)宅地および住宅譲渡価格は概算額ですから、完成後実測し、採算の結果は多少の増減があります。

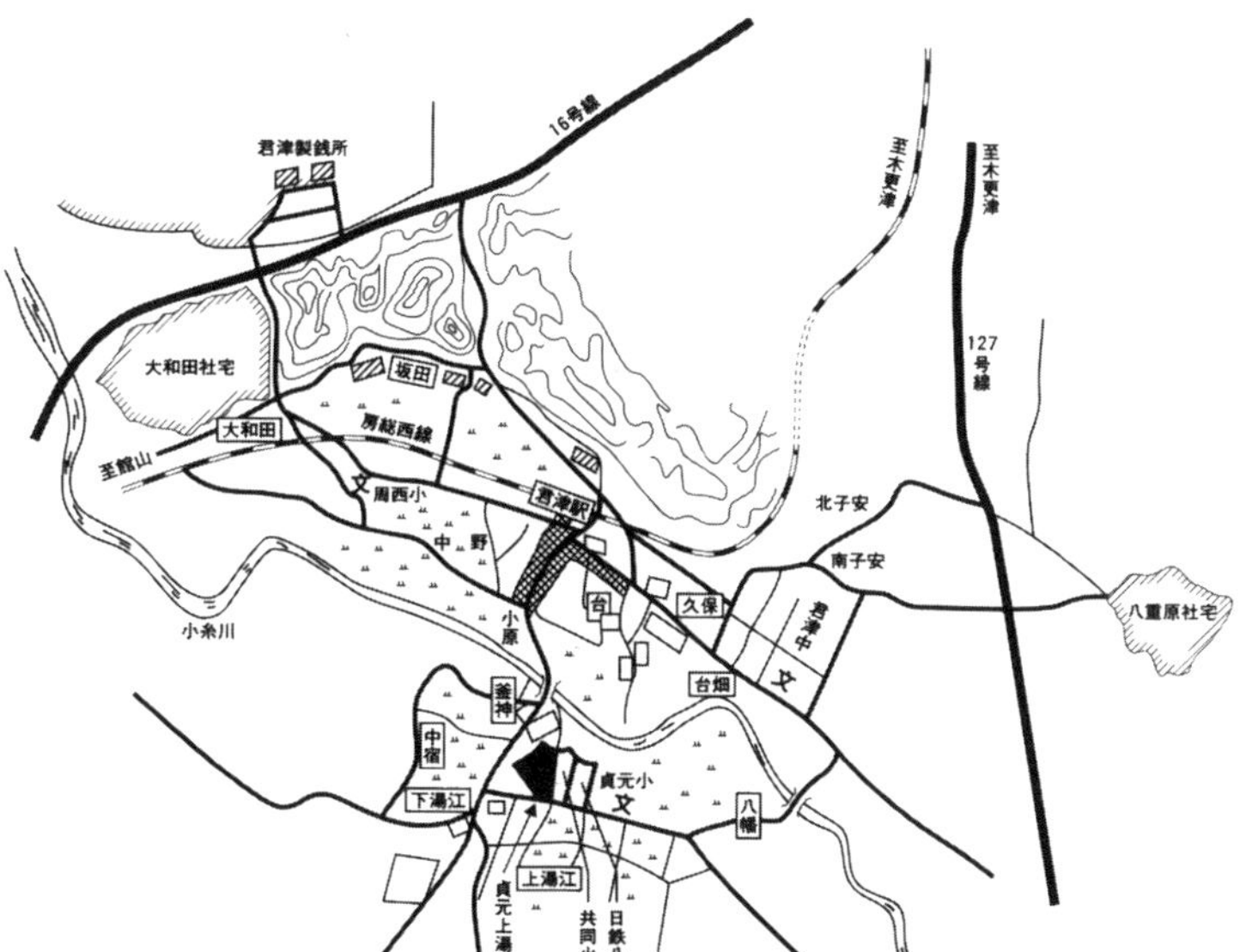

(2)分譲決定者は、上記譲渡代金のほかに登記手数料および屋外設備等の必要経費（約六万円）を別途会社に預託しなければなりません。

(3)上記住宅代金の中には、浴槽、厨房、電気、浄化槽設備工事費一切が含まれております。

5．申込資格者

この分譲住宅を譲り受けることができる者、当所従業員で次の各号に該当し、過去に会社から住宅資金の貸付けまたは分譲を受けていない者に限ります。

(1)勤続満五年以上で、将来引続き当社に勤務することが確実であること。

(2)自己の収入によって生計を維持し、かつ同居家族を有していること。

(3)社宅居住者または自ら居住する住宅に困窮していること。

(4)分譲代金の支払能力が確実であると認められるもの。

(5)保証人が確実であると認められるもの。

〔中略〕

別表一　住宅譲渡価格一覧表

住宅種別	構造	建築面積	坪当り単価	譲渡予定価格
一六－A	木造、屋根瓦棒葺　平屋建	一六・二五坪	一〇五〇〇〇円	一、七〇六、二五〇円
一六－B	〃	一六・五〇〃	〃	一、七三二、〇〇〇
一八－A	〃	一七・五〇〃	一〇二〇〇〇	一、七八五、〇〇〇
一八－B	〃	一八・一五〃	〃	一、八四八、七五〇
二〇－A	〃	二〇・〇〇〃	一〇〇〇〇〇	二、〇〇〇、〇〇〇
二〇－B	〃	二〇・〇〇〃	〃	二、〇〇〇、〇〇〇
二二－A	〃	二二・〇〇〃	九八〇〇〇	二、一五六、〇〇〇
二二－B	〃	二一・七五〃	〃	二、一三一、五〇〇

（『きみつ』第三五号）

218　より豊かな生活圏を〔抄〕

一九七四（昭和四九）年一〇月

●有秋台団地居住の各社人事担当者座談会●

より豊かな生活圏を

―●出席者（敬称略）●―

住友千葉化学工業㈱勤労課長　川口理宏
日本合成ゴム㈱事務課長　橋本　卓
極東石油工業㈱人事課福祉係長　山根明蔵
トーレ・シリコーン㈱事務課長　山本賢三
三井ポリケミカル㈱事務課長　中野無一
（司会）
千葉・事務部長代理　藤井八郎

千葉工場の社宅・寮は、当工場から東に通勤バスで約二十分の、緑に囲まれた丘陵地（有秋台団地）にあり、この団地には当社の他数社の社宅・寮もあります。

そこで、有秋台団地にお住まいの人事担当者をお招きし、団地発展の歴史や社員のより豊かな生活を目差して、今後の諸施策等を話合っていただきました。

●最初は全員単身赴任で

藤井　お忙しいところを、座談会のために貴重な時間をさいていただき恐縮です。

まず、各社の千葉進出の時期、またそのころの団地の様子をお話しいただけませんか。私が千葉に来たのは四十三年十月ですが、中野さんは、千葉工場建設の当初からですね。
中野　そうです。四十年十一月、社宅のオープンと同時に千葉に来ました。
　事務所ができたのが四十年六月で、工場の建設が開始されたのは、四十一年に入ってからでした。
藤井　どの会社も社宅の建設から始められたでしょうが、いつごろからですか。
山根　そうですね。当工場も四十二年七月に社宅ができ、工場の建設はそれからでした。
橋本　当工場の社宅は四十二年十一月にできました。
藤井　合成ゴムさんのげたばき式の社宅は、たいへんユニークでしたね。
橋本　四日市の時からげたばき式の社宅です。これは、石橋正二郎さん（注・日本合成ゴム前会長）の発案らしいんですが、皆そのうち自動車を持つようになるんだから、社宅の下に車庫を作ろうということでこのような建て方になったわけです。
山本　当社は、工場の建設に着工したのが四十二年六月で、社宅ができたのが同年十月ですので、この四カ月間に千葉に来た人は、皆、丁字屋に単身収容したんです。
川口　私どものところは社宅の完成が四十一年でしたが、早く完成したアパートに、最初は単身で赴任させ収容しました。当時常務の河合や取締の郷以下役員・部長も、やはり単身でアパートに住みましたので、上から下まで同じところに住んだわけです。社宅は建設を始めてから完成まで早かったんですよ。規格品でぜいたくしなかったからでしょうね。
藤井　四十二年、私が岩国から千葉工場の見学に参りました時、団地には、日産化学の寮・当社の不入斗寮とその前の三棟、それと有秋寮とその前の三棟、店は永藤ショッピングと不入斗ショッピングだけでしたね。これがこの団地の出発だったと思います。
　完成時期を追ってみますと当社が一番早く次がトーレ・シリコーン、住友、合成ゴム、極東石油の順に、あの有秋台に社宅ができたわけですね。

●バス停までは長ぐつ出勤

中野　教育施設としては、有秋東小学校だけでしたね。有秋西小学校が発足した時には、校舎がなく有秋東小で勉強していました。また幼稚園は、椎津の宮の裏にあり、お世話になりました。その後、西小の中に市立の幼稚園ができ、そちらに行くようになりましたが。
山根　診療所は有秋プラーザより早く、四十三年ぐらいにできましたね。現在では、新装し有秋台病院として開院しましたが。
川口　団地の成立には、ショッピング、病院、学校、外に行くための足の確保ということが基礎条件でしょうね。
山根　私は、四十三年一月に千葉に来ましたがこの時には、すでにいろいろそろっていました。初めにこられた方はたいへんだったでしょうね。
川口　私が千葉に来たのは四十二年二月でしたが、そのころはまだメインの道路も舗装されていませんでした。ですから雨の日のぬかるみを出勤する時など皆さん、奥さんといっしょに長ぐつをはいてバス停まで行きバスに乗ってから長ぐつを持って帰ってきてもらう（笑）。また、雪が降るとバスも通れないことがありましたね。
中野　私がここに来た時はまだ番地がありませんでした。そこで、一番最初の仕事は、当工場の現在の不入斗社宅を不入斗一一一番地有秋東一丁目あたりを六六〇番地ということにし、市役所に認可をもらいに行ったことです。四二〜三年にあのメイン道路ができてから、東・南・何丁目・何番地ということになったのです。

●三分の一の八万坪は当社の敷地

山根　あの有秋台団地には三石さんの土地が多いですね。
藤井　あの団地は二十四万坪で、その三分の一の八万坪が当社の土地だと記憶しています。
山根　有秋台には現在何人くらい住んでいますか。
中根　あの有秋台の計画人口は三千世帯の一万人だそうです。現在八千人、八割くらいは、いるでしょうね。あと当社と日曹の用地が少し残っているだけですね。当社は家族持ち、寮生合せて千三百人くらい住んでいます。
川口　当社は、あの団地に社員が二百四十名、独身寮生が二百八十二名おりますので、やはり千三百人くらい住んでいるでしょうね。
橋本　当社は、世帯持ち八十人、独身者が百四十人ですから、一家族三人平均として、四百人弱でしょうね。
山本　当社は、世帯持ちが百五十人、独身者が百二十人くらいで、家族は四人平均ですので七百二十人くらいです。東レは当社の三分の二くらいですね。
川口　住友では、独身寮に名前を付け、会社幹部が揮毫するというしきたりがございまして有秋台団地にある寮を、有秋寮と名付けたんです。そうしましたところ、来るはずの手紙が届かないということがあり、住友有秋寮とした記憶がございます。有秋寮という名は他社にもあるんですよね。
中野　当社にもありますよ。
山根　不入斗という地名は、昔、小鷹神社を保護するために、税金（斗）が入らなくてもよろしいということで、不入斗となったんだそうですね。免税地区だったそうです。
〔後略〕

（『銀塔』第一九〇号）

［2－7－D］
中沢卓実編『常盤平団地40周年記念写真集　常盤平団地40年の歩み』（常盤平団地40周年記念事業実行委員会、二〇〇〇年、一一～三四頁）

ふるさと常盤平　写真でみる40年の歩み
緑豊かな住環境へ日本初の大規模団地を造成

ふるさと常盤平

団地ができる前

団地ができる以前の状態

開通された新京成、現在の常盤平駅の地点

新京成の金ヶ作駅（現在の常盤平駅）

松戸まで延伸された新京成松戸駅、開通祝い（昭和30年4月24日）

昭和30年に開通した当時の五香駅

団地造成

一地区、道路の右側が常盤平第一小学校の工事現場

けやき通りと住宅建設

常盤平駅前の予定地（昭和33年）

団地建設現場（昭和34年10月）

常盤平団地の造成（昭和34年）

抵抗

用地買収に反対する地元の農民とそれを支援する部隊がスクラム組んで、測量隊に〝肉弾戦〟を演じたと報道されました。昭和33年１月４日のこと。その後、反対農民がその年の11月３日、東京・九段の公団本社へムシロ旗でなく、ダイコンデモをかけました。その当時、現地では〝人糞作戦〟も行なわれていました。

同地Ｅ地区の造成地。森にそっている白い道路が今のさくら通り。森の奥のほうに新京成の線路がある。

雑木林と原野の中にくりひろげられた『反対運動』。ＰＲの手段はご覧の通り松の木にポスターを貼って反対の意志を表明していました。

金ヶ作地区の宅地開発の竣工式。立ってあいさつしているのが当時（昭和35年）の石橋与市市長

ダイコンを投げ込む
金ヶ作の農民
住宅公団での話合い物別

団地用地買収反対運動を掲載した当時の新聞

抵抗から計画へ

昭和33年当時の金ヶ作駅（現在の常盤平駅）は、小さな小屋ふうの無人駅（写真中央）でした。区画整理事業がすすみ、駅前ロータリーの整備（右側の白い部分）が開始されました。

常盤平団地の入口で、道路の右側が現在の牧の原団地です。

常盤平団地の誕生

松戸市は昭和三十年代の半ばから、その大半を占めていた近郊農村から首都圏の住宅都市へと急激にその姿を変貌させていきました。その先駆けとなったのが常盤平団地でした。市域を通る新京成線の常盤平と五香の二駅の間に所在するこの団地は、今ではけやき通りを始めとする緑豊かな街として知られています。

昭和三十年七月に発足した日本住宅公団による全国主要都市周辺三百万坪の宅地開発事業のなかで、最初に着手した一つがこの地区でした。住戸九十二戸に過ぎない畑と樹林地だった金ヶ作を中心とした約五十万坪の土地に、団地を中心としてショッピングセンター、集会所、病院、小学校、郵便局などの施設を備えた新しい街が建設されることになったのです。当時、日本住宅公団が東京近郊の住宅の不足を緩和し都内へ通勤する人々の住宅地の選定を急ぐなかで、すでに昭和二十八年に首都建設委員会での住宅開発の候補地とされていたことに加え、三十年の新京成線松戸・新津田沼間開通などの好条件が揃ったこの地区が選ばれたというわけです。

常盤平団地は自然樹林地の保存に意図するなど理想的な団地として計画され、その計画プロジェクトは日本都市計画学会で賞を受けています。建設の様子は「新しい都市」という記録映画として撮影され、さらに海外に紹介するために英語版の映画もつくられました。市内でも「金ヶ作に一大人口都市建設」と報じられる一方で、この大規模な宅地の開発に対して地元の一部の農家によって反対同盟が結成され、公団の事業計画への意見書が千葉県に提出されました。千葉県などによる数度の調停を経ても解決せず、強制測量という事態を迎えました。そのような状況のなかで工事が進み、三十四年には市民からの公募で常盤平団地と名付けられ、昭和三十五年四月に入居が開始されました。当初は市内の人々が見物に行くほどの注目を集めた公団住宅戸数四八三九戸のニュータウンの誕生でした。市の人口はこの団地に入居が行われていた昭和三十六年には十万人を越え、以降急激な人口増加が続き、松戸市は東京のベッドタウンとしてその姿を変えていきました。

（松戸市博物館『常設展図録』）

昭和35年から37年にかけて日本一の大規模団地が誕生して、新団地へ続々と入居を開始。学校も商店も、そして道路も公園も整備されて新しいまちの生活が始まりました。
新京成の金ヶ作駅から常盤平駅に駅名が変更されたのが昭和35年２月でした。

常盤平団地誕生

昭和35年４月、常盤平団地で第一次入居が開始されました。公募していた地名も「常盤平」と決まりました。応募282通の中から、新京成に勤務していた青木正次郎さんの「常盤平」が採用されました。従って青木さんが〝名づけの親〟でした。
この年の８月に、常盤平第一小学校も開設され、校舎の建設費が2900万円。昭和41年９月23日（木）に、佐藤栄作首相が常盤平団地を視察。公団にとって、大規模団地の第一号でした。

昭和38年頃の常盤平団地

常盤平駅通りのけやき並木と住宅

常盤平第一小学校

団地誕生当時のE地区と現在の五香駅前商店街の通り

（上）誕生まもない常盤平第二小学校。当時はミニ小学校だったが、入居以来年々児童数が増え、マンモス小学校にふくらみました。

（中）E地区の東集会所

（下）新京成開通に備えて整備中の五香駅（昭和30年４月21日に新京成が京成津田沼～松戸間に全線開通しました）

団地の誕生を祝って……（現在の常盤平支所前の交差点）

入居開始して2年後の昭和37年3月25日に団地自治会が結成されました。

恒例の自治会主催のもちつき大会（中央集会所前で）

松戸市博物館に2DK再現

現在、松戸市博物館に常盤平団地の2DKが再現されています。同館発行の『常設展示図録』の中に、次のように団地生活が紹介されています。

＊　＊　＊

2DKの誕生

公団住宅の代名詞のように使われている2DKという言葉は、二部屋の和室（寝室）とダイニングキッチンという間取りの住宅を示すために公団が使い始めた名称でした。2DKの特色は食事室と寝室を別にする「食寝分離」という住宅への考え方が、明確に実現されていることにあります。昭和二十六年の公営住宅のプランとして設計されたダイニングキッチンの原型となった「食事のできる台所」を公団が採用することで、2DKが誕生したのでした。

昭和三十年代当時の公団住宅は水洗トイレ、ガス風呂、ステンレススチールの流しなど今日の住宅では常識となった設備がいち早く備えられたあこがれの住宅でした。常盤平団地では一部の建築年代が新しい建物では洋風便器が取り付けられ、入居当初にその使い方に戸惑ったという話も聞かれます。

2DKの住まい方

このような最新の住宅であった2DKはどのように住まわれていたのでしょうか。博物館の展示室に2DKでは、ダイニングキッチンにテーブルを置いて食事の場所、ベランダ側の六畳に応接セットを置いて居間として使い、四畳半を寝室にしています。椅子式の生活に憧れた当時の2DKの住まい方を再現しています。

実際に、常盤平団地でも入居間もなく食卓テーブルと椅子を購入して、ダイニングキッチンに置きそこで食事をした人が多く、公団住宅への入

改築される前の常盤平支所（昭和45年5月に現在の姿に）

手前が金ヶ作公園、後方が3地区

居が椅子式食事の契機となったことがわかります。

また、公団入居者は家族のだんらんのための居間を明確に設けることが指摘されており、展示では応接セットを置いて居間として使っている例を参考にしました。

「ある家族」の横顔

常盤平団地のある建物を展示室に正確に復元した2DKには、テレビを始めとする電化製品、家具、衣類、食器などの台所用品をはじめ、当時の製品のパッケージまでが置かれています。この展示は常盤平団地に入居した「ある家族」が暮らした、昭和三十七年当時の生活を描いた演出なのです。この2DKの住人を紹介します。

昭和三十五年四月に結婚し、そのまま常盤平団地に入居した兼二郎（夫、二十九歳・昭和三十七年）、陽子（妻、二十七歳）の二人には、翌年四月に真理子（長女、一歳）が誕生しました。

兼二郎は地方都市の商家の次男として生まれ、地元の高校から東京にある大学へ進学、現在は品川にある家電メーカーに勤務しています。趣味は映画と音楽鑑賞、特にフランス映画とモダンジャズを好んでいます。陽子は東京の勤め人の家庭の末娘として生まれ、都内の高校を卒業して兼二郎と同じ家電メーカーに勤めていました。

社内サークル活動で知り合った二人は、昭和三十四年の秋に婚約し、翌年の春に予定した結婚後の新居を探し始めていました。当時話題となっていた公団住宅の入居募集を新聞で知り、陽子の母の実家が松戸だったこともあって、池袋の丸物デパートに設けられた公団住宅の入居受け付けで常盤平団地の2DKを申し込み、幸運にも入居の資格を得ました。年明け早々に建設中の現場を見学したときに感じた新しい生活への期待と不便さへの不安を感じつつ、四月に入り引っ越しの日を迎えました。

初めは未だ整っていなかった家財道具も、入居した日に入居者を目当てに出された松戸からの出店で購入したガス台、食卓テーブルを始め、入居を契機として電気冷蔵庫、掃除機などが次々と月賦で購入されました。最初からダイニングキッチンには、食卓テーブルを置くことは決まっていました。また、洋風な生活に憧れていた二人には、思い切ってベランダ側の六畳の和室を絨毯に応接セットを置いて洋室のように使いました。

団地族

昭和三十三年頃から、団地の入居者に対して団地族という名がジャーナリズムの間で盛んに使われ、世間の羨望を集めていました。昭和三十五年版『生活白書』でも団地族は「世帯主の年齢が若く、小家族で共稼の世帯もかなりあり、年齢の割りには所得水準が高く、一流の大企業や公官庁に勤めるインテリ、サラリーマン」とされています。

このように注目されるにつれ応募倍率も十倍から二十倍ほどの高倍率

になり、団地族になるにはくじ運も必要となりました。実際に常盤平団地の応募者も、この団地の当初の家賃（2DK）五千五百円の五・五倍以上の収入という応募申し込みの資格を得ている比較的高収入の人に限られていました。また、入居した人々は都心に勤める二十代後半から三十代のサラリーマンの家族が多く、夫婦もしくは夫婦と幼児（五歳まで）の家族構成の団地族と呼ばれるにふさわしい人々でした。

団地族の暮らしは、生活改革といわれた電化製品などの耐久消費財、パン食、椅子に代表される洋式の生活が一般に比べていち早く普及したことが特色といえます。つまり昭和三十年代の新しい生活の代表ともいえるのです。

テレビ、電気洗濯機、電気冷蔵庫が家庭の三種の神器と呼ばれ、あこがれの対象だった当時、団地族と呼ばれた人々はいち早くこれらの耐久消費財を購入していたことが知られています。特に電気冷蔵庫、電気釜は一般の家庭に比べて普及率が高く、生活を合理化していく意識が反映されていると指摘され、さらに耐久消費財を公団住宅に入居してから購入することが多いことも注目されています。実際に常盤平団地の入居者のなかには「まとめ買いをするために電気冷蔵庫を買った」など、入居間もなく電化製品を急いで購入したことを記憶している人が多く、団地への入居が電化製品の購入の契機となったのです。

この時期に即席ラーメンに代表されるインスタント食品が登場し始め、食生活も変わり始めました。団地族の食生活は、一般の世帯に比べてエンゲル係数が低く、肉・乳・卵などへの支出が多く、パン食がとくに普及していたことが指摘されており、いち早く今日の食生活に近づいていたといえます。また、インスタント食品の他に、洗濯から食品にわたる各種の洗剤、様々な化粧品などが続々と販売され、かつてないほど多量に団地族を始め一般の家庭で使われだしました。

団地族の暮らしは大量消費の始まりに彩られていたといえます。

誕生当時の常盤平駅前

1地区の星型住宅

▲常盤平駅前のけやき通り▼

昭和38年当時の菖蒲公園

「東洋一の団地」に入居した団地住民。入居当時はたびたび新京成ストに見舞われました。写真は昭和40年４月28、29、30の３日間のストライキで団地自治会はクルマをチャーターして通勤の足を確保しました。これがアサヒグラフに紹介されたのです。

41-9-23 読売

佐藤さん見てください ⑩

実り多い「実行」望む

問題よけて通らずに……

佐藤さん、われわれは、せっか
のこんどの"首相内遊"を実り
いものにしようと読売新聞社へ
読者の投稿をもとに、全国各地
回って、国民のナマの声を聞
、政治の谷間にひしめくヒズミ
かずかずを探ってきました。そ
結果、われわれが得た結論は
佐藤さん見てください」という
り「やってください」という、
い政治に対する要望が、国内い
るところに満ち満ちているとい
事実を、いまさらながら、強く
象づけられたことでした。

佐藤さん、実は、われわれのこ
どの取材行の前に、こんなこと
あったのです。準備のため、政
の各省を回っているうちに、あ
省の高級幹部が、こんなことば
はいて、われわれをびっくりさ
たのです。

――「首相が、末端で細かいとこ
ばかりを見たらマイナスになる
けだ。木を見て森を見ないのた
いになるだろう。"一つぐらい
は、いいじゃないか"と急行列車を割り込ませた政治駅門守のように行政のスジがゆがめられることにならなければいいが、と思っているんだが……」と。

また、あなたを総帥とあおぐ佐藤派の某若手国会議員は「おやじ（首相のこと）が何を考えているのか、さっぱりわからん。池田首相時代には、時おりわれわれ陣ガサとも酒を飲みながら政治を語り、われわれの意見を聞いていて、あとで実際の政策に反映させたことがあった。おやじは、首相になってからは、われわれには、会ってもくれない。おやじがわざわざ内遊なんかしなくても、たとえば"労働情勢が知りたい"と指示してくれれば、労働組合の中に飛び込んで調べてくるんだが……」と残念がっていました。

前置きはこのくらいにして、首相内遊に臨む国民の声の中で、あなたが、だいぶ気にされている「人気」について地方できいた話をお伝えしましょう。

なぜ人気が出ない

やりっ放しの施策

岩手県のある酪農家は「佐藤内閣は"作文内閣"だが、農業に関しては作文もない。池田内閣の時に農業基本法を作って酪農振興が打ち出されたが、その後のアフター・サービス施策がないから、過剰生産、値くずれなどで、今ではさっぱりです」と、丸々太ったウシをながめやって、うらめしげに訴えていました。また、県当局では「これ以上ブタをふやすな」と畜産振興にブレーキをかける通達を出している始末です。

これが北海道十勝の開拓地へ行くと、さらに深刻で、三十九年に次ぐことしの冷害にうちひしがれた入植者たちは、新天地開拓の夢破れ、ついに力尽きて、離農していくものが続出しています。

山形県のある農家の主人は「佐藤さんは、農業を視察する時は、おそらく東北にはこないだろう。なぜならば問題がありすぎるからだ」と予見していましたが、やはり農業部門の視察候補地は、九州・佐賀だそうですね。

生活が無視されてる

佐藤さん、あなたは、施政方針演説その他で「中小企業対策には特段の配慮を！」とか「中小企業の育成こそ産業発展の基盤」と力強くおっしゃっておられます。ところが栃木県壬生町"おもちゃ団地"では、政府の助成で工場は誘致されたが、商店街に対する助成がないため商店が建たず、団地の住人は、足代をかけて一週間分ぐらいの食料を買い出しに行っているありさまです。「生産は、能率化されたが、人間生活は没却されている。これが佐藤内閣に人気のない原因だ」という声を、なんとお聞きになりますか。「人間尊重の政治」「調和の政治」は佐藤さんのモットーだったはずですが……。

「佐藤さんは、官僚機構は知りすぎるほど熟知しているが、民間の力を借りる方法を知らないから、民情視察をやっても、それをうまく生かせない。たとえば、住宅問題についても、佐藤さんのアタマは、せいぜい公団住宅の拡充ぐらいだろう。人間性に対する配慮のない住宅政策は、スラムを作るのと同じだ」とは、住友信託銀行（大阪）の重役さんの"佐藤評"です。

日陰の子も訴える

「人間尊重」といえば、心身障害児の問題があります。さる三十七年に世間を騒がせたサリドマイド・ベビー（アザラシ奇形児）問題は、今ではまったく下火となり、厚生省では「三十八年度以降はまったく発生していない」とタイコ判を押しています。だが、その厚生省の薬事行政に対するサジ加減の狂いが、このような悲劇を生んだことを、われわれは、忘れることができません。この問題は、直接佐藤さんの責任ではありませんが、悲劇の星の下に生まれついた約二百人の奇形児とその家族は「月収二万円以下にかぎり千四百円の補助を出す」という、細々たる国の配慮をたよりに、やり切れない毎日を送っているのです。

このほか、九州の産炭地のこどもからは「佐藤さんに、滅びゆくヤマにしがみついていなければならないボクたちの学校生活を見てもらい、東京の根岸小学校とくらべてほしい。佐藤さんは、記者会見で、いいところを見て、それにならって引き上げる、といわれましたが、悪いところを見なければ、どこをどのように引き上げるのか、わからないはずです」という要望も寄せられてきました。

考える時間も必要

また「各省にまかせておけばよい問題を、首相自身が視察する必要はない。しかも、その結果が"青年学級の生徒にも学割りを"だけだったとしたら情けない。それより、首相は、ヒマの時には箱根の山にでもこもってベトナム問題の解決方法を考えてほしい」という某閣僚の意見もあります。

われわれは、九回にわたって問題を取り上げてきま
まだ政府がやるべき
みて、考えてもらいた
くさんあります。これ
ばかり書き並べるよ
内遊一日目の記者会

うに、また、目をむ
れませんが、それもこ
閣への国民の期待と
結果が、実際政治の
ることを切望してい

（

読売新聞　昭和41年9月23日

［2－7－E］
渡邉幸三郎『昭和の松戸誌』（崙書房出版、二〇〇五年、一二三九～一二四五頁）

第十八章　高度成長下の変貌

常盤平団地の誕生

常盤平以前

これは元栗ヶ沢中学校初代校長鈴木喜代春さん（大正十四年生）から聞いた話である。畏友鈴木さんとは昭和二十八年以来の付合いで、前年青森県黒石小学校の学級文集「みつばちの子」が東洋書館から出版されたのを機に知り合い、文集の交換を行ってきた。東京へ出たいとの希望から松戸へ呼んだ。翌二十九年高木二小に決まり四月二日一家は来松、とにかく独身の私の家に一ヶ月程いて、五月五日五香七番地の市営住宅に転居して行った。爾来市内の小学校で社会科・理科の検証学習を創意実践し、また教育委員会でも活躍、昭和四十五年四月新設栗ヶ沢中学校校長となった。奇しくも私は昭和五十五年前校長の急逝によりその栗ヶ沢中学校に赴任した。これも縁かなとも思える。鈴木さんは現在児童文学者として百六十二冊もの著作を刊行している。

さて、昭和二十九～三十年の五香七番地辺の景観はどうだったろうか。ここは現常盤平五丁目に当る。

子和清水正面の現牧の原には斎藤牧場（松戸では有力な牛乳店）があり、子和清水から県道に沿って堀のある野馬土手が鈴木さんの家まで続き、土手には松の木が生えていた。その一部が五香電々左裏に残っている。野馬土手と県道の間に金比羅神社があり、藤ヶ谷自衛隊飛行場行きのバス停留所「五香五番地」（今はない）の先に、現松飛台小への狭い道が県道を横切っていた。

その十字路の左折した角に店があり、農家に続いて竹藪に囲まれた平屋の市営住宅があり、鈴木さんはそこに住んで自転車で高木二小に通っていた。家の裏にはつるべの深井戸があって風呂汲みをした記憶があるという。竹の子が庭だけでなく畳を押し上げて家の中にも出たので食べてしまった。左隣はブタ屋で、そこは今のヨーカドーになっている。

この辺りの景観は目の届く限り平地林で限られ、所々に屋敷森で囲まれた農家が数軒点在していた。また県道に沿ってポツンポツンと家が何軒かあった。見渡すと畑だか原っぱだかが、ボサボサの藪や灌木の林を交えて一面に広がっていた。いわば変化のある原野ともいうべきであろうか。農家は麦の他野菜が中心で、三組編制の学級のうち鈴木さんの組は農家の子ばかりで構成されていた。

昭和三十年新京成電車が松戸まで開通したが金ヶ作駅（現常盤平駅）は無人駅、電車は一輌で車掌がドアを全部手で開閉した。開通の日には五年生が元山から松戸まで乗せてもらい、何一つ見えるわけでもない原っぱの中を通るだけだったのに、子どもたちは歓声をあげて大喜びだったと、鈴木さんはこう語ってくれた。

ニュータウン仮称松戸団地

ここに昭和三十年七月に発足した日本住宅公団の賃貸住宅――府中団地・仮称松戸団地・万世橋アパート――入居募集のパンフレットがある。そこには「『松戸』ニュータウン」の見出しで、こんな紹介記事が出ている。常盤平と名のつく以前のことである。

「……皆様の前に、すでにお目みえした多摩平（立川の隣接地日野町所在）四〇万坪のニュータウンは、公団賃貸住宅約二七〇〇戸が立ち並び……この多摩平団地と同様な事業として、進めてまいりました松戸団地（仮称）は、多摩平団地をしのぐ五一万坪の地域で、首都圏整備計画において、市街地開発地区に指定される予定の住宅適地であります。

ここは、東京駅から約二二km、常磐線松戸駅を経て新京成電鉄金ヶ作、五香両駅まで約五〇分の地であり、また団地の南部の県道（舗装道路）には、三系統のバス路線があり、松戸市を中心として連絡しています。

住宅は浴室（浴槽つき）水洗便所及び上下水道及びガスが完備しステンレススチール流しの整った、しょうしゃな耐火構造です。

団地の中央には小学校を設け金ヶ作、五香両駅前には商店街を予定するほか店舗、幼稚園、病院等の配置が予定され、また団地中央には行政センター、中央公園、中学校が設けられることになっています。この団地完成後は、約四〇〇〇戸の公団住宅がゆるやかに起伏する丘に立ち並び、松林の間に見えがくれすることでしょう。この環境は、東京への通勤者の好適なベッドタウンとして、きっとたのしい生活の夢を実現してくれることと存じます。」と松戸団地完成予想図を入れて述べている。

入居申込について

パンフレットには先ず申込の資格・入居者の決定・賃貸契約の締結・申込についてのご注意・次期募集計画とあり、次いで募集団地の項には松戸（仮称）団地（入居可能日、三十五年二月上旬）所在地松戸市金ヶ作三七二の一他　新京成金ヶ作駅下車徒歩二〜六分、募集戸数と家賃の項には松戸団地　型式C　構造鉄筋コンクリート造四階建アパート坪数四三・二六平方米（一三・〇八坪）間取り六帖、四・五帖ダイニングキッチン。

募集戸数五九二戸　家賃（概算）五三五〇　基準月収額（税込）三〇〇〇〇と出ている。それから交通として上野―松戸（常磐線）所要時間二七分　片道料金四〇円　通勤定期一ヶ月七七〇円　通学定期一ヶ月四二〇円、同様に松戸―金ヶ作（新京成）一六分　二〇円　五九〇円　三八〇円、バス松戸―白井（京成バス）子和清水停留所下車三〜五分とあって、案内図・間取り図・配置図が出ている。

松戸団地

区　　間	所　要時　間	片道料金	通勤定期1ケ月	通学定期1ケ月
上野〜松戸（常盤線）	27分	40円	770円	420円
松戸〜金ケ作（新京成）	16分	20円	590円	380円

バ　ス

松　戸 ―― 白　井（京成バス）

子和清水停留所下車3〜5分

松戸団地

小学校

35年7月団地内に竣工予定です。それまでは松戸市内の小学校に通学することになります。

案　内　図（松戸団地）

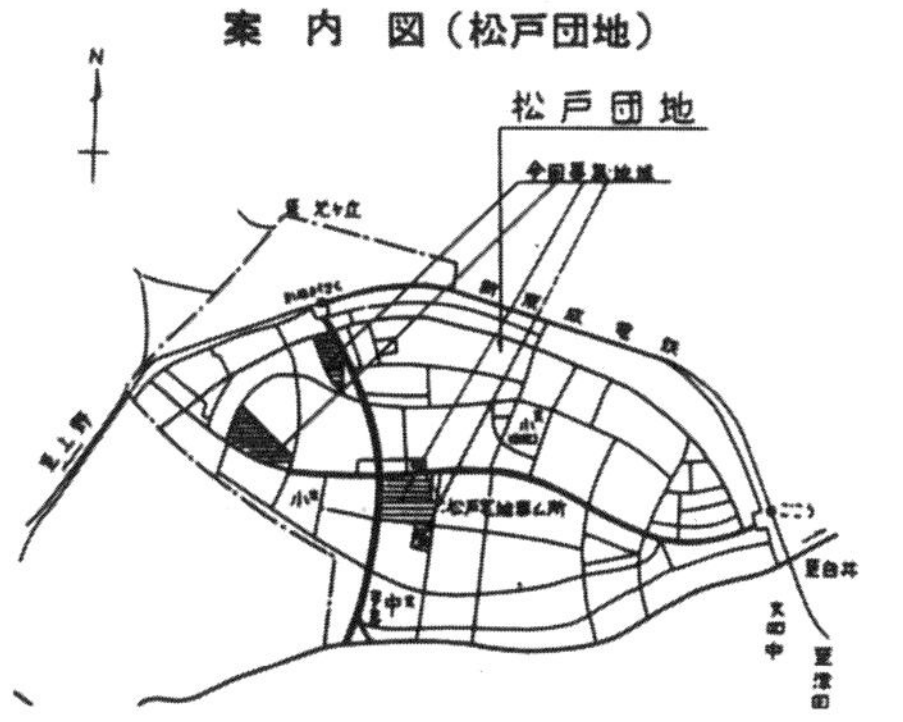

日本住宅公団募集要項

団地造成の労苦

仮称松戸団地は入居に先立って松戸市が団地名を公募、昭和三十四年十二月二十五日の審査会で新京成電鉄勤務の青木正次郎さんの「常盤平」に決定した。金ヶ作駅も二十七年八月一日常盤平に変更になった。青木さんによれば初め常盤台と考えたが、余りに広々していたので平がふさわしいと考えたという。かくして昭和三十五年四月に第一次入居が始まり十次の募集を経て三十七年六月に入居完了、四八三九戸のニュータウンが誕生したのである。

しかし団地の造成は困難を極めた。何しろ五一万二二一五坪の広大な土地を区画整理し、うち一五万坪の山林農地が買収されることは七割の農地を失うことになる九二戸の農家は、死活問題として猛反対の運動を起こした。住宅公団東京支所にダイコンを投げ込んだり、三十年一月四日には測量隊に人糞を撒いたりしたことは私の記憶にも残っている。その詳細な記録は『戦後松戸の生活革新』（松戸市立博物館　平成十二年刊）・『ふるさと常盤平』（三十周年記念誌　常盤平団地自治会　平成二年刊）・『常盤平団地四〇年の歩み』（四〇周年記念写真集　同自治会　平成十二年刊）を参照して頂きたい。

桜と欅の苗木を求めて

新京成電車開通前日に起こった試運転の横転事故を話してくれた小柴誠也さん（昭和九年生）は公団の業務者留岡組に勤めていて、八柱寄りは三〜四年の若木だが十年以上の桜や、二・五米位の身長より一米高い欅の苗木を全国中探し歩いたという。

その桜並木は昭和六十二年（一九八七）日本の道一〇〇選に指定されて毎年春の花見時には盛大な桜祭りが行われ、亭々と高く大きく伸びた欅通りの並木は、平成六年（一九九四）新日本街路樹百景に選ばれる程の立派な街路樹に育った。そして団地で生まれ育った人たちにとっては、常盤平は「ふるさと」となったのである。

張合いのあった新設中学校での実践

古い宿場町松戸にも近代的住宅団地が出来た。昭和四十二年四月ここに中学校が開校することを知り、私は真っ先に新設常盤平中学校に夢と希望を託して転任希望を出した。というのも次のような理由からであった。

名門といわれた松戸一中は学区の有力者の子弟は東京志向で、その穴を埋めるように取手・木下・流山の有力者の子弟が転入して来てはいたが、町場の子とは違った他地区から移住して来たサラリーマンやインテリの子どもたちに、新しい教育実践を試みたかった。一中では作文と日記指導を中心として実践してきたが、今度は作文と社会科の地理・歴史の授業を結びつけた「レポート学習」を試みようと野心に燃えていたからである。

とにかく常盤平団地の誕生は私なりに胸をときめかせていた。田舎の松戸が近代住宅都市に生まれ変わる目玉が出来たという歓びから期待と希望をもって迎え入れ、それを積極的に活用すべきだと考えていたからである。

この私のいう「レポート学習」とは資料を与えて、考え調べる作業を毎日の宿題として課したのであった。驚いたことに常盤平の子は私の厳しい課題に、見事応えてくれた。私にとっては張合いのある楽しい毎日で、まだ十分に育っていなかった欅並木の道を足も軽く通ったものであった。実践記録は本にして世に問うつもりであったが、それは遂に実らなかった。

区画整理と都市改造

全国一の区画整理施行率を誇る

常盤平団地以降日本住宅公団によって松戸市内には小金原・高塚・梨香台・牧の原と次々に団地が造成された。一方町制の時代から早くも土地区画整理事業を行ってきた松戸市では、昭和三十年代後半から四十年代へかけて高度経済成長の反映として、盛んに区画整理が行われた。

「昭和五十二年九月末現在事業の施行地区数五一ヶ所、施行面積一七三六ha、対市街化区域面積四〇％の施行率で全国的にトップの座を占めている」と市当局は述べている。（松戸市土地区画連合会創立二〇周年

記念誌『未来への遺産』昭和五十三年刊　二三頁）

実際私は市の誇らしげな「日本一の施行率」と言う言葉を何度も聞いた。しかしその言葉の裏にはこんなことがあると大倉邦夫さんは『大倉邦夫自伝』に述べている。それは宮間前市長が建設課長時代区画整理事業の推進に力を入れ、一事業に三十万円しか補助しないという条例を作った。少額のため反って民活で区画整理事業が活発に行われることになっているのだと。（四二五頁）成る程なと私は思った。

新松戸—美田から新市街出現

松戸は柏のように中心地が次第に周辺に拡大していった都市とは違い、旧松戸に常盤平そして新松戸を頂点としたトライアングルの中に、複雑な地形を含んで住宅地が市街をなした四十七万都市である。その新松戸に当る地域は絶えず冠水する湿田から下谷三千石といわれる美田にまでなっていたが、ここもまた土地区画整理事業の対象になった。そしてその推進の中心となったのが従兄弟（母同士が姉妹）の大倉邦夫さん（大正四年生）であった。

なにしろ自伝企画編集者の広田稔さんのいう「地域の傑物」大倉さんは大谷口の旧家に生まれ、農業に従事する一方ムラの世話役や農業関係の役職で活躍するほどの、農政の舵取り役を担っていた。その上時代の動きを先んじて読み、いかに素早く対応したらよいかと常に考えていたので、昭和三十年代に入って松戸のベッドタウン化の動きにつれて農業をやめ、農地の宅地化に目をつけて不動産事業に関わっていった。そして十三ヶ所の土地区画整理事業に理事長や理事として力を発揮していった。その中で全精力を傾けたライフワークが新松戸の造出であった。即ち新松戸第一・第二そして新松戸中央の各区画整理事業である。いわばそれは大倉さんにとって宅造の「作品」ともいうべきものではないか。私とて新設河原塚中学校は全力を尽くした我が「作品」としての愛着があるのだから。

これらの事業の詳細はB５判六〇七頁の資料付大冊『大倉邦夫自伝—希望に向かいて』（九五年刊）に譲るとして、ここでは新松戸の造成事業のサワリの部分だけを簡単にまとめ、大倉さんに確認してもらった。

新松戸の名付親

新松戸の区画整理事業は中央地区が中心だが、新松戸の名は昭和四十一年二月認可の常磐線と流山鉄道に挟まれた一六・二ｈａの区画整理に、新松戸第一の名称をつけた区画整理組合理事長大倉さんによるものであった。

昭和四十年国鉄武蔵野東線の貨物線計画が発表され、やがてそれが貨客両用に変更されたので、大倉さんらは当初計画にはなかった常磐線との交差点に「駅を新設して、辺り一帯を宅地化すべきだ」（四四〇頁）と強力に運動していった。大倉さんによれば当時「新幹線の駅で新大阪や新横浜が話題となり、同駅周辺は今は未開発地だが将来は大きく発展する地域だと世間の話題を集めていた。私はそれらにあやかって……新松戸と名付けた」（四四一頁）と。

昭和四十八年四月新駅はオープンしたが、駅名に「新松戸」と決まるまでにはひと悶着があった。国鉄側では仮称「北馬橋」、故松本市長は「南小金」を考えていたので、大倉さんは直ちに行動を起こして国鉄へ陳情すると共に、政治家ルートを使って国鉄エリート出身の千葉二区選出伊能繁次郎代議士に新松戸駅への改名を働きかけ、同時に宮間助役と何回も陳情するなど必死になって動いた。

「伊能繁次郎代議士の力はさすがだった。……ついに国鉄側は『北馬橋』をあきらめて『新松戸』に変えてくれたのだった。」（四七七頁）

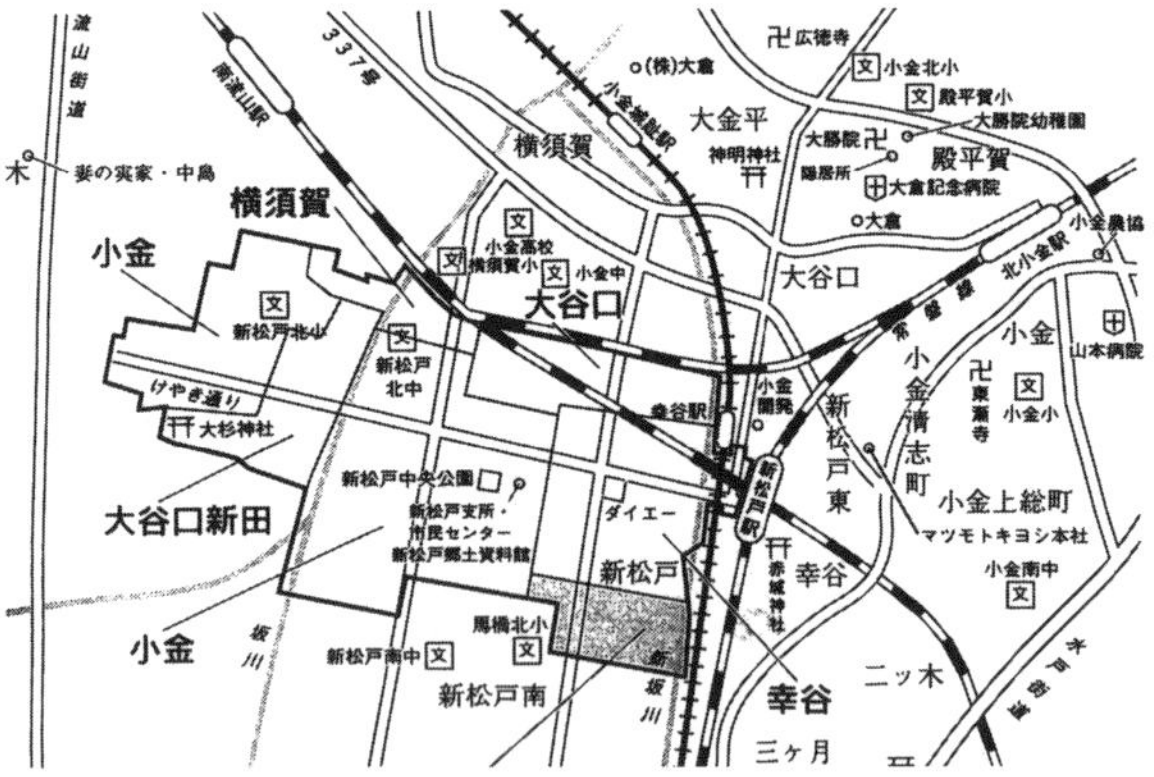

新松戸中央地区の旧六か町村

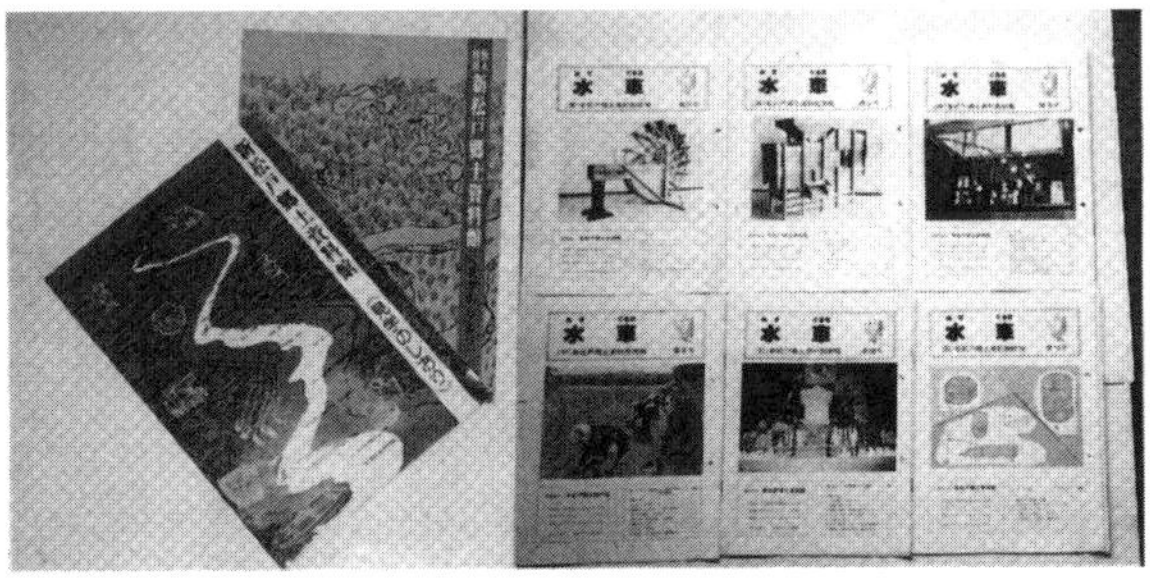

資料館館報「水車」と見学のしおり

デベロッパー方式の採用

総面積一四四万七千平方米・総事業費二〇七億円という大掛かりな新松戸中央土地区画整理事業は大変な仕事であった。昭和四十五年暮に県から認可された計画が大き過ぎて、金も技術もなかったので困っていたが、松本市長からは宮間助役からの進言もあってか区画整理を大手デベロッパーに任せるという方式が提示された。

デベロッパーとは都市開発・住宅開発を総合的に行う開発業者のことである。それで田を埋め立てて大小道路・公園・上下水道・ガス・学校・駅前広場等の区画整理をし、たくさんのマンションを建ててもらおうというわけである。

三菱地所・清水建設・丸紅飯田・住友商事・大成建設・三井不動産の六社にプランを出してもらうコンペにより清水建設と三菱地所に決まり、共同施工方式によった。後東武鉄道の参加により三社で事業は進められ、前記の都市基盤の整備の他、街路灯・街路樹から支所用地・保育所用地の提供、新松戸三丁目～七丁目までの町会集会所の建設と、さらに還元金も得て昭和五十一年十月三十一日事業は完了した。

新松戸郷土資料館の開設

さらに大倉邦夫さんは緑豊かだった新松戸地区の原風景と、農作業の道具やその他の資料を記念に残したいとかねがね念願していた。資料館の建設にはデベロッパーの協力もあり、市役所新松戸支所の三階に開設することが出来た。

館長には大谷口新田旧家出身の大井弘好さんがなり、資料収集・保存展示・講座開設・館報「水車」発行等一手に引き受けている。理事長の大倉さんは、美田が住宅地に変貌した新松戸の特異な成り立ちの歴史を後世に伝えるため、資料の収集・保存・展示・普及に努める方向にもっていきたいと意欲を語っている。（四八八頁）

なお『大倉邦夫自伝』は千部自費出版してしかるべき所に献本しているので、市や県の図書館で読むことが出来よう。

都市改造と失ったもの

松戸駅西口都市改造

松戸駅を中心とした旧松戸市街の致命的な欠陥は土地の狭さにあった。十字路一つ水戸街道の裏道街道一つない宿場町は狭い曲がった道路で、車社会の時代には重要な交通機関であるバスは一本道のため身動き一つ出来ないほどの渋滞の中であえぎ、通勤の足の役割からは程遠いものであった。その上駅通りには浸水災害もあった。元駅通りに住んでいた既出の元松戸史談会会長だった秋本勝造さん（大正十二年生）はこう語っ

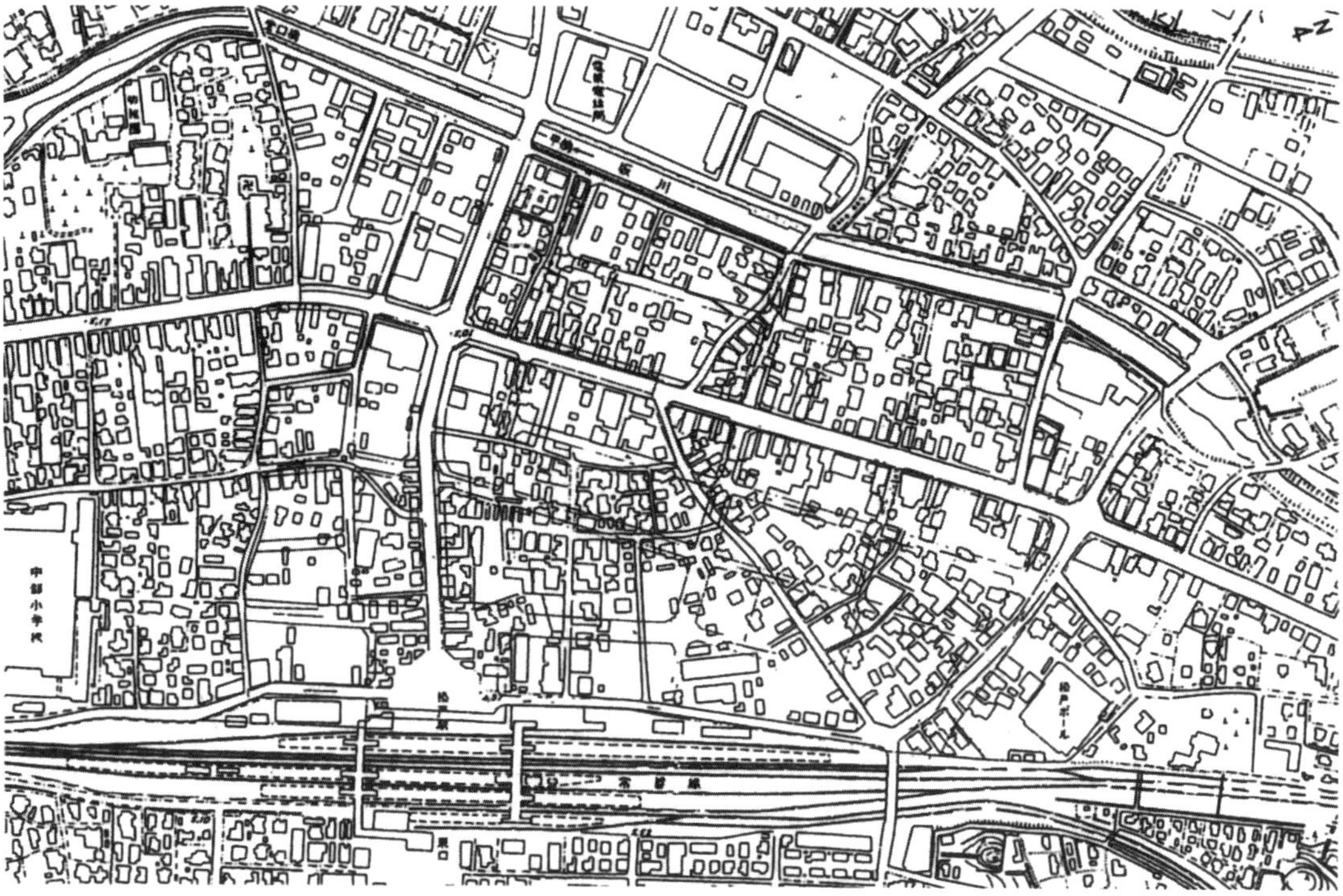

西口土地区画整理設計図（昭和46年）

ている。

「駅通りは雨が降ると水浸しになった、小泉歯医者の脇を流れるどぶ川のために。あのどぶ川は坂川と逆の方向に流れている。二丁目から平野医院の裏を通って駅通りの下をくぐって、小泉さんの脇から常盤館の裏を抜けて伊賀谷せんべい屋の所で、岩瀬を流れてくるどぶ川と一緒になって坂川へ流れる。だから松ノ木橋のたもとの三田さんの所に水門があって（いつもここを通った私には記憶はないが）そこで大水の時は止める、逆流してくるから。それでなくても水は来る。うちの綿工場がすぐ水浸しになった。一丁目の都市改造の主眼はこの浸水の防止にあった」という。

それで『未来への遺産』には西口の都市改造（松戸駅西口土地区画整理事業）については、道路・広場・密集地の災害防止・生活環境の改善と共に特に「道路拡張および排水施設の整備に重点をおいて」（一二六頁）との文言を付け加えている。

松戸駅西口の都市改造は松戸駅西口土地区画整理事業として、松戸一丁目地区が昭和三十八～四十六年、そしてその北側に位置する根本地域（一部）が松戸駅西口第二地区土地区画整理事業として同四十六～五十三年までかかって行われた。古くからの市街地だったので複雑に利害関係がからんでいるため、とても困難な事業であった。

こうして松戸駅通りは江戸川堤防まで突き抜けて計三本の十字路が生まれ、岩瀬の開かずの踏み切りも立体交差となって常磐線の東西が結ばれた。かなり道路も整備されて見違えるような街路網になったが、二〇〇四年現在、駅通りはまたも朝の通勤時のバスのノロノロ運転が常態化している。

失われたもの

松戸のような東京近郊の住宅都市の再開発においては、やむをえない

小金町道路元標

とはいえ必ず古いものは失われる。京都・奈良や鎌倉といわず、小江戸佐原・川越程度の歴史的環境さえ残せない。せめて歴史的な遺構・遺物・遺跡ぐらいは残しておきたいものである。

　この狭い宿場町・河岸場町の範囲でさえ都市改造・区画整理あるいは江戸川堤防工事のため、失われたものがある。先ず江戸川堤防工事によって河岸場の面影を残す納屋川岸の街の半分は消え、下横町の河岸場もなくなった。そして樋古根平土地区画整理（三十六～三十九年）の埋め立てによって、江戸期の江戸川改修以前の根本川岸跡を示す微少な土地高低差のライン――それは水田と住宅屋敷地の差として区画整理以前ははっきりと残っていたのだが――が見分けられなくなったし、樋野口土地区画整理（四十～四十四年）を含め樋野口の江戸期における江戸川堤防のはっきりした遺構が消えてしまったのである。その堤防の高さを知る手がかりは、樋野口の旧家の屋敷地がそのままの高さで残っていることだけである。

　また松戸宿と駿河田中藩領根本村との境界をなす平潟から岩瀬までの道路は、西口都市改造によって寸断されてしまった。幸い途切れ途切れながら曲がった道路が残されている。しかしこの道路には標識も説明板もないので、今の人には何の意味もない唯の道路でしかない。

　それから既出の畏友鈴木博さんから、松屋の角にあった松戸町道路元標を知らないかとの問い合わせがあり、「旧道路法施行令（大正八年）」と「道路元標ニ関スル件（大正一一年）」のコピーが届いたので関係住民何人かに聞いたところ、どこへ行ったか行方不明とのことであった（註）。

　ちなみに小金町の道路元標はみずほ銀行新松戸支店北小金出張所地先にきちんと残されている。というのもここは北小金南口再開発事業の範囲外だったせいかもしれない。

（註）道路元標の位置　松戸町は松戸字一丁目一九四二番の二地先で小金町は小金字西四三一番地先である。

［２－７－Ｆ］
千葉県史料研究財団編『千葉県の歴史　別編　地誌１　総論』
（千葉県、一九九六年、四三七～四五八頁）

第１節　人口

１　千葉県人口の地位

（１）人口の全国的地位が高まりつつある千葉県

千葉県の人口は、１９９０（平成2）年10月1日現在の国勢調査（以下「現在」）によると５５５万５４２９人である（写真５－１－１）。これは全都道府県中の第７位に相当し、全国人口１億２３６１万１１６７人の４・５％を占める。また関東地方では全人口３８５４万３５１７人の15・９％を占め、東京都、神奈川県、埼玉県について第４位となっている。人口密度は１０７８人／㎢であり全国第６位、関東地方では人口同様に東京都、神奈川県、埼玉県についで第４位であるが、関東地方全体の１１８９人／㎢には及ばない。

１９６０（昭和35）年から１９９０年にかけての全国の人口の増減を図５－１－１により都道府県別にみると、南関東から近畿にかけての東海道メガロポリスにかかわる都府県で大きく増加し、東北、中国、四国、九州の各県の人口がおおむね停滞しているのとは対照をなしている。とくに神奈川、埼玉、千葉の首都圏３県で増加傾向が著しい。このため、１９６０年代以降の千葉県人口の伸び率は図５－１－２のごとく全国人口の伸び率をはるかに上回り、全国における千葉県人口の地位は急速に上昇した。千葉県人口の１９８５年から１９９０年の５年間増加率（以下「増加率」）も７・９％に達し、埼玉県の９・２％についで全国第２位となっている。１９９５年10月の国勢調査によると千葉県の人口は５７９万７７８７人、全都道府県中第６位となり、今後、千葉県人口は全国的地位をさらに高める可能性を秘めている。

（２）首都圏人口の一角を担う千葉県人口

戦前の関東地方の２つの人口型

日本で第１回の国勢調査が行われたのは１９２０（大正９）年のことである。当時の関東各府県の人口規模は東京府が約３７０万人で突出し、茨城県、千葉県、神奈川県、埼玉県がそれぞれ１３２～１３５万人、群馬県、栃木県がそれぞれ約１０５万人であった。しかし、その後１９４０（昭和15）年までの人口の推移をみると、京浜工業地帯を抱え15～20％前後の急速な人口増加率を維持した東京府、神奈川県と、大規模な工業地域が発達せず農村地帯の色彩を色濃く残し、10％以下の緩やかな人口増加率が続いた千葉県など５県

写真５－１－１　県の人口が500万人を達成（1983）
千葉県の人口は1983年９月12日に500万人に達した。当日出生届けを出した赤ちゃんは287名で、500万人目の県民として祝福を受けた。

の2グループに分けることができる。千葉県は人口流出県であり、多くの新規学卒者が就職口を求めて、東京府、神奈川県へ移っていった。この関東地方の2グループは、第2次世界大戦中もそれぞれ疎開者の送り出し側と受け入れ側として、また終戦後も疎開者の還流先と還流元としての役割を担ってきた。そして、それぞれグループごとに、ほぼ同一の人口増減傾向を示したまま高度経済成長期を迎えることになる。

関東各都県の人口構造と高度経済成長期

関東地方の都県で高度経済成長期の兆しが見え始めた1955（昭和30）～60年に、人口増加率が20%を超えていたのは東京都だけであった。東京都は第2次世界大戦後の疎開者の還流があった1945～50年に80%の増加率を記録し、その後は増加率を減じながらも途切れることなく高率の人口増加を続けていた。しかし、過密現象の結果としての居住環境の悪化が目立ちはじめた1965～70年に、はじめて社会減を記録して以来、人口は停滞するようになった。

神奈川県は県外へ出ていた疎開者の還流の後、1950～55年にかけて人口増加率がいったん極小値を記録するが、それでもなお17・4%の高率を保っていた。その後、高度経済成長期に人口増加率は再び上昇し、1960～65年にかけて28・7%を記録した。その後は緩やかに増加率を減じて現在に至っており、首都圏では人口集中傾向が東京都について早く現れた県として位置づけられている。

埼玉県は戦前、戦中を通じて千葉県とほぼ同様の傾向が人口についてみられてきた県である。1960年まで5～7%台の緩やかな人口増加率であったが、1960～75年には20%以上の人口増加率を記録し、とくに1965～70年には28・2%に達した。

千葉県は1965～70年にはじめて人口増加率が20%を超し、24・6%となった。また、1970～75年も20%を超しているが、いずれも埼玉県には及ばない。

茨城県、群馬県、栃木県はいずれも1970～75年に人口増加率の

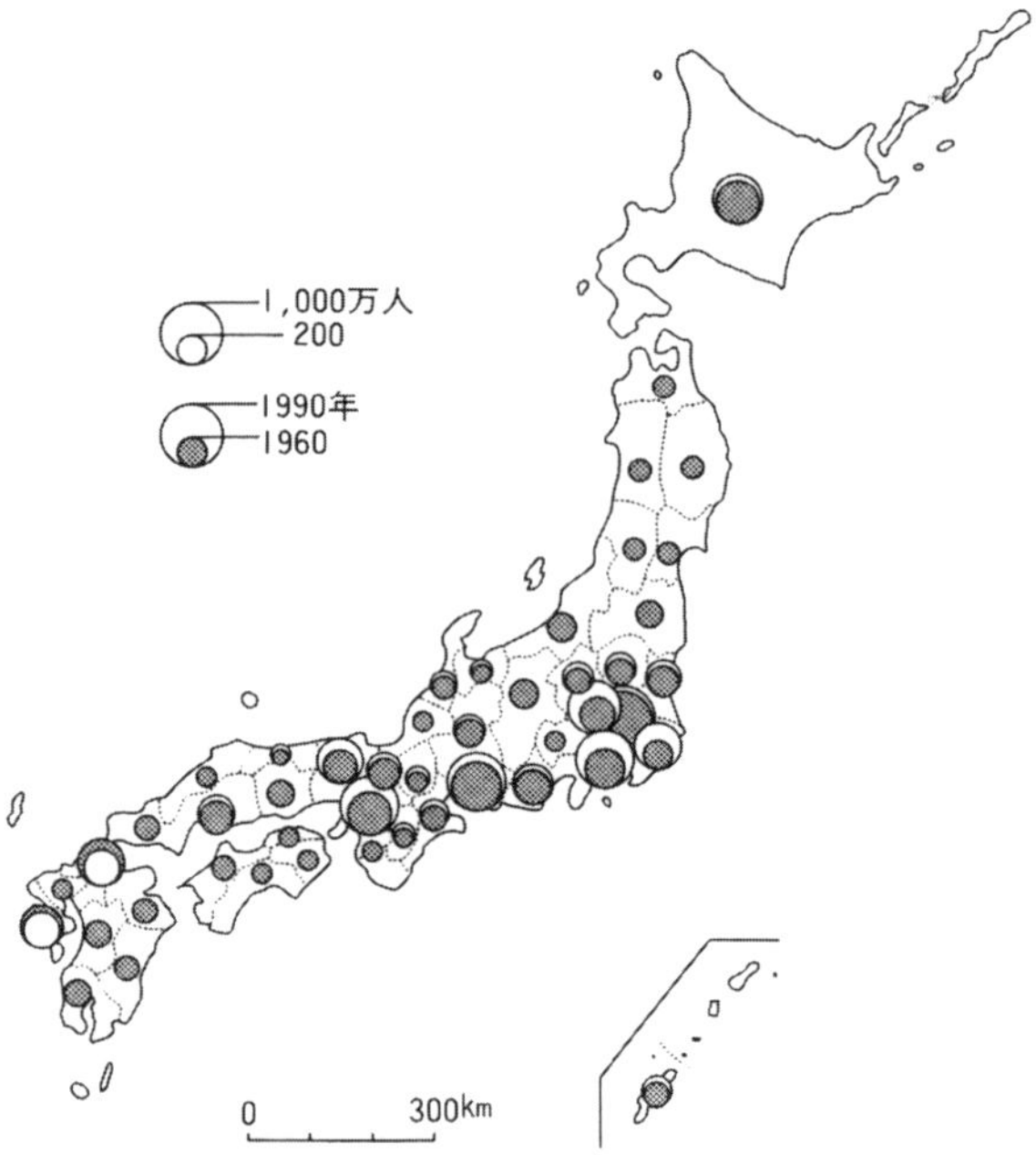

図5－1－1　都道府県別人口の変化（1960・1990）
（総務庁『国勢調査報告』より作成）

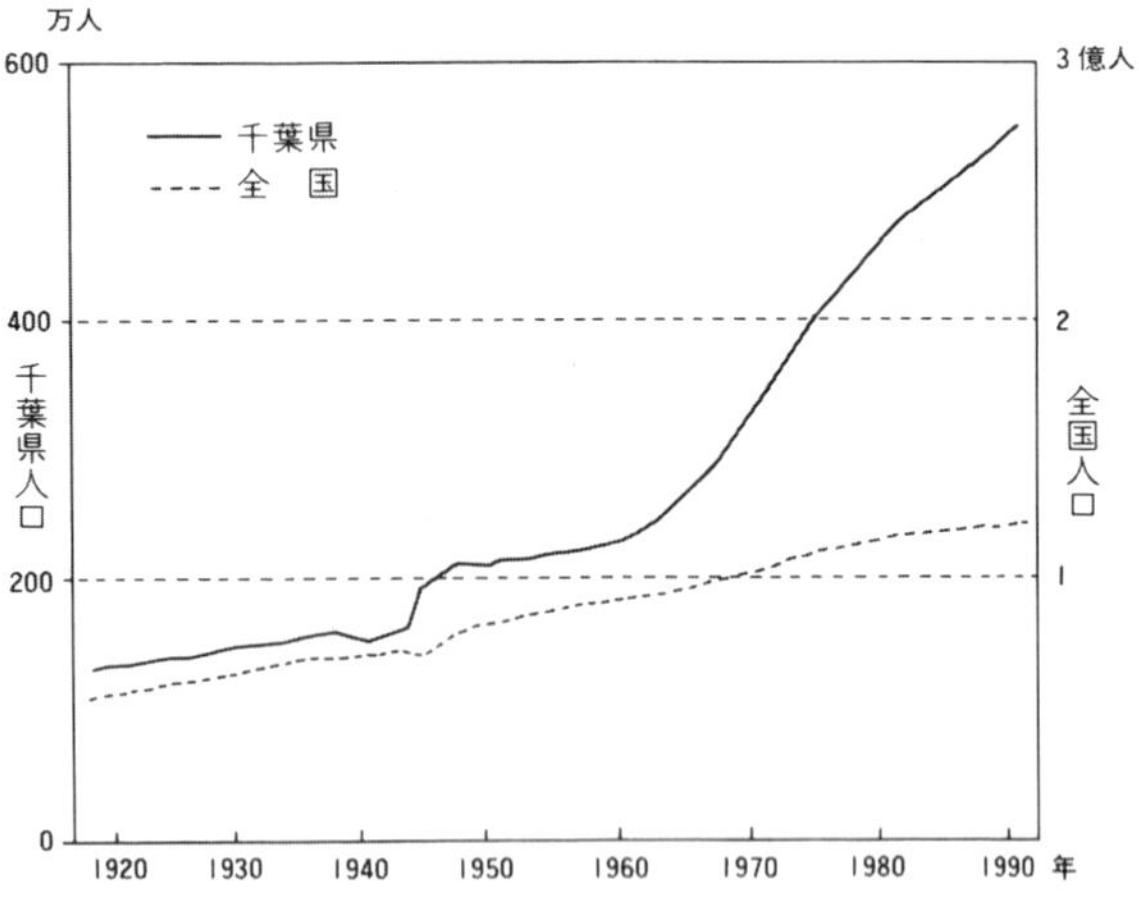

図5－1－2　千葉県人口と全国人口の推移（1920～90）
（総務庁「人口推計資料」『国勢調査報告』、千葉県企画部「千葉県毎月常住人口調査報告書」より作成）

ピークを迎えているが、いずれも10％未満の数値にとどまっている（図5－1－3）。

このように戦後の関東地方の人口の動向は、早い時期に人口過密状態となった東京都、東京への人口集中の影響を受けながら人口が順次急増した神奈川県、埼玉県、千葉県、極端な人口増加はみられなかった茨城県、群馬県、栃木県の3グループに分類することができ、千葉県は第2のグループのうちでは首都圏への人口集中に関するさまざまな変化がもっとも遅れて出現した県として位置づけられる。

市部人口率が高い千葉県

千葉県の現在の市部人口は県全体の85・0％、郡部人口は15・0％を占めている。全国平均の市部人口率は77％、郡部人口率は23％であり、千葉県では市部人口率が高くなっている。市部人口率は関東地方の中では東京都、神奈川県、埼玉県についで第4位である。

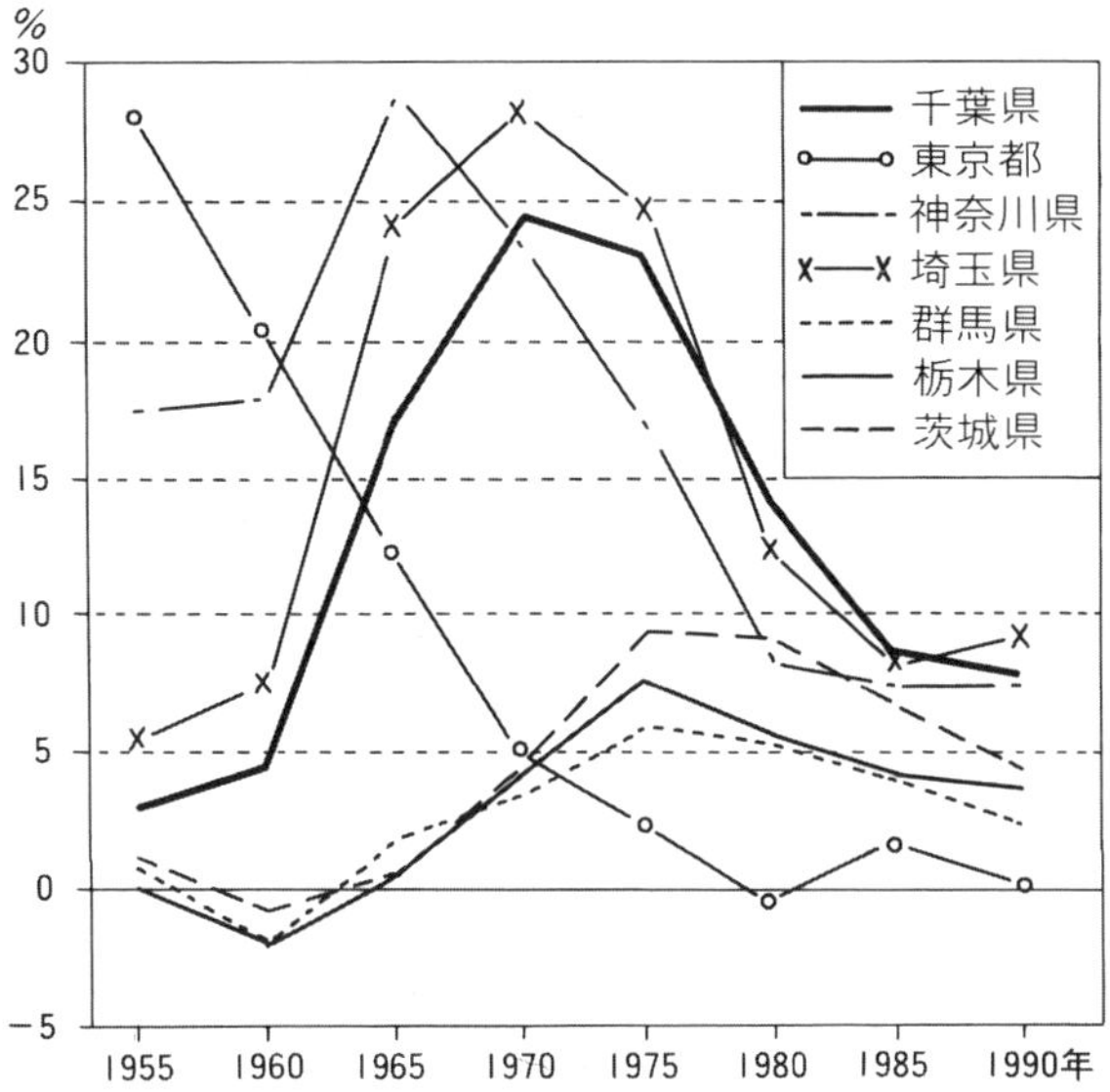

図5－1－3　関東地方都県別人口増加率の変化（1955～90）
（総務庁『国勢調査報告』より作成）

男子人口率が高い千葉県

千葉県人口の性比は101・8であり、千葉県には女子100人に対して男子101・8人が在住していることになる。これは全国平均の96・5を5・3ポイント上回っており、神奈川県、埼玉県についで男子の比率が高い。一般に性比は、経済活動の活発な地域へ域外から男子労働力が転入することによって上昇することから、千葉県の活発な経済状態を知ることができる。

老年人口率が低い千葉県

千葉県の人口を年齢階級別にみると、0～14歳の年少人口は県人口の18・6％で全国平均を0・4％上回り、15～64歳の生産年齢人口は71・9％で全国平均を2・4％上回っている。これに対し65歳以上の老年人口は9・2％で全国平均を2・8％下回っている。生産年齢人口率は、東京都、神奈川県、埼玉県、大阪府についで全国で5番目に高く、老年人口率は埼玉県、神奈川県についで全国で3番目に低い。このため千葉県人口の高齢化の程度は低く、年少人口100人に対する老年人口を示す老齢化指数は、全国平均66・2に対して49・3で沖縄県、埼玉県についで全国で3番目に低い。

突出する第3次産業人口率

千葉県の15歳以上就業者（以下「就業者」）人口277万633人のうち、第1次産業従事者は5・7％で、全国平均の7・1％を下回っている。関東では東京都、神奈川県、埼玉県についで低い。第2次産業従事者は29・5％で、これも全国平均の33・3％を下回っている。関東では東京都についで低い。第3次産業従事者は64・0％で、全国平均の59・0％を上回っている。関東では東京都についで高い。

2　人口の変遷

(1)　農村的人口構造が維持された高度経済成長期前

1920（大正9）年当時、千葉県内には市がなく、県人口134万人のすべてが郡部人口であった。人口密度は263・1人／㎢で現在の約4分の1、全国人口に占める千葉県人口の割合も2・4％で現在の約半分にすぎなかった。

当時の日本は産業革命と植民地拡大を並行して進めつつも、いまだ農業国的色彩を強く残しており、また首都東京の規模も現在よりはるかに小さかった。千葉県も農業県で県内の雇用が不十分だったために、新規学卒者は職を求めて県外へ転出した。しかし、東京に隣接する東葛飾郡には鉄道路線網の拡大にともなって人口の増加傾向がいち早く現れる。また、1923年の関東大震災に際して、東京から多くの被災者が流入・定着したため、1920年～25年までの5年間では、総武・京成線沿線の東葛飾郡市川町で85・2％、中山《なかやま》町で67・1％、八幡《やわた》町で60・2％、葛飾《かつしか》村で37・4％、船橋町で31・2％の増加率を記録し、常磐《じょうばん》線沿線の松戸町でも26・8％の増加をみた。ただし、同じ東葛飾郡内でも、東京との交通の利便性を欠く町村ではこのような変化は一般に現れていない。

これに対して、第2次世界大戦末期の疎開者の流入による人口増加は、県全体の人口増加率に影響を及ぼした最初の変化であった。東京に隣接しながら広大な農村地帯を包含する千葉県は、相対的に空襲の危険が少なく、また食料を入手しやすい地域として東京や神奈川から多くの人々を受け入れた。1940（昭和15）年～45年にかけての千葉県の人口増加は実数で約38万人、率にして23・8％を記録している（図5－1－4）。

1950年の国勢調査では疎開者の東京への還流によって社会減が出たものの、第1次ベビーブームの影響下で、1948～50年まで3年連続して年率19～20‰（‰とは1／1000を単位として数えた値。パーミル）程度の自然増が続いたため、トータルでは漸増となった。このため、終戦前に急増した千葉県人口はそのまま維持され、214万人と統計史上初めて200万人の大台に乗った。

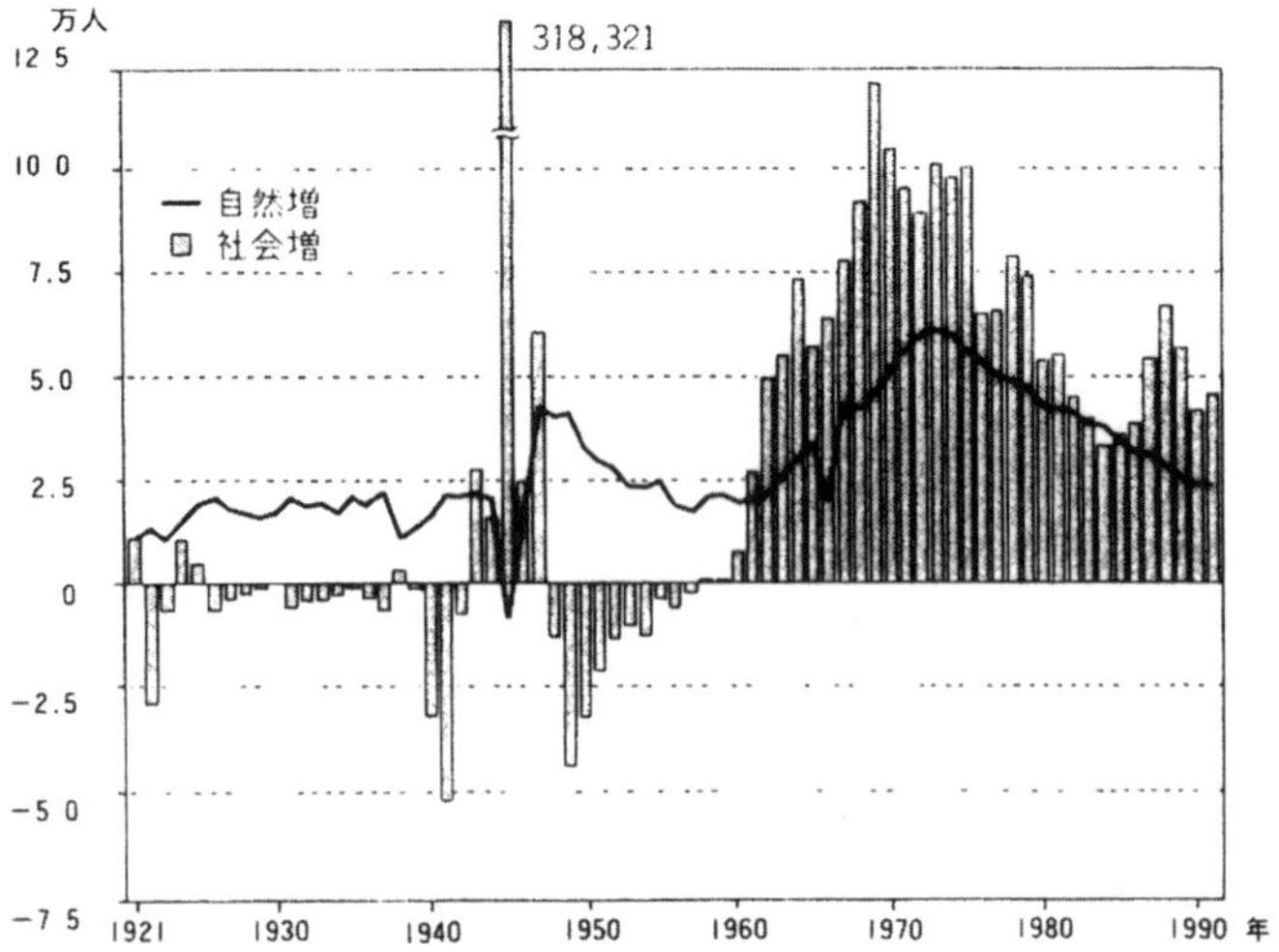

図5－1－4　千葉県の年次別人口増減（1921～90）
（総務庁「人口推計資料」『国勢調査報告』、千葉県企画部「千葉県毎月常住人口調査報告書」より作成）

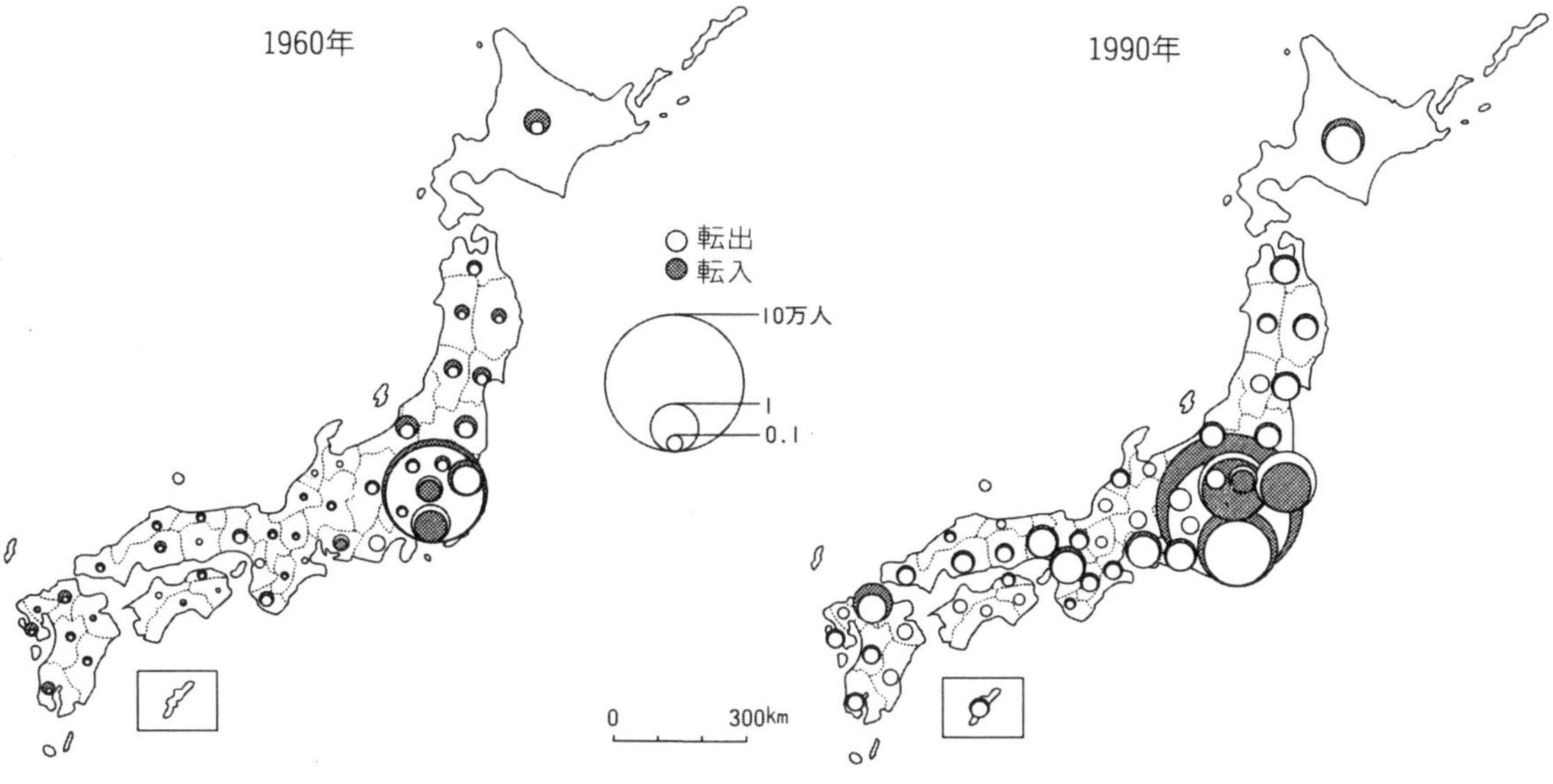

図５－１－５　千葉県と他の都道府県との人口移動（1960・1990）
注）沖縄県は1960年の資料なし。
（総理府『住民基本台帳人口移動報告季報および同年報』より作成）

（2）人口構造が大転換した高度経済成長期とその後

経済状況の変遷と社会的増減

１９６０年代に入り高度経済成長期が到来すると、状況は一変する。京葉工業地域の建設により雇用が拡大し、また東京通勤圏の拡大によって県内に衛星都市が増加した。千葉県の人口の社会増加率は、１９５５（昭和30）〜６０年が０・０１％であったのに対し、１９６０〜６５年は11・5％に急増し、１９６５〜７５年は20％以上の高い人口増加率を維持した。この時期の人口の社会増の中心は東京近郊と京葉工業地域周辺であった。そして、東京通勤圏には住宅を求めての家族および新規学卒の単身者が転入した。また、京葉工業地域周辺には企業進出にともなう転勤者と新規学卒者がおもに転入した。しかし、これらの地域の外側に位置する県東部から南部にかけては、中等教育修了の新規学卒者を中心に人口流出が続いていた。

その後、安定成長期に入って激しい社会増は落着きをみせ、１９７５年〜８０年には首都圏全域で人口増加が下火になる。この間、千葉県の人口増加率は埼玉県を抜いて第1位となるがその率は15％を切っている。現在まで一貫して他県からの転入超過状況は継続しているが、県内における高い社会増加率の中心は高度経済成長期より徐々に東側へ移動した。それらの地区の主たる転入者は住宅購入のための家族単位の転入者である。県東部および南部では若年層の転出超過が続いているが、国民全体の高学歴化とともに転出超過年代層の中心は、高等教育修了の新規学卒者に移った。

この人口移動を相手都道府県別にみると、図5－1－5のようにほとんどの都道府県から千葉県へ転入超過となっている。しかし、１９６０年当時は現在と比較すると相対的に人口移動が少なく、その中では東京都の占める割合がきわめて大きかった。また、東日本各道県との人口移動が大きく、これらの道県に対してはいずれも大幅な転入超過となっていた。

　１９９０（平成２）年になると、全体的に人口移動の規模が拡大し、西日本でも太平洋ベルトに位置する府県との人口移動がとくに増加する。しかし、この時期の転入超過数の１／２は東京都からのものであり、都内の借家から県内の持家へ、都内の集合住宅から県内の一戸建てへなど、より良い居住環境を求めての転入が多くなっている。さらに、千葉県から転出超過となっているのが茨城県、埼玉県、栃木県の関東３県のみであることを考えると、ＪＲ常磐《じょうばん》・武蔵野《むさしの》沿線を中心に、東京都から千葉県への転入者と同じ目的で郊外へ県境を越えて転出してゆく人々の存在がみえてくる。

都市型人口構成と高齢化社会の到来

　現在の千葉県の年齢別人口は、図５－１－６に示したとおりである。これによると、戦後の２度にわたるベビーブームと重なる１９４７（昭和22）～４９年生まれ（１９９０年時点で43～41歳）と１９７１～７４年生まれ（19～16歳）の２つの年代層に極大値が現れ、その中間の１９５７年生まれ（33歳）に極小値が現れる度数分布となり、男女ともにほぼ日本全体の度数分布と共通している。また、この度数分布の内に、１９０６（明治39）年（84歳）の「ひのえうま」迷信、１９１８（大正７）～１９年（72～71歳）のスペイン風邪大流行、１９３８～３９年（52～51歳）の日中戦争開戦、１９４５～４６年（45～44歳）の第２次世界大戦終戦前後の混乱、１９６６年（24歳）の「ひのえうま」迷信による極端な出生減・乳児死亡率の上昇の影響が現れていること、また１９１２～２５年生まれ（78～65歳）を中心とした年齢層が青・壮年であった時代に第２次世界大戦があり、とくに男子人口が戦死その他の理由で女子と比べて極端に少ないことなども、ほぼ日本全国の度数分布と共通している。

　しかし、千葉県と全国の年齢別度数分布には、微妙な違いもある。１９６０年では千葉県は全国に比較して30歳代までの若い世代の割合が小さく、農村型の年齢構成の名残りを残していたのに対し、１９９０（平成２）年では50歳付近を境に高齢の層の割合が小さく、全国平均よりは相対的に若い構成になっている。

　この間の千葉県の年齢別３区分ごとの変化をみると、生産年齢人口率は１９５０年に58・９％であったが、その後、高度経済成長期の転入超過もあって１９７０年には68・６％にまで増加した。第２次ベビーブームが到来すると年少人口率の増加のあおりで生産年齢人口率はいったん下がるが、ベビーブームの終了とともに回復し、現在では71・９％に達している。

　一方、年少人口は１９４５年には36・８％を占めていたが、高度経済成長期の生産年齢人口の転入超過の影響と出生率そのものの低下によってその比率を下げ続け、１９７０年には25・１％まで減った。その後、１９７５年には第２次ベビーブームの影響で26・５％まで回復したが、１９８０年以降は出生数そのものが実数減を記録し、現在では18・６％にまで減少している。

　これに対して老年人口率は、１９５５～７５年は６・２～６・４％の水準を維持してきた。平均余命の伸びと出生減による社会の高齢化の波は千葉県にも到来し、現在では９・２％に上昇したが、全国の比率よりは低くなっている（図５－１－６）。

大きく変化した産業別人口構成

　産業別人口では、高度経済成長期を境に大きな変化がみられた。１９２０（大正９）年の就業者数は71万４９５２人、うち第１次産業人口は69・６％を占め、第２次産業人口は９・８％、第３次産業人口は19・１

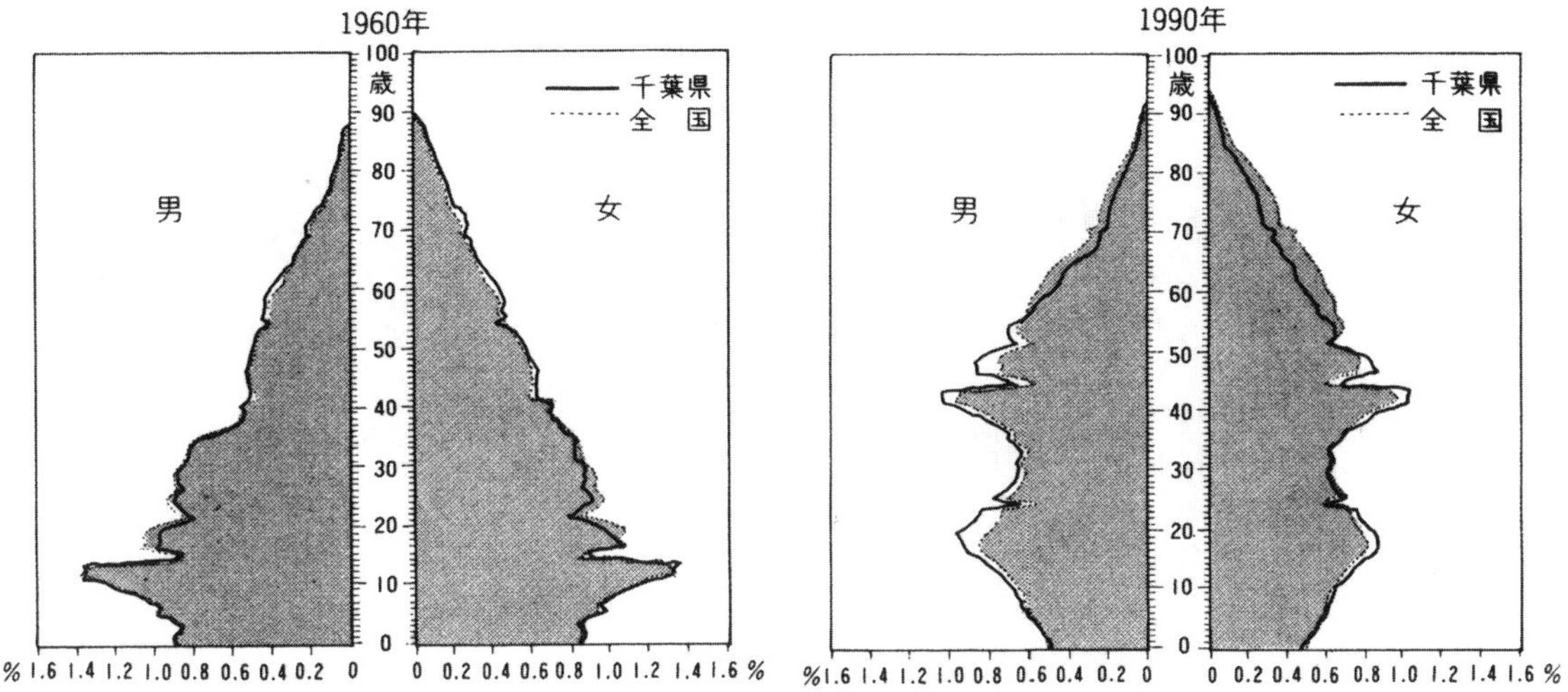

図５－１－６　千葉県と全国の年齢別男女別人口構成（1960・1990）
（総務庁『国勢調査報告』より作成）

%であった。この比率は日本経済の工業化にともなって緩やかに変化をし、１９５５（昭和30）年では、就業者数１００万２１７０人、うち第１次産業人口が56・０％、第２次産業人口が13・６％、第３次産業人口30・４％となっていた。当時は１９５３年に川崎製鉄株式会社（川鉄）が千葉市地先の海面埋立地に進出した直後であり、現在の京葉工業地域はほとんどが遠浅の砂浜海岸として残されていた。そして、沿岸の半農半漁村も内陸の農村も多くの第１次産業人口を擁していたのである。

しかし、１９６０年代に入り、市原市地先を中心とした京葉工業地域の建設・操業により急速な変化が始まる。

第１次産業人口についてみると、１９６０年に46・９％と50％の大台を割り、１９６５年には第３次産業に抜かれ３分類中第２位に、１９７０年には第２次産業にも抜かれ最下位になる。そして、１９８５年には10％を割り込んだ。

第２次産業人口は、１９７０年に第１次産業を抜いて３分類中第２位となり、高度経済成長が一段落した１９７５年には15歳以上就業者数の31・９％、60万人に達した。しかしその後は就業者数は伸びているものの、全体に占める比率は伸び悩んでいる。

第３次産業人口は１９６５年に第１次産業人口を抜いて３分類中第１位の座を占め、１９７５年には就業者数の過半数に達した。

転換する性比

性比は１９２０（大正９）年代には96から99の水準を維持していた。しかし、１９３１（昭和６）年から足かけ15年にわたる戦争の進行とともに男子人口の流出が進み、１９４５年の性比は85・８にまで落ち込む。終戦後、青・壮年男子の復員等の影響により１９５０年代はほぼ95前後の状態が続くが、高度経済成長期になると20歳代を中心とした男子人口の社会増が顕著となる。この結果、京葉工業地域がほぼ完成した１９７

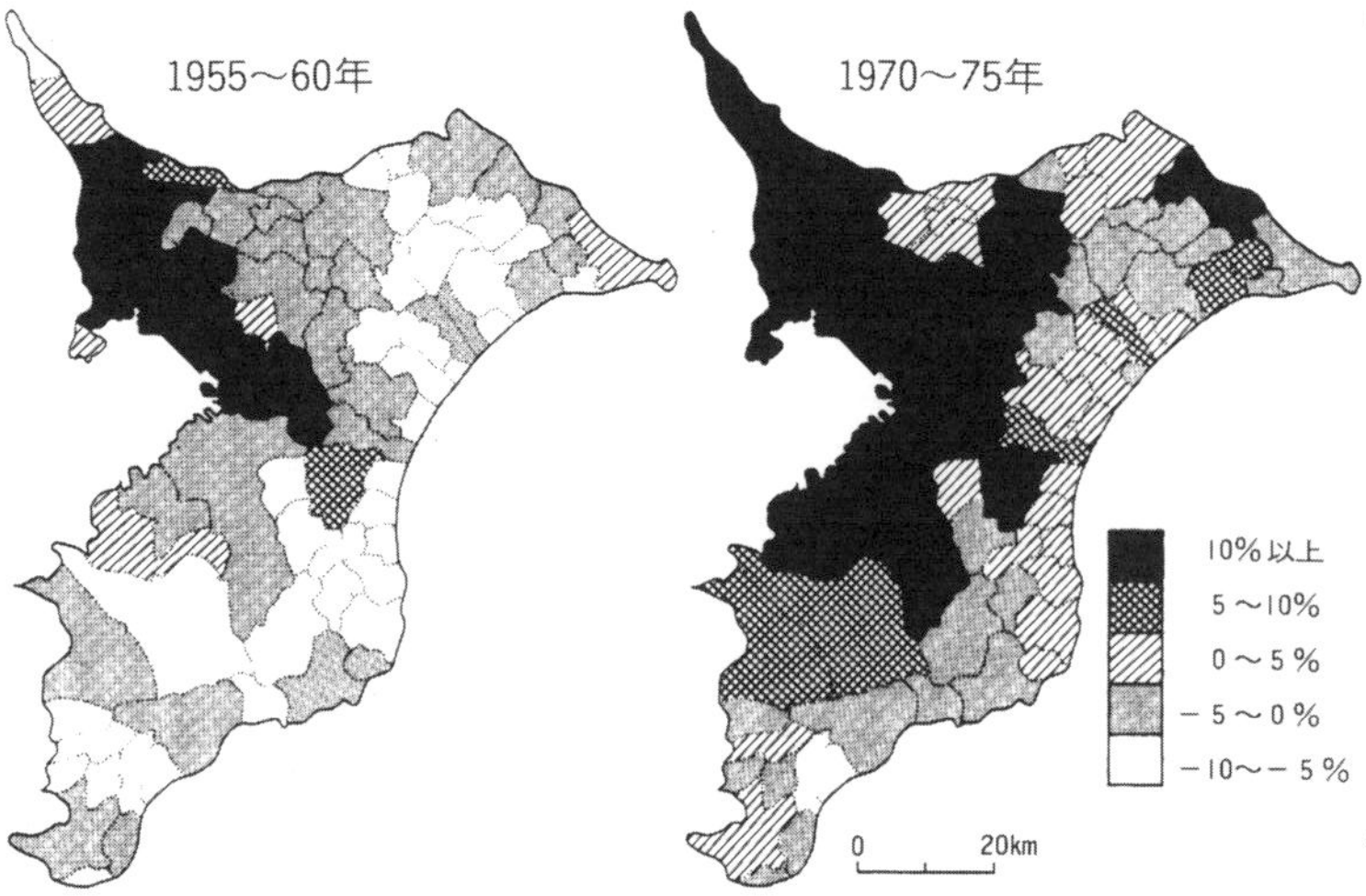

図5－1－7　市町村別人口増加率（1955～90）
（総務庁『国勢調査報告』より作成）

0年には性比が101・4となった。これを年齢別にみると15～34歳と、45～69歳の2つの年齢層で全国の性比を大きく上回っている。その要因は、高度経済成長期の工業化をきっかけに他県より転入し、県内に定着した当時の青・壮年男子と、現在県内および東京都内の事務所に在職するために他県より転入している青・壮年男子が、ともに同年代の女子の転入超過数をトータルで上回ったことである。

以下、次項ではここまで概観した千葉県全体の人口について、戦後の千葉県人口の大きな転換点となった1960年から現在までを地域別に比較してみることにする。

3　人口の地域的展開

(1)　地域により異なる人口増減

人口の地域的特色を性格づけた社会増加率

1955～60年の市町村別人口増加率を図5－1－7によりみると、千葉市以西の総武線沿線と常磐線沿線を中心とした東京近郊地域で比較的高い数値となっている。しかし、千葉市以東・以南ではわずかに旧郡域の中心都市である茂原、木更津、銚子の3市のみが人口増加を記録しているに過ぎず、県内の多くの市町村は人口減少となっていた。当時は現在の京葉工業地域のうち、1953（昭和28）年に千葉市に進出した川鉄のみが操業する中で県内企業の雇用力が弱く、東京の雇用のみが千葉県内の人口増加に大きくかかわっていたわけである。

高度経済成長期の終わりにあたる1970～75年は、千葉県の人口増が社会増、自然増ともに戦後最高を記録する。京葉工業地域の建設がほぼ完成し、新東京国際空港（成田空港）の建設工事が進む中で人口増加率の高い地域が拡大した。総武線が東京駅へ直接乗り入れ、君津市、夷隅郡大原町、成田市が快速電車で東京に直結したことも少なからず影響している（写真5－1－2）。また、全国総合開発計画の中で茨城県鹿島地区が工業整備特別地域に指定されたことにより、これに隣接する香取郡小見川町と東庄町も人口が急増している。しかし、東総地区や南房総では引き続き人口が減少した市町村も少なくない。

　1985～90（平成2）年になると、東京通勤圏の宅地開発前線が高度経済成長期より外側に移動し、また一方で、重厚長大型の工業地域の発展は頭打ちになる。このため千葉県では人口の社会増加率の高い地域はおおむね東に移動した。

　印旛地区は、東端に第3次産業の一大集積地である成田空港を抱え、地区内を首都圏の宅地開発前線が東進する中で、社会増加率が県内最高となった。地区内には千葉ニュータウンのほとんどが含まれ、新規に住宅を取得するための転入者が多い。この結果、30～44歳の年齢層とこれらの世代の子供を中心に、全年齢層で転入超過がみられる。

　これについで社会増加率が高かったのは、印旛地区と千葉・市原地区の東に位置し、九十九里地方の中心を占める山武地区である。印旛地区同様に、30～44歳の年齢層とこれらの世代の子供を中心に社会増がみられるが、新規学卒者を含む20～24歳の年齢層は転出超過となっている。

　長生地区は山武地区の南に位置し、東京からの時間距離がやや遠いが、茂原市などでしだいに大規模宅地開発が始まった。25～44歳までの年齢層と、これらの世代の子供の14歳以下の年齢層で社会増がみられる。しかし、15～24歳の新規学卒者の年齢層で転出超過が続いている。

　夷隅地区は長生地区のさらに南に位置し、九十九里側では東京都心への通勤用快速列車の運転区間の南端でもある。このため、わずかであるが山武地区、長生地区に似た傾向がみられ、30～39歳とその子供の年齢層は社会増を示している。しかし、夷隅地区内の大規模宅地開発はリゾート的要素も強く、60～64歳の年齢層にも転入超過のピークを認めることができる。一方で、20～24歳を中心に若年層が転出超過となっており、現状では東京通勤圏には組み込まれていない。

　君津地区も同様に大規模宅地開発が進み、25～44歳と14歳以下の年齢層で社会増がみられたが、かつて高度経済成長期に大幅に転入超過となった20～24歳の年齢層で逆に大幅な転出超過が生じている。これは、君津地区の工業地域が主に重厚長大型の工業部門で占められ、新規学卒者の大量雇用が難しくなってきたことの現れである。今後、かずさアカデミアパークなどに集積されると予想される先端技術産業が、人口にどのような影響を及ぼすか注目される。

　高度経済成長期に人口増加率がもっとも高かった東葛飾地区と千葉・市原地区は、社会増加率では印旛、山武両地区に抜かれた。東葛飾、千葉・市原の両地区とも転入超過の中心が20～

写真5－1－2　通勤客で混雑する船橋駅付近（1994）

京成船橋駅とJR船橋駅は200mほど離れているが実質的な乗換駅となっている。京成沿線の人口増にともない、毎朝10万人の通勤通学客が、狭い路地を通り両駅間を移動している。

写真5－1－3　空き地の目立つはにわ台団地（1994）

高度経済成長期末期には、列島改造ブームに乗って東京通勤圏外でもさかんに宅地造成が行われた。1971年に完成した芝山町のはにわ台団地もそのひとつであるが、その後の経済情勢の変化で空き地が多く残っている。

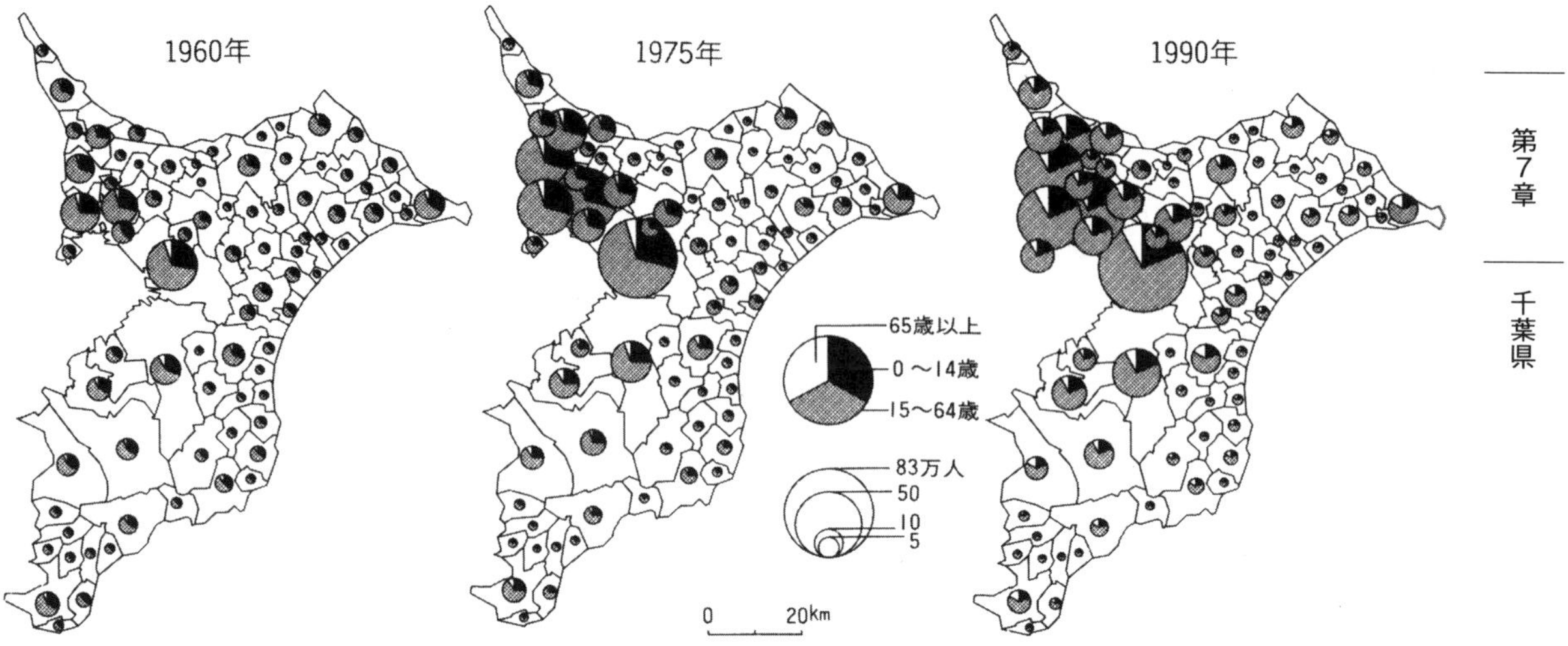

図５－１－８　市町村別人口とその年齢別（３区分）構成（1960・1975・1990）
（総務庁『国勢調査報告』より作成）

24歳の年齢層にあり、かつ、子供の転入超過が少ないことから、新規住宅取得にともなう家族単位の転入よりは、新規学卒の単身者や学生の転入が大きな比重を占めている。しかし、１㎢あたりの人口密度はきわめて高く、もっとも古くから衛星都市的性格を強めていた市川市が７６０２人で県内最高である。これについで松戸市の７４３５人、習志野市の７２１６人、浦安市の６６８６人、船橋市の６２２５人が飛び抜けて高い数値を示しており、県内最大の人口集中地域となっている。

香取地区、海匝地区、安房地区はいずれも高度経済成長期以前と社会的増減の基本性質が変化していない。宅地開発が、１９７０年代の「列島改造ブーム」、１９８０年代の「バブル景気」などに乗じて行われたが、現在でも空き地が目立ち、計画通りの入居は進んでいない（写真５－１－３）。15〜24歳で顕著な転出超過傾向がみられ、25〜29歳で転入超過傾向がみられるものの、全体としては大きな社会増は期待できない。人口密度も低下気味である。

北西へ移動する人口重心

東京通勤圏に人口が集中する傾向は１９２０（大正９）年から現在まで一貫して続いている。千葉県の人口重心は、１９２０年には現在の市原市北部の瀬又《せまた》付近にあり、県のほぼ中央に位置していたが、県北西部の人口増加の影響を受け北西方向へ移動し続けた。とくに、東京近郊への集中傾向が強かった高度経済成長期に、人口重心は大きく移動した。１９９０（平成２）年現在、県内の市町村別人口分布は図５－１－８にみられるように、千葉市を東限とする県北西部に著しく偏っている。県内最大の人口を擁している千葉市には、全県の14・９％にあたる82万９４５５人が居住しているが、これは県内の郡部全体の人口にほぼ匹敵している。また、53万３２７０人の船橋市、45万６２１０人の松戸市、43万６５９６人の市川市、30万５０５８人の柏市など、北西部には他県の

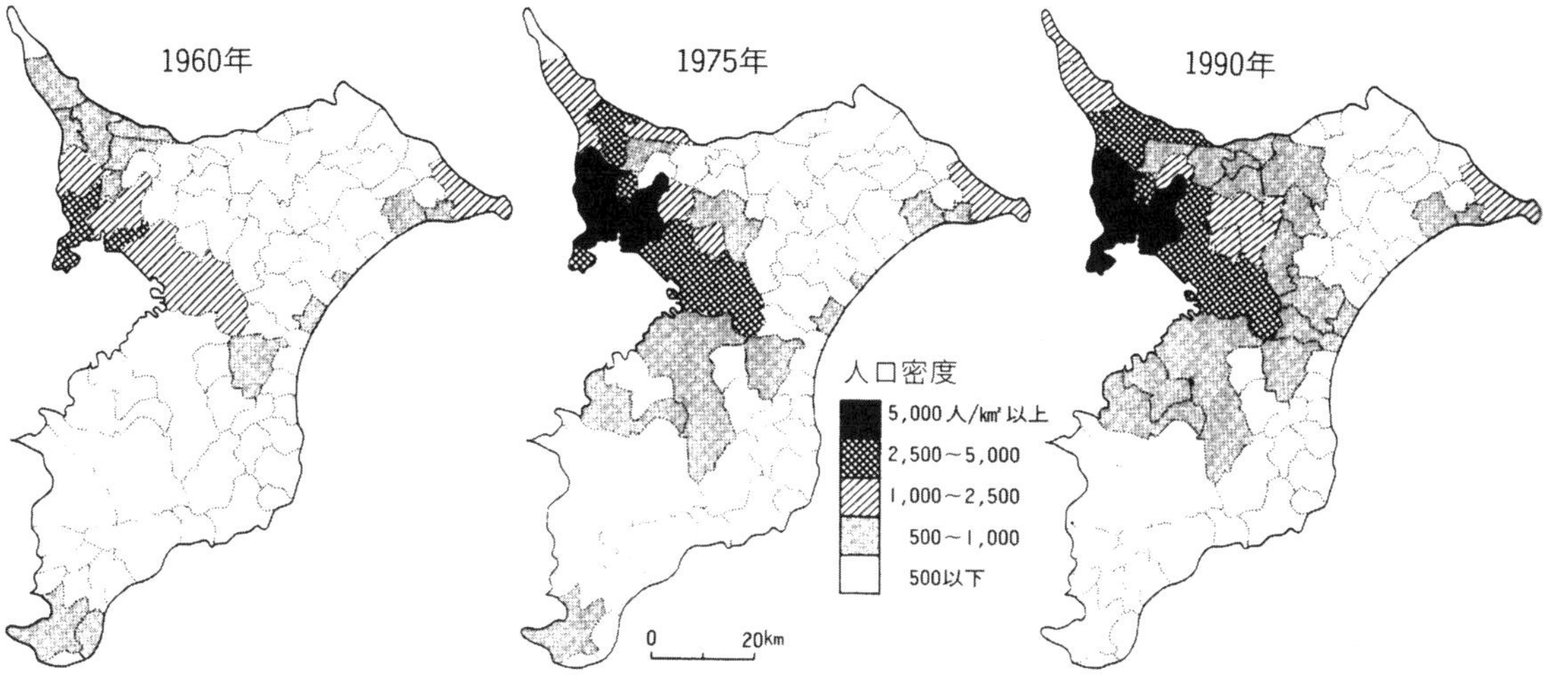

図5－1－9　市町村別人口密度（1960・1975・1990）
（総務庁『国勢調査報告』より作成）

県庁所在地に比肩する人口を擁している都市も多い。近年になって千葉市以東の市町村の人口増加率が高まる中で、人口重心の移動の速度は遅くなったが、その移動方向は依然として北西方向であり、現在では千葉市北西端の花見川《はなみがわ》区にまで達した（図5－1－7、図5－1－8、図5－1－9）。

東京から郊外への移動人口の中継地点

ところで、この県北西部に集中する人口はいったいどこから来るのだろうか。ここでは図5－1－10により総武線沿線の代表として千葉市を、常磐《じょうばん》線沿線の代表として柏市を事例として取り上げ、1990（平成2）年の国勢調査時の住所とその5年前の住所を比較することによって人口移動の実態をみることとする。

千葉市をめぐる人口移動では、市原・八街・四街道・佐倉・八千代・習志野の隣接各市のほか、船橋・市川の両市との人口移動が多く、また県外では、東京都区部・川崎・横浜両市との移動が多い。このうち東京都区部に対しては大幅な転入超過となっており、一方では市原・八街・四街道・佐倉を中心とした千葉市以東の各市に対しては大幅な転出超過となっている。すなわち、千葉市は東京からの転入者を受け入れる一方で、前述のごとく県内の印旛・山武地区を中心に東進し続けている宅地開発前線へ向けて人口を送り出している中継地点となっている。また、千葉市は県内の広い範囲の市町村と一定程度の人口移動があり、ことに銚子市との間にみられるように人口流出地域から東京近郊へ移動する人口の受け皿的役割も担っている。さらに、関東地方のすべての都県庁所在地と一定の人口移動関係がみられる。

一方、柏市についてみると、我孫子・流山・松戸の隣接各市のほか、県外では東京都区部と横浜市との移動が多い。東京都区部と松戸市に対しては大幅な転入超過となっており、茨城県南西部の一部市町村に対し

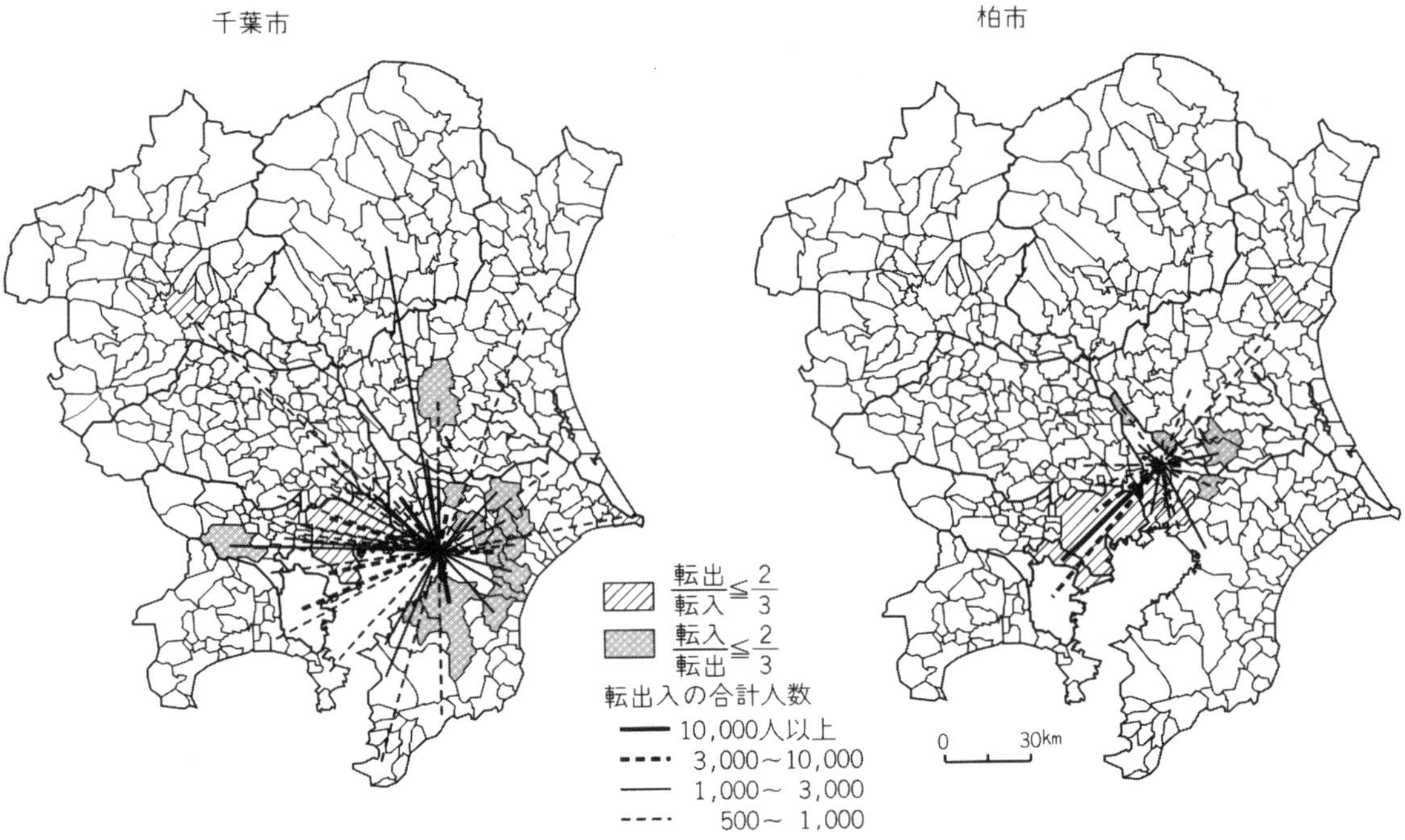

図5－1－10　千葉市・柏市と他市町村間の人口移動状況（1985・1990）
（総務庁『国勢調査報告』より作成）

て転出超過となるなど常磐線に沿った移動軸が存在し、東京方面からの転入者を受け入れる一方で、茨城県南部へ拡大した宅地開発前線へ人口を送り出す中継点となっている。千葉県内の市町村との関係では千葉市以西の限られた地域とは一定の人口移動がみられるものの、多くの市町村とはわずかな人口移動しか存在しないか、または皆無である。その一方で、東京通勤圏の外に位置する茨城県水戸市に対しては明らかな転入超過となっており、常磐沿線の郊外の衛星都市としての性格をかいまみることができよう。

(2) 変化の著しい人口構成

千葉県の人口が急増した高度経済成長期には人口構成にも大きな変化がみられた（図5－1－11）。

北東部と南部で比率の高い第1次産業人口

１９６０（昭和35）年当時、第1次産業は産業3区分のうちの最大の部門であった。東京の影響が早くから出ていた千葉以西の総武沿線各市や松戸市などでは10～20％程度を占めるにすぎなかったが、他の多くの市町村では相当の割合を占めていた。しかし、その後は従事者数が急激に減少し、現在は就業者の5・7％を占めるにすぎない。ただし、郡部では依然として就業者の18・2％が従事する重要産業である。第1次産業従事者のうち93・0％は農業従事者が占めている。市町村別にみると、第1次産業人口の割合が高いのは県東北部の香取郡干潟町の47・1％、栗源町の40・7％、山武郡芝山町の37・6％、香取郡山田町の35・3％、大栄町の34・8％や、県南部の安房郡丸山町の41・9％、三芳村の38・8％、白浜町の34・8％、富浦町の34・4％などである。しかし、農業従事者の実数では、千葉市の５８１２人が最大となっているなど、東京

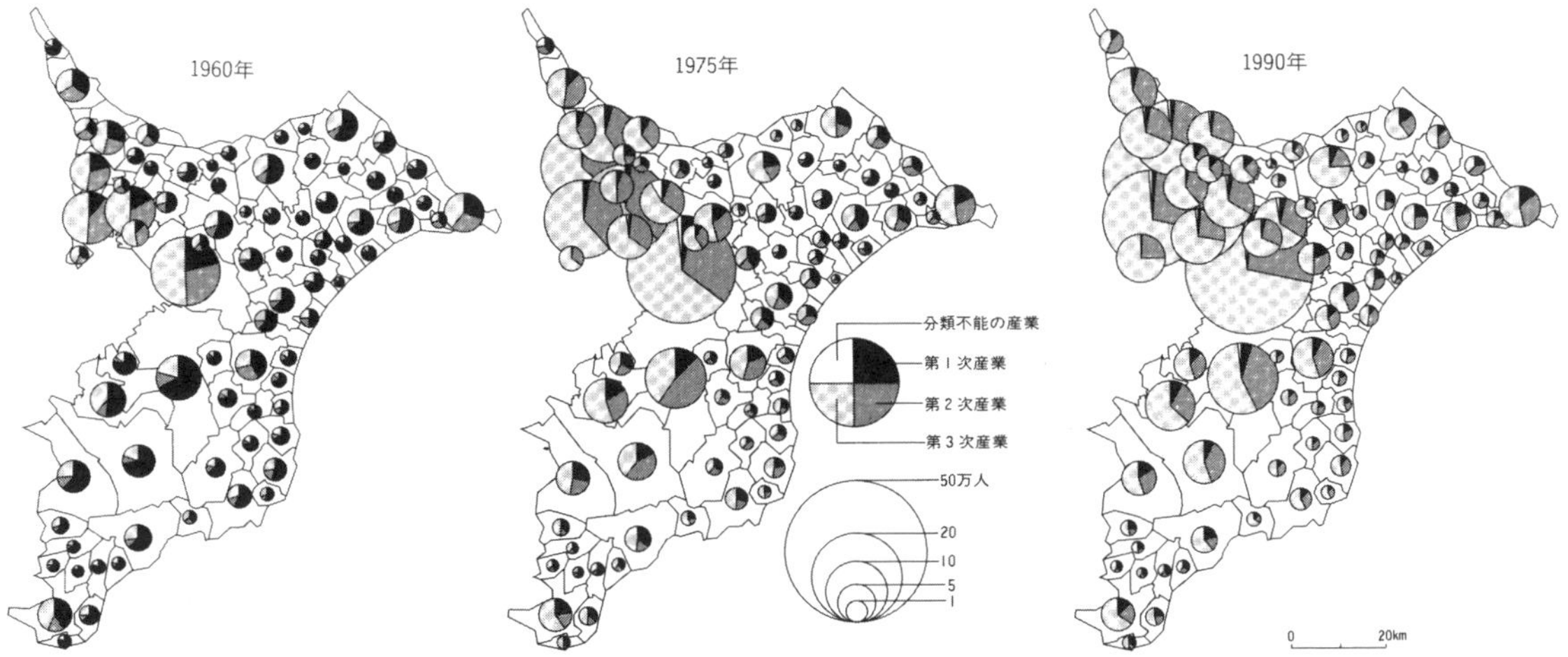

図５－１－11　市町村別産業（３区分）別15歳以上就業者数とその割合（1960・1975・1990）
（総務庁『国勢調査報告』より作成）

近郊の都市部の農業の存在も見逃せない。

漁業従事者は就業者の０・４％を占めるにすぎないが、一部の市町村では相当の比重を占めている。漁業人口率がもっとも高いのは安房郡天津小湊町で11・２％に達している。また、勝浦市の７・２％、富津市の６・７％、安房郡鋸南町の５・９％、富浦町の５・９％も比較的高い数値を示しており、南房総の漁業がさかんな状況を示している。また、実数でみると、ノリ・アサリ等の養殖がさかんな富津市の１８９０人、木更津市の１７１２人や、県下最大の漁港をもつ銚子市の１２６３人が多い。

林業従事者は、全県で４９４人である。君津市の68人を最高に、夷隅郡大多喜町の44人、千葉市の37人などが多く、房総丘陵の山間部のみならず平地林の管理・育成に従事している人も少なくない。

市部と郡部の差がみられない第２次産業人口率

第２次産業は１９６０（昭和35）年当時は従事者が少なく、京浜工業地帯への交通の便が良かった市川市だけが就業率40％を超えていた。その後、高度経済成長期にその比重を増し、１９７５年には京葉工業地域の中核を占める市原市と君津市で３分類中第１位となった。しかし、安定成長期における産業構造の転換によってその後は伸び悩み、もはや市部特有の産業とはいえなくなった感がある。現在、市部の第２次産業人口率が29・４％なのに対し郡部のそれは30・１％を示している。第２次産業人口率がもっとも高い市町村は東葛飾郡関宿町の46・７％であり、この他に山武郡九十九里町の41・２％、香取郡東庄町の41・１％が40％を超えている。

製造業には第２次産業従事者のほぼ３分の２が従事している。製造業人口率のもっとも高い市町村は東葛飾郡関宿町の34・７％である。また、香取郡東庄町の31・４％、野田市の28・６％、山武郡九十九里町の28・

2%、夷隅郡夷隅町の28・2%など、東京通勤圏の外側に位置する地域のうち、内陸工業団地や地場産業のみられる地域で比率が高い。

建設業には第2次産業従事者のほぼ3分の1が従事している。市町村ごとの差が比較的小さく、県全体の建設業人口率9・6%に対して、もっとも大きいのは夷隅郡御宿町の13・8%である。この他に匝瑳郡野栄町の13・6%、山武郡蓮沼村の13・6%、夷隅郡大原町の13・2%が13%を超えており、太平洋側の一部の町村で比率が高い。

第2次産業のうちもっとも従業者が少ないのは鉱業で、その実数は全県で2058人である。土石採取のさかんな君津市の258人、富津市の142人など内房側と、天然ガス・ヨードの採掘のさかんな茂原市の146人など九十九里側で多く、千葉市の184人も多い。香取郡干潟町には鉱業従事者がみられない。

東京近郊と成田空港周辺で高い第3次産業人口率

第3次産業人口率は、千葉市以西の東京通勤圏から増加が始まり、1960（昭和35）年当時で習志野、千葉両市が50%に達していたのをはじめ、市川、船橋、松戸、柏各市と東葛飾郡浦安町（1981年市制施行）で40%を超えていた。その後も常に従事者を増やし続け、現在では全県の就業者の64%を占めるに至っている。現在もっとも第3次産業人口率が高いのは成田市で75・1%に達している。また、浦安市の74・5%、習志野市の71・7%、市川市の70・5%、千葉市の70・0%など、東京湾岸北部を中心とした都市部でその比率はきわめて高い。

サービス業はすべての産業大分類のうちもっとも就業率が高く、就業者の23・2%が従事している。市部全体では23・9%、郡部全体では19・3%が従事しているが、もっとも就業率が高いのは安房郡天津小湊町で、33・2%が従事している。これについで、鴨川市の30・6%、勝浦市の26・8%と、観光産業の発達した外房地区で県内の上位を独占している。また、東京ディズニーランドのある浦安市の26・7%、成田山新勝寺と成田空港のある成田市の26・3%でも就業率が高い。

卸・小売業、飲食店には、就業者の22・9%が従事している。消費者の生活に密着している分野の1つであり、市町村ごとの大きな差が出にくい。もっとも就業率が高いのは浦安市の27・0%で、ついで市川市の26・7%、松戸市の25・7%、船橋市の25・3%、習志野市の25・0%、千葉市の25・0%など東京近郊の都市部で比率が高い。

運輸通信業には就業者の7・3%が従事している。成田市の15・1%、印旛郡富里町の12・9%、酒々井町の11・9%など成田空港周辺3市町では10%を超えている。

金融・保険業には就業者の4・6%が従事している。浦安市の7・5%、流山市の7・0%、我孫子市の6・7%、船橋市の6・3%、市川市の6・2%など、東京近郊の衛星都市で比率が高い。

不動産業には就業者の1・6%が従事している。浦安市の2・3%と市川市の2・2%で就業率が高い。

電気・ガス・水道・熱供給事業には就業者の0・6%が従事している。袖ケ浦市では2・2%を占め、市原市、富津市、茂原市で1%を超えるなど、大手の事業者の生産拠点ではやや比率が高い。

公務に従事している就業者は県全体では3・8%を占めている。自衛隊の基地がある東葛飾郡沼南町の11・3%、成田空港のある成田市の8・0%などでひときわ高い就業率となっているほか、安房郡丸山町の6・7%、館山市の6・6%、印旛郡印旛村の6・2%、栄町の6・1%などで就業率が高い。

高齢化が進み女子人口率が高い農村部

年齢別人口構成について県内を図5－1－8により地域別にみると、1960（昭和35）年当時は生産年齢人口率が千葉市以西の東京通勤圏で高率となり、とくに市川、柏両市で70%を超えていた。一方でこれらの都市は老年人口率が5%以下であった。これに対して安房、夷隅両地区を中心に農村部では老年人口率が10%前後に達し生産年齢人口率はおおむね60%未満にとどまっていた。

1975年になると、郡部で人口構成の緩やかな高齢化が進行するが、高度経済成長期の生産年齢人口の大量流入によって、東京近郊地域では老年人口率はさほど変化しない。また、京葉工業地域の完成を受けて市原・君津両市では老年人口率は減少した。

現在の年少人口率は、印旛郡印西町が26・7%と最高を示している。同町は千葉ニュータウンの一角を占め、急速に東京通勤圏に組み込まれた地域である。これについで印旛郡栄町、東葛飾郡関宿町、印旛郡富里町、白井町など、いずれも宅地開発のさかんな東京通勤圏の前線地帯で比率が高い。一方、年少人口率が低いのは安房郡白浜町の14・5%、勝浦市と夷隅郡御宿町の15・1%、など南房総である（写真5-1-4）。

写真5-1-4　過疎地の小学校（1994）

房総丘陵山間部には人口減少と少子化にともなって児童・生徒数が少なくなった学校が見うけられる。写真の市原市立月出小学校は、全校3学級で児童9人、職員9人の小規模校であるが、地域のまとまりの拠点でもある。

老年人口率は急速に増加し、安房郡丸山町の23・5%を最高に、南房総の市町村の多くが20%を超えている。これに対して、もっとも低いのは浦安市の4・3%であり、県北西部の東京通勤圏では依然10%を下回っている市町が多い。

生産年齢人口率は船橋市の75・0%が最高で、佐倉市以西・木更津市以北の東京近郊地域の多くの市町で70%を超えている。これに対し安房郡丸山町は59・6%と、県内の市町村中ただ1つ60%を下回っており、その他の南房総の各市町村も低い比率となっている。

性比は県平均101・8に対して浦安市の107・6が最高で、県北西部の東京湾岸から東葛飾地区、印旛地区にかけての東京通勤圏で値が高い。これに対して、安房郡白浜町の81・3が飛び抜けて低く、夷隅郡御宿町、安房郡富浦町・千倉町、館山市、銚子市など、南房総各地と県北東部で数値が低い。

このように、年齢別・男女別人口構成は千葉県では一般に東京を中心にして同心円状に推移し、外縁部に行くにしたがって女子の比率が高まり、高齢化の進行が早くなっている。以下、いくつかの市町村の事例を人口ピラミッドの比較によってみることにしよう（図5-1-12）。

〈千葉市〉　1960年当時から転入超過傾向があり、図5-1-6の千葉県全体や全国と比較すると、生産年齢人口の占める比率が高かった。現在では県内市町村の標準的な人口ピラミッドを形成している。2度のベビーブームの影響がはっきり現れ、2つのピークも県の人口ピラミッドとほぼ一致して41~43歳と17~19歳にある。戦争やスペイン風邪の大流行などの歴史上の特殊事情による特定年齢層の人口の欠損も明瞭に出ている。

〈浦安市〉　1960年当時は標準的な人口ピラミッドであったが、現在は青・壮年層の転入が激しい都市で、とくに高校卒業後の18歳から30歳代前半の層に、市外で出生した多くの人口が流入している。グラフの

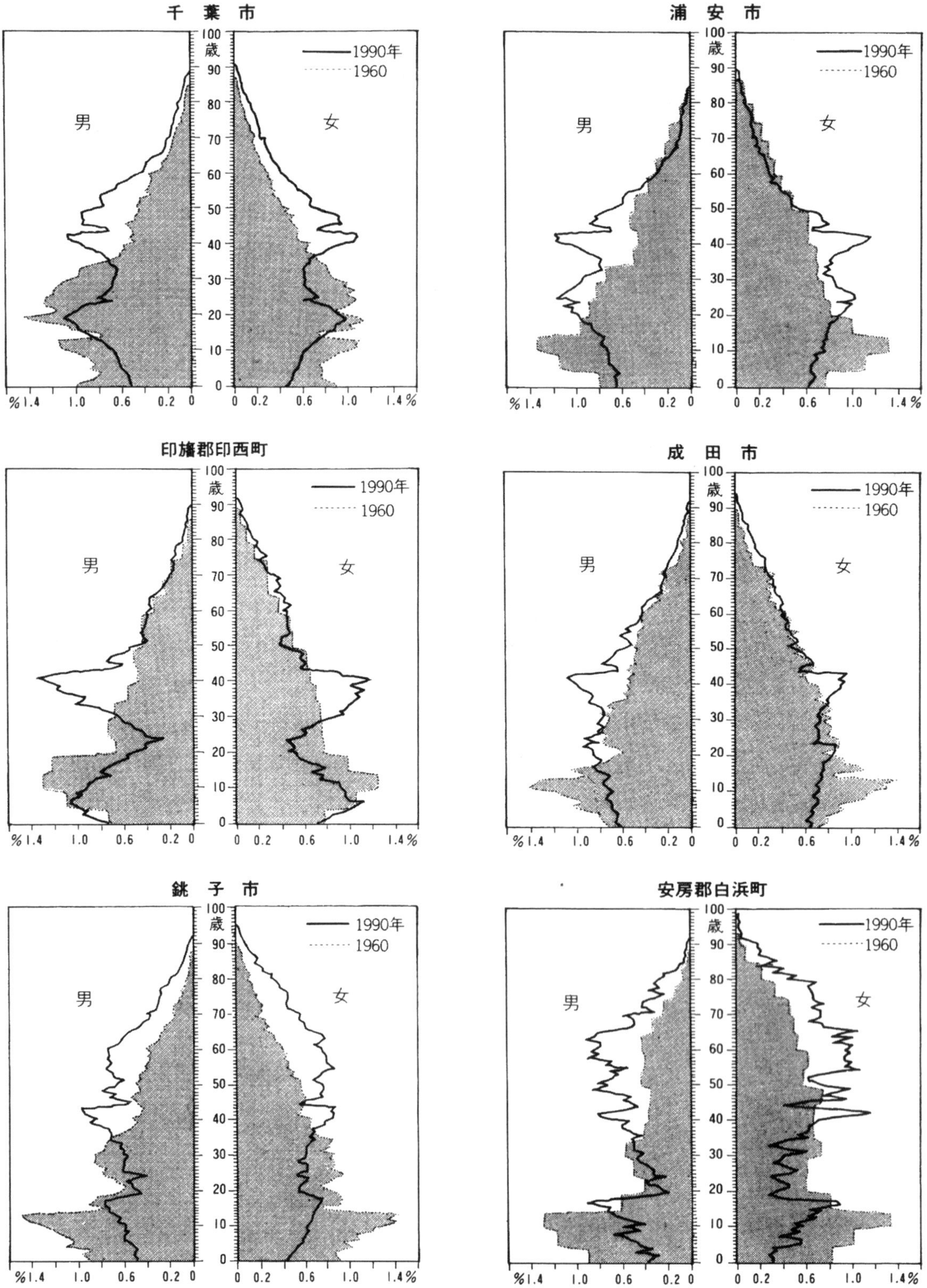

図5－1－12　おもな市町村の年齢別男女別人口構成（1960・1990）

注）1960年の統計は、市部が1歳ごと、郡部が5歳ごとの数値である。

（総務庁『国勢調査報告』より作成）

2つのピークのうち、若いピークが25～26歳にずれ込み、17～19歳のピークはその下に隠れている。また、これらの世代の子供は小学生以下の年齢層にあたり、県全体の比率と比べると多くなっている。一方、老年人口には人口急増期以前からの旧住民が多く、宅地化の進行による増加はわずかであったので、全体に占める割合は少なくなった。結果的に浦安市は若い人口構成の都市となったのである。

〈印旛郡印西町〉千葉ニュータウンなどの大規模住宅開発の進行過程にある。東京都心までの通勤時間が比較的長い宅地開発最前線に位置するため、20歳代後半から40歳代前半までの年齢層が持家取得のために大量に転入しており、その結果ここでも小学生の人口が増え、6～8歳にピークがある。しかし、学生や新規学卒の単身者の転入は少なく、むしろ高校を卒業した若者たちは町外へ転出しがちであることが、20歳代前半が谷となっていることから読み取れる。

〈成田市〉東京通勤圏の宅地開発最前線に位置するとともに、成田空港によって地元に多くの雇用が創出されている。このため、さまざまな年代の生産年齢人口が転入し、また、その子供が成田生まれの世代として育っている。人口ピラミッドの形状としては浦安市のものに類似しているが、旧来の人口に対する転入者の人口の割合が浦安市と比べると少ないため、全体に占める老年人口の割合が多い。また、極大値を示す年齢層と極小値を示す年齢層との差が小さい。

〈銚子市〉東京通勤圏の外に位置し、また、市内および近隣に高等教育機関が十分にはそろっていない。このため高校卒業とともにかなりの若者が市外へ転出し、17歳以下と18歳以上の年齢別人口に明瞭な落差が生じている。また、高度経済成長期に新規学卒者として社会へ巣立っていった40歳代後半の年齢層も、市外へ転出しその欠損は回復されていない。一方で、50歳代以上の年齢層の占める比率が大きくなっており、1960年と比較すると急速な高齢化が進行していることが分かる。

〈安房郡白浜町〉東京通勤圏の外側に位置し鉄道も通じていない。このため、18歳を過ぎた高卒者の人口流出は、銚子市と比較すると格段に激しい。また、前述の市町にみられるような第1次ベビーブームの世代がグラフのピークを形成し切れておらず、むしろ60歳付近にピークを見いだすことができる。さらに、この高齢者層を中心に女子人口が男子人口をかなり上回り、性比も極端に低い数値となっている。1960年にすでに進行していた高齢化がさらに加速されている。

東京近郊で高い自然増加率

社会的増減の結果生じた年齢構成の違いは、当然のことながら出生率や死亡率に影響を及ぼす。1992（平成4）年の市町村ごとに年出生率をみると、県平均9・6‰に対して印旛郡印西町の13・1‰がもっとも高く、浦安市の12・7‰、成田市の12・5‰など、東京近郊の社会増が激しい地域がこれについでいる。一方最低は安房郡富浦町の5・1‰で、夷隅郡御宿町の5・8‰など南房総の人口流出地域では低くなっている。

逆に、年死亡率は県平均5・2‰に対して浦安市の2・6‰がもっとも低く、鎌ケ谷市の3・9‰、印旛郡白井町の4・0‰など東京近郊が低い。一方最高は安房郡白浜町の14・5‰で、ついで富浦町の13・3‰が高い。

これらの結果として出生率と死亡率の差で表現される自然増加率は、県平均4・4‰に対してもっとも高いのが浦安市の10・0‰で、印西町の8・6‰、市川市の7・7‰、松戸市の7・1‰がこれについでいる。一方最低は、富浦町のマイナス8・3‰で、白浜町のマイナス7・4‰、安房郡和田町のマイナス5・1‰、三芳村のマイナス5・1‰など、南房総を中心に4市25町4村で自然減となっている。また、印旛郡白井町（出生率7・1‰、死亡率4・0‰）、鎌ケ谷市（出生率8・2‰、死亡率3・9‰）は、相対的に少産少死傾向が強く、長生郡長柄町（出生率11・0‰、死亡率10・6‰）、山武郡蓮沼村（出生率10・9‰、死亡率10・3‰）、匝瑳郡野栄町（出生率10・2‰、死亡率9・6‰）、海上《かいじょう》郡海上《うなかみ》町（出生率11・8‰、死亡率8・2‰）は、相対的に多産多死傾向が強い。

東京通勤圏で低い昼間人口率

夜間人口（常住人口）に対する昼間人口（従業地人口および就学地人口）の割合は、成田市の125・2%が突出し、他の市町村を大きく引き離している。成田市は東京通勤圏の拡大の最前線にあるが、東京への通勤者は十分に増加しきっていない一方で、市の総人口に対する市内の雇用機会が多く、とくに成田空港等に関連するサービス業、運輸・通信業、製造業などで多くの通勤者を市外から集めている。高等学校、専門学校も多く、市外からの通学者も多い。山武郡芝山町も成田空港関連産業によって、昼間人口が多くなっている。君津市は、新日本製鐵株式会社とその関連企業が通勤者を集めている（図5－1－13）。

東京通勤圏の衛星都市では夜間人口に対する昼間人口は一般に低く、とくに流山市の71・7%、鎌ケ谷市の73・3%、印旛郡栄町の73・8%などは3／4以下となっている。雇用機会や高等学校、専門学校、大学が多い千葉市も東京への流出の影響を受け、93・9%にとどまっている。

これに対して東京通勤圏に組み込まれていない成田市以東・君津市以南では、人口規模に対して多くの高等学校が所在したり、地方行政や地域経済の中心となっている夷隅郡大多喜町（107・4%）、館山市（106・9%）などが高い数値を示し、逆にそれらの周辺の市町村は通勤者、通学者ともに流出している。

（3）人口からみた地域区分

人口からみた地域区分

〈東京近郊人口地域〉君津市以北の東京湾岸各市と、常磐線沿線を中心とした東葛飾地区、印旛地区は東京への人口集中の影響がきわめて強く、また域内の雇用も多いので人口流入地域型の特色をもつ。これらの地域では、人口の社会増が顕著でその主たる年齢層は新規学卒者から30～40歳代の新規住宅購入者である。このため、年齢別人口構成は生産年齢人口の比重が高く、その子の世代にあたる年少人口も多い。また、男子の単身者も多く性比が高い。産業別人口構成では第3次産業従事者が多く、第1次産業従事者はきわめて少ない。

〈首都圏外縁人口地域〉香取、海匝、山武、長生、夷隅、安房の各地区および富津市は、東京通勤圏の外側に位置し域内の雇用も不十分なため、人口流出地域側型の特色をよく残している地域である。これらの地域では人口の社会減がみられ、その主たる年齢層は新規学卒者である。このため、年齢別人口構成は生産年齢人口の比重が低く、その子の世代にあたる年少人口も少ない。とくに、青壮年男子の流出が目立ち性比が低い。高齢化の進行も深刻である。産業別人口構成では第1次産業従事者が減少しつつも相当の比率で存在し、第3次産業従事者は比較的少ない。

ただし、東京への交通網の発達状況等の影響により山武、長生両地区では緩やかな変化が始まっており、この地区を東京近郊人口地域への漸移帯とみることもできる（図5－1－14）。

地域分化要因となった東京通勤圏の成立・拡大

産業革命以前の社会では自給的農・漁業で生計を立てることが一般的

で、大きな人口移動はなく、千葉県内のいずれの地域においても人口構造の際立った特色はみられなかった。

産業革命にともなって、首都東京の一角に京浜工業地帯が建設され始め雇用が生み出されると、千葉県では青壮年層の男子を中心に東京へ向かった人口流出が発生した。さらに、東京との間に近代交通網が整備されると、東京の企業に雇用された人々が都県境付近の町村に居住するようになり、千葉県内は人口流出地域と人口流入地域の2つの人口地域への分化が始まる。

第2次世界大戦後、千葉県内でも東京湾岸に工業開発の波が押し寄せて大量の雇用が創出され、また東京の巨大化にともなう通勤圏の拡大により、人口流入地域はしだいに拡大しつつ現在に至っている。

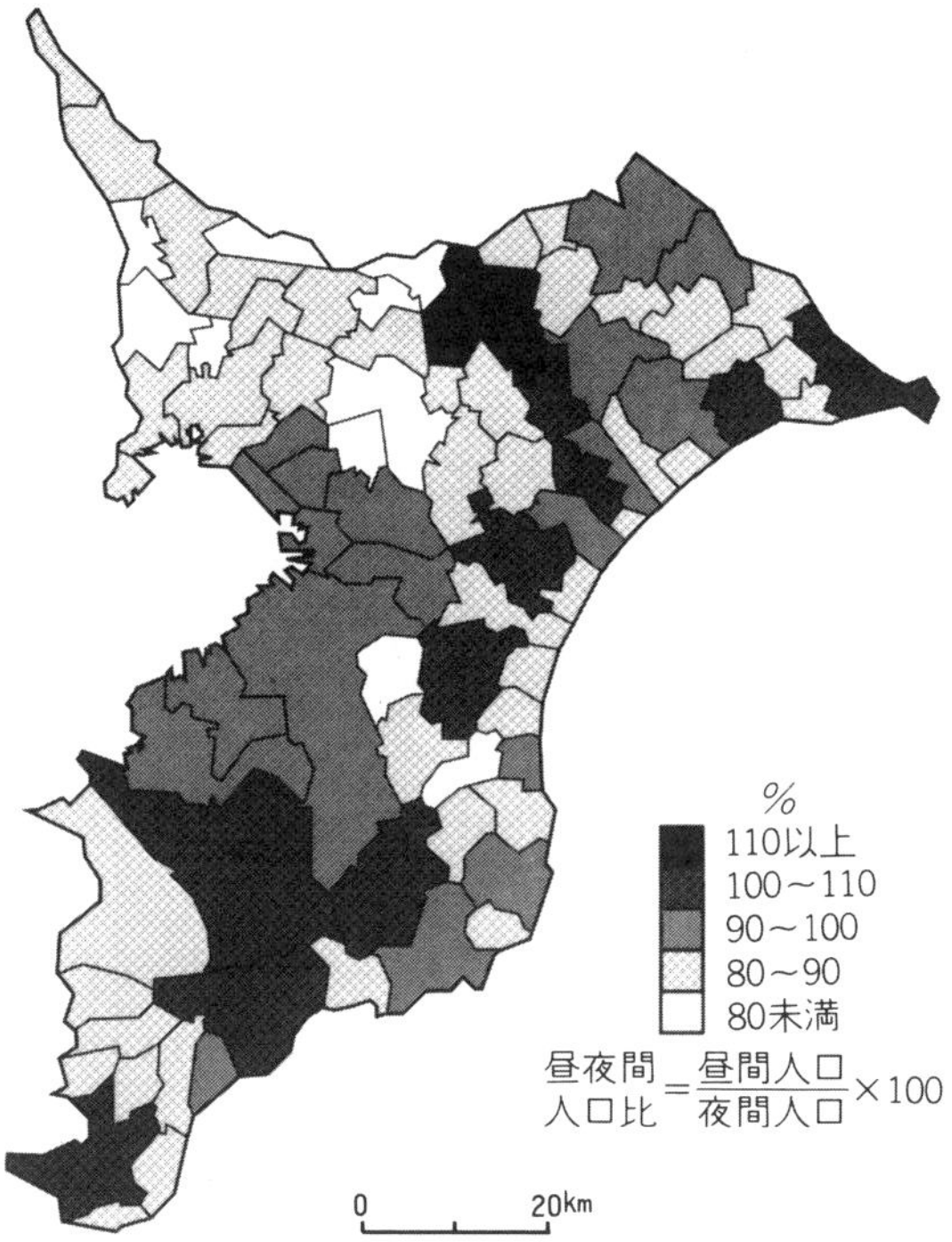

図5－1－13　昼夜間別人口比（1990）
（千葉県企画部資料より作成）

4　人口の課題

（1）過疎・過密問題と高齢化社会

京葉工業地域の建設が本格化した1960（昭和35）年から1965年の人口は、県内94市町村のうち12市町村が20％以上の増加を、3市町村が10％以上20％未満の増加を、8市町村が10％未満の増加を記録した。しかし一方で、71市町村は人口減少を示し、この中の6町村は10％以上の減少をした。この傾向は1965～70年も続き、県増加率24・6％に対し87市町村中17市町村が20％以上の増加をみた一方、56市町村は人口が減少した。全国でもトップレベルの人口急増県であった千葉県は、

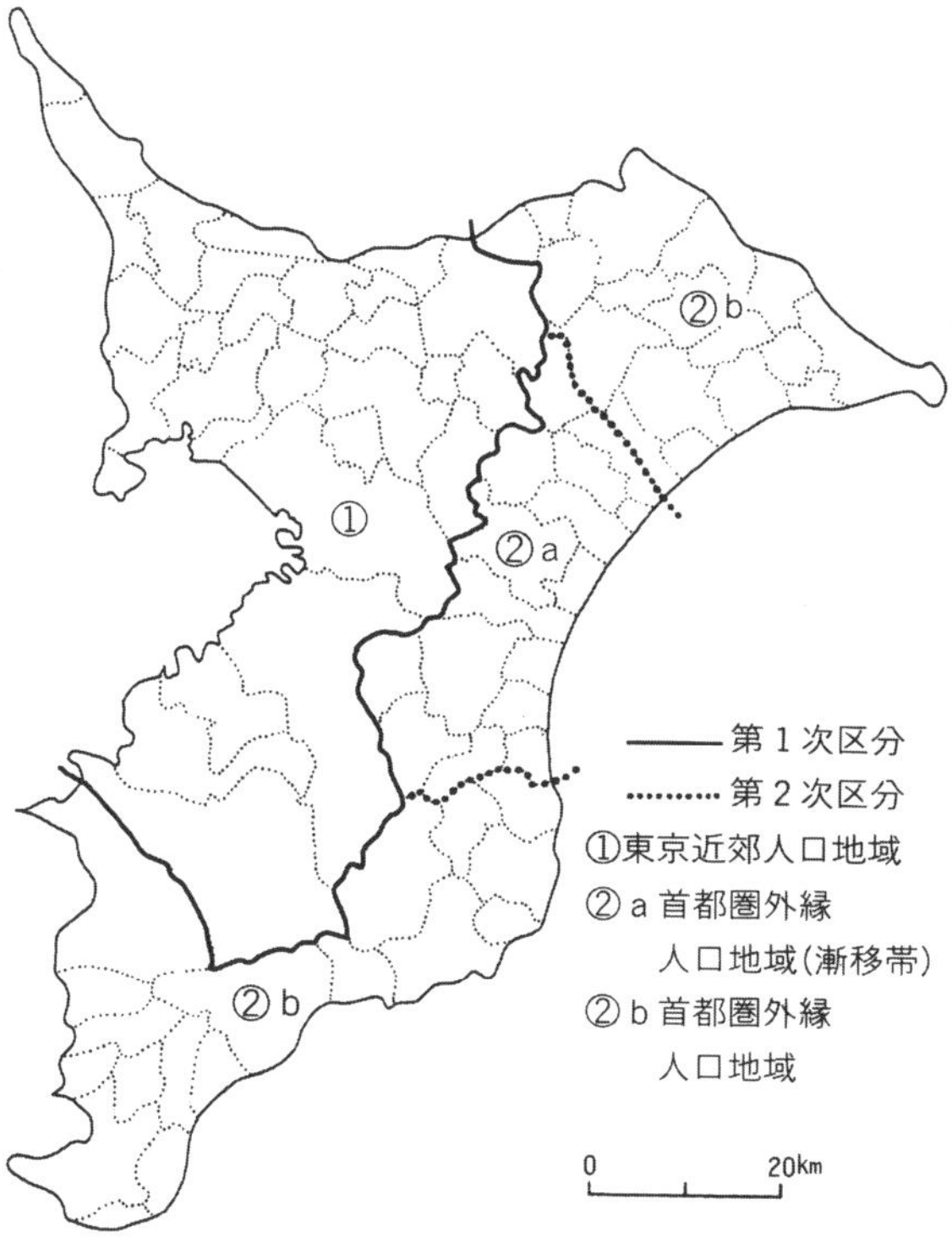

図5－1－14　人口からみた千葉県の地域区分

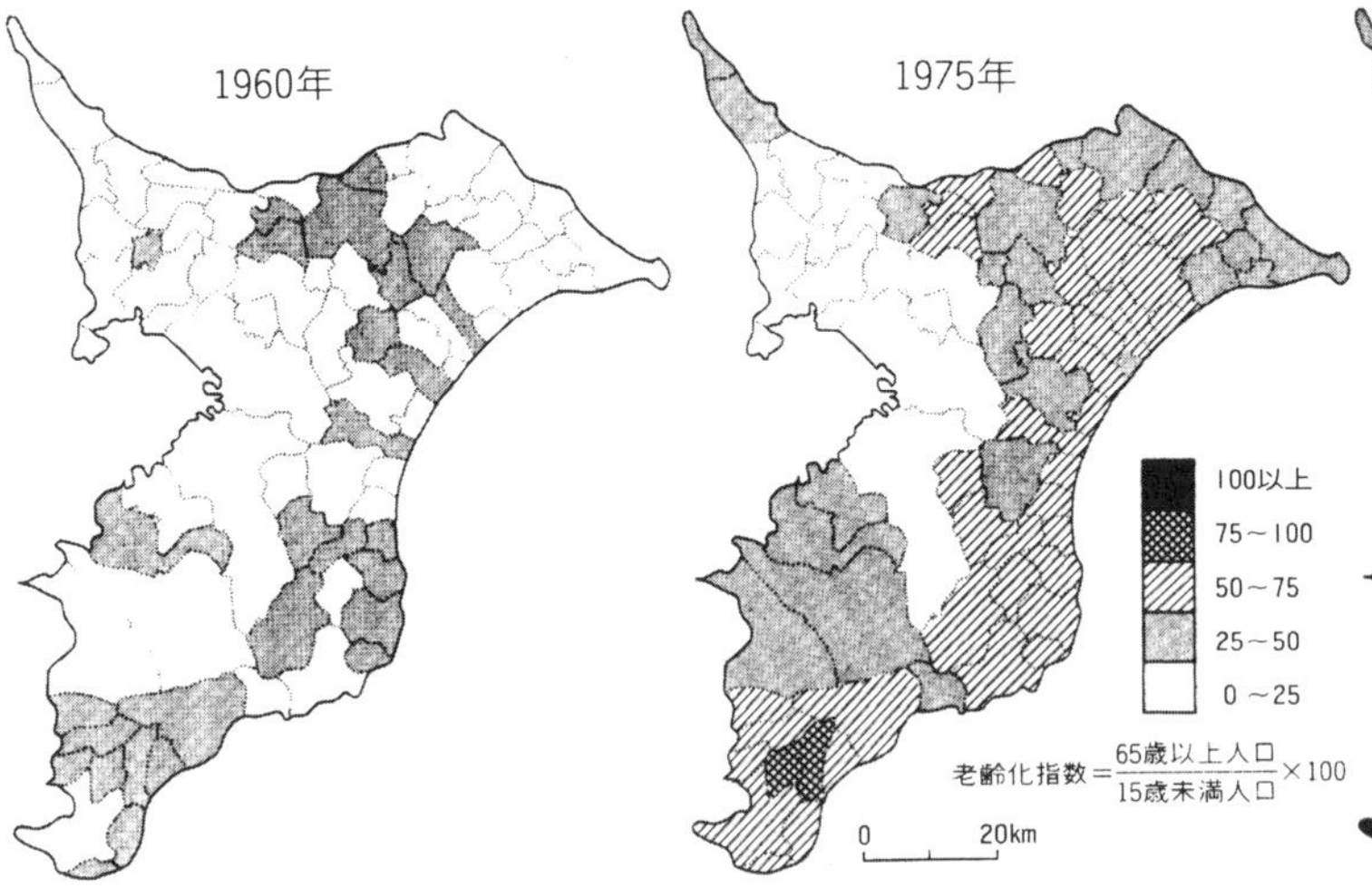

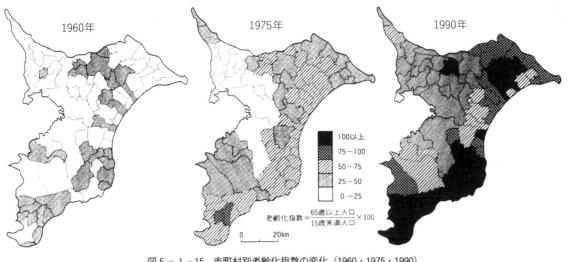

図5－1－15　市町村別老齢化指数の変化（1960・1975・1990）
（総務庁『国勢調査報告』より作成）

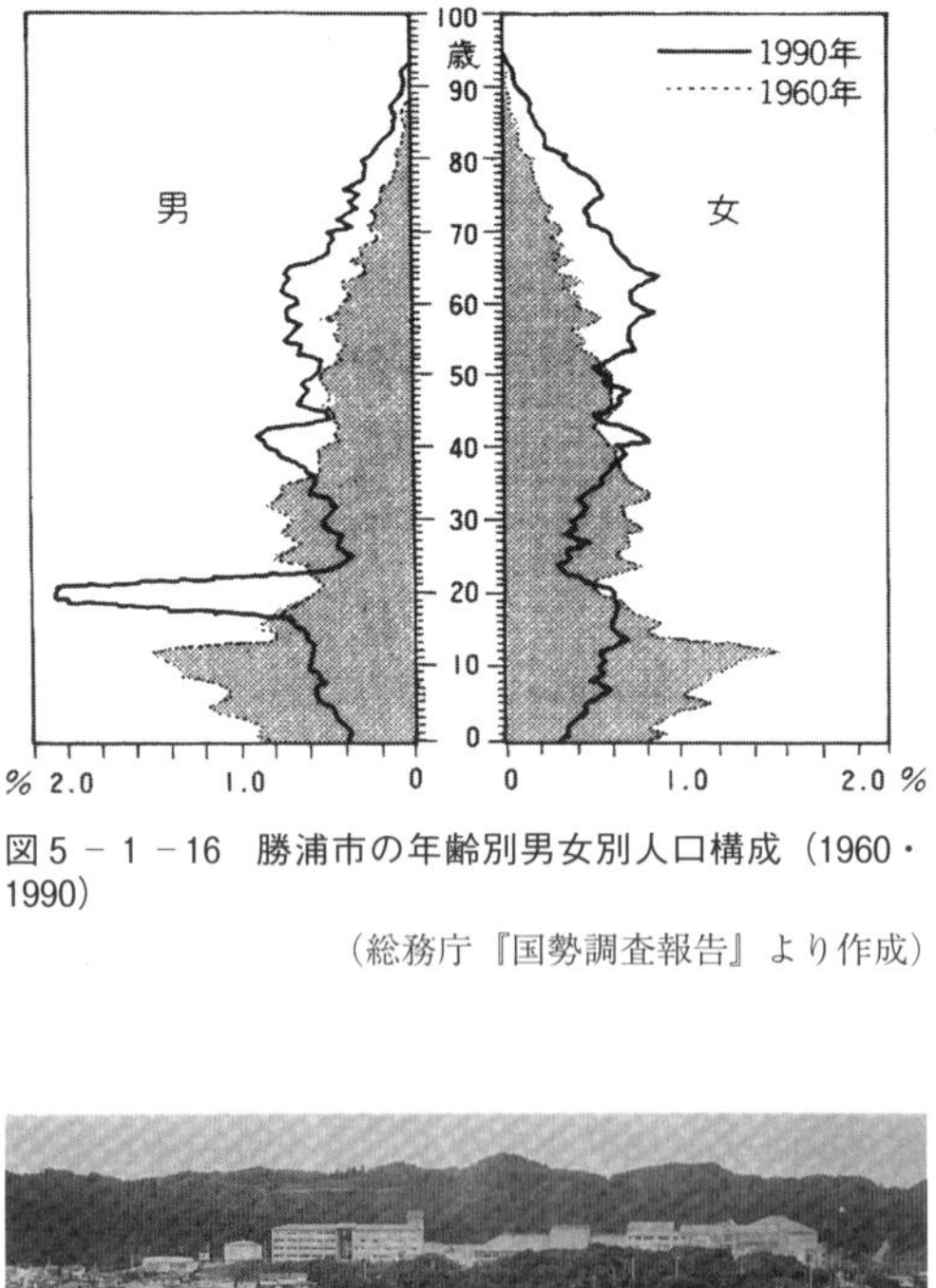

図5－1－16　勝浦市の年齢別男女別人口構成（1960・1990）
（総務庁『国勢調査報告』より作成）

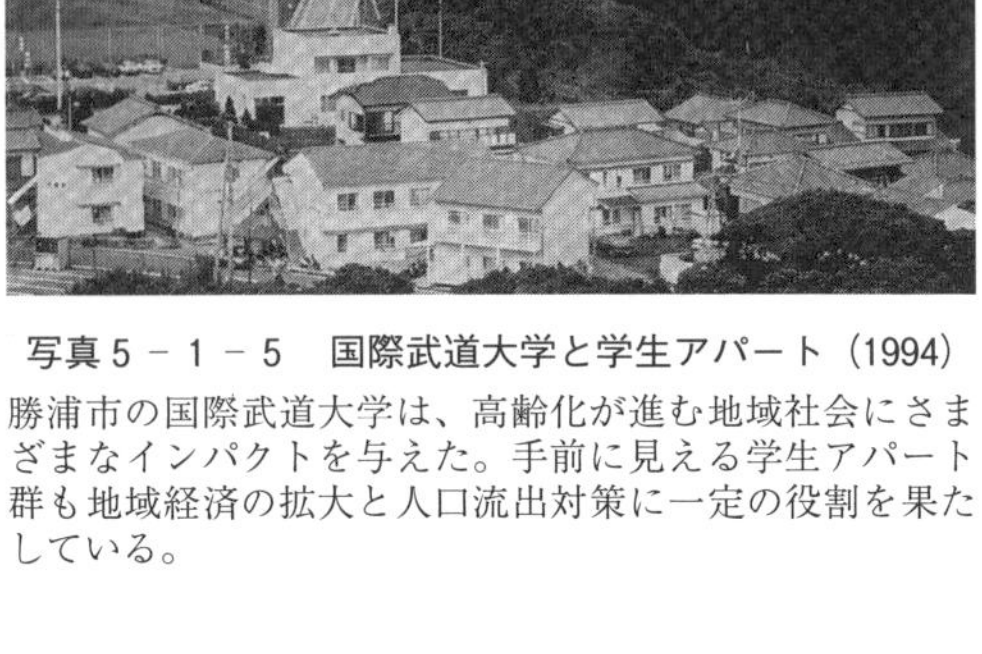

写真5－1－5　国際武道大学と学生アパート（1994）
勝浦市の国際武道大学は、高齢化が進む地域社会にさまざまなインパクトを与えた。手前に見える学生アパート群も地域経済の拡大と人口流出対策に一定の役割を果たしている。

内部に過疎・過密問題を抱えていたのである。

また、人口が順調に増加した地域でも、人口構成の高齢化は進行している。図5－1－15から明らかなように、現在もっとも老齢化指数の低い東京近郊の市町でさえ、1960年にもっとも老齢化指数が高かった市町村と、ほぼ同程度となるまでに至っている。高齢化社会の到来は、もはや全国的な問題であり、早急な対応が望まれる。

このような中で夷隅地区の勝浦市は特色ある人口減少対策をとっている。勝浦市は1958年に人口3万1648人をもって市制施行したが、その後人口は減少を続け、1985年には2万5159人にまで後退した。これに対して勝浦市では、大学の誘致によって市の活性化を図る方針を決め、1984年に用地の無償提供を受けた国際武道大学が進出した。

国際武道大学は、体育学部のみで構成されている単科大学である。1994（平成6）年現在、2078名の学生が在学し、うち1851名

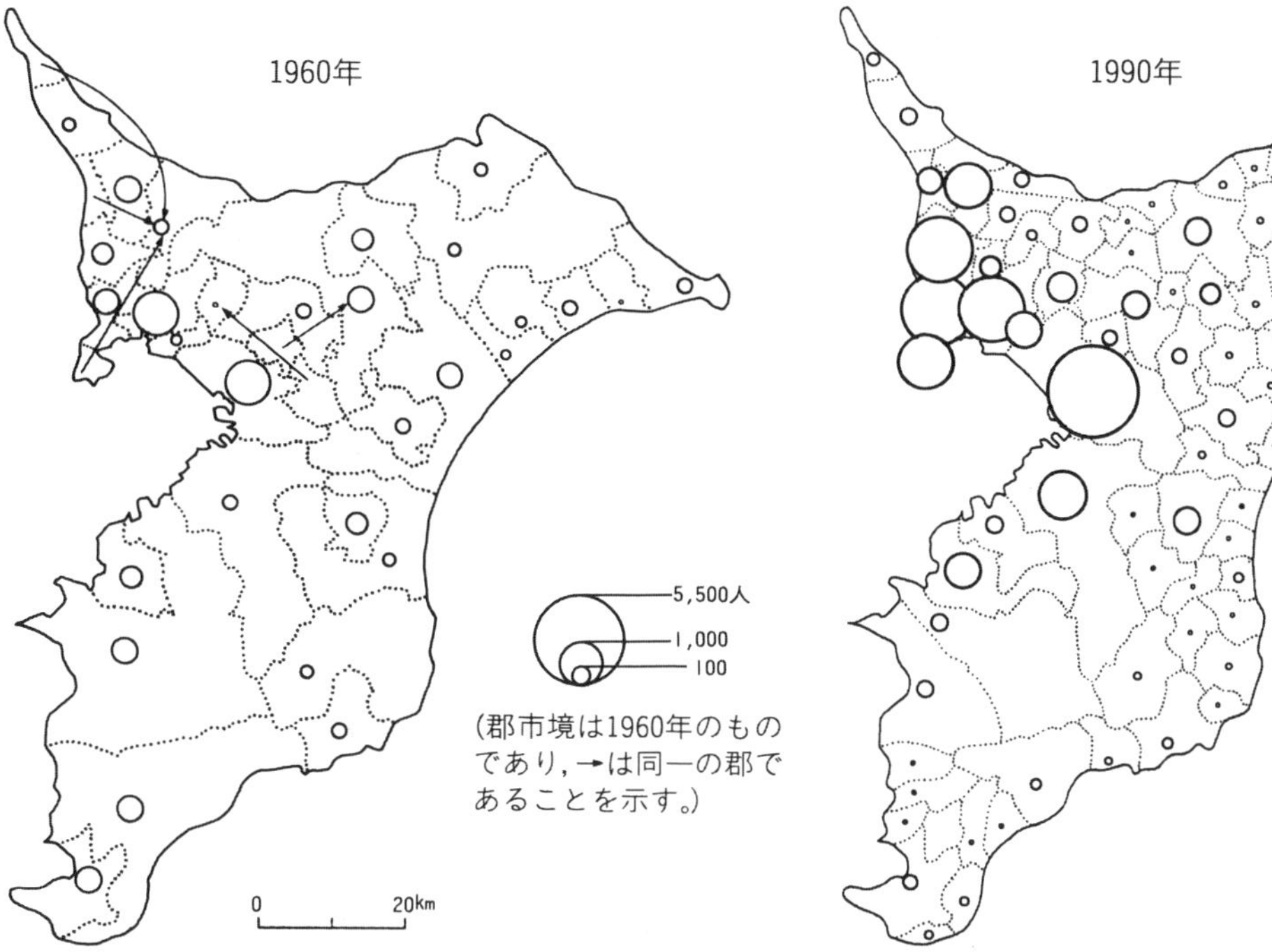

図5－1－17　市町村別登録外国人人口の変化（1960・1990）
（千葉県企画部資料より作成）

が男子で２２７名が女子である。学生の90％が県外出身者であるが、開学時に市と交わした協定により学生寮は設置せず、市内の民間アパート２０００室と契約をした「指定宿舎制度」をとっている。この結果、勝浦市の人口は１９９０年の国勢調査では前回調査に比較して、わずか１７５人（０・７％）ではあるが増加に転じた。また、性比が１０６・２ときわめて高くなり、浦安市（１０７・６）、市川市（１０６・５）、市原市（１０６・０）等の男子労働力の流入が激しい地域に近い値を示している。しかし、15歳以上の男子に占める就業者の割合は県内の市町村中もっとも低く、逆に15歳以上の在学者の割合は印旛村（順天堂大学スポーツ健康科学部が所在し、かつ、全学部の1年生全員が寮生活をしている）についで高い値を示していることから分かるように、勝浦市の人口構成には大学の存在がきわめて重大な影響を及ぼしている。大学の進出以来、民間アパート、コンビニエンスストア等が増加し、理髪店、美容院、オートバイ販売店などの売上げが増加するなどの経済効果が現れている（図５－１－16、写真５－１－５）。

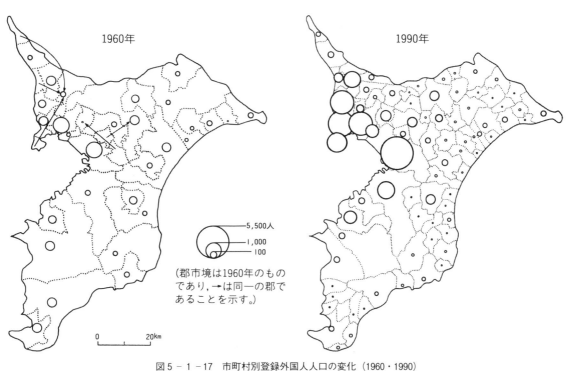

（２）急増する外国人人口

１９９０（平成２）年現在、全国には88万６３９７人の登録外国人が居住し、うち関東地方には30万９８７０人が在住している。このうち千葉県には2万７５６８人が登録され、その分布地域は安房郡三芳村を除くすべての市町村に及んでいる。都道府県別にみると、大阪府、東京都、兵庫県、愛知県、神奈川県、京都府、埼玉県についで全国第8位、関東では第4位に位置するが、全住民に占める外国人人口の割合でみると、千葉県は全国平均の０・７２％を下回る０・５０％にとどまっている。

千葉県の登録外国人人口は、第2次世界大戦後の混乱期を除いておおむね1万人未満の水準にとどまってきた。そのほとんどは韓国・朝鮮人であり、祖国への帰国等による減少が続いていた。しかし１９６０（昭和35）年を境に高度経済成長にともなって、韓国・朝鮮人人口もその他の国籍の人口も、ともに緩やかな増加に転じた。さらに１９８５〜９０（平成２）年に登録外国人人口は急増し、増加率は全国平均で23・１%、千葉県では83・５%の高率を記録した。この背景には日本社会全体の急速な国際化があり、さらに日本と近隣アジア諸国との経済格差や労働事情の違いがある。ことに日本の表玄関である成田空港をもち、就業の機会に比較的恵まれ、首都東京に隣接する千葉県は、他の関東各県同様に外国人人口が増加する素地がある。この５年間で県内に増加した１万２５４８人のうち６７５２人が東葛飾地区での増加分であり、転入外国人人口の多くが県北西部に集中している。

現在の登録外国人人口を国籍別にみると、韓国・朝鮮人が１万１９７０人で県全体の43・４%を占め、ついで中国人が４３８５人、フィリピン人が３３７５人、アメリカが１２５０人などとなっている。

市町村別分布状況をみると、千葉市の５３９４人、市川市の３６８６人、船橋市の２９７１人、松戸市の２８１０人など県北西部に多く、全人口に占める登録外国人人口の割合は、県平均０・５０%に対して、浦安市の１・０２%、市川市の０・８４%、印旛郡富里町の０・８１%などが高いが、その他の市町村はすべて全国平均を下回っている。

今後、県内の外国人人口はますます増加すると考えられ、「内なる国際化」に対応した地域作りが迫られている（図５－１－17）。

（鳥光一男）

〔2-7-G〕京成電鉄社史編纂委員会編『京成電鉄五十五年史』（京成電鉄、一九六七年、三九〇～四〇五頁）

3　続々と団地生まれる

戦災と疎開でほとんどその機能を喪失した東京は、終戦と同時に急速に復興しはじめましたが、人口の増勢はとどまるところを知らず、ことに戦災で家を失なった人たちの住宅難はきびしいものがありました。疎開のまま居すわった人たちと家を求めて郊外へ出る人たちで土地の需要はいやがうえにも増大し、当社沿線の開発は、急速に進められていったのです。昭和30年現在の沿線人口の増加率をみますと、上のようになります。

	昭和25年	昭和30年	増加率
成田市、酒々井町、佐倉市、習志野市、八千代町	82,462人	90,764人	10%
千葉市、船橋市、市川市	287,890人	331,009人	15%
江戸川区、葛飾区、足立区、墨田区	360,903人	432,589人	22%
計	731,255人	854,362人	17%

都市に集中した過密人口の分散化は、政府の重点施策となっていますが、その立地条件・総合的価値についての当社沿線は、きわめて優秀であることが認められ、団地造成・住宅地開発は当社の重要施策として、大きく脚光を浴びることになったのです。当社の土地分譲の歴史は古く、明治43年につくられた第1期予算に、早くも現われています。宝城軌道を兼営して、大規模な墓地移転事業を実施しようとしたのがそれです。しかし、この計画は、あまりにも時代に先行し過ぎたため、世情に容れられず中止となりました。これが当時実現していれば、都内に散在する墓地問題も、ある程度緩和され、整備されていたことでしょう。

その後、路線用地買収の副産物として、土地分譲を小規模ながら実施しておりましたが、本格的に土地分譲に乗り出したのは、昭和8年からで、その第1号売出しは船橋市海神台で、分譲区画は67、総面積6万830㎡（1万8400坪）でした。これを契機に分譲事業は急速に伸び、12年には31万5060㎡（9万5300坪）という分譲事業開始以来の最高記録を樹立しました。翌13年に行なった市川国府台の分譲地売出しの際には、土地売出し広告の慣例を破って、読売新聞紙上に全2段抜き広告を掲載し、関係業者を瞠目させ、清新な気風を業界に注入したものでした。しかしながら、戦時体制突入とともに、分譲事業は抑制を余儀なくされ、成績は次第に低下していきました。

戦後は、直ちに不動産業を復活して、その発展を図りましたが、本格

谷津遊園入口花壇からみた分譲地（昭和15年）

小岩分譲地（昭和16年）

的に滑り出したのは昭和27年からで、30年までの4年間に43か所、18万1775㎡（5万5000坪）の土地開発分譲を行ないました。千住・お花茶屋・青砥・小岩・市川駅付近にみられる住宅地の大半は当社が分譲したもので、26年から30年までの間に30％以上乗車人員の増加をみた駅は、志津・大和田・八千代台・津田沼・谷津遊園・船橋・鬼越・京成小岩・青砥・お花茶屋・新三河島・日暮里の12駅を数えることができます。これらの駅は、当社をはじめ公団その他で土地を分譲したり、住宅を建設した場所の最寄駅です。その後当社は、更に不動産業を大規模に拡大していったのですが、30年を100とした乗車人員増加率を34年・35年に、定期で30％以上増加した駅についてみますと、右表のようになり、その開発の著しさが明瞭です。

　これを乗車人員総計でみましても、昭和30年に比べ、31年から35年の5年間で定期4割6分、定期外2割4分、全線で3割6分の増加を示しております。このように沿線全体にわたって定期旅客が著増していることは、とりもなおさず開発が進んでいる結果といえますが、当社もこの土地ブームを契機に、いっそう開発促進に力を注ぎ、第93期（昭和30・4～30・9）には、習志野市蟹ヶ沢団地・市川市国分ヶ丘団地・船橋市湊町・小岩国電駅前通り・黒砂駅前・新京成線薬円台など6万7000㎡（2万2000坪）の土地と建売住宅約250戸を売出して、業績に寄与しました。続く第94期（昭和30・10～31・3）には松戸市柏葉台公庫住宅・藤崎団地公庫住宅、中山藤原台・葛飾本田・金町常盤中学付近、小岩東京学園付近などの土地分譲と、ますます活発な動きをみせ、第97期（昭和32・4～32・9）には決算報告書にはじめて兼業の独立項目を挿入、「本期も市川市菅野外沿線各地で積極的に土地の分譲、公庫住宅の建売等に努めた結果、1億3600万円の収入をあげ」と報告しております。続く第98期（昭和32・10～33・3）には、松戸市平潟・千葉市

千住緑町分譲地に立ち並んだ住宅（昭和17年）

沿線定期旅客増加表

（昭和30年度〈八千代台については31年度〉を100）

駅　　名	昭和34年度	指　数	昭和35年度	指　数
八千代台	人 733,830	328	人 819,360	367
＊お花茶屋	2,513,460	193	2,632,560	202
＊青砥	3,093,420	180	3,196,560	186
＊谷津遊園	506,190	167	552,120	183
＊京成津田沼	1,369,950	167	1,448,310	176
実籾	754,380	149	878,220	173
＊京成大和田	802,410	154	888,930	171
＊日暮里	10,552,020	158	11,114,130	167
京成関屋	1,976,430	155	2,098,140	164
京成幕張	455,220	153	482,610	163
東中山	191,220	140	216,270	159
＊京成小岩	1,530,960	146	1,648,980	157
京成上野	2,661,690	143	2,864,640	154
京成大久保	1,299,540	153	1,299,540	153
国府台	1,588,350	145	1,672,470	153
千住大橋	2,326,710	141	2,521,350	153
宗吾参道	196,740	140	213,090	152
堀切菖蒲園	3,625,830	144	3,805,020	151
江戸川	640,710	140	686,280	150
京成金町	2,376,210	143	2,488,080	150
黒砂	362,970	132	400,380	146
京成千葉	1,570,680	137	1,654,140	144
＊京成船橋	4,613,760	136	4,884,510	144
京成高砂	2,170,080	139	2,236,320	144
柴又	1,185,090	134	1,270,470	144
＊志津	446,160	131	478,170	143
京成成田	1,020,150	127	1,128,660	141
町屋	3,552,240	135	3,695,370	141
検見川	256,950	130	277,620	140
＊新三河島	1,097,100	134	1,150,110	140
京成臼井	424,410	125	458,250	135
京成稲毛	446,190	130	457,350	133
京成立石	3,750,330	132	3,789,000	133
京成酒々井	233,010	123	246,480	130
京成佐倉	1,050,930	121	1,134,390	130

＊印は、30年以前5年間にも、30％以上の乗車増をみせた駅。

大草・同西千葉団地・船橋市三山団地・市川市菅野など6万6000㎡（約2万坪）の土地と建売住宅を売出し、1億6000万円の収入をあげ、更に第99期（昭和33・4〜33・9）には千葉市鷹の台分譲地2万3100㎡（7000余坪）をはじめ、志津希望ヶ丘・初富みどり丘・松戸徳川台など10万2300㎡（3万1000余坪）を売却し、1億5000万円の収入をあげるなど、着実に沿線開発の成果を収めました。

しかしながら、小規模な宅地の造成や分譲には、農地法による転用の困難とか、緑地帯では10％しか建物が造れないという利用地域指定、あるいは投機性による値上がりのための土地入手難など、各種の障害が次々と生じてきましたので、県や公団による大規模な団地の造成が、不可欠となったのです。そのため、この要請に基づく総合新計画の第1号として造成されたのが、衛星都市八千代台団地であり、これに続いて、青戸・前原・高根木戸・常盤平などの団地が建設されていきました。

八千代台駅開設直後の付近住宅

開発すすむ八千代台駅東側地区

八千代台は、都心に50分あまりという格好のところに位し、もとは習志野原の一角で、人家のない山林でした。太平洋戦争前は、広大な習志野原とともに、近くの戦車連隊・騎兵連隊などの演習場であって、住宅街の建設など思いも及びませんでしたが、戦後、広大な習志野原は、開拓農家の入植で一部が拓かれているに過ぎない好条件を備えていましたので、当社は理想的なベッドタウン候補地として、新京成線の建設とともに、早くから開発計画に着手していたのです。そして、中心となる実籾・大和田間2・6kmの地点に八千代台駅を新設し、昭和31年3月20日から開業しました。

〈八千代台駅〉は千葉県千葉郡八千代町にあります。上野から36・6km、押上から30・8kmです。八千代台団地の建設に伴って設置された駅で、東中山駅と同様の追抜線があります。

駅の西側住宅地の奥には、京成バラ園芸（株）の3万坪に及ぶ苗圃があって、谷津バラ園をはじめ、各地のバラ愛好家に、苗の供給をしています。駅東側の住宅地も着々と造成され、乗降客は昭和31年度の71万人から、昭和39年度には460万人と6・5倍に増加し、ますます発展が期待されています。

八千代台団地は、千葉県住宅協会と住宅公団の積極的な協力の下に計画され、30年度に500戸、31年度に640戸、32年度には200戸、合計1340戸の建売住宅と300世帯収容の大アパートを建設するというものでした。

市街地の構想は、八千代台駅を中心に西方に開く放射状の道路（16mの幹線道路と大小4種の街路）を主軸として、駅前広場、商店街、住宅街、小中学校、公園・緑地などを配し、はじめから理想的なベッドタウンの基本条件を具備して設計が進められた当時としては、珍しいモデルケースとして脚光を浴びました。この計画は急速に拡大され、32年3月から35年2月までの3年間に、右上の表のように発展していきました。

この数字の示すように、八千代台そのものは、約4年間に１５００戸の団地へ飛躍的な街づくりが完成して、八千代町の人口は、30年度の1万５７０６人から、35年度には2万１７０１人に激増しました。いっぽう、31年3月20日開業当日の八千代台駅の旅客数は、乗降合わせて２７9人に過ぎませんでしたが、34年度の1日平均旅客数は、５３７０人と一躍19倍にも達しました。このうちの約75％は定期旅客で、大半は東京方面への長距離通勤客でしたから、この影響は営業収入面にも大きく現われ、営業開始当日の収入３４９０円に対し、31年上期平均では2万１５１２円、34年上期に至っては、８万２０９８円と約23倍の日収を記録しました。1戸当りの運賃負担は、年額2万９８４円にのぼっています。普通、鉄道沿線に住宅が1戸建つと運賃収入は、1か年平均1万円と見積られるものですから、2倍以上の成績というわけで当社にとって八千代台ベッドタウン建設の促進は非常に適切な計画であったといえましょう。しかも、都営地下鉄線乗入れの報が伝わると、にわかに着目されて、沿線一の整った緑園都市として脚光を浴び、大市街地として面目を一新しつつあります。現在開発されているのは駅の西側だけですが、東側も同様の構想をもって、開発工事が進められています。この東側の開発が成就した暁は、近代的な衛星都市として飛躍的な発展を遂げることでし

八千代台住宅及び居住人員推移表

（平均世帯員3.7人）

	戸　数	増加率	人　員	増加率
昭和32年3月	308	100	2,479	100
〃　9月	986	320	3,454	139
33年3月	1,033	335	3,583	145
〃　9月	1,133	368	3,952	159
34年3月	1,242	403	4,425	179
〃　9月	1,354	440	4,995	202
35年2月	1,428	464	5,266	212

日本住宅公団青戸団地

日本住宅公団常盤平団地

日本住宅公団前原団地

ょう。

また、マンモス公団アパートの建設も、全国的には早い時期に青戸ではじめられました。昭和31年11月には、4階建鉄筋コンクリートのアパートが約1000世帯分完成し、引き続いて約500世帯分の建設がはじめられ、これも33年には完成しました。これを輸送の面からみましても、青砥駅の30年度総乗車人員317万7960人が、35年度には518万2939人と63％の増加を示し、定期旅客だけでは86％の増加をみせています。

また、新京成沿線の金ヶ作地区にも、日本住宅公団の手で31年度から大規模な宅地の造成が開始されました。松戸市金ヶ作団地の総面積は163万7000㎡（54万坪）に及び、その第1期には、賃貸住宅3400戸分の敷地と分譲宅地として540戸分の計59万5000㎡（18万坪）が34年度までに完成しました。こうした大計画について31年当時、北条新京成電鉄社長は次のように語っています。


「集団住宅建築は金ヶ作駅付近が中心となり、行政センターには市役所の出張所、郵便局、保健所、警察署派出所、消防署分駐所などが集結し、五香と金ヶ作駅前は商店街をふくめた宅地として開発され、公園も中央の運動場を兼ねた1万坪の大公園を設けるほか2000坪程度の小公園3か所、700坪程度の児童遊園7か所が見込まれています。完成は昭和36年度の予定ですが、完成後は民有住宅と併せて総戸数6000戸、人口約3万人が見込まれています。

これ以外、松戸新田、みのり台付近も区画整理を準備しておって、このへんは約10万坪あるので1万ないし1万5000人が住める5000戸程度の町が出来るわけです。この奥の、いま自衛隊のある元山にも約4万坪ほどの宅地があるので、やはり1000戸くらい建てられるわけです。さらに、習志野の奥の高根木戸、二和向台駅付近には現在大蔵省関係の官有地が数万坪ありますが、このあたりに15万坪くらいの町を会社の努力で誘致しなければならぬと考えております。同時に鎌ヶ谷あたりの山林を中心として約10万坪程度の住宅地を造りたいとおもっております。北初富駅は東武船橋線と交錯しているので、将来は連絡駅として柏方面と千葉方面との連絡を円滑にし、ここを上述の沿線ニュータウンの中心にしたいと考えています。」


この構想は着々実を結び、35年には高根木戸59万5000㎡（18万坪）に4000世帯の大団地が出現し、新京成バス沿線の柏市光ヶ丘にも940世帯分のアパートが出現しました。

また、当社沿線にも、八千代台に次いで大久保に、約300戸の住宅地が32年末に完成しました。このため、大久保駅の乗車人員は、30年度に比べて35年度には、49％の増加をみせています。以上のように、団地造成沿線開発は、当社全線にわたって目覚ましい躍進をみせ、当社の飛躍的発展の基礎となりました。

4 バラと海の谷津遊園

汐干狩も海水浴もできる臨海遊園地として親しまれてきた谷津遊園にも、盛衰がありました。

大正13年に関東一の臨海遊園地を造成しようと立案されたのが最初で、当時は葭が密生した湿地帯でした。昔から、この地方は行徳と同じく製塩事業が行なわれていたところで、大正6年9月30日の大津波で、当時盛んであったスッポン養殖、養魚事業などが一瞬にして水泡に帰してしまったこともありました。こうした事情のあった土地を、サンドポンプ

昭和29年ころの谷津遊園

谷津旧バラ園とローズハウス

で埋立て、谷津遊園が誕生したのです。そして昭和4～5年ころには一応遊園地の体裁が整えられ、勧業銀行の旧館を買収して移築した楽天府（これは昭和14年9月、千葉市に市庁舎として譲渡、昭和38年の新市庁舎落成まで市民に馴染深いものとなっていた。）が、クラシックな偉容を誇示するようになってから、谷津遊園も脚光を浴びるようになりました。そのころ、谷津遊園で栽培していた草花は名声を馳せたものです。これには陰でたいへんな努力が払われたからで、種子はアメリカ南部の代表的園芸会社バー・ピイ社から直接取り寄せていました。種類はパンジー・フロックス・キンセン花などで、これらが春の花壇をにぎわし、夏季にはマツバボタンが咲き競いました。改良種のこれらの花は、色調が特に優れ、マツバボタンなどは大輪の八重咲きでしたので入園客の目を楽しませてくれるに充分でした。

また当時、園内にあった野球場が現読売巨人軍の合宿練習の根拠地であったことは前述しましたが〔本書には収録せず〕、故人となった名ピッチャー、スタルヒンが元気な姿で走りまわっていたのも、この谷津野球場でした。不世出の本塁打王ベーブルース一行が来朝した際、この球場で練習し新聞紙上に谷津野球場が大きくクローズアップされたことも、また当時合宿した巨人軍選手たちの楽書きが楽天府地下室の壁に長く残っていたのも、今では思い出となりました。

このほか、名優阪東妻三郎の阪妻プロダクションが、園内のスタジオでトーキー製作を行なうなど、順調に成長した谷津遊園でしたが、戦争末期には閉鎖休業のやむなきにたち至りました。

しかし戦後は、まだ混乱の続いていた昭和22年に逸早く営業を再開して、かれきった国民の心に安らぎを送りました。そして、次々と施設を拡充していったのです。24年には納涼台新築、26年には25ｍ公認プールを完成、27年には園内劇場グランドホールと屋内遊戯場・象舎などの動物舎を新築、28年にはボート池・チンパンジー舎・正面入口を新築、29年には水禽舎・猿舎などのほか装飾塔を新築するなど、植物園や動物園の充実を中心に大改修を重ね、近郊有数の大遊園地として知られるようになりました。こうした積極策は着々と実をあげ、29年8月1日には入園者数2万3000人、収入126万円をあげるに至りました。そして更に10月1日からは秋の呼び物として「谷津菊人形展」を新しく催しました。第1回は千葉県にゆかりの佐倉義民伝・日蓮聖人一代記・南総里見八犬伝・真間の手児奈などの場面のほか、子供を対象とした笛吹童子おとぎ十二段返しなど36場面が黄菊・白菊と競いました。この谷津菊人形は年を重ねる毎に人気が高まり、現在でも沿線恒例秋の行事として好評を得ております。

この菊人形に対応し、昭和30年4月から「花まつり人形展」を新しく開催、第1回はヒットアルバムショウと称して、5月末まで若い人の間に人気を呼びました。この催しも第2回（昭和31・3・20～6・15）は「花まつり童話人形展」、第3回は谷津バラ園の開設がこれに代わり、第4回（昭和33・3・21～6・15）は「こども世界めぐり花人形展」というふうに春の行事として現在まで続いております。こうした新企画と設備拡充によって〝海水浴の谷津遊園〟は早春から晩秋へかけて、四季の大半を活用できる遊園地として発展していきました。

設備拡充は30年に至っても続けられ、同年には宝竜閣・ムーンロケット・ヘリコプター式飛行塔・豹舎などを新築、熱帯魚展示室を増築するなどのほか、春には植物園が完成しました。この植物園は延べ１０００㎡（３００坪）内に針葉樹・常緑樹・落葉樹・蔓性樹・果樹・特用樹など５００種が植樹され、小中学生の教材用として歓迎されました。こうした努力が報いられ、30年4月10日の日曜日はおりからの「花まつり人形展」に人気が集まり、29年8月の入園者1日2万３０００人を上廻り、3万人を突破、開園以来最高の人出を記録しました。これは盛夏の人出を桜咲く4月に突破できたこととして、当社にとっては重要な意義をもつものです。

谷津バラ園にご来園の高松宮妃殿下（昭和33年5月27日）

次いで、東洋一を誇る谷津バラ園が、昭和32年5月27日完成しました。同日、秩父宮妃殿下をはじめ３００名のバラ愛好家を招待して催された開園披露パーティにおいて、大山社長は、

「今、日本でバラ愛好家は非常な数にのぼり、また外国にまで見に行く人が多いのに外国からのお客さんをご案内するところもないありさまであるので、是非代表的なバラ園を造って欲しいというご要請もあり、われわれも決意いたした訳でございます。市川はローズ・シティという名で呼ばれるほどバラで有名な土地であり、同じ地域なので必ず立派なバラ園になるであろうと見込んでおります。」

と語っております。ここでこの東洋一を誇るバラ園について若干述べておきましょう。

谷津遊園地内にバラ園を造る計画は、昭和31年秋ごろからありました。これは日本生命保険相互会社・副社長国崎裕氏、リーダーズダイジェスト社・編集長福岡誠氏、東洋電機製造株式会社・社長三輪真吉氏などのバラ愛好家のすすめもあって設計にかかり、翌32年2月から植物園・水族館のあった遊園地東北隅の６６００㎡（２０００坪）をバラ園にあてたのです。設計には花の女神「フローラ」の像（山本雅彦氏製作）を中心にした、サークルデザインを用いました。

北西隅には、高さ4ｍの見晴台を作り、ここからフローラの像近くまでは、高さ1・6ｍのブリッジとし、歩きながらバラの海・バラの波を見渡せるようにし、北には１７０㎡（55坪）の温室を作りました。また北東側には、高さ9ｍの鉄製スクリーンを作り、新しいデザインのデコール（舞台背景）とし、大輪・中輪咲きの蔓バラをからませました。

中央フローラの像のまわりには、分割された円錐形の緑の芝生をおき、また、クリムソングローリーの濃紅色２００株、ピース（クリーム紅ぼかし）の4年生８００株、ヘレントロウベル（オレンジ色）２００株、アミティエ（杏黄色）２００株その他１００種以上の品種を合わせて、

完成直後のビーチハウス

ビーチハウス前特設会場における谷津おどり発表会と盆踊り大会（昭和35年8月10日）

４００株を密植いたしました。

密植は、日本ではじめてで、この大胆な試みは、栽培管理の面で、専門家の間にも反対者が多く、又海岸近くのバラ園の造成には、潮風の被害等の点で相当の心配もありましたが、苦心の管理が実り、5月には花数も多く、極めて大輪で見事なピンク色・ローズ色・オレンジ色・濃黄色・クリーム色・紅色等の集団花が美観を呈し、バラの集団美が遺憾なく発揮されて、画期的なバラ園となったのです。なお、ショーガーデンに入る前の大トンネルは、長さ１００ｍに近く、幅は5ｍで花咲くトンネルの下は多人数のそぞろ歩きができます。

このようにして春5月にはじまり、早咲きから遅咲きに至るものまでの満2か月間の開花期間中は、何万人もの愛好者が楽しめるようになりました。

続いて翌33年1月には、隣接の池を3分の2埋めたてて、サンプルガーデンを作りました。世界各国の代表品種約４００種を1品種6本の割合で植えたもので、これも世界に例をみない一大バラ見本園であります。そして、フランス・イギリス・アメリカ産のバラにはそれぞれの国旗を立て、国際的感覚を表示しました。ここでもまた、東側の高台には、日本産原種野バラと世界的に有名な野生ノイバラの代表品種１５０種を植えました。なお、池の中央には大噴水を置きました。吹き上げる清水が日に輝いて虹となり、浮かぶ白鳥にかかる情景はえもいえず、銘して「白鳥の池」としました。そしてこれに続いてショーガーデンの南側に鉄筋コンクリート2階建約１５０㎡（50坪）のローズハウスを建てました。

このローズハウスは丁度バラ園の中央にあたり、南にはサンプルガーデン、西南には白鳥の池、西には大トンネル、北には大ショーガーデンがあり、東は防風林をこえて、東京湾・房総を眺めるという夢の楼閣となりました。このようにして、合計1万２０００本、1万５０００㎡（４５００坪）の大バラ園がここに完成したわけであります。これによって年間およそ２００万人のバラ愛好者が、家族連れで楽しむようになりました。

そして、毎年5月にはローズ・パーティーを開催して、バラの愛好家、政財界の名士など多数を招待してきましたが、昭和35年には秩父宮妃殿下、高松宮妃殿下も御来園になりました。その後、アメリカバラ会のN. LEVY氏、イギリスのバラの第一人者S. MCGREDY氏、アメリカ三大バラ業者の一人のA. ARMSTRONG氏、加州大のAMMERTS博士、BAKER博士などが次々に来園し、絶賛の言葉を残して帰りました。

こうして、谷津遊園の大きな特色として、バラの優雅さが有名になり、バラの樹もようやく根が深く地についた昭和38年、延長される京葉高速道路がバラ園の中央を抜けることになりました。そこで、これを海岸寄りの運動場・植物園跡に移設することにし、昭和39年10月から工事にかかり、翌40年4月までに完成、5月の開花には、新バラ園で開園パーティーを開催したのです。

この間、昭和32年7月17日、「谷津ビーチハウス」が海水浴シーズンに先駆けてお目見得しました。このビーチハウスは昭和初期の海水浴客に親しまれていた楽天府を近代的にしたようなもので、建築面積は２０００㎡（６００坪）の鉄筋コンクリート2階建で、1階は２００人収容の大食堂、ロッカー１５００人分のロッカー室、2階は１００人収容の食堂と舞台付１１０畳の大広間、このほか１５０人が入浴できる浴場を備え、秀麗な外観と相まって谷津遊園の面目を一新しました。

また、33年9月30日には、かねて朝日新聞社と協力して工事を進めていました海上ジェット・コースターが完成をみました。これは全長６５０ｍの4分の1強に当たる１７０ｍが海上にあるという特異の構造を誇るもので、谷津遊園の娯楽施設は更に一段と充実したものとなったのです。

〔2－7－H〕『昭和のモダン住宅　八千代のテラスハウス――テラスハウスと共に歩んだ家族の記録』（八千代市立郷土博物館、二〇一一年、一〜七頁）

テラスハウス

テラスハウスの歴史と魅力

テラスハウスの概念は一般的に「二階または三階建ての、庭を持った連続住宅」という意味の名称である。テラスハウスの発祥地はイギリスで、一六六六年のロンドン大火以降に生まれた都市型住宅のことを言った。ローハウスと呼ばれた長屋に、広い空間を持った歩道が家の前に付き、この部分をテラスと言うことからテラスハウスと呼ばれるようになった。この点が戦後、日本に広まったテラスの解釈と異なり、日本では、庭のことを意味する表現として捉えられている。近代に入ってからは、オランダ、ドイツ等でも数多く建築されるようになった。

江戸時代の日本では、長屋住宅がすでに数多く存在していた。この長屋が欧州のテラスハウスと違うのは、木造の平屋建てで、井戸や便所などは共有スペースであったと言う点である。テラスハウスの生活空間は、個々の住宅内で完結している。

日本における本格的なテラスハウスの始まりは、昭和三〇年に発足した日本住宅公団によるテラスハウスの建設であった。昭和三三年に造成された東京の阿佐ヶ谷住宅は、テラスハウスによる住宅地計画の代表的

イギリス：カンバーノールド（志岐祐一氏提供）

オランダ：キーフウオーク（志岐祐一氏提供）

ドイツ：公営テラスハウス（志岐祐一氏提供）

ドイツ：公営テラスハウス（志岐祐一氏提供）

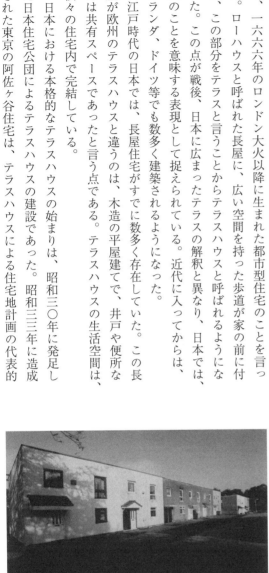

な例として、現在でも都市計画の手本とされている。設計は八千代台のテラスハウスと同じ公団東京支所の設計課であった。

阿佐ヶ谷住宅の評価については「都市に自然的な環境の存在することは極めて重要であり、鉄とガラスとコンクリートの味気ない都市環境に緑のオープンスペースを取り戻すことは都市計画の重要な課題の一つである。」と日笠端《ただし》氏（東大名誉教授）著『都市計画』の中で述べられている。阿佐ヶ谷住宅が、緑を巧みに取り入れた住宅地として高く評価しているのである。

また別の評価として、「ダンチ族、団地生活などという言葉が新聞にも顔を出すようになった一九五五年前後から、いわゆるコミュニティ論もさかんになり、住宅地をいかにまとめていくか、住民の生活をいかに結びつけていくべきかが真剣に議論されるようになった。」と鈴木成文《しげふみ》氏（東大名誉教授）著『住まいの計画　住まいの文化』の中で述べられている。阿佐ヶ谷住宅が、中央に児童遊園を持つ配置がなされ、子どもの遊び場を中心としたコミュニティ形成を意識した配置となっていたことが高く評価されているのである。

八千代台住宅の完成は、阿佐ヶ谷住宅よりも早い昭和三二年であることを考えると、八千代台のテラスハウスは、公団が手がけたテラスハウスの原点とも言える。阿佐ヶ谷住宅に盛り込まれたまちづくりのエッセンスは、すでに八千代台住宅でも見ることができ、テラスハウスによる住宅地計画の先駆的な役割を担っていたとも考えられる。

このように昭和三〇～四〇年代前半に隆盛期を迎えた日本のテラスハウスであったが、土地の、高さへの活用を目指して、多くの集合住宅が高層化していった。その結果、昭和四〇年代後半には、テラスハウスの建設はほとんど行われなくなった。

テラスハウスの魅力は、何と言っても各戸に専用庭があることである。庭に芝を張り、四季の草花を植え、子ども達が安心して庭で遊ぶことが

現在の阿佐ヶ谷住宅（志岐祐一氏提供）

庭と融合した阿佐ヶ谷住宅（志岐祐一氏提供）

八千代台住宅と外観がよく似ている多摩平住宅（志岐祐一氏提供）

昭和50年代 テラスハウスの庭で（八千代台：星野さん）

できた。庭の存在によって、一戸建と変わらぬ満足感を得られたのである。

そして子どもの成長に合わせて庭の部分に増築することが可能であった。実際に八千代台、勝田台の各テラスハウスでも、増築した家が多い。

また、二階建てであったことから、子どもの生活空間と親の生活空間を上下で分けることも可能であり、限られた面積でありながら使い勝手は良かったと言える。

千葉県初の住宅団地

八千代台団地とテラスハウス

昭和二九年一月、大和田町と睦村が合併して、八千代市の前身となる八千代町が生まれた。更にその九月には阿蘇村も編入合併し、人口一五六一八人の町となった。当時の都市計画は、町内を住宅、工業、農業の各地域に区分し、それぞれの地域が連携して街の繁栄を図ることであったが、八千代は東京のベットタウンとして急速に発展していった。

当時の日本は、労働者人口が都市部に集中したため、住宅不足が深刻化していた。昭和三〇年には鳩山一郎内閣より「住宅建設十箇年計画」が発表され、昭和三〇～三九年の間に、四七九万戸の建設計画が掲げられた。このことを受けて、国の施策として日本住宅公団（現 UR都市再生機構）が発足し、千葉県では千葉県住宅協会（後に千葉県住宅供給公社）が、昭和二八年に、すでに設立されていた。

合併間もない八千代では、昭和三〇年に、京成線に八千代台駅ができる予定となっていた高津新田（八千代台）に、県下初となる本格的な住宅団地の造成が決まる。戸建て地区は協会が担当し、公団は団地の西側

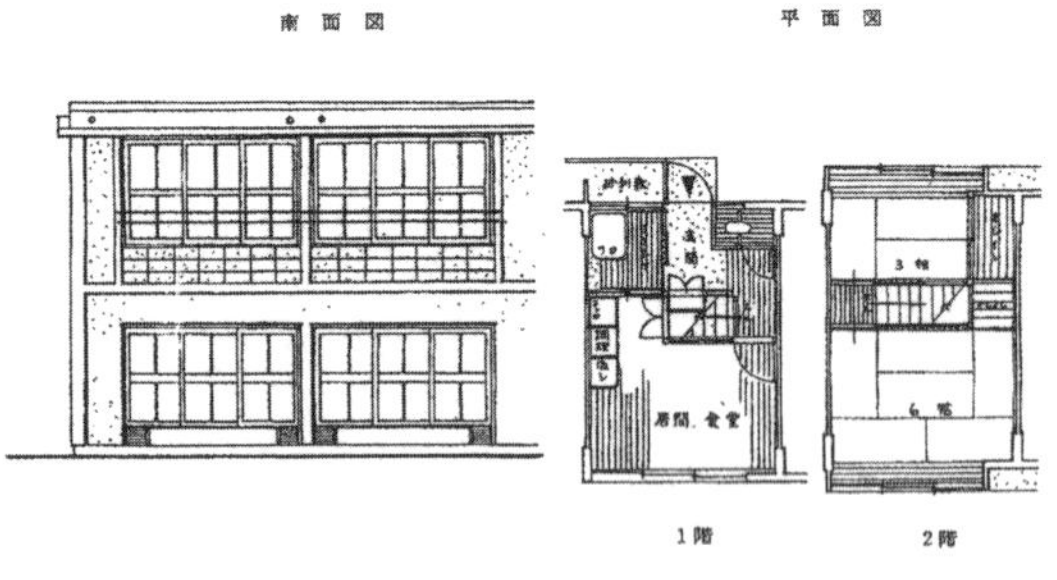

八千代台住宅テラスハウス前面・平面図（UR都市再生機構提供）

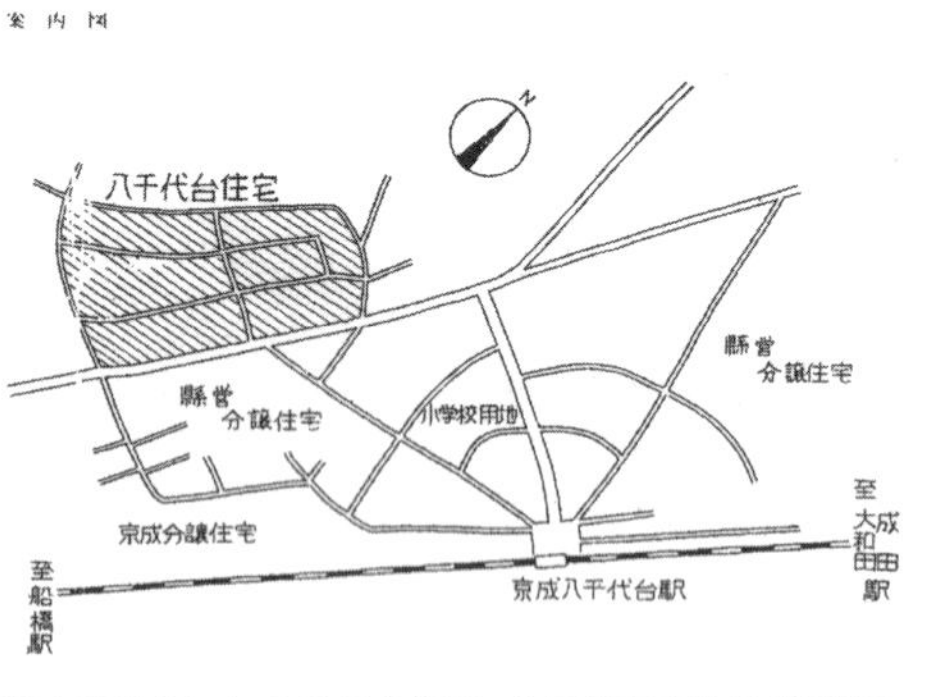

公団が分譲した八千代台住宅（UR都市再生機構提供）

住宅団地発祥の地記念碑（八千代台駅前）

昭和40年代　テラスハウスの街並み（館蔵）

に当時まだ珍しいテラスハウス（八千代台住宅）を建設することになった。テラスハウスは、賃貸と分譲の地区に分かれ、昭和三二年には、百十六戸の分譲が行われた。

一棟に六〜八戸が連続する二階建てのコンクリートブロック造で、一戸約十三坪（四十三㎡）である。専用庭・六帖・三帖・ダイニングキッチン、水洗トイレに浴室が完備した近代的な住宅であった。当時の大卒の初任給がおよそ一万五千円の時代、賃貸の家賃が五千円、分譲の価格は八七万円であった。決して安い金額ではなかったが、都心から一時間程の通勤圏にあったことや、洋風の生活に憧れる若いサラリーマン層から注目された。「ダンチ族」という流行語が生まれたのも、この頃である。

勝田台団地とテラスハウス

昭和三九年、千葉県住宅供給公社によって、八千代台団地に続く大規模な住宅団地の造成が勝田で始まった。総面積は約三十五万坪（百十五万㎡）、テラスハウス七百三十七戸を含む三千七百六十戸の勝田台団地である。

京成線に勝田台駅が作られ、そこを起点に南口に外周道路が整備されて宅地の造成が行われた。昭和四三年からテラスハウスを中心とした百六十戸第一期分譲が開始される。同時に駅北口も、「八千代都市計画村上地区土地区画整理事業」に基づく計画的な街作りが併せて行われ、成田街道を経て村上方面につながる道路も整備された。

公社が手がけたテラスハウスは、当時新工法であった大成プレハブ工法が採用され、耐震性があり増築も可能であった。構造は、連続二階建て鉄筋コンクリートプレハブ造で、約十八坪（五九㎡）の広さであった。代表的な間取りは、六帖・六帖・四・五帖・ダイニングキッチンに浴室、

外周道路を中心に造成される街並み

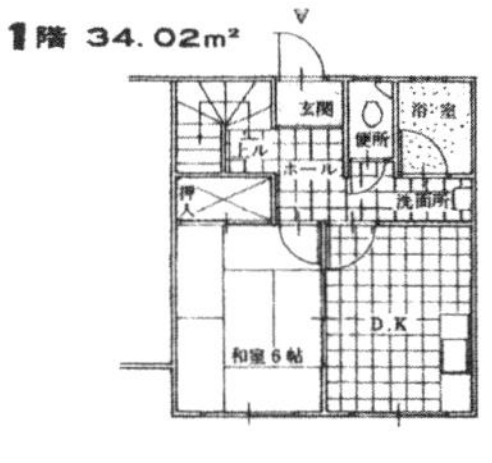

2階にバルコニーのある3型タイプ（千葉県住宅供給公社提供）

第1期完成時のテラスハウス（白土さん提供）

約20坪の庭がテラスハウスの魅力（白土さん提供）

水洗トイレ、上下水道が完備し、約二〇坪（六六㎡）の専用庭が全戸に付いていた。

　間取りによって六タイプに分かれ、二階に広いバルコニーのあるタイプや、一階に駐車スペースにも転用できるサービスヤードを持つタイプもあった。一棟には四〜六戸が連続する建物が造られた。

　当時の分譲価格は約三百六十万円で、戸建てより割安で二階建て庭付き住宅が購入できるとあって大いに注目され、平均倍率は五〜六倍、角地に至っては、十倍以上になることもあった。

テラスハウスの暮らしと思い出

　八千代台団地を例に挙げると、昭和三〇年代に千葉県住宅協会によって分譲された、通称十五坪住宅と呼ばれる木造平屋建て住宅と、日本住宅公団が分譲した二階建てコンクリートブロック造のテラスハウスがあった。テラスハウスは、当時としてはまだ珍しい水洗トイレと浴室を完備しており、ステンレストップの流し台を備えるダイニングキッチンと相まって、若い世代に人気であった。

　しかし建物の構造面では、木造住宅にはない不便な点もあった。室内の気密性が、当時としては格段に向上した結果、防音・保温効果に優れていたが、結露に弱いという点である。これは、従来の木造住宅には見られない弱点であった。このことは八千代台住宅のみならず、勝田台のテラスハウスでも同様のことが言えた。どの家でも特に「押入の湿気対策に気を遣った。」と語っている。

　また、隣家との庭の境には高い塀などを設けないことになっており、開放的な外構もテラスハウスの特徴であった。

　そして子ども達が成長するにつれて、子ども部屋を必要とする家が増えてきた結果、テラスハウスの庭や、二階のバルコニー等に増改築する

昭和39年　八千代台住宅（八千代台：吉田さん）

昭和30年代　八千代台団地の十五坪住宅（館蔵）

昭和42年建設中のテラスハウス（勝田台：岩崎さん）

昭和30年代　牛が放牧される八千代台住宅の空き地（館蔵）
〔現在の八千代台西小学校側から撮影〕

家が増えた。子どもの成長と共に、テラスハウスの外観も大きく変貌していったのである。

また、モータリゼーションの波が押し寄せる昭和四〇年代に入ると、各家の自家用車のニーズが高まり、庭の一部を駐車場にする家も多くなった。

写真で綴る、テラスハウスと家族の思い出

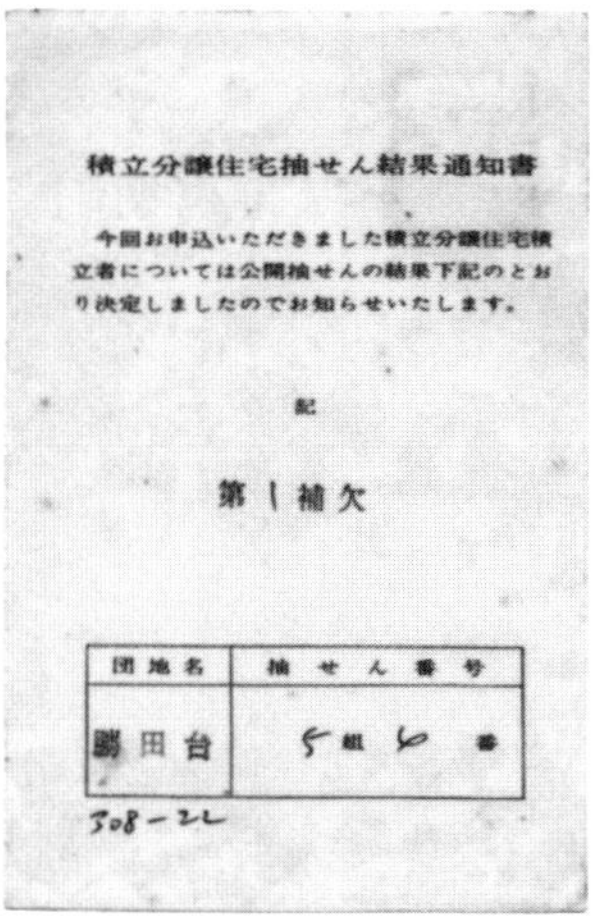
積立分譲住宅抽せん結果通知書

今回お申込いただきました積立分譲住宅積立者については公開抽せんの結果下記のとおり決定しましたのでお知らせいたします。

記

第1補欠

団地名	抽せん番号
勝田台	5組 60番

308－22

補欠当選のハガキ

サラリーマン住宅
3団地募集

頭金の積立方法が2つある

住宅金融公庫融資付

積立分譲住宅

勝田台
八千代台
大宮台

募集案内

千葉県住宅供給公社

募集パンフレット（昭43）

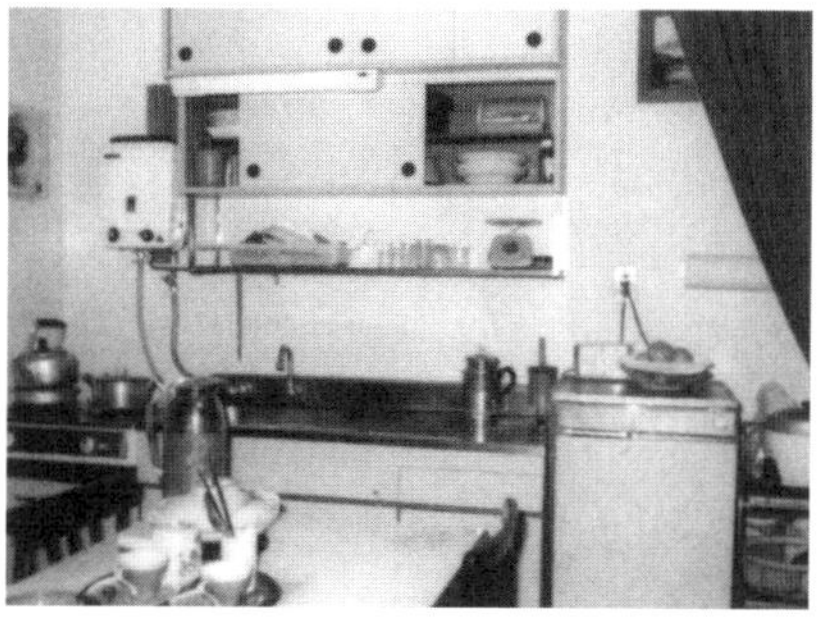
建設当時のテラスハウスのキッチン

テラスの庭の遊具と子ども達（昭45）
（勝田台・羽生さん提供）

押入を２段ベットに改造（昭和50）
（勝田台・白土さん提供）

テラスハウスの今と未来を見つめて

八千代町時代に生まれた八千代台団地のテラスハウスと、昭和四二年の市制施行を経て、勝田台団地に生まれたテラスハウスは、八千代が町から市として発展する原動力となった街として共に栄え、今日に至っている。

八千代台、勝田台の住宅団地にも、それぞれ自治会が組織され、より良い住環境を実現するために力を合わせて様々な課題に取り組んできた。現在、その街並みは円熟期を迎えているが、その一方で住む人の高齢化も進んでいる。また、建物の老朽化も問題となり、建て替えや改装などの必要にも迫られている。これらの課題は、テラスハウスに限られたことではなく、戸建てのエリアでも同様である。

しかし戸建てに対し、テラスハウスは複数の世帯が共に暮らす住宅である。建て替えやリフォームなど、同じ棟に住む家同士がお互いの理解と協力の下、進める必要がある。

八千代台、勝田台のテラスハウスの未来は、その魅力である四季の花と緑にあふれた外観を活かした、コミュニケーションあふれる新しいまちづくりを目指す時期に来ていると言えるだろう。

テラスの２階から（昭40）
（八千代台・須田さん提供）

バルコニーで家族写真（昭45）
（勝田台・白土さん提供）

テラスの庭で家族写真（昭48）
（八千代台・跡部さん提供）

第8章
神奈川県

［2-8-A］
横浜市総務局市史編集室編『横浜市史 Ⅱ 第三巻（下）』（横浜市、二〇〇三年、三六九～三八八、四五七～四六七頁）

第一節　「もはや「戦後」ではない」

一　変わる市民生活

全国に戦災を受けた都市は多いが、この横浜ほど、戦災とそれにつぐ占領によって、大きな痛手をうけた（マヽ）都市はあるまい。したがって、その復興速度もおそく、また復興状況も幾多の変貌を示している。数々の悪条件を克服し、漸く、基幹的な復興建設の段階に至ったのは、戦後も一〇年を経た昨年頃である。

『横浜に於ける盛り場の研究』（松竹株式会社調査室、一九五六年九月、ガリ版）の冒頭部分の一節である。同書は「劇場立地条件」のための調査資料であるが、この部分は一九五六年の時期の横浜の状況をよく捉えている。横浜は、第二巻（下）で扱った都市復興と占領の時期をへて、あらたな状況へと踏み出し始めていた。他の諸都市に比べて遅かった接収の解除が行われ、経済の成長がはじまった。この調査資料が主眼を置いていた「盛り場」とともに、横浜の都市の様相と市民の生活の形態とが変化の兆しを見せていくのである。本章で扱う一九五六年から七五年までの時期には、公害をはじめ都市におけるさまざまな「問題」が指摘され、その解決のために運動が展開された時期でもあった。新たな生活によって新しい主体が作り出され、そこから新たな公共性が希求される時期でもあった。本章では、その様相を一九五六年から六七年までと、六八年から七五年までとの二期に分けて考察しよう。

一九五六年から六七年までの前期に市民生活はいろいろな局面で変化を見せるが、その発端であり新しい生活が凝集されている様相を呈しているのは、団地の誕生である。団地の始まりは、一九五五年に設立された日本住宅公団の建設に関わるが、横浜においては瀬谷（一九五六年）、日吉（一九五七年）に建てられた団地が、その皮切りとなる。

団地族（その一）

横浜における団地は、瀬谷、日吉など一九五〇年代中葉に建てられた第一類型の団地とともに、いまひとつ第二類型の団地がある。第二類型は、一九六〇年代半ばから末にかけて建設された汐見台（六三年）や左近山団地（六八年）などであるが、まずは第一類型の団地の生活空間を見てみよう。そもそも、団地は、一九五〇年代に登場したあたらしい居住の空間であり形態であったが、次第に都市における人びとの暮らしの一つのかたちをなすにいたった。『週刊朝日』（一九五五年七月二〇日）が「新しき庶民〝ダンチ族〟」を名付けたことがその出現と定着をつよく印象づけたが、団地によって空間とともに、生活のスタイルが大きく変貌する。

日吉団地に移り住んだある男性は、「若い時から貧乏のし通しであったから、初めて公団住宅に入ったときは、やっとこれで自分も人並みの住居に入ることができたという感慨がひとしおであった」と記している。（杉岡碩夫「忘れられない団地」日吉団地自治会『ひよし二〇年の思い出』一九七九年）。団地内では、㈠夫婦と子供という近代家族が営まれ、㈡テレビや冷蔵庫などの電化製品が使用された「電化生活」が推進された。㈢各部屋は鍵で閉じられた個室となっており、従来の近隣のコミュニケーションは革新され、㈣しばしば団地内の自治会が結成されあらたな「公共性」も提示されようとしている。第一類型の団地に横浜におけるあたらしい生活スタイルと生活空間の誕生を探ってみよう。(1)

『The Key』という団地に向けた新聞がある。(2) 同紙に連載された「わが家の家計簿」には、団地族の生活スタイルがかいま見える。ここに登場する家族はたいがいは夫婦と子供という核家族であり、夫婦ともに二〇代後半から三〇代初めで、結婚して数年目。夫婦と子供が一人から二人、夫はサラリーマンであることが多く、共働きの場合も見られる。また、知的な活動にも積極的で「月に一回二人で労音」に出かけたり（一九六一年四月三日。夫二九才、妻二六才）、レジャーの計画を立てたり、子供におもちゃを買い与え、教養娯楽にも力をいれている。Y子（二八才。夫は会社員、二九才）は、『婦人公論』『暮しの手帖』と『法学セミナー』を「月ぎめ」で購入している（一九六二年四月二三日）。(3)

また団地族は、ラジオとともにテレビを所有し、冷蔵庫などの耐久消費財も積極的に購入しており、団地族のあいだでは電化生活が始まっている。二六才のS子は、夫が三一才（会社員）で八か月の赤ん坊が居るが、貯金を下ろし冷蔵庫を購入し、ボーナスでテレビを買おうと計画している。S子は（冷蔵庫を）「デーンとわが家に置いてみますと、やっと文化的な生活に近づいたような気が致し、多大な支出も喜びに化し」たといっている（一九六一年七月三日）。会社員（三一才）と長女（一才）との三人暮らしのE子（二六才）は、「電化製品も一通りそろって、あとはクーラーと湯わかしがほしい」といっている（一九六二年九月二四日）。E子は自動車も月賦で買っているが、こうして自動車を購入している家庭も少なくなく、団地族にはガソリン代や修理代、さらには月賦に追われている家庭がある、と「わが家の家計簿から」では報告されている。

団地族にはクリーニング代を計上している家庭が多く（サラリーマンが多いと言うことの反映でもある）、食生活にも配慮しさらに貯蓄をするなど、合理的な生活が営まれ、団地では考える生活――新しい生活への志向が探られ、実践されていることがうかがえる。

東京都内に間借り（一九五七年一二月～五八年八月。家賃は、六五〇〇円）をしていて、都内の公社のアパート（五八年八月～六二年五月。三五〇〇円）から、六二年五月に横浜の公団アパート（二DK。八〇〇〇円）に移ってきたK子（三一才）のケースは、次のようである（一九六二年八月二七日）――夫（三七才）は公務員、長男は二才。一九五八年から六二年までの「家計簿」は表1のとおりであるが、K子は、電気ミシン（五八年）、テレビ、ステレオ、洗濯機（五九年）、電気冷蔵庫（六二年）といった耐久消費財を購入している。また、新聞二紙、週刊

図1　日吉団地配置図

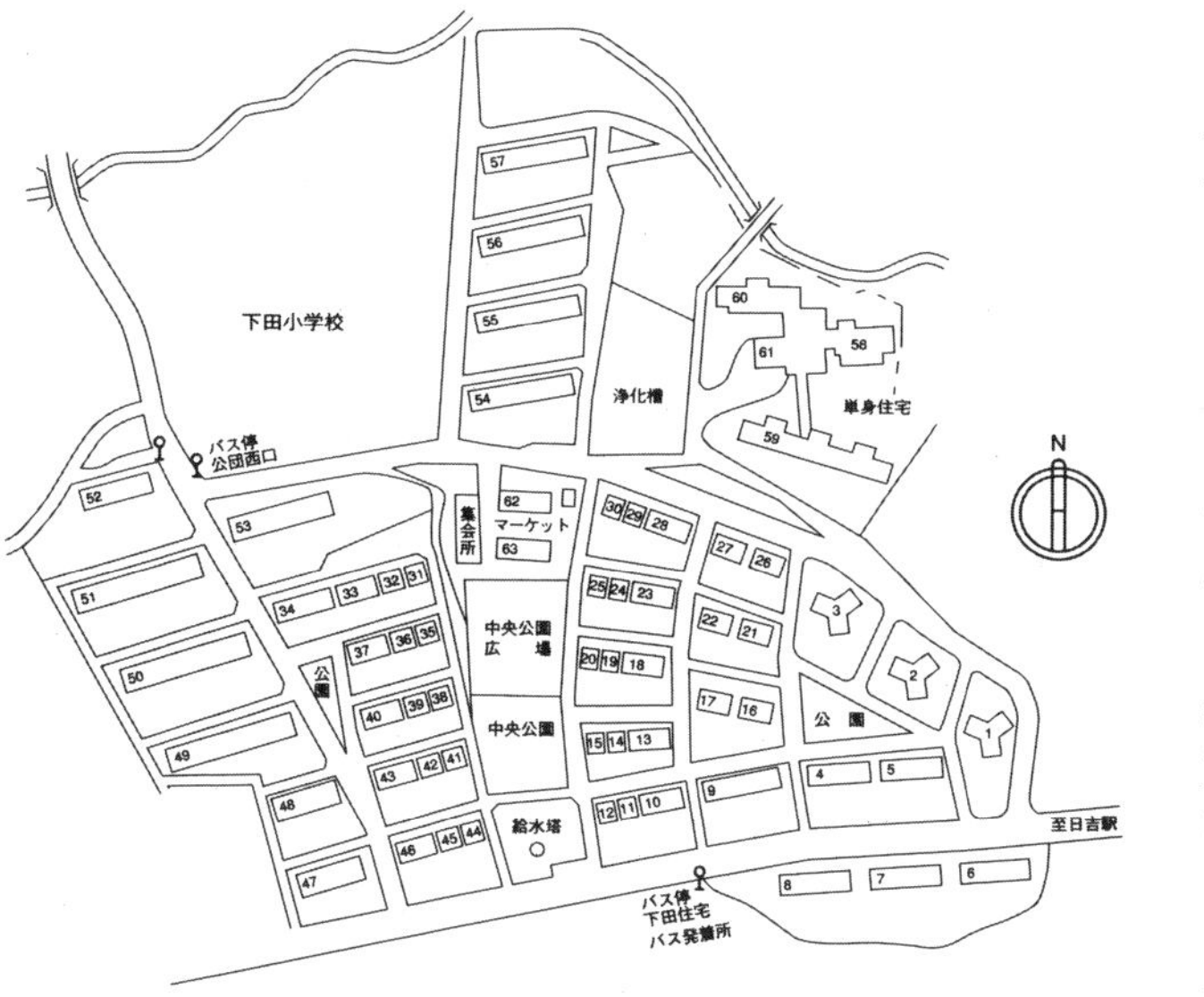

総戸数　667戸
中　層　309戸
テラス　154戸
単身棟　200戸
店　舗　　8戸（内4戸住宅付）

出典：サンヴァリエ日吉自治会『入居40周年記念誌』12頁。

表1　ある公団団地居住者の1958年～62年の家計簿

（単位：円）

	1958年	1959年	1960年	1961年	1962年 4月	1962年 7月
住居	6,732	4,471	4,240	4,878	4,719	8,599
光熱・水道	1,071	1,042	1,559	1,687	2,544	2,524
主食	2,123	1,707	2,225	2,379	2,795	2,684
副食	4,353	4,254	5,633	6,852	7,487	7,283
調味	594	518	619	602	560	484
嗜好	1,054	910	1,062	1,069	1,811	1,811
被服	1,105	1,283	703	1,092	842	1,088
教養	808	563	964	1,205	1,655	1,009
衛生	2,476	2,180	2,425	2,621	3,700	1,593
娯楽	634	235	42	15	0	500
交際	1,396	1,817	1,154	909	335	1,216
公通	1,654	2,106	1,522	1,536	653	1,755
職業費	2,433	2,017	2,693	3,021	2,972	2,731
雑費	346	1,135	1,012	1,498	913	1,348
保険	684	684	644	644	644	644
貯金	2,000	6,828	7,286	9,390	13,785	7,000
合計	29,463	31,552	32,783	38,398	45,415	42,269
給料	26,577	29,756	31,369	36,971	42,923	42,983
貯金払出	—	1,476	2,710	1,336	190	0

出典：『The Key』164号（1962年８月27日）。
注：1958年～1961年は平均月額。

誌一誌、とラジオ、テレビの聴視料を払い教養娯楽費が支出されている。

こうした団地族の生活動向を『横浜経済統計年報』を元にしたテレビの普及率表2と比較してみると、団地では市内全体に比しテレビ所有の割合が高いことがうかがえる。

団地族の生活スタイルは、生活空間——団地という住居の器に大きく規定されていた。（第二類型が登場してからのパンフレットであるが）『公団住宅の住まいのしおり』（日本住宅公団関東支所、一九六八年）では、懇切丁寧に団地での住まい方について、図を示しながら説明をおこなっている。[4] この時期になっても、こうした説明が必要であったのだが、これは団地が新しい生活のさきがけであったことを示していよう。

このパンフレットに掲げられた「団地生活の手引き」は、「あなただけが専用するものについて」と「皆さんが共同で使用するものについて」、たくさんの説明項目があり、団地におけるあたらしい生活について知識が与えられている。パンフレットでは、㈠個を単位としそれを尊重する生活と、㈡集合的な共同生活という二面性が押し出され、さらに㈢近代家族の器としての団地が主張されている。㈠から㈢に共通するのは、施設にかかわる面への言及で、㈠に関しては、たとえば「玄関」や「鍵」に関する記述がそのことを伝えており、「この鍵は、あなたの生命財産を保護し、プライバシーを守ってくれる大切なものです」とされ、「玄関のドアーは、あなたの住宅を外部から、完全に遮断する唯一の砦です」としている。生活・居住空間における外部／内部の区別をいうのであるが、これは公共性／親密性の峻別にも通じており、こうした空間を分離する生活のスタイルを、団地は教え込んでいく。一つひとつの施設が、生活のあり方のなかで公／私の区別を要請することとなっている。

㈡にかかわる施設としては、「ダスト・シュート」や「集会場」がある。また、階段と廊下に対しては、「皆さんが日に何回となく通行するところです。お互いに話合つて掃除し、汚さないよう気を配りましょう」と公共空間であることを意識させている。集会場の位置づけも「皆さんがたの親睦を図るため、有効にご使用願います」とされるとともに、

表2　市内テレビ・ラジオの受像受信契約数・普及率

	テレビ 契約数	テレビ 普及率	ラジオ 契約数	ラジオ 普及率
1955年	2,371	0.9%	193,755	74.8%
1956年	7,162	2.7	200,269	76.6
1957年	15,221	5.6	210,267	77.6
1958年	29,243	10.3	216,133	76.1
1959年	63,295	21.2	208,738	70.0
1960年	122,368	38.9	185,614	59.0
1961年	182,331	51.8	160,193	45.5
1962年	241,957	64.0	129,637	34.3
1963年	286,354	70.3	55,273	13.6
1964年	322,046	74.0	48,757	11.2
1965年	345,063	73.8	41,154	8.8
1966年	366,336	74.0	37,850	7.6
1967年	386,603	73.9	37,879	7.2
1968年	417,547	86.5	35,258	7.3

出典：横浜商工会議所『横浜経済統計年報』各年。

エレベーターについての説明もなされている。
団地の生活空間は同時に核家族の空間でもあって、「居間」は、「家族の共通の部屋」とされ、「子供の生活や心理」を考えた「子供部屋」が各戸に設けられていた。これは、核家族のかたちに対応した空間の提供であり、団地においては家族のかたちと空間とが相互に規定しあっていた。

また、このことは生活スタイル——合理的な生活のかたちの提示でもあり、団地の造りは（木造ではなく）「コンクリート住宅」であることが喚起され、各戸の「台所」にはステンレス流しや、ガスレンジが設けられた。まだ共同浴場が一般的であった時期に団地内の各戸には内風呂があり、「ホーロー引き」のガス風呂が設置されてあった。「便所」は全て水洗式で、和式と洋式があり、（あまり使い慣れていなかったであろう）洋式については、このパンフレットでは、図を提示して便器の使用法を説明している。また、水洗式便所では、必ず「トイレット・ペーパー」を使うようにいい、新聞紙などを流して詰まったときには、その人に「費用の負担」をしてもらうといい、「一ヶ所でも〔便所が〕故障を起すと皆様が迷惑されます」ととくに注意をうながしている。生活の局面に、新しい設備が入り込み、従来の家事や生活の様相を変えていく様相がうかがわれよう（以上の引用は、『公団住宅の住まいのしおり』による）。この高度経済成長のはじまりの時期に家族がさまざまに焦点となるのは、いわゆる主婦論争が展開されたことにも知られるが、男性／女性をはじめ家族内での構成員のそれぞれの役割が改めて問われる。このことが団地においては空間／生活スタイルの変容と平行して進行していったのである。

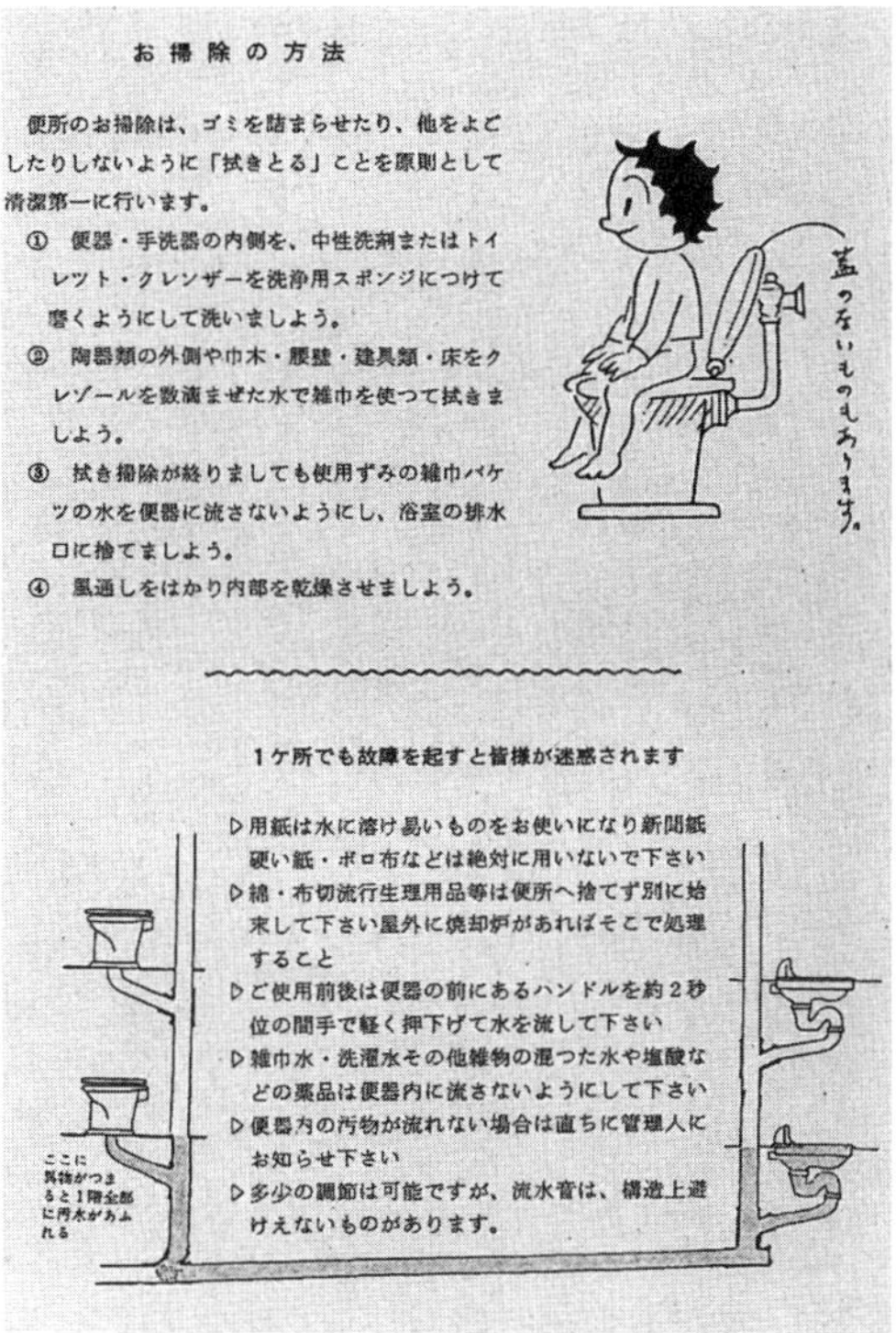

写真1　『公団住宅の住まいのしおり』に掲載されたトイレ使用法

空間の変化にともなう新しい生活は、ダイニングキッチン（DK）の出現にも見られ、家族の団欒と食事の光景が、これまでの「ちゃぶ台」を囲むものから移行していった。また、インスタント食品が出回り始めた時期にもあたっており、生活が他の局面においても変わっていった。一九五八年には、初めてのインスタントラーメン「チキンラーメン」が売り出されたが、お湯をかけラーメンができあがることは食生活の変容を促した。団地族において自動車が所有されるようになり、モータリゼーションを先駆けたことはすでに指摘をしたが、団地には電話がひかれ、コミュニケーションの新たなかたちを採用してもいった。団地の生活がどのようなものであったかを知るための調査がしばしば行われていることは、団地において、こうして新たな生活が開始されていることを証左していよう。

団地の自治活動

変わっていったのは、家族生活の水準だけではない。集団生活の水準も、団地族の登場によって大きく変わる。集団生活の水準における変化の一端は、団地における自治会の結成と、それにともなう新たな公共性の追求に、それをうかがうことができる。日吉団地の自治会を例に、述べてみよう。

　日吉団地自治会は、一九六二年一月二八日に設立総会が開かれ発足している。[5]「日吉団地自治会設立総会のお知らせ」（ガリ版、一九六二年一月二五日）には、「日吉団地での生活をより明るく、健康的にそして文化的にしたい」と自治会結成の準備委員会を発足させていたことが記されている。「幼稚園父母の会有志」「小学校PTA有志」「中学校PTA有志」という就学（子ども）を通じたネットワークと、「若人の集い」「一般居住者有志」といった世代その他を軸とした集まりを合流させるというかたちで、居住空間をつながりとした共同性を作り上げたのである。この過程では、あらかじめアンケート調査をおこない、「環境改善」（「道路安全」「防犯」「校庭砂塵防止」「美化」など）、「福利衛生の向上」（「託児所」「交換会バザー」など）、「親睦」（「リクリエーション《ママ》」「講習会、講演会」など）が目指され、日吉団地自治会には団地居住世帯の「六〇％余」の加入を見ている[6]（同前。および、「日吉団地自治会設立総会議事資料」ガリ版、一九六二年一月二八日）。

　日吉団地自治会は、随時、ガリ版刷りの「自治会ニュース」を発行し、さまざまな要求をおこない活発な活動をおこなっているが、「自治会ニュース」No.1では、「会員、非会員については特に差別をする意志はありませんので、共通の福祉利益をうけることになります」とされている。設立された一九六〇年代初めの活動を追ってみると、日吉団地自治会内に一九六二年三月にコーラス部が結成され（三月一三日。当初の参加者は、三二名）、子供会が開かれるなど（三月一一日。参加者は、一六〇名という）、居住者の結合を深めるような活動が多角的になされている（『自治会ニュース』No.3、ガリ版、日付不詳、一九六二年三月ころ）。

　社会に広がっていくような活動にも積極的で、自治会は団地内の道路補修についてアナウンスを行ったり、託児問題の検討を開始したり（同、No.5、ガリ版、日付不詳、一九六二年四月ころ）、「全団地一斉に衛生週

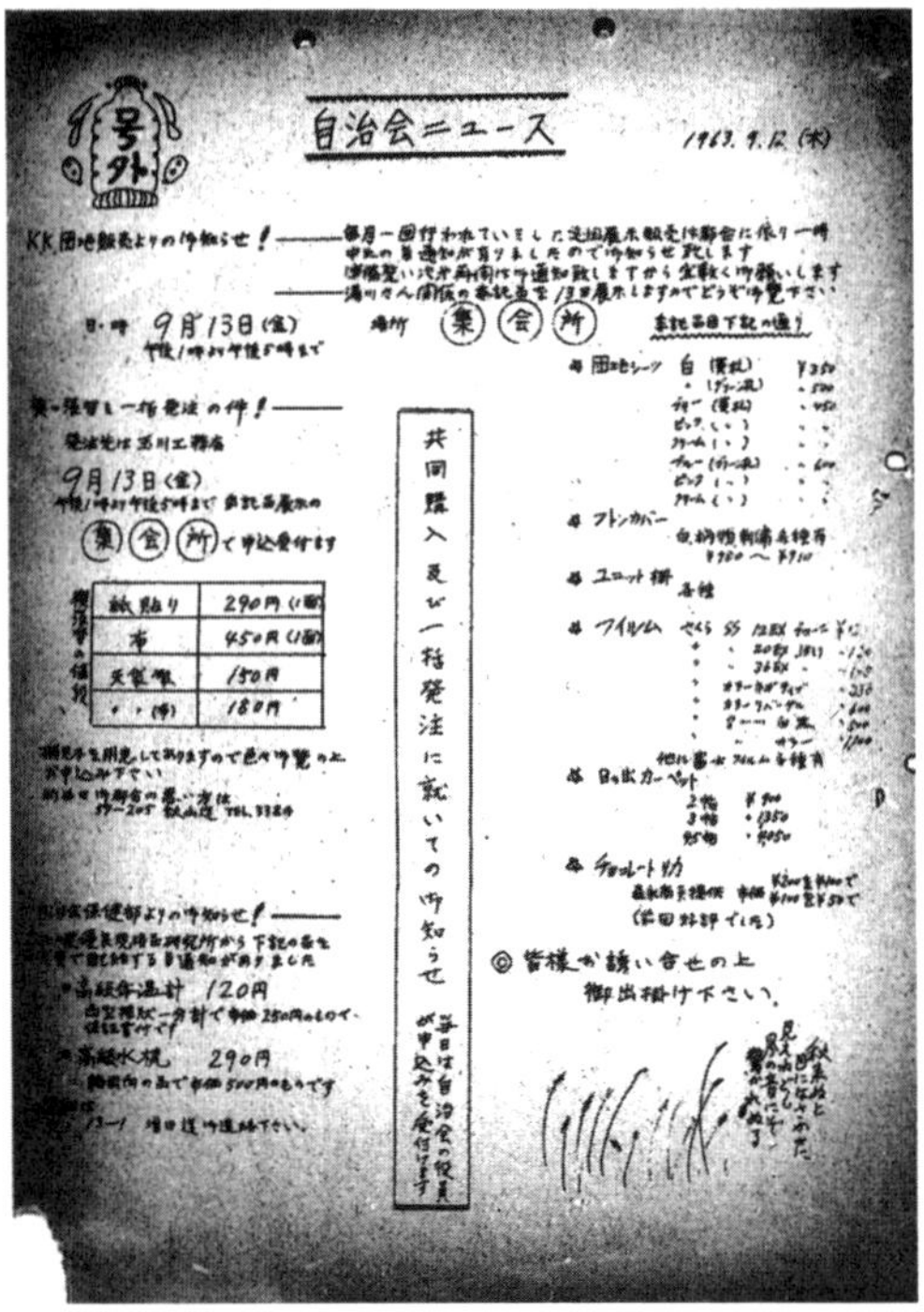

写真2　日吉団地『自治会ニュース』号外（1963年9月12日）

写真3　日吉団地の団地市場　1965年

表3　住宅等改修繕要求書アンケート項目

1	暴風雨などで危険であり雨戸をつけて欲しい。
2	トイレに雨の吹き込みがひどいので補修。
3	1室増築工事を希望する
4	台所流し台の勾配を直して欲しい
5	風呂場の塗装剝離を修理して欲しい
6	天井の貼り紙の対策を講じて欲しい
7	窓ワクのパテ塗りかえ
8	トイレカランの水漏りが甚だしい
9	(その他)

出典：日吉団地自治会『自治会ニュース』No.13（1962年7月16日）。

間」を実施し「各戸の油虫駆除」のための駆虫剤の頒布をもおこなっている。このときには、「全戸洩れなく御協力下さる様お願い致します」（同、No.7、ガリ版、一九六二年五月八日）と呼びかけている。

なかでも団地の居住生活に直接かかわるような事項――風呂場のスノコの共同購入やバザー、手芸教室や碁・将棋クラブの開催、さらには、「アルバイトの斡旋」などの共益的な実践には熱心であった（『自治会ニュース』ガリ版、No.8〜12、五月〜七月一四日）[7]。たとえば、入居からすでに四年たち、「設備のマヅイ点やその後の損耗などの苦情も多くきく様」になったということで、自治会は居住者に対して「住宅補修改善の陳情」のためのアンケート調査を行い（『自治会ニュース』No.13、ガリ版、一九六二年七月一六日、表3参照）、それをもとに公団側とはなしあっている（No.18、ガリ版、一九六二年八月一一日）。

ラジオ体操や盆踊り、ピンポン大会、また、「文化映画を見る会」[8]などの行事もさかんで、八月一一日、一二日の夜に予定されている「納涼盆踊り大会」は、「団地生活もようやく土地に根を下ろして居住者間の親しみも深まって参りました」と呼びかけられ、その「親しみ」をさらに深めようとの行事であった（No.17、ガリ版、一九六二年七月三〇日）。団地という集合的な居住空間に住まう人びとが、その空間を「共同性の空間」として自覚しようという試みが自治会の活動を通じて実践されてきているといえよう。日吉団地の自治会のばあい、保健部、渉外部、文化部、青少年部などが設けられこうした活動を行うが、その様相は表4を参照されたい。横浜市内に建てられた団地には、それぞれこのような自治会が設けられ、共同性と公共性の空間を意識化し、そのことにもとづく実践活動が試みられている。

こうした団地における共同性と公共性の希求は、一方では自治会による赤十字募金のための活動や保健指導員の選定、あるいは横浜市と市の社会福祉協議会の主催による「敬老の催し」の開催など、行政などからの要請を伝達したり、「募金」活動の一翼を担うということになる。公団との交渉については、共益費の値下げに係わる事項もあり、このように市内のさまざまな団地の自治会との共同歩調を取ることもある。

また、日吉団地自治会の場合には、近隣の小学校の校庭の砂塵の対策という「問題」に署名活動を通じて乗り出したこともあった（No.28、ガ

表4　日吉団地自治会活動経過

年月日	分野	主なできごと	摘　　要
62.3.11	文化	子供会	参加187名　会ヒ20円　補助2,000円
62.3.26	保健	生ポリワクのお知らせ	保健所にて実施
62.4	文化	4.7女声コーラス・4.12混声コーラス発足	会ヒ：会員30円・非会員50円
62.5.16	保健	ニッサンサニタ配布	清掃ダストシュート　油虫退治
62.5.20	保健	託児（個人・集団）発足	準備委員8名　申込み60名
62.6	文化	女声コーラスPTAと合体	自治会の運営から離れる
62.6	文化	オルガン購入	11,000円
62.6.3	文化	不用品交換バザー	
62.7.19,20	文化	夏の手芸教室（編物）	参加30名　講師2名
62.7.24	保健	乳幼児の保健　講演と幻灯	保健所五井・広木先生
62.8.1	保健	厨芥箱閉鎖・ポリ袋	
62.8.14,15,16	文化	納涼盆踊り大会	参加400名・寄付8,000円
62.9	保健	D.D.T.無料配布	保健所あっせん
62.10.14	文化	囲碁クラブ発足	会ヒ100円・補助400円
62.11.4	文化	第2回バザー	
62.11.9	文化	モール手芸講習会	
62.11.25	文化	ピンポン大会	参加32名・補助4,000円
62.12.1	保健	子どものしつけ方・婦人教室	自治協あっせん・講師加藤氏
62.12.22	文化	子供会（入居5周年記念）	200名参加　経ヒ20,000円
62.12.21	文化	混声コーラス・クリスマスパーテー	20名参加　プレゼント交換　歌と踊り
62.12.9	渉外	南日吉団地役員との交流	
63.3.15	保健	巡回母子保健教室	20名参加・講師近藤先生

出典：日吉団地自治会『第3回総会議事資料』。

リ版、一九六二年一一月ころ)。日吉団地に隣接する下田小学校の校庭の砂塵で洗濯物がよごれ、風の強い日は窓を閉めても一時間に二~三ミリにも及ぶとして、署名を集め教育委員長に「陳情書」を提出しているのである(日付不詳。ガリ版刷りビラ)。このときには、自治会の役員は団地内の各戸別訪問をおこない、非会員にも呼びかけ、四四〇世帯(六五〇名)の署名を集めている。そして、会長ら四名が市長らと面談している(「校庭砂塵防止で陳情」ガリ版刷り、日付不詳)。

こうした自治会活動について注目すべきは、団地内の騒音防止につい

表5　団地一覧(~1965年)

	建設主体	団地名	住所	年月	類別	棟数	戸数
1	市営	栗田谷住宅	神奈川区栗田谷	1948年~1952年	賃貸	6	144
2	県営	藤棚アパート	西区藤棚町	1949年6月~1951年2月	賃貸	10	240
3	県営	浦島ヶ丘アパート	神奈川区浦島ヶ丘	1951年8月~1954年7月	賃貸	10	228
4	市営	鶴ヶ峰住宅	旭区鶴ヶ峰	1954年~1959年	賃貸	12	168
5	県営	花見台アパート	保土ケ谷区花見台	1954年7月~1965年4月	賃貸	15	129
6	市営	楽老アパート	瀬谷区二ツ橋町	1955年~1958年	賃貸	42	318
7	県営	瀬谷団地	瀬谷区瀬谷町	1955年12月~1975年3月	賃貸	203	1,510
8	公団	瀬谷団地	瀬谷区瀬谷町	1956年9月	賃貸	36	268
9	公団	野毛山住宅	西区老松町	1956年11月	分譲	5	120
10	公団	清水ヶ丘団地	南区清水ヶ丘	1956年12月	賃貸	8	157
11	市営	法泉町住宅	保土ケ谷区法泉町	1957年	賃貸	45	206
12	県公社	杉田団地	磯子区杉田町	1957年1月~1957年11月	賃貸	6	138
13	県営	川島町アパート	旭区鶴ヶ峰	1957年1月~1975年3月	賃貸	10	199
14	県営	長津田団地	緑区長津田町	1957年5月~1964年4月	賃貸	36	179
15	公団	篠原団地	港北区篠原町	1957年11月	賃貸	8	175
16	公団	日吉団地	港北区下田町	1957年11月~1958年3月	賃貸	64	667
17	市営	谷津田原団地	緑区北八朔町	1958年~1959年	賃貸	46	258
18	公団	北原団地	神奈川区六角橋	1958年3月~1958年7月	賃貸	16	350
19	公団	高島台団地	神奈川区高島台	1958年6月~1958年7月	賃貸	6	136
20	公団	山田町団地	中区山田町	1958年8月	賃貸	4	160
21	公団	下倉田団地小松ヶ丘住宅	戸塚区下倉田町	1958年8月~1958年10月	賃貸	39	374
22	公団	海岸通団地	中区海岸通	1958年11月~1960年3月	賃貸	9	460
23	公団	小港団地	中区小港町	1958年11月~1958年12月	賃貸	16	650
24	公団	月見ヶ丘団地	鶴見区鶴見町	1958年12月	賃貸	1	224
25	市営	谷津田原第二団地	緑区北八朔町	1959年~1960年	賃貸	17	144
26	県営	万騎ヶ原団地	旭区万騎ヶ原	1959年3月~1963年4月	賃貸	14	252
27	公団	上倉田団地	戸塚区上倉田町	1959年4月	賃貸	17	640
28	公団	明神台団地	保土ケ谷区明神台	1959年6月~1959年8月	賃貸	48	1,156
29	県公社	山田町団地	中区山田町	1959年9月~1960年10月	賃貸	5	150
30	市営	十日市場住宅	緑区十日市場町	1960年~1964年	賃貸	324	2,017
31	県営	橋戸原団地	瀬谷区瀬谷町	1960年4月~1962年4月	賃貸	22	121
32	公団	西寺尾団地	神奈川区西寺尾	1960年5月	賃貸	8	216
33	公団	矢部団地	戸塚区矢部町	1960年5月	賃貸	27	811
34	県営	西原第二住宅	保土ケ谷区川島町	1960年7月~1961年4月	賃貸	27	139
35	公団	仏向町団地	保土ケ谷区仏向町	1961年10月~1962年4月	賃貸	17	528
36	県営	大道アパート	金沢区六浦町	1961年11月~1964年4月	賃貸	5	120
37	県営	六浦団地	金沢区六浦町	1961年12月~1966年4月	賃貸	6	137
38	県営	羽沢住宅	神奈川区羽沢町	1962年3月~1963年4月	賃貸	48	231
39	公団	南日吉団地	港北区日吉本町	1962年5月~1962年7月	賃貸	45	1,337
40	公団	山下公園公団アパート	中区山下町	1962年11月	賃貸	1	102
41	県公社	汐見台団地	磯子区汐見台	1963年4月~1967年12月	賃貸/分譲	47	1,055
42	公団	公田町団地	戸塚区公田町	1964年4月~1964年7月	賃貸	33	1,160
43	県営	千丸台アパート	保土ケ谷区新井町	1964年6月~1966年5月	賃貸	32	812
44	県営	千丸台テラス	保土ケ谷区新井町	1964年6月~1965年3月	賃貸	42	228
45	公団	蒔田団地	南区蒔田町	1964年7月	賃貸	9	260
46	市営	上飯田団地	戸塚区上飯田町	1965年~1966年	賃貸	42	1,412
47	公団	北磯子団地	磯子区磯子町	1965年12月	分譲	5	124

出典:『日本住宅公団20年史』、神奈川県建築部『県営住宅一覧表』(1977年)、神奈川県住宅供給公社『公社住宅の軌跡と戦後の住宅政策』資料編、『横浜市住宅供給公社10周年誌』、横浜市建築局『事業概要』(1976年度)、同『横浜市の公営住宅』。

注:社宅、産業労働者住宅を除く公営住宅の内、100戸以上を対象としている。なお、住所は建設当時のもの、年月は公団・県営・市公社が入居、県公社が竣工、市営が募集の時期を示している。

図2　団地分布図1（〜1965年）

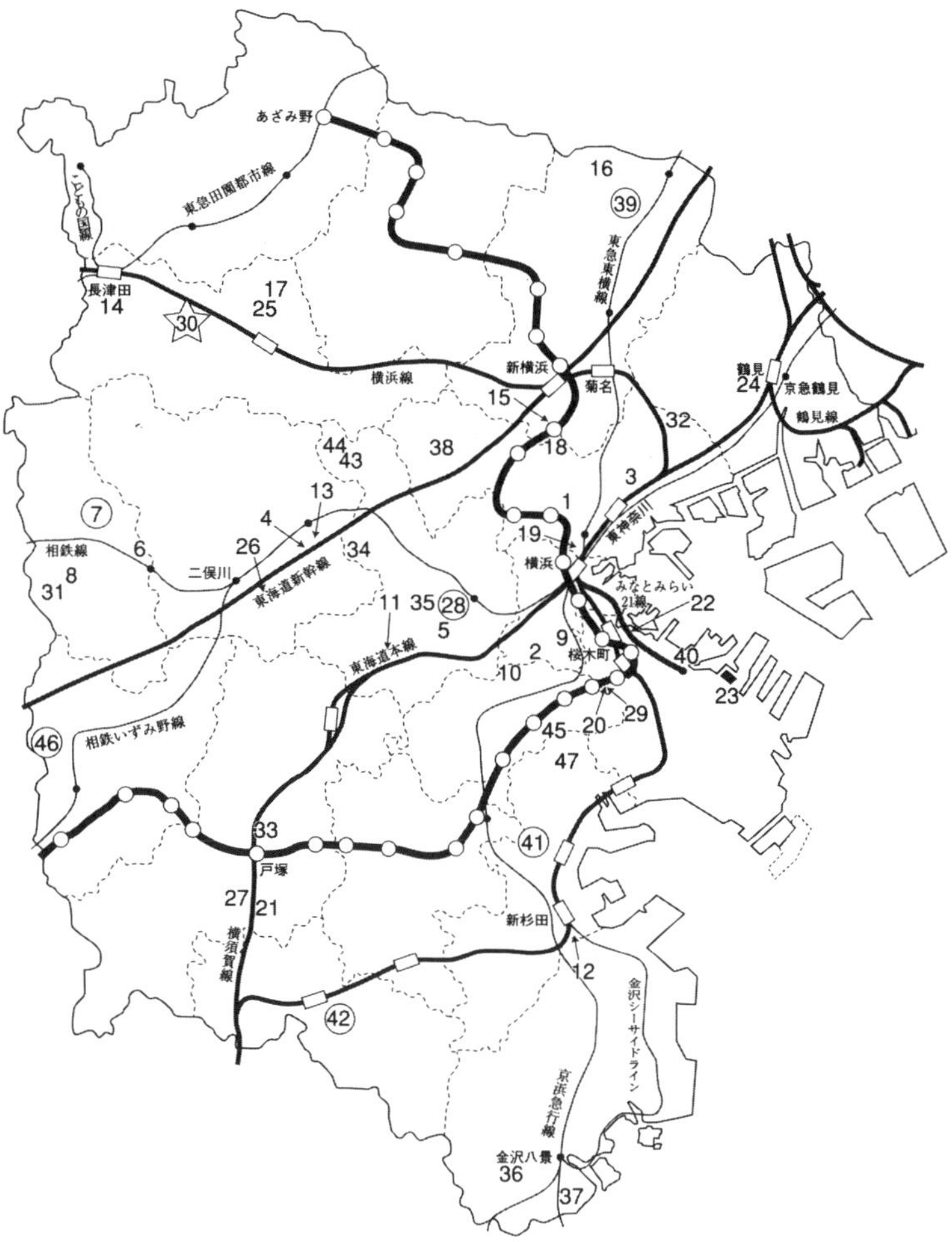

出典：表5に同じ。
注：○印は1000戸以上、☆印は2000戸以上、無印は1000戸未満を示している。

ての申し合わせが、自治会主導でなされていることである。『自治会ニュース』（No.41、ガリ版、一九六三年七月一七日）には、「夏季で開放的でもありますので、ピアノの演奏や電蓄の聴取等について」「自粛申し合せ」をし、夜は九時まで、平日は朝は八時から（日曜日は、一〇時から）とし、「この時間内でも近所のめいわくにならぬ様注意する（余りにも高い音や、長い演奏等）」とされている。共同の空間のルールが、自治会主導によって定められるのであるが、この動きは、さらに共同性（公共性）の空間の協議——たとえば、ゴミ問題、「近隣騒音」をめぐっての協議へと至り、のち一九七二〜七三年ころ、「日吉団地居住者の申し合わせ事項」が作成されるようになる[9]（『ひよし』第四〇号（一九七五年二月一日）には、「団地生活エチケット集」として掲げられている）。ここでは楽器演奏の時間からルームクーラーの騒音、花火やマージャンについての注意、ゴミの出し方からペット、車の駐車まで実に事細かに言及されており、団地自治会によってあらたな公共性が具体的に提示されたといいうるのである。

「東京音頭」の替え歌で、「ハァー、団地明るく　チョイト自治会音頭　ヨイヨイ　みんな仲よく　力合わせて暮しよく　サテ」（四番）という「日吉団地自治会音頭」なるものまで作られている（「日吉団地自治会音頭」ガリ版、日付不詳、一九六二〜六三年頃）。

団地族（その二）

表5は、戦後から一九六五年までに建設された横浜市内の公営住宅のうち、一〇〇戸以上のものを一覧にしたものである。ただし、社宅や単身者用などの産業労働者住宅は除いてある。また、その位置を地図上に落としたのが図2である。

戦後の深刻な住宅不足を補うために、神奈川県や横浜市は公営住宅を建設していったが、一九五〇年には神奈川県住宅公社、一九五五年に日本住宅公団が設立され、さらに一九六七年には、横浜市住宅供給公社もこれに加わる。表5を見て気づくとおり、県営・市営の住宅には「住宅」「アパート」という名称が多いのに対して、公団が登場して以降

「団地」という名称が主流となっていく。郊外に一〇〇〇戸規模の住宅を建設するという、いわゆる「団地」のイメージが定着するきっかけとなったのは、やはり公団住宅であったといえよう。

表5と図2には含まれないが、当初の県営・市営住宅は木造や簡易耐火の平屋あるいは二階建て住宅を、旧市街地に建設した。その後、四階建て耐火建物の栗田谷住宅（1）や藤棚アパート（2）のように、耐火中層住宅がしだいに主流となっていく。公団団地は、当初から耐火性能を有する集合住宅の建設を目的としており、また間取りも2DKを標準としていた[10]。この時期にはまだ、平屋あるいは二階建ての連戸、テラス形式の住宅もあった（14・31・34・38・44）が、表にあげたほとんどの団地は、三、四階建ての中層住宅である。

また、この時期の特徴としてあげられるのは、一部の例外を除いてほとんどが賃貸住宅であったことである。これは、住宅不足対策、そして勤労者向け住宅の建設が優先された時代を象徴している。

横浜では高度成長期を迎えて人口が急増し、これに対応するために、一九六〇年前後から横浜市内でも規模の大きな団地建設が始まった。瀬谷団地（7）・明神台団地（28）・十日市場団地（30）・南日吉団地（39）・汐見台団地（41）・公田町団地（42）・上飯田団地（46）は、一〇〇〇戸を超える大規模なものとなっている。これらは、いずれも旧市街地ではなく、周辺の農村地帯などで広い敷地を取得して建設された。なお、汐見台団地はこの時期から入居が始まっているが、次の時期の第二類型の特徴を示しているので、後に触れよう。

盛り場

団地族に見られた核家族の登場は、余暇生活にも変化を促していく。一九五〇年代の中葉から六〇年代にかけての横浜の盛り場の様子を探ってみると、映画館が多い。一九三〇年代から娯楽の中心であった映画がこの時期にも依然として人びとの関心を惹きつけている。しかし、一九五六年四月の調査に係わる、松竹株式会社調査室『横浜に於ける盛り場の研究』（一九五六年九月）によれば、映画をめぐる環境は「戦前」と比較をしたときに変化を見せていることも同時にうかがわれる。この調査は横浜市内の映画館六七館を対象としているが、モダニズムが展開し映画人口が多かった一九三五年の二五館に比し、一九五六年には映画館の数が大幅に増加している。シート数ではさらに、八一五七席（三〇年）が二万七八三七席（五六年）と三倍以上に増えている。また邦画館と洋画館の割合の変化もみられ、三〇年の邦画二〇館（七四五一席）、洋館二館（七〇〇席）、混合三館に対し、五六年には邦画二五館（一万九六四席）、洋画一七館（八二四六席）、混合二一館（八六二七席）と多分にその比重を変えている。映画への嗜好の強さが本格化するとともに、洋画への傾斜が強まってい

表6　市内映画館入場者数

	入場者数
1956年	19,081,649人
1957年	20,508,740
1958年	21,168,605
1959年	21,376,071
1960年	15,784,872
1961年	16,500,457
1962年	13,994,285
1963年	11,915,080

出典：横浜商工会議所『横浜経済統計年報』各年。
注：1960年は3月から12月までの合計数。

表7　邦画と洋画の対比（月平均）

	伊勢佐木町		野　毛		馬車道	
	人　数	割合	人　数	割合	人　数	割合
1952年	邦　116,613	45%	邦　33,070	24%	邦　58,468	—%
	洋　143,583	55	洋　102,208	76	洋　—	—
1955年	邦　128,326	53	邦　35,215	33	邦　55,178	—
	洋　115,458	47	洋　70,498	67	洋　—	—
1956年4月	邦　144,403	65	邦　3,916	55	邦　31,619	28
	洋　79,338	35	洋　32,524	45	洋　79,593	72

出典：『横浜に於ける盛り場の研究』28頁。

るということができよう。市内の映画館の過半（五五%）が集中する、伊勢佐木町、野毛、馬車道の映画観客ではますますその傾向が強い（表6・7）。

「キネマ旬報ベスト・テン」の一九五六年度の邦画は、「真昼の暗黒」（今井正・監督）、「夜の河」（吉村公三郎）、「カラコルム」（記録映画）、「猫と庄造と二人のをんな」（豊田四郎）、「ビルマの竪琴」（市川崑）であり、洋画は「居酒屋（フランス映画）、「必死の逃亡者」（アメリカ）、「ピクニック」（アメリカ）、「リチャード三世」（イギリス）、「最後の橋」（オーストリア）であり、五七年は、「米」（今井正）、「純愛物語」（今井正）、「喜びも悲しみも幾歳月」（木下恵介）、「幕末太陽伝」（川島雄三）、「蜘蛛巣城」（黒澤明）や「道」（イタリア）、「宿命」（フランス）、「翼よ！　あれが巴里の灯だ」（アメリカ）、「抵抗」（フランス）、「戦場にかける橋」（アメリカ）などが、顔を見せている。映画も名作が多く作られる時期であった[11]。

こうしたなかで、時代劇とともに、都市生活を描いた多く撮られており、横浜が舞台となり、ロケ地となった映画も少なからず見られる。なかでも、黒澤明監督による「天国と地獄」（一九六三年）は、横浜港を一望する豪邸に住む専務の息子の誘拐事件をあつかったが、横浜市の都市構造が映像化されており横浜市と関連をもつ映画となっている。「天国と地獄」は、アメリカの小説家エド・マクベインの「キングの身代金」を原作としているが、「天国と地獄」のストーリーをたどってみると、――実際に誘拐されたのは専務の運転手の息子であり、犯人は横浜市内の病院に勤務する医者であった。この医者は、（浅見台にそびえ立つ）豪邸を見上げる低地のごみごみした地域、北向きの三畳間に住んでおりもちろんクーラーもない。身代金の要求をするときに掛ける電話も、自室にはない。居住地とその備品によって、黒澤は、専務と犯人との貧富の差を描き出しているが、とくに上層／下層の人びとの棲み分けが、横浜の高台／低地とされるところに、視覚的に横浜の都市構造を織り込ませている。「天国と地獄」は社会問題のみならず、都市空間の観点を入れ込んでいる映画ではあった。また、「天国と地獄」では、特急こだま号を使って身代金の受け渡しを行うシーンがヤマ場で採用されており、スピード化する時代性やこの時期の世相を盛り込んでもいる。

さて都市の盛り場には「グレン隊」がおり、一九五九年には「絶え間ないグレン隊の被害に『町をグレン隊から守ろう』」と、反町自治会、反町駅前通り商店街、松本東部自治会、泉町商店街、四地区婦人会が「暴力団狩りの協力」を神奈川署に申し入れている（『神奈川』五九年一〇月五日。以下『神奈川』五九・一〇・五のように略記）。この地区では、他地区のグレン隊が、地元のチンピラと「合流」し、「貸し飲み」（ただ飲み）を要求して、それを断れば嫌がらせをするなど、商店街を荒らし始めていたという。パチンコ屋に「こづかい銭」を出させ、昼間から商店街にたむろし通行人に声をかけてからかう――「これでは商店街への客足が減るし、町民はウカウカ通りも歩けない」と商店街の人びとが立ち上がり、どんな小さな被害でも警察に「即報」しポスターを貼り制服巡査との「ふくろう部隊」のパトロールを強化することとなった（同前）。

盛り場の問題は、六七年には、「深夜飲食街で夜通し騒がれてはたまらない」と中区本牧町で被害者大会が開かれ、「不当営業」を取り締まるように求め、本牧町の山手飲食店同業者組合も、地元の「風紀を乱す」などの被害をなくすために「自粛」に踏み出そうとしている（『神奈川』六七・九・三）。とくにこの時期には、「ベトナム帰りの米兵」も多いとも報じられている。（『神奈川』六七・七・七）。

(1) 日吉団地の場合、「団地というものがめずらしく」医師、教師、記者などが多く、「大まかに言って他からの干渉を嫌う、個人の生活を大事にする人が多かった」

という（「座談会　あの日　あの時　あんなこと」における斉藤陽の発言。『ひよし二〇年の思い出』）。

（2）株式会社団地通信発行。

（3）R子（二九才。公務員の夫は三〇才。長男一才）でも、『婦人公論』と『法学セミナー』を購入している（一九六二年一〇月一日）。なお、この記事では名前はすべて、アルファベットで記されている。

（4）「このしおりは入居説明会当日必らずご持参下さい。またご入居後もこれをご参考にして下さい」との注意書きがある。

（5）『自治会ニュース』№1、一九六二年二月三日。なお、日吉団地自治会関係の資料は、いずれもサンヴァリエ日吉自治会所蔵。

（6）「議事資料」では、四六九戸のうち二八四戸（六二%）の賛同という。また、入会金は一戸五〇円としている。なお、四月一〇日の第二回総会で、会費も五〇円とされた。

（7）横浜市史編集室で収集した『自治会ニュース』（№12、一九六二年七月一四日）には、部屋番号に○が付されたり、印鑑が押されたりしており、回覧された形跡が伺われる。

（8）一九六三年六月三〇日に行われる。劇映画「母の地下たび」、漫画映画「狼と七匹の子山羊」、「ヨーロッパの国々」などを上映（『自治会ニュース』№40、ガリ版、一九六三年六月二五日）。

（9）日吉団地自治会『入居三〇周年記念誌　ひよし三〇年の足音』一九八八年。

（10）『日本住宅公団史』日本住宅公団、一九八一年、四～九頁。

（11）『キネマ旬報』一九六三年一〇月五日。

第二節　住民運動・都市問題・市民生活

二　変貌する横浜の都市空間と市民生活

第二類型の団地

団地は、一九七〇年前後にあらたな展開をみせ始める。ひとつは、団地が定着しそのことによって、団地にも「問題」が生じてきたことである。いまひとつは、この時期以降に作られた団地が示す新しい傾向である。

団地建設は、一九六〇年代半ばから建設された第二類型になるといよいよ増加し、規模も大きくなっていった。表16、図3は一九七〇年まで、表17、図4は一九七五年までに建設された団地を示している。

第二類型の団地の特徴は、なんといっても二〇〇〇戸、三〇〇〇戸という、前の時期にはなかったような大規模団地が建設されたことである。埋立によって拡大しつつある京浜工業地帯で働く勤労者は、さらに急増することが予想され、そうした勤労者用の住宅が大規模な開発計画にともなって建設されていった。

なかでも汐見台団地（表5、図2参照）の建設は、開発計画の趣旨で、「横浜市営根岸湾埋立による臨海工業地帯の造成によって、立地される産業会社に対し住宅の供給を図るため」と、明確にうたっている。[1] 表では、社宅や産労住宅が省かれているため、戸数は一〇〇〇戸となっているが、全体の規模は三〇〇〇戸を超す。

このほか、一九六〇年代後半では四七〇〇戸という左近山団地（17）が飛びぬけている。竹山団地（40）も二四〇〇戸を数え、しかも五、六階の中層に加えて、一〇、一一階といった高層住宅も含まれていた。一九七〇年代前半では、いちょう団地（17）が二〇〇〇戸、野庭団地

（25）が三〇〇〇戸を超すが、一〇〇〇戸規模の団地はじゃっかん減少傾向である。これらはいずれも、一九六〇年前後の一〇〇〇戸規模の団地に比べても、さらに郊外を開発して建設されている。図を見ると、各鉄道路線からも離れていることがわかる。

一方、一九六〇年代後半では洋光台駅、一九七〇年代前半では磯子駅・本郷台駅など、根岸線の建設にともなう駅周辺の再開発で大規模団地が建設されたことも、この時期の特徴といってよい。とくに六〇年代後半の洋光台中央（33）・洋光台北（34）・洋光台南（41）は、それぞれ一〇〇〇戸を超す規模の団地であった。七〇年代前半の本郷台住宅（36）は、一五階建ての高層住宅である。その他、七〇年代前半には、根岸線沿線のさらに郊外が開発されたのも特徴的である。上郷西ヶ谷団地（34）・上中里団地（38）などは、その代表といえよう。

また、市街地の再開発にともなう共同ビル（一階など低層階に商店や事務所、上層階に住宅が入ったもの）や市街地住宅も、六〇年代後半以降には徐々に増えている。表中で一棟だけのものは、ほとんどが共同ビルである。七一年の井土ケ谷東団地（5）は、井土ケ谷駅近くの一四階建て高層住宅で、二棟で八〇〇戸を超えている。

もう一点この時期の特徴として注目すべきなのは、分譲が増加してむしろ賃貸よりも多くなっている点である。間取りもこの間、二K、二DKから三DKとなり、一九七五年頃から四DKも登場するなど、じょじょに広くなっており、公営住宅にも量より質が求められるようになった。分譲の割合が増したのも、そうした傾向を裏付けるものであろう。

団地の生活

団地族――十数年前、モダンな語感で迎えられたこの流行語も、いまではすっかり色あせた。高騰する地価、深刻な住宅難。その結果、庶民の手軽な住まいとしての団地は、年々ふえ続けた。…〔中略〕

…だが、団地族の言葉が珍しさを失うにつれ、団地そのものも色あせ、いたるところ欠陥が目立ち始めた（『読売新聞』一九七一年八月一一日）。

「団地族」という言葉が登場してから一六年目の一九七一年八月に、『読売新聞』にこのようなリードを持った連載記事「団地」が始まった。七二年三月二五日まで四九回にわたるこの連載は、神奈川県内の団地が抱えるさまざまな問題に焦点を当てており、一九七〇年以降の団地のあらたな局面を見据えようとしている。連載記事のなかでテーマとして取り上げられたのは、「老朽化」「市場」「道路」「交通」「公害」「教育」「防犯」「駐車場」「高層化」「保育所」「遊び場」「医療施設」「大型化」「選挙」「共益費」「自転車置き場」であり、この一〇年間に団地が抱え込んだ問題がどこにあるかが示されている。

たとえば、「老朽化」は、団地の各戸において水の出が悪くなるという苦情が多く、横浜市中区大和団地では「朝九時すぎ、一斉に洗たくが始まると、水の出が極端に悪くなり、午前一〇時過ぎには断水する」（連載一、一九七一年八月一一日。以下この連載は七一・八・一一のように略記する）。あるいは、磯子区汐見台団地では各世帯での電気容量が一〇～二〇アンペアであり、電化製品の少ない時期ならば十分であったが、「消費電力量の多い」電子レンジやパネルヒーターが出るに及んで、容量の増量の希望が「殺到」している。クーラーも取り付けられず、東京電力の営業所では「アイロンを使う時はテレビを消すなど、各家庭で工夫しているようです」といい、「電化製品が十分に使えない」という、およそ近代都市からぬ問題が入居者を悩ませている（連載二、七一・八・一四）。もちろん、老朽化にともなう雨漏りや窓枠のタガのゆるみなどの「苦情は絶えない」が（連載三、七一・八・一八）、その修理のシステムがはっきりしていないこともこの連載では、問題にしている。

団地内の設備の不備も、この時期になると目立ってきている。団地内の商店は、外の商店に比して価格が異常に高いという苦情が出てきている。医療施設も少なく、旭区左近山団地のばあい、八〇〇〇世帯に団地内の医療施設は内科と小児科の二つだけで、「いつも患者でいっぱいで、集団カゼでも発生しようものなら、診察を受けるのに半日がかり」。目や歯の治療にはバスで出かけるが、「大都市にいながら無医村に住んでいるよう。とくに夜間は、不安で仕方がない」という(連載三八、七二・二・九)。団地内に中央診察所を経営する医師は、「団地で開業するからには、ホームドクターに徹しなければならない」「自分が団地の健康管理の全責任者だという自覚があれば、〔深夜の診療も〕やらずにおられなくなる」といっている。[2]

当初約束されていた、団地道路の舗装の約束が守られないことに対する苦情もある。金沢区大道団地や港南区桜台団地のばあい、タクシーも乗りつけを拒否するほどのデコボコ道で、「ドロンコはなんとか免れるが、ホコリがひどすぎる」(大道団地)、「雨が降ると団地道路は長ぐつでなければ歩けないほど」であった(桜台団地)(連載一

表16　団地一覧2（1966年～1970年）

	建設主体	団　地　名	住　　所	年　　月	類　別	棟数	戸数
1	市営	勝田団地	港北区勝田町	1966年～1971年	賃貸	40	1,510
2	県公社	川上団地	戸塚区川上町	1966年4月～1967年4月	分譲	6	120
3	県営	川上団地	戸塚区川上町	1966年4月～1967年10月	賃貸	15	425
4	県公社	桜台団地	緑区桜台	1966年5月～1966年10月	分譲	18	456
5	公団	ガーデン山団地	神奈川区三ツ沢下町	1966年11月	分譲	11	320
6	県公社	屏風ヶ浦団地	磯子区汐見台	1966年11月～1968年11月	分譲	4	116
7	公団	末吉町四丁目アパート	中区末吉町	1966年12月	賃貸	1	104
8	公団	田園青葉台住宅	緑区青葉台	1967年4月	分譲	19	436
9	県営	笹山団地	保土ケ谷区上菅田町	1967年5月～1968年10月	賃貸	58	1,480
10	県営	川上第二団地	戸塚区川上町	1967年5月～1969年5月	賃貸	19	444
11	公団	青葉台アパート	緑区青葉台	1967年8月	賃貸	3	385
12	県公社	三枝木台団地	港南区芹ヶ谷	1967年9月	分譲	11	296
13	県公社	東本郷団地	緑区東本郷町	1967年11月～1969年7月	賃貸／分譲	15	472
14	県公社	長津田団地	緑区長津田町	1967年12月～1968年7月	分譲	17	416
15	公団	たまプラーザ団地	緑区美ヶ丘	1968年3月	分譲	47	1,254
16	県営	平潟アパート	金沢区平潟町	1968年5月～1971年6月	賃貸	3	104
17	公団	左近山団地	旭区左近山	1968年6月～1969年12月	賃貸／分譲	209	4,724
18	公団	飯島団地	戸塚区飯島町	1968年6月～1968年7月	賃貸	40	1,150
19	市公社	柏陽団地	戸塚区中野町	1968年8月	分譲	5	120
20	公団	金沢文庫アパート	金沢区泥亀町	1968年9月	賃貸	4	623
21	県公社	笹山団地	保土ケ谷区上菅田	1968年9月	分譲	9	240
22	県営	汲沢団地	戸塚区汲沢	1968年10月～1969年5月	賃貸	20	706
23	公団	六ツ川台団地	南区六ツ川	1968年12月	分譲	16	406
24	市営	ひかりが丘住宅	旭区上白根町	1969年～1971年	賃貸	54	2,220
25	公団	大正団地	戸塚区原宿町	1969年5月～1969年8月	分譲	30	780
26	公団	南幸市街地住宅	西区南幸	1969年7月	賃貸	1	224
27	公団	片倉台団地	神奈川区片倉町	1969年7月～1969年8月	分譲	23	600
28	市公社	市沢団地	旭区市沢町	1969年8月～1970年8月	分譲	13	374
29	市公社	根岸駅前ビル	磯子区西町	1969年8月	分譲	1	136
30	公団	笹下台団地	港南区笹下町	1969年10月	分譲	30	430
31	県公社	上白根共同住宅	旭区白根町	1969年10月～1970年7月	賃貸	6	230
32	県営	日野団地	港南区日野町	1970年5月	賃貸	26	774
33	公団	洋光台中央団地	磯子区洋光台	1970年6月～1971年4月	賃貸	11	1,276
34	公団	洋光台北団地	磯子区洋光台	1970年6月～1971年2月	賃貸	63	1,800
35	県公社	宮根団地	緑区三保町	1970年8月	分譲	9	232
36	県公社	川和団地	緑区川和町	1970年8月	分譲	13	280
37	公団	海岸通四丁目市街地住宅	中区海岸通	1970年9月	賃貸	1	144
38	市公社	汲沢西団地	戸塚区汲沢町	1970年9月～1970年12月	分譲	3	155
39	公団	西ひかりが丘団地	旭区上白根町	1970年10月～1970年12月	賃貸	48	959
40	県公社	竹山団地	緑区竹山	1970年10月～1972年4月	賃貸／分譲	127	2,434
41	公団	洋光台南団地	磯子区洋光台	1970年11月～1971年5月	分譲	74	1,493
42	市公社	ドリームハイツ	戸塚区深谷町	1970年12月～1973年8月	分譲	4	764

出典：表5に同じ。
注：表5に同じ。

一、一二、七一・九・一八、二二）。こうした施設の不足に関しては、遊び場も挙げられる。恵まれた遊び場を持つ団地は多くなく、かりに遊び場があっても、全体がコンクリート敷きで、土を使うと砂埃が舞う、という問題が生じるという（連載三六、三七、七二・一二・一二、五）。保育所もない。戸塚区の公田団地ではそれまで共同保育の会を結成し、各戸持ち回りで数人ずつの子どもを見ていた。しかし団地内の共同保育には、寄りつかない子がいたり、すべり台から落ちた子供が出たなどの事故があって、保育園の設置を計画し、四年がかりでようやく実現している（連載三五、七二・一・二九）。

図3　団地分布図2（1966年～1970年）

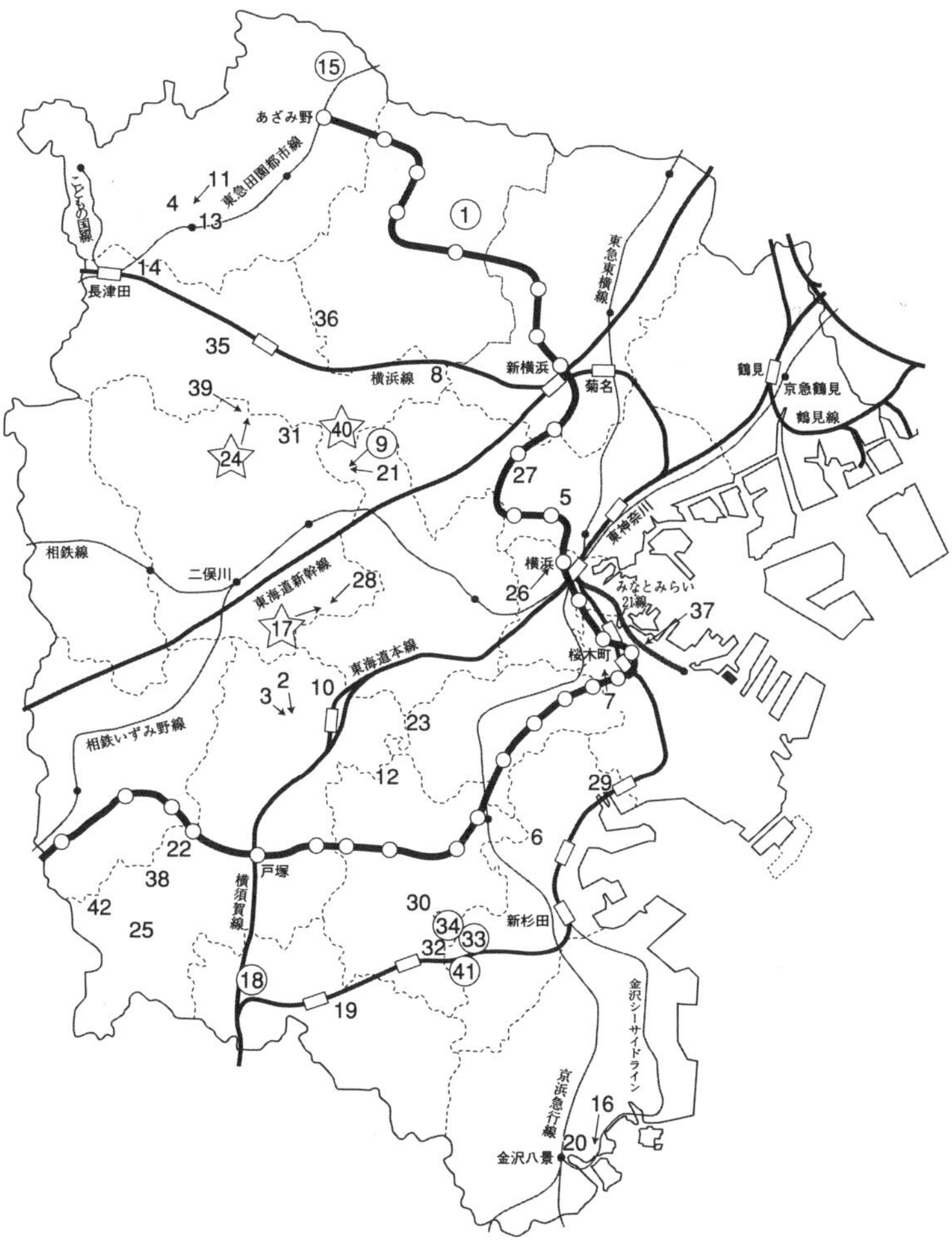

出典：表5に同じ。
注：図2に同じ。

学校の教室の不足は、団地住民の大量の増加に起因しているが、保土ケ谷区上菅田町の笹山住宅の児童が通う上菅田小学校は、四二学級一八四〇人の児童がいるといい、児童数は開校以来八年間で四倍に増加している。このため、グラウンドは「雨後のタケノコ」のように建てられるプレハブ住宅によって占拠されている。また、プレハブ住宅は、「夏はフライパンの中のように暑く、冬はすきま風が吹き込」み、とても「評判が悪い」（連載二三、七一・一一・三）。団地ができた当初は、夫婦は結婚して年月がたっておらず、子供も小さかった。しかし、年月がたつにつれ、子供の成長に見合うような施設が必要となるのである。とくに団地には、ほぼ同年代の人びとが入居することが多いため、施設の不足は多くの入居者に同時に問題に直面させることになる。

また、団地においては、駐車場や駐輪場も不足している。このかん、自転車や、とくに自動車の普及が急速に増えたことの結果であるが、団地の一階階段付近は自転車が溢れ出口をふさいでいて、火事や地震の時には大惨事を引き起こす恐れがある。しかし、駐輪場を設けようとすると、「自転車がない」とか「環境をそこなう」といった理由で反対する人びとが居る（連載四九、七二・三・二五）。駐車場の場合も同様で、「マイカー族」には必需だが、「一部の人の行動で、自治会の総意ではない。駐車場設置は自然環境を破壊し、交通事故多発につながる」と反対の声があり、団地住民同士が「鋭く対立」する局面を構成した（連載二九、七一・一一・二七）。団地内においても、かつてのように公共性が単純に通用しなくなってきている。

団地は、団地外の変化に直面することも免れない。団地の居住者たちが高速道路の建設騒音で悩まされたり、排気ガスやほこりなど「車公害」に直面する問題が掲げられる一方、団地の焼却炉が煙害をまき散らすとして、六九年以降からは、団地に焼却炉を置かなくなっている（連載一九、七一・一〇・二〇）。

こうして一九七〇年前後に、団地の生活空間と生活スタイルが定着したことと軌を同じくして、さまざまな問題が生じ、そのことが取りざたされて来るようになる。このなかで、団地が抱え込むあらたな問題としてクローズアップされたのは、団地における犯罪である。「エレベーター内の事件、駐車中の車をねらう車上荒らし、タイヤに傷つけるいたずら、下着ドロ、あき巣など、団地の犯罪は、枚挙にいとまがない」（連載二七、七一・一一・一七）、しかも、団地における犯罪は、「異常なペースで」増え続けている――「一昔前とは全く違った住民意識で構成され、特異な個人主義社会を形成している団地での犯罪は、やはり一般住宅で発生する犯罪とは異なっており、現代

表17　団地一覧３（1971年～1975年）

	建設主体	団地名	住所	年月	類別	棟数	戸数
1	市営	川辺町住宅	保土ケ谷区川辺町	1971年	賃貸	1	240
2	市営	洋光台団地	磯子区洋光台	1971年	賃貸	20	730
3	公団	六浦台団地	金沢区六浦町	1971年1月	分譲	8	270
4	公団	宮向団地	神奈川区菅田	1971年2月～1971年4月	分譲	41	887
5	公団	井土ケ谷東団地	南区井土ケ谷下町	1971年3月	賃貸	2	825
6	県公社	南長津田団地	緑区長津田	1971年4月～1971年6月	分譲	21	488
7	県営	磯子中原高層アパート	磯子区中原町	1971年4月	賃貸	1	324
8	市公社	六浦荘団地	金沢区六浦町	1971年6月	分譲	3	188
9	公団	くぬぎ台団地	保土ケ谷区川島町	1971年9月～1971年11月	賃貸	38	984
10	公団	奈良北団地	緑区奈良北町	1971年9月～1972年3月	賃貸	18	1,625
11	公団	西菅田団地	神奈川区菅田町	1971年10月～1972年6月	賃貸	55	1,310
12	県営	原宿団地	戸塚区原宿町	1971年10月	賃貸	16	510
13	県公社	桂台団地	戸塚区公田町	1971年11月	分譲	10	296
14	県公社	井土ケ谷共同ビル	南区井土ケ谷中町	1971年11月	賃貸	1	161
15	県営	今宿団地	旭区今宿町	1971年11月	賃貸	11	390
16	市公社	ぐみさわ東ハイツ	戸塚区汲沢町	1971年12月～1973年11月	分譲	5	387
17	県営	いちよう団地	戸塚区上飯田	1971年12月～1973年9月	賃貸	46	2,188
18	市営	小菅が谷団地	戸塚区小菅ヶ谷町	1972年	賃貸	4	292
19	公団	磯子三丁目団地	磯子区磯子	1972年3月	賃貸	2	671
20	市公社	ぐみさわなか団地	戸塚区汲沢町	1972年3月～1972年9月	分譲	4	120
21	市公社	森町ビル	磯子区森町	1972年3月	分譲	1	120
22	市公社	磯子駅前ビル	磯子区森町	1972年3月	分譲	1	192
23	市公社	上星川団地	保土ケ谷区上星川	1972年9月	分譲	3	245
24	公団	鶴見市街地住宅	鶴見区鶴見町	1972年11月	賃貸	1	119
25	市営	野庭団地	港南区野庭町	1973年～1975年	賃貸	71	3,230
26	県公社	上郷台共同住宅	戸塚区東上郷台町	1973年2月	賃貸	4	120
27	市公社	公田ハイツ	戸塚区公田町	1973年3月～1974年3月	分譲	7	260
28	県公社	杉田大谷団地	磯子区杉田	1973年3月	分譲	15	450
29	県公社	戸塚深谷団地	戸塚区深谷町	1973年4月	賃貸	26	648
30	市公社	しらとり台住宅	緑区しらとり台	1973年8月	分譲	2	168
31	県公社	ドリームハイツ	戸塚区俣野町	1973年8月～1974年12月	分譲	19	1,506
32	公団	本郷台駅前市街住宅	戸塚区小菅ヶ谷町	1973年11月～1974年3月	賃貸	4	449
33	市公社	野庭団地	港南区野庭町	1973年12月～1976年12月	分譲	24	1,732
34	県公社	上郷西ヶ谷団地	戸塚区野七里	1973年12月～1974年3月	賃貸／分譲	27	770
35	県公社	森町共同ビル	磯子区森町	1973年12月	分譲	1	107
36	市営	本郷台住宅	戸塚区小菅ヶ谷町	1974年	賃貸	1	252
37	公団	南永田団地	南区永田町	1974年3月	賃貸／分譲	19	1,278
38	県公社	上中里団地	磯子区上中里町	1974年3月	分譲	43	848
39	県公社	新桜ヶ丘団地	保土ケ谷区今井町	1974年6月	分譲	16	404
40	県公社	東本郷第２団地	緑区東本郷	1974年10月	分譲	4	125
41	県公社	和泉町団地	戸塚区和泉町	1974年11月	分譲	9	184
42	市営	小菅が谷第二住宅	戸塚区桂町	1975年	賃貸	1	110
43	県公社	下瀬谷団地	瀬谷区下瀬谷	1975年3月	分譲	9	230
44	県公社	東向地団地	緑区長津田町	1975年6月	分譲	8	200

出典：表５に同じ。
注：表５に同じ。

社会の特徴を示しているといえる」（連載二六、七一・一一・一三）。連載記事では、団地居住者の「防犯意識」が低く連帯感が薄いうえ、団地内には出入りが簡単でエレベーターなどは「密室状態」になりやすい。また、団地は「犯人」が「建物の構造上」追いつめられやすく「凶暴」になる、などの特徴があげられている。かつて、「団地族」の生活空間的、住宅空間的な特徴とされていたことが、そのまま団地内の犯罪の多発と結びつけられ説明されるのである。

交番という防犯施設の欠如の指摘とともに、団地住民の「連帯意識」の必要があらためて呼びかけられ、『読売新聞』連載記事「団地」二七回目には、戸塚区汲沢の団地における例が紹介されている――この団地では、各棟ごとに代表を出し、月二回ずつ集まり「完全な名簿作り」を手がけ、団地内で起きた「事件」、パトカーの巡回数、交通事情などをまとめて警察に報告し、防犯への「協力」を求めている。そのためこの団地では、自転車が盗まれたり、「不審な男が出入りすると」自治会本部に電話で連絡が来るという。ここに見られる公共性は、かつて団地族が希求したような開かれた公共性ではなく、団地内に閉じていく公共性のように見える。

一九七〇年前後以降の第二類型の団地には、かつての第一類型の団地と異なる建築上の変化が促す「問題」もある。団地の「高層化」にともなう問題である。第二類型の団地は市街地に建設されているために、この団地の居住者は買い物に便利で、交通の便が良いという「利点」がある。しかし、その反面、第二類型の団地は用地不足、コスト高などの「悪条件」のなかで建設されるために、「設計上の無理が多く」、「想像もしなかったマイナス面」に驚く（高層団地の）住民も少なくないと言う（連載三一、七一・一二・八）。たとえば、南区井土ケ谷町の一四階建て二棟の団地には八二五世帯が住むが、それぞれの棟の間はわずか五メートル。東からの太陽は西側の各部屋に差し込まず、西の太陽は東側に届かない――西側の一号棟一四階の女性は、「台所は一日中真っ暗。居間には午前中、日が差し込むだけ。フトンは満足に干せないし、電気代も五百円ぐらい余計にかかる」といい、東側の二号棟の女

図4　団地分布図3（1971年～1975年）

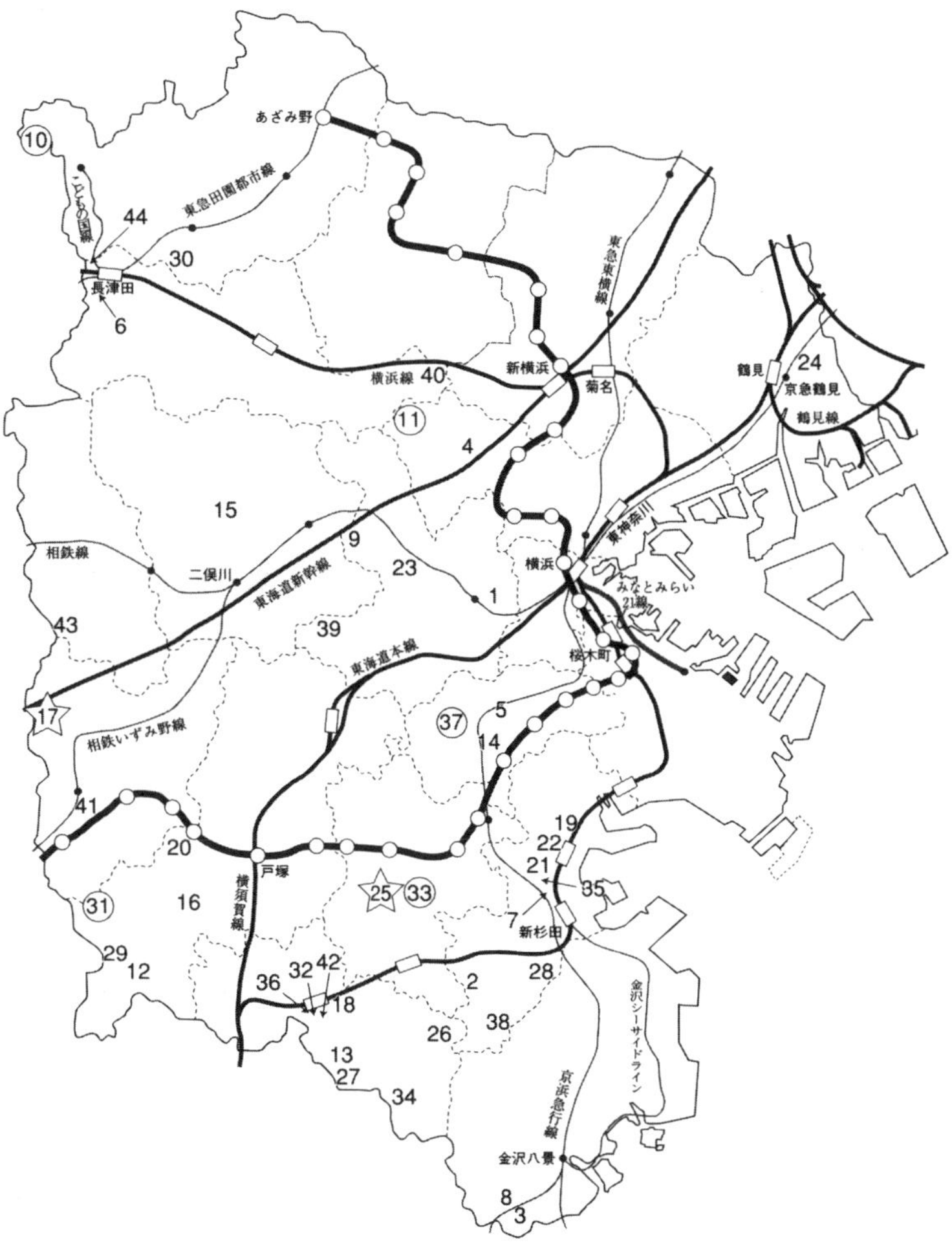

出典：表5に同じ。
注：図2に同じ。

写真17　連載記事「団地」第38回　『読売新聞』1972年２月９日

性は、「湿気がとっても多いんです。せめて、屋上にフトンを干せればいいのですが」と訴えている（同前）。団地は日照が確保できないとも言われている。別の団地では、小学生がベランダから転落して死亡したり、火事や地震の際にどのように避難するかなど、高層化に伴う住民たちの「不安」が掲げられていく。この時期、横浜市の消防はしご車は、三〇メートルの高さまでしか対応できず、一〇階以上、はしご車の届かないところで火災が起きたら「部屋に閉じこめられた住民は一体どうなるのだろうか」とも、心配されている（連載三二、七一・一二・一一）。

また、「用地難から、団地は交通の不便なところに造成されて」いき、「足の確保」が問題となり、団地住民とバス会社の間で増発などをめぐり交渉がなされるが、戸塚区汲沢町では、バス路線を団地内にまで延長することの是非で、周辺の三つの団地の自治会が対立している（連載一四、七一・九・二九）。さらに、終バスの延長や深夜バスの運転の要求もある。従来のあたらしい生活スタイルの喧伝とは異なって、団地ゆえの「問題」が語られ、団地族が新たな局面を持つことが指摘されていった。第二類型の団地の時期に、従来見えていなかった「問題」と、あらたな「問題」が登場したことが、双方「問題化」されていくのである。

（1）パンフレット『磯子団地開発計画』神奈川県住宅公社（安室吉弥家文書一五四八）。

（2）この医師は、さらに、団地の子どもに「アレルギー患者」が多いことを指摘している。コンクリート住宅で、台所と居間が一体となっていることは「湿気がこもり、カビが繁殖」、これが「アレルギー疾患の原因」としている（連載四一、七二年二月一九日）。

［2－8－B］『京浜急行百年史』（京浜急行電鉄、一九九九年、四八〜五五、四三〇〜四五〇頁）

沿線開発事業

さまざまな旅客誘致策

大師電気鉄道の開業（1899年1月21日）以来、大森延長線や穴守線などの建設が終わり、1902（明治35）年10月17日に開業式を挙行したあたりから、京浜電気鉄道も本格的な旅客誘致策を考えなければならないようになってきた。川崎大師、穴守稲荷という庶民に信仰のある二大名所を沿線に有していたとはいえ、いかにして集客をはかるかは一大問題であった。鉄道事業を発展させていくためには、沿線開発を進め、乗客の増加をはかることが大事な要素である。

当時の梅屋敷（梅園）

しかし、沿線開発は経済全体の動向とも絡む問題であり、当時としてはまだ観光遊覧客誘致が乗客増加をはかる最大の眼目であった。さいわい、沿線には名所旧跡も多かった。今日のように旅が日常化し、旅の本が書店にあふれているわけでもないので、いかにしてそれを世間に周知させるかは大問題である。

1903（明治36）年2月11日の「東京日日新聞」に、「特別仕立ての電車で沿線梅園めぐり」という見出しの記事がある。これは、京浜電気鉄道および沿線にある各梅園主の案内により、大森から特別仕立ての京浜電気鉄道に乗車し、まず梅屋敷の梅園を訪れたという、「梧堂」署名の記事である。

同園の梅は古来文人墨客によりて、嘖々《さくさく》として世に伝えられ、かしこくも聖上陛下の行幸までもあらせられたる名所なり。庭園の広さ約千五百坪（約4960平方メートル）、規模はなはだ大ならざるも、三百有余株の老梅は各々固有の雅致を存し、南枝早も一、二分の笑みを帯び、香気馥郁《ふくいく》として人の衣袂を掠め、うたた満開の盛時を思わしむるものあり。

観光客誘致を意図した特別仕立て列車

一行はさらに梅屋敷から穴守稲荷に参詣し、数百株の老梅がある近くの泉館で休憩をとった。ここでの描写は、「近く海に瀕して遠く富士を望み、風光明媚、人をして宛然画中に在るの想あらしむ」と、なめらかである。休憩の後、電車で六郷橋に向かい、ここで発電所の技師から説明を聞き、再び電車に乗って川崎大師に参詣、大師の梅園も見学している。この記事はいわば旅行記の類に入るが、「各梅園はいずれも来たる十五日頃よりは紅白芳を闘わし、香を競うに至るべきか」と結論する。

このときの招待客がどういう人々で占められていたかは不明だが、京浜電気鉄道の案内をかねて、一足早い梅見を楽しんでもらおうと考え出された企画であることは論を待たない。

『京浜遊覧案内』

さらに、この記事を読んだ人々がそれなら15日以降、梅が満開になったころに出掛けてみようかという欲求を起こさせるような、観光遊覧客誘致のための一端を担っていることを考えれば、明らかな意図を持って特別仕立て列車が計画されたといえる。

この思想が、1910（明治43）年1月1日に京浜電気鉄道が発行した『京浜遊覧案内』に受け継がれているといえよう。

『京浜遊覧案内』の発行

春は大森、池上、蒲田、原村の梅に始まりて六郷の桃、梨の花、大師道の花のトンネルあり、夏は大森、八幡ケ浜、森ケ崎、羽田、鶴見の海水浴、秋にも冬にも行楽多く、殊に養生地としては海水浴は云うを俟《ま》たず、池上、羽田、森ケ崎の鉱泉浴、大森の砂風呂の善く諸病に効験あるは遍ねく人の知るところなり。一身一家の康福を望む人は一日も早く此の楽天地に来り棲みて大自然の恩恵を享受せよ。

この『京浜遊覧案内』は、当時、田山花袋と並び称せられ、紀行文中の白眉とされた『日本名勝記』を著した紀行文作家、遅塚麗水（1）が書いたものである。観光案内のほかに、京浜地帯への移住勧誘にもなっているところに妙味がある。

京浜地主協会と生麦住宅地開発

再び、『京浜遊覧案内』から、移住勧誘のくだりを見てみる。

郊外生活に適当の場所を相すれば京浜鉄道沿線の地に勝るものなし、沿線の地勢を云へば西北に一帯の丘陵を負い東南に東京湾を控へたれば空気の清浄なることは云うまでもなく、（中略）魚介、野菜は新鮮なり（中略）。

更に京浜電気鉄道会社にては近頃京浜地主協会と云うを創立し、京浜間所在の貸地、売地、貸家、売家を調査紹介して公平親切なる仲介者となり、協会の仲介に係る移住者には乗車券の大割引をなして市内への通勤通学の便利を図り、日用品、家財器具の輸送にも特別の取扱ひをなし、沿道各地に信頼すべき医師医院を紹介して診察料、医薬料の特減を計り、確実なる使屋《つかいや》を毎日東京へ差遣して日用品の購買配達の方法をも講じ居れば都市の生活に比較して毫も不便を感ずることなし（略）。

京浜地主協会は、川崎の本社内に事務所があり、東京市京橋区にも出張が置かれて、沿線開発に力を尽くした。

今日のニュータウンづくりの原形ともいえる発想が、すでに90年近い前に立案、実行されていたことは、驚嘆に値する。既存の観光名所や寺社ばかりに集客を頼らず、積極的な沿線開発で、沿線に移住する住民を獲得し、住民の電気鉄道利用を促進していこうという強い意欲の表れであった。

私鉄の土地住宅経営開始

鉄道会社が自らの沿線開発を積極的に行い始めたのは、箕面《みのお》有馬電気軌道（現・阪急電鉄）が1910（明治43）年6月に、約8万9300平方メートルの土地を売り出したことが最初といわれている。

京浜電気鉄道が最初に手掛けた生麦住宅地は、いつから土地買収を始めたかは、はっきりしない。ただ、1912（明治45）年7月の重役会議で同土地の買収価格の増額を決定していることから、それ以前に土地取得に着手していたことは明らかである。また、1913（大正2）年1月には、1平方メートル当たり1円50銭で買い入れ契約をしている。『東洋経済新報』によれば、造成地は約4万9600平方メートルであった。そのうち4630平方メートル余は予算額では買収できないことが重役会に報告されたことから、重役会はさらに予算追加を承認した。

生麦住宅地は、現在の生麦駅の隣接地に当たり、今は商店街や住宅街の密集地であるが、当時は生麦海岸を目の前に見る風光明美な地だった。

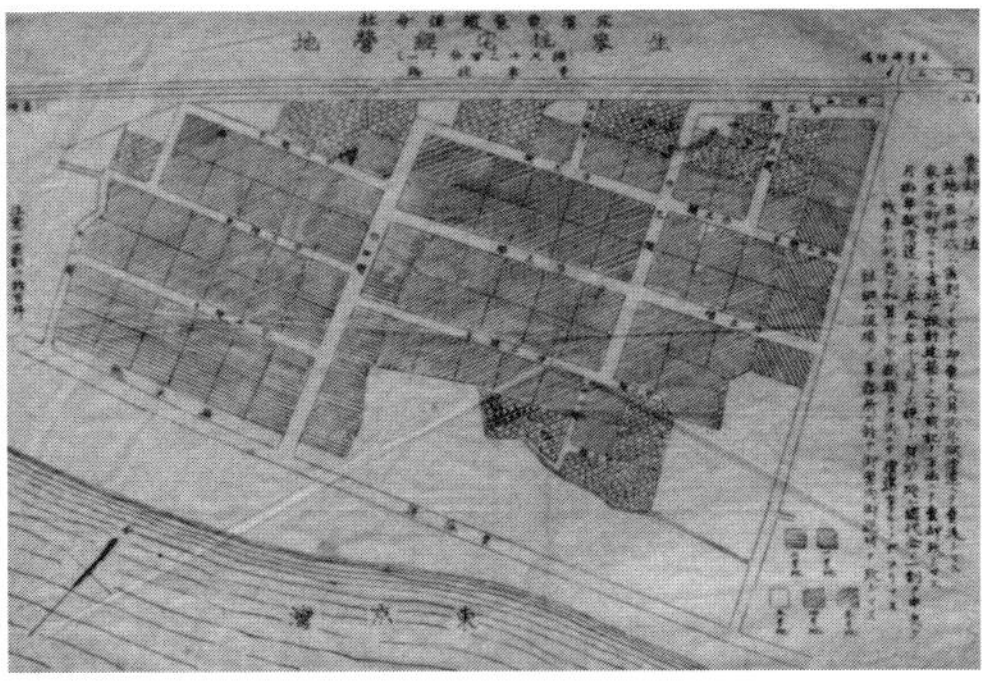

初の分譲地「生麦住宅地」の区画図

道路、下水などの住宅環境設備を整えた生麦住宅地の売却価格は、1平方メートル当たり3円で、地所とともに購買者の希望する建物を建てることにし、代金は月払い方式あるいは即金で売り出した。

1914（大正3）年5月1日から分譲を開始した生麦住宅地は、たちまち約半数が売約済みとなった。その後、第一次世界大戦勃発による株価の暴落から、売れ行きは緩慢になってきた。しかし、大戦景気が訪れると、再び売れ行きは好調に転じ、1918（大正7）年下期に住宅用地は売りつくし、貸家敷地2110平方メートルを残すのみになった。

生麦住宅地は、清新な小市街を形成し、移住した人々も地勢風土の良好を喜んでいると、第36回営業及決算報告書は記録している。京浜電気鉄道が手掛けた最初の不動産事業は、成功のうちに終わり、電気鉄道の沿線開発事業の先駆けとなった。

行楽施設との提携

生麦住宅地の造成と並行しながら、沿線の行楽施設との提携や夏場の海水浴場の開設など、観光遊覧客の増加をはかるため、さまざまな事業を行った。

まず、1909（明治42）年春、羽田に大運動場を設けて乗客の誘致をはかった。この羽田運動場内に遊園設備を設けたのは3年後の1912年である。

1909年の夏季には報知新聞社、東京毎日新聞社と協力し、大森、新子安に海水浴場を開設し、京浜間の海水浴客を吸収した。同年7月10日午前10時から羽田海水浴場の広場で挙行された開場式には、元内閣総理大臣の大隈重信伯爵、樺太探検をなした白瀬矗《のぶ》中尉などが来賓として出席している。大隈重信の演説に聴衆は聞き入り、白瀬中尉の探検談も満場の喝さいを博したという。

余談ながら、白瀬中尉は初め北極探検を志したが、この年4月6日、アメリカのロバート・ピアリーが4回目の挑戦で北極点に立ったことを知り、目標を南極探検に切り替えたばかりだった。この白瀬中尉の南極探検を応援していたのが大隈重信であった。大隈重信は自ら南極探検後援会の先頭に立ち、探検に要する募金活動などを積極的に行っていたのである。

なお、京浜電気鉄道直営の羽田遊泳場は、1911(明治44)年6月8日に設置願を提出し、許可の後、更衣施設などの工事が完成し、7月5日に開始届を提出している。

このほか、1914(大正3)年4月に開園した鶴見の花月園と協定を結び、花月園前停留場を設けた。入園客誘致の企画に協賛するなかで、乗車券、入園券の割引を実施し、遊覧客の増加に努めた。

大師公園を開園

『川崎市史』によると、1907(明治40)年に川崎大師に隣接する約3万3100平方メートルを京浜電気鉄道が公園とし、大師公園と名付けたことが記載されている。『京浜遊覧案内』を見ると、大師公園は1886(明治19)年、時の住職、深瀬隆健、神奈川県知事沖守固などの賛助を得て開設したもので、梅や桜の数百種が植えられていた。

再び、梧堂署名の「東京日日新聞」の「沿線梅園めぐり」を引用してみる。

園(大師梅園)は平間寺(川崎大師)の門前にある一茶亭にして、園の規模もっとも広大なるのみならず、株々自らその趣致を異にし、早きは今や二、三分の破蕾を見るに至れり(中略)。園主寺尾某は古来土着の農人なりしが、去る十九年、数百の梅株を移植して庭園を作り、傍ら大師参詣者のための茶亭を営むものなりと。

『京浜遊覧案内』に記されている大師公園は、この庭園などを指している。京浜電気鉄道は、さらにこの庭園の周りの3万3100平方メートルを大師遊園地として造成し、川崎大師とともに二大名所にする計画だった。遊園地といっても、今日のように乗り物などがあるわけでなく、

羽田運動場(明治42年)

直営羽田遊泳場(明治44年)

珍しかった花月園の豆汽車

大師公園の一角にある濬秀園

いわば自然公園であった。

花園や茶店を設置

京浜電気鉄道の第27回および、第30回の営業及決算報告書（1911年と1912年）によると、大師遊園地内に花園新設工事、井戸新設工事（第27回）、埋立工事、公会堂、付属休憩所および茶店新設工事（第30回）を施工したと記している。川崎大師参詣を済ませたあと、花見遊山や弁当を広げてのんびりできるような公園であったことが想像される。

この大師公園の一角に、1987（昭和62）年3月に中国・瀋陽市との友好都市提携5周年を記念し、中国式自然山水庭園・瀋秀園が開園された。秀湖と名付けられた池のほとりに中国式の楼閣が点在し、中国ムードが漂っている。今日まで市民憩いの場として利用されている大師公園も、もとは京浜電気鉄道の乗客誘致策の一つとして、開園されたものであった。

釜利谷地区開発の推進

釜利谷地区開発計画の経緯

三浦半島の開発は、当社が先べんをつけて以来、住宅公団をはじめ、さまざまな開発業者の手によって各地域で住宅地造成が進んだ。しかし、面積的にも制約があることから、最後の大型開発といわれたのが、横浜市の釜利谷地区の開発である。

釜利谷地区の開発計画は、1967（昭和42）年4月発足の第3次5か年計画のなかで立案した。その他の開発計画として、品川地区総合開発計画と金沢文庫駅付近の再開発計画とともに、積極的に促進をはかることをうたった。

1954（昭和29）年以降、金沢区では富岡地区の用地買収を皮切りに、釜利谷地区での用地買収は1963（昭和38）年ごろから始めて、1969（昭和44）年ごろまでに、300ヘクタールを超える土地の確保ができた。その間、富岡住宅地の造成を続けてきたが、1970（昭和45）年の第8期分譲を終えた時点で、富岡住宅地だけで125ヘクタール、3500戸の開発を完了していた。さらに、第9期、第10期の29ヘクタールの開発と隣接する釜利谷地区開発計画が、具体的な日程として登場することになった。

しかし、1970（昭和45）年6月、釜利谷地区のほとんどが市街化調整区域となった。市街化調整区域は、原則としてあらゆる開発が許可の対象となり、厳しい規制を受けることになった。こうしたことから、

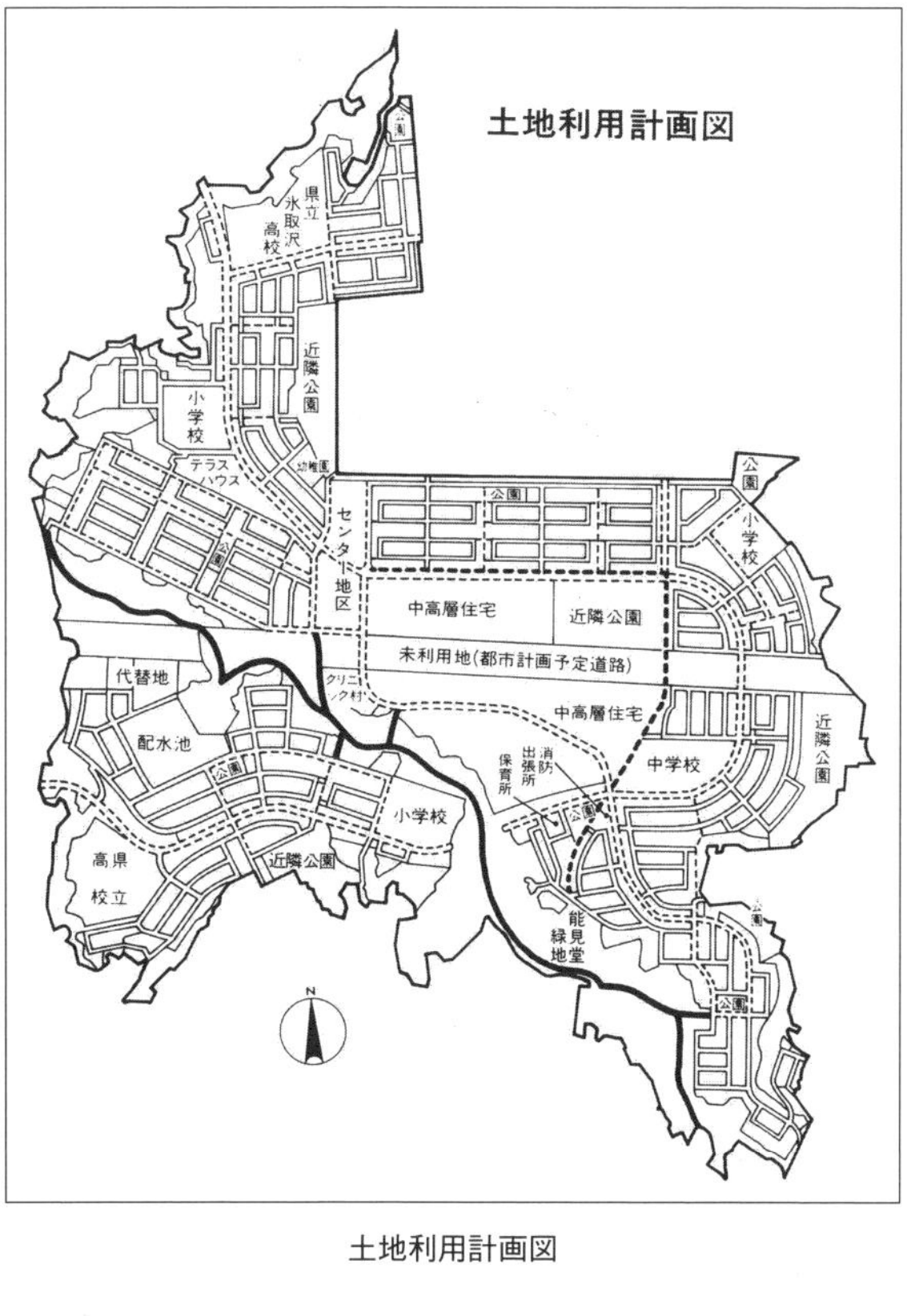

土地利用計画図

1971年7月に横浜市に提出した釜利谷地区の全面宅地開発計画案（計画人口3万3000人）は拒否され、その後、開発に対する基本的方針について何回も横浜市と協議を重ねた。

横浜市が条件付きで開発を許可

開発について横浜市との協議の結果、1973（昭和48）年2月に基本条件の大綱が決定し、それに基づいて3月、開発事前審査願いを提出した。5月には、基本大綱に基づいて横浜市開発審査会の同意が得られ、9項目の条件付きで開発が許可されることになった。

横浜市が同年7月に発表した「金沢地先埋立及び関連事業について」のなかの、「釜利谷地区の開発」に記されている9項目とは、次のような内容である。

①調整区域開発274・80ヘクタールのうち近郊緑地保全区域を含む170・46ヘクタール（62パーセント）は、将来にわたる恒久的緑地として確保し、住宅宅地は全体の26パーセント以内とすること。

②緑地として保存させる区域のうち、約66ヘクタールは、正常価格の2分の1以下で市に売却させるものとし残余については「市民の森」契約を市と結ばせ、広く市民の利用に供させること。

③宅造区域内においても宅地開発要項に規定する以上のものとして、能見堂跡地付近の保存を行い、その他ハイキングコースの確保、公園緑地の設置などを行うこと。

④本市の大幹線道路である横浜小田原線（仮称）を、主としてずい道および堀割りで設置し、周辺住民にほとんど被害を与えることなく南横浜バイパスと東京湾環状道路を連絡させること。

⑤開発に伴う排出土砂は、排土トンネルにて金沢埋立地まで無償で排出すること。

⑥周辺河川に影響を与えないように排土トンネルで排水するが、それまでに必要な周辺水路、河川の整備、防災措置を行うこと。

⑦通勤通学交通路を確保し、とくに金沢文庫駅前西口広場の整備を行い、京急の既開発地区を含めた交通路整備を行うこと。

⑧その他、本市の宅地開発要項を遵守し、必要な公共公益施設整備を行うこと。

⑨計画人口は約2万人とすること。

排出土砂の問題で横浜市と協議

9項目の基本的条件のなかの最重要課題は、⑤の排出土砂の問題であった。

これは当時の横浜市の6大事業の一つだった金沢埋め立てに必要な土砂を、横浜市は無償で譲り受けることを眼目として開発許可方針だった。計画では有償で横浜市に買い取ってもらう予定であったが、9項目の方針を全面的に受け入れることで、横浜市と事務レベルの協議を開始した。

排土トンネルを掘る位置や断面、構造などが決まり、その地上権者との買収交渉、さらにトンネル工事という過程を経た場合、土砂の搬出期間は1975（昭和50）5月から1978（昭和53）年7月までという計算になり、それを横浜市に提示した。

しかし、釜利谷地区開発と金沢埋め立てがセットになって許可されたことにより、「金沢の自然と環境を守る会」をはじめとする各種住民団体が、自然保護の陳情を横浜市議会や県議会に提出し、反対運動が起こった。さらに、排土トンネル地上権者の反対も加わって、交渉も思うように進捗しないところに、1973（昭和48）年11月、オイルショックが起こり、計画も足踏みを余儀なくされた。

オイルショックで一時足踏み

オイルショックは景気を急激に冷え込ませ、土地需要をも停滞させた。厳しい経済情勢の変化に対応し、収益性の向上と競争力の強化をはかるため、1974年2月16日に業務組織を大幅に改正し、事業本部制を採用した。それまでの開発事業部は開発事業本部となり、そのもとに土地および住宅関係を担当する住宅事業部と賃貸ビル、レジャー施設、ホテル、駐車場事業などを担当する開発事業部を置いた。さらに、それまで京急興業が担当していた、委託部門の一部も開発事業本部の直轄に組み込んだ。

オイルショック後の厳しい局面のなかで、開発事業本部は、遊休土地の活用——マンションなどの建設、賃貸施設の拡充——貸しビルなどの建設、遊休空間の利用——駐車場などの経営を重点施策として取り組むことになった。数百億円という巨額を要する釜利谷地区開発は、一時、足踏み状態となったわけである。

こうした状況のなかで、1974年11月に、釜利谷地区開発に伴う土砂の搬出開始を5か月延期したい、という要望書を横浜市長に提出した。ところが、横浜市では金沢埋立事業に支障をきたすわけにはいかないと、独自に千葉県の浅間山からの土砂搬入の計画を進め、それを決定した。このため、金沢埋め立てと釜利谷地区開発は一時的に分離されることになり、新たな開発計画の見直しを迫られることになった。

横浜市からもこうした事情変更による開発計画の再提出についての照会があり、成案ができ次第、再提出する回答文書を直ちに提出した。そして1975（昭和50）年1月14日には、横浜市長から新しい開発計画により協議する、という回答文書を受領した。

釜利谷地区開発プロジェクトチームの発足

横浜市長からの回答文書を受けた2日後の1975年1月16日、既存の部門組織では釜利谷地区開発の新しい局面への対応が難しいため、専従のプロジェクトチームとして、釜利谷地区開発チームが発足した。

この開発チームは、事業本部下の部と同格扱いで、①総合計画、事務処理担当の事務管理 ②土地の買収、管理 ③工事計画、施工の三つの担当からなり、事務所を横浜スカイビル内に設置した。

プロジェクトチームは、必要なスタッフが弾力的に出入りできるように工夫した組織で、必要があれば他部門のスタッフの兼用や他企業のスタッフも投入できるように柔軟な組織をめざした。つまり、プロジェクトの達成に必要なスペシャリストを広く結集し、場合によっては企業の枠を越えて問題解決に取り組んでいく、という機動的な組織である。

開発チームは、横浜市の都市開発局、建築局など関係部局とさっそく協議を開始するとともに、地元との折衝にも乗り出した。特に同年10月からは金沢連合町内会を皮切りに、釜利谷連合町内会など、周辺すべての町内会への説明会を連日のように行った。説明会は開発の基本構想をはじめ、計画概要、排土トンネル関係、環境保全に関する問題など多岐にわたり、町内会の納得が得られるまで何回にも及んだ。そして、1976（昭和51）年の9月までに、周辺15地区の町内会のうち、11町内会から了解と賛成文書が得られ、4町

釜利谷地区開発区域

内会が継続折衝中であった。

開発許可に6条件

こうした地元折衝および関係部局との調整を重ねた結果、１９７６年10月6日の横浜市議会第一委員会は、釜利谷地区開発に対する4件の陳情を審査した結果、六つの条件を付けて許可したい、という市の方針を賛成多数で了承し、事実上、釜利谷地区開発を許可することに同意した。その六つの条件とは、次のようなものであった。

①地元住民に経過や工事内容の説明を今度とも行う。
②防災、防犯などの安全対策を明確にし、実施する。
③京急、横浜市、地元代表、専門家によるトンネル工事補償対策委員会を設置する。
④工事災害補償を担保するための保証金2億円を積み立て、その運用は補償対策委員会に委ねる。
⑤定期報告会を3か月ごとに地元住民に行う。
⑥周辺に公園緑地を確保する（隣接住宅地、学校周辺など）。

保証金2億円を預金

この六つの条件を全面的に受け入れる、という承諾書を１９７６年10月4日に横浜市長宛に提出した。それを受けて6日の第一委員会の決定となったわけである。この決定により、同13日に保証金2億円を地元の銀行に預金した。

この保証金は、補償対策委員会の同意がないかぎり引き出さないこと。災害が発生した場合は、補償対策委員会の認定に基づいて、まずこの保証金で補償すること。補償対策委員会が解散するまでは預金を継続することなどを書いた契約書を横浜市長に提出した。

民間の開発行為に対して、地元住民代表を加えた補償対策委員会が設置されたり、保証金がその管理のもとにおかれるというのは、前例のない画期的なことであった。

開発許可の経緯を『広報よこはま』が詳報

１９７６（昭和51）年11月の『広報よこはま』は、釜利谷開発計画案の地勢図を付して、「これまでの開発とは異なり、区域の約半分を緑地として残し、実際に開発する部分でも、基準以上の公園緑地を確保します。また、排水トンネルで雨水を直接海に流したり、金沢文庫駅西口の整備をはじめとする交通網の整備など、この開発が行われると、多くの利点があると考えられる」ので許可した、という経緯を詳しく述べている。

開発工事が開始された場合に、地元住民が最も懸念を抱いていたのがトンネル工事で、そのためトンネル工事補償対策委員会の設置が、六つの条件の一つになったわけだが、その点について『広報よこはま』は、次のように述べている。

> この開発による排土は、排水トンネルを利用して搬出されますので、工事に伴うダンプカーなどによる公害を最小限に抑えることができます。（略）
>
> このトンネルは、中里砂泥岩という岩の中を通りますが、特に安全を配慮して、通常、軟弱地盤に使うシールド工法で掘削されます。この工法は、これまでも市の地下鉄をはじめ、下水道や水道の工事にも多くの実績がありますが、それらに比べてもこのトンネルは、土質、土かぶり厚さ、構造などからみて、絶対安全だといえます。

さらに、このトンネルよりも大きな工事をした経験を持つ市の技術陣の指導監督のもとに行われるため、工事は絶対安全であると、市民の不安を払拭した。

万一の場合を考えた、トンネル工事補償対策委員会の要項が1976（昭和51）年12月14日に発表された。市議会5党が推薦した地元関係者、学識経験者、市職員など11人の委員も選任され、12月23日には第1回委員会が開かれた。こうしてトンネル工事の着手は時間の問題となった。

排土トンネル工事に着手

横浜市議会第一委員会で1976年10月6日に釜利谷地区開発が許可された後、同30日には横浜市との間で、排土受入協定を結んだ。これはトンネル工事完成予定の1977（昭和52）年11月から、1978年9月までの間に、337万立方メートルの開発に伴う排土を金沢埋立地に搬入するというものである。同時に、横浜市からトンネル工事に必要な道路占有許可などが下りた。トンネル工事に反対していた地元住民とも合意に達し、12月13日には機材搬入も終え、工事に取りかかる態勢が整った。

ところが、開発に反対する地元の一部住民が開発許可を不当なものとして神奈川県にトンネル準備工事の許可取り消しを求める行政不服審査を請求した。そのため、排土トンネルのコースに当たる県有地（県立長浜病院、現・県立循環器呼吸器センター）下の掘削許可が持ち越され、工事着工も延期されることになった。

半年後の1977年5月、神奈川県はこの行政不服審査請求を「工事許可処分にはなんら違法な点はなく、本審査請求には理由がない」と棄却し、県有地の掘削工事も許可した。こうして複雑な経過を経た釜利谷地区開発工事の第一歩を踏み出した。

1年有余を要したトンネル工事

排土トンネルは、県立長浜病院から谷津坂駅（現・能見台駅）、谷津坂商店街通り（現・能見台通り）を結ぶ約2・3キロメートルで、地下30～40メートルの地点を掘って開発地区に至るものである。深い地下での工事のため騒音もないのが特徴だった。

トンネル工事が完成するまでには1年有余の年月を要したが、その間に反対派住民からは、横浜地方裁判所に工事の差し止め

トンネル工事に着手（シールドマシン）

排土トンネルが貫通

排土トンネル工事

を求める仮処分申請が提出された。また、トンネル工事着工の延期による、排土の処理をめぐる横浜市との折衝など、難問題が山積した。

さらに、政財界などの反対により国会提出が見送られてきた、環境影響評価法案、すなわち環境アセスメント法案の要項試案を1977（昭和52）年2月に、環境庁が発表した。これは開発によって引き起こされる公害や自然破壊を未然に防ぐため、環境影響を事前に調査・評価することを義務づけるものである。川崎市は全国に先駆けて、1976年9月に条例として成立させ、1977年6月から施行していた。

こうした意識の高まりのなかで、住民団体からも釜利谷地区開発に対する環境アセスメントの実施に対する要望書が提出されたりした。同開発は当社の住宅地造成とともに、横浜市が最初に付した9条件のなかの一つである、湾岸道路（国道357号線）に結ぶ高速道路（仮称・横浜小田原線）の建設計画への反対運動もあり、住民団体の動きとともに、何回も新聞紙上をにぎわすことになった。

開発を横浜市が正式許可

排土トンネルの工事開始と期を同じくして、1977（昭和52）年7月、「京急釜利谷地区開発基本構想計画書」を発表した。開発計画の青写真はすでに1976年10月に発表済みであったが、計画の概要を詳細にわたって明らかにしたわけである。

この計画書は、計画目標と基本方針、土地利用の基本パターン、道路計画、住宅地計画、教育施設計画、センター施設計画、医療施設計画、公園緑地計画、交通輸送対策、給水・排水計画、今後の課題の11項目からなっている。

まず、計画の基本的な考え方として、「釜利谷地区は、大部分が市街化調整区域であるため、その開発に当たっては自然環境が重視されるが、その上に立って社会的環境の形成を十分配慮し、生活優先の思想で貫かれた住環境を構成することを目標とする」と強調した。

緑地を残し住環境に配慮した計画

計画の規模をみると、合計面積311万8530平方メートルのうち、宅地開発面積180万8830平方メートル、市民の森や自然公園などの緑地面積が130万9700平方メートルと、全体の約42パーセントを緑地として残す、自然環境に配慮したものであった。つまり、緑の保存と宅地供給という、社会的な要請にこたえた住環境の整備をはかることを基本理念としたわけである。

計画人口は約1万8000人とし、戸建住宅用地、テラスハウス用地、高層住宅用地と三つの住宅地に分け、教育施設は、開発地区および隣接地区の小、中学生数に対する必要校数の建設、高校は2校で、そのほか2か所の幼稚園建設を計画した。教育施設用地の提供は開発業者の負担であるが、現実的には中学校までで、高校の建設用地まで提供するのは極めて異例のことであった。

さらに、ショッピング施設、コミュニティー施設、公共施設などの計画をはじめとする釜利谷地区開発の全容を明らかにした。

この計画書をさらに検討を加え、都市計画法に基づく釜利谷地区開発許可を正式に横浜市に申請したのは、1978（昭和53）年2月初旬である。

計画人口1万8500人の街づくり

この申請書では、開発面積や緑地面積などは計画書の内容とほぼ同じだが、戸建住宅、テラス住宅などの低層住宅が2600戸、高層住宅が2400戸、合計5000戸、計画人口は約1万8500人となっている。また、公共用地には小学校3校、中学校1校、県立高校2校の用地のほか、消防署、保育所、幼稚園、病院などの用地を確保している。総事業費は約1000億円で、すでに用地取得や排土トンネル工事などに、200億円から250億円の事業費を投入していた。

申請を受けた横浜市は、

①宅地面積を開発面積の40パーセント、総面積の23パーセントに抑え、緑を保全し、公共用地を大幅に確保した。

②広域避難場所になるようにした。

③住民も約90パーセントは開発に賛成している。

などの理由をあげ、1978（昭和53）年2月28日に許可した。

また、開発区域内にある森林105ヘクタールの開発についても3月に神奈川県から許可が下り、農地の転用許可も4月に下りて、開発に関する許可はすべて整った。

そして、1971（昭和46）年7月に宅地開発計画案を初めて提出してから約7年半の年月を経て、開発許可を得ることができたのは、折しも創立80周年を迎えた年だった。

その創立80周年の記念式典（1978年6月2日）のなかで、片桐典徳社長は、開発規制が強化され、一旦は絶望視していた横浜市の釜利谷地区の開発に関する一連の手続きが許可され、晴れて工事に着手できる事態になったことを報告した。さらに、この開発は、単に開発許可を取り付けることが困難であっただけではなく、今後の工事の過程でも、多くの紆余曲折が予想されること、特に財務的には、社運をかけた大規模事業であるため、社員が一致団結して事業の遂行に当たるように協力を要請した。

新工法で造成スタート

開発に対する許可はすべて出そろったものの、開発許可取り消しを求めて周辺の住民が再び行政不服審査請求を提出したため、工事の着工を一時見合わせた。その内容は市の許可は環境破壊を黙認し、住民の同意も得ない不当なものだとするものであった。開発審査会は1978（昭和53）年6月30日付で、市が開発許可に当たり、環境保全に配慮しているうえ、多くの関係権利者の了解を取り付けているとし、その請求を棄却した。

工事着工に対する障害がすべてなくなり、排土トンネルの工事も同年6月には終了した。この間、本工事に入るための防災工事を行い、開発区域内に2時間に400ミリメートルという集中豪雨を想定して、10か所の調整池を造った。また、工事用の舗装道路も整備した。この工事道路は砂ぼこりを立てないように、1日に何回も散水車を走らせ、工事車が出入りする現場入口には洗車場を設けて、汚れた工事用車両はすぐに洗車するなど、住民対策にも万全の注意を払った。

こうして、1978年7月4日から第1工区の本格的な造成工事が始

ＢＷＥとベルトコンベヤー

土砂が埋立地に

まった。その工事の模様を朝日新聞（同年8月23日付）は、次のように伝えている。

木の葉をむさぼるイモムシのように丘陵の土砂をのみ込んでいく巨大なＢＷＥ（露天掘り用連続掘削機）、地下トンネルには大量の土砂を一気に運び出すベルトコンベヤーが延々と続く（略）。造成工事に伴う騒音、ほこり、ダンプカーラッシュなどの公害を防ぐため、全国的にも珍しい新工法が採用された。

住民の反発を考慮した京急が採用した新工法は、これまでの宅造方式とは全く違うものだった。造成計画によると、土砂約１２００万立方メートルを削り、そのうち大型ダンプカー60万台分に当たる約３００万立方メートルの土を金沢埋立地に運ばなければならない。従来のブルドーザーやダンプカー利用の工法では、騒音、ほこり、ダンプラッシュなどの公害が起こるのは避けられない。

そこで、西独クルップ社が開発したＢＷＥを使うことにした。長さ30メートル、幅10メートル、高さ15メートル、重さ３５０トンの巨大な無軌道車で、１時間当たり３０００トンの土砂を削り取り、接続されたコンベヤーで運び出す。電動式で騒音が少なく、ほこりも立てないのが特徴だ。

さらに、削った土砂を3キロメートル離れた金沢埋立地に運ぶため、地下50メートルに長さ2・2キロメートル、直径4・7メートルのトンネルを掘った。今年6月末まで1年がかり。工費はトンネルだけで20億円に達した。その中に特製のベルトコンベヤーを走らせ、毎分３００メートルのスピードで一気に土砂を埋立地へ。来年末までに３００万立方メートルを運び出し、その後は造成地の雨水排水溝に使うという。（略）

住民へ配慮した工事

また、工事着工から1年5か月余を経過した時点での模様を『住宅新報』（１９７９年12月21日号）は、次のように伝えた。

「釜利谷地区開発」の現地を、京浜急行線谷津坂駅方向から入ってみた。地域内の道路は、ホコリのたたぬよう、常に散水されている。トラックなど、域外に出るときは、ゲートで洗車してから出している。地下トンネル方式による運土といい、低騒音の掘削機といい、周辺住民の配慮を十分にしているのがよくわかる。

域内を北へ進むと、眼下に第1工区の宅地造成地が広がる。ダンプカーが往来し、造成地ヒナ段の法面《のりめん》が見える。ＢＷＥが駆動する近くまで行ってみる。大きな水車風のバケットが回り、土を取り入れている。騒音はほとんど聞こえない。域内では大型（全長36・5メートル、重量３５０トン）2基、小型（全長35・2メートル、重量１７５トン）2基が稼働している。1日当たりの搬土量は、小型ダンプカー２００台分、大型で60台分あるという。

工事は、第1工区から第6工区まで6工区に分けて順次進めていく計画だという。このうち、第1工区から第3工区は、58年3月に工事を終え、残りは59年3月までに終わる予定だ。（記事中の58年、59年は昭和の年号）

排土は八景島周辺の埋め立てに使用

この二つの新聞記事が客観的に伝えるように、釜利谷地区開発の造成工事は、地域住民対策を第一に考えた形で行った。

造成工事のなかで最も懸念されたのが、排土の処理である。排土トンネル着工の遅れから、金沢埋立3号地（現在の金沢区柴町付近）への搬送は当初予定の3分の1ぐらいに抑えられた。そのため、横浜市に対して残りを市が計画中だった海の公園の埋め立てに使うことを提案した。その後、その受け入れについて横浜市との間で協定を結び、釜利谷地区開発に伴う排土は、海の公園の埋め立てに使用されることになった。つまり、同開発によって出た排土は、現在の八景島周辺の埋め立てに使われたのである。

京急ニュータウン金沢能見台の誕生

計画人口約1万8500人の高台にある住宅街となると、上水を送るための設備も大規模なものが必要とされる。釜利谷地区開発では、その給水設備もかつてない規模を誇るものであった。高部住宅地区に上水を送るための高区系給水塔工事が、同開発では注目を集めた。大林組が工事を担当し、スリップフォーム工法では世界一という斜度を持つ給水塔の建設に成功したからである。

給水塔自体を釜利谷地区のシンボルタワー的なものにしたい、という考えを大林組に示し、設計・施工を依頼した。1982（昭和57）年12月6日の『日刊工業新聞』が、その給水塔工事の概要を伝えている。

鉄筋コンクリート造り、中空円筒型給水塔は、下部の直径が15メートル。上に向かって二次曲線の美しいカーブを描き、地上22メートルの最頂部では直径が約24メートルまで広がり、台形を伏せた形だ。壁の厚さは14・4メートルまでが70～80センチメートル、それから上の水槽部はアンボンドPC構造で壁厚はその半分となる。中心には基部で外径3・4メートル、頂部で同2・6メートルの内筒が地上24・6メートルの高さまで立っている。

1メートル上昇するごとに35センチメートル外側に張り出している給水塔は、世界最大の傾きを持ったもので、1300トンの水が入る巨大水槽を持ったものとなった。

歴史的旧跡にちなむネーミング

こうして付帯設備も徐々に整うなかで、造成工事のうち第1工区の分譲を開始することになった。開発地域内に保存されている歴史的旧跡「能見堂跡」から名前を取り、新分譲地は「京急ニュータウン金沢能見台」とネーミングした。

1982（昭和57）年4月から改良工事を進めてきた、分譲地の入口となる谷津坂駅も10月23日に橋上駅として生まれ変わり、12月1日には能見台と駅名を改称した。

京急ニュータウン金沢能見台の第1回の分譲開始は、1983年5月20日で、土地付き木造2階建て住宅42戸、うち洋風が24戸、和風が14戸であった。内訳は4LDK37戸、5LDK5戸。土地面積は平均239・5平方メートルで、建物面積は平均122・5平方メートル、最多販売価格帯は5400万円台であった。

能見台に「地区計画」制度の導入

1984（昭和59）年2月に、横浜市は良好な街づくりをめざす「地区計画」制度の導入を発表した。この制度は、街の住宅環境保護を条例化して、地権者同士の協定から行政監視型にするもので、その第1号として、能見台1丁目から3丁目の約69ヘクタールが対象地域にされた。69ヘクタールのうち57ヘクタールはすでに、建築協定で区画細分化などは認めないことになっていた。そこで、残りの12ヘクタールについて、テラスハウス地区、中高層住宅地区などが、この地区計画の適用を受けることになった。

その内容は、建物面積の規制を厳しくする代わりに、中高層住宅地区では高さの制限を緩和すること。店舗面積や駐車場規制を緩和し、商業施設を集めることなどで、街全体の施設の計画的な誘致をはかり、調和を保つことであった。つまり、通常の都市計画に基づく制限を一部緩和したり、厳しくすることによって、地域にふさわしい街づくりを行政の監視のもとに行うという制度である。

この「地区計画」制度が告示された後の街づくりは、それに準じていくことになった。

1986（昭和61）年11月には、能見台集中監視センターが完成した。これは港南丸山台ニュータウンの、「港南集中監視センター」と同じシステムで、このセンターの完成により、能見台の住宅地は、治安や保安にも優れているという評価を得られるようになった。

釜利谷地区開発の全工区の工事完了公告が得られたのは、1987年2月である。1985（昭和60）年度には、早くも不動産営業収入の約60パーセントを占めるほどの成績をあげ、能見台分譲地の売り上げは大きな屋台骨となった。

シティ能見台の街づくり

1983（昭和58）年5月の第1回建売住宅販売以来、引き続き建売住宅、住宅地、テラスハウス（メガロン能見台）などの販売を行い、1989（平成元）年12月までに、約1300世帯が新しい街での生活を開始した。その間、高校2校、小学校1校の開校や京急幼稚園の移転、商業施設として、1986年4月には、京急ショッピングプラザ能見台が開業した。

能見台地区の総仕上げとして、まず、マンションを建設する「シティ能見台」の街づくりに着手したのは、1989（平成元）年12月であった。

能見台駅と改称

シティ能見台

京急ショッピングプラザ能見台

シティ能見台は、京急ニュータウン金沢能見台に建設する中高層住宅（マンション）のメーンネームで、総敷地面積約14万600平方メートルに、総戸数約2600戸を造り、「ふれあいの街」「いこいの街」「つどいの街」、という三つの街区に分けて街づくりを行っていくという計画である。

最初に他社が「ふれあいの街」を建設し、当社は、横浜市に地区計画制度の導入を申請して許可されたのを受けて、1987（昭和62）年9月に、「いこいの街A棟」の建設に着手した。

いこいの街A棟は、鉄骨鉄筋コンクリート造10階建て（一部9階建て）1棟で、3LDK72戸、4LDK35戸の計107戸、平均専有面積は、89・3平方メートルである。屋根に傾斜をつけた戸建感覚の演出とオートロック方式を採用、駐車場、駐輪場の100パーセント確保、公共空き地などを十分に確保した設計が特徴である。また、1990（平成2）年11月から、「いこいの街D棟」の建設にも着手した。

いこいの街D棟は、平均専有面積はA棟と同じで、地下1階地上14階建て、2LDK4戸、3LDK80戸、4LDK27戸の計111戸で、地形を生かしたデッキタイプのアプローチを特色としたマンションである。

シティ能見台販売センターが竣工

シティ能見台の、「いこいの街A棟」の完成を間近に控えた1991年3月9日、その販売事務所に当たるシティ能見台販売センター（延べ床面積約1860平方メートル）が竣工し、オープンした。2階建ての建物の一部はシティ能見台の総合管理センターとして使用し、1階は登録受付や接客用フロア、地下1階には3LDKと4LDKの二つのモデルルームを造った。

この販売センターで、いこいの街A棟の登録受付を開始し、1991（平成3）年3月16日から住宅債権積立者、同23日からは神奈川県民、横浜市民、一般の受付をして4月7日に登録を締め切った。8日に抽選会を行い、A棟の入居者が決まった。

1992年10月10日から、「いこいの街A棟」に続く2番目の中高層住宅「いこいの街D棟」111戸の分譲を開始した。

1994（平成6）年10月には、すべての住戸を南向きとし、日照および東京湾への眺望を重視した郊外永住型プランの、「いこいの街B・C棟」（3LDK102戸、4LDK24戸）の起工式を行った。同マンションは、左右対称型の総タイル張りで、「シティ能見台」のシンボル的な位置づけを持つ14階建てで、1995年10月から分譲を開始した。

レンタルスペースがオープン

シティ能見台の居住者サービスの一環とし、シティ能見台総合管理センターにレンタルスペース「ゆ～空間能見台」を、1994年12月17日にオープンした。主にマンション居住者を対象とし、差し当たって日常生活に不必要な家財や季節用品を収納するスペースを提供し、快適な空間で機能的な生活を創造してもらうことを狙いとするものである。

これは、住宅事業部と京急サービスが共同で事業を推進した。つまり、業種の違うグループが手を結び、それぞれの機能を発揮して事業を推進したことに大きな特徴があった。異業種間が手を結び、それぞれのノウハウを出し合って、一つの事業を推進するという方向性を示したものだった。

京急ニュータウン金沢能見台は、分譲地の売れ行きとともに居住者が年々増え、居住者のライフスタイルやニーズも多様化してきた。そうした住民の多様化に対応するため、全館リニューアルを進めてきた「京急ショッピングプラザ能見台」を1996（平成8）年4月3日、グランドオープンした。

富岡第10期の分譲開始

京急ニュータウン富岡は、１９５５（昭和30）年に第1期の１８０区画を分譲以来、当社を代表する分譲地となって、第8期までに、開発総面積は１２５万平方メートルに及んだ。第９期（約16・５ヘクタール）、ならびに第10期（約12・７ヘクタール）の約29・２ヘクタールの宅地造成工事は、富岡地区全体の総仕上げをめざして、１９８５（昭和60）年11月13日から宅地造成工事に着手した。それは、第９期、第10期の個別的な街づくりにとどまらず、富岡地区の全体を見渡したなかで、公共・公的施設の配置や環境のより一層の向上に努めることとなった。

京急ニュータウン能見台に隣接する富岡第10期の宅地造成工事は、１９９０（平成２）年12月に完成し、分譲住宅建設工事に着手したのは、１９９１年４月17日である。

第10期の基本方針は、生活を楽しみ、ゆとりと華やぎのある住環境を提供することとし、周辺の豊かな自然や余暇を楽しむ公共施設など、充実した街づくりをめざした。

そのため、第10期分譲地の４分の１を占める富岡西公園に、野球グラウンド、テニスコート、フィールドアスレチックコースなどのスポーツ施設を設置した。その施設を巡るように、緑豊かな遊歩道を設けた。

北米的外観の戸建住宅

第10期分譲地の計画戸数は、戸建住宅３３１戸である。建物は北米の伝統的なファッションを象徴した外観で、シャープなこう配屋根と重厚なレンガ風タイル貼りの外壁を採用し、シンボルとしてチムニー（煙突）を設置した。内装には木をふんだんに使い、普通の倍もある厚みの窓枠やドア枠に、鮮明な色や柄のクロスを美しく貼り分けるなど、細かな気配りを施した。

富岡第10期の分譲住宅

富岡第９期の分譲住宅

また、堅固な構造と快適性で選んだツーバイフォー構造、断熱・気密・遮音性に優れたペアガラスサッシ、住まい全体を一定温度に保つ空調システムを全戸に採用した。さらに、段差のない１階床、要所に設置した手すりなど高齢者に対応した構造も施し、安全性への配慮を行った。

なお、１９９１（平成３）年９月に同分譲地の戸建住宅の販売を開始した。

第73期中間決算（１９９３年４月〜９月）によると、市場の本格的な回復が遅れているなか、シティ能見台の「いこいの街Ｄ棟」や富岡第９期、第10期などの良質な商品の提供に努めた結果、不動産事業の営業収益は83億６９００万円で、前年同期比で、82・１パーセント増となった。

富岡第9期の分譲開始

富岡第9期は、外周部に小・中学校、公園や低層集合住宅用地、中央部に戸建住宅用地を配置し、自然と調和した、緑豊かな住環境と東京湾への眺望を重視した分譲地である。地区計画制度の導入や緑化協定も締結しており、住環境の維持に努めている。

富岡第9期の計画戸数は戸建住宅278戸、低層集合住宅120戸で、1993(平成5)年1月から戸建住宅の分譲を開始した。また、法人向け社宅の一括販売も実施した。

注

(1) 遅塚麗水は、教員生活、逓信省雇員を経て、郵便報知新聞社、都新聞社などで健筆を振るった。日清戦争の従軍記録『陣中日記』も代表作の一つに数えられている。小説よりも紀行文のほうが高く評価されており、上下2巻60編を収録した『日本名勝記』をはじめ、紀行文集を多数残している。『五重塔』を著した幸田露伴とは幼なじみであった。

［2－8－C］『川崎市史　通史編　4上　現代　行政・社会』（川崎市、一九九七年、三六一～三七九頁）

第一節　開発の進展と総合計画

一　開発拠点としての川崎市北西部

北西部の開発と土地区画整理

川崎市の開発課題には戦災復興事業のほかに、工業地帯の南部と農村地帯の北西部の都市化の格差の解消があった。昭和二十一年の都市計画地域の指定では北西部は計画地域に含まれなかったし、また公務員や教員の給与にまで南北差があることも市議会で取り上げられる状況であった。二十二～二十四年の市議会で決議された、北西部と東京や川崎南部をそれぞれ結ぶ連絡道路改修（川和大崎線・川崎府中線・上溝世田谷線）に関する意見書は、これらの路線が南北をつなぎ北西部の都市化の動脈となることを期待するものであった。

昭和二十八年（一九五三）、市は北西部への都市計画地域指定を行い、開発の基本政策を公開した。そこでは、北西部の都市像を「保健衛生都市」とし、武蔵溝ノ口、登戸駅付近を副都心部商業地域、武蔵中原・武蔵新城駅付近を路線商業地域、既存の工場敷地を工業・準工業地域とし、下請産業を育成するために交通の便利な地も準工業地域とした。街路計画は、(1)南部重工業地帯から川崎駅東口と新丸子駅付近に連結する既定計画街路を延長して溝ノ口・登戸へ縦貫する街路、(2)川崎駅西口から元住吉駅付近に連結する街路を延長して生田緑地や柿生駅付近の農耕地を縦貫する道路、(3)これらを横断する道路、からなり、生産物の搬送と丘陵地帯の開発に寄与するように構想されていた（『市史』資料4上310）。

三十一年四月、市は都市計画事業の財源確保のため、都市計画税の設置を市議会にはかり議決された。このときには市は、今後の都市計画事業の費用が約三八四億円と見積られること、都市計画税の使途は事業の中心である区画整理に投下する予定であることを示した。

北西部の開発は、私鉄を軸にして公共・民間の開発主体が大規模な区画整理を行い、住宅や市街地、工業団地といった都市の拠点を作り上げる手法が主流となった。市内の土地区画整理事業の一覧表（表36）と、区画整理事業地図（図版11）を見ると、年を追って北西に移り、また開発コストが急激に上昇したことなどがわかる。

公的開発と私鉄による開発

昭和二十年代末から三十年代にかけての北西部開発は、住宅公団などの大規模団地の建設を主体とする公的開発と、私鉄不動産資本による沿線の集合住宅と分譲地開発の複合形態となった。

住宅公団は、設立されるとすぐに小杉御殿町や木月町に市街地住宅を建設した（二編一章五節〈本書には収録せず〉）。同時に小田急線沿線の生田で区画整理事業を実施した。これは施行面積約六〇・七二ヘクタール、事業費三億三二〇〇万円の大規模な開発で、公団住宅・分譲住宅・公共建物・一般住宅を建設した。三十六年に百合ケ丘と名づけられたこの土地に建てられた公団住宅は、一戸あたりの平均面積が八六平方メートルで、戦後の郊外型の大規模集合住宅団地のモデルとされた。

東京急行電鉄による田園都市開発は、社長五島慶太の戦前からの構想が背景にあった。それは、大山街道周辺を英国の田園都市・衛星都市構想にならった大規模な住宅都市にしようとの計画であった。二十八年一月に東急は国道二四六号沿線の地主を東急本社に招待し、城西地区開発構想（対象地域は川崎市野川から横浜市港北区）を提案した。この構想は、田園都市線の延伸事業と連動して開発地域を〝第二の東京〟とする大プロジェクトであった。翌年一月には宮前地区に事務所が設置され、買収が始まった。宮前地区は戦後になって元軍人に農地として払い下げられた旧陸軍用地が多く、農地開発もうまくいかずに未墾地も多かったために買収しやすいと判断された。

東急は一坪当たり五〇〇円以上の価格で買収交渉に着手したが、いくつかの問題が生じた。それらは、(1)農地法（軍からの払い下げ用地や未墾地の処分年限）に抵触すること、(2)対象地域が首都圏整備法のグリーンベルト地帯に指定されそうになり開発が中止される可能性が高まったこと、(3)地価の上昇、(4)開発に反対の農民との対立、であった。(1)については、法定期間の経過を前提とした契約を用意して地権者の同意を得た。(2)については、川崎市・横浜市も産業振興のためにグリーンベルト

表36　土地区画整理事業一覧

地　　区	施行面積（㎡）	事業費（円）	単価（/m）	減歩率	事業認可期日	換地公告期日
大師第５工区	632,380	55,957	90	22.7	19410221	19690228
大師第６工区	691,603	168,603	240	39.2	19410221	19671003
大師第７工区	302,483	24,216	80	6.6	19410221	19671003
大師第４工区	711,481	69,561	100	23.8	19410221	19651005
大師第１工区	260,319	43,568	170	24.7	19410221	19670630
大師第２工区	708,383	165,127	230	5.4	19410221	19671003
大師第３工区	496,145	60,754	120	23.2	19410221	19660630
復興第１工区	1,046,480	500,067	480	17.2	19470901	19641110
復興第６工区	1,127,456	525,035	470	12.2	19480325	19650430
復興第２工区	2,287,056	1,067,148	470	13.1	19481005	19720731
復興第３工区	820,802	506,629	620	15.9	19501207	19700630
復興第５工区	719,954	800,008	1,110	17.6	19501207	19730228
復興第４工区	143,401	30,806	210	9.6	19501207	19660228
生田	608,225	332,700	550	24.2	19580312	19611124
野川第一	221,067	82,000	370	38.8	19590501	19610915
有馬第一	688,164	450,131	650	22.5	19620713	19660731
土橋	1,227,301	1,185,524	970	21.3	19621225	19760430
東生田	561,582	805,225	1,430	34.0	19630201	19670331
宮崎	1,298,902	1,280,813	990	22.4	19640907	19720131
梶ヶ谷第一	766,760	791,471	1,030	16.9	19641203	19691031
菅	240,161	572,568	2,380	34.2	19670120	19700331
有馬第二	1,370,774	2,906,732	2,120	22.2	19680321	19780604
小台	361,587	547,648	1,510	19.6	19680606	19750131
細山	187,560	788,700	4,210	48.1	19690326	19710731
神木	162,122	326,594	2,010	24.4	19690618	19711031
早野	353,486	1,261,000	3,570	49.6	19710413	19730930
柿生第二	327,882	2,890,000	8,810	40.2	19710803	19761031
南生田	568,710	10,098,000	17,760	49.8	19720628	19770227
西菅	841,259	19,249,787	22,880	36.6	19720829	19860307
栗木第一	638,471	8,790,605	13,770	46.5	19720904	19820117
黒川第一	93,529	1,584,500	16,940	50.1	19750320	19791031
新百合ヶ丘駅周辺特定	463,979	13,610,065	29,330	38.2	19770425	19841031
柿生第一	457,196	8,616,163	18,850	49.1	19770504	19820810
細山第二	164,420	4,372,301	26,590	54.5	19770504	19811123
金程向原	609,722	24,370,000	39,970	53.0	19801115	
山口台	287,624	13,857,000	48,180	54.4	19830201	

『都市整備局事業概要』

図版11　土地区画整理区域図（復興大師区画整理は除く）

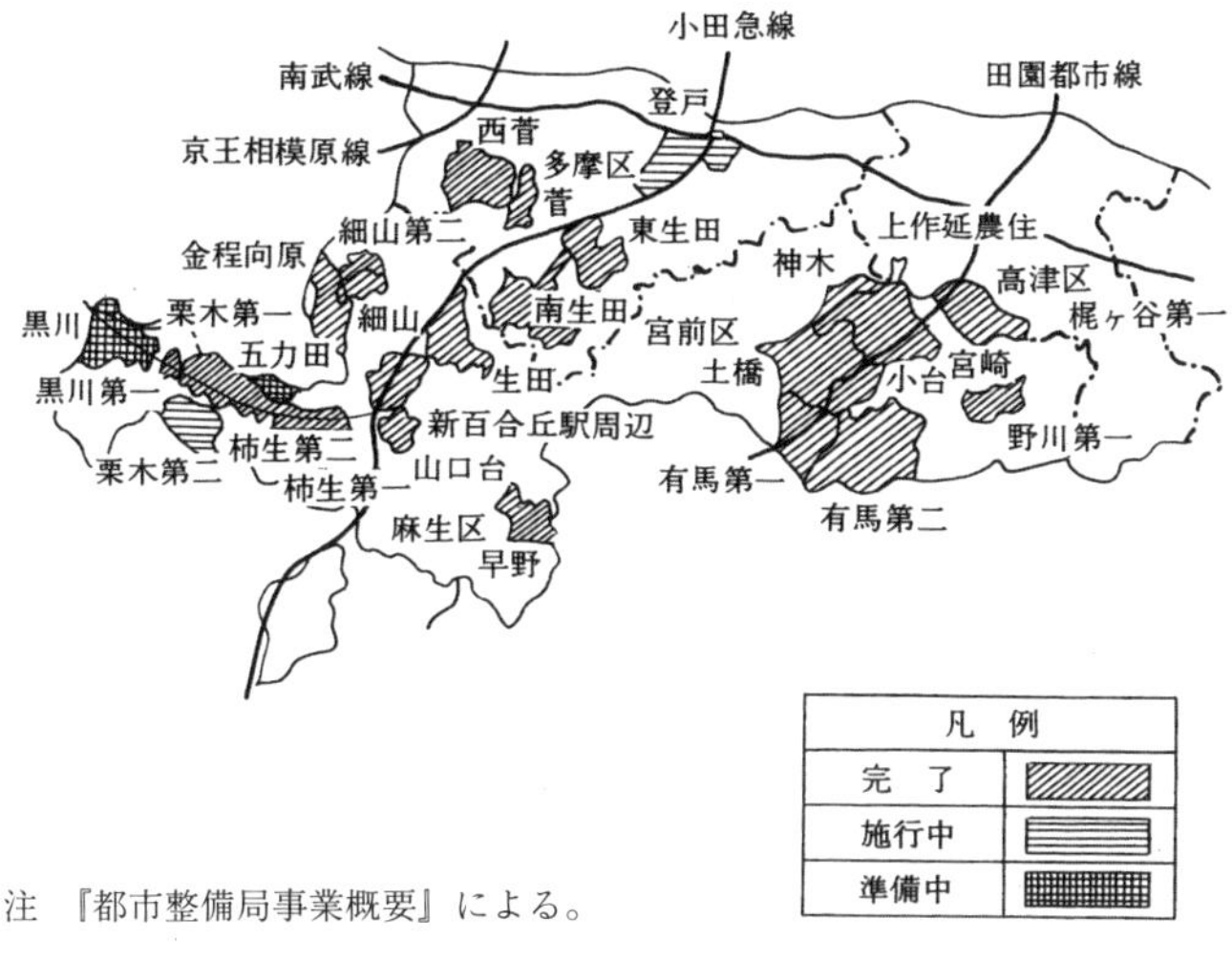

注　『都市整備局事業概要』による。

写真95　工事中の田園都市線宮崎台駅　『市勢概要』昭41

の指定を避けたいと考えており、両市の提案によって鉄道と連動した開発となって認可された。

昭和三十五年六月、東急は川崎市への区画整理組合設立の申請にこぎ着け、翌年六月には最初の分譲地が売り出された。このときの一般分譲地は公庫融資住宅の建物が四四・六二〜六七・七六平方メートル、土地は二七一〜五三六平方メートル。販売価格は建物は一戸当たり一七五〜二四八万円、公庫融資は五八〜六三万円であった。田園都市線はまだつながっていなかったが、東急が総力をあげて営業活動を展開し、日本精工や日本航空などの大企業の社宅の販売に成功した（『多摩田園都市開発三五年の記録』）。以後、沿線開発は路線の延伸にともない、市の北西部と横浜市の港北区を横断する形で大住宅地が形成された。

一方、小田急電鉄は「林間都市」をキャッチフレーズとして開発を行った。なお三十年代には小田急線の百合ケ丘駅に住宅公団の団地が建設されたが、当時の小田急の宅地開発は相模原方面に主力が注がれた。四十年代に入り、八王子市の多摩ニュータウン構想認可を契機に、小田急は多摩ニュータウンと川崎を結ぶ多摩線の建設に着手した。四十五年にはニュータウン構想と土地区画整理（新百合ケ丘から黒川）によって二九七万平方メートルの開発が行われることになった。その地域は、開発当初は住宅開発を意図していたが、時代状況により開発構想も変化し、川崎の一連の開発プロジェクト（ハイビジョン・シティー、マイコン・シティー、テレトピア、インテリジェント・シティーなど）が複合化したものになっていった（『小田急社史』）。

開発関連制度と人口・土地の動向

昭和三十年代には首都圏整備法や工業等制限法などの強力な開発の規制・誘導のための制度が整備されてきた。この二つの法律の施行は、工業振興を開発の軸に据えていた川崎に大きな影響を与えた。

昭和三十一年六月、首都圏整備法が施行された。戦前の首都建設法が東京都のみを対象とした結果、郊外が無秩序に発展するスプロール現象を抑止できなかった反省から、イギリスの大ロンドン計画を模範として、広域適用を意図していた。具体的には東京を中心に、半径一五キロメートル圏は既成市街地、外周の二五キロメートルまでは近郊整備地帯、その外側は都市開発区域というように首都圏を区分した。その構想は、既成市街地には人口集中の要因である工場や大学の立地を規制し、都市開発区域に衛星都市を建設したうえで工場や大学を計画的に誘導し、さらに近郊整備地帯は緑地帯（グリーンベルト）とし、スプロールの遮断機能と都市化の促進地帯が共通に利用できる病院や学校などの立地を促進する趣旨であった。同法と関連して工業等制限法や近郊整備法も順次施行された。

川崎市は首都圏整備法によって全域が包含されることになり、東部平坦地は既成市街地、西部丘陵地帯は近郊整備地帯に区域設定された。そのため整備計画では工業都市としての性格に、次の六つの基本方針をもって対処することとした（『市史』資料4上312）。

(1)川崎市の特性を生かす、(2)実情にあった近郊地帯の計画を立て、埋立工業地域が完成したときに労働者の住宅や関連施設の必要に対応できる住宅開発計画を策定する、(3)都市の過大な膨張をさけるために高度な土地利用計画を樹立する、(4)近郊地帯内の建築制限などの一律化をさける、(5)重要道路の積極的な整備を行い、とくに東京都と横浜市を連結する幹線や本市東西地域を結ぶ道路に重点を置く、(6)翌年から一〇か年計画で強力に推進する、であった。

そして、昭和五十年の市人口を一〇〇万人と想定し、これにともなう施設の需要量を算定して、有機的に拡充整備することになった。

昭和三十四年三月、人口集中の要因となり得る施設の建設を規制する工業等制限法が施行された。この法案には東京都の特別区と川崎・横浜両市の一部が適用地域に含まれていたが、埋立地を造成して臨海工業地帯を形成していた両市は、反対運動を展開して指定を逃れた。しかし、前年に施行された近郊整備法で、市域の北西部は緑地帯に指定され、県の総合計画でも市街化抑制区域とされて厳しい建蔽率が適用されていたため、制限法の指定解除の効果は相殺された。

三十九年には人口集中とスプロール化のいっそうの抑止をねらい、工業等制限法の改正が行われることになった。改正案では川崎市全域が適用地域となり、五〇〇平方メートル以上の工場や一五〇平方メートル以上の教室を持つ学校の新設は知事の許可が必要となった。そのため産業界は、商工会議所が中心となって改正反対の運動を起こした（『市史』資料4上315）。一方、省庁間でも厳格な規制をねらう首都圏整備委員会に対し、工業振興を推進する通産省が反対していた。結局、適用地域は当初の全市域から後退し、東横線以東から産業道路間の二一八九ヘクタール（市域面積の一六・一パーセント）に限定された。同年十月、京浜工業協会は市議会に対し、制限区域を従来のままとするほか、埋立地や工場敷地の新増設について特例・例外を認めるよう陳情した。陳情の中で工業協会は、新増設の工場では機械化が進行し、人口が増えることはないと訴えた。しかし現実には工場を新増設する余地は少なく、公害反対の気運や国の工場分散政策、地価の高騰などもあって、四十三年までに増設を許可された企業は一件にすぎなかった（『市史』資料4上315）。

三十年代になると市の人口は毎年二万人以上増加し続け、北西部で公共・公益施設が不足し、スプロール化が問題となった。人口の南北比は、三十年では五六対四四であったが三十四年には四七対五三と逆転した。この間の地区別平

図版12　川崎市公共用地取得実績指数　昭和32－41年

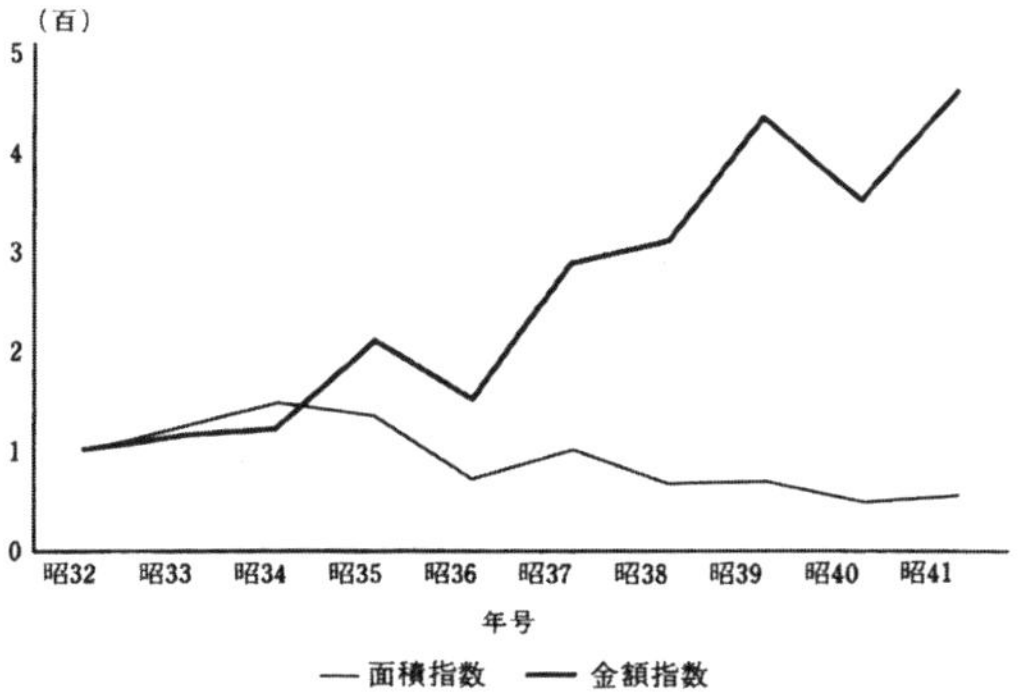

『川崎市議会史』数値表より作成。

図版13　川崎市地域別平均地価推移　昭和32－41年

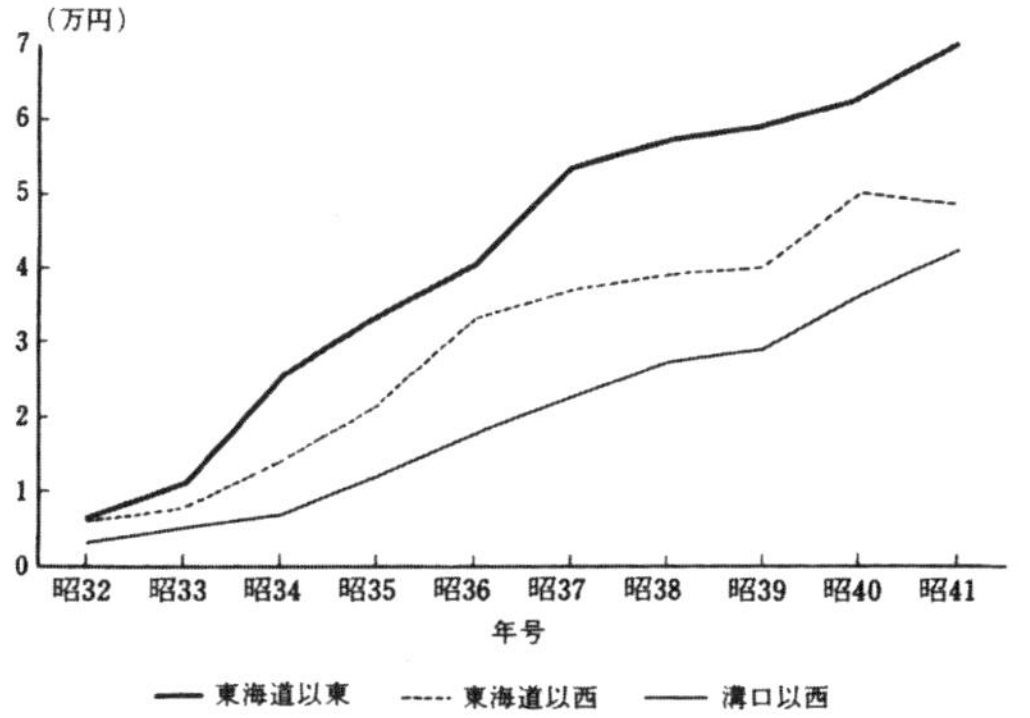

『川崎市議会史』数値表より作成。

均人口増加率は、南部（川崎・大師・田島・御幸地区）が一三・七パーセント、北西部（中原・高津・稲田地区）が二八・九パーセントであった。しかし北西部の人口増の中心となった東急や小田急沿線の新住民は、通勤・買い物・レジャーなどで東京を志向する〝川崎都民〟の性格が強かった。

三十年代から四十年代には、人口の急増や行政需要の増大と水準の向上にともない、社会資本の整備のために公共用地の取得が大きな課題となった。しかし、私鉄の延伸にともなう通勤圏の拡大、宅地開発の活発化、国の大規模プロジェクト（臨海高速道路・第三京浜国道・東名高速道路・東海道新幹線）があいつぎ、用地取得は激しい競合状態となっていた。そのうえ一連の開発では市の公共用地価格を上回る水準で土地買収が行われるため、市の用地取得はますます難しくなった（図版12）。図版13に当時の地域別の地価上昇率を示した。それによると一坪当たりの買収価格は三十二年から四十一年までの一〇年間に一四倍にも達している。

過密と乱開発による災害

巨大な可燃性物質の集積場である臨海地帯の石油化学コンビナートは、大気汚染の元凶であるばかりではなく、大規模な爆発や火災が発生する危険性を常に抱えていた。昭和四十年前後にその不安は次々と現実のものになった。三十九年六月十一日、昭和電工川崎工場で爆発事故が発生して二八人が死亡した。また昭和電工の事故の五日後には新潟地震が発生した。これは、コンビナートを持ち、また常に巨大地震を想定せざるを得ない川崎に防災・消火力の面で大きな課題を突きつけた。その後も千代田化工建設、東燃石油（三十九年）、東洋特殊製鋼（四十年）、日本乳化剤、日本エーテル（四十一年）、日本原子力事業（四十三年）、日石化学、昭和石油（四十五年）で火災や爆発事故があいつぎ、市民の不安を増幅させた。

コンビナート災害だけでなく、市街地の過密と建物の高層化にともなう災害不安も明らかになった。四十一年一月九日、駅前本町の金井ビルで火災が発生した。六階建てのビル火災に対して、市のはしご車（一七メートル級）は台数も法定基準に達しておらず、そのうえ到達高度が低くて十分な消火活動ができず、死者一二人を出す結果となった。その後はしご車は市民や団体の寄付もあって購入が決定されたが、この件に関する市議会で、三二メートル級のはしご車でも道幅が狭いために到達が困難なビルが一七棟も存在することも発表された（『川崎市議会史』）。

また地上での爆発や火災だけでなく、空からの災害の不安も出てきた。同じ年の二月～三月に相ついでおこった全日空羽田沖墜落事故、カナダ航空機の羽田空港での激突事故、イギリスＢＯＡＣ機の富士山上の墜落事故は、羽田空港を目前に控え、航空機の低空飛行コースにかかる市にとって、いつ災害の元が空から落ちてくるかわからない危険な状態であるとの認識を高めた。市議会は四十一年三月に、運輸省に対して「即刻本市臨海工業地帯を飛行禁止区域に指定されるよう強く要望する」との意見書を提出した。

北西部の急激な人口急増は「乱開発」と呼ばれる悪質で危険な宅地開発を引き起こし、それに起因する災害が発生するようになった。四十年六月六日午後六時五十分、川崎市久末大谷戸で大規模な土砂崩れ事故が発生した。この事故で死者二四人、重軽傷一七人を出し、一四棟の家屋が倒壊した。その原因は、火力発電所やセメント工場などで残りかすとして発生するフライアッシュ（軽質の灰）が丘陵の傾斜地に捨てられて土砂となって堆積していたためであった。その土砂は降雨によって幅約五〇～六〇メートル、長さ二〇〇メートルにわたって住宅地に押し寄せたもので、「流土により押し倒された二階建家屋の内四棟は大破傾斜し一階は土砂で埋没した外、二階建八棟は大破壊されて家屋の原型を残さずに倒壊・流出又は埋没して、その位置も判然としない状況であり、篠つく雨に打たれて約五万立方米の流土砂はあたかも泥海を現出し」たような惨状を呈した。倒壊した家屋そのものも無届け違反建築のミニ開発であり、市は土留めなどの防護措置を施すように再三警告していたが、業者は無視していた建物であった（『市史』資料4上374、『川崎市議会史』三）。

また四十七年一月には、生田緑地内で関東ローム層台地の崖崩れに関する研究のために、実験として崖崩れを発生させたところ、予想外の大規模な崩落現象が発生し、実験関係者に死者一五人を出す惨事となった。これらの事故は、丘陵を削って開発された市民の住宅が、極めて不安定な地盤の上に建っていることを明らかにした。

二　総合計画と都市計画用途地域指定

生産文化都市―第一次総合計画

昭和三十八年三月、市は初の総合的な都市計画である『川崎市総合計画書』を公表した。この都市計画は市長金刺不二太郎みずからが委員長となり、助役以下の幹部や係長など市職員のみを構成員とする委員会によって作成された。この計画書は三〇〇ページで、当時の川崎市の諸問題を詳細に分析し、都市川崎の〝総合的な診断書〟として編集されていた。そのなかで市長は、「東洋のマンチェスターと称せられた大工業都市川崎も一度は戦災で焦土と化したものの、現在では産業面で発展を遂げた。その一方、人口七三万人が数年で一〇〇万人に達するのは不可避であり、それとともに住宅難、交通難、水道や学校の不足といった都市問題が深刻化しているため『一〇〇万人口計画』を図る」と、計画策定の主旨を言明し、百万都市を予定した計画であることを強調した。

計画の基本構想では、川崎・中原両地区に人口の七七パーセントが密集する「不整形」状態は「都市経営的観点からすれば重傷を負っている」と認識し、川崎地区の人口を計画的に北西部へ移行する施策を軸に、(1)北西部の住宅地化と居住環境の整備、(2)川崎地区への縦貫路の整備、(3)臨海部の生産環境の充実化、(4)都心部への官庁、第三次産業など都市の重要な機能の結集、の四点を掲げた。計画の基調は「産業に基盤を与え、市民に快適な生活環境を整えていくことであり、その都市イメージは、産業と生活環境との重視を複合させた〝生産文化都市〟となった。開発手法は土地区画整理が重視され、「今後市街地開発を行なうための絶対的方法であると同時に、その成否が都市計画を実現する重大な鍵を握っているともいえる」としていた。三十八年十二月、計画に合わせて高津・稲田地区に都市計画用途地域指定が行われた。

三十九年、市は計画推進のために、川崎と政令指定都市などとの都市基盤全般にわたる比較調査を行った。表37はこの調査資料に基づいたそれぞれの都市基盤のデータを、川崎市を一〇〇として他都市（大阪・横浜・神戸・名古屋・北九州・福岡・広島・尼崎）と比較し、他都市との平均指数を算出したものである。表を見ると文化施設（公民館や図書館）、道路整備、公園、医療施設、児童・老人福祉施設などの整備状況が比較的「劣る」結果になっており、市民の生活基盤整備が都市づくりの重要課題であることを示唆するものとなっている（『調査資料・川崎市の社会基盤施設と他都市との比較』）。

団地造成基準――規制手法の創造

公共公益用地の確保は地価が上昇したため自治体にとって困難な仕事となっていった。そのため自治体側は、大規模団地などの開発業者に対して行政指導のかたちで公共公益用地の提供を求める、いわゆる開発指導要綱行政と呼ばれる手法を採用した。この手法の第一号が、川崎市が昭和四十年八月に発表した団地造成事業施行基準である。これまでの宅

表37　川崎市と他都市との都市基盤整備比較（昭和39年）

指　　標	他都市の平均指数	指　　標	他都市の平均指数
総人口	200.9	立体交差率	365.1
総面積	266.7	電話普及率	172.3
人口集中地区人口	208.7	電話充足率	121.7
人口集中地区面積	181.6	公衆電話普及率	138.4
人口集中地区人口比	116.7	ポスト数人口１千人当り	175.0
人口集中地区面積比	112.4	上水道普及率	110.3
運動場面積生徒１人当り	69.7	公共下水道普及率	54.0
校舎面積生徒１人当り	107.4	ごみ収集率	122.0
校舎鉄筋コンクリート造構造比率	147.4	ごみ衛生処理率	71.7
安全校舎比率	92.1	し尿衛生処理率	155.1
収容率	115.3	都市ガス普及率	176.7
運動場面積生徒１人当り	64.3	都市公園面積率	114.7
校舎面積生徒１人当り	105.3	公園面積（人口集中地区）人口１千人当り	212.9
校舎鉄筋コンクリート造構造比率	122.3	都市公園面積率	240.0
安全校舎比率	109.4	児童公園数人口１千人当り	108.9
生徒数教員１人当り	114.4	地方公共団体当り公立スポーツ施設数	194.4
運動場面積生徒１人当り	68.9	公共スポーツ施設面積人口１千人当り	114.6
校舎面積生徒１人当り	115.6	興行場数人口１千人当り	136.3
校舎鉄筋コンクリート造構造比率	120.7	病院一般病床数人口１万人当り	148.6
安全校舎比率	105.7	医師数人口１万人当り	141.0
生徒数教員１人当り	112.3	歯科医師数人口１万人当り	121.1
幼稚園数適齢児童１千人当り	132.1	薬局数人口１万人当り	144.0
幼稚園定員率	107.6	保育所数適齢児童１千人当り	189.3
１地方公共団体当り設置数（図書館）	178.6	保育所定員率	252.1
図書館数人口10万人当り	96.4	養老施設数人口10万人当り	184.1
図書館蔵書数人口１千人当り	176.3	養老施設定員率	237.7
一地方公共団体当り設置数（公民館）	435.7	小売店数人口１千人当り	154.9
公民館数人口２万人当り	1600.0	飲食店数人口１千人当り	184.6
道路密度	71.4	百貨店数人口10万人当り	100.0
市道密度	69.7	百貨店売場面積人口１千人当り	146.3
道路延長人口１千人当り	90.4	消防署数人口10万人当り	83.7
市道延長人口１千人当り	77.1	消防職団員数人口１千人当り	170.3
舗装率	214.1	消防ポンプ台数人口１万人当り	285.7
市道舗装率	271.6	消防自動車台数	104.7

注：川崎市を100とした大阪・横浜・神戸・名古屋・北九州・静岡・広島・尼崎の平均値

川崎市『大都市比較調査』より作成。

地開発関連の法令には、開発者に対する公共公益施設の設置義務や整備水準の設定がなかったため、それら法定外施設整備に必要な公共投資は市の負担となっており、開発は自治体の財政力と無関係に短期間に集中して困難を招くという問題があった。三十八年には千葉県知事が「団地お断り」宣言を出し、三十九年に公団団地関係自治体協議会が結成されたことは、団地が当時の自治体に重い負担を強いるものであったことを示している。

川崎市の団地造成施行基準作成の直接の契機となったのは、住宅公団による東生田土地区画整理事業への対応からであった。市は、大規模団地は局所的な人口増加によって社会資本の急激な不足を生み、地元自治体の総合計画と合致しない無秩序かつ無計画な団地造成は、総合計画事業の適正な執行を困難にするものであり、さらに地元自治体の公共投資額を増加させると判断した。前述の百合ケ丘団地造成事業の公共投資事業費の比率は、事業者が二七パーセント、国県支出金が三パーセントで、市は七〇パーセントにも達しており、また東急の田園都市計画事業での法定外関連公共公益施設整備に要する公共投資額の見積は八〇億円で、市負担分は実に七一億円と予測されていた状況が背景にあった。

川崎市団地問題等審議委員会は、強力な規制は私権制限にかかわるため条例化は難しいと判断し、八月に内部職員に対する川崎市団地問題等指導要綱と、開発事業者に対する団地造成事業施行基準との二本立てで行政指導によって団地開発を制御する体制をつくった。業者への施行基準は、行政指導のたてまえから文面上は起業者への「お願い」の体裁であったが、強い調子の「お願い」になっていた（『市史』資料4上316）。

施行基準の適用範囲は、〇・一ヘクタール以上の団地造成事業ないし戸数二〇以上の住宅建設事業であり、公共施設の整備水準や公益施設の整備と提供の基準などが明示された。特徴は、法律で自治体の義務とされた水道や学校の施設整備や用地を起業者の負担あるいは提供に求めた点にあった。とくに学校用地は最優先に確保されるべきものであり、事業地域の計画人口が八〇〇〇～一万程度の場合には、小学校の用地を提供することとされた。また同基準の五七項目のうち二〇項目は既存の法令に定めがなかった。これは「定めがない」ことを理由に、市独自の基準を設定したうえで運用するかたちをとったためである。さらに法令に基準があっても、法令の解釈で市の基準を強化した例もあり、例えば公園は都市計画法・土地区画整理法では開発面積の三パーセント以上であるが、市の基準は「六パーセント以上で一人当たり六平方メートル」とした。これは都市公園法施行令から「住民一人当たり六平方メートル以上」の基準を探り当てて、これを「上位」に据えて上乗せ基準とした巧妙な解釈・運用であった。

写真96　住宅が建ち並んだ南菅生の造成地　『市勢概要』昭41

当初建設省は同基準・要綱を越権行為とみなしていたものの、横浜市が同様のアイデアの宅地開発指導要綱を作成し、田園都市開発事業主の東急に対して、要綱をもとにした公共用地提供を実現させてからは、開発指導要綱による土地対策の効果が認識され、以後「要綱行政」として全国に広まっていった（田村明『宅地開発と指導要綱』）。

四十～五十五年度の施行基準に基づく公益用地の提供面積は三六・二ヘクタールで、そのうち多摩区が八八パーセントを占めていた。開発区域面積全体から見ると、六・八パーセント程度であった。多摩区の場合は、学校用地（小学校一〇校、中学校五校を建設）として七五・一パーセント、民生・その他として二四・九パーセント（子ども文化センター一五、老人いこいの家一二、保育所一四、消防署六を建設）が利用された。川崎市域の学校はこの期間に四七校が開校され、そのうち二九校がこの制度で確保した用地に建設され、制度の主目的を達成した。

その後、市は工業・商業地域が工場移転や再開発によって住宅への土地利用転換が起こることを予想し、五十一年八月に非住居系用途地域での住宅建設の基準として内陸部工業地域・準工業地域及び商業地域・近隣商業地域内開発事業指導基準を制定・公表した（『川崎市団地白書』）。

第二次総合計画から第三次総合計画へ

昭和四十三年五月、市は「市民が誇りうる都市」をキャッチ・フレーズとした『川崎市第二次総合計画書』（第二次総合計画）を発表した。

まだ川崎市の人口は一次計画で予想した一〇〇万人には達していなかったが、二次計画では目標年次を昭和五十年、人口規模を一三〇万人と想定した。二次計画では政令指定都市の実現が重点となり、大規模事業としては埋立・埠頭、縦貫道路と縦貫地下鉄、流通センターと新中央卸売市場の建設が掲げられた。土地利用では、「良好な住宅環境の保護育成」をうたい、住宅地域の比率は市内用途地域全体の七六・六パーセントを占めることになった。そのほかの比率は、商業地域が国鉄川崎駅、東横線新丸子駅、南武線武蔵小杉・溝ノ口・登戸の各駅周辺を中心に四パーセント、準工業地域が臨海部に接する殿町・塩浜・四谷下町付近と下並木・市ノ坪・上小田中などの内陸部の軽工業地域の四パーセント、工業地域が臨海工業地帯や多摩川下流の沿岸地帯、さらに国鉄川崎駅西口付近といった内陸工業地帯などの一五・四パーセントであった。

このころ一次計画の都市イメージ〝生産文化都市〟に対して、「生産」には公害批判の立場から、また「文化」にはイメージがはっきりしないと批判があった。金刺不二太郎市長は電子工業などをイメージしていたようだが、この時代にはまだ漠然としていた。しかしのちに川崎市は、重化学工業に代わる新産業として、電子・半導体産業を市の発展の軸に据えることになった。

大正時代以来の都市計画法の全面改正、建築基準法の改正と都市再開発法の新設など、いわゆる都市計画三法が整ったことにより、四十年代の都市計画行政は、開発にかかわる規制や誘導の基準が整備された。都市計画法改正により、市街地を、都市化を促進する市街化区域と抑制する市街化調整区域に区分する作業（通称線引き）が行われた。作業上の大きな課題は、農地をどの程度市街化調整区域に含めるかにあった。国の基準では二〇ヘクタール以上を目安とした結果、零細な農地は調整区域からはずされ、都市化の進行に拍車をかけた。逆に、調整区域に指定されることで開発が困難になることを嫌い、駆け込み開発が行われた地域もあった。最初の線引きは四十五年六月に決定され、市域一万三六一七ヘクタールのうち、市街化区域が一万一九五四ヘクタール（八八パーセント）、調整区域が一六六三ヘクタール（一二パーセント）となった。このころ市が政令指定都市となり開発認可権を獲得したことは、開発の規制や誘導の主体としての力量がいっそう試されることにもなった。

四十九年、第三次総合計画となる『新総合計画・市民の手による人間都市のまちづくり』（昭和四十九～六十年）は、長期にわたった金刺市政から伊藤三郎市長に代わって最初に提示された総合計画であり、市の内外から注目されていた。金刺市長による第二次総合計画の主軸となっていた政令指定都市も実現し（昭和四十七年四月一日施行）、都市計画三法もすでに確立していた。また地方行政や都市計画行政に関する理論や実践面での発達もあり、「市民自治・参加」や「シビル・ミニマム」（基本的な社会資本整備）などの実現が関係者に強く意識されていた。

四十八年秋から開始された策定作業には、市民参加が初めて導入された。行政担当者と総合計画策定委員会を中心に行われる作業と同時に、市民意向調査と結果の反映、計画案段階でのＰＲ、計画案の市内二九会場での市民討議などの市民参加方式が採用され、これらを反映させるかたちで最終案が作成された。こうして新総合計画には「市民の手による人間都市のまちづくり」のキャッチフレーズがつけられ、「人、自然、生活」を最優先とすることがうたわれることになった。各論構成は(1)生活環境の整備、(2)市民生活の向上、(3)市民文化の振興、(4)都市改造の推進、(5)自治行政となり、当時焦点の公害問題は(1)の最初の項目に挙げられた。一方で従来は市の基本政策には必須であった「工・生産」などの言葉は「格下げ」となり、産業経済関係は「部」レベルから落ち、さらに工業対策や工業用水計画は目次の項目からも除外された。記述のスタイルも全体に要点を集約し、市民に「読みやすい」ものに変わった。

また計画書の冒頭に、「総合計画はなぜ必要か」と題する一文が掲げられ、総合計画のあり方を自問自答することが試みられた。ここでは、川崎の都市問題、とくに都市環境の悪化とその被害を受ける市民の問題を確認したうえで、その解決のためには市政の第一課題として市民福祉を向上させ、シビル・ミニマムを市民とともに設定して、充実をはかることが指摘されている。そして公害防止や土地利用規制のための行政指導を強化するとともに、市街地再開発・交通施設整備・緑化計画など都市環境の創造を志向し、さらに地域の問題解決能力＝市民自治の向上を訴えている。最後に従来の総合計画のあり方への根本的な反省として、従来の計画が政策的志向ではなく役所の実績志向であったこと、白書のようでほかの計画との関連がつかみにくかったこと、計画＝施設整備計画であり、市民の生活意識などの把握が不十分なことなどが指摘されていた（『市史』資料4上320）。

なお大規模事業としては四十七年発表の「七大事業」（全市緑化大作戦、市民施設ネットワーク配置、川崎駅周辺再開発、溝の口駅周辺再開発、登戸地区再開発、南武線立体化と高速鉄道・モノレール等による大衆大量輸送計画、シビルポートアイランドの建設）が掲げられた。

工場跡地利用の再開発

昭和四十五年、川崎市は移転を望む企業に対して意向調査を実施し、翌年には工場跡地取得利用会議要綱を定めた。そのようなとき、工場再配置促進法（四十七年制定）によって川崎市は「移転促進地域」に指定された。跡地利用は大規模な再開発が難しい南部の社会資本整備の好機でもあり、工業地一三、工業以外二四が跡地開発に利用されることになった。また第二次ベビーブームに対応した神奈川県の高校一〇〇校の新設計画の学校用地としても利用され、大師高校（東京鍛工跡地）・川崎南高校（東芝電気硝子跡地）・住吉高校（米軍印刷工場跡地）が建設された（表38）。なお昭和五十一～六十一年の間に、工場再配置法によって移転させられた面積一万平方メートル以上の工場は三七件で、このうち市外に転出した企業は二〇件（一件のみ新潟でほかは県内や首都圏各県に分散）、市内移転・廃止が一〇件、用地そのものがほかの経営となった工場用地は五件、市内のほかの工場への集約が二件であった。

河原町の東京製鋼跡地には、市と県が共同で高層住宅を建設することになった。この事業は、以後の工場跡地への住宅建設の先駆となった。四十四年に公表された計画での団地建設の目的は、土地の高度利用による都市部への住宅の大量供給、都市周辺へのスプロール現象防止、都市

表38　工場跡地取得年度別一覧表

単位平方メートル

年	取得跡地企業名	取得面積	所在地	跡地利用
昭和45	東洋物産ＫＫ	1485.22	幸区南加瀬	保育園
45	鈴江組倉庫ＫＫ	3093.23	川崎区白石町	市街地の公害企業移転
46	鈴江組倉庫ＫＫ	178.58	川崎区白石町	市街地の公害企業移転
47	泉商事ＫＫ	2282.35	川崎区藤崎	保育園・福祉施設
47	福岡製紙ＫＫ	12481.91	幸区小倉	住宅・公園
48	新日本製鉄ＫＫ	48921.14	川崎区浅野町	工業団地
49	成田鉄工ＫＫ	6072.16	川崎区小田	住宅
49	前田工業ＫＫ	376.85	川崎区観音	住宅用地売却
50	新日本鍛工ＫＫ	22859.96	川崎区小田	公共施設用地
50	沖電線ＫＫ	2657.00	中原区下小田中	公共事業代替地
51	第一電機ＫＫ	4250.34	中原区宮内	公共事業代替地
51	新日本鍛工ＫＫ	9468.08	川崎区小田	防災センター他
51	ＫＫ東京鍛工所	30174.23	川崎区四谷下町	県立高校用地
51	日本鋼管ＫＫ	57681.15	川崎区扇町	工業団地
51	沖電線ＫＫ	19521.87	中原区下小田中	公共事業代替地
52	ＫＫ東京鍛工所	9591.16	川崎区四谷下町	県立高校用地
52	川崎興産ＫＫ（旧特殊製鋼）	34032.00	川崎区塩浜	工業団地
53	川崎興産ＫＫ（旧特殊製鋼）	59312.00	川崎区塩浜	工業団地
53	川崎興産ＫＫ（旧特殊製鋼）	80.00	川崎区塩浜	公共施設用地
54	川崎興産ＫＫ（旧特殊製鋼）	32188.09	川崎区塩浜	公共施設用地
54	日本鋼管ＫＫ	184799.68	川崎区浅野町	工業団地
54	沖電線ＫＫ	9947.02	中原区下小田中	再開発用地
55	沖電線ＫＫ	3304.64	中原区下小田中	再開発用地
56	ＫＫ日立製作所	8988.81	幸区鹿島田	再開発用地
59	三井軽金属加工ＫＫ	5484.94	幸区鹿島田	再開発用地

資料『都市整備局事業概要』

施設整備と緑と空間の確保、職住接近による都市再開発のモデル化であった。この団地建設は既成市街地での再開発を考慮して、周辺地域社会を融和する形態、居住性の確保、高層高密化、周辺地区の再開発の促進誘導の拠点、高密度の居住空間に対応できる公共的空間を設けるなどの方針で行われた。敷地面積は一四ヘクタール、住宅計画は公営と公社合せて約三六〇〇戸、計画人口約一万三〇〇〇、建築延面積は約二万五〇〇〇平方メートルで、容積率は約一九〇パーセントとなった。住宅設計には東京大学の大谷研究室が独自の思想を持って臨んだ。居住性を確保しながら高密度化をはかるため、逆Y型といわれる住棟形式が一部採用された。この手法は、建物内部の公共空間の獲得と、ツイン型住棟との配置により各住居の日照時間確保をねらっていた（『市史』資料4上319）。

公営（県・市）住宅戸数は二八九八戸で、うち二四〇六戸が三ＤＫ（一種）、四九二戸が二ＤＫ（二種）であった。総事業費は約一六二億円で、分譲住宅の最初の売り出しは昭和五十年十月、住宅の面積は約五〇～七六平方メートル（二ＤＫ・二ＬＫ・三ＬＫ）で、平均価格が約一〇〇〇万円となった。

［2－8－D］
浜田弘明「戦後相模原の景観構成と産業構造の変化」（相模原市教育委員会教育局生涯学習部博物館編『相模原市史　現代テーマ編　軍部・基地そして都市化』相模原市、二〇一四年、五六六〜五八五、五九八〜六三〇頁）

第三章　畑地開発から団地建設へ

第一節　畑地灌漑事業の挫折

相模原畑地灌漑事業

敗戦後、市南部の大野や麻溝台地区などでは、畑地灌漑用水路の建設により、広く畑地景観が形成された。しかし高度経済成長期以降、新宿に直結する小田急沿線の平坦な畑地は、首都圏整備計画の一環として住宅団地建設の場となった。また、急速な住宅開発に伴う南部の追いつかない都市基盤整備は、市の大きな課題となった。そうした中で、一九七二（昭和四七）年から推進された相模大野駅周辺土地区画整理事業は、遅れていた相模原市の商業地開発の進展へとつながった。

相模原台地上に水を引くことは、明治以来の長年の懸案であったが、技術面や予算面などの問題から、なかなか実現には至らなかった。昭和の時代に入り三八（昭和一三）年、神奈川県は「相模川河水統制事業」に着手することとなり、相模原の開田計画はようやく本格化した。この事業は、日本における河川総合開発事業の先駆けの一つであり、相模川に多目的ダム（相模ダム）を建設して電力開発を行い、川崎・横浜の工業地帯へ用水を供給するとともに、相模原台地に農業用水を引いて一〇〇〇町歩（約九九一ヘクタール）の水田を開くというものであった。事業の中核となる相模ダムは、四〇年に着工されたが、第二次世界大戦の激化により、一時中断を余儀なくされた。また、開田計画についても、相模原軍都計画の実施等により、着手されないまま敗戦を迎えることとなった。

相模ダムは、敗戦後も引き続き工事が進められ、四七年にようやく完成した。当初の開田計画は「開田」を改め、戦後の食料増産を背景に二七〇〇ヘクタールに及ぶ「相模原畑地灌漑事業」へと移行し、四九年二月に着工した（現代資料編189）。この事業は、三〇年代にアメリカ合衆国で進められた「テネシー川流域総合開発事業」にならって「日本版TVA計画」とも呼ばれた。国庫補助を受けて県営事業として進められ、総事業費十億六四〇〇万円余りを投じて、六三年度に一応の完成を見た。

写真3－1　畑地灌漑用水路東西分水（大野台、1950年代後半）

用水は、津久井（緑区）の沼本ダムで相模川から取水され、城山（同）の津久井分水池で横浜・川崎両市への上水道及び工業用水と相模原畑地灌漑用水とに分けられ、灌漑用水は陽光台（中央区）虹吹分水まで暗渠で送水された。用水はさらに、大野台（南区）の東西分水池（現在の相模原ゴルフクラブ内、写真3－1）で東西の幹線に分けられ、相模原南部の畑地を潤し

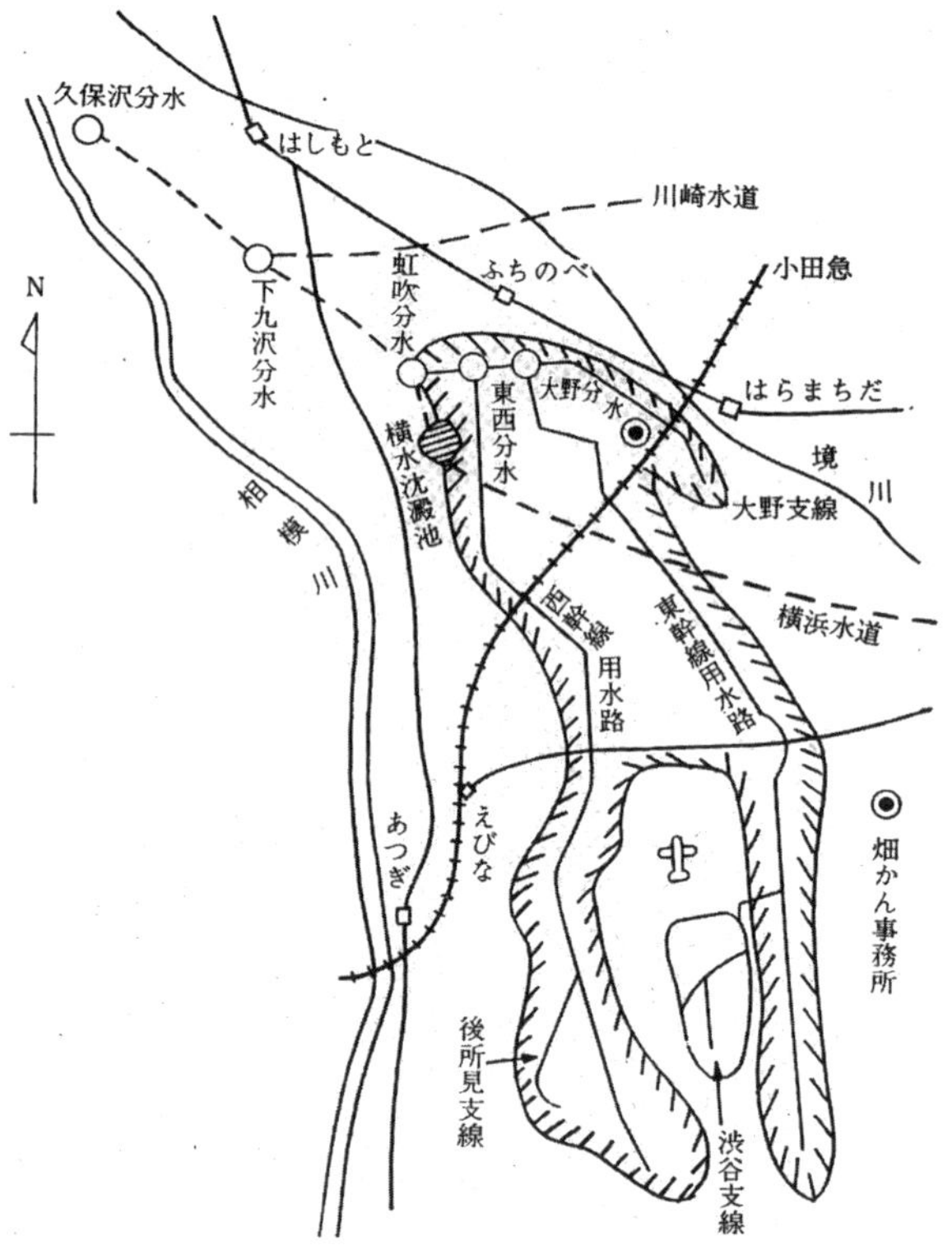

図３－１　畑地灌漑用水路灌漑地域図

た。西幹線は、麻溝から座間・海老名・綾瀬を経て藤沢北部（遠藤・石川付近）まで、東幹線は、大野から大和を経て藤沢北部（長後・亀井野付近）にまで至った（図３－１）。県が建設した幹線水路や支線用水路、配水路の総延長は約九三キロメートル、団体営事業による支線・末端配水路は約七一キロメートルに達し、全体で二七〇〇ヘクタールに及ぶ畑地を潤した。

地元相模原では、開田希望者らによって四八年に結成された「相模原畑地灌漑期成同盟会」を母体に（現代資料編190）、翌年八月「相模原開発耕地整理組合」が発足した。その後、土地改良法の制定に伴い、五一年には「相模原開発土地改良区」へと改組された（神奈川県農政部耕地課『神奈川県相模原畑地かんがい事業史』）。着工から半年も経ない四九年八月には、虹吹分水池まで通水したため、下溝古山でさっそく試験灌漑が開始されている。五一年には二〇〇町歩（約一九八ヘクタール）ほどの灌水面積であったが、五六年には一三三〇町歩（約一三一八ヘクタール）へと拡大した。しかしその後、灌水面積は六〇年に七一三ヘクタール、完成年度の六三年には四六〇ヘクタール、さらに六五年に四二三ヘクタール、六七年には二〇五ヘクタールと年々減少し（現代通史編）、七〇年四月には「土地改良区」も解散し（現代資料編200）、その役割を終えることとなった。

畑地灌漑事業の挫折

相模原市は、一九五五（昭和三〇）年に工場誘致条例を制定し、五八年には首都圏整備法による市街地開発区域の指定を受けた。市では「工業立市」を目標に掲げ、工場や住宅用地の造成に乗り出すと、地価は急速に上昇していった。一反当たり一〇〇万円でも飛ぶように売れると言われ（『神奈川新聞』五八年一二月一八日付）、畑地を手放して「土地改良区」から脱退を希望する組合員が相次ぐこととなった。そのため「土地改良区」では、転用委員会と調査委員会を設けて、脱退の流れに歯止めをかけようと対処したが、農地転用に歯止めをかけることは出来ず、幹線水路にまで工場や住宅が押し寄せることとなった（現代通史編）。「土地改良区」では、解散直前の六九年一一月に、「畑地かんがい事業の碑」（写真３－２）を虹吹分水池（南区陽光台）に建設しており、碑文には、次のような一文が刻まれている（現代資料編193）。

> （前略）今日の相模原台地は、経済の高度成長に伴い首都圏の一環として、環境は目覚ましく発展しつつありこの台地に導入された水並びに、本事業施設の利用については今後地域農政のみならず県勢進展の上からも一層活用されることを望むものである。

しかしながら、都市化の急速な進展には、土地改良区の組合員も迎合せざるを得なかった。台地上の農地は、市域の都市化の進行により、宅地等への転用が急速に進行した。そのため、畑地灌漑用水路の役割は急速に縮小し、試験通水からでも二〇年あまり、完成後はわずか数年間だけ通水されて終わることとなった。また、当初の畑地灌漑計画では、下九沢分水池から大沢・田名・上溝を通る「北幹線」も建設する予定であったが、市が一九六一年に田名工業団地の造成を決定したことにより、北幹線の建設は見送られ、北部地域への灌漑は実施されないこととなった（現代通史編）。田名工業団地の造成は、その後六三年二月に着手され翌六四年三月に完成し、三菱重工業㈱とキャタピラー三菱㈱が進出している（写真３－３）。

南部の新磯地区では、西幹線の完成を目前にして、日本住宅公団（現・都市再生機構）が住宅団地建設のために、七万五千坪（約二五ヘクタール）の農地買収に乗り出し、大半の農家が売却を希望するという結果となった。農地への住宅団地建設とそれに伴う人口増加は、市に固定資産税や住民税の大幅な増収をもたらすことから、市長・市議挙げての支援体制が作られ、五七年六月には関係農家が、農地を日本住宅公団に売却する陳情を県に提出している。衛星都市として発展させようとする市の施策に迎合する形で、農業に見切りをつけ、転用を急ぐ農民の姿を見ることが出来る（神奈川新聞社編集局編『相模川』）。

また六三年三月には、新磯・麻溝両地区の農家から市議会に対し、「新磯・麻溝への公団住宅誘致に指導、協力願いたいこと」と題する請願書（現代資料編395）が提出されていて、次のような記述が見られる。

（前略）最近各方面からこの地域を住宅地として要望されておりますが、特に日本住宅公団による住宅団地造成についても過去数回にわたって私ども地主代表として折衝いたしましたが、これらについては、そのことごとくが市当局のご指導と協力がなければ実現不可能であります。私どもにはこの土地は農耕地としてはまったく不

写真３－２　畑地かんがい事業の碑
（陽光台７丁目、2003年８月）

写真３－３　田名工業団地に建設中の工場（1969年10月）

写真３－４　公団相模台団地（1967年）

> 適当でありますが、小田急沿線に接続し、国家の要請する住宅団地としては最適地と考えておりますが、戦後解放された農地でありますので、現状のままでは開発はまことに困難であります。どうぞ相模原市議会におかれましては、私ども農民の実情を御理解下さいましてこの新磯、麻溝両地区を日本住宅公団による住宅団地として開発することに積極的なる御指導、御協力を賜りますようここ私ども地主一同連書し謹んで請願に及ぶ旨。

この一文から、当時の農家が公団に対して、農地の売却に積極的であった様子を窺い知ることができる。その後、日本住宅公団の住宅団地建設は着手され、六六年に相模台団地として一〇二〇戸が入居する大規模団地が完成した（写真3－4）。さらに西部幹線沿いの新磯地区には、六九年に戸数二五〇〇戸、人口一万人を超える市内最大の県営相武台団地、八〇年には民間開発による一六〇〇戸の住友相武台グリーンパークなどが建設され、従来の畑地は団地群へと変貌を遂げた。

東幹線沿線においても、畑地灌漑用水路の完成が間近い時期に、小田急線沿いを中心に日本住宅公団による団地建設が相次いだ。従来、畑地や雑木林であったところに、五九年には相模原大野団地と上鶴間団地、翌六〇年に鶴ヶ丘団地、六二年に上原団地と相次いで公団住宅が完成した。わずか数年の間に、相模台団地を合わせると戸数で三〇〇〇戸、人口にして一万人を超える公団住宅が建設されたのである。

東幹線が関係する相模原・大和・藤沢の三市では、畑地灌漑用水路の廃止が決定されて間もない七〇年五月に跡地利用の検討を行い、用水路の無償での払い下げを県に要望している（現代資料編194）。要望書では、用水路施設遊休化の原因は「かんがいを目的とした陸稲栽培の急激な作付減少と、住宅及び工場等の建設によるいわゆる都市化」であるとし、「この地域が人口急増地帯であるため、道路・下水道等公共施設としての転用価値は非常に高い」としたが、転用の実現には至らなかった。現在、畑地灌漑用水路跡は、その一部が緑道緑地として整備され、水路の一部は相模原市登録有形文化財（建造物）として保存されている（写真3－5）。

写真3－5　畑地灌漑用水路大野支線跡（2008年10月）

第二節　首都圏整備と人口移転

首都圏整備法と市街地開発

畑地灌漑事業が挫折した背景には、「首都圏整備法」に伴う郊外への住宅団地建設とそれに伴う人口移転がある。戦後、東京に一極集中する都市機能を、都心から一〇〇キロメートル圏内に再配置し、人口や産業を郊外に分散させるため、政府は、一九五六（昭和三一）年四月に「首都圏整備法」を公布し、同年六月に施行した。

この法律に基づく「首都圏整備計画」で、東京駅を中心とした半径二五キロメートル以遠の地域を、工業都市・住宅都市（いわゆる衛星都市）として市街地開発する「周辺地帯」と位置付けた。相模原市が関係する「周辺地帯」の「市街地開発区域」については、「既成市街地への産業及び人口の集中化傾向を緩和し、首都圏の地域内の産業及び人口の適正な配置を図るため必要があると認めるとき」、「工業都市又は住居都市として発展させることを適当とする既成市街地の周辺地域内の区域」（第二四条）と定義された（現代通史編）。

その指定に当たっては、同法（第二二条）の下に設置された首都圏整備委員会が、七五年までに市街地開発区域として約三〇か所を指定し、ここに新たに二七〇万人の人口を吸着吸収させるとした。その整備のため、五八年四月に「首都圏市街地開発区域整備法」が公布・施行され、同年七月に「首都圏基本計画並びに整備計画」（現代資料編306）が告示された。この計画では、「市街地開発区域の開発にあたっては、工業立地条件および住宅等を総合的に整備し、原則として工業都市として発展させるものとする。」としている。

この首都圏整備法は、相模原市市制施行（五四年）のわずか二年後の制定であったことから、市ではこれを市街地開発の絶好のチャンスととらえ、理事者と市議会議員、市内学識者を中心とした「首都圏対策委員会」を逸早く組織し、相模原都市計画と首都圏整備計画との関係分析と調整を図った。また、都市計画事業の実施に当たっては、市単独で行うにはあまりにも負担が大きいため、国による積極的な助成を求めた（現代資料編301）。

逸早く市街地開発区域の候補に名乗りを挙げた相模原市は、五六年八月の県による候補地選定理由書（現代資料編304）の中で、橋本及び淵野辺地区を工場地帯とし、相模大野地区を住居地区として開発するとされている。さらに「相模大野地区については、交通の至便と快適な環境によって、地区工場への通勤住宅と共に学園都市並に高級住宅地としての発展が予想される。」と結んでいる。

五七年八月に、相模原市が県に提出した「相模原地域市街地開発整備方針」（現代資料編303）では、「整備計画として配慮すべき事項」の「宅地等の建築物の整備に関する事項」の中で、「当地区への流入人口に対しこれが居住施設対策として公営、公団、公庫住宅等の集団住宅の建設を行うこととし、都市化に順応して都市防災において遺憾なからしめる様に、防火建築帯の設置及び建設を行なう様に整備計画を配慮するものとした。」としている。

これら相模原市の「住宅建設計画」については、市民向けに五八年二月二五日付『市報相模原』第九二号（現代資料編305）において具体的に紹介されている。当時の首都圏地域において、既成市街地における住宅の不足数は四八万戸と推定され、相模原市では二万七三〇〇戸の住宅建設が望まれるとしている。建設に当たっては、建築方式に多くの改善が必要であるとし、安息・日当り・火災延焼などの対策が課題であるとしている。そのためには、土地利用の高度化により、市街地の不燃化方法が取り入れられることが望ましいとしている。その手段の一つとして、公的資金の融資による集団建設の推進により、敷地面積に対する建築物の占める割合を高め、空地を留保して遊戯施設などを置くことに努めるとしている。つまり、コンクリート造の高層化住宅を、公営、公団、公庫住宅等の支援を受けて建設推進しようとするものであった（写真3－6）。

また、五八年一二月決定の「相模原・町田市街地開発区域整備方針」（現代資料編308）によれば、住宅の整備に関しては、「当地域の流入人口に対し、これが住居施設対策として公営、公団、公庫住宅等の集団住宅の建設を行うと」している。相模原市では、こうした住宅用地の市街地開発に向けて、六二年六月に「相模原市開発公社」を設立し、用地の取得と分譲業務を推進した。この開発公社では、六二～六三年の二年間で、一〇万坪（約三三万平方メートル）を取得し分譲する計画を立てた（現代資料編309）。

その後相模原市では、七二年六月に「公有地の拡大推進に関する法律」が制定されたことに伴い、公共用地の取得業務に特化した「相模原

写真３－６　人口急増の象徴となった大規模団地（相武台団地、1960年代後半頃）

市土地開発公社」を新たに七三年一二月に設立した。従前の相模原市開発公社は、この土地開発公社の設立と同時に「相模原市都市整備公社」と改称し、「市の委託による学校建設」（義務教育施設）をはじめ、「将来的には市街地整備のために必要な施設の建設、経営、管理および処分等の公益上必要な事業を行」うこととした（現代資料編310）。

その後、六五年六月の首都圏整備法改正により、「近郊地帯」は廃止されて、新たに既成市街地を囲む半径約五〇キロメートルの地域に「近郊整備地帯」が設定され、市域はこれに指定された。「近郊整備地帯」は、「既成市街地の近郊で、その無秩序な市街地化を防止するため、計画的に市街地を整備し、あわせて緑地を保全する必要がある区域」（第二四条）と定義している。そして、従来の「市街地開発区域」は「都市開発区域」へと改められた。

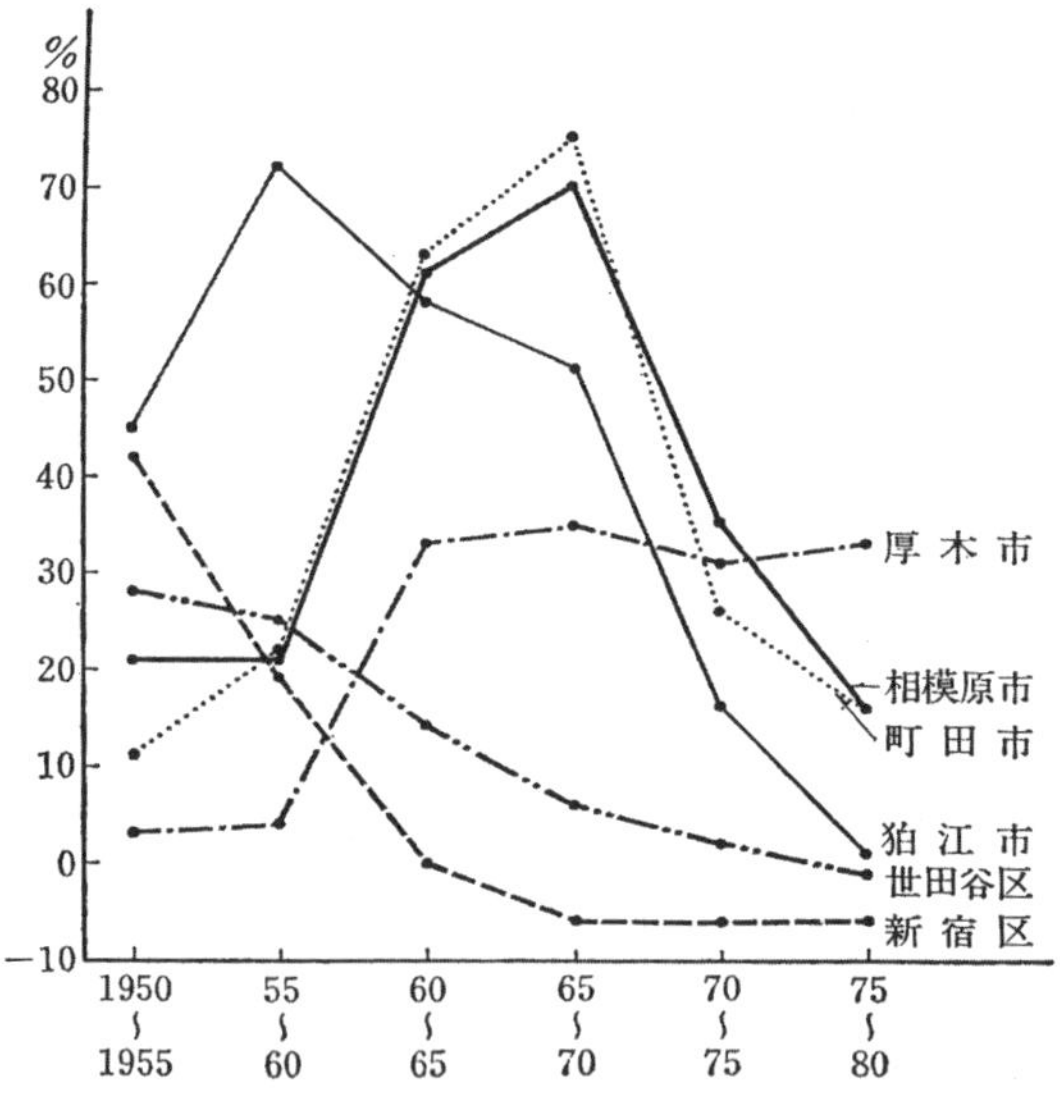

図３－２　小田急沿線の主な自治体の５年毎の人口増加率の推移

郊外への団地建設と人口移転

相模原市は、一九五八（昭和三三）年に首都圏整備法に基づく市街地開発区域の指定を受けて以来、北部は工場誘致によって工業都市化が進められ、南部の新宿に直結する小田急線沿線は団地建設等によって住宅都市化が急速に進んだ。南部の団地建設は当初、日本住宅公団が中心となって進められ、五九年から六六年までのわずか七年の間に、相模大野駅から小田急相模原駅にかけてのエリアに、計三〇〇〇戸に及ぶ相模大野・上鶴間・鶴ヶ丘・上原・相模台の五つの公団住宅が相次いで完成し（現代資料編441）、六九年には市内最大の二五〇〇戸の相武台団地が、神奈川県住宅公社（現・神奈川県住宅供給公社）によって完成を見ている。

小田急線沿線の各都市は、いずれも戦後に人口急増期を迎えるが、都心からの距離によって、そのピークは異なる（図３－２）。都心部の新宿区は五五年ごろまで、都内の世田谷区や狛江市も六〇年までにピークを越えるが、多摩川以西の各都市は六〇年代以降で、町田市と相模原市はほぼ同時期の六〇から七〇年ころがピークとなる。七〇年代後半になると、相模原市や町田市の人口急増は一段落するが、より郊外の厚木市は、八〇年に至るまで五年毎の人口増加率は三〇パーセントを超えている。

この人口急増が始まった六〇年代前半までに市内に建設された一二団地のうち、城山ダム建設に伴う移転のため造成された相原二本松団地を除く一一団地は、すべて市南部の小田急線沿線に建設されている。小田急電鉄自身でも、東林間に住宅分譲地を開発するなどしており、まさに東京のベッドタウンとしての団地建設であり人口急増であった。

　その後、六〇年代後半の人口増加率は毎年一〇パーセントを超え、ことに県営相武台団地が完成した六九年には、市の年間増加人口はピークに達し、実数で約二万人の社会増となった。これにより小田急線の乗車人員も急伸し、六五年から六七年までの二年間で、相模大野は一万四八二五人から二万八三九三人へ、東林間駅では二九六八人から六二九四人へ、小田急相模原駅でも六七八六人から一万三六四五人へと倍増した（相模原市教育委員会『資料集　相模原市の都市化』）。

　これら公団・公営の団地建設に並行して、民間事業者による住宅地開発も盛んに行われた。大手の民間デベロッパーによる大規模な住宅地造成のみならず、中小の不動産・建設会社等による小規模な乱開発も進んだ。その結果として小田急線沿線を中心に、行政による道路等の都市基盤整備が追いつかないままに、地価の安い駅からやや離れたバス圏内の地域から宅地化が進み、スプロール現象が進行した。一方駅周辺では、地価高騰と宅地の不足により、高層の集合住宅（いわゆるマンション）の建設が進行した（小柳卓史「四八万都市相模原市の動向」『地理』三二巻二号）。

写真3－7　マンションの建設（小田急相模原駅付近、1979年9月）

　住宅団地の建設は、このように六〇年代前半までに市域南部で先行し、北部は六〇年代後半以降になってからとなる。北部に建設された団地の多くは、会社の社宅や独身寮で、工場誘致と密接な関係のあったことが窺える。ことに下九沢地区への集中が見られ、六五年にキャタピラー三菱独身寮（五五七戸）、六六年に日本ビクター家族アパート（一九四戸）、七〇年に日本金属工業下九沢住宅（一六〇戸）、七四年に萱場工業社宅（一二四戸）が建設されている。さらに、田名工業団地に進出した三菱重工では、七一年に神明平アパート（一五〇戸）と上溝アパート（四九〇戸）を建設している。また六五年には、雇用促進事業団によって下九沢に、炭鉱離職者の受け入れを目的とした、離職者住宅下九沢団地（三〇〇戸）は建設されている（相模原市教育委員会『資料集　相模原市の都市化』）。

　公営住宅もやや遅れて建設が進められ、神奈川県が中心となり六八年に横山団地（九六一戸）、七一年に下九沢団地（八九二戸）と上溝団地（二一七二戸）、七四年に大島団地（六二八戸）、七五年に田名団地（四〇〇戸）が建設された。さらに公団住宅も、下九沢へ七六年に上中ノ原団地、七八年に大沢団地を、橋本へ七七年に橋本四丁目団地（三六四戸）を建設している（相模原市教育委員会『資料集　相模原市の都市化』）。

　このように七〇年代に入って団地や集合住宅の建設の波は、横浜線沿線にも押し寄せ、住宅開発の軸は小田急線沿線から横浜線沿線へと拡大するとともに、いわゆる〇〇マンション、〇〇ハイツ、〇〇タウンなど、カタカナ名の高層集合住宅が増加していった（写真3－7）。もちろん、大規模団地や高層集合住宅ばかりではなく、戸建住宅も急速に増加していった。

相武台団地の計画と建設

市域に数ある団地の中で最大規模のものが、神奈川県住宅公社により

写真３－８　相武台団地の広場で遊ぶ子ども（1967年）

写真３－９　相武台団地のキッチンセット（1991年）

一九六六（昭和四一）年に着工し、六九年に完成した総所帯数約二五〇〇戸を誇る「相武台団地」である。この団地は、小田急線相武台前駅から約一キロメートル、県道厚木調布線（行幸道路）から二〇〇メートルほどの距離に位置している。戦時中は、陸軍士官学校演習場として使用され、敗戦後の四五年度に国の緊急開拓農地開発委託事業によって、三〇〇町歩（約二九七ヘクタール）の開拓が行われた所であった（現代資料編396）。その敷地の一部、約三〇ヘクタールが団地の建設用地に充てられた。

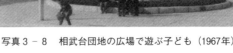

神奈川県では六二年一月に用地取得を行い（現代資料編399）、翌年に団地の開発計画を明らかにしている。当初は「相模台団地開発計画」（以下「計画書」、現代資料編397）としていたが、「相模台団地」の名称は、近隣の臨時東京第三陸軍病院跡地の一部に建設された日本住宅公団の団地名に使用されたため、後に神奈川県住宅公社のものは「相武台団地」と変更されている。

写真３－10　風呂桶の運び入れ
（上溝団地、1970年）

計画書の「計画の趣旨」（現代資料編397）によれば、

近時、県の内陸地厚木市、相模原市を中心に産業施策に従って続々と工場誘致が行なわれているが、これが完了すれば一大工業地帯が出現することになり、附近地は急速な発展が予測される。当公社ではこの趨勢に対処して、厚木市、伊勢原町等小田急沿線の至近地に総合的計画に基づいた近代的住宅団地を順次計画中であり、当相模台団地もこの構想の一環として県及び相模原市の協力を得て計画されたものである。

としていて、県では工業開発とセットで住宅団地建設を進めていたことがわかる。

当初の「住区計画」では、ＲＣ中層アパート五一三戸と木造住宅五七八戸の計一〇九一戸とされていたが、実際はすべてＲＣ中層アパートが二五〇〇戸建設された。また「南側一部現況の松林をそのまま利用して、公園及び中央共同施設（店舗、集会事務所、幼稚園）を計画」し、「団

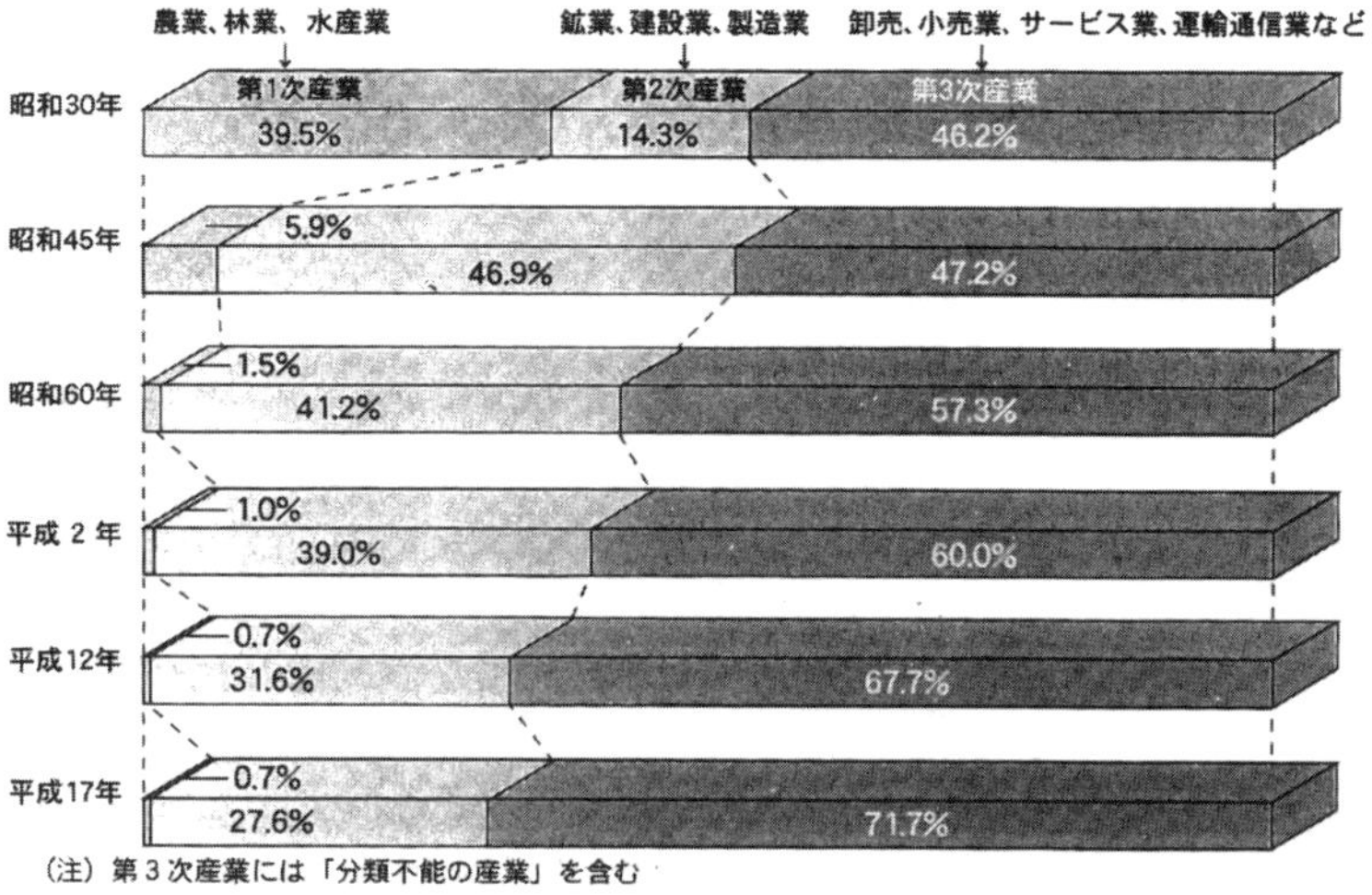

図３－３　産業別就業者比率の推移

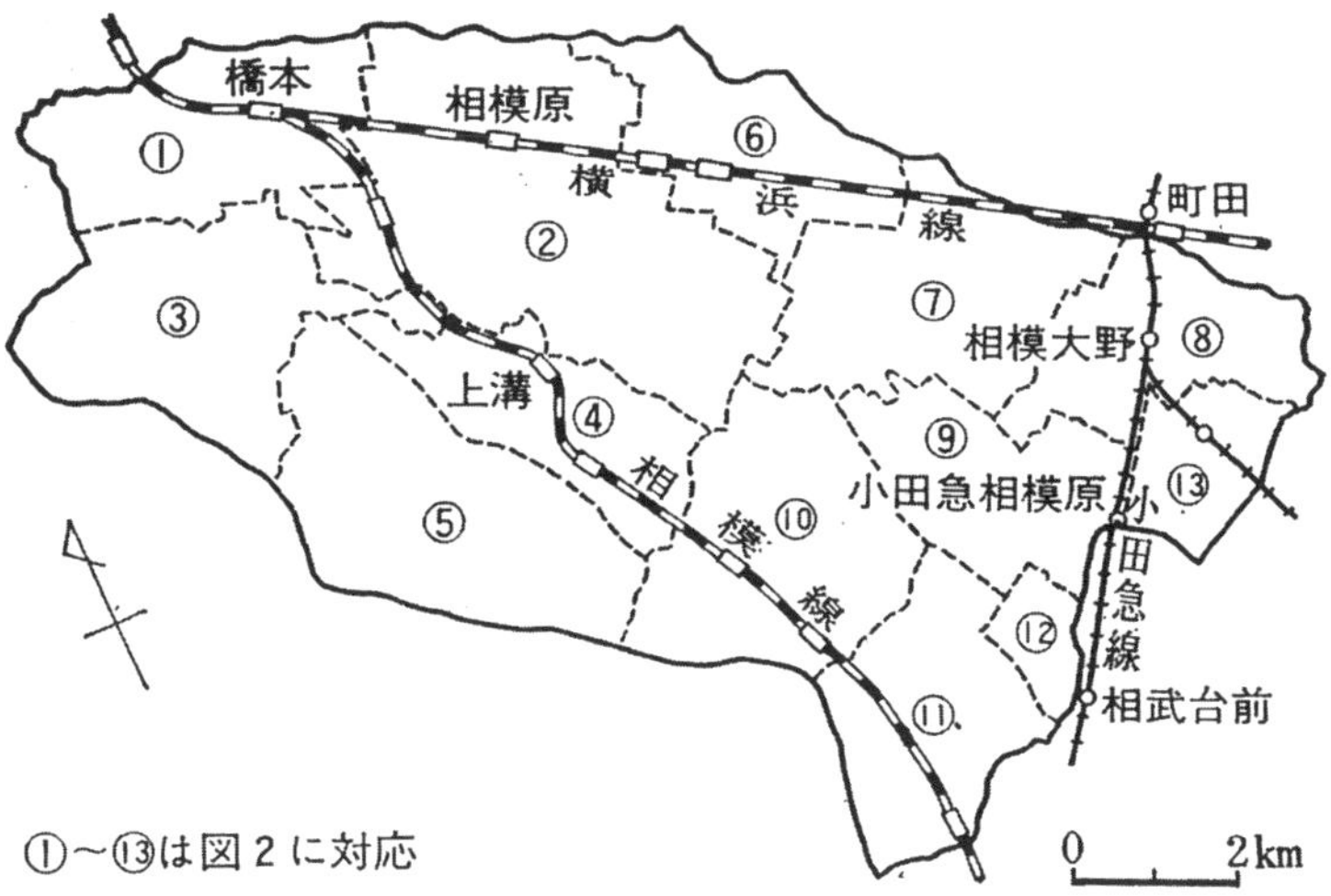

図３－４　旧相模原市の出張所界

地西南に八〇〇人程度の標準規模の小学校を新設する」など、公共施設の配置も考慮された。さらに、まだマイカー時代の到来には至らない時期ではあったが、「ゆったりしたヒューマンな環境」とし、「将来予想される車輛交通の増加に対処」がなされた（写真３－８）。敷地の配置計画は、「車でのアクセスは幅員八メートルの環状道路」を配し、住宅へのアクセスは「幅員六・五メートルのクルドサック（袋路）」とし、「歩行者は児童遊園地、公園、共同施設等日常生活圏へは、この車道と交錯しない裏側の歩道（幅員三メートル）により自由に接近できる」とされた。

　相武台団地の間取りは、２ＤＫ・３ＤＫが中心で、キッチンセット付きの台所（ダイニングキッチン）に、和室の居間と寝室、洋室の子供部屋、さらにバス（風呂）・トイレ（便所）がセットされた空間構成となっていた。従来の日本住宅には無かった「子供部屋」は高度経済成長期以降、団地の間取りの中に展開して行った。また、ＤＫ（ダイニングキッチン）の床はＰタイル張りになっていて、洋式のダイニングセットで食事をすることが前提とされていた（写真３－９）。当時の県営団地は、風呂桶は持参するのが一般的であったようである（写真３－10）が、トイレは洋式便座が据え付けられていた。かつて

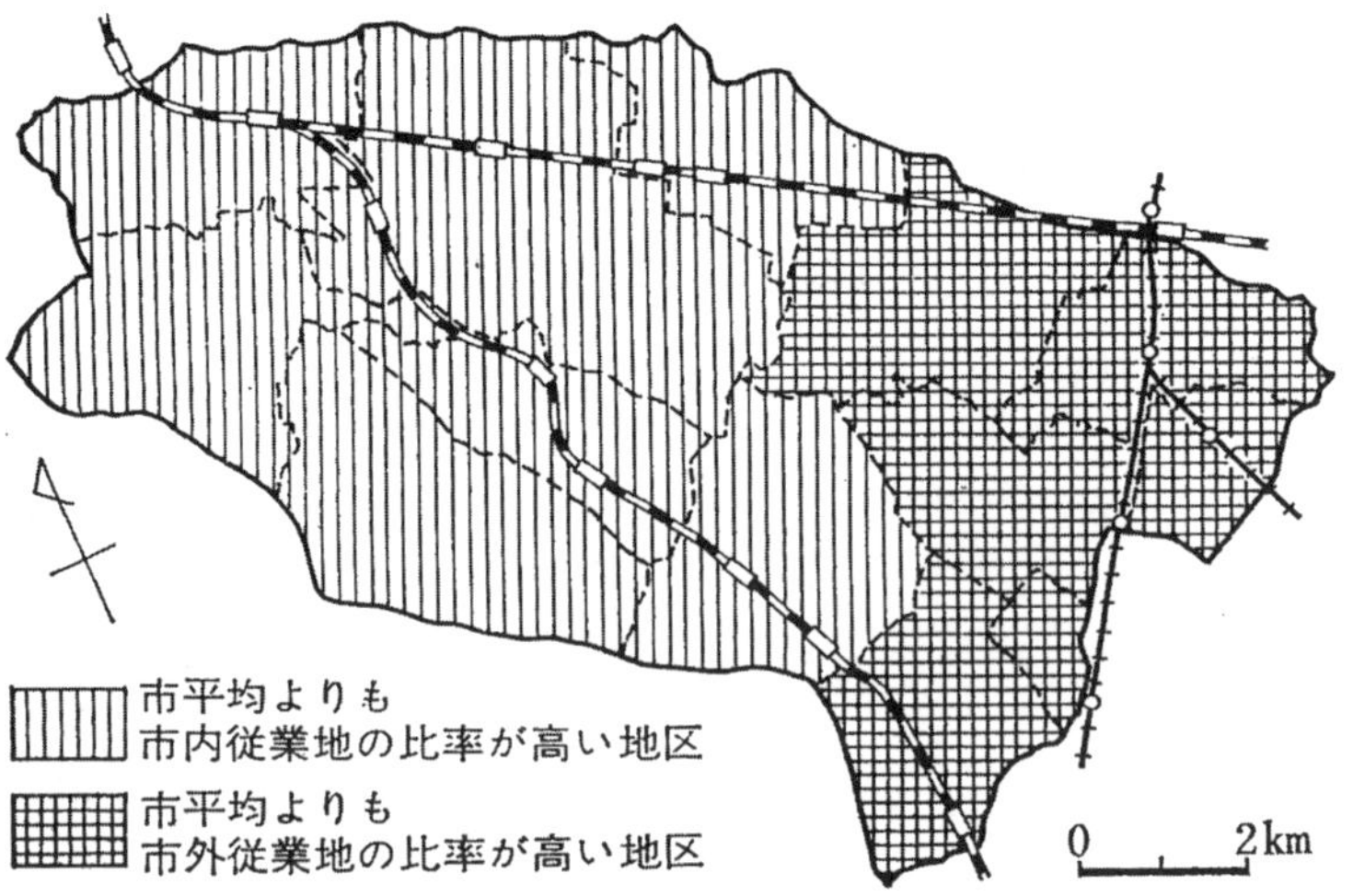

図3－5　常住地による従業地別就業者の比率

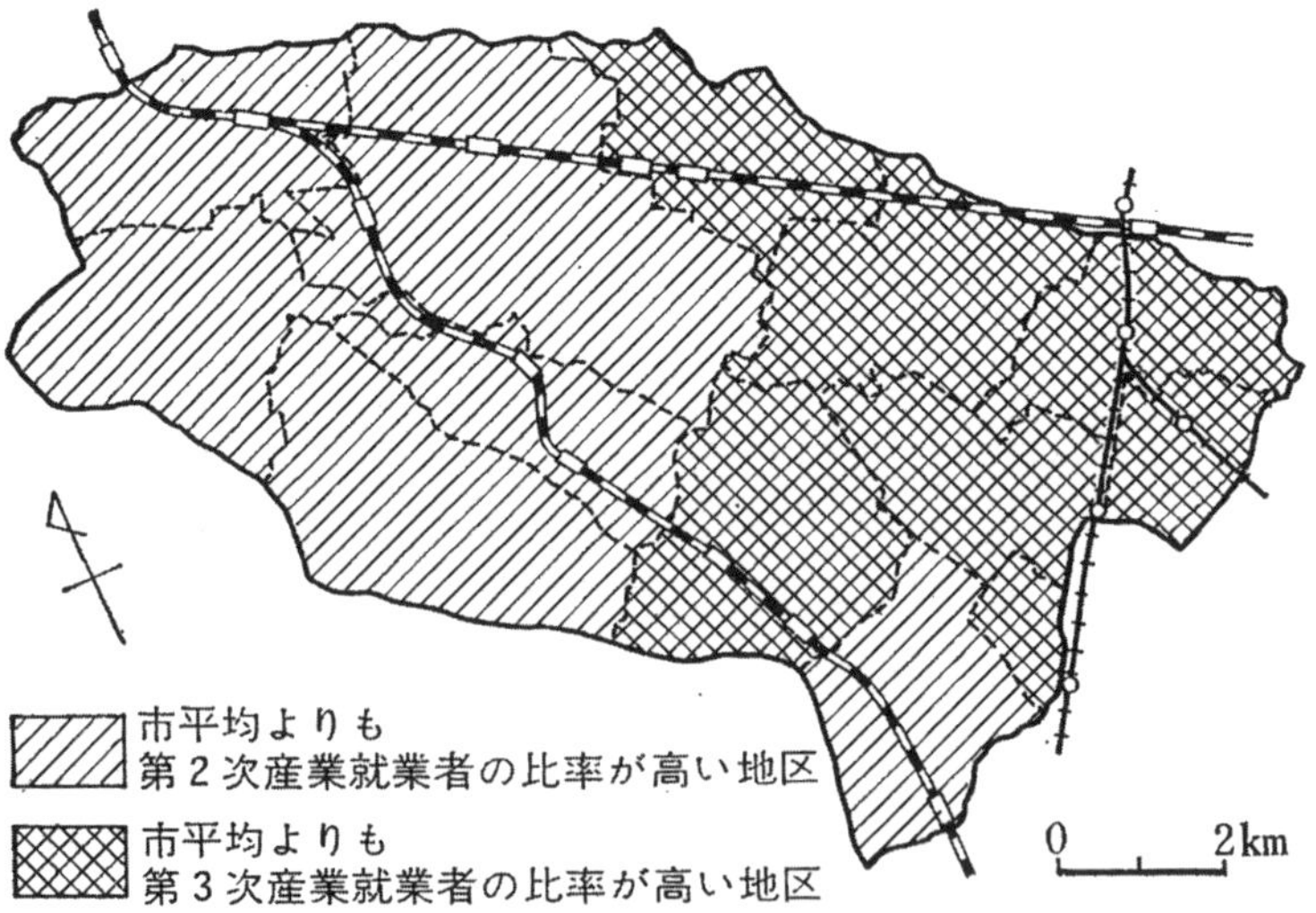

図3－6　第2次及び第3次産業就業者の比率

の農村相模原に誕生した団地空間には、最先端の都市的生活が満載されていたと言えよう。

就業構造に見る南部と北部

相模原市は都市化の進む中で、一九五〇(昭和二五)年には四三パーセント余り、五五年でも四〇パーセント近くを占めていた農業を中心とする第一次産業就業者は急速に減少し、一〇年後の六〇年には一九パーセント、都市化が顕著となった七〇年には四パーセント、そして八〇年には一・五パーセントへと激減している(図3－3)。それに代わり、工業を中心とする第二次産業や商業やサービス業を中心とする第三次産業従事者、いわゆるサラリーマンが急増した。五五年で一四パーセントだった製造業を中心とする第二次産業就業者は、七〇年には四七パーセント近くにまで急増した。それとともに土地利用も、市域全体で農地が減り、北部では工場用地が、南部では住宅用地が増加していった。ここでは、九八・五パーセントの市民が第二次及び第三次産業従事者となった八〇年時点の国勢調査結果から、住宅地化が進む南部と工業化が進む北部における従業特性の違いについて見ることとしたい。

まず旧出張所別（図3-4）に、十五歳以上の就業者について第二次産業と第三次産業の従事者の割合を見ると、新磯を除く南部の各地区では、第三次産業従事者の割合が市平均よりも高く、一方、北部では第二次産業従事者の割合が市平均よりも高いことがわかる（図3-5）。また、常住地（現住地）による従業地（勤務先）を一五歳以上の就業者について見ると、南部の小田急線沿線の地域では市外を従業地とする割合が市平均よりも高く、一方、北部では市内を従業地とする割合が市平均よりも高くなっている（図3-6）。

このことから、従業者を就業産業・従業地別にみると、南部は第三次産業従業者を主として市外に従業地を持つ「第三次産業・市外従業地型」に、北部は第二次産業従業者を主として市内に従業地を持つ「第二次産業・市内従業地型」に分類することが出来る（小柳卓史「四八万都市相模原市の動向」『地理』三一巻一号）。つまり、南部の従業者は小田急線などにより都内を主とする市外の商業やサービス業に働きに出る「相模原都民型」市民が多く、北部の従業者は市内の工場等に従事する「職住近接型」の市民が多い傾向にあることが理解できる。

第四章　都市景観と連動する産業経済

第一節　人口急増都市・相模原

相模原市の人口急増

相模原市は、一九五八（昭和三三）年に首都圏整備法に基づく市街地開発区域の指定を受けて以来、北部では工場誘致に伴い工業都市化が進み、南部の新宿に直結する小田急線沿線では住宅団地建設等により住宅都市化が急速に進んだ。その結果、相模原市は全国に比類を見ないほどの人口急増に直面した。

初期の南部住宅団地建設は、日本住宅公団が中心となって五九年から六六年にかけて、相模大野駅及び小田急相模原駅周辺に、相模大野・上鶴間・鶴ヶ丘・上原・相模台と五つの公団住宅約三千戸が建設され、一万人を超える団地住民が出現した。市内に建設された住宅団地は、六〇年代前半までに一二団地あるが、城山ダム建設に伴う移転のため造成された相原二本松団地を除けば、その他はすべて市南部の小田急線沿線に建設された。また、小田急電鉄自身も東林間に住宅分譲地を開発するなど、まさに東京のベッドタウンへと変貌していった（相模原市教育委員会『資料集　相模原市の都市化』）。

並行して北部においても、工場の進出とともに社宅や独身寮の建設が相次ぎ、さらに六〇年代後半からは、住宅団地や集合住宅の建設の波が、横浜線沿線にも押し寄せ、住宅開発の軸は小田急線沿線から横浜線沿線へと拡大していった。

こうした住宅団地の相次ぐ建設は、首都東京の衛星都市として加速度的な人口増加を生んだ。その急増ぶりは数字で顕著に表わされるが、中でも六七年から七一年までの四年間に、中都市一市分に相当する一〇万人もの人口が増えたのは象徴的である。全体としては、六〇年代から八〇年代に至る二〇年近くにわたって、相模原市の人口急増は延々と続いた（図始-1参照（本書には収録せず））。

改めて細かく見ると、六〇年にようやく一〇万人を超えた人口は、七年後の六七年に二〇万人となり、そのわずか四年後の七一年には三〇万人、さらに六年後の七七年に四〇万人、そして八七年には五〇万人を突破した。中でも六二年から七一年までの一〇年間の対前年比人口増加率は、ほぼ毎年一〇パーセントを超え、六五年は実に一三・五パーセントにも達した。実数においても、六一年から八一年までの二〇年間は、連続して毎年一万人以上の人口増加ぶりで、とくに六六年から七三年までの七年間は実に年二万人を超えた。六一年から七三年にかけての人口増の大半は社会増、つまり市外からの流入人口で、とくに一九六〇年代は増加人口の約八〇パーセントを占めた。人口の社会増分については、六四（同三九）年から七三年までの連続一〇年間は、実数で年間一万人を超え、中でも六八年から七一年の間は毎年一・八～二万人に達した（現代図録編「第3部」（本書には収録せず））。

人口急増による社会問題

住宅団地の新住民は、二〇歳代から三〇歳代前半の若年層の核家族が中心であったため子どもも急増し、相模原市は一九七〇年代、学校建設に追われた。一九六五（同四〇）年までの一〇年間における学校建設は、小学校一校のみにとどまっていたが、六六年以降八〇年代に至るまでは、毎年小中学校の建設が続いた。中でも、七四年から七八年までの連続五年間は、毎年三～六校の学校建設が続いた。とくにピーク時は、七五年と七八年が年五校、七六年が年六校の小中学校を建設している。六五年から二〇年を経た八五年の市内小中学校数を比較してみると、小学校は一七校から五三校へと三・一倍、中学校は八校から二九校へと三・六倍にも増えた（現代図録編　小学校・中学校の概況データ）。このため、七〇年代前半は、相模原市の歳出総額に占める教育費の割合が三〇パーセントを超すに至り、中でも七二年には三七・六パーセントも占める結果となった。教育費は土木費の二倍に及び、人口急増、とくに子どもの急増は、市の都市基盤の整備にも支障をきたすほどであった。

六〇年代から七〇年代前半にかけての人口急増は、結果として、地域にさまざまな問題をもたらした。そこで相模原市では、団地で暮らす新住民を対象に六八年七月、公団・相模台団地と県公社・相武台団地において、住民の実態と市財政に及ぼす影響に関するアンケート調査を実施した。この結果は、同年一〇月に報告書『公社・公団住宅の実態と市財政に及ぼす影響調査』として刊行されている（現代資料編441）。

本アンケートの結果によれば、居住環境に関しては、交通が不便であること、通勤に時間がかかりすぎることなどが多く、都市基盤の不備や公共施設の不足、さらには養豚・養鶏場からの悪臭やホコリといった、開発途上の近郊都市ならではの環境衛生の悪さなども数多く指摘されている。それでも、全体として居住環境が「悪い」と回答した住民はわずか一〇パーセントほどで、二一パーセントあまりは「良い」、六八パーセントは「普通」と答えている。

また市では、このような急激な都市化によって生ずる、市民生活への弊害から、市民を守るためにはどのようにすべきかについて、市民モニターを対象としたアンケート調査を七〇年一二月から翌年一月にかけて実施している。その結果は、『アンケート意見集録　都市化の弊害から市民をまもるには』（現代資料編442）としてまとめられているが、その冒頭部分には、次のような一文が掲載されている。

> 誰もが考える理想的な都市とは、自分の住む環境が、住民本位に整備され、便利で安全で、更に「緑と太陽と空間」すなわち公園や運動場がたっぷりあり、文化的な図書館や音楽など憩の場としての公共施設に恵まれた快適なものを言うのでしょう。
>
> （中略）
>
> 人口の集中は、都市形成の一要因ですが、本市のように年々2万人以上の激増に見舞われ、人口についての市の目算を3年以上もオーバーして増え続けている現状は正常な都市化とは言えません。そこに東京や大阪という大都市周辺の多くの人口急増都市が共通してかかえている悩みを本市も同様にかかえ、そのための弊害があらわれてきているようです。
>
> そうした都市化の弊害をそのままにしておいては、現在は勿論のこ

と将来にも悔いを残すことは明らかです。

当時の相模原市が考える都市の理想像と、それに反する人口急増の逼迫ぶりが伝わり、それが日本の人口急増都市が抱える共通の課題であったことが窺える。

アンケートの中で、都市施設の不備に関しては、市民から様々な意見が寄せられ、道路・下水道・交通安全施設・ゴミ処理・し尿処理施設の不備、学校教育施設・公園の不足など、あらゆる面の弊害が指摘されている。また、公害問題・自然破壊・市民意識の欠如などの諸問題も課題とされた内容となっている。

こども急増びんぼうはくしょ

相模原市では、人口急増による財政の逼迫した状況を世に問うため、一九七五（同五〇）年に「こども急増びんぼうはくしょ」と題した『相模原市財政白書　人口急増問題特集』（写真４－１）を刊行（現代資料編445）し、人口急増の窮状が広く知られることとなった。ひらがなで、しかも現在では用いることのできないようなタイトル表現をした、当時としてもショッキングな内容の白書であった。この「財政白書の刊行に当たって」では、財政の逼迫した様子を次のように述べている。

写真４－１　「相模原市財政白書」
1975年刊行

昭和三〇年代後半から続いた高度経済成長政策がもたらした都市への人口集中の影響をまともにうけた相模原市は、全国的にも有数の人口急増都市となっています。

（中略）

市民の平均年齢が二八才と若い相模原市は、児童・生徒の増加も激しく、毎年数校の学校建設に追われており、一般家庭にあてはめていえば、「子供部屋づくりに追われている貧乏人の子だくさん」の姿そのものといえます。このような人口急増下にあって義務的施設の整備も賄えないのが実態であります。憲法で保障されている義務教育を守るために、相模原市が全国にさきがけて編み出した公社方式による学校建設さえも、その資金を国における金融引締めの枠にはめられ、来年度開校すべき学校建設も危ぶまれており、この対策に日夜苦慮しているところであります。

また市議会では、七四年一〇月に「人口急増過密都市の改善に関する要望決議」（現代資料編443）を内閣宛に提出しており、その冒頭には次のような一文があり、人口急増問題は大都市周辺各都市の共通したものであったことが理解される。

我国経済の高度成長に伴い、大都市圏の各都市においては急激な人口集中がもたらされた。

（中略）

すなわち、人口急増過密都市の財務需要に対処するためには、単なる一地方公共団体の問題として取り上げるだけでなく、国の責任において対処されるべきであると思量される。

さらに、広域組織の人口急増都市協議会（市長会）及び人口急増過密都市協議会（市議会議長会）からも、同年に国へ対し同様の趣旨の要望（現代資料編444）が行われている。

第二節　相模大野の景観変貌

変貌する市域の景観

普段、我々が何気なく訪れたり、通る場所というのは、意外にまわりの風景を気にしていない。しかし、毎日見ているとほとんど変化のない風景も、五年、一〇年と隔てて見ると大きく変わっていることに気付く。このような身近な地域の風景の移り変わり、つまり景観変化を記録することは、地域変化を追う上で意外と有効な資料となる。ここでは、景観の定点観測による成果をもとに、相模大野駅周辺における景観変化の様子を示すとともに、それをどのような視点から捉えたかについて述べることとしたい。

景観を分析する上で、外見上の変化から把握する方法が比較的わかりやすい。そのためには、同じアングル（範囲）、かつ異なった時期に撮影または作成された、写真や図・模型などの資料を併置させて、同一場所を比較することが必要となる。これらをもとに、景観を分析する時に必要とされる具体的作業は、①景観の分布把握、②建物景観の分類、③景観の構成要素の把握、④景観要素間の機能把握、⑤建物の立地条件の把握を行い、⑥景観の時間的変化を見て行く（田中欣治『新訂　教養の地理学』）などである。そのためには、景観の構成要素としての①自然的基盤、②建造物、③街路網、④土地割、⑤人の流動（高橋伸夫「都市での野外観察」『地理学への招待』）を押える必要がある。以上の諸資料が整った時、「景観を手法として説明に用いることは、土地利用やその時系列的変化を視覚に明瞭に訴えることができるため、きわめて有効である」（岩動志乃夫「都心商業地の景観変容」『都市の環境と生活』）と言うことができる。

人口の急増は、住宅の増加ばかりではなく、商業施設の増加にも拍車をかけた。とくに、南部の中心地となっている小田急線相模大野駅周辺の商業地化には、目覚ましいものがある。国内で、短期間にこれほどの変貌を遂げたところは稀であろう。ここでは、相模大野駅周辺の定点景観写真から、街の形態が都市化して行く様子を見てみることとしたい。

相模大野駅の東側から、一九八五（昭和六〇）年以降に撮影した定点景観写真がある。このような定点で、景観を写真記録するためには、将来にわたって不動と思われる高所のポイントを設定する必要がある。相模大野駅東側には幸い国道一六号線の陸橋があるため、その陸橋上から西方を眺める形で撮影することが出来たものである。

八五年の相模大野（写真4－2）は、駅（写真中央）前に多少のビルが見られる程度で、南口西方（写真左手奥）にはまだ雑木林も散見される。八年後の九三年（写真4－3）には、南口のビルはビル街となり、古い駅舎は取り壊され駅ビルの工事が始まっている様子が見える。その三年後の九六年（写真4－4）には高層の駅ビルも完成し、奥の風景は見えづらくなり、定点写真の撮影も難しくなってきた。その後、これまで見晴らしの良かった国道一六号の陸橋上には、防音等の対策のために壁が張られてしまい、この定点での写真撮影は、以後困難となってしまった。観測を始めて一六年という期間であるが、相模大野駅周辺は時代とともに大きく景観が変わり、一地区の駅前景観は、相模原市の都心景観へと変貌した（浜田弘明「地理学における変化の視点」『相模原市博物館建設事務所　研究報告』四集）。それぞれたった一枚の写真ではあるが、これから読み取れる都市化に関わる情報は実に多い。

相模原市のような近郊都市において、景観の変化を追おうとした場合、それは必然的に、あるいは結果的に都市化を語ることになる。しかし景観を読む場合、表面的なことのみに囚われることなく、その背後の構造をいかに読み込むかが大きな課題となる。そこでまずは、地理学における「都市化」の概念をここで整理しておくこととしたい。

地理学において捉える「都市化」には、景観的都市化と機能的都市化とがある。前者は土地利用形態などの変化、つまり可視的事象から追おうとするものであり、後者は、労働形態などの変化、つまりは不可視的事象から追おうとするものである。土地利用や景観の立場から地域変化を語る時、それはまさに景観的都市化を語ることにほかならない。

「都市化」には「地域における産業形態の二要素となる土地利用と労働が近代産業の発展によって、rural（農村的）な性質を失って urban（都市的）な性質を獲得して行く変質過程」とする意見（高野史男「都市化の類型とその概念規定」『地理学評論』三三巻一二号）と、「集落または地域において都市的要素が漸次増大する過程を指すならば、urban がより urban なものへ発展して行く過程」であるとする意見（石水照雄「本邦地理学界における都市化研究の現段階」『地理学評論』三五巻八号、清水馨八郎「都市化と土地政策」『都市問題研究』一六巻一〇号）とがある。つまり、伝統的な都市化概念となる前者の「農村の都市化」を量的都市化と捉えるならば、後者の「都市の都市化」は質的都市化と言うことが出来るが、現実に近郊都市において「都市化」を考える時、両者の相互関係の中から考える必要がある。

つまり量的都市化の場合、都市域の拡大というマクロなスケールにおいて、土地の都市的利用という変化過程の中から追うことが可能と言えるし、一方質的都市化の場合は、都市再開発というミクロなスケールにおいて、建物・道路など施設景観の変化の中から追うことが可能と言える。

写真４－２　1985年の相模大野駅周辺

写真４－３　1993年の相模大野駅周辺

写真４－４　1996年の相模大野駅周辺

相模大野駅周辺の景観概況

地名としての「相模大野」は、相模原市南部に位置する小田急線相模大野駅を中心とした地域で、一九八一（昭和五六）年に住居表示町名として成立し、現在は九丁目まで住居表示が実施されている。この地区は相模原台地上に位置し、五〇年代前半までは、駅周辺は畑や山林が広るばかりで住宅や商店も無く、駅から三〇〇メートルほど北方に旧陸軍の施設（旧相模原陸軍病院）があるのみであった。この地区は旧大野村に属し、「相模大野」の名は小田急線の駅名としては四一年に成立している。小田急線は二七年の開通であるが、ここに駅が開設されたのは一一年後の三八年で、当初は近くに建設された陸軍通信学校・陸軍病院の通勤・通学・通院者等の便を図るため、「通信学校

写真４－５　1959年の相模大野駅周辺

駅」として設置されたものである。

一九三〇年代の相模大野には、軍事施設の進出という軍の力を背景して、それに伴う駅の設置という事態が生じたわけであるが、当時、この地区が依然として畑や山林の続く地帯であったにせよ、その後の相模大野地域の変貌を考えた時、この時期は第一の変貌期と捉えることが出来る。戦後、軍事施設跡地のうち陸軍通信学校の部分は、相模女子大学をはじめとする学校や住宅用地に転用されたが、駅に近い側の相模原陸軍病院跡地は、八一年まで米軍医療センターとして利用されていた。

駅周辺に、商店や住宅が次第に形成されるようになったのは戦後のことで、五〇年代に駅北口西方に大野銀座商店街が出来るに至った。これに前後して商店会として、五〇年に相模大野商工振興会が、また六二年には女子大通り商工振興会が結成されている。相模原市は、都県を跨いで町田市とともに五八年に首都圏整備法による市街地開発区域の第一号指定を受け、国家政策的に都市化が進んだ。これとともに相模大野駅周辺も、五〇年代後半から急速に商店街や住宅団地の形成が進んだが、駅周辺はまだ山林や畑地が広がる田舎であった（写真４－５）。

五九年には駅西方約五〇〇メートルの位置に、市内初の公団住宅である相模大野団地（八〇七戸）が建設された。また、翌六〇年には駅東方約五〇〇メートルの位置に、従業員規模五〇〇名以上の工場としては、市内で四番目の進出となる通信機メーカー（従業八〇〇名）が、さらに六三年には相模大野駅に接続した建物に、市内初となる大規模小売店舗のオダキューＯＸが進出した。以上のような都市化の動きを背景に、五〇年代前半は、三〇〇〇人に満たなかった相模大野駅の一日の乗降者数は、六〇年代前半には一万人を超すようになった。五〇～六〇年代の相模大野周辺は、国や市の政策に基づく土地の都市的利用、つまり面的都市化が急速に進んだ時期で、この時期を第二の変貌期と捉えることができる。

この地区はその後も、いろいろな側面において相模原市で進行する都市化の最前線にあったが、さらに大きな変貌を遂げるのは、駅周辺区画整理事業に着手した七一年以降のことである。ことに八一年の米軍医療センターの日本返還は、地域開発の大きな契機となった。市の主導により、区画整理事業と並行して駅に程近いこの基地跡地には団地・文化施設・百貨店などが建設され、従前の木造家屋を中心とした街並みは、一挙にコンクリートビルを中心とする街並みへと変貌した。

九〇年までに区画整理は概ね完了し、それまで比較的狭く行き止まりの部分もあった道路網は、すっかりと直線化され拡幅された。また同年、基地跡地に公団住宅（一〇六〇戸）が最高一四階建ての高層集合住宅として完成し、文化ホール（グリーンホール相模大野）や市営立体駐車場といった公共施設、さらに市内初の百貨店（伊勢丹）もオープンした。さらに九六年には、一四階建ての駅ビルも完成し、相模大野駅の一日の乗降者数は一〇万人を超えるに至った。

相模大野駅とその周辺は、駅開設五〇年あまりを経て大きく変貌し、行政上も相模原市の中心商店街として街づくりが進められた。七〇～九〇年代の相模大野駅周辺は、市を主体とする行政の力によってインフラ整備と商業地形成が進み、街路網の直線化や建物の立体化、つまりは区画整理の手法による都市開発によって垂直的都市化の時代を迎えた。この段階を、第三の変貌期と捉えることができる。

そして相模原市は九九年に再び、かつての市街地開発区域の指定と同様、都県を跨いで町田市とともに「業務核都市」の指定を受けるに至った。この点から見ると、二一世紀初頭（二〇〇〇年代）は、第四の変貌期を迎えたと言うことが出来る。

相模大野駅周辺の景観変貌

相模大野駅周辺五〇〇メートル四方の区域における、七〇年代後半以降の景観変貌について、これまでの現地調査（浜田弘明「地理学における変化の視点」『研究報告』第四集）から、少し細かく追ってみることとしたい。

一九七五（昭和五〇）年の相模大野駅周辺は、まだ木造家屋を中心とした街並みで、駅北口西方から北西方面に延びる女子大通りを中心に、部分的にスーパーマーケット・銀行等の鉄筋・鉄骨造の建物が見られる程度であった。当時、相模大野駅の下には、深堀川が刻む谷が残っており、この谷を跨ぐ形でプラットホームが設置されている（写真４－６）。

商店・住宅の集中する地区は北口側で、しかも深堀川の刻む谷以西となっている。深堀川の谷は、米軍基地（医療センター）の敷地内まで延びていて、相模大野駅付近で谷の比高は約八メートルに達し、その谷の斜面は山林となっている。南口及び、深堀川の谷以東は、まだ市街地化が進んでおらず、深堀川の谷以東は畑が中心で、ゴルフ練習場と駐車場のほか、一般住宅が若干ある程度である。市街を形成している部分をよく観察すると、鉄筋・鉄骨造のいわゆるビル建築は一八棟程あるが、その大半は大規模小売店舗と金融機関のもので、五階建て以上のビルはまだわずかに四棟である。建築物の中・高層化が進む初期の段階であるこの時期、駅前には五つの金融機関のビルが集中しているが、いずれも立地は広場の側面で、駅前正面の一列は、なお木造の個人経営を中心とした店舗が占めている。

また、建物以外の施設としては、駅から一〇〇～三〇〇メートルの範囲内に駐車場が何か所か見られる。道路は、北口はバスターミナルがある関係で主要県道から二本比較的広い道路が入っているが、それ以外の道路は従前の畑道や山道そのままの広さで、中には行き止まりとなっているものもある。南口に至っては、狭く曲りくねった道路があるのみで、この時期の道路景観は、従前の農村景観を残したままのものである。また、相模大野駅東方約二五〇メートルの位置には国道一六号が走っているが、この時点ですでに小田急線と立体交差しているものの、土盛りによる高架となっている。

八三年には区画整理事業の骨格がほぼ見え始め、新しい道路網が出現しつつある。この時期は、区画整理による道路沿いを中心にビル建築が若干増加している。最も大きく景観が変ったのは、深堀川の谷の部分で、ここは区画整理の施工に伴い埋め立てられ、平坦化されて道路とされ、この結果、道路網とともに等高線も直線化された。さらに、区画整理の進捗に伴ない旧深堀川東方のかつての畑地のかなりの部分では農地転用が進んで、駐車場へと変っている（写真４－７）。

また南口でも、深堀川の谷の埋め立てに伴い、かつての山林は駐車場へと変わっている。この時期の駐車場は、露地に砂利を敷いた程度の簡単な造りのものが中心である。建築物に目を移すと、かつての谷上に新しく造られた道路沿いには、一三階建ての集合住宅が建設（八一年）され、この地区では初めての一〇階を超える高層建築物となった。この時期、相模大野駅に南口が開設され、南口駅前にも商業ビルが建ち始め、すでに延べ三〇棟を超えている。

建物以外の施設の様子を見ると、先に述べたように駐車場の面積がかなり増えている中で、北口から二〇〇メートルほど西方と南口には駐車場も出来ている。また、区画整理に伴い新たに造られた道路は、拡幅されて歩道を伴い、直線化されている。道路の拡幅に伴い、北口周辺では、個人住宅・商店が立ち退いたこともあって、一時的に空地が目立っている。この時期の相模大野駅周辺は、「都心化」への過渡期的土地利用として、駐車場や空地が多い点が指摘できよう。また、相模大野駅東方で小田急線と立体交差している国道一六号は、上下四車線に拡幅され、コンクリート橋脚化されている。

九三年になると区画整理は概ね完了し、公共によるインフラ整備をほぼ終えた段階である。北口の景観は一変し、駅前の木造建築物は全く無くなり、大半の建築物が鉄筋・鉄骨化されている。区画整理の途上で生じていた空地には、多くのビルが建ち、かつての駐車場にも徐々にビルが建ち始めている。もはや、七五年当時の景観は見る影もなく、二〇年足らずの間に、木造家屋と山林・畑地から成り立っていた相模大野駅周辺の景観は、すっかりと鉄筋・鉄骨造の建築物に囲まれた景観へと変貌した（写真4－8）。

この時期はまちづくりの最後の段階として、駅ビルの建設と、駅と街とを結ぶペディストリアンデッキの工事も進められている。従前の個人商店の一部は、立て替えられた新しい商業ビル内に移転しているものもある。この時期の駅周辺のビルは、すでに七〇棟を超え、しかも新築さ

写真４－６　1975年の相模大野駅周辺景観模型

写真４－７　1983年の相模大野駅周辺景観模型

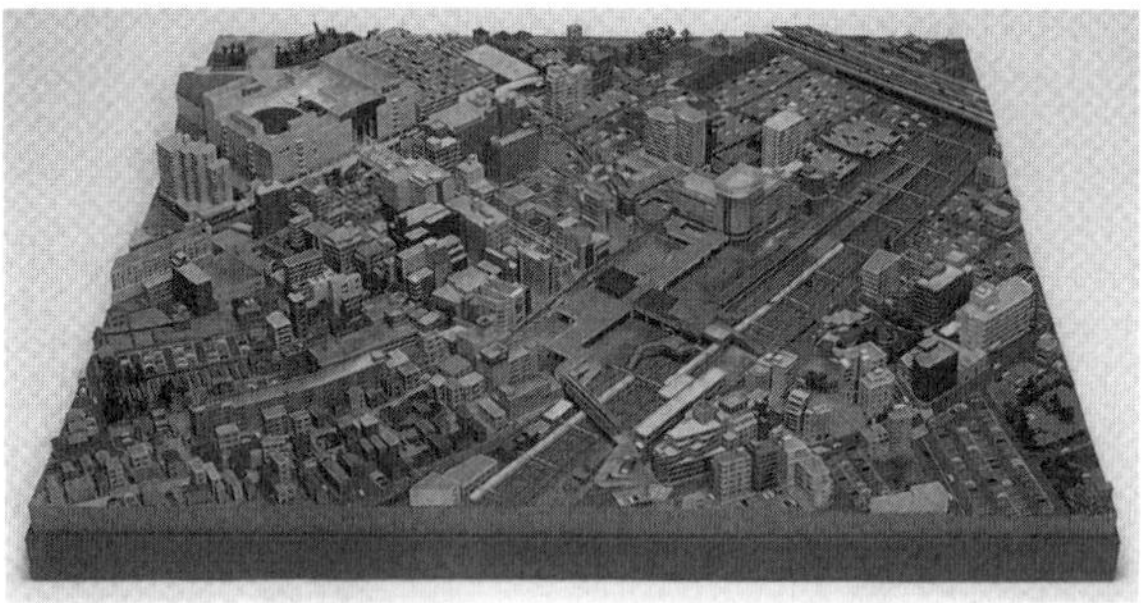
写真４－８　1993年の相模大野駅周辺景観模型

写真４－９　相模大野駅周辺の開発の進捗状況（1998年）

れたビルの大半は五階建て以上の中・高層建築物となっている。

九〇年には、米軍基地跡地に売場面積約三万平方メートルを擁する七階建ての百貨店（伊勢丹）が開店し、その三年後の九四年には、さらに七八〇〇平方メートルの売場面積を持つ別館が増設されるに至っている。また九三年には、北口に駅と直結して、売場面積八〇〇〇平方メートルを擁する六階建てのファッションビル（相模大野モアーズ）が開店した。このほか、八九年に六階建ての市営駐車場が建設されているが、その他民間の駐車場も多くが立体式（二〜三階建て）のものへと変わり、同じ駐車場という土地利用であっても、従前よりも一層高度化している。

また、整備された主要道路は、植栽を隔てて車道と歩道とに分離され、さらに駅北口広場では、車道（一階部分）と歩道（二階部分）が立体的に分離されるに至っている。駅周辺では、土地の都市的高度利用が一層進み、その景観は建物のみならず、駐車場・道路などさまざまな点で立体化が進んでいる。

九六年には一四階建ての相模大野駅ビルが完成し、上層階はホテルとして開業し、下層階は売場面積約一万一〇〇〇平方メートルを擁する商業施設（ステーションスクエア）がオープンした。駅周辺の高層ビル化はその後も顕著で、現在では、相模大野駅周辺の中高層ビルは一四〇棟を超え、平面的都市化の時代から垂直的都市化の時代を迎えている。駐車場については、二〜三階建ての立体駐車場からさらに、駐車場ビルへと高層化が進むとともに、北口広場地下にも駐車場が建設され、地下利用も進んだ。そして相模大野周辺区画整理事業は、九九年にようやく完了した。この二五年ほどの間に、相模大野一帯の近郊都市的景観は、中心都市的景観へと変わった（写真4－9）。

第三節　戦後日本経済の縮図としての相模原

市内初の百貨店進出

現在でこそ、北部の橋本駅や南部の相模大野駅周辺には、多数の商業施設が林立しているが、相模原市は人口が五〇万人を超えるまで百貨店が一つもないという状況で、中心商業地の形成が遅れていた。隣接する八王子や町田駅周辺に、百貨店をはじめとする商業施設が集中していたため、長い間にわたり相模原市民は、日常的には八王子や町田で買い物をしていた。

そこに市内最初の百貨店として、小田急線相模大野駅北口から二〇〇メートルほどの位置にある、米陸軍医療センター跡地に一九九〇（平成二）年九月二五日、伊勢丹相模大野店がオープンした。当初の売場面積は二万九五〇〇平方メートルであったが、その後九三年四月に、県道五一号を隔てた隣接地にA館とB館の七八〇五平方メートルが増床され、現在では、売場面積三万七〇〇〇平方メートルを超える百貨店となっている。開店間もない九一年から九五年にかけては、デパートをテーマとしたテレビドラマの撮影地ともなり一躍脚光を浴びるようになった。

しかし出店を決定するまでには、幾多の困難があったという。伊勢丹の出店準備は、四年前から開始された。担当者が最初に

写真4－10　1986年の相模大野駅前

写真４－11　bono（ボーノ）相模大野（2014年１月）

相模大野駅を降り立ったころ（八六年）は、区画整理事業の只中で、駅前にはまだ木造商店が散見される時期であった（写真４‐10）。当然のことながら、このような田舎町で百貨店が果たして成り立つのか心配したという。当時の相模大野近隣の住民は、百貨店での買い物は町田であったため、出店したとしても町田に食われはしまいかとの不安もあったという。まずは住民のセンスを探るため、通勤するサラリーマンやＯＬばかりでなく、休日の男性や主婦・子どもたちの服装や、手提げの紙袋までをも写真撮影し、服装や持ち物を調査したという。その結果、当時人口の多くを占めていた団塊世代は、比較的オシャレで、都心のセンスを身に着けていることが確認された。また、ゴミ出しに使われているスーパーなどの袋類などのチェックから、国道一六号を中心に自家用車で買い物行動を取っていることが確認された。こうした調査を二～三年続けた結果、開店に向けて確信を持つようになり、出店に踏み切ったという（「伊勢丹・小林良夫氏談」西村晃『日本が読める国道一六号』）。

　伊勢丹出店二年後の九二年九月二四日には、横浜の百貨店㈱横浜岡田屋が運営する都市型ショッピングセンターが、相模大野北口駅前に相模大野モアーズとしてオープンした。建物規模は地下一階、地上七階で、延床面積一万四〇〇〇平方メートルのうち店舗面積は八一九一平方メートルを占める。

　また九六年一一月一日には、一四階建ての小田急線相模大野駅の駅ビル「ステーションスクエア」が完成し、上層階はホテル（小田急ホテルセンチュリー相模大野）となり、下層階には売場面積一万一〇〇〇平方メートルの百貨店（小田急百貨店相模大野店）が出店した。しかし、百貨店は営業不振により二年後の九八年に撤退している。その後、同年一一月から、Ａ館は小田急の専門店街「ミロード」、Ｂ館はアウトレットモールの「エクサイト」となったが、エクサイトも営業不振により、さくらや（現、ビックカメラ）等に入れ替わっている。なお二〇〇七年四月一日以降、駅ビルは全体が「ステーションスクエア」とされている。

　さらに二〇一三年三月一五日には、相模大野西側地区再開発事業の中核施設となる、二〇階建ての大型複合施設「bono（ボーノ）相模大野」がオープンした（写真４‐11）。当初計画されていた百貨店の出店は実現しなかったが、一九九〇年の事業開始以来、二三年ぶりの完成となった。六階までの商業棟フロアには約一八〇の専門店が入店し、上層階は約四三〇戸の集合住宅となっている（『神奈川新聞』二〇一三年三月一六日付）。

　このように九〇年代以降、相模大野駅周辺には、百貨店をはじめとする大型商業施設が次々と出店し、今日では隣接する町田駅周辺を凌ぐほどの売場面積を有する商業地へと成長した。かつての人口急増と同様、全国でも稀に見るほど急速に商業地化が進んだのも相模原の特徴である。田舎町のまま五〇万都市となった相模原市は、ようやく名実ともに政令市に近づいてきたと言えよう。

ロードサイドショップの台頭

　相模原の商業形成の上で、もう一つ特徴的なものがある。それが国道一六号沿いに、七〇年代後半以降、急速に展開したロードサイドショップの台頭である。ロードサイドショップとは、郊外の幹線道路沿いに立地するファミリーレストラン・コンビニエンスストア・ファストフード店・ホームセンター・自動車販売店・カー用品店・書店・ビデオショップ・スポーツ用品店・紳士服店・ペットショップ・ゲームセンターなどを指す。これらは共通して、広い駐車場を有し、営業時間が比較的長いのが特徴である。こうしたショップは、都市の郊外化と郊外幹線道路の整備、さらにはそれに伴うモータリゼーションの進展により、一九七〇年代ころから大都市近郊、とくに国道一六号沿線で急速に展開が始まった。高度経済成長期に、東京など大都市への人口流入が急増し、都心部の地価が急騰した結果、住居を求める人々が地価の安い郊外へと住宅を求めるとともに、各種の商業施設も高地価で駐車場難の都心部を避け、地価が安い郊外へと拡散していったことが要因となっている。

　ロードサイドショップは、概ね次のように定義されている（中小企業事業団監修『ロードサイドショップ』）。

　①小売・飲食・サービス業を営む店舗であること。

写真４－12　軒を並べるコンビニエンスストアとドラッグストア（清新、2004年３月）

写真４－13　ジャスコと国道16号（2004年３月）

②主要幹線道路沿いに立地していること。

③比較的規模の大きな駐車場を有していること。

④カーショッピングに適していること・

⑤単品種の中で比較的豊富な品揃えを行っていること。

⑥比較的長時間にわたって営業を行っていること。

国内最初のロードサイドショップの開業は、一九六九（昭和四四）年九月、八王子市の国道二〇号（甲州街道）沿いにオープンした村内家具店であるとされる。市内では、中央区清新の国道一六号沿いに七二年三月、家具の大正堂相模原店が出店している。

　ロードサイドショップは、七〇年ころが生成期となり、ファミリーレストラン・カー用品店・ホームセンターなどの新業態店舗が、新たな立地場所として郊外の幹線道路沿いに出店したことに始まる。八〇年ころになると既存業種の立地移動が始まり、紳士服店・靴店・スポーツ用品店・書店・玩具店などのディスカウントストアタイプの専門店がロードサイドに進出するようになった。さらに八五年ころになると、ロードサイドのチェーン店が出現し、それまで点在していたロードサイドショップの商業集積が始まって行く。九〇年以降になると、大規模小売店舗法の規制緩和に伴う出店増によって、競争激化と整理淘汰が進んで行った（京都府ＨＰ）。

　ロードサイドショップは、主に自家用車を交通手段とし、車道をアクセス動線として、店舗に付帯する大型駐車場を集客装置とする商店形態となっている。業態は、コンビニエンスストアやラーメン店などの小さなもの（写真4－12）から、一〇〇〇台以上も収容可能な巨大駐車場を持つ複合型の大型ショッピングモールまで多岐に渡っている。市内の大型店としては、九三年に古淵の国道一六号沿いに出店した、駐車場約三〇〇〇台、総売場面積約三万五〇〇〇平方メートルを誇る、ジャスコ（現、イオン）とイトーヨーカドーから成る、古淵ショッピングセンタ

写真４－14　市内第１号店となったコンビニエンスストア（相生、1974年）

ーに象徴される（写真４－13）。

市内のロードサイドショップ

七〇年代になると、駐車場を完備したファミリーレストランやホームセンターが、ロードサイドに出店を開始していった。国内初のファミリーレストランはすかいらーくで、七〇年七月に府中市に第一号店（国立店）を出店している（すかいらーくＨＰ）。またデニーズは七四年、横浜の上大岡に第一号店を出店している（デニーズＨＰ）。七〇年代後半になると、各ファミリーレストランやホームセンターは、チェーン形態で出店しはじめ、その他の業態もロードサイドに注目をしはじめるようになる。

　市内の国道一六号沿いにも、逸早くファミリーレストランが出店し、七五年にはすかいらーくの出店が確認される。またコンビニエンスストアのセブンイレブンが、七四年五月に東京都江東区豊洲に第一号店を開店したことは有名であるが、郊外型の店舗としては、同年六月に市内相生（中央区）の国道一六号からやや入ったところに直営店を出店（相生店）したものが第一号店（写真４－14）となる（セブンイレブン・ジャパンＨＰ）。もちろん、市内のコンビニエンスストア第一号店である。

写真４－15　ニトリモール（大野台、2013年10月）

　その他、市内の国道一六号沿いに比較的早期に出店したロードサイド型の大型店舗を挙げると、七五年に大野台（中央区）へ売場面積二五一一平方メートルの後楽園ショッピングセンター、七六年に中央（中央区）へ売場面積二一二七平方メートルのアイワールド相模原店、七八年に上鶴間（南区）へ売場面積八一一九平方メートルの家具の大正堂さがみはら店、同年鵜野森（南区）へ売場面積四九三二平方メートルの村内ホームセンター新相模原店（現・村内ファニチャーアクセス相模原店）が出店するなどしている（相模原市教育委員会『資料集　相模原市の都市化』）。

　また、アメリカに本店を置き世界展開している、玩具の大型量販店であるトイザらスも、国道一六号沿いに出店している。トイザらスの国内第一号店（荒川沖店）は、九一年一二月に茨城県稲敷郡阿見町に、二号店（橿原店）は翌九二年一月に奈良県橿原市にオープンしている。しかし、両店ともテナントとして入居する併設型店舗で、単独店舗としての第一号店は、九二年三月三一日に市内古淵（南区）の国道一六号沿いにオープンした相模原店となる。この相模原店は、二〇一二年三月一八日に一旦閉店したが、市内南区大野台の国道一六号沿いの日本通運㈱相模原ターミナル跡地へ二〇一三年九月四日に再オープンした、ニトリモール相模原（写真４－15）内へ再出店している（日本トイザらスＨＰ）。

　このニトリモール相模原は、大型家具店ニトリの持株会社が運営するショッピングセンターで、東日本第一号店、全国では東大阪に次ぐ第二号店となる。売場面積は約二万七〇〇〇平方メートル、駐車場一〇九〇台を誇り、商圏はクルマで二〇分圏内の七二万人を設定している（『神奈川新聞』二〇一三年九月五日付）。

　相模原市と相模原商工会議所が、二〇〇一年度に実施した『相模原市商業実態調査報告書』によれば、国道一六号沿線のロードサイドショップが市内に出店した理由（複数回答）として、第一位は「将来的な発展が見込めるから」（五〇・三パーセント）で、第二位が「国道一六号の利用者を顧客にしたかったから」（四一・五パーセント）、第三位が「車での買い物客を見込めるから」（三一・四パーセント）となっている。また、全体の八二パーセントの店舗で駐車場を保有しており、七二パーセント以上の店舗は売場面積一〇〇〇平方メートル以下の中小規模のものとなっている（アンケート回答総数一六一店）。

　ここに示したものはごく一例であるが、相模原市内の国道一六号沿いには、ロードサイドショップや外資系アウトレットモールなどの最先端の店舗が次々と出店しており、「国道一六号を制する者、全国を制す。」（西村晃『日本が読める国道一六号』『ルート一六の法則』）とまで言われるようになった。

おわりに――「景観」が明かす地域の変貌

「景観」が語る地域の商業構造

　「景観」は一見したところでは、形態的・表面的部分しか見えないが、読み方によっては商業地の構造やシステムを読んで行くことも可能である。これまで見てきたように、相模原市のような近郊都市における、一九七〇年代以降における商業立地の動向を眺めると、幹線道路沿いのロードサイドショップが台頭し、新たな商業地が形成されて行く様子を確認することが出来る。中でも、七〇年代から九〇年代にかけての二〇年ほどの間における、市内国道一六号沿いの商業地化には目覚ましいものがある。

　郊外の幹線道路沿いには、自動車の販売・整備・部品・用品を扱うショップが多い傾向にあり、一九七五（昭和五〇）年の時点で市内国道一六号沿いだけでも四七店が確認され、ガソリンスタンドも二八店とおよそ五〇〇メートルに一店の割合で分布している（図終-1）。二〇年後の九五年には、自動車関連ショップはさらに増加し、倍の一〇〇店となっている。ガソリンスタンドは、当時の法規制により、二〇年間に四店増えるに止まっている（図終-2）。

　今では当たり前のように目にする外食産業のレストランについては、七五年の市内国道一六号沿いにわずか二店しかなかった。それが二〇年後の九五年には、二〇倍以上の四七店に急増している。同様に、量販店などショッピングセンターは一店から三三店に、ゲームセンターなどアミューズメント施設も三店から二二店に急増している。

　つまり従来、鉄道駅中心の言わば駅前型であったショッピングセンターやアミューズメント施設は、郊外の幹線道路中心のロードサイド型へと変わり、この現象はクルマ社会への移行など、ライフスタイルの変化を示したものとも言える。また、郊外の商業地が隆盛して行く反面で、駅前を中心とする都心部の商業シェアの低下という問題も潜在している。このように「景観」は、商業地の形態や機能の変化を読むための手掛かりを与えてくれる場合がある。

　こうした見方は、市街地再開発等に伴う商業地域の立体化という現象の中にも言える。街中の景観変化を細かく追えば、道路景観一つの中にも、直線化・立体化・拡幅化・舗装化・歩行者と自動車の分離化といった変化が見られるし、建築景観の中には、立体化・大規模化・不燃化（コンクリート化）などといった変化が見られる。景の解析に当たって

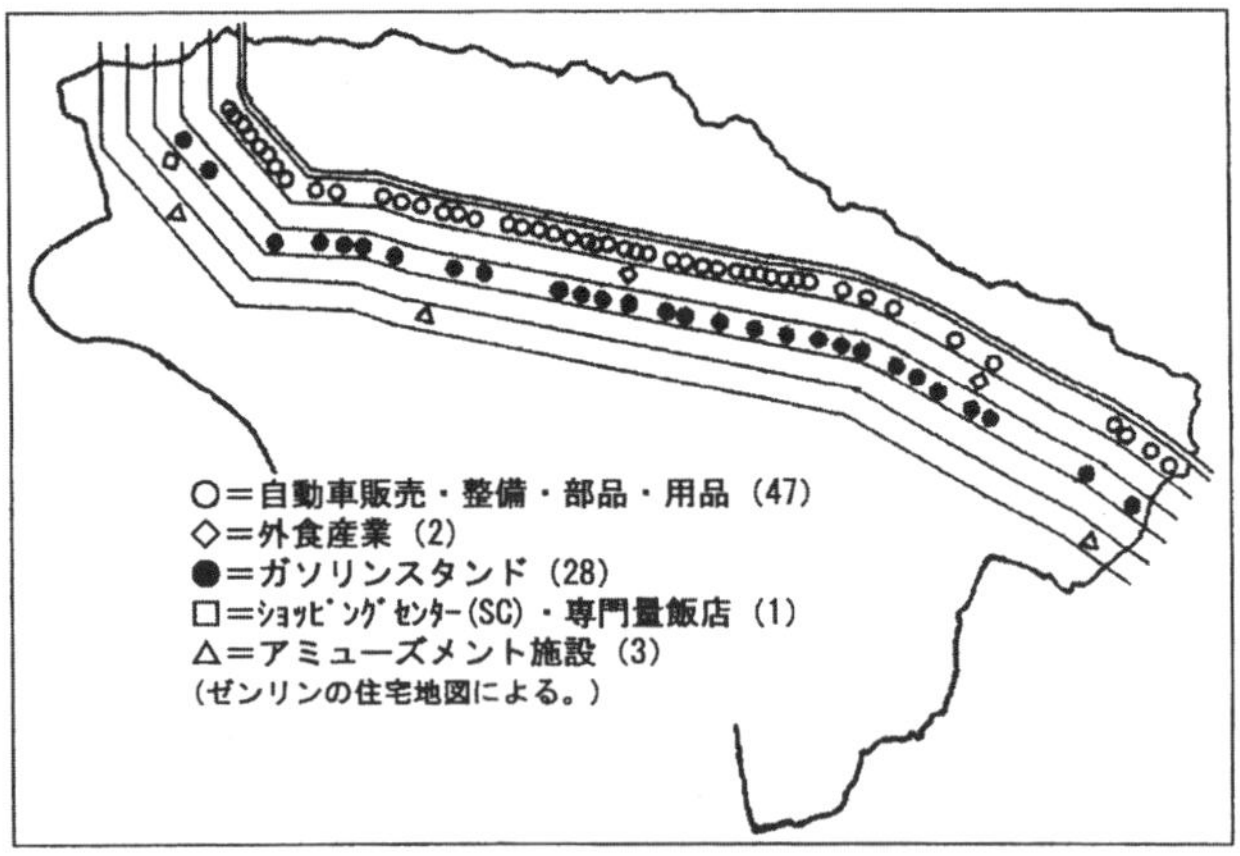

図終－１　1975（昭和50）年の国道16号沿線の主な商業施設

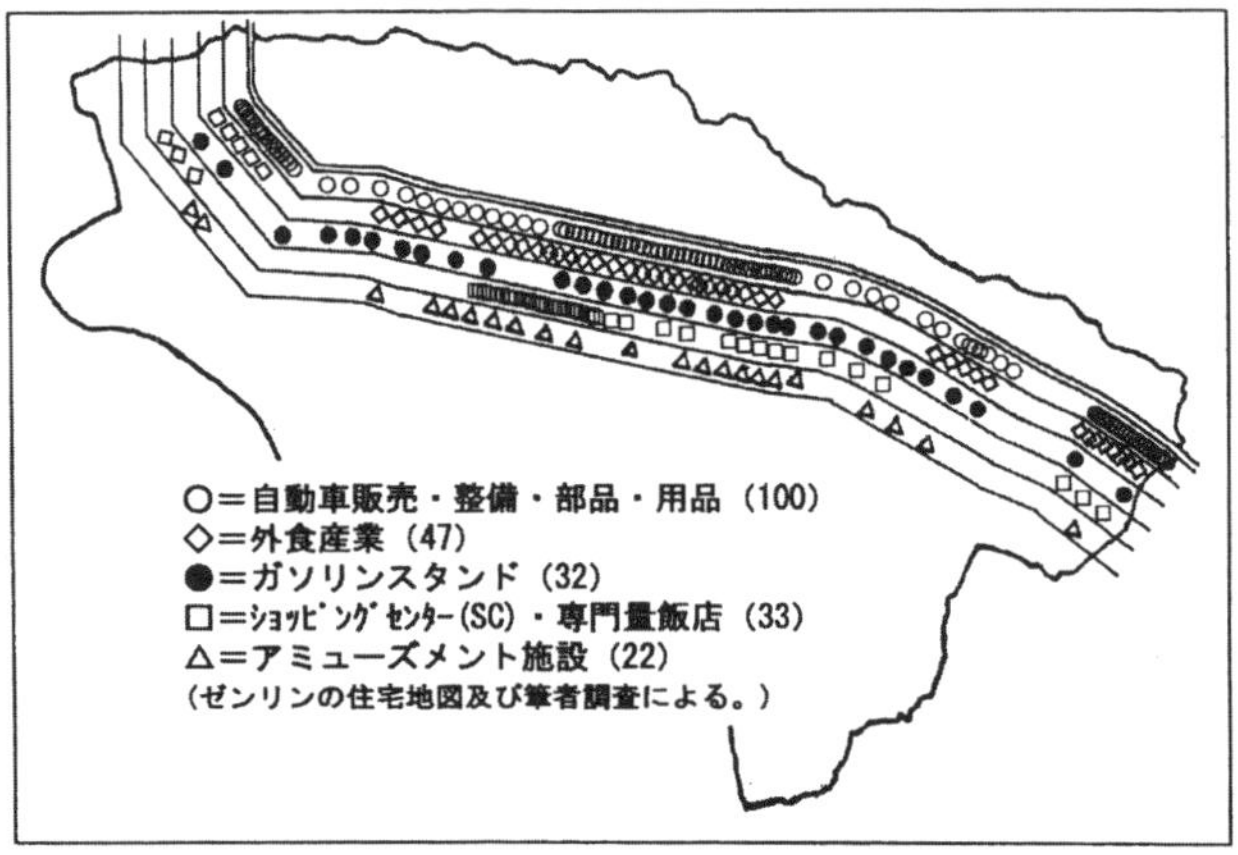

図終－２　1995（平成７）年の国道16号沿線の主な商業施設

は、これらの事象をどう読込むかが大きな課題となる。

例えば建築景観の中で、商店街にある建物の立体化、つまりは平均階数の増加の意味を理解するためには、商業以外の機能の付加という点も考慮する必要がある。高層建築物の立体的機能の配置を調べると、低層階は従来通り一般小売店による物品販売・社交・娯楽機能が中心となるが、中層階は大型店による物品販売・業務・管理機能が、さらに高層階になると居住機能が付加されるという傾向が見られ、一般的には地上三階を境に立体的機能分化が発生すると考えられている（戸所隆「名古屋市における都心部の立体的機能分析―中高層建築物を中心に―」『地理学評論』四八巻一二号、同「中心商店街の二つの形態―立体化の視点から―」『人文地理』三五巻四号、鈴木奏到「仙台市における高層建築物の立地と機能分化」『東北地理』三一巻四号、桑島勝雄「仙台市・福島市のCBDの土地利用―三階以上の建物を対象として―」『東北地理』三六巻二号、岩動志乃夫「都心商業地の景観変容」『都市の環境と生活』など）。このように、道路・建物というハード部分の景観要素の一部を取り上げてみても、数々の要因からその景観が構成されていることがわかるのである。

「景観」の背後に見える都市機能

都市景観の変化、中でも建物の高層化は、都市機能の変化をもたらしているが、最後に景観変化の背後にある、都市機能の変化について改めて、相模大野駅周辺地域の七〇年代後半以降の景観変貌についてのこれまでの現地調査（浜田弘明「地理学における変化の視点」『研究報告』第四集）から見ることとしたい。

一九七五（昭和五〇）年の相模大野駅前には五階建以上のビルが二棟あるが、ともに銀行が入居しているもので、地階は理容室や喫茶などの商業施設、四階以上は事務所として利用されている。当時、この地区に進出していた大規模小売店舗は、オダキューOX相模大野店（売場面積一一五七平方メートル）・西友ストア相模大野店（同一九九七平方メートル）・神奈川会館（同三四一四平方メートル）の三店で、いずれも商業専用の建物であり、駅から二〇〇メートルの範囲内に位置している。娯楽施設としては、駅前に木造のパチンコ店が、女子大通りにコンクリート造のボーリング場が一か所となっている（図終－3）。

八一年には北口近くに一三階建ての建物が建設され、地階から二階までが売場面積二七七六平方メートルのスーパーマーケット（富士スーパー）と専門店の商業施設（ラック）に、三階以上は居住に充てられ約五〇戸が入居した。また、この対面にも七階建ての商業ビルが建設され、一～二階には写真店・美容室などの商業施設が、三～四階は事務所が入り、また五階以上は居住中心となっている。女子大通り沿いには、個人商店をビル化したものが出来始め、一～二階を店舗に、三階以上を居住に充てている。また、ボーリング場は改築されて二階建ての施設となり、一階部分にパチンコ店が併設された。この向いに建設された九階建てのビルは、一～二階が商業施設として不動産店・美容室が、三階以上の階は事務所と居住の利用が混在している。またこの時期は、相模大野駅に南口が開設されていることから、南口駅前にも商業ビルが建ち始め、四階建て・五階建てのものが各一棟建設されている。いずれも、一階は飲食店・菓子店といった商業施設で、二階は美容室、三階は事務所・学習教室、四～五階は居住に充てられている（図終－4）。

九〇年に北口駅前に商業専用施設として建設された百貨店・ファッションビル（相模大野モアーズ）は、最上階（6～7階）を飲食店街に当てている。駅北口から百貨店（伊勢丹）に直結する通り（コリドー）は、女子大通りとともに商業ビルが林立し、その多くは五階建て以上になっている。それら商業ビルの一～二階は、飲食店を中心に小売店・金融機関などが入店し、三階以上はほとんどが事務所になっているほか、学習教室に利用されているものもある。このように、建築物の高層化、つまりは延床面積の増加に伴い、今日では同じ区画内に、商業機能に加えて業務機能等も集積しつつあることがわかる（図終－5）。

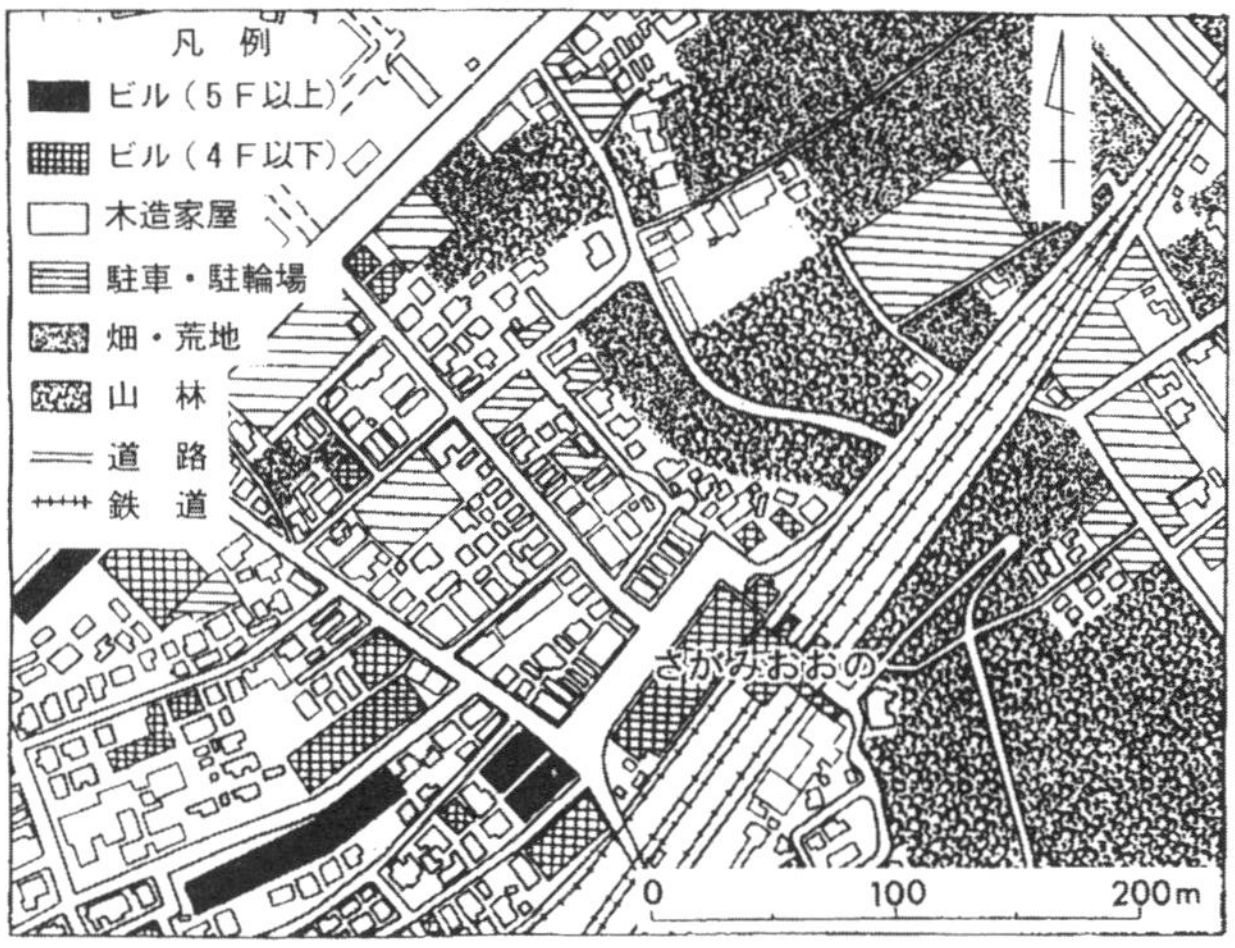

図終－3　1975年の相模大野駅周辺の景観

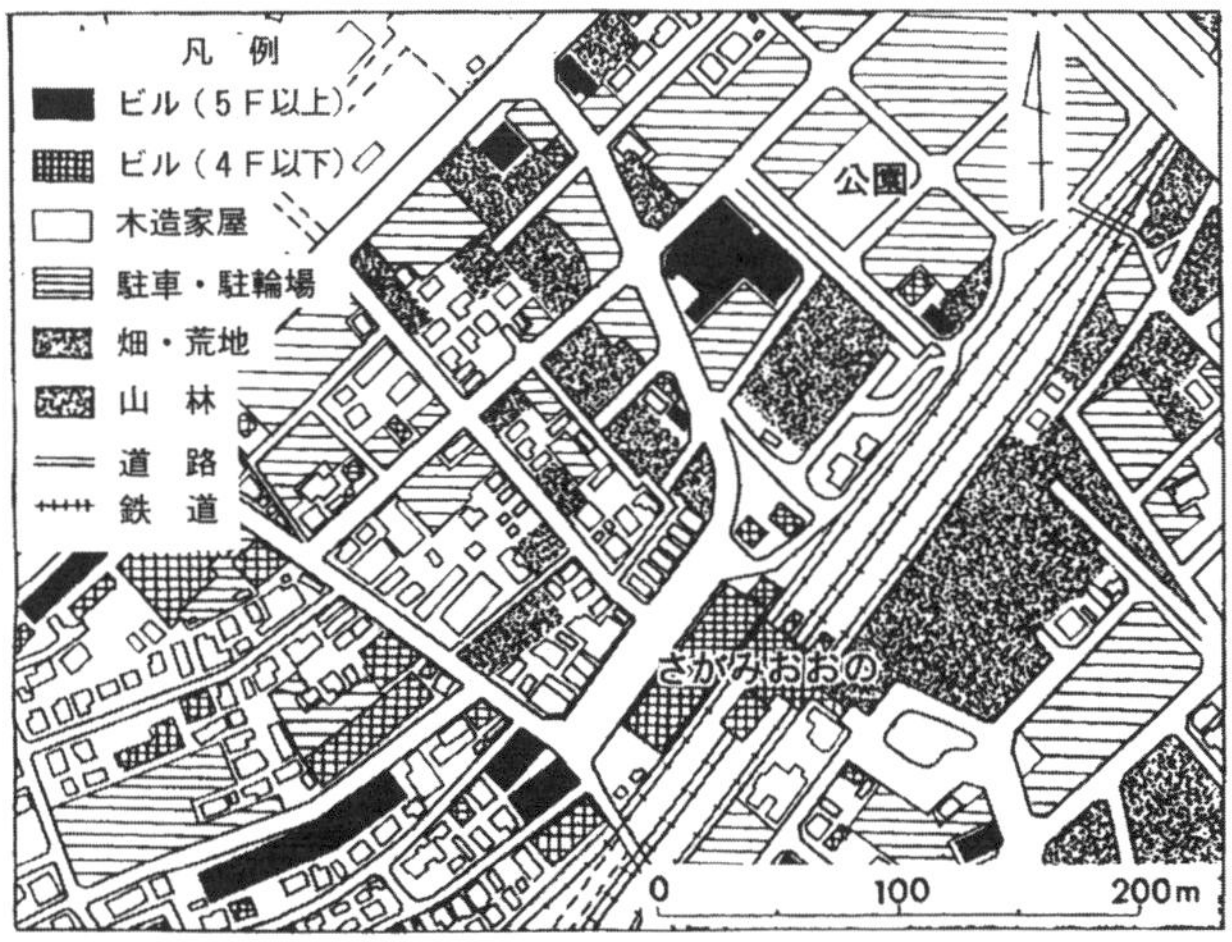

図終－4　1983年の相模大野駅周辺の景観

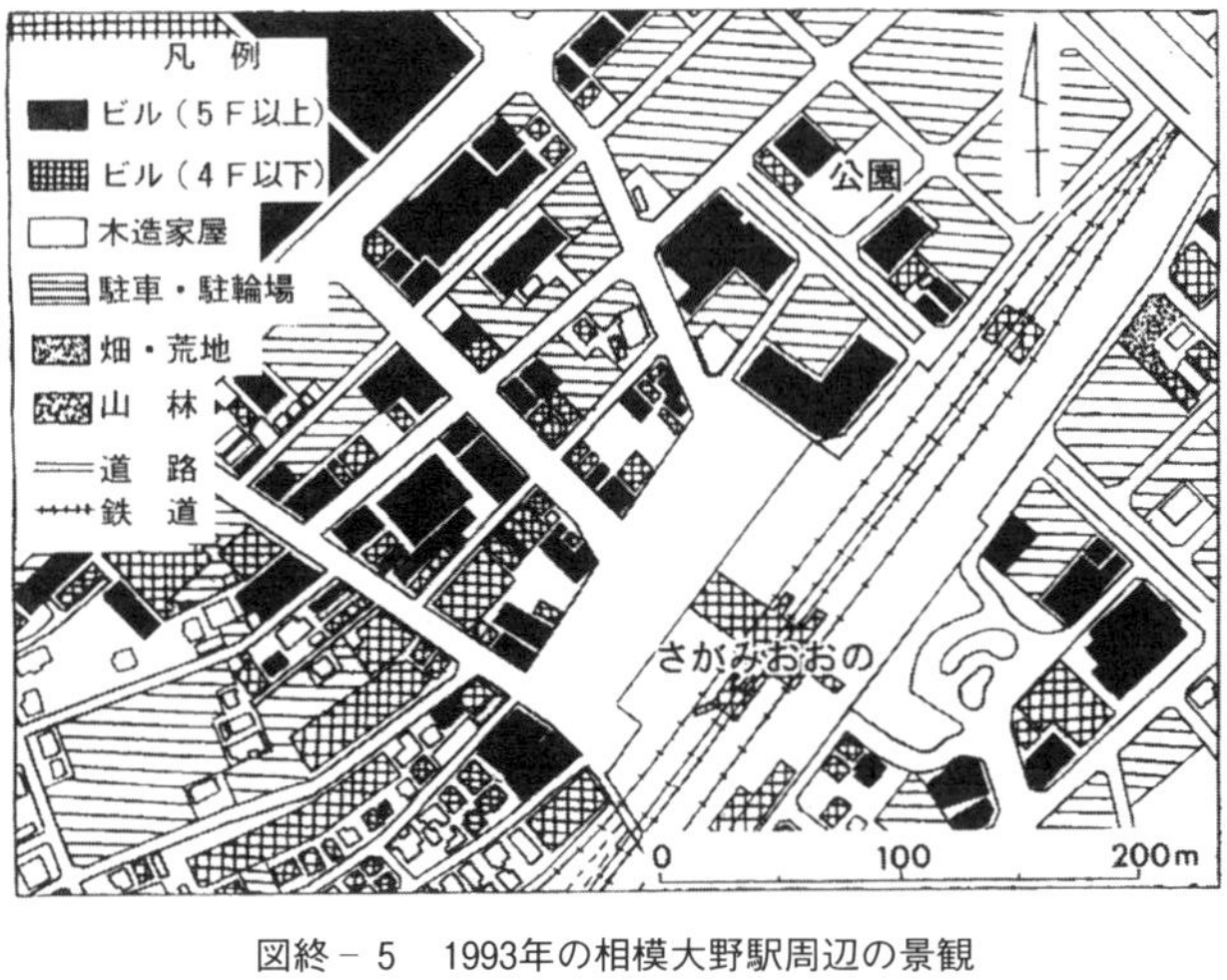

図終－5　1993年の相模大野駅周辺の景観

先にも触れたが、九六年に一一月に一四階建ての駅ビルに出店した百貨店（小田急百貨店相模大野店）は、開店わずか二年後には営業不振により撤退したが、そこに九八年一一月、日本進出第一号店となる外資（アメリカ）系の商業施設（アウトレットモール「エクサイト」）が出店した。国道一六号沿いに位置する相模大野付近は、この商業施設の進出に象徴されるように、近年、外資系の商業施設の日本進出の足場として、また安売りを売り物としたアウトレットやディスカウントの商業施設の集積地として注目されるに至っている。その理由は、クルマ中心型の生活形態が定着している相模原市の実情や市民のライフスタイルが、アメリカの郊外型ライフスタイルと似ていることに起因していると言われる（西村晃『日本が読める国道一六号』『ルート一六の法則』）。とくに、北部は軍都計画によって、かなり早い時期から道路整備が進んでいたため、クルマによる移動には都合が良かったこと、市域の鉄道網が周辺部を走っているため、市内間の移動にはクルマに頼らざるを得なかったことなどが、市民のモータリゼーション化を早めた一因と言える。

このように一地域の景観を、写真や模型という手段によって継続的に記録して行くことは、地域の都市化の一側面を資料化し保存する上で重要なものと言える。そこで最も大切なことは、景観や風景をただ漫然と眺めるのではなく、その中に何を読み込むのか、何が読み込めるのかという点である。ここに例示した相模大野や国道一六号沿いの景観変貌は、相模原市という一都市の一地区における、単なる都市化過程の記録に過ぎないかも知れないが、実はその裏に、日本の都市化や経済構造の縮図を読むことさえも可能としているのである。

[編者]
三浦　展（みうら　あつし）
社会デザイン研究者。1958年新潟県生まれ。一橋大学社会学部卒業。パルコの情報誌『アクロス』編集長、三菱総合研究所を経て、カルチャースタディーズ研究所設立。主な著書に、『「家族と郊外」の社会学』（PHP研究所、1995年）、『「家族」と「幸福」の戦後史――郊外の夢と現実』（講談社現代新書、1999年）、『「郊外」と現代社会』（共著、青弓社、2000年）、『ファスト風土化する日本――郊外化とその病理』（洋泉社新書、2004年）、『商店街再生計画――大学とのコラボでよみがえれ！』（共著、洋泉社、2008年）、『奇跡の団地　阿佐ヶ谷住宅』（共著、王国社、2010年）、『高円寺　東京新女子街』（共著、洋泉社、2010年）、『郊外はこれからどうなる？』（中公新書ラクレ、2011年）、『第四の消費――つながりを生み出す社会へ』（朝日新書、2012年）、『東京は郊外から消えていく！』（光文社新書、2012年）、『中央線がなかったら』（共編著、NTT出版、2012年）、『東京高級住宅地探訪』（晶文社、2012年）、『現在知 Vol.1　郊外 その再生と危機』（共編、NHKブックス、2014年）、『新東京風景論――箱化する都市、衰退する街』（NHKブックス、2014年）、『昭和「娯楽の殿堂」の時代』（柏書房、2015年）、『郊外・原発・家族――万博がプロパガンダした消費社会』（勁草書房、2015年）、『人間の居る場所』（而立書房、2016年）など多数。

昭《しょう》和《わ》の郊外《こうがい》　東京《とうきょう》・戦後編《せんごへん》

2016年7月31日　第1刷発行

編　者　三浦　展
発行者　富澤凡子
発行所　柏書房株式会社
東京都文京区本郷2-15-13（〒113-0033）
電話（03）3830-1891［営業］
（03）3830-1894［編集］

装　丁　山田英春
組　版　株式会社キャップス
印　刷　壮光舎印刷株式会社
製　本　小髙製本工業株式会社

ISBN978-4-7601-4705-2

昭和の郊外

東京・戦前編

三浦展編　B５判上製・956頁　定価(本体20,000円＋税)

〈収録資料〉

第１章　戦前戦後郊外開発史

小田内通敏『都市及村落の研究　帝都と近郊』／『東京市域拡張史』／奥井復太郎『現代大都市論』／『日本地理大系　第三巻　大東京篇』／『日本地理風俗大系　第二巻』／江波戸昭『東京の地域研究』／加藤仁美『戦前の信託会社による住宅地開発について——三井信託会社の場合』／樋口忠彦『郊外の風景——江戸から東京へ』

第２章　郊外住宅地

①**田園調布**　『東京急行電鉄50年史』／江波戸昭「田園調布のあゆみ」／『大田区の近代建築　住宅編２』／大方潤一郎「田園調布の位置づけについて」　②**成城学園**　酒井憲一「成城〝理想的文化住宅〟誕生の背景その１・２」　③**洗足**　大田区史編さん委員会編『大田区史　下巻』／『世代交代からみた21世紀の郊外住宅地問題の研究——戦前及び戦後の郊外住宅地の変容と将来展望』　④**大森・山王・馬込**　『大田区の近代建築　住宅編１』　⑤**桜新町**　『ふるさと世田谷を語る　深沢・駒沢三〜五丁目・新町・桜新町』　⑥**海軍村**　鈴木宗「海軍村とドイツ村」／世田谷住宅史研究会『世田谷の住居——その歴史とアメニティ　調査研究報告書』　⑦**目白文化村**　「目白文化村」研究会編『「目白文化村」に関する総合的研究(1)』／野田正穂・中島明子編『目白文化村』　⑧**国立・大泉学園・東村山・小平・国分寺**　国立市史編さん委員会編『国立市史　下巻』／くにたち郷土文化館編『学園都市開発と幻の鉄道——激動の時代に生まれた国立大学町』　⑨**常盤台**　板橋区史編さん調査会編『板橋区史　通史編　下巻』／東武鉄道社史編纂室編『東武鉄道百年史』／『常盤台住宅物語』

第３章　23区

①**渋谷区**　『特別展　住まいからみた近・現代の渋谷——郊外生活から都市生活へ』　②**品川区**　『品川区史　通史編　下巻』　③**中野区**　『中野区史　昭和編一』　④**世田谷区**　『世田谷近・現代史』／世田谷区街並形成史究会『世田谷まちなみ形成史』　⑤**杉並区**　『新修　杉並区史　下巻』／高見澤邦郎『井荻町土地区画整理の研究——戦前期東京郊外の形成事例として』　⑥**大田区**　『大田区の近代建築　住宅編２』／大田区史編さん委員会編『大田区史　下巻』

第４章　三多摩、神奈川、埼玉

①**東村山市**　野田正穂「旧西武鉄道の経営と地域社会」　②**小平市**　小平市史編さん委員会編『小平市史　近現代編』　③**日吉**　『港北区史』　④**藤沢市**　藤沢市史編さん委員会編『藤沢市史　第六巻　通史編』　⑤**沿線広告資料**　奥原哲志「武蔵野鉄道・旧西武鉄道の沿線開発と地域社会——沿線案内図からの検討」／『武蔵野の理想郷』／遅塚麗水編『京浜遊覧案内』

第５章　論文など

山口廣「郊外住宅の100年」／内田青蔵「住宅作家の誕生——住宅作家山田醇を中心に」／岩渕潤子・ハイライフ研究所山の手文化研究会編『東京山の手大研究』／奥須磨子「郊外の再発見——散歩・散策から行楽へ」／白幡洋三郎「西洋見立ての理想郷、王子・飛鳥山」／今和次郎「郊外風俗雑景」／『特別展　Montage Suginami '30 〜'60 ——映画にうつされた郊外』